DKV-GEWÄSSERFÜHRER FÜR OSTDEUTSCHLAND

6. Auflage

2021

DKV Wirtschafts- und Verlags GmbH
Postfach 10 03 15 • 47003 Duisburg

Redaktion
Günter Eck
37213 Witzenhausen
E-Mail: gewaesserfuehrer@dkvgmbh.de

978-3-96806-006-4

Titelfoto: Auf der Havel
Fotograf: Falk Bruder

Flusskarten: Jübermann-Kartographie

Druck: D+L Printpartner, Bocholt

Inhaltsverzeichnis

Zeichen und Abkürzungen

	Deutsch	Englisch	Französisch
≋	ggfs. befahrbar	navigable	navigable
X	unbefahrbar	impassable	innavigable
ⓘ	Information	information point	renseignements
▬	Wehr	weir, dam	barrage
⌗	Schleuse	sluice, lock	écluse
⏏	umtragen	portage	portage
↱	anlanden rechts	landing right	aborder droit
↰	anlanden links	landing left	aborder gauche
⚠	Achtung! Gefahrenstelle	caution (danger in general)	attention (danger en général)
⛴	Fähre (frei und nicht frei fahrend)	ferry	ferry
§	Befahrungsregelung	river (partially) closed	Fermeture (partielle)
🛒	Verpflegung	provisions	ravitaillement
✕	Gasthaus	restaurant	restaurant
✆	Telefon	telephone	téléphone
Ⅱ	Brücke	bridge	pont
⇩	Mündung in	flows into	embouchure dans
←	Abzweigung, Einfahrt links	deviation, left branch	embranchement à gauche
→	Abzweigung, Einfahrt rechts	deviation, right branch	embranchement à droite
▯	Pegel	water gauge	échelle fluviale
↓	Einsetzstelle	starting point	embarquement
↑	Aussetzstelle	pull-out point	débarquement
🚂	Bahnhof	railway station	gare
EB	Eisenbahn	railway	chemin de fer
🚌	Bushaltestelle	bus stop	arrêt de bus
🅿	Parkplatz	car park	parking
⌘	Sehenswürdigkeit	sights	curiosité
⛺	Zeltmöglichkeit (unbewirtschaftet)	campground, bivouac shelter	terrain de camping (non aménagé)
🚐	Campingplatz (bewirtschaftet)	campground, caravan site	terrain de camping aménagé

	Deutsch	**Englisch**	**Französisch**
	DKV-Kanustation	DKV-Kanustation (campground at a canoe club)	DKV-Kanustation terrain de camping chez club de canoë
	Bootshaus	boathouse	hangar de bateaux
	Bootshaus DKV-Kanu-Verein	boathouse canoe club	hangar de bateaux d'un club de canoë
	Rastplatz	picnic area	aire de repos
	Kraftwerk	power plant	usine électrique
li	links	left	à gauche
re	rechts	right	à droite
s.	siehe	see	voir
NW	Niedrigwasser	low water	eaux basses
MW	Mittelwasser	average water level	eaux moyennes
HW	Hochwasser	high water	crue
WW	Wildwasser	rough water, white water	courant rapide, eaux vives
BV	Befahrungsverbot	driving ban	interdiction de conduire
UV	Uferbetretungsverbot	shore prohibition	interdiction de rive
DJH	Jugendherberge	youth hostel	auberge de jeunesse
NSG	Naturschutzgebiet	nature reserve	réserve naturelle
OT	Ortsteil	village	village
StT	Stadtteil	district	district de

Einführung

Die nun vorliegenden 6. Auflage des Gewässerführers für Baden-Württemberg wurd aus der Gewässerdatenbank des DKV gefertigt. Fast alle Gewässer wurden anhan des uns jetzt zur Verfügung stehenden Luftbildes und Angaben aus dem Internet übe arbeitet. Zahlreiche Meldungen – vielen Dank an diejenigen, die der Redaktion Ände rungen mitteilten – wurden eingearbeitet. Der Gewässerführer für Ostdeutschland be schreibt die Kanugewässer der Bundesländer Mecklenburg-Vorpommern, Brander burg, Berlin, Sachsen-Anhalt und Thüringen, greift aber an seinen Grenzen auch au Gewässer in Bayern, Hessen und Niedersachsen zurück.

Dieser Gewässerführer beruht auf Informationen zahlreicher ehrenamtlicher Mitarbe ter. Der Herausgeber und die Redaktion haben die zugesandten Unterlagen nach bes tem Wissen zusammengestellt. Eine Gewähr für die Vollständigkeit kann aber nich übernommen werden. Dies gilt insbesondere für die Situation an den Gewässern, d sich durch Eingriffe der Wasserbaubehörden laufend Veränderungen ergeben kön nen, und zwar sowohl durch Neuausbau wie auch durch Renaturierungen. Daher zu nächst die grundsätzliche Bitte: Verlassen Sie sich nicht unbedingt auf die im Tex gemachten Angaben, sondern rechnen Sie stets damit, dass sich Änderungen erge ben haben können.

Der Herausgeber und die Redaktion haften daher nicht für Schäden, die aufgrund de in diesem Gewässerführer enthaltenen Informationen entstehen können. Daraus fol aber auch eine zweite Bitte: Notieren Sie sich bitte alles, was Ihnen an Unstimmigke ten auffällt, und melden Sie es an Deutscher Kanu-Verband,– Bundesgeschäftsstell –, Bertaallee 8, 47055 Duisburg, Telefon: 0203/99759-0, Fax: 0203/99759-60, E-Ma service@kanu.de

Dazu steht Ihnen außer dem Postweg auch auf der Internetseite des DKV eine Ein gabemaske zur Verfügung:
www.kanu-verlag.de/home/verlag/gewaesserfuehrer/kontakt.xhtml

Auch die Feedback-Funktionen der App Canua sind eine bequeme Methode, aktuell Änderungsmeldungen an die Redaktion zu senden.

Nur so kann sichergestellt werden, dass Fehler in den Beschreibungen bei der näch ten Auflage berichtigt werden können.

Witzenhausen, im März 202

Günter Ec

Landschaft und Gewässer

Was wird im Osten Deutschlands kanusportlich geboten?

Zunächst die Ostseeküste mit ihren Inseln und den Boddengewässern. Ihnen ist ein eigenes Kapitel gewidmet, das auch die Problematik von Fahrten im Küstenbereich aufzeigt. Ein interessantes Wandergebiet ist die Mecklenburger Seenplatte und die Märkischen Seen. Sie sind ein Relikt der letzten Eiszeiten. Die Gletscher Skandinaviens waren damals in breitem Strom über die Ostsee geflossen. Sie haben nach ihrem Rückzug ihre Endmoränen und zahllose Seen zurückgelassen. Diese landschaftlich so hervorragend schönen Seenlandschaften erstrecken sich von den Holsteinischen Seen, über die Mecklenburger und Masurischen Seen bis zu den „tausend Seen" Südfinnlands. Diese Seenplatte reicht im Osten Deutschlands von südlich der Ostsee bis zur geographischen Breite von Berlin. Sie stellt ein ideales Kanurevier dar. Die Seen sind vielfach auf einen Flusslauf aufgereiht wie Perlen auf einer Kette, und sie stehen fast alle irgendwie durch Nebengewässer miteinander in Verbindung. Das Gefälle zwischen den einzelnen Seen ist gering und wird zudem vielfach durch Schleusen aufgefangen. Für den Kanusportler bedeutet das, dass eine Fahrt fast immer ohne große Mühen auch flussaufwärts möglich ist. Dadurch ergeben sich fast zahllose Möglichkeiten der Routenwahl, wobei die Variationsbreite von der Fahrt zu kleinen, abgeschiedenen Seen bis hin zu großen Rundfahrten, die über mehrere hundert Kilometer gehen, reicht.

Im Text sind nicht nur die Hauptrouten ausführlich beschrieben, es finden sich auch zahlreiche Hinweise auf Abzweigungen und Nebenrouten. Im Prinzip ist in diesem Gewirr von Seen, Wasserläufen und auch Umtragungen jeder Kanute sein eigener Kapitän, der seinen Kurs anhand der Beschreibungen und mit Hilfe guter Karten weitgehend selbst festlegen kann.

Es gibt in Ostdeutschland mehrere Gebirge, der Harz im Westen, der Thüringer Wald im Südwesten, das Erzgebirge und das Elbsandsteingebirge im Süden. Es sind durchweg Mittelgebirge, mit Kammlagen bei maximal 1000 m, meist erheblich niedriger. Die höchsten Berge des Erzgebirges liegen in Tschechien, von dort flacht es sich ganz langsam nach Norden ab. Die Flüsse im Bereich der Gebirge sind vielfach durch Talsperren verbaut. Die Wildflüsse dieser Mittelgebirge sind meist nur kurz, die Zeit ihrer Befahrbarkeit ist, soweit nicht durch Talsperren reguliert, auf die Perioden starker Niederschläge begrenzt. Die Schwierigkeiten liegen im Bereich von WW I bis WW IV.

Die großen Flüsse Ostdeutschlands entwässern, von wenigen Ausnahmen abgesehen, fast alle über die Elbe nach Norden zur Nordsee. Sie sind, kanusportlich gesehen, leicht zu befahren, einige durch zahlreiche Wehre zum Teil mühsam, landschaftlich im Bereich der verschiedenen Höhenrücken recht reizvoll. Besonders zu erwähnen sind hier die hindernisfreie Langstreckenfahrt auf der Elbe, die kombinierten Fluss-Seen-Fahrten auf der Havel und die Spree mit ihren so vielgestaltigen Wasserwegen im Spreewald. Sehr lohnend ist auch eine Fahrt durch die schöne Mittelgebirgslandschaft der oberen Saale sowie auf der Unstrut.

Als Primär- und Sekundärnebenflüsse der großen Wanderflüsse gibt es in Os deutschland viele Kleinflüsse mit den dafür üblichen Schwierigkeiten. Ihre Befahrun ist oftmals wasserstandsabhängig.

Im Norden Ostdeutschlands gibt es zahlreiche Kanäle. Viele von ihnen, vor allem di kleineren, sind auch für den Kanusport von Interesse, da der Berufsschiffsverkehr a ihnen meist gering ist. Sie stellen vielfach Querverbindungen zwischen verschiedene Gewässersystemen und Seen dar.

Der Gewässerführer

Über das alphabetische Verzeichnis der Gewässer wird die Buchseite mit den ausführlichen Beschreibungen erreicht, so wie auch über die in beigefügten Karten angegebene Seitenzahl. Die Gewässer sind nach Stromgebieten geordnet und werden in ihrer geografischen Reihenfolge, von der Quelle aus abwärts, beschrieben (siehe Kilometrierung).

Neben dem amtlichen Flussnamen (Ergänzung bei weiteren Bezeichnungen) wird die Charakteristik des Gewässers spezifiziert und seine Mündung angegeben. Weitere Informationen sind eventuelle Befahrungsregeln, die Möglichkeiten einer Befahrung, Pegelangaben und eventuell auftretende Schwierigkeiten oder Problemsituationen.

Mit der Kilometrierung, den Symbolen und weiteren Informationen zu jedem Objekt erhält der Anwender umfassende Informationen. Sofern eine amtliche Kilometrierung vorhanden ist, oft stehen Schilder oder Merksteine am Flussufer, wird diese verwendet. Ansonsten wurden die Kilometerangaben aus Karten ermittelt.

Charakteristik der Gewässer

Beim Wanderfluss handelt es sich um ein Gewässer, das für geübte Paddler ohne besondere Schwierigkeiten zu befahren ist und das sowohl mit Einerkajak, Canadier und Zweier oder SUP-Board, als auch vielfach über mehrere Tage als Gepäckfahrt. Oftmals handelt es sich um Schifffahrtsstraßen, wobei besonders der Schiffsverkehr beachtet werden muss. Im Kapitel „Fahrten auf Binnen - und Seeschifffahrtsstraßen“ werden die Besonderheiten ausführlich behandelt.

Der Kleinfluss ist kanusportlich anspruchsvoll mit engen Kurven, Baum- und Strauchhindernissen, niedrigen Brücken, unterschiedlichen Wehranlagen, Sohlschwellen und Gefällstrecken. Aber auch Weidezäune wollen Beachtung finden. Kleinflüsse sollten nur mit geeigneten Booten befahren werden.

Das Befahren eines Wildwassers, möglichst in Kleingruppen, erfordert besondere kanusportliche Kenntnisse und bedingt eine dementsprechende Ausrüstung.

Die Schwierigkeitsstufen der Gewässer sind nachfolgend verzeichnet.

In der Beschreibung werden Aussagen zu Befahrungsregelungen getroffen, welche aber auch in der Objektbeschreibung zu finden sind. Diese Befahrungsregelungen können sich verändern. Benutzer*innen sollten sich deshalb über die aktuelle Situation unter www.kanu.de > Freizeitsport > Infothek_für_Paddler > Tourenplanung informieren.

Sofern vorhanden und bekannt, werden für die Befahrbarkeit Hinweise auf Pegel gegeben. Auf www.kanu.de ist das Pegelverzeichnis mit den direkten Links zu finden. Ein direkter Link führt zur amtlichen Pegelanzeige über die Internetadresse www.hochwasserzentralen.de, wobei über die Flussgebiete die entsprechenden Gewässer ausgewählt werden können.

Angaben zur Begleitung mit dem PKW und zur Nutzung öffentlicher Verkehrsmittel zum Versetzen der Fahrzeuge runden die textliche Beschreibung ab.

In der tabellarischen Flussbeschreibung sind links die Kilometer angegeben. In der rechten Spalte findet man Angaben zu diesem Objekt, wie z. B. Ein- und Aussatzstellen, Ortsbezeichnungen, Brücken, Wehre usw.

Flussverbauungen als Querbauten in den Fließgewässern sind im Allgemeinen ein Hindernis für die Befahrung. Die Palette unterschiedlich ausgebildeter Wehre reicht vom kleinen Abfall bis zur großen Staumauer. Die Bauformen sind vielfältig (z.B. Steil-, Stufen- Schräg-, Klappen-, Schützenwehre) und werden oftmals in den Flussbeschreibungen angegeben. Ebenso werden die verschiedenen Verwendungszwecke (Kraftwerk ϟ, Mühlenwehr, Bewässerungswehr, usw.) erwähnt. Die Wehre werden in den Flussbeschreibungen mit dem Symbol ▬ angezeigt. Auch andere Querverbauungen wie Sohlabstürze, Sohlgleiten oder Sohlrampen (Aufschüttungen von Steinen, Pfahlreihen, Betonschwellen) werden mit diesem Symbol ω gekennzeichnet. An unbefahrbaren Hindernissen ist unbedingt rechtzeitig auszusetzen. Die Unbefahrbarkeit wird durch das Symbol ⌓ hervorgehoben; hier sind Boot und Ausrüstung um das Hindernis herumzutragen. In einigen Fällen ist ein Befahren des Hindernisses unter Umständen möglich, erkennbar am Symbol ≈. Dabei sind etwaige Hinweise im Flussführer, die jeweiligen örtlichen Gegebenheiten evtl. Hindernisse, wechselnde Wasserstände, Hinweise auf Schildern, das Bootsmaterial und das eigene Können zu beachten. In jedem Falle ist eine vorherige Besichtigung des Wehres anzuraten. Bestehen nur geringste Zweifel, ist ein Umtragen des Bootes vorzuziehen.

Die bequemste Art, ein Hindernis zu überwinden, ist das Schleusen. Die Schleuse wird durch das Symbol ⇄ dargestellt. Sofern Betriebszeiten der Schleusen angegeben wurden, ist zu beachten, dass hier oftmals Änderungen erfolgen. Deshalb ist es empfehlenswert, sich aktuell zu informieren. Für Bundeswasserstraßen bekommt man diese Informationen im Internet unter www.elwis.de >Sportschifffahrt > Schleuseninformationen. Das Land Brandenburg bietet Informationen unter der Adresse lbv.brandenburg.de/schleusen.htm . Bitte beachten: Das Schleusen von Stand-Up-Paddelboards ist in Deutschland verboten, die Boards müssen umtragen werden.

Besondere Gefahren werden extra beschrieben und mit ⚠ gekennzeichnet, z. B durch Tosbecken entstehende Walzen mit „gefährlichem Rücklauf".

Weitere Angaben ergänzen die Beschreibung: Zum Zelten gibt es Hinweise sowoh auf einfache Zeltplätze ⛺ als auch auf in der Regel bewirtschaftete Camping plätze 🚐. Die Bootshäuser der Kanu-Vereine 🏠 bieten viele Möglichkeiten, beson ders, wenn sie als DKV-Kanustation ⛺ bewertet sind. Ergänzend gibt es Verkehrs hinweise (Bahnhöfe 🚂, Parkplatz 🅿) und Hinweise touristischer Art ⌘, die man je doch aus speziellen Reiseführern ergänzen sollte. Zu vielen Einträgen wurden die Ko ordinaten ermittelt und als Dezimalgrad eingetragen. Die Koordinaten ermöglichen so wohl die Suche in Karten als auch die Möglichkeit der Standortbestimmung am Ge wässer mittels GPS.

Bei allem unbedingt bitte beachten: Es gibt ständig Veränderungen, und die eigen Verantwortung steht über den Angaben im Flussführer.

Zeltmöglichkeit

Das früher für den Kanuwanderer übliche freie Zelten, d. h. auf den Uferstreifen am Fluss, ist aus Naturschutzgründen nicht gerne gesehen und vielerorts grundsätzlich verboten. Es sollte daher allenfalls dann erfolgen, wenn ausnahmsweise ein offizieller Zeltplatz nicht erreicht werden kann. Die Zelt- und Campingplatzverordnungen in den einzelnen Ländern sind zudem nicht einheitlich. Allgemein kann gesagt werden, dass Zelten außerhalb der offiziellen Plätze nur mit Erlaubnis des jeweiligen Grundstückseigentümers möglich ist. Deutschland hat eine hohe Dichte an Zelt- und Campingplätzen, sodass ein wildes Zelten nicht erforderlich ist. Den Paddlern stehen außerdem eine Vielzahl von DKV-Kanustationen zur Verfügung, welche in den Beschreibungen verzeichnet sind.

Unterlagen

Für das in diesem Gewässerführer beschriebene Gebiet gibt es ein reichhaltiges Angebot an Karten. Es wird darauf verzichtet, auf diese im Einzelnen zu verweisen. In den touristisch erschlossenen Gebieten sind örtliche Gewässer- und Wanderkarten, die man sich an Ort und Stelle besorgen kann, erhältlich. Im Buch selbst befinden sich Übersichtsskizzen der beschriebenen Gewässer, die die Orientierung erleichtern.

Aktualisierungen

Die vorliegenden Gewässerdaten basieren auf Erfahrungen und Angaben zahlreicher Kanuten. Korrekturen zu dieser Ausgabe sind sehr wertvoll und tragen zur Aktualität der Informationen sowie zur Sicherheit anderer Kanusportler*innen bei. Meldungen werden über das Kontaktformular www.kanu-verlag.de > Verlag > Gewässerführer > Korrekturmeldung erbeten.

Der Deutsche Kanu-Verband – Interessenvertreter des Kanusports

Der Deutsche Kanu-Verband ist mit seinen 18 Landes-Kanu-Verbänden, den dort organisierten über 1.300 Kanu-Vereinen und ca. 125.000 Mitgliedern der mitgliederstärkste Kanu-Verband der Welt. Er und die Landes-Kanu-Verbände vertreten als Spitzenfachverband im Deutschen Olympischen Sportbund bzw. gegenüber den Landessportbünden alle Belange des Kanusports. Der Deutsche Kanu-Verband kümmert sich in erster Linie ehrenamtlich um den Erhalt der naturnahen Gewässer, ohne die Kanufahren nicht möglich ist. Der DKV bemüht sich um Verhinderung oder Entschärfung gefährlicher und ökologisch bedenklicher Wasserbaumaßnahmen. Er setzt sich im besonderen Maße für die Wahrung ökologischer Belange und für den Bau von Wehrüberwindungsanlagen für Kanufahrer ein.

DKV und Leistungssport

Der DKV ist im Bereich des Leistungssports der erfolgreichste deutsche Sommer-Sportverband. Die Flotte des Deutschen Kanu-Verbandes ist seit 1992 regelmäßig der erfolgreichste Teil der deutschen Mannschaft bei Olympischen Sommerspielen und erzielte von 1992 bis 2016 zahlreiche Olympiasiege im Kanu-Rennsport und Kanu-Slalom. Auch im Vergleich mit den anderen Kanuverbänden steht der DKV weltweit vorne.

Neben den beiden olympischen Disziplinen vereint der DKV Kanu-Wildwasser, Kanu-Rennsport, Kanu-Marathonrennsport, Kanu-Drachenboot, Kanu-Polo, Kanu-Segeln, Kanu-Freestyle, Rafting und Ocean Canoe und SUP in einzelnen Wettkampfdisziplinen, in denen der DKV zumeist Deutsche Meisterschaften austrägt und in denen, unter dem Dach des Internationalen Kanu-Verbandes (ICF), Weltmeisterschaften durchgeführt werden.

Als deutscher Spitzensportverband stellt der DKV auch die Finanzierung des Leistungssports sicher. Er koordiniert Bundestrainer, Bundesleistungsstützpunkte und bildet qualifizierte Trainer in der Akademie des Kanusports aus.

DKV und Kanu-Freizeitsport

Die überwiegende Mehrzahl der Mitglieder des DKV betreibt Kanu-Freizeitsport. Es ist daher fast zwangsläufig, dass der DKV auf diesem Gebiet besonders viele Aktivitäten entfaltet. So bietet der DKV ein umfangreiches Veranstaltungsprogramm im gesamten Bundesgebiet. Im jährlich neu erscheinenden DKV-Sportprogramm und der Online-Termindatenbank sind mittlerweile über 1.000 Veranstaltungen aus dem Bereich des Kanu-Freizeitsports aufgeführt.

Der DKV gibt Tipps und Hinweise für ungewöhnliche Touren, Kontaktadressen zu Ausrüstern und Fachhändlern. Diese und viele weitere Angebote des Deutschen Kanu-Verbandes, seiner Landesverbände und Vereine, stehen für Freude und Leidenschaft am Kanusport.

Im Rahmen des Kanu-Freizeitsports sind die folgenden Leistungen des DKV nicht nur für seine Mitglieder, sondern auch für den breiten Kreis der nicht organisierten Kanuten von besonderem Interesse.

DKV und sein Informationssystem

Der DKV verfügt über ein weltweit einmaliges System von Gewässerinformationen. Nahezu alle kanusportlich nutzbaren Gewässer in Deutschland und im europäischen Ausland sind erfasst.

Die gedruckten Gewässerführer sind wie das vorliegende Buch aufgebaut und enthalten alle wesentlichen sicherheits-, umwelt- und fahrtentechnischen Hinweise für den Kanusportler. Eine aktuelle Übersicht über die verfügbaren Ausgaben finden Sie unter www.kanu-verlag.de/home/verlag/gewaesserfuehrer
Mit der **canua-APP** bietet der DKV alle relevanten Informationen auch digital und kostenlos für alle Interessierten an.
Alle Informationen werden in der Gewässerdatenbank durch das Netzwerk der Paddler*innen ehrenamtlich aktualisiert und gepflegt. Ein unschätzbares Gemeingut, an dem jede/jeder durch ihre/seine Korrekturmeldung mitwirken kann.
www.kanu-verlag.de/home/verlag/gewaesserfuehrer/kontakt.xhtml

Ergänzend zu den Gewässerführern (Print und Digital) bietet der Verlag des DKV attraktive Publikationen wie die TOP-Kanu-Touren an, über die man zahlreiche Anregungen zu Unternehmungen in den Regionen Deutschlands und Europas erhält. Auch hier profitieren die Kanusportler*innen von den Erfahrungen anderer Wassersportler*innen.

DKV und seine Zeitschrift KANU-SPORT

Kanusportler*innen finden in der monatlichen Zeitschrift KANU-SPORT die neuesten Informationen und Entwicklungen im Kanusport aber auch im Verbands- und Vereinswesen. Den Schwerpunkt bilden illustrierte Fahrtenberichte und Tourenvorschläge für Kanufahrten in Deutschland, Europa und der ganzen Welt mit hilfreichen Informationen. Außerdem bringt der KANU-SPORT Marktneuheiten, Veranstaltungshinweise sowie Artikel zu Themen wie Sicherheit, Umwelt und Gewässer oder Leistungssport. In seinem Service-Teil gibt es regelmäßig Informationen über neue Befahrungsregelungen oder etwa kurzfristig verhängte Sperrungen aus technischen Gründen. Die Zeitschrift KANU-SPORT wird von der DKV-Wirtschafts- und Verlags GmbH herausgegeben und kann dort gerne abonniert werden. Als E-Book sind die Einzelhefte ebenfalls erhältlich. Weitere Informationen: www.kanu-sport.com

DKV und seine Auszeichnungen

Ähnlich dem Deutschen Sportabzeichen, werden auch im DKV Auszeichnungen für besonders aktive Kanufahrer*innen verliehen. So gibt es das DKV-Wanderfahrerabzeichen für erwachsene Mitglieder, das in den Stufen Bronze, Silber und Gold vergeben wird. Für Vielfahrer*innen, die mindestens 40 000 Fahrtenkilometer zurückgelegt haben, wurde das Globusabzeichen entwickelt. Auch im Bereich der Schüler*innen und Jugendlichen gibt es ein DKV-Wanderfahrerabzeichen in den Stufen Bronze, Silber und Gold. Viele Landesverbände bieten darüber hinaus weitere zusätzliche Möglichkeiten der Auszeichnungen an. Ergänzt werden die permanenten Auszeichnungssysteme mit Angeboten aus zeitlich aktuellem Anlass. Mehr Informationen unter www.kanu.de > freizeitsport > Auszeichnungen

Mit dem Europäischen Paddelpass Deutschland (EPP-D) ermöglicht der DKV seinen Mitgliedern die Teilnahme am europäischen Qualifizierungssystem. Auf freiwilliger Basis können Kanusportler*innen ihren Könnens- und Wissensstand dokumentieren lassen und erhalten so auch den Nachweis in den gewählten Disziplinen wie Kanutouring, Wildwasser, Seekajak und SUP. Bei verschiedenen Gelegenheiten wie z.B. Bootsverleih oder Teilnahme an bestimmten Fahrten findet der EPP-D seinen Einsatz.

DKV im Internet

Unter der einprägsamen Adresse „www.kanu.de" ist der DKV im Internet vertreten. Der DKV bietet auf dieser Seite und in der Rubrik „Freizeitsport" umfassende Informationen rund um den Kanusport.

Schnell zum Ziel mit umfassenden Informationen kommt der/die Anwender*in über die Buttons in der Kopfzeile:

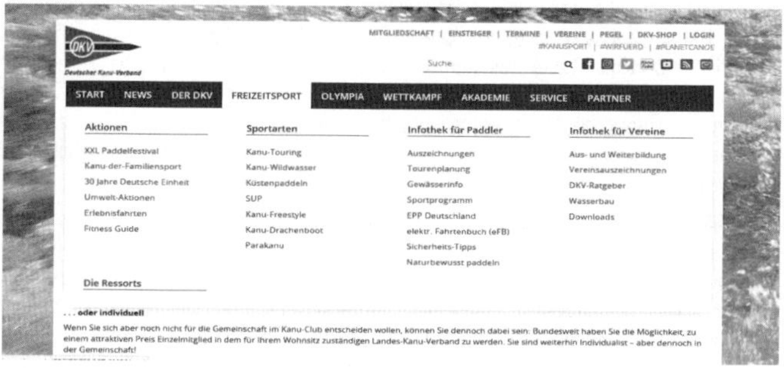

DKV und seine Pegeldienste

„Immer eine Handbreit Wasser unter dem Kiel" ist für einen Kanusportler eine Aussage mit großem Gewicht! Wer will schon feuchte Waldwege fahren oder Hunderte von Autokilometern umsonst unterwegs sein? Pegelinformationsdienste sind deshalb ein wichtiges Informations- und Steuerungssystem im Kanusport. Besonders hilfreich ist die Koppelung der aktuellen Pegelhöhe mit einer Richtgröße, im günstigsten Fall ein Mindestpegel und eine Flussstrecke, auf die sich die Pegelhöhe und damit die Befahrbarkeit beziehen. Mindestpegelmarken sind in der Regel nach sportlich-fahrtechnischen und ökologischen Gesichtspunkten ausgelegt: so dienen die

Pegelinformationen nicht nur dem Erhalt der natürlichen Ressourcen sondern auch dem eigenen Fahrspaß. Informationen zu den Pegeldiensten finden Sie unter www.kanu.de .

DKV und sein Verlag

Über die DKV-Wirtschafts- und Verlags GmbH erhalten Sie eine Fülle interessanter Fachliteratur, Gewässerkarten, die jährlich herausgegebenen Kanu-Kalender sowie die verschiedenen Gewässerführer. Der DKV-Verlag ist außerdem mitverantwortlich für die Herausgabe der canua-APP. Die Gewässerführer und viele andere Verlagsartikel können DKV-Mitglieder zu ermäßigten Preisen bei der DKV-Wirtschafts- und Verlags GmbH bestellen. Fordern Sie den Verlagsprospekt an:

DKV-Wirtschafts- und Verlags GmbH
Postfach 10 03 15, 47003 Duisburg
☎ 0203/99759-99, Fax: 0203/99759-61
E-Mail: info@dkvgmbh.de

Bestellungen sind im Online-Shop unter www.kanu-verlag.de möglich.

DKV-Kanu-Stationen, -Zeltplätze und -Ferienheime

Viele Vereine, die dem DKV angeschlossen sind, besitzen auf dem Gelände der Bootshäuser Zeltmöglichkeiten. Soweit es die Platzverhältnisse zulassen sind DKV-Mitglieder dort als Gäste willkommen. Darüber hinaus sind zahlreiche Vereine und Campingplätze als „DKV-Kanu-Station“ anerkannt und ausgeschildert. Sie erfüllen Kriterien wie etwa gute Anlandemöglichkeiten, bieten ausreichend Platz für Kleinzelte, halten stets erreichbare sanitäre Einrichtungen wie Toiletten, Waschmöglichkeiten, Duschen und Trinkwasser sowie weitere Serviceleistungen bereit.

DKV-Mitglieder erhalten vergünstigte Übernachtungspreise, wobei sich eine vorherige Kontaktaufnahme empfiehlt. Das Verzeichnis der DKV-Kanu-Stationen findet man unter www.kanu.de/FREIZEITSPORT/Infothek-fuer-Paddler/Tourenplanung-75519.html . Die DKV-Kanu-Stationen sind auch in der Vereinsdatenbank gekennzeichnet.

Der DKV und die Landes-Kanu-Verbände betreiben an verschiedenen Orten des Bundesgebietes Heime und Zeltplätze speziell für Kanusportler. Auf den DKV-Campingplätzen werden mittlerweile Leih-Kajaks und -Canadier angeboten. Interessenten an Dauerstellplätzen empfehlen wir, Kontakt mit den jeweiligen Obleuten aufzunehmen. DKV-Mitglieder erhalten bei Dauerstellplätzen einen Rabatt von bis zu 25 Prozent.

Der **DKV-Zeltplatz und Ferienheim Edersee** ist in schöner Lage an der Edertalsperre gelegen. Die Einrichtung existiert seit den 1930er Jahren und ist ständig ausgebaut und modernisiert worden. Neben den Dauerplätzen sind ausreichend Stellplätze für Zelte und Wohnwagen sowie Übernachtungsplätze im Heim vorhanden. Zur Versorgung des Platzes dient die „Fürstental-Klause“. Weitere Informationen: www.dkv-campingplatz-edersee.de

Der **DKV-Campingplatz am Bodensee** wurde 1995 in Betrieb genommen. Eine rechtzeitige Anmeldung in der Hauptsaison wird angeraten, da die Kapazität schnell ausgebucht ist. Unter Umständen sollte das Angebot der Kanu-Vereine im näheren Einzugsbereich geprüft werden. In der Vor- und Nachsaison ist ein Besuch empfehlenswert. Der Platz hat einen Kiosk sowie Restauration und öffnet von Mai bis September. Mehr Informationen: www.dkv-camping.de.

In der Urlaubsregion Lüneburg verfügt der **Hamburger Kanu Verband am Barumer See** über ein neu renoviertes Kanuwanderheim mit ausreichend Platz für Gruppen, Wochenendgäste und Urlaubern. Eine große Wiese zum Zelten liegt direkt am Wasser. Im Haus gibt es bis zu 15 Schlafmöglichkeiten und eine voll eingerichtete Küche sowie gemütliche Sitzecken. Wohnwagen und Wohnmobilstellplätze sind vorhanden. Der Platz ist das ganze Jahr über geöffnet und eignet sich hervorragend als Ausgangspunkt für Kleinflussfahrten, Rad- und Wandertouren. Die nahgelegene historische Salz- und Hansestadt Lüneburg und die vielfältigen Landschaften der Elbtalaue und Lüneburger Heide bieten weitere Ausflugmöglichkeiten auf Land und Wasser. Mehr Informationen: www.hamburger-kanu-verband.de > kanuheim-barum

Die **Landeslehrstätte Mardorf** des Landes-Kanu-Verbandes Niedersachsen liegt in Mardorf am Steinhuder Meer. Es ist eine Ferienanlage, eine Landeslehrstätte und Kanusegel-Stützpunkt. Das „Walter-Künne-Heim" verfügt über 25 Betten in Zimmern mit oder ohne Dusche und WC. Das Haus ist ganzjährig geöffnet und bewirtschaftet. Für Tagungen und Lehrgänge sind alle notwendigen technischen Geräte vorhanden. Das Gelände bietet außerdem Platz für Wohnwagen und Zelte. Für Jugendgruppen bietet sich das „rustikale Holzhaus" mit Schlafkojen, Matratzenlager auf dem Dachboden und Selbstverpflegungsmöglichkeiten an. www.lkv-nds.de > Stützpunkte > Kanulehrstätte Mardorf

Ein Urlaubsparadies besonderer Art bietet der **Naturzeltplatz Große Birke** des Bayerischen Kanu-Verbandes im Staffelsee bei Murnau in Oberbayern. Ausschließlich für Mitglieder der Kanuverbände steht eine Insel als natürlich belassener Zeltplatz zur Verfügung. Im Landschaftsschutzgebiet des Alpenvorlandes gelegen, wurde vom BKV eine grasbewachsene Teilfläche der Privatinsel „Große Birke" gepachtet und kann in der Sommersaison von allen Verbandsmitgliedern für Kurzbesuche ebenso wie für große Urlaube genutzt werden.

Die Anreise ist nur mit eigenem Kanu / Kajak oder Leihkahn ab Seehausen oder Murnau möglich. Der absolut einsam-ruhige Staffelsee liegt direkt am Alpenrand und gilt als einer der wärmsten bayerischen Seen. Landschaft und Kultur laden zu Ausflügen ein: Wandern, Radeln sowie Bootstouren auf Kleinflüssen. Weitere Informationen / Anmeldung: www.kanu-bayern.de > Freizeitsport > Grosse-Birke Reservierung über Raimund Rasch E-Mail: grosse.birke@kanu-bayern.de

Mitgliedschaft im DKV

Die Vorteile der DKV-Mitgliedschaft werden auch Sie überzeugen!

Egal, ob im Kanu-Club oder als Einzelmitglied in einem Landesverband:

- Sie sind als Gast in den meisten der 800 Bootshäuser und rund 280 DKV-Kanu-Stationen willkommen – und das natürlich zu Vorzugspreisen gegenüber Nichtmitgliedern!
- Sie erhalten weitgehende Ermäßigungen auf den DKV-Campingplätzen oder entsprechenden Einrichtungen der Landesverbände.
- Beim Erwerb von Flusskarten, Flussführern, Kanuliteratur oder Bekleidung über die DKV-Wirtschafts- und Verlags-GmbH erhalten Sie günstige Mitgliedskonditionen.
- Sie können an vielen der rund 1.500 Veranstaltungen im DKV teilnehmen.
- Sie genießen die Sonderregelungen für DKV-Mitglieder in Naturschutzgebieten.

Als Einzelmitglied eines Landesverbandes haben Sie darüber hinaus folgende Vorteile:

- Sie genießen bei Ihren kanusportlichen Aktivitäten den Schutz einer speziellen Unfallversicherung. Und Sie können Ihr Boot zu günstigen Bedingungen zusätzlich versichern.
- Sie erhalten monatlich die Fachzeitschrift KANU-SPORT mit Nachrichten aus der Welt des Kanusports, ausführlichen Fahrtenberichten und Informationen zu den Themen Umwelt, Sicherheit und Ausrüstung.
- Sie erhalten den DKV-Newsletter – und sind damit zeitnah über wichtige Entwicklungen im Kanusport informiert.
- Und zusätzlich können Sie den Deutschen Sportausweis als DKV-Mitgliedsausweis erhalten, der ein umfangreiches Angebot an Vergünstigungen und Rabatten beinhaltet.

Anschrift des Deutschen Kanu-Verbandes

Deutscher Kanu-Verband – Bundesgeschäftsstelle –
Bertaallee 8, 47055 Duisburg
Telefon 0203/99759-0, Fax: 0203/99759-60
Internet: www.kanu.de , E-Mail: service@kanu.de

Das aktuelle Verzeichnis aller Landes-Kanu-Verbände finden Sie im Internet unter www.kanu.de > DER DKV > Landesverbände.

Tipps und Hinweise zum Kanusport

Kanufahren ist leicht zu erlernen. Um sein Boot richtig zu beherrschen, braucht es aber einige Übung. Selbstverständlich kann man das Paddeln selbst erlernen; dies ist aber eine mühselige Variante. In einer Gruppe im Kanuverein macht das Erlernen dieser Natursportart am meisten Spass. In zahlreichen Vereinen werde Kanu-Kurse für Anfänger angeboten die auch Nichtmitgliedern offenstehen. Termine und Adressen sind der Webseite des Deutschen Kanu-Verbandes (DKV) unter www.kanu.de zu entnehmen. Daneben gibt es auch gewerbliche Kanuschulen oder Kanuanbieter mit entsprechenden Kursangeboten.

Welches Boot brauche ich?

Die Entscheidung für den Bootstyp richtet sich nach eigenen Vorlieben und dem Gewässer. Die grundsätzliche Entscheidung ist zwischen Kajaks und dem Canadier zu treffen.

Canadier stammen aus Nordamerika und wurden von den dortigen Indianern zum Transport, zur Jagd und zum Fischfang genutzt.

Canadier werden sitzend oder kniend mit einem Stechpaddel gefahren. Die heutigen Wandercanadier eignen sich hervorragend für längere Touren auf Seen oder ruhigeren Flüssen, mit Gepäck und mit mehreren Personen. Deshalb werden sie gerne von Familien genutzt.

Kajaks haben ihren Ursprung bei den Eskimos. Es sind geschlossene Boote mit einer Sitzluke. Kajak-Fahrer sitzen in ihrem Boot und bewegen es mit einem Doppelpaddel vorwärts. Das Kajak ist der „Allround-Bootstyp" im Kanusport und wird in allen Bereichen verwendet – vom Seekajak für Großgewässer bis hin zum Wildwasserkajak.

Zu unterscheiden sind außerdem verschiedene Materialien. Die wichtigsten sind: **Polyethylen** (PE), ein robustes, relativ weiches Material, bei Wildwasserbooten, aber auch bei Tourenbooten eingesetzt wird. Kajaks aus **glasfaserverstärkter Kunststoff** (GfK), oder anderen Verbundmaterialien sind leicht, hart, aber relativ empfindlich ist, und kommen besonders bei Touren- und Seekajaks zum Einsatz. Aber auch Holzboote und zusammenlegbare Faltboote mit einer Gummi- oder Kunststoffhaut, wie auch Luftboote sind im Einsatz.

Einen breiten Einsatzbereich decken Tourenboote ab, die in kurzen Längen auch auf Kleinflüssen gefahren werden können. Auf dem Markt sind über 1000 verschiedene Modelle erhältlich, konkrete Empfehlungen können an dieser Stelle nicht gegeben werden. Testfahrten sind immer zu empfehlen. Entsprechende Veranstaltungen werden in großer Zahl angeboten. Für eine umfassende Beratung sind die DKV-Kanu-Fachberater zu empfehlen. Die Adressen sind über die DKV-Internetseite www.kanu.de und die DKV-Geschäftsstelle erhältlich. Rat gibt es auch bei anderen Kanuten in einem Verein in Ihrer Nähe.

Sind Kanus teuer?

Die Preise für Kanus richten sich wie bei allen Gebrauchsgegenständen nach Materia und der Qualität.. Deshalb sind für ähnliche Bootstypen unterschiedliche Preise zu zahlen. Zur groben Orientierung: Wildwasserkajaks gibt es ab ca. € 800, Tourencanadier ab ca. € 1 000.

Preiswerte Boote sind bei den zahlreichen Gebrauchtbootmärkten zu erwerben, deren Termine beim DKV zu erfahren sind. Vom Kauf unbesehener Boote (z.B. bei Internet-Auktionen) ist eher abzuraten, da Alter und Zustand bei Gebrauchtbooten eine wichtige Rolle spielen.

Wer mit dem Paddeln anfängt, muss aber nicht sofort ein Boot kaufen: Vielerorts können Boote gemietet werden, und wer das Paddeln in einem Kanu-Kurs erlernt bekommt dabei das Material meistens gestellt. Außerdem können Mitglieder eines Kanu-Vereins können dort oftmals die unterschiedlichen Bootstypen ausprobieren bevor sie sich für einen Typ entscheiden bevor eine Kaufentscheidung gefällt wird.

Welche Ausrüstung benötige ich?

Wer Kanusport regelmäßig ausüben will, braucht eine gewisse Grundausrüstung Hierzu zählen – neben Paddel und passender Schwimmweste – z.B. Spritzdecke und Paddeljacke, um vor Spritzwasser geschützt zu sein, außerdem Kälteschutzkleidung sowie wasserdichte Behälter für den Transport von Ersatzkleidung im Boot. Besonders im Wildwasser zählen zur Ausrüstung auch Schutzhelm, Wurfsack und ein Erste-Hilfe-Päckchen. Für spezielle Reviere ist eine besondere Ausrüstung erforderlich. Der Fachhandel berät gerne, was jeweils geeignet ist.

Wo darf ich paddeln?

Grundsätzlich ist das Paddeln auf allen Fließgewässern in Deutschland erlaubt. Ausnahmen gelten auf Talsperren oder Wasserflächen in Parkanlagen bzw. in Erholungsgebieten. Zu beachten ist aber auch, dass es zahlreiche **Befahrungsregelungen aus Naturschutzgründen** gibt, die unbedingt zu beachten sind. Die bekannten Befahrungsregelungen sind unter www.kanu.de veröffentlicht. Auf großen Binnenschifffahrtsstraßen gelten besondere Verkehrsvorschriften. Infos dazu gibt es unter www.elwis.de. Vor Fahrtenbeginn ist eine genaue Information über die jeweils geltenden Vorschriften unerlässlich.

Ist Kanufahren gefährlich?

Gefährlich sind Natursportarten meist nur, wenn sie nicht beherrscht oder eine Situation falsch eingeschätzt wird. Eine qualifizierte Ausbildung ist daher der beste Schutz für die eigene Sicherheit! Anfängern wird eine besondere Vorsicht angeraten. Besonders bei **Hochwasser** können Gewässer, die sonst unproblematisch sind, besondere Gefahrenstellen aufweisen.

Im Zweifelsfall sollte lieber auf eine Befahrung verzichtet werden, bevor man Gesundheit oder Leben aufs Spiel setzt.

An **Wehren** oder **Schleusen** ist besondere Vorsicht geboten. Vor der Befahrung eines Wehres sollte dieses unbedingt besichtigt werden! Im Zweifel sollte man sein Boot umtragen, um sich und mögliche Retter nicht in Lebensgefahr zu bringen!

Auch das **Wetter** sollte man im Auge behalten: Im Sommer können die Sonneneinstrahlung und die damit verbundene Ozonbelastung Probleme verursachen – und **Sturm** oder **Gewitter** haben schon mancher Fahrt ein plötzliches Ende bereitet. Und vor allem: **Nichtschwimmer gehören nicht in ein Kanu.**

Kennzeichnung der Kanus

Nach der Verordnung für die Kennzeichnung von Kleinfahrzeugen auf Binnenschifffahrtsstraßen und Landesschifffahrtsstraßen (gibt es nicht in jedem Bundesland) sind Kanus von der Führung eines **amtlichen** Kennzeichens befreit. Dennoch besteht auf allen Binnen- und Landesschifffahrtsstraßen die Verpflichtung, Boote zu kennzeichnen. Dazu muss der Bootsname von außen deutlich lesbar sein (es werden Buchstaben von 10 cm verlangt), zusätzlich sind Name und Anschrift des Eigentümers an einer erkennbaren Stelle fest im Bootsinneren anzubringen (entweder mit einem wasserfesten Stift oder mit einem angeschraubten Schild).

Unabhängig von dieser Regelung empfiehlt der Deutsche Kanu-Verband, alle Kanus in der o.a. Art und Weise zu kennzeichnen. Zusätzlich sollten DKV-Mitglieder das DKV-Logo auf dem Boot anbringen.

Fahrten auf Binnen- und Seeschifffahrtsstraßen

Auf Wasserstraßen, die von großen Güter- und Fahrgastschiffen befahren werden, bestehen besondere Gefahren für die Sportschifffahrt. Für alle Gewässer, die für die gewerbliche Schifffahrt zugelassen sind, sind besondere Ordnungen erlassen worden: Binnenschifffahrtsstraßenordnung, Landesschifffahrtsordnungen (gibt es nicht in jedem Bundesland) und Seeschifffahrtsstraßenordnung. Sie regeln ähnlich der Straßenverkehrsordnung den Verkehr auf den schiffbaren Gewässern der Bundesrepublik Deutschland. Sie enthalten detaillierte Bestimmungen zur Gewährleistung der Sicherheit und Leichtigkeit des Schifffahrtsverkehrs.

Kleinfahrzeuge wie Kajaks und Canadier und SUP's sind Teilnehmer des Verkehrs auf den Wasserstraßen. Die Regelungen müssen entsprechend beachtet werden. Bezogen auf die Verhältnisse im Straßenverkehr, sind Kanuten und Kanutinnen auf den Schifffahrtswegen ebenso gefährdet wie dort die Fußgänger als schwächste Verkehrsteilnehmer. Die Wasser- und Schifffahrtsdirektion des Bundes hat auf der sehr informativen Homepage www.elwis.de>Freizeitschifffahrt alle wesentlichen Verhaltensregeln für Wassersportler aufgeführt. Gute Informationen enthält auch die Broschüre „Sicherheit auf dem Wasser" die vom Bundesverkehrsministerium herausgegeben wird und dort bezogen werden kann. Gleichfalls verfügbar sind die Unterlagen in der frei verfügbaren Wasserwege-APP des BMVI.

Fahrten auf dem Kleinfluss

Kleinflüsse finden wir in Mittelgebirgen und im Flachland. Es handelt sich dabei um schmale Gewässer (2 – 10 m breit) mit moderater bis stärkerer Strömung und meist geringer, unterschiedlicher Wassertiefe. Auch finden sich regelmäßig Wehre, Baum- und Strauchhindernisse im Fluss. Mit kompakten Tourenbooten können diese Gewässer befahren werden. Eine Befahrung mit Stand-Up-Paddel-Boards (SUP) erfordern paddeltechnische Fahrkenntnisse. Steueranlagen oder Skeg am Boot sind in diesen Umfeld häufig nicht ideal. Das Beherrschen einer soliden Paddeltechnik mit dem Beherrschen der Paddelstütze, Ein- und Aussteigen abseits angelegter Ausstiegsstellen und sowie Rückwärts traversieren sollten beherrscht werden. (Kenntnisse entsprechen dem EPP-D -Europäischer Paddelpass- Stufe 2). Zur Ausrüstung gehört auf jeden Fall eine Basis-Sicherheitsausrüstung sowie sichere Kenntnisse über deren Verwendung. Teilweise sind auch eine Kälteschutzbekleidung und ein Helm anzuraten.

Fahrten auf Wanderflüssen

Wanderflüsse gehören zu den am meisten befahrenen Gewässern. Dies zu Recht, bieten Sie doch unkompliziert zu paddelnde Abschnitte, in ansprechender Umgebung. Beachtet werden sollte in jedem Fall die oftmals vorhandenen Wehre und anderen Hindernisse. Diese müssen mit Tourenbooten in der Regel umtragen werden. Viele Umtragestellen sind problemlos zu meistern, teilweise ist aber auch eine weitere Strecke zurückzulegen. Dazu ist der Einsatz eines Bootswagens sehr hilfreich. Die Überwindung von Wehren über extra angelegte Bootsgassen erleichtert eine Befahrung des Gewässers. Diese werden in der Beschreibung gesondert erwähnt. Die Benutzung einer Bootsgasse entbindet aber nicht von der eigenen Begutachtung der Anlage, da besonders im Unterwasser ausgeprägte Kehrwässer, Wellen und Wirbel vorhanden sein können. Gleichzeitig verändern sich die Anforderungen, je nach Wasserstand. Kontrollierte Übungen mit erfahrenen Paddler*innen werden angeraten.

Durch die Renaturierung vieler Flussabschnitte zur ökologischen Aufwertung des Gewässers verändern diese permanent die Gestaltung des Flusslaufes. Natürliche Hindernisse wie gefallene Bäume, flache Stellen usw. erfordern, insbesondere nach Hochwässern, besondere Aufmerksamkeit. Aus ökologischen Gründen sind die Veränderungen gewollt, machen die Flüsse abwechslungsreich, anspruchsvoller und erlebnisreicher. Natursportler begrüßen diese Entwicklung.

Wanderflüsse können mit allen Tourenbooten oder SUPs befahren werden. Ein Wurfsack und ein Erste-Hilfe-Set sollten immer dabei sein. Der DKV empfiehlt ausdrücklich das Tragen von Rettungswesten.

Fahrten auf Wildwasser

Das Befahren von Wildwassern übt einen besonderen Reiz aus, erfordert andererseits sehr gute kanusportliche Fähigkeiten, für die eine umfangreiche Ausbildung im Verein und/oder bei entsprechenden Wildwasserkursen erforderlich ist. Für die Bewertung der Schwierigkeiten eines Wildwassers hat sich inzwischen eine recht strenge

Beurteilung durchgesetzt. Bei der Beschreibung der einzelnen Flüsse des vorliegenden Bandes werden die Schwierigkeiten entsprechend der nachfolgenden Tabelle eingestuft, die von einer Kommission der ICF erarbeitet wurde. Die Tabelle basiert auf Pegelangaben, wobei die für jeden Schwierigkeitsgrad angegebenen „Normpegel" das Herzstück der Bewertung bilden. Die Tabelle enthält die sechs Schwierigkeitsgrade, aufgeteilt in

a) Sicht (aus der Perspektive des Kanufahrers)
b) Wasser
c) Flussbett
d) Beispiele.

Die Tabelle zeigt die steigenden Schwierigkeitsstufen. Die durch die Wasserverhältnisse und den Zustand des Flussbettes bedingten Schwierigkeiten lassen sich nicht scharf trennen und gehen vielfach ineinander über.

Trotz dieser verhältnismäßig exakten Richtlinien für die Bewertung von Schwierigkeiten muss man sich darüber im Klaren sein, dass die im Textteil gemachten Angaben immer nur einen ungefähren Anhalt geben können. Dies hat mehrere Gründe: Die Angaben sind durchweg auf „Mittelwasser" bezogen, wenn möglich, werden diese durch Pegelangaben gestützt. Veränderungen des Pegelstandes bedingen oftmals ganz erhebliche Änderungen der Schwierigkeiten. Bei der Beurteilung spielt neben diesen objektiven, durch Wasserstand, Flusscharakter und Gefälle gegebenen Schwierigkeiten auch die subjektive Einschätzung eine ganz erhebliche Rolle, insbesondere dann, wenn eine Pegelangabe fehlt. Können, Tagesform, Erst- oder Mehrfachbefahrung desselben Flusses können die Bewertung stark beeinflussen.

Aus all diesen Gründen können die im Text gemachten Schwierigkeitsangaben nicht mehr sein als Hinweise, die keineswegs verbindlich sind. Sie geben lediglich eine ungefähre Vorstellung von der Schwierigkeit des betreffenden Gewässers . Alleinfahrten auf Wildwasser sind unbedingt zu vermeiden, empfehlenswert ist eine Drei-Personen-Gruppe. Ein Anfänger sollten stets unter entsprechender Anleitung mit der ersten Schwierigkeitsstufe beginnen und erst nach deren völliger Beherrschung auf den nächsthöheren Schwierigkeitsgrad wechseln. Wehre sind keine Wildwasser; sie werden daher auch nicht bewertet. Ihre Befahrung kann ganz leicht oder auch sehr gefährlich sein, vorherige Besichtigung ist immer anzuraten.

Grad	Bezeichnung	Sicht	Wasser
WW I	unschwierig	frei	Regelmäßiger Stromzug, regelmäßige Wellen, kleine Schwälle
WW II	Mäßig schwierig	Freie Durchfahrten	unregelmäßiger Stromzug, unregelmäßige Wellen, mittlere Schwälle, schwache Walzen, Wirbel und Presswasser
WW III	schwierig	Übersichtliche Durchfahrten	hohe, unregelmäßige Wellen, größere Schwälle, Walzen, Wirbel und Presswasser
WW IV	Sehr schwierig	Durchfahrten nicht ohne weiteres erkennbar; Erkundung meist nötig	hohe andauernde Schwälle, kräftige Walzen, Wirbel und Presswasser
WW V	Extrem schwierig	Erkundung unerlässlich	extreme Schwälle, extreme Walzen, Wirbel und Presswasser
WW VI	Grenze der Befahrbarkeit	Im Allgemeinen unfahrbar, nur bei Idealbedingungen für absolute Profis, genaueste Besichtigung notwendig	

Flussbett	Beispiele	Pegel (NW/MW/HW)
Einfache Hindernisse	Ammer Ab Böbinger Brücke	Peißenberg: 15 m³/s (6/15/58)
	Isar (Bad Tölz - Wolfratshausen)	Bad Tölz 20 m³/s (6/30/100)
einfache Hindernisse im Stromzug, kleine Stufen	Ammer ab Naturwehr Rottenb.- Peißenberg	Peißenberg: 15 m³/s (6/15/58)
	Obere Isar Hinterauthal	Scharnitz 140 cm (100/140/180)
Einzelne Blöcke, Stufen, andere Hindernisse im Stromzug	Koritnica	Kal Koritnica 15 m³/s (5/15/25)
	Obere Ötz (III+)	Sölden 60 cm (45/60/80)
	Ammer Scheibum und Naturwehr	Peißenberg 15 m³/s (6/15/58)
	Loisach Griesenschlucht	Garmisch odP 120 cm (90/120/140)
	Inn Imster Schlucht	Magerbach 270 cm (200/300/400)
Blöcke versetzt im Stromzug, höhere Stufen mit Rücksog	Inn Giarsun	Tarasp 25 m³/s (12/30/70)
	Inn Ardezer (IV+)	Tarasp 25 m³/s (12/30/70)
	Guisane Waldschlucht (IV-)	Monetier-les-Bains 10 m³/s (3/10/15)
	Soca Slalom Strecke (IV-)	Log Cezsoci 30 m³/s (5/30/60)
enge Verblockung, hohe Gefällstufen mit schwierigen Ein- oder Ausfahrten	Brandenberger Ache Kaiserklamm	Mariathal 70 cm (45/70/90)
	Mittlere Ötz	Tumpen 200 cm (165/200/230)
	Ötz Wellerbrücke (V+)	Tumpen 155 cm (150/155/160)
	Enns Gesäuse (V-)	Admont 70 m³/s (40/70/110)
	Defreggenbach Tunnel	Hopfgarten 60 cm (45/60/75)
	Ruetzbach Wasserfallstr. (VI-)	Krössbach 100 cm (90/100/110)

Zu WW I: unschwierig

Subjektive Fähigkeiten: Beherrschen von Grundschlag vorwärts und rückwärts, Konterschlag, Paddelstütze, Seilfähre vorwärts, Bogenschlag, Ein- und Ausschlingen. Bei längeren Strecken gutentwickelte Kraftausdauer.
Ausrüstung: alle Bootsarten, -typen und -klassen, feste Spritzdecke mit Schlaufen Bootsleine bzw. Fangschlaufen am Boot, Auftriebskörper in Bug und Heck, evtl. Kälteschutz oder Kopfschutz je nach Wasser- und Witterungsverhältnissen.

Zu WW II: mäßig schwierig

Subjektive Fähigkeiten: siehe oben, zusätzlich Beherrschen von Seilfähre rückwärts, Paddelhang, von Ziehschlägen unter erschwerten Bedingungen wie starker Strömung und wenig Platz, Beherrschen der Kenterrolle in Übungssituationen. Nur für sportlich Trainierte, die bereits Wildwasser I gefahren sind, evtl. mit Führer.
Ausrüstung: nur vom Hersteller als WW-tauglich bezeichnete Boote, Kälteschutz, Rettungsweste und Kopfschutz, Rettungsleine und -sack.
Sicherung: Kenntnis im Umgang mit Rettungsleine bzw. -sack, Pegelvergleich.

Zu WW III: schwierig

Subjektive Fähigkeiten: siehe oben, gutes Beherrschen der Ziehschläge, insbesondere des S-Schlages, der Fahrtaktiken wie Ein- und Ausschlingen, Beherrschen der Bogenschlag- oder Paddelstützrolle im WW, zumindest auf einer Seite. Längere WW-Erfahrung und sportliches Training sind notwendig.
Ausrüstung: siehe oben, nur bestes Bootsmaterial, WW-Spezialboote mit großem Auftrieb und verstärktem Heck, Bug und Oberschiff, Rettungsgeräte siehe oben, jedoch für jeden Fahrer, Karabiner und Reepschnur für Brustgeschirr. Kenntnis in Seil- und Knotenkunde.
Sicherung: siehe oben, Vertraut sein im Umgang mit Seil, mit der Kombination „Mann – Seil – Boot“ und mit der „Bootskette“. Fahrten nur in Gruppen.

Zu WW IV: sehr schwierig

Subjektive Fähigkeiten: siehe oben, sicheres Beherrschen aller Schlagkombinationen und Fahrtaktiken der Bogenschlagrolle. Sehr gut trainierter physischer Konditionszustand. Gute Vorbereitung durch Ortsbesichtigung, geologische Karten, Wetterlage und eigene Erkundung sowie Kontrolle der Vorbereitungsunterlagen vor Ort.
Sicherung: sicherer Umgang mit allen Rettungsgeräten, Fahrten nur in festen Mannschaften.

Zu WW V: äußerst schwierig

Subjektive Fähigkeiten: siehe oben.
Sicherung: siehe oben. Nur für Experten in Mannschaften.

Zu WW VI: Grenze der Befahrbarkeit.

Fahrten auf Großgewässern

Touren im Küstenbereich der Meere, im Tidebereich der großen Flüsse und über große Seen (Mecklenburg-Vorpommern) sind ein Spezialbereich des Kanuwanderns. Besondere kanusportliche Fertigkeiten vor allem im Ausdauerbereich sowie spezifische Kenntnisse, und eine optimale Ausrüstung und Revierkenntnis sind zwingend notwendig. Raues Wasser mit Wind und Wellen muss sicher beherrscht werden. Eine Kenterung ohne 100-prozentige Fähigkeit zum Wiedereinstieg wäre fatal.

Küstengewässer – Schwierigkeitsstufen

Kriterien	Windverhältnisse	Erläuterung, Kenntnisse
Küste I (unschwierig)	Bis 3 Bft. sofern mit keinen weiteren Schwierigkeiten zu rechnen ist.	Wind gegen Strom, Stromkabbelung, Brandung nahe Sandstränden bzw. über Untiefen, Kreuzsee, Reflexionswellen entlang von Steilküsten, Dampferwellen; Windverstärkung durch Kap- bzw. Düseneffekt, Fallwinde; Temperaturen unter +10°C; Nebel bzw. Dunkelheit. Jede einzelne dieser Schwierigkeiten kann den Schwierigkeitsgrad um mindestens 1 Grad erhöhen! Lediglich bei ablandigen Windverhältnissen, d.h. dicht unter Land im Windschutz einer Insel bzw. der Küste ist mit weniger Schwierigkeiten zu rechnen.
Küste II (mäßig schwierig)	Bis 4 Bft. sofern mit keinen weiteren Schwierigkeiten zu rechnen ist.	Überall beginnen die Wellen sich zu brechen und der Wind beginnt das Paddelboot am Fortkommen zu behindern. Treten dann zusätzliche Schwierigkeiten auf, geraten die meisten Kanuten in Schwierigkeiten. Die Kanuten müssen in der Lage sein, dies zu erkennen und entsprechend eine sichere Route wählen.
Küste III (schwierig)	Bis 5 Bft. sofern mit keinen weiteren Schwierigkeiten zu rechnen ist.	Weiße Schaumgänge prägen die Wasseroberfläche. Der Seegang und der Winddruck erfordern Konzentration, Bootsbeherrschung und Kondition.
Küste IV (sehr schwierig)	Bis 6 Bft. sofern mit keinen weiteren	Große Wellen beginnen sich zu bilden. Ihre Kämme brechen. Der auflandige Bereich einer Küste ist kaum noch befahrbar. Jeder paddelt für sich. An einen Gruppenzusammenhalt ist kaum noch zu denken.

	Schwierigkeiten zu rechnen ist.	
Küste V (äußerst schwierig)	Bis 7 Bft. sofern mit keinen weiteren Schwierigkeiten zu rechnen ist.	Die See türmt sich auf. Gegen den Wind ist das Paddeln nicht mehr möglich. Es gibt keine Sicherheitsreserven mehr. Jede weitere Schwierigkeit führt zu Küste VI.
Küste VI (Grenze der Befahrbarkeit)	Ab 8 Bft.	Von den Kanten der Wellenkämme beginnt Gischt abzuwehen. Im allgemein ist eine Befahrung unmöglich. Lediglich im Notfall ist im Wind- und Wellenschutz einer Steilküste bzw. einer Insel an ein Paddeln zu denken, sofern man sich wirklich ganz dicht unter Land hält und keine Düseneffekte bzw. Fallwinde auftreten können.

Windstärken

Die Auswirkungen des Windes und seine Stärkegrade werden im Allgemeinen sehr unterschätzt. Für Kanufahrer kann auf einem Binnensee bereits bei Stärke 4 ein unangenehmer Wellenschlag herrschen. Über größere Strecken wird bei Seitenwind die sogenannte Abdrift einen erheblichen Mehraufwand an Kraft kosten; eine Steuereinrichtung ist deshalb sehr zu empfehlen. Wenn jedoch bei Stärke 6 – 7 auf den Wellen Schaumköpfe weithin sichtbar werden, sollte keine Befahrung mehr erfolgen!

Stärke	Bezeichnung	Wirkung
0	Windstille	Rauch steigt senkrecht empor
1	Leichter Zug	Rauch steigt schräg empor
2	Flaue Brise	Für das Gefühl bemerkbar
3	Leichte Brise	Blätter und Wimpel werden bewegt
4	Mäßige Brise	Zweige werden bewegt, Wimpel gestreckt
5	Frischer Wind	Kleine Bäume schwanken
6	Starker Wind	Wind wird hörbar
7	Steifer Wind	Große Bäume werden bewegt
8	Stürmischer Wind	Erschwert das Gehen
9	Sturm	Kleine Schäden
10	Schwerer Sturm	Bäume werden entwurzelt
11	Orkanartiger Sturm	Schwere Schäden
12	Orkan	Verwüstungen

Bootstransport

Beim Bootstransport mit Bootsanhänger oder auf dem Autodach sind die Regeln der Straßenverkehrsordnung zu beachten. Es sollten nur eigens für den Bootstransport vorgesehene Dachträger und Befestigungsgurte verwendet werden. Besonders wichtig ist die zusätzliche Abspannung von Bug und Heck zur Stoßstange. Auch ist die vom Hersteller des Autos empfohlene Dachlast zu beachten. Boote, die mehr als 1 m bis höchstens 1,50 m nach hinten hinausragen, müssen durch eine quadratische rote Fahne oder ein Schild von 30 x 30 cm gekennzeichnet sein, bei Nacht durch ein rotes Licht. Nach vorn muss die Ladung mit der Vorderkante des Wagens abschließen.

Der Bootstransport mit der Bahn ist auch heutzutage noch möglich. Allerdings ergibt sich zunehmend die Schwierigkeit, dass Nebenstrecken eingestellt sind und kaum noch Züge mit Gepäckwagen verkehren. Nähere Einzelheiten hierzu bei den Informationsstellen der Deutschen Bahn AG.

Der Transport im Flugzeug ist eine interessante Variante für Fernreisen. Zerlegte Faltboote werden von vielen Fluggesellschaften zu akzeptablen Preisen transportiert. Auskünfte erteilen die Reisebüros und die Fluggesellschaften direkt; ein Preisvergleich lohnt. Mit einem Fahrradanhänger, der an das Boot angepasst wird, ist der Transport sportlich und nachhaltig möglich. Entsprechende Vorrichtungen werden oftmals im Internet vorgestellt.

Tipps für den Bootstransport

1. Für das Verladen der zu transportierenden Lasten ist der Fahrzeugführer verantwortlich.
2. Prüfen Sie die kraftaufnehmenden Verbindungsstellen am Fahrzeug. Sind sie geeignet, die zu erwartenden Kräfte aufzunehmen?
3. Ermitteln Sie die zulässige Dachlast. Ist die Dachlast (Dachgepäckträger, Kajakhalterung und Kajaks zusammen) kleiner/gleich als die in den Fahrzeugpapieren angegebene zulässige maximale Dachlast?
4. Verlassen Sie sich nicht auf ein stabiles Aussehen der Dachreling (Gebrauchtwagen). Ist die vorhandene Dachreling nur eine Zierde oder ist sie ausreichend mit dem Fahrzeug verbunden, um die Kräfte der Dachlast aufzunehmen?
5. Die Möglichkeiten für die Wahl eines Gepäckträgers sind groß. Meiden Sie sogenannte Universalträger, die für viele Autotypen geeignet erscheinen. Erwerben Sie den vom Fahrzeughersteller empfohlenen Gepäckträger.
6. Prüfen Sie, ob zwischen Gepäckträger und dem Fahrzeug eine sichere Verbindung auch bei schlechten Straßenverhältnissen und starken Seiten- und Gegenwinden besteht.
7. Fragen Sie andere Sportkameraden nach ihren Erfahrungen beim Einsatz des gewählten Gepäckträgers. Machen Sie eine ausreichende Probefahrt ohne Last und prüfen dabei den bleibenden festen Sitz des Gepäckträgers.
8. Meiden Sie Gepäckträger, die ausschließlich kraftschlüssig wirken, sondern wählen Sie einen Träger, mit dem eine form- und kraftschlüssige Verbindung hergestellt werden kann.
9. Verteilen Sie die Last auf dem Gepäckträger gleichmäßig.

10. Verzurren Sie das Gepäck ausreichend fest, aber spannen Sie nur so fest wie nötig. Besonders bei der Verwendung von Zurrgurten mit sogenannten Spannratschen kann ein zu kräftiges Spannen zu Beschädigungen des Bootes führen.
11. Verzurren Sie das Boot möglichst zwischen Haltepunkten, die in der Nähe der Befestigung mit dem Pkw (Auflagepunkte des Gepäckträgers) liegen.
12. Achten Sie darauf, dass die Gurte unbeschädigt sind und verwenden Sie nur zugelassene Gurtsysteme.
13. Achten Sie beim Spannen der Zurrgurte bzw. Seile darauf, dass sie nicht durch scharfe Kanten (z. B. Schrauben und Muttern des Gepäckträgers) beschädigt werden.
14. Wählen Sie eine ausreichende Länge des Zurrmaterials, um eine sichere feste Verbindung herzustellen.
15. Sichern Sie den Zurrgurt nicht nur mit einer Gurtklemme, sondern nachfolgend mit einer Verknotung.
16. Durch das bewusste Verdrehendes des Gurtes können lästige Resonanzgeräusche (Lärm durch Schwingungen) während der Fahrt vermieden werden.
17. Vermeiden Sie Zurrgurte mit Nietverbindungen, sie können an den Verbindungsstellen bei Belastung reißen.
18. Beachten Sie, dass einige Zurrmaterialien aus Naturfasern sich beim Nasswerden zusammenziehen, was zum Reißen an Verbindungsstellen, z. B. an Schnallen, führen kann und ein Lösen von Verknotungen verhindert.
19. Schließen Sie die Bootsluke mit einem Lukendeckel. Dadurch reduziert sich die Angriffsfläche für den Wind und der Kraftstoffverbrauch sinkt.
20. Sichern Sie lange Boote (z. B. K2, Rennboote) an der Spitze und am Heck gegen Hebelkräfte (böiger Wind und schlechte Straßen) mit einem zusätzlichen Verspannen zum Fahrzeug.
21. Benutzen Sie für die Befestigung der Kajaks zusätzliche mit dem Dachträger fest verschraubte Hilfsmittel wie Mittelstange, Kajakbügel für vertikale bzw. horizontale Bootslagerung.
22. Denken Sie beim Kauf eines Fahrzeugs bereits an den späteren Bootstransport. Je weiter die Dachträger auseinanderliegen, desto stabiler ist die Bootsauflage.

Beim Bootstransport mit Bootsanhänger oder auf dem Autodach sind die Regeln der bereisten Länder zu beachten. Einzelheiten sollten rechtzeitig vor Fahrtbeginn bei einem Automobilclub eingeholt.

Grundlinien für natur- und landschaftsverträglichen Kanusport

Kanusport ist Natursport – kaum eine andere Sportart bietet die Möglichkeit, so vielfältige und unmittelbare Eindrücke in der Natur zu gewinnen. Kanusport muss aber natur- und landschaftsverträglich ausgeübt werden, damit auch zukünftige Generationen die Möglichkeit zum Naturerlebnis haben. Der Deutsche Kanu-Verband (DKV) setzt sich in seiner Satzung und Praxis für den natur- und landschaftsverträglichen Kanusport ein. Im Rahmen seiner Aus- und Fortbildungsprogramme ist Umweltbildung ein wichtiger Aspekt. Insbesondere Trainer*innen und Fahrtenleiter*innen werden angehalten, die entsprechenden Verhaltensempfehlungen an Sportlerinnen und Sportler weiterzugeben und auf deren Einhaltung zu achten.

Die Ausübung des Kanusports gilt als natur- und landschaftsverträglich, wenn Kanusportlerinnen und Kanusportler...

- sich rechtzeitig vor der Kanutour über die vorhandenen gesetzlichen Vorschriften und freiwilligen Vereinbarungen zum Schutz von Flora und Fauna informieren und diese beachten. Viele der gesetzlichen Regelungen wurden in Zusammenarbeit mit den Vertretern des Kanu-Verbandes und der Naturschutzverbände einvernehmlich aufgestellt. Ein vollständiges Verzeichnis der geltenden Bestimmungen für deutsche und europäische Gewässer findet sich im Internet unter www.kanu.de oder im jährlich neu erscheinenden DKV-Sportprogramm;
- die Vielfalt, Eigenart und Schönheit von Natur und Landschaft schätzen und achten, um gerade auch den Erlebnis- und Erholungswert in ihrem eigenen Interesse nicht zu schmälern;
- sich leise und rücksichtsvoll in der Natur verhalten und ausreichenden Abstand zu Wasserpflanzen, Ufervegetationen sowie Tieren auf und am Wasser halten;
- sich rechtzeitig über vor Ort vorkommende Tiere und Pflanzen informieren und ihr gesamtes Fahrverhalten so gestalten, dass diese nicht erheblich gestört oder dauerhaft geschädigt werden;
- möglichst umweltschonend anreisen (insbesondere durch Bildung von Fahrgemeinschaften oder Nutzung öffentlicher Verkehrsmittel) und ausschließlich vorhandene Infrastrukturen (z.B. Ein- und Ausstiegsstellen, Lagerplätze, Zuwegungen und Parkplätze) in Anspruch nehmen, statt unberührte Natur zu nutzen;
- für die Übernachtung lokale Zeltplätze oder Gasthöfe aufsuchen und die Verpflegung vor Ort einkaufen. So profitiert auch die lokale Bevölkerung vom Kanusport und der persönliche Kontakt kann das Verhältnis zu Kanufahrern verbessern;
- Befahrungen nur bei ausreichendem Wasserstand vornehmen. Eine Übersicht der Pegelinformationen zahlreicher deutscher und europäischer Gewässer findet sich im Internet unter www.kanu.de oder im jährlich neu erscheinenden DKV-Sportprogramm;
- auf die Befahrung erkennbar übernutzter Gewässer verzichten und im Zweifel auf einzelne Kanutouren verzichten. Es ist selbstverständlich, dass Kleinflüsse nur in kleinen Gruppen und mit kleinen Booten befahren werden;

- weder Abfälle hinterlassen noch naturschädigende Materialien in der Natur verwenden;
- auf Umweltverschmutzungen (insbesondere stinkende Schmutzwassereinleitungen, Ölfilme oder wilde Müllkippen) in der Nähe von Gewässern achten und diese den lokalen Umweltbehörden oder dem DKV melden;
- auch andere Kanufahrer auf die Einhaltung dieser Grundlinien aufmerksam machen!

Weitere ausführliche Informationen über natur- und landschaftsverträglichen Kanusport erhalten Sie über den Deutschen Kanu-Verband.

Der DKV setzt sich seit vielen Jahren zusammen mit seinen Landes-Kanu-Verbänden für die natur- und landschaftsverträgliche Ausübung des Kanusports ein. Er ist der Verhandlungspartner mit Naturschutzbehörden und Naturschutzverbänden und erarbeitet mit diesen gemeinsame Lösungen für sensible Gewässer. Zudem vertritt er die politischen Interessen der Kanusportler*innen bei anstehenden Gesetzesänderungen auf dem Gebiet des Naturschutzes oder des Wasserrechts. Um zu sachgerechten Vereinbarungen mit den zuständigen Ministerien und Behörden zu kommen, hat er vielfach Gutachten zu möglichen Auswirkungen des Kanusports finanziert und erreicht, dass wasserbauliche Maßnahmen gleichermaßen dem Naturschutz und dem Kanusport dienen.

Umweltbildung spielt im DKV eine wichtige Rolle. In der Ausbildung von Trainer*innen nimmt das Thema Umwelt einen erheblichen Umfang ein. Neu bietet der DKV nun die DKV-Öko-Schulung auch Online zum Selbststudium an. Zusätzlich werden in allen Landes-Kanu-Verbänden Ökologie-Kurse angeboten, die auch Nichtmitgliedern zugänglich sind und oftmals in Zusammenarbeit mit Naturschutzbehörden oder Naturschutzverbänden Zusammenhänge zwischen Kanusport und Natur sowie die richtigen Verhaltensweisen vermitteln. Ein Besuch solcher Ökologie-Kurse sollte für jeden Kanufahrer selbstverständlich sein! Das gesamte Angebot finden Sie im gedruckten DKV-Sportprogramm oder in der Termindatenbank des DKV unter www.kanu.de.

Die aktuellen Befahrungsregeln kann jede/r Interessent*in über www.kanu.de > FREIZEITSPORT > Infothek für Paddler > Tourenplanung zu den einzelnen Gewässern einsehen. Im DKV-Sportprogramm und in der Webseite wird auf die Telefonnummern von Pegeldiensten für viele interessante Paddelgewässer verwiesen. Sie erfahren damit den aktuellen Wasserstand vor der Abfahrt. Das DKV-Sportprogramm erhalten Sie gegen eine geringe Schutzgebühr über die Geschäftsstelle des DKV in Duisburg. Außerdem sind alle für Kanu-Freizeitsportler reizvollen Flüsse und Seen im In- und Ausland mit ihren Naturschutzregelungen in den Gewässerführern des DKV und in der Canua-APP beschrieben. DKV-Mitglieder können die Flussführer und weitere Kanu-Literatur direkt beim DKV zum Vorzugspreis bestellen.

Gewässerbeschreibungen

Stromgebiet der Weser

Nr. in Karte	Fluss	Wildwasser	Kleinfluss	Wanderfluss	Seengewässer	Kanal	Küstengewässer	Schifffahrtsstraße	Befahrungsregeln	Seite
1	Werra		o	o						33
2	Werra (Oberlauf)		o	o					o	33
3	Werra (Unterlauf)			o					o	41
4	Hasel		o							47
5	Felda (Werra)		o							48
6	Ulster		o						o	50
7	Frieda		o							53
8	Wehre		o							53
9	Sontra		o							55
10	Aller		o	o						55
11	Leine Oberlauf		o							57
12	Ilse (Oker)	o	o							58

Werra

Kleinfluss, Wanderfluss [NG]
Mündung in Weser bei amtl. km 0,0 (re Nebenfluss)

Die Werra ist der östlichste Quellfluss der Weser. Mit Ursprung im südöstlichen Thüringer Wald fließt sie zunächst zwischen diesem und der Rhön nach Nord-Westen, umrundet den Thüringer Wald in nordöstlicher Richtung bis nahe Eisenach und strebt dann, wieder nordwestlich, an Meißner und Kaufunger Wald entlang der Weser zu.
In ihrem Oberlauf ist die Werra ein Kleinfluss, nur bei Hochwasser zu befahren; später wird sie zum ausgesprochenen Wanderfluss, auch für Ferienfahrt, vielfach mit Weiterfahrt auf der Weser.
Die Beschreibung der Werra ist unterteilt in Ober- und Unterlauf. Der Unterlauf ist als Bundeswasserstraße mit einer amtlichen Kilometrierung bis zur Mündung in die Weser versehen. Auf der Bundeswasserstraße, die dem WSA Hannoversch-Münden zugeordnet ist, findet kein Schiffsverkehr statt und es sind keine Mindestwassertiefen garantiert. Das erste Kilometerschild befindet sich am Km 1. Als Oberlauf der Werra ist die Flussstrecke bis zum Beginn der amtlichen Kilometrierung festgelegt.

Befahrbarkeit: Oberhalb Hildburghausen für Einer nur bei HW, ab Hildburghausen meist bis Ende Mai. Wegen der vielen Wehre ist allerdings für eine Gepäckfahrt erst Meinigen, km 139,5, oder Bad Salzungen, km 96,9, der geeignete Startplatz.

Empfehlenswert sind Besichtigungen der zahlreichen historischen Städte und Ortschaften sowie Wanderungen im Thüringer Wald, in der Rhön und im Kaufunger Wald.
Gewässergüte: unterhalb Ulstermündung weiter bis zur Weser Salzbelastung.

Umwelt: Gewässergüte unterhalb der Ulstermündung weiter bis zur Weser Salzbelastung.

Werra (Oberlauf)

Kleinfluss, Wanderfluss

Als Oberlauf der Werra ist die Flussstrecke bis zum Beginn der amtlichen Kilometrierung festgelegt.

Befahrungsregeln: km 71,9 bis 70,6 (4 km stromab Philippsthal): UV
km 22 bis 20,1 : UV
km 16 bis 13,3 : UV am re Ufer

Kilometrierung: Fallend bis Beginn der amtlichen Kilometrierung, dort ist km 0

197,7 Str-II B89, EB-II **98673 Eisfeld** (50.4186,10.8973)
197,6 li ≣ Eisfeld (50.4182,10.8972)
197,3 Str-II A73 (50.4171,10.8932)
196,7 ■ Bockstädt, li ⏏ (50.4158,10.8867)
194,0 Str-II B89 **98673 Eisfeld-Harras**, Eisfelder Straße (50.4098,10.8589); ⬇ Harras bei sehr gutem Wasserstand (50.4098,10.8588)
191,4 re ⇩ Schwaba mit erheblicher Wasserzufuhr (50.4200,10.8393)
191,2 ■, ≈ (50.4208,10.8386)
189,3 Str-II B89, li **98669 Veilsdorf-Schackendorf**, Eisfelder Straße (50.4159, 10.8221)
188,3 früheres ■ Veilsdorf durch mehrere Sohlschwellen ersetzt (50.4109, 10.8116)
188,1 Str-II K531, li **98669 Veilsdorf**, Lange Gasse, danach flotte Fahrt ohne Hindernisse (50.4102,10.8092)
187,3 EB-II Veilsdorf (50.4107,10.8003)
185,3 Wege-II Heßberg (50.4149,10.7782)
184,5 Str-II, re **98669 Veilsdorf-Heßberg** (50.4171,10.7709)
183,4 ■ der ehemaligen Finkenmühle Heßberg in re-Kurve, brüchig, **X**, re ⏏ (50.4159,10.7595)
182,4 Str-II, li **98646 Hildburghausen-Birkenfeld**, Zur Karolinenburg, Ortsbeginn von Hildburghausen (50.4195,10.7480)
181,8 Wege-II Hildburghausen, Walkmühlenweg (50.4209,10.7408)
181,1 Str-II B89, **98646 Hildburghausen**, Coburger Straße, ⌘ Stadt (Marktplatz), danach re Wasserableitung für den hier beginnenden Schlosspark (50.4222,10.7317)
180,6 Wege-II Schlosspark Hildburghausen, Werra biegt nach re ab. Geradeaus ein meist trockener HW-Überlauf. In diesem Überlauf kann man die beiden folgenden Wehre durch umtragen der Boote umgehen und erreich

nach 450 m wieder den Lauf der Werra (50.4232,10.7254)

180,4 ▬ raue Sohlrampe Hildburgshausen, in scharfer li-Kurve am Ende des Schlossparks, evtl. ≋ oder li ⏏. Bei höherem Wasserstand die bei km 179,0 beschriebene Umtrage-Möglichkeit nutzen (50.4251,10.7256)

180,3 Str-II B89 Hildburghausen, Friedrich-Rückert-Straße, li zum 🚆, re zur Stadtmitte Hildburghausen (50.4259,10.7241)

180,1 ▬ Hildburghausen 2, rechtwinklig nach li, Durchlass ganz li **X**, über Wehr-Krone ⏏. Bei höherem Wasserstand die bei km 179,0 beschriebene Umtrage-Möglichkeit nutzen.
Von li mündet der Hochwasserüberlauf (siehe km 179,0), danach li ⬇, über die Straße Marderwiesen zu erreichen. Parkmöglichkeit an der Friedrich-Rückert-Straße (50.4268,10.7227)

179,0 ▬ Häselrieth, Durchlass meist geschlossen, re ⏏, bei NW evtl. an der Mühle ⏏ (50.4297,10.7106)

178,6 Str-II, li **98646 Hildburghausen-Häselrieth**, August-Bebel-Straße, li ⇩ Mühlgraben (50.4320,10.7095)

178,2 Str-II Häselrieth, Am Kleinodsfeld (50.4346,10.7074)

175,0 ▬ Ebenhards, mit teilweisem Steilabfall, li ⏏, nach Besichtigung evtl. ≋ (50.4467,10.6816);
re Str-II B89, re **98646 Hildburghausen-Ebenhards** (50.4469,10.6807)

174,7 re ▤ Ebenhards, unterhalb der ⇩ des Obergrabens mit Messbrücke und Stufe, brauchbare Pegelwerte sind allerdings nicht bekannt.
Es folgt eine landschaftlich sehr schöne Strecke durch ein enges Wald- und Wiesental, (50.4480,10.6781)

173,5 ▬ Holzmühle Reurieth, bei HW re, sonst li ⏏, evtl. ≋ (50.4554,10.6723)

173,0 re ehemalige Holzmühle Reurieth (50.4551,10.6664)

172,4 hohe EB-II Reurieth (50.4562,10.6600)

171,9 ▬ Reurieth 1, li ⏏ (50.4526,10.6565)

171,7 Str-II **98646 Reurieth**, Neufeldlein (50.4513,10.6571)

171,2 ▬ Reurieth 2, **X**, im Mühlgraben je nach Wasserstand li oder re aussetzen und ⏏ (50.4505,10.6541)

170,7 Str-II K511 Reurieth, Dorfstraße (50.4527,10.6496)

170,4 Rückhaltebecken Grimmelshausen, Beginn des Staus je nach Wasserstand (50.4553,10.6473)

169,7 ▬ Trostädt, evtl. überstaut, li ← Mühlgraben (50.4600,10.6417)

168,9 Str-II K512 (50.4642,10.6471)

167,1 ▬ Staudamm Rückhaltebecken Grimmelshausen, **X**, re ⏏ 150 m weit, nicht zu nahe an das Auslaufwerk heranfahren ⚠, re unterhalb eines Steges ⬇ (50.4771,10.6423)

166,5 Str-II, re **98660 Grimmelshausen**, Beinerstädter Straße (50.4792, 10.6354)

165,7 Wege-II Grimmelshausen, Fortsetzung der Ittenbergstraße (50.4823, 10.6324)

164,4 Wege-II Grimmelshausen (50.4896,10.6358)

164,3 re ⇩ Schleuse, bei gutem Wasserstand ab Schleusingen im K 1 ≋, re in 750 m Kloster Veßra ⌘ (50.4907,10.6347)
164,1 ▬ Sohlstufe, evtl. ≋, sonst ⏏ (50.4906,10.6318)
162,4 ▬ Themar 1, je nach Wasserstand evtl. ≋, sonst re ⏏, aufgelöste Sohlgleite, 100 m lang mit 8 Becken und wechselseitigen Bootsgassen, re ⬇ und ⍏, begrenzte Parkmöglichkeit, Zufahrt von der B89, Beginn der ausgebauten Wasserwanderstrecke „Werra“ (50.4962,10.6214)
161,9 Wege-II Themar, Torwiesenweg, davor li ⇩ Mühlgraben (50.4994, 10.6174)
161,8 Str-II L2628 Themar (50.5000,10.6162)
161,6 ▬ Themar 2, **X**, re ⏏ (50.5015,10.6140)
161,4 Str-II **98660 Themar**, Schuhmarkt, alte Stadtmauer, Stadtkirche mit Schnitzaltären, ⌘ (50.5026,10.6134)
158,8 2 Str-II K515, **98660 Henfstädt** (50.5169,10.5902)
158,6 Steil-▬ Henfstädt, **X**, re vor Abzweig der Fischtreppe ⬆ und rund 150 m ⏏ (50.5172,10.5870)
158,0 li Karstquelle - Naturdenkmal (50.5145,10.5819)
156,8 ▬ Leutersdorf, evtl. re ≋, sonst li ⏏ (50.5158,10.5669)
156,3 li ⬆⬇ **98617 Leutersdorf** (50.5191,10.5639);
li Str-II B89 Leutersdorf (50.5195,10.5635)
153,9 verfallenes ▬ Vachdorf, ≋ (50.5280,10.5419)
153,6 ▬ Vachdorf, **X**, mit Floßgasse (meist geschlossen), li ⏏ (50.5281, 10.5383)
153,5 Str-II, **98617 Vachdorf**, Bahnhofstraße, ⚒ (50.5284,10.5372)
153,1 Wege-II mit ▬-Stufe am Ortsende Vachdorf, Mitte ≋, re Fischtreppe (50.5285,10.5310)
151,2 ▬ Stufe, re ≋ (50.5295,10.5106)
150,2 Steinschütt-▬ und ⬆⬇ Belrieth, **X**, aufgelöste Sohlrampe mit 8 Becken, r ⏏ über ⬇⬆ Belrieth (50.5287,10.4984)
150,0 Str-II **98617 Belrieth**, re 🅿 (50.5282,10.4964)
148,4 ▬ Sohlstufe vor Einhausen, in der Mitte ≋ (50.5279,10.4783)
148,2 Str-II A71 (50.5280,10.4763)
146,6 Schlauch-▬ Einhausen, **X**, li ⏏ ca. 90 m über vorhandene ⬇⬆ (50.526 10.4641)
146,5 re Str-II, re **98617 Einhausen** (50.5256,10.4623)
145,9 re ⇩ der Hasel (s. Seite 47) in Werra (50.5257,10.4546)
145,7 ▬ Stufe unterhalb Einhausen, ≋, (ehemalige ϟ-Anlage, zurzeit Baumaß nahmen). Es ist mit Veränderungen zu rechnen (50.5256,10.4527)
144,8 ▬ Obermaßfeld, re ca. 80 m ⏏ (50.5262,10.4407)
144,7 re ⬇ und ⍏ Obermaßfeld (50.5269,10.4402)
144,6 Str-II L1131 **98617 Obermaßfeld-Grimmenthal** und Radweg-II (50.5273,10.4391);
re ▬, Spundwandstufe hinter der II, re oder li evtl. ≋, △ (50.5274, 10.4387)
144,2 EB-II Obermaßfeld-Grimmenthal (50.5297,10.4351);

■ Sohlstufe Obermaßfeld-Grimmenthal unter EB-II, li evtl. ≈ (50.5297, 10.4351)

143,2 EB-II, Str-II L3089 Untermaßfeld (50.5319,10.4224)

142,3 Str-II, li **98617 Untermaßfeld** (50.5360,10.4134)

141,4 Str-II L3089 Meiningen (50.5421,10.4053)

140,0 ■ Meinigen I, li ⏢, ⚠ re Privatgelände! (50.5505,10.4103)

139,7 re ⌂▸ KC Meiningen, ab hier ist die Werra fast immer ganzjährig ≈, auch mit Zweiern, guter Standort für Kanufahrten, ⛺, Untermaßfelder Str, 98617 Meiningen, www.kanusport-meiningen.de (50.5527,10.4103)

138,5 ■ Meiningen II, **X**, re ⏢, dazu hinter der Brücke Henneberger Straße/Am Wehr im Mühlgraben li aussetzen (50.5622,10.4121); **98617 Meiningen**. Es folgt die Stadtdurchfahrt Meiningen mit mehreren II, 🚆, ✕, ehemalige Residenz, Landestheater, Theatermuseum, Schloss, ⌘

138,4 ⇅ am Wehr Meiningen II, re 🅿, zu erreichen über die Straße Am Wehr (50.5628,10.4124);
Str-II L1124 Meiningen, Henneberger Straße (50.5632,10.4121)

138,0 re ⇩ Wehrgraben Meiningen II (50.5661,10.4102)

137,9 Str-II Meiningen, Am Mittleren Rasen (50.5672,10.4091)

137,5 Wege-II Meiningen (eiserne Bogenbrücke), re Schloss Elisabethenburg, Schlosspark, Museum, Theater (50.5707,10.4104)

137,2 li ⇅ Meiningen, Am Bielstein, ⛺, 🅿, zu erreichen über Landsberger Straße (50.5732,10.4121)

137,0 Str-II L1124 Meiningen, Landsberger Straße, danach re ⇩ Wehrgraben (50.5743,10.4148);
≣ Meiningen, (50.5745,10.4147)

136,4 Wege-II Meiningen, Brückenweg, Eselsbrücke (50.5782,10.4119)

135,4 Str-II Meiningen, Defertshäuser Weg, kleiner Schwall (50.5863,10.4074)

131,0 re ⇅ Walldorf, unmittelbar vor Str-II (50.6160,10.3929);
Str-II L2624, li **98639 Walldorf**, Bahnhofstraße, re 🚆 (50.6160,10.3923)

124,8 EB-II Wasungen (50.6557,10.3695)

124,5 ⌂▸ ESV Lok Meiningen in Wasungen und ⛺ „An der Werra". Beide sind zu erreichen über die Damaschkestraße in 98634 Wasungen, Am Sauanspann, 98634 Wasungen, ⓘ Vorsitzender Abteilung Kanu Wasungen Andreas Gast, ✆ +49 36941 72726 und +49 177 3905599, Andreas.Gast@t-online.de (50.6581,10.3682)

124,1 Str-II L2619, **98634 Wasungen**, Neutor, Zentrum des thüringischen Karnevals, ✕ (50.6621,10.3660)

124,0 li ⇅ Wasungen nach der Brücke, 🅿, li zum 🚆 (50.6622,10.3659)

123,8 Wege-II Wasungen (50.6646,10.3653)

119,9 ■ Schwallungen, **X**, li ⏢, ⛺ (50.6866,10.3540)

119,3 re ⇩ Wehrgraben vor der Brücke, Spundwand und Holzpfähle ⚠ (50.6911,10.3556)

119,2 Str-II Schwallungen, Bahnhofstraße (50.6917,10.3549);

re ⇅, re **98590 Schwallungen**, li zum 🚆 (50.6918,10.3550)

118,8 Wege-Ⅱ Schwallungen (50.6924,10.3490)

118,6 re ⛺ Biwakplatz Schwallungen beim Sportplatz (50.6935,10.3470)

115,5 re ⇩ der Schmalkalde (50.7155,10.3583)

115,4 EB-Ⅱ Wernshausen (50.7164,10.3586)

115,0 Klappen-▬ Wernshausen, **X**, ↱, ⚠ Lebensgefahr, re ⏏ bis zur folgenden Str-Ⅱ (50.7193,10.3593)

114,9 re ⬇ Wernshausen an der Str-Ⅱ, dann evtl. treideln auf rund 400 m erforderlich (50.7199,10.3608);
Str-Ⅱ L1026 Wernshausen, Am Gries (50.7201,10.3607);
li **98574 Wernshausen**, 🚆, re ein zweiter ⇩-Arm der Schmalkalde, re OT Niederschmalkalden (50.7205,10.3613)

114,5 EB-Ⅱ Wernshausen (außer Betrieb) (50.7237,10.3587)

110,3 Str-Ⅱ **98597 Breitungen**, Amtsstraße (50.7543,10.3415)

109,3 Wege-Ⅱ Breitungen (50.7596,10.3330)

108,8 Str-Ⅱ Breitungen, Eisenacher Straße (50.7612,10.3266);
li ⇅ Breitungen, unmittelbar hinter Brücke, 🅿, li zum 🚆 Breitungen (50.7610,10.3263)

108,7 ≣ Breitungen (50.7611,10.3251)

108,2 Wege-Ⅱ Breitungen, re Badesee (50.7608,10.3186)

108,0 Rohr-Ⅱ Breitungen (50.7611,10.3158)

107,7 re ⇅ zum 🏕 Kiesseecamping PLUS Breitungen, Salzunger Straße 24a, 98597 Breitungen, www.kiesseecampingplus.de , ☎ +49 36848 409984 (50.7623,10.3129)

103,0 EB-Ⅱ Immelborn (50.7946,10.2931)

102,9 li 🏕 Badesee Immelborn, unmittelbar nach der Brücke, An der B 62, 36433 Immelborn, www.kiesgrube-immelborn.de , ☎ +49 3695 622101 (50.7947,10.2929)

102,6 li ⇅ Immelborn, unmittelbar vor Str-Ⅱ (50.7975,10.2933);
Str-Ⅱ B62, re **36456 Barchfeld**, li **36433 Immelborn**, 🚆 (50.7977, 10.2934)

102,3 Rohr-Ⅱ Barchfeld (50.8000,10.2931)

101,6 ⚠ einzelne Pfähle und Pfahlreihe unter der Wasseroberfläche, bei Pegel Breitungen ca. 135 cm knapp unter dem Wasserspiegel (50.8036, 10.2853)

99,0 ▬ Bad Salzungen-Allendorf, am 1. Wehr vorbei in den Mühlgraben fahren, dort am 2. Wehr re ⏏, ⚠, Vorsicht bei HW, starker Sog und Wehr absolut **X**, die Umtragestelle ist auf dem Landweg nicht erreichbar (50.8136,10.2633)

98,3 Str-Ⅱ L1121 Bad Salzungen, Eisenacher Straße, re Allendorf-Kloster (50.8146,10.2537)

96,8 Wege-Ⅱ, li **36433 Bad Salzungen**, davor Flussteilung um die Insel Flößrasen, im li Arm ⬆ auf einem großen Wohnmobilplatz (50.8165, 10.2383)

95,7 Str-Ⅱ Bad Salzungen, Grundecke, li zum 🚆 Bad Salzungen (50.8178,

10.2253)
92,8 EB-II Bad Salzungen (50.8228,10.1933)
89,1 Str-II L1120, re **36469 Tiefenort**, Werrator (50.8348,10.1661);
■ Tiefenort, Rasenmühle sofort nach Str-II, X, vor der II ↰ und li ⏏ über Wege-II bis zum Wohnmobilstellplatz, rund 300 m, Bootswagen empfehlenswert (50.8347,10.1659)
88,5 re ⇩ Mühlgraben Tiefenort (50.8360,10.1610)
88,2 re ⇩ Altarm bei Tiefenort (50.8384,10.1585)
84,9 ■ Merkers, Steinschüttung, vor Befahrung ansehen, ansonsten rechtzeitig li ⬆ und ⏏ (50.8279,10.1257)
84,4 li ⇅ Merkers mit ⚓, oberhalb der Str-II (50.8277,10.1185);
Str-II **36460 Merkers-Kieselbach**, li OT Merkers, re OT Kieselbach (50.8279,10.1182)
82,0 Wege-II vor Dorndorf (50.8377,10.1007)
81,2 ■ Dorndorf, li ϟ, li ⏏ (200 m), ⬇ an Treppe (50.8379,10.0902)
80,6 li Str-II B62, li **36460 Dorndorf**, Eisenacher Straße (50.8414,10.0849)
80,4 li ⇩ der Felda (Werra) (s. Seite 48) in Werra (50.8421,10.0824)
77,3 Str-II K502 Vacha (50.8338,10.0471)
75,5 Wege-II Vacha, Brücke der Einheit (50.8305,10.0234);
li ⇅ Vacha, ⚓ (50.8304,10.0230);
li **36404 Vacha**, alter Ort (Stadtrecht 1186), Reste der Stadtbefestigung, ⌘ (50.8305,10.0229)
73,9 Rohr-II (50.8378,10.0055)
73,7 ■ Philippsthal, re ϟ, li ⏏ oder li Bootsgasse benutzen. Eigentlich sollen in der Betonhalbschale die Boote nur getreidelt werden; neben der Halbschale befindet sich eine Treppe, um zum Unterwasser zu gelangen(kann je nach Wasserstand glitschig sein). Vorher sollte die Anlage allerdings immer in Augenschein genommen werden, da Hochwasser die Situation auch im Unterwasser immer verändert. Eine evtl. Befahrung ist Bootstyp abhängig und sehr spritzig, Weiterfahrt bis zum Mühlgraben ist vom Wasserstand abhängig (50.8386,10.0033)
73,3 Str-II K7, **36269 Philippsthal**, Brückenstraße, Barockschloss, ehemaliges Benediktinerkloster aus dem 12. Jahrhundert, ⌘ (50.8408,9.9990)
72,3 li ⇩ der Ulster (s. Seite 50) in Werra (50.8434,9.9848)
72,2 li Kaliwerk Hattorf (50.8440,9.9838)
71,9 –70,6 §, ganzj. Uferbetretungsverbot (50.8451,9.9808)–(50.8505,9.9643)
70,5 re ➔ zum ϟ Heimboldhausen, ⚠ hier ⏏ nicht möglich (50.8508,9.9632);
li ■ Heimboldhausen, X, li ⏏, Ein- und Ausstieg mit Betonplatten, Wiedereinstieg bei NW schwierig (50.8510,9.9623)
70,1 Wege-II zum ϟ Heimboldhausen (50.8530,9.9585)
69,9 re ⇩ Wehrkanal Heimboldhausen (50.8546,9.9595)
69,6 Str-II L3172, li **36269 Philippsthal (Werra)-Heimboldshausen**, re nach Harnrode (50.8569,9.9584)
65,7 Str-II L3306, re **36266 Heringen (Werra)-Lengers** (50.8614,9.9934)

65,4 li ▬ Lengers, **X**, li ≏ über unbefestigten Weg, ⬇ über Treppe, re ϟ (50.8638,9.9937)
65,0 li **36266 Heringen (Werra)-Wölfershausen** (50.8673,9.9949)
63,3 EB-Ⅱ Heringen (50.8826,9.9937)
61,9 li ▬ Heringen, ϟ re, **X**, li ≏ (schwierig), bei gutem Wasserstand ist es evtl. möglich kurz in den li abzweigenden Arm ≏ und hier weiterzufahren (50.8867,10.0029)
61,6 Str-Ⅱ L3255, re **36266 Heringen**, li Kaliwerk Wintershall (50.8892, 10.0031)
61,3 li ⇩ des Umgehungsgrabens (50.8918,10.0035)
58,9 Str-Ⅱ K4, li **36266 Heringen (Werra)-Widdershausen** (50.9087,10.0152)
58,6 re ▬ Widdershausen, zweistufig, **X**, ≏-Stelle re, li ϟ (50.9113,10.0172)
56,7 re ⇅ Dankmarshausen mit ⛺ (50.9249,10.0203);
Str-Ⅱ L2117, li **99837 Dankmarshausen**, Richard-Wagner-Straße (50.9254,10.0202)
52,4 li ϟ Berka, ganz re fahren (50.9380,10.0618)
52,2 li ▬ Berka, **X**, re ≏ (50.9380,10.0634)
51,7 Str-Ⅱ L1022, re **99837 Berka/Werra**, Wildecker Straße (50.9416, 10.0650)
48,6 Str-Ⅱ L2116 Gerstungen, Brückenstraße (50.9664,10.0763);
li **99834 Gerstungen**, Renaissance-Schloss mit Heimatmuseum, ⌘, re nach Berka (50.9667,10.0763);
li ⇅ Gerstungen, 🅿-Möglichkeit (50.9668,10.0769)
47,4 Str-Ⅱ L1020 Gerstungen, und alte EB-Ⅱ (50.9712,10.0892)
41,3 Str-Ⅱ, re **99834 Gerstungen-Sallmannshausen**, li **99834 Gerstungen-Neustädt** (51.0006,10.1011);
li ⬆ zum ≏ des folgenden Wehres (51.0014,10.1016)
41,2 Schräg-▬ Sallmannshausen, li ≏ bei 41,2 (51.0014,10.1030)
41,1 ⬇-Möglichkeit nach dem ≏ (51.0018,10.1030);
re ⇅ Sallmannshausen (51.0021,10.1039)
39,0 li **37293 Herleshausen-Wommen**, Schloss (51.0124,10.1215)
38,2 ▬ Wommen-Steinmühle, ϟ, **X**, li ca. 150 m schwieriges ≏ (51.0075, 10.1286)
34,2 re ⇅ Lauchröden (50.9962,10.1600);
Wege-Ⅱ, re **99834 Gerstungen-Lauchröden**, li nach Herleshausen (50.9965,10.1601)
33,0 li **37293 Herleshausen**, 🚆 (51.0021,10.1709)
32,0 re Ruine Brandenburg, ⌘ (50.9959,10.1717)
30,2 Fußg-Ⅱ vor Göringen (50.9991,10.1885)
29,8 re ⇅ **99817 Eisenach-Göringen** mit ⛺ (50.9954,10.1908)
28,8 Str-Ⅱ K17, li **99817 Eisenach-Wartha**, Herleshäuser Straße (50.9944, 10.2044)
28,6 li ⇅ Wartha (50.9950,10.2067)
28,0 re ⇅ **99817 Eisenach-Neuenhof**, Schloss (50.9985,10.2124)
26,1 re ⌂⚑ KC Rennsteig Hörschel/Werra, ⚑⛺, schwieriges ⬆ bei NW,

Rennsteigstraße 11, 99817 Eisenach, www.kanuclub-hoerschel.de (51.0084,10.2247)

25,9 re ⇅ **99817 Eisenach-Hörschel**, Beginn des Rennsteigs, 🚆 in 500 m, ✕ (51.0079,10.2276)

25,8 re ⇩ der Hörsel (51.0083,10.2290);
EB-II Hörschel (51.0087,10.2291)

25,6 Str-II L1021 Hörschel und darüber Autobahn-II A 4 (51.0101,10.2298)

24,6 Str-II L1017 vor Spichra (51.0179,10.2366)

23,9 ▬ Spichra, ↯, li ⌓, Wege-II über Wehranlage zum Besuch des Ortes, nicht zum Umtragen geeignet (51.0235,10.2357)

23,8 re ⇅, re **99819 Krauthausen-Spichra**, am Sportplatz nach Wehranlage (51.0247,10.2359)

22,0 –20,1 §, ganzj. UV (51.0386,10.2229)–(51.0486,10.2335)

20,1 li Werratal-🛶 Creuzburg, ⛺ und ⛺, www.werratal-tours.de , ☎ +49 36923 50375 (51.0485,10.2336)

18,7 li ⇅ Creuzburg vor Str-II (51.0487,10.2499)

18,6 li Str-II B7 Creuzburg, Eisenacher Straße (51.0486,10.2509);
li **99831 Creuzburg**, 🚌-Station, Verbindung nach Eschwege. ⌘ Schloss, mittelalterliche Stadtbefestigung (51.0488,10.2508)

18,5 li Wege-II Creuzburg, älteste Natursteinbrücke nördlich des Mains, darunter Schwall mit überspülten Steinen ⚠ (51.0494,10.2519);
li ⬇ Creuzburg mit 🅿. Es beginnt ein landschaftlich schöner Teil der Werra. Es folgen bis Treffurt Pfeilerreste mehrerer ehemaliger EB-Brücken (51.0497,10.2516)

16,0 –13,3 re §, ganzj. UV am re Ufer (51.0573,10.2701)–(51.0739,10.2739)

15,0 li **99826 Mihla-Ebenau** (51.0634,10.2730)

13,3 Wege-II, re **99826 Mihla-Buchenau**, Mihlaer Straße (51.0741,10.2739)

12,8 Wege-II Buchenau (51.0739,10.2806)

12,4 Str-II Buchenau (51.0730,10.2864)

10,4 re ⇅ ⌂ Wassersportfreunde Mihla, ⛺, Bahnhofstraße 34, 99826 Mihla, www.wassersport-mihla.de (51.0785,10.3113)

9,2 Str-II, re **99826 Mihla**, ehemaliger Adelssitz, ✕ (51.0790,10.3273)

9,1 re ⬆ Mihla, nur bei HW (Sog zum Wehr beachten) (51.0786,10.3282)

9,0 Schräg-▬ Mihla, re ⇅ und ⛺, re ⌓ (51.0792,10.3304)

7,0 re kleiner 🛶 (51.0873,10.3215)

5,9 Radweg-II **99826 Ebenshausen**, re ⛺ (51.0859,10.3073)

4,2 Radweg-II (51.0915,10.2909)

2,3 re ⇅, re **99826 Frankenroda**, ⛺ (51.0928,10.2728)

1,7 Str-II Am Walde, Frankenroda (51.0978,10.2744)

Werra (Unterlauf)

Wanderfluss

Der Unterlauf ist als Bundeswasserstraße mit einer amtlichen Kilometrierung bis zur Mündung in die Weser versehen. Auf der Bundeswasserstraße findet kein

Schiffsverkehr statt und es sind keine Mindestwassertiefen garantiert. Das erste Kilometerschild befindet sich am Km 1.

Befahrungsregeln: Der Unterlauf der Werra ist eine Bundeswasserstraße. Es gelten die Bestimmungen der Binnenschifffahrtsstraßen-Ordnung (BinSchStrO).
km 70,9 bis 72,7 : Ganzj. UV
km 9,3 bis 10,3 : Ganzj. UV

Kilometrierung: Amtliche Kilometrierung.

0,0 Ende von Werra (Oberlauf). Ab hier Unterlauf mit amtlicher Kilometrierung, km-Tafeln an den Ufern. Die erste Tafel steht beim km 1 (51.1052, 10.2943)

0,2 re ⇅ ⛟ Landgasthof Probstei-Zella, ✕, Probsteizella 1, 99826 Frankenroda, www.zella.de , ♪ +49 36924 41976 (51.1070,10.2956)

2,1 –2,2 Schräg-▬ Falken, re Werkkanal zum ϟ (gesperrt), li ⌂ an vorgegebener ⇅, bei gutem Wasserstand für K1 evtl. ≋, unterhalb wenig Wasser bis zum Zulauf aus dem ϟ. (51.1148,10.2794)–(51.1148,10.2772)

2,7 re ⇩ Wehrkanal, Rückführung des entzogenen Wassers (51.1125, 10.2717)

3,1 Str-Ⅱ, re **99830 Treffurt-Falken** (51.1124,10.2670)

3,4 re ⇅ Falken, ⛺ (51.1137,10.2632)

7,6 re ⇅ Treffurt vor der Brücke (51.1344,10.2385)

7,7 Str-Ⅱ B250, **99830 Treffurt**, Gartenstraße (51.1344,10.2372)

7,9 li ⇅ Treffurt nach der Brücke, li gebührenpflichtiger Wohnmobilstellplatz, dort keine Pkw parken (51.1341,10.2357)

8,2 li ⇅ Treffurt am Schwimmbad ist geschlossen, Bauarbeiten, Zelten und einsetzen nicht mehr möglich (51.1331,10.2312)

9,3 –10,3 re **§**, ganzj. UV (51.1311,10.2167)–(51.1264,10.2094)

10,3 Wege-Ⅱ, ehemaliges Grenzsperrwerk (51.1263,10.2094)

11,8 Wege-Ⅱ, re 37281 Wanfried-Heldra (51.1248,10.1969);
re ≣ Heldra, ♪ +49 5655 19429 (51.1250,10.1970)

14,0 Str-Ⅱ L1019, li **99830 Treffurt-Großburschla** (51.1358,10.1762)

14,1 li ⇅ Großburschla (51.1363,10.1765)

15,8 re ⇅ Altenburschla (51.1496,10.1734)

15,8 re ⛟ Altenburschla (51.1498,10.1733);
re **37281 Wanfried-Altenburschla**, gepflegtes Dorf, Preis der Hessischen Heimatpflege, ⌘, ✕ (51.1498,10.1732)

17,4 li ⇅ **37281 Wanfried-Völkershausen**, alter Gutshof, Beginn des Staus Wanfried (51.1601,10.1627)

19,9 ▬ Wanfried, **X**, li ⌂ an vorgegebener ⇅ (51.1793,10.1654)

20,4 re ⇩ Wehrkanal Wanfried (51.1831,10.1652)

20,4 Str-Ⅱ L3244 Wanfried, Schlagdstraße (51.1834,10.1650);
re **37281 Wanfried**, Städtchen mit Fachwerkhäusern, ✕, re alte Speicher, Kran, historisches Werraschiff, ⌘. Bis 1850 Endpunkt der Weser-Werra-Schifffahrt, von hier damals Frachtwagenverkehr nach Süden (bis Italien). Empfehlenswerte Wanderungen in die Berge, „Hohe Plesse“ usw. Links

die Höhen des Schlierbachwaldes, Beginn des Talkessels von Eschwege (51.1836,10.1650)

20,5 re mögliche ⬇ Wanfried nach Ⅱ und ✕ (51.1843,10.1650)

23,7 re ⇩ der Frieda (s. Seite 53) in die Werra (51.1877,10.1289)

24,2 Str-Ⅱ K12, re **37276 Meinhard-Frieda**, li **37281 Wanfried-Aue** (51.1872, 10.1238)

26,4 re ⇅ **37276 Meinhard-Schwebda**, mit Schloss Wolfsbrunnen am Wald, voraus der Leuchteberg, im Hintergrund der Hohe Meißner, Beginn des Staus von Eschwege, ⌓ zum Werratal-See möglich (51.1882,10.0949)

28,0 li ⌂ Eschweger RV (51.1895,10.0728)

28,1 Wege-Ⅱ Eschwege, re Werratalsee mit Badestrand, li ✕ „Felsenkeller“, Aufstieg zum Leuchteberg mit Aussichtsturm, lohnend (51.1895,10.0708)

28,4 li ⌂⚑ KC Eschwege, ⛺, Torwiese 4, 37269 Eschwege, www.eschweger-kanuclub.de (51.1891,10.0674)

28,5 re Überlauf-■ Eschwege (51.1892,10.0662)

28,9 Fußg-Ⅱ Eschwege, dahinter hübsche Flusspartie „Klein Venedig“ (51.1881,10.0610)

28,9 re ⇅ **37269 Eschwege**, Am Werdchen, nach Fußg-Ⅱ, großer 🅿 (51.1883,10.0607)

29,2 Str-Ⅱ Eschwege, Brückenstraße, li Joch fahren (51.1893,10.0560)

29,4 ⌗ Eschwege, ⚠. Das Überwinden der folgenden ■-Anlage ist wegen des Soges nach li zum ↯ nicht ganz ungefährlich. Folgendes Vorgehen wird empfohlen: In der Mitte unter der Str-Ⅱ durchfahren und sich dann hinter dem re liegenden Überlaufwehr halbrechts zum Anleger halten, damit man nicht zu nah an die neue Turbine li von der ⌗ kommt. Dort ist immer ein starker Sog. Bei Hochwasser sollten nur geübte Kanuten fahren. Am Anleger entweder re in den Wehrkanal ⌓ oder in die Selbstbedienungs-⌗ einfahren bzw. re um diese ⌓. Nach der ⌗ Stufe, ≋. Unterhalb der ⌗ Felsenstrecke, bei NW ⚠ (51.1892,10.0541)

29,7 re ⇩ zweier Wehrgräben (51.1912,10.0508)

30,0 Str-Ⅱ B 249 Eschwege, EB-Ⅱ, li zum 🚉 Eschwege-Stadt (51.1929, 10.0476)

30,6 li ⬇ Eschwege am Tierheim, beschwerliches Einsetzen, 🅿, Kuhtrift, 37269 Eschwege (51.1956,10.0396)

33,5 li ⇩ Alte Wehre (51.2093,10.0167);
re ⇅ Jestädt (51.2095,10.0169)

33,8 Str-Ⅱ L3403, re **37276 Meinhard-Jestädt**, Am Anger (51.2112,10.0141)

34,7 li ⇩ der Wehre (s. Seite 53) in die Werra (51.2114,10.0027)

35,0 re die Kalkfelsen des Weinberges (51.2134,10.0008)

35,9 re verlassener Kiessee (NSG), Beginn einer romantischen Talstrecke, li das „Höllental“, nächster Aufstieg zum „Hohen Meißner“, dem höchsten Berg Nordhessens (Hollesee, Raubkammer, Schwalbental, Kasseler Kuppe) (51.2177,9.9913)

37,6 Wege-Ⅱ, li **37269 Eschwege-Albungen**, re auf der Höhe Burg

Fürstenstein mit Gut (51.2294,9.9991)

38,8 Stromknick mit Felsnadel, bei HW danach kleine Stromschnelle (51.2386, 9.9936)

39,9 re Andreaskapelle, das zur Kapelle gehörende Dorf wurde im Dreißigjährigen Krieg durch Tilly zerstört (51.2386,9.9852)

41,5 Str-II re **37242 Bad Sooden-Allendorf, OT Kleinvach**, Renaissance-Herrenhaus ⌘, ✕. Der Fluss stößt auf die Hornekuppe (522 m), weiter unterhalb re auf halber Höhe Schloss Rothestein (51.2472,9.9912)

41,7 re ⇅ Kleinvach, Fährgasse, 37242 Bad Sooden-Allendorf (51.2485, 9.9923)

44,0 Beginn des Staus der Allendorfer Wehre (51.2576,10.0111)

46,3 li erstes Überlauf-Wehr Allendorf, ⚠ bei Überflutung re fahren, dem Flussverlauf folgen (51.2622,9.9810)

47,0 li zweites Überlauf-Wehr Allendorf, ⚠ bei Überflutung re fahren, dem Flussverlauf folgen (51.2669,9.9754)

47,2 re ⇅ Bootshaus Gymnasium Bad Sooden-Allendorf (Bootshaus außer Betrieb) (51.2684,9.9752)

47,3 li ⇅ Bad Sooden-Allendorf, danach drittes Überlauf-Wehr, evtl. ≈ oder li ⌂, Treppe ins Unterwasser. Besser dem Flussverlauf weiter folgen zur Schleuse Allendorf (51.2699,9.9741)

47,5 Str-II **37242 Bad Sooden-Allendorf**, Bahnhofstraße, re Ortsteil Allendorf, ⌘, altes Städtchen mit malerischen Fachwerkhäusern, li Ortsteil Bad Sooden, Solebad, Kurbetrieb, 🚂 (51.2708,9.9737)

47,6 ← zur ⌘ Allendorf, geradeaus Hauptwehrarm Allendorf, Einfahrt gesperrt (51.2724,9.9728)

47,7 ⌘ Allendorf (Selbstbedienung), zum ⌂ li ⇅, Fahrzeugzufahrt zum Be- und Entladen über den Wohnmobilstellplatz, jedoch Parken nicht gestattet. Parkmöglichkeiten in der Nähe (51.2724,9.9719)

48,1 ⇩ des Schleusenarmes in die Werra, von li ⇩ der Nebenarme über ▬ und von der ⇅ Bad Sooden-Allendorf (51.2724,9.9695)

48,1 Str-II Bad Sooden-Allendorf L3239, An den Soleteichen (51.2741,9.9681)

48,2 re ⇩ Werra-Arm vom ϟ, ⚠ bei Betrieb Querströmung (51.2751,9.9679)

48,3 ≣ Allendorf, ♪ +49 5652 19429 (51.2767,9.9665)

50,1 re ⇅ ⛺ Oase, Kreisstr. 32, 37318 Wahlhausen, www.camping-oase.de , ♪ +49 36087 98671 (51.2890,9.9755)

50,5 re ⇅ **37318 Wahlhausen** (51.2921,9.9775);
re **37318 Wahlhausen** (51.2922,9.9774)

52,1 li ⇅ **37242 Bad Sooden-Allendorf, OT Ellershausen** (51.3019,9.9650)

55,2 re ⇅ Lindewerra, ⛺ (51.3133,9.9445);
Str-II, re **37318 Lindewerra**, Straße zur Einheit, ✕. Die folgende Werraschleife von Lindewerra heißt „Hufeisen", überragt von der Teufelskanzel und Junkerkuppe (503 m) (51.3136,9.9447)

57,7 EB-II Viadukt Oberrieden (51.3130,9.9321)

58,0 li **37242 Bad Sooden-Allendorf, OT Oberrieden**, voraus der Ludwigstein (51.3124,9.9273)

59,7 Wege-II, re **37214 Witzenhausen-Werleshausen**, Aufstieg zur DJH Burg Ludwigstein li über dem Fluss. Werradurchbruch, re Hasenkanzel (51.3235,9.9142)

59,8 re ⇅ Werleshausen (51.3246,9.9142)

60,7 Str-II B27, Strömung (51.3234,9.9035)

62,0 li Flachsbachtal, mit Flachsbachmühle. Abgeschiedenes Wald-Tal, Besuch lohnt sich. Rückschau im Werratal sehenswert: Berühmter Zweiburgenblick (Burg Ludwigstein und Burg Hanstein) (51.3172,9.8909)

63,1 li ⇅ **37215 Witzenhausen-Wendershausen**, ✕ (51.3240,9.8800)

65,6 re ⇅ **37214 Witzenhausen-Unterrieden** (51.3404,9.8827)

65,7 Fußg-II Unterrieden (51.3409,9.8808)

66,1 EB-II Unterrieden, dahinter li der Johannisberg (51.3430,9.8770)

66,8 li ⌂ Witzenhäuser KC, ⇅, ⛺, sehr freundliche Aufnahme von Wanderpaddlern, auch für Wohnwagen, gute Sanitäranlagen, am Berg Badeanstalt Witzenhausen, Am Sande, 37213 Witzenhausen, www.wkc-witzenhausen.de , ✆ +49 5542 71707 (51.3484,9.8722)

67,0 li ⛺ Werratal, Am Sande 11, 37213 Witzenhausen, www.campingplatz-werratal.de , ✆ +49 5542 1465 (51.3495,9.8694)

67,9 li ⇩ der Gelster (51.3461,9.8600)

68,2 Str-II B451, **37213 Witzenhausen**, Brückenstraße, bekannte Kirschblütenstadt, ⌘, 🚆, ✕, Universität (51.3444,9.8570)

68,2 li ⇅ Witzenhausen, Stadtanleger, 50m nach der Brücke, Anfahrt über Straße Am Weidengraben, vor Linkskurve über den Damm fahren (51.3439,9.8563)

70,0 re **37213 Witzenhausen-Bischhausen**, mit Gutshof, li Kläranlage Witzenhausen. Mehrere Flussschleifen mit starker Strömung. Das ab hier breitere Tal wird li von den Ausläufern des Kaufunger Waldes begleitet. In diesem einsamen Waldgebiet lohnende Wanderungen (51.3518,9.8470)

70,9 –72,7 §, ganzj. UV (51.3557,9.8367)–(51.3607,9.8158)

72,2 li **37217 Witzenhausen-Ermschwerd**, schon 833 urkundlich erwähnt, echtes Hessendorf mit hübschem Fachwerk, Wanderung zum Haferberg und Bilstein (Kaufunger Wald), re Baggerseen (NSG) und Siedlung Freudenthal (51.3578,9.8206)

75,0 re ⇅ **37218 Witzenhausen-Gertenbach**, 🚆 (51.3775,9.7995)

75,1 Str-II Gertenbach, L3238, Bahnhofstraße, re etwa 3 km entfernt im Wald Schloss Berlepsch (frühgotisch 1369) (51.3782,9.7985)

75,5 li **37217 Witzenhausen-Blickershausen** (51.3815,9.7957)

76,6 ab hier re Ufer Niedersachsen, li Ufer Hessen (51.3902,9.7899)

77,0 re Hinweiszeichen, „Nach 400 m Schöpfbuhne", ganz li fahren (51.3896, 9.7839)

77,2 Flussgabelung Hedemünden, ⚠ nicht den geradeaus zum ▬ Hedemünden führenden Hauptarm benutzen, schwieriges ⏢; ← in den Schifffahrtsarm der Werra, genannt Lache, einfahren, am Ende Stromschnelle, Spritzdecke! Zum Ort Hedemünden am Ende der Lache re aussetzen

(51.3895,9.7809)
78,6 ab hier beide Ufer niedersächsisch (51.3860,9.7642);
re ⇅ Hedemünden (51.3863,9.7640);
Str-II, Brückenstraße, K 211, Hedemünden, Beginn des Rückstaus des folgenden Wehres „Letzter Heller" (51.3860,9.7637);
re **34346 Hann.Münden-Hedemünden**, niedersächsisches nettes Städtchen, ⛟, Auffahrt zur Autobahn A7, Besuch von Ziegenhagen mit den Höhen des Kaufunger Waldes empfehlenswert. (51.3862,9.7635)
79,5 li **34346 Hann.Münden-Oberrode**, danach kleine Insel, re Arm benutzen (51.3874,9.7512)
81,9 li Beginn des Durchbruchs, der Werra in einem engen Tal zwischen Kaufunger- und Bramwald. li Zella mit Waldgaststätte und ⛺ Zella im Werratal, ⛺, ☎ 05541/90 47 11 (51.3957,9.7256)
82,3 EB-II Laubach, ⚠ von hier bis zur Autobahn-II Wasserskistrecke! (51.3994,9.7253)
83,0 Str-II K226, li **34346 Hann.Münden-Laubach**, unter der EB hindurch zum Ort, Sommerfrische, reizvolle Wanderungen in den Kaufunger Wald (Gr. Steinberg) und nach Hann. Münden (51.4026,9.7184)
83,2 li ⇅ Laubach, ✕ „Werrahaus", 🅿 (51.4036,9.7153)
83,4 Autobahn-II A7 und EB-II, Göttingen–Kassel, 65 m hoch, 420 m lang (51.4050,9.7141)
83,9 ▬ und ϟ „Letzter Heller", X; li ⏏, Bootswagen vorhanden, ⌗ außer Betrieb (51.4074,9.7092)
84,1 re ✕ „Zum Letzten Heller", an der Bundesstraße B80. Bis Hermannshagen enges, bewaldetes Wiesental, Straße und EB neben dem Fluss (51.4085,9.7071)
87,5 EB-II Hann.Münden (51.4173,9.6660)
87,6 Str-II Hann.Münden, Schöpfbuhne, Flussgabelung, ⚠ re Arm benutzen. Das Befahren des li Werraarmes, der zur Schleuse und mehreren Wehren führt, ist gefährlich, da wegen starker Strömung ein Anhalten vor den folgenden Wehren kaum möglich ist (51.4175,9.6650)
87,6 –89,0 **34346 Hannoversch Münden**, ⌘ Stadt mit herrlichen Fachwerkhäusern, Rathaus. Aussetzmöglichkeit zur Besichtigung siehe km 89,0 (51.4175,9.6650)–(51.4214,9.6481)
88,3 Ponton-II Hann.-Münden, gekennzeichnete Durchfahrt benutzen. (51.4188,9.6563)
88,5 Str-II Hann.-Münden, Lange Straße, (erbaut 1402) (51.4195,9.6530)
88,5 ▬ Hann.-Münden, nach der alten Werra-Brücke li Überlauf-Wehr. Am Ende des re Armes ▬, X, li ⇅ nur zum ⏏, Bootswagen vorhanden. Unterwasser = Wasserspiegel der Weser (51.4198,9.6524)
88,8 li Doktorwerder, li ⇩ der „Kleinen Weser", Mühlenarm der Fulda (51.4207, 9.6494)
89,0 ⇩ von li Fulda und re Werra in die Weser (51.4217,9.6476)

Hasel

Kleinfluss
Mündung in Werra bei km 145,9 (re Nebenfluss)

Die Hasel ist ein aus dem Raum Suhl kommender sportlicher Kleinfluss. Eine Straße und eine Bahnlinie befinden sich stets in Flussnähe. In der Hasel befinden sich zahlreiche wehrartige Sohlschwellen, welche gut befahrbar sind, allerdings bei Hochwasser kräftige Rückläufe haben.

Befahrbarkeit:	Im Frühjahr bei der Schneeschmelze und nach kräftigen Regenfällen im K 1.
Pegel:	Pegel Ellinghausen mindestens 100 cm.
Quellen:	Die Beschreibung ist unvollständig. Die mit Koordinaten versehenen Einträge wurden dem Kartenmaterial entnommen. Die weiteren Einträge sind nur orientierende Angaben.

18,3	Str-II Suhl, Hof (50.6067,10.6227); **98529 Suhl** (50.6066,10.6226)
17,5	▬, X, mögliche ⬇ unterhalb des Wehres
17,2	▬, X
16,1	Str-II Dietzenhausen, Seßlesstraße (50.6024,10.5937)
15,9	Str-II L1140 Dietzenhausen, Hauptstraße (50.6023,10.5914); **98530 Dillstädt-Dietzenhausen** (50.6023,10.5913)
14,9	▬, verfallen, ≋
14,5	▬, verfallen, ≋, vorher ansehen
14,4	▬, verfallen, li ≋
14,1	▬ dreistufig, X
14,0	II mit ▬ Sohlschwelle, li ≋
13,7	▬ zweistufige Sohlschwelle, Mitte ≋
13,2	▬, verfallen, zweistufig, 3 m breites Tosbecken, X
11,9	▬, verfallen, Sohlschwelle ≋
11,6	⬇ Hotel Distelhof Dillstädt, gut ab Pegel 1 m in Ellinghausen (50.5860, 10.5422)
11,3	▬, verfallen, Mitte ≋
11,0	Str-II Dillstädt, Dorfstraße (50.5823,10.5366); **98530 Marisfeld-Dillstädt** (50.5822,10.5365)
10,0	Wege-II
9,8	▬, evtl. ≋, Steine im Unterwasser (50.5748,10.5268)
9,7	EB-II, danach Schwall (50.5742,10.5272)
9,6	▬, verfallen, Mitte re ≋, Steine im Unterwasser
9,2	▬ Sohlschwelle, ≋, danach eng – starke Strömung
9,1	li ⇩ der Spring (50.5703,10.5224); ▬ Sohlschwelle, ≋
9,0	▬ Sohlschwelle, ≋
8,0	EB-II (50.5704,10.5096); re ⇩ der Schwarza (50.5705,10.5094)

7,4 kleine II mit Schwall, ≋ (50.5676,10.5014)

7,3 ▬ 2 Sohlschwellen, ≋ (50.5675,10.5011)

7,1 ▬, verfallen, ≋

6,0 ▬ 2 Sohlschwellen, ≋

4,9 ▬, verfallen, ≋

4,6 Str-II A71 (50.5531,10.4750)

4,1 Ableitung Mühlgraben Ellinghausen, li in die Hasel fahren, Schwall (50.5494,10.4743)

3,7 Radweg-II Ellinghausen (50.5454,10.4752)

3,6 ≣ Ellinghausen (50.5453,10.4752);
98617 Ellinghausen (50.5452,10.4753);
EB-II, danach ▬, verfallen, über die ganze Breite ≋ (50.5446,10.4756)

1,1 EB-II Einhausen (50.5324,10.4621)

1,0 Mühlen-▬ Einhausen, **X**, re aussetzen, über die Wehr-II ⌓ und li einsetzen (50.5321,10.4614)

0,7 Str-II Einhausen, Straße der Einheit (50.5311,10.4594);
li **98617 Einhausen** (50.5312,10.4591)

0,0 ⇩ der Hasel in Werra (s. Seite 33) bei km 145,9 (50.5257,10.4546)

Felda (Werra)

Kleinfluss
Mündung in Werra bei km 80,4 (li Nebenfluss)

Die Felda verläuft zwischen Hügeln in einem reizvollen Wiesental. Sie ist ein Kleinfluss mit engen Kurven, Strauch- und Weidezaunhindernissen und Furten. Die sehr zahlreichen Wehre sind fast durchweg gut befahrbar, da die dazugehörigen Mühlen ihren Betrieb meist eingestellt haben.

Befahrbarkeit: Frühjahr und nach Regenfällen.

Pegel: Kein digitaler Pegel. Bezugspegel: Ulster-Pegel Hilders; Minimum 120 cm.

Infrastruktur: Die Felda wird auf der gesamten Strecke von einer Straße begleitet.

35,2 Str-II Kaltennordheim, Bahnhofstraße (50.6302,10.1570);
⬇ **36452 Kaltennordheim**, Bahnhofstraße am Ortsende, ≣. Es folgen 3 kleine ▬, ≋ (50.6303,10.1570)

34,9 Wege-II Kaltennordheim (50.6329,10.1562)

34,7 ▬ Kaltennordheim evtl. ≋ (50.6343,10.1542)

34,2 Wege-II (50.6361,10.1506)

34,1 Wege-II Einödsmühle (50.6370,10.1500)

34,0 Wege-II zur Kläranlage (re) (50.6376,10.1482)

33,8 ▬ Wiesenmühle (50.6380,10.1461)

33,5 Radweg-II, ehemalige EB-II (50.6403,10.1467)

32,8 kleine Waldschlucht, es folgen 2 ▬, ≋

32,4 ▬, evtl. ≋ (50.6487,10.1437)

31,8 Wege-II Fischbach (50.6533,10.1403)

31,7 Str-Ⅱ K91A Fischbach, Kreuzweg (50.6541,10.1404)
31,6 re **36452 Kaltennordheim-Fischbach/Rhön** (50.6543,10.1404)
30,6 Wege-Ⅱ Diedorf, Dirleser Weg (50.6605,10.1330)
30,2 Wege-Ⅱ Diedorf, Steg (50.6625,10.1298);
▬ Feldamühle, **X**, Durchlass durch Eisenträger versperrt, re ⏏
29,9 ▬ Diedorf, ≋ (50.6638,10.1269);
Wege-Ⅱ Diedorf, Schmiedegasse (50.6641,10.1265);
li **36452 Diedorf/Rhön** (50.6641,10.1265)
29,5 Furt (50.6657,10.1222)
28,1 Wege-Ⅱ (50.6726,10.1217)
27,1 ▬ Neidhartshausen, ≋ (50.6779,10.1266)
27,0 Str-Ⅱ Neidhartshausen, Schulstraße. Danach 2 Sperren aus Maschendraht, können umfahren werden (50.6780,10.1269);
36452 Neidhartshausen (50.6781,10.1269)
26,9 Wege-Ⅱ Neidhartshausen (50.6795,10.1272);
Es folgen 2 ▬, die im Kartenmaterial nicht gefunden wurden.
1. ▬ verfallen, ≋
2. ▬, evtl. ≋ (50.6796,10.1272)
24,3 niedrige Wege-Ⅱ Glattbach (50.6993,10.1300)
24,2 Mühlen-▬ Glattbach, ≋ (50.6994,10.1302);
li **36466 Dermbach-Glattbach** (50.6994,10.1304)
23,2 verfallenes ▬ der Pillersmühle, ≋. danach Furt (50.7069,10.1315)
22,5 alte Bogen-Ⅱ und danach neue Ⅱ Dermbach (50.7125,10.1321);
li **36466 Dermbach** (50.7126,10.1321)
22,4 ▬ der Bodenmühle, ≋, wenn Schütz offen (50.7130,10.1319)
21,2 ▬ (50.7219,10.1335)
21,0 li ⇩ Dernbach (50.7232,10.1336)
20,9 Wege-Ⅱ (50.7239,10.1340)
20,6 re ⇩ Kraftwerkskanal (50.7254,10.1363)
18,2 Str-Ⅱ B285 Hartschwinden, Dermbacher Straße (50.7360,10.1480);
re **36457 Urnshausen-Hartschwinden** (50.7361,10.1479);
danach folgt ▬, ≋, in Karte nicht gefunden (50.7361,10.1479)
17,1 Furt und ▬ kleine Stufe (50.7441,10.1528)
16,1 Str-Ⅱ Am alten Sägewerk (50.7514,10.1565)
15,1 ▬ Weilar, li Fischtreppe (50.7593,10.1556)
14,8 Str-Ⅱ Weilar, Stille (50.7608,10.1531);
re **36457 Weilar** (50.7608,10.1530)
14,3 Str-Ⅱ Weilar, Karngang (50.7642,10.1503)
11,6 ▬ vor Stadtlengsfeld, re Fischtreppe (50.7771,10.1364)
10,8 Str-Ⅱ L1022 Stadtlengsfeld Dermbacher Straße (50.7806,10.1303);
re **36457 Stadtlengsfeld** (50.7807,10.1301)
10,6 EB-Ⅱ Stadtlengsfeld (außer Betrieb) (50.7812,10.1275)
10,5 ▬ Stadtlengsfeld, ≋ (50.7809,10.1257)
9,3 EB-Ⅱ Stadtlengsfeld (außer Betrieb) (50.7866,10.1177)

8,9 Radweg-II (50.7885,10.1170);
danach ■, ≋, in Karte nicht gefunden (50.7886,10.1169)
8,7 EB-II (50.7891,10.1143)
7,4 Str-II Menzengraben (50.7946,10.1048);
re **36457 Stadtlengsfeld-Menzengraben**, li Fischteiche (50.7947, 10.1048)
3,5 ■ und danach Stufe, ≋. re ehemaliges Werksgelände (50.8155, 10.0852)
3,3 Str-II Dietlas, Dorfstraße (50.8169,10.0830);
36460 Dorndorf-Dietlas (50.8169,10.0829)
2,0 Str-II Dorndorf, Völkershäuser Straße (50.8277,10.0826)
1,9 ■ Dorndorf, fahrbar (50.8282,10.0823)
0,8 Str-II Dorndorf (50.8357,10.0810);
EB-II Dorndorf, darunter flach und steinig (50.8362,10.0812)
0,5 Str-II B62/84 Dorndorf, Vachaer Straße (50.8384,10.0814);
li ⬆ Dorndorf nach der Brücke (50.8385,10.0814);
re **36460 Dorndorf** (50.8386,10.0814)
0,0 ⇩ der Felda (Werra) in Werra (s. Seite 33) bei km 80,4 (50.8421,10.0824)

Ulster

Kleinfluss
Mündung in Werra bei km 72,3 (li Nebenfluss)

Die Ulster fließt aus der Hohen Rhön nach Norden zur Werra. Sie ist ein sportlich und landschaftlich reizvoller Kleinfluss mit erheblichem Gefälle, engen Kurven, Baum- und Strauchhindernissen, im Oberlauf auch gelegentlich mit Weidedrähten und zahlreichen Wehren, zumeist befahrbar.

Befahrungsregeln:	km 26,9 bis 26,2 (Straßen-Brücke Günthers bis Grenze Thüringen): Ganzj. Befahrungsverbot
Befahrbarkeit:	Im Frühjahr und nach Regenfällen.
Umwelt:	Kurz vor Mündung in die Werra starke Salzbelastung.
Pegel:	Lattenpegel II Seiferts, Minimum 130 cm, Lattenpegel II Hilders, Minimum 120 cm, Pegel Günthers, Pegel Philippsthal.
Infrastruktur:	Begleitung möglich. Busverbindung an Werktagen zwischen Günthers und Wüstensachsen.

52,3 Str-II B278 Wüstensachsen, Kreuzbergstraße (50.5040,10.0098);
⬇ Wüstensachsen am nördlichen Ortsausgang (50.5041,10.0098);
36115 Ehrenberg-Wüstensachsen (50.5042,10.0098)
51,7 ■ der Mühle Melperts, keine Angaben (50.5083,10.0106)
51,3 Wege-II Melperts (50.5113,10.0139)
51,1 li ⇩ Mühlgraben Melperts (50.5126,10.0155)
51,0 Str-II Melperts, Waldstraße (50.5128,10.0156);
empfohlene ⬇ Melperts (50.5129,10.0157);

li **36115 Ehrenberg (Rhön)-Melperts** (50.5129,10.0158)

49,8 ▬ Seiferts unter Wege-Ⅱ, evtl. ≋, ⚠ wenn der ▬-Schütz vor der Brücke niedrig hängt, ist eine Durchfahrt sowie ein Anhalten davor oft unmöglich, schon bei der Anfahrt besichtigen, es folgen mehrere Wege-Ⅱ (50.5224,10.0173)

49,6 Str-Ⅱ Seiferts, Leopold-Höhl-Straße (50.5238,10.0153);
Latten-≡ Seiferts, Minimum 130 cm (50.5239,10.0152)

49,5 **36115 Ehrenberg (Rhön)-Seiferts** (50.5239,10.0151)

49,2 Str-Ⅱ Seiferts, Marienstraße (50.5259,10.0119)

48,4 Wege-Ⅱ Seiferts, Am Sportplatz (50.5316,10.0128)

47,7 Wege-Ⅱ Thaiden, re Sportplatz (50.5376,10.0134)

47,1 Str-Ⅱ Thaiden, Kirchstraße (50.5424,10.0146);
36115 Ehrenberg (Rhön)-Thaiden (50.5425,10.0146)

46,8 Str-Ⅱ Thaiden (50.5451,10.0139);
EB-Ⅱ Thaiden (außer Betrieb) (50.5453,10.0139)

46,3 Schräg-▬ Batten mit Steilabfall und Rücklauf, nach Besichtigung evtl. ≋ (50.5485,10.0108)

45,6 Str-Ⅱ Batten, Ulsterstraße (50.5537,10.0067);
re **36115 Hilders-Batten** (50.5538,10.0067)

45,5 Str-Ⅱ B458 Batten (50.5542,10.0067)

43,6 1. ▬ Hilders am Ortsanfang, li Steil-▬, **X**, re Schräg-▬, evtl. ≋ (50.5689,10.0016)

43,3 Str-Ⅱ Hilders, Bahnhofstraße (50.5703,9.9993);
li Latten-≡ Hilders (50.5704,9.9992);
re **36115 Hilders** (50.5704,9.9992)

43,2 2. Steil-▬ Hilders, evtl. ≋ oder li ⏏, schwierig (50.5712,9.9985)

42,5 3. ▬ Hilders, evtl. ≋ (50.5765,9.9943)

42,2 Str-Ⅱ (50.5788,9.9917)

42,1 Str-Ⅱ L3176, li nach Eckweisbach (50.5798,9.9916)

41,3 Str-Ⅱ K50 Aura (50.5831,9.9847)

40,3 ▬ Neuschwambach, re oder li ≋. ⚠ In der Mitte befindet sich in der ▬-Schräge ein von oben nicht sichtbares Loch (50.5908,9.9857)

39,9 re ⇩ Mühlgraben (50.5946,9.9848);
Wege-Ⅱ Neuschwambach (50.5948,9.9848);
li **6142 Tann (Rhön)-Neuschwambach** (50.5949,9.9848)

35,3 ▬ Lahrbach, evtl. ≋ oder ⏏ (50.6219,9.9999)

35,2 Wege-Ⅱ Lahrbach (50.6224,10.0007);
re ⇩ vom Überlauf-▬ Lahrbach (50.6226,10.0014)

35,1 Str-Ⅱ L3174 Lahrbach, Hünfelder Straße (50.6229,10.0030);
re **36142 Tann (Rhön)-Lahrbach** (50.6230,10.0031)

35,0 re ⇩ Mühlgraben Lahrbach (50.6235,10.0042)

32,8 Wege-Ⅱ Wendershausen (50.6311,10.0157)

32,7 Str-Ⅱ Wendershausen, Am Sportplatz (50.6321,10.0151);
re **36142 Tann (Rhön)-Wendershausen** (50.6322,10.0151)

32,0 ▬ Tann, evtl. ≈ (50.6378,10.0177)
31,5 Wege-II Tann, li Sportplatz (50.6407,10.0193)
31,3 Str-II Tann, Am Unsbach (50.6420,10.0175);
re **36142 Tann (Rhön)**, Museumsdorf, Schloss, ⌘ (50.6421,10.0176)
31,1 re Überlauf-▬ (50.6429,10.0199)
30,6 re ⇩ Mühlgraben Tann (50.6469,10.0193)
30,3 ▬ der Hasenmühle Tann, evtl. ≈ (50.6493,10.0168)
30,2 Wege-II (50.6494,10.0156)
30,1 re ⇩ Mühlgraben Hasenmühle (50.6499,10.0134)
28,9 re ≣ Günthers (50.6561,10.0047)
28,7 ▬ vor Günthers, keine Angaben (50.6572,10.0029)
28,0 Str-II Günthers, Brückenstraße (50.6595,9.9946);
⬆ Günthers, die Fahrt muss wegen der folgenden Sperrung hier beendet werden (50.6595,9.9946);
li **36142 Tann (Rhön)-Günthers**, ✕, 🚌-Verbindung (50.6596,9.9945)
26,9 –26,2 **§**, ganzj. Befahrungsverbot (50.6647,9.9840)–(50.6691,9.9789)
25,2 Wege-II (50.6751,9.9708)
24,9 ▬ Motzlar mit Wasserableitung (50.6774,9.9709)
24,4 li ⇩ Mühlgraben Motzlar (50.6801,9.9670);
Str-II K94B Motzlar (50.6802,9.9668);
36419 Schleid-Motzlar (50.6802,9.9667)
22,8 Str-II, re nach Schleid, bis Geisa verläuft die Ulster sehr schön am li bewaldeten Talrand (50.6916,9.9535)
20,7 Str-II L2603 Geisa, Schleider Straße (50.7065,9.9483)
19,6 Wege-II Geisa (50.7141,9.9526)
19,3 Str-II L1026 Geisa, Bahnhofstraße (50.7168,9.9527);
36419 Geisa, sehenswertes Städtchen (50.7169,9.9527)
18,8 ▬ der Papiermühle Geisa, evtl. ≈ (50.7207,9.9518)
17,3 Str-II B278 (50.7304,9.9605)
16,9 Str-II K501 Borsch, Ulstermühle (50.7333,9.9615);
re **36419 Geisa-Borsch** (50.7334,9.9614);
▬ Borsch unter der Str-II, evtl. ≈ (50.7334,9.9615)
14,9 verfallenes ▬ Buttlar, evtl. ≈ (50.7456,9.9546)
13,8 re ⇩ Mühlgraben Buttlar (50.7540,9.9495);
Str-II B84 Buttlar, Frankfurter Straße (50.7539,9.9492);
⚠ danach flach und Steine (50.7540,9.9492);
re **36419 Buttlar** (50.7540,9.9491)
13,5 ▬ Sohlgleite unterhalb Buttlar, keine Angaben (50.7566,9.9479)
12,2 Radweg-II Wenigentaft (50.7666,9.9426)
12,1 li **36419 Buttlar-Wenigentaft** (50.7666,9.9427)
9,0 ▬ Sohlgleite Pferdsdorf, keine Angaben (50.7883,9.9575)
7,6 re ⇩ Mühlgraben Pferdsdorf (50.7973,9.9625);
Str-II Pferdsdorf, Ulsterstraße (50.7973,9.9622);
⬆⬇ Pferdsdorf (50.7974,9.9622);
36414 Pferdsdorf/Rhön (50.7975,9.9621)

5,9 Kleines Schräg-■, evtl. ≈ (50.8072,9.9769)
5,6 Str-Ⅱ L2604 Unterbreizbach, li Kaliwerk (50.8088,9.9804)
4,9 EB-Ⅱ Unterbreizbach (50.8149,9.9815)
4,6 Str-Ⅱ Unterbreizbach, Bahnhofstraße (50.8171,9.9804);
⬆ Unterbreizbach, eine Weiterfahrt ist wegen folgender Industrieanlagen nicht so lohnend (50.8172,9.9804);
li **36414 Unterbreizbach** (50.8173,9.9804)
2,8 Wege-Ⅱ (50.8242,9.9943)
2,1 ■ unter Steg, li ⌂ (50.8299,9.9912)
1,3 li ≡ Philippsthal (50.8344,9.9887)
0,6 EB-Ⅱ Philippsthal, li Kaliwerk (50.8387,9.9858)
0,4 Str-Ⅱ B62 Philippsthal, Hattorfer Straße (50.8401,9.9865);
36269 Philippsthal (Werra) (50.8402,9.9866)
0,0 ⇩ der Ulster in Werra (s. Seite 33) bei km 72,3 (50.8434,9.9848)

Frieda

Kleinfluss
Mündung in Werra bei amtl. km 23,7 (re Nebenfluss)

Die Frieda, ein naturbelassener Kleinfluss, kann wegen der geringen Wasserführung nur sehr selten und dann auch nur kurzfristig befahren werden. Auf eine Beschreibung der nur 5 km langen Strecke wird daher verzichtet.

0,0 ⇩ der Frieda in die Werra (s. Seite 41) bei amtl. km 23,7 (51.1877, 10.1289)

Wehre

Kleinfluss
Mündung in Werra bei amtl. km 34,7 (li Nebenfluss)

Die Wehre verläuft in einem meist breiten Tal der Ostabdachung des Kaufunger Waldes zwischen Wiesen und Feldern. Bei mäßiger Strömung und mäßigem Gefälle bestehen Schwierigkeiten durch enge Kurven und Strauchhindernisse. Einige Wehre sind zumeist leicht befahrbar. Sie liegen weit vor den Ortschaften. Es sollte unbedingt vermieden werden, in die Mühlkanäle einzufahren, da sie in den Ortschaften nicht zu befahren sind.

Befahrbarkeit: Zeit der Schneeschmelze und nach starken Regenfällen. Wasser läuft schnell ab.
Pegel: Bischhausen, günstig 50 cm.
Infrastruktur: Begleitung: Straße verläuft meist in Flussnähe.

26,8 Str-Ⅱ L3249, re ⬇ unterhalb der Weißmühle, li zur B7, re nach Reichenbach (51.1782,9.8062)
26,4 Str-Ⅱ B7 (51.1782,9.8120)
26,0 Str-Ⅱ **37235 Hessisch Lichtenau-Küchen**, Leipziger Straße (51.1769, 9.8163)
25,9 Str-Ⅱ L3249 Küchen, Meißnerstraße (51.1764,9.8164)

25,8 Str-Ⅱ B7 Küchen (51.1756,9.8158)
25,7 Str-Ⅱ L3249 und Wege-Ⅱ, Anschluss zur B7 (51.1750,9.8156)
25,1 Wege-Ⅱ (51.1740,9.8229)
24,2 Str-Ⅱ **37284 Waldkappel-Hasselbach**, Heinrich-Heine-Straße (51.1678, 9.8302)
23,9 Str-Ⅱ Hasselbach, Goethestraße (51.1668,9.8345)
23,0 Str-Ⅱ B7 und A44 (51.1649,9.8462)
21,7 ▬ und/oder Ⅱ Steg (51.1622,9.8582)
21,6 Str-Ⅱ L334 **37284 Waldkappel-Hartmuthsachsen**, Meißnerstraße (51.1620,9.8597)
20,3 Str-Ⅱ A44 (Rauschenbergbrücke) (51.1554,9.8688)
20,1 Str-Ⅱ B7 (51.1539,9.8699)
20,0 Wege-Ⅱ Waldkappel (51.1531,9.8703)
19,1 EB-Ⅱ Waldkappel, Viadukt (außer Betrieb) (51.1480,9.8764)
18,8 Str-Ⅱ L3226 Waldkappel, Leipziger Straße (51.1469,9.8790);
gute ⬇ Waldkappel, die Wehre ist etwa 4–6 m breit (51.1469,9.8791);
37284 Waldkappel (51.1469,9.8792)
18,6 li ⇩ Schemmerbach (51.1449,9.8809)
17,2 Str-Ⅱ (51.1494,9.8967)
16,2 Str-Ⅱ (51.1500,9.9101)
14,3 Wege-Ⅱ (51.1412,9.9258)
13,2 Str-Ⅱ L3459 Bischhausen, Steinweg (51.1391,9.9365);
37284 Waldkappel-Bischhausen (51.1390,9.9366)
13,1 re ⇩ Hosbach und des Mühlkanals (51.1385,9.9375)
13,0 ≣ Bischhausen (51.1380,9.9385)
12,3 Str-Ⅱ unterhalb Bischhausen (51.1352,9.9463)
10,7 ▬ Hoheneiche, re ≈ oder re ⏶ (51.1349,9.9669)
10,5 Str-Ⅱ Hoheneiche, Leipziger Straße (51.1344,9.9687);
re **37287 Wehretal-Hoheneiche** (51.1344,9.9688)
9,9 Str-Ⅱ Oetmannshausen, Borngasse, niedrige Ⅱ ⚠ (51.1386,9.9750);
li **37287 Wehretal-Oetmannshausen** (51.1387,9.9751)
9,8 Str-Ⅱ B7 Oetmannshausen (51.1389,9.9760)
9,7 EB-Ⅱ (51.1392,9.9778)
9,6 re ⇩ der Sontra (s. Seite 55) in die Wehre (51.1394,9.9789)
9,2 Wege-Ⅱ (51.1429,9.9783)
8,5 ▬ vor Reichensachsen, re im Winkel ≈ oder li ⏶ (51.1480,9.9817)
7,7 Str-Ⅱ Reichensachsen, Bahnhofstraße, danach li Sportplatz (51.1522, 9.9896);
re **37287 Wehretal-Reichensachsen** (51.1523,9.9896)
7,0 ▬ Riedmühle Reichensachsen, re evtl. ≈ oder re ⏶ (51.1567,9.9928)
6,9 Str-Ⅱ Reichensachsen, Riedmühle (51.1569,9.9937)
6,6 li ⇩ des Vierbaches (51.1592,9.9949)
5,0 Wege-Ⅱ (51.1728,9.9910)
3,0 Str-Ⅱ K34 Niddawitzhausen – Oberhone (51.1869,9.9960);
empfohlene ⬆, wegen des folgenden ▬ sollte die Fahrt spätestens hier

beendet werden (51.1870,9.9960)
2,1 EB-II Eschwege (51.1944,9.9977)
2,0 ➔ der Alten Wehre (51.1950,9.9974);
▬ am ⁂ Eschwege-West, X, li ⌂ sehr schwierig, Bahnhof hat keinen Personenverkehr (51.1951,9.9974)
1,8 EB-II Eschwege (51.1971,9.9987)
1,6 Wege-II Eschwege-Niederhone (51.1977,10.0005)
1,2 Str-II Eschwege-Niederhone, Weidenhäuser Straße (51.2011,10.0018); **37269 Eschwege-Niederhone** (51.2011,10.0020)
0,8 Str-II B249 Eschwege, vierspurig (51.2043,10.0027)
0,0 ⇩ der Wehre in die Werra (s. Seite 41) bei amtl. km 34,7 (51.2114, 10.0027)

Sontra

Kleinfluss
Mündung in Wehre bei km 9,6 (re Nebenfluss)

Die Sontra kann wegen geringer Wasserführung nur sehr selten und dann auch nur kurzfristig befahren werden. Auch aus Gründen des Naturschutzes wird von einer Befahrung abgeraten. Mögliche Fahrtstrecke von Sontra - ⇩ 9 km. Auf eine ausführliche Beschreibung wird verzichtet.

0,0 ⇩ der Sontra in die Wehre (s. Seite 53) bei km 9,6 (51.1394,9.9789)

Aller

Kleinfluss, Wanderfluss
Mündung in Weser bei amtl. km 326,4 (re Nebenfluss)

Entspringt bei Seehausen in der Magdeburger Börde, erreicht die Norddeutsche Tiefebene im Drömling bei Oebisfelde und folgt einem eiszeitlichen Urstromtal, oft einsam und reizvoll mit Wiesenflusscharakter auf rd. 250 km Länge bis zur Mündung bei Verden. Der Fluss sammelt alle Wasserläufe des Westharzes (Oker, Leine usw.). sowie die besonders beliebten Kanuflüsse der Südheide. Meist geringe Strömung bei insgesamt nur 18 Stauanlagen, ab Leine-Mündung freier Fluss. Bei durchweg sandigem Untergrund gehört die Aller noch zu den saubersten Gewässern der Bundesrepublik Deutschland. Hier ist nur der Flusslauf in Sachsen-Anhalt beschrieben.

Pegel: Straßenbrücke B 1 Alleringersleben km 237,9; Minimum 25 cm, dabei Grundberührung in den Stufen; Optimum 35–50 cm; bei 70 cm Schwierigkeiten durch niedrige Brücken.

239,4 Str-II, Ostingerslebener Straße, K1146, **Belsdorf**, li **39365 Wefensleben-Belsdorf**, mögliche ⬇ **Belsdorf** bei gutem Wasserstand (52.1947, 11.1604)
237,0 Str-II, A 2 (52.2074,11.1388)
236,3 Str-II, Hauptstrasse, B 1, Alleringersleben (52.2124,11.1342);
li ≣ Alleringersleben, Minimum 25 cm, dabei Grundberührung an den Stufen, optimal 35 - 50 cm, ab 70 cm Schwierigkeiten an niedrigen Brücken

(52.2126,11.1342);
re **39343 Ingersleben-Alleringersleben** (52.2127,11.1343)
234,7 Wege-II, Morsleben (52.2190,11.1179);
li **39343 Ingersleben-Morsleben** (52.2191,11.1178)
233,9 ▬ Morsleben 1, evtl. nach Besichtigung ≋, starker Rücklauf, oder li ⏏ (52.2257,11.1150)
233,7 ▬ Morsleben 2, nach Besichtigung evtl. ≋, Rücklauf, oder re ⏏ (52.2272,11.1134)
232,1 Str-II, Dorfstraße, K 1144, Großbartensleben (52.2402,11.1061);
▬ Großbartensleben, **X**, li ⏏ (52.2402,11.1061);
⬇ Großbartensleben, ab hier empfehlenswert (52.2403,11.1060);
re **39343 Bartensleben-Großbartensleben** (52.2404,11.1060)
231,1 Wege-II (52.2483,11.1009)
229,5 Str-II Schwanefeld, Im Allertal (52.2610,11.0899);
39343 Schwanefeld (52.2611,11.0898)
228,6 Weg-II Schwanefeld (52.2679,11.0879)
226,5 Str-II Walbeck, Brauhof (52.2780,11.0686)
226,2 Str-II Walbeck, Steinweg (52.2799,11.0650)
226,1 **39356 Walbeck** (52.2799,11.0649)
224,7 Str-II Schwarzer Weg (52.2899,11.0576)
222,5 Str-II Weferlingen, Mühlenweg (52.3057,11.0459)
222,4 EB-II Weferlingen (52.3068,11.0460);
danach ▬ Weferlingen, evtl. ≋ oder re ⏏, genaue Lage nicht bekannt
222,1 li ⇩ Graslebener Bach (52.3090,11.0476)
222,0 Str-II Weferlingen, An der Zuckerfabrik (52.3100,11.0490)
221,5 Str-II Weferlingen, Gutshof (52.3130,11.0543)
221,2 Str-II Weferlingen, Steinweg (52.3146,11.0571);
39356 Weferlingen (52.3146,11.0573)
221,1 Weg-II Weferlingen (52.3144,11.0586)
219,0 ▬ Stak-Mühle, ≋, wenn offen, sonst li ⏏, schwierig (52.3272,11.0770);
Str-II Stak-Mühle (52.3274,11.0770)
218,0 ▬ vor Seggerde, evtl. ≋ oder li ⏏, die hier re abzweigende Mühlenaller ist **X** (52.3353,11.0811)
216,9 Weg-II Seggerde (52.3442,11.0732)
216,7 Str-II L20 Seggerde (52.3459,11.0728);
re **39356 Seggerde** (52.3460,11.0727)
215,5 Weg-II (52.3537,11.0640)
215,0 Weg-II Saalsdorf, Seggeder Weg (52.3578,11.0617);
li **38459 Bahrdorf-Saalsdorf** (52.3579,11.0616);
3 ▬ Stufen in Saalsdorf, ≋, genaue Lage nicht bekannt
214,6 Weg-II Saalsdorf, Allerstraße (52.3610,11.0622)
214,1 Weg-II (52.3655,11.0626)
212,6 Weg-II (52.3751,11.0741)
212,2 re ⇩ Spetze (52.3782,11.0711)
211,9 Weg-II (52.3793,11.0687)

211,6	■ Stufe Lockstedt, evtl. ≋ (52.3814,11.0662)
211,2	Str-II K1134 Lockstedt, Zur Aller (52.3826,11.0607); re **39646 Oebisfelde-Lockstedt** (52.3826,11.0606)
210,0	■, keine Angaben (52.3889,11.0483)
207,8	Str-II K1130 Gehrendorf, Bahrdorfer Straße (52.3971,11.0240); ■ Gehrendorf, keine Angaben (52.3971,11.0238); re **39646 Oebisfelde-Gehrendorf** (52.3972,11.0237)
207,5	Weg-II (52.3981,11.0190)
207,3	li ⇩ Lapau (52.3986,11.0168)
204,5	Weg-II (52.4161,10.9901)
203,7	Str-II Büstedt (52.4229,10.9858); li **38458 Velpke-Büstedt** (52.4230,10.9857)
203,6	■-Stufe Büstedt, keine Angaben (52.4232,10.9852)
202,1	re ➔ Allerkanal (Ohre) (s. Seite 272) aus der Aller bei Oebisfelde. Bis km 3.9 kein gesicherter Befahrungsbericht (52.4339,10.9700)
201,6	EB-II Oebisfelde (52.4346,10.9625); Str-II B188 Oebisfelde (52.4349,10.9621); re **39646 Oebisfelde** (52.4349,10.9621)
199,5	Str-II B244 Grafhorst (52.4499,10.9471); li **38462 Grafhorst** (52.4500,10.9470); Hier endet die amtliche Kilometrierung der Aller. Oberhalb erfolgt die Kilometrierung nach Kartenkilometer. Es gilt 200,6 = 199,5 (52.4500,10.9469)

Leine Oberlauf

Kleinfluss im beschriebenen Teil
Mündung in die Aller

Die Leine entspringt bei Leinefelde (Thüringen) und mündet nach 281 km in die Aller. Sie ist auf langen Strecken ein landschaftlich reizvoller Wanderfluss. Der hier nur beschriebene Oberlauf in Thüringen ab Bad Heiligenstadt ist nur bei hohem Wasserstand zu befahren.

143,8	Str-II, Bahnhofstraße, **37308 Heilbad Heiligenstadt** (51.3747,10.1250)
143,2	Str-II am Kreisverkehr Heilbad Heiligenstadt (51.3727,10.1165)
143,1	Str-II, Unterm Hünenstein, **Heilbad Heiligenstadt** (51.3729,10.1159); ⬇ am Ortsende von **Heilbad Heiligenstadt** bei einer Fabrik, hier 🅿, 🚆 in 800 m, flotte Strömung (51.3729,10.1159)
141,4	Str-II (51.3709,10.0935)
141,0	Wege-II (51.3691,10.0891)
140,0	Str-II, Klosterstraße, **Uder** (51.3657,10.0796)
139,6	senkrechtes Beton-■ Uder 1, re ⌓ oder evtl. ≋ (51.3649,10.0744)
139,5	Wege-II, **Uder** (51.3647,10.0734)
139,3	re ➔ des Mühlgraben (51.3645,10.0697); senkrechtes Beton-■ Uder 2, re ⌓ oder evtl. ≋ (51.3645,10.0696)
139,2	Str-II, Brückenstraße, **Uder** (51.3644,10.0688);

li **37318 Uder** (51.3644,10.0686)

139,0 re ⇩ des Mühlgraben (51.3656,10.0661)

138,7 Str-Ⅱ, Bahnhofstraße, K 103, **Uder**, re 🚉 (51.3663,10.0630)

137,1 re Str-Ⅱ, Landstraße, L 2005, **Schönau** (51.3724,10.0422)

137,0 re **37318 Uder-Schönau** (51.3727,10.0413)

135,7 Wege-Ⅱ (51.3750,10.0276);
EB-Ⅱ (51.3755,10.0273)

135,0 Str-Ⅱ Hessenau (51.3759,10.0190)

134,4 Wege-Ⅱ (51.3732,10.0127)

134,2 Str-Ⅱ L3080 (51.3722,10.0099)

132,6 Weg-Ⅱ (51.3798,9.9960)

131,4 li ← des Wehrgrabens (51.3756,9.9815);
▬ **Arenshausen**, li ⏢ (51.3756,9.9810)

131,0 li ⇩ des Wehrgraben (51.3766,9.9756)

130,9 li ≣ Arenshausen (51.3770,9.9752);
li Str-Ⅱ, Arenshausen, Halle-Kasseler Straße (51.3773,9.9747)

130,5 Fußg-Ⅱ, li **37318 Arenshausen**, 🚉 (51.3787,9.9704)

130,1 Fußg-Ⅱ **Arenshausen** (51.3782,9.9642)

129,9 Str-Ⅱ B80 Arenshausen (51.3789,9.9615)

129,3 re **37318 Gerbershausen-Kirchgandern** (51.3831,9.9579);
re gute ⇅ Kirchgandern am Ende der Hohengänder Straße (51.3831, 9.9580)

129,2 Str-Ⅱ, L 1001 (51.3837,9.9563)

128,8 Wege-Ⅱ (51.3866,9.9529)

128,6 Landesgrenze Thüringen-Niedersachsen (51.3876,9.9522)

128,4 Wege-Ⅱ (51.3883,9.9497)

128,3 Wege-Ⅱ (51.3886,9.9494)

128,2 Mühlen-▬, bei HW ≋, li am Fischpass ⏢ (51.3893,9.9488)

128,1 Str-Ⅱ, Besenhausen, re **Besenhausen** (51.3901,9.9485)

Ilse (Oker)

Wildwasser, Kleinfluss
Mündung in Oker bei km 81,8 (re Nebenfluss)

Die Ilse ist in ihrem Oberlauf auf kurzer Strecke ein leichter Wildfluss, im Übrigen ein Kleinfluss mit guter Strömung und einzelnen Wehren.

Befahrungsregeln:	Es wird empfohlen, die Ilse nur in kleinen Gruppen zu befahren.
Befahrbarkeit:	Nur bei sehr gutem Wasserstand (Schneeschmelze und nach längeren Regenfällen). Merkmal: bei Anfahrt über Hornburg sollte hier bei der Straßenbrücke das Flussbett satt gefüllt sein.

42,9 Ursprung im Harz am Fuß des Brockens in etwa in etwa 700 m Höhe. Die Ilse verläuft zunächst durch ein Naturschutzgebiet, über die Möglichkeit einer Befahrung ist nichts bekannt. Aus Gründen des Naturschutzes sollte auch darauf verzichtet werden

32,7 mögliche ⬇ Stadtrand Ilsenburg, auf 800 m interessantes Wildwasser,

WW I. Wegen der Schwierigkeiten beim folgenden Wehr ist jedoch von einer Befahrung dieser Strecke dringend abzuraten;
38871 Ilsenburg (Harz)

31,9 Steil-■, **X**. Eine Weiterfahrt ist unmöglich, da das Wasser in Rohren unter einem weitläufigen Hüttenwerk hindurch geleitet wird. Das gesamte Werk muss über mehrere hundert Meter ⏏ werden

31,2 ■ Pulvermühle, empfohlene ⬇ für die Befahrung der Ilse (51.8797, 10.7014)

31,1 Str-Ⅱ K1355 Ilsenburg (51.8808,10.7031)

30,5 ■ Papiermühle, **X**, re ⏏ (51.8854,10.7072)

29,8 Str-Ⅱ A36 (51.8906,10.7113)

29,6 Doppel-■ mit Furt, 1. ■ fahrbar, in Furt re ⬆ und 2. ■ re ⏏ (51.8918, 10.7121)

28,7 Str-Ⅱ Grovesmühle (51.8980,10.7201)

28,1 Str-Ⅱ Veckenstedt, Stapelburger Straße (51.9023,10.7254);
38871 Veckenstedt (51.9024,10.7255)

25,8 Stufen-■, re ⏏: ab hier ruhiger, aber immer noch gute Strömung (51.9171,10.7469)

25,2 Str-Ⅱ Wasserleben, Straße der MTS (51.9212,10.7520);
38871 Wasserleben (51.9213,10.7521)

24,8 Str-Ⅱ Wasserleben, Hauptstraße (51.9238,10.7544)

24,5 Wege-Ⅱ Wasserleben, Am Park (51.9268,10.7570)

24,0 EB-Ⅱ (51.9301,10.7604)

23,9 re ⇩ Mühlgraben Wasserleben (51.9314,10.7615)

23,5 ■, re ⏏

21,5 ■ Berßel, **X**, li ⏏ (51.9502,10.7612)

21,4 Str-Ⅱ Berßel, Wasserlebener Straße (51.9506,10.7597);
38835 Berßel (51.9506,10.7596)

20,3 Str-Ⅱ Berßel, Schauener Straße (51.9566,10.7519)

17,8 ■ Osterwieck, Sohlrampe, re ⏏, ≈ ? (51.9657,10.7221)

17,1 Str-Ⅱ Osterwieck, Vor dem Neukirchentor und Wege-Ⅱ, danach ≈ Stufe (51.9664,10.7127);
38835 Osterwieck (51.9664,10.7126)

16,6 Fußg.-Ⅱ Osterwieck (51.9683,10.7058)

16,3 Str-Ⅱ Osterwieck, Lüttgenroder Straße (51.9696,10.7019);
Nach Osterwieck ist die Ilse weitgehend begradigt bei immer noch guter Strömung (51.9696,10.7017)

14,3 re ⇩ Mühlgraben Osterwieck (51.9809,10.6845)

13,4 Wege-Ⅱ (51.9856,10.6747)

11,9 Str-Ⅱ Hoppenstedt, Mühlenstraße (51.9922,10.6592);
38835 Bühne-Hoppenstedt (51.9922,10.6591)

11,5 Str-Ⅱ K1342 Hoppenstedt (51.9941,10.6538)

11,4 li ≣ (51.9946,10.6528)

10,3 Str-Ⅱ Bühne, Bahnhofsweg (52.0006,10.6413);

	li **38835 Bühne** (52.0006,10.6411)
9,8	Str-Ⅱ Rimbeck, Dorfstraße (52.0024,10.6339)
9,7	li **38835 Bühne-Rimbeck** (52.0024,10.6337)
8,6	Wege-Ⅱ, Grenze Sachsen-Anhalt / Niedersachsen (52.0084,10.6204)
8,1	Wege-Ⅱ (52.0112,10.6174)
7,6	▬, **X**, li ⏏, Gabelung in Mühlen-Ilse und Kanal-Ilse (52.0143,10.6150)
7,3	Wege-Ⅱ, Rimbecker Straße (52.0164,10.6099)
6,2	Str-Ⅱ, Auf dem Hagenberg (52.0250,10.6031)
5,6	Str-Ⅱ, Schladener Straße, B 82, **Hornburg** ⌘, alte Fachwerkhäuser und Burg. Gute ⬆ an der Ⅱ. Ab hier Ilse-Kanal, begradigt (52.0300,10.6004)
5,1	Str-Ⅱ, Hopfenweg (52.0346,10.6001)
0,9	re ⇩ Mühlenilse (52.0620,10.5712)
0,6	Str-Ⅱ, Bahnhofstraße (52.0643,10.5720); Str-Ⅱ, Hauptstraße, L512, **Börßum**, weitere ⬆ (52.0645,10.5716)
0,5	EB-Ⅱ (52.0649,10.5708)
0,0	⇩ in die Oker. Beendigung der Fahrt entweder flussaufwärts am Oker-▬ **Börßum** oder flussabwärts 3,3 km bis **Dorstadt** (52.0690,10.5698)

Stromgebiet der Elbe

Nr. in Karte	Fluss	Wildwasser	Kleinfluss	Wanderfluss	Seengewässer	Kanal	Küstengewässer	Schifffahrtsstraße	Befahrungsregeln	Seite
1	Oberelbe			o				o	o	62
2	Mittelelbe			o				o	o	71

Elbe

Weitere Namen: Labe [cze]

Wanderfluss, Schifffahrtsstraße

Die Elbe ist mit einer Gesamtlänge von 1091 km einer der größten Ströme Mitteleuropas. Davon verlaufen 364 km auf dem Gebiet der Tschechischen Republik.
Die Elbe ist ein reiner Wanderfluss, bei guter bis mäßiger Strömung ohne Schwierigkeiten zu befahren. Ab Grenze bis zur Mündung bei Cuxhaven findet sich auf 727 km nur ein einziges Hindernis, die Staustufe Geesthacht. Die Elbe ist damit der längste, praktisch hindernisfrei zu befahrende Wanderfluss Mitteleuropas.
Die lange Fahrt wird aufgelockert durch mehrere sehenswerte Städte (Pirna, Dresden, Meißen, Torgau, Wittenberg, Dessau, Magdeburg, Tangermünde, Havelberg und Hamburg), deren Besichtigung unbedingt anzuraten ist. Landschaftlich besonders reizvoll ist die Fahrt durch das Elbstandsteingebirge oberhalb Dresdens, aber auch die Weiten der Norddeutschen Tiefebene bieten ihre Reize. Die Mitnahme eines Reiseführers ist anzuraten.
Die Berufsschifffahrt ist nur mäßig stark. Trotzdem sind die Gefahren, die sowohl von fahrenden als auch stillliegenden Schiffen und Fähren ausgehen, nicht zu unterschätzen. Hierzu sind die in diesem Buch im Abschnitt „Fahrten auf Binnen- und Seeschifffahrtsstraßen" gegebenen Hinweise zu beachten. Es ist genügend Abstand zu fahrenden und liegenden Fahrzeugen zu halten sowie auf den Verlauf der Fahrrinne und dem daraus folgenden Kurs der Schiffe zu achten. Die Fahrrinne ist durch Bojen oder Baken gekennzeichnet.
Fahrwasserkennzeichnung (= Ansteuerungszeichen für die Schifffahrt):
li Ufer - gelbes Kreuz, grüne Raute auf grün-weißem Pfahl, grüne Bojen;
re Ufer - gelbes Kreuz, rotes Quadrat auf rot-weißem Pfahl, rote Bojen.
Eine Besonderheit der Elbe sind die Gierfähren. Sie werden durch die Strömung angetrieben. Von der Verankerung, entweder am Ufer oder im Strom-Drittel führt ein langes, durch gelbe Tonnen gekennzeichnetes Seil zur Fähre; es darf auf keinen Fall überfahren werden. ⚠ Die Vorbeifahrt an einer Gierfähre darf nur erfolgen, wenn sie an ihrem ständigen Liegeplatz stillliegt. Notfalls im Kehrwasser zwischen den Buhnen anhalten und die Situation beobachten. Das Hinweiszeichen „Nicht frei fahrende Fähre" befindet sich an dem Ufer, wo die Fähre ihren „Heimathafen" hat.

Die Wasserführung der Elbe ist starken Schwankungen unterworfen, Hochwasser zur Zeit der Schneeschmelze und nach starken Regenfällen. Bei NW hat die Schifffahrt erhebliche Schwierigkeiten und muss evtl. ganz eingestellt werden.

Oberelbe

Wanderfluss, Schifffahrtsstraße

Als Oberelbe wird der Elblauf zwischen dem km 0.0 an der Mündung des Gelobtbaches bis zur Mündung der Schwarzen Elster bezeichnet.

Befahrungsregeln: Auf der Bundeswasserstraße Elbe gilt die Binnenschifffahrtsstraßen-Ordnung (BinSchStrO).
Schifffahrt bei Hochwasser: Erreicht oder überschreitet der Wasserstand den Höchsten Schifffahrtswasserstand (HSW) ist mit der Einstellung der Schifffahrt zu rechnen:
Deutsch-tschechische Grenze (km 0,00) - Hafen Riesa (km 109,40), Pegel Dresden 500 cm,
Hafen Riesa (km 109,40) - Elstermündung (km 198,60), Pegel Torgau 620 cm.
km 41,9 bis 43 (Insel Pillnitz): li Arm Einfahrt gesperrt, ganzj. Uferbetretungsverbot auf der Insel.
km 73 bis 74,3 (Gauernitzer Insel): ganzj. Uferbetretungsverbot, li Arm im Hauptstrom fahren.
km 180 bis 198,6 (Vogelschutzgebiete an der Oberelbe in Sachsen-Anhalt): li und re diverse UV 15.04. - 31.07. Die genaue Lage dieser UV ist der Kilometrierung zu entnehmen.
Näheres unter https://www.natura2000-lsa.de/upload/3_schutzgebiete/DIN_A4_Kartenserien/Elbe_Havel_202005.pdf

0,0 = km 730.0 (CZ) Beginn der Oberelbe, Grenze, re Ufer Tschechische Republik, li Ufer Deutschland (50.8591,14.2232);
li ⇩ Gelobtbach (Klopotský potok) (50.8593,14.2226)

2,0 re = Km 728,0 (CZ) ⇩ der Kamenice Hřenská in die Elbe (50.8743, 14.2360);
re **CZ 407 17 Hřensko**, ✕ (50.8745,14.2362);
Personen-⛴ Schöna - Hřensko, li 🚆 Schöna (DE) (50.8751,14.2355)

2,1 –37,3 Bis kurz vor Dresden geht die Fahrt durch das landschaftlich hervorragend schöne Elbsandsteingebirge (Sächsische Schweiz) (50.8752, 14.2356)–(50.9632,13.8941)

2,1 ▤ Schöna, ♪ +49 35028 19429 (50.8757,14.2352)

3,4 = km 726,6 (CZ) Ab hier sind beide Ufer deutsch (50.8876,14.2334)

3,4 –11,5 Ortsgebiet von **01814 Bad Schandau** (50.8877,14.2333)–(50.9222, 14.1360)

3,9 Personen-⛴ Schmilka, li 🚆 Schmilka, re **OT Schmilka**, ✕ (50.8911, 14.2295);
re Wassergütemessstation Schmilka (50.8919,14.2294);

re ↓ Schmilka, 🅿 (50.8920,14.2293)

8,0 li ✕ Ziegelscheune (50.9097,14.1807)

9,1 Personen-⛴ Krippen - Postelwitz, li **OT Krippen**, 🚆 Krippen, re **OT Postelwitz** (50.9135,14.1675)

9,8 re oben am Berg sieht man die Eisengitterkonstruktion des Personenaufzugs zur Ostrauer Scheibe ⌘ (50.9167,14.1614)

9,8 re ⇩ der Kirnitzsch (s. Seite 94) in die Oberelbe (Befahrungsverbot der Kirnitzsch beachten) (50.9153,14.1584)

9,9 –10,4 re ⚠ mehrere Schiffsanleger, wegen starker Strömung nicht ablegen vor bzw. bei anliegendem Fahrgastschiff (2007 tödlicher Unfall) (50.9157,14.1562)–(50.9173,14.1500)

10,2 –11,1 re Personen-⛴, freifahrend zum 🚆 Bad Schandau am li Elbufer (50.9166,14.1521)–(50.9197,14.1405)

10,3 **Bad Schandau**, Kneippkurort, Ausgangspunkt für Besuch der Sächsischen Schweiz (50.9169,14.1511)

10,4 re ⇅-Möglichkeit, ⚠ auf Schiffsverkehr, großer 🅿, gebührenpflichtig (50.9173,14.1500)

11,5 Str-II B172 Bad Schandau (50.9222,14.1361)

11,9 EB-II, technisches Denkmal, re **01814 Rathmannsdorf** (50.9231, 14.1315)

12,0 re ⇩ Lachsbach (Elbe) (s. Seite 95) in die Oberelbe (Befahrungsverbot des Lachsbaches beachten) (50.9236,14.1301)

13,2 re ➔ in den Schutz- und Sicherheitshafen Prossen (50.9277,14.1153)

15,2 li 🚐 Königstein in der Sächsischen Schweiz, beste ↑ zum Campingplatz bei km 15,2, Schandauer Straße 25e, 01824 Königstein, www.camping-koenigstein.de , ☎ +49 35021 68224 (50.9246,14.0914)

16,4 Personen-⛴ Königstein, davor Schiffsanleger, li **01824 Königstein**, 🚆, re Lilienstein, 444 m hoch, li ⌘: Festung Königstein, 360 m hoch (50.9199,14.0759)

16,6 li ⇩ Biela (50.9196,14.0744)

17,2 re ➔ in den Hafen Königstein (50.9220,14.0657)

19,9 re ⛺ Ferdinands Homestay und ✕, Halbestadt 51, 01824 Königstein, www.ferdinandshomestay.de (50.9373,14.0729)

20,0 re ⛺ KV Grün-Weiß Pirna nur für DKV-Mitglieder, Anfrage beim KV Grün-Weiß Pirna erforderlich, keine Sanitäreinrichtungen. Diese sind beim Ferdinandhof bei km 19,9 gegen Bezahlung mitzunutzen (50.9377,14.0741)

22,7 re ⇩ Grünbach (Amselgrundbach) (50.9576,14.0809);
Personen-Gierseil-⛴ Rathen (re verankert). ⚠ Die Vorbeifahrt an einer Gierfähre darf nur erfolgen, wenn sie an ihrem ständigen Liegeplatz stillliegt. Notfalls im Kehrwasser zwischen den Buhnen anhalten und die Situation beobachten. Das Hinweiszeichen „Nicht frei fahrende Fähre" befindet sich vorher (ca. 1 – 3 km) an dem Ufer, wo die Fähre ihren „Heimathafen" hat
, li **01824 Rathen-Oberrathen**, 🚆, ✕, Kurort, re **01824 Rathen-**

Niederrathen (verkehrsberuhigter Ortsteil), Schiffsanleger, ✕. Gute Aufstiegsmöglichkeit zur Bastei, 305 m hoch, Amselgrund, Felsenbühne Rathen (50.9573,14.0800)

23,3 re ⌘ Bastei, eine 194 m hohe, senkrecht aufsteigende Felsformation an der Elbe, Aussichtsplattform, Touristenaktion, ✕ (50.9603,14.0724)

24,9 re ⛺ VKD Dresden, ⛺, ✕, Hofewiese 20, 01829 Stadt Wehlen, www.verein-kanusport-dresden.de (50.9585,14.0504)

26,0 Personen-⛴ Wehlen, li **01829 Wehlen-Pötzscha**, 🚂 Stadt Wehlen (Sachsen), re **01829 Stadt Wehlen** (50.9562,14.0346)

26,5 li Erlebnisbad Wehlen, Saarstraße 5, 01829 Stadt Wehlen, ☎ +49 35020 70249 (50.9542,14.0288)

28,0 –40,0 Stadtgebiet von **01796 Pirna** (50.9464,14.0130)–(50.9841,13.8842)

29,8 li **StT Obervogelgesang**, 🚂, Schiffsanleger (50.9501,13.9918)

33,5 re ➔ in den Hafen Pirna-Copitz (50.9656,13.9456);
li 🏠 Grün-Weiß Pirna, zu erreichen durch Unterführung unter EB, Steinplatz 27, 01796 Pirna, www.kanuteam-pirna.de (50.9644,13.9455)

34,0 Personen-⛴ Pirna, li Schiffsanleger (50.9648,13.9399)

34,3 EB- und Str-Ⅱ (Stadtbrücke), Große Kreisstadt, Landkreis Sächsische Schweiz-Osterzgebirge, li 🚂 (50.9650,13.9344)

34,5 li 🏠 Pirnaer RV, ⛺, ✕ „Das Bootshaus", An der Elbe 11, 01796 Pirna, www.pirnaer-ruderverein.de , ☎ +49 3501 446151, Gasthaus +49 3501 447802 (50.9646,13.9322)

34,7 li ≡ Pirna (50.9645,13.9298)

35,4 li ⇩ der Gottleuba (s. Seite 95) in die Oberelbe (50.9632,13.9203)

35,6 Str-Ⅱ Pirna S177, Sachsenbrücke (50.9631,13.9167)

37,4 re ⇩ der Wesenitz (s. Seite 97) in die Oberelbe (50.9638,13.8941);
re **OT Pratzschwitz** (50.9639,13.8939)

38,4 li **01809 Heidenau**, 🚂 Heidenau-Süd (50.9701,13.8829)

39,2 li ⇩ der Müglitz (s. Seite 99) in die Oberelbe, 113 m über NN (50.9776, 13.8829)

39,6 Personen-⛴ Heidenau - Birkwitz, li Schiffsanleger, re **OT Birkwitz** (50.9802,13.8846)

40,0 –67,0 Stadtgebiet von **Dresden**, PLZ 01067–01328, Landeshauptstadt von Sachsen, ca. 536000 Einwohner (50.9842,13.8842)–(51.0976, 13.6388)

41,2 re **StT Söbringen** (50.9942,13.8795)

41,9 li 🚐 Wostra, Freibad und FKK-Strandbad Wostra, An der Wostra 7, 01259 Dresden, ☎ +49 351 20278678, (50.9998,13.8736), www.dresden.de/de/leben/sport-und-freizeit/sport/campingplatz.php

41,9 –43,0 Insel Pillnitz, §, re Arm fahren, li Arm Einfahrt gesperrt, ganzj. Uferbetretungsverbot der Insel (51.0003,13.8741)–(51.0079,13.8672)

42,6 re Schiffsanleger Pillnitz (51.0059,13.8730);
re **StT Pillnitz** (51.0061,13.8730)

43,0 re Schloss Pillnitz, ⌘ (51.0082,13.8692)

43,5 ⛴ Dresden - Kleinschachwitz, Berthold-Haupt-Straße, Personen- und

freifahrende Autofähre, li Schiffsanleger (51.0105,13.8629)
44,1 re Kirche Maria am Wasser (51.0148,13.8566)
44,7 li ⇩ Lockwitzbach (51.0169,13.8476)
45,1 li **StT Laubegast**, Schiffsanleger, ✕ (51.0199,13.8441)
45,3 li ⌂⚑ KV Laubegast, ⚑⛺, Laubegaster Ufer 35, 01279 Dresden, www.kanuverein-laubegast.de , ☎ +49 351 2525613 (51.0211,13.8432)
46,1 li ⌂ Laubegaster RV, Laubegaster Ufer 8, 01279 Dresden, www.lrvd.de , ☎ +49 351 2581163 (51.0277,13.8389)
46,6 Personen-⛴ Niederpoyritz – Laubegast (51.0320,13.8385)
47,2 re **StT Wachwitz** mit Fernsehturm (51.0362,13.8328);
re Seglerhafen Wachwitz, danach ✕ (51.0363,13.8325)
48,3 li ⌂⚑ Verein für Kanusport Dresden e.V, ⚑⛺, Tolkewitzer Straße 79, 01277 Dresden, www.verein-kanusport-dresden.de , ☎ +49 351 3108919 (51.0409,13.8189)
48,5 li ⌂⚑ WSV Wiking-Schweifsterne Dresden, Ponton mit Slalomstangen, ⚑⛺, Anmeldung erwünscht, Tolkewitzer Straße 69, 01277 Dresden, www.kanu-wsd.de (51.0425,13.8173)
48,9 li ⌂ Dresdener RV, Tolkewitzer Str. 45, 01277 Dresden, www.dresdnerruderverein.de , ☎ +49 351 3103403 (51.0461,13.8152)
49,1 li ⌂ USV TU Dresden, Abteilung Rudern, Heinrich-Schütz-Straße 2, 01277 Dresden, www.usvrudern.de (51.0476,13.8138)
49,2 li ⌂⚑ Dresdener KC „Elbe 46", Oehmestraße 1, 01277 Dresden, www.elbe46.de (51.0485,13.8130)
49,3 li ⌂⚑ KC Dresden, ⛺, Oehmestraße 1, 01277 Dresden, kc-dresden.de , ☎ +49 351 3119963 (51.0494,13.8125)
49,6 re ⌂⚑ WSV Am Blauen Wunder Dresden, ca. 150 m landeinwärts, Fidelio-F.-Finke-Str. 12, 01326 Dresden, wsv-am-blauen-wunder.de , ☎ +49 351 2682598 (51.0519,13.8138)
49,7 re Schiffsanleger Loschwitz, re und li ✕ (51.0531,13.8111)
49,8 Str-II, Loschwitzer Brücke „Blaues Wunder", re **StT Loschwitz** (51.0534, 13.8103)
50,4 re ➔ in den Sportboothafen Dresden-Loschwitz (51.0590,13.8067)
52,7 Str-II Waldschlösschenbrücke (51.0639,13.7768)
53,5 Personen-⛴ Johannstadt - Neustadt, li ✕ (51.0623,13.7660)
54,0 re **StT Neustadt** (51.0600,13.7590);
li **StT Johannstadt** (51.0590,13.7599)
54,5 Str-II Albert-Brücke (51.0572,13.7545)
54,6 –55,7 mehrere Schiffsanleger,⚠, wendende Ausflugsschiffe, ⌘: li Brühlsche Terrasse, Frauenkirche, Albertinum, Grünes Gewölbe, Schloss, Hofkirche, Semperoper, re Bellevue und Japanisches Palais. Reiseführer benutzen (51.0562,13.7538)–(51.0548,13.7377)
55,1 Str-II B170 Carola-Brücke (51.0544,13.7471)
55,6 Str-II Augustus-Brücke, re günstiger ⚓ zur Besichtigung der Innenstadt (51.0548,13.7392);

▤ Dresden (51.0545,13.7388)

56,5 Str-II B6 Marienbrücke, danach EB-II, re 🚆 Dresden-Neustadt, li ⌘ Blick auf die 1909 im Stil einer Moschee erbauten ehemaligen Zigarettenfabrik Yenidze (51.0609,13.7319)

58,5 re ➔ in den Hafen Dresden-Pieschen, Wasser- und Schifffahrtsamt Elbe, Haus Dresden, Moritzburger Str. 1, 01127 Dresden, www.wsa-elbe.wsv.de/Webs/WSA/Elbe/DE/Startseite/startseite_node.html ☎ +49 351 843250 (51.0764,13.7180)

58,8 re ✕ Zum Landstreicher (51.0777,13.7125)

59,6 re Anleger des ⌂⚑ SV TuR Dresden, Scharfenberger Str. 4, 01139 Dresden, ☎ +49 351 8492493 (51.0743,13.7028)

60,8 li ← in den Albert-Hafen Dresden (51.0646,13.6971)

61,2 Str-II, S73 Washingtonstraße (Flügelwegbrücke), li **StT Cotta**, re **StT Übigau** (51.0642,13.6899)

61,5 li ⇩ der Weißeritz (s. Seite 102) in die Oberelbe (51.0634,13.6865)

61,6 li ⌂ Dresdner RC 1902, Hamburger Str. 80, 01157 Dresden, dresdner-rc.de , ☎ +49 351 4276267 (51.0632,13.6843)

61,7 ⌂⚑ ESV Dresden, Kanuabteilung, Hamburger Straße 84, 01157 Dresden, www.esv-kanu.de (51.0632,13.6834)

63,1 Str-II A4 (51.0734,13.6728)

65,4 li **OT Gohlis**, li Gohliser Windmühle, daneben ✕ (51.0906,13.6581)

68,2 re Seglerhafen Kötzschenbroda (51.1030,13.6246)

68,2 re ⌂⚑ SSV Planeta Radebeul mit den Abt. Kanu, Rudern und Segeln, ⚑⛺, An der Festwiese 9, 01445 Radebeul, www.kanu-radebeul.de, ☎ +49 351 8386837 (51.1032,13.6243);
re **01445 Radebeul**, ✕, 🚆 S-Bahn Dresden (51.1033,13.6236)

68,3 re Schiffsanleger Radebeul-West, ✕ (51.1032,13.6216)

69,7 EB- und Str-II S84 Niederwartha, davor li Pumpspeicherwerk, li **01156 Dresden-Niederwartha**, 🚆 (51.0965,13.6049)

71,3 re ✕ Radebeul (51.1063,13.5902)

71,3 –72,6 Wasserski-Strecke (51.1061,13.5897)–(51.1112,13.5745)

72,7 li ⇩ Wilde Sau, ✕ (51.1112,13.5730)

72,9 re ➔ in den Seglerhafen Coswig-Kötitz (51.1143,13.5708);
Personen-⛴ Kötitz, re **01640 Coswig (Sachsen)**, Große Kreisstadt, 🚆 (51.1140,13.5699)

73,1 ➔ Nebenstrecke Gauernitzer Insel von der Oberelbe, Einfahrt nur bei Pegel Dresden > 2 m möglich (51.1151,13.5694)

73,0 –74,3 re Gauernitzer Insel, §, ganzj. Uferbetretungsverbot, li Arm im Hauptstrom fahren (51.1149,13.5700)–(51.1199,13.5539)

Nebenstrecke Gauernitzer Insel

An der stromab liegenden Spitze der Gauernitzer Insel befindet sich eine Einfahrt zum Coswiger Kanu-Verein (DKV-Kanustation).

0,0 ➔ Nebenstrecke Gauernitzer Insel von der Oberelbe (s. Seite 62) Einfahrt nur bei Pegel Dresden > 2 m möglich (51.1151,13.5694)

0,0 –1,2 li § ganzj. UV auf der Gauernitzer Insel (51.1151,13.5694)–(51.1202,13.5551)
0,4 re ⌂▶ Coswiger KV, ▶⛺, Feldweg 15, 01640 Coswig, www.coswigerkanuverein.de , ✆ +49 3523 75417 (51.1175,13.5661)
1,3 ⇩ der Nebenstrecke Gauernitzer Insel in die Oberelbe (s. Seite 62), hier Zufahrt zum ⌂▶ Coswiger KV (51.1203,13.5540)

73,8 li **01665 Klipphausen-Gauernitz** (51.1169,13.5592)
74,3 re ⇩ der Nebenstrecke Gauernitzer Insel in die Oberelbe, hier Zufahrt zum ⌂▶ Coswiger KV (51.1203,13.5540)
76,2 li **01665 Klipphausen-Scharfenberg**, ✕, ehemaliger Fähranleger (51.1280,13.5313)
77,4 re **01640 Coswig-Sörnewitz**, ✕, Bosel (Weinberg) (51.1355,13.5195)
78,9 li 🚐 Rehbocktal, 300 m vom Ufer entfernt, Rehbocktal 4, 01665 Klipphausen, www.camping-rehbocktal.de , ✆ +49 3521 404827 (51.1401,13.4994)
80,7 re Steganlage des Segel-Clubs Meißen (51.1531,13.4852)
80,9 li ⌂ Meißener RC Neptun 1882, ⛺, Siebeneichener Str. 39, 01662 Meißen, ✆ +49 3521 453588 (51.1533,13.4818)
81,8 re ⌂▶ SG Kanu Meißen, ▶⛺, re hinter grünem Tor in der Mauer: ⌂▶ und ⛺, Wohnwagen bitte voranmelden, Plangasse 7, 01662 Meißen, www.kanu-meissen.de , touristik@kanu-meissen.de oder Kontaktformular (51.1612,13.4800)
81,9 EB-II Meißen, re 🚂 (51.1618,13.4785)
82,0 **01662 Meißen**, Große Kreisstadt, ⌘: Dom, Albrechtsburg und Porzellanmanufaktur (51.1631,13.4776)
82,1 li ⇩ Triebisch (51.1636,13.4761)
82,2 Str-II Meißen, Altstadtbrücke, Blick auf den Burgberg mit Albrechtsburg und Dom (51.1645,13.4763)
82,3 –82,5 li Schiffsanleger Meißen (51.1650,13.4745)–(51.1674,13.4738)
82,9 Str-II B101 Meißen, Elbtalbrücke (51.1705,13.4742)
83,3 re ➔ in den Winterhafen Meißen, dort Yacht-Club Meißen (51.1736, 13.4705)
85,8 re ✕ Karpfenschänke (51.1875,13.4436)
87,8 re ✕ Zum Zuessenhaus (51.1945,13.4184)
89,0 li ⇩ Ketzerbach (51.2024,13.4078)
89,8 li **01665 Diera-Zehren OT Zehren** (51.2092,13.4042); re **01665 Diera-Zehren OT Kleinzadel** (51.2095,13.4060)
92,0 re **01665 Diera-Zehren OT Nieschütz**, li Göhrisch-Felsen (51.2258, 13.4154)
92,6 re **01612 Nünchritz-Diesbar**, ✕, Aussichtspunkt, Schiffsanleger (51.2274,13.4252)
93,9 re **01612 Nünchritz-Seußlitz**, Schiffsanleger, ✕ (51.2363,13.4194)
94,7 Personen-⛴ Niederlommatzsch (51.2403,13.4101); li **01665 Diera-Zehren OT Niederlommatzsch**, Schiffsanleger, ✕

(51.2401,13.4093)

96,1 li **01594 Hirschstein-Neuhirschstein**, Schloss Hirschstein (51.2511, 13.4007)

97,6 re **01612 Nünchritz-Merschwitz** (51.2649,13.4044)

98,3 li **01594 Hirschstein-Boritz** (51.2709,13.4030)

99,5 re **01612 Nünchritz-Leckwitz**, Schwedenschanze (51.2815,13.4003)

100,0 re Chemie-Fabrik (51.2854,13.3967)

100,8 re Kläranlage (51.2917,13.3913)

101,8 re **01612 Nünchritz**, ✕, 🛒 (51.2991,13.3827)

102,4 ⌂⚑ SV Chemie Nünchritz, Abteilung Kanu, ⛺, Grödeler Straße, 01612 Nünchritz, www.svchemienuenchritz.de/kanu , ✆ +49 160 96572019, kanu-nuenchritz@web.de (51.3015,13.3748)

102,8 re Windmühle Grödel (51.3026,13.3699)

103,0 re 🚐 „Elbe km 103" Ausstieg kurz nach dem Km-Schild, Elbstraße 4a, 01612 Nünchritz-Grödel, ✆ +49 35265 64402 (51.3036,13.3659);
re **01612 Nünchritz-Grödel** (51.3037,13.3656)

103,8 re Hafen WSA, ⇩ Floßkanal nach Elsterwerda (51.3071,13.3572)

104,6 re **01619 Zeithain-Moritz** (51.3101,13.3462)

106,4 li Sportboothafen und ⌂ Marinekameradschaft Riesa (51.3066,13.3208)

107,1 li ⇩ Jahna (51.3064,13.3100);
li ⌂⚑ Riesaer Wassersportverein, ⛺, ✕, Elbstraße 14a, 01589 Riesa, www.riesaer-wassersportverein.de , ✆ +49 3525 734738 (51.3064, 13.3098)

107,1 li ⌂⚑ SC Riesa, Kanuabteilung (51.3065,13.3096);
Personen-⛴ Riesa - Promnitz (51.3069,13.3095)

107,4 li Schiffsanleger Riesa (51.3066,13.3073);
li **01589 Riesa**, Große Kreisstadt, Industrie- und Sportstadt, Fußgängerzone, Park, Kloster, ⌘ (51.3066,13.3071)

108,2 li Str-II B169 Riesa, zum 🚆 (Leipzig - Dresden) (51.3106,13.2957)

108,4 EB-II Riesa (51.3116,13.2940)

109,4 li ← in den Hafen Riesa, ⇩ der Döllnitz im Hafen (51.3205,13.2910)

109,4 re **01619 Zeithain-Bobersen** (51.3215,13.2929)

109,8 li ⌂ Kanusportverein Lok Riesa, ⛺, Kirchstraße, 01591 Riesa, kanu-riesa.lima-city.de/index.htm (51.3232,13.2909)

110,5 –111,5 Wasserskistrecke (51.3298,13.2931)–(51.3386,13.2914)

112,0 re **01619 Zeithain-Gohlis** (51.3435,13.2874)

115,2 ⛴ Strehla - Lorenzkirch, freifahrend, li **01616 Strehla**, ✕, re **01619 Zeithain-Lorenzkirch** (51.3496,13.2453)

116,0 li ⇅ Wassersportanleger Strehla (51.3539,13.2355)

117,0 li ← kleine Einfahrt zum Nixstein, bei MW ≈ (51.3614,13.2284)

117,3 li ✕ am Nixstein (51.3636,13.2275)

119,2 re **01619 Zeithain-Kreinitz** (51.3731,13.2531)

121,0 doppelte km-Tafel, diese Kilometrierung erscheint in 1,04 km Abstand 2-mal, die Elbe ist entsprechend länger, die Differenz ist preußisch-sächsisch bedingt (51.3877,13.2514)

121,0 doppelte km-Tafel, diese Kilometrierung erscheint in 1,04 km Abstand 2-mal, die Elbe ist entsprechend länger, die Differenz ist preußisch-sächsisch bedingt (51.3946,13.2408)
121,0 Beginn der ehemaligen preußischen Elbstrecke, mit Ansteuerbaken und Buhnen für die Schifffahrt (51.3947,13.2406)
122,0 li **01616 Strehla-Lößnig** (51.3945,13.2266)
124,7 re ➔ Baggersee Borschütz und Kieswerk, für Sportboote gesperrt (51.4120,13.2055)
127,2 re ⇩ Hafen Mühlberg (Elbe) in die Oberelbe (51.4332,13.2010)

Nebenstrecke Hafen Mühlberg (Elbe)
Der Hafen Mühlberg bietet am Ruderverein gastliche Aufnahme und eine Möglichkeit zum Besuch der Stadt Mühlberg.

0,0 Ende des Hafenbeckens Mühlberg (51.4309,13.2128); **04931 Mühlberg/Elbe**, Stadtbesichtigung mit Museumsbesuch lohnend (Schlacht bei Mühlberg) (51.4310,13.2127)
0,3 ⌂ RV Mühlberg, ⛺, Am Hafen 2, 04931 Mühlberg/Elbe, www.rudervereinmuehlberg.de , ✆ +49 35342 71263 (nicht ständig besetzt) (51.4322,13.2097);
🚐 Marina Mühlberg mit Wasserwandererrast an künstlichem See ohne direkten Elbezugang. Nach Aussetzen vorher im Hafen über ca. 300 m Fußweg zu erreichen, Am Hafen 1c, 04931 Mühlberg, www.wwrs-marina-muehlberg.de , ✆ +49 175 7093606, wwrs-marina-muehlberg@web.de (51.4329,13.2094)
0,9 ⇩ Hafen Mühlberg (Elbe) in die Oberelbe (s. Seite 62) (51.4332, 13.2010)

127,8 li ⇩ Dahle, danach ehemaliger Fähranleger (51.4362,13.1923)
127,9 re **Köttlitz** (51.4371,13.1934)
128,2 Str-II L66 Mühlberg, li zur B182, re nach Mühlberg (51.4387,13.1916)
130,6 re Kaianlage Brottewitz (51.4584,13.2043)
134,0 re **04895 Mühlberg/Elbe-Altbelgern** (51.4825,13.1871)
135,0 re **04886 Arzberg-Stehla** (51.4920,13.1840)
137,5 re **04886 Arzberg-Tauschwitz** (51.4900,13.1513)
139,6 li ←in den Sportboothafen Belgern (51.4789,13.1347)
140,0 –141,5 Kilometersprung, die Strecke ist 300 m kürzer (51.4828,13.1329)–(51.4847,13.1321)
140,5 Gierseil-⛴ Belgern, am rechten Ufer verankert, ⚠ Die Vorbeifahrt an einer Gierfähre darf nur erfolgen, wenn sie an ihrem ständigen Liegeplatz stillliegt. Notfalls im Kehrwasser zwischen den Buhnen anhalten und die Situation beobachten. Das Hinweiszeichen „Nicht frei fahrende Fähre" befindet sich vorher (ca. 1 – 3 km) an dem Ufer, wo die Fähre ihren „Heimathafen" hat.
, li **04874 Belgern-Schildau OT Belgern**, ✕, am Markt sehenswerter

Roland (51.4846,13.1322)
146,1 re ➔ Alte Elbe Kathewitz, NSG, keine Angaben (51.5096,13.0749)
149,0 re **04886 Arzberg-Pülswerda** (51.5262,13.0665)
153,0 re **04860 Torgau-Werdau**, schöner Vorausblick auf Torgau (51.5499, 13.0265)
154,2 Torgau, ☎ +49 3421 19429 (51.5537,13.0101)
154,1 li ← in den Hafen Torgau (51.5548,13.0123)
154,5 Str-II B87, li **04860 Torgau**, Große Kreisstadt, Landkreis Ostsachsen, , ⌘ Schloss Hartenfels (51.5579,13.0111)
154,9 li Schiffsanleger Torgau (51.5618,13.0093)
155,1 li Torgauer Ruderverein, Pestalozziweg 15, 04860 Torgau, torgauer-ruderverein.de , ruderntorgau@gmx.net (51.5633,13.0088)
155,2 li Torgauer KC, , Pestalozziweg 14, 04860 Torgau, www.kanu-torgau.de , ☎ +49 1520 4672121, info@kanu-torgau.de (51.5639,13.0087)
155,5 EB-II Torgau (51.5670,13.0088)
155,6 –156,6 Wasserskistrecke (51.5677,13.0086)–(51.5766,13.0080)
157,3 li **04860 Torgau-Repitz** (51.5817,13.0135)
168,4 –169,9 Wasserskistrecke (51.6382,12.9425)–(51.6491,12.9309)
169,4 re Wasserwanderfreunde Prettin, , Hirschmühlenweg, 06922 Prettin, www.kanu-prettin.de (51.6471,12.9363)
171,6 li ⇩ Weinske (auch Schwarzer Graben genannt) (51.6459,12.9083)
172,6 Gierseil- Dommitzsch, re von der Strommitte verankert, li S16 nach Dommitzsch, re L113 nach Prettin. ⚠ Die Vorbeifahrt an einer Gierfähre darf nur erfolgen, wenn sie an ihrem ständigen Liegeplatz stillliegt. Notfalls im Kehrwasser zwischen den Buhnen anhalten und die Situation beobachten. Das Hinweiszeichen „Nicht frei fahrende Fähre“ befindet sich vorher (ca. 1 – 3 km) an dem Ufer, wo die Fähre ihren „Heimathafen“ hat.
, li **04880 Dommitzsch** in ca. 1,2 km. Das Fährhaus ist geschlossen (51.6490,12.8954)
174,1 re **06922 Prettin** in ca. 2 km (51.6623,12.8969)
177,2 li **04880 Dommitzsch-Wörblitz** (51.6647,12.8573)
178,6 li **04880 Dommitzsch-Greudnitz** (51.6739,12.8424)
180,0 –198,6 **§**, li und re diverse UV vom 15.04. - 31.07. Im Rahmen der Ausweisung der Natura 2000 Schutzgebiete in Sachsen-Anhalt wurde eine Vielzahl von befristeten Uferbetretungsverboten vom 15.04. 31.07. zum Vogelschutz an der Elbe ausgewiesen. Diese Uferbetretungsverbote sind in einem Kartenwerk dargestellt, das unter dem folgenden Link eingesehen und heruntergeladen werden kann: www.natura2000-lsa.de/upload/3_schutzgebiete/DIN_A4_Kartenserien/Elbe_Havel_202005.pdf (51.6857,12.8448)–(51.8170,12.8327),
180,0 –180,6 li **§** UV 15.04.-31.07
181,6 –182,2 li **§** UV 15.04.-30.07
182,0 –182,6 re **§** UV 15.04.-31.07
183,0 –184,0 li **§** UV 15.04.-31.07

184,8 Gierseil-⛴ L128 Pretzsch, verankert in Nähe des linken Ufers. ⚠ Die Vorbeifahrt an einer Gierfähre darf nur erfolgen, wenn sie an ihrem ständigen Liegeplatz stillliegt. Notfalls im Kehrwasser zwischen den Buhnen anhalten und die Situation beobachten. Das Hinweiszeichen „Nicht frei fahrende Fähre" befindet sich vorher (ca. 1 – 3 km) an dem Ufer, wo die Fähre ihren „Heimathafen" hat.
li **06905 Bad Schmiedeberg-Pretzsch (Elbe)**, ⌘: Schloss und Park, re **06917 Jessen (Elster)-Mauken** (51.7178,12.8188)
185,4 –185,8 li **§** UV 15.04.-31.07)
186,2 –188,2 re **§** UV 15.04.-31.07
186,4 –187,4 li **§** UV 15.04.-31.07
188,0 –188,8 li **§** UV 15.04.-31.07
190,0 –190,2 li **§** UV 15.04.-31.07
190,3 re **06917 Jessen (Elster)-Klöden**, ⚓ (51.7565,12.8200)
190,6 –192,0 li **§** UV 15.04.-31.07
192,4 –193,0 li **§** UV 15.04.-31.07
193,0 –194,2 re **§** UV 15.04.-31.07
194,3 ⇩ Klödener Riß, alter Elbarm, bei HW bis kurz vor Klöden ≈, oberhalb Klöden NSG (51.7884,12.8049)
194,3 –195,0 re **§** UV 15.04.-31.07
194,6 –196,5 Wassermotorradstrecke (51.7910,12.8057)–(51.8077,12.8109)
195,0 –196,0 li **§** UV 15.04.-31.07
195,6 –196,4 re **§** UV 15.04.-31.07
197,3 –198,0 re **§** UV 15.04.-31.07
198,4 –198,6 li **§** UV 15.04.-31.07
198,6 Ende der Oberelbe, Beginn der Mittelelbe (51.8170,12.8326)

Mittelelbe

Wanderfluss, Schifffahrtsstraße

Als Mittelelbe wurde die Elbstrecke zwischen der Mündung der Schwarzen Elster und dem Wehr Geesthacht festgelegt.

Befahrungsregeln: Auf der Bundeswasserstraße Elbe gilt die Binnenschifffahrtsstraßen-Ordnung (BinSchStrO). Schifffahrt bei Hochwasser; erreicht oder überschreitet der Wasserstand den Höchsten Schifffahrtswasserstand (HSW) ist mit der Einstellung der Schifffahrt zu rechnen:
Elstermündung (km 198,60) - Saalemündung (km 290,70), Pegel Lutherstadt Wittenberge 550 cm,
Saalemündung (km 290,70) - Einfahrt Hafen Frohse (km 314,50), Pegel Barby 570 cm,
Einfahrt Hafen Frohse (km 314,50) - Einfahrt Industriehafen Magdeburg (km 332,80), Pegel Magdeburg-Strombrücke 550 cm,
Einfahrt Industriehafen Magdeburg (km 332,80) - Einmündung

Niegripper Verbindungskanal (km 343,80), Pegel Rothensee 745 cm,
Einmündung Niegripper Verbindungskanal (km 343,80) - Einmündung Untere Havel-Wasserstraße (km 422,80), Pegel Tangermünde 620 cm,
Einmündung Untere Havel-Wasserstraße (km 422,80) - Mündung Alte Löcknitz (km 502,25), Pegel Wittenberge 610 cm,
Mündung Alte Löcknitz (km 502,25) - Einfahrt Hafen Bleckede (km 550,00), Pegel Dömitz 580 cm,
Einfahrt Hafen Bleckede (km 550,00) - Einmündung Elbe-Lübeck-Kanal (km 569,20), Pegel Hohnstorf 820 cm.
km 198,6 bis 426 : li und re diverse UV vom 15.04. - 31.07. Die genaue Lage dieser UV ist der Kilometrierung zu entnehmen. Diese Uferbetretungsverbote sind außerdem in einem Kartenwerk dargestellt, das unter dem folgenden Link eingesehen und heruntergeladen werden kann: https://www.natura2000-lsa.de/upload/3_schutzgebiete/DIN_A4_Kartenserien/Elbe_Havel_202005.pdf
km 202,7 bis 205,5 : li ganzj. UV.
km 243,5 bis 244,5 (oberhalb Vockerode, Einmündung Riß): ganzj. UV, linkes Ufer.
km 262,2 bis 290,8 (Mittelelbe zwischen Mulde und Saale): li ganzj. UV. Erlaubt ist das Ein- und Aussetzen an bestehenden Wassersportanlagen und Ortschaften, sowie an den durch Schilder gekennzeichneten Ein- und Aussetzstellen.
km 265,2 bis 290,8 (Mittelelbe zwischen Mulde und Saale): re ganzj. UV. Erlaubt ist das Ein- und Aussetzen an bestehenden Wassersportanlagen und Ortschaften, sowie an den durch Schilder gekennzeichneten Ein- und Aussetzstellen.
km 380,9 bis 384,1 : re ganzj. UV, ganzj. BV für die Nebengewässer.
km 381,5 bis 385 : li ganzj. UV, ganzj. BV für die Nebengewässer.
km 430,4 bis 472,6 (NSG Aland - Elbe - Niederung): li ganzj. UV.
km 431,9 bis 502,2 (Biosphärenreservat Flusslandschaft Elbe in Brandenburg): mit Ausnahme von 431,9 - 439,45; 440 - 444,15; 445,8 - 457,53; 447,93 - 449,45; 450,1 bis 450,4; 452,7 - 502,2. Zelten in der freien Landschaft ist im gesamten Gebiet außer bei km 438,5 nicht gestattet, jedoch wird das Zelten von Wasserwanderern für eine Nacht auf zulässigen Gebieten nach Ermessen toleriert.
km 472,6 bis 568,9 (links km 472,75 Schnackenburg - km 569 Hohnstorf, rechts km 511,5 Wehningen - km 555 Neu Bleckede): Biosphärenreservat Elbtalaue Niedersachen, BV

01.04. -15.07. für Nebengewässer außerhalb der Bundeswasserstrasse, ganzj. UV, Ausnahmen gemäß: www.elbtalaue.niedersachsen.de/startseite/elbtalaue_erleben/freizeitaktivitaten/wassersport/kanu-und-motorwassersport-53770.html

Das Zelten ist in diesem Gebietsteil grundsätzlich verboten. Nur Wasserwanderer dürfen für eine Nacht in den siedlungsnahen Elbvorlandbereichen oder kenntlich gemachten Erholungsbereichen am Elbufer zelten, müssen aber das Wegegebot beachten.

km 502,2 bis 511,5 (Pflegezone des Biosphärenreservat Flusslandschaft Elbe Mecklenburg-Vorpommern.): Es ist verboten, außerhalb der dafür örtlich gekennzeichneten Anlegeplätze am Ufer anzulegen (ganzj. UV).

km 554,8 bis 566,1 (Pflegezone des Biosphärenreservat Flusslandschaft Elbe Mecklenburg-Vorpommern.): Es ist verboten, außerhalb der dafür örtlich gekennzeichneten Anlegeplätze am Ufer anzulegen (ganzj. UV).

km 569 bis 575,4 (links, Hohnstorf - Artlenburg): BV außerhalb der Bundeswasserstraße.

km 570,5 bis 578 (Lauenburg - Tesperhude): rechts ganzj, UV hinter der MHW-Linie, Trittstein bei km 572.

km 570,5 bis 571,3 (links, Hohnstorf - Artlenburg): li ganzj. UV.

km 574,9 bis 575,4 (links, Hohnstorf - Artlenburg): li ganzj. UV.

km 576,3 bis 577 (links): ganzj. UV.

km 583,2 bis 584,5 (links): ganzj. UV.

Karten: Jübermannatlas Elbe 1 und Elbe 2

198,6 Ende der Oberelbe, Beginn der Mittelelbe (51.8170,12.8326)

198,6 re ⇩ Schwarze Elster (s. Seite 106) in die Mittelelbe (51.8170,12.8328)

198,6 –426,0 **§** li und re diverse UV vom 15.04. - 31.07. Im Rahmen der Ausweisung der Natura 2000 Schutzgebiete in Sachsen-Anhalt wurde eine Vielzahl von befristeten Uferbetretungsverboten vom 15.04. 31.07. zum Vogelschutz an der Elbe ausgewiesen. Diese Uferbetretungsverbote sind in einem Kartenwerk dargestellt, das unter dem folgenden Link eingesehen und heruntergeladen werden kann, https://www.natura2000-lsa.de/upload/3_schutzgebiete/DIN_A4_Kartenserien/Elbe_Havel_202005.pdf (51.8170,12.8329)–(52.8666,12.0234)

198,6 –199,4 li **§** UV 15.04. - 31.07 (51.8176,12.8326)–(51.8230,12.8353)

200,3 Gierseil-⛴ L127 Elster, nahe li Ufer verankert, und Personen-⛴. ⚠ Die Vorbeifahrt an einer Gierfähre darf nur erfolgen, wenn sie an ihrem ständigen Liegeplatz stillliegt. Notfalls im Kehrwasser zwischen den Buhnen anhalten und die Situation beobachten. Das Hinweiszeichen „Nicht frei fahrende Fähre“ befindet sich vorher (ca. 1 – 3 km) an dem Ufer, wo die Fähre ihren „Heimathafen“ hat.

, li nach **06901 Kemberg-Wartenburg** in ca. 3,5 km, re **06895 Zahna-Elster, OT Elster(Elbe)**, ✕, 🛒, 🚆 (51.8264,12.8262)

200,6 re ⌂⚑ KV Harmonie Elster/Elbe ⚑⛺, Elbstraße 9 P, 06895 Zahna-Elster OT Elster, www.kv-harmonie-elster.de , ☎ +49 35383 21444 (51.8272, 12.8197)

202,7 –205,5 li **§** ganzj. UV

203,8 –204,6 re **§** UV 15.04. - 31.07

205,3 re **06895 Zahna-Elster, OT Gallin**, ✕ (51.8359,12.7571)

205,5 li ⇩ Wartenburger Riß (alter Elbarm), ⚠ Einfahrt verboten, NSG (51.8364, 12.7542)

205,5 –206,0 li **§** UV 15.04. - 31.07

205,9 –206,2 re **§** UV 15.04. - 31.07

207,2 –208,0 re **§** UV 15.04. - 31.07

208,8 –210,0 li **§** UV 15.04. - 31.07

209,8 –210,2 re **§** UV 15.04. - 31.07

210,0 re ⇩ Hohndorfer Rinne, ≈ nur bei MW und HW (51.8554,12.7000)

211,6 –212,2 li **§** UV 15.04. - 31.07

212,3 –221,0 re Stadtgebiet von **06886 Lutherstadt Wittenberg**, 🚆, DJH, ⌘ Luther-Gedenkstätte, Melanchton-Haus, Cranachhöfe, Schlosskirche, Stadtkirche, Naturkundemuseum, Hundertwasserschule (51.8625, 12.6711)–(51.8678,12.5665)

212,5 re ⌂ RC Wittenberg, ⛺, zum ⇅ unbedingt vorher telefonisch anmelden, Dresdener Straße 160, 06886 Wittenberg, www.ruderclubwittenberg.de, ☎ +49 3491 403125 (51.8633,12.6676);
⇅-Möglichkeit an einer Buhne unmittelbar unterhalb des RC Wittenberg, zu erreichen von der Dresdener Straße neben einem Sportgeschäft (51.8630,12.6665)

213,0 re ⌂⚑ WSG Wittenberg, ⚑⛺, von hier aus günstiger Weg zum 🚆 und zur Stadt, Dresdner Straße 175, 06886 Wittenberg, kanu-wittenberg.de (51.8617,12.6601)

213,7 EB-II Wittenberg (51.8574,12.6521);
Str-II B2 Pratau - Wittenberg (51.8573,12.6514)

214,1 li ≡ Lutherstadt Wittenberg, ☎ +49 3491 19429 (51.8565,12.6469)

214,7 li ← Einfahrt ⛟ Marina-Camp Wittenberg, Brückenkopf 1, 06888 Pratau, www.marina-camp-elbe.de , ☎ +49 3491 4540 (51.8574,12.6383)

215,2 –216,0 re **§** UV 15.04. - 31.07 (51.8601,12.6316)–(51.8618,12.6208)

216,4 re ➔ in den Hafen Wittenberg, Schiffsanleger (51.8629,12.6146)

216,5 re Wasserschutzpolizei Wittenberg (51.8632,12.6117);
re Schiffsanleger Wittenberg (51.8630,12.6108)

217,0 –218,5 li **§** UV 15.04. - 31.07

218,2 –219,0 re **§** UV 15.04. - 31.07

219,0 –220,2 li **§** UV 15.04. - 31.07

220,1 re ➔ Hafeneinfahrt Stickstoffwerk Piesteritz, für Sportboote gesperrt (51.8678,12.5792)

221,8 –222,6 re **§** UV 15.04. - 31.07

224,0 re **06886 Lutherstadt Wittenberg, OT Apollensdorf**, Grieboer Berge (51.8705,12.5333)
224,0 –225,0 Wassermotorradstrecke (51.8702,12.5324)–(51.8682,12.5192)
224,2 –225,0 re § UV 15.04. - 31.07
225,0 –226,0 li § UV 15.04. - 31.07
225,6 –227,6 re § UV 15.04. - 31.07
226,4 –227,2 li § UV 15.04. - 31.07
228,0 –230,0 li § UV 15.04. - 31.07
229,0 re **06886 Lutherstadt Wittenberg, OT Griebo**, Griebo (51.8804, 12.5015)
232,0 –233,0 re § UV 15.04. - 31.07
233,2 –233,8 li § UV 15.04. - 31.07
234,0 –235,0 re § UV 15.04. - 31.07
235,9 KV Coswig (Anhalt), Hinter der Elbfähre, 06869 Coswig (Anhalt), +49 34903 62220, vorzugsweise Donnerstag ab 18 Uhr (51.8734, 12.4518)
236,0 MC Coswig (Anhalt) (51.8746,12.4528)
236,3 Gierseil- Coswig (Anhalt), Nähe re Ufer verankert, li ✕ und Weg zum Wörlitzer Park (6 km). ⚠ Die Vorbeifahrt an einer Gierfähre darf nur erfolgen, wenn sie an ihrem ständigen Liegeplatz stillliegt. Notfalls im Kehrwasser zwischen den Buhnen anhalten und die Situation beobachten. Das Hinweiszeichen „Nicht frei fahrende Fähre" befindet sich vorher (ca. 1 – 3 km) an dem Ufer, wo die Fähre ihren „Heimathafen" hat (51.8771,12.4529)
236,6 re ➔ Einfahrt in den Seglerhafen Coswig (51.8796,12.4529)
236,8 –238,0 li § UV 15.04. - 31.07
237,0 re **Coswig (Anhalt)**, Schiffsanleger, ✕, ⌘ Schloss, Rathaus, historischer Stadtkern (51.8824,12.4482)
237,8 re Marina Coswig (Anhalt), Supermarkt (51.8805,12.4364)
240,1 re (51.8695,12.4092)
240,4 –241,2 re § UV 15.04. - 31.07
241,4 –243,0 li § UV 15.04. - 31.07
243,2 –245,2 re § UV 15.04. - 31.07
243,4 –244,5 li §, ganzj. UV, linkes Ufer (51.8517,12.3826)–(51.8458,12.3694)
244,0 li ⇩ Riß, ⚠ Einfahrt verboten (51.8468,12.3766)
245,0 li **06785 Oranienbaum-Wörlitz, OT Vockerode**, ehemaliges ϟ (51.8468, 12.3615)
245,3 li SG Turbine Vockerode, Motorbootliegeplatz, , +49 15150183333 (51.8489,12.3574)
245,7 li ⇅ Vockerode, (51.8523,12.3540)
246,5 Str-II A9 (51.8592,12.3508)
248,0 –252,4 re § UV 15.04. - 31.07
249,2 –252,8 li § UV 15.04. - 31.07
249,4 re ➔ Durchstich in einen alten Elbarm, NSG Saarenbruch-Matzwerder (51.8739,12.3214)

249,4 –250,4 re **§** ganzj. UV
250,4 re ⇩ des alten Elbarmes (51.8827,12.3156)
250,5 = 252 Kilometersprung durch Elbbegradigung (51.8831,12.3137);
= 250.5 Kilometersprung durch Elbbegradigung (51.8833,12.3132)
252,7 re Schlangengrube (51.8847,12.3031)
253,4 –254,2 li **§** UV 15.04. - 31.07
253,6 –255,0 re **§** UV 15.04. - 31.07
255,6 –256,6 li **§** UV 15.04. - 31.07
257,0 –265,0 Stadtgebiet von **Dessau-Roßlau**, PLZ 06842–06862. Dessau-Roßlau ist eine kreisfreie Stadt in Sachsen-Anhalt und besteht aus den StT Dessau und Roßlau, Verwaltungszentrum (51.8803,12.2488)–(51.8782,12.1936)
257,6 Str-II B184 Roßlau (51.8808,12.2394)
257,8 re ⇩ der Rossel (s. Seite 121) in die Mittelelbe (51.8817,12.2369);
EB-II Roßlau (51.8810,12.2364)
257,9 re ⇅ am ⌂⚑ Roßlauer Paddlerverein, ⛺, Sachsenbergstraße 29, 06862 Dessau-Roßlau (51.8817,12.2354);
re ⌂ Roßlauer RG, Sachsenbergstraße, 06862 Dessau-Roßlau, www.rudern-rosslau-elbe.de (51.8817,12.2352);
re **StT Roßlau**, kurzer Weg zum 🚆 Roßlau (Elbe) (51.8817,12.2351);
re Schiffsanleger Roßlau, danach Schiffswerft (51.8816,12.2341)
258,3 re Werfthafen Roßlauer Schiffswerft (51.8802,12.2297)
259,2 li mehrere ⌂ von Wassersportvereinen (51.8724,12.2295);
li ⌂ WSF Rodleben, ⛺, Kleine Mückenberge 8, 06844 Dessau-Roßlau, wassersportfreunde-rodleben.de
259,4 –260,8 re **§** UV 15.04. - 31.07
259,6 li ⇩ der Mulde (s. Seite 123) in die Mittelelbe (51.8691,12.2310)
259,6 –259,8 li **§** UV 15.04. - 31.07
260,0 li ⇩ Mulde-Flutgraben (51.8648,12.2329)
260,4 –263,0 Motorboot-Rennstrecke (51.8618,12.2309)–(51.8674,12.2081)
260,4 li ← in den Wallwitzhafen Dessau, im Hafen WSC Wallwitzhafen Dessau (51.8611,12.2319)
261,2 li ▤ Dessau, ♪ +49 340 19429 (51.8569,12.2233)
261,3 li ⌂⚑ Junkers Paddelgemeinschaft, ⛺, Übernachtungsmöglichkeit, Am Leopoldshafen 3, 06846 Dessau, junkers-paddelgemeinschaft.de (51.8567,12.2212)
261,3 li ⌂ Seesportverein Dessau (51.8567,12.2207)
261,5 li ← Leopoldshafen, Zielturm der Motorboot-Rennstrecke (51.8568, 12.2186);
li **StT Dessau**, zum Zentrum ca. 2,5 km, 🚌 des ÖPNV, 🚆, ⌘: Bauhaus und Meisterhäuser, Naturkundemuseum, Gartenreich Dessau-Wörlitz mit Georgium, Luisium, Landschaftsgarten Großkühnau, Mosigkau, Wörlitzer Park (51.8568,12.2179)
261,6 li ✕ Kornhaus (51.8565,12.2170)
261,9 li Schiffsanleger Dessau (51.8579,12.2127)

262,2 –290,8 li § ganzj. UV. Erlaubt ist das ⇅ an bestehenden Wassersportanlagen und Ortschaften, sowie an den durch Schilder gekennzeichneten ⇅-Stellen (51.8601,12.2091)–(51.9548,11.9129)

264,2 re ➔ in den Industriehafen Rodleben, re **StT Rodleben** (51.8781, 12.2055)

265,2 –290,8 re § ganzj. UV. Erlaubt ist das ⇅ an bestehenden Wassersportanlagen und Ortschaften, sowie an den durch Schilder gekennzeichneten ⇅-Stellen (51.8787,12.1909)–(51.9564,11.9153)

267,0 –268,6 li genehmigte ⇅ Brambacher Fähre, durch Schilder gekennzeichnet (51.8729,12.1666)–(51.8721,12.1438)

268,2 Personen-⛴ Brambach (51.8737,12.1486);
re **06862 Dessau-Roßlau, OT Brambach**, ✕, genehmigter ⚓ (51.8747, 12.1478)

270,0 li und re genehmigte ⇅, ⚓ Rietzmeck, durch Schilder gekennzeichnet (51.8709,12.1234)

270,8 li genehmigte ⇅ Aken/Biberwerder, durch Schilder gekennzeichnet (51.8707,12.1118)

273,5 re genehmigte ⇅ Steutz/Anlandeplatz, durch Schilder gekennzeichnet (51.8646,12.0748)

274,8 li ≡ Aken (im Hafen), ☎ +49 34909 19429 (51.8579,12.0585);
li ← in den Hornhafen Aken, für Sportboote gesperrt, Schiffsanleger (51.8586,12.0580)

274,9 Gierseil-⛴ Aken, re von der Strommitte verankert. ⚠ Die Vorbeifahrt an einer Gierfähre darf nur erfolgen, wenn sie an ihrem ständigen Liegeplatz stillliegt. Notfalls im Kehrwasser zwischen den Buhnen anhalten und die Situation beobachten. Das Hinweiszeichen „Nicht frei fahrende Fähre" befindet sich vorher (ca. 1 – 3 km) an dem Ufer, wo die Fähre ihren „Heimathafen" hat (51.8589,12.0567);
li und re genehmigte ⇅ Fähre Aken-Steutz, durch Schilder gekennzeichnet (51.8589,12.0564)

275,0 li **06385 Aken**, ⌘ Nikolaikirche, mittelalterliche Stadtanlage, Heimatmuseum, ✕ (51.8582,12.0558)

276,0 li ⌂ RC Aken, ⛺, Am Ratswerder, 06385 Aken, www.rc-aken.de , ☎ +49 34909 86764 (51.8594,12.0395);
li ⌂⚑ KC Aken, ⛺, www.kanuclub-aken.de (51.8594,12.0391)

276,2 Boot- und Campingcenter Aken, www.elbe-boot.de (51.8597,12.0376)

276,4 li ⌂⚑ Köthener KC in Aken, ⚑⛺, Am Ratswerder, 06385 Aken, www.koethenerkanuclub.de , leopold.kkc@gmail.com (51.8600,12.0355)

277,4 li ← Hafen Aken, Einfahrt nur für angemeldete Gäste des RV (51.8636, 12.0215)

280,0 re genehmigte ⇅ **39264 Steutz-Steckby**, durch Schilder gekennzeichnet, ⚓, Naturschutzstation (51.8868,12.0170)

287,7 re genehmigte ⇅ Sportboothafen Tochheim, durch Schilder gekennzeichnet (51.9313,11.9559)

287,2 Gierseil-⛴ Tochheim - Breitenhagen, li von der Strommitte verankert. ⚠ Die Vorbeifahrt an einer Gierfähre darf nur erfolgen, wenn sie an ihrem ständigen Liegeplatz stillliegt. Notfalls im Kehrwasser zwischen den Buhnen anhalten und die Situation beobachten. Das Hinweiszeichen „Nicht frei fahrende Fähre“ befindet sich vorher (ca. 1 – 3 km) an dem Ufer, wo die Fähre ihren „Heimathafen“ hat (51.9323,11.9487);
li genehmigte ⇅ **39240 Barby (Elbe)-Breitenhagen** durch Schilder gekennzeichnet, ⚓, Imbiss (51.9315,11.9473)

287,3 li Schiffsanleger Breitenhagen, Schiffs-✕ Museumsschiff Marie-Gerda (51.9319,11.9470)

287,4 re genehmigte ⇅ **39264 Hohenlepte-Tochheim**, durch Schilder gekennzeichnet (51.9339,11.9478)

290,8 li ⇩ der Saale (s. Seite 182) in die Mittelelbe (51.9553,11.9138)

291,4 li ⌂ SSV Blau-Weiß 04 Barby, ⛺, An der Fähre 5, 39249 Barby/Elbe, www.kanu-barby.de (51.9593,11.9071)

291,5 Gierseil-⛴ Barby, re der Strommitte verankert. ⚠ Die Vorbeifahrt an einer Gierfähre darf nur erfolgen, wenn sie an ihrem ständigen Liegeplatz stillliegt. Notfalls im Kehrwasser zwischen den Buhnen anhalten und die Situation beobachten. Das Hinweiszeichen „Nicht frei fahrende Fähre“ befindet sich vorher (ca. 1 – 3 km) an dem Ufer, wo die Fähre ihren „Heimathafen“ hat (51.9602,11.9079)

291,8 li Bootsanleger Barby (51.9616,11.9047)

293,5 li **39249 Barby (Elbe)**, Kleinstadt, 🚌, ⌘ Barock-Schloss, Marienkirche (51.9734,11.8882)

294,1 EB-II Barby (51.9786,11.8845)

294,8 li ≡ Barby, ♪ +49 39298 19429 (51.9849,11.8820)

295,5 li ← Hafen Barby (51.9912,11.8835)

295,8 –296,8 re § UV 15.04. - 31.07

296,4 –297,8 li § UV 15.04. - 31.07

296,4 re ⇩ der Nuthe (Elbe) (s. Seite 269) in die Elbe, ⚠ Einfahrt verboten, NSG (51.9981,11.8904)

300,1 re **39264 Gommern-Dornburg** (landeinwärts), ⌘ Barockschloss, li „Am Kuhsand“ (52.0277,11.8696)

300,2 –301,4 li § UV 15.04. - 31.07

300,7 re → Dornburger Alte Elbe von der Mittelelbe (52.0262,11.8611)

Nebenstrecke Dornburger Alte Elbe

Die Dornburger Alte Elbe zweigt von der Elbe ab und mündet nach einem kurvenreichen Verlauf bei Magdeburg-Salbke in die Elbe. Befahrbar sind jedoch nur 2 kurze Teilstrecken am Beginn und am Ende dieser Strecke.

25,6 → Dornburger Alte Elbe von der Mittelelbe (s. Seite 71) (52.0262, 11.8611)

23,2 ← zum Pretziener ▬. Dieses Wehr führt zu einem Umflutkanal um Magdeburg und wird bei starkem HW geöffnet. Die dann hier abfließende Wassermenge erreicht erst bei Lostau wieder die Elbe.

Geradeaus der Steinhafen (Wassersportgebiet) (52.0375,11.8367)

22,8 SV Eintracht Gommern, Abt. Kanu, Steinhafen, 39217 Schönebeck (Elbe) OT Pretzien, www.eintracht-gommern.de/index.php/kanu, +49 157 81969016, bsch5119@googlemail.com, ⓘ +49 151 12488309, robert.spill@web.de (52.0409,11.8389)

22,7 li Steinhafen Pretzien, www.ferienpark-ploetzky.de/steinhafen.php, +49 178 1628609 (52.0417,11.8383)

22,6 Ende Steinhafen Pretzien, ⚠ eine Weiterfahrt ist nicht möglich. Der jetzt folgende Flusslauf ist mehrmals unterbrochen und ist verlandet. Es gibt Bestrebungen, diesen Teil wieder zu beleben, jedoch ist er dann bestimmt auch nicht befahrbar (teilweise NSG) (52.0428,11.8382)

19,2 Str-II B246a Salzstraße, li ✕ Alte Fähre (52.0427,11.7988)

16,4 ➔ (geradeaus) des Umflutkanals, der bei Öffnung des Pretziener Wehres einen Teil des Hochwassers an Magdeburg vorbeileitet (52.0616,11.7814)

0,5 Elbdeich, ab hier ist die Dornburger Alte Elbe wieder befahrbar, dieser Teil wird auch als Mönchsgraben bezeichnet (52.0852, 11.6841)

0,4 ← in einen Altarm (52.0850,11.6836);
← in einen Baggerarm (52.0850,11.6823)

0,0 ⇩ Dornburger Alte Elbe (Mönchsgraben) in die Mittelelbe (s. Seite 71) (52.0863,11.6779)

302,7 li Schiffsanleger Glinde, Anfahrt über Glinde, Dorfstraße, **39249 Glinde**, OT der Stadt Barby (52.0107,11.8478)

304,0 –306,0 Wasserskistrecke (52.0090,11.8284)–(52.0180,11.8043)

304,5 re **39217 Schönebeck (Elbe)-Ranies** (52.0115,11.8212)

306,0 –308,4 li § UV 15.04. - 31.07

307,5 –309,0 Wassermotorradstrecke (52.0301,11.7945)–(52.0307,11.7747)

309,5 li Buschhaus Schönebeck (52.0268,11.7698)

309,8 li Delphin, Schönebecker SC, Abt. Kanu, Buschweg 5, 39218 Schönebeck, +49 3928 403061 (52.0260,11.7675)

310,0 li Schiffshotel „Sonnenschein", in einem auf Land gebrachten alten Frachtschiff, Buschweg 1, 39218 Schönebeck (Elbe), www.schiffshotel.de +49 3928 7061-0 (52.0241,11.7642)

310,4 Str-II B246a Schönebeck, Elbauenbrücke (52.0233,11.7584)

311,5 re **39218 Schönebeck (Elbe)-Grünewalde**, ✕, li Schiffsanleger der Stadt Schönebeck (52.0236,11.7426)

311,8 li Schönebeck, 50 m vor der Straßenbrücke an alter Fährstelle, zu erreichen über Grabenstraße (52.0235,11.7396)

311,8 Str-II Elbenauer Straße, li **39218 Schönebeck (Elbe)**, Gradierwerk und ältestes Solebad Deutschlands im Ortsteil Bad Salzelmen, re OT Grünewalde (52.0247,11.7390)

313,8 li ⌂ SG Lok Schönebeck, Alt Frohse, 39218 Schönebeck (52.0366, 11.7141)

314,4 li Wasserwanderrastplatz Henning, ⛟, ← Hafen Frohse, Yachthafen, Burgwall 2a-b, 39218 Schönebeck, www.wsz-henning.de , ☎ +49 391 4082435 (52.0392,11.7101)

317,0 –334,0 Stadtgebiet von **Magdeburg**, PLZ 39104–39130, Landeshauptstadt von Sachsen-Anhalt, ca. 232000 Einwohner, 🚆, ⌘: 1200-jähriger Dom, romanisches Kloster Unser Lieben Frauen, Johanniskirche, Elbauenpark, Hundertwasserhaus, Museen, Rathaus, Zoo (52.0585,11.6864)–(52.1880,11.6881)

317,9 li ⌂ Segelclub Westerhüsen (52.0658,11.6795)

318,0 Gierseil-⛴ Magdeburg-Westerhüsen, nahe dem linken Ufer verankert. ⚠ Die Vorbeifahrt an einer Gierfähre darf nur erfolgen, wenn sie an ihrem ständigen Liegeplatz stillliegt. Notfalls im Kehrwasser zwischen den Buhnen anhalten und die Situation beobachten. Das Hinweiszeichen „Nicht frei fahrende Fähre" befindet sich vorher (ca. 1 – 3 km) an dem Ufer, wo die Fähre ihren „Heimathafen" hat (52.0668,11.6806);
li **StT Westerhüsen** (52.0667,11.6789)

318,2 li ⌂ Westerhüser WSC Magdeburg, ⛺, Kieler Str. 5E, 39122 Magdeburg (52.0674,11.6787)

319,0 li **StT Salbke** (52.0752,11.6754)

319,5 li ⌂ Segelclub Sturmvogel Magdeburg (52.0799,11.6743)

319,8 li ⇩ der Sülze (52.0823,11.6746)

320,4 re ⇩ Dornburger Alte Elbe in die Mittelelbe (Mönchsgraben) (52.0863, 11.6779)

321,0 li **StT Fermersleben** (52.0931,11.6753)

322,0 ← in den Hafen des WSV Buckau-Fermersleben (52.1003,11.6687);
re **StT Prester** (52.1016,11.6714);
li ⌂ WSV Buckau-Fermersleben, Kanu-Abteilung im Segelhafen, ⛺, Elbweg 2, 39122 Magdeburg, www.wbf-magdeburg.de (52.0995,11.6658)

322,1 –323,0 Wasserskistrecke (52.1016,11.6692)–(52.1056,11.6581)

322,8 re ➔ Alte Elbe (Magdeburg) von der Mittelelbe (52.1052,11.6607)

Nebenstrecke Alte Elbe (Magdeburg)

Zufahrt zu mehreren Bootshäusern

5,7 ➔ Alte Elbe (Magdeburg) von der Mittelelbe (s. Seite 71) (52.1052,11.6607)

5,6 bei NW genau auf die Fahrrinne achten, evtl. versandet (52.1060, 11.6601);
re ⌂ Segelverein WSG „Alte Elbe" (52.1067,11.6614)

5,3 li ⌂ SC Magdeburg (Rudern), Seilerweg 23, 39114 Magdeburg, www.sc-magdeburg.de (52.1079,11.6574)

4,9 li ⌂ WSV Lok Magdeburg, ⛺, Seilerweg 9, 39114 Magdeburg, lok-magdeburg.de , ☎ +49 176 72117430, info@lok-magdeburg.de, ⓘ ☎ +49 173 8965972, andreas.pospischil@vodafone.de

(52.1119,11.6572)

4,7 re ⌂▶ KC Falke, ⛺, Seestraße 27, 39114 Magdeburg, ☎ +49 391 8113999 (52.1132,11.6594);
re ⌂▶ KC Börde Magdeburg, ▶⛺, auch für Wohnwagen, Seestraße 26, 39114 Magdeburg, www.kanuklub-boerde.de , vorstand@kanuklub-boerde.de (52.1136,11.6592);
li ⌂ Magdeburger Ruder-Club, ⛺, Seiler Weg 5, 39114 Magdeburg (52.1132,11.6570)

4,5 ■, Cracauer Wasserfall, X (Sperrzeichen), Sog, re ⌓, jedoch beachten: Bei normalen und niedrigen Wasserständen ist eine Weiterfahrt nicht zu empfehlen, teilweise verwachsen. Auch bei hohen Wasserständen ist es empfehlenswert, den leichteren Weg über den Hauptstrom der Elbe (Stromelbe) zu nutzen. Interessant ist dann die sogenannte Inselfahrt, bei der die Stromelbe abwärts und dann die Alte Elbe aufwärtsgefahren wird. Ganz Verrückte machen es auch mal umgekehrt (52.1147,11.6571);
Wege-Ⅱ, li Rotehornpark (52.1152,11.6565)

4,4 re **StT Cracau** (52.1157,11.6570)

3,3 EB-Ⅱ Magdeburg (außer Betrieb) (52.1252,11.6509)

3,1 Ⅱ-Baustelle bis mindestens 2023, ⚠ unbedingt vorher die aktuelle Lage erkunden (52.1267,11.6513)

3,0 Str-Ⅱ, Anna-Ebert-Brücke (52.1271,11.6516);
li **StT Werder** (52.1274,11.6512);
re **StT Brückfeld** (52.1272,11.6530)

2,5 ■-Sohlgleite Magdeburg-Werder, evtl. ⌓ erforderlich (52.1314, 11.6557)

2,0 2 Str-Ⅱ B1, Markgrafenstraße (52.1345,11.6604)

1,4 re Elbauenpark mit Jahrtausendturm, ⌘ (52.1392,11.6641)

0,3 EB-Ⅱ Magdeburg-Herrenkrug (52.1488,11.6681)

0,0 ⇩ Alte Elbe (Magdeburg) in die Mittelelbe (s. Seite 71) (52.1509, 11.6699)

324,0 Personen-⛴ Magdeburg-Buckau, li ✕, Hafeneinfahrt (52.1084,11.6442);
li ⌂ RC Alt Werder (Rudern), An der Elbe 13, 39104 Magdeburg, www.alt-werder.de , ☎ +49 391 7265602 (52.1083,11.6424)

325,1 Str-Ⅱ Stern-Brücke, für Kfz nur öffentlicher Nahverkehr zugelassen (52.1166,11.6367)

325,1 –327,0 li Lichtsignalanlage für die Schifffahrt zur Passage des Domfelsens, Einbahnverkehr, gilt nicht für Sportboote, trotzdem ⚠ bei Schiffsverkehr. Bis km 327 nicht anlegen (52.1167,11.6367)–(52.1314,11.6489)

325,1 re Schiffsanleger Stadtpark, Stadthalle Magdeburg und Museumsschiff (Radschlepper), ⌘, ✕ (52.1181,11.6373)

325,5 EB-Ⅱ Hub-Brücke, technisches Denkmal, außer Betrieb (52.1202, 11.6365)

325,8 li Domfelsen, re fahren, ⚠ starke Strömung (bis 8 km/h), Begegnung mit Schifffahrt vermeiden (52.1230,11.6370);
li **StT Altstadt**, Blick auf Dom, Kloster Unser Lieben Frauen und Johanniskirche (52.1232,11.6365)

326,1 Wasserstraßen- und Schifffahrtsamt Elbe, Haus Magdeburg, Fürstenwallstraße 19/20, 39104 Magdeburg, www.wsa-elbe.wsv.de , ☎ +49 391 530-0 (52.1255,11.6377)

326,5 Str-Ⅱ Ernst-Reuter-Allee (Strom-Brücke) (52.1287,11.6437)

326,7 li ▤ Magdeburg-Strombrücke, danach li mehrere Schiffsanleger, ☎ +49 391 19429 (52.1296,11.6442)

326,9 re Lichtsignalanlage für Fahrwasserenge (s. 325,1) (52.1314,11.6491)

327,3 re ⇩ der Nebenstrecke Zollhafen Magdeburg in die Mittelelbe (52.1334, 11.6513)

Nebenstrecke Zollhafen Magdeburg

Zufahrt zu Bootshäusern und Campingplatz.

1,2 Ende Zollhafen, 🚐, Sportboothafen (52.1243,11.6448)

0,7 ⚠, Ⅱ-Baustelle mindestens bis 2023 (52.1273,11.6480);
Str-Ⅱ Zollbrücke (52.1277,11.6483)

0,5 ⌂⚑ SC Magdeburg, Abt. Kanu, Kleiner Werder 5, 39114 Magdeburg, www.sc-magdeburg.de , ☎ +49 391 5410779 (52.1290, 11.6486)

0,0 ⇩ der Nebenstrecke Zollhafen Magdeburg in die Mittelelbe (s. Seite 71) (52.1334,11.6513)

327,7 2 Str-Ⅱ B1 Markgrafenstraße, li **StT Alte Neustadt**, re **StT Werder** (52.1369,11.6544)

328,0 –328,5 li mehrere Schiffsanleger (52.1388,11.6552)–(52.1429,11.6595)

329,4 EB-Ⅱ Magdeburg-Herrenkrug (52.1493,11.6669)

329,6 re ⇩ Alte Elbe (Magdeburg) in die Mittelelbe (52.1509,11.6699)

329,9 li ← Handelshafen Magdeburg (52.1531,11.6707)

330,1 Fuß- und Radweg-Ⅱ Herrenkrugsteg, re Schiffsanleger, Herrenkrugpark und Weg zum Elbauenpark, Straßenbahnendstelle in 500 m (52.1544, 11.6735)

332,8 li ← Industriehafen (52.1779,11.6817)

333,2 li ▤ Magdeburg-Rothensee, ☎ +49391 535 19429 (52.1810,11.6825)

333,3 ⚠ Schiffswendeplatz „Elbreede“ (52.1823,11.6845);
StT Rothensee, Gewerbegebiet (52.1827,11.6829)

333,6 li ⇩ Rothenseer Verbindungskanal (s. Seite 451) in die Elbe (von und zum Mittellandkanal) (52.1845,11.6845)

335,0 –336,4 li **§** UV 15.04. - 31.07 (52.1959,11.6959)–(52.2040,11.7112)

336,7 re ⇩ der Ehle, **X** aufgrund eines ganzj. BV (52.2063,11.7151)

336,8 –337,3 re **§** UV 15.04. - 31.07

336,9 re **39291 Möser, OT Lostau** (52.2079,11.7159)

337,2 re ⇩ Lostauer Alte Elbe (52.2110,11.7142)

338,0 re Weinberg, früher hier Weinanbau (52.2165,11.7083)
338,6 Str-II A2 Hohenwarthe (52.2211,11.7044)
338,9 ⇅ öffentlicher Anleger Hohenwarthe (52.2239,11.7046)
339,1 re **39291 Möser-Hohenwarthe**, ✕, ⛺ am Radweg (52.2259,11.7042)
339,6 Trog-II des Mittellandkanals über die Elbe, Bestandteil des größten Wasserstraßenkreuzes in Europa (52.2309,11.7013)
339,6 re ⇅ Wasserstraßenkreuz zur Besichtigung, direkt hinter der Trog-Brücke (52.2323,11.7024)
340,0 re ⛺ Waldschänke Hohenwarthe, ⛺, ✕, www.waldschaenke-hohenwarthe.de (52.2340,11.7023)
341,0 –342,0 re **§** UV 15.04. - 31.07
341,3 li ⇅ bei 39326 Wolmirstedt-Glindenberg (52.2458,11.7034)
342,5 –344,0 li **§** UV 15.04. - 31.07
343,5 re ➔ Niegripper Verbindungskanal (s. Seite 446) von der Mittelelbe über ⧖ Niegripp (52.2550,11.7337)
343,8 li ← in eine Sandgrube (52.2575,11.7334)
345,5 li **39326 Heinrichsberg**, ⛺, ✕ (52.2708,11.7426)
345,5 re **39288 Burg (bei Magdeburg)-Niegripp**, ⛺, ✕ (52.2699,11.7461)
346,1 re ⇩ ehemaliger Ihle-Kanal, ⚠ Einfahrt gesperrt (52.2742,11.7519)
348,2 –350,2 li **§** UV 15.04. - 31.07
350,3 li ⇩ der Ohre (s. Seite 270) in die Mittelelbe (52.3112,11.7666)
350,7 Wagen-⛴ Rogätz, ⇅ beidseitig, li **39326 Rogätz**, ✕, 🚆 ca. 3 km (52.3131,11.7705)
351,2 li 🏠 SC Kanu Rogätz, ⛺, Steinortstraße 41a, 39326 Rogätz, www.sportclub-kanu-rogaetz.de , ✆ +49 152 58140318, kanu_rogaetz@gmx.de (52.3168,11.7742)
351,4 –351,8 li **§** UV 15.04. - 31.07
353,0 –354,5 re **§** UV 15.04. - 31.07
354,2 li ← in die Kiesgrube Rogätz, ⚠ für Sportboote gesperrt (52.3357, 11.8075)
354,3 –357,0 li **§** UV 15.04. - 31.07
356,5 re **39288 Burg (bei Magdeburg)-Blumenthal**, ⛺ (52.3287,11.8400)
358,0 li **39517Tangerhütte-Kehnert** (52.3358,11.8583)
358,5 –360,0 re **§** UV 15.04. - 31.07
360,5 –361,5 re **§** UV 15.04. - 31.07
362,1 li **39517 Ringfurth-Sandfurth**, Kobbelsche Berge (52.3587,11.9038)
363,0 –364,0 re **§** UV 15.04. - 31.07
363,4 li ← zur Marina Sandfurth, ✆ +49 39366 266 (52.3699,11.9091)
363,9 li **39517 Ringfurth** (52.3734,11.9143)
364,0 –367,0 li **§** UV 15.04. - 31.07
367,0 –368,0 re **§** UV 15.04. - 31.07
367,5 li **39517 Ringfurth-Polte** (52.3882,11.9265)
367,7 li „Das düstere Loch“ (52.3901,11.9265)
369,5 –371,0 li **§** UV 15.04. - 31.07

371,5 re ➔ Pareyer Verbindungskanal (s. Seite 447) von der Mittelelbe (52.4089,11.9714);
li **39517 Tangerhütte-Bittkau** (52.4098,11.9688)

372,0 –372,5 re § UV 15.04. - 31.07

372,8 li Kellerwiehl, Bittkau, in 500 m (hinter dem Deich), kellerwiehl.de, ♪ +49 39362 81610 (52.4197,11.9741)

374,0 re **39317 Elbe-Parey, OT Derben** (52.4272,11.9912)

374,0 –374,5 li § UV 15.04. - 31.07

374,3 re ⇩ der Bagger-Elbe, Einfahrt gesperrt (52.4298,11.9928)

375,0 **39317 Elbe-Parey, OT Ferchland**, ✕ (52.4360,11.9959);
Wagen- Ferchland–Grieben wurde am 30.06.2020 eingestellt (52.4363,11.9942)

375,7 –376,4 re § UV 15.04. - 31.07

376,5 –377,5 Wassermotorradstrecke (52.4495,11.9938)–(52.4573,12.0010)

377,0 –378,5 li § UV 15.04. - 31.07

379,3 li **39517 Tangerhütte-Schelldorf** (52.4709,11.9891)

380,5 –380,9 re § UV 15.04. - 31.07

380,9 –384,1 re § ganzj. UV, ganzj. BV für die Nebengewässer (52.4848, 11.9878)–(52.5106,11.9681)

381,5 –385,0 li §, ganzj. UV, ganzj. BV für die Nebengewässer (52.4900, 11.9843)–(52.5166,11.9575)

382,5 re **39319 Jerichow**, abgelegen, roman. Klosterkirche, ⌘ (52.4991, 11.9842)

384,0 re ⇩ Alter Elbarm, ganzj. BV (52.5096,11.9699)

384,8 li ⇩ Altarm „Bölsdorfer Haken", ganzj. BV (52.5158,11.9588)

388,2 li ≣ Tangermünde, Pegelturm, ♪ +49 39322 19429 (52.5412,11.9783)

388,2 li ⇩ der Tanger (s. Seite 272) in die Mittelelbe (52.5424,11.9799);
li die ⇩ der Tanger ist auf 800 m als Hafen Tangermünde ausgebaut, im Hafen ⌂ Tangermünder RC und ⌂ Tangermünder WSV, ⅄. Näheres siehe Beschreibung der Tanger (52.5424,11.9800)

388,2 li **39590 Tangermünde**, ✕, ; ⌘ Kleinstadt mit gotischem Rathaus, Fachwerkbauten, Museum zur Stadtgeschichte, mittelalterliche Burganlage, Stadttore und Stadtbefestigung, Backsteingotik (52.5426,11.9794);
re **39524 Fischbeck (Elbe)** (52.5427,11.9828)

390,9 Str-II B188 Tangermünde (52.5652,11.9850)

393,0 –393,6 re § UV 15.04. - 31.07

393,3 li **39590 Tangermünde-Hämerten**, Dorfkirche aus Feldsteinen, ⌘ (52.5860,11.9949)

394,0 re **39524 Schönhausen** (52.5914,12.0023)

394,6 2 EB-II Hannover - Berlin (52.5971,12.0030)

395,5 –396,0 re § UV 15.04. - 31.07

396,1 li ≣ Pegelanlage Storkau (52.6104,12.0021);
li und re ⇅ alter Fähranleger Storkau (52.6107,12.0040)

396,2 li **39596 Storkau (Elbe)**, ⌘ Park-Schloss (52.6110,12.0022);
re **39524 Schönhausen (Elbe)-Hohengöhren** (52.6111,12.0056)

396,5 –397,0 re **§** UV 15.04. - 31.07

398,4 li **39590 Storkau (Elbe)-Billberge** (52.6309,12.0066)

399,0 re ⇩ alter Arm, ⚠ Einfahrt verboten, teilweise verlandet (52.6354,12.0137)

399,0 –400,0 li **§** UV 15.04. - 31.07

400,0 re **39524 Neuermark-Lübars** (52.6445,12.0177)

401,0 –401,5 re **§** UV 15.04. - 31.07

402,3 Gierseil-⛴ Arneburg, re von Strommitte verankert. ⚠ Die Vorbeifahrt an einer Gierfähre darf nur erfolgen, wenn sie an ihrem ständigen Liegeplatz stillliegt. Notfalls im Kehrwasser zwischen den Buhnen anhalten und die Situation beobachten. Das Hinweiszeichen „Nicht frei fahrende Fähre" befindet sich vorher (ca. 1 – 3 km) an dem Ufer, wo die Fähre ihren „Heimathafen" hat (52.6651,12.0114)

402,9 li **39596 Arneburg**, li Schiffsanleger, Kleinstadt, ✕, ⌘ romanische Kirche mit schönem Barockaltar, Museum, Aussicht vom Burgberg (52.6706, 12.0115)

403,4 li ← Hafen Arneburg, Yachthafen, ⛺, ☎-Nummer am Büro. 2 Buhnen oberhalb anlegen. Dort kann man zelten und zum Hafenmeister gehen (52.6747,12.0123)

404,0 –405,0 re **§** UV 15.04. - 31.07

405,5 –406,5 li **§** UV 15.04. - 31.07

407,0 –409,0 re **§** UV 15.04. - 31.07

407,1 li ⇩ Altarm bei Dalchau (52.7073,12.0237)

407,2 li **39596 Arneburg-Dalchau** (52.7083,12.0229)

408,0 –409,0 li Kernkraftwerk Stendal, nicht fertiggestellt, Industriegebiet (52.7153,12.0251)–(52.7232,12.0338)

409,5 –410,5 li **§** UV 15.04. - 31.07

409,5 re ⚓ Schönfeld (52.7262,12.0415);
re **39524 Kamern-Schönfeld**, ca. 1,5 km, ✕ (52.7265,12.0417)

411,1 li ← Hafen bei Altenzaun (gesperrt) (52.7411,12.0396)

411,1 –411,5 li **§** UV 15.04. - 31.07

411,1 li **39596 Hohenberg-Krusemark, OT Altenzaun** (52.7418,12.0391)

412,5 –413,5 li **§** UV 15.04. - 31.07

413,0 –413,5 re **§** UV 15.04. - 31.07

414,5 –415,5 re **§** UV 15.04. - 31.07

416,1 Kombinierte Wagen-Motor und Gierseil-⛴ Sandau, re von der Strommitte verankert. ⚠ Die Vorbeifahrt an einer Gierfähre darf nur erfolgen, wenn sie an ihrem ständigen Liegeplatz stillliegt. Notfalls im Kehrwasser zwischen den Buhnen anhalten und die Situation beobachten. Das Hinweiszeichen „Nicht frei fahrende Fähre" befindet sich vorher (ca. 1 – 3 km) an dem Ufer, wo die Fähre ihren „Heimathafen" hat. Zzt. ist die Fähre wegen Deichbauarbeiten außer Betrieb (Stand 01/2021).
, re **39524 Sandau (Elbe)**, Kirchturm, im Zweiten Weltkrieg zerstört, sandau.de/faehre-sandau (52.7861,12.0331)

417,5 –420,2 li **§** UV 15.04. - 31.07

418,2 –421,0 re § UV 15.04. - 31.07

421,0 –422,0 li § UV 15.04. - 31.07

422,2 Kombinierte Wagen-Motor und Gierseil-⛴ Havelberg, li von der Strommitte verankert. ⚠ Die Vorbeifahrt an einer Gierfähre darf nur erfolgen, wenn sie an ihrem ständigen Liegeplatz stillliegt. Notfalls im Kehrwasser zwischen den Buhnen anhalten und die Situation beobachten. Das Hinweiszeichen „Nicht frei fahrende Fähre“ befindet sich vorher (ca. 1 – 3 km) an dem Ufer, wo die Fähre ihren „Heimathafen“ hat.
, li **39615 Hansestadt Werben (Elbe), OT Räbel** (52.8373,12.0404)

422,8 re ⇩ Untere Havel (s. Seite 411) in die Mittelelbe (52.8420,12.0424); hier kann man nach Havelberg paddeln, dort ⛟ und ⌂ ⌂

423,0 –424,0 li § UV 15.04. - 31.07

425,0 –426,0 re § UV 15.04. - 31.07

427,8 re ■-Gruppe Quitzöbel, am ■ re ⏏ zur Havel möglich, aber beschwerlich (52.8750,12.0034)

429,3 li Weg nach **39615 Hansestadt Werben (Elbe)**, ⌘: Salzkirche, Johannis-Kirche, Elbtor (52.8717,11.9814)

430,4 li ← in den Hafen Werben, dort ⛺ (52.8733,11.9661)

430,4 –472,6 li § ganzj. UV

431,3 alte Havelmündung „Havelort“, verlegt nach km 438,0 (52.8817,11.9600)

431,9 –502,2 re § Biosphärenreservat Flusslandschaft Elbe in Brandenburg, ganzj. UV mit Ausnahme von 431,9 - 439,45; 440 - 444,15; 445,8 - 457,53; 447,93 - 449,45; 450,1 bis 450,4; 452,7 - 502,2. Zelten in der freien Landschaft ist im gesamten Gebiet außer bei km 438,5 nicht gestattet, jedoch wird das Zelten von Wasserwanderern für eine Nacht auf zulässigen Gebieten nach Ermessen toleriert (52.8859,11.9560)–(53.1216, 11.2686)

438,0 re ⇩ der Havel Mündungsstrecke (s. Seite 425) in die Mittelelbe, Gnevsdorfer Vorfluter (52.9087,11.8756);
re **19322 Rühstädt-Gnevsdorf** (52.9092,11.8752)

438,5 ⛺ und ⛺-Möglichkeit, Biwakplatz „Alte Fischerbuhne Rühstädt“ des Biosphärenreservat Flusslandschaft Elbe - Brandenburg mit Schutzhütte. Rund um die Hütte ist das Zelten für eine Nacht geduldet (52.9113, 11.8685);
re nach **19322 Rühstädt**, ✕. Schloss, Park, Storchenhof, ⌘ (52.9113, 11.8684)

444,0 li **39615 Beuster-Scharpenlohe** (52.9345,11.8333)

445,8 re ⇩ Bälower Haken, als Landeswasserstraße Brandenburg gekennzeichnet, Sportboothafen, ⛺, große Feriensiedlungen im Wald (52.9459, 11.8512)

446,0 re Feriensiedlung Sandkrug (52.9483,11.8509)

448,7 re ⇅**19322 Wittenberge-Hinzdorf**, ⛺, Bootsanleger und Rampe, ✕ (52.9593,11.8152)

450,8 li ⇩ Alte Elbe, von **39615 Beuster** kommend, ca. 3,1 km (52.9609, 11.7826);

li **39615 Losenrade-Steinfelde** (52.9612,11.7820)
452,5 –453,5 Wasserskistrecke, 1.6. bis 15.9. von 8-18 Uhr (52.9746,11.7724)–(52.9820,11.7641)
453,8 EB-II Wittenberge (52.9845,11.7594)
454,0 ≣ Wittenberge, ☎ +49 3877 19429 (52.9855,11.7595)
454,9 re ⇩ der Stepenitz (Elbe) (s. Seite 466) in die Mittelelbe (52.9894, 11.7465);
re ➔ Hafen Wittenberge, im Hafen nach li ⛺ auf der Wiese des Yachthafens MSC Neptun. Zum Übernachten am besten bei Elb-km 455,1 re anlegen. Weitere ⛺-Möglichkeit über Stepenitz (Elbe) und Karthane beim ⌂ WSV Wittenberge. Im Hafen gegenüber der Einfahrt Rampe zum ⇅ (52.9894,11.7461);
re **19322 Wittenberge**, 🚂, ✕, Museum mit Nähmaschinenausstellung, ⌘ (52.9898,11.7451)
456,3 Str-II B189 Wittenberge (52.9866,11.7253)
459,5 li **39615 Wahrenberg**, ⇅ an beiden Ufern an Rampe, ⚓, ✕ (52.9822, 11.6861)
464,0 re **19322 Cumlosen-Müggendorf**, ⚓ (53.0080,11.6555)
469,5 re ➔ zum Sportboothafen Cumlosen, zum Ort **19322 Cumlosen** ca. 2,5 km, ⛴-Möglichkeit zum Schmaldiemen und Weiterfahrt auf der Löcknitz (Elbe)
, im Hafen li am Deich ⚓ und ⛺-Möglichkeit beim „Bootsclub Cumlosen Alter Zollhafen“, Vereinshaus in 50 m, telefonische Anmeldung erforderlich, Am Deich 5, 19322 Cumlosen, cumlosen.de , ☎ +49 38794 30226 und +49 151 40034740 (53.0392,11.6408)
471,3 re **19309 Lanz-Jagel** (53.0419,11.6149)
472,6 –568,9 **§** Biosphärenreservat Elbtalaue Niedersachen, außerhalb der Bundeswasserstraße BV 01.4. - 15.07. für Nebengewässer, ganzj. UV, außer an den ausgewiesenen Ausnahmen. Das Zelten ist im Gebietsteil grundsätzlich verboten. Nur Wasserwanderer dürfen für eine Nacht in den siedlungsnahen Elbvorlandbereichen oder kenntlich gemachten Erholungsbereichen am Elbufer zelten, müssen aber das Wegegebot beachten. https://www.elbtalaue.niedersachsen.de/startseite/elbtalaue_erleben/freizeitaktivitaten/wassersport/kanu-und-motorwassersport-53770.html (53.0346,11.5981)–(53.3664,10.5610)
473,0 re **19309 Lanz-Lütkenwisch** (53.0369,11.5914)
474,6 li ⛴ Schnackenburg (freifahrend) vor der Hafeneinfahrt (53.0392, 11.5699)
474,6 –475,1 **§** Ausnahme vom Uferbetretungsverbot
474,6 li ⇩ der Aland (s. Seite 472) in die Mittelelbe, in der Mündung Hafen Schnackenburg mit Sportbootanleger (53.0388,11.5681);
li **29493 Schnackenburg**, ✕, Kleinstadt, ⌘ (53.0388,11.5667)
475,4 –475,9 li **§** Ausnahme vom Uferbetretungsverbot
481,5 li **Elbholz** (53.0597,11.4839)

484,1 –484,8 li § Ausnahme vom Uferbetretungsverbot
484,6 ⛴ Lenzen, re Hafen Lenzen, ⚓, ⛺-Möglichkeit beim Motor-Yacht-Club-Lenzen-Elbe, Anmeldungen in der Gaststätte. Auf guter Straße kann in 1,5 km Entfernung die Löcknitz erreicht werden (53.0782,11.4521)
486,0 li 1 hoher Sendemast (53.0763,11.4353)
487,1 –488,3 li § Ausnahme vom Uferbetretungsverbot
487,2 re ➔ in den Bootshafen Mödlicher Hafen, keine Infrastruktur (53.0751, 11.4145)
487,2 –489,2 Wasserskistrecke Anfang
488,0 li **Vietze**, ✕ (53.0709,11.4012)
488,5 –488,8 li § Ausnahme vom Uferbetretungsverbot
489,5 Wasserskistrecke Ende (53.0643,11.3857)
489,6 li ⇩ Seege (53.0634,11.3841)
489,9 re **19309 Lenzerwische-Mödlich** (53.0645,11.3773)
490,3 –490,7 li § Ausnahme vom Uferbetretungsverbot
491,7 –492,2 li § Ausnahme vom Uferbetretungsverbot
491,9 re ⇅ Wootz, ⚓ (53.0562,11.3524)
491,9 li **19309 Lenzerwische-Wootz** (53.0539,11.3532)
491,9 li **Gorleben**, ✕ (53.0534,11.3500)
493,0 li ⇩ Gorlebener Haken, dort in 900 m ⛺ am Yachthafen (53.0549, 11.3365)
495,0 re **19309 Lenzerwische-Kietz** (53.0710,11.3221);
li **Laase** (53.0699,11.3169)
495,9 re **19309 Lenzerwische-Unbesandten** (53.0780,11.3128)
497,8 li Grippeler Haken (53.0781,11.3068)
497,8 re **19309 Lenzerwische-Besandten** (53.0881,11.2901)
498,0 li Aussichtsturm ⌘ (53.0882,11.2859)
500,6 li **Langendorf** (53.1008,11.2678)
501,0 re **19309 Lenzerwische-Gaarz** (53.1114,11.2706)
502,2 –511,5 re § Pflegezone des Biosphärenreservat Flusslandschaft Elbe Mecklenburg-Vorpommern. Es ist verboten, außerhalb der dafür örtlich gekennzeichneten Anlegeplätze am Ufer anzulegen (ganzj. UV) (53.1224, 11.2692)–(53.1571,11.1740)
503,9 EB-Ⅱ Dömitz, im 2. Weltkrieg zerstört, nur beiderseits Reste der Brücke (53.1338,11.2506)
504,1 re ⇩ der Müritz-Elde-Wasserstraße (s. Seite 474) in die Mittelelbe (53.1359,11.2498)
504,1 re **19303 Dömitz**, Hafen, ✕. Festung Dömitz und Stadtkern, ⌘. Elbepaddler finden hier in 1,2 km und einmal schleusen einen Bootshafen mit ⛺-Möglichkeit (53.1367,11.2489)
504,7 ≣ Dömitz, ✆ +49 38758 19429 (53.1404,11.2429)
505,1 re ⇩ Dove Elde (53.1415,11.2369)
505,7 Str-Ⅱ B191 Dömitz (53.1428,11.2284)
509,1 –509,9 li § Ausnahme vom Uferbetretungsverbot
509,5 li **Damnatz**, ⚓, ✕; Fachwerkkirche, ⌘ (53.1386,11.1802);

li Marina MBC Damnatz
511,0 re **19303 Dömitz-Rüterberg**, kleiner Hafen, Grenzdenkmal (53.1527, 11.1794)
511,0 li **Landsatz** (53.1524,11.1741)
511,0 re genehmigte Anlegestelle nur zum ⇅ bei Rüterberg, im Ort Wohnmobilstellplatz Rüterberg mit ⛺-Möglichkeit (ca. 500 m), Ringstraße 2, 19303 Dömitz, OT Rüterberg, www.wohnmobil-rueterberg.de ,
✆ +49 179 2663611 (53.1540,11.1777)
511,5 re ab hier sind beide Ufer niedersächsisch (53.1567,11.1719)
513,2 re **Wehningen** (53.1647,11.1614)
513,2 re ⇩ der Löcknitz (Elbe) (s. Seite 488) in die Mittelelbe (53.1676,11.1547)
513,2 –513,3 re **§** Ausnahme vom Uferbetretungsverbot
514,6 –515,3 re **§** Ausnahme vom Uferbetretungsverbot
515,0 re **Bohnenburg** (53.1645,11.1252)
516,0 –516,1 re **§** Ausnahme vom Uferbetretungsverbot
517,5 –517,8 re **§** Ausnahme vom Uferbetretungsverbot
519,7 li **29456 Hitzacker (Elbe)-Wussegel**. ✕ Elbterassen, gute ⇅ (53.1394, 11.0827)
519,7 –520,0 li **§** Ausnahme vom Uferbetretungsverbot
522,9 –523,6 li **§** Ausnahme vom Uferbetretungsverbot
522,9 li **Hitzacker**, reizvolles kleines Städtchen. ⌘; ✕, 🛒 (53.1541,11.0500)
522,9 –523,1 re **§** Ausnahme vom Uferbetretungsverbot
522,9 Fähre nach Brandstade-Herrenhof (53.1582,11.0457);
li ⇩ Jeetzel (s. Seite 490) (53.1574,11.0440)
522,9 li Hier beginnt li, die Elbe begleitend, der Steilabfall der waldreichen Göhrde, schöne Wanderungen mit Aussicht auf die Elbniederung (53.1582,11.0425)
523,6 –524,0 re **§** Ausnahme vom Uferbetretungsverbot
525,5 –527,5 Wasserskistrecke (53.1752,11.0190)–(53.1866,10.9969)
526,5 re **Rassau** (53.1813,11.0136)
527,1 –527,3 re **§** Ausnahme vom Uferbetretungsverbot
528,1 li **Tiessau** mit Hafen. In diesem Bereich re mehrere kleine Ortschaften und große Höfe (53.1864,10.9954)
528,5 –528,6 re **§** Ausnahme vom Uferbetretungsverbot
528,6 –528,8 li **§** Ausnahme vom Uferbetretungsverbot
528,6 li **Tiemesland**, re **Privelack** (53.1916,10.9819)
529,5 li Aussichtsturm Kniepenberg, li auf dem Steilufer (53.1971,10.9711)
529,9 –530,4 li **§** Ausnahme vom Uferbetretungsverbot
530,0 li **Drethem** (53.2037,10.9575)
531,7 re **Pommau** (53.2080,10.9534)
531,7 –532,4 li **§** Ausnahme vom Uferbetretungsverbot
531,7 li **Glienitz** (53.2089,10.9470)
532,1 –521,3 re **§** Ausnahme vom Uferbetretungsverbot
531,0 –531,5 li **§** Ausnahme vom Uferbetretungsverbot

532,3 li **Schutschur** mit der Gr. Lissa (53.2160,10.9319)

533,0 re **Vockfey** (53.2208,10.9288)

533,2 –533,3 re **§** Ausnahme vom Uferbetretungsverbot

533,5 –535,5 Wasserskistrecke (53.2234,10.9236)

533,5 –534,6 li **§** Ausnahme vom Uferbetretungsverbot

534,5 li 🚐 Elbufer, Dazu am besten Aussetzen bei km 534,8, Elbuferstraße 141, 29490 Neu Darchau, www.campingplatz-elbufer.de, ✆ +49 5853 256 (53.2280,10.9135);
li **Klein Kühren**

535,6 –535,8 re **§** Ausnahme vom Uferbetretungsverbot

535,7 –536,0 li **§** Ausnahme vom Uferbetretungsverbot

536,4 ⛴ Darchau (53.2355,10.8924);
re **Darchau** (53.2343,10.8913);
li **Neu-Darchau**, ✕, Sportboothafen

536,5 –536,7 li **§** Ausnahme vom Uferbetretungsverbot

537,5 –537,7 re **§** Ausnahme vom Uferbetretungsverbot

538,0 re **Popelau**, **Konau** (53.2483,10.8684)

540,7 –541,1 li **§** Ausnahme vom Uferbetretungsverbot

540,7 –541,2 re **§** Ausnahme vom Uferbetretungsverbot

541,0 re **Viehle** (53.2569,10.8362)

542,4 –542,8 li **§** Ausnahme vom Uferbetretungsverbot

543,3 Ende der Geest-Höhen (53.2692,10.8104);
li ← Hafen **Alt-Garge** (53.2696,10.8102)

543,3 re **Neu-Garge** (53.2725,10.8142)

543,7 –543,9 re **§** Ausnahme vom Uferbetretungsverbot

544,4 –545,1 li **§** Ausnahme vom Uferbetretungsverbot

545,2 re **Stiepelse** (53.2856,10.8035)

544,7 –545,7 re **§** Ausnahme vom Uferbetretungsverbot

548,0 –548,8 li **§** Ausnahme vom Uferbetretungsverbot

549,9 re **Neu-Bleckede** (53.2998,10.7401)

549,9 li **Bleckede**, ⛴, Fähranleger li im Seitenkanal, freundlicher Ort, ✕ (53.2992,10.7372);
li Bleckeder Bootsklub, im Seitenkanal Hafen und 1 km aufwärts ⌂, ⛺-Möglichkeit (53.2993,10.7372)

550,0 –553,0 **§** li NSG, li ganzj. UV und BV (53.2993,10.7349)–(53.3261, 10.7393)

552,3 –554,3 Wasserskistrecke (53.3203,10.7367)

553,0 li **Heisterbusch** (53.3260,10.7399)

554,7 Landesgrenze Niedersachsen (li)- Mecklenburg-Vorpommern (re) (53.3422,10.7381)

554,8 –566,1 re **§** Pflegezone des Biosphärenreservat Flusslandschaft Elbe Mecklenburg-Vorpommern. Es ist verboten, außerhalb der dafür örtlich gekennzeichneten Anlegeplätze am Ufer anzulegen (ganzj. UV) (53.3425, 10.7404)–(53.3656,10.5947)

554,8 –555,2 li **§** Ausnahme vom Uferbetretungsverbot

554,9 li **Radegast**, ein langgestrecktes Deichdorf, ⛺ Elbeling (ca. 300 m im Ort) (53.3448,10.7352)

556,4 re genehmigte Anlegestelle nur zum ⇅ bei Gothmann in einem Nebenarm, Einfahrt bei Elb-km 556,9 (53.3590,10.7317)

557,0 li **Brackede**, ca. 1000 m vom Ufer (53.3608,10.7174)

559,3 –559,6 li **§** Ausnahme vom Uferbetretungsverbot

559,5 re ⇩ der Sude (s. Seite 495) in die Mittelelbe, Hafen **Boizenburg** (53.3714,10.6920)

559,5 re **19258 Boizenburg/Elbe**, eigentlich an der Boize gelegen, ⌘ Kleinstadt, Rathaus, Wallanlage. Im Hafen Schiffswerft. Ab hier re der Höhenzug „Vierberge“ (53.3717,10.6903)

560,4 –560,8 li **§** Ausnahme vom Uferbetretungsverbot

561,6 –563,5 li **§** Ausnahme vom Uferbetretungsverbot

562,3 li Yachthafen **Wendewisch**, Zufahrt verlandet (53.3650,10.6517);
li **Wendewisch**, ⛺ Grünendeich, Grünen Deich 2, 21354 Bleckede, www.campingplatz-gruenendeich.de , ✆ 05857/248

563,7 li **Barförde** (53.3695,10.6378)

564,6 –566,2 li **§** Ausnahme vom Uferbetretungsverbot

566,0 –569,0 re **§** Lauenburger Elbvorland, ganzjähriges Uferbetretungsverbot (53.3651,10.5943)–(53.3670,10.5627)

567,8 li **Sassendorf** (53.3598,10.5686)

567,7 –568,6 li **§** Ausnahme vom Uferbetretungsverbot

568,9 li **Hohnstorf**, EB- und Str-Ⅱ B 209 Hafenstraße, ≣ (53.3664,10.5612)

568,9 –574,4 **§** ganzj. UV, BV außerhalb der Bundeswasserstraße (53.3665, 10.5612)–(53.3794,10.4816)

569,2 re ➔ Elbe-Lübeck-Kanal in Elbe, mit Werftanlagen Hitzler. 🚆 3 Min (53.3697,10.5569)

569,3 re **Lauenburg**, schöne alte Stadt ⌘. Schöner Blick von den Höhen. ⌘: Elbe-Schifffahrt-Museum (53.3700,10.5538)

569,7 li ⛺ Hohnstorf, re Steilufer bis Geesthacht, ✆ 04139/6640 (53.3677, 10.5472)

570,0 re ⌂ Rudergesellschaft Lauenburg (53.3708,10.5431)

570,5 –578,0 re **§** Ufer und Uferhänge rechts hinter der MHW-Linie von Lauenburg bis Tesperhude, ganzj. UV, Trittstein bei km 572 (53.3705,10.5399)–(53.3962,10.4403)

570,5 –571,3 **§** li ganzj. UV (53.3685,10.5371)–(53.3695,10.5195)

571,5 –572,6 **§** li ganzj. UV (53.3699,10.5173)–(53.3712,10.5067)

572,9 li ← Elbe-Seiten-Kanal, nach 4,2 km (bei km 111), re ⏏ in Gewässer Winsener Marsch, dann weitere 8 km nach **Barum**, Kanu-Wander- und Ferienheim (53.3718,10.5026)

573,6 ⇩des Elbe-Seiten-Kanal in die Elbe (53.3721,10.5017)

573,6 li **Artlenburg** (53.3748,10.4917)

574,5 li ⛺ Artlenburg Campingplatz Flecken Artlenburg Große Str. 2 21380 Artlenburg, Am Deich, 21379 Artlenburg, ✆ +49 4139 7040 (53.3775,

10.4847)
574,5 ⇩ des Yachthafen Artlenburg (53.3794,10.4816)

Nebenstrecke Yachthafen Artlenburg
0,6 ⇅ am Ende der Hafenbucht (53.3759,10.4846)
0,0 ← von der Elbe (53.3801,10.4818)

574,9 –575,4 **§** li ganzj. UV (53.3812,10.4765)–(53.3841,10.4681)
576,0 li ⛺ Im Piepensack, Deichstraße Ost 15, 21395 Avendorf, www.frank-funke.eu , ☎ +49 4176 948883 (53.3859,10.4640)
576,3 –577,0 li **§** ganzj. UV (53.3915,10.4420)–(53.3949,10.4329)
578,0 re ⛺ Hohes Elbufer, Strandweg 35, 21502 Geesthacht/Tesperhude, ☎ +49 4152 4639 und +49 176 61573880 (Platzwart) (53.3964,10.4389)
578,9 re **Tesperhude** (53.4017,10.4267)
578,9 li **Tespe** (53.4002,10.4193)
580,3 Hochspannungsleitung (53.4067,10.4088)
580,5 KKW Krümmel, ⚠ Querströmung durch Zufluss von Kühlwasser (53.4100, 10.4072)
582,0 re Pumpspeicherwerk der Hamburger Elektrizitätswerke, ⚠, wegen Querströmungen am Werk, rechtzeitig vorher entlang dem li Tonnenstrich fahren (53.4189,10.3935);
li **Obermarschat** (53.4156,10.3871)
582,1 –583,2 li **§** ganzj. UV (53.4168,10.3842)–(53.4224,10.3733)
582,3 re 🏠⚑ KC Geesthacht, Elbuferstraße 39, 21502 Geesthacht, www.kanu-club-geesthacht.de , ☎ +49 15773489824 (53.4213,10.3871)
583,2 re **Geesthacht**, Busverbindung nach Hamburg-Bergedorf (53.4258, 10.3781)
583,2 li **Niedermarschacht**, Jachthafen, ehemaliger Fährdamm (53.4224, 10.3729)
583,2 –584,5 li **§** ganzj. UV (53.4225,10.3727)–(53.4235,10.3542)
584,0 ⚠ das ▬ kann nicht befahren werden und es darf auch nicht. Es gibt dort keine sichere Umtragemöglichkeit, sicher ins Unterwasser geht es ausschließlich durch den Schleusenkanal. Die Durchfahrtssperre ist zu beachten „Lebensgefahr“ (53.4262,10.3657)
584,1 re ➔ des Kanals der ⯏-Anlage Geesthacht, vom Hauptstrom der Elbe. Auch Sportboote dürfen nur über diese ⯏ ins Unterwasser, li Elbe-Hauptstrom. Bei Tage frei bis 585,0 für Kleinfahrzeuge (53.4276,10.3639)
584,5 re Hafeneinfahrt Geesthacht (53.4292,10.3597)
585,9 ⯏-Anlage **Geesthacht**, Str-II, B 404. Bei Benutzung der ⯏ die Schifffahrtszeichen und Lautsprecheranweisungen der ⯏-Aufsicht beachten. Sportfahrzeuge fahren beim Schleusen zuletzt ein. ⯏-Zeiten von 5 bis 22 Uhr, Schleuse, ☎ +49 4152 8469140 (53.4321,10.3386)
585,9 Beginn der **Tideelbe**, ab hier Gezeiten, Schleuse, ☎ 04152 8469140 (53.4325,10.3360);
li Str-II B404 und ▬-Anlage Geesthacht, im Elbe-Hauptstrom. ⚠, ▬-

Anlage hat keine Bootsschleppe und ist **X**, Befahrung lebensgefährlich und verboten, Todesfälle, unbedingt mindestens 900 m (Sperrschilder beachten) entfernt bleiben ⚠

Nebenflüsse der Oberelbe

Nr. in Karte	Fluss	Wildwasser	Kleinfluss	Wanderfluss	Seengewässer	Kanal	Küstengewässer	Schifffahrtsstraße	Befahrungsregeln	Seite
3	Kirnitzsch	o							o	94
4	Lachsbach (Elbe)		o						o	95
5	Gottleuba	o								95
6	Bahra	o								95
7	Wesenitz	o		o						97
8	Müglitz	o								99
9	Weißeritz		o							102
10	Rote Weißeritz	o							o	102
11	Wilde Weißeritz	o								105
12	Gauernitzer Insel			o						66
13	Hafen Mühlberg (Elbe)					o				69
14	Schwarze Elster		o	o					o	106
15	Wudra		o							107
16	Lausitzer Seenkette				o				o	111
17	Geierswalder See, Ostufer				o				o	112
18	Senftenberger See, Südufer				o				o	113
19	Pulsnitz		o						o	114
20	Große Röder		o	o						114
21	Röder in Großenhain		o							116
22	Große Röder durch Gröditz		o						o	118
23	Kleine Röder (Schwarzgraben)		o						o	119
24	Kleine Elster			o						119
25	Rossel		o							121

Kirnitzsch

Wildwasser
Mündung in Elbe bei amtl. km 9,8 (re Nebenfluss)

Das landschaftlich reizvolle Kirnitzschtal bietet gute Möglichkeiten zum Wandern. Straßenbahnverbindung bis Lichtenhainer Wasserfall. Eine Befahrung ist nicht mehr möglich.

Befahrungsregeln: (gesamt): ganzj. BV

0,0 **§** ganzj. BV (50.9154,14.1585);

Lachsbach (Elbe)

Weitere Namen: Rathmannsdorfer Bach

Kleinfluss
Mündung in Elbe bei amtl. km 12,0

Der nur rund 3 km lange Fluss entsteht durch den Zusammenfluss von Sebnitz (li) und Polenz (re).
Befahrungsregeln: (Polenz/Sebnitz - Elbe): ganzj. BV

0,0 **§**, ganzj. BV einschließlich der Quellflüsse Polenz und Sebnitz (50.9238, 14.1298);

Gottleuba

Wildwasser
Mündung in Elbe bei amtl. km 35,4 (li Nebenfluss)

Die Gottleuba ist ein Wildfluss mit Schwierigkeiten im obersten Bereich. Eine Beschreibung liegt nicht vor.

12,5 re ⇩ der Bahra (s. Seite 95) in die Gottleuba, dort sofort hohes Sturzwehr, Schwierigkeiten auf der Gottleuba im obersten Bereich (50.8844,13.9825)
0,0 ⇩ der Gottleuba in die Oberelbe (s. Seite 62) bei amtl. km 35,4 (50.9632, 13.9203)

Bahra

Wildwasser
Mündung in Gottleuba bei km 12,5 (re Nebenfluss)

Die Bahra entspringt im böhmischen Teil des Osterzgebirges unweit des Grenzüberganges Bahratal aus mehreren Quellbächen. Geologisch gehört die Bahra zur Sächsischen Schweiz. Der Fluss fließt teilweise in tiefen Sandsteinschluchten.

Befahrbarkeit: Bei sehr guten Wasserständen ist sie ab Rückhaltebecken Buschbach befahrbar.
Pegel: am Kilometer 7,5 re. Optimaler Wasserstand 55 cm, bei diesem Wasserstand sind alle Wehre und Stufen auf der Bahra befahrbar.
Schwierigkeiten: Rückläufige Stufen und Wehre, besonders in Ortslage Bahratal sind schwer zu umtragen.
Kilometrierung: Nach dem verheerenden Hochwasser 2002 wurde noch kein vollständiger Fahrtenbericht erstellt. Die Beschreibung wurde nach Kartenunterlagen gefertigt. Es ist mit Veränderungen durch Ausbaumaßnahmen sowie Aufräumungsarbeiten zu rechnen.

9,1 ■ Rückhaltebecken Buschbach (50.8262,13.9823);
⬇ Rückhaltebecken Buschbach nur bei sehr gutem Wasserstand. Zunächst reguliert, bis km 5,6 größtenteils Ortsdurchfahrt, bis dorthin wenig lohnend, alle Stufen ziemlich rückläufig (50.8262,13.9822)

8,8 ▬ 2 Sohlgleiten in 40 m Abstand, niedrige Ⅱ (50.8273,13.9778)

8,7 Wege-Ⅱ Hellendorf (50.8275,13.9761)

8,4 li ⇩ Mordgrundbach, wasserreicher Zufluss (50.8290,13.9737);
Wege-Ⅱ **01816 Bad Gottleuba-Berggießhübel, OT Hellendorf** (50.8291,13.9737)

8,0 Sturz-▬ Hellendorf, darüber Str-Ⅱ (50.8325,13.9755)

7,7 Str-Ⅱ Hellendorf (50.8330,13.9795)

7,6 ▬ Sohlrampe Hellendorf Ortsende (50.8330,13.9811)

7,5 Wege-Ⅱ zum Sportplatz (50.8333,13.9814);
re ≣ Markersbach, ab 50 cm fahrbar;
⬇ Markersbach an der Gemeindeverwaltung

7,4 ▬ Sohlstufe Ortsanfang Markersbach (50.8344,13.9820)

7,2 Wege-Ⅱ Markersbach (50.8360,13.9831)

7,0 Str-Ⅱ Markersbach (50.8377,13.9842)

6,9 ▬ Sohlstufe Markersbach, re Kirche (50.8382,13.9846)

6,8 Str-Ⅱ Markersbach (50.8388,13.9860);
01816 Bad Gottleuba-Berggießhübel, OT Markersbach (50.8389, 13.9860)

6,7 ▬ Sohlschwelle Markersbach (50.8393,13.9863);
Wege-Ⅱ Markersbach (50.8399,13.9869)

6,6 ▬ weitere Sohlschwelle in Markersbach (50.8401,13.9871)

6,5 Str-Ⅱ Markersbach (50.8410,13.9884)

6,4 Wege-Ⅱ Markersbach (50.8419,13.9892)

6,3 ▬ Sohlschwelle Markersbach (50.8424,13.9893)

6,2 Wege-Ⅱ Markersbach (50.8430,13.9910)

5,8 Str-Ⅱ Markersbach, Dorfstraße (50.8449,13.9945)

5,7 re ⬇ Markersbach, ✕ mit 🅿, ab hier WW II (50.8458,13.9949)

5,0 Str-Ⅱ K8751 (50.8524,13.9949)

4,4 Str-Ⅱ K8751 (50.8570,13.9960)

4,1 ▬ Sohlrampe (50.8595,13.9974)

3,5 Wege-Ⅱ Bahra (50.8642,14.0000)

3,4 ▬ mehrstufige Sohlrampe Bahra, li Badeanstalt (50.8650,14.0001)

3,3 ▬ Sohlrampe Bahra (50.8664,14.0000)

3,1 Wege-Ⅱ Bahra (50.8676,13.9998)

3,0 Str-Ⅱ **01819 Bad Gottleuba-Berggießhübel, OT Bahra**, An der Bahra (50.8683,14.0000);
▬ Sohlsturz Bahramühle (50.8685,14.0001)

2,8 Wege-Ⅱ Bahra (50.8703,13.9992)

2,1 Sturz-▬ Bahra, re Fischaufstiegsanlage, weitere Zunahme der Schwierigkeiten (50.8711,13.9921)

1,3 Wege-Ⅱ, re Mühlengrundstück, danach bis zur Mündung die größten Schwierigkeiten (bis III+) (50.8740,13.9837)

0,1 Str-Ⅱ S174 nach Pirna (50.8834,13.9815)

0,0 ⇩ der Bahra in die Gottleuba (s. Seite 95) bei km 12,5, dort sofort hohes Sturzwehr, Schwierigkeiten auf der Gottleuba im obersten Bereich

(50.8844,13.9825)

Wesenitz

Wildwasser, Wanderfluss
Mündung in Elbe bei amtl. km 37,4 (re Nebenfluss)

Die Wesenitz ist in ihrem Oberlauf ein Fluss des Flachlandes. In seinem Unterlauf fließt sie träge der Elbe entgegen. Dazwischen liegt der landschaftlich außerordentlich interessante Durchbruch durch das Elbsandsteingebirge. Sie ist hier auf kurzen Teilstrecken ein bemerkenswerter Wildfluss. Die Wesenitz weist viele Wehre auf, die nur teilweise befahrbar sind.

Befahrbarkeit: Frühjahr und nach Regenfällen (s. Pegel). Die Beschreibung wurde nach Kartenunterlagen gefertigt. Es ist mit Veränderungen durch Ausbaumaßnahmen sowie Aufräumungsarbeiten zu rechnen.
Pegel: Elbersdorf; befahrbar ab 50 cm.
Schwierigkeiten: km 46,6 – 18,4 Zahmwasser,
km 18,4 – 8,4 WW II und III,
km 8,4 – 0,0 Zahmwasser.

46,6 Str-Ⅱ **01877 Bischofswerda**, Beethovenstraße, ʬ, ✕, mögliche ⬇ bei sehr gutem Wasserstand (51.1244,14.1775)
45,3 Str-Ⅱ B98 Bischofswerda (51.1200,14.1658);
▬ Walkmühle Bischofswerda (51.1197,14.1651)
43,2 ▬ Goldbach, darüber Steg (51.1146,14.1455)
43,1 Str-Ⅱ K7262 Goldbach, Am Goldbacher Berg (51.1144,14.1447);
01877 Bischofswerda-Goldbach (51.1143,14.1446)
42,3 Wege-Ⅱ (51.1096,14.1405)
42,1 Schräg-▬ Malzfabrik (51.1073,14.1394)
40,7 Wege-Ⅱ (51.1058,14.1244)
39,8 ▬ Hofemühle Großharthau (51.1059,14.1140)
39,2 Str-Ⅱ **01909 Großharthau**, Am Volkspark (51.1060,14.1091)
39,0 Wege-Ⅱ Schlosspark Großharthau (51.1062,14.1065)
38,5 EB-Ⅱ (51.1036,14.1033)
36,0 Wege-Ⅱ Bühlau (51.0923,14.0950)
35,8 ▬ Bühlau mit ϟ, **X**, ⌂ (51.0912,14.0943)
35,7 Str-Ⅱ **01909 Großharthau-Bühlau**, Hauptstraße (51.0904,14.0941)
34,9 ▬ Arnoldsmühle, zerstört (51.0852,14.0911)
33,7 ▬ Scheibenmühle (51.0784,14.0871)
32,5 ▬ Buschmühle Rennersdorf, zerstört (51.0736,14.0821)
31,4 ▬ Stadtmühle, zerstört (51.0659,14.0818)
30,7 Wege-Ⅱ (51.0619,14.0762)
30,1 Mühlen-▬ Rennersdorf, zerstört (51.0590,14.0734)
30,0 Str-Ⅱ **01833 Stolpen, OT Rennersdorf-Neudörfel**, Mühlenweg (51.0587, 14.0717)

29,0 ■ Hofemühle Rennersdorf, zerstört (51.0577,14.0675)
28,7 Str-Ⅱ S159 (51.0563,14.0649)
26,8 Str-Ⅱ Stolpen, Untere Straße, alte Steinbrücke (51.0436,14.0635)
26,5 Str-Ⅱ Stolpen (51.0418,14.0611)
26,4 Schräg-■ Maschinenfabrik Stolpen (51.0415,14.0589)
25,7 Wege-Ⅱ (51.0404,14.0513)
24,7 Str-Ⅱ **01833 Stolpen-Helmsdorf**, Rennersdorfer Straße (51.0380, 14.0405)
24,3 Schräg-■ Sägewerk Helmsdorf, im li Drittel Steilabfall ⚠ (51.0374, 14.0351)
23,3 Str-Ⅱ Helmsdorf, Wischdorfer Straße (51.0352,14.0295)
22,4 Steil-■ Helmsdorf (51.0386,14.0244)
19,9 ■ ehem. Papierfabrik Dittersbach, li ⏏, heute Börnfried e.V. Künstler- & Handwerkerhof (Alternatives Wohnprojekt) ⛺, 🚐 möglich, Lagerfeuerstelle, offene Gemeinschaftsküche, sehr gastfreundlich (51.0421,14.0017)
19,2 EB-Ⅱ (Viadukt), Draisinen-Bahnstrecke Dittersbach - Arnsdorf (51.0386, 13.9988)
18,4 Schräg-■ ehem. Sägewerk Dürrröhrsdorf, li ⏏ (51.0362,13.9902); Str-Ⅱ S161 **01833 Dürrröhrsdorf-Dittersbach**, ⬇ für die Wildwasserstrecke, 🅿-Möglichkeit. Beginn des „Teufelskanals". Das Wasser zwängt sich zwischen großen, im Wasser liegenden Felsen hindurch, WW II. Wegen möglicher Baumversperrungen sollte die gesamte Strecke vor der Befahrung besichtigt werden (51.0356,13.9901)
17,2 ■ Elbersdorfer Mühle, re Wasserableitung, danach leichter (51.0271, 13.9908)
16,7 Str-Ⅱ **01833 Dürrröhrsdorf-Dittersbach, OT Elbersdorf** (51.0229, 13.9934)
16,6 ≣ Elbersdorf, befahrbar ab 50 cm, (51.0221,13.9939)
15,8 Straßen- und Wege-Ⅱ (ehemalige EB-Ⅱ) (51.0171,13.9988)
15,3 ■ Porschendorfer Mühle (51.0131,14.0001)
15,2 Str-Ⅱ K8714, **01833 Dürrröhrsdorf-Dittersbach, OT Porschendorf** (51.0121,13.9998)
14,4 Schräg-■ Winkelmühle (51.0063,14.0010)
12,9 ■ Niezelgrund, ↯ mit Wasserableitung, **X**, re ⏏ (50.9958,14.0032)
11,9 ■ Oberes Wehr Wauermühle (50.9915,13.9960)
11,7 ■ Unteres Wehr Wauermühle (50.9908,13.9937)
11,6 Str-Ⅱ **01847 Lohmen**, Mühlsdorfer Straße (50.9909,13.9922)
11,3 Schräg-■ der ehemaligen Hammermühle mit beschädigter Wehrkrone (50.9926,13.9903)
10,5 ■ Daubemühle, ⬆ nur 30 m vor dem ■ li möglich, ⬇ re, schwierig, besser ⏏ bis Lochmühle (50.9941,13.9808)
10,3 ■ Lochmühle, **X**, re ⏏. Danach erheblich verblockt, bis WW III (50.9947,13.9780)
9,1 ■ Liebethal, **X**, re ⏏. Danach WW II (50.9962,13.9612)
8,5 Str-Ⅱ **01796 Pirna-Liebethal** (50.9954,13.9543);

■ Sohlgleite Liebethal, evtl. ≈. Ab hier keine besonderen Schwierigkeiten mehr (50.9954,13.9540)

5,9 ■ Dietzmühle Pirna, zerstört (50.9842,13.9393)

5,8 Wege-Ⅱ Pirna, Tannenweg (50.9835,13.9388)

4,8 Str-Ⅱ Pirna, Äußere Pillnitzer Straße (50.9792,13.9307)

4,1 Wege-Ⅱ (50.9737,13.9268)

4,0 Str-Ⅱ Pirna, Wesenitzbogen (50.9729,13.9268)

3,3 ■ Pirna-Copitz (ehemalige Neumühle), Wege-Ⅱ (50.9726,13.9197)

2,7 Str-Ⅱ S177 Pirna (Umgehungsstraße) (50.9721,13.9150)

2,3 Str-Ⅱ Pirna, Kiesstraße (50.9717,13.9111)

1,3 Schützen-■ Mühle Pratzschwitz, X, li kurz ⌂ (50.9682,13.9038)

1,0 Str-Ⅱ Pirna, Pratzschwitzer Straße (50.9663,13.9040)

0,5 Wege-Ⅱ (50.9673,13.8979)

0,0 ⇩ der Wesenitz in die Oberelbe (s. Seite 62) bei amtl. km 37,4 (50.9638, 13.8941)

Müglitz

Wildwasser

Mündung in Elbe bei amtl. km 39,2 (li Nebenfluss)

Die Müglitz entwässert das Osterzgebirge östlich von Altenberg. Sie entsteht im Grenzort Müglitz-Gottgetreu aus mehreren Quellbächen und ist bei entsprechenden Wasserständen vom Bahnhof Lauenstein bis zu ihrer Mündung in die Elbe auf einer Strecke von 36 km befahrbar.

Befahrbarkeit: Im Winter und zeitigen Frühjahr gibt es meist längere Perioden der Befahrbarkeit, sonst nur nach starkem Regen. Die Beschreibung wurde nach Kartenunterlagen gefertigt. Es ist mit Veränderungen durch Ausbaumaßnahmen sowie Aufräumungsarbeiten zu rechnen.

Schwierigkeiten: Die Schwierigkeiten bewegen sich im Bereich bis WW II, mit einer Ausnahme (IV) am km 31,3. Die Straße verläuft fast immer neben dem Fluss, so dass Besichtigung und Umsetzen recht einfach sind.

38,5 ■ Hochwasserrückhaltebecken Müglitztal (50.7789,13.8358)

38,2 ≣ Lauenstein 4 (50.7806,13.8335)

36,3 li ⇩ Rotwasser (dieses sieht bei sehr hohen Wasserständen ab Geising befahrbar aus) (50.7861,13.8147);
übliche ⬇ am 🚉 Lauenstein, 472 m über NN, bei ≣ Lauenstein 4 0,45 m sicher ab 🚉 Lauenstein ≈, (50.7862,13.8148);
01778 Altenberg-Lauenstein (50.7862,13.8148)

36,1 EB-Ⅱ Lauenstein (50.7886,13.8149)

36,0 Wege-Ⅱ Lauenstein (50.7889,13.8144)

35,9 ■ Sohlschwelle am Ortsausgang Lauenstein (50.7902,13.8143)

35,6 ■ Sohlgleite Huthaus Lauenstein (50.7915,13.8164)

35,4 Wege-Ⅱ, EB-Ⅱ (50.7932,13.8159)

34,4 ▬ Sohlgleite Bärenstein (50.7996,13.8076)

34,1 EB-II, Str-II (50.8027,13.8056)

33,6 Str-II, EB-II (50.8067,13.8058)

33,5 ▬ Sohlstufe Bärenstein (50.8071,13.8048)

33,4 Str-II K9061 nach Börnchen (50.8067,13.8033)

32,8 Wege-II **01773 Altenberg-Bärenstein**, li 🚆 Bärenstein (50.8090, 13.7966)

31,9 li ⇩ Biela, 400 m über NN (50.8143,13.7890)

31,6 Furt (50.8158,13.7864)

31,4 EB-II (50.8160,13.7834);
es folgt der Katarakt „Teufels Mühlgraben“, nach Besichtigung ≈, ca. 20 m WW IV, li umtragbar. Die bis zum Ortseingang Glashütte folgenden ▬ sollte man sich vor eventuellen Befahrungs-Versuchen gründlich anschauen (50.8160,13.7833)

31,1 Wege-II, re ✕ Hammerschänke (50.8165,13.7809)

30,1 Steil-▬ Brotfabrik Bärenhecke, **X**, re ⌂ (50.8241,13.7733)

29,6 Str-II S178 **01768 Glashütte-Bärenhecke**, Mühlenstraße, re 🚆 Bärenhecke-Johnsbach (50.8276,13.7706);
Steil-▬ Bärenhecke (50.8280,13.7703)

29,5 Str-II S178 (50.8291,13.7706)

29,4 EB-II (50.8295,13.7719)

28,6 EB-II (50.8339,13.7702);
Str-II S178 (50.8340,13.7699)

28,2 EB-II (50.8356,13.7703);
Str-II S178 (50.8355,13.7709)

27,9 EB-II (50.8373,13.7711)

27,5 Str-II S178 (50.8385,13.7666)

27,3 Wege-II (50.8394,13.7635)

27,1 Wege-II (50.8410,13.7620)

26,4 Steil-▬ Hammergut, li Wasserableitung (50.8428,13.7653)

25,9 Str-II S178 (50.8420,13.7712)

25,5 Steil-▬ Glashütte (50.8455,13.7729)

25,0 Str-II Glashütte, Am Kohlsteig (50.8473,13.7784)

24,8 EB-II (50.8472,13.7817)

24,2 Wege-II, **01768 Glashütte**, bekannt durch Glashütte-Uhren (50.8516, 13.7828);
li 🚆 Glashütte, 318 m über NN (50.8520,13.7830);
EB-II (50.8522,13.7831)

24,1 Str-II S178 Glashütte, Dresdner Straße (50.8529,13.7832)

23,5 EB-II Glashütte, li Einfahrt in EB-Tunnel (50.8546,13.7895)

23,4 Wege-II Glashütte (50.8543,13.7897)

23,2 Str-II S178 Ortsausgang Glashütte, schöne Flussstrecke bis Schlottwitz (50.8525,13.7896)

22,9 Str-II S178 (50.8530,13.7919)

22,3 EB-II (50.8577,13.7972)

22,0 EB-II, Str-II S178 (50.8578,13.7991)
21,4 EB-II (50.8588,13.8053)
21,3 Str-II S178 (50.8590,13.8048)
20,7 Steil-■ Krugmühle, li Wasserableitung (50.8637,13.8066)
20,5 Str-II S178 (50.8656,13.8074)
19,8 EB-II, Str-II Schlottwitz, Liebstädter Straße, li 🚆 Oberschlottwitz (50.8696,13.8142);
re übliche ⬇ Schlottwitz für Unterlauf, 🅿 am Fabrikgelände, landschaftlich weiter lohnend (50.8695,13.8146)
19,5 ■ Sohlgleite Friedensmühle Schlottwitz (50.8713,13.8165)
19,4 Str-II S178 Schlottwitz, Müglitztalstraße (50.8720,13.8157)
18,7 EB-II Schlottwitz (50.8774,13.8138)
17,8 ■ Stufe Schlottwitz, re Sportplatz (50.8847,13.8113)
17,7 EB-II, Str-II S178 **01768 Glashütte-Schlottwitz**, Müglitztalstraße (50.8851,13.8122)
16,7 Str-II S178 Ortsende Schlottwitz, Müglitztalstraße, li 🚆 Niederschlottwitz (50.8934,13.8111)
16,3 EB-II (50.8956,13.8080)
15,8 Wege-II (50.8995,13.8107)
14,9 Str-II (50.9069,13.8111)
14,7 Str-II S178 (50.9073,13.8134)
14,6 EB-II (50.9071,13.8140)
13,6 EB-II Mühlbach (50.9121,13.8165)
13,4 Str-II S178 **01809 Müglitztal-Mühlbach**, ✕ (50.9140,13.8162);
li ≣ Mühlbach 1, bei 55 cm Befahrung ab Lauenstein möglich, (50.9142, 13.8163)
12,9 Wege-II Mühlbach (50.9155,13.8227)
12,3 Str-II S178, EB-II (50.9179,13.8301)
11,9 EB-II (50.9201,13.8316)
11,6 EB-II (50.9216,13.8337)
11,0 Str-II Burkhardswalder Straße, li 🚆 (50.9254,13.8395)
10,6 EB-II, Str-II S178 (50.9281,13.8418)
10,0 EB-II (50.9295,13.8476)
9,9 Str-II S178 (50.9289,13.8490)
9,1 Steil-■ Schlossmühle Weesenstein, ca. 2,0 m, li ⛺ (50.9315,13.8575);
1. Wege-II (König-Johann-Brücke) Weesenstein, li Schlossgarten, voraus Schloss Weesenstein (50.9322,13.8582)
9,0 2. Wege-II im Schlossgarten Weesenstein (50.9326,13.8586)
8,9 Str-II S178, EB-II Weesenstein (50.9334,13.8573)
8,7 EB-II Weesenstein, li EB-Tunnel (50.9341,13.8583)
8,6 Str-II **01809 Müglitztal-Weesenstein**, Schulstraße (50.9332,13.8598)
8,3 Str-II S178 Weesenstein (50.9328,13.8635)
8,0 Wege-II Weesenstein (50.9345,13.8638)
7,8 Str-II Weesenstein, re zum 🚆 Weesenstein (50.9357,13.8620);

EB-II Weesenstein (50.9358,13.8620)
6,7 EB-II (50.9414,13.8637)
5,9 Str-II S51 Dohna, Am Kuxberg, Zubringer zur A17 (50.9452,13.8638)
5,6 ▬ Papierfabrik Dohna, zerstörtes Schützenwehr, ⌂ re möglich (50.9472, 13.8602);
EB-II (50.9475,13.8598)
5,4 übliche ⬆ am Ortsbeginn Dohna, 🅿-Möglichkeit, weiter bis zur Mündung größtenteils regulierte Ortsdurchfahrten (50.9491,13.8594)
5,2 Str-II Dohna, Weesensteiner Straße (50.9507,13.8585)
4,9 Wege-II Dohna (50.9510,13.8556)
4,3 Str-II Dohna, Dippoldiswalder Straße (50.9532,13.8528)
4,0 Str-II **01809 Dohna**, Georgstraße (50.9564,13.8546)
3,9 ≣ Dohna, genaue Position nicht bekannt (50.9566,13.8545)
3,6 Str-II Dohna, Dresdner Straße (50.9593,13.8561)
3,3 Autobahn-II A17 (50.9625,13.8569)
2,4 Wege-II (50.9690,13.8589)
1,7 Str-II B172 **01809 Heidenau**, Hauptstraße, darunter ▬ Sohlabsturz (50.9739,13.8619)
1,0 EB-II, darunter ▬ Sohlabsturz (50.9744,13.8700)
0,8 Str-II Heidenau, Dresdner Straße (50.9756,13.8722)
0,1 Wege-II Elbradweg (50.9773,13.8819)
0,0 ⇩ der Müglitz in die Oberelbe (s. Seite 62) bei amtl. km 39,2, 113 m über NN (50.9776,13.8829)

Weißeritz

Kleinfluss
Mündung in Elbe bei amtl. km 61,5 (li Nebenfluss)

Die Fahrt auf der vereinigten Weißeritz bis zur Elbe durch die Orte Freital und Dresden ist prinzipiell möglich, aber wenig lohnend. Der Fluss ist fast ununterbrochen eingemauert und es gibt mehrere schwierig zu umtragende Wehre.

13,8 ⇩ Rote Weißeritz (s. Seite 102) und Wilde Weißeritz (s. Seite 105) bilden die Weißeritz (50.9817,13.6296)
0,0 ⇩ der Weißeritz in die Oberelbe (s. Seite 62) bei amtl. km 61,5 (51.0634, 13.6865)

Rote Weißeritz

Wildwasser
Mündung in Weißeritz bei km 13,8 (re Nebenfluss)

Die Rote Weißeritz entspringt im Osterzgebirge im Raum Altenberg und ist bei entsprechenden Wasserständen auf einer Strecke von 30 km befahrbar. Richtig interessant sind jedoch nur die letzten 10 km. Dort wurde 1964 sogar die WM in der WW-Abfahrt und im Kanuslalom veranstaltet. Auch touristisch ist dieser Abschnitt sehr schön, es gibt einen Wanderweg und die Kleinbahn dampft durch das Tal, so dass die Fahrzeugrückholung zu Fuß, Rad oder Bahn möglich ist.

Allerdings wird dieser Abschnitt weitgehend vom Wasserablass der Talsperre Malter beeinflusst, und Wasser wird im Osterzgebirge immer knapper. Richtig gute Wasserstände gibt es nur zur Zeit der Schneeschmelze. Außerdem ist die Befahrung unterhalb des Bahnhofs Rabenauer Grund ganzjährig verboten.
Die Beschreibung wurde nach Kartenunterlagen gefertigt. Es ist mit Veränderungen durch Ausbaumaßnahmen sowie Aufräumungsarbeiten zu rechnen. Die Anlagen der Schmalspurbahn sind wieder in Betrieb.
Befahrungsregeln: km 5,4 bis 1,6 (Rabenauer Mühle - Hainsberg): ganzj. BV

30,2 Str-Ⅱ **01773 Altenberg-Waldbärenburg**, Bergweg, oberste ⬇ bei sehr hohem Wasserstand, nur 2-3 m breit, verblockt, Bäume, niedrige Brücken, bis WW II+, wird selten gefahren, Befahrbarkeit vor Ort einschätzen (B172 läuft parallel) (50.7888,13.6964)
29,7 Wege-Brücke unterhalb Waldbärenburg (50.7921,13.6944)
29,0 Str-Ⅱ K9041 nach li **01773 Altenberg-Bärenfels** (50.7948,13.6858)
28,5 Wege-Ⅱ Bärenfels (50.7964,13.6791)
28,3 Str-Ⅱ Bärenfels, Steinweg (50.7972,13.6779)
28,1 Wege-Ⅱ Kipsdorf (50.7991,13.6764)
28,1 –26,9 Ortsdurchfahrt **01773 Altenberg-Kurort Kipsdorf** (50.7992, 13.6764)–(50.8092,13.6775)
27,9 Wege-Ⅱ Kipsdorf (50.8008,13.6761)
27,8 Fußg-Ⅱ Kipsdorf (50.8019,13.6754)
27,5 Str-Ⅱ Kipsdorf (50.8041,13.6745)
27,4 ▬-Stufe Kipsdorf (50.8053,13.6749)
27,3 Wege-Ⅱ Kipsdorf (50.8061,13.6756)
27,1 Wege-Ⅱ Kipsdorf (50.8071,13.6766)
27,0 Wege-Ⅱ Kipsdorf (50.8078,13.6770);
Wege-Ⅱ Kipsdorf (50.8084,13.6772)
26,9 Wege-Ⅱ Kipsdorf (50.8093,13.6775)
25,9 Wege-Ⅱ (50.8164,13.6836)
25,0 EB-Ⅱ der Schmalspurbahn (50.8218,13.6918)
24,9 Wege-Ⅱ (50.8224,13.6928)
24,9 –21,1 Ortsdurchfahrt **01762 Schmiedeberg** (50.8225,13.6928)–(50.8492, 13.6663)
24,7 ▬-Stufe Buschmühle (50.8242,13.6916)
24,6 Wege-Ⅱ (50.8248,13.6911)
24,4 Str-Ⅱ Schmiedeberg (50.8260,13.6898)
24,1 Str-Ⅱ Schmiedeberg (50.8286,13.6880)
23,7 Sturz-▬ Gießerei Schmiedeberg (50.8301,13.6830)
23,0 Str-Ⅱ, li zum 🚂 Schmiedeberg (50.8354,13.6773)
22,8 Str-Ⅱ S183 Schmiedeberg, Pöbeltalstraße (50.8362,13.6757);
li ⇩ Pöbelbach (50.8365,13.6754)
22,7 ▬ Sohlrampe Schmiedeberg (50.8368,13.6756);
li ≡ Schmiedeberg 1 (50.8372,13.6756);
mögliche ⬇ in Ortslage Schmiedeberg bei guten Wasserstand. Das

Gefälle nimmt ab, der Bach ist 4-5 m breit, WW I, meist Ortsdurchfahrten (50.8373,13.6757);
Str-II Schmiedeberg, Lutherplatz (50.8375,13.6756)

22,6 Wege-II Schmiedeberg (50.8380,13.6751)
22,3 Str-II Schmiedeberg (50.8402,13.6725)
21,7 Str-II Schmiedeberg-Naundorf, Siedlung (50.8443,13.6686)
21,3 Str-II Schmiedeberg-Naundorf (50.8473,13.6670)
21,1 Str-II B170 Schmiedeberg-Naundorf, Dresdner Straße (50.8493,13.6664)
21,0 ■ Sohlgleite Klappermühle (50.8498,13.6667)
20,7 Str-II Obercarsdorf (50.8524,13.6662)
19,9 Str-II Obercarsdorf (50.8586,13.6661)
19,7 zerstörtes ■ Obercarsdorf (50.8608,13.6662);
Wege-II Obercarsdorf (50.8609,13.6663)
19,4 Str-II B170 **01762 Schmiedeberg-Obercarsdorf** (50.8635,13.6672)
18,5 Str-II (50.8699,13.6699)
18,2 Wege-II **01744 Dippoldiswalde-Ulberndorf** (50.8726,13.6699)
17,7 ■ Sohlgleite Ulberndorf (50.8761,13.6733)
17,3 ■ Ulberndorf (50.8793,13.6769)
16,9 Str-II B170, EB-II (50.8819,13.6757)
16,9 –13,5 Stadtdurchfahrt **01744 Dippoldiswalde**, Große Kreisstadt (50.8820, 13.6757)–(50.9065,13.6661)
16,6 Sturz-■ an der Eichleite (50.8840,13.6751)
15,9 Str-II Dippoldiswalde, Walksteg (50.8888,13.6693)
15,6 Str-II B170 Dippoldiswalde, 343 m über NN (50.8914,13.6682)
15,4 Str-II Dippoldiswalde, Nicolaistraße (50.8925,13.6675);
Str-II Dippoldiswalde, Alte Altenberger Straße (50.8928,13.6673)
15,2 Str-II Dippoldiswalde, Bahnhofstraße, li 🚂 Dippoldiswalde (Schmalspurbahn) (50.8936,13.6655)
14,8 Str-II Dippoldiswalde, Weißeritzstraße (50.8965,13.6616)
14,5 EB-II Dippoldiswalde (50.8990,13.6613)
14,4 ■ Sohlabsturz Dippoldiswalde
14,0 Wege-II, Beginn der Vorsperre Malter (50.9032,13.6628)
13,6 ■ Vorsperre Malter mit Str-II Talsperrenstraße (50.9061,13.6659)
12,0 li ⛺ Paulsdorf und Erlebnisbad, Am Bad 1, 01744 Dippoldiswalde, www.erlebnis-talsperre.de , ✆ +49 3504 618228 (50.9167,13.6529)
11,3 re 🚂 Malter (50.9234,13.6539)
10,9 ■ Staumauer der Maltertalsperre, unterhalb ↓ sehr schwierig, über Waldwege erreichbar (50.9267,13.6552)
10,8 Sturz-■ Malter (50.9274,13.6560)
10,0 Wege-II am Wasser-ϟ Seifersdorf (50.9339,13.6550)
9,3 Str-II **01744 Dippoldiswalde-Seifersdorf**, Bergstraße, re 🚂, übliche ↓ am 🅿, zunächst WW I (50.9384,13.6487)
8,9 EB-II (Viadukt) (50.9413,13.6466)
7,1 Str-II Spechtritz, li 🚂. Ab hier WW II (50.9526,13.6395)
6,9 Str-II Spechtritzweg (50.9540,13.6374)

5,9 Wege-Ⅱ (50.9601,13.6338)
5,7 EB-Ⅱ (Bogenbrücke) Rabenau (50.9615,13.6340)
5,6 ■ Raue Rampe Rabenauer Mühle (50.9619,13.6344)
5,5 Str-Ⅱ Rabenauer Mühle, ⬆, Fahrt muss hier beendet werden, 🚆 Rabenau, 🅿, ✕ (50.9632,13.6347)
5,4 –1,6 § ganzj. BV (50.9632,13.6347)–(50.9711,13.6195)
0,0 ⇩ Rote Weißeritz und Wilde Weißeritz (s. Seite 105) bilden die Weißeritz (s. Seite 102) bei km 13,8 (50.9817,13.6296)

Wilde Weißeritz

Wildwasser
Mündung in Weißeritz bei km 13,8 (li Nebenfluss)

Die Wilde Weißeritz, aus dem Osterzgebirge kommend, ist durch zwei Trinkwasser-Talsperren reguliert.

Befahrbarkeit: Abhängig von dem Wasserablass der Talsperren, sehr selten. Es liegt kein neuer Befahrungsbericht vor. Die Beschreibung wurde nach Kartenunterlagen gefertigt.

Schwierigkeiten: km 17,0 bis 10,9 WW II,
km 10,9 bis 8,7 WW III,
km 8,7 bis ⇩ WW I.

17,6 ■ Staumauer der Talsperre Klingenberg, X, Trinkwassersperre (50.9069,13.5376)
17,0 mögliche ⬇ Klingenberg für die Befahrung unterhalb der Talsperre. Abzweig von der Straße An der Talsperre (50.9107,13.5346)
16,5 Wege-Ⅱ (50.9127,13.5375)
16,1 Str-Ⅱ Klingenberg, An der Talsperre (50.9141,13.5402)
15,7 Str-Ⅱ S190 Klingenberg, Hauptstraße (50.9170,13.5406)
15,6 **01774 Klingenberg** (50.9170,13.5407)
14,5 ■ Hosenmühle (50.9219,13.5447)
14,2 Str-Ⅱ Klingenberg, Zur Hosenmühle (50.9243,13.5449)
12,9 Str-Ⅱ Dorfhain, Obercunnersdorfer Straße (50.9218,13.5578)
11,8 Weg-Ⅱ Kirchweg (50.9248,13.5709)
11,3 ■ Barthmühle, zerstört (50.9286,13.5724)
10,9 Str-Ⅱ Dorfhain, Dorfhainer Straße (50.9314,13.5718);
01738 Dorfhain (50.9315,13.5718);
■ Sohlschwelle Dorfhain (50.9318,13.5720)
10,1 Str-Ⅱ K9071 Dorfhain, An der Niedermühle (50.9366,13.5666)
9,8 Str-Ⅱ K9071 Dorfhain, An der Niedermühle (50.9382,13.5679)
8,7 Str-Ⅱ K9071 (50.9459,13.5749)
8,6 EB-Ⅱ (50.9466,13.5748)
8,5 ■ Sohlgleite Edle Krone (50.9474,13.5762)
8,1 EB-Ⅱ (50.9472,13.5796)
8,0 Wege-Ⅱ (50.9468,13.5808)

7,6 EB-II, re 🚂 Edle Krone (50.9490,13.5834)
6,5 Schräg-■ Teichwirtschaft Tharandt (50.9574,13.5804);
Str-II S192 Tharandt, Pienner Straße (50.9577,13.5809)
6,0 Str-II (50.9613,13.5808)
5,9 EB-II (50.9621,13.5823)
5,6 Str-II S192 (50.9642,13.5833);
EB-II (50.9647,13.5829)
4,7 Str-II S192 Tharandt (50.9724,13.5828)
3,5 Fußg.-II Tharandt (50.9824,13.5833)
3,3 Str-II, li **01737 Tharandt**, 🚂 (50.9826,13.5862)
3,2 EB-II Tharandt (50.9823,13.5871)
2,2 ■ Sohlrampe Pasteritzmündung, 7-stufig (50.9829,13.6008)
1,0 Mess-■ Hainsberg 3 (50.9796,13.6171)
0,9 Str-II Freital, li Heilsberger Gut, li Heilsberger Gut (50.9796,13.6184)
0,6 Str-II Freital, Somsdorfer Straße (50.9806,13.6216);
■ Sohlrampe Coßmannsdorf, 7-stufig (50.9806,13.6220)
0,2 EB-II Schmalspurbahn (50.9809,13.6275)
0,0 ⇩ Rote Weißeritz (s. Seite 102) und Wilde Weißeritz bilden die Weißeritz (s. Seite 102) bei km 13,8 (50.9817,13.6296)

Schwarze Elster

Kleinfluss, Wanderfluss
Mündung in Elbe bei amtl. km 198,6 (re Nebenfluss)

Die Schwarze Elster ist ein Flachlandfluss, im Oberlauf Kleinfluss, später Wanderfluss.

Befahrungsregeln: km 28,8 bis 25,1 (Landesgrenze (Sachsen) bis Streckenhälfte zwischen EB-Brücke bei Premsendorf und Kremitz): ganzj. BV, Ausnahmeregelung LKV Sachsen-Anhalt
km 16,3 bis 12,2 (ca. 600m nach Str.Br. bei Schweinitz bis EB-Brücke bei Jessen): ganzj. BV, Ausnahmeregelung LKV Sachsen-Anhalt
km 2,5 bis 0 (Mündungsbereich in die Elbe): ganzj. BV

Befahrbarkeit: km 159 – 130,8 nur bei mittlerem HW.
Ab Hoyerswerda (km 130,8) ist wegen der Ableitung in zu flutende Tagebaurestlöcher eine durchgehende Befahrung nur bei einem Mindestpegel von 70 cm (Pegel Neuwiese) möglich. Lohnend ab Ruhland (km 97) bis Arnsnesta (km 29,2). Weiterfahrt bis zur Mündung in die Elbe ist wegen der Befahrungsverbote nur im Rahmen von Ausnahmeregelungen möglich.
Rastplätze: Im Land Brandenburg ist die Schaffung verschiedener Rastplätze vorgesehen. Soweit bekannt, wurden sie in die Beschreibung aufgenommen.

Pegel: Neuwiese km 124,2.

159,0 Str-II **01917 Kamenz**, Neschwitzer Straße. Bei sehr gutem Wasserstand ist eine Befahrung ab Kamenz möglich, jedoch kann keine ⬇ benannt werden. Die Schwarze Elster ist hier zunächst ein nur 2 m breiter Kleinfluss (51.2853,14.1208)

158,6 Str-Ⅱ S94 Kamenz, Horst-Grade-Straße, Ortsende Kamenz (51.2872, 14.1257)
158,4 Staubalken-▬ unter Feldweg-Ⅱ (51.2877,14.1279)
157,8 re Kläranlage Kamenz (51.2902,14.1353)
157,1 Wege-Ⅱ, Betonfurt mit kleiner Schnelle und kleiner Stufe, ≈ (51.2962, 14.1393)
155,5 Str-Ⅱ **01917 Kamenz-Schiedel**, weitere mögliche ⬇ (51.3095,14.1461)
155,4 li ⇩ Schwosdorfer Wasser (51.3104,14.1466)
154,0 Schützen-▬ Milstrich, X, re oder li ⏜ (51.3218,14.1519)
153,4 Str-Ⅱ Mittelstraße, re **01920 Oßling-Milstrich** (51.3269,14.1549)
152,1 Schützen-▬ Döbra, re oder li ⏜ (51.3349,14.1673)
151,9 Str-Ⅱ S92 **01920 Oßling-Döbra**, Mühlstraße (51.3367,14.1695)
150,7 Str-Ⅱ, **01920 Oßling-Skasa**, Sportplatzweg, ✕ (51.3419,14.1836)
150,6 li ⇩ Rocknitzgraben (51.3424,14.1838)
149,2 ≣ Trado 3 bei Sollschwitz, (51.3483,14.2012)
147,8 Str-Ⅱ **02997 Wittichenau-Sollschwitz** (51.3484,14.2153)
147,4 Schützen-▬ Sollschwitz, X, ⏜ (51.3471,14.2192)
147,2 Wege-Ⅱ Sollschwitz (51.3470,14.2215)
145,8 Wege-Ⅱ (51.3541,14.2366)
145,6 ▬ der Saalauer Mühle, re ⏜ oder li zur Saalauer Mühle, dort ▬ re ⏜ (51.3542,14.2390)
145,2 re ⇩ Klosterwasser (51.3530,14.2450)
145,1 Str-Ⅱ **02997 Wittichenau-Kotten** (51.3531,14.2459)
143,4 Schützen-▬ Hosker Mühle, re oder li ⏜, re Mühlenfließ, Mühle verfallen (51.3640,14.2615)
143,2 Str-Ⅱ **02997 Wittichenau-Hoske** am Zusammenfluss mit Mühlenfließ. Unter der Brücke Geröll (51.3660,14.2624)
141,5 ▬ Brischkow, li ⏜ zur Fahrt durch Wittichenau (51.3793,14.2615);
re ➔ (geradeaus) der Flutmulde Wudra von der Schwarzen Elster über ▬, ⏜ (51.3793,14.2615)

Nebenstrecke Wudra

Flutmulde der Schwarzen Elster

5,8 ➔ (geradeaus) der Flutmulde Wudra von der Schwarzen Elster (s. Seite 106) über ▬, ⏜ (51.3793,14.2615)
5,2 Str-Ⅱ S285 Wittichenau, Maukendorfer Straße (51.3845,14.2582)
4,4 ▬ (51.3910,14.2595)
3,1 Str-Ⅱ K9207 Spohla (51.4025,14.2571)
0,9 re ⇩ Schwarzwassergraben (51.4208,14.2508)
0,0 ⇩ der Flutmulde Wudra in die Schwarze Elster (s. Seite 106) (51.4268,14.2429)

140,6 ▬ Kobenmühle Wittichenau, über den Hof ⌓ und re an der Straße einsetzen (51.3826,14.2520)
140,5 Str-Ⅱ Wittichenau, Särchener Straße (51.3831,14.2511)
139,8 Str-Ⅱ S285 Wittichenau. Maukendorfer Straße (51.3877,14.2456)
139,6 Str-Ⅱ S95 **02997 Wittichenau**, Hoyerswerdaer Straße (51.3879,14.2437)
139,2 Schützen-▬ Keula (51.3899,14.2399)
137,7 Wege-Ⅱ (51.3988,14.2344)
134,4 Str-Ⅱ S95 **02977 Hoyerswerda-Dörgenhausen**, Wittichenauer Straße (51.4161,14.2291)
134,2 Wege-Ⅱ Dörgenhausen (51.4165,14.2307)
133,9 Schützen-▬ Dörgenhausen, **X**, ⌓, Wege-Ⅱ (51.4185,14.2333)
133,4 Str-Ⅱ **02977 Hoyerswerda-Groß Neida**, Groß-Neidaer-Straße (51.4223, 14.2358)
132,4 re ⇩ der Flutmulde Wudra in die Schwarze Elster (51.4268,14.2429)
132,2 Str-Ⅱ Hoyerswerda (51.4291,14.2443)
131,9 EB-Ⅱ Hoyerswerda (51.4314,14.2443)
131,5 Klappen-▬ Hauptwehr Hoyerswerda, **X**, re oder li ⌓ (51.4342,14.2486)
131,4 Str-Ⅱ Südstraße, **02977 Hoyerswerda**, ᚔ, ✕, re Neustadt, li Altstadt (51.4348,14.2493)
130,8 Str-Ⅱ Hoyerswerda, Albert-Einstein-Straße (51.4391,14.2537)
130,4 Str-Ⅱ B97 Hoyerswerda, Spremberger Chaussee (51.4426,14.2511)
128,8 Str-Ⅱ S94 (51.4525,14.2363)
128,4 ▬ Sohlrampe (ehem. Köhlerwehr Berge) (51.4552,14.2331)
126,9 Str-Ⅱ **02979 Elsterheide-Neuwiese**, Bergener Straße (51.4619,14.2143)
126,2 Str-Ⅱ Neuwiese, Elstergrund (51.4649,14.2053);
Schützen-▬ Neuwiese, **X**, ⌓ (51.4650,14.2052)
124,8 Wege-Ⅱ Neuwiese, re Klärwerk (51.4761,14.1970);
≣ Neuwiese, (51.4762,14.1970)
121,0 Ⅱ-Bauwerk „Brandenburger Tor“ (51.4920,14.1582)
120,1 Str-Ⅱ K9210 (51.4911,14.1458);
▬ Sohlgleite Kortitzmühle (51.4910,14.1456)
118,9 Wege-Ⅱ, re nach Geierswalde (51.4872,14.1300);
▬ Sohlrampe Geierswalde (51.4872,14.1299)
117,4 ▬ Sohlrampe Tätzschwitzer Brücke (51.4883,14.1094)
117,3 Str-Ⅱ Elsterstraße, **02979 Elsterheide-Tätzschwitz**, ✕ (51.4889, 14.1086)
116,6 ▬ Sohlrampe ehemaliges Wettichwehr (51.4914,14.1005)
114,4 die Schwarze Elster überquert den Koschener Kanal (51.4980,14.0716)
114,2 ▬-Anlage Kleinkoschen **X** ⌓, Mitte Weiterfahrt auf der Schwarzen Elster, li Überfluter in den Senftenberger See, 500 m Landtransport li zur Weiterfahrt auf dem Senftenberger See bei wenig Wasser bis Brieske, re Überfluter zum Speicherbecken Koschen (51.4998,14.0692)
113,5 Str-Ⅱ Dorfstraße, re **01968 Senftenberg-Klein Koschen** (51.5047, 14.0638)

111,8 Str-II Senftenberg (51.5143,14.0505)
109,8 Str-II B96 Senftenberg, Knappenstraße (51.5165,14.0215)
109,7 ▬ Senftenberg, X, von re nach li ⩍, ab hier auch bei NW ≈ (51.5168, 14.0205)
108,8 Wege-II Senftenberg, re Schlosspark, Schloss, Festung, ⌘ (51.5158, 14.0089)
108,5 Str-II Steindamm, re **01968 Senftenberg**, ⧧, ✕, li Senftenberger See (51.5141,14.0054)
107,4 Wege-II Senftenberg (51.5094,13.9921)
106,8 Wege-II Senftenberg (51.5065,13.9846)
106,6 Wege-II Senftenberg (51.5052,13.9827)
106,0 Str-II Senftenberg, Niemtscher Straße (51.5008,13.9802);
re zum ⛺ Komfortcamping Senftenberger See, Senftenberger Str. 10, 01968 Senftenberg, www.komfortcamping-see.de , ☎ +49 3573 661543 (51.5007,13.9802)
105,0 Wege-II Senftenberg (51.4953,13.9683)
103,5 li ⇩ der Lausitzer Seenkette (s. Seite 111) in die Schwarze Elster über den Ableiter Senftenberger See (51.4850,13.9542)
103,4 EB-II (51.4846,13.9533)
102,0 Str-II K6604, li **01945 Schwarzbach-Biehlen** (51.4770,13.9373)
98,8 Wege-II, re **01987 Schwarzheide** (51.4644,13.8959)
98,7 Schützen-▬ Schwarzheide (51.4642,13.8941)
97,5 EB-II (51.4624,13.8774)
97,0 Str-II L55, li **01945 Ruhland**, ⧧, ✕, re Schwarzheide (51.4630,13.8697)
96,2 Str-II A13 (51.4643,13.8586)
93,2 li ⇩ Ruhlander Schwarzwasser (51.4637,13.8157)
91,6 EB-II Lauchhammer (51.4627,13.7926)
90,4 Str-II Lauchhammer, Forststraße (51.4618,13.7757)
87,9 Str-II L63 Trettauer Straße, re **01979 Lauchhammer** in ca. 1 km (51.4598,13.7395)
86,0 Str-II L63 (51.4593,13.7118)
80,3 Wege-II, re Elstermühle Plessa, ✕ (51.4625,13.6302)
79,8 Str-II L631 Ortrander Straße, re **04928 Plessa**, ⧧, ✕ (51.4604,13.6236)
74,9 Str-II (51.4546,13.5560)
72,6 Str-II B169 **04910 Elsterwerda**, Dresdner Straße, ⧧, ✕ (51.4554, 13.5248)
72,4 Wege-II Elsterwerda (51.4542,13.5216)
71,8 EB-II Elsterwerda (51.4532,13.5137)
71,5 li ⇩ der Pulsnitz (s. Seite 114) in die Schwarze Elster (51.4527,13.5092)
71,4 li **04910 Elsterwerda-Kotschka**, Str-II (51.4528,13.5082)
68,3 Str-II K6207 Alte Dorfstraße, li **04932 Röderland-Saathain** (51.4673, 13.4720)
67,4 li ⇩ Große Röder (s. Seite 114) in die Schwarze Elster (51.4748,13.4663)
67,0 Str-II K6211, li **04932 Röderland-Würdenhain**, re **04932 Röderland-**

Haida (51.4781,13.4632)

64,9 Str-II L593, li **04924 Bad Liebenwerda-Prieschka** in ca. 1 km (51.4849, 13.4358)

64,8 re ⇅ Prieschka unterhalb der Brücke mit Rampe (51.4853,13.4355)

63,0 Str-II K6212 Zobersdorfer Straße, re **04924 Bad Liebenwerda-Zeicha**, re ⇅ an der Brücke (51.4981,13.4192)

62,0 li ⇩ Kleine Röder (Schwarzgraben) (s. Seite 119) in die Schwarze Elster, BV beachten (51.5064,13.4136)

61,6 ← in Mühlgraben Bad Liebenwerda, nach ca. 200 m Fußgängerbrücke, li Anlegestelle, Wasserwanderraststation, Parkmöglichkeit, gegenüber „Lausitztherme Wonnemar" (51.5092,13.4109)

61,5 ▬ Bad Liebenwerda, li ⏢ (51.5108,13.4098)

60,9 Str-II B101 Bad Liebenwerda, Dresdener Straße (51.5152,13.4057)

60,5 Wege-II Bad Liebenwerda re Fußweg zum Bahnhof, li Kurpark (51.5170, 13.4017)

60,1 Str-II Bahnhofstraße, li **04924 Bad Liebenwerda**, ✕, re (51.5188, 13.3956)

59,5 EB-II Bad Liebenwerda (51.5215,13.3889)

57,6 re ⇅ Kleine Elster, ⏢ am ▬ Siel zwischen Kleiner Elster (s. Seite 119) und Schwarzer Elster möglich (51.5361,13.3748)

56,4 li Pumpwerk Wahrenbrück (51.5441,13.3656)

55,9 Str-II L65 Brückenstraße, re ⇅ vor der Brücke, li **04924 Uebigau-Wahrenbrück, OT Wahrenbrück**, ✕ (51.5493,13.3661)

55,5 re ⇩ Kleine Elster (s. Seite 119) in die Schwarze Elster (51.5524,13.3665)

53,2 li ⇅ am ← Mühlgraben Neumühl, ≈, Wasserwanderraststation, ⌘: IBA-Projekt „Hochpolgenerator" (Wasserkraftanlage) (51.5711,13.3528)

53,1 Str-II K6216, Neumühler Straße, li **04924 Uebigau-Wahrenbrück, OT Neumühl** (51.5719,13.3525);
▬ Neumühl, li ⏢ (51.5723,13.3521)

52,6 li ⇩ Mühlgraben Neumühl (51.5756,13.3476)

50,8 EB-II (51.5881,13.3322)

49,5 ▬ Uebigau, re ⏢ (51.5986,13.3233)

48,3 Str-II L60, re **04938 Uebigau-Wahrenbrück, OT München**, davor re ⇩ eines Baches, dort eine alte Wassermühle (51.6060,13.3121)

46,9 li **04938 Uebigau-Wahrenbrück, OT Bomsdorf** (51.6147,13.2968)

44,1 Str-II Kleinrössen – Neudeck (51.6360,13.2769)

43,4 li **04895 Falkenberg/Elster-Kleinrössen** (51.6417,13.2727)

41,6 re **04916 Herzberg (Elster)-Friedrichsluga** (51.6576,13.2696)

37,8 ▬ Herzberg, re ⏢ (51.6877,13.2455)

37,3 EB-II Herzberg (51.6918,13.2431)

36,9 Str-II B87 **04916 Herzberg (Elster)**, Leipziger Straße, Frankfurter Straße, , ✕ (51.6949,13.2460)

35,3 Str-II Lindenstraße, li **04916 Herzberg (Elster)-Kaxdorf** (51.7058, 13.2356)

33,2 ▬ Frauenhorst, Stauhöhe 0,5 m, evtl. ≈ oder li bzw. re ⏢ (51.7164,

13.2102)
33,1 li **04916 Herzberg (Elster)-Frauenhorst** (51.7168,13.2089)
29,9 ■ Arnsnesta, li oder re ⏏ (51.7361,13.1744)
29,4 re **04916 Herzberg (Elster)-Arnsnesta** (51.7382,13.1694)
29,2 Str-Ⅱ Arnsnesta (51.7393,13.1658)
28,8 –25,1 **§** ganzj. BV (51.7411,13.1619)–(51.7555,13.1179)
26,8 EB-Ⅱ (51.7502,13.1366)
26,7 ■ raue Sohlgleite, ≈, Vorsicht bei NW ⚠
26,3 re **06925 Annaburg-Premsendorf** (51.7501,13.1291)
25,3 ■ raue Sohlgleite, ≈, Vorsicht bei NW ⚠ (51.7539,13.1186)
24,8 ■ raue Sohlgleite, ≈, Vorsicht bei NW ⚠ (51.7568,13.1146)
24,3 ■ raue Sohlgleite, ≈, Vorsicht bei NW ⚠ (51.7589,13.1094)
23,9 re **06926 Jessen (Elster)-Kremnitz** (51.7609,13.1063)
23,7 ■ raue Sohlgleite, ≈, Vorsicht bei NW ⚠ (51.7602,13.1039)
23,1 ■ raue Sohlgleite, ≈, Vorsicht bei NW ⚠ (51.7614,13.0953)
22,7 ■ raue Sohlgleite, ≈, Vorsicht bei NW ⚠ (51.7637,13.0910)
22,2 ■ raue Sohlgleite, ≈, Vorsicht bei NW ⚠ (51.7669,13.0855)
21,9 Str-Ⅱ **06925 Annaburg-Löben** (51.7686,13.0825)
21,7 ■ raue Sohlgleite, ≈, Vorsicht bei NW ⚠ (51.7702,13.0799)
21,3 ■ raue Sohlgleite, ≈, Vorsicht bei NW ⚠ (51.7723,13.0753)
20,2 re ⇩ Kremitz (51.7793,13.0667)
19,4 re ⚠, alte Ⅱ-Pfeiler, Mitte fahren (51.7814,13.0573)
16,7 Str-Ⅱ L113 **06917 Jessen (Elster)-Schweinitz**, Wittenberger Straße, ✕, zweimal Brückenreste im Wasser ⚠ (51.7919,13.0246)
16,2 –11,9 **§** ganzj. BV (51.7917,13.0173)–(51.7855,12.9619)
15,8 re ⇩ Schweinitzer Fließ (51.7905,13.0121)
12,2 EB-Ⅱ Jessen (51.7872,12.9652)
11,3 Wege-Ⅱ Jessen, Möglichkeit zum Stadtbesuch in Jessen (51.7827, 12.9562)
11,2 Str-Ⅱ L116,**06917 Jessen (Elster)**, Annaburger Straße, ⧧, ✕ (51.7830, 12.9542)
9,8 ⚠ alte Brückenpfeiler, Mitte fahren
3,7 Str-Ⅱ K2232, li **06917 Jessen (Elster), OT Gorsdorf** (51.8028,12.8677)
2,5 –0,1 **§** ganzj. BV (51.8092,12.8557)–(51.8164,12.8325)
0,0 ⇩ Schwarze Elster in die Mittelelbe (s. Seite 71) bei amtl. km 198,6 (51.8170,12.8328)

Lausitzer Seenkette

Weitere Namen: Geierswalder See, Partwitzer See, Senftenberger See

Seengewässer, Verbindungskanäle
Mündung in Schwarze Elster bei km 103,5 (li Nebenfluss)

Die Lausitzer Seenkette besteht aus mehreren mit Kanälen (Überleitern) verbundenen Tagebaurestlöchern, die für den Wassersport genutzt werden können. Die Kanäle sind schiffbar.

Befahrungsregeln:	km 16,1 bis 15 : ganzj. Befahrungsverbot im Geierswalder See für ein Gebiet entlang des Westufers, durch gelbe Tonnen gekennzeichnet km 10,8 bis 7,8 : Befahrungsverbot vom 01.11. bis 31.03. für den Senftenberger See, bis 40 m vom Ufer besteht ein ganzj. Befahrungsverbot für alle Boote, Ausnahmen nur an festgelegten Ein- und Aussetzstellen. Im See befindet sich das NSG „Insel im Senftenberger See“. Hier gilt ein ganzj. Befahrungsverbot. Das Gebiet ist durch gelbe Bojen markiert
Infrastruktur:	Das Einsetzen eigener muskelkraftbetriebener Boote, wie Paddel- oder Schlauchboote, ist an einzelnen Seen nur an ausgewiesenen Stellen und zum Teil kostenpflichtig möglich.
Literatur:	www.lausitzerseenland.de

17,4 Ausfahrt aus dem Partwitzer See in den Barbarakanal. △, auf dem Partwitzer See gibt es keine ⇅-Möglichkeit. Es sind deshalb nur Rundfahrten möglich. Von allen Ufer ist Abstand zu halten. Gelbe Bojen kennzeichnen die gesperrten Bereiche. Aufgrund dessen wird vorläufig auf eine Beschreibung des Partwitzer Sees verzichtet. Für den Barbarakanal gibt es aufgrund der Enge eine zeitlich geregelte Durchfahrt. Die Einfahrt erfolgt zur halben Stunde westwärts vom Geierswalder See und zur vollen Stunde ostwärts vom Partwitzer See aus, jeweils bis längstens 10 Minuten danach. In Kanälen gilt grundsätzlich Liegeverbot (51.5178,14.1294)

16,8 ▬, darüber Str-II, normalerweise Durchfahrt frei (51.5214,14.1244)

16,2 ➔ Sornoer Kanal zum Sedlitzer See, Einfahrt gesperrt. Der Sedlitzer See wird zzt. noch geflutet (51.5225,14.1101)

16,1 li ← der Nebenstrecke Geierswalder See, Ostufer von Lausitzer Seenkette (51.5205,14.1157)

16,1 –15,0 re §, Befahrungsverbot im Geierswalder See für ein Gebiet entlang des Westufers, durch gelbe Tonnen gekennzeichnet (51.5219,14.1100)–(51.4977,14.0899)

Nebenstrecke Geierswalder See, Ostufer

Diese Beschreibung ermöglicht eine Rundfahrt um den Geierswalder See.

5,5 ← der Nebenstrecke Geierswalder See, Ostufer von Lausitzer Seenkette (s. Seite 111) (51.5205,14.1157)

2,5 li **02979 Elsterheide, OT Geierswalde**, ✕ (51.4959,14.1233)

1,8 ⇅ Wasserwanderrastplatz Geierswalde (51.4919,14.1148)

0,7 –0,0 li § ganzj. Befahrungsverbot entlang des Ufers. Die Sperrfläche ist mit gelben Tonnen gekennzeichnet (51.4969,14.0989)–(51.4967,14.0897)

0,0 ⇩ Geierswalder See, Ostufer in die Lausitzer Seenkette (s. Seite 111) (51.4967,14.0895)

14,8 ⇩ Geierswalder See, Ostufer in die Lausitzer Seenkette (51.4967,14.0895)

11,9 ← in den Koschener Kanal zur Weiterfahrt zum Senftenberger See (51.4986,14.0764)
11,6 ⯐ im Koschener Kanal, Betriebszeiten vom 01.04. - 31.10. von 09:00 im April und September bis 20:00 Uhr, im Mai und August bis 21:00 Uhr, im Juli und August bis 22:00 Uhr sowie im Oktober bis 18:00 Uhr, Bedienungsanleitung beachten, re ⏏-Möglichkeit, www.senftenberger-see.de/de/senftenberger-see/senftenberger-see-mit-boot/koschener-kanal.html (51.4982,14.0731)
11,5 Ⅱ, der Koschener Kanal unterquert die Schwarze Elster (51.4981, 14.0716)
11,1 Str-Ⅱ B96 (51.4989,14.0649)
10,9 Ausfahrt aus dem Koschener Kanal in den Senftenberger See, die Beschreibung folgt dem re Ufer (Nordufer) (51.4999,14.0618)
10,8 ⇩ Senftenberger See, Südufer in Lausitzer Seenkette (51.5002,14.0591)
10,8 –7,8 **§** BV vom 01.11. bis 31.03. für den Senftenberger See, bis 40 m vom Ufer besteht ein ganzj. Befahrungsverbot für alle Boote, Ausnahmen nur an festgelegten ⇅. Im See befindet sich das NSG „Insel im Senftenberger See“. Hier gilt ein ganzj. Befahrungsverbot. Das Gebiet ist durch gelbe Bojen markiert (51.4999,14.0616)–(51.4903,13.9778)

Nebenstrecke Senftenberger See, Südufer

Das Südufer ist zum größten Teil Bestandteil des NSG „Insel im Senftenberger See“ und damit ganzj. gesperrt. Lediglich ein Teilstück vom Hafencamp Senftenberger See in östlicher Richtung ist befahrbar.

6,7 –2,2 **§** ganzj. Befahrungsverbot, NSG „Insel im Senftenberger See“ (51.4893,13.9777)–(51.4908,14.0320)
2,2 –0,0 **§** Befahrungsverbot vom 01.11. bis 31.03. für den gesamten See, bis 40 m vom Ufer besteht ein ganzj. Befahrungsverbot für alle Boote, Ausnahmen nur an festgelegten ⇅. Im See befindet sich das NSG „Insel im Senftenberger See“. Hier gilt ein ganzj. Befahrungsverbot. Das Gebiet ist durch gelbe Bojen markiert (51.4910,14.0321)–(51.5001,14.0590)
2,0 ⇅ Hafencamp Senftenberg (51.4913,14.0353)
0,0 ⇩ Senftenberger See, Südufer in Lausitzer Seenkette (s. Seite 111) (51.5002,14.0591)

9,2 Stadthafen Senftenberg, ⇅ (51.5116,14.0067)
2,2 Str-Ⅱ K6602, Peickwitzer Straße, Senftenberg (51.4905,13.9771)
1,7 ▬-Anlage am Ausfluss des Senftenberger Sees, keine Angaben, die folgende Strecke heißt Ableiter Senftenberger See. Über eine Befahrung bis zur Schwarzen Elster ist nichts bekannt (51.4928,13.9719)
0,4 Wege-Ⅱ (51.4856,13.9582)
0,0 ▬-Anlage vor der Mündung in die Schwarze Elster, keine Angaben (51.4849,13.9546);

⇩ der Lausitzer Seenkette in die Schwarze Elster (s. Seite 106) bei km 103,5 über den Ableiter Senftenberger See (51.4850,13.9542)

Pulsnitz

Kleinfluss
Mündung in Schwarze Elster bei km 71,5 (li Nebenfluss)

Für den Oberlauf von Königsbrück durch die Königsbrücker Heide bis Ortrand besteht ein ganzjähriges Befahrungsverbot. Ab Ortrand ist die Pulsnitz bei MW befahrbar, jedoch ist der Unterlauf begradigt und reguliert.
Befahrungsregeln: km 47,4 bis 21,3 (Königsbrück - Ortsrand): ganzj. BV

47,4 –21,3 **§** ganzj. BV oberhalb (Königsbrück bis Ortrand) (51.2798,13.8754)–(51.3764,13.7727)
20,2 Str-II L55 Ortrand, Straße der Einheit (51.3779,13.7575)
20,0 ▬ Ortrand, **X**, ⏏ zur Weiterfahrt auf der Pulsnitz, li ← der Neuen Pulsnitz (Mühlgraben) (51.3783,13.7539)
19,4 Str-II A13 (51.3805,13.7475)
19,0 ▬ keine Angaben (51.3833,13.7444)
18,9 Str-II L59 (51.3841,13.7440)
17,7 ⇩ der Neuen Pulsnitz in die Pulsnitz (51.3886,13.7304)
17,3 ▬ Lindenau, **X**, ⏏, re Mühlgraben (51.3902,13.7276)
16,9 Wege-II bei Lindenau (51.3916,13.7228)
15,4 Str-II, re **01945 Lindenau** (51.4016,13.7087)
14,7 Str-II L63 (51.4036,13.6991)
14,1 ▬ vor li ⇩ des Hopfgartenbaches, **X**, ⏏ (51.4041,13.6901)
13,8 Wege-II (51.4043,13.6855)
12,5 Wege-II (51.4052,13.6677)
11,6 ▬, **X**, ⏏ (51.4058,13.6545)
11,2 Wege-II (51.4070,13.6489)
10,3 Wege-II (51.4100,13.6361)
9,2 Str-II L591 Hirschfeld – Plessa (51.4124,13.6210)
7,4 Str-II L592 Gröden – Plessa (51.4175,13.5969)
6,3 Wege-II (51.4216,13.5822)
4,7 Str-II Elsterwerda, Ausbau (51.4271,13.5605)
3,7 ▬, **X**, ⏏ (51.4304,13.5475)
2,3 Str-II K6204Elsterweda, Merzdorfer Straße (51.4381,13.5323)
0,7 Str-II B101, re **04910 Elsterwerda**, Großenhainer Straße (51.4484, 13.5167)
0,3 EB-II Elsterwerda (51.4514,13.5129)
0,2 ▬ Kotschka, **X**, ⏏ (51.4520,13.5118)
0,0 ⇩ der Pulsnitz in die Schwarze Elster (s. Seite 106) bei km 71,5 (51.4527, 13.5092)

Große Röder

Kleinfluss, Wanderfluss

Mündung in Schwarze Elster bei km 67,4 (li Nebenfluss)

Die Große Röder ist ein landschaftlich recht ansprechender Fluss. In ihrem Oberlauf, oberhalb Radeburg, ist sie ein Kleinfluss in einem relativ tief eingeschnittenen Flussbett. Hier gelegentlich Baum- und Strauchhindernisse bei stark gewundenem Verlauf. Unterhalb Radeburg kaum mehr Schwierigkeiten.

Befahrbarkeit: Ab Hermsdorf nur bei sehr gutem Wasserstand, nur für Einer. Ab Radeburg meist ganzjährig, auch für Zweier.

Pegel: Kleinraschütz, Großenhain (Röderneugraben), Großdittmannsdorf und Radeberg.
Hilfspegel siehe km 51,5.

64,4 Str-II S59 **01458 Ottendorf-Okrilla, OT Hermsdorf**, Dresdner Straße, mögliche ⬇ Hermsdorf bei sehr gutem Wasserstand. Es folgen Kleinflusshindernisse (51.1658,13.8183)
64,3 EB-II Hermsdorf (51.1673,13.8184)
64,2 Wege-II Hermsdorf, An der Röder (51.1676,13.8184)
64,0 Str-II Hermsdorf, An der Röder (51.1697,13.8179)
63,7 Str-II A4 (51.1721,13.8149)
62,6 Str-II An den Röderwiesen, re **01458 Ottendorf-Okrilla, OT Cunnersdorf**, li Kläranlage (51.1779,13.8109)
61,6 Str-II Medingen, Rödertalstraße (51.1813,13.7998)
60,7 Str-II S 177 Medingen, Hauptstraße (51.1822,13.7920)
60,3 Schrägwehr-▬ Mehnertmühle Medingen, **X**, ⏏ (51.1845,13.7914); Str-II **01458 Ottendorf-Okrilla, OT Medingen**, Dorfstraße, ✕ (51.1846, 13.7905)
57,2 Schrägwehr▬ der Mühle Großdittmannsdorf, **X**, ⏏ (51.1954,13.7725)
57,0 Str-II Heidestraße, li **01471 Radeburg-Großdittmannsdorf** (51.1968, 13.7724)
56,5 Wege-II Großdittmannsdorf (51.2008,13.7747)
56,1 Str-II Großdittmannsdorf, Bodener Straße (51.2032,13.7717)
55,5 Str-II Boden (51.2047,13.7655);
▬ Boden, **X**, ⏏ (51.2047,13.7649)
54,8 Str-II Boden zwischen Bodener Straße und S177 (51.2081,13.7568)
54,4 Wege-II am Beginn des Radeburger Stausees. Eine Befahrung des Stausees ist nicht zu empfehlen, da Ausstieg und Umtragen schwierig sind (51.2094,13.7528)
53,0 ▬ Staudamm Radeburg, li ↰ und 300 m ⏏ (51.2141,13.7361);
Str-II A13 Radeburg (51.2141,13.7357)
52,6 Str-II Radeburg, Würschnitzer Straße (51.2161,13.7337)
51,9 ▬ Bienertmühle Radeburg, **X**, ⏏ (51.2167,13.7277)
51,5 Str-II **01471 Radeburg**, Königsbrücker Straße, Steine unter der II, ⚠, ⩩, ✕, übliche ⬇ Radeburg, Parkmöglichkeit, Hilfspegel: kleine Steinstufe ca. 20 m oberhalb der Brücke muss überspült sein, dann guter Wasserstand für die folgende Strecke (51.2178,13.7223)
51,0 li ⇩ Promnitz (51.2215,13.7211)

49,5 Wege-Ⅱ **01561 Ebersbach-Oberrödern** (51.2270,13.7072)
49,3 ▬ Oberrödern, re ⏏, li Mühlgraben verlandet (51.2283,13.7054)
48,8 Kleines Beton-Schräg-▬ mit Höckern auf der ▬-Fläche, ≈, vor Befahrung ansehen (51.2320,13.7040)
48,1 ▬ Schlossmühle Niederrödern, re ⏏ (51.2353,13.7011)
47,9 Str-Ⅱ Rödern, An den Eichen (51.2366,13.7033)
47,5 Str-Ⅱ **01561 Ebersbach-Rödern**, Kirchgasse, ✕ (51.2386,13.7034)
47,1 ▬ Niedermühle Rödern, re ⏏, aus dem ▬-Kessel ganz re ausfahren, eventuell bis zum Rücklauf des Mühlenwassers 20 m treideln, unter folgender Ⅱ ⚠ (51.2412,13.7029)
46,9 Str-Ⅱ Rödern, Dorfstraße (51.2421,13.7019)
43,7 Str-Ⅱ **01561 Ebersbach-Freitelsdorf**, Schönfelder Straße, steinige Schnelle (51.2612,13.6793)
42,3 ▬ Grahlmühle Cunnersdorf, re in Mühlgraben fahren und li an einer Schneise über die Mühleninsel ⏏ (51.2704,13.6680)
42,1 Str-Ⅱ **01561 Ebersbach-Cunnersdorf**, Lange Straße (51.2713,13.6681)
41,5 Str-Ⅱ Bieberach, Cunnersdorfer Straße (51.2725,13.6600)
41,0 Str-Ⅱ Cunnersdorfer Straße, li **01561 Ebersbach-Bieberach** (51.2739, 13.6542)
39,7 Wege-Ⅱ (51.2774,13.6373)
39,1 Klappen-▬ Kalkreuth, **X**, re ⏏, Vorsicht beim ↑, ⚠, wenig Platz direkt am Wehr, einzeln heranfahren (51.2788,13.6299)
39,0 Str-Ⅱ **01561 Ebersbach-Kalkreuth**, An der Röder (51.2800,13.6295)
37,4 ▬ Paulsmühle, zerstört, **X**, re im Mühlgraben, gleich nach einem niedrigen Steg, eine 1 m hohe Stufe, gefolgt von einer 10 m langen, steinigen Durchfahrt, (51.2883,13.6166)
37,1 Str-Ⅱ S91 Großenhainer Straße (51.2865,13.6139)
36,7 ➔ der Röder in Großenhain von Große Röder (51.2878,13.6093); Teilungswehr-▬ Kalkreuth, ➔ Schützen-▬ zur Großen Röder nicht befahren. Falls Fahrt im Röderneugraben nicht möglich, Fahrt hier beenden und das Stadtgebiet von Großenhain mit Pkw umfahren. Geradeaus Stufen-▬ zum Röderneugraben, Weiterfahrt darauf nach ⏏ li (ca. 100 m) nur bei genügend Wasser (siehe Hilfspegel km 50,5). Der Röderneugraben als Hochwasserschutz der Stadt Großenhain ist teilweise schon im Mittelalter entstanden. Trotz kanalartiger Strecke lohnend. Ca. 2 m breit, gute Strömung, schöne Sicht auf die Silhouette von Großenhain. Die durchgehende Kilometrierung folgt diesem Weg (51.2879,13.6091)

Nebenstrecke Röder in Großenhain

Eine Befahrung der Röder in Großenhain ist nur auf Teilstrecken möglich. Die Durchfahrt durch die Innenstadt von Großenhain mit unzähligen Stegen und Brücken ist unmöglich und deshalb hier nicht beschrieben.

9,8 re ➔ der Röder in Großenhain von Große Röder (s. Seite 114) (51.2878,13.6093);
Schützen-▬ im re kleinen Arm (51.2879,13.6093)

7,8 Mühlen-▬ Folbern, **X**, ⏏ (51.2984,13.5896)
5,3 Wege-II am Ortsanfang von Großenhain, Fahrt hier beenden, Durchfahrt durch Großenhain aufgrund von vielen Stegen und Brücken unmöglich (51.2950,13.5598)
1,7 EB-II Großenhain (51.2885,13.5194);
⬇-Möglichkeit Großenhain nach der **X** Ortsdurchfahrt an EB-II, Park-Anlage (51.2886,13.5193);
Großenhain, Bad, 🚂, ✕, Marienkirche, neugestalteter Frauenmarkt, ⌘ (51.2886,13.5193)
1,5 Wege-II Großenhain (Eckhardbrücke) in Parkanlage (51.2896, 13.5176)
1,3 Wege-II Großenhain (51.2912,13.5151)
0,8 ▬ Sohlstufe Albertmühle Großenhain (51.2926,13.5105)
0,7 Str-II Großenhain (51.2928,13.5092)
0,0 ⇩ der Röder in Großenhain in die Große Röder (s. Seite 114). Hier vereinigt sich die Röder wieder mit dem Röderneugraben (51.2907, 13.4999)

35,7 Wege-II (51.2901,13.5959)
32,0 Str-II Großenhain, Martin-Scheumann-Straße (51.2909,13.5421)
31,8 re ⇩ Alte Röder (51.2910,13.5398);
Wege-II Großenhain (51.2908,13.5395)
31,6 Wege-II Großenhain (51.2900,13.5372)
31,3 Str-II Großenhain, Gerberdamm (51.2882,13.5341)
31,0 Str-II S81 **01558 Großenhain**, Dresdner Straße (51.2868,13.5313)
30,9 Str-II Großenhain (51.2865,13.5290)
30,6 Wege-II Großenhain (51.2859,13.5250)
30,3 Str-II B101 Großenhain, Meißner Straße (51.2854,13.5213)
30,1 EB-II Großenhain (51.2852,13.5185)
30,0 EB-II Großenhain (51.2856,13.5167)
29,2 Wege-II Großenhain (51.2888,13.5062)
28,7 re ⇩ der Röder in Großenhain in die Große Röder. Hier vereinigt sich die Röder wieder mit dem Röderneugraben (51.2907,13.4999)
28,6 Str-II Großenhain, Kleinraschützer Straße (51.2907,13.4992)
27,3 Flutgraben-▬ Skassa, li ⬅ fahren, geradeaus Flutrinne, **X** (außer bei Hochwasser) (51.2918,13.4828)
26,7 Str-II **01558 Großenhain-Skassa**, Rödertalstraße (51.2910,13.4752)
25,7 ▬ Neumühle Skassa mit Wagenfurt, li ⏏ (51.2936,13.4680)
23,9 Schützen-▬ Wildenhain, **X**, re ⏏ (51.3065,13.4821)
23,7 Str-II B98 li **01561 Großenhain-Wildenhain**, neue Hauptstraße (51.3084,13.4821)
22,1 li gute ⬆-Möglichkeit Walda mit 🅿. Gute Stelle für Fahrtende oder –beginn. Von hier aus um Brücke und das folgende Wehr ⏏ (51.3194, 13.4922);

Str-II, re **01561 Großenhain-Walda**, Baudaer Straße, Brücke sehr niedrig ⚠ (51.3195,13.4924)

22,0 ▬ Schlossmühle Walda, ✕ (51.3201,13.4916);
⬇ Schlossmühle Walda nach gemeinsamen ⌓ um Brücke und Wehr (51.3199,13.4913)

20,1 ▬ Mühle Bauda, zum ⌓ fährt man vor dem 1. Wehr li in den Mühlarm, umtragen zwischen dem 1. und 2. Wehr oder gleich nach dem 2. Wehr gut möglich, gemeinsamer Wehrkessel. Das Mühlenwehr ist im Grundstück eingezäunt. Dort umtragen nicht möglich. Wenn eine Weiterfahrt auf der Geißlitz/Röderwildbett nicht möglich ist, wird empfohlen, die Fahrt spätestens hier wegen der folgenden Sperrstrecke zu beenden, da eine Anfahrt zur Brücke bei km 18,6 mit Kfz nicht möglich ist. Die Befahrbarkeit der Geißlitz kann man vor Fahrtantritt an der Brücke bei km 11,8 prüfen (51.3340,13.4838)

18,7 II und Gabel-▬ Zabeltitz, vor der Brücke re ⬆ und nach li über Brücke und Kleine Röder 200 m ⌓. Gabelung: geradeaus Weiterfahrt im Röderwildbett (Geißlitz), bei MW und HW ≈. Die Beschreibung folgt dem Lauf des Röderwildbettes (Geißlitz) (51.3457,13.4876);
➔ Große Röder durch Gröditz von Große Röder, BV beachten (51.3459, 13.4876);
⬅ Kleine Röder (Schwarzgraben) von Große Röder, BV beachten (51.3459,13.4875)

Nebenstrecke Große Röder durch Gröditz

Die Große Röder durch Gröditz ist aufgrund eines Befahrungsverbotes erst ab Gröditz befahrbar.

17,3 ➔ Große Röder durch Gröditz von Große Röder (s. Seite 114), BV beachten (51.3459,13.4876)

17,3 –5,6 § ganzj. BV, Ausnahmeanträge für Sept. und Okt. möglich (51.3458,13.4881)–(51.4197,13.4424)

5,6 Str-II Gröditz, Nauwalder Straße (51.4197,13.4425);
⬇ Gröditz, Röderweg zur Weiterfahrt unterhalb der gesperrten Strecke. Ab hier schöner Wiesenfluss, ca. 2 m breit, anfangs stark mäandrierend. Es folgen li mehrere ⇩ von Entwässerungsgräben. Ab Wege-II einer ehemaligen Panzerstraße stark verschilft, schmale Fahrrinne (51.4198,13.4426)

5,5 **01609 Gröditz** (51.4199,13.4426)

2,9 Str-II L69 Stolzenhain an der Röder, Am Brückenkopf (51.4399, 13.4480);
04932 Röderland-Stolzenhain an der Röder, ✕ (51.4400, 13.4481)

2,3 Wege-II (51.4454,13.4490)

0,5 Str-II Saathain, Reichenhainer Straße (51.4592,13.4549)

0,4 **04932 Röderland-Saathain** (51.4592,13.4549)

0,0 ⇩ Große Röder durch Gröditz in Große Röder (s. Seite 114),

Röderwildbett (Geißlitz) (51.4626,13.4517)

Nebenstrecke Kleine Röder (Schwarzgraben)
Aufgrund der Sperrungen und der geringen Wasserführung praktisch nicht befahrbar.

25,7 🡐 Kleine Röder (Schwarzgraben) von Große Röder (s. Seite 114), BV beachten (51.3459,13.4875)

25,7 –0,0 **§**, **X**, ganzj. BV Gabelwehr Zabeltitz bis Tiefenau und von Spansberg bis Zobersdorf (51.3458,13.4874)–(51.5062,13.4137)

0,0 ⇩ Kleine Röder (Schwarzgraben) in die Schwarze Elster (s. Seite 106) bei km 67,4, BV beachten (51.5064,13.4136)

17,2 Str-II K8512 Görzig - Zabeltitz (51.3584,13.4845)

13,7 Wege-II (51.3782,13.4587)

12,6 li Stichgraben zwischen Geißlitz und Kleiner Röder, **X**, Biberdamm (51.3817,13.4435)

11,8 Str-II K8573, re **01609 Röderaue-Pulsen**, Koselitzer Straße (51.3871, 13.4370)

10,8 Wege-II (51.3950,13.4315)

10,2 Schützen-▬ Teilungswehr Tiefenau, **X**, re ⩍ (51.3989,13.4275)

10,0 Str-II B169 Gröditz – Tiefenau, EB-II (51.4006,13.4256)

8,7 Wege-II (51.4123,13.4213)

7,9 Str-II K8578, li **01609 Nauwalde**, Nauwalder Straße (51.4190,13.4229)

6,7 Schützen-▬, **X**, ⩍ (51.4280,13.4306)

4,9 Str-II (51.4443,13.4292)

3,8 Str-II L59, li **04932 Röderland-Reichenhain** (51.4534,13.4292)

3,7 Schützen-▬ Reichenhain, **X**, ⩍ (51.4540,13.4300)

2,4 ▬Sohlrampe bei Saathain (51.4587,13.4460)

2,2 Str-II, re nach **04932 Röderland-Saathain**, Reichenhainer Straße (51.4597,13.4483)

1,8 re ⇩ Große Röder durch Gröditz in Große Röder, Röderwildbett (Geißlitz) (51.4626,13.4517)

0,1 Schützen-▬ Würdenhain, **X**, ⩍ (51.4740,13.4655)

0,0 ⇩ Große Röder in die Schwarze Elster (s. Seite 106) bei km 67,4 (51.4748,13.4663)

Kleine Elster

Wanderfluss
Mündung in Schwarze Elster bei km 55,5 (re Nebenfluss)

Die Kleine Elster ist ein rechter Nebenfluss der Schwarzen Elster. Sie ist ab Doberlug-Kirchhain mit allen Bootstypen befahrbar. In den letzten Jahren haben umfangreiche Renaturierungsarbeiten stattgefunden und damit dieses Flüsschen interessant gemacht. Die Arbeiten werden schrittweise fortgesetzt.

Schwierigkeiten: Ab Juni ist mit starker Verkrautung zu rechnen.

19,0 ⬇ Doberlug an Fußg-II, zu erreichen von Schönborner Straße, begrenzte Parkmöglichkeit. 🚆 Doberlug-Kirchhain in 2 km (51.6094,13.5424)

18,8 Str-II L60 Schönborner Straße, **03253 Doberlug-Kirchhain**, sehenswerte Altstadt, Klosteranlage, ✕ (51.6074,13.5421)

18,2 ➔ zur Lindenaer Mühle fahren (51.6026,13.5440);
■ der Lindenaer Mühle (51.6022,13.5443)

18,0 Wege-II Lindenaer Mühle (51.6012,13.5447)

17,5 Wege-II Lindena (51.5968,13.5419)

16,8 li ⇩ der Schacke (51.5927,13.5347)

16,6 Str-II, li **03253 Schönborn-Lindena**, Schönborner Straße (51.5911, 13.5325)

15,7 ■ Sohlgleite unterhalb Lindena, re ⏏ (51.5851,13.5254)

13,2 Renaturierungsstrecke, ➔ fahren (51.5705,13.4993)

11,9 Radweg-II Schadewitz, Fürst-Pückler-Radweg (51.5640,13.4876)

11,4 Str-II **03253 Schönborn-Schadewitz**, An der Elster (51.5619,13.4818);
⬆⬇-Möglichkeit Schadewitz (51.5619,13.4817)

7,9 Str-II K6220, **04924 Bad Liebenwerda-Thalberg**, An der Elster (51.5453,13.4443)

7,8 ⬆⬇-Möglichkeit Thalberg ⛺, danach schöner kurviger renaturierter alter Flusslauf, Kanal wurde zugeschüttet (51.5451,13.4438)

6,6 Beginn einer Renaturierungsstrecke, ⬅ fahren (51.5405,13.4296)

5,7 Ende der Renaturierungsstrecke (51.5381,13.4218)

4,9 ⬅ Mühlgraben Maasdorf, empfehlenswert, weil Befahrung ohne umtragen, gut ≈ Bootsgasse, 2. Möglichkeit, geradeaus zum ■ Maasdorf, dort re ⏏, danach evtl. flach (51.5393,13.4119)

4,7 Str-II L651, **04924 Bad Liebenwerda-Maasdorf**, ✕ (51.5390,13.4089)

4,6 Beginn einer Renaturierungsstrecke, ➔ fahren (51.5389,13.4073)

4,2 li ⇩, hier erreicht der Mühlgraben wieder den Flusslauf (51.5395,13.4027)

4,1 Ende der Renaturierungsstrecke (51.5396,13.4020)

3,7 ■ Sohlgleite, li Bootsrutsche, bei MW ≈, ansonsten treideln (51.5413, 13.3974)

3,6 Str-II B101 (51.5418,13.3953)

2,4 re ⛺ Grillplatz Winkel, Zufahrt aus Dorf Winkel über Feldweg möglich (51.5377,13.3805)

2,0 li ⚠ Gondelbetrieb, Beginn FND-Gebiet „Kleiner Spreewald“, einige Nebenarme befahrbar (51.5362,13.3754);
⬆⬇ Kleine Elster, ⏏ am ■ Siel zwischen Kleiner Elster und Schwarzer Elster (s. Seite 106) möglich (51.5361,13.3748)

1,7 ⬅ des Nebenarmes Hammergraben, der eine Rundfahrt ermöglicht (51.5384,13.3732)

0,9 li ⇩ des Hammergrabens (51.5459,13.3700)

0,7 re ⬆⬇ Anlegestelle Kahnhafen, Parkanlage, ✕ Sommercafé (51.5473, 13.3691)

0,6 ■ der historischen Mühle Wahrenbrück (51.5478,13.3687)

0,5 Wege-II Wahrenbrück (51.5484,13.3685)
0,4 Str-II L65 **04924 Uebigau-Wahrenbrück, OT Wahrenbrück** (51.5496, 13.3693)
0,3 ■ und ⇅ Wahrenbrück, Fahrt kann hier gut beendet werden, 🅿-Möglichkeit (51.5505,13.3691)
0,0 ⇩ Kleine Elster in die Schwarze Elster (s. Seite 106) bei km 55,5 (51.5524, 13.3665)

Rossel

Kleinfluss
Mündung in Elbe bei amtl. km 257,8 (re Nebenfluss)

Die Rossel ist ein Kleinfluss mit einer Breite < 5 m, mehrere Wehre. Mit Baum- und Strauchhindernissen sowie mit niedrigen Brücken muss gerechnet werden.

Befahrbarkeit: Ab Hundeluft nur bei sehr gutem Wasserstand, ab Thießen meist ganzjährig.

14,8 Str-II **06868 Coswig (Anhalt), OT Hundeluft**, Roßlauer Straße, ⬇ nur bei gutem Wasserstand (51.9642,12.3449)
14,4 Str-II Hundeluft, Mühlenweg (51.9624,12.3388)
11,6 Str-II Bahnhofstraße, li **06868 Thießen** (51.9548,12.3070)
11,3 Str-II Thießen, Kupferhammer aus dem 16. Jahrh, ⌘ (51.9533,12.3040);
■ Wassermühle Kupferhammer (51.9532,12.3037);
⬇ unterhalb des Wehres. Die Rossel ist zunächst recht schmal, die Fahrt geht durch Wald, mit Baum- und Strauchhindernissen ist zurechnen. Niedrige Stege. Befahrung bis zur Buchholzmühle sehr beschwerlich (51.9530, 12.3036)
9,0 Str-II zur Buchholzmühle (li) (51.9395,12.2852);
■ Buchholzmühle, X, ⏏ (51.9395,12.2851)
8,9 Weg-II an der Buchholzmühle (51.9390,12.2846)
7,6 EB-II, die Fahrt geht jetzt durch Felder (51.9314,12.2727)
6,7 ■ Mühlstedt, evtl. ≈ (51.9274,12.2625)
6,6 Str-II **06862 Dessau-Roßlau, OT Mühlstedt**, Dorfstraße (51.9266, 12.2620)
4,8 ■ Meinsdorf, X, li ⏏ durch Grundstück, Besitzer fragen (51.9121, 12.2536);
Str-II **06862 Dessau-Roßlau, OT Meinsdorf**, Lindenstraße (51.9122, 12.2537)
4,3 Weg-II Meinsdorf (51.9082,12.2502)
3,4 –3,3 EB-II (Tunnel), Licht erforderlich (51.9016,12.2484)–(51.9004, 12.2493)
3,1 Weg-II (51.8990,12.2477);
Stadtgebiet **Dessau-Roßlau** (51.8990,12.2477)
2,5 Str-II Roßlau, Waldstraße (51.8942,12.2489)
2,2 Fußg.-II Roßlau, Mühlenreihe, ⚠ danach auf 300 m steiniger Schwall.

Am Ende dieser Passage Staustufe mit spitzen Steinen, ⩍ mühsam (51.8916,12.2501)

1,9 Weg-II Roßlau, Mühlengang (51.8897,12.2520)

1,8 Str-II Roßlau, Hauptstraße (51.8883,12.2525)

1,5 Str-II B187 Roßlau, Südstraße (51.8865,12.2542)

1,4 Str. II Roßlau, Am Schloßgarten zur Wasserburg Roßlau (51.8857, 12.2536)

1,3 günstige ⬆ in Roßlau (51.8857,12.2536);
▬ Roßlau Hochwasserschutzanlage, keine Angaben (51.8850,12.2532)

0,7 Weg-II Roßlau (51.8835,12.2468)

0,2 Str-II B184 Dessau - Roßlau (51.8822,12.2398)

0,0 ⇩ der Rossel in die Mittelelbe (s. Seite 71) bei amtl. km 257,8 (51.8817, 12.2369)

Stromgebiet der Mulde

Nr. in Karte	Fluss	Wildwasser	Kleinfluss	Wanderfluss	Seengewässer	Kanal	Küstengewässer	Schifffahrtsstraße	Befahrungsregeln	Seite
26	Mulde			o					o	123
27	Freiberger Mulde	o		o						127
28	Gimmlitz	o								132
29	Bobritzsch	o								132
30	Striegis	o								134
31	Zschopau	o		o						136
32	Sehma	o								143
33	Pöhlbach	o								143
34	Preßnitz	o								145
35	Flöha	o								147
36	Natzschung	o								151
37	Schwarze Pockau	o								152
38	Große Lößnitz	o								154
39	Zwickauer Mulde	o		o					o	155
40	Schwarzwasser (Zwickauer Mulde)	o								161
41	Große Mittweida	o								163
42	Pöhlwasser	o								164
43	Rödelbach	o								165
44	Crinitzer Wasser	o								165
45	Chemnitz	o								166
46	Würschnitz		o							169
47	Zwönitz		o							170
48	Eilenburger Mühlgraben			o						125
49	Lober		o							173

Mulde

Weitere Namen: Vereinigte Mulde

Wanderfluss
Mündung in Elbe bei amtl. km 259,6 (li Nebenfluss)

Die Mulde fließt mit mäßiger Strömung durch Wiesen und Auwälder. Bei Bitterfeld durchquert sie den Muldestausee, der durch das Fluten eines ehemaligen Braunkohlen-Tageabbaus entstanden ist.
Befahrungsregeln: km 91,5 bis 63 (Eilenburg - Bad Düben): 31.10.-15.7. BV,

	übrige Zeit UV außer an der Fähre Gruna-Hohenpriessnitz km 62,2 bis 50,5 (Bad Düben - Muldestausee Pouch): freigestellt ist das Befahren der Mulde mit nicht motorbetriebenen Wasserfahrzeuge, jedoch ohne das Anlanden oder das Ankern an Sand- oder Kiesbänken oder unterhalb von Steilufern bzw. Uferabbrüchen. km 43,3 bis 0 (Auslaufbauwerk Muldestausee bis Mdg.): ganzj. BV, einschl. Nebengewässer
Befahrbarkeit:	Ganzjährig, auch mit Zweiern.

145,8 ⇩ Zusammenfluss von re Freiberger Mulde (s. Seite 127) und li Zwickauer Mulde (s. Seite 155) zur Mulde (51.1604,12.7981); Ursprung der Mulde durch Zusammenfluss ihrer beiden Quellflüsse Zwickauer Mulde und Freiberger Mulde. Die Befahrung der Mulde wird an geeigneter Stelle einer der beiden Quellflüsse oder bei Großbothen begonnen (51.1605,12.7981)

144,1 EB-II, Stromschnellen! (51.1737,12.7946)

142,2 Str-II K8339, li **04668 Grimma-Großbothen**, 🚆, ✕, re **04668 Grimma-Kössern** (51.1813,12.7764)

137,5 Personen-⛴ Höfgen, re **04668 Grimma-Höfgen**, ✕ (51.2105,12.7466)

137,0 li ⌘ Klosterruine Nimbschen, re Schiffsmühle Höfgen (51.2149,12.7484)

134,8 re ⌂ Seesportverein Albin Köbis, Grimma mit ⛺-Möglichkeit, www.seesportverein-grimma.de (51.2272,12.7262)

134,6 Hänge-II Grimma (51.2281,12.7258); li ⬆ Steg des Grimmaer RV mit 🅿-Möglichkeit, An der Großmühle, 04668 Grimma, www.ruderverein-grimma.de (51.2284,12.7254)

134,5 ▬ Grimma-Obermühle, re ⌓ (51.2293,12.7267)

134,2 li ⇩ Mühlgraben Grimma (51.2314,12.7288)

133,8 li **04668 Grimma**, 🚆, ✕, ⌘: historische Altstadt, Rathaus, Schloss (51.2351,12.7310)

133,4 Fußg.-II Grimma, Pöppelmannbrücke, wiederhergestellt nach Zerstörung beim Hochwasser 2002 (51.2383,12.7334)

133,3 ⬆⬇-Möglichkeit Anlegestelle Grimma, Kanu-⚓, 🅿 (51.2391,12.7330)

133,2 Str-II S11 Grimma (51.2400,12.7338)

129,3 re **04668 Grimma-Dorna** (51.2441,12.7576)

129,0 re **04668 Grimma-Döben** (51.2421,12.7613)

128,3 ▬ Golzern, li ⌓, weit (51.2467,12.7694)

127,9 Str-II Grimma, Zur Papierfabrik, li **04668 Grimma-Bahren**, ✕, re **04668 Grimma-Golzern** (51.2495,12.7717)

127,4 re ▤ Golzern 1 (51.2530,12.7775)

126,7 Str-II A14 (51.2575,12.7835)

125,5 re **Nerchau**, ✕ (51.2677,12.7831)

123,7 ▬ Trebsen, **X**, re ⌓ (51.2797,12.7705)

122,5 li ⇩ Mühlgraben Trebsen (51.2849,12.7652)

122,1 Str-II Brückenstraße, li **04687 Trebsen/Mulde**, ✕ (51.2880,12.7607)

120,0 Stromschnellen (Ehemaliges Wehr wurde zurückgebaut) (51.3047,

12.7566)

119,7 re **04808 Wurzen-Nitzschka** (51.3078,12.7574)

117,2 Stromschnelle (51.3241,12.7534)

115,3 Stromschnellen

113,6 li ⌂ Wurzener Rudervereinigung, Am Steinbruch 15, 04828 Bennewitz, www.wurzener-rudervereinigung.de , ☎ +49 3425 9862993 (51.3472, 12.7308)

113,2 re ✕ Fährhaus Dehnitz (51.3509,12.7293);
li **04828 Bennewitz-Schmölen** (51.3507,12.7277)

112,4 ■ Wurzen, re ⏏ (51.3578,12.7274);
re ⌂⚑ SG Lokomotive Wurzen, Damaschkestraße, 04808 Wurzen (51.3582,12.7281)

112,1 EB-II Wurzen (51.3600,12.7245)

111,6 Str-II B6, li **04828 Bennewitz**, re **04808 Wurzen**, 🚆, ✕ (51.3629, 12.7200)

109,1 Str-II (51.3756,12.7100)

104,6 ⇩ Mühlgraben Wurzen (51.4031,12.6839)

104,3 Weg- und Rohr-II, re **04808 Thallwitz-Canitz**, ✕ (51.4052,12.6813)

99,9 re **04808 Thallwitz-Kollau**, Steinufer (51.4266,12.6599)

98,6 li ← Eilenburger Mühlgraben von der Mulde (Stadtdurchfahrt Eilenburg) (51.4311,12.6454);
■ Kollau-Bobritzer Damm, re ⏏ oder vorher ← Mühlgraben durch Eilenburg fahren (51.4315,12.6453)

Nebenstrecke Eilenburger Mühlgraben

Der Eilenburger Mühlengraben ist eine interessante Nebenstrecke durch Eilenburg. Möglichkeit zum Besuch der Stadt und Übernachtung beim Ruderclub Eilenburg.

11,0 ← Eilenburger Mühlgraben von der Mulde (s. Seite 123) (Stadtdurchfahrt Eilenburg) (51.4311,12.6454)

4,0 Str-II B87 Eilenburg (51.4485,12.6292)

3,9 EB-II Eilenburg, Schwall unter der Brücke, re 🚆 Eilenburg (51.4488,12.6286)

3,5 Wege-II Eilenburg (51.4522,12.6302)

3,3 ⌂ Ruderclub Eilenburg mit ⛺-Möglichkeit, Stadtpark 2, 04838 Eilenburg, www.ruderclub-eilenburg.de , ☎ +49 3423 753684 (51.4534,12.6297)

2,5 Str-II Eilenburg, Leipziger Straße (51.4579,12.6267);
04838 Eilenburg (51.4579,12.6267)

2,4 Flussteilung, → fahren (51.4581,12.6267);
■ Sohlschwelle Eilenburg (51.4585,12.6274)

2,3 Str-II Eilenburg, Mühlwiese (51.4595,12.6276)

0,0 ⇩ Eilenburger Mühlgraben in die Mulde (s. Seite 123) (51.4636, 12.6401)

95,3 Str-II B87 Eilenburg (51.4557,12.6489);
EB-II Eilenburg, Steine in beiden äußeren Durchfahrten, treideln, Mitte je nach Wasserstand ≈, Schwallstrecke! (51.4562,12.6485)

94,4 Str-II Ziegelstraße, li **04838 Eilenburg**, bei NW unter der Brücke Sohlabsturz, Befahrbarkeit prüfen ⚠ (51.4620,12.6416)

94,2 li ⇩ Eilenburger Mühlgraben in die Mulde (51.4636,12.6401)

94,2 –66,7 **§** 01.11.-14.07. BV, übrige Zeit UV außer an der Fähre Gruna - Hohenpriessnitz (51.4637,12.6400)–(51.5858,12.5749)

86,8 li **04838 Eilenburg-Hainichen** (51.4873,12.6147)

79,8 Personen-⛴ Gruna, re ✕ Übernachtungs- und Biwakmöglichkeit (51.5278,12.6073)

78,1 re **04838 Laußig-Gruna** (51.5298,12.6174)

75,9 re **04838 Laußig** (51.5445,12.6252)

65,9 re ≣ Bad Düben (51.5908,12.5807);
Str-II B2/107, Pfähle im Fluss ⚠, re **04849 Bad Düben**, ✕, ⌘: Burg, Schiffsmühle (im Burggelände) (51.5908,12.5803)

62,2 –50,5 **§**, freigestellt ist das Befahren der Mulde mit nicht motorbetriebenen Wasserfahrzeuge, jedoch ohne das Anlanden oder das Ankern an Sand- oder Kiesbänken oder unterhalb von Steilufern bzw. Uferabbrüchen (51.6026,12.5411)–(51.6210,12.4190)

52,8 ⇩ der Lober (s. Seite 173) in die Mulde (51.6066,12.4315)

50,5 Str-II B 100/183 Äußere Dübener Straße, li **06774 Muldestausee-Pouch**, bekannt durch Poucher Faltboote (51.6210,12.4190);
Darunter ▬ Einlassbauwerk des Muldestausees ⚠. Im Zulaufbauwerk gibt es eine nicht sichtbare Grundschwelle aus Beton. Sie ist meist unkompliziert befahrbar, aber in Einzelfällen kommt es durch unterschiedliche Wasserstände zwischen Mulde und Stausee (Hochwasser, Absenken des Stauspiegels) zu einem stärkeren Gefälle mit starken Verwirbelungen bis Schwall. Vorher ansehen, es gab schon tödliche Unfälle ⚠. Beginn des Muldestausees (51.6211,12.4190)

44,3 li ⌂ WSC Friedersdorf, ⛺, Am Seeufer 8, 06774 Muldestausee, www.wsc-friedersdorf.de , ☎ +49 3493 55000, ⓘ ☎ +49 178 5563358, vorstand01@wsc-friedersdorf.de (51.6547,12.3628)

43,9 Str-II L138, li **06774 Muldestausee-Friedersdorf**, re ⚒ Muldenstein (51.6551,12.3574);
▬ Auslaufwerk Muldenstein, Ende des Muldestausees, li ⏏. Besser ist es wegen der folgenden Sperrstrecke die Fahrt zu beenden (51.6550, 12.3573)

42,4 EB-II Muldenstein (51.6527,12.3373)

42,4 –0,0 **§** ganzj. Befahrungsverbot (51.6529,12.3372)–(51.8692,12.2312)

33,9 ⌂ KC Jeßnitz/Anhalt, ⛺, Muldensteiner Str. 32, 06800 Jeßnitz, www.kc-jessnitz.de , ☎ +49 3494 77576 (51.6821,12.3131)

33,5 Str-II L138, li **06800 Jeßnitz (Anhalt)** (51.6839,12.3081)

33,4 ▬ Jeßnitz (51.6842,12.3081)

27,0 ⌂⚑ Kanu Raguhn, Wittenberger Str. 1a 06779 Raguhn (51.7114, 12.2974)
26,9 Str-II L136 Rathausstraße, li **06779 Raguhn** (51.7116,12.2956)
26,7 ▬ Raguhn (51.7126,12.2945)
8,0 re ⌂ Rudervereinigung Dessau, Tiergarten 3, 06842 Dessau-Roßlau, www.rv-dessau.de (51.8300,12.2479)
7,7 Fußg.-II Dessau, Tiergartenbrücke (51.8315,12.2499)
7,6 ▬ Dessau (51.8323,12.2513)
7,4 Str-II B185 Ludwigshafener Straße, li **06844 Dessau-Roßlau** (51.8337, 12.2522)
0,0 ⇩ der Mulde in die Mittelelbe (s. Seite 71) bei amtl. km 259,6 (51.8691, 12.2310)

Freiberger Mulde

Wildwasser, Wanderfluss
Mündung in Mulde bei km 145,8 (re Nebenfluss)

Die Freiberger Mulde ist in ihrem Oberlauf ein leichter Wildfluss mit schneller Strömung und mäßiger Verblockung, nur für Einer. Der Unterlauf ab Hilbersdorf (km 80,1) ist leichter, bei NW jedoch etwas mühsam. Sehr zahlreiche Wehre, die Mehrzahl erfordert das Umtragen. Es ist mit Veränderungen durch Ausbaumaßnahmen sowie Aufräumungsarbeiten zu rechnen.

Befahrbarkeit: Oberlauf nur bei HW, nur für Einer (Abflussmenge Q zwischen 3,5 bis 6 m³/s am Pegel Mulda 1), ab Hilbersdorf wahrscheinlich ganzjährig, je nach Wasserstand auch für Zweier.
Pegel: Leisnig, Mahlitzsch, Nossen 1, Berthelsdorf und Mulda 1.
Schwierigkeiten: km 119,6 – 50,8 WW I.

111,5 ▬ Rechenberg-Bienenmühle unmittelbar nach li-Kurve (50.7401,13.5333)
111,3 Str-II B171 Bahnhofstraße,**09623 Rechenberg-Bienenmühle**, ⬇, 🅿 an Kaufhalle (50.7407,13.5304)
108,1 Str-II li nach Clausnitz (50.7567,13.5018)
105,7 Str-II Ölmühle (50.7716,13.4859);
re ⇩ Nassauer Dorfbach (50.7719,13.4858)
105,6 EB-II (50.7722,13.4850)
104,1 Weg-II (50.7784,13.4700)
103,3 ▬, X, bei geringem Wasserstand 3 km ⏏, li Wasserableitung, Mühle mit Kraftwerk (50.7829,13.4631)
101,4 Str-II Talstraße (50.7938,13.4526)
101,2 EB-II (50.7960,13.4515)
100,6 EB-II (50.7995,13.4490)
100,3 li ⇩ Wehrkanal (50.7993,13.4452)
100,2 Weg-II (50.7998,13.4438)
98,8 ⬆ an geeigneter Stelle am Ortseingang Mulda (50.8028,13.4262);
Str-II Mulda, Alte Dorfstraße (50.8028,13.4260)

98,8 –96,8 ⚠ in der Ortsdurchfahrt Mulda. Es wurden an beiden Ufern Hochwasserschutzmauern errichtet. Die frei gebliebenen Uferstrecken sind größtenteils Privatbesitz und mit Zäunen abgetrennt. Bei der für eine Befahrung der oberen Strecke der Freiberger Mulde empfohlenen Durchflussmenge zwischen 3,5 bis 6 m³/s am Pegel Mulda 1 ist es in diesem Bereich nicht mehr möglich, vor den beiden unbefahrbaren Wehren und etwaigen Hindernissen auszusetzen. Deshalb sollte hier die Fahrtetappe beendet oder die Boote bis zur Brücke der Freiberger Straße in Mulda umtragen werden (ca. 2 km) (50.8028,13.4261)–(50.8118,13.4056)

98,2 Str-Ⅱ Mulda (50.8070,13.4209)

98,0 Weg-Ⅱ Mulda (50.8073,13.4192)

97,7 Str-Ⅱ Bahnhofstraße, **09619 Mulda/Sachsen** (50.8073,13.4150);
≣ Mulda 1 (50.8073,13.4147)

97,4 Str-Ⅱ Mulda, Bahnhofstraße (50.8088,13.4110)

97,3 li ⇩ Chemnitzbach (befahrbar bei guten Wasserstand ab Dorfchemnitz) (50.8088,13.4100)

97,2 Schützen-▬ Sägewerk Schönlebe, **X**, Befahrung verboten, 03/2019 Unfall mit Todesfolge (50.8093,13.4085)

97,0 Weg-Ⅱ Mulda (50.8103,13.4072)

96,9 Schlauch-▬ Ortsausgang Mulda, **X**, Befahrung verboten (50.8116, 13.4062)

96,8 Str-Ⅱ Mulda, Freiberger Straße (50.8118,13.4055);
li ⬇ nach dem ⌓ der beiden unbefahrbaren Wehre (50.8119,13.4054)

96,1 EB-Ⅱ (50.8174,13.4021)

94,5 ▬ Straußmühle (50.8270,13.4093)

94,4 EB-Ⅱ (50.8267,13.4080)

92,5 ▬ Holzschleiferei Weigmannsdorf (50.8391,13.3996)

92,2 Str-Ⅱ **09638 Lichtenberg/Erzgebirge**, Hauptstraße, ⇅, 🅿 re oben vor einer Kaufhalle (50.8411,13.4019)

91,8 ▬ Talmühle Weigmannsdorf, li Wasserableitung (50.8440,13.4012);
EB-Ⅱ (50.8442,13.4015)

91,4 re ⇩ der Gimmlitz (s. Seite 132) in die Freiberger Mulde (50.8477,13.4029)

91,1 Str-Ⅱ (50.8497,13.4003);
li ⇩ Wehrkanal (50.8498,13.4002)

90,6 ▬ Holzschleiferei Exner (50.8528,13.3961)

88,8 ≣ Berthelsdorf

88,5 ▬ (50.8660,13.3901)

88,1 Str-Ⅱ S206 **09600 Weißenborn/Erzgebirge** (50.8689,13.3936)

87,9 Oberes Weißenborner ▬, es folgt eine Papierfabrik (50.8697,13.3945)

86,9 ▬ Staustufe Weißenborn (50.8773,13.3985)

84,9 Oberes ▬ Pulvermühle (50.8905,13.3831)

83,5 Unteres ▬ Pulvermühle (50.8937,13.3922)

82,6 EB-Ⅱ (Viadukt) Muldenhütten (50.8999,13.3874)

81,9 Str-Ⅱ Freiberg, Industriegebiet Muldenhütten (50.9039,13.3794)

80,7 ▬ Schneidmühle/Obere Ratsmühle, (zerstört) (50.9086,13.3833)

80,0 ■ Papierfabrik Hilbersdorf, zerstört (50.9132,13.3843);
Str-II **09627 Bobritzsch-Hilbersdorf**, Alte Hauptstraße, ⬇, ab hier auch für Zweier (50.9137,13.3843)
78,9 Str-II B173 Freiberg, Dresdner Straße (50.9181,13.3751)
78,7 Weg-II Freiberg, Talweg (50.9188,13.3733)
78,0 ■ Pappenfabrik Halsbach, li Wasserableitung (50.9243,13.3743)
77,2 Weg-II (50.9289,13.3717)
76,6 ■-Schwelle der Fuchsmühle Conradsdorf (50.9338,13.3731)
76,1 Weg-II re zur Fuchsmühle (50.9376,13.3747)
75,1 2 Str-II Freiberger Straße, re **09633 Halsbrücke-Conradsdorf** (50.9414, 13.3686)
74,4 Str-II Halsbrücke, Ratsmühlenweg (50.9443,13.3606)
72,9 Str-II Krummenhennersdorfer Straße, li **09633 Halsbrücke** (50.9562, 13.3558)
71,9 Str-II Halsbrücke, August-Bebel-Str (50.9577,13.3455)
69,9 Str-II Halsbrücke, Am Hammerberg (50.9610,13.3371)
69,8 Rohr-II (50.9598,13.3361)
69,4 Str-II Halsbrücke, Alte Meißner Straße (Altväterbrücke) (50.9585, 13.3313)
69,2 ■ Pappenwerk Großschirma, li Fischtreppe (50.9593,13.3295)
67,5 Str-II **09603 Großschirma**, Hauptstraße (50.9668,13.3132)
67,2 Werk-II Großschirma (50.9694,13.3109)
66,8 Werk-II Großschirma (50.9716,13.3131)
63,5 Str-II Großschirma, Lindenstraße (50.9857,13.3072)
61,7 Str-II An der Wäsche, li **09603 Großschirma-Kleinvoigtsberg** (50.9962, 13.3099)
59,8 Schräg-■ Buschmühle Obergruna (51.0044,13.3194)
59,3 Str-II Hammer (51.0039,13.3237)
58,7 ■ Amtsmühle Obergruna, li Wasserableitung (51.0085,13.3278)
58,3 li ⇩ Mühlgraben, Rückkehr des abgeleiteten Wassers (51.0113,13.3287);
Str-II Dorfstraße, li **09603 Großschirma-Obergrunau** (51.0117,13.3288)
57,2 ■ Illgen/Bieberstein am Zollhaus, zerstört (51.0176,13.3353)
56,9 Str-II S195 Am Zollhaus (51.0199,13.3387)
56,8 re ⇩ der Bobritzsch (s. Seite 132) in die Freiberger Mulde (239 m über NN) (51.0205,13.3394);
EB-II (51.0208,13.3393)
55,9 ■ Steyermühle (51.0253,13.3301)
54,6 li ⇩ Wehrkanal (51.0315,13.3220)
54,0 überdachte Str-II (51.0361,13.3170)
53,9 Str-II A4 (51.0373,13.3158)
52,2 Fußg.-II zum Sportplatz Nossen (51.0510,13.3113)
51,9 ■ Obermühle Nossen (51.0538,13.3117)
51,6 ■ ehemaliges Sägewerk Nossen (51.0555,13.3091)
51,1 Str-II B101 **01683 Nossen**, Dresdner Straße, 🚂, ✕ (51.0579,13.3047);

≣ Nossen 1
50,8 EB-II Nossen (51.0608,13.3038)
50,7 Fußg.-II Nossen (51.0614,13.3030)
49,9 ■ Papierfabrik Nossen, li Wasserableitung (51.0652,13.2944)
49,7 li ⇩ Wehrkanal Nossen (51.0663,13.2924)
49,2 Str-II B175 Nossen, Döbelner Straße (51.0634,13.2877)
48,2 Str-II Nossen, Zellaer Straße (51.0637,13.2753)
47,9 EB-II Nossen (51.0632,13.2714);
■ Nossen, re Wasserableitung (51.0630,13.2708)
47,1 re ⇩ Mühlgraben (51.0670,13.2651)
46,2 EB-II (51.0654,13.2570)
45,1 ■ Burgmühle Gleisberg (Teufelsmühle), re Wasserableitung (51.0647, 13.2444)
44,9 re ⇩ Mühlgraben (51.0642,13.2419)
44,8 Str-II K7597/8297, re 🚉 Gleisberg-Marbach (51.0643,13.2406)
42,9 ■ Silberwäsche Gersdorf (51.0672,13.2174)
42,6 Str-II Erzweg (51.0685,13.2126)
42,1 li ⇩ Wehrkanal (51.0678,13.2068)
41,9 EB-II Roßwein (51.0684,13.2042)
41,5 ■ Armaturenwerk Rosswein (51.0674,13.1989)
40,7 Str-II Roßwein, Uferstraße (51.0644,13.1896)
40,4 Str-II K7522 **04741 Roßwein**, 🚉, ✕ (51.0630,13.1865)
40,1 Str-II Roßwein, Bahnhofstraße (51.0624,13.1823)
39,8 Rohr-II Roßwein (51.0630,13.1780)
39,7 ■ Roßwein (51.0635,13.1763)
39,5 Fußg.-II Roßwein (51.0640,13.1746)
38,5 ■ Roßwein Grüne Aue, zerstört (51.0707,13.1696)
38,4 Str-II (51.0706,13.1684)
37,6 EB-II (51.0738,13.1598)
37,5 Schwall (51.0738,13.1588)
37,2 Str-II S34 (51.0750,13.1542)
36,8 li ⇩ der Striegis (s. Seite 134) in die Freiberger Mulde (181 m über NN) (51.0774,13.1513)
36,7 EB-II Niederstriegis (51.0776,13.1527)
36,0 ■ Niederstriegis (51.0833,13.1519)
35,9 Str-II Bahnberg, li **04741 Niederstriegis**, 🚉 (51.0839,13.1510)
35,7 re ⇩ Mühlgraben (51.0856,13.1509)
35,3 EB-II Niederstriegis (51.0873,13.1467)
34,9 Str-II **04741 Niederstriegis-Mahlitzsch**, Schweizerberg (51.0877, 13.1407)
34,8 ≣ Mahlitzsch
33,0 ■ Neugreußnig (51.1001,13.1352);
li **04720 Döbeln-Neugreußnig** (51.1003,13.1348)
32,5 li ⇩ Mühlgraben (51.1041,13.1315)
31,7 EB-II (51.1110,13.1313)

31,3 ▬ Mischfutterwerk Sörmitz (51.1149,13.1327)
30,9 re ⇩ Mühlgraben (51.1178,13.1305);
Str-II (51.1179,13.1303)
30,4 li ← der Flutmulde Döbeln über ein Wehr, Weiterfahrt geradeaus (51.1213,13.1268)
30,2 ▬ Staupitz-Mühle Döbeln (51.1227,13.1258)
30,1 Str-II, **04720 Döbeln**, Oberbrücke, 🚂, ✕ (51.1235,13.1245)
29,7 Schlossberg-▬ Döbeln, davor Weg-II (51.1229,13.1208)
29,5 Weg-II Döbeln, Staupitzstraße (51.1223,13.1180)
29,3 Str-II Döbeln, Rosa-Luxemburg-Straße (51.1225,13.1160)
29,2 li ⇩ Flutmulde Döbeln (51.1226,13.1140)
28,9 Str-II Döbeln, Friedrichstraße (51.1230,13.1102)
27,5 EB-II Döbeln (51.1311,13.0996)
27,4 ▬ Döbeln-Bauchlitz, vor EB-II li ⏏ (51.1310,13.0989)
27,2 Str-II B175 Döbeln, Grimmaische Straße (51.1303,13.0963)
26,7 Str-II B169 Döbeln (51.1311,13.0895)
26,4 re ⇩ Mühlgraben Brauchlitz (51.1326,13.0851)
24,7 ▬ Technitz, **X**, li ⏏ (51.1305,13.0638)
24,5 Str-II **04720 Döbeln-Technitz**, Westewitzer Straße (51.1296,13.0625)
23,8 EB-II (51.1298,13.0524)
23,7 li ⇩ der Zschopau (s. Seite 136) in die Freiberger Mulde (51.1295, 13.0521)
23,0 re 🏠⚑ ESV Lokomotive Döbeln, ⛺, Bischofswiese, 04720 Döbeln OT Technitz, www.spitzstein-drachen.de , ☎ +49 3431 678585 (51.1325, 13.0432)
21,4 Str-II, re **04720 Großweitzschen-Westewitz**, 🚂, ✕ (51.1357,13.0234)
19,9 Schützen-▬ Scheergrund, **X**, li ⏏, re Wasserableitung (51.1447, 13.0079)
18,7 re ⇩ Mühlgraben (51.1545,13.0099)
18,2 re 🚂 Klosterbuch (51.1571,13.0042)
16,5 ▬ Klosterbuch, re ⏏ durch ehemaliges Klostergut bis zur II, bei NW war es möglich, direkt über das Wehr umzutragen, re Wasserableitung (51.1517,12.9842)
16,2 re ⇩ Wehrkanal (51.1522,12.9806);
Str-II K7515 **04703 Leisnig-Klosterbuch** (51.1521,12.9800)
13,3 EB-II Leisnig (51.1609,12.9467)
12,5 li 🏠⚑ Kanu-Leisnig e.V, ⛺, An der Muldenwiese, 04703 Leisnig, www.kanu-leisnig.de (51.1622,12.9352)
12,4 Schlauch-▬ Leisnig, ⏏, Schlauch nicht betreten (51.1632,12.9347)
11,9 ≣ Leisnig;
Str-II S36 **04703 Leisnig**, Waldstraße, 🚂, ✕, ⌘ Burg Mildenstein (51.1645,12.9274)
11,6 Fußg.-II Leisnig, Schloßberg (51.1661,12.9237)
11,4 ▬ Leisnig-Tragnitz, re ⏏, li Wasserableitung (51.1675,12.9224)

10,8 li ⇩ Wehrkanal (51.1718,12.9174)
10,3 re ⇅ Leisnig-Fischendorf (51.1748,12.9136);
Str-II Leisnig (Umgehungstraße) (51.1749,12.9132)
8,6 Weg-II nach Altleisnig (li) (51.1773,12.8938)
6,3 EB-II, dahinter Stromschnellen (51.1646,12.8742)
6,0 li **04703 Leisnig-Röda** (51.1625,12.8714)
3,1 li Kanu-⚓ Schloss Podelwitz ⌘ (Museum, Übernachtung), ✕ (51.1534, 12.8350)
2,7 Str-II, li **04680 Colditz-Podelwitz**, re **04680 Colditz-Tanndorf** (51.1548, 12.8304)
0,4 Str-II An der Freiberger Muldenbrücke, li nach Sermuth, re ✕ am Sportplatz (51.1576,12.8010)
0,0 ⇩ Zusammenfluss von re Freiberger Mulde und li Zwickauer Mulde (s. Seite 155) zur Mulde (s. Seite 123) bei km 145,8 (51.1604,12.7981)

Gimmlitz

Wildwasser
Mündung in Freiberger Mulde bei km 91,4 (re Nebenfluss)

Eine genaue Beschreibung dieses kurzen Wildbaches mit Ursprung im Osterzgebirge in etwa 800 m Höhe ist nicht bekannt.
Fahrtstrecke: ⬇ 400 m nach der Talsperre (Röhrenbrücke), 6 km bis ⇩ in Freiberger Mulde, 3 ▬ und mehrere Stufen.

Befahrbarkeit: nur bei ausreichender Wasserabgabe der Talsperre Lichtenberg.
Schwierigkeiten: WW I – II bei einem Gefälle von 10 ‰.

6,6 ▬ Talsperre Lichtenberg (50.8116,13.4529)
0,0 ⇩ der Gimmlitz in die Freiberger Mulde (s. Seite 127) bei km 91,4 (50.8477,13.4029)

Bobritzsch

Wildwasser
Mündung in Freiberger Mulde bei km 56,8 (re Nebenfluss)

Die Bobritzsch hat ihre Quelle südöstlich von Frauenstein in etwa 680 m Höhe. Danach fließt sie durch ein 12 km langes Straßendorf. Hinter Naundorf folgt der landschaftlich schönste Teil, ein Tal mit Wiesen und bis an den Fluss reichenden Wäldern. Von Naundorf bis Reinsberg führt parallel zum Fluss ein Wanderweg durch das Naturschutzgebiet Grabentour. Mit dem PKW ist der Fluss nur an wenigen kreuzenden Straßen erreichbar. Die Schwierigkeiten sind gering, aber sehr naturbelassen, WW I die Schrägwehre sind alle evtl. befahrbar.
Gefälle: 6,6 ‰ von Naundorf bis Zollhaus.

Befahrbarkeit: Nur bei hohem Wasserstand (Zeit der Schneeschmelze un nach starken Regenfällen, mindestens 6..8 m3/s erforderlich) Ab 12 m³/s verschwinden alle Steine unter Wasser, dann hoh Fließgeschwindigkeit, starke Wellenbildung, ▬ vor Befahrun

	besichtigen.
Pegel:	Krummenhennersdorf 1.

31,4 Str-Ⅱ **09627 Bobritzsch-Hilbersdorf, OT Oberbobritzsch**, mögliche ⬇ Oberbobritzsch am südlichen Ortsbeginn bei HW, 440 m über NN. Ober- und Niederbobritzsch ist ein langes Straßendorf. Daraus resultiert eine Vielzahl von Brücken, die hier nicht dargestellt sind. Ebenso existiert eine Vielzahl von Ufermauern (50.8502,13.4794)
29,0 ■ Körnermühle (50.8650,13.4605)
27,3 ■ Neumühle (50.8764,13.4542)
23,3 ■ Kirchenmühle Niederbobritzsch (50.8977,13.4351)
23,2 Str-Ⅱ **09627 Bobritzsch-Hilbersdorf, OT Niederbobritzsch**, Hauptstraße, 🚆 (50.8983,13.4345)
22,6 EB-Ⅱ Niederbobritzsch (50.9025,13.4363)
22,2 re ⇩ Sohrbach, 388 m über NN (50.9051,13.4354)
20,5 ■ Erlermühle, li Wasserableitung (50.9142,13.4320)
19,7 ■-Schwelle Niederbobritzsch (50.9180,13.4308)
19,6 Str-Ⅱ Ortsende Niederbobritzsch (50.9191,13.4305)
17,6 Str-Ⅱ **09627 Bobritzsch-Hilbersdorf, OT Naundorf**, Dorfstraße, günstige ⬇, 351 m über NN, re 🅿 (50.9324,13.4367);
re ⇩ Colmnitzbach (50.9326,13.4368)
17,2 Str-Ⅱ Naundorf, Oberer Engen (50.9336,13.4320)
17,0 Str-Ⅱ Naundorf, Dorfstraße (50.9341,13.4290)
16,4 langes Schräg-■ Naundorf, Spielwalze (50.9360,13.4223);
Str-Ⅱ Naundorf (50.9362,13.4216)
16,2 Fußg.-Ⅱ Naundorf (50.9359,13.4189)
15,9 Str-Ⅱ B173 Naundorf, Dresdner Straße/Freiberger Straße (50.9375, 13.4162)
14,1 ■, li Wasserableitung (50.9485,13.4022)
13,2 li ⇩ Wehrkanal (50.9536,13.3986)
13,1 Str-Ⅱ K772 Dorfstraße, li **09633 Halsbrücke-Falkenberg**, 321 m über NN (50.9543,13.3978)
12,8 Weg-Ⅱ Falkenberg (50.9568,13.3961)
11,3 Weg-Ⅱ Schafbrücke (50.9662,13.3961)
9,9 Wege-Ⅱ Salzbrücke (50.9734,13.3908)
7,8 ■ Hofmühle (50.9803,13.3761)
7,4 Str-Ⅱ Oberschaarer Straße (50.9831,13.3788);
re ⇩ Rodelandbach (50.9833,13.3790)
6,7 Str-Ⅱ **09633 Halsbrücke-Krummenhennersdorf**, Halsbrücker Straße (50.9836,13.3701);
▤ Krummenhennersdorf, 292 m über NN
6,6 ■ Krummenhennersdorf (50.9841,13.3699)
6,5 Str-Ⅱ Krummenhennersdorf, Beginn LSG Grabentour, bei MW leichte Verblockung mit schönen Spielstellen, nach einer re-Kurve re Naturdenkmal Zitzenfichte (50.9853,13.3702)

2,3 ▬ Mühle Niederreinsberg (51.0060,13.3543)
2,1 ▬ Sohlschwelle (51.0069,13.3535)
1,8 Str-II Lindenallee, li **09629 Reinsberg-Bieberstein**, re **09629 Reinsberg** (51.0096,13.3519)
1,7 ⇩ Dittmannsdorfer Bach, 248 m über NN (51.0103,13.3510)
1,3 li Schloss Bieberstein
0,2 Str-II S195 Am Zollhaus (51.0195,13.3417);
mögliche ⬆ Zollhaus, P-Möglichkeit am ehemaligen Zollhaus (51.0196, 13.3417)
0,0 ⇩ der Bobritzsch in die Freiberger Mulde (s. Seite 127) bei km 56,8 (239 m über NN) (51.0205,13.3394)

Striegis

Weitere Namen: Große Striegis

Wildwasser
Mündung in Freiberger Mulde bei km 36,8 (li Nebenfluss)

Die Große Striegis fließt durch das Landschaftsschutzgebiet Striegistäler und ist dadurch weitgehend naturbelassen. Teilweise ist mit Hindernissen durch Büsche und Bäume zu rechnen. Der Fluss ist nur an wenigen kreuzenden Straßen erreichbar. Interessant sind die zahlreichen unter Denkmalschutz stehenden Gewölbebrücken aus Naturstein.
In Berbersdorf Vereinigung von Großer und Kleiner Striegis zur Striegis. Bisher noch keine nennenswerten Beeinträchtigungen durch Ableitungen.

Befahrbarkeit:	Nur bei gutem Wasserstand nach der Schneeschmelze oder starkem Regen. Einzugsgebiet 286 km², 2,6 m³/sec an der Mündung, Gesamtlänge 48 km. Gefälle: ca. 5 ‰.
Pegel:	Oberschöna 1, Böhrigen.
Schwierigkeiten:	WW I.

40,4 ▬ Sohlschwelle Linda, ab **09618 Brand-Erbisdorf, OT Linda** befahrbar, aber wenig lohnend (begradigt, Ortsdurchfahrten, eng) (50.8738,13.2852)
40,1 Str-II Linda, Dorfstraße (50.8751,13.2822)
39,8 ▬ Schrödermühle, **X**, ⛺ (50.8771,13.2809)
38,3 Str-II Oberschöna, Dorfstraße, es folgen mehrere II (50.8875,13.2742)
36,6 ▬ Mühle Oberschöna (50.8946,13.2564)
35,5 li ≣ Oberschöna 1, gut ab 0,55 m, weiter Wiesen bis Ende Wegefahrt, keine Hindernisse, (50.9022,13.2481);
Str-II B173 **09600 Oberschöna** (50.9025,13.2478)
35,4 günstige ⬇ Oberschöna, re 🚌-Haltestelle (50.9034,13.2474)
35,0 Str-II Oberschöna, Dorfstraße (50.9059,13.2439)
34,4 EB-II Wegefahrther Viadukt, davor Str-II (50.9098,13.2413)
33,9 Str-II Wegefahrt (50.9135,13.2445)
33,5 Str-II **09600 Oberschöna-Wegefahrt**, Talstraße (50.9173,13.2428)
33,3 Str-II Wegefahrt, Talstraße (50.9187,13.2430)
33,0 Str-II Wegefahrt, Am Schirmbach (50.9194,13.2455);

li ⇩ Schirmbach (340 m ü. NN), bis Bräunsdorf Wald und Wiesen, naturbelassene Ufer, mäandrierend, ⚠ wegen tiefhängender Bäume und Sträucher (50.9195,13.2460)

32,8 Str-II Wegefahrt, Untere Striegisgasse (50.9208,13.2466)

32,5 Str-II Wegefahrt, Talstraße (50.9211,13.2424)

31,7 ▬ Stephansmühle, zerstört (50.9212,13.2326)

30,4 li ⇩ Kemnitzbach (50.9256,13.2228)

30,3 Str-II Wingendorfer Straße (50.9256,13.2226)

28,5 Str-II **09600 Oberschöna-Zechendorf**, An der Striegis, 🅿 beim Huthaus Bräunsdorf, ab hier bis Böhrigen sehr schönes Waldtal, lohnender Abschnitt (50.9367,13.2070)

28,0 Str-II **09600 Oberschöna-Bräunsdorf**, Hainicher Straße (50.9398, 13.2045)

26,7 ▬-Schwelle Kirstenmühle (50.9487,13.2014)

26,4 Schräg-▬ Hammermühle, h = 2 m, über 1 km Wasserableitung, bei ≣ Oberschöna > 0,55 m keine Probleme (50.9493,13.1992)

25,8 Wege-II Hammermühle (50.9530,13.1973)

25,5 li ⇩ Riechberger Bach mit Wehrkanal, Rückführung des abgeleiteten Wassers (50.9553,13.1965)

25,3 ▬ Wiesenmühle (50.9567,13.1951)

24,3 Str-II Zur Wiesenmühle (50.9621,13.1929)

24,2 re ⇩ Mühlgraben Wiesenmühle (50.9620,13.1946)

21,6 Str-II Heumühlenstraße (50.9748,13.2090)

19,8 Str-II **09661 Striegistal-Goßberg**, Reichenbacher Straße (50.9859, 13.2040)

18,8 ▬ unterhalb Goßberg (50.9879,13.1929)

18,7 Weg-II (50.9894,13.1936)

18,6 re ⇩ Aschenbach (50.9898,13.1944)

18,1 li ⇩Mühlgraben (50.9888,13.1894)

17,5 Str-II S34 **09661 Striegistal-Pappendorf** (50.9902,13.1826)

17,4 Str-II Pappendorf, alte Steinbrücke, Denkmalschutz (50.9906,13.1822)

17,2 Str-II Pappendorf, Mühlstraße (50.9922,13.1811)

16,6 ▬ Pappendorf (50.9929,13.1730)

16,2 Wege-II (Steinbogenbrücke) (50.9953,13.1717)

14,8 Schräg-▬ Kaltofen, h = 2,5 m (50.9971,13.1641)

14,7 Str-II (50.9967,13.1628)

14,2 ⇩ Wehrkanal (50.9987,13.1636)

13,3 Str-II A4 (51.0004,13.1619);
▬ Kaltofen, zerstört (51.0007,13.1617)

12,3 Str-II Talstraße (51.0061,13.1594)

11,9 ▬ Berbersdorf, zerstört (51.0085,13.1592)

11,5 li ⇩ Kleine Striegis (Einzugsgebiet 69 km², Abfluss 0,61 m³/s; Kleine Striegis bei viel Wasser fahrbar ab Hainichen, 8 km; Schönes Waldtal, Bach teilweise nur 3-5m breit; Achtung auf Baumhindernisse; Mehrere ▬;

Gaststätten in der Steyermühle und im Landhaus Kalkbrüche; Fahrbar bei Pegel der Großen Striegis in Niederstriegris ab 110 cm.) (51.0103, 13.1575);
Str-II Striegistal (51.0103,13.1577)

10,7 EB-II (51.0147,13.1630)

10,6 Str-II (51.0150,13.1622)

10,3 EB-II (51.0163,13.1638)

10,0 re Steinbrüche (51.0180,13.1663)

9,4 EB-II (51.0225,13.1634)

8,0 Str-II **09661 Striegistal-Böhrigen**, Roßweiner Straße, ✕. Günstige ⬆ li oder re vor der Brücke. Ab hier bis Grunaer Mühle reguliert und begradigt durch Wiesen und Ortschaften, nicht mehr so schön wie oberhalb (51.0314,13.1593);
▤ Böhrigen an der Brücke, günstig ab 0,50 m für Fahrt ab Berbersdorf (51.0314,13.1591)

7,8 ▬ Böhrigen, zerstört (51.0314,13.1561)

7,2 Str-II **09661 Striegistal-Tiefenbach**, Karl-Wagner-Straße (51.0353, 13.1522)

6,1 ehemalige EB-II (51.0426,13.1476)

5,5 Str-II Waldheimer Straße (51.0472,13.1482)

5,1 re ⇩ Etzdorfer Bach (51.0497,13.1522)

4,2 Weg-II (51.0561,13.1538)

3,8 ▬ Grunau 1,5 m, schräg, 1,5 m, schräg, gefährliche Walze ⚠, auf linker Seite ⩊, re Wasserableitung (51.0597,13.1519)

3,7 Str-II Grunau, Hohenlaufter Weg (51.0605,13.1512)

3,3 Str-II **04741 Niederstriegis-Grunau** (51.0636,13.1499)

3,2 EB-II (51.0643,13.1501)

3,0 re ⇩ Wehrkanal (51.0663,13.1506)

2,7 EB-II (51.0665,13.1460)

2,2 bis zur ⇩ folgt ein reizvoller Abschnitt (51.0683,13.1418)

1,9 EB-II (51.0707,13.1431)

1,2 EB-II (51.0737,13.1404)

1,1 Str-II K7596 Talstraße (51.0744,13.1388)

0,3 Str-II S34, li **04741 Niederstriegis**, mögliche ⬆ (51.0769,13.1478)

0,0 ⇩ der Striegis in die Freiberger Mulde (s. Seite 127) bei km 36,8 (181 m über NN) (51.0774,13.1513)

Zschopau

Wildwasser, Wanderfluss
Mündung in Freiberger Mulde bei km 23,7 (li Nebenfluss)

Die Zschopau ist in ihrem Oberlauf, bis Hopfgarten, ein kleiner Wiesenfluss, der bei Hochwasser zum reißenden Wildfluss werden kann. Unterhalb Hopfgarten wird die Zschopau zu einem landschaftlich interessanten Wanderfluss mit alten Burgen und Schlössern auf den Felsen neben dem Fluss. Allerdings ist im Sommer meistens der

Wasserstand zu gering. Zwischen Mittweida und Waldheim befindet sich ein landschaftlich sehr schöner Stausee.

Befahrbarkeit:	Oberlauf nur im Einer, Wanderflussstrecke auch im Zweier, jedoch ist dann ein höherer Wasserstand günstiger.
Pegel:	Hopfgarten, günstig 60 cm, oberhalb 100 cm gefährlich, unter 50 cm mühsam. Weitere Pegel sind Kriebstein UP, Lichtenwalde 1 und Tannenberg.
Schwierigkeiten:	km 112,6 – 83,6 WW I (III), Gefälle 8,7‰, km 83,6 – 25,9 WW I – Zahmwasser, km 25,9 – 17,8 Stausee, km 17,8 – ⇩ Zahmwasser.

112,6 Str-Ⅱ B101 **09487 Schlettau**, Buchholzer Straße, ✕, ⌘: Schloss und Schlosspark (50.5603,12.9539)
112,5 Niedrige Fußg-Ⅱ Schlettau, wenn diese Ⅱ unterfahrbar ist, können auch alle folgenden Ⅱ unterfahren werden (50.5612,12.9530)
112,3 li ⇩ Rote Pfütze mit viel Wasserzufuhr (50.5624,12.9508)
110,5 Weg-Ⅱ (50.5758,12.9484)
110,4 Schräg-▬ (50.5770,12.9478)
109,5 ▬ Staustufe Hermannsdorf, es folgen auf 1 km viele scharfe Kurven ⚠ (50.5825,12.9460)
109,3 Wege-Ⅱ, darunter niedrige Rohrleitung, bei HW evtl. nicht unterfahrbar ⚠
108,3 Str-Ⅱ, li **09481 Elterlein-Hermannsdorf** (50.5909,12.9478)
107,9 ▬ am Ortsende von **Dörfel**, li Wasserableitung, danach Zunahme des Gefälles (50.5940,12.9478)
107,3 Hohe, verblockte Gefällstufe „Praline“, re ≈ ⚠, bei HW vorher ansehen, danach weiterhin starkes Gefälle. Die genaue Position konnte nicht bestimmt werden. Die Redaktion freut sich, wenn jemand die Koordinaten ermittelt
107,0 Schräg-▬ Tannenberg, li Wasserableitung (50.6008,12.9507)
106,5 Schräg-▬ Mühle Tannenberg (50.6042,12.9487)
106,4 Str-Ⅱ **09468 Tannenberg**, Annaberger Straße, ⚠ danach 3 ▬ und 2 niedrige Ⅱ, welche bei sehr hohem Wasserstand nicht unterfahrbar sind, ⌓ wegen steiler Ufermauern ebenfalls nicht möglich. Man muss schon vor der Str-Ⅱ ausbooten und bis zur 2. Fußg-Ⅱ ⌓ (50.6050,12.9489)
106,2 Str-Ⅱ Tannenberg (50.6065,12.9494);
▬ Sohlrampe Tannenberg (50.6068,12.9499)
105,9 ▬ Sohlgleite Tannenberg (50.6086,12.9523)
105,5 Str-Ⅱ Tannenberg (50.6101,12.9574);
▬ Sohlstufe Tannenberg unter Str-Ⅱ (50.6101,12.9575);
Auf 600 m folgen 3 ▬ (50.6102,12.9576)
105,3 ▬ Sohlschwelle Tannenberg (50.6104,12.9600)
105,1 li ⇩ Greifenbach (50.6104,12.9635)
105,0 Schrägwehr-▬ Tannenberg (50.6097,12.9641)
104,9 Weg-Ⅱ (50.6091,12.9657)

104,1 ▬ mit Wasserableitung (50.6070,12.9755)
103,2 ▬ Staustufe Schönfeld/Frohnau (50.6042,12.9840)
103,1 Ⅱ Wiesa (50.6054,12.9855)
103,0 ▬ Wiesa, Tannenberger Straße (50.6056,12.9858)
102,8 ▬ Papierfabrik Schönfeld (50.6065,12.9884)
102,4 re ⇩ der Sehma (s. Seite 143) in die Zschopau (50.6050,12.9930)
102,3 Str-Ⅱ B95 Annaberger Straße (50.6048,12.9942);
▬ Staustufe Wiesa-Schönfeld (50.6049,12.9945)
101,5 Str-Ⅱ Wiesa, Talstraße (50.6114,12.9994)
100,7 Str-Ⅱ Wiesa, Am Christelfelsen (50.6107,13.0093)
100,6 ▬ Klemm-Mühle Wiesa (50.6105,13.0099)
100,5 Str-Ⅱ **09488 Thermalbad Wiesenbad-Wiesa**, Talstraße (50.6100, 13.0105)
100,1 Fußg.-Ⅱ Wiesa (50.6111,13.0159)
99,8 Str-Ⅱ Wiesa, Alte Annaberger Straße, li Stützmauer an der Straße, Fluss fließt hier sehr breit, Hilfspegel, wenn hier Befahrung möglich, keine Probleme (50.6105,13.0200)
99,4 Fußg.-Ⅱ Wiesa, Uferweg (50.6119,13.0229)
99,3 ▬ Staustufe am Ortsende von Wiesa (50.6122,13.0231)
97,8 ▬ Holzschleiferei, li ⏏ (50.6195,13.0293)
96,9 EB-Ⅱ (50.6190,13.0321)
96,6 Weg-Ⅱ (50.6170,13.0347)
96,1 Sturz-▬ vor Wiesenbad, li ⏏, re Wasserableitung, Mühlgraben führt nach Thermalbad Wiesenbad, am Ende des Mühlgrabens schwieriges ⏏ über Bahngelände ⚠. Die Strecke nach dem ▬ ist etwas verblockt (50.6184,13.0398)
96,0 EB-Ⅱ (50.6191,13.0392)
94,9 li günstige ⇅ Wiesenbad, 🅿 am ✕ (50.6210,13.0454)
94,8 Str-Ⅱ B101 **09488 Thermalbad Wiesenbad**, Annaberger Straße, darunter kleiner Abfall, 🚉, ✕ (50.6205,13.0460)
94,5 Weg-Ⅱ Wiesenbad (50.6197,13.0499)
94,3 re ⇩ des Mühlgrabens Wiesa mit Rückführung des abgeleiteten Wassers (50.6201,13.0526)
93,8 re ⇩ Pöhlbach (s. Seite 143) in die Zschopau (50.6237,13.0558)
93,5 langes Schräg-▬ Himmelmühle (50.6247,13.0582)
93,4 ▬ Sohlschwelle unterhalb Wehr Himmelmühle (50.6242,13.0588)
92,8 li Himmelmühle, nach langer Stützmauer li ⬆ (z.B. nach Befahrung des Pöhlbaches), ✕ (50.6274,13.0600);
Weg-Ⅱ (50.6276,13.0597)
92,3 EB-Ⅱ (50.6307,13.0590)
91,9 langes Schräge▬ Schönbrunn Oberau, li Wasserableitung mit Kraftwerk, bei NW folgende Strecke bis zur ⇩ Preßnitz trocken (50.6316,13.0638)
90,8 re ⇩ der Preßnitz (s. Seite 145) in die Zschopau (50.6380,13.0701);
Pfeiler einer ehemaligen EB-Ⅱ (50.6383,13.0699)
90,3 ▬ Schönbrunn Niederau, wegen veränderlicher Einbauten vorher prüfen,

re ⏏, li Wasserableitung (50.6420,13.0687)
90,0 EB-Ⅱ (50.6441,13.0648)
89,8 Str-Ⅱ Oberauer Weg (50.6443,13.0631)
89,7 li ⇩ Mühlgraben (50.6448,13.0617)
89,4 Str-Ⅱ Streckewalder Straße (50.6472,13.0633)
89,3 EB-Ⅱ (50.6475,13.0651)
88,9 ▬ Schönbrunn, seit Hochwasser 1993 zerstört, starke Strömung (50.6503,13.0673)
88,4 li günstige ⬆ und ⬇ vor dem folgenden ▬, li großer 🅿 am 🚂 Wolkenstein, ✕ (50.6536,13.0639)
88,3 Sturz-▬ Wolkenstein, re ⏏, re Wasserableitung (50.6539,13.0636)
88,2 Fußg.-Ⅱ Wolkenstein (50.6535,13.0625);
EB-Ⅱ Wolkenstein (50.6535,13.0619)
88,0 Str-Ⅱ **09429 Wolkenstein**, Annaberger Straße, ⌘ Burg Wolkenstein (50.6543,13.0602)
86,7 EB-Ⅱ (50.6634,13.0613)
86,6 Str-Ⅱ Wolkenstein, Heidelbachstraße (50.6641,13.0616)
86,5 ▬ Ahnertmühle, ✕, li ⏏, erst bei einem ≣ Hopfgarten von 60 cm geht genügend Wasser über das ▬, evtl. 300 m bis ⇩ Mühlgraben ⏏ (50.6647, 13.0611)
85,3 ▬ Wolkenstein-Floßplatz, darüber Str-Ⅱ, li ⏏, li 🚂 Warmbad (50.6681, 13.0636)
85,2 Str-Ⅱ B101 (50.6689,13.0651)
84,9 EB-Ⅱ (50.6710,13.0647)
84,3 ▬ Hopfgarten, ✕, re ⏏, vor dem ▬ li oben großer 🅿 (50.6735,13.0578)
83,9 Fußg.-Ⅱ Hopfgarten, Uferstraße (50.6770,13.0565)
83,6 Str-Ⅱ **09429 Hopfgarten b Zschopau**, Grünauer Straße günstige ⬆⬇, ab hier Wanderfluss (50.6796,13.0564);
li ≣ Hopfgarten, günstig 60 cm, oberhalb 100 cm gefährlich, unter 50 cm mühsam
82,1 ▬ Scharfenstein Reißfaserwerk, re ⏏ (50.6911,13.0574)
80,6 Str-Ⅱ S228, re **09430 Drebach-Scharfenstein**, 🚂, ⌘ Burg Scharfenstein (50.7017,13.0572)
80,1 ▬ Scharfenstein DKK II, bei ausreichendem Wasserüberlauf li ⏏. Bei HW ist evtl. die vor dem ▬ li abzweigende Flutrinne ≋. Wenn die nach dem ▬ folgende Schleife um das Werk trocken liegt, muss man entweder treideln oder durch den Ort ⏏ (50.7044,13.0517)
78,7 EB-Ⅱ Scharfenstein (50.7059,13.0538);
weitere Str-Ⅱ S228 Scharfenstein (50.7059,13.0541)
78,1 nochmals Str-Ⅱ S228 Scharfenstein (50.7097,13.0565)
77,9 EB-Ⅱ (50.7109,13.0549)
77,8 ▬ Scharfenstein DKK I, re ⏏, schwierig wegen Mauer (50.7117, 13.0547)
77,4 EB-Ⅱ (50.7136,13.0596)

76,1 Str-II Am Federnwerk, danach EB-II (50.7229,13.0571)
75,7 ▬ Wilischthal 2, li Steil-Wehr, **X**, li ⏏, re Schräg-Wehr (50.7252, 13.0559);
EB-II (außer Betrieb) (50.7255,13.0562)
75,6 Str-II Wilischthal, re 🚆 (50.7258,13.0563)
75,3 Str-II Wilischthal (50.7275,13.0599)
73,4 ▬ Bodemer Wehr, **X**, li ⏏ (50.7403,13.0608)
73,1 Str-II B174 Zschopau (50.7423,13.0618)
72,7 ▬ Zschopau, Johannisstraße, re ⏏ (50.7447,13.0665)
72,5 Str-II **09405 Zschopau**, Lange Straße, 🚆, ✕ (50.7446,13.0696)
72,3 ▬ Zschopau, Untere Mühlenstraße, re ⏏ (50.7448,13.0720)
72,2 ⚠ Slalomstrecke (50.7448,13.0737)
71,9 EB-II Zschopau (50.7428,13.0746)
71,4 ⌂⚑ KSV Falke Zschopau, Gartensparte „Zum alten Badeplatz“, 09405 Zschopau (50.7420,13.0798)
71,1 ▬ E-Werk Stern 2, Zschopau, re ⏏ (50.7433,13.0829)
70,6 Str-II Zschopau, Krumhermersdorfer Straße (50.7468,13.0862)
70,4 li ⇩ Kraftwerkskanal (50.7489,13.0873)
70,0 EB-II, Str-II Zschopau, In der Aue (50.7510,13.0844)
69,5 Schlauch-▬ Zschopau, **X**, ⏏ (50.7538,13.0855)
69,3 EB-II (50.7536,13.0882)
68,9 ▬ (50.7551,13.0923)
68,6 EB-II (50.7569,13.0907)
68,5 li ⇩ Kraftwerkskanal (50.7573,13.0888)
68,1 EB-II (50.7598,13.0897)
67,5 Langes Schräg-▬ Mühle Waldkirchen, li ⏏ (50.7642,13.0937)
67,4 Str-II **09437 Waldkirchen**, Zschopenthal (50.7647,13.0929)
66,3 EB-II (50.7720,13.0894)
65,8 Str-II **09437 Gornau/Erzgeb.-Witzschdorf**, Witzschdorfer Hauptstraße, re 🚆. Wenn hier Fahrtbeginn, den schmalen Fußweg neben der Bahn benutzen und flussabwärts an Wiese ⬇ (50.7753,13.0877)
65,7 ▬ Textilwerke Witzschdorf, re oder li ⏏ (50.7759,13.0885)
64,9 ▬, **X**, re ⏏. Schnelle mit Felsblöcken, oft wenig Wasser (50.7816, 13.0872)
64,2 li ⇩ Wehrkanal (50.7846,13.0820)
64,1 Str-II Schönthalweg (50.7849,13.0806)
63,4 ▬ Hennersdorf, li ⏏, ⚠ bis unterhalb Kunnerstein Felsblöcke im Fluss (50.7886,13.0729)
62,7 re ⇩ Wehrkanal Hennersdorf (50.7937,13.0690)
62,3 Str-II Erdmannsdorfer Straße, re **09573 Augustusburg-Hennersdorf** (50.7962,13.0732)
61,0 Kunnerstein, Besteigung des Felsens lohnend, schöner Ausblick über das Tal; evtl. verbinden mit Wanderung zur Augustusburg
60,7 Schräg-▬ Mühle Kunnersdorf, in der Mitte ausgebrochen, re ⏏, ⚠. Weitere Schnelle mit Felsen (50.8060,13.0824)

60,1 Str-II Brückenweg, li **09573 Augustusburg-Kunnersdorf** (50.8076, 13.0748)
59,1 ■ Erdmannsdorf, re ⏏ (50.8143,13.0729)
58,5 Str-II Erdmannsdorf (50.8170,13.0781)
57,9 Str-II **09573 Augustusburg-Erdmannsdorf**, Chemnitzer Straße, 🚂, ✕; re auf dem Berg Stadt und Burg Augustusburg, erreichbar mit Seilbahn, Motorradmuseum ⌘ (50.8204,13.0832)
55,2 re 🏠 KSV Flöha, ⛺, Feldstr. 12, 09557 Flöha, www.ksv-floeha.de , ☎ +49 3726 713850 (50.8418,13.0738)
55,2 –52,5 Stadtgebiet **09557 Flöha**, 🚂, ✕ (50.8420,13.0737)–(50.8575, 13.0638)
54,9 Klappen-■ Flöha, **X**, 100 m davor ↰ und li 200 m weit ⏏ (50.8429, 13.0774)
54,4 Str-II B180 Flöha, Erdmannsdorfer Straße (50.8461,13.0804)
53,8 Fußg.-II Flöha (50.8496,13.0749)
53,3 Weg-II Flöha (50.8533,13.0727);
Str-II Flöha, Seeberstraße (50.8534,13.0724)
53,1 li ⇩ Wehrkanal (50.8534,13.0695)
52,6 Str-II S223 Flöha, EB-II (50.8566,13.0649)
52,5 re ⇩ der Flöha (s. Seite 147) in die Zschopau (265,4 m ü NN) (50.8577, 13.0637)
51,1 Str-II B173 Chemnitzer Straße, li **09577 Niederwiesa** (50.8660,13.0507)
50,5 ■ Finkenmühle, zerstört, hohe Wellen (50.8698,13.0460)
49,4 ■ Webermühle Braunsdorf, **X**, li ⏏ (50.8747,13.0322)
48,8 Fußg.-II Niederwiesa, Mühlenstraße (50.8745,13.0244)
48,4 re ⇩ Wehrkanal (50.8739,13.0188);
EB-II Niederwiesa (50.8737,13.0182)
48,2 Str-II K7703 Braunsdorfer Straße, re **09577 Niederwiesa-Braunsdorf** (50.8736,13.0161)
46,8 ■ Braunsdorf, **X**, re ⏏, bei wenig Wasser 350 m weit auf Uferweg (50.8821,13.0118)
46,7 Str-II Niederwiesa, An der Zschopau, li OT Lichtenwalde, ⌘: Schloss, re OT Braunsdorf (50.8821,13.0134)
46,2 li ⇩ Wehrkanal (50.8850,13.0177)
43,9 Str-II B169 Frankenberg, Äußere Chemnitzer Straße (50.9004,13.0123);
🏠 SV Turbine Frankenberg, Äußere Chemnitzer Str, 09669 Frankenberg
43,4 ■ Stadtwerke Chemnitz, **X**, li ⏏ (50.9045,13.0162)
42,6 Fußg.-II Frankenberg (50.9096,13.0233)
42,4 ■ Frankenberg, **X**, li ⏏, bei Wasserentzug bis 500 m, re **09669 Frankenberg/Sa.**, ✕ (50.9105,13.0253)
41,6 Str-II A4 (50.9174,13.0276)
41,3 re ⇩ Wehrkanal (50.9201,13.0296)
39,8 ■ Sachsenburg, **X**, li ⏏ (50.9318,13.0273)

39,7 Fußg.-Ⅱ (Hängebrücke), re ⌘: Schloss Sachsenburg, ✕ (50.9318, 13.0256)

39,2 re ⇩ Wehrkanal (50.9348,13.0219)

37,2 Seil-⛴ (50.9448,13.0065);
■ Krumbach, re ⏏ (50.9450,13.0059)

36,7 li ⇩ Wehrkanal (50.9459,12.9995)

35,1 Verfallenes Gruben-■ am Huthaus, Gefällestufe mit Felsbrocken (WW III), bei HW starker Sog, li ⏏ (50.9589,13.0013)

33,2 ■ und ↯ Schönborn-Dreiwerden, li ⏏, bei HW re ⏏ (50.9651,13.0021)

33,0 Str-Ⅱ Talstraße (50.9665,13.0029)

32,8 re ⇩ Wehrkanal (50.9681,13.0051)

31,5 EB-Ⅱ (50.9788,13.0011)

30,8 ■ Mittweida, ⏏ (50.9830,12.9951)

30,6 Str-Ⅱ Hainichener Straße, li **09648 Mittweida**, Hochschulstadt, 🚂, ✕ (50.9839,12.9930)

30,5 li ⇩ Wehrkanal (50.9843,12.9919)

29,5 Fußg.-Ⅱ (50.9888,13.0028)

29,2 ■ Mittweida/Neudörfchen, **X**, li ⏏, starker Sog, Unterwasser meist trocken (50.9901,13.0057)

29,0 re ⇩ Wehrkanal (50.9907,13.0090)

28,3 ■ Liebenhainer Mühle, **X**, li ⏏, danach Wege-Ⅱ (50.9958,13.0068)

27,6 re ⇩ Wehrkanal (51.0006,13.0075)

26,8 ■ Ringethal, ansehen (51.0042,13.0018)

26,3 ■ mit ↯ Weißthal, **X**, danach Treidelstrecke (51.0043,12.9943)

26,2 Str-Ⅱ Mittweida, Weißthal (51.0039,12.9933)

25,9 li ⇩ Wehrkanal, Beginn des Stausees der Talsperre Kriebstein, landschaftlich sehr reizvoll. Mehrere ⌂ und 🚐 (51.0015,12.9952)

24,3 li ⌂⚑ Chemnitzer Paddelfreunde 1951, ⚑⛺, Kriebstein-Talsperre, 09648 Lauenhain, www.kanu-cpf.de/ (51.0045,12.9872)

17,8 ■ Sperrmauer Kriebsteintalsperre, **X**, li weit ⏏ (51.0347,13.0139)

16,8 Steil-■ Kriebstein, re ⏏, Sog zum ■ ⚠, Wege-Ⅱ, li ⌘: Burg Kriebstein (51.0420,13.0170)

16,1 Str-Ⅱ K8215, re **09648 Kriebstein-Kriebethal** (51.0444,13.0183)

15,5 ■ Kriebethal, li ⏏ (mühsam) (51.0496,13.0138)

15,0 Weg- und EB-Ⅱ (51.0522,13.0181)

14,9 ■, wird nur bei HW überflutet, nicht über das Wehr ⏏, li Graben fahren, es folgt eine 100 m lange Schnelle (51.0524,13.0188)

12,6 ■ Waldheim, re ⏏ (weit) (51.0722,13.0220)

12,5 Str-Ⅱ S36 **04736 Waldheim**, Bahnhofstraße, 🚂, ✕ (51.0734,13.0231)

11,9 Str-Ⅱ Waldheim, Kirschallee (51.0772,13.0279)

11,4 ■ Meinsberg, li ⏏, danach Schnelle (51.0793,13.0231)

10,7 Str-Ⅱ Waldheim, Kurt-Schwabe-Straße (51.0824,13.0153)

9,5 re ⇩ Wehrkanal (51.0886,13.0274)

8,6 ■ Papierfabrik, re ⏏ (51.0963,13.0240)

7,3 li ⇩ Mühlgraben (51.1050,13.0314)

6,3 EB-⌶ (Viadukt) (51.1083,13.0434)
6,0 ▬ Limmritz, re ⩡ (51.1105,13.0434)
5,8 Fußg.-⌶, re **04720 Ziegra-Knobelsdorf, OT Limmritz** (51.1120,13.0439)
5,2 re ⇩ Mühlgraben Limmritz (51.1169,13.0421)
4,1 ▬ Saalbach/Töpeln, li ⩡ (51.1183,13.0261)
2,6 re ⇩ Wehrkanal (51.1208,13.0230)
2,0 ▬ Wöllsdorfer Mühle, li ⩡ (51.1226,13.0299)
1,7 Fußg.-⌶ (51.1238,13.0335)
1,4 li ⇩ Mühlgraben Töpeln (51.1257,13.0380)
1,1 re ⇩ Mühlgraben Wöllsdorf (51.1262,13.0426)
0,8 ▬ Mühle Pischwitz, re ⩡, Walze, Strecke bis zur ⇩ Schnellen, dicht am linken Ufer halten (51.1264,13.0456)
0,3 Str-⌶ B175 Döbeln (51.1266,13.0518)
0,0 ⇩ der Zschopau in die Freiberger Mulde (s. Seite 127) bei km 23,7 (51.1295,13.0521)

Sehma

Wildwasser
Mündung in Zschopau bei km 102,4 (re Nebenfluss)

Die Sehma ist ein Wildfluss aus dem Westerzgebirge. Ihr Ursprung liegt im Bereich der Grenze zu Tschechien in etwa 1000 m Höhe.
Fahrtstrecke: Neudorf - ⇩ in die Zschopau, etwa 17 km. Einzelheiten sind nicht bekannt.
Schwierigkeiten: WW II–III.

0,0 ⇩ der Sehma in die Zschopau (s. Seite 136) bei km 102,4 (50.6050, 12.9930)

Pöhlbach

Wildwasser
Mündung in Zschopau bei km 93,8 (re Nebenfluss)

Der Pöhlbach ist in seinem Oberlauf ein sehr schwerer Wildbach, im Unterlauf ein kurzer, doch interessanter Wildbach, sehr kurvenreich, schmal, mit Baum- und Strauchhindernissen muss ständig gerechnet werden.

Befahrbarkeit:	Relativ lange gesichert nach der Schneeschmelze und starkem Regen, da Fichtelberg- und Keilberggebiet zum Einzugsbereich gehören.
Pegel:	Wiesa, Befahrung bei > 1,20 m
Schwierigkeiten:	km 16–10 WW III–IV, teilweise mit Felsen verblockt, km 10–0 WW I–II, mehrere befahrbare Wehre, Gefälle 11,6 ‰.
Infrastruktur:	Begleitung auf paralleler Straße möglich.

32,4 Ursprung im Erzgebirge im Bereich der Grenze zur Tschechischen Republik in etwa 900 m Höhe
15,3 Str-⌶ **09471 Bärenstein**, Jöhstädter Straße, bis hier Grenzbach

(50.5116,13.0425)
15,0 Str-II Bärenstein, Königswalder Straße (50.5138,13.0412);
▬ Bärenstein (50.5139,13.0411)
14,9 ▬-Schwelle Pöhlagrund (50.5146,13.0403)
14,7 Str-II Bärenstein, Schwertweg (50.5163,13.0409)
14,3 ▬ Wasserkraftwerk an der Brettmühle, Wasserableitung re (50.5179, 13.0443)
13,9 ▬ Brettmühle (50.5211,13.0469)
12,9 re ⇩ Conduppelbach, 579 m über NN (50.5264,13.0560);
Str-II Brettmühle (50.5268,13.0556)
12,8 ▬ (50.5271,13.0552)
12,5 ▬ an der Sprungschanze (50.5289,13.0544)
12,1 ▬ beim Skilift (50.5328,13.0534)
11,2 ▬ Ortsbeginn von Königswalde (50.5394,13.0514)
11,1 Str-II Königswalde, August-Bebel-Straße (50.5408,13.0507)
11,0 ▬ Sohlschwelle Königswalde (50.5409,13.0503)
10,9 Str-II Königswalde, August-Bebel-Straße (50.5415,13.0490);
▬ Königswalde (50.5416,13.0490)
9,9 Klappen-▬ Königswalde (50.5494,13.0468)
9,4 Str-II Königswalde, Wildenauer Straße (50.5535,13.0453)
9,3 ▬ Königswalde (50.5543,13.0453)
9,1 Str-II Königswalde, Pöhlbergstraße (50.5563,13.0461)
8,8 ▬-Schwelle Königswalde (50.5587,13.0466)
8,6 Str-II **09471 Königswalde**, Mildenauer Straße übliche ⬇ am nördlichen Ortsende, 531 m ü. NN (50.5599,13.0473)
8,5 ▬ Königswalde Ortsende (50.5614,13.0475)
6,5 ▬ Geyersdorf (50.5764,13.0539)
5,4 Str-II S262 Königswalder Straße (50.5848,13.0476)
5,0 ▬ Geyersdorf (50.5881,13.0466)
4,9 Str-II **09456 Annaberg-Buchholz, OT Geyersdorf** (50.5889,13.0460)
4,7 Str-II S262 Geyersdorf, Plattenthalstraße (50.5907,13.0463)
4,5 Str-II S218, Geyersdorf, Annaberger Straße (50.5916,13.0479)
3,8 ▬, ab ≣ Wiesa < 1,20 m ca. 500 m li ⌓, re Wasserableitung (50.5972, 13.0458)
3,6 ▬ Sohlstufe Geyersdorf (50.5984,13.0456)
2,9 re ⇩ Kraftwerkskanal (50.6034,13.0518);
Str-II Plattenthalstraße (50.6036,13.0520)
2,7 ▬ Plattenthal (50.6047,13.0533)
2,5 Str-II Plattenthalstraße (50.6050,13.0560)
2,4 ▬ Sohlrampe Plattenthal (50.6059,13.0567)
1,9 ▬ Paradiesmühle Wiesenbad, li Wasserableitung, je nach Wasserstand stärkerer Rücksog ⚠ (50.6100,13.0557)
1,2 Str-II **09488 Thermalbad Wiesenbad**, Eisenbergstraße (50.6153, 13.0570)
0,9 Klappen-▬ Wiesenbad, li Wasserableitung zum ↯, re ⌓, wenn Q > 3,7

m³/s ist die folgende Strecke noch ≈ (50.6177,13.0574)

0,3 ▬, Spielstelle (50.6227,13.0588);
EB-II (50.6231,13.0589)

0,0 ⚠ „Mündungsfeuer“ infolge der Verwirbelung. Zum Aussetzen auf der Zschopau weiterfahren bis Himmelmühle (50.6237,13.0558);
⇩ Pöhlbach in die Zschopau (s. Seite 136) bei km 93,8 (50.6237,13.0558)

Preßnitz

Wildwasser
Mündung in Zschopau bei km 90,8 (re Nebenfluss)

Die Preßnitz ist ein interessanter Wildbach, jedoch erschweren neuerdings die Wasserableitungen an einigen Wehren die Befahrung. Die Beschreibung wurde anhand neuen Kartenmaterials aktualisiert.

Befahrbarkeit:	Nur bei gutem Wasserstand (Zeit der Schneeschmelze oder nach starken Regenfällen).
Pegel:	Streckewalde.
Schwierigkeiten:	WW II, viele ▬. Gefälle: 10 ‰.
Infrastruktur:	Begleitung auf neben dem Fluss verlaufender Straße möglich.

20,5 Str-II **9477 Jöhstadt-Schmalzgrube**, Hauptstraße, mögliche ⬇ bei HW (50.5284,13.1316)

20,1 ▬-Schwelle Schmalzgrube oberhalb Schwarzwasser-⇩ (50.5299, 13.1299);
li ⇩ Jöhstädter Schwarzwasser (50.5300,13.1299);
Str-II Schmalzgrube, Hauptstraße (50.5301,13.1302)

19,8 ▬ Schmalzgrube (Forellenzucht) (50.5323,13.1312);
EB-II Schmalzgrube (50.5324,13.1311);
Str-II Schmalzgrube, Hauptstraße (50.5325,13.1309)

18,2 Str-II K7129 (50.5423,13.1320)

17,5 EB-II (50.5457,13.1368)

17,2 ▬, Wasserableitung re (50.5467,13.1402)

17,1 EB-II (50.5482,13.1404)

16,6 ▬, Wasserableitung li (50.5516,13.1423)

15,9 Weg-II (50.5567,13.1480)

15,8 ▬ Forellenzucht Steinbach, re ╫ Museumsbahn Preßnitztalbahn (50.5571,13.1480)

15,6 Str-II, re **09477 Jöhstadt-Steinbach** (50.5588,13.1497)

15,4 li ⇩ Wehrkanal (50.5603,13.1489);
Str-II Steinbacher Straße (50.5604,13.1488)

15,3 ▬-Schwelle (50.5606,13.1488)

15,0 ▬ Sägewerk (50.5636,13.1486)

14,9 Wege-II (50.5639,13.1474)

14,3 Weg-II (50.5668,13.1442)

14,0 ■-Schwelle (50.5693,13.1443)

13,7 Weg-Ⅱ (50.5714,13.1458)

13,3 Str-Ⅱ Schafweg (50.5749,13.1475)

13,0 ehemaliges ■, danach Wege-Ⅱ (50.5759,13.1458)

12,9 Weg-Ⅱ (50.5759,13.1442)

12,1 Weg-Ⅱ (50.5808,13.1438)

10,8 ■, Wasserableitung re (50.5900,13.1331)

10,1 re ⇩ Wehrkanal (50.5921,13.1264)

9,9 ■ Niederschmiedeberg (50.5937,13.1256)

9,3 Weg-Ⅱ (50.5979,13.1224);
Str-Ⅱ **09518 Großrückerswalde-Niederschmiedeberg**, mögliche ⬇ bei gutem Wasserstand (50.5987,13.1225)

9,1 ■ Niederschmiedeberg, **X**, ⌓, Wasserableitung li (50.6000,13.1221)

8,9 li ⇩ Wehrkanal (50.5992,13.1201);
Str-Ⅱ Niederschmiedeberg, Talstraße (50.5991,13.1199)

8,2 Str-Ⅱ Niederschmiedeberg, Arnsfelder Straße (50.6004,13.1148)

8,0 ■ Sohlschwelle Niederschmiedeberg (50.6019,13.1152)

7,3 Wege-Ⅱ (50.6074,13.1122)

7,0 ■ Hirschleithe, **X**, Wasserableitung re (50.6090,13.1104)

6,9 Weg-Ⅱ (50.6088,13.1102)

6,0 Str-Ⅱ Hirschleithe (50.6126,13.1053)

5,9 re ⇩ Wehrkanal (50.6127,13.1065)

5,6 ■ Sägewerk Boden, Wasserableitung re (50.6153,13.1041)

5,5 Str-Ⅱ Hirschleithe (50.6160,13.1027)

5,3 re ⇩ Wehrkanal (50.6170,13.1005)

5,1 ■, **X**, re Wasserableitung (50.6173,13.0981)

4,8 Str-Ⅱ, re **09518 Großrückerswalde-Boden** (50.6164,13.0941)

4,3 Wege-Ⅱ (50.6188,13.0895)

4,1 re ⇩ Wehrkanal (50.6202,13.0887)

4,0 ■, Wasserableitung re (50.6205,13.0870)

3,9 Weg-Ⅱ (50.6205,13.0864)

3,4 re ⇩ Wehrkanal (50.6241,13.0872)

2,9 ■-Schwelle Streckewalde (50.6270,13.0838)

2,8 Weg-Ⅱ (50.6266,13.0823)

2,6 ■, Wasserableitung li (50.6266,13.0793)

2,3 –2,1 4 ■ Sohlstufen

1,9 Str-Ⅱ **09518 Großrückerswalde-Streckewalde**, Bergstraße (50.6311, 13.0788)

1,8 Weg-Ⅱ (50.6312,13.0768)

1,3 Str-Ⅱ Finsterau (50.6333,13.0790)

1,2 ■, Wasserableitung re (50.6339,13.0796)

1,0 Str-Ⅱ Finsterau (50.6346,13.0773)

0,8 Weg-Ⅱ (50.6337,13.0736)

0,2 re ⇩ Wehrkanal (50.6371,13.0719)

0,0 ⇩ der Preßnitz in die Zschopau (s. Seite 136) bei km 90,8 (50.6380,

13.0701)

Flöha

Wildwasser
Mündung in Zschopau bei km 52,5 (re Nebenfluss)

Die Flöha ist ein landschaftlich sehr schöner Fluss, bis Pockau in einem weiten Tal, ab Pockau in einem bewaldeten tief eingeschnittenen Tal fließend. Als Wildwasser bei MHW zumeist leicht, nur auf kurze Strecken mäßige Schwallbildung. WW I bis II. Erstbefahrung ab Pockau 1924 durch Karl Krille und Otto Heinicke.

Befahrbarkeit:	Frühjahr während der Schneeschmelze, nach Regenfällen und bei evtl. Zuschusswasser aus der Talsperre Rauschenbach. Der Pegel A sollte 70 cm anzeigen. Es sind dann alle Strecken nach den Wehren mit Wasserableitung fahrbar. Nur für Einer empfehlenswert. Die Strecke von km 48,4 bis 46,5 ist Grenze zur Tschechischen Republik.
Pegel:	Pegel A: Olbernhau 3: km 32,1; er befindet sich li kurz hinterm Ortseingang an der Straße Olbernhau - Pockau Pegel B: Borstendorf km 23,1; erreichbar nur auf dem Wanderweg Floßmühle – Wünschendorf.

63,6 re ⇩ Rauschenbach, Beginn der Trinkwassersperre Rauschenbach (50.7072,13.5402)
60,2 ▬ Staumauer im Ortsteil Cämmerswalde (50.6942,13.4997)
59,9 ≣ Rauschenbach 3 (50.6931,13.4969);
günstige ⬇ auf dem Gelände der Talsperrenverwaltung, dazu Genehmigung einholen, 🅿 an der Straße, 551 m ü NN. Befahrbar ab 3 m³/s bis maximal 5 m³/s Zuschusswasser. ▬ Lösermühle ist nicht mehr vorhanden (50.6931,13.4968)
59,4 Str-II **09544 Neuhausen/Erzgebirge-Rauschenbach**, An der Lösermühle (50.6909,13.4905)
59,2 re ⇩ Cämmerswalder Dorfbach, 554 m ü NN. Die folgende Strecke bis Neuhausen ist schmal, kurvenreich und schnell, es ist mit Baum- und Strauchhindernissen zu rechnen, dadurch evtl. ⩍, einige ≈ Stufen (50.6899,13.4896)
58,3 ▬ Sitzmöbel Neuhausen (50.6857,13.4794)
57,8 Str-II Neuhausen, Jahnweg (50.6829,13.4738)
57,3 Str-II S211 **09544 Neuhausen/Erzgebirge**, Bahnhofstraße (50.6793, 13.4697)
56,5 Str-II, EB-II, Str-II, EB-II Neuhausen, ⚠ unter den Brücken in einer S-Kurve starke Gefällestufe, ≈, mittig in der größten Welle halten, 530 m ü NN (50.6742,13.4649)
55,9 Str-II Neuhausen, Olbernhauer Straße (50.6732,13.4581);
▬ Möbelwerk Neuhausen (50.6732,13.4576)
55,8 Weg-II Neuhausen (50.6729,13.4568)

55,3 Str-II Neuhausen, Bergstraße (50.6699,13.4510)
55,0 Str-II Neuhausen, Talstraße (50.6685,13.4491)
54,9 ▬ (50.6676,13.4483)
54,3 Str-II (50.6654,13.4411)
52,8 EB-II (50.6639,13.4261)
52,7 Str-II Heidersdorf, Olbernhauer Straße (50.6633,13.4261)
52,1 EB-II (50.6619,13.4189)
52,0 Str-II **09526 Heidersdorf**, Olbernhauer Straße (50.6622,13.4180)
51,9 Weg-II (50.6626,13.4167)
51,1 ▬ Sohlschwelle Zechenmühle (50.6592,13.4071)
50,9 Str-II Heidersdorf, Zechenweg (50.6582,13.4053)
50,6 ▬ Schaffermühle mit Wasserableitung (li) (50.6567,13.4034)
49,5 EB-II (50.6483,13.4035)
48,6 Str-II Hirschberg (50.6461,13.3940)
48,4 li ⇩ der Schweinitz in die Flöha (ab Oberlochmühle befahrbar), Staatsgrenze, ab hier li Ufer Tschechische Republik, 476 m ü NN (50.6465, 13.3919)
46,8 ▬ Olbernhau, **X**, Hindernisse im Unterwasser ⚠, re ⌓ (50.6504, 13.3755)
46,4 ▬ Gefällestufe Olbernhau (50.6509,13.3706);
Ende der Staatsgrenze, ab hier wieder beide Ufer deutsch (50.6508, 13.3704);
li ⇩ der Natzschung (s. Seite 151) in die Flöha, 463,1 m ü. NN (50.6509, 13.3702)
46,3 EB-II (50.6510,13.3694);
re günstige ⬆ und ⬇ zwischen den Brücken, 🅿 Olbernhau-Grünthal, in unmittelbarer Nähe Museum Saigermühle, ⌘ (50.6511,13.3694);
Str-II Olbernhau, Grünthaler Straße (50.6511,13.3691)
45,9 2-stufiges ▬ Olbernhau, ⌓ sehr mühsam (50.6515,13.3639)
45,1 Werk-II (50.6525,13.3542);
Str-II Olbernhau, Grünthaler Straße (50.6528,13.3533)
44,5 Str-II Olbernhau, Zum Poppschen Gut (50.6557,13.3476)
44,1 überdachte Wege-II Olbernhau (50.6580,13.3429)
43,9 Fußg.-II Olbernhau (50.6588,13.3416)
43,8 Str-II **09526 Olbernhau**, August-Bebel-Straße, 🚆, ✕ (50.6599,13.3404)
43,5 Str-II B171 Olbernhau, Marktstraße (50.6616,13.3366)
43,4 Fußg.-II Olbernhau (50.6625,13.3357)
42,8 Fußg.-II Olbernhau (50.6643,13.3288);
Ortsende Olbernhau. Die Flöha ist ab hier auf etwa 4 km begradigt, dadurch schnell fließend (50.6643,13.3286)
40,7 Str-II Wiesenmühlenstraße, li **09526 Olbernhau-Blumenau** (50.6685, 13.3012)
39,6 Str-II Blumenau, Kohlhausstraße, 430 m ü NN, li 🚆 Blumenau (50.6753, 13.2919)
38,4 Str-II S223, Ende der Begradigung. Es beginnt ein schönes Waldtal

(50.6801,13.2790)

38,3 EB-Ⅱ (50.6798,13.2770)

37,8 hohes und steiles Schräg-■ Kamerun, re ⌂ (50.6829,13.2731); EB-Ⅱ (50.6837,13.2731)

37,1 Str-Ⅱ Kamerun (50.6841,13.2690)

37,0 EB-Ⅱ (50.6834,13.2689)

36,7 Hohes Sturz-■ Papierfabrik Nennigmühle, **X**, ⌂, re Wasserableitung (50.6820,13.2659)

36,0 Str-Ⅱ Nennigmühle (50.6875,13.2620)

35,7 re ⇩ Wehrkanal (50.6899,13.2629)

35,4 Sturz-■ Nennigmühle, **X**, li ⌂ (50.6908,13.2594)

35,1 Str-Ⅱ Nennigmühle, 411 m ü. NN (50.6898,13.2550)

34,4 re ⇩ Wehrkanal (50.6894,13.2472)

32,9 ■, li Wasserableitung, Mühlgraben starke Strömung (50.7000,13.2423)

32,8 Str-Ⅱ Pockau-Lengenfeld (50.7013,13.2424)

32,4 ⇩ Wehrkanal (50.7033,13.2384)

32,1 li ≣ A Pockau

32,0 EB-Ⅱ Pockau (50.7053,13.2353); li ⇩ Schwarze Pockau (s. Seite 152) in die Flöha (50.7052,13.2351)

31,5 ■ Mühle Göhrsdorf (50.7079,13.2322)

31,0 ■ Sohlschwelle Kohlhaumühle (50.7103,13.2252)

30,7 Str-Ⅱ B101 **09509 Pockau-Lengefeld**, 🚂, 🍴, li günstige ↑↓, 🅿 an den Supermärkten, Hilfspegel: wenn von der Brücke eine Befahrung als sehr gut eingeschätzt werden kann, dann Gesamtbefahrung ohne Probleme. Ab Pockau landschaftlich sehr reizvoll, Wildwasserstrecken nur unmittelbar nach den Wehren, lange Rückstaus vor den Wehren, viele Wasserableitungen in die Kraftwerke ehemaliger Betriebe (50.7119,13.2223)

30,4 ⚠ auf der re Seite befinden sich 2 Schütze. Der größte Teil des Wassers verschwindet darunter in voller Strömung. Bei ≣ A von 65 cm Weiterfahrt kaum möglich. Bis km 28 einige Stellen bis WW II (50.7144,13.2232)

29,7 EB-Ⅱ (50.7173,13.2258)

29,2 re ⇩ Wehrkanal von der Mühle Görsdorf, Rückführung des abgeleiteten Wassers (50.7205,13.2275)

26,5 Str-Ⅱ, li **09514 Pockau-Lengefeld, OT Rauenstein**, li Burg Rauenstein, re 🚂 Lengefeld-Rauenstein (50.7291,13.2037)

26,3 Sturz-■ Lengefeld-Rauenstein, **X**, re ⌂ (50.7305,13.2013)

25,4 li ⇩ Wehrkanal (50.7371,13.1951)

25,1 ehemalige EB-Ⅱ (50.7389,13.1940)

24,7 Str-Ⅱ K8111, re 🚂 Reifland-Wünschendorf (50.7424,13.1931)

24,4 Schräg-■ Vogelmühle Borstendorf (50.7457,13.1912)

23,8 re ⇩ Wehrkanal (50.7504,13.1924)

23,1 ≣ B

22,6 EB-Ⅱ (50.7598,13.1868)

22,3 Steil-■ Floßmühle I (50.7598,13.1838);

EB-II (50.7596,13.1838)

21,4 Schräg-■ Floßmühle Mühlenwerke (50.7596,13.1736)

20,4 ■ des Kraftwerks Borstendorf, 3 m hoch, Wasserableitung bis km 19,0; meist sehr wenig Wasser (50.7614,13.1712)

20,3 EB-II, re ⇩ Wehrkanal der Floßmühle I (50.7615,13.1712)

19,6 verfallenes ■ Spinnerei Grünhainichen, re unterspülter Mauerrest bis Flussmitte ⚠

19,2 Str-II Flöhatalstraße, li **09579 Grünhainichen** (50.7685,13.1631)

19,0 re ⇩ Wehrkanal Borstendorf, Rückführung des abgeleiteten Wassers (50.7701,13.1636)

18,5 Str-II S235 August-Bebel-Straße, re **09579 Borstendorf**, li 🚂 Grünhainichen-Borstendorf (50.7742,13.1641)

18,2 EB-II (50.7774,13.1630)

17,8 ■ Papierfabrik Grünhainichen, starker Rücklauf, gefährlich, re ⏏, ⚠ (50.7794,13.1592)

17,2 ■ Marbacher Mühle, ↯, **X**, re ⏏ mühsam, (50.7837,13.1597)

16,8 EB-II (50.7854,13.1574)

16,5 ■ oberhalb der Priemsmühle, ↯ (50.7869,13.1555)

16,3 Gefällestufe Leubsdorf, hohe Widerwellen ⚠;
Wege-II (50.7887,13.1565)

16,2 re ⇩ Wehrkanal (50.7893,13.1569)

15,2 ■ Schloßmühle Leubsdorf (50.7933,13.1452)

14,7 re ⇩ Wehrkanal (50.7976,13.1415)

14,1 ■ Höllmühle, 100 m vor dem ■ re über kleine Stufe in einen Nebenarm fahren, der unterhalb des ■ wieder in den Hauptarm fließt (50.8023, 13.1396);
li günstige ⬆, 3 km bis zur Augustusburg, Zweirad- und Kutschenmuseum (50.8023,13.1397)

13,9 Str-II S236, li **09573 Leubsdorf**, Höllmühle, danach fährt man auf einen Steilhang zu, über dem die Kirche Schellenberg liegt (50.8038,13.1377)

13,2 EB-II (50.8074,13.1358)

11,3 historische überdachte Holz-II **09573 Leubsdorf-Hohenfichte**, Metzdorfer Straße, zuletzt nach einem Brand 1832 wiederaufgebaut, ⌘, von hier Wanderung zur Augustusburg möglich (50.8208,13.1391)

10,8 ■ Hohenfichte, 1,3 m hoch, re ⏏ (50.8235,13.1345)

10,4 Str-II Hohenfichte, Fabrikweg (50.8260,13.1301)

9,3 re ⇩ Große Lößnitz (s. Seite 154) in die Flöha, dort Aussetzen schwierig (Ufermauern), 292 m ü. NN (50.8318,13.1358)

8,6 ■ Hetzdorf, **X**, **X**, li oder re ⏏, danach auf kurzer Strecke wenig Wasser (50.8368,13.1381)

8,1 li ⇩ Wehrkanal (50.8403,13.1327)

8,0 stillgelegte EB-II Hetzdorfviadukt aus dem 19. Jhdt, 40 m hoch, 350 m lang, ⌘ (50.8410,13.1313)

7,5 Str-II **09569 Oederan-Hetzdorf**, Ernst-Thälmann-Straße (50.8424, 13.1261)

6,6 hohe neue EB-Ⅱ Dresden – Hof (50.8482,13.1208)
5,8 ▬ Spinnerei Falkenau, ✕, re ⩍, li Wasserableitung (50.8540,13.1216)
5,1 li ⇩ Wehrkanal (50.8564,13.1139);
Str-Ⅱ, li **09557 Flöha-Falkenau** (50.8564,13.1132)
4,3 ▬ Spinnerei Falkenau, li ⩍ (50.8525,13.1051)
3,9 Weg-Ⅱ (50.8504,13.1005)
2,5 re ⇩ Wehrkanal (50.8580,13.0915)
2,0 ▬ Spinnerei Flöha-Gückelsberg, zerstört (50.8593,13.0865)
1,5 Fußg.-Ⅱ, li **09557 Flöha** (50.8590,13.0797)
1,1 re ⇩ Wehrkanal (50.8615,13.0770);
Fußg.-Ⅱ Flöha (50.8615,13.0764)
0,3 Str-Ⅱ B180 Flöha, Augustusburger Straße, li hinter der Ⅱ günstige ⬆, 🅿 in der Nähe (50.8596,13.0658)
0,2 li hinter der Ⅱ günstige ⬆, 🅿 in der Nähe (50.8594,13.0658)
0,1 Fußg.-Ⅱ Flöha, Auenbrücke (50.8587,13.0648)
0,0 ⇩ der Flöha in die Zschopau (s. Seite 136) bei km 52,5 (265,4 m ü NN) (50.8577,13.0637)

Natzschung

Weitere Namen: Načetínský potok [cze]

Wildwasser
Mündung in Flöha bei km 46,4 (li Nebenfluss)

Die Natzschung (tschechisch: Načetínský potok) bildet auf der gesamten fahrbaren Strecke die Staatsgrenze zur Tschechischen Republik.
Sie entspringt am Erzgebirgskamm, Hochmoorfläche zwischen Kalek und Rudoltice (tschech. Seite), ca. 820 m ü. NN und mündet in die Flöha in Olbernhau, 468 m ü. NN.
Lauflänge: 16,4 km
Einzugsgebiet: 84 km².

Befahrbarkeit: beurteilt man am besten am Pegel Rothenthal. Über 0,55 m befahrbar ab Lochmühle, über 0,70 m ganzer Flusslauf befahrbar, ab 110 cm wird es sehr schnell. Mittlere Abflussspende an Mündung: 1,34 m³/s, Gefälle 17 ‰.
Pegel: Rothenthal

10,4 zerstörtes ▬ Neue Mühle (50.5997,13.3210)
10,2 li ⇩ Rübenauer Bach (50.6008,13.3206);
günstige ⬇ an 🚌-Haltestelle, ca. 632 m ü. NN, zunächst WW I+ (50.6009, 13.3205)
10,0 ▬ Lochmühle mit Wasserableitung, 0,8 m, Achtung auf Oberbalken (50.6025,13.3203)
8,8 li ⇩ Wehrkanal Lochmühle, Wasserrückführung (50.6082,13.3283)
8,7 günstige ⬇ ab ≣ 0,55, kurz danach wird das Tal enger und der Fluss steiler, bis WW III (50.6082,13.3285)
7,4 li ⇩ Steinbach, 585 ü. NN (50.6120,13.3373)

6,2 re ⇩ Telčský potok, 554 m ü. NN (50.6138,13.3518)

5,3 li ≣ Rothenthal, über 0,55 m befahrbar ab Lochmühle, über 0,70 m ganzer Flusslauf befahrbar, ab 110 cm wird es sehr schnell (50.6189,13.3599)

4,5 l Stößerfelsen, Aussichtspunkt (50.6192,13.3679)

4,1 ▬ Rothenthal, 0,8 m, Beginn Ortslage **09526 Olbernhau-Rothenthal**, ab hier maximal WW I+ (50.6228,13.3687)

3,0 großes Fabrikgebäude

1,7 zerstörtes ▬ (50.6390,13.3745)

1,5 Sägewerk, das Tal weitet sich

0,2 Fußg-II, Grenzübergang für Fußgänger, Saigerhüttengelände (50.6496, 13.3708)

0,0 ⚠ kurz vor ⇩ Reste des ehemaligen Einleitungsbauwerkes, günstige ⬆ nach 20 m am re Ufer der Flöha, 🅿 (50.6508,13.3703);
⇩ der Natzschung in die Flöha (s. Seite 147) bei km 46,4, 463,1 m ü. NN (50.6509,13.3702)

Schwarze Pockau

Wildwasser
Mündung in Flöha bei km 32,0 (li Nebenfluss)

Die Schwarze Pockau ist in ihrem Oberlauf ein sehr schwerer Wildfluss, aber auch ihr Unterlauf bietet noch interessantes Wildwasser.

Befahrbarkeit:	Nach der Schneeschmelze und starkem Regen bei Q = 4 bis 7 m³/s. Es muss immer mit quer liegenden Bäumen gerechnet werden Wasserqualität: moorig braun, deshalb vor Ort auch Schwarzwasser genannt.
Pegel:	Zöblitz
Schwierigkeiten:	km 20,3–10,5 WW III–IV, Gefälle 20–40 ‰ im Bereich Naturschutzgebiet, km 10,7–0,0 WW II, Gefälle 12 ‰
Infrastruktur:	Begleitung ab Hinterer Grund auf paralleler Straße möglich. Im Bereich des NSG führt ein Wanderweg parallel zum Fluss.

31,0 Ursprung im Bereich der Grenze zu Tschechien bei 887 m ü NN

19,5 Str-II **09496 Marienberg-Kühnhaide**, Kühnhaidner Hauptstraße, 716 m ü NN (50.5950,13.2518);
mögliche ⬇ Kühnhaide, kleiner 🅿 (50.5952,13.2513)

19,4 bis Pobershau-Hinterer Grund Naturschutzgebiet (50.5954,13.2510)

18,0 Str-II Neubrückenweg (50.6045,13.2536)

16,5 Str-II (50.6150,13.2437)

15,3 Str-II Schwarzwassertalstraße, ab hier bis zur Ringmauer größere Schwierigkeiten, mehrere natürliche Felsstufen, ≋ (50.6195,13.2402)

14,4 Teufelsfelsen, Nonnenfelsen, auf 200 m größere Schwierigkeiten, mehrere natürliche Felsstufen, ≋ (50.6257,13.2390)

12,5 ▬ Mies, Ringmauer, starkes Gefälle bis Hinterer Grund, Steine (50.6350,

13.2436)
12,1 Weg-Ⅱ (50.6372,13.2456)
11,4 Str-Ⅱ Pobershau (50.6392,13.2366)
11,2 li ⬇ für den leichteren Teil der Schwarzen Pockau, großer 🅿 (50.6404, 13.2359)
11,0 Str-Ⅱ **09496 Marienberg-Pobershau**, AS-Hinterer Grund, 532 m ü, NN (50.6420,13.2361)
10,7 ■-Schwelle Pobershau, ✕ und Hotel Schwarzbeerschänke (50.6441, 13.2353)
10,3 Wege-Ⅱ (50.6452,13.2308)
8,7 Str-Ⅱ Kniebreche (50.6523,13.2136)
8,2 Str-Ⅱ B171 (50.6565,13.2115)
8,1 li ⇩ Rote Pockau (guter Wasserspender, nach verheerendem Sommerhochwasser neu ausgebaut) (50.6571,13.2111);
li Sturz-■, re ⏏, re vor dem ■ Wasserableitung. Nur wenn ausreichend Wasser über das ■ fließt sind die folgenden 600 m ≋ (50.6572,13.2111)
7,8 EB-Ⅱ (50.6593,13.2113)
7,6 ⇩ Wehrkanal, Rückführung des abgeleiteten Wassers (50.6606,13.2127)
6,7 Str-Ⅱ S224 (50.6651,13.2125)
6,1 Str-Ⅱ **09496 Marienberg-Niederlauterstein**, Schlossberg, ⌘ li Ruine Burg Lauterstein (50.6685,13.2087)
4,9 EB-Ⅱ (50.6767,13.2152)
4,4 EB-Ⅱ (50.6798,13.2136)
4,0 Wege-Ⅱ Lauterbachweg, re Strobelmühle, hier Übernachtungsmöglichkeit (50.6818,13.2107)
3,8 EB-Ⅱ (50.6825,13.2119);
■ Sohlstufe (50.6826,13.2120)
2,3 Schräg-■ Pockau am ehemaligen Holzplatz, re Wasserableitung. Ortsbeginn Pockau. Wegen der folgenden Schwierigkeiten am besten hier ⬆ (50.6907,13.2174)
1,9 re ⇩ Wehrkanal (50.6942,13.2193)
1,3 EB-Ⅱ (50.6973,13.2250)
1,1 Fußg.-Ⅱ (50.6976,13.2277)
1,0 ■ Sohlschwelle Ölmühle Pockau (50.6983,13.2287)
0,9 Fußg.-Ⅱ (50.6993,13.2300)
0,7 mögliche ⬆, seit Sommerhochwasser 2002 schwierig, da Uferstreifen weggespült, unbedingt vorher den Hotelbesitzer vom Bergschlösschen um Erlaubnis bitten, da Privatgelände, re Überleiter in Hochwasserumgehungsgraben für das folgende Sturzwehr. Erkunden, keine neuen Angaben bekannt (50.7004,13.2291);
Fußg.-Ⅱ (50.7007,13.2291);
Str-Ⅱ **09509 Pockau-Lengefeld**, Flöhatalstraße (50.7009,13.2292)
0,6 Sturz-■ Pockau, ⚠ **X**, großer Rücklauf, li ⏏ sehr schwierig (50.7015, 13.2300)

0,5 Str-II Pockau, An der Pockau (50.7018,13.2309)
0,3 Str-II Pockau (50.7030,13.2329)
0,2 EB-II (50.7037,13.2340)
0,0 Weiterfahrt auf der Flöha. Dort günstige ⬆ an der Straßenbrücke der B101, 🅿 am Supermarkt (50.7052,13.2351);
⇩ Schwarze Pockau in die Flöha (s. Seite 147) bei km 32,0 (50.7052, 13.2351)

Große Lößnitz

Weitere Namen: Lößnitz, Große

Wildwasser
Mündung in Flöha bei km 9,3 (re Nebenfluss)

Die Große Lößnitz ist ein auf 9 km befahrbarer Wildfluss, der bei Hohenfichte in die Flöha mündet. Die Befahrbarkeit ist stark wasserstandsabhängig. Die Quelle befindet sich bei Großhartmannsdorf, ca. 530 m ü. NN. Der insgesamt 15,9 km lange Fluss entwässert ein Einzugsgebiet von 65 km² bei einem Gefälle von 12,5 ‰. Dabei beträgt die mittlere Abflussspende an der Mündung 0,74 m³/s.

Befahrbarkeit: Beurteilen an sichtbaren Stellen zwischen Eppendorf und Hammerleubsdorf sowie an der Mühle im Mündungsgebiet.

9,2 Str-II **09575 Eppendorf**, Teichweg, mögliche ⬇ am Ortsende (50.8040, 13.2188)
8,6 Weg-II (50.8036,13.2116)
8,1 Mühlengrundstück, ab jetzt Waldtal, bis WW II
7,0 Str-II Talstraße (50.8099,13.1989)
6,3 Str-II (50.8125,13.1916)
5,9 ▬-Stufe Tannenmühle (50.8137,13.1871)
5,8 ▬ Hammerleubsdorf (50.8147,13.1866)
5,4 Str-II Talstraße (50.8173,13.1869)
5,3 ▬ Sohlgleite Brücke Hammerleubsdorf (50.8177,13.1872);
Str-II Gahlenser Straße (50.8179,13.1871)
4,8 Str-II Talstraße (50.8190,13.1808)
4,7 ▬ Hammermühle. Ab hier bis km 0,5 schneller mäandrierender Wiesenfluss mit schönen Uferbäumen (50.8188,13.1806)
3,3 Werk-II (50.8224,13.1641)
2,9 Str-II (50.8236,13.1588)
1,5 Str-II Leubsdorf, Metzdorfer Straße, Waldpark Neumühle (50.8240, 13.1425);
▬ am Waldpark (50.8240,13.1424)
0,5 hohe Mauern, Wege-II, Zunahme des Gefälles, ca. 250 m WW II, danach re günstige ⬆ (50.8304,13.1402)
0,4 re ⇩ Kleine Lößnitz, 299 m ü. NN (50.8309,13.1402)
0,0 ⇩ Große Lößnitz in die Flöha (s. Seite 147) bei km 9,3, dort Aussetzen schwierig (Ufermauern), 292 m ü. NN (50.8318,13.1358)

Zwickauer Mulde

Wildwasser, Wanderfluss
Mündung in Mulde bei km 145,8 (li Nebenfluss)

Die Zwickauer Mulde hat ihren Ursprung in der Nähe von Schöneck im Vogtland. Die folgenden großen Talsperren Muldenberg und Eibenstock dürfen als Trinkwassertalsperren nicht befahren werden. Sie ist in ihrem Oberlauf bis Aue ein teilweise schwerer Wildfluss, ab Aue ein Wanderfluss mit einigen Wildflussabschnitten. Außer dem Abschnitt Zwickau – Glauchau auf der gesamten Strecke landschaftlich reizvoll.

Befahrungsregeln:	km 167 bis 163,1 (Trinkwassertalsperre Muldenberg): ganzj. BV km 142 bis 136 (Trinkwassertalsperre Eibenstock): ganzj. BV
Befahrbarkeit:	Abfahrt ab km 135 nur bei Wasserabgabe der Talsperre Eibenstock (erforderlich 8..12 m3/s). Bis Aue Wildwasserboot und –ausrüstung, Aue – Zwickau nur mit Einer, ab Zwickau auch mit Zweier. Ab Zwickau große und teilw. mühsam zu umtragende Wehre, günstig nach der Schneeschmelze im Frühjahr.
Pegel:	Colditz, Wechselburg 1, Wolkenburg, Zwickau-Pölbitz, Niederschlema, Aue 3, Neidhardtsthal 1 und Rautenkranz. Außer für Neidhardtsthal 1 gibt es keine Richtwerte. Auch konnten die genauen Standorte nicht ermittelt werden.
Schwierigkeiten:	km 163,0-142.0 WW I, km 142,0-135,5 ganzj. BV, km 135,5–122,8; WW I – II, km 122,8–118,6; WW III, km 121,4 Katarakt Kachelofen; WW IV, km 118,6–⇩; WW I, km 91,7–90,9 (Slalomstrecke); WW III.

167,0 –163,1 §, ganzj. BV der Trinkwassertalsperre Muldenberg (50.4026, 12.3831)–(50.4113,12.4034)

163,1 ▬ Staumauer der Trinkwassertalsperre Muldenberg, X (50.4113, 12.4034)

163,0 –142,0 WW I, ein Befahrungsbericht liegt nicht vor (50.4123,12.4035)–(50.5030,12.5534)

142,0 Beginn des Staus der Talsperre Eibenstock (50.5030,12.5534)

142,0 –136,0 §, ganzj. BV der Trinkwassertalsperre Eibenstock (50.5030, 12.5534)–(50.5301,12.5988)

136,0 ▬ Sperrmauer Talsperre Eibenstock, X (50.5301,12.5989)

135,5 Str-II Einfahrt zur Talsperrenmeisterei Eibenstock der Landestalsperrenverwaltung Sachsen (50.5298,12.6049);
≣ am rechten Widerlager, günstig 70 bis 80 cm, ab 8 m³/s Wasserabgabe, befahrbar bis 20 m³/s;
günstige ⬇;
▬ unter der Brücke;
Die ehemalige Eisenbahnstrecke Chemnitz – Adorf wurde zwischen 2010

und 2013 von Aue nach Wolfsgrün zum Muldetalradweg ausgebaut. Mit dem Fahrrad kann man die Paddler in unmittelbarer Nähe begleiten bzw. den Radweg zum Auto versetzen nutzen (50.5298,12.6050)

135,5 –122,8 WW I-II (50.5298,12.6050)–(50.5654,12.6911)

134,9 ■ Gefällestufe Neidhardtsthal II (50.5250,12.6057)

134,7 Str-Ⅱ Muldenstraße (50.5245,12.6074);
■ Gefällestufe Neidhardtsthal I

134,1 Radweg-Ⅱ (50.5198,12.6111)

133,8 Str-Ⅱ B283 Neidhardtsthal (50.5181,12.6135)

133,5 ■ Schleiferei Blauenthal, darüber Radweg-Ⅱ (50.5188,12.6179)

133,0 Radweg-Ⅱ (50.5160,12.6226)

132,8 Str-Ⅱ, re **08309 Eibenstock-Blauenthal**, davor günstige ⬇, kleine Spielwelle, großer 🅿 (50.5151,12.6247)

132,7 re ⇩ Große Bockau (50.5153,12.6259)

132,6 ■ Kraftwerk Spitzleithe (50.5154,12.6272)

131,4 Radweg-Ⅱ (50.5208,12.6359)

131,0 Radweg-Ⅱ (50.5222,12.6380)

130,9 ■ Muldenhäuser (50.5220,12.6392)

130,8 ■ Papierfabrik Bockau, **X**, li ⏏ (50.5220,12.6409)

130,4 ■-Schwelle Bockau, zerfallen, ≋, mittlere Durchfahrt wählen (50.5252, 12.6426)

130,0 Str-Ⅱ Bockau, Muldenhäuser (50.5274,12.6461)

129,8 ■ Blaufarbenwerke (50.5282,12.6479)

129,1 Radweg-Ⅱ (50.5339,12.6520)

128,1 Str-Ⅱ Bockau, Am Bahnhof (50.5416,12.6584)

127,8 ■ Floßgraben Bockau (50.5433,12.6611)

127,3 ■ am Rechenhaus, zerfallen, li ✕ Rechenhaus, nach Absprache Biwakplatz (50.5456,12.6662)

127,2 Str-Ⅱ B283 Bockau (50.5464,12.6685)

125,5 Radweg-Ⅱ, Radweg führt li in einen Tunnel (50.5567,12.6795)

124,1 Radweg-Ⅱ, Radweg kommt li aus dem Tunnel (50.5565,12.6847)

124,0 ■ Auerhammer 1, re ⏏ (50.5570,12.6859)

122,8 –118,6 verblockte Strecke, WW III (50.5654,12.6912)–(50.5909,12.6955)

121,6 Sturz-■ Auerhammer 2, li ⏏, ⬆ zur Besichtigung des Kataraktes „Kachelofen" (50.5744,12.6898)

121,4 Katarakt „Kachelofen" ⚠, WW IV, unbedingt vor Befahrung besichtigen, neues ϟ direkt li neben Kachelofen, li ⏏ und ⬇ schwierig (50.5757, 12.6905)

121,0 Klappen-■ Halbzeugwerk Aue, re ⏏, sehr schwierig und nur, wenn Klappenwehr abgesenkt ist, beim Wehrbetreiber anmelden, Wehrbetreiber wünscht keine Befahrung des Wehres, unterhalb des Wehres weiter Wildwasser II bis zum Pennymarkt. Ortsbeginn Aue (50.5788,12.6869)

120,9 Str-Ⅱ Aue, Brückenstraße, anschließend sehr hohe Wellen ⚠, ≋ (50.5799,12.6869)

120,7 Werk-Ⅱ (50.5808,12.6883)

120,5 Werk-II (50.5810,12.6913)
120,3 Werk-II (50.5808,12.6936)
120,1 re günstige und letzte ⬆ vor Aue am Pennymarkt, Bockauer Talstraße 2, Aue. Sonntags P. Ende der stark verblockten Strecke (50.5815,12.6970)
120,0 Str-II B283 Aue, Wettinerstraße (50.5823,12.6978)
119,9 Fußg.-II Aue (50.5832,12.6987)
119,4 Str-II B101 **08280 Aue**, Schneeberger Straße (50.5868,12.7001)
119,3 Str-II Aue, Schulbrücke (50.5879,12.7015)
119,2 re ⇩ Schwarzwasser (Zwickauer Mulde) (s. Seite 161) in die Zwickauer Mulde (50.5887,12.7022)
119,0 Str-II Aue, Schillerstraße (50.5894,12.6997)
118,9 ▬-Schwelle Aue (50.5897,12.6984)
118,8 Str-II B169 Aue, Lößnitzstraße (50.5899,12.6977)
118,6 re günstige ⬆ Aue für Kleingruppe, Parkmöglichkeit, zum 🚆 Aue (50.5911,12.6956)
118,6 –0,0 WW I (Wanderstrecke), bis Zwickau nur für Einer, ab Zwickau auch für Zweier (50.5911,12.6953)–(51.1604,12.7981)
118,5 ▬ Schäferwiese Aue (50.5920,12.6944)
117,9 Werk-II (50.5965,12.6924)
117,8 re ⬆ Aue für größere Gruppe an Werktagen in der Nähe eines Friedhofes, P (50.5980,12.6923)
116,5 ▬ Aue, Fuhrpark (50.6088,12.6949)
116,3 Fußg.-II Aue (50.6102,12.6939)
115,8 li ⇩ Wehrgraben (50.6138,12.6902);
EB-II Aue (50.6140,12.6904)
114,6 Werk-II (50.6174,12.6872)
114,4 ▬ Schlema (50.6175,12.6842)
114,0 li ⇩ Wehrkanal, **08301 Aue-Bad Schlema, OT Bad Schlema** (50.6200, 12.6806)
113,7 EB-II (außer Betrieb) (50.6209,12.6775)
112,8 ▬ Niederschlema-Poppenwald (50.6268,12.6840)
111,6 EB-II (50.6302,12.6825)
111,4 li ⇩ Wehrkanal (50.6313,12.6797);
Str-II K9315 (50.6315,12.6794)
110,7 ▬ Sohlschwelle, li oder re ⏢ (50.6353,12.6769)
108,5 ▬ Hartenstein, Stauhöhe 3 m, ⏢, Sandbänke, Schnellen (50.6489, 12.6643)
108,1 li ⇩ Wehrkanal (50.6512,12.6619);
li Str-II **08118 Hartenstein**, Bahnhofstraße, re Burg Stein, li Schloss Wolfsbrunn, ✕ (50.6511,12.6611)
106,8 EB-II (50.6505,12.6448)
106,3 ▬ Fährbrücke, evtl. ≈ oder re ⏢ (50.6495,12.6394)
106,2 EB-II (50.6481,12.6392)
104,9 re ⇩ Wehrkanal (50.6473,12.6291)

104,8 EB-Ⅱ (50.6477,12.6293)
104,2 EB-Ⅱ (50.6529,12.6276)
102,9 Str-Ⅱ Langenweißbach, Wildenfelser Straße (50.6486,12.6166)
102,8 ▬ Grünau, ≋ oder re ⏏ (50.6479,12.6159)
102,2 re ⇩ Wehrkanal Grünau (50.6459,12.6088)
99,6 Steil-▬ Wiesenburg, **X**, 3 m hoch, li ⏏, Schnelle (50.6513,12.5772)
98,6 Str-Ⅱ Ernst-Schneller-Straße, li **08134 Wildenfels-Wiesenburg**, 🚆 Wiesenburg (Sachsen) (50.6534,12.5669)
96,1 Str-Ⅱ B93 **08112 Wilkau-Haßlau (Silberstraße)**, Schneeberger Straße, li Joch fahren (50.6632,12.5481);
Steil-▬ Mühle Silberstraße, 3 m hoch, **X**, li ⏏ (50.6628,12.5480)
95,6 re ⇩ Wehrgraben Silberstraße (50.6604,12.5439)
93,9 Str-Ⅱ A72 (50.6725,12.5308)
92,8 li ⇩ Rödelbach (s. Seite 165) in die Zwickauer Mulde (50.6756,12.5162)
92,7 Fußg.-Ⅱ Wilkau-Haßlau, Kirchberger Straße (50.6759,12.5148)
92,5 Str-Ⅱ **08112 Wilkau-Haßlau**, ✕, 🚆 (50.6765,12.5120)
91,7 ▬ Zwickau-Cainsdorf, re ⏏ (50.6795,12.5036)
91,7 –90,9 ⚠, es folgt die Bockwaer Senke, WW III, Schnellen, Geröllbänke, li fahren, Slalomstrecke (50.6796,12.5036)–(50.6853,12.4992)
90,9 re KC Zwickau, Muldestr. 16, 08056 Zwickau, ☎ +49 375 2000474 (50.6855,12.4993);
re ⌂▸ SV Union Zwickau, Muldestr. 16, 08056 Zwickau, ☎ +49 375 210410 (50.6855,12.4993)
90,8 Str-Ⅱ Zwickau, Cainsdorfer Brücke (50.6864,12.4975)
89,2 Fußg.-Ⅱ Zwickau, Alte Schedewitzer Brücke (50.6990,12.4984)
88,8 Str-Ⅱ B93 Zwickau, Schedewitzer Brücke (50.7025,12.5020)
87,5 EB-Ⅱ Zwickau (50.7121,12.5025)
87,2 **08056 Zwickau**, 🚆, ✕ (50.7148,12.5016);
Str-Ⅱ B173 Zwickau, Glück-Auf-Brücke (50.7152,12.5015)
86,9 Fußg.-Ⅱ Zwickau, Paradiesbrücke, li City-Tunnel (50.7176,12.5018)
86,1 Str-Ⅱ B93 Zwickau (50.7240,12.5005);
Straßenbahn-Ⅱ Zwickau (50.7244,12.5000)
85,6 Str-Ⅱ B175 Zwickau (50.7282,12.4977)
84,6 Rohr-Ⅱ Zwickau, li Freibad (50.7368,12.4991)
84,1 Str-Ⅱ Zwickau, Pölbitzer Straße/Thumer Straße (50.7402,12.4958)
82,3 ▬ Crossen, li ⏏ (50.7512,12.4889)
81,1 Str-Ⅱ Zwickau-Crossen, Schneppendorfer Straße (50.7589,12.4794)
80,6 re ⇩ Schneppendorfer Bach (50.7633,12.4787)
77,3 Str-Ⅱ B93/175 (50.7825,12.4919)
75,4 Str-Ⅱ Zwickau, Moseler Allee (50.7893,12.5069)
72,9 Str-Ⅱ Glauchau, Muldenstraße (50.8008,12.5115)
72,2 ▬ Mühle Glauchau Niederschindmaas, li ⏏, re übersetzen zum Stausee möglich (50.8036,12.5141)
70,2 re ➔ zur Stadtmulde, vor der Sperranlage (▬) re ⏏, geradeaus ▬ zur Flutrinne, bei HW ist die Flutrinne ≋, li ⏏ (50.8152,12.5161)

69,5 re ⇩ Abfluss Glauchaer Stausee. Am Stausee ⌂ Kanusport- und Spielverein Glauchau, Nauendorfer Wiesenweg 08371 Glauchau, ☎ +49 3763 5373 (50.8124,12.5239)

69,2 ▬ und re ↯ Glauchau, ⏏ auch um die folgende Staustufe (50.8149, 12.5264)

69,1 ▬ Staustufe Glauchau (50.8153,12.5268)

69,0 re ⇩ Wehrkanal Glauchau (50.8160,12.5278)

68,4 Str-II **08371 Glauchau**, Meeraner Straße, 🚂, ✕ (50.8198,12.5333)

68,1 Fußg.-II Glauchau, Zimmerstraße (50.8215,12.5365)

67,6 Str-II Glauchau, Auestraße (50.8249,12.5400)

67,4 re ⇩ Wehrkanal Glauchau (50.8272,12.5404)

67,3 EB-II Glauchau (50.8277,12.5405)

67,2 Werk-II (50.8288,12.5405)

67,1 Reste eines ehemaligen Wehres (50.8295,12.5407)

66,9 EB-II Glauchau (50.8309,12.5421);
Str-II B175 Glauchau (50.8314,12.5426)

66,8 li ⇩ Hochflutrinne über ▬ Sohlstufe ⚠. Bei Ausfahrt aus kanalisierter Strecke Vorsicht (50.8320,12.5427)

66,2 re ⇩ Lungwitzbach (50.8346,12.5505)

65,4 Str-II B175 Glauchau (50.8397,12.5460)

63,7 Str-II A4 (50.8439,12.5585)

62,0 ▬ Remse, li ⏏ (50.8530,12.5668)

61,4 Str-II **08373 Remse**, August-Bebel-Straße (50.8556,12.5745)

59,8 ▬ Waldenburg, **X**, li ⏏, re ➔ Kanal zum ↯ (50.8615,12.5914)

59,0 Str-II **08373 Remse-Kertzsch**, Glauchauer Straße (50.8661,12.5856)

57,7 Schloßmühlen-▬ Waldenburg, Neubau Rampe mit Rauhgerinne (50.8719,12.6001)

57,3 re ⇩ Wehrgraben Waldenburg (50.8716,12.6050)

57,0 Str-II B180 **08396 Waldenburg**, Bahnhofstraße, ✕, ⌘: Schloss (50.8733,12.6080)

51,3 ▬ Wolkenburger Papierfabrik, li ⏏, (50.8983,12.6551)

50,5 re ⇩ Wehrgraben (50.8995,12.6621)

49,8 Str-II **09212 Limbach-Oberfrohna, OT Wolkenburg**, Hernnsdorfer Straße, ✕, Schloss (50.9018,12.6691)

49,2 Fußg.-II Wolkenburg (50.9003,12.6771)

49,1 ▬ Hammermühle Wolkenburg, re ⏏ (50.9009,12.6783)

46,9 EB-II oberhalb Thierbach (50.9140,12.6819)

46,3 ▬ Thierbach, re ⏏ (50.9168,12.6874);
li **09322 Penig-Thierbach** (50.9175,12.6879)

46,2 Fußg.-II Thierbach (50.9177,12.6881)

45,8 li ⇩ Mühlgraben Thierbach (50.9210,12.6871)

44,7 Str-II A72 (50.9303,12.6886);
Str-II S57 Penig (50.9305,12.6892)

43,6 ▬ Penig, re ⏏, ca. 400 m (50.9330,12.7027);

Str-II **09322 Penig**, Brückenstraße, ✕ (50.9335,12.7032)

40,8 ▬ Amerika, re oder li ⌓ oder li in Mühlgraben fahren und nach re ⌓ (50.9313,12.7300)

39,3 ▬ Biebermühle, **X**, re oder li ⌓, Bootswagen zweckmäßig (50.9353, 12.7470)

37,7 ▬ Rochsburg, **X**, re ⌓, schwierig, es folgen Stromschnellen (50.9432, 12.7564)

37,2 Fußg.-II (Schaukelbrücke) Rochsburg (50.9455,12.7620);
li **Rochsburg**, ⌘ Museum Schloss Rochsburg (50.9457,12.7626)

34,7 EB-II (50.9504,12.7697)

34,5 ▬ Papierfabrik Rochsburg, **X**, li durch Werk ⌓ 600 m, Bootswagen zweckmäßig (50.9514,12.7690)

33,2 ▬ Lunzenau, **X**, re ⌓ verboten, li ⌓ 1,5 km durch den Ort, Steine im Fluss (50.9565,12.7567)

33,1 Werk-II (50.9575,12.7574)

32,5 Str-II **09328 Lunzenau**, Burgstädter Straße, ✕ (50.9627,12.7571)

31,7 ▬ Lunzenau-Schlaisdorf, re ⌓ (50.9687,12.7614)

31,6 Fußg.-II (50.9698,12.7627)

30,1 Str-II Wechselburg-Göhren, Alte Straße, li ✕ (50.9795,12.7645)

30,0 ▬ Göhren, schwierig zu überwinden. Bei HW an Straßen-II 1300 m ⌓; wenn möglich re am ▬ ⬆ und je nach Schwall unterhalb ⬇ (50.9797, 12.7662)

29,7 EB-II Göhrener Viadukt, 68 m hoch (50.9814,12.7690)

28,9 re ⇩ der Chemnitz (s. Seite 166) in die Zwickauer Mulde (50.9876, 12.7744)

28,6 ▬, **X**, re oder li ⌓, starker Sog, es folgt eine stromschnellenreiche Strecke (50.9906,12.7745)

27,4 ▬ vor Wechselburger II, zerstört, Unterwasserpfähle, Schwallstrecke (51.0010,12.7711)

27,1 Str-II **09306 Wechselburg**, Brückenstraße, ✕, ⌘ Kloster Wechselburg (51.0031,12.7686)

22,5 Fußg.-II (51.0218,12.7899)

22,0 re **09306 Seelitz-Steudten** (51.0232,12.7959)

19,4 EB-II und ▬ Schlossmühle Rochlitz, re ⌓ (51.0446,12.7937)

19,2 Fußg.-II Rochlitz (51.0444,12.7958)

18,6 li ⇩ Mühlgraben Rochlitz (51.0431,12.8027)

18,3 Str-II B107/175 **09306 Rochlitz**, ✕ (51.0446,12.8076)

15,8 EB-II Rochlitz (51.0591,12.7979)

15,5 EB-II Rochlitz (51.0608,12.7956)

14,2 re **09306 Rochlitz-Penna** (51.0700,12.7887)

12,6 li **09306 Königsfeld-Weiditz** (51.0803,12.8009)

12,0 re **09306 Zettlitz-Kralapp** (51.0845,12.8040)

11,5 li **09306 Königsfeld-Seupahn** (51.0887,12.8035)

9,4 ▬ Lastau, re an der Fabrik ⌓, ⬇ gleich nach der Fabrik ca. 100 m vor der EB-Brücke (51.1019,12.8048)

9,3 re **04680 Colditz-Lastau** (51.1021,12.8064)
8,9 EB-⌶ Lastau (51.1050,12.8085)
6,1 Str-⌶ **04680 Colditz**, Furtweg, ✕, ⌘: Schloss (51.1255,12.8012); re ⌂⚑ Colditzer Kanu- und Sportverein, ⛺, Furtweg 10 a, 04680 Colditz, www.colditzer-kanuverein.de , ♪ +49 174 3804161, info@cksv.de (51.1259,12.8013)
5,6 ▬ Schlobachmühle Colditz, ↰ und 400 m weit auf Fußweg am Fluss entlang ⩍, über Brücke und re ⬇, bei NW war es möglich re zu treideln (51.1296,12.8015)
5,4 Str-⌶ B176 Colditz, Bahnhofstraße (51.1310,12.8026)
2,9 ▬ Kartonagenwerk Colditz, re auf schmalem Felspfad ⩍; beim ⬇ direkt am ▬ auf Felsen unter Wasser achten (51.1479,12.7914)
0,5 Str-⌶ **04680 Colditz-Sermuth**, Hauptstraße (51.1568,12.7933)
0,0 ⇩ Zusammenfluss von re Freiberger Mulde (s. Seite 127) und li Zwickauer Mulde zur Mulde (s. Seite 123) bei km 145,8 (51.1604,12.7981)

Schwarzwasser (Zwickauer Mulde)

Wildwasser
Mündung in Zwickauer Mulde bei km 119,2 (re Nebenfluss)

Das Schwarzwasser ist ein interessanter Wildbach aus dem West-Erzgebirge. Es liegt kein neuer Fahrtenbericht vor. Die Beschreibung wurde nach Kartenmaterial gefertigt. Es ist mit Veränderungen zu rechnen.

Befahrbarkeit:	Nur bei gutem Wasserstand. Die Strecke von Aue bis zur ⇩ kann wegen Wasserableitung nicht befahren werden.
Pegel:	Johanngeorgenstadt 4, Schwarzenberg und Aue 1
Schwierigkeiten:	km 30,3 – 11,4 WW II (III – IV), Gefälle 12 ‰, km 11,4 - 3,9 WW I, Gefälle 10 ‰.

30,4 Str-⌶ am ⧻ Johanngeorgenstadt (50.4373,12.7280)
30,3 ⬇-Möglichkeit Johanngeorgenstadt; **08349 Johanngeorgenstadt** (50.4386,12.7275)
30,3 –11,4 WW II (III – IV) (50.4387,12.7275)–(50.5460,12.7941)
30,1 EB-⌶ Johanngeorgenstadt (50.4404,12.7277)
29,6 ▬ Gefällestufe Johanngeorgenstadt (50.4436,12.7307)
29,4 ▬-Schwelle Johanngeorgenstadt (50.4447,12.7288)
29,2 zerstörtes ▬ Johanngeorgenstadt (50.4467,12.7286)
29,1 Steil-▬ Haberlandmühle (50.4475,12.7292)
28,9 Weg-⌶ (50.4488,12.7268)
28,7 Weg-⌶ (50.4496,12.7255)
28,6 Steil-▬ Albersthal (50.4507,12.7249)
28,1 Weg-⌶ (50.4553,12.7237)
27,9 Steil-▬ Georgenthal (50.4564,12.7239)
27,5 Weg-⌶ (50.4594,12.7203)
26,8 ▬ Sohlschwelle Täumerhaus (50.4645,12.7220)

25,9 EB-Ⅱ (50.4713,12.7201)

25,8 Str-Ⅱ **08359 Breitenbrunn/Erzgebirge-Erlabrunn** (50.4725,12.7185)

25,7 ■ Pappenfabrik Carolathal (50.4731,12.7192)

25,0 Fußg.-Ⅱ Steinheidel (50.4759,12.7275)

24,6 ■ Pappenfabrik Breitenhof (50.4764,12.7323)

23,8 Str-Ⅱ Breitenbrunn, Neue Rabenbergstraße (50.4740,12.7425)

23,6 Str-Ⅱ (50.4734,12.7452)

23,5 ■ Breitenhof-Steinhaus (50.4732,12.7466)

23,4 Str-Ⅱ, re **08359 Breitenbrunn/Erzgebirge**, Hauptstraße (50.4739, 12.7475);
⚠ auf 100 m Katarakt, WW III – IV bei Breitenbrunn. Die genaue Lage konnte in den Karten nicht festgestellt werden

22,9 Str-Ⅱ Breitenbrunn, Schachtstraße (50.4776,12.7451)

21,8 Klappen-■ Papierfabrik Antonsthal (50.4862,12.7397)

21,7 EB-Ⅱ (50.4866,12.7400)

19,4 EB-Ⅱ (50.5004,12.7565)

19,3 Ⅱ Fluss ist mit einem Gebäude überbaut (50.5011,12.7571);
Str-Ⅱ Antonsthal, Bergstraße (50.5014,12.7575);
■ Antonsthal, durch HW 2013 zerstört (50.5014,12.7577)

19,0 EB-Ⅱ (50.5013,12.7614)

18,5 Str-Ⅱ (50.5045,12.7645)

18,4 Klappen-■ Antonsthal (50.5050,12.7652)

17,2 ■ Erla (50.5107,12.7743)

16,9 Str-Ⅱ Karlsbader Straße (50.5133,12.7740)

16,6 Weg-Ⅱ (50.5159,12.7756)

16,4 ■ Sohlschwelle, Wehranlage durch HW zerstört (50.5170,12.7783)

16,1 Str-Ⅱ K9130 Erla (50.5179,12.7814)

15,8 EB-Ⅱ (50.5192,12.7849)

15,7 **08340 Schwarzenberg/Erzgebirge-Erla** (50.5197,12.7865)

15,5 ■ Erla (50.5211,12.7873)

15,1 Str-Ⅱ Erla, Walzwerk (50.5249,12.7882)

14,7 Str-Ⅱ Schwarzenberg, Erlsweg (50.5280,12.7860)

14,5 Str-Ⅱ Schwarzenberg, Erlsweg (50.5298,12.7858)

14,3 ■ Herrenmühle (50.5310,12.7862)

14,0 Str-Ⅱ **08340 Schwarzenberg/Erzgebirge**, Erlaer Straße, ⌘ Schloss (50.5337,12.7835)

13,7 Fußg.-Ⅱ Schwarzenberg, Obergasse (50.5357,12.7847)

13,6 ■ Gefällestufe Schwarzenberg (50.5362,12.7856)

13,5 Fußg.-Ⅱ Schwarzenberg (50.5364,12.7869)

13,4 Str-Ⅱ Schwarzenberg, Karlsbader Straße (50.5365,12.7880)

13,1 Str-Ⅱ Schwarzenberg, Alte Annaberger Straße (50.5379,12.7910)

12,8 Str-Ⅱ Schwarzenberg, Karlsbader Straße (50.5387,12.7879)

12,3 Weg-Ⅱ Schwarzenberg (50.5409,12.7853)

12,2 ■-Schwelle Schwarzenberg (50.5415,12.7871)

12,1 Str-Ⅱ Schwarzenberg, Straße des 18. März (50.5419,12.7881)

11,9 EB-II (50.5436,12.7899)
11,8 EB-II (50.5439,12.7905)
11,6 Str-II B101 Schwarzenberg, Straße der Einheit (50.5452,12.7926)
11,4 re ⇩ Große Mittweida (s. Seite 163) in das Schwarzwasser (Zwickauer Mulde) (50.5461,12.7943)
11,4 –3,9 WW I (50.5462,12.7941)–(50.5813,12.7357)
11,0 Schräg-■ Rote Mühle Schwarzenberg (50.5485,12.7902)
10,9 Str-II Schwarzenberg, Robert-Koch-Straße (50.5480,12.7880)
10,5 Str-II Schwarzenberg, Grünhainer Straße (50.5478,12.7835)
10,4 Str-II Schwarzenberg, Neustädter Ring (50.5479,12.7811)
10,0 Str-II Schwarzenberg, Südanbindung (50.5478,12.7764)
9,7 Str-II Schwarzenberg, Roter Mühlenweg (50.5493,12.7727)
8,5 Str-II Schwarzenberg, Hammerstraße (50.5576,12.7641)
7,4 EB-II (50.5640,12.7596)
7,2 Schräg-■ Papierfabrik Lauter (50.5635,12.7584)
6,8 Str-II K9112, **08312 Lauter-Bernsbach** (50.5656,12.7526)
6,4 EB-II (50.5677,12.7496);
Klappen-■ Mühle Lauter (50.5680,12.7498)
5,7 Klappen- ■ Brettmühle (50.5732,12.7478)
4,9 Str-II Lauter-Bernsbach, Am Brethaus (50.5793,12.7478)
3,9 Klappen-■ Hakenkrümme, hier ⬆, weitere Strecke ohne Wasser (50.5814,12.7356)
1,7 Beginn Stadtbereich **08280 Aue** (50.5848,12.7192)
0,0 ⇩ Schwarzwasser (Zwickauer Mulde) in die Zwickauer Mulde (s. Seite 155) bei km 119,2 (50.5887,12.7022)

Große Mittweida

Wildwasser
Mündung in Schwarzwasser (Zwickauer Mulde) bei km 11,4 (re Nebenfluss)

Die Große Mittweida ist ein interessanter Wildbach. In ihrem Unterlauf nimmt sie von li das Pöhlwasser auf. In diese Beschreibung wurden nur einige von der Vielzahl der Brücken aufgenommen. Der Redaktion liegt kein aktueller Fahrtenbericht vor. Die Beschreibung wurde deshalb nur nach Kartenmaterial gefertigt. Es ist mit Veränderungen zu rechnen.

Befahrbarkeit: Nur bei ausreichendem Wasserablass der Talsperre. ⬇ unterhalb der Staumauer.
Pegel: Wildenau 1 und Markersbach
Schwierigkeiten: WW II - I, Gefälle 16 ‰.

8,0 ■ Staumauer Pumpspeicherwerk Markersbach, Unterbecken (50.5258, 12.8781)
7,8 ■ Pegelschwelle Markersbach (50.5270,12.8770);
≡ Markersbach 2 (50.5271,12.8771)
7,7 ■ Markersbach (50.5276,12.8766)

7,2 ■ Markersbach (50.5304,12.8729);
EB -II Markersbach (Viadukt) (50.5308,12.8723)
7,1 Str-II **08352 Raschau-Markersbach** (50.5314,12.8719)
6,8 ■ Sohlrampe Schule Markersbach (50.5325,12.8691)
6,6 Str-II B101 (50.5338,12.8673)
6,3 ■ Raschau-Markersbach (50.5352,12.8642)
5,3 ■-Schwelle (50.5338,12.8515)
4,8 ■ Raschau (50.5333,12.8445)
4,4 ■ Süßmühle Raschau (50.5324,12.8400)
4,2 Str-II (50.5317,12.8371)
4,1 EB -II (50.5318,12.8365)
3,9 Str-II (50.5320,12.8333)
3,7 Str-II Raschau, Mühlstraße (50.5315,12.8299)
3,4 ■-Schwelle (50.5307,12.8263)
3,2 ■-Schwelle (50.5302,12.8241);
Str-II Raschau, Schulstraße (50.5301,12.8237)
2,8 li ⇩ Pöhlwasser (s. Seite 164) in die Große Mittweida (50.5307,12.8180)
2,6 ■ Papierfabrik (50.5321,12.8172)
1,6 EB -II (50.5351,12.8053)
1,4 ■ Schwarzenberg (50.5364,12.8023)
0,9 ■-Schwelle Schwarzenberg (50.5390,12.7981)
0,8 Str-II Schwarzenberg, Elterleiner Straße (50.5402,12.7977)
0,7 EB-II Schwarzenberg (50.5406,12.7980)
0,4 Str-II **08340 Schwarzenberg/Erzgebirge**, Wildenauer Weg (50.5428, 12.7944)
0,0 ⇩ Große Mittweida in das Schwarzwasser (Zwickauer Mulde) (s. Seite 161) bei km 11,4 (50.5461,12.7943)

Pöhlwasser

Wildwasser
Mündung in Große Mittweida bei km 2,8 (li Nebenfluss)

Das Pöhlwasser ist ein unterhaltsamer Wildfluss aus dem West-Erzgebirge. Es fließt durch die Orte **Rittersgrün**, **Globenstein**, **Pöhla** und **Grünstädel**. In diese Beschreibung wurden keine der in Vielzahl vorhandenen Brücken aufgenommen. Die Beschreibung wurde nach Kartenunterlagen gefertigt, da kein neuer Fahrtenbericht vorliegt. Es ist mit Veränderungen zu rechnen.
Fahrtstrecke: ⬇ etwa 9 km oberhalb der ⇩. Die ⬇ kann von der parallel verlaufenden Straße aus in der Nähe des Ortes Rittersgrün je nach Wasserführung frei gewählt werden.

Befahrbarkeit:	Nur bei gutem Wasserstand.
Pegel:	Pegel Rittersgrün.
Schwierigkeiten:	WW I, Gefälle 15 ‰.

10,6 ■ Rittersgrün/Hähnelgraben (50.4680,12.8078)
8,7 ■ Rittersgrün unterhalb Kirchsteig (50.4793,12.7939)

8,4 ■ Unterrittersgrün (50.4820,12.7910)
6,8 ■, re Wasserableitung (50.4929,12.7863)
6,5 ■ (50.4948,12.7854)
6,1 ■ Neue Hütte (50.4982,12.7866)
4,0 ■ Siegelhof (50.5014,12.8072)
3,7 ■ Pöhla (50.5025,12.8099)
3,3 ■ Pöhla – Pfeilhammer (50.5054,12.8115)
1,0 ■ Grünstädel (50.5228,12.8201)
0,6 ■ Sohlstufen Grünstädel (50.5262,12.8204)
0,0 ⇩ Pöhlwasser in die Große Mittweida (s. Seite 163) bei km 2,8 (50.5307, 12.8180)

Rödelbach

Wildwasser
Mündung in Zwickauer Mulde bei km 92,8 (li Nebenfluss)

Der nur auf kurzer Strecke zu befahrende Rödelbach ist ein nur mäßig schwerer Wildbach. Leider liegt kein neuer Befahrungsbericht vor. Die Beschreibung wurde nach Kartenmaterial gefertigt. Es ist mit Veränderungen zu rechnen.
Fahrtstrecke: Einsetzstelle etwa 5 km oberhalb Wilkau-Haßlau. Die ⬇ kann von der begleitenden Straße aus frei gewählt werden.
Befahrbarkeit: Nur bei gutem Wasserstand.

4,6 li ⇩ Crinitzer Wasser (s. Seite 165) in den Rödelbach (50.6457,12.5171)
4,5 Str-Ⅱ **08107 Kirchberg-Cunersdorf**, Zum Wiesengrund (50.6463, 12.5175);
■-Stufe Cunersdorf (50.6467,12.5176)
4,4 ■ einer Fischzucht (50.6476,12.5177)
3,8 Weg-Ⅱ re zur Kläranlage (50.6507,12.5225)
2,1 zweistufiges Schräg-■ Wilkau-Haßlau (50.6634,12.5232)
1,7 Weg-Ⅱ (50.6662,12.5248)
1,2 Weg-Ⅱ (50.6695,12.5271)
1,1 Str-Ⅱ A72 (50.6704,12.5268)
0,5 Str-Ⅱ Wilkau-Haßlau, Bachstraße (50.6721,12.5191)
0,2 Str-Ⅱ (50.6741,12.5162)
0,1 Str-Ⅱ **08112 Wilkau-Haßlau**, Haaraer Straße (50.6744,12.5160)
0,0 EB-Ⅱ (50.6753,12.5163);
⇩ Rödelbach in die Zwickauer Mulde (s. Seite 155) bei km 92,8 (50.6756, 12.5162)

Crinitzer Wasser

Wildwasser
Mündung in Rödelbach bei km 4,6 (li Nebenfluss)

Es liegt kein Fahrtenbericht vor. Die Beschreibung wurde nur nach Kartenmaterial gefertigt.

Fahrtstrecke: ⬇ bei Wolfersgrün (Nähe Kirchberg), 4,3 km bis ⇩ in Rödelbach. Meist wird auf diesem bis zur ⇩ in die Zwickauer Mulde bei Wilkau-Haßlau weitergefahren.

Befahrbarkeit: Nur bei gutem Wasserstand.

Schwierigkeiten: WW II mit Stellen WW IV.

4,6 ▬ Talsperre Wolfersgrün (50.6247,12.4812)

3,2 ▬ Quarksteine, ⚠ (50.6329,12.4886)

2,4 Steil-▬ Niedercrinitz-Oberdorf (50.6375,12.4926);
Str-Ⅱ **08144 Hirschfeld-Niedercrinitz**, Talstraße (50.6377,12.4928)

2,1 ▬ Niedercrinitz (50.6379,12.4964)

2,0 Fußg.-Ⅱ Niedercrinitz (50.6383,12.4968)

1,9 Fußg.-Ⅱ Niedercrinitz (50.6391,12.4971)

1,8 Str-Ⅱ Niedercrinitz, Thälmannstraße (50.6404,12.4976)

1,4 Str-Ⅱ Niedercrinitz, Culitzscher Straße (50.6424,12.5006)

0,6 ▬ Schwelle Cunersdorf (50.6448,12.5096)

0,4 Str-Ⅱ Cunersdorf (50.6456,12.5126)

0,1 Str-Ⅱ **08107 Kirchberg-Cunersdorf**, Kirchberger Straße (50.6458, 12.5152)

0,0 ▬ Sohlschwelle Cunersdorf (50.6456,12.5167);
⇩ Crinitzer Wasser in den Rödelbach (s. Seite 165) bei km 4,6 (50.6457, 12.5171)

Chemnitz

Wildwasser

Mündung in Zwickauer Mulde bei km 28,9 (re Nebenfluss)

Die Chemnitz ist ein landschaftlich reizvoller, leichter bis mittelschwerer Wildfluss. Sie verläuft zunächst durch das Stadtgebiet von Chemnitz, anschließend durch hügeliges Gelände. Ab Wittgensdorf Verengung des Flussbettes, Felswände treten an den Fluss heran, mäßige Verblockung, viele Wehre. Gefälle: Durchschnitt der Gesamtstrecke 3,7 ‰, im Bereich der schwierigen WW-Strecke bis 7 ‰.

Befahrbarkeit: Mindestens 8 m³/s Durchflussmenge am Pegel Göritzhain erforderlich. Bei > 20 m³/s sollte von einer Befahrung abgesehen werden. Bei Regenwetter schneller Anstieg des Wasserstandes durch Chemnitzer Vorfluter und damit verbunden starke Geruchsbelästigung.

Pegel: Göritzhain (siehe Befahrbarkeit) und Chemnitz 1

Schwierigkeiten: km 30,2 – 13,4 WW I – II,
km 13,3 – 7,3 WW II – IV,
km 7,3 – ⇩ WW II – III.

37,1 Fußg.-Ⅱ Chemnitz–Hartau, Ursprung der Chemnitz durch Zusammenfluss ihrer Quellflüsse Zwönitz und Würschnitz in Chemnitz–Hartau unweit der Endhaltestelle der Straßenbahn Linie 6. In der Nähe befindet sich der 432 m hohe Pfarrhügel mit sehr gutem Blick über Chemnitz (50.7897, 12.9239);
li ⇩ Zusammenfluss von li Würschnitz (s. Seite 169) und re Zwönitz

(s. Seite 170) zur Chemnitz (50.7898,12.9238);
⬇ für die Befahrung der Chemnitz am besten in die Zwönitz bei der Ⅱ B95 kurz oberhalb der ⇩ (50.7898,12.9237)

37,1 –23,1 Stadtgebiet von **Chemnitz** (50.7885,12.9229)–(50.8828,12.8942)
36,8 Str-Ⅱ Chemnitz, Harthauer Straße (50.7902,12.9189)
35,4 Str-Ⅱ Chemnitz, Südring, Schnelle unter der Ⅱ mit Steinen und Gerümpel (50.7973,12.9115)
34,7 Str-Ⅱ Chemnitz, Scheffelstraße (50.8021,12.9049)
34,2 ■ Chemnitz, Kauffahrtei, **X**, li ⏏ (50.8063,12.9028)
33,5 ■ Sohlgleite Chemnitz (50.8119,12.9045)
33,2 Str-Ⅱ Chemnitz, Heinrich-Lorenz-Straße (50.8150,12.9051)
32,9 Fußg.-Ⅱ Chemnitz (50.8177,12.9058)
32,3 Wege-Ⅱ und ■ Chemnitz, Straßburger Straße, re ⏏, Ende des Stadtparks (50.8201,12.9127)
32,1 Str-Ⅱ Chemnitz, Treffurthstraße (50.8200,12.9152)
31,4 EB-Ⅱ Chemnitz, re 🚆 Chemnitz-Süd (50.8246,12.9202);
Str-Ⅱ B95 Chemnitz, Reichsstraße (50.8253,12.9200)
31,2 Str-Ⅱ Chemnitz, Aue (50.8263,12.9196)
30,8 Str-Ⅱ Chemnitz, Aue (50.8293,12.9176)
30,7 Str-Ⅱ B173 Chemnitz, Zwickauer Straße (50.8297,12.9166)
30,4 ■ Chemnitz, Pfortensteg, li Kaßberg, re Stadtzentrum Chemnitz (50.8321,12.9147);
li ⇩ Kappelbach (50.8323,12.9144)
30,2 Str-Ⅱ Chemnitz, Kaßbergauffahrt (50.8339,12.9149);
Str-Ⅱ Chemnitz, Bierbrücke (50.8344,12.9150)
30,2 –13,4 WW I - II (50.8340,12.9149)–(50.9232,12.8561)
30,0 Fußg.-Ⅱ Chemnitz (50.8364,12.9152)
29,8 Str-Ⅱ Chemnitz, Hartmannstraße (50.8375,12.9157)
29,7 Fußg.-Ⅱ Chemnitz (50.8378,12.9168)
29,6 Str-Ⅱ Chemnitz, Brückenstraße (50.8383,12.9180)
29,3 Walzen-■ Chemnitz, Georgsbrücke, **X**, ⏏ schwierig, im Unterwasser hohe Ufermauern, bei gezogenem ■ starker Zug, nächster Weg zum Haupt-🚆 und 🚌-Bahnhof (50.8409,12.9210)
29,2 Str-Ⅱ Chemnitz, Georgstraße (50.8414,12.9217)
28,9 Fußg.-Ⅱ (50.8443,12.9221)
28,8 li ⇩ Pleißbach (50.8445,12.9221)
28,7 2 Str-Ⅱ Chemnitz, Müllerstraße (50.8453,12.9222)
28,6 Str-Ⅱ Chemnitz, Eckstraße (50.8469,12.9220)
28,3 Fußg.-Ⅱ Chemnitz (50.8486,12.9232)
27,7 EB-Ⅱ Chemnitz, danach Gelände des HKW Chemnitz-Nord (50.8535, 12.9262)
27,3 ■ Stadtwerke Chemnitz (50.8575,12.9252)
27,0 Str-Ⅱ Chemnitz, Dammweg (50.8597,12.9229)
25,9 Str-Ⅱ Chemnitz, Fischweg, danach ■ Sohlgleite mit Leitelementen

(50.8669,12.9141)
25,7 EB-II Chemnitz-Glösa, darunter ▬ Sohlgleite mit Leitelementen (50.8667,12.9114)
25,6 ▬ Sohlabsturz Glösa (50.8663,12.9100)
25,2 Str-II Chemnitz, Bornaer Straße (50.8674,12.9056)
24,5 Str-II A4 (50.8727,12.9028)
24,1 EB-II (50.8762,12.9024)
23,5 Str-II Chemnitz-Draisdorf, Hainersdorfer Straße (50.8809,12.8986)
21,7 Str-II Chemnitz-Wittgensdorf, Untere Hauptstraße (50.8933,12.8939)
20,3 EB-II, der Fluss wird enger (50.9028,12.8953)
19,1 EB-II (50.9049,12.8952)
18,9 Schräg-▬ Auerswald, Tenne beschädigt, ≏ (50.9060,12.8969)
18,4 Str-II (50.9106,12.8981)
17,2 Str-II **09249 Taura-Köthensdorf**, Köthensdorfer Hauptstraße (50.9152, 12.8905)
16,1 Str-II zum Umspannwerk (50.9176,12.8754)
14,7 EB-II (50.9153,12.8595)
13,3 verblockter Schwall, ≈ (50.9233,12.8561)
13,3 –7,3 Zunahme der Schwierigkeiten, WW II - IV (50.9233,12.8561)–(50.9445,12.8145)
13,1 Str-II, li **09249 Taura**, re **09236 Claußnitz-Markersdorf**, Mittweidaer Straße (50.9254,12.8537)
12,8 re ⬇ Taura (50.9263,12.8500);
▬ Stauschwelle, evtl. Umbau möglich (50.9264,12.8500)
12,1 ⚠ auf 1 km stark verblockte Strecke, unbedingt vorherige Besichtigung erforderlich, WW III (50.9306,12.8500)
11,4 EB-II (50.9366,12.8503)
11,1 ▬ Diethensdorf, **X**, Fischtreppe rechts **X**, re oder li umtragen, bei 9...10 m^3/s über Wehrkrone heben, ca. 200 m re umtragen, da vor dem Wehr re Kraftwerksableiter zum Kraftwerk Diethensdorf (50.9373,12.8480);
EB-II (50.9371,12.8478)
10,5 Str-II Untere Hauptstraße, re **09236 Claußnitz-Diethensdorf** (50.9379, 12.8400)
10,2 EB-II (50.9401,12.8395)
9,3 Weg-II (50.9427,12.8389)
9,2 EB-II (50.9422,12.8370)
8,6 EB-II (50.9423,12.8291)
8,1 Str-II S240 beim Chemiewerk Zschimmer&Schwarz, sonntags Parkplätze vorhanden, dann re aussetzen, wenn man nur die beiden WW III-Strecken fahren will (50.9442,12.8251)
7,7 EB-II, danach beginnt hinter einer re-Kurve erneut eine stark verblockte Strecke ⚠, re Durchfahrt wählen, WW III (50.9435,12.8188)
7,3 ▬, zerstört, ≈ (50.9445,12.8144)
7,3 –0,0 WW II-III (50.9446,12.8142)–(50.9875,12.7745)
5,4 ▬, Wasserableitung, Floßgasse mit Schütz, evtl. folgende 800 m trocken,

li ⏢ (50.9575,12.8047)

4,9 EB-II, wenn die Mühle re nicht arbeitet, stürzt das abgeleitete Wasser re 6 m hoch in die Chemnitz, dadurch starke Querströmung bis an das li Ufer ⚠ (50.9616,12.8045)

4,7 Rückführung des abgeleiteten Wassers bei arbeitender Mühle (50.9636, 12.8051)

4,3 ▬ Göritzhain, li ⏢, Klein-↯ im ▬ eingebaut, re Umgehungsgraben (50.9657,12.8014)

3,6 Str-II Obere Hauptstraße, li **09328 Lunzenau-Göritzhain**, re günstige ⬆ (50.9711,12.7968)

2,9 Sturz-▬ Niedermühle Göritzhain, Höhe 1,5 m, re ⏢ (50.9761,12.7930)

2,3 EB-II (50.9772,12.7902)

0,8 EB-II (50.9844,12.7822)

0,5 EB-II (50.9859,12.7803)

0,1 EB-II (50.9871,12.7751)

0,0 ⇩ der Chemnitz in die Zwickauer Mulde (s. Seite 155) bei km 28,9 (50.9876,12.7744)

Würschnitz

Kleinfluss

Mündung in Chemnitz bei km 37,1 (li Nebenfluss)

Die Würschnitz verläuft in einem recht breiten Tal am Fuß der Nordrandstufe des Erzgebirges.

Befahrbarkeit:	Nur bei HW.
Pegel:	Jahnsdorf 1; Minimum für eine Befahrung ab km 15,6 = 40 cm; ideal sind 50 cm. Ab Pfaffenhain (km 10,9) sind 40 cm ausreichend. Der gesamte Fluss ist kanalisiert, Renaturierungsmaßnahmen sind streckenweise zu beobachten.
Schwierigkeiten:	Im Oberlauf, bis km 12,6, Baum- und Strauchhindernisse. Mit angestautem Treibgut ist zu rechnen. Gute Strömung.

15,6 Str-II **09399 Niederwürschnitz**, Chemnitzer Straße, mögliche ⬇ bei hohem Wasserstand (50.7293,12.7714)

14,7 ▬ (50.7360,12.7763)

14,3 ▬ (50.7390,12.7795)

14,1 Str-II (50.7400,12.7819)

12,8 Str-II A72 (50.7476,12.7950)

12,6 re ⇩ des Gablenzbaches, von Stollberg kommend, (Wurde bereits ab Niederdorf befahren, ein ▬ ⏢.), ab hier leichter, kaum mehr Hindernisse (50.7484,12.7973)

12,3 Wege-II (50.7498,12.8014)

11,7 Wege-II (50.7498,12.8097)

10,9 Str-II B169 **09387 Jahnsdorf/Erzgeb.-Pfaffendorf**, Stollberger Straße. Bei einem Pegel von 40 cm ist es zweckmäßig, die Fahrt erst hier zu beginnen. Es folgt bis ca. km 6 die wohl schönste Strecke (50.7513, 12.8194)

10,5 Wege-II (50.7527,12.8253)
9,7 Wege-Furt (50.7547,12.8354)
9,0 li ⇩ Leutersdorfer Bach mit guter Wasserzufuhr (50.7554,12.8436)
8,3 ▬ Gefällestufe Jahnsdorf (50.7556,12.8537)
8,2 Str-II Jahnsdorf, Am Sonnenberg (50.7557,12.8543)
7,9 Str-II **09387 Jahnsdorf/Erzgeb**, Leukersdorfer Straße (50.7572, 12.8577);
li ≣ Jahnsdorf 1 (50.7573,12.8580)
7,3 ▬ Gefällestufe Sorge (50.7618,12.8604)
5,9 ▬ Sohlrampe Neukirchen (50.7692,12.8755);
Str-II Adorfer Straße, li **09221 Neukirchen/Erzgebirge** (50.7694, 12.8760)
5,2 EB-II (50.7698,12.8853);
▬ Wasserschloss Klaffenbach (50.7697,12.8856)
4,9 ▬ Sohlschwelle (50.7696,12.8893);
Str-II zum Wasserschloss Klaffenbach (50.7696,12.8894)
3,9 Str-II Chemnitz, Klaffenbacher Hauptstraße (50.7717,12.9027);
Beginn des Stadtgebiets von **Chemnitz** (50.7718,12.9028)
3,8 EB-II (50.7723,12.9047)
2,4 Fußg.-II (50.7728,12.9189)
2,3 EB-II (50.7736,12.9211)
2,2 Str-II Chemnitz, Hedwigstraße (50.7735,12.9216)
1,9 Str-II Chemnitz, Klaffenbacher Straße (50.7749,12.9252)
1,7 Str-II Chemnitz, Am Harthauer Bahnhof (50.7767,12.9256)
1,6 Str-II Chemnitz (50.7771,12.9257)
1,3 EB-II (50.7787,12.9232)
1,1 Str-II Chemnitz (50.7804,12.9235)
0,6 li empfohlene ⬆ Chemnitz, Gießereiweg an Rampe (50.7848,12.9250)
0,5 II (50.7857,12.9253)
0,3 Steiles Schräg-▬ Chemnitz, 50 m vor dem ▬ ↰ und etwa 500 m weit bis zur ⬆ bzw. ⬇ der Zwönitz ⏢ (50.7872,12.9250)
0,0 20 m Zwönitz-aufwärts mögliche ⬆ unter der EB-II, 100 m zum ⩩ Chemnitz-Zwönitzbrücke (50.7897,12.9239);
⇩ Zusammenfluss von li Würschnitz und re Zwönitz (s. Seite 170) zur Chemnitz (s. Seite 166) bei km 37,1 (50.7898,12.9238)

Zwönitz

Kleinfluss
Mündung in Chemnitz bei km 37,1 (re Nebenfluss)

Die Zwönitz fließt durch ein dicht besiedeltes Tal mit langen, sich am Fluss hinziehenden Ortschaften. Die landschaftlich schönste Strecke befindet sich zwischen Burkhardtsdorf und Einsiedel. Mäßige Schwierigkeiten als Kleinfluss, mit Stellen bis WW

II. Interessant sind zahlreiche Wehre, zum Teil aufgelassen, zum Teil beschädigt, zumeist befahrbar.
Gefälle: Im Durchschnitt etwa 5 ‰.

Befahrbarkeit:	Bei HW evtl. ab Dorfchemnitz, bei gutem Wasserstand ab Meinersdorf.
Pegel:	Altchemnitz 2, Straßen-II B95 (km 0,2); Minimum für eine Befahrung ab Meinersdorf 30 cm. Ideal sind 40 – 50 cm. Weitere Pegel Burkhardtsdorf 2 und Niederzwönitz.

38,4 Ursprung der Zwönitz im Erzgebirge bei Zwönitz in etwa 690 m Höhe
29,6 ▬ Mühle Dorfchemnitz, bei gutem Wasserstand ist eine Befahrung ab hier möglich (50.6597,12.8338)
29,3 Str-II Dorfchemnitz (50.6617,12.8354)
29,1 Str-II **08297 Zwönitz-Dorfchemnitz**, Albert-Schletter-Straße (50.6633, 12.8363)
28,9 Str-II Dorfchemnitz, August-Bebel-Straße (50.6650,12.8371)
28,7 Str-II Dorfchemnitz (50.6665,12.8367)
28,5 Str-II Dorfchemnitz, Thumer Straße (50.6682,12.8385)
28,0 Str-II Dorfchemnitz (50.6712,12.8410)
27,3 Weg-II (50.6773,12.8430)
26,5 Str-II Thalheim (50.6832,12.8435)
26,1 EB-II Thalheim (50.6861,12.8440)
25,7 ▬ Pressspanfabrik Thalheim (50.6899,12.8454)
25,3 Str-II Thalheim (50.6926,12.8454)
25,1 Str-II **09380 Thalheim/Erzgeb.**, Bahnhofstraße (50.6948,12.8453)
24,9 ▬ Gefällestufe Thalheim (50.6960,12.8457);
Str-II Thalheim, Uferstraße (50.6964,12.8460)
24,7 Fußg.-II Thalheim (50.6977,12.8467)
24,6 Fußg.-II Thalheim (50.6986,12.8471)
24,4 Str-II Thalheim, Lindenstr (50.7001,12.8489)
24,3 Str-II Thalheim, Hauptstraße (50.7012,12.8489)
24,1 ▬ Thalheim (50.7026,12.8497)
23,9 Str-II Thalheim, Hauptstraße (50.7031,12.8516)
23,6 Fußg.-II Thalheim, Am Plan (50.7036,12.8554)
23,4 Str-II Thalheim, Neue Wiesenstraße (50.7051,12.8574)
23,3 Str-II Thalheim, Wiesenstraße (50.7057,12.8587)
23,2 Str-II Thalheim (50.7061,12.8600)
22,6 ▬ Ölmühle Thalheim, darüber Steg (50.7085,12.8658)
20,9 Str-II Meinersdorf (50.7164,12.8840)
20,8 Str-II Meinersdorfer Straße, li **09235 Burkhardtsdorf-Meinersdorf** (50.7176,12.8847)
20,7 re ⇩ Gornsdorfer Bach mit guter Wasserzufuhr, mögliche ⬇ (50.7181, 12.8850)
20,6 EB-II Meinersdorf (50.7190,12.8856);
▬ Sohlgleite Gornsdorf ≈, danach Str-II Burkhardtsdorfer Straße

(50.7193,12.8859)
20,5 Str-Ⅱ Meinersdorf, Burkhardtsdorfer Straße (50.7196,12.8864)
20,4 ▬ Gornsdorf (50.7199,12.8872)
20,1 ▬ Gornsdorf am Wiesengrund (50.7216,12.8907)
20,0 Str-Ⅱ Meinersdorf, Am Wiesengrund (50.7222,12.8922)
19,7 Str-Ⅱ Meinersdorf (50.7227,12.8957)
19,2 Str-Ⅱ Burkhardtsdorf, Dorfweg (50.7238,12.9020)
18,9 Str-Ⅱ Burkhardtsdorf, Dorfweg (50.7254,12.9051)
18,2 ▬-Schwelle Burkhardtsdorf (50.7304,12.9112);
Str-Ⅱ **09235 Burkhardtsdorf**, Ahnerweg (50.7305,12.9113)
17,8 EB-Ⅱ Burkhardtsdorf (50.7331,12.9152)
17,5 Fußg.-Ⅱ Burkhardtsdorf (50.7346,12.9167)
17,4 Str-Ⅱ Burkhardtsdorf, Topfmarkt (50.7344,12.9192)
17,3 Fußg.-Ⅱ Burkhardtsdorf (50.7343,12.9202);
▬ Sohlrampe Burkhardtsdorf (50.7342,12.9205)
17,1 Str-Ⅱ Burkhardtsdorf, Alte Poststraße (50.7341,12.9229)
16,8 Str-Ⅱ Burkhardtsdorf, Seilerweg (50.7328,12.9257)
16,4 Str-Ⅱ B95 **09235 Burkhardtsdorf**, Annaberger Straße, 🚆, ✕ (50.7330, 12.9305)
16,1 Str-Ⅱ Burkhardtsdorf (50.7348,12.9338)
15,6 ▬ Sohlrampe Burkhardtsdorf (50.7364,12.9396)
15,3 Str-Ⅱ Burkhardtsdorf, Mühlweg (50.7385,12.9425)
15,0 EB-Ⅱ (50.7390,12.9469)
14,6 ▬ Pappenfabrik Rochhausen, Vorsicht, am Anfang der Schräge liegt ein Eisenträger quer über den Fluss ⚠ (50.7411,12.9496);
Weg-Ⅱ (50.7412,12.9495)
14,1 Str-Ⅱ B180 **09235 Burkhardtsdorf-Kemtau**, Zwönitztalstraße (50.7427, 12.9531)
14,0 ▬ Kemtau (50.7427,12.9536)
13,5 Wege-Ⅱ Kemtau, Mühlenweg (50.7412,12.9599)
12,8 EB-Ⅱ (50.7456,12.9673)
12,5 Fußg.-Ⅱ (50.7458,12.9710)
11,2 EB-Ⅱ (50.7383,12.9806)
10,5 Weg-Ⅱ Mühlenweg (50.7420,12.9825);
EB-Ⅱ (50.7421,12.9820)
10,1 EB-Ⅱ (50.7448,12.9812)
9,8 steiles Schräg-▬ Filzfabrik Dittersdorf, li ⌓ (50.7471,12.9807)
9,3 EB-Ⅱ (50.7506,12.9776)
9,2 Fußg.-Ⅱ **09439 Amtsberg-Dittersdorf** (50.7519,12.9784)
9,1 re gute ⬇ an der Ladestraße des 🚆 Dittersdorf (50.7522,12.9789)
9,0 EB-Ⅱ Dittersdorf (50.7526,12.9804);
Str-Ⅱ Dittersdorf, Bahnhofstraße (50.7526,12.9807)
8,4 EB-Ⅱ (50.7563,12.9797)
7,6 EB-Ⅱ (50.7622,12.9786)
7,4 Str-Ⅱ Chemnitz, Am Mühlberg (50.7637,12.9792);

Beginn Stadtgebiet **Chemnitz** (50.7637,12.9791)
7,0 EB-II (50.7659,12.9747)
6,9 Str-II Chemnitz, Einsiedler Neue Straße, danach auf 400 m Schnellen und Steine (50.7661,12.9733)
6,5 Str-II Chemnitz, Fabrikweg (50.7685,12.9700)
6,2 Str-II Chemnitz, Einsiedler Neue Straße (50.7695,12.9731)
5,9 EB-II (50.7716,12.9754);
Str-II Chemnitz, Altenhainer Allee (50.7720,12.9752)
5,4 Str-II Chemnitz, Einsiedler Hauptstraße (50.7747,12.9727)
4,6 ▬ mehrstufige Sohlrampe (50.7801,12.9717)
4,5 Str-II Chemnitz, Kurt-Franke-Straße (50.7806,12.9722)
4,3 Str-II Chemnitz, Einsiedler Hauptstraße (50.7828,12.9717)
4,2 Str-II Chemnitz (50.7833,12.9714)
3,0 Str-II Chemnitz (50.7858,12.9559)
2,9 Str-II Chemnitz, Erfenschlager Straße (50.7853,12.9539)
2,8 EB-II (50.7851,12.9535)
2,1 Str-II Chemnitz, Inselsteig (50.7891,12.9472)
1,9 Str-II Chemnitz, An der Walzenmühle (50.7909,12.9472)
1,5 Beginn Wasserwerkpark, geschütztes Biotop
1,3 ▬ Wasserwerkspark Chemnitz (50.7923,12.9388)
0,4 re ≣ Altchemnitz 2 (50.7914,12.9277)
0,3 Str-II B95 Chemnitz, Annaberger Straße (50.7912,12.9272)
0,1 ▬ Sohlrampe Chemnitz (50.7900,12.9257);
Str-II Chemnitz, Schulstraße, hier ⬆ und ⬇ zur Befahrung der Chemnitz (50.7899,12.9252);
EB-II (50.7898,12.9246)
0,0 ⇩ Zusammenfluss von li Würschnitz (s. Seite 169) und re Zwönitz zur Chemnitz (s. Seite 166) bei km 37,1 (50.7898,12.9238)

Lober

Weitere Namen: Lober-Leine-Kanal

Kleinfluss
Mündung in Mulde bei km 52,8 (li Nebenfluss)

Der Lober kann nur im Winter und Frühjahr bei ausreichend Wasser und bevor die Wasserpflanzendecke geschlossen ist mit robusten Booten mit geringen Tiefgang befahren werden. Zur Beendigung der Befahrung fährt man auf der Mulde weiter bis zur Straßenbrücke beim Ort Pouch.

16,7 Str-II B184 Delitzsch - Bitterfeld (51.5475,12.3254);
⬇-Möglichkeit (51.5477,12.3255)
16,4 EB-II (51.5496,12.3273)
16,3 Wege-II (51.5499,12.3283)
15,5 Str-II K7441, **04509 Delitzsch, OT Benndorf** (51.5525,12.3374)
11,9 Str-II K7443, li **04509 Delitzsch, OT Laue** (51.5553,12.3836)

11,2 Wege-II (51.5533,12.3929)
8,9 Str-II K7443 (51.5597,12.4174)
8,8 Steil-■, **X**, re ⏏ (51.5607,12.4170)
8,7 re ⇩ der Leine (51.5615,12.4154)
1,6 Wege-II (51.5970,12.4192)
1,4 Str-II L139 (51.5987,12.4200)
0,3 ■ Hochwasserschutzdeich, HW-Sperrtor ist im Normalfall offen und kann unterfahren werden, (51.6045,12.4316)
0,0 ⇩ der Lober in die Mulde (s. Seite 123) bei km 52,8 (51.6066,12.4315); ⚠ Gefällestrecke (Steinrampe), bei NW bis MW der Mulde **X**, zur Beendigung der Befahrung fährt man auf der Mulde weiter bis zur Straßenbrücke beim Ort Pouch (51.6067,12.4314)

Stromgebiet der Saale

Nr. in Karte	Fluss	Wildwasser	Kleinfluss	Wanderfluss	Seengewässer	Kanal	Küstengewässer	Schifffahrtsstraße	Befahrungsregeln	Seite
50	Saale, Sächsische Saale		o	o				o	o	175
51	Sächsische Saale		o							179
52	Saale			o	o			o	o	182
53	Wisenta	o	o							202
54	Loquitz	o								203
55	Sormitz	o								204
56	Schwarza (Saale)	o							o	205
57	Orla		o							207
58	Lache (Saale)			o						188
59	Ilm (Saale)		o							208
60	Unstrut		o	o					o	214
61	Gera	o	o							220
62	Wilde Gera		o							223
63	Apfelstädt		o							223
64	Wipper (Unstrut)		o							224
65	Helme		o							225
66	Zorge			o						227
67	Bere		o							228
68	Saale-Leipzig-Kanal					o				229
69	Weiße Elster	o	o	o					o	229
70	Göltzsch	o								243
71	Weida	o								244
72	Profener Elstermühlgraben		o							235
73	Karl-Heine-Kanal					o				238
74	Elsterflutbett			o						237
75	Pleiße		o							246
76	Sprotte		o							249
77	Kleine Pleiße (Markleeberg)				o					251
78	Mühlpleiße		o							248
79	Floßgraben Markkleeberg			o					o	252
80	Cospudener See, Ostufer				o				o	252
81	Cospudener See, Westufer				o				o	253
82	Elstermühlgraben			o						239

Nr. in Karte	Fluss	Wildwasser	Kleinfluss	Wanderfluss	Seengewässer	Kanal	Küstengewässer	Schifffahrtsstraße	Befahrungsregeln	Seite
83	Parthe		o						o	254
84	Neue Luppe								o	256
85	Nahle		o							257
86	Kleine Luppe		o							257
87	Nebenarm Weiße Elster			o						242
88	Wilde Saale (Rabeninsel)		o						o	195
89	Elisabeth-Saale			o					o	196
90	Wilde Saale (Peißnitzinsel)			o					o	197
91	Wipper (Saale)		o							258
92	Bode	o	o	o					o	260
93	Selke	o	o						o	264
94	Großer Graben		o						o	266
95	Schöninger Aue		o							266
96	Wehrarm Calbe (Saale)			o						201
97	Taube		o						o	267
98	Landgraben (Taube)		o							267

Saale, Sächsische Saale

Kleinfluss, Wanderfluss, Schifffahrtsstraße
Mündung in Elbe bei amtl. km 290,8 (li Nebenfluss)

Die Quelle befindet sich im Fichtelgebirge ca. 710 m über NN am Westhang des Großen Waldstein (879 m). Auf bayerischem Gebiet wird sie auch Sächsische Saale bezeichnet. Sie fließt auf ihren über 400 km zunächst durch einsame und malerische Täler sowie mitten durch Hof. Sie war von Hirschberg bis zur Selbitzmündung bei Blankenstein innerdeutscher Grenzfluss, mit Betretungsrecht am rechten Ufer in Notfällen, und verbindet als Teil des Grünen Bandes heute wieder Thüringen mit dem oberfränkischen Bayern.

Auf thüringischem Gebiet angelangt, wird die Saale in der Bleiloch- und der Hohenwarte-Talsperre gestaut, welche teils an Fjorde erinnern und ein seenartiges Paddelrevier darstellen. Unterhalb dieser Saalekaskade setzt sich eine sehr schöne Wanderstrecke mit Wehren und Schnellen bis zur Unstrutmündung fort. Sie schlängelt sich hierbei über die nächsten 120 km vorbei an teils imposanten Muschelkalkhängen und Buntsandsteinwänden sowie an etlichen Burgen und Schlössern.

Ab Mündung der Unstrut ist der Fluss auf seinen letzten 160 km bis zur Mündung in die Elbe bei Barby reguliert und schiffbar. Hinter Weißenfels führt sie am Rande der

Leipziger Tieflandsbucht und entlang der Brachwitzer Alpen hinter Halle, durchbricht bei Rothenburg Ausläufer des östl. Harzvorlandes und mündet in einer Höhe von ca. 50 m NN in die Elbe. 17 betriebsfähige Schleusen sowie die heutige Gewässerqualität haben die Saale hier auch wieder zu einem attraktiven Wandergewässer für alle Arten von Sportbooten werden lassen.
In Sachsen-Anhalt zuerst Landesgewässer wird sie in Höhe km 124,16 bei Kreypau/Bad Dürrenberg zur Bundeswasserstraße.

Befahrungsregeln: Die Saale ist grundsätzlich befahrbar mit Ausnahme der Ausgleichsbecken unterhalb beider Talsperren wegen plötzlicher Wasserzu- und abläufe.
Eichicht bis Saalfeld: am Einstieg Eichicht rot-grün-≣, entspricht ≣ Kaulsdorf 1,00 m.
Weitere Regelungen, wie Uferbetretungsverbote oder für Seitenarme geltend, beeinflussen jedoch kaum eine Kanuwanderurlaubsplanung.
Bei Hochwasser gibt es in Sachsen-Anhalt Verbote für jegliche Schifffahrt. Die Pegelhöhen liegen bis Halle bei 4 m (≣ Grochlitz und Halle-Trotha UP), bis Calbe bei 4,40 m (Trotha UP) und unterhalb Calbe bei 6,90 m (Calbe UP). Faustregel: wenn die Saale randvoll ist, bei Anliegervereinen oder direkt bei der zust. Behörde erkundigen. Infos auch: www.blaues-band.de.
km 332,6 bis 321,6 : ganzj. BV der 2 Ausgleichbecken der Bleilochtalsperre
km 287,1 bis 283 : ganzj. BV der Talsperre Eichicht
km 177,3 bis 176,6 (ab Kuhlochbrücke bis EB-Brücke oberhalb Saaleck): ganzj. UV, beidseitig
km 177,3 bis 176,6 : ganzj. UV, beidseitig
km 175 bis 174 (unterhalb Schiffsanleger an der Rudelsburg): ganzj. UV, rechtes Ufer
km 151,5 bis 149,6 (Goseck - Leißling): ganzj. UV, linkes Ufer
km 149,6 bis 148,8 (Goseck - Leißling): ganzj. UV, rechtes Ufer
km 148 bis 147,3 (unterhalb Leißling): ganzj. UV, rechtes Ufer
km 105,7 bis 102,5 (unterhalb Ortslage Korbetha bis Mdg. Wß. Elster außer Schleuseninsel): ganzj. UV, rechtes Ufer
km 104,3 bis 102,3 (ab Schleuse Planena bis ca. 100m nach Mdg. Wß. Elster): ganzj. UV, linkes Ufer
km 101,9 bis 98,1 (ca. 200m nach Str.Br. bei Röpzig bis ca. 200m oberhalb EB-Brücke): ganzj. UV, rechtes Ufer
km 96,8 bis 95,6 (Wilde Saale, Rabeninsel): ganzj. BV, ganzj. UV der Rabeninsel
km 91,4 bis 90,8 (ca. 100m unterhalb r‾ Mühlgraben bis Nordspitze der Peißnitzinsel): ganzj. UV, Nordspitze Peißnitzinsel
km 89,4 bis 88,7 (Wasserfläche und Insel Forstwerder im Unterwasserbereich des Kröllwitzer Wehres in Halle Trotha):

15.9.-31.3. BV, ganzj. UV der Insel und der rechts im Unterwasser vorgelagerten Kiesbank
km 63,7 bis 61,3 (unterhalb Dobis bis Rothenburg): ganzj. UV, rechtes Ufer
km 43 bis 41,6 (oberhalb Gröna): ganzj. UV, linkes Ufer
km 8,7 bis 0 (Groß Rosenburg - Mündung in die Elbe): ganzj UV mit Ausnahme des li Ufers von km 2,8 bis km 1,3 und von km 0,9 bis km 0,0. Erlaubt ist das Ein- und Aussetzen an bestehenden Wassersportanlagen und Ortschaften.

Befahrbarkeit: Die Saaletalsperren sind ganzjährig befahrbare Seen. Entsprechende Talsperren-VO beachten.
Unterhalb der Talsperrenausgleichsbecken ist die Saale ganzjährig ein lohnender Paddelfluss, die Befahrung ist allerdings zunächst direkt von der Wasserabgabe der Kraftwerke abhängig, im weiteren Verlauf durch Wisenta bzw. Loquitz, Schwarza und weitere Zuflüsse, Pegelregelung Eichicht-Kaulsdorf beachten.
Von den 60 Stauwerken ab Hof sind inzwischen etliche mit Umsetzstellen versehen, im Bereich der Staumauer Hohenwarte über öffentliche Straße, ca. 5 km, Shuttle-Dienste vor Ort.
Bootsgassen in Saalfeld (2 Mal), Döbritzschen und Weißenfels.
Befahrbare Floßgassen (wenn geöffnet) in Uhlstädt, Kahla und Dornburg.
Ab Mündung der Unstrut ist die Saale schiffbar. Die letzten 17 Wehre ab Naumburg können also durch Schleusung umgangen werden. Im Landesgewässer auch gute Umsetzrampen.
Einige Schleusen der Bundeswasserstraße Saale sind auf Selbstbedienung umgerüstet. Da das Umtragen an den Schleusen schwierig ist, unbedingt die Betriebszeiten beachten. Die letzten fünf Großschleusen (ab Wettin) werden von einer Zentrale in Bernburg aus fernbedient. Schleusenanmeldung telefonisch, Rufnummern ca. 1 km vorher am Ufer, oder per Rufsäule auf dem Ponton der Sportbootanleger - niedriger Ausstieg für Kanuten auf der Rückseite. Im Warterang müssen Sportboote am Sportbootanleger festmachen.
Die Betriebszeiten der Schleusen findet man aktuell für die Landeswasserstraße Sachsen-Anhalt unter
www.lhw.sachsen-anhalt.de/service/schleusenzeiten
sowie für die Bundeswasserstraße Saale unter
www.elwis.de .
Sonderschleusungen sind nach Bestellung meist möglich.
Besonderheiten: Auf der Bundeswasserstraße Saale dürfen zwischen Merseburg-Rischmühlen-Schleuse (km 115,2) und der Schleuse Halle-Trotha (km 89,2) Charterboote ohne Führerscheinpflicht verkehren.

Es gibt einige Personen-Seilfähren mit obenliegendem Seil im Bad Kösen-Naumburger Bereich, die ggf. bei höheren Wasserständen dem Kanuten bei nicht abgelassenem Fährseil Probleme bereiten können. In Brachwitz, Brucke-Rothenburg, Calbe-Gottesgnaden (im Wehrarm) und Groß Rosenburg sind Gier-Seilfähren zu beachten, Fährseil und gelbe Tonnenreihe keinesfalls überfahren. Passage nur in Ruhelage der Fähren.

In Sachsen-Anhalt besteht auch auf dem Landesgewässer Namenspflicht analog BinSchStrO § 2.02, d.h. Bootsname oder Devise außen (10 cm) und Adresse innen.

Auf den Talsperren gesonderte Verordnungen des Landkreises.

Übergreifende Saaleinformationen in Abstimmung mit der DKV-AG Wasserwanderweg Saale auch auf www.blaues-band.de und www.wasserwandern-thueringen.de .

Kilometrierung: In Bayern (Sächsische Saale) besteht eine gesonderte Kilometrierung. Diese ist am Ufer beschildert und endet an der Selbitzmündung mit km 0,0 (Bayern). Hier beginnt in Thüringen eine zur Mündung in die Elbe abwärts durchgängig zählende Kilometrierung. Für den Flusslauf in Thüringen ist diese nicht amtlich. Die Kilometerangaben in dieser Beschreibung basieren auf Messungen in Kartenmaterial. Im Bereich der Saaletalsperren können sich Abweichungen von dieser Beschreibung ergeben, weil Buchten ausgefahren oder Bögen abgeschnitten werden können. In Sachsen-Anhalt ist die Saale ab km 180,0 wieder amtlich am Ufer beschildert.

Sächsische Saale

Kleinfluss, Wiesenfluss

Befahrbarkeit: ab Hof auch mit *Zweier*
Pegel: In Hof (km 33,91); ☎ 01804-370037-679:
Infrastruktur: ⛺ in Hof (km 36,2 und km 34,7)
🚐 in Joditz am Auensee (km 24)

39,1 re ⇩ Südliche Regnitz (Hofer Regnitz) (50.2963,11.9353)
39,1 –32,1 Stadtgebiet von **95028 Hof** (50.2963,11.9353)–(50.3364,11.9033)
38,7 Weg-Ⅱ (alte Fabrikzufahrt) (50.2982,11.9345)
37,7 ▬ der Staudenmühle, evtl. ≈ oder re ⏶, ⚠ Mühlgraben ist Privatbesitz! (50.3050,11.9375)
36,8 Fußg.-Ⅱ beim Hüttenwerkweg, ⇅ möglich gute 🅿-Möglichkeit (50.3104, 11.9303)
36,4 gute ⇅ 🅿-Möglichkeit (50.3126,11.9257);
Fußg.-Ⅱ, (Jenasteg), re städtisches Freibad (beheizt) (50.3126,11.9247)
36,3 re ⌂⚑ der Naturfreunde Hof Übernachtung auf Matratzenlager im

Bootshaus möglich, kleine Zeltwiese, Zugang über Saaleradweg Hof-Schwarzenbach, Ascherstraße 2, 95028 Hof, kanu@naturfreunde-hof.de (50.3130,11.9239)

393,1 Schräg-■ (50.3134,11.9215);
li Hallenbad (50.3138,11.9211)

36,0 Str-II ST2192, (Leimizer Str, Obere Anger Brücke), Hof ist bedeutende Industriestadt, Fachhochschulen, reizvolles Naherholungsgebiet am Untreusee, bayerisches Vogtlandmuseum (50.3144,11.9209)

35,8 Fußg.-II (Friedrich-Ebert-Brücke) (50.3161,11.9194)

35,3 Str-II (Mittlere Anger Brücke), re Joch ≋ (50.3198,11.9204)

35,0 Str-II (Michaelisbrücke) (50.3227,11.9220)

35,0 –34,1 Rückstau vom Hospitalwehr (50.3230,11.9220)–(50.3242,11.9168)

34,8 re ⌂ des Schwimmvereins Hof (Theresienstein 4, 95028 Hof), ⛺, Anmeldung über ✆ 0176-1003 9857, bewirtschaftet, (Gasthaus, ✆ 09281-87820) (50.3250,11.9224)

34,6 Fußg.-II zum Bürgerpark „Theresienstein“ (50.3258,11.9224)

34,2 Str-II (Untere-Steinerne-Brücke) (50.3252,11.9175)

34,1 Hospital-■, evtl. ≋ oder re ⏏, danach Fließstrecke, 1 km kanalisiert, ca. 4m breit, flach (50.3242,11.9168)

33,9 ≣ Hof, ✆ 01804-370037-679 (50.3240,11.9145)

33,8 Str-II B2, (Lessing-II) (50.3240,11.9137)

33,6 Fußg.-II, (Seligenweg) (50.3254,11.9105)

33,1 Str-II, (Krebsbachweg) danach li Kläranlage (50.3290,11.9079)

32,2 ■ Obere Mühle in **95030 Hof-Unterkotzau**, evtl. ≋ oder li über Wehrkrone überheben, oder ← in den Mühlgraben einfahren und am Ende re ⏏ (50.3363,11.9042)

32,1 EB-II (München-Hof-Berlin) (50.3364,11.9033)

31,6 Str-II, re **95030 Hof/Saale-Unterkotzau** (Zedtwitzer Straße), re Durchfahrt, ⚠ Steine! (50.3368,11.8985);
Beginn des landschaftlich schönsten Teils, raschere Strömung, hinter den kleinen Schwallen meist seicht

28,3 li Papierfabrik (50.3532,11.8696);
li ⇩ Göstrabach (50.3535,11.8695);
Fußg.-II li auf dem Berg Burg Saalenstein (ca. 5 Gehminuten, Gasthof) (50.3536,11.8697)

28,0 Str-II A72 (Hof-Plauen), Durchfahrt: re ≋ nach der Brücke li fahren, ⚠ Felsen, zum Teil unter Wasser, schmale Durchfahrt (3 m), ⚠ li großer Felsen, Staubeginn der Fattigsmühle (50.3553,11.8682)

27,4 li **95189 Köditz-Saalenstein**

26,1 ■ und ϟ Fattigsmühle **X** (Fallhöhe 180 cm), li ⏏ (50.3658,11.8572);
Weg-II, re **95183 Töpen-Fattigsmühle** Landgasthof mit Biergarten, li über Saalenstein zur ST2192 (50.3653,11.8564)

24,1 ■ Wehr und ϟ Joditzmühle evtl. ≋, re oder li ⏏, li 🅿 (50.3715,11.8410);
Str-II, **95189 Köditz-Joditz** (Isaarer Straße), von Berg-Joditz-Isaar nach Töpen (50.3719,11.8410);

li **95189 Köditz-Joditz** ca. 500 m zum li ⛺ am Auensee (☎ 09295/252 oder 269) (50.3772,11.8397)

22,7 Weg-II, li **95189 Köditz-Joditz** (Jean-Paul-Gasse), gute ⬇ vom ⛺ am Auensee kommend (50.3750,11.8349)

19,9 ▬ Wehr Lamitzmühle evtl. ≈, re oder li ⏏, ⚠ Flurschäden vermeiden! Re Felswand, Petersgrat. Bei evtl. li ⏏ bitte beachten, dass der Besitzer, Dr. Hübler, paddlerunfreundlich, das Betreten seines Grundstücks strengstens verbietet. Vorher links aussteigen und großräumig li ⏏ (50.3847,11.8437)

18,6 Fußg.-II (50.3923,11.8347)

18,5 re ⇩ Tannenbach (50.3936,11.8350);
die Saale ist nunmehr Grenzfluss zwischen Bayern und Thüringen (50.3939,11.8346)

15,0 ▬ Wehr Hirschberg evtl. ≈, re oder li ⏏, re **07927 Hirschberg** (50.4035,11.8237)

14,3 re Anlegestelle Bootsverleiher (50.4007,11.8171)

14,3 ▬ Wehr und ϟ Kuhmühle in **95180 Berg-Untertiefengrün** (1552 erstmals urkundlich erwähnt) bei ausreichendem WS evtl. für Geübte ≈ oder re über gemauerte Anlegestellen ⏏ (ca. 70 m) (50.4010,11.8166)

14,2 Str-II, li **95180 Berg-Untertiefengrün** (Untertiefengrüner Str./ Gerberstr.), re **07927 Hirschberg** (50.4017,11.8159)

10,6 Str-II **A9** (München-Berlin; Brücke der Deutschen Einheit) (50.4165, 11.7832)

9,1 ▬ Wehr Sparnberg m Durchlass, evtl. ≈, hoher Schwall oder bei niedrigem WS li über das Wehr heben oder re ⏏ (ca. 50 m)! Re **07927 Hirschberg-Sparnberg** li am Berg **95180 Berg-Rudolphstein** (50.4111, 11.7722);
Weg-II, re **07927 Hirschberg-Sparnberg** (Sparnberger Str) (50.4112, 11.7713)

9,0 re ⬇⬆ **07927 Hirschberg-Sparnberg** Festplatz, 🅿, Kinderspielplatz (50.4119,11.7700)

6,3 Fußg.-II (Saalebachbrücke), li Kläranlage von Rudolphstein (50.4076, 11.7612)

6,0 re Gut Saalbach

4,8 re offizielle ⬆ „Blaues Band Pottigau" für ⏏ nachfolgenden Wehres! Ca. 500 m re ⏏ bis Wieder- ⬇ unter der „Grüne-Band-Brücke" (50.4081, 11.7492)

4,5 ▬ Wehr und ϟ Blumenaumühle bei gutem WS für Geübte mit Kunststoffbooten mittig evtl. ≈, oder wie oben beschrieben re ⏏ und an der Brücke wiedereinsetzen (50.4090,11.7454)

4,3 Fußg.-II (Grüne-Band-Brücke) ⬇ nach dem ⏏, wenig Wasser bis ⇩ Mühlkanal (50.4105,11.7449)

3,9 li ⇩ Mühlkanal (50.4089,11.7391)

2,1 re offizielle ⬆ „Blaues Band Blankenberg" re ca. 300 m ⏏ (50.4000,

11.7204)

2,0 ▬ Wehr Papierfabrik Blankenberg für Geübte evtl. ganz li ≋ oder re ⏏ (300 m), re Fischtreppe, X. re **07366 Blankenberg** (Schloss) (50.3997, 11.7190);

1,9 Fußg.-Ⅱ ca. 50 m danach re Wieder-⬇ nach ⏏ (50.3994,11.7177)

0,0 li ⇩ Selbitz (50.4021,11.7020);
Ab hier nur als Saale bezeichnet (50.4023,11.7022)

Saale

Wanderfluss, Seengewässer, Schifffahrtsstraße

Die „Sächsische Saale" verlässt Bayern und heißt ab hier bis zur Mündung in die Elbe „Saale". Sie durchfließt dabei die Bundesländer Thüringen und Sachsen-Anhalt.

Befahrungsregeln: Es gelten die Bestimmungen der Landesschifffahrts- und Hafenverordnung Sachsen-Anhalt von km 182,7 bis 124,2 und von dort bis zur Mündung die Binnenschifffahrtsstraßen-Ordnung (BinSchStrO).

km 332,6 bis 321,6 : ganzj. BV der 2 Ausgleichbecken der Bleilochtalsperre

km 287,1 bis 283 : ganzj. BV der Talsperre Eichicht

km 177,3 bis 176,6 (ab Kuhlochbrücke bis EB-Brücke oberhalb Saaleck): ganzj. UV, beidseitig

km 177,3 bis 176,6 : ganzj. UV, beidseitig

km 175 bis 174 (unterhalb Schiffsanleger an der Rudelsburg): ganzj. UV, rechtes Ufer

km 151,5 bis 149,6 (Goseck - Leißling): ganzj. UV, linkes Ufer

km 149,6 bis 148,8 (Goseck - Leißling): ganzj. UV, rechtes Ufer

km 148 bis 147,3 (unterhalb Leißling): ganzj. UV, rechtes Ufer

km 105,7 bis 102,5 (unterhalb Ortslage Korbetha bis Mdg. Wß. Elster außer Schleuseninsel): ganzj. UV, rechtes Ufer

km 104,3 bis 102,3 (ab Schleuse Planena bis ca. 100m nach Mdg. Wß. Elster): ganzj. UV, linkes Ufer

km 101,9 bis 98,1 (ca. 200m nach Str.Br. bei Röpzig bis ca. 200m oberhalb EB-Brücke): ganzj. UV, rechtes Ufer

km 96,8 bis 95,6 (Wilde Saale, Rabeninsel): ganzj. BV, ganzj. UV der Rabeninsel

km 91,4 bis 90,8 (ca. 100m unterhalb r ‾ Mühlgraben bis Nordspitze der Peißnitzinsel): ganzj. UV, Nordspitze Peißnitzinsel

km 89,4 bis 88,7 (Wasserfläche und Insel Forstwerder im Unterwasserbereich des Kröllwitzer Wehres in Halle Trotha): 15.9.-31.3. BV, ganzj. UV der Insel und der rechts im Unterwasser vorgelagerten Kiesbank

km 63,7 bis 61,3 (unterhalb Dobis bis Rothenburg): ganzj. UV, rechtes Ufer

km 43 bis 41,6 (oberhalb Gröna): ganzj. UV, linkes Ufer

km 8,7 bis 0 (Groß Rosenburg - Mündung in die Elbe): ganzj UV mit Ausnahme des li Ufers von km 2,8 bis km 1,3 und von km 0,9 bis km 0,0. Erlaubt ist das Ein- und Aussetzen an bestehenden Wassersportanlagen und Ortschaften.

357,0 li offizielle ⬆ Blaues Band. Für den Flusslauf durch Thüringen ist keine amtliche Kilometrierung ausgewiesen. Die Kilometrierung wurde dem Kartenmaterial entnommen. Auf den Talsperren gibt es regen Sportbootverkehr und Personenschifffahrt. Für die Befahrung gelten gesonderte Verordnungen (50.4025,11.7020),
www.thueringer-wald.com/tw/dokumente/120709_Merkblatt_Wassersportler_Bleiloch_2012.pdf ;
www.thueringer-wald.com/tw/dokumente/120709_Merkblatt_Wassersportler_Hohenwarte_2012.pdf ;
Str-Ⅱ L1093 **07366 Rosenthal am Rennsteig, OT Blankenstein**, Lobensteiner Straße (50.4029,11.7020)

356,9 ▬ Blankenstein, X, ⌂, re ⬇ und je nach Wasserstand genügend Abstand im Unterwasser halten (50.4035,11.7021)

356,7 Ⅱ Blankenstein, Rückstau der Bleilochtalsperre bis hierher möglich (50.4043,11.7047);
re ≣ Blankenstein-Rosenthal/Saale, empfohlen mindestens 120 cm (50.4042,11.7048)

353,8 li ⛺ am Trepplesfelsen, Schloßberg 2, 07366 Rosenthal am Rennsteig, www.campingplatz-harra.de, ☎ +49 171 6112134 (50.4205,11.6874)

353,6 Str-Ⅱ Baumschulenweg, li **07366 Rosenthal am Rennsteig, OT Harra**, 🚆 (50.4209,11.6851)

348,5 li ⌂⚑ WSV Rosenthal, Abt. Kanu-Rennsport, Übernachtung im Bootshaus möglich, Anmeldung über www.wsv-rosenthal.de (50.4475,11.6963)

348,1 Str-Ⅱ B90 Saaldorf (50.4501,11.6920)

348,0 re ⬆⬇-Möglichkeit, oberhalb 🅿 an der B90 (50.4515,11.6927)

346,8 re **07356 Bad Lobenstein, OT Saaldorf** (50.4565,11.7012)

336,6 li ⛺ Am Strandbad Saalburg, Am Strandbad 1, 07929 Saalburg-Ebersdorf, www.saalburg-ebersdorf.de , ☎ +49 36647 22457 (50.4957,11.7327)

336,1 Str-Ⅱ L1095 Saalburg (50.4988,11.7276)

336,0 re **07929 Saalburg-Ebersdorf, OT Saalburg**, Marmorwerk (50.4999, 11.7285)

334,0 re ⛺ Kloster, Kloster, 07929 Saalburg-Ebersdorf, www.saalburg-ebersdorf.de , ☎ +49 36647 22441 (50.5143,11.7277);
re **07929 Saalburg-Ebersdorf, OT Kloster** (50.5143,11.7276)

333,8 re ➔ nach **07907 Schleiz, OT Gräfenwarth** im Wetteratal (Seitenarm ca. 2,3 km) (50.5161,11.7198)

332,7 ▬ Staumauer der Bleilochtalsperre, X. Eine Befahrung der folgenden 2 Ausgleichsbecken ist verboten! Deshalb wird empfohlen, die Fahrt in Kloster zu beenden. (50.5245,11.7143)

332,6 –321,6 **§**, ganzj. BV für die beiden Ausgleichbecken (50.5253,11.7151)–

(50.5723,11.7090)
327,3 ▬ Ausgleichsbecken Burgkhammer, **X** (50.5510,11.7178)
321,6 ▬ Wisenta-ϟ, **X**, Ende des zweiten Ausgleichsbeckens (50.5724, 11.7090)
321,6 –310,5 Die Strecke vom Wisenta-Kraftwerk bis zum Ludwigshüttenwehr ist nur bei entsprechender Wasserabgabe des Wisentakraftwerkes befahrbar und ist dann eine sportlich interessante Strecke (50.5725,11.7090)–(50.6069,11.6436)
318,6 ▬ Walsburg, re evtl. ≈ oder re ⏶, Steine, Schnellen ⚠ (50.5781, 11.6804)
318,4 re ⇩ der Wisenta (s. Seite 202) in die Saale (50.5787,11.6774)
318,3 Str-II, li **07924 Eßbach, OT Walsburg**, ✕ Fuchsbau (50.5786,11.6766)
314,0 ▬ Pappenwerk Ziegenrück, **X**, re ⏶ (50.5968,11.6593)
312,9 Str-II Ziegenrück. Lobensteiner Straße (50.6004,11.6534)
312,7 ▬ Fernmühlenwehr Ziegenrück, bei MW und HW in der Mitte evtl. ≈ oder über II des Mühlgrabens re ⏶ (50.6008,11.6497)
312,6 EB-II Ziegenrück, re Wasserkraftmuseum ⌘ (50.6012,11.6486)
311,4 ▬ Nähermühlenwehr, bei MW evtl. ≈ oder re ⏶ (50.6108,11.6496); re **07924 Ziegenrück** (50.6114,11.6496)
311,3 Str-II Ziegenrück, Schulstraße (50.6119,11.6482)
310,5 ▬ Ludwigshüttenwehr Ziegenrück, bei Höchststau geflutet, ≈. Beginn des Rückstaus der Hohenwarte-Talsperre. Der Hohenwarte-Stausee ist landschaftlich sehr schön, zwischen 100 m hoch aus dem Wasser aufragenden Bergen, Straßenzufahrt nur an wenigen Stellen möglich. Der Stausee ist ein sehr beliebtes Wassersport- und Erholungsgebiet mit mehreren ⛺ Campingplätzen und 2 ⌂. Straßenzufahrt ist nur an wenigen Stellen möglich (50.6069,11.6436)
303,1 re ⛺ Linkenmühle, Campingplatz 1, 07381 Paska, www.campingplatz-linkenmuehle.de , ♪ +49 36483 22548 (50.6056,11.6106)
302,9 re Auto-⛴ Linkenmühle, re ✕ Linkenmühle (50.6053,11.6070)
300,8 re ⛺ Neumannshof, Ortsstraße 1, 07389 Gössitz, www.camping-neumannshof.de , ♪ +49 36483 7420 (50.6014,11.5904)
296,8 li ⛺ Hopfenmühle (50.6069,11.5579)
296,2 re ➔ zum ⛺ Portenschmiede in einer Doppelbucht rechts, Ortsstraße 21 a, 07389 Wilhelmsdorf, www.thueringen.info/campingplatz-portenschmiede.html , ♪ +49 3647 413945 (50.6088,11.5499)
294,4 li **07338 Drognitz, OT Neidenberga** auf Anhöhe (50.6103,11.5270)
291,3 re ➔ in Bucht „Am Alter“ mit ⛺ Zeltplatz Alter, Saalthal 7, 07333 Unterwellenborn, www.camping-hohenwartestausee.de , ♪ +49 36732 22267 (50.6168,11.5152)
289,6 li ← zum ⌂⚑ SVgg Hohenwarte, Abt. Kanu mit ⛺ am Ende der Bucht Lothramühle, Lothramühle 38, 07338 Reitzengeschwenda, www.sv-turbine-hohenwarte.de (50.6043,11.5075)
287,2 ▬ Talsperre Hohenwarte, Staumauer 75 m hoch, ↰ bei Schiffsanleger oder Bootsverleih. Mit Bootswagen oder Auto ⏶ bis unterhalb der

Staumauer Eichicht. Ein Befahren der folgenden Talsperre Eichicht ist verboten (50.6143,11.4924)

287,1 –283,0 §, ganzj. BV der Talsperre Eichicht (50.6141,11.4910)–(50.6148, 11.4482)

285,2 II zum Pumpspeicher-ϟ Hohenwarte II (li), re **07338 Hohenwarte** (50.6044,11.4755)

283,0 ■ Staumauer der Talsperre Eichicht, ϟ, beim Einsetzen steile Böschung, ca. 300 m unterhalb bessere ⬇ (50.6148,11.4479)

282,6 ⬇ mit Rot-Grün-▤ Eichicht, 🚌 „Kaulsdorf Blaue Brücke" (50.6146,11.4431)

282,5 Wege-II Kaulsdorf (50.6142,11.4422);
li ▤ Kaulsdorf, Empfehlung 1,00 m, bei weniger streckenweise sehr flach, in Abhängigkeit von den folgenden Zuflüssen (50.6140,11.4425)

282,0 li ⬆⬇ Eichicht mit ⛺ (50.6137,11.4347);
li ⇩ der Loquitz (s. Seite 203) in die Saale (50.6140,11.4349)

281,7 Str-II B85 Saalfelder Straße **07338 Kaulsdorf, OT Eichicht**, 🚆 Kaulsdorf (Saale), re **07338 Kaulsdorf**, ⬆⬇ (50.6147,11.4311)

277,2 Str-II K155, li **07338 Kaulsdorf, OT Breternitz**, re **07338 Kaulsdorf, OT Fischersdorf** (50.6164,11.4035)

275,9 Str-II K154, EB-II (50.6132,11.3931)

274,6 ■ und ϟ Reschwitz, X, re ⌓ (50.6144,11.3837);
li **07422 Saalfeld/Saale, OT Reschwitz** (50.6147,11.3837)

274,0 li ⛺ Reschwitz Kulturscheune

273,1 ■ Obernitz, X mit Wasserableitung li für Schokoladenfabrik Saalfeld, am Steg re ⌓. Wenn kein Überlauf ggf. auch ⌓ re über Wehrkrone, auf ca. 100 m flach durch Wasserentzug, (50.6267,11.3791)

273,0 re **07318 Saalfeld/Saale, StT Obernitz** (50.6272,11.3797)

273,0 –268,1 Stadtgebiet von **07318 Saalfeld/Saale**, Kreisstadt, ⌘ Feengrotten (50.6277,11.3797)–(50.6659,11.3609)

272,6 Str-II Saalfeld, li zur Schokoladenfabrik (50.6304,11.3809)

272,0 Str-II Neumühlenweg (50.6346,11.3757)

271,4 Str-II Saaleradweg Saalfeld (50.6390,11.3723)

271,1 Wege-II Saalfeld (50.6415,11.3723)

270,9 1. Stadt-■ Saalfeld (Teilewehr) mit Bootsgasse, ≈ oder li ⌓ (50.6439, 11.3721)

270,1 Str-II Saalfeld, Bahnhofstraße, re 🚆 in ca. 500 m (50.6498,11.3670)

270,0 2. Stadt-■ Saalfeld (Zeisswehr) mit Bootsgasse, ≈ (Spritzdecke!) oder li ⌓ (50.6509,11.3662)

269,8 Wege-II Saalfeld (50.6520,11.3641)

268,7 Str-II B85, EB-II Saalfeld (50.6613,11.3612)

268,5 ■ Göritzmühle Saalfeld, li ⌓ oder ggf. li Bootsgasse, für Geübte ≈ (Spritzdecke!) (50.6621,11.3623)

267,3 Str-II, re **07318 Saalfeld/Saale, StT Remschütz** (50.6704,11.3557);
li ▤ Saalfeld-Remschütz (50.6706,11.3553);
re ⬆⬇ Remschütz Anger (50.6713,11.3556)

264,8 Str-II B 85/88 Rudolstadt (50.6780,11.3231)

264,8 –256,0 Stadtgebiet von **Rudolstadt**, PLZ 07407 (50.6781,11.3230)–(50.7210,11.3689)

264,3 Str-II, li **07407 Rudolstadt, OT Schwarza** (50.6824,11.3227)

264,2 li ⇩ der Schwarza (Saale) (s. Seite 205) in die Saale (50.6834,11.3225)

263,7 Str-II B 85/88, EB-II Schwarza (50.6856,11.3279)

263,5 Str-II Schwarza, Breitscheidstraße (50.6851,11.3307)

262,7 ▬ und ϟ Unterpreilipp mit langem Kraftwerksgraben, **X**, re ⏏ ca. 300 m bis zu einer Fußg-II, dann ca. 100 m li zum Altarm, dort ⬇, Bootswagen erforderlich (50.6876,11.3370)

260,3 li ⌂ Rudolstädter KV, ⛺, Am Mühlgraben 21, 07407 Rudolstadt, rkv-rudolstadt.de , ♪ +49 3672 352833 (50.7069,11.3272);
▬ Volkstedt (Steinschüttung), **X**, re ⏏, Beschädigungen durch HW beachten ⚠ (50.7075,11.3273)

260,2 Str-II Macheleidtstraße, li **07407 Rudolstadt, OT Volkstedt** (50.7084, 11.3263)

258,6 Fußg-II Rudolstadt (Elisabethbrücke) (50.7168,11.3335);
re ≣ Rudolstadt/Saale (50.7166,11.3337)

257,7 Wege-II Rudolstadt, Cumbacher Straße, re ⇅ und 🅿. Mit Kfz. zu erreichen über die Cumbacher Brücke (50.7185,11.3451)

257,6 li **07407 Rudolstadt** Stadtzentrum, ⛫, ⌘: Heydecksburg, Museum Thüringer Bauernhäuser (50.7188,11.3465)

257,1 Str-II K125 Rudolstadt (Cumbacher Brücke) (50.7193,11.3536)

253,7 Str-II K18 Unterhasel - Catharinau (50.7185,11.3987);
li ⇅ Catharinau, ⚓, Holzflößerei bis Uhlstädt (50.7187,11.3987);
li **07407 Uhlstädt-Kirchhasel, OT Unterhasel** (50.7188,11.3989)

253,5 re **07407 Uhlstädt-Kirchhasel, OT Catharinau** (50.7193,11.4014)

248,9 Str-II K119, re ⇅ Weißen, ⚓, re **07407 Uhlstädt-Kirchhasel, OT Weißen**, ✕ (50.7353,11.4492)

247,1 ▬ Uhlstädt, li ϟ, re ⏏ (50.7412,11.4620)

247,0 li **07407 Uhlstädt-Kirchhasel, OT Uhlstädt**, ⛫, Flößermuseum (50.7408, 11.4629)

246,8 li ⇅ Uhlstädt mit ⛺, Sport- und Freizeitzentrum Uhlstädt, Am Saalewehr 2, 07407 Uhlstädt-Kirchhasel, www.uhlstaedt-kirchhasel.de/zeltplatz-uhlstaedt , ♪ +49 36742 63534 (50.7387,11.4636)

246,4 Str-II, li **07407 Uhlstädt-Kirchhasel, OT Kleinkrossen**, re **07407 Uhlstädt-Kirchhasel, OT Oberkrossen** (50.7372,11.4676)

241,6 Str-II L1107 Zeutsch, li **07407 Uhlstädt-Kirchhasel, OT Zeutsch**, ⛫, re nach **07407 Uhlstädt-Kirchhasel, OT Niederkrossen** (50.7533,11.5089)

237,9 aufgelassenes ▬ Orlamünde, Schwall, Pfähle ⚠ (50.7724,11.5220)

237,0 Str-II L1108 **07768 Orlamünde**, Zwischen den Brücken, ✕, ⛫, ⌘: Burg (Kemenate) (50.7740,11.5330)

236,8 ⇅ am ⛺ Bootshaus Orlamünde, Am Sportplatz 1, 07768 Orlamünde, www.abenteuer-in-thueringen.de/bootshaus-campingplatz , ♪ +49 172 3448188 (50.7739,11.5359)

236,4 EB-Ⅱ Orlamünde (50.7742,11.5418)
236,0 re ⇩ der Orla (s. Seite 207) in die Saale (50.7733,11.5464)
233,8 ⇅ und ⛺ Großeutersdorf, Dorfstraße, Str-Ⅱ und Fußgänger-Hänge-Ⅱ (Parallelseilbrücke von 1911), li **07768 Großeutersdorf**, re **07768 Kleineutersdorf** (50.7856,11.5673)
231,1 ■ Kahla, X, re ⌓, ⬇ in 50 m über Rampe, li Floßgasse, wenn geöffnet für Geübte ≋ (Spritzdecke!), nach erstem Schwall Boot gerade halten, am Ende folgt noch eine kleine Walze (50.7947,11.5860)
230,4 li ⇅ Kahla vor der Straßenbrücke, zu erreichen über den Badweg (50.8004,11.5899);
Str-Ⅱ L1062 **07768 Kahla**, Brückenstraße, 🚆, ⌘ Leuchtenburg, Heimatmuseum (50.8006,11.5905)
229,5 Fußg-Ⅱ Kahla, günstiger Weg zum 🚆 (50.8071,11.5950)
227,3 re ⇅ Großpürschütz vor der Brücke (50.8219,11.5892);
Str-Ⅱ K166 Großpürschütz (50.8222,11.5890);
re **07751 Großpürschütz** (50.8220,11.5894)
226,0 ■ und ϟ Schöps/Jägersdorf, X, li ⌓, ⬆ li am Steg, ⬇ in 100 m über Rampe. Wenn kein Wasser über die Wehrkrone überläuft, einige Treidelstellen auf den nächsten 800 m, bis Mühlgraben wieder zufließt (50.8301, 11.5986)
225,5 Str-Ⅱ K168, li **07768 Schöps**, re **07768 Schöps, OT Jägersdorf** (50.8345,11.5991)
225,1 re ⇩ Mühlgraben Jägersdorf (50.8374,11.6010)
223,8 Str-Ⅱ, li **07751 Rothenstein**, re **07751 Rothenstein, OT Oelknitz**. 400 m unterhalb li kleiner Durchlass unter der EB-Strecke. Von dort 150 m zum 🚆. Es folgen mehrere Schnellen (50.8477,11.6046)
223,7 ≣ Rothenstein (50.8478,11.6059)
222,4 in li-Kurve Schwallstrecke am Helenenstein! (50.8534,11.6215)
220,1 Str-Ⅱ, li **07751 Jena, OT Maua** (50.8698,11.6057)
219,4 Str-Ⅱ A4 Jena (50.8739,11.5977)
219,4 –206,6 Stadtdurchfahrt **Jena**, PLZ 07743–07751, ⌘ Universitätsstadt (50.8738,11.5978)–(50.9563,11.6342)
218,8 li ⇅ Göschwitz (50.8789,11.5951)
218,5 EB-Ⅱ Göschwitz, li 🚆 (50.8813,11.5968)
218,4 Straßenbahn-Ⅱ Göschwitz (50.8816,11.5974);
li **Jena StT Göschwitz** (50.8818,11.5973)
218,0 Fußg-Ⅱ Jena, danach re ⛺ am Sportkomplex Lobeda (50.8840,11.6012);
re **Jena StT Lobeda** (50.8841,11.6016)
217,7 Rohr-Ⅱ Jena (50.8865,11.6025)
216,7 Fußg-Ⅱ Jena (50.8946,11.5981)
216,6 ■ und ϟ Burgau, X, li ✕ am Oberwasser, ⌓ des Wehres erfolgt re an ⇅. Am Fuß des Wehres alte Steingewölbe-Wege-Ⅱ, darunter Stufe (50.8951,11.5985)
216,4 Straßenbahn- und Wege-Ⅱ, li **Jena StT Burgau** (50.8972,11.5990)

216,2 Str-Ⅱ Jena, Lobedaer Straße (50.8985,11.5989)

214,5 Straßenbahn- und Wege-Ⅱ Jena (50.9076,11.5835)

213,6 re ⇅ mit ⩚ Schleichersee, Jena, ✕. Es folgen li mehrere ⌂ mit ⅄ (50.9133,11.5774)

213,4 li ⌂⚑ Jenaer Kanu- und Ruder-Verein e. V, ⚑⅄, Burgauer Weg 13, 07745 Jena, www.kanu-rudern-jena.de (50.9146,11.5789)

213,3 Wege-Ⅱ Jena (50.9152,11.5804)

213,2 li ⌂⚑ Jenapharm, Abt. Kanu, ⚑⅄, Burgauer Weg 8a, 07743 Jena, www.kanuclub-jena.de , ☎ +493641 603048, vorsitzender@schoenau-jena.de (50.9158,11.5807)

213,1 ⌂⚑ SV Schott Jena, Abt. Kanu, Burgauer Weg 8, 07745 Jena, svschottjena.de/kanu (50.9167,11.5808)

213,0 ⌂⚑ USV Jena, Sektion Kanu, Burgaer Weg 5, www.jenu.de , ☎ +49 3641 615453 (50.9178,11.5802)

212,9 Rasenmühlen-▬ Jena, li ϟ, X, re ⏏ (50.9183,11.5811)

212,7 Wege-Ⅱ Jena (50.9192,11.5833)

212,3 li ⇅ Paradies, Jena mit ⩚, ✕ (50.9230,11.5851)

212,0 Paradies-▬ **Jena**, X, li ϟ, re ⏏, ⬇ über Treppe (50.9244,11.5891)

211,9 Straßenbahn- und Wege-Ⅱ, Jena, li Paradies-🚆 Jena (50.9246,11.5897)

211,8 Str-Ⅱ B88 Stadtrodaer Straße, Jena (50.9250,11.5906)

211,7 Stadtzentrum **Jena**, ⌘: Planetarium, Botanischer Garten, Museen, Lobdeburg, Kunitzburg, Fuchsturm, Jenzig (50.9253,11.5915)

211,3 Str-Ⅱ Karl-Liebknecht-Straße, Jena (Camsdorfer Brücke) (50.9285, 11.5962)

211,2 re ⇅ **Jena**, ⩚ (50.9291,11.5965)

210,6 Fußg-Ⅱ Am Gries **Jena** (Griesbrücke) (50.9343,11.5946);
re ⇅ Am Gries, Jena, 🅿, günstiger Weg zum Saal-🚆 (50.9343,11.5951)

210,2 Str-Ⅱ B7 Jenzigweg, Jena, danach re ⇅ Jena-Nord (50.9366,11.5987)

209,6 ⇅ Jena, Ostbad, Zugang zum ⛺ Jenacamping, Am Erlkönig 3, 07749 Jena, www.jenacamping.de , ☎ +49 3641 666688 (50.9391,11.6063)

206,8 Wege-Ⅱ Kunitz, überdacht (50.9553,11.6316)

206,6 Str-Ⅱ Brückenstraße, li **Jena StT Zwätzen**, in 1000 m 🚆, re **Jena StT Kunitz** (50.9564,11.6343)

205,0 li ← der Lache (Saale) von der Saale (50.9681,11.6375);
re ▬ vor Porstendorf, X, re ⏏, Weiterfahrt über den alten Saalearm wegen Wasserentzugs selten möglich. Wasserwanderweg Saale führt li durch ein Schütz über den Mühlgraben Lache (Saale), dort li ⏏ an guter ⇅ (50.9679,11.6376)

Nebenstrecke Lache (Saale)

Im Allgemeinen führt ab hier die Saale wenig Wasser, weil das meiste Wasser über die hier beschriebene Lache abgeleitet wird. An der Lache befindet sich ein Campingplatz und ein Kraftwerk, was umtragen werden muss. Es wird empfohlen, statt der Saale die Lache zu befahren.

2,4 ← der Lache (Saale) von der Saale (s. Seite 182) (50.9681,

11.6375)

1,4 re ⛺ Bei Jena, Rabeninsel 3, 07778 Neuengönna, www.camping-jena.de , ☎ +49 36427 22556 (50.9733,11.6478)

1,1 Str-II Porstendorf, An der Lache (50.9753,11.6502);
■ und ↯ Porstendorf, re ⏏ (250 m) (50.9754,11.6506);
07778 Neuengönna, OT Porstendorf (50.9754,11.6507)

0,0 ⇩ der Lache (Saale) in die Saale (s. Seite 182) (50.9811,11.6613)

202,3 Str-II Porstendorf - Golmsdorf (50.9745,11.6618)

201,4 li ⇩ der Lache (Saale) in die Saale (50.9811,11.6613)

197,3 ■ und ↯ Dorndorf, **X**, bei HW Sog zum Wehr, ⚠ deshalb re halten, in Mühlgraben einfahren und am ↯ li ⏏ (51.0034,11.6723)

196,7 Wege-II Brückenstraße, **07774 Dorndorf** als Bestandteil der Stadt **Dornburg-Camburg**, li 🚆 Dornburg (Saale), li auf dem Berg ⌘: Dornburg mit den Dornburger Schlössern (51.0071,11.6749)

196,4 Str-II B88, danach re ⇅ Dorndorf, 🅿, 🛒-Möglichkeit (51.0088,11.6787)

193,2 Str-II K145, re **07774 Wichmar** (51.0317,11.6877)

191,5 ■ Döbritzschen, **X**, li ↯, re Bootsgasse ≈, bei HW unterhalb Querströmung ⚠, li gutes ⏏, ⛺ mit Imbiss, ⛺-Möglichkeit mit Sanitäranlagen (51.0427,11.6805)

188,9 li 🏠 Saaleblick Camburger Kanuten (51.0478,11.7044)

188,7 ■ Camburg und, re Mühle Camburg mit ↯, li ⏏, ⬆ li am Steg, nach 300 m ⬇ über Rampe. Vom Wehr kurzer Weg zum 🚆 Camburg (51.0494, 11.7072)

188,1 Str-II L1059 **07774 Camburg**, Bachstraße, ✕, ⌘: Die Camburg mit Turm und Cyriaksruine (51.0541,11.7085)

188,0 Fußg-II Camburg (51.0554,11.7084);
re ⇅ Camburg, Schießplatz, 🅿, 🛒 (51.0555,11.7088)

185,5 li ≣ Camburg-Stöben (51.0723,11.6939)

185,2 Str-II **07774 Dornburg-Camburg, OT Stöben** (51.0753,11.6958)

182,7 Ab hier bis zur Mündung in die Elbe amtliche Kilometrierung, am Ufer beschildert. Von hier bis km 124,2 ist die Saale Landeswasserstraße des Landes Sachsen-Anhalt. Es gelten die Bestimmungen der Landesschifffahrts- und Hafenverordnung. Geeignete Tauchtiefen und Lichtraumprofile werden hier nicht garantiert. Zwischen Bad Kösen und der Rudelsburg findet Personenschifffahrt statt. Ab der Mündung der Unstrut gibt es Motorbootverkehr und streckenweise Personenschifffahrt (51.0922,11.6948)

181,6 Str-II Weinbergstraße, re **99518 Großheringen, OT Kaatschen**, ✕ (51.0958,11.6844)

180,2 EB-II Abzweig Saalebahn (51.1030,11.6707)

179,9 li ⇩ der Ilm (Saale) (s. Seite 208) in die Saale (51.1047,11.6686)

179,6 li ⇅ Großheringen, 🅿, 🚆 Großheringen (51.1063,11.6666)

179,5 EB-II Großheringen (Gewölbebrücke) (51.1074,11.6662)

179,5 Str-II Sulzaer Straße, li **99518 Großheringen**, re **06628 Naumburg**

(Saale), OT Kleinheringen (51.1080,11.6659)

177,7 EB-II (51.1091,11.6869)

177,3 historische Str-II L203 Saaleck – Kleinheringen, Sulzaer Straße (sg. Kuhlochbrücke) (51.1067,11.6918)

177,3 –176,6 §, ganzj. UV, beidseitig (51.1067,11.6915)–(51.1106,11.6973)

176,6 EB-II Saaleck (Gewölbebrücke) (51.1105,11.6976)

176,5 re ⇅ **06628 Naumburg (Saale), OT Saaleck**, P, re Aufstieg zur ⌘: Burg Saaleck und Rudelsburg oder über Straßenbrücke li 1 km Aufstieg zum ✕ Himmelreich (51.1112,11.6980);
Str-II Saaleck, Sulzaer Straße (Gewölbebrücke) (51.1115,11.6977)

176,3 Wohnmobilstellplatz Stendorf (auch Wohnwagen sind möglich), Stendorf 14, 06628 Naumburg (Saale),
wohnmobil-stellplatz-saale-unstrut.de , ✆ +49 34463 28177; +49 162 1685284, info@wohnmobil-stellplatz-saale-unstrut.de (51.1137,11.6967)

176,0 li auf der Höhe ✕ Himmelreich (51.1161,11.6979)

175,3 Str-II Bad Kösen – Saaleck, Sulzaer Straße (historische Gewölbebrücke) (51.1124,11.7042);
li ⇅ am ✕ „Schloss Saaleck“ (51.1122,11.7046)

175,2 EB-II (Gewölbebrücke), beliebtes Fotomotiv mit den folgenden Burgen (51.1115,11.7046)

175,0 re Schiffsanleger Rudelsburg, ≡, ⚓ mit ✕-Kiosk, ⛺-Möglichkeit, Aufstiegsmöglichkeit zur Burg Saaleck und zur Rudelsburg über Hohle. Von hier bis Bad Kösen Personenschifffahrt (51.1098,11.7066)

175,0 –174,0 re §, ganzj. UV, rechtes Ufer unterhalb des Schiffsanleger an der Rudelsburg (51.1097,11.7069)–(51.1164,11.7160)

173,0 re an der Rudelsburg Bad Kösen, ✆ +49 34463 28705 (51.1235, 11.7165);
li Ortsbeginn **06628 Naumburg (Saale), StT Bad Kösen**, Kurbetrieb, ⌘: Gradierwerk mit Borlach-Gestänge und historischer Pumpstation, Käthe-Kruse-Museum, Romanisches Haus (51.1239,11.7161)

172,6 Fußg-II Bad Kösen, li P (51.1266,11.7188)

171,9 Personen-Seil-⛴, li Schiffsanleger und Wendeplatz, P, kurzer Weg zum 🚂. ⚠ Ab Fähre bis zum Wehr muss am rechten Ufer gefahren werden (51.1322,11.7220)

171,5 ▬ Bad Kösen, ✕, li ϟ, Befahren des Wehres verboten (Hindernisse im Unterwasser) ⚠, re am Wehr in Mühlgraben „Kleine Saale“ einfahren, ⏏ dort li an Treppe vor dem Gitter, mehrere ✕, kurzer Weg zum Gradierweg/Borlachgestänge.
re ➔ der „Kleinen Saale“ Diese führt über 5,5 km, teils unterirdisch, durch Schulpforte (Landesschule Pforta) und entlang dem Naumburger Ortsteil Almrich bis ⇩ in Saale bei km 165,1. Sie wurde von den einstigen Mönchen der Zisterzienserabtei Pforta in der 2. Hälfte des 12. Jh. angelegt, von 1170 stammt vermutlich auch die Wassermühle (eine sg. Panstermühle) in Schulpforta. Wegen teils unterirdischer Wasserführung, häufigem Niedrigwasser und nicht fahrbaren Umtragestellen (Gitter, Wehre,

Mühle) sowie Bewuchs ist eine Befahrung nicht möglich (51.1352, 11.7210)

171,4 Str-II B87 Bad Kösen (Gewölbebrücke) (51.1361,11.7197);
EB-Brücke Bad Kösen (Gewölbebrücke) (51.1367,11.7190)

169,1 li ⇅ am Landes-Weingut Kloster Pforta (ehemals Saalhäuser) mit ✕, Weinanbaugebiet „Saale-Unstrut" (51.1507,11.7334)

167,9 re ⇅ ✕ Fischhaus, 700 m Fußweg nach Schulpforte ⌘ (51.1479, 11.7498);
Fußgänger- und Radweg-II (51.1481,11.7505)

166,7 Str-II K2234 Naumburg – Weinberge (51.1523,11.7661)

165,1 re ⇩ Kleine Saale (51.1567,11.7769)

164,9 Steinwurf-▬ Naumburg-Altenburg (Almrich), re ⏏ über Rampen, für Geübte im robusten Boot ggf. ≈, jedoch Sperrschild. An der ⬇ bei höheren Wasserständen Kehrwasser, einsetzen dann schwierig ⚠. Ggf. weiter unten am steilen Ufer einsetzen (51.1574,11.7792)

163,9 EB-II Naumburg (51.1662,11.7819)

163,8 2 Str-II B180 Naumburg, Eislebener Straße (Gewölbe- und Neubau-Brücke), li über die Saale **06618 Naumburg (Saale), OT Roßbach**, ✕ „Zur Hupe" in 500 m, 🚂 (neu) der Unstrutbahn in 600 m (51.1668,11.7826);
re ⇅ an B180 Naumburg auf Kiesbank, zum 🚂 Naumburg 1,5 km entlang der B180 auf Fuß- und Radweg (51.1667,11.7831)

162,3 Personen-Seil-⛴ Wasserschlösschen, li zum ✕, Fährseil wird bei HW selten abgelassen und ist spät erkennbar (51.1727,11.7989)

161,9 ⇩ der Unstrut (s. Seite 214) in die Saale (51.1758,11.8020);
⚠ li Schiffsanleger, Schiffswendestelle (51.1759,11.8023)

161,8 Personen-Seil-⛴ Naumburg-Blütengrund, Fährseil ⚠, li ✕ (51.1762, 11.8026)

161,7 re ⌂⚑ Naumburger KC, ⛺, guter Standplatz für Fahrten auf Saale, Unstrut und Ilm sowie zur Besichtigung der Stadt Naumburg. Bei niedrigem Wasserstand ist es für Gepäckfahrer mit schweren Booten vorteilhafter, bis zum öffentlichen Anleger weiterzufahren und dann das Boot mit einem Bootswagen zum Bootshaus zu schieben (125 m), Blütengrund 8, 06618 Naumburg, www.naumburger-kanu-club.de , ✆ +49 3445 6991361, naumburgerkanuclub@hotmail.de (51.1763,11.8049)

161,5 re ⇅ öffentlicher Anleger Naumburg mit Zugang zum 🏕 (51.1762, 11.8066);
re 🏕 Blütengrund, ✕, Kanu-Verleih, Blütengrund 6, 06618 Naumburg (Saale), www.campingplatz-naumburg.de , ✆ +49 3445 261144 (51.1756, 11.8067);
re **06618 Naumburg (Saale)** in ca. 1,5 km, ✕, 🚂, ⌘: Dom mit Stifterfiguren Ekkehard und Uta, Wenzelskirche, historischer Marktplatz und Innenstadt, Marientor, historische Straßenbahn mit fahrplanmäßigem Betrieb (51.1761,11.8069)

160,1 li ⇅ Naumburger Wein- und Sektmanufaktur, ✕ (51.1726,11.8259)

160,0 Str-II L205 Naumburg, li ✕ „Zur Henne“ (51.1721,11.8276)
159,8 li Kanu- und SUP-Verleih (51.1710,11.8296)
159,5 EB-II Naumburg (Gewölbe-Brücke), bei NW mittleres Joch fahren (51.1687,11.8315)
158,8 re ⇅✕ Hallescher Anger, Naumburg, Schiffsanleger (51.1625,11.8286)
158,3 re ⌂ RV Rot-Weiß 08 Naumburg, www.ruderverein-naumburg.de (51.1577,11.8291)
158,0 re ▯ Naumburg-Grochlitz, ♪ +49 3445 703421 (51.1568,11.8318);
re ⇅ Grochlitz (51.1569,11.8321)
157,2 re ⇅ ✕ „Alter Felsenkeller“, Naumburg (51.1535,11.8421)
157,0 Seil-⛴ Schellsitz, Fährseil ⚠, li **06618 Naumburg (Saale), OT Schellsitz** (51.1540,11.8442)
155,6 re ⇩ Wethau (51.1584,11.8618)
155,2 re ⌂⚑ KC Schönburg, ⛺, weiterer guter Standplatz für Fahrten auf Saale, Unstrut und Ilm, www.kanuclub-schoenburg.de (51.1604,11.8640)
154,9 re ⇅ **06618 Schönburg**, ✕, ⌘: Burg, gemütlicher Ort (51.1627,11.8685)
153,5 EB-II Schönburg (51.1749,11.8635)
152,9 li ⇅ am ehem. Fährhaus Eulau, Imbiss, **06618 Naumburg (Saale), OT Eulau** (51.1798,11.8609)
151,6 re ➔ zur Oeblitz-⛫, Betriebszeiten beachten, außerhalb der Schleusenzeiten re über Rampen ⏏, ✕,
www.lhw.sachsen-anhalt.de/service/schleusenzeiten/ ,
♪ +49 3443 200228 (51.1873,11.8701)
151,5 ▬ Oeblitz, li ⚡, ✕ (51.1874,11.8722)
151,5 –149,6 li **§**, ganzj. UV, linkes Ufer (51.1875,11.8732)–(51.1886,11.8972)
149,6 –148,8 **§**, ganzj. UV (51.1885,11.8973)–(51.1872,11.9072)
148,8 Fußg.- und Radweg-II, re ⚓, re **06667 Weißenfels, OT Leißling** ✕, 🚆 (51.1872,11.9073)
148,0 –147,3 re **§**, ganzj. UV, rechtes Ufer (51.1904,11.9173)
146,0 li **06667 Weißenfels, OT Uichteritz**, ✕ „Saaleperle“ Uichteritz (51.2050, 11.9252)
144,4 –139,8 Stadtgebiet von **Weißenfels**, PLZ 06667, ⌘: Schloss Neu-Augustusburg, Marienkirche, Heinrich-Schütz-Haus, Novalishaus, Schuhmuseum (51.2053,11.9445)–(51.2176,11.9877)
144,3 re ⌂ Weißenfelser RV daneben ✕, Beuditz-Vorstadt 23, 06667 Weißenfels (51.2052,11.9449)
144,0 ▬ Beuditzmühle, Weißenfels, re ➔ zur ⛫,
alternativ: am Wehr Beuditzmühle li Treidelgasse ≋ (Umfahrung der Beuditz-Schleuse), dann 143,3 vor dem nächsten ▬ Brückenmühle, ✕, re ➔ in Stichkanal zum ⛫-Kanal. Hier auch ⏏-Möglichkeit außerhalb der Betriebszeit.
Weitere Möglichkeit: Beide Schleusen re ⏏ (51.2059,11.9491)
143,9 Beuditz-⛫ Weißenfels, Betriebszeiten beachten oder re ⏏,
www.lhw.sachsen-anhalt.de/service/schleusenzeiten/ ,
♪ +49 3443 802640 (51.2053,11.9506)

143,3 li ← zum Brückenmühl-▬ Weißenfels, ⚠ Wehr ist X (51.2059,11.9592); re → zur Brückenmühl-⌘ Weißenfels (51.2059,11.9593); Brückenmühl- ⌘, Betriebszeiten beachten, ansonsten re ⏏, www.lhw.sachsen-anhalt.de/service/schleusenzeiten , ☎ +49 3443 307155 (51.2055,11.9598)

143,0 EB-Π Weißenfels (Gewölbebrücke) (51.2036,11.9609)

142,5 Str-Π Weißenfels, Merseburger Straße (51.2030,11.9664)

142,2 Fußg-Π Weißenfels, Pfennigbrücke, li ▬ (51.2035,11.9706); re ⇅ Weißenfels mit Gepäckaufbewahrung, von hier günstiger Weg zum Stadtzentrum ⌘ (51.2032,11.9708)

141,9 re ⇅ am ✕ „Saaleblick" Weißenfels (51.2035,11.9750)

141,7 li ⇅ Weißenfels vor Herrenmühl-⌘ (51.2044,11.9769); re ⇅ ✕ „Am Saalestrand" Weißenfels (51.2043,11.9785); ⚠ geradeaus zum ▬ der Herrenmühle Weißenfels, keine ⏏-Möglichkeit. Sofort nach dem ▬ Aufteilung in 3 Arme, wenig Wasser durch Ableitung des ϟ, Durchfahrt verboten (51.2044,11.9780); li ← zur Herrenmühl-⌘ Weißenfels (51.2045,11.9776)

141,6 Herrenmühlen-⌘ Weißenfels, Betriebszeiten beachten, außerhalb der Schleusenzeiten li über Rampe ⏏, www.lhw.sachsen-anhalt.de/service/schleusenzeiten/ , ☎ +49 3443 341491 (51.2053,11.9776)

141,2 re ⇩ der 3 Wehrarme der Herrenmühle Weißenfels (51.2088,11.9782)

140,4 re ⇩ Kraftwerkskanal der Herrenmühle Weißenfels (51.2130,11.9848)

139,8 Str-Π B91, Weißenfels (51.2177,11.9876)

136,7 re ⇩ Rippach (51.2333,12.0193); re ⇅ **06686 Lützen, OT Delitz (Saale)** zum ⛟ und ✕-Kiosk, www.wintermann-dehlitz.de , ☎ +49 3443 23287 (51.2334,12.0195)

136,6 EB-Π (Stabbogenbrücke) des Kohlependels vom Tagebau Wählitz zum Kraftwerk Buna-Wählitz (51.2343,12.0200)

135,4 Autobahn-Π A38 (51.2447,12.0242)

132,9 Str-Π Klein Korbetha, Lützener Straße(Stabbogenbrücke) (51.2575, 12.0418); re ⇅ **06688 Weißenfels, OT Großkorbetha-Klein Korbetha**, Steg (51.2573,12.0424)

128,8 li ⇅ **06688 Weißenfels, OT Wengelsdorf** mit ⚓ (51.2779,12.0474)

126,6 li ⌂ Kanu-Club Bad Dürrenberg, ⛺, Bootshaus 1, 06231 Bad Dürrenberg, www.kc-bd.de, ☎ +49 3462 87370 (51.2920,12.0613)

126,5 li ← zur Schleuse Bad Dürrenberg, re → zum ▬ Bad Dürrenberg, X (51.2933,12.0609)

126,3 ⌘ Bad Dürrenberg, Betriebszeiten beachten, außerhalb der Schleusenzeiten li ⏏ über Treppe, www.lhw.sachsen-anhalt.de/service/schleusenzeiten/ , ☎ +49 3462 80530 (51.2947,12.0597)

126,0 Str-Π L187 **06231 Bad Dürrenberg**, ▬, Überlandstraßenbahn nach Merseburg und Halle, ⌘ Gradierwerk (51.2974,12.0581)

125,7 EB-II Bad Dürrenberg (Gewölbe-Brücke), mittleres Joch empfohlen, ggf. unruhig, Kanuslalom-Trainingsstrecke des KC Bad Dürrenberg (51.2984, 12.0548)

124,2 Ende Landeswasserstraße / Beginn der Bundeswasserstraße Saale (51.3097,12.0503)

121,9 li Einlauf Wasserwerk (Leuna-Werke), Abstand halten ⚠ (51.3144, 12.0399)

120,7 geplante ⇩ des Saale-Leipzig-Kanal (s. Seite 229) in die Saale (51.3254, 12.0425)

120,0 re und li ⇅ Leuna-Kreypau, ehem. Fährstelle, li **06237 Leuna** (51.3272, 12.0342)

119,2 EB-II Leuna (Fachwerkbrücke) (51.3315,12.0251)

118,9 re ➔ des nicht fertiggestellten Umgehungskanals um Merseburg, in den in den 1940-er Jahren geplant. Befahrung nicht zu empfehlen, 4 km lang, bei km 3,39 unvollendete ⇄. ⚠ rechtzeitig anlegen und ⏏, beschwerlich. Ende des Kanals hinter Meuschau, ⇩ in Saale bei km 113,1 (51.3345, 12.0234)

118,3 Wege-II re zum Waldbad Leuna (Bogenbrücke), re maroder Steg, zzt. nicht benutzbar (51.3335,12.0176)

116,6 li ⌂ Eisenbahn-Saalewanderer Merseburg 1885 e.V. mit ⛺, Leunaer Str. 32a, 06217 Merseburg, www.saalewanderer.de , ✆ +49 151 22002374 (51.3407,12.0038)

115,2 li ← zum ▬ der Rischmühle Merseburg, X, li Steganlage der Merseburger Wassersportfreunde, ⚓ (51.3498,12.0015);
re ➔ zur ⇄ Merseburg-Rischmühle, Selbstbedienung, aber trotzdem Betriebszeiten beachten, vom 01.05. bis 16.10. von 09:30 - 19:00, ansonsten li ⏏, ✆ +49 3461 211216 und +49 171 6866906 (51.3499,12.0015)

114,2 Str-II B181 Merseburg (51.3545,12.0035)

113,8 Str-II (Gewölbebrücke) Neumarkt, **06217 Merseburg**, 🚆, ⌘: Dom, Neumarktkirche, Schloss (51.3574,12.0026)

113,6 geradeaus zum ▬ Merseburg-Meuschau, ↯, Trainingsstrecke Kanuslalom, nur für Slalom ≋, mit Gepäck X (51.3590,12.0029);
re ➔ zur ⇄ Merseburg-Meuschau (51.3591,12.0030)

113,5 ⇄ Merseburg-Meuschau, Betriebszeiten beachten, vom 01.05. bis 16.10. 09:30 - 19:00 Uhr, II zur Wehrinsel, ✆ +49 3461 331611 und +49 171 6866906 (51.3600,12.0038)

113,1 re ⇩ Umgehungskanal (nicht fertiggestellt, s. km 118,8), danach li ⇩ Wehrarm (51.3634,12.0063)

112,0 li ⇩ Klia (Geisel) (51.3714,11.9980)

111,3 li ⌂ Merseburger RG mit ⛺ und Übernachtungsmöglichkeit, Am Stadtpark 39, 06217 Merseburg, www.merseburger-rudergesellschaft.de , ✆ +49 3461 215151 (51.3771,11.9960)

109,9 re ⇩ Luppe (51.3907,11.9954)

109,1 EB-II Schkopau, li **06258 Schkopau**, 🚆 (51.3959,11.9905)

108,9 li ⇩ Laucha durch ein Rohr (51.3967,11.9870)

107,5 3 Ⅱ B91 Schkopau und Straßenbahn-Überlandlinie Halle-Bad Dürrenberg (51.4059,11.9775)

106,0 li **06258 Schkopau, OT Korbetha** (51.4073,11.9582)

105,7 –102,5 re §, ganzj. UV, rechtes Ufer (außer Schleuseninsel) (51.4072, 11.9539)–(51.4329,11.9530)

105,5 EB-Ⅱ NBS Halle/Leipzig-Erfurt (Saale-Elster-Talbrücke, längste EB-Brücke Deutschlands) (51.4081,11.9514)

104,6 li ← zum ■ mit ↯ Planena, ✕ (51.4149,11.9545);
re → zur ⌘ Planena, li Wartestelle für Schleusung (51.4153,11.9546)

104,5 ⌘ Planena, Selbstbedienung, Betriebszeiten: vom 01.05. bis 16.10, 09:30 - 19:00 Uhr, Wege-Ⅱ
Bei Schleusenruhe kann man ca. 100 m im linken Wehrarm und sofort am Ende vom Zaun des WSA-Geländes re eine kleine Bagger-Rampe zum ⬆ nutzen (⚠ Abstand vom Wehr halten, Unterwassersog zum Kraftwerk, z.Zt. noch Sperrschild.). ⬇ hinter dem Kraftwerk am re Ufer (Kiesrampe) oder über Schleusenbrücke, dann ⬇ über Treppe in den Schleusenkanal, ✆ +49 345 7758739 (51.4161,11.9548)

104,3 –102,3 li §, ganzj. UV, linkes Ufer (51.4177,11.9548)–(51.4341,11.9497)

104,1 li ⇩ Wehrarm Planena (51.4193,11.9550)

102,5 re ⇩ Weiße Elster (s. Seite 229) in die Saale (51.4326,11.9529)

101,9 Str-Ⅱ K2151, li **06258 Schkopau, OT Röpzig**, Eierweg (Röpziger Brücke) (51.4352,11.9452)

101,9 –98,1 re §, ganzj. UV, rechtes Ufer (51.4353,11.9449)

99,1 li ⇩ Mühlgraben Holleben (Befahrungsverbot) (51.4471,11.9156)

97,9 EB-Ⅱ Halle-Angersdorf (Gewölbe-Brücke) (51.4514,11.9302)

97,9 –84,7 Stadtgebiet von **Halle (Saale)**, PLZ 06108–06132, 🚂, mehrere ⌂. ⌘ Marktkirche, Marktschlösschen, Roter Turm, Dom, Händelhaus, Moritzburg, Burg Giebichenstein, Franckesche Stiftungen, Saline, Landesmuseum für Vorgeschichte (Himmelsscheibe), Bergzoo (51.4515,11.9303)–(51.5259,11.9124)

96,8 li ← Wilde Saale (Rabeninsel) von der Saale über ein ■, ⚠ auf der Saale re halten (51.4568,11.9410)

Nebenstrecke Wilde Saale (Rabeninsel)

Die Wilde Saale ist ein Altarm der Saale.

2,0 ← Wilde Saale (Rabeninsel) von der Saale (s. Seite 182) über ein ■, ⚠ auf der Saale re halten (51.4568,11.9410)

2,0 –0,0 §, ganzj. BV (51.4569,11.9409)–(51.4652,11.9488)

0,0 ⇩ Wilde Saale (Rabeninsel) in die Saale (s. Seite 182) (51.4651, 11.9489)

96,8 –95,6 li Rabeninsel Halle (51.4571,11.9411)–(51.4650,11.9485)

96,8 –95,6 li §, ganzj. UV (51.4572,11.9412)–(51.4651,11.9486)

96,4 WSC Rabeninsel Halle mit ⛺-Möglichkeit, Böllberger Weg 147, 06128

Halle, www.wsc-rabeninsel.com, ☎ +49 170 2749105 (51.4591,11.9462); Fußg-⊓ zur Rabeninsel Halle (Schrägseil-Hänge-Brücke) (51.4595, 11.9462)

96,1 re ⌂ Hallesche RV Böllberg 1884 und Nelson 1874, ✕, Zur Rabeninsel 23, 06128 Halle/Saale, hrv-rudern.de , ☎ +49 345 4441038 (51.4615, 11.9463)

96,0 re Warteplatz für Schleuse, geradeaus zum Schleusenkanal, re ➔ zum ▬ Halle-Böllberg. Trainingsstrecke Kanuslalom BSV Halle e.V, für Slalom ≈ (51.4624,11.9462)

95,8 ⯐ Halle-Böllberg, Betriebszeiten beachten, vom 01.05. - 16.10, 09:30 - 19:00 Uhr, ☎ +49 345 4441096 (51.4635,11.9467)

95,6 li ⇩ Wilde Saale (Rabeninsel) in die Saale (51.4651,11.9489)

95,0 re ⌂⚑ Böllberger SV Halle, ⛺, Böllberger Weg 181 c, 06110 Halle, www.bsv-halle.de , ☎ +49 345 1200243 (nicht immer besetzt) (51.4689, 11.9549)

94,9 re ⌂⚑ KV 96 Halle, Böllberger Weg 181 c, 06110 Halle, www.kv96-halle.de , ☎ +49 345 4443038 (51.4698,11.9556)

94,8 li ← Elisabeth-Saale von der Saale (51.4710,11.9551)

Nebenstrecke Elisabeth-Saale

Die Elisabeth-Saale ist ein Nebenarm der Saale und wird auf dem nicht gesperrten Teilstück von Sportbooten befahren. Im Zusammenhang mit der Wilden Saale (Peißnitzinsel) und der Bundeswasserstraße Saale ergibt sich die Möglichkeit einer zeitlich begrenzten Rundfahrt um die Peißnitzinsel.

2,5 ← Elisabeth-Saale von der Saale (s. Seite 182) (51.4710,11.9551)

2,4 –1,3 §, ganzj. BV (51.4712,11.9551)–(51.4807,11.9536)

2,1 ▬, ✕ (51.4734,11.9526)

1,3 Str-⊓ (vierspurig) (51.4806,11.9537)

1,2 Str-⊓ Halle, Mansfelder Straße (51.4816,11.9534)

0,7 li ← Wilde Saale (Peißnitzinsel) (s. Seite 197) von der Elisabeth-Saale (51.4855,11.9524)

0,3 re ⇩ Wehrkanal Gimritz (51.4893,11.9528)

0,0 ⇩ der Elisabeth-Saale in die Saale (s. Seite 182) (51.4912, 11.9515)

94,7 Radweg-⊓ Halle (ehem. Hafenbahn-⊓) (51.4714,11.9567)

94,0 Str-⊓ Wilhelm-Jost-Straße, Halle (Genzmerbrücke) (51.4769,11.9595)

93,9 re ➔ Mühlgraben Halle (Gerbersaale) (51.4779,11.9604)

93,6 3 Str-⊓ B80, Halle, An der Magistrale über Schleusenanlage (51.4803, 11.9602);
⯐ Halle-Stadt, Selbstbedienung, Betriebszeiten vom 01.05. - 16.10, 09:30 - 19:00 Uhr, ☎ +49 345 2833716 (51.4805,11.9603)

93,5 Str-⊓ Mansfelder Straße, Halle (Schiefer-⊓) (51.4816,11.9606)

92,9 li Sophienhafen (51.4863,11.9572)

92,7 li ← Wehrarm Halle-Gimritz (51.4877,11.9564);
geradeaus zur ⯐ Gimritz;
re ➔ Verbindung zum Mühlgraben Halle (Gerbersaale), nur bei HW ≈
92,6 ⯐ Halle-Gimritz, Selbstbedienung, Betriebszeiten: vom 01.05. - 16.10, 09:30 - 19:00 Uhr, ✆ +49 345 2901651 (51.4886,11.9557)
92,1 li ⇩ der Elisabeth-Saale in die Saale (51.4912,11.9515)
91,9 Wege-Ⅱ Peißnitzbrücke, Halle (51.4933,11.9500)
91,7 –91,5 re Schwimmstrecke Halle, durch Bojen gekennzeichnet, ⚠ nicht befahren (51.4950,11.9511)–(51.4964,11.9516)
91,5 re ⇩ Mühlgraben Gerbersaale (51.4966,11.9518)
91,4 –90,8 §, ca. 100m unterhalb re ⇩ Mühlgraben bis Nordspitze der Peißnitzinsel, ganzj. UV Nordspitze Peißnitzinsel (51.4974,11.9497)–(51.5028, 11.9483)
91,2 re Dauerliegeplatz Schiff-✕ „Marie-Hedwig", anlegen am Rive-Ufer möglich (51.4987,11.9495)
90,8 li ⇩ Wilde Saale (Peißnitzinsel) in die Saale, Ende der Peißnitzinsel (51.5029,11.9486)

Nebenstrecke Wilde Saale (Peißnitzinsel)

Die Wilde Saale ist die westliche Begrenzung der Peißnitzinsel in Halle. Sie ermöglicht zusammen mit der Elisabeth-Saale und der Bundeswasserstraße Saale eine zeitlich begrenzte Möglichkeit zu einer Rundfahrt.

2,5 ← Wilde Saale (Peißnitzinsel) von der Elisabeth-Saale (s. Seite 196) (51.4855,11.9524)
2,5 –0,0 §, ganzj. UV, Befahrung nur mit nicht motorisierten Sportbooten vom 01.04. - 31.10. zwischen 09:00 und 19:00 Uhr gestattet (51.4855,11.9523)–(51.5029,11.9485)
2,4 Wege-Ⅱ (51.4855,11.9510)
2,3 nach einer Rechtskurve eine Sandbank, bei NW eine Insel, rechts fahren (51.4858,11.9503)
2,1 Str-Ⅱ Halle, Peißnitzinsel (51.4877,11.9493)
1,2 Fußg.-Ⅱ, re Station der Parkeisenbahn (51.4942,11.9451)
0,0 ⇩ Wilde Saale (Peißnitzinsel) in die Saale (s. Seite 182), Ende der Peißnitzinsel (51.5029,11.9486)

90,5 Str-Ⅱ Kröllwitzer Straße, Halle, re Burg Giebichenstein, mehrere Schiffsanleger und Bootsverleih (51.5041,11.9522)
90,3 li ✕ „Krug zum Grünen Kranze", Halle, mit Anleger (51.5054,11.9550)
90,0 re Friedrich-Ludwig-Jahn-Höhle (51.5074,11.9568)
89,4 li ▬ Halle-Trotha, re vor Fußg-Ⅱ Wartestelle für ⯐ Trotha (entgegenkommende Fahrgastschifffahrt, eng ⚠), weiterpaddeln nach Signalisierung/tel. Aufforderung.
Alternativ re ⏏-Möglichkeit am Wehr, jedoch § beachten (51.5117, 11.9540)

89,4 –88,7 li § Wasserfläche und Insel Forstwerder im Unterwasserbereich des Kröllwitzer Wehres in Halle Trotha, 15.09.-31.03. BV, ganzj. UV der Insel und der rechts im Unterwasser vorgelagerten Kiesbank (51.5124,11.9540) –(51.5188,11.9516)

89,3 re ➔ Mühlgraben Halle-Trotha, ✕, Mühle (51.5132,11.9554)

89,2 ⯐ Trotha, Halle, Betriebszeiten beachten, vom 01.05. - 16.10, 09:30 - 19:00 Uhr, ✆ +49 345 5201787 (51.5140,11.9548)

89,1 ▤ Halle-Trotha Unterpegel, ✆ +49 345 5229873 (51.5148,11.9545)

88,7 li ⇩ Wehrsaale Halle-Trotha (51.5190,11.9513)

88,6 re ⇩ Mühlgraben Halle-Trotha (von km 89,3) (51.5193,11.9519)

86,5 re ➔ Hafen Halle-Trotha, für Sportboote gesperrt (51.5264,11.9268)

84,7 li **06120 Halle (Saale), StT Lettin** (51.5306,11.9069)

82,8 Schiffsanleger (51.5353,11.8816)

82,1 Gier-⛴ Brachwitz, Fährseil nicht überfahren, Ruheseite re. ⚠ Die Vorbeifahrt an einer Gierfähre darf nur erfolgen, wenn sie an ihrem ständigen Liegeplatz stillliegt. Notfalls anhalten und die Situation beobachten. Das Hinweiszeichen „Nicht frei fahrende Fähre“ befindet sich an dem Ufer, wo die Fähre ihren „Heimathafen“ hat (51.5333,11.8724);
re **06198 Wettin-Löbejün, OT Brachwitz** (51.5338,11.8721)

82,0 re ⚓ Wassertouristik Saaletal mit ⛺-Möglichkeit, Toiletten-Container, Schlüssel beim Fährmann, ✆ +49 34606 29160 (51.5338,11.8709)

79,2 li ⇩ Salza (Saale) (51.5294,11.8330);
li **06198 Salzatal-Salzmünde** (51.5294,11.8328)

77,4 li **06198 Salzatal, OT Pfützthal** (51.5396,11.8215)

75,0 re **06193 Wettin-Löbejün, OT Döblitz** (51.5584,11.8268)

73,2 re kurzer Weg zur Templerkapelle (51.5735,11.8283)

73,0 re **06193 Wettin-Löbejün, OT Mücheln**, ⌘ Templerkapelle (51.5743, 11.8258)

71,7 Hochseil-Auto-⛴ Wettin (51.5815,11.8126);
re **06193 Wettin-Löbejün, OT Wettin**, Schiffsanleger, mehrere ✕, Burg (51.5818,11.8122)

71,5 li ← Kraftwerkskanal Wettin, ✕ (51.5815,11.8096)

70,9 re ➔ Wehrarm Wettin, im Wehrarm nach 500 m Seil-⛴, Ruheseite rechtes Ufer, nach 800 m ▬ ✕ (51.5837,11.8025);
li ← Schleusen-Kanal Wettin (51.5836,11.8023)

70,4 ⯐ Wettin, Betriebszeiten beachten. Erste von 5 Großschleusen, die von einer Leitstelle (Bernburg) ferngesteuert wird. Schleusenanmeldung telefonisch, Rufnummern ca. 1 km vorher am Ufer, oder per Rufsäule auf dem Ponton der Sportbootanleger - niedriger Ausstieg für Kanuten auf der Rückseite. Im Warterang müssen Sportboote am Sportbootanleger festmachen, ✆ +49 3471 34664081 (51.5824,11.7941)

70,0 re ⇩ Wehrarm, li ⇩ Kraftwerkskanal (51.5810,11.7874)

68,6 re ⇩ alter Saalearm vom ϟ im Wehrgraben Wettin kommend (51.5804, 11.7688);
li **06198 Könnern, OT Trebitz** (51.5799,11.7677)

67,3 li **06198 Salzatal-Kloschwitz**, Schiffsanleger (51.5859,11.7588)
66,9 li ⛺Saaletal Kloschwitz, Ankerstraße 9, 06198 Salzatal, OT Kloschwitz, www.camping-saaletal.de , ✆ +49 34607 20533 (51.5884,11.7565)
63,7 –61,3 re §, ganzj. UV, rechtes Ufer (51.6144,11.7546)–(51.6347,11.7530)
62,9 li ⇩ Schlenze, ist gleichzeitig Entwässerung des Schlüsselstollens, bergbaulicher Stollen zur Entwässerung der Schächte im ehem. Mansfelder Kupferbergbaurevier, einer der längsten seiner Art in Europa (32,3 km) (51.6207,11.7481);
li **06347 Gerbstedt, OT Friedeburg (Saale)** (51.6215,11.7480)
60,4 Gier-⛴ Brucke-Rothenburg, Fährseil nicht überfahren, Ruheseite li. ⚠ Die Vorbeifahrt an einer Gierfähre darf nur erfolgen, wenn sie an ihrem ständigen Liegeplatz stillliegt. Notfalls anhalten und die Situation beobachten. Das Hinweiszeichen „Nicht frei fahrende Fähre" befindet sich an dem Ufer, wo die Fähre ihren „Heimathafen" hat (51.6402,11.7470);
re **06193 Wettin-Löbejün, OT Rothenburg**, Schiffsanleger (51.6410, 11.7468)
59,7 re ➔ Wehrarm Rothenburg, ▬ X, ϟ (51.6468,11.7480);
li ← Schleusenkanal Rothenburg (51.6469,11.7482)
58,7 ⯏ Rothenburg, Betriebszeiten beachten, Schleuse wird von einer Leitstelle (Bernburg) ferngesteuert. Schleusenanmeldung telefonisch, Rufnummern ca. 1 km vorher am Ufer, oder per Rufsäule auf dem Ponton der Sportbootanleger - niedriger Ausstieg für Kanuten auf der Rückseite. Im Warterang müssen Sportboote am Sportbootanleger festmachen, ✆ +49 3471 344664081 (51.6546,11.7519)
58,4 re ⇩ des Wehrarmes Rothenburg (51.6571,11.7509)
57,1 Str-II L154, li **06420 Könnern, OT Nelben**, re **06420 Könnern**, 🛒, ✕, Schiffsanleger (51.6676,11.7422)
56,6 EB-II Könnern (51.6691,11.7353)
55,8 li **06425 Alsleben (Saale), OT Gnölbzig** (51.6754,11.7307)
55,0 re **06420 Könnern, OT Trebnitz** (51.6812,11.7242)
54,4 li ⇩ Salzbach (51.6820,11.7158)
51,5 li ⚓ Yachthafen Kirschke, in der Nähe ✕, ✆ +49 171 1943456 (51.6975, 11.6862)
51,1 li WSC Alsleben (51.6996,11.6833)
51,0 Str-II L85, li **06425 Alsleben (Saale)**, Sanderslebener Straße, re **06420 Könnern, OT Mukrena**, Werft (51.7015,11.6828)
50,8 li ← Wehrarm Alsleben mit ▬ und ϟ, Schiffsanleger (51.7036,11.6813);
re ➔ Schleusenarm Alsleben (51.7037,11.6813)
50,3 ⯏ Alsleben mit Str-II, Betriebszeiten beachten. Schleuse wird von einer Leitstelle (Bernburg) ferngesteuert. Schleusenanmeldung telefonisch, Rufnummern ca. 1 km vorher am Ufer, oder per Rufsäule auf dem Ponton der Sportbootanleger - niedriger Ausstieg für Kanuten auf der Rückseite. Im Warterang müssen Sportboote am Sportbootanleger festmachen, ✆ +49 3471 344664081 (51.7070,11.6784)

50,0 li ⇩ Wehrarm (51.7097,11.6742)
49,8 EB-II Alsleben (51.7106,11.6725)
47,3 Autobahn-II A14 (51.7240,11.6864)
46,3 li **06425 Plötzkau, OT Großwirschleben** (51.7295,11.6960); re **06420 Könnern, OT Beesedau** (51.7291,11.6971)
45,2 li ⚓
44,5 li ⇩ alter Saalearm (Biber) (51.7426,11.7086); li **06425 Plötzkau** in 1200 m (51.7427,11.7088)
43,0 –41,6 li **§**, ganzj. UV, linkes Ufer (51.7553,11.7104)–(51.7626,11.6962)
41,5 Fußgänger- und Rad-Hänge-II, re **06406 Bernburg (Saale), OT Gröna** (51.7627,11.6957)
41,4 re ⚓ Gröna mit ✕ Eiscafé auf einem Schiff (51.7634,11.6954)
39,2 li **06406 Bernburg, OT Aderstedt** (51.7795,11.7013)
38,4 re **06406 Bernburg (Saale), OT Neuborna**, Schiffsanleger (51.7830, 11.7119)
38,0 re ⌂▶ Bernburger WSV, Dr.-John-Rittmeister-Straße 10–12, 06406 Bernburg, www.wsv-empor.de (51.7853,11.7155)
37,7 li ⇩ der Wipper (Saale) (s. Seite 258) in die Saale (51.7873,11.7184)
37,0 re ⌂▶ MBSV Wasserwandern Bernburg, ⛺, ✕ am Platz, Pfaffenbusch 1, 06406 Bernburg, wasserwandern-bernburg.de (51.7906,11.7272)
36,8 re ⌂ Bernburger RC, ⛺, An der Überfahrt 2 B, 06406 Bernburg (Saale), www.bernburger-ruderclub.de , ☎ +49 3471 315081 (51.7919,11.7290)
36,6 ⛴ und Schiffsanleger Bernburg (51.7933,11.7316)
36,3 li ← über ▬ Bernburg, bei Wasserüberlauf Abstand halten, re fahren, ⚠ (51.7949,11.7331)
36,1 re ⌘ Bernburg, Betriebszeiten beachten. Schleuse wird von einer Leitstelle (Bernburg) ferngesteuert. Schleusenanmeldung telefonisch, Rufnummern ca. 1 km vorher am Ufer, oder per Rufsäule auf dem Ponton der Sportbootanleger - niedriger Ausstieg für Kanuten auf der Rückseite. Im Warterang müssen Sportboote am Sportbootanleger festmachen. Str-II, ☎ +49 3471 344664081 (51.7963,11.7347); ≣ Bernburg, ☎ +49 3471 19429 (51.7968,11.7353)
36,0 li ⇩ Wehrarm Bernburg (51.7972,11.7359)
35,9 Markt-II, **06406 Bernburg (Saale)**,✕, 🛒, ⌘: Schloss (51.7975,11.7377); li und re ⬆ Bernburg (51.7976,11.7378)
35,4 Str-II B71/185 Bernburg, Annenstraße (51.8005,11.7424)
35,1 EB-II Bernburg (51.8021,11.7456)
35,0 EB-II Bernburg (Industriebahn) (51.8028,11.7473)
34,9 –34,7 re Kaimauer (zzt. ungenutzt), Industriepark Solvay Bernburg (51.8029,11.7490)–(51.8034,11.7514)
33,7 re ⇩ Fuhne (51.7996,11.7634)
32,1 Str-II B6 unterhalb Bernburg (51.8061,11.7822)
31,2 Rohr-II (51.8139,11.7833)
29,6 re ⚓ am Radweg, jedoch schlechte ⬆-Möglichkeit
27,8 Str-II L73, li **06429 Nienburg (Saale)** (51.8397,11.7748)

27,6 li ⇩ der Bode (s. Seite 260) in die Saale (51.8409,11.7714)
26,1 –25,1 Wasserskistrecke (9-13, 15-20 Uhr) (51.8534,11.7640)–(51.8624, 11.7646)
25,2 li **06429 Nienburg (Saale), OT Jesar** (51.8614,11.7636)
22,1 re ⇩ alter Saalearm vor Calbe (51.8885,11.7752)
21,9 Str-II, li **39240 Calbe (Saale)**, Brückenstraße (51.8903,11.7753)
20,9 ← Wehrarm Calbe (Saale) von der Saale (51.8962,11.7855);
→ Schleusenkanal (51.8961,11.7864)

Nebenstrecke Wehrarm Calbe (Saale)

In diesem Wehrarm erreicht man im Oberwasser das Bootshaus der Calbenser Kanuten mit Zeltmöglichkeit.

2,2 ← Wehrarm Calbe (Saale) von der Saale (s. Seite 182) (51.8962, 11.7855)
1,7 li ⌂ TSG Calbe (Saale), ⅄, Kleine Fischerei 29a, 39240 Calbe/Saale, www.kanu-calbe.de (51.8981,11.7812)
1,1 ▬ und ↯ Calbe, ✕, re ⏏ (51.9017,11.7771)
0,6 Personen-Seil-⛴ Calbe (51.9044,11.7837)
0,0 ⇩ Wehrarm Calbe (Saale) in die Saale (s. Seite 182) (51.9083, 11.7889)

20,0 ⌘ Calbe, Betriebszeiten beachten. Schleuse wird von einer Leitstelle (Bernburg) ferngesteuert. Schleusenanmeldung telefonisch, Rufnummern ca. 1 km vorher am Ufer, oder per Rufsäule auf dem Ponton der Sportbootanleger - niedriger Ausstieg für Kanuten auf der Rückseite. Im Warterang müssen Sportboote am Sportbootanleger festmachen. Str-II; li auf Schleusen-Insel Gottesgnaden; von hier Fähre nach Calbe. Ab hier fließt die Saale bis zur ⇩ frei zwischen hohen Dämmen, ✆ +49 3471 344664081 (51.9034,11.7892)
19,4 li ⇩ Wehrarm Calbe (Saale) in die Saale (51.9083,11.7889)
19,1 li ⇩ Mühlgraben Calbe (51.9108,11.7911)
17,6 EB-II, li 🚉 Calbe-Ost (800 m) (51.9163,11.8101)
17,2 –14,5 Engstelle Trabitz, ⚠ bei entgegenkommender Schifffahrt (51.9154, 11.8154)–(51.9127,11.8257)
15,0 re **39240 Calbe (Saale), OT Trabitz** (51.9081,11.8258)
9,6 Gier-⛴ K1243 Groß Rosenburg - Werkleitz, Fährseil nicht überfahren, Ruheseite re. ⚠ Die Vorbeifahrt an einer Gierfähre darf nur erfolgen, wenn sie an ihrem ständigen Liegeplatz stillliegt. Notfalls anhalten und die Situation beobachten. Das Hinweiszeichen „Nicht frei fahrende Fähre“ befindet sich an dem Ufer, wo die Fähre ihren „Heimathafen“ hat (51.9167, 11.8744);
re **39240 Barby, OT Groß Rosenburg** (51.9164,11.8745)
8,7 –0,0 **§**, ganzj. Uferbetretungsverbot mit Ausnahme des li Ufers von km 2,8 bis km 1,3 und von km 0,9 bis km 0,0. Erlaubt ist das ⇅ an bestehenden

Wassersportanlagen und Ortschaften. (51.9187,11.8845)–(51.9544, 11.9148)

7,1 li **39249 Barby, OT Tornitz-Werkleitz** (51.9251,11.8656)

4,6 re **39240 Barby, OT Klein Rosenburg**, ⌘: Ruine Rosenburg. Hier war in den 1930-er Jahren eine weitere Staustufe mit Schleuse geplant. Derzeit ist ein abkürzender Saalekanal ab Calbe in der Diskussion (51.9311, 11.8871);
re ⛳ Klein Rosenburg (51.9318,11.8889)

0,6 ⇩ der Taube (s. Seite 267) in die Saale, Einfahrt gesperrt (51.9507, 11.9174)

0,0 ⇩ der Saale in die Mittelelbe (s. Seite 71) (51.9553,11.9138)

Wisenta

Wildwasser, Kleinfluss
Mündung in Saale bei km 318,4 (re Nebenfluss)

Oberhalb der Talsperre ist die Wisenta ein Kleinfluss mit vielen Strauch- und Baumhindernissen. Sehr enger und windungsreicher Bachlauf mit 14 nicht beschriebenen Wehren, die alle, bis auf das in der Beschreibung genannte, evtl. befahrbar sind, aber auch gut umtragen werden können. Im Stadtgebiet von Schleiz befinden sich 4 Steilstufen von 0,5 bis 2 m Höhe. Unterhalb der Talsperre verläuft die Wisenta als kleiner Wildfluss durch ein landschaftlich reizvolles, enges Tal, WW I.

Befahrbarkeit: Oberlauf bis zur Talsperre bis Ostern und nach starken Regenfällen, Unterlauf nur bei Wasserablass der Wisenta-Talsperre.

26,7 Str-II, re **07907 Schleiz-Lössau**, ⬇, Am Bahnhofsberg (50.5813,11.8789)
25,4 Str-II An der Schmidtenmühle (50.5799,11.8660)
24,6 Str-II Wisentaaue (50.5781,11.8572)
23,9 Str-II B94 (50.5806,11.8502)
22,0 Weg-II (50.5857,11.8345)
21,2 Weg-II (50.5836,11.8263)
20,2 Str-II Schleiz, Komtursteig (50.5802,11.8136)
19,9 Str-II Schleiz (50.5808,11.8101)
19,8 Str-II **07907 Schleiz**, Geraer Straße (50.5814,11.8090)
19,5 Str-II Schleiz, Gratweg (50.5818,11.8043)
19,0 Str-II Schleiz, Auweg (50.5790,11.8022)
17,8 Weg-II, li Glücksmühle (50.5764,11.7881)
16,2 Str-II A9 (50.5697,11.7761)
16,1 Str-II Thomasmühlenweg (50.5698,11.7755)
15,7 Weg-II (50.5683,11.7721)
13,6 Str-II Möschlitz, Burgker Straße (50.5653,11.7580)
12,7 Str-II Möschlitz, Burgker Straße (50.5645,11.7566)
12,1 Str-II **07907 Schleiz-Möschlitz**, Ziegenrücker Straße (50.5680,11.7496)
12,0 re ▤ Möschlitz unterhalb der Brücke (50.5680,11.7494)
10,1 ▬ der Stöckigtsmühle, X, re ⏏ (50.5671,11.7321)
9,4 Str-II Stöckigtsmühle (50.5723,11.7345)

9,1 Str-II, li gute ⬆, Einlauf in den Stausee, deshalb Fahrt hier beenden (50.5725,11.7308)
7,1 ▬ Staumauer der Wisenta-Talsperre, X, Oberbecken des Pumpspeicherwerkes Wisenta (50.5764,11.7172);
⬇ Schäferbrücke, Unterlauf nur bei Wasserablass der Wisenta-Talsperre ≈ (50.5770,11.7175)
6,1 Str-II Chrispendorf (50.5809,11.7103)
0,1 Str-II **07924 Eßbach-Walsburg** (50.5793,11.6771)
0,0 ⇩ der Wisenta in die Saale (s. Seite 182) bei km 318,4 (50.5787,11.6774)

Loquitz

Wildwasser
Mündung in Saale bei km 282,0 (li Nebenfluss)

Die Loquitz ist ein schneller, leichter Wildfluss mit starkem Gefälle. Sie ist für geübte Fahrer fahrbar im Frühjahr oder nach starken Regenfällen (Pegel in Eichicht ab 65 cm). Viele Strauch- und Baumhindernisse, mehrere fahrbare Wehre und Stufen, die jedoch auch gut umtragen werden können.

16,3 Str-II **07330 Probstzella**, Untere Dorfstraße (50.5338,11.3766)
16,2 re ≣ Probstzella (50.5339,11.3774)
15,5 Str-II Probstzella, Auwiesen (50.5399,11.3740)
13,5 Str-II (50.5452,11.3518);
EB-II (50.5451,11.3516)
12,3 Str-II B85 (50.5538,11.3482)
12,0 EB-II (50.5563,11.3510)
11,9 Weg-II (50.5566,11.3515)
11,4 EB-II (50.5601,11.3500)
11,3 Str-II B85 (50.5601,11.3496)
11,0 Str-II **07330 Probstzella, OT Oberloquitz**, Ortstraße (50.5627,11.3471)
9,9 Str-II (50.5687,11.3552)
9,8 Str-II B85 (50.5687,11.3565)
8,7 Str-II K175 (50.5724,11.3704)
8,0 Str-II (50.5779,11.3755)
7,6 ▬, X, li oder re ⩍ (50.5796,11.3802)
7,1 Str-II (50.5808,11.3858);
EB-II (50.5806,11.3863)
6,6 **07330 Probstzella, OT Unterloquitz**, Durchfahrt durch eine Fabrik, in der Fabrik ▬, ≈ oder re ⩍. Danach 3 ≈ Stufen (50.5797,11.3925)
6,4 Str-II (50.5805,11.3952)
6,3 EB-II (50.5811,11.3959)
5,6 Weg-II (50.5832,11.4042)
5,3 Weg-II (50.5842,11.4079)
5,2 Str-II B85 (50.5852,11.4100)
3,5 EB-II (50.5933,11.4273)

3,3 Weg-II (50.5943,11.4302)
3,1 re ⇩ der Sormitz (s. Seite 204) in die Loquitz (50.5953,11.4328)
3,0 EB-II (50.5960,11.4329)
2,3 Str-II (50.6004,11.4392)
2,0 Str-II Eichicht, Straße des Aufbaus (50.6016,11.4433)
1,9 EB-II (50.6017,11.4435);
Str-II B85 Eichicht, Kulmbacher Straße (50.6017,11.4439);
örtlicher ≣ Eichicht, ≈ ab 65 cm
1,8 Weg-II (50.6020,11.4450)
1,0 Str-II B85 (50.6067,11.4405)
0,8 ▬, keine Angaben (50.6072,11.4388)
0,3 Str-II B85 **07338 Kaulsdorf, OT Eichicht**, Kulmbacher Straße (50.6115, 11.4346)
0,1 Str-II Eichicht, Am Anger (50.6127,11.4348)
0,0 ⇩ der Loquitz in die Saale (s. Seite 182) bei km 282,0 (50.6140,11.4349)

Sormitz

Wildwasser
Mündung in Loquitz bei km 3,1 (li Nebenfluss)

Schneller, leichter Wildfluss mit erheblichem Gefälle, WW I. Viele Baumhindernisse, Verblockungen und einige Felsbarrieren. Fahrbar bei gutem Wasserstand, im Frühjahr oder nach starken Regenfällen, evtl. ab Wurzbach, jedoch liegt bis Mündung des Reifbachs keine gesicherte Beschreibung vor. Von der Mündung des Reifbachs bis zur Mündung gibt es 5 Wehre, die evtl. befahrbar sind.

15,6 ⇩ Reifbach (50.5017,11.5344)
14,4 ▬ (50.5060,11.5247)
14,0 Str-II B90 (50.5084,11.5241)
13,5 ▬ (50.5120,11.5200)
13,2 Weg-II an der Grubersmühle, günstige ⬇ (50.5132,11.5166)
11,6 Weg-II (50.5205,11.5007)
10,2 Str-II B90 (50.5239,11.4828)
9,7 EB-II (50.5273,11.4783)
9,2 EB-II (50.5304,11.4773)
8,5 EB-II (50.5346,11.4715)
7,4 Str-II (50.5434,11.4666)
7,1 ▬ (50.5454,11.4667)
6,9 Weg-II (50.5471,11.4690)
6,3 Weg-II (50.5516,11.4663)
6,1 ▬ (50.5535,11.4658)
6,0 EB-II (50.5547,11.4668)
5,4 Weg-II (50.5566,11.4629)
5,1 ▬ (50.5580,11.4598)
4,7 Str-II Leutenberg, Kalkgrubental (50.5616,11.4571)
4,1 Str-II **07338 Leutenberg**, Rosenthaler Straße, im Ort re und li Mauern

(50.5641,11.4507)

4,0 Weg-II Leutenberg (50.5649,11.4491)

3,9 Weg-II Leutenberg (50.5657,11.4484); ▬ Leutenberg, steil-schräg, ≋ oder ⏏, je nach Wasserstand stärkerer Rücklauf ⚠ (50.5659,11.4483)

3,7 Weg-II (50.5671,11.4467)

3,0 Weg-II (50.5731,11.4448)

2,3 Weg-II (50.5777,11.4412)

1,4 ▬ (50.5853,11.4398)

0,9 EB-II (50.5893,11.4376)

0,4 Str-II, re **07338 Kaulsdorf, OT Hockeroda** (50.5923,11.4341)

0,2 Str-II B85 (50.5942,11.4321)

0,0 ⇩ der Sormitz in die Loquitz (s. Seite 203) bei km 3,1 (50.5953,11.4328)

Schwarza (Saale)

Wildwasser
Mündung in Saale bei km 264,2 (li Nebenfluss)

Die Schwarza ist ein unterhaltsamer Wildbach, WW I (II). Viele der Wehre wurden inzwischen entfernt.

Befahrungsregeln:	km 10,7 bis 5,6 : ganzj. BV
Befahrbarkeit:	Nur bei gutem Wasserstand, nur für Einer.
Pegel:	Katzhütte und Schwarzburg.

53,7 Ursprung bei Scheibe-Alsbach am Rennsteig

38,3 Hertwigs-Wehr Katzhütte, Sohlrampe (50.5535,11.0522); danach mögliche ⬇ **98746 Katzhütte** bei sehr gutem Wasserstand (50.5537,11.0522)

37,5 Weg-II Katzhütte, li ≣ (50.5584,11.0580)

37,3 re ⇩ Weiße Schwarza (50.5589,11.0605); re Str-II beim 🚉 Katzhütte (50.5590,11.0605)

36,9 li ⇩ Steinbach (50.5623,11.0630)

36,6 Str-II (50.5623,11.0662)

35,5 Weg-II (50.5707,11.0705)

35,2 Str-II (50.5726,11.0718)

34,7 ▬ Schwarzmühle, Sohlrampe (50.5770,11.0753)

33,9 ▬ Schwarzmühle-Ausbau, Sohlrampe (50.5819,11.0791); Str-II L1112 (50.5822,11.0795)

32,0 ▬ Rotmühle Meuselbach, Sohlrampe (50.5939,11.0829)

31,0 EB-II (50.6009,11.0833)

30,6 Weg-II (50.6028,11.0870)

30,3 EB-II (50.6054,11.0880)

30,1 Weg-II (50.6070,11.0887)

30,0 EB-II (50.6061,11.0903)

29,7 EB-II (50.6045,11.0930)

29,5 ■ Hüttenwehr Zirkel, ✕, li ⇩ Finkenbach (50.6026,11.0944)
29,3 EB-II (50.6015,11.0924)
29,2 ehemaliges ■ Kädingsmühle, zurückgebaut (50.6012,11.0921)
28,7 EB-II (50.6001,11.0988)
28,5 Str-II Mellenbach-Glasbach, Mühlwiese (50.5999,11.1018)
28,3 EB-II (50.5993,11.1036);
Str-II **98744 Schwarzatal, OT Mellenbach-Glasbach**, Karl-Marx-Straße (50.5992,11.1039)
28,0 ■ Mellenbach, Sohlrampe (50.6002,11.1069)
27,9 Wege-II Mellenbach-Glasbach, Am Bahnhof (50.6012,11.1078)
27,6 ■ Glasbach (50.6022,11.1116)
27,1 EB-II (50.6060,11.1136)
26,8 Str-II Mellenbach-Glasbach, Fröbelstraße (50.6087,11.1162)
26,3 Weg-II (50.6084,11.1224)
25,9 Str-II Mellenbach-Glasbach, Rudolf-Breitscheid-Straße (50.6068, 11.1268)
25,2 überdachte Weg-II zum 🚆 Obstfelderschmiede (50.6039,11.1342)
24,8 EB-II (50.6028,11.1385)
24,3 Wege-II (50.6040,11.1418)
24,2 EB-II (50.6046,11.1414)
22,6 EB-II, danach ■ (50.6142,11.1522)
21,8 Wege-II, **98744 Unterweißbach**, Mankenbachsmühle (50.6194,11.1559)
21,6 ■ Sohlrampe (50.6206,11.1539)
21,3 EB-II (50.6228,11.1529)
20,9 Str-II Unterweißbach, Bahnhofstraße, re zum 🚆 Sitzendorf-Unterweißbach (50.6267,11.1538)
20,2 EB-II (50.6289,11.1616)
19,1 Str-II L2382, **07429 Sitzendorf**, Brückenstraße (50.6317,11.1728);
■ Sohlrampe Sitzendorf (50.6317,11.1737)
18,9 Fußg-II zum Sportplatz Sitzendorf (50.6315,11.1758)
17,9 Wege-II (50.6372,11.1838)
14,2 re ▤ Schwarzburg (50.6476,11.1906)
11,0 Wege-II am ✕ Schweizerhaus, hier Fahrt beenden wegen der folgenden gesperrten Strecke, ⬆ vorher erkunden (50.6599,11.2153)
10,7 –5,6 § ganzj. BV (50.6627,11.2150)–(50.6725,11.2631)
5,5 Chrysopas-■, ✕, re ⛺ (50.6730,11.2652)
5,3 Wege-II (50.6738,11.2669)
4,2 EB-II Bad Blankenburg (50.6823,11.2722)
4,1 Str-II B88 **07422 Bad Blankenburg**, Bahnhofstraße, 🚆, ✕ (50.6829, 11.2724);
■ Stadthallenwehr Bad Blankenburg, Sohlrampe (50.6836,11.2727)
3,3 ■ Bad Blankenburg, Sohlrampe (50.6872,11.2804)
1,4 Str-II Rudolstadt-Schwarza, Humboldtstraße (50.6871,11.3072)
0,8 Str-II **07407 Rudolstadt, OT Schwarza**, Schwarzburger Straße, 🚆, ✕ (50.6878,11.3164)

0,7 ▬ Rudolstadt-Schwarza, li ⏏ (50.6875,11.3167); EB-II (50.6873,11.3169)
0,1 Str-II (50.6831,11.3216)
0,0 ⇩ der Schwarza (Saale) in die Saale (s. Seite 182) bei km 264,2 (50.6834, 11.3225)

Orla

Kleinfluss
Mündung in Saale bei km 236,0 (re Nebenfluss)

Die Orla entspringt in der Nähe von Triptis. Viele der früheren Wehre existieren nicht mehr und sind heute nur noch als befahrbare Stufen zu bemerken.

Befahrbarkeit: Nur bei sehr gutem Wasserstand im Frühjahr und nach Regenfällen, nur für Einer.

Pegel: Freienorla.

28,7 Str-II **07819 Dreitzsch**, Zur Rothspitze, ⬇. Die Orla ist hier rund 3 m breit. Bei höherem Wasserstand ist ab hier eine Befahrung möglich (50.7417, 11.7948)
27,7 Weg-II (50.7433,11.7809)
26,5 Str-II **07806 Neustadt an der Orla, OT Molbitz** (50.7429,11.7670)
25,9 Str-II Neustadt, Molbitzer Weg (50.7399,11.7615)
25,2 Str-II **07806 Neustadt an der Orla**, Karl-Liebknecht-Straße, ✕, ▬, übliche ⬇ (50.7394,11.7527)
25,1 Str-II Neustadt, Gerberstraße (50.7389,11.7509)
24,9 Fußg.-II Neustadt (50.7384,11.7478)
24,8 Str-II Neustadt, Rodaer Straße (50.7384,11.7470)
24,2 Str-II Neustadt, Wimmler Straße (50.7394,11.7387)
23,6 Str-II L1110 Neustadt, Pößnecker Straße (50.7371,11.7319)
22,9 Weg-II (50.7313,11.7286)
22,7 Str-II B281 (50.7303,11.7266)
21,8 Str-II **07806 Neustadt an der Orla, OT Neunhofen**, Kospodaer Straße (50.7261,11.7181)
21,3 Str-II Neunhofen, Zum Mühlengrund (50.7256,11.7142)
20,9 Weg-II Neunhofen (50.7263,11.7092)
20,8 ▬, evtl. ≈, betonierte Schwelle rund 60 cm hoch. Es folgt auf 3,5 km der Mühlengrund mit schönen Schwällen und Stufen (50.7258,11.7080)
19,9 EB-II (50.7190,11.7039)
19,4 EB-II (50.7180,11.7027); ▬, **X**, re ⏏, danach folgt ein weiteres ▬ (50.7183,11.7021)
19,1 Str-II (50.7173,11.6993)
18,4 Papiermühlen-▬ nach Wege-II, Schütze offen, 20 m sehr flach (50.7174,11.6922)
18,1 Str-II (50.7199,11.6921)
17,2 Str-II B281 (50.7197,11.6826)

16,0 Str-Ⅱ **07381 Oppurg, OT Kolba** (50.7193,11.6709)
14,4 Str-Ⅱ **07381 Oppurg**, Mühlweg (50.7135,11.6552)
14,3 Fußg.-Ⅱ Oppurg (50.7127,11.6537)
14,1 Str-Ⅱ Oppurg, Schmiedestraße (50.7117,11.6519)
12,5 Str-Ⅱ **07381 Oppurg, OT Rehmen**, Orlastraße (50.7124,11.6329)
12,1 Str-Ⅱ Rehmen, Schweinitzer Weg (50.7118,11.6268);
altes Schützen-■ Rehmen, ≈ (50.7117,11.6264)
11,0 Str-Ⅱ Orlaweg (50.7082,11.6136);
Steinmühlen-■ Pößneck-Köstitz, re ⏏, es folgen mehrere Schwälle und Stufen, alle ≈ (50.7083,11.6133)
9,7 Str-Ⅱ (50.7185,11.6097)
9,3 Weg-Ⅱ (50.7218,11.6084)
7,5 Str-Ⅱ **07381 Langenorla, OT Kleindembach**, Jenaer Straße, 🚉 Langenorla-Ost (50.7316,11.5921)
7,1 Weg-Ⅱ (50.7349,11.5918)
6,6 EB-Ⅱ (50.7380,11.5907)
6,3 ■-Stufe, ≈ (50.7385,11.5859)
6,2 Weg.Ⅱ (50.7387,11.5851)
5,7 Str-Ⅱ, li **07381 Langenorla**, re 🚉 (50.7408,11.5788)
5,1 Str-Ⅱ (50.7430,11.5710)
3,8 re ⇩ Würzbach (50.7496,11.5579)
2,9 EB-Ⅱ (50.7533,11.5512)
2,6 ■, ≈ oder li ⏏
2,3 ■, ≈ Stufe, rund 70 cm hoch
1,8 ▤ Freienorla (50.7602,11.5432)
1,0 Schützen-■ Freienorla, Fahrt hier beenden oder zur Weiterfahrt in die Saale re ⏏, nicht im Mühlgraben weiterfahren (50.7669,11.5386)
0,7 Weg-Ⅱ (50.7689,11.5389)
0,4 Str-Ⅱ L1108 Dorfstraße, re **07768 Freienorla**, 🚉 (50.7710,11.5414)
0,0 ⇩ der Orla in die Saale (s. Seite 182) bei km 236,0 (50.7733,11.5464)

Ilm (Saale)

Kleinfluss
Mündung in Saale bei amtl. km 179,9 (li Nebenfluss)

Die Ilm ist ein recht anspruchsvoller Kleinfluss. Sie verläuft in vielen Windungen durch ein landschaftlich sehr schönes Tal. Schwierigkeiten durch zahlreiche enge Kurven, viele Wehre sowie Strauch- und Baumhindernisse. Ein Teil der als unfahrbar bezeichneten Wehre dürfte bei gutem Wasserstand, evtl. unter Materialeinsatz, fahrbar sein. Bei höheren Wasserständen Achtung auf gefährlichen Rücklauf, eine Besichtigung ist jeweils unerlässlich. Es ist ratsam, die Ilm nur mit Kunststoffeinern sowie nur in kleinen Gruppen zu befahren.
Ursprung mit mehreren Quellbächen im Bereich des Thüringer Waldes in etwa 800 m Höhe.
Eine Befahrung ist ab Meyersgrund oberhalb von Manebach bei sehr gutem

Wasserstand im K 1 möglich. Es liegt jedoch kein gesicherter Fahrtenbericht vor.
Pegel: In Gräfinau-Angstedt, Mellingen und Niedertrebra.

129,8 ■ Meyersgrund (50.6549,10.8494)
129,3 ■ (50.6589,10.8483)
128,5 EB-II (50.6636,10.8527)
127,3 ■ am Sportplatz Manebach;
Weg-II zum Sportplatz Manebach (50.6719,10.8573)
126,9 ■ Manebach (50.6750,10.8589)
126,3 Str-II **98693 Ilmenau-OT Manebach**, Schmücker Straße (50.6796, 10.8613)
125,9 Str-II Manebach, Schleusinger Straße (50.6813,10.8661)
125,6 EB-II (50.6813,10.8696)
122,8 Str-II Ilmenau, Naumannstraße (50.6821,10.9038);
■ Tannenwehr Ilmenau, li ⌓
122,6 Weg-II Ilmenau (50.6820,10.9074)
122,4 Str-II Ilmenau, Waldstraße, darunter ein ■, keine Angaben zur Befahrbarkeit, re Fischtreppe (50.6818,10.9099)
122,1 Str-II Ilmenau, Gabelsbergerstraße (50.6819,10.9143)
121,8 Str-II Ilmenau, Oehrenstöcker Straße (50.6819,10.9174)
121,7 Weg-II Ilmenau (50.6820,10.9190)
121,6 EB-II Ilmenau (50.6816,10.9206);
Weg-II Ilmenau (50.6817,10.9214)
121,3 Weg-II Ilmenau (50.6816,10.9247)
121,2 Weg-II Ilmenau (50.6814,10.9261)
121,1 Str-II Ilmenau (50.6815,10.9270)
120,8 Str-II **98693 Ilmenau**, Thieselsrand (50.6800,10.9309)
120,1 ■ Grenzhammer Ilmenau (50.6781,10.9392)
119,9 Str-II Ilmenau, Am Fridolin (50.6781,10.9421)
119,3 Gesells-■ Langewiesen (50.6788,10.9497)
118,9 Werk-II (50.6776,10.9539)
118,8 ■ Gottessegen Langewiesen (50.6777,10.9553)
118,6 Str-II Langewiesen, Gottessegen (50.6770,10.9584)
118,2 ■ Messerschmiede Langewiesen (50.6756,10.9626)
117,8 Fußg.-II Langewiesen (50.6734,10.9667)
117,7 Str-II **98693 Ilmenau, OT Langewiesen**, Bahnhofstraße (50.6732, 10.9681)
117,6 li ⇩ Mühlgraben Langewiesen (50.6726,10.9690);
Weg-II Langewiesen (50.6724,10.9691);
Park- ■ Langewiesen (50.6722,10.9691)
117,3 Str-II Langewiesen, Mühlstraße (50.6710,10.9716)
117,2 Fußg.-II Langewiesen (50.6708,10.9728)
117,1 Str-II Langewiesen, Peterstraße (50.6703,10.9751)
116,9 Weg-II Langewiesen (50.6699,10.9775)
116,3 ■ Spiegelfabrik Langewiesen (50.6698,10.9851);

Weg-II Langewiesen (50.6698,10.9852)

116,2 Weg-II Langewiesen (50.6698,10.9873)

116,1 EB-II (50.6700,10.9888)

116,0 Str-II B88 (50.6703,10.9903)

115,7 Radweg-II (50.6712,10.9942)

114,3 Radweg-II (50.6794,11.0052)

112,1 Weg-II (50.6958,11.0164)

111,9 ■ Ortsbeginn Gräfinau-Angstedt (50.6971,11.0179);
▮ Gräfinau-Angstedt (50.6975,11.0184)

111,4 Str-II **98693 Ilmenau, OT Gräfinau-Angstedt**, Gehrener Straße (50.7005,11.0205);
■ Gräfinau-Angstedt, re ⌓ (50.7008,11.0208)

111,0 Str-II Gräfinau-Angstedt, Singer Straße (50.7047,11.0226)

107,1 Weg-II (50.7302,11.0292)

106,8 ■ Wehr und Sohlrampe Dörnfeld, li ⌓ (50.7329,11.0316)

106,5 Str-II **99326 Stadtilm, OT Dörnfeld an der Ilm**, Singer Straße (50.7349, 11.0330)

104,6 ■ Griesheim, re ⌓ (50.7492,11.0376)

104,0 Str-II B87 **99326 Stadtilm, OT Griesheim**, Stadtilmer Straße (50.7522, 11.0443)

102,0 Radweg-II (50.7638,11.0517)

101,5 ■ Domal Stadtilm (zerfallen), re ⌓ (50.7661,11.0570)

100,6 Str-II B87 Stadtilm, Ilmenauer Straße (50.7696,11.0654);
■ Leuchtenbau Stadtilm, zerfallen (50.7697,11.0658)

100,4 Str-II Stadtilm, Insel (50.7704,11.0688)

100,0 Str-II Stadtilm, Bahnhofsweg (50.7716,11.0743)

99,9 EB-II Stadtilm (Viadukt) (50.7716,11.0748)

98,9 Str-II **99326 Stadtilm**, Rudolstädter Straße (50.7738,11.0859)

98,8 ■ Lederfabrik Stadtilm (50.7747,11.0866);
⬇ Stadtilm, in Stadtilm nur an dem ■ guter Zugang zur Ilm (50.7748, 11.0866)

98,2 Werk-II (50.7789,11.0915)

98,0 Fußg.-II (50.7803,11.0929)

96,6 mehrere Sohlschwellen

94,9 ■ Großhettstedt, bei offenem Schütz evtl. ≋ (50.7863,11.1261)

94,3 Str-II Dorfstraße, li **99326 Stadtilm, OT Großhettstedt** (50.7875, 11.1308)

93,7 ■ Kleinhettstedt (50.7899,11.1378)

93,4 Str-II, re **99326 Stadtilm, OT Kleinhettstedt** (50.7908,11.1413)

91,5 Stufen-■ Klunkermühle, li ⌓ (50.7952,11.1606)

91,4 Weg-II re zur Klunkermühle (50.7959,11.1613)

90,3 Str-II B87 **99326 Stadtilm, OT Dienstedt** (50.8040,11.1672);
■ Sohlrampe Dienstedt (50.8042,11.1671)

89,0 –85,0 außer den bezeichneten ■ gibt es einige etwa 0,2 – 0,3 m hohe Schwellen, die aus Steinschüttungen bzw. verankerten Balken bestehen,

♒, Vorsicht bei NW!
86,5 Str-II Im Dorfe, re **99448 Kranichfeld-Barchfeld** (50.8291,11.1786)
85,6 ▬ Stedtener Mühle (50.8362,11.1799)
84,2 ehemaliges ▬ Felsmühle Kranichfeld
83,0 Str-II B87 Kranichfeld, Ilmenauer Straße, li Oberschloss Kranichfeld (50.8509,11.1984)
82,5 Str-II **99448 Kranichfeld**, Markt (50.8519,11.2029)
82,3 Weg-II Kranichfeld (50.8538,11.2033)
82,2 Str-II Kranichfeld, Auenweg (50.8547,11.2034);
ehemaliges ▬ Niedermühle Kranichfeld, verfallen, ♒, Steine ⚠ (50.8551,11.2039)
79,8 Str-II (50.8580,11.2365)
79,5 ▬ Tannroda, li ⌓ (50.8583,11.2404)
78,9 Str-II **99438 Bad Berka, OT Tannroda**, Marktstraße (50.8607,11.2454)
77,1 EB-II (50.8711,11.2578)
77,0 Str-II (50.8716,11.2579)
76,5 ▬ Martinswerk Tannroda, ♒ oder re ⌓ (50.8761,11.2614)
75,5 Weg-II (50.8833,11.2663)
74,0 Str-II Bad Berka, Hinterm Forst (50.8920,11.2791)
73,8 EB-II (50.8939,11.2806)
73,2 Weg-II (50.8954,11.2858)
73,0 ▬ Bad Berka, li ⌓ (50.8965,11.2852)
72,8 Str-II B85 **99438 Bad Berka**, Blankenhainer Straße (50.8976,11.2877)
72,6 Fußg.-II Bad Berka (50.8986,11.2873)
72,4 Weg-II Bad Berka, Pfarrgasse (50.9006,11.2859)
72,3 Str-II B87 Bad Berka (50.9019,11.2853)
71,4 Weg-II (50.9075,11.2859)
69,7 Wege-II Ilmradweg (50.9097,11.2936)
69,4 ▬ Sohlgleite Hetschburg, ♒ oder re ⌓ (50.9091,11.2963)
68,7 Str-II Im Dorfe, li **99438 Hetschburg** (50.9128,11.3017)
66,2 Weg-II (50.9186,11.3240)
65,2 ▬ Buchfart, re ⌓ (50.9215,11.3320);
Str-II B87 **99438 Buchfart**, Schenkgasse (historische, überdachte Holzbrücke) (50.9212,11.3324)
63,1 Str-II K511 (50.9257,11.3547)
62,7 ▬ Oettern (50.9235,11.3570)
62,6 Str-II B87, li **99438 Oettern** (50.9228,11.3562)
61,7 Str-II (50.9209,11.3623)
61,1 Wege-II Altes Wasserwerk, das Wehr wurde entfernt (50.9219,11.3698)
60,2 ▬ Sohlschwelle, keine Angaben, re Wasserableitung zu den Fischteichen (50.9239,11.3786)
59,3 Str-II K506 (50.9277,11.3857)
58,7 Str-II A4 (50.9293,11.3929)
58,3 ▬ Ölmühle Mellingen (50.9300,11.3969)

58,0 Weg-II (50.9319,11.3991)
57,8 re ⇩ des Mühlgrabens (50.9336,11.4002)
56,9 Str-II B87 (50.9394,11.3963)
56,7 Str-II **99441 Mellingen**, Karl-Alexander-Straße (50.9399,11.3939);
■ Mellingen, evtl. re ≈ oder re ⌓ (50.9400,11.3936)
56,2 Fußg.-II (50.9418,11.3885);
≣ Mellingen (50.9417,11.3884)
54,4 Str-II **99425 Weimar, OT Taubach**, Mühlenweg (50.9493,11.3771);
■ Taubacher Mühle, li ⌓, Höhe ca. 1,0 m, sehr steil. Bei Anfahrt feststellen, ob genügend Wasser im Untergraben, sonst lange Treidelstrecke (50.9496,11.3770)
51,8 ■ Walkmühle Oberweimar wurde ersetzt durch eine mehrstufige Sohlrampe (50.9586,11.3556)
51,8 –44,5 Stadtgebiet von **Weimar**, ⌘ (50.9586,11.3558)–(50.9918,11.3633)
51,7 re ⌂ Kanu- u. Gymnastikclub Weimar, Taubacher Straße, 99425 Weimar, www.kanu-weimar.de (50.9588,11.3556)
51,3 Str-II Weimar, Kippergasse (50.9610,11.3512)
50,7 ■ Oberweimar, li ⌓ (50.9645,11.3453)
50,5 Str-II Weimar, Plan (50.9651,11.3434)
50,1 Hänge-II Weimar, Belvederer Allee (50.9674,11.3399);
■ Sägemühle Weimar, ≈ oder re ⌓ (50.9675,11.3398)
49,2 Fußg.-II Weimar (50.9732,11.3361)
48,6 Fußg.-II Weimar (50.9764,11.3336)
48,2 Wege-II (Sternbrücke), li Schloss Weimar (50.9804,11.3335)
48,1 ■ Burgmühle Weimar, re ⌓ oder evtl. ≈ (50.9813,11.3335)
48,0 Str-II Weimar, Kegelbrücke (50.9820,11.3336)
47,7 ■ ehemalige Karlsmühle, evtl. ≈ oder re ⌓ (50.9841,11.3324);
Str-II B7 Weimar (50.9845,11.3330)
47,1 ■ Vereinsmühle Weimar, **X**, re ⌓, schwieriges ⬇ (50.9870,11.3380)
46,8 EB-II Weimar (50.9871,11.3436)
44,8 ■ Weimar-Tiefurt (50.9937,11.3610)
44,5 li vor Brücke ⇅ Weimar-Tiefurt (50.9920,11.3630);
Str-II Weimar, Robert-Blum-Straße (50.9919,11.3630)
44,1 ⌘: re Park Tiefurt (Landschaftspark), li in der Flussschleife Schloss Tiefurt (50.9933,11.3671)
43,7 Fußg.-II (50.9958,11.3640)
42,8 Wege-II (50.9999,11.3598)
41,8 Str-II Beim Backhaus, li **99510 Ilmtal-Weinstraße, OT Kromsdorf** (51.0017,11.3719)
41,1 ■ Mühle Denstedt mit Fischtreppe, li ⌓ (51.0013,11.3806)
40,4 Weg-II Am Anger, re **99510 Ilmtal-Weinstraße, OT Denstedt** (51.0044, 11.3885)
37,4 Str-II K102, re **99510 Ilmtal-Weinstraße, OT Ullrichshalben** (51.0129, 11.4242)
35,6 Str-II Gagarinstraße, li **99510 Ilmtal-Weinstraße, OT Oßmannstedt**, ⚠

Wasserleitung durch den Fluss (51.0197,11.4381)

33,1 EB-Ⅱ (51.0272,11.4677)

30,5 Wege-Ⅱ, re **99510 Apolda-Oberroßla** (51.0249,11.4794)

30,4 ▬ Oberroßla, li ⏏ (51.0249,11.4808)

28,2 ▬ Niederroßla, re ⏏, re alte Wasserburg, ⌘ (51.0372,11.4840)

28,1 Str-Ⅱ **99510 Ilmtal-Weinstraße, OT Niederroßla**, Apoldaer Straße (51.0375,11.4856)

24,0 ▬ Obermühle Zottelstedt, ersetzt durch Sohlrampe, ≈ (51.0512,11.4937)

23,7 Str-Ⅱ Brückenstraße, li **99510 Apolda, OT Zottelstedt** (51.0534, 11.4947);
Fall-▬ Untermühle Zottelstedt existiert nicht mehr, gut ≈ Gefällestrecke (51.0536,11.4948)

22,6 ▬ Mühle Mattstedt, re ⏏ (51.0528,11.5046);
Wege-Ⅱ (51.0524,11.5052)

22,2 Str-Ⅱ Apoldaer Straße, li **99510 Ilmtal-Weinstraße, OT Mattstedt** (51.0547,11.5085);
günstige ⇅ Mattstedt (51.0548,11.5086)

20,9 Str-Ⅱ B87, re ✕ Zur Poche (51.0621,11.5208)

17,7 Str-Ⅱ K107, re **99510 Apolda, OT Nauendorf** (51.0501,11.5383)

16,8 ▬ Sohlgleite Wickerstedt, 1. Überlauf, evtl. ≈ oder ⏏, li ← Haderlache, dort nach 300 m 2. ▬-Überlauf mit ϟ (51.0532,11.5393)

15,3 Str-Ⅱ K107, li **99510 Bad Sulza, OT Wickerstedt** (51.0594,11.5514)

14,4 li ⇩ Mühlgraben (51.0624,11.5575)

14,3 ▬ Obertrebra, re ⏏, re Wasserableitung, nach dem Wehr muss bei NW (Pegel Niedertrebra 48 cm) mit gelegentlichen Grundberührungen gerechnet werden (51.0630,11.5592)

13,3 Str-Ⅱ, re **99510 Obertrebra** (51.0666,11.5656)

10,5 Str-Ⅱ K106 Eberstedt - Niedertrebra (51.0718,11.5795);
li ≣ Niedertrebra (51.0720,11.5795);
re **99518 Niedertrebra** (51.0721,11.5795)

10,0 ▬ raue Rampe Eberstedt, mit Materialeinsatz evtl. ≈, besser li ⏏, li Wasserableitung (51.0739,11.5851)

9,7 Weg-Ⅱ (51.0748,11.5874)

7,5 Str-Ⅱ L1060 Im Dorfe, re **99518 Niedertrebra, OT Darnstedt** (51.0809, 11.6118)

7,3 Steil-▬ Saline Darnstedt, 1,2 m hoch, li ⏏ (51.0809,11.6148)

6,0 ▬ Stadtmühlenwehr Bad Sulza, re Fischtreppe mit Materialeinsatz evtl. ≈, re ⏏, li Kleinkraftwerk (51.0861,11.6195)

5,8 Fußg.-Ⅱ Bad Sulza (51.0849,11.6202)

5,3 Str-Ⅱ **99518 Bad Sulza**, Leopold-Bing-Straße (51.0860,11.6260);
re ➔ Mühlgraben Bad Sulza, Befahrung nicht ratsam (51.0864,11.6261)

5,2 Fußg.-Ⅱ Bad Sulza (51.0872,11.6260)

5,0 Steil-▬ Bad Sulza, li ⏏, Kurpark Bad Sulza (51.0881,11.6269);
Weg-Ⅱ Bad Sulza (51.0882,11.6274)

4,8 EB-II Bad Sulza (51.0886,11.6297)
4,1 EB-II Bad Sulza (51.0918,11.6327)
3,7 Str-II Bad Sulza, Wunderwaldstraße, li Gradierwerk, re (51.0954, 11.6326)
3,6 ■ Bad Sulza, li, danach li Freibad (51.0965,11.6335)
2,8 Str-II Naumburger Straße (51.1007,11.6398);
EB-II (51.1006,11.6402)
0,8 Str-II Groß Heringen, In der Aue, li (51.1053,11.6596)
0,1 Historische, überdachte Holz-II Großheringen (51.1042,11.6675);
Str-II Camburger Straße, re **99518 Großheringen** (51.1043,11.6677)
0,0 EB-II (51.1046,11.6684);
⇩ der Ilm (Saale) in die Saale (s. Seite 182) bei amtl. km 179,9 (51.1047, 11.6686)

Unstrut

Kleinfluss, Wanderfluss
Mündung in Saale bei amtl. km 161,9 (li Nebenfluss)

Die Unstrut entspringt westlich von Dingelstädt im Eichsfeld, durchfließt das Thüringer Vorland, um bei Sachsenburg die Hainleite zu durchbrechen. Die Landschaft ist sehr abwechslungsreich. Breite Täler wechseln mit dicht an den Fluss herantretenden Kalk- und Buntsandsteinfelsen, auf denen zahlreiche Burgen und Schlösser stehen.

Befahrungsregeln: Es gelten die Bestimmungen der Landesschifffahrts- und Hafenverordnung Sachsen-Anhalt von km 44,1 bis zur Mündung.
km 129,5 bis 122,6 (NSG Unstruttal zwischen Nägelstedt und Großvargula): ganzj. BV
km 106,2 bis 104,6 (Rückhaltebecken Straußfurt): ganzj. BV

Befahrbarkeit: Der Oberlauf zwischen Mühlhausen und Herbsleben nur bei HW oder gutem MW, am besten im Einer. Ab Herbsleben ganzjährig, auch im Zweier.
Betriebszeiten für die Schleusen Wendelstein, Tröbsdorf, Laucha, Zeddenbach und Freyburg siehe www.lhw.sachsen-anhalt.de/service/schleusenzeiten

Kilometrierung: Km 0 – 45 amtliche Kilometrierung mit Schildern am Ufer. Übrige Strecke nach Kartenmaterial.

153,2 Str-II B249 **99974 Mühlhausen/Thüringen**, Sondershäuser Straße, mögliche ⬇ nur bei HW (51.2135,10.4666)
152,8 EB-II und Wege-II Mühlhausen (51.2128,10.4697)
152,2 ■ der Stegmühle Mühlhausen, re (51.2124,10.4791)
151,6 Wege-II Mühlhausen, Am Plan (51.2122,10.4867)
151,5 li ⇩ Mühlgraben Stegmühle Mühlhausen (51.2124,10.4871)
151,1 Str-II **99974 Mühlhausen/Thüringen, OT Görmar**, Neue Brückenstraße (51.2120,10.4924)
151,0 ■ Görmar, re, schwierig, hohes Kaskadenwehr (51.2123,10.4936)
149,3 ■ unterhalb Görmar, re, Grundschwelle (51.2038,10.5129)

148,1 ▬ Bollstedt, X, ⌓ (51.1989,10.5278)
148,0 Str-II L2099 **99998 Mühlhausen/Thüringen, OT Bollstedt**, Brückenstraße (51.1979,10.5290)
147,9 li ⇩ Mühlgraben Bollstedt (51.1973,10.5293)
146,2 Str-II in der Gemarkung Weinbergen (51.1828,10.5291)
146,1 –145,6 mehrere ▬ Gefällestufen (51.1822,10.5282)–(51.1780,10.5265)
144,1 re ⇩ Seebach (51.1661,10.5355)
143,0 ▬ Ringmühle Großgottern, li ⌓ (51.1634,10.5498)
141,1 2 Str-II, li **99991 Unstrut-Hainich, OT Altengottern**, Mühlgasse, unter der 2. II ein ▬, X, li ⌓ (51.1618,10.5750)
137,0 li ← Alte Unstrut nach Thamsbrück mit 2 Mühlen im Ort. Es folgen einige Stufen (51.1406,10.6207)
136,9 li ▬ Thamsbrück, li oder re ⌓, danach sehr flach, Hindernisse, Pfähle, ⚠ (51.1401,10.6211)
136,7 Str-II L2102 Thamsbrück, danach Pfähle, ⚠ (51.1383,10.6227)
135,9 Str-II L1031, li **99947 Bad Langensalza, OT Thamsbrück**, ✕ (51.1350, 10.6310)
135,1 li ⇩ Alte Unstrut Thamsbrück (51.1323,10.6423)
134,0 ehemalige EB-II Thamsbrück (51.1299,10.6566)
132,5 Str-II B84, li **99947 Bad Langensalza, OT Merxleben**, re **99947 Bad Langensalza** in 2 km, 🚂 (51.1201,10.6701)
129,5 Str-II K510, li **99947 Bad Langensalza, OT Nägelstedt**, die Fahrt muss hier beendet werden (51.1077,10.7044)
129,5 –122,6 **§** ganzj. BV (51.1077,10.7045)–(51.1180,10.7791)
128,1 ▬ Lohmühle Nägelstedt, X (51.1072,10.7236)
123,4 ▬ Sohlrampe (51.1170,10.7701)
122,6 Str-II **99958 Großvargula**, Gräfentonnaer Straße (51.1179,10.7792)
122,3 Wege-II Großvargula (51.1157,10.7818)
121,5 Str-II Großvargula, Kleines Dörfchen (51.1127,10.7910)
117,3 ▬ Obermühle Herbsleben, li ⌓, danach flach (51.1214,10.8324)
116,4 li ⇩ Mühlgraben Obermühle Herbsleben (51.1219,10.8428)
116,2 Str-II L1027 **99955 Herbsleben**, Tennstedter Straße (51.1218,10.8457)
115,5 EB-II, außer Betrieb (51.1243,10.8539)
110,1 Str-II L2165 Gebesee - Schwerstedt (51.1284,10.9226)
109,5 re ⇩ der Gera (s. Seite 220) in die Unstrut (51.1269,10.9306)
107,4 re ⛺ (51.1386,10.9537)
106,2 Str-II, re **99634 Straußfurt, OT Henschleben**. Die Befahrung des folgenden Rückhaltebeckens ist verboten. Deshalb ist die Fahrt spätestens hier zu beenden. Vorher ansehen und evtl. bereits an der vorhergehenden Brücke aussetzen (51.1445,10.9658)
106,2 –104,6 **§** ganzj. BV für gesamtes Rückhaltebecken Straußfurt (51.1446, 10.9659)–(51.1522,10.9828)
104,6 ▬ Rückhaltebecken Straußfurt, Durchlassbauwerk des Staudamms. Befahrung des Rückhaltebeckens verboten (51.1523,10.9830)

104,5 EB-II und Str-II B4, li **99634 Straußfurt**, in 1 km, 🚆 (51.1524,10.9848)

104,4 ⬇ unterhalb des Rückhaltebeckens Straußfurt, dazu in Straußfurt B4 Richtung Erfurt fahren und etwa 100 m vor der II li in Feldweg einbiegen. Es folgen Hindernisse (Steine) (51.1525,10.9852)

101,5 re ⇩ Gramme (51.1541,11.0249)

100,4 Str-II **99610 Wundersleben**, li ⇅ hinter der Brücke, Holzsteg und ⛵ (51.1488,11.0364)

97,0 Str-II K4, re **99610 Sömmerda, OT Schallenburg**, re ⇅ hinter der Brücke, Holzsteg und ⛵ (51.1432,11.0818)

94,0 ➔ Mühlgraben Sömmerda durch Schützen-■ mit Wege-II. Hier Zufahrt zum Bootshaus und zur Wildwasserstrecke Sömmerda (51.1557,11.1100)

93,9 Str-II **99610 Sömmerda**, Kreisstadt, darunter ■, Riedtorstraße, X, re ⏏ oder vorher re in Mühlgraben einfahren und vor dem ⌂ nach li ⏏ (51.1567,11.1095)

93,7 ⇅ des ⌂⚑ KC Sömmerda, ⛺, künstliche WW-Strecke, Riedtorstraße, 99610 Sömmerda, www.kc-soemmerda.de , ☎ +49 3634 622482, post@kc-soemmerda.de (51.1583,11.1103)

93,3 re ⇩ WW-Kanal, Schwall (51.1615,11.1112);
Wege-II Sömmerda, überdacht (51.1618,11.1112)

93,0 Str-II B176 Sömmerda, Weißenseer Straße, Steine, ⚠ (51.1643, 11.1119)

91,7 EB-II Sömmerda mit folgendem Schwall, gut ≈, ab hier kanalisiert, einsam (51.1735,11.1190)

87,5 Str-II L2133, **99610 Sömmerda, OT Leubingen**, Heinrich-Heine-Straße, zum 🚆 1 km (51.2053,11.1411)

84,6 re ➔ Lossa (51.2283,11.1255);
li ⇩ der Lache (Unstrut) (51.2282,11.1252);
re **99638 Griefstedt** (51.2284,11.1254)

83,7 li ⇩ Schwarzburgische Helbe (51.2330,11.1149)

83,5 Str-II K7/K1 (51.2345,11.1129)

82,5 Str-II L2134 **99638 Riethgen**, ⚠ Schwall X, Alte Spundwand unter der Wasseroberfläche, rechtzeitig am Holzsteg re ↱, dort ⛵, und re ⏏ bis zum Holzsteg unterhalb (51.2425,11.1176)

76,6 re ⇩ Losse (51.2796,11.1740)

76,5 Wege-II Unstrut-Radweg bei Gorsleben, re **06577 An der Schmücke, OT Gorsleben** in ca. 700 m (51.2800,11.1742)

75,5 re Überlauf-■ zur Hochwasserentlastung, geradeaus auf der Unstrut weiterfahren (51.2877,11.1686)

75,2 li ⇩ der Wipper (Unstrut) (s. Seite 224) in die Unstrut (51.2894,11.1660)

75,0 Str-II B85, re ⇅ Sachsenburg, li **06578 An der Schmücke, OT Sachsenburg**, ✕, Durchbruch durch die Hainleite, ⌘: Burgruinen Sachsenburg und Hakenburg (51.2913,11.1661)

74,0 ■ Oldisleben, X, re ⏏, ⬇ über Treppe, danach sehr flach, li ← zum ϟ nicht befahren (51.2991,11.1715)

73,5 li ⛺ für 5 Zelte beim Reit- und Fahrverein Oldisleben im 1. Seitenarm nach dem ▬, Sanitäranlagen, Grillplatz, ✕. Ausgangspunkt für Besichtigung der Sachsenburg, der Zuckerfabrik und Wasserburg Heldrungen (51.2995,11.1775)

73,2 re ≣ Oldisleben (51.3014,11.1801)

73,1 re 🚂 Heldrungen (51.3019,11.1807)

72,6 Str-II L2287, li **06578 An der Schmücke, OT Oldisleben**, re **06577 An der Schmücke, OT Heldrungen** (51.3065,11.1824)

72,5 re ⇅ Heldrungen, Rastplatz, zum 🚂 700 m (51.3070,11.1826)

67,4 Str-II **06556 An der Schmücke, OT Bretleben**, Spitteldamm (51.3377, 11.2276);
re ⇅ Bretleben, im Ort ⛺, ✕, 800 m zum 🚂 (51.3378,11.2280)

67,2 ▬ Sohlschwelle Bretleben (51.3392,11.2293)

67,0 EB-II Bretleben (außer Betrieb) (51.3409,11.2310)

65,2 re ➔ Flutgraben über ▬, geradeaus weiterfahren (51.3506,11.2497)

63,2 Radweg-II, li **06556 Artern, OT Schönfeld** (51.3613,11.2654);
li ⇅ Schönfeld, in 100 m Anglerheim mit ⛺ und ✕, ☎ 03466/31078,
☎ +49 3466 31078 (51.3612,11.2659)

62,7 Str-II A71 (51.3590,11.2718)

61,7 ▬ und ⛓ Artern, ✕, ⇅, dort ⏏ oder Schleusung durch KWV Artern (51.3618,11.2849)

61,6 li ⌂⚑ KWV Artern, ⛺, dahinter ✕, An der Schleuse, 06556 Artern (51.3615,11.2853)

61,4 Str-II B86 **06556 Artern**, Reinsdorfer Straße (51.3603,11.2886)

60,9 li ⇩ Mühlgraben Artern (51.3589,11.2957)

60,8 li ⇅ Salinepark Artern, zum 🚂 ca. 1,5 km (51.3588,11.2961)

59,7 Wege-II und EB-II Artern, li zum 🚂 Artern 300 m (51.3607,11.3071)

58,4 li ⇩ Kleine Helme (51.3530,11.3192)

57,7 ⛓ Ritteburg, re ⏏ oder Schleusung, ▬, ✕, auf dem Schleusen-Gelände ✕, ⛺-Möglichkeit, www.pension-schleuse.de , ☎ +49 3466 322332 (51.3478,11.3225)

57,2 Str-II Ritteburg mit Schwall, re fahren ⚠, li **06556 Kalbsrieth, OT Ritteburg** (51.3440,11.3245)

56,6 li ⇩ der Helme (s. Seite 225) in die Unstrut (51.3403,11.3307)

53,4 re ⇅ Schönewerda, Treppe (51.3216,11.3646)

53,3 Str-II L1218, li **06556 Roßleben-Wiehe, OT Schönewerda**, Karl-Marx-Straße, Schwall, li fahren, Hindernisse am Brückenpfeiler ⚠ (51.3215, 11.3652)

49,9 re ⇅ Kupferhütte Bottendorf, ⛺, 🅿, Museum, www.bottendorfer-muehle.kyff.de (51.3026,11.3996)

49,7 Str-II, li **06571 Roßleben-Wiehe, OT Bottendorf**, Kupferhütte, li Brückendurchfahrt benutzen, hinter dem Pfeiler Schotterbank, li fahren (51.3025,11.4016)

48,3 EB-II Roßleben, re fahren (51.2967,11.4189)

48,0 li ⌂ RC Roßleben (51.2948,11.4213)

47,6 Str-Ⅱ L1217, li **06571 Roßleben-Wiehe, OT Roßleben**, Wiehesche Straße, 🚂 in 1 km (kein planmäßiger Zugverkehr, nur noch Sonderfahrten von Wangen) (51.2925,11.4271)

47,5 li ⇅ Roßleben (51.2924,11.4276)

44,1 Str-Ⅱ L214, li **06642 Kaiserpfalz, OT Wendelstein**, ⌘: Burgruine Wendelstein (51.2763,11.4660);
li ← zur Schleuse (51.2763,11.4663)

44,0 re ▬ Wendelstein, ✕ (51.2761,11.4673)

43,8 ⇄ Wendelstein, Betriebszeiten beachten, li ⏏ über ⇅, www.lhw.sachsen-anhalt.de/service/schleusenzeiten , ✆ +49 34672 93147 (51.2752, 11.4671);
li ⇩ Wehrarm Wendelstein (51.2745,11.4669)

43,4 li ⇩ Mühlgaben (51.2744,11.4709)

42,0 re ⇩ Flutgraben Memleben (51.2673,11.4831);
re ⇅ Memleben mit ⛵ und Parkmöglichkeit, Besichtigung Memleben (51.2671,11.4833)

41,1 Str-Ⅱ Memleben, re **06642 Kaiserpfalz, OT Memleben**, ✕, alte Kloster und Kaiserpfalz Memleben, ⌘, Durchbruchstal vor Wangen (51.2673, 11.4959)

36,7 Str-Ⅱ Wangen, Dorfstraße (51.2708,11.5455)

36,4 li ⇅ Wangen, ⛵, ✕, li in ca. 2 km Fundort der zur Himmelsscheibe von Nebra, Ausstellung zum Fund (51.2725,11.5489);
06642 Nebra (Unstrut), OT Wangen, li 🚂 der Unstrutbahn Wangen – Naumburg (51.2726,11.5490)

34,0 Str-Ⅱ B250, **06642 Nebra (Unstrut)**, ✕, DJH, 🚂 (li), ⌘: Burgruine (51.2846,11.5727)

33,7 ⌂⚑ SV Nebra, Abt. Wasserwandern, ⛺-Möglichkeit (51.2872,11.5735);
re ⇅ Nebra, ⛵ (51.2872,11.5735)

32,4 li **06268 Querfurt, OT Vitzenburg**, ⌘: Neorenaissanceschloss 18./19. JH, Weinberghaus (51.2973,11.5698)

32,2 li ehemalige Grabenmühlenschleuse (51.2978,11.5728)

30,4 Fuß- und Radweg-Ⅱ (Unstrut-Radwanderweg), li **06642 Nebra, OT Reinsdorf**, ⌘: Klosterkirche (51.2940,11.5958)

30,3 re ⇅ Reinsdorf, ⛵ (51.2935,11.5962)

26,5 EB-Ⅱ (Viadukt) der ICE-Strecke Erfurt - Leipzig/Halle, ca. 2,7 km lang (51.2836,11.6421)

25,8 ⇅ und ⛵ am Dorfanger, Parkmöglichkeit, ⛺ des Kanuverleih Nebra, ⛿, Mühlplatz 8, 06638 Karsdorf, www.kanuverleih-nebra.de , ✆ +49 34461 24388 (51.2794,11.6490)

25,6 Str-Ⅱ L177, Brückenstraße, li **06638 Karsdorf**, ✕, 🚂, Zementwerk, re **06638 Karsdorf, OT Wetzendorf** (51.2780,11.6498)

23,4 re **06638 Karsdorf, OT Wennungen** (51.2649,11.6334)

21,4 → zur Schleuse Tröbsdorf, li zum ▬ und Mühlgraben (51.2492,11.6320)

21,3 re ⇄ Tröbsdorf, Betriebszeiten beachten, außerhalb der Schleusenzeiten re ⏏, ⇅, ⛵, www.lhw.sachsen-anhalt.de/service/schleusenzeiten/,

☎ +49 34462 20031 (51.2486,11.6323)

21,2 Ausfahrt Schleusenkanal, li ■ Tröbsdorf (51.2481,11.6330)

20,6 Str-II K2643, li **06636 Laucha an der Unstrut, OT Burgscheidungen**, re **06636 Laucha an der Unstrut, OT Tröbsdorf** (51.2439,11.6378)

20,5 re ⇩ Biberbach (51.2438,11.6384)

20,4 li ⇩ Mühlgraben Tröbsdorf (51.2439,11.6399)

19,2 re ⇅, re **06636 Laucha an der Unstrut-Kirchscheidungen** ⛺ Outtour Aktivreisen, ⛵, ⛺, 🚂, Zur Unstrut 55, 06636 Kirchscheidungen, www.outtour.de, ☎ +49 34462 6011951, info@outtour.de (51.2455, 11.6546)

18,9 EB-II Kirchscheidungen (51.2478,11.6572)

15,0 li Schiffsanleger Dorndorf (51.2355,11.6793);
li **06636 Laucha an der Unstrut, OT Dorndorf**, Schiffsanleger (51.2354, 11.6792)

14,1 re 🚐 Unstrutcamp Laucha, Nebraer Str. 86, 06636 Laucha an der Unstrut, www.unstrutcamp.de , ☎ +49 177 2670343 (51.2312,11.6704)

13,5 li ← zur Schleuse Laucha, re zum ■, **X** (51.2261,11.6763);
⇄ Laucha, Betriebszeiten beachten, außerhalb der Schleusenzeiten li über Straße 200 m weit ⏏,
www.lhw.sachsen-anhalt.de/service/schleusenzeiten/, ☎ +49 34462 22902 (51.2260,11.6773)

13,3 Str-II L209, re **06636 Laucha an der Unstrut**, 🚂, ✕, ⌘: Glockenmuseum (51.2261,11.6778);
Ausfahrt Schleusenkanal, re ⇩ Wehrarm Laucha (51.2262,11.6787);
li ⬇ Laucha (51.2262,11.6788)

13,0 re ⇩ Mühlgraben Laucha (51.2259,11.6820)

12,8 re ≣ Laucha (51.2264,11.6845)

11,1 li ⇅ Weischütz, ⛵ (51.2215,11.7027);
Wege-II, li **06636 Freyburg (Unstrut), OT Weischütz** (51.2214,11.7022)

7,8 re ⇅ **06632 Balgstädt**, ⛵, 🚂 (51.2086,11.7359)

7,2 li ← zum ■ Zeddenbach, **X** (51.2114,11.7426)

7,0 re ⇄ Zeddenbach, Betriebszeiten beachten, außerhalb der Schleusenzeiten re ⏏, re ⇅, ⛵, ☎ +49 34464 35982 (51.2117,11.7438)

6,9 Wege-II zur Zeddenbachmühle (li), ✕ (51.2121,11.7461)

6,8 li ⇩ Mühlgraben der Zeddenbachmühle (51.2131,11.7479)

5,3 li ← zum Wehr Freyburg, **X** (51.2104,11.7676);
re ⇅ Freyburg (51.2102,11.7675)

5,2 ⇄ Freyburg, Betriebszeiten beachten, außerhalb der Schleusenzeiten re ⏏, www.lhw.sachsen-anhalt.de/service/schleusenzeiten ,
☎ +49 34464 28095 (51.2097,11.7686);
Str-II An der Schleuse, **06632 Freyburg (Unstrut)**, Zentrum des Weinbaus Saale – Unstrut, 🚂, ✕, ⌘: Kirche St. Marien, Schloss Neuenburg, Wein- und Sektkellerei, Schauweinberg, Jahn-Gedenkstätte (51.2095, 11.7690)

5,1 li ▬ Freyburg, X, im Unterwasser Sog zum Wehr und Querströmung auf die Schleusenausfahrt, ⚠ (51.2089,11.7703)
5,0 ⇅ Freyburg im Unterwasser (51.2086,11.7700)
4,2 Str-Ⅱ B180 Freyburg (51.2020,11.7747)
4,0 re ⇅ **06632 Freyburg (Unstrut), OT Nißmitz**, ⛺ (51.2000,11.7740)
1,7 Str-Ⅱ K2233, li **06618 Naumburg (Saale), OT Großjena**, re **06618 Naumburg (Saale), OT Kleinjena**, re 🚆, ca. 600 m (51.1840,11.7875)
1,3 li ⌘ Reliefs in der Steilwand des Weinbergs (51.1800,11.7884)
0,0 ⇩ der Unstrut in die Saale (s. Seite 182) bei amtl. km 161,9 (51.1758, 11.8020)

Gera

Wildwasser, Kleinfluss
Mündung in Unstrut bei km 109,5 (re Nebenfluss)

Die Gera, einschließlich des Oberlaufes Wilde Gera, fließt zunächst als munterer Wildbach durch ein landschaftlich reizvolles Tal des Thüringer Waldes. Nach Verlassen von dessen Vorbergen läuft sie durch das hügelige Vorland nach Erfurt und schließlich im flachen Talbecken zur Unstrut. Eine Befahrung der Gera bietet eine reizvolle, abwechslungsreiche Tour. Besonders sehenswert sind Arnstadt und Erfurt.

Befahrbarkeit: Oberlauf nur bei gutem Wasserstand, ab Arnstadt wahrscheinlich ganzjährig.
Pegel: Gehlberg (Wilde Gera), Arnstadt, Erfurt-Möbisburg
Schwierigkeiten: Im Oberlaufs starkes Gefälle und reißende Strömung bei erheblicher Verblockung, niedrige Brücken, quer im Fluss liegende Bäume, Wehre, nur teilweise befahrbar, umtragen oft mühsam.

51,1 ⇩ Wilde Gera (s. Seite 223) in die Gera (50.7752,10.8960)
50,9 ▬ Pumpwerk Plaue
50,6 Str-Ⅱ Plaue, Schützenstraße (50.7778,10.9012)
50,4 Str-Ⅱ **99338 Plaue**, Bahnhofstraße, ✕, re 🚆, li Ort (50.7790,10.9019)
50,1 ▬ Plaue, re ⌓, Strömung
49,5 ▬ Massenmühle Plaue, ⌓
49,0 ▬ Dosdorf, ≈, Felsen (50.7878,10.9141)
48,5 ▬ Triglismühle, ≈, Felsen
47,9 li ⇩ Mühlgraben (50.7970,10.9151);
Str-Ⅱ, li **99310 Arnstadt, OT Dosdorf** (50.7972,10.9153)
46,6 Str-Ⅱ, re **99310 Arnstadt, OT Siegelbach**, li zum ✕ Triglismühle (50.8042,10.9288)
46,1 li ⇩ Mühlgraben (50.8083,10.9318)
46,0 Radweg-Ⅱ (50.8093,10.9330);
≣ Arnstadt (50.8093,10.9332)
45,0 Weg-Ⅱ (50.8157,10.9428)
43,9 Str-Ⅱ Arnstadt, Lohmühlenweg (50.8237,10.9500)
43,6 ▬ Lohmühle Arnstadt (50.8261,10.9512)
43,1 Str-Ⅱ Arnstadt (50.8300,10.9529);

■ Kurhausplatz, schwieriges ⏏, Beginn Arnstadt, mehrere Ⅱ, Steine, Staustufe, ≋ bei HW
42,9 Str-Ⅱ **99310 Arnstadt**, Längwitzer Straße, 🚆 (50.8322,10.9536)
42,8 ■ am Südbahnhof
42,7 ■ Wollmarkt
42,5 EB-Ⅱ (50.8349,10.9556)
42,2 EB-Ⅱ (50.8372,10.9573)
42,1 ■ Parkweg, danach Str-Ⅱ Dammweg (50.8384,10.9583)
42,0 li ⇩ Wilde Weiße (50.8391,10.9587)
41,9 ■ am Friedhof Arnstadt
41,4 ■ Kleiner Bierweg
41,3 Str-Ⅱ Bierweg (50.8456,10.9595)
40,7 Str-Ⅱ (50.8509,10.9623)
40,4 ■ Sportplatz Arnstadt
39,7 Str-Ⅱ **99310 Arnstadt, OT Rudisleben**, Arnstädter Straße (50.8585, 10.9680)
38,8 ■ Rudisleben, ≋ oder li ⏏, Steine ⚠ (50.8661,10.9722)
38,0 ■ Ichtershausen, re ⏏, Stau verschlammt (50.8723,10.9728)
37,9 Weg-Ⅱ (50.8730,10.9743)
37,1 Str-Ⅱ L3004, li **99334 Ichtershausen** (50.8789,10.9734)
36,0 EB-Ⅱ (50.8885,10.9735)
35,7 Str-Ⅱ A71 (50.8904,10.9753)
35,6 re ⇩ Wipfra (50.8912,10.9749)
35,6 –11,4 Stadtgebiet von **Erfurt**, PLZ 99084–99099. Erfurt ist Landeshauptstadt von Thüringen, ⌘ (50.8911,10.9748)–(51.0392,10.9723)
34,8 Str-Ⅱ A4 (50.8971,10.9672)
34,2 Str-Ⅱ An der Gerabrücke, li **Erfurt, OT Molsdorf** (50.9016,10.9642)
31,9 li ⇩ der Apfelstädt (s. Seite 223) in die Gera (50.9213,10.9640)
30,7 ■, re ⏏, Steine, Felsen, sehr flach, ⚠. Nach 700 m Zulauf und Strömung (50.9219,10.9804)
30,2 Str-Ⅱ Möbisburger Weg, re **Erfurt, OT Möbisburg** (50.9217,10.9872)
29,8 ≣ Erfurt-Möbisburg, davor Wege-Ⅱ (50.9248,10.9876)
28,6 Str-Ⅱ Schmiedestraße, li **Erfurt, OT Bischleben**, 🚆 (50.9342,10.9908)
27,8 Str-Ⅱ Erfurt, Hamburger Berg (50.9385,10.9924)
27,6 EB-Ⅱ (50.9396,10.9895)
27,3 EB-Ⅱ (50.9420,10.9878)
26,3 ■ glatte Sohlgleite Erfurt-Hochheim (50.9477,10.9957); 2 EB-Ⅱ, Wege-Ⅱ (50.9481,10.9968)
24,9 Weg-Ⅱ, 2 EB-Ⅱ, Str-Ⅱ Erfurt, Motzstraße (50.9568,11.0052)
24,0 Teilungs-■, li ⏏ zur Fahrt in die Stadt, zum Flutgraben re ⏏, die Beschreibung folgt dem Flutgraben. Flutgraben je nach Wasserstand befahrbar. Im hier nicht beschriebenen Lauf der Gera durch das Stadtgebiet viele Verzweigungen (50.9624,11.0105)
23,6 Str-Ⅱ Erfurt, Alfred-Hess-Straße (50.9659,11.0133)

23,2 Weg-II (50.9676,11.0174)
23,1 Str-II Erfurt, Pförtchenstraße (50.9673,11.0199)
22,8 Weg-II (50.9679,11.0231)
22,6 Str-II Erfurt, Puschkinstraße (50.9688,11.0254)
22,5 EB-II (50.9688,11.0270)
22,2 Str-II Erfurt, Löberstraße (50.9697,11.0312)
21,7 Str-II Bahnhofstraße, re Hauptbahnhof Erfurt (50.9715,11.0377)
21,3 EB-II (50.9734,11.0417)
21,2 Fußg.-II (50.9744,11.0416)
21,1 ▬ nach dem Erfurter Hauptbahnhof (50.9747,11.0415); Str-II Erfurt, Trommsdorffstraße (50.9753,11.0415)
20,8 Str-II Erfurt, Meyfartstraße (50.9781,11.0410)
20,5 Str-II Erfurt, Krämpferstraße (50.9803,11.0399)
19,9 Str-II Erfurt, Franckestraße (50.9837,11.0340)
19,4 Str-II Erfurt, Magdeburger Allee (50.9864,11.0279)
19,2 Str-II Erfurt, Schlüterstraße (50.9861,11.0258)
19,0 Str-II Erfurt, Talstraße (50.9868,11.0229)
18,9 ▬ Erfurt unterhalb Talstraße (50.9875,11.0224)
18,6 Str-II Erfurt, Karlstraße (50.9899,11.0205)
17,9 Fußg.-II (50.9950,11.0181)
17,7 re SV Concordia Erfurt, für eine Befahrung ab hier sollte der Erfurt-Möbisburg mindestens 70 cm betragen, Nettelbeckufer 56, 99086 Erfurt, www.sv-concordia.de (50.9953,11.0160)
17,5 Fußg.-II (50.9969,11.0141)
17,0 Str-II Erfurt, Riethstraße (51.0010,11.0121)
16,6 Str-II Erfurt, Warschauer Straße (51.0051,11.0104)
16,2 Fußg.-II (51.0085,11.0084)
16,0 Str-II Erfurt, Straße der Nationen (51.0096,11.0079)
15,9 ▬ Erfurt-Teichmannstedt, re, bei NW Schlamm (51.0105,11.0076)
15,8 Str-II Erfurt, Lobensteiner Straße (51.0118,11.0073)
15,1 Fußg.-II (51.0164,11.0011)
14,4 ▬ Erfurt Gispersleben, li, Steinbänke, evtl. treideln bis zu einem Absatz und dort überheben (51.0187,10.9927)
14,1 Str-II Erfurt, Gubener Straße (51.0198,10.9889)
12,9 Str-II A71 (51.0277,10.9807)
12,6 ▬, re an einer Fischtreppe (51.0289,10.9772)
11,9 Str-II Kühnhäuser Straße, re **Erfurt, OT Kühnhausen**, (51.0350, 10.9767)
11,4 EB-II (51.0391,10.9723)
9,8 Str-II, li **99189 Elxleben** (51.0496,10.9588)
7,6 Str-II Bahnhofstraße, li **99189 Walschleben**, re (51.0668,10.9449)
7,5 ▬ Absatz, evtl. überheben
3,2 Str-II **99189 Ringleben (bei Gebesee)**, Dorfstraße, Ringleben-Gebesee (51.1045,10.9550)
2,0 Str-II **99189 Gebesee**, An der Gera (51.1136,10.9463)

1,6 li ⇩ der Mahlgera (51.1166,10.9432)
1,0 Weg-Ⅱ (51.1204,10.9373)
0,4 Str-Ⅱ B4, Steinbank (51.1238,10.9301)
0,0 ⇩ der Gera in die Unstrut (s. Seite 214) bei km 109,5 (51.1269,10.9306)

Wilde Gera

Kleinfluss
Mündung in Gera bei km 51,1 (li Nebenfluss)

Ursprung wenige Meter nördlich des Rennsteigs.
Pegel: Gehlberg, oberhalb der beschriebenen Strecke

5,2 Str-Ⅱ unterhalb **99330 Gräfenroda**, in Gräfenroda 🚉, ✕ (50.7607, 10.8336);
⬇ in die Wilde Gera (50.7606,10.8337)
4,8 ■ der Massemühle Liebenstein (50.7620,10.8377)
4,5 Str-Ⅱ (50.7621,10.8415)
3,5 Str-Ⅱ **99330 Gräfenroda-Liebenstein**, Schulstraße (50.7676,10.8492)
3,2 Weg-Ⅱ (50.7678,10.8532)
3,0 ■ Liebenstein (50.7685,10.8554)
2,2 Weg-Ⅱ (50.7712,10.8661)
0,1 Str-Ⅱ Hauptstraße, Ortsbeginn **99338 Plaue** (50.7750,10.8950)
0,0 ⇩ Wilde Gera in die Gera (s. Seite 220) bei km 51,1 (50.7752,10.8960)

Apfelstädt

Kleinfluss
Mündung in Gera bei km 31,9 (li Nebenfluss)

Quelle südlich von Tambach – Dietharz im Gebiet des Großen Buchenberges.
Befahrbarkeit: Nur bei HW – zeitig im Frühjahr oder nach starken Regenfällen.
Schwierigkeiten: Starke Strömung, mehrere Stromschnellen und Wehre. Nach der EB-Brücke bei Neudietendorf Flussverengung mit kleinem Abfall, vor Befahrung besichtigen. Das Wehr in Ingersleben ist unbefahrbar.

9,6 Str-Ⅱ **99869 Drei Gleichen, OT Wandersleben**, Lindenstraße, 🚉 (50.9008,10.8494)
9,4 Fußg.-Ⅱ Wandersleben (50.9007,10.8522)
7,7 Sturz-■ Apfelstädt, ✕ △ (50.9021,10.8754)
6,8 Str-Ⅱ **99192 Nesse-Apfelstädt, OT Apfelstädt** (50.9039,10.8878)
6,1 EB-Ⅱ (50.9056,10.8983);
■ Raue Sohlrampe unter der Ⅱ (50.9056,10.8984)
5,3 Wege-Ⅱ (50.9078,10.9084)
5,2 Fußg.-Ⅱ Neudietendorf (50.9084,10.9104)
4,8 Fußg.-Ⅱ **99192 Nesse-Apfelstädt, OT Neudietendorf**, Waidplatz (50.9104,10.9141)
4,7 Str-Ⅱ Neudietendorf, Waidplatz (50.9112,10.9149)

3,7 ▬ Ingersleben, ✕ (50.9185,10.9236)
2,8 Fußg.-II, li **99192 Nesse-Apfelstädt, OT Ingersleben** (50.9188,10.9359)
2,5 Str-II Ingersleben (50.9194,10.9399)
1,4 Str-II A71 (50.9237,10.9492)
1,3 EB-II (50.9236,10.9499)
0,1 Str-II (50.9207,10.9630)
0,0 historische Str-II (Marienthalbrücke) (50.9210,10.9636);
⇩ der Apfelstädt in die Gera (s. Seite 220) bei km 31,9 (50.9213,10.9640)

Wipper (Unstrut)

Kleinfluss
Mündung in Unstrut bei km 75,2 (li Nebenfluss)

Die Wipper ist ein landschaftlich interessanter Kleinfluss mit mäßigen Schwierigkeiten und einigen Wehren. Sie hat sauberes Wasser und bis auf die letzten 10 Kilometer eine gute Strömung. Im Sommer ist sie verkrautet. Deshalb ist es empfehlenswert, im Frühjahr zu fahren. Nicht verwechseln mit dem Fluss gleichen Namens, der in die Saale mündet.
Pegel: Hachelbich (empfohlen mindestens 30 cm).

91,6 Quelle in Worbis in 333 m Höhe
39,3 Str-II Nordhäuser Straße, ⬇, **99706 Sondershausen**, 🚂, ✕ (51.3788, 10.8547)
38,3 Fußg.-II Sondershausen, unterhalb Schwallstrecke (51.3751,10.8678)
37,4 Wege-II Sondershausen, Vor dem Wippertor (51.3722,10.8787)
37,1 Str-II Sondershausen, Alexander-Puschkin-Promenade, Steine ⚠ (51.3699,10.8811)
35,8 Str-II Sondershausen, Steingraben (51.3639,10.8950)
35,2 Str-II Sondershausen, Frankenhäuser Straße (51.3621,10.9026)
34,8 Str-II Sondershausen, Waldstraße (51.3613,10.9079)
33,6 EB-II (außer Betrieb) (51.3545,10.9210)
32,9 ▬ Sohlgleite Berka (51.3508,10.9287)
32,8 Str-II Zur Aue, re **99706 Sondershausen, OT Berka** (51.3507,10.9298)
31,1 Str-II L2290 (51.3489,10.9547)
29,2 Str-II Bahnhofstraße, re **99706 Kyffhäuserland, OT Hachelbich** (51.3476,10.9724)
29,1 li ≣ Hachelbich, empfohlen mindestens 30 cm (51.3470,10.9732);
▬ Sohlschwelle Hachelbich, evtl. ≈ (51.3470,10.9734)
27,0 ▬ Göllingen, ✕, li ⬅ Kleine Wipper (51.3420,11.0003)
26,8 EB-II Göllingen (außer Betrieb) (51.3423,11.0024)
26,4 Str-II Göllingen, Am Atzelberg (51.3459,11.0045)
25,5 ⬇ Göllingen an steilem Ufer, 🅿 (51.3466,11.0162);
Str-II L2293 Hauptstraße, re **99707 Kyffhäuserland, OT Göllingen**, ✕ (51.3465,11.0167)
24,4 Str-II Göllingen, Seegaer Straße (51.3395,11.0099)
22,6 kurvige Schwallstrecke, ≈ (51.3324,11.0297)

21,7 Fußg.-⌶, re **99707 Kyffhäuserland, OT Seega**, danach Schwallstrecke (51.3261,11.0372)
21,3 Str-⌶ Seega, Hauptstraße (51.3249,11.0397);
■ Sohlrampe Seega, keine Angaben (51.3248,11.0396)
20,3 Weg-⌶ zur Papiermühle, Beginn Wipperdurchbruch (51.3181,11.0303)
20,0 Str-⌶ L2290, danach li Felswand (51.3159,11.0313)
18,2 Weg-⌶ (51.3106,11.0448)
17,2 Str-⌶, re **99707 Kyffhäuserland, OT Günseroda** (51.3083,11.0510)
12,9 Str-⌶ (51.2881,11.0711)
11,2 Str-⌶ L2283 **06578 Kindelbrück, OT Bilzingsleben** (51.2828,11.0716)
10,3 Weg-⌶, ab hier kanalisierte Strecke (51.2788,11.0680)
8,6 ⇩ Wirbelbach (51.2682,11.0712)
7,1 Str-⌶ B86 **06578 Kindelbrück, OT Bilzingsleben**, Goethestraße (51.2654,11.0910)
4,0 Str-⌶ **06578 Kindelbrück, OT Kannawurf**, Speyersgasse (51.2676, 11.1327)
0,4 Str-⌶, li **06578 An der Schmücke, OT Sachsenburg**, ✕ (51.2868, 11.1616)
0,0 ⇩ der Wipper (Unstrut) in die Unstrut (s. Seite 214) bei km 75,2 (51.2894, 11.1660)

Helme

Kleinfluss
Mündung in Unstrut bei km 56,6 (li Nebenfluss)

Die Helme ist als Kleinfluss ohne besondere Schwierigkeiten zu befahren.

Befahrbarkeit: ab km 45,1 wahrscheinlich ganzjährig, auch für Zweier.
Pegel: Sundhausen (Thüringen),
Bennungen (Sachsen-Anhalt). Bei Pegel 34 cm war eine Befahrung möglich, jedoch nicht für Faltboote.
Kilometrierung: Von km 37 bis 6 befinden sich Kilometertafeln am Ufer. Übrige Strecke nach Kartenmaterial.

52,7 ≣ Sundhausen
47,1 Str-⌶ K19 **99765 Heringen/Helme**, Bahnhofstraße, ⧓ (51.4492, 10.8762);
mögliche ⬇ Heringen/Helme, Helme ist bis zum Stausee melioriert (51.4492,10.8764)
46,9 Str-⌶ Heringen (51.4489,10.8785)
46,7 Fußg-⌶ Heringen (51.4492,10.8815)
46,4 ■ Heringen (51.4491,10.8866)
46,3 Str-⌶ Heringen, Riethgartenstraße (51.4490,10.8870)
45,1 li ⇩ der Zorge (s. Seite 227) in die Helme (51.4524,10.9032)
42,2 Str-⌶ L2079, **99765 Görsbach**, Aumühle (51.4490,10.9441)
42,0 li ← über ein Wehr zum Sielgraben, geradeaus Helme weiter zum

Stausee (51.4484,10.9472)
39,3 Wege-II, Beginn des Stausees. Vogelschutz- und Fischzuchtgebiet. Am Südufer 🚐 Seecamping Kelbra, Lange Straße 150, 06537 Kelbra (Kyffhäuser) (51.4424,10.9827)
37,0 ▬ Staumauer Talsperre Kelbra (51.4403,11.0129)
37,0 ▬ Kelbra (51.4409,11.0139)
36,9 li ⇩ Thyra (51.4414,11.0147)
36,8 EB-II Kelbra (außer Betrieb) (51.4415,11.0153)
35,3 re Str-II B85, sehr steinig, ⚠ treideln, re **06537 Kelbra (Kyffhäuser)** ✕, ⌘ im Süden der Kyffhäuser, li 🚆 Berga-Kelbra (51.4398,11.0363); re gute ⬇ Kelbra (Kyffhäuser) (51.4399,11.0366)
34,4 II Messsteg Pegel Saukopf (51.4455,11.0426)
33,3 ▬ Roßla, re ⏢, re Fischtreppe (51.4551,11.0467)
31,3 li Str-II L234 Kyffhäuser Straße, li **06536 Südharz, OT Roßla**, 🚆 (51.4592,11.0737)
28,4 ▬ Bennungen, evtl. ≈ (51.4566,11.1119)
27,8 li ⇩ Mühlgraben Bennungen (51.4557,11.1188)
27,8 Str-II Steingasse, li **06536 Südharz, OT Bennungen** (51.4557,11.1189); li ≣ Bennungen (51.4557,11.1190)
27,1 li ⇩ des Mühlgrabens der Leine (51.4561,11.1285)
24,5 ▬ Hohlstedt, **X**, re ⏢, re Fischtreppe (51.4550,11.1634)
24,2 Str-II, li **06528 Wallhausen, OT Hohlstedt** (51.4538,11.1673)
23,2 Str-II (51.4507,11.1808)
22,9 ▬ Brücken, raue Sohlgleite, **X**, ⏢ (51.4506,11.1843)
21,7 Str-II K2298, re **06528 Brücken-Hackpfüffel, OT Hackpfüffel** (51.4486, 11.2024)
20,4 ▬ Sohlschwelle Brücken (51.4467,11.2187)
20,1 li ⇩ Mühlgraben Hohlstedt (51.4472,11.2224)
18,5 re Str-II L221 Sangerhäusener Straße, re **06528 Wallhausen, OT Martinsrieth** (51.4419,11.2428)
16,9 re ⇩ Mühlgraben Martinsrieth (51.4417,11.2606)
15,7 ▬ Klosterrohrbach, dreistufig, **X**, li ⏢, li Wasserableitung (51.4403, 11.2769)
14,0 EB-II Sangerhausen-Erfurt (51.4336,11.2999)
13,7 li ⇩ Mühlgraben Oberröblingen (51.4325,11.3027)
13,6 li Str-II B86 Sangerhäuser Straße, li **06526 Sangerhausen-StT Oberröblingen**, ✕, 🚆 (51.4320,11.3040)
13,5 ▬ Oberröblingen, li oder re ⏢ (51.4316,11.3049)
12,1 Str-II A71 (51.4237,11.3213)
11,2 Wege-II, li **06542 Allstedt, OT Niederröblingen** (51.4210,11.3310)
11,0 ▬ Sohlschwelle Niederröblingen (51.4200,11.3342)
9,4 Str-II K2827, re **06542 Allstedt, OT Katharinenrieth** (51.4134,11.3534)
6,9 ▬ Sohlschwelle Curtsgehofen (51.3915,11.3571)
5,1 Str-II Hauptstraße, re **06556 Mönchpfiffel-Nikolausrieth, OT Nikolausrieth** (51.3758,11.3632)

3,1	Weg-II, li **06556 Artern, OT Heygendorf** (51.3592,11.3598)
1,2	➔ des Flutgraben über ■, li Arm fahren (51.3472,11.3425)
0,9	Str-II Kalbsrieth, Hofgasse (51.3448,11.3401)
0,6	Str-II Kalbsrieth, Brückengasse (51.3433,11.3371)
0,5	Str-II L1172 Hauptstraße, **06556 Kalbsrieth**, ✕ (51.3429,11.3365)
0,1	re ⇩ Flutgraben (51.3414,11.3313)
0,0	⇩ der Helme in die Unstrut (s. Seite 214) bei km 56,6 (51.3403,11.3307)

Zorge

Wanderfluss
Mündung in Helme bei km 45,1 (li Nebenfluss)

Die Zorge ist ein linker Nebenfluss der Helme. Sie entspringt im Ostharz und ist nur bei hohem Wasserstand, während der Schneeschmelze oder nach starken Regenfällen befahrbar. Durch Sohlrampen und Wehre kann sie dann aber sehr sportlich werden (bis WW III).

27,4	■ Ellrich
26,9	Weg-II Ellrich (51.5893,10.6631); Str-II Ellrich, Ravenstraße (51.5888,10.6634)
26,7	Str-II **99755 Ellrich**, Jüdenstraße (51.5875,10.6624)
26,5	Str-II Ellrich, Schäferstraße (51.5854,10.6630)
26,4	■ Sohlgleite Ellrich (51.5846,10.6632)
26,0	Str-II Ellrich, Nordhäuser Straße (51.5824,10.6666)
25,8	Fußg.-II Ellrich, Hartungstraße (51.5819,10.6693)
22,8	Str-II (51.5741,10.7031)
21,5	■ Sohlrampe Woffleben
21,1	Str-II Woffleben, Am Sportplatz (51.5655,10.7183)
20,2	Str-II Woffleben, Zum Mühlgraben (51.5592,10.7234)
19,7	Str-II Himmelsberg, re **99755 Ellrich, OT Woffleben** (51.5565,10.7273)
18,8	Str-II Straße der Freundschaft (51.5531,10.7379); EB-II, Str-II, ■ Sohlrampe (51.5527,10.7383)
18,4	Str-II (51.5513,10.7424)
18,1	Str-II Teichstraße (51.5507,10.7473)
17,8	■ Sohlgleite (51.5498,10.7504)
17,3	li ⇩ der Bere (s. Seite 228) in die Zorge (51.5474,10.7563)
17,1	Str-II Gipswerk Niedersachswerfen (51.5459,10.7564)
16,9	2 ■ Sohlgleiten (51.5455,10.7588); EB-II (51.5454,10.7601)
16,0	■ Nordhausen-Kohnstein, ≈ (51.5387,10.7634)
15,3	EB-II Harzer Schmalspurbahn (51.5343,10.7688)
14,2	Str-II Nordhausen, Freiheitsstraße (51.5305,10.7812)
13,8	■ Ellermühle, re ⌂ (51.5275,10.7824)
13,2	■ Sohlrampe (51.5231,10.7788)
12,5	■ Stadtpark, re ⌂ (51.5184,10.7807)

12,4 Fußg.-Ⅱ Nordhausen (51.5168,10.7811)
11,7 Fußg.-Ⅱ Nordhausen (51.5113,10.7832)
11,4 Str-Ⅱ **99734 Nordhausen**, Gerhard-Hauptmann-Straße (51.5086, 10.7838)
11,2 Fußg.-Ⅱ Nordhausen (51.5068,10.7837)
10,9 Fußg.-Ⅱ Nordhausen (51.5036,10.7849)
10,7 Str-Ⅱ Nordhausen, Hasseröder Straße (51.5022,10.7855)
10,2 Str-Ⅱ B4 Nordhausen, Freiherr-vom-Stein-Straße (Brücke der Einheit) (51.4980,10.7888)
9,9 ■ Nordhausen oberhalb der Bahnhofstraße (51.4963,10.7908);
Str-Ⅱ Nordhausen, Bahnhofstraße (51.4959,10.7913)
9,5 Str-Ⅱ Nordhausen, Erfurter Straße (51.4948,10.7958);
■ Sohlrampe Nordhausen (51.4948,10.7960)
9,1 Str-Ⅱ Nordhausen, Barbarossastraße (51.4942,10.8016)
9,0 ■ Sohlrampe Nordhausen (51.4941,10.8037)
8,6 Str-Ⅱ Nordhausen, Thomas-Müntzer-Straße (51.4932,10.8093)
5,9 Str-Ⅱ Nordhausen-Bielen (51.4799,10.8376);
re ⌂▶ Nordhäuser Sportverein in ca. 500m, Bielener Kiesteiche, Nordhausen-Bielen (51.4798,10.8377);
■ Sohlrampe Nordhausen-Bielen (51.4798,10.8378)
4,4 Str-Ⅱ A38 (51.4717,10.8532)
3,1 Str-Ⅱ K19 (51.4632,10.8653)
2,5 Fußg.-Ⅱ (51.4608,10.8721)
0,7 Weg-Ⅱ (51.4533,10.8936)
0,4 EB-Ⅱ (51.4523,10.8979)
0,0 ⇩ der Zorge in die Helme (s. Seite 225) bei km 45,1 (51.4524,10.9032)

Bere

Kleinfluss
Mündung in Zorge bei km 17,3 (li Nebenfluss)

Linker, wasserreicher Nebenfluss der Zorge. Die Bere ist nur im zeitigen Frühjahr während der Schneeschmelze oder nach starken Regenfällen im Harz befahrbar. Dann allerdings starke Strömung, Baumhindernisse, Schwälle, Wehre und Sohlrampen. Einsatzmöglichkeit in Niedersachswerfen oder Ilfeld mit Weiterfahrt auf der Zorge.

4,1 Str-Ⅱ **99768 Harztor, OT Ilfeld**, Schmiedestraße (51.5738,10.7882);
Sohlrampe Ilfeld (51.5737,10.7882)
3,1 Fußg.-Ⅱ Ilfeld (51.5682,10.7817)
2,9 EB-Ⅱ (51.5674,10.7792)
2,8 Str-Ⅱ B4 (51.5672,10.7784)
1,8 Str-Ⅱ Niedersachswerfen, Appenröder Straße (51.5608,10.7682)
0,6 Str-Ⅱ **99768 Harztor, OT Niedersachswerfen**, Northeimer Straße (51.5521,10.7597)
0,4 EB-Ⅱ (51.5503,10.7583)
0,0 ⇩ der Bere in die Zorge (s. Seite 227) bei km 17,3 (51.5474,10.7563)

Saale-Leipzig-Kanal

Kanal
Mündung in Saale bei amtl. km 120,7 (re Nebenfluss)

Dieser Kanal wurde in den 1920-er Jahren geplant. Die Bauarbeiten wurden 1943 eingestellt. Der Kanal ist von Leipzig bis Zschöchergen für Kanus befahrbar. Vom Endpunkt bis zur Saale ist ca. 8 km Landtransport erforderlich. Bundeswasserstraße SLK, durchgängig bis Leipzig, eine Vision, siehe www.saaleelster.de .
Die Befahrung kann von/zum Karl-Heine-Kanal fortgesetzt werden. Dazu ist ein Umtragen der Boote zwischen beiden Gewässern erforderlich (ca. 600 m). Eine Verbindung ist angedacht, wird aber wohl noch einige Jahre dauern.

18,9 Ende des Saale-Leipzig-Kanal, ⌓ von/zum Lindenauer Hafen möglich und damit die Weiterfahrt auf dem Karl-Heine-Kanal (s. Seite 238) (51.3377,12.2941)
18,2 EB-II (51.3432,12.2850)
17,9 Str-II B181 (51.3444,12.2831)
16,3 Str-II **04178 Leipzig, StT Burghausen-Rückmarsdorf** (51.3533, 12.2641)
15,7 Wege-II Am Sperrwerk (51.3557,12.2574)
14,2 Wege-II (51.3556,12.2354)
13,1 Kanal-II über Straße, li 04435 Schkeuditz, OT Dölzig (51.3577,12.2198)
12,2 Kanal-II über die Straße B186 (51.3582,12.2070)
10,8 Str-II A9 (51.3540,12.1880)
9,5 Str-II, li **06237 Leuna, OT Kötschlitz**, re **06237 Leuna, OT Günthersdorf**, großes Einkaufszentrum (51.3499,12.1710)
8,4 Str-II B181, ↑↓-Möglichkeit in der Nähe von **Zschöchergen**, Sperrwerk Günthersdorf (51.3460,12.1551)
7,9 (vorläufiges?) Ende der Kanal-Strecke, ⌓ Landtransport zur Saale ist möglich (ca. 8 km) (51.3440,12.1467)
0,0 geplante ⇩ des Saale-Leipzig-Kanal in die Saale (s. Seite 182) bei amtl. km 120,7 (51.3254,12.0425)

Weiße Elster

Wildwasser, Kleinfluss, Wanderfluss
Mündung in Saale bei amtl. km 102,5 (re Nebenfluss)

Die Weiße Elster ist in ihrem Oberlauf bis Plauen ein Kleinfluss. Von Plauen bis Elsterberg ist sie ein leichter Wildfluss, jedoch ist eine Befahrung durch ein ganzjähriges Befahrungsverbot nicht gestattet, Anschließend Wanderfluss mit sehr vielen Wehren. Bis unterhalb Gera ist sie ein Wildwanderfluss und stark wasserstandsabhängig. Somit ist für diesen Abschnitt keine Planungssicherheit gegeben. Im unteren Lauf wechseln Auenwälder mit kanalisierten Abschnitten. Interessant ist die Stadtdurchfahrt Leipzig mit verschiedenen Nebenstrecken.
Befahrungsregeln: km 179,1 bis 170,6 (Plauen - Elsterberg): ganzj. BV
km 49,6 bis 46,3 (Naturvorranggebiet „Zschocherscher

	Winkel"): Befahrungsverzicht vom 15.02.- 15.05. (keine Verordnung) km 9,6 bis 0 (Döllnitz-Ammendorf, NSG): ganzj. BV, , freigestellt ist auf der Weißen Elster Kanu zu fahren, mit folgenden Maßgaben: a) nicht in den Monaten Mai, Juni und September, b) nicht in Gruppen mit mehr als zehn Booten, c) nicht mit mehr als zwei Personen je Boot, d) nur in der Mitte des Flusses, e) ohne anzulanden. Die Fahrten sind drei Werktage vorher bei der Naturschutzbehörde anzuzeigen
Befahrbarkeit:	Oberlauf nur für Einer, ab Greiz auch für Zweier.
Pegel:	Für die in der Beschreibung genannten Pegel liegen leider noch keine Erfahrungswerte vor.

203,6 ▬ Talsperre Pirk. Das Naherholungsgebiet Talsperre Pirk bietet interessante Wassersportmöglichkeiten. ⛟, www.naherholung-talsperrepirk.de (50.4279,12.0982);
Ⅲ Magwitz (50.4278,12.0976)
203,2 Str-Ⅱ Oelsnitz, An der Elster (50.4274,12.0925)
202,4 EB-Ⅱ (50.4259,12.0824)
202,1 Str-Ⅱ B173, li **08538 Weichlitz, OT Türbel** (50.4263,12.0794)
201,8 Str-Ⅱ Türbel, Bahnhof (50.4271,12.0761)
201,5 Str-Ⅱ A72 (Viadukt) (50.4284,12.0713)
200,7 EB-Ⅱ (50.4314,12.0635)
200,4 ▬ Oberweischlitzmühle, zerstört, ≈ (50.4329,12.0601)
199,1 Wege-Ⅱ Weischlitz, Zur Oberen Mühle (50.4379,12.0505)
198,2 ▬ Weischlitz, evtl. ≈ oder re ⏏ (50.4439,12.0576)
197,9 Wege-Ⅱ Weischlitz, überdachte Holzbrücke (50.4447,12.0606)
197,8 Str-Ⅱ **08538 Weischlitz**, Taltitzer Straße, li ⧻ (50.4452,12.0610)
195,2 Str-Ⅱ **08538 Weischlitz, OT Kürbitz** (50.4621,12.0725)
194,9 EB-Ⅱ Kürbitz (50.4649,12.0729)
193,5 Sturz-▬ Straßberg, **X**, re ⏏ (50.4740,12.0833)
193,4 Str-Ⅱ **08527 Plauen, StT Straßberg**, Zottnerweg (50.4748,12.0854)
192,3 Str-Ⅱ Plauen, Possigweg (50.4782,12.0985)
192,2 Ⅲ Straßberg (50.4789,12.0987)
190,7 Str-Ⅱ Plauen, Leuchtsmühlenweg (50.4811,12.1131)
190,2 Weg-Ⅱ Plauen, Elsterradweg (50.4841,12.1171)
189,4 Stufen-▬ Stadtmühle Plauen, **X**, re ⏏, etwas schwierig (50.4877, 12.1259)
189,2 Str-Ⅱ Plauen, Dürerbrücke (50.4879,12.1290)
188,8 Str-Ⅱ B92 Plauen, Böhlerstraße (50.4889,12.1353)
188,4 Fußg.-Ⅱ Plauen, re Stadtbad (50.4915,12.1392)
188,2 Str-Ⅱ Plauen, Syrastraße (50.4926,12.1410);
08527 Plauen, Kreisstadt des Vogtlandkreises, ✕, ⧻, ⌘ Rathaus, Johanniskirche (50.4926,12.1411)
188,1 Alte Elster-Ⅱ Plauen (50.4928,12.1417)
187,8 Str-Ⅱ Plauen, Stresemannstraße (50.4932,12.1465)

187,2 Weg-II Plauen (50.4979,12.1503)

187,0 2 EB-II Plauen (50.4989,12.1518)

186,4 Str-II Plauen, Bahnhofstraße (50.5036,12.1568)

186,0 Str-II B173 Plauen, Dresdner Straße (50.5068,12.1553)

185,3 EB-II Plauen (50.5120,12.1578)

184,9 Str-II Plauen, Friesenweg (50.5131,12.1624)

183,9 EB-II (50.5200,12.1659)

181,9 EB-II (50.5336,12.1715)

181,7 Fußg.-II (überdacht), li ✕ Lochbauer (50.5349,12.1738)

181,2 EB-II (50.5383,12.1710)

179,1 EB-II Elstertalviadukt. Die folgende, sowohl landschaftlich schöne als auch kanusportlich interessante Strecke ist ganzjährig für die Befahrung gesperrt. Die Befahrung der Weißen Elster kann erst wieder ab Elsterberg fortgesetzt werden (50.5530,12.1675)

179,1 –170,6 **§** ganzj. BV (50.5531,12.1673)

172,1 ■ wurde entfernt (50.6010,12.1604)

171,6 EB-II und Str-II B92 Elsterberg, Plauensche Straße (50.6052,12.1607)

171,2 ■ Elsterberg, keine Angaben (50.6064,12.1648)

171,0 Str-II **07985 Elsterberg**, Rosa-Luxemburg-Straße, ✕ (50.6064,12.1683)

170,7 Str-II Elsterberg, Thomas-Müntzer-Straße (50.6072,12.1723)

169,8 Str-II Elsterberg, Bahnhofstraße, re 🚆 Elsterberg (50.6110,12.1675)

169,7 EB-II Elsterberg (50.6114,12.1663)

168,7 ■ Noßwitz, **X**, re ⌓ (50.6188,12.1690)

168,4 Str-II, li **07985 Elsterberg, OT Noßwitz** (50.6200,12.1730)

167,7 Str-II Greiz, Schaltisweg, darunter ■, **X**, li ↯ (50.6257,12.1777)

167,0 EB-II (50.6295,12.1835)

166,8 Str-II Greiz, Liebigstraße, re 🚆 Greiz-Dölau (50.6306,12.1824)

165,5 EB-II Greiz, li EB-Tunnel (50.6348,12.1896)

165,4 zerstörtes ■ Greiz, ≋, Trümmer ⚠ (50.6345,12.1906)

165,3 Str-II B92 Greiz, Plauensche Straße (50.6341,12.1924)

164,6 EB-II Greiz (50.6374,12.1920)

163,9 EB-II Greiz (50.6417,12.1965)

163,8 ■ Greiz, li ⌓, bei offenen Schützen li evtl. ≋ (50.6427,12.1980)

163,7 re ⇩ der Göltzsch (s. Seite 243) in die Weiße Elster (50.6429,12.1984);
re Str-II Greiz, Mylauer Straße (50.6433,12.1983)

163,3 Weg-II Greiz (50.6465,12.1987);
EB-II Greiz (50.6468,12.1989)

162,7 Weg-II Greiz (50.6516,12.2015)

162,3 Str-II B94 **07973 Greiz**, Schloßbrücke, ✕, 🚆 (50.6548,12.2000)

162,2 ≣ Greiz (50.6558,12.1987);
Str-II Greiz, Friedensbrücke (50.6557,12.1984)

162,0 EB-II Greiz, re Schloßbergtunnel (50.6564,12.1960);
Str-II Greiz, Parkgasse, li Kreisverkehr zur B 92/94 (50.6565,12.1956)

161,3 Weg-II (50.6602,12.1907)

157,7 Str-II Glohdenhammer (50.6863,12.1826)
157,5 EB-II (50.6873,12.1838)
156,1 Weg-II (50.6911,12.1818)
155,9 EB-II (50.6896,12.1809)
154,9 EB-II (50.6943,12.1750)
154,2 ▬ vor Neumühle, li evtl. ≋ Floßgasse, sonst re ⏢ (50.6999,12.1762)
153,9 ▬ Neumühle, re ⏢, bei gutem Wasserstand und geöffneter Floßgasse evtl. ≋ (50.7030,12.1741)
153,8 Str-II **07973 Greiz, StT Neumühle/Elster**, Hauptstraße, li 🚏 (50.7032, 12.1731)
153,4 li ⇩ Mühlgraben Neumühle (50.7021,12.1683)
152,6 ▬ Lehnamühle, re ⏢, bei HW evtl. ≋ (50.7081,12.1648)
152,0 li ⇩ Mühlgraben Lehnamühle (50.7118,12.1648)
151,3 ▬, re oder li ⏢, bei NW wegen Wasserabzug für Fabrik unterhalb nicht befahrbar bis ⇩ Werkkanal. Dann li ⏢ durch den Feldbahntunnel bis zur Mündung des Werkkanals (50.7170,12.1605)
150,7 1. ▬ Rüßdorf, li oder re ⏢ (50.7170,12.1666)
150,3 Str-II Rüßdorf (50.7197,12.1690)
149,1 2. ▬ Rüßdorf, evtl. ≋ oder li ⏢ (50.7206,12.1579)
148,7 li ⇩ Werkkanal (50.7172,12.1567);
EB-II, li EB-Tunnel (50.7172,12.1565)
147,1 ▬ Eulamühle, verfallen, ≋ (50.7285,12.1572)
145,6 ▬ und ϟ Herrnmühle, **X**, re ⏢ durch ϟ-Gelände, Privatgrundstück. Wegen Wasserableitung etwa 200 m treideln (50.7385,12.1522)
145,3 re ⇩ Mühlgraben Herrnmühle (50.7409,12.1543)
143,0 ▬ Berga, evtl. ≋ oder li ⏢ (50.7469,12.1513)
142,4 Str-II B175 Berga, Puschkinstraße (50.7507,12.1578);
li gute ⇅ Berga (50.7507,12.1575);
re **07980 Berga/Elster**, 🅿, ✕ (50.7508,12.1578);
≣ Berga (50.7509,12.1580)
139,9 ▬ Clodramühle, fast immer ≋, gerade (90°) anfahren, bei HW ansehen – starker Rücklauf ⚠ (50.7585,12.1331)
139,8 Weg-II, re zum ✕ Hammermichelbaude (50.7590,12.1327)
139,7 li ⇩ Mühlgraben Clodramühle (50.7602,12.1312)
138,9 markante Rohr-II (50.7641,12.1235)
136,3 EB-II (50.7745,12.1043)
134,0 EB-II Wünschendorf (50.7902,12.1004)
133,9 ▬ Wünschendorf, re ⏢, Sog in den Mühlgraben, ⚠ oder li ⏢ über Pachtgelände, dazu Erlaubnis in ✕ einholen, bei NW bis Mündung der Weida (s. Seite 244) treideln, li ✕ zum Klosterhof, Cronschwitz 12, 07570 Wünschendorf/Elster, ✆ +49 36603 87795 (50.7912,12.0985)
133,6 Str-II **07570 Wünschendorf/Elster**, Cronschwitzer Weg, 🚏, ✕ (50.7920,12.0956)
133,1 Str-II Wünschendorf, Weidaer Straße (Historische Holz-II) (50.7948, 12.0903)

133,0 li ⇩ der Weida (s. Seite 244) in die Weiße Elster (50.7958,12.0893)
132,5 re ⇩ Mühlgraben Wünschendorf (50.7991,12.0920)
131,8 EB-Ⅱ unterhalb Wünschendorf (50.8052,12.0895)
129,9 EB-Ⅱ Meilitz (50.8164,12.0776)
129,8 Str-Ⅱ, re **07570 Wünschendorf/Elster, OT Meilitz**, li 🚆 Wünschendorf Nord (50.8167,12.0786)
128,6 Str-Ⅱ Gera, Umgehungsstraße, Liebschwitzer Brücke (50.8261,12.0807)
128,3 ▬ Gera-Liebschwitz, zerstört, li immer ≋, Wellen ⚠bei NW Steine (50.8281,12.0801)
127,8 Str-Ⅱ Gera-Liebschwitz, Zoitzstraße (50.8331,12.0796)
127,5 EB-Ⅱ Gera (50.8348,12.0780)
126,5 –126,3 ⚠ Slalomstrecke Gera (50.8435,12.0800)–(50.8452,12.0812)
126,0 🏠 TSV 1880 Gera-Zwötzen, ⛺, gute ⇅, Slalomstrecke, Liebschwitzer Str. 116, 07551 Gera, www.kanu-gera.de , ☎ +49 365 814178, ⓘ ☎ +49 160 7415992, torstenklakow@gmx.de (50.8475,12.0840)
125,7 EB-Ⅱ Gera (50.8494,12.0818);
Str-Ⅱ Gera, Ruckdeschelstraße (50.8495,12.0815)
125,1 Fußg.-Ⅱ (50.8542,12.0778)
124,8 Schlauch-▬ Gera mit li ⚡, **X**, starker Rücklauf ⚠, li ⏏, bei NW wenig Wasser bis Ortsausgang (50.8569,12.0776)
124,2 Str-Ⅱ B92 Gera, Vogtlandstraße (50.8625,12.0789)
123,5 Fußg.-Ⅱ Gera (50.8681,12.0761)
123,1 Str-Ⅱ B2 **07545 Gera**, Heinrichstraße mit Straßenbahn, sehenswerte Stadt, 🚆, ✕ (50.8713,12.0736)
122,7 Weg-Ⅱ Gera (50.8740,12.0710)
122,4 Wege-Ⅱ Gera (50.8770,12.0693)
121,6 Weg-Ⅱ Gera (50.8823,12.0653)
121,3 Str-Ⅱ Gera, Schellingstraße (50.8854,12.0660)
120,8 Fußg.-Ⅱ Gera (50.8899,12.0660)
120,2 re ⇩ Mühlgraben (50.8946,12.0654)
119,6 EB-Ⅱ Gera (50.8993,12.0599)
119,1 Str-Ⅱ Gera, Franzosenweg, darunter Schwallstrecke, bei NW Steine ⚠ (50.9033,12.0572)
118,5 Str-Ⅱ A4, Schwallstrecke, bei NW Steine ⚠ (50.9076,12.0533)
117,7 ≣ Gera-Langenberg (50.9116,12.0443)
117,6 Wege-Ⅱ Gera (50.9124,12.0435)
115,0 Str-Ⅱ **07586 Bad Köstritz**, Bahnhofstraße, 🚆, ✕ (50.9296,12.0180)
114,9 ▬ Bad Köstritz, **X**, re ⏏, bei geöffneten ▬ (meist freitags) schwierig (50.9301,12.0180)
114,8 Str-Ⅱ Bad Köstritz, Bahnhofstraße (50.9312,12.0181)
114,1 Str-Ⅱ B7 Bad Köstritz, EB-Ⅱ (50.9368,12.0135)
113,3 Weg-Ⅱ Bad Köstritz (50.9431,12.0139)
111,2 Str-Ⅱ **07613 Silbitz**, Dr.-Maruschky-Straße (50.9564,11.9949)
109,9 Str-Ⅱ K204, re **07613 Crossen an der Elster, OT Tauchlitz** (50.9671,

11.9943)

108,5 Str-Ⅱ, Elsterstraße, li **07613 Crossen an der Elster**, 🚉, ✕ (50.9758, 11.9848)

108,0 ■ Krossen, evtl. ≋, starker Rücklauf △, oder re ⏏ (50.9800,11.9866)

106,4 Wege-Ⅱ (50.9888,11.9940)

103,3 ■ Wetterzeube, X, re ⏏, li Wasserableitung, nach dem Wehr bei NW sehr flach. Mit Grundberührung muss gerechnet werden (51.0043, 12.0116)

103,1 Str-Ⅱ Hauptstraße, li **06722 Wetterzeube**, li 🚉 (51.0029,12.0139)

102,2 li ⇩ Mühlgraben Wetterzeube, Rückführung des abgeleiteten Wassers (51.0052,12.0221)

98,1 ■ Haynsburg, zerstört, meist mittig ≋, Pfähle, △, Slalomstrecke des KC Zeitz, Übernachtungsmöglichkeit nach Voranmeldung beim KC Zeitz, ✕ (51.0268,12.0578)

97,7 Str-Ⅱ K2225, re **06722 Wetterzeube, OT Haynsburg** (51.0257,12.0636)

94,6 re ➔ des Mühlgraben Zeitz. Bei offenem Schieber Zufahrt bis zum ⌂ des KC Zeitz am Mühlgraben möglich. Weiterfahrt durch das Stadtgebiet nicht möglich. ⌂⚑ KV Zeitz, Stephanstr. 31 b, 06712 Zeitz, ✆ +49 3441 250342 (51.0330,12.1029)

94,5 ■ Großosida, X, li 300 m über Pfad ⏏ (51.0334,12.1029)

93,9 Furt (51.0386,12.1029)

93,5 Str-Ⅱ B2n Zeitz (51.0423,12.1051)

92,3 Str-Ⅱ Zeitz, Albrechtstraße (51.0509,12.1153)

91,2 Str-Ⅱ B2 Zeitz (51.0552,12.1279)

90,9 Fußg-Ⅱ „Dreierbrücke" Zeitz, li 🚉 Zeitz (51.0556,12.1321)

90,5 Str-Ⅱ B180 Donaliesstraße/Wasservorstadt, **06711 Zeitz**, ✕, ⌘ Altstadt, Dom St. Peter und Paul, das „Unteridische Zeitz", das Gelände der Landesgartenschau 2004, Schloss, Schlossberg Zeitz und Rossner-Park (51.0550,12.1372);
re ⇅ Zeitz, Wasservorstadt/Untere Promenade, 🅿 (51.0549,12.1375)

90,4 re ⇩ Mühlgraben Zeitz (51.0553,12.1393)

90,0 ▤ Zeitz (51.0571,12.1437)

89,9 Fußg-Ⅱ (51.0569,12.1460)

88,1 EB-Ⅱ (51.0631,12.1671)

87,8 Walzen-■ Tröglitz, X, li ⏏ (51.0655,12.1686)

85,7 EB-Ⅱ (51.0798,12.1645)

85,4 Str-Ⅱ (51.0807,12.1680)

85,2 ■ Bornitz, X, li ⏏ (51.0820,12.1699)

85,1 Str-Ⅱ, li **06729 Elsteraue, OT Bornitz** (51.0831,12.1703)

83,1 Wege-Ⅱ Draschwitzer Hauptstraße, li **06729 Elsteraue, OT Draschwitz** (51.0970,12.1829)

81,7 re ⇩ Mühlgraben Göblitz (51.1011,12.1977)

81,6 Str-Ⅱ, re **06729 Elsteraue, OT Ostrau**, ab hier sehr schöne Auenlandschaft bis Profen (51.1006,12.1983)

73,0 li ← Profener Elstermühlgraben von Weiße Elster (51.1244,12.2305);

re ➔ zum ▬ Profen (Steinwurf-Wehr), li zwischen Mühlgraben und Steinwurfwehr aussetzen und ⏏, ⚠ starke Strömung in den Profener Elstermühlgraben (51.1243,12.2306)

Nebenstrecke Profener Elstermühlgraben

Der Profener Elstermühlgraben zweigt am Wehr Profen li ab und mündet wieder über ein Einlassbauwerk in das asphaltierte Umleitungsgerinne der Weißen Elster um den ehemaligen Braunkohletagebau Zwenkau.

16,6 ← Profener Elstermühlgraben von Weiße Elster (s. Seite 229) (51.1244,12.2305)
16,5 Schützen-▬ (51.1247,12.2309)
15,3 Weg-II (51.1303,12.2271)
14,7 Str-II Beersdorf (51.1349,12.2284);
li **06729 Elsteraue-Beersdorf** (51.1350,12.2284)
14,3 Str-II B2, günstige ⬆, es wird empfohlen, aufgrund der folgenden, schwer zu umtragenden Wehre die Fahrt hier zu beenden (51.1374,12.2301);
li **06729 Elsteraue-Lützkewitz** (51.1375,12.2301)
14,2 ▬ der Eisenmühle Elstertrebnitz. Die folgende Strecke bis km 7,8 wurde noch nicht beschrieben (51.1384,12.2305)
14,1 Str-II Elstertrebnitz (51.1397,12.2316);
04523 Elstertrebnitz (51.1397,12.2318)
13,6 Str-II Elstertrebnitz (51.1432,12.2324)
13,1 ▬ der Mühle Greitschütz (51.1457,12.2342)
12,5 Str-II Elstertrebnitz (51.1465,12.2414)
11,5 ▬ der Mühle Tannewitz (51.1523,12.2428)
11,3 Str-II Elstertrebnitz (51.1535,12.2440)
9,4 re ➔ Schnellgraben über ein ▬ (51.1604,12.2488)
9,2 ▬ Badwehr Pegau (51.1615,12.2499)
9,0 Str-II Pegau, Flur am Stadtbad (51.1634,12.2489);
▬ Mühle Pegau (51.1635,12.2489)
8,5 Weg-II Pegau (51.1654,12.2545);
re weiterer ➔ des Schnellgrabens (51.1656,12.2546)
8,4 Weg-II Pegau (51.1659,12.2550);
Str-II Pegau, Helbigstraße (51.1664,12.2554)
8,3 **04523 Pegau** (51.1665,12.2555);
Weg-II Pegau (51.1668,12.2557);
Str-II Pegau, Salzgasse (51.1671,12.2557)
8,2 Str-II Pegau, Ernst-Reinsdorf-Straße (51.1676,12.2558);
▬ der Untermühle Pegau (51.1677,12.2563)
7,8 li ⬇ Pegau, Probsteiweg an der Kleingartenanlage (51.1701, 12.2583);
Str-II Pegau, Probsteiweg (51.1702,12.2583)
7,6 EB-II ehemalige Bahnstrecke Pegau – Groitzsch (51.1726,

12.2582)
7,5 Weg-II Pegau (51.1730,12.2581)
6,7 re ➔ Abschlaggraben Weideroda zur Weißen Elster über ein Schützen-■ (51.1769,12.2624);
Schützen-■ Weideroda, meist offen (51.1769,12.2626)
6,5 Weg-II, re **04523 Pegau-Weideroda** (51.1787,12.2620)
6,2 Str-II, li **04523 Pegau-Zauschwitz** (51.1800,12.2646)
4,6 ■ Großstorkwitz (51.1896,12.2674)
4,4 Str-II, li **04523 Pegau-Großstorkwitz** (51.1912,12.2669)
3,4 Weg-II, li **04442 Zwenkau-Tellschütz** (51.1967,12.2728)
2,8 Weg-II (51.1984,12.2793)
0,5 ⬆ Kleindalzig, Fahrt hier beenden, Strömung ⚠ (51.2066,12.2894)
0,4 ■ der Mühle Kleindalzig (51.2072,12.2902)
0,3 Str-II, li **04442 Zwenkau-Kleindalzig** (51.2076,12.2911)
0,1 ■ Einlassbauwerk in die Weiße Elster, **X**, ⏏ (51.2098,12.2927)
0,0 ⇩ Profener Elstermühlgraben in die Weiße Elster (s. Seite 229) (51.2102,12.2926)

72,4 ■ Gefällestufe Profen, **X**, Tosbecken mit extremen Rücklauf, re ⏏, kein Hinweisschild vorhanden, Warnung: ⚠ Vor allem bei höheren Wasserständen unbedingt rechtzeitig wenden und anlegen. Das Wehr hat keinerlei Rückstau, sondern schon bei normalem Wasserstand kräftigen Sog. Es gab schon tödliche Unfälle (51.1249,12.2367)
71,9 Str-II (51.1298,12.2340)
69,5 Str-II **04523 Elstertrebnitz**, Elsterradweg (51.1432,12.2552)
67,3 Weg-II (51.1610,12.2604)
67,1 Str-II B2 Pegau (51.1624,12.2592)
66,8 re ⇅ Pegau, Schützenplatz (51.1641,12.2601)
66,7 Str-II **04523 Pegau**, Leipziger Straße, unter der Brücke ■, Sohlgleite Pegau, ≋, ✕, ⧺ (51.1651,12.2606)
66,1 Rohr-II Pegau (51.1700,12.2606)
61,7 Str-II Zwenkau, Döhlener Straße (51.1931,12.2990);
gute ⬇ Zwenkau, Döhlener Straße (51.1931,12.2990)
60,4 –60,2 ⚠ Geschiebefalle Klein Dalzig (Erweiterung des Flussbettes, flach), ab hier 7,5 km Betonrinne zur Umleitung der Weißen Elster um den ehemaligen Tagebau Zwenkau (51.2037,12.3048)–(51.2055,12.3035)
59,3 li ⇩ Profener Elstermühlgraben in die Weiße Elster (51.2102,12.2926)
59,2 Str-II K7985 Wiederauer Straße, li **04442 Zwenkau, OT Kleindalzig** (51.2105,12.2920);
≣ Kleindalzig (51.2104,12.2915)
57,6 re ➔ Hochwasser-Überlauf zum Zwenkauer See. Hier ⏏-Möglichkeit ca. 850 m zum Zwenkauer See (Bootswagen empfehlenswert). Weitere ⏏-Möglichkeit an der folgenden Brücke (51.2190,12.2755)
57,3 Str-II K7957 Kitzner Straße, li **04442 Zwenkau, OT Zitzschen**, re ⇅, Zugang zu 🅿, Aussichtspunkt und Zwenkauer See über Damm und B186,

⌓ ca. 600 m zum Zwenkauer See. Eine Weiterfahrt über See, Harthkanal (ab 2021 in Bau, noch nicht fertiggestellt, ⌓ zzt. schwierig), Cospudener See, Lauersee, Floßgraben (Befahrungszeiten beachten), Pleiße zur Leipziger Innenstadt ist nur möglich mit ⌓ und unter Beachtung der Befahrungsregelungen (51.2218,12.2737)

55,0 –28,6 Stadtgebiet **Leipzig**, PLZ 04103–04358. Leipzig ist die größte Stadt im Freistaat Sachsen und zehntgrößte Stadt Deutschlands. ⌘ Reiseführer erforderlich (51.2410,12.2692)–(51.3837,12.2557)

53,7 Str-Ⅱ B186 Leipzig-Knautnaundorf, am Pfeiler Hinweistafel auf die 1 km unterhalb liegende **X** Gefällestufe (51.2508,12.2786)

52,5 ■ Gefällestufe Leipzig-Hartmannsdorf, absolut **X**, Lebensgefahr ⚠. Vorher rechtzeitig anlegen (300 m), schräge Betonufer, bei Nässe Rutschgefahr. Hinweisschild an Brücke ca. 1 km oberhalb. ⌓ re und li möglich (51.2562,12.2934)

52,3 Str-Ⅱ A38 (51.2565,12.2961)

51,9 Wege-Ⅱ (51.2571,12.3022)

50,1 Wege-Ⅱ, ⌓-Möglichkeit zum Cospudener See nördlich des ehemaligen Elsterstausees (Straße Am Stausee) ca. 1 km, ⇅ am See (51.2641,12.3232) (51.2681,12.3144)

49,8 ■ Verteilerbauwerk Leipzig, nur bei Hochwasser geschlossen, sonst ohne Stufe frei ≈, re zum Elster-Hochflutbett (bei Normalwasser trocken) (51.2703,12.3179)

49,8 –46,5 **§** Naturvorranggebiet „Zschocherscher Winkel“, Befahrungsverzicht vom 15.02.- 15.05. (keine Verordnung) (51.2703,12.3179)–(51.2893, 12.3292)

49,2 Str-Ⅱ Leipzig-Knauthain, Ritter-Pflugk-Straße, darunter Schwall, ≈, ⌓-Möglichkeit zum Cospudener See ca. 600 m, ⇅ am See (51.2751, 12.3204)

46,5 ■ Leipzig-Großzschocher, re ⌓ (Treppen), Bootsgasse ist **X**, ⌓-Möglichkeit zum Cospudener See ca. 1 km, ⇅ am Nordstrand (51.2894, 12.3293)

46,2 ⌂▶ Leipziger Sportverein Südwest, Lauerscher Weg 70, 04249 Leipzig, lsvsw-kanu.de (51.2914,12.3316)

45,4 Str-Ⅱ Leipzig, Brückenstraße (51.2988,12.3320)

44,5 EB-Ⅱ Leipzig-Großzschocher (51.3017,12.3398)

44,3 Rohr-Ⅱ (51.3031,12.3402)

44,0 re ➔ Elsterflutbett von Weiße Elster (51.3056,12.3419);
re Teilungs-■ Großzschocher, in 100 m re ⌓-Möglichkeit in das abzweigende Elsterflutbett (51.3057,12.3420);
li ← freie Durchfahrt zur Weiterfahrt auf der Weißen Elster (51.3057, 12.3419)

Nebenstrecke Elsterflutbett

Das Elsterflutbett wurde als Hochwasserschutzmaßnahme geschaffen. Es ermöglicht, zusammen mit der Weißen Elster, eine interessante Rundfahrt durch Leipzig. In das Elsterflutbett mündet die Pleiße. Über das Elsterflutbett kann man mehrere Bootshäuser erreichen.

3,7 ➔ Elsterflutbett von Weiße Elster (s. Seite 229) (51.3056, 12.3419);
re Teilungs-▬ Großzschocher, X, ⩦ (51.3057,12.3421)
3,5 li ⇅ Steganlage des Leipziger Kanu-Club (51.3069,12.3440)
1,9 Str-II Leipzig, Schleußiger Weg (Beipertbrücke) (51.3198, 12.3539)
1,6 re ⌂ SG Leipziger Verkehrsbetriebe, Schleußiger Weg 2 a 04275 Leipzig, www.kanu-lvb.de , ☎ +49 341 3913089 (51.3213, 12.3562)
1,5 re ⇩ der Pleiße (s. Seite 246) in das Elsterflutbett (51.3229, 12.3575)
1,1 Weg-II Leipzig, Rennbahnsteg, gute öffentliche ⇅ (51.3262, 12.3562)
0,6 Weg-II Leipzig, Anton-Bruckner-Allee (Sachsenbrücke) (51.3303, 12.3542)
0,2 Str-II Leipzig, Käthe-Kollwitz-Straße (51.3332,12.3515)
0,0 ⇩ Elsterflutbett in die Weiße Elster (s. Seite 229) (51.3348, 12.3498)

43,8 re ⌂ Leipziger KC. Slalomstrecke, Pistorisstr. 66, 04229 Leipzig, www.leipziger-kc.de , ☎ +49 341 4014961 (51.3074,12.3431)
43,7 li ⌂ SG Germania-Kanusport, Küchenholzallee, 04249 Leipzig, www.germania-kanusport.de (51.3078,12.3422)
43,5 Weg-II Pistorissteg (51.3094,12.3433)
42,7 li RV Triton Leipzig 1893, Antonienstraße 1A, 04229 Leipzig, www.rv-triton.de , ☎ +49 341 4773741 (51.3157,12.3404)
42,3 Str-II Leipzig, Antonienstraße, li Kanushop und Bootsverleih Herold. Ab hier viel Bootsverkehr! Auf dem Abschnitt bis zum Palmgarten mehrere ✕ li und re mit Steg zum Wasser (51.3184,12.3404)
41,9 Fußg.-II Leipzig, Limburger Straße (51.3213,12.3374)
41,3 Str-II Leipzig, Industriestraße (Karl-Brücke) (51.3263,12.3403)
41,2 li ⇩ Karl-Heine-Kanal in die Weiße Elster (51.3269,12.3412);
li ⌂ Kanu- und Freizeitzentrum Leipzig-Südwest, ⛺, Nonnenstraße 23, 04229 Leipzig, kanu-nonne-leipzig.de , ☎ +49 177 8907547, info@kanu-nonne-leipzig.de, ① ☎ +49 179 2935396 (51.3271,12.3408)

Nebenstrecke Karl-Heine-Kanal

Der Karl-Heine-Kanal sollte eine Verbindung zwischen Weißer Elster und der Saale herstellen und somit einen Anschluss der Stadt Leipzig an das Binnenwasserstraßennetz zu schaffen, wurde aber nicht fertiggestellt. Mit umtragen der Boote kann man den ebenfalls nicht fertiggestellten Saale-Leipzig-Kanal erreichen.

4,2 Ende des Saale-Leipzig-Kanal (s. Seite 229), ⩍ von/zum Lindenauer Hafen möglich und damit die Weiterfahrt auf dem Karl-Heine-Kanal (51.3377,12.2941)
3,1 Fußg.-Ⅱ (51.3304,12.3051)
2,7 Str-Ⅱ Leipzig, Lützener Straße (51.3286,12.3103)
2,0 Fußg.-Ⅱ (51.3289,12.3189)
1,8 Str-Ⅱ Leipzig, Saalfelder Straße (51.3298,12.3206)
1,7 EB-Ⅱ Leipzig (51.3302,12.3225)
1,6 Str-Ⅱ Leipzig, Engertstraße (51.3302,12.3237)
1,5 Weg-Ⅱ (51.3309,12.3250)
1,4 Str-Ⅱ Leipzig, Gießerstraße (51.3315,12.3259)
1,1 Str-Ⅱ Leipzig, Aurelienstraße (51.3317,12.3292)
0,9 Str-Ⅱ Leipzig, Karl-Heine-Straße (König-Albert-Brücke) (51.3304, 12.3301)
0,8 Str-Ⅱ Leipzig, Weißenfelser Straße (51.3296,12.3306)
0,6 Weg-Ⅱ (51.3287,12.3329);
re barrierefreie ⇅ am Karl-Heine-Kanal (51.3285,12.3331)
0,4 Str-Ⅱ Leipzig-Plagwitz, Zschochersche Straße (König-Johann-Brücke) (51.3282,12.3362)
0,2 Str-Ⅱ Leipzig, Erich-Zeigner-Allee (Elisabethbrücke) (51.3278, 12.3387)
0,1 ehemalige EB-Ⅱ, überbaut mit Kulturhafen am Riverboat (51.3276, 12.3397);
Str-Ⅱ Leipzig, Nonnenstraße (Nonnenbrücke) (51.3272,12.3405);
li ⌂⚑ Kanu- und Freizeitzentrum Leipzig-Südwest, ⚑⛺, Nonnenstraße 23, 04229 Leipzig, kanu-nonne-leipzig.de , ☎ +49 177 8907547, info@kanu-nonne-leipzig.de, ⓘ ☎ +49 179 2935396 (51.3271,12.3408)
0,0 ⇩ Karl-Heine-Kanal in die Weiße Elster (s. Seite 229)

41,1 Wege-Ⅱ (51.3273,12.3421)
40,7 Str-Ⅱ Leipzig, Ernst-Mey-Straße (Könneritzbrücke) (51.3296,12.3462)
40,5 re ⌂⚑ SC DHfK Leipzig, Klingerweg 2, 04229 Leipzig, kanu.scdhfk.de , ☎ +49 341 4806545 (51.3303,12.3482)
40,3 Str-Ⅱ Leipzig, Karl-Heine-Straße (Plagwitzer Brücke) (51.3321,12.3491)
40,1 li ← Kleine Luppe (s. Seite 257) von Weiße Elster (51.3337,12.3478);
Weg-Ⅱ Leipzig, Am Elsterwehr (51.3341,12.3476)
39,9 re ⇩ Elsterflutbett in die Weiße Elster (51.3348,12.3498);
re → Elstermühlgraben von Weiße Elster (51.3349,12.3498)

Nebenstrecke Elstermühlgraben

Der Elstermühlgraben war im städtischen Verlauf bisher verrohrt. Diese, bisher unfahrbare Strecke wird jetzt wieder geöffnet mit dem Ziel, den Mühlgraben voraussichtlich bis 2023 wieder durchgängig befahrbar zu machen. Zzt. ist die Strecke zwischen dem Wehr unterhalb des Stadthafens und dem Ranstädter Steinweg nicht nutzbar. Man muss für eine vollständige Befahrung die Boote umtragen (ca. 1 km).

4,9 ➔ Elstermühlgraben von Weiße Elster (s. Seite 229) (51.3349, 12.3498)
4,7 Weg-II Petersteg (51.3348,12.3512);
⌂ SC DHFK Leipzig, Abt. Rudern, Am Elsterwehr 3, 04109 Leipzig, www.rudern-in-leipzig.de , ♪ +49 341 4419143 (51.3349, 12.3515);
⌂ UL Sportfakultät, Am Elsterwehr 5, 04109 Leipzig (51.3349, 12.3521)
4,6 ⌂ Akademischer Ruderverein Leipzig, Moschelesstraße 17, 04109 Leipzig, www.arvleipzig.de , ♪ +49 341 9832816 (51.3350, 12.3527);
Weg-II Leipzig, Heilige Brücke (51.3351,12.3536)
4,3 Str-II Leipzig, Marschnerstraße (51.3366,12.3565)
4,0 Wege-II Leipzig, Schreberstraße zum Schreberbad (51.3386, 12.3595);
re ⬆⬇ Stadthafen Leipzig mit Bootsverleih (51.3390,12.3598)
3,9 ▬ Blüthnersteg, hier ⬆ und ca. 1 km Landtransport, Wieder-⬇ am Ranstädter Steinweg, ab 2023 voraussichtlich durchgängig ≈ (51.3397,12.3600)
3,2 ▬ am Lautensteg (51.3436,12.3674)
3,0 ⬇ Leipzig, Ranstädter Steinweg (51.3446,12.3697);
re ⇩ Pleißemühlgraben (51.3447,12.3698)
2,8 Str-II Leipzig, Jacobstraße (51.3453,12.3678)
2,5 Str-II Leipzig, Leibnizstraße (51.3465,12.3634)
2,2 Weg-II (51.3469,12.3600)
1,7 Str-II Leipzig, Waldstraßenbrücke (51.3500,12.3548)
1,2 Str-II Leipzig, Leutzscher Allee (51.3506,12.3479)
0,9 ⌂ Olympiastützpunkt Leipzig, Am Sportforum 10, 04105 Leipzig, www.osp-leipzig.de , ♪ +49 341 9821610 (51.3524,12.3468)
0,6 Weg-II (51.3552,12.3452)
0,0 ⇩ Elstermühlgraben in die Weiße Elster (s. Seite 229) (51.3591, 12.3409)

39,8 ▬ Palmgartenwehr, li ⏏ in das Elsterbecken (51.3352,12.3495)
39,8 –37,4 **Elsterbecken** ⚠ bei Mittelwasser flach, sehr verschlammt (51.3352,12.3495)–(51.3563,12.3389)
39,3 Str-II B86 Leipzig, Jahn-Allee (Zeppelin-Brücke) (51.3396,12.3471)
38,0 Str-II Leipzig, Am Sportforum (Landauer-Brücke) (51.3505,12.3413)
37,6 li ⬅ Neue Luppe (s. Seite 256) und Nahle (s. Seite 257) von Weiße Elster (51.3544,12.3390);
re ➔ der Weißen Elster (51.3545,12.3390)
37,4 Teilungs-▬ Elsterbecken, re Weiße Elster, ⏏ des Elsterwehres nicht

möglich, da Zaun um Kläranlage, an der vorhergehenden Brücke re ⬆ und ca. 500m zum Elstermühlgraben ⏏. ⬇ neben oder im Olympiastützpunkt (Steganlage, Eigentümer fragen) (51.3563,12.3389)

37,0 re ⇩ Elstermühlgraben in die Weiße Elster (51.3591,12.3409);
Str-Ⅱ Leipzig, Marienweg (51.3596,12.3413)

36,8 re ⇩ der Parthe (s. Seite 254) in die Weiße Elster (51.3609,12.3421)

36,7 EB-Ⅱ Leipzig (51.3615,12.3419);
Wege-Ⅱ Leipzig, Heuweg (51.3616,12.3419)

35,9 Str-Ⅱ Leipzig, Slevogtstraße (51.3677,12.3362)

34,9 EB-Ⅱ Leipzig (Viadukt) (51.3720,12.3265)

34,6 Weg-Ⅱ Leipzig, Bauernbrücke (51.3715,12.3224)

34,3 Str-Ⅱ Leipzig, Rittergutstraße (51.3719,12.3193)

34,2 Weg-Ⅱ (51.3730,12.3184)

33,7 li ehemaliges ▬ Leipzig-Wahren, meist ≈, re (geradeaus) ehem. Mühlgraben, ⚠ Eisenteile vom ehemaligen Stauwehr in der Fahrrinne (51.3734,12.3137)

33,6 Weg-Ⅱ über beide Arme (51.3742,12.3126)

33,4 Zusammenfluss der beiden Arme, Str-Ⅱ Leipzig-Wahren, An der Elster, 🚆 (51.3747,12.3098)

32,8 Weg-Ⅱ Leipzig, Aue (51.3756,12.3022);
▬ Mühle Leipzig-Stahmeln, ⏏ zzt. nicht möglich (Eigentümer gestattet kein Umtragen!), ⚠, Wasserkraftanlage außer Betrieb, Wehr ist daher immer überströmt, möglichst links vor der Fußgängerbrücke aussetzen und nach 120 m hinter den Gärten wieder einsetzen (51.3758,12.3010)

31,1 Weg-Ⅱ (51.3783,12.2819)

30,9 Weg-Ⅱ, re Schloss Lützschena (51.3783,12.2802)

30,7 ▬ Leipzig-Lützschena, li vor oder an der Fußgängerbrücke ⬆ und direkt hinter dem Wehr wieder ⬇ (51.3792,12.2793)

30,6 Str-Ⅱ Leipzig-Lützschena, Schlossweg (51.3794,12.2773)

30,0 Str-Ⅱ Leipzig, Am Pfingstanger (51.3824,12.2726)

29,1 ▬ Hähnicher Mühle, li ⏏, zzt. (2021) Baustelle, Umfluter links kann je nach Abfluss getreidelt oder befahren werden (51.3835,12.2602)

28,6 re ⇩ Mühlgraben Hähnicher Mühle (51.3838,12.2557);
Wege-Ⅱ Am Auenwald (51.3837,12.2556)

26,5 ▬ Altscherbitz, links vor 1. Wehr ⏏ (51.3885,12.2379)

26,2 re ⇩ Mühlgraben Altscherbitz (51.3888,12.2335)

26,1 Wege-Ⅱ (überdacht) (51.3888,12.2332)

24,6 ▬ Schkeuditz, li ⏏ (51.3898,12.2223)

24,5 Str-Ⅱ B186 Dölziger Straße, re **04435 Schkeuditz**, 🚆, ✕ (51.3888, 12.2223)

24,1 re ⇩ Mühlgraben Schkeuditz (51.3876,12.2179)

23,8 re ⬆ an Wege-Ⅱ Schkeuditz, gute Parkmöglichkeit, zu erreichen über Straße Am Wasserwerk (51.3888,12.2143)

22,3 ▬ Wehlitz, li neben neuen Wehr mit Fischpass ⏏ (51.3908,12.1971)

22,2 Weg-II, re **04435 Schkeuditz-Wehlitz** (51.3900,12.1980)
21,9 re Mühlgraben Wehlitz (51.3887,12.1949)
21,2 Weg-II (51.3854,12.1887)
20,6 Str-II A9 (51.3823,12.1837)
20,2 li ⇩ Neue Luppe (s. Seite 256) in die Weiße Elster (51.3826,12.1781)
17,7 Str-II, re **06258 Schkopau-Oberthau** (51.3843,12.1474)
13,7 Str-II, re **06258 Schkopau, OT Raßnitz**, li hinter Damm Raßnitzer See (51.3889,12.0943)
10,3 Str-II L183, re **06258 Schkopau, OT Lochau** (51.3961,12.0477)
9,6 EB-II (51.3994,12.0393)
9,6 –0,0 **§** ganzj. BV, freigestellt ist auf der Weißen Elster Kanu zu fahren, mit folgenden Maßgaben:
a) nicht in den Monaten Mai, Juni und September,
b) nicht in Gruppen mit mehr als zehn Booten,
c) nicht mit mehr als zwei Personen je Boot,
d) nur in der Mitte des Flusses,
e) ohne anzulanden.
Die Fahrten sind drei Werktage vorher bei der Naturschutzbehörde anzuzeigen (51.3995,12.0391)–(51.4325,11.9530)
9,2 Hubschütz-■ Döllnitz 1, **X**, ⌓, Ende des kanalisierten Abschnittes (51.4003,12.0339)
8,0 ■ Döllnitz 2, li ⌓, **06258 Schkopau, OT Döllnitz** (51.4057,12.0254)
7,8 re ⇩ Mühlgraben Döllnitz (51.4077,12.0239)
7,4 li ⇩ eines Altarmes (51.4088,12.0193);
Weg-II (51.4092,12.0185)
6,1 EB-II (ICE-Strecke) (51.4141,12.0065)
5,6 Str-II Halle-Osendorf, Wilhelm-Grothe-Straße (51.4169,12.0034)
4,8 Str-II Halle, Zum Burgholz (51.4196,11.9965)
4,0 li ← Nebenarm Weiße Elster von Weiße Elster (51.4186,11.9897)

Nebenstrecke Nebenarm Weiße Elster

Auf diesem Nebenarm kann man das Wehr Ammendorf umgehen.

1,0 ← Nebenarm Weiße Elster von Weiße Elster (s. Seite 229) (51.4186,11.9897)
0,9 EB-II (51.4191,11.9883)
0,8 EB-II (ICE) (51.4192,11.9873)
0,7 ⇩ einer Verbindung von der Weißen Elster (51.4203,11.9859)
0,5 EB-II (51.4217,11.9839)
0,4 Str-II B91 Halle, Merseburger Straße (51.4217,11.9835)
0,0 ⇩ Nebenarm Weiße Elster in die Weiße Elster (s. Seite 229) (51.4239,11.9791)

3,8 EB-II (51.4196,11.9883)
3,7 EB-II (ICE-Strecke) (51.4200,11.9876);
li ← zur Nebenstrecke, ≈ keine Angaben (51.4205,11.9864)

3,3 Straßenbahn-⊥ (51.4226,11.9841);
Str-⊥ **06132 Halle (Saale)**, Merseburger Straße (51.4227,11.9838)
3,1 ▬ Stufe Ammendorf, evtl. ≈, schwieriges ⏏ (51.4234,11.9810)
2,9 li ⇩ Nebenarm Weiße Elster in die Weiße Elster (51.4239,11.9791)
1,8 Weg-⊥ Halle-Ammendorf, Planenaer Straße, Steine, Schwall (51.4295, 11.9733)
0,8 Str-⊥ Halle-Ammendorf, Am Wasserwerk (51.4297,11.9638)
0,0 ⇩ Weiße Elster in die Saale (s. Seite 182) bei amtl. km 102,5 (51.4326, 11.9529)

Göltzsch

Wildwasser
Mündung in Weiße Elster bei km 163,7 (re Nebenfluss)

Die Göltzsch ist ein landschaftlich sehr schöner Fluss, bis Greiz in einem teils weitem, teils engen, teils bewaldetem Tal fließend, mit mäßigen Schwierigkeiten durch enge Kurven, Baum- und Strauchhindernisse bei schneller Strömung. An den Prallhängen oft auf Diabasfelsen stoßend. Auf fast der gesamten Strecke mäßige Schwallbildung. Erstbefahrung 1926 durch W. Bräutigam und W. Böttger.

Pegel: Pegel Rodewisch >40 cm, Q > 1,9 m³/s,
Pegel Mylau >60 cm, Q > 3,0 m³/s,
Hilfspegel: Straßen-⊥ B173 in Mylau: Wenn der flussabwärts gelegene breite Flussabschnitt fahrbar ist, ist die Wasserführung für die gesamte Strecke ausreichend.

Schwierigkeiten: km 20,4 – 8,1 WW I+; km 8,1 - ⇩ WW I

Infrastruktur: Parallel zum Fluss führt immer eine Landstraße.

20,7 Str-⊥ **08485 Lengenfeld**, Zwickauer Straße (50.5745,12.3743)
20,4 EB-⊥ Lengenfeld (50.5756,12.3705)
20,3 ▬-Schwelle am Sportplatz Lengenfeld (50.5757,12.3692)
19,9 ▬, zerstört (50.5784,12.3668)
19,4 Str-⊥ Lengenfeld, Reichenbacher Straße (50.5792,12.3602);
übliche ⬇ Lengenfeld, li kleiner 🅿 (50.5792,12.3601)
19,0 Schützen-▬ (50.5782,12.3555)
18,3 ▬ Schotenmühle (50.5767,12.3478)
17,4 Str-⊥ **08485 Lengenfeld, OT Wolfspfütz**, Dorfstraße (50.5753,12.3376)
17,1 ▬-Schwelle Wolfspfütz (50.5741,12.3343)
16,5 Schützen- ▬ Weißensand, ⏏, ⚠ (50.5756,12.3278)
16,1 Str-⊥ (50.5762,12.3226)
15,8 ▬ Lenkmühle (50.5763,12.3177)
15,4 Wege-⊥ Weißensand (überdachte Holzbrücke) (50.5772,12.3135)
15,2 Str-⊥ **08485 Lengenfeld, OT Weißensand**, Hartmannsgrüner Straße, ✕ (50.5779,12.3110)
14,6 Str-⊥ A72 (50.5809,12.3036)
14,3 ▬ Sohlgleite (50.5822,12.3008)

13,3 Str-Ⅱ Jägerhaus (50.5871,12.2955)

12,6 Weg-Ⅱ (50.5909,12.2933)

12,5 Schützen-■ Bünaumühle (50.5919,12.2940)

12,1 ■ Sohlgleite (50.5940,12.2907)

11,4 Str-Ⅱ S295 **08468 Limbach, OT Mühlwand**, ✕, ⌘ Alaunwerk (50.5988, 12.2877)

11,3 Schützen- ■ Mühlwand (50.5995,12.2868)

9,5 ≣ Mylau, ■ Pegelschwelle Sohlgleite, (50.6109,12.2722)

9,1 Str-Ⅱ (50.6130,12.2698)

8,9 ■ Sohlgleite (50.6129,12.2672)

8,6 ■ Mylau, li Wehrumgehungsgraben, es folgen mehrere Brücken in der Ortslage Mylau. In der Ortslage Mylau teilweise li und re Stützmauern (50.6157,12.2665)

8,1 Str-Ⅱ **08499 Reichenbach im Vogtland, OT Mylau**, Leipziger Straße, ⌘ Burg Mylau (50.6193,12.2631)

7,9 re ⇩ Raumbach (50.6206,12.2623)

7,7 Str-Ⅱ B173 Mylau, dann Schwallstrecke (50.6223,12.2607)

7,3 Str-Ⅱ Mylau, Karl-Marx-Ring (50.6224,12.2560)

7,2 Str-Ⅱ Mylau, Karl-Marx-Ring (50.6218,12.2545)

7,0 Schräg-■ Ketzelmühle, danach Sohlabsturz (50.6221,12.2524)

6,4 Weg-Ⅱ (50.6233,12.2459)

6,3 li ⇩ Limbach (50.6227,12.2443);
EB-Ⅱ Göltzschtalbrücke, 78 m hoch, 300 m lang (50.6227,12.2441)

5,9 ■ Sohlabsturz (50.6244,12.2407)

5,1 Str-Ⅱ Göltzschthalstraße (50.6291,12.2404)

4,2 ■ Schwarzhammermühle, ansehen, veränderliche Wasserführung durch Mühlgraben (50.6285,12.2310)

1,1 Werk-Ⅱ (50.6388,12.2079)

0,9 EB-Ⅱ (außer Betrieb) (50.6397,12.2091)

0,3 EB-Ⅱ (außer Betrieb) (50.6420,12.2017)

0,1 Str-Ⅱ Greiz, Mylauer Straße, vor ⇩ in Weiße Elster Steine ⚠ (50.6429, 12.1992)

0,0 ⇩ der Göltzsch in die Weiße Elster (s. Seite 229) bei km 163,7 (50.6429, 12.1984);
Zum Aussetzen ca. 1,5 km weiterfahren bis zum Elsterparkplatz im Zentrum von Greiz

Weida

Wildwasser

Mündung in Weiße Elster bei km 133,0 (li Nebenfluss)

Die Weida fließt als leichter Wildbach durch ein zunächst enges, ab Loitsch sich weitendes Tal, WW I. Mögliche Einsetzstelle an der Bermichsmühle oder bei minder gutem Wasserstand nach Zufluss der Leuba bei Leutsch. Insgesamt 11 Wehre, zumeist befahrbar oder zu umtragen. Das Wehr in Weida bei km 4,4 ist nicht befahrbar und erfordert das Umtragen der Boote ca. 800 m durch die Stadt. Es ist ratsam, die Fahrt hier zu beenden.

Befahrbarkeit: Nur bei HW.
Pegel: Weida.

km	
21,3	▬ Talsperre Weida (50.7074,11.9919)
21,0	Str-Ⅱ Bermischsmühle, zu erreichen über den Ort Staitz (50.7104, 11.9912)
20,5	⇩ in Ausgleichsbecken Weida (50.7117,11.9962)
20,0	▬ Ausgleichsbecken Weida, **X**, re ⏏ (50.7084,12.0010); ▬ der Erzmühle (50.7082,12.0016)
19,0	Wege-Ⅱ bei der Erzmühle (50.7103,12.0099)
18,1	Str-Ⅱ L2332, **07955 Auma-Weidatal, OT Döhlen** (50.7157,12.0162)
17,9	Wege-Ⅱ (50.7161,12.0195)
16,9	▬ Schmeißersmühle, ≋ oder re ⏏ (50.7187,12.0235)
16,3	Ⅱ bei der Schmeißersmühle (50.7217,12.0251)
16,0	▬ Valentinsmühle, ≋ oder re ⏏ (50.7214,12.0289)
15,9	EB-Ⅱ (50.7208,12.0310)
15,6	re ⇩ Triebes, ⬇-Möglichkeit (50.7224,12.0328)
15,1	EB-Ⅱ (50.7255,12.0285)
14,1	EB-Ⅱ (50.7286,12.0317)
13,2	EB-Ⅱ (50.7307,12.0386)
12,8	Wege-Ⅱ (50.7341,12.0394)
12,6	▬ Sohlschwelle Loitzsch, ≋ oder re ⏏ (50.7347,12.0427)
11,7	Str-Ⅱ Loitzsch, ⬇-Möglichkeit (50.7351,12.0508); re ⇩ Leuba (50.7351,12.0510)
10,0	▬ Sohlschwelle Nattermühle (50.7461,12.0591)
9,9	EB-Ⅱ (50.7460,12.0606)
9,5	Wege-Ⅱ, Nattermühle (50.7483,12.0632)
8,9	EB-Ⅱ (50.7522,12.0618)
8,3	EB-Ⅱ (50.7550,12.0644)
7,4	EB-Ⅱ (50.7598,12.0633); Weg-Ⅱ (50.7596,12.0626)
7,3	re ≣ Weida (50.7596,12.0624)
6,9	EB-Ⅱ (50.7619,12.0623)
6,5	Str-Ⅱ (50.7643,12.0646)
6,3	EB-Ⅱ (50.7644,12.0626); ▬ unmittelbar nach der Brücke, ≋ oder li ⏏, ⚠, am linken Ufer befindet sich ein Rohr, ca. 1 m Durchmesser, Ansauggefahr (50.7645,12.0621)
5,9	EB-Ⅱ (50.7671,12.0609)
5,8	Str-Ⅱ Weida, Gabelsberger Straße (50.7676,12.0615)
5,4	Str-Ⅱ Weida, Gräfenbrücker Straße (50.7701,12.0600); ▬ Katschmühlenwehr, ≋ oder li ⏏ (50.7700,12.0597)
4,6	Schützen-▬ Weida, immer geöffnet und ≋ (50.7722,12.0587)
4,5	Weg-Ⅱ (50.7724,12.0599)

4,4 Str-Ⅱ **07570 Weida**, Brückenstraße, ⌘ Osterburg mit Bergfried (50.7726, 12.0610)

4,3 ▬ Weida, **X**, li ⏏ ca. 800 m durch die Stadt bis zum Baucentrum Löffler, dann re zur Weida, wer sich das schwierige Umtragen sparen will, kann die Befahrung hier beenden (50.7725,12.0621)

3,8 li ⇩ Auma (50.7761,12.0630)

3,6 ▬ Bankwitzwehr, ≈ oder re ⏏, schwierig. Beim Umtragen des vorhergehenden Wehres kann dieses Wehr gleich mit umtragen werden (50.7775, 12.0644)

3,4 Str-Ⅱ B 92 Bahnhofstraße, danach Str-Ⅱ Karl-Marx-Straße (50.7784, 12.0667)

2,0 ▬ Mildenfurth, Sohlrampe defekt, ≈

0,5 Str-Ⅱ Weidaer Straße, li **07570 Wünschendorf/Elster, OT Mildenfurth** mit dem Kloster Mildenfurth (erbaut 1193) ⌘, re **07570 Wünschendorf/Elster** (50.7921,12.0844)

0,2 Wege-Ⅱ (50.7943,12.0870)

0,0 ⇩ der Weida in die Weiße Elster (s. Seite 229) bei km 133,0 (50.7958, 12.0893)

Pleiße

Kleinfluss
Mündung in Elsterflutbett bei km 1,5 (re Nebenfluss)

Die Pleiße ist durch Tagebaufolgemaßnahmen stark verändert und weitgehend kanalisiert. Oberhalb der Talsperre Windischleuba ist die Pleiße nur bei höheren Wasserständen zu befahren. Ein genauer Fahrtenbericht liegt hier noch nicht vor. Unterhalb der Talsperre befindet sich im Bereich Gaulis ein kleiner, sehr urwüchsiger Abschnitt, der den Gegensatz zum oft stark verbauten Rest des Gewässers unterstreicht. Auch die letzten 6 km vor der Mündung in den Elsterflutkanal sind im Auewaldgebiet noch naturnah. Die früher berüchtigte Wasserqualität hat sich deutlich verbessert, so dass eine Befahrung wieder lohnend ist.

Pegel: Böhlen 1/Pleiße, Regitz-Serbitz/Pleiße, Gößnitz, Neukirchen 1.

90,0 Quelle südwestlich von Zwickau. Weiterer Verlauf durch Werdau und Crimmitschau

56,7 Wehr Saara, meist **X**, **04603 Nobitz, OT Saara** (50.9325,12.4215)

56,3 Str-Ⅱ Saara (50.9339,12.4229)

55,7 li ⇩ der Sprotte (s. Seite 249) in die Pleiße (50.9381,12.4210)

55,0 ▬ vor Gardschütz (50.9427,12.4213)

54,6 Fußg.-Ⅱ (50.9461,12.4230)

54,1 Str-Ⅱ B93, li **04603 Nobitz, OT Mockern**, darunter Schwall (50.9499, 12.4258)

53,1 Str-Ⅱ Mockern, Mühlenstraße (50.9528,12.4357)

51,7 ▬ vor Zschechwitz (50.9596,12.4494)

51,4 Str-Ⅱ K206 Am Marksteigfeld, li **04600 Altenburg, OT Zschechwitz**

(50.9613,12.4526)

50,6 ▬ Paditz (50.9638,12.4599)

50,2 Str-II Am Bahnhof, li **04600 Altenburg, OT Paditz** (50.9671,12.4610)

49,4 ▬ vor Kotteritz (50.9721,12.4690)

49,1 Str-II Paderitzer Straße, li **04603 Nobitz, OT Kotteritz** (50.9738,12.4711)

48,4 ▬ unterhalb Kotteritz, meist **X**, li ⏏ (50.9793,12.4704)

48,2 EB-II (50.9796,12.4726)

47,5 Str-II B180, li **04603 Nobitz, OT Münsa** (50.9828,12.4771);
▬ Münsa (50.9832,12.4773)

46,5 Str-II (50.9910,12.4768)

45,5 ▬ Schelchwitz (50.9988,12.4773)

44,5 ▬ Remsa, evtl. ≋ bei gutem Wasserstand (51.0047,12.4823)

44,3 Str-II Pöppschener Straße, li **04603 Windischleuba, OT Remsa** (51.0064,12.4807)

43,0 ehemaliges ▬ Windischleuba, ≋ nur bei gutem Wasserstand (51.0149, 12.4778)

42,4 Str-II B7 Rochlitzer Straße, li **04603 Windischleuba** (51.0201,12.4748)

41,7 ⇩ in den Stausee der Talsperre Windischleuba, Talsperre ist verlandet (51.0252,12.4718)

39,0 ▬ Talsperre Windischleuba, **X**, Sperrwerk ist nur ein Überfall (51.0411, 12.4662);
⌂⚑ Kanu- und Laufverein Altenburg/Windischleuba (51.0412,12.4662)

37,8 ▬ Fockendorf, nur bei geöffnetem Schütz ≋ (51.0471,12.4570)

36,8 Str-II B93 **04617 Treben** (51.0535,12.4532);
gute ⬇ Treben, ab hier fast ganzjährig im K 1 und K 2 ≋ (51.0535, 12.4531)

35,8 2 ▬-Stufen, meist ≋ (51.0597,12.4499)

35,5 Weg-II (51.0622,12.4476)

32,6 ▬-Anlage mit Schützentafeln Regitz-Serbitz und Weg-II (51.0820, 12.4454)

31,7 Str-II **04565 Regis-Breitingen**, Schillerstraße (51.0885,12.4385)

31,4 Weg-II Regis-Breitingen (51.0912,12.4384)

30,5 Str-II Deutzener Straße (51.0987,12.4343)

28,9 ▬ Gefällestufe Deutzen, re ⏏ (51.1119,12.4277);
Str-II **04574 Neukieritzsch, OT Deutzen**, August-Bebel-Straße (51.1121, 12.4276)

27,9 Weg-II (51.1181,12.4354)

26,2 ▬ Lobstädt, re ⏏ (51.1273,12.4515)

25,7 Fußg-II, re **04575 Neukieritzsch, OT Lobstädt** (51.1304,12.4477)

24,9 EB-II Lobstädt (51.1366,12.4457);
Str-II B176 Lobstädt (51.1370,12.4459)

24,8 Weg-II (51.1372,12.4458)

23,8 ▬ Großzössen, li ⏏ (51.1460,12.4443);
re ⇩ der Wyhra (51.1462,12.4438)

21,7 Wege-Ⅱ Pleißeradweg, li ⁂ Neukieritzsch (51.1540,12.4170)
17,7 ▬ Trachenau, li ⩍ (51.1804,12.4093)
17,5 Weg-Ⅱ Blaues Wunder, re Stausee Rötha (51.1820,12.4083)
16,7 ▬ Gaulis, ✕, ⇅, Zufahrt über Mühlenweg 15, **04564 Böhlen, OT Gaulis** (51.1884,12.4053)
16,6 Weg-Ⅱ Gauliser Brücke (51.1894,12.4044)
15,0 ▬ Neumühle Böhlen, ➔ Mühlgraben, gut ≈, kleine Stufe unter der Brücke, li Wehr, verfallen, ⚠ Eisenteile (51.1985,12.3991)
14,9 Str-Ⅱ Böhlener Straße (51.1990,12.4000)
14,6 EB-Ⅱ Böhlen (51.2015,12.3994)
14,2 Weg-Ⅱ (51.2049,12.3981)
14,1 re ⇩ Neue Gösel (51.2055,12.3979)
13,0 Str-Ⅱ S72 **04564 Böhlen**, Leipziger Straße (51.2122,12.3868);
li ≣ Böhlen 1, empfohlener Mindestpegel 95 cm (51.2122,12.3867);
mögliche ⬇ Böhlen (51.2122,12.3866)
12,7 Str-Ⅱ Böhlen (51.2147,12.3847)
11,5 Str-Ⅱ B2 (51.2255,12.3855)
11,2 Str-Ⅱ **04564 Böhlen, StT Großdeuben**, Hauptstraße (51.2283,12.3854)
10,7 Sturz-▬ Großdeuben, 2 m, ✕, li ⩍ (51.2319,12.3871);
unterhalb des Wehres gute ⬇ mit 🅿-Möglichkeit (51.2319,12.3871)
9,9 Str-Ⅱ Großdeuben, Zehmener Straße, danach ▬ kleine Gefällestufe, meist ≈ (51.2392,12.3876)
8,8 Str-Ⅱ A38 (51.2481,12.3832)
8,5 Str-Ⅱ **04416 Markkleeberg, StT Gaschwitz** (51.2515,12.3838)
6,0 Str-Ⅱ Markkleeberg, Seenallee (51.2729,12.3810);
Ⅱ Pleißeradweg (51.2731,12.3811)
5,5 Str-Ⅱ Markkleeberg, Mönchereistraße (51.2780,12.3821)
5,2 re ➔ der Mühlpleiße von der Pleiße über ein ▬ (51.2804,12.3827);
▬ Markkleeberg agra- Park, li ⩍ (51.2805,12.3823);
⇩ Kleine Pleiße (Markleeberg) (s. Seite 251) in die Pleiße, dabei wird in einem Düker die Mühlpleiße unterquert (51.2807,12.3825)

Nebenstrecke Mühlpleiße

Die Mühlpleiße ist ein künstlich angelegter Nebenarm zur Pleiße. Diese Strecke ist eine, allerdings anstrengende, Alternative zur Weiterfahrt auf der Pleiße.

4,3 ➔ der Mühlpleiße von der Pleiße (s. Seite 246) über ein ▬ (51.2804,12.3827)
4,2 Str-Ⅱ B2 Fürstenstraße der Wettiner, **04416 Markkleeberg** (51.2805,12.3834)
4,1 Beginn der Stadt Leipzig, Fahrt durch den agra-Park (51.2810, 12.3846)
3,1 Wege-Ⅱ zum Torhaus Dölitz (51.2875,12.3879)
3,0 ▬ Wassermühle Dölitz mit ϟ, re ⩍ durch das Mühlengelände (51.2888,12.3878)

2,9 Str-𝐈𝐈 Goethesteig (51.2897,12.3877)
1,8 EB-𝐈𝐈 (51.2962,12.3795)
0,9 Str-𝐈𝐈 Koburger Straße (51.3032,12.3741)
0,7 ■ Mühlholzgasse, mit robusten Booten evtl. ≈ (51.3040,12.3728)
0,5 Str-𝐈𝐈 B2, Wundtstraße (51.3043,12.3691)
0,3 Wege-𝐈𝐈 (51.3041,12.3674)
0,2 Wege-𝐈𝐈 (51.3041,12.3651)
0,0 ⇩ der Mühlpleiße in die Pleiße (s. Seite 246) (51.3041,12.3626)

5,0 Weg-𝐈𝐈 im agra-Park (51.2823,12.3821)
4,7 Wege-𝐈𝐈 im agra-Park (51.2845,12.3802)
4,3 Str-𝐈𝐈 Markkleeberg, Dölitzer Straße (Goethesteig), kleine Stufe, ⚠ meist ≈ (51.2881,12.3772)
4,3 –2,9 ⚠ Gefahr für Falt- und Luftboote, spitze Steine unter der Wasseroberfläche bis nach der folgenden EB-Brücke (51.2881,12.3771)–(51.2935,12.3755)
3,7 EB-𝐈𝐈, darunter flach, ⚠ Gefahr für Falt- und Luftboote, spitze Steine unter der Wasseroberfläche. Ab hier Fahrt im Auwald (51.2933,12.3757)
3,3 Weg-𝐈𝐈 (51.2967,12.3756)
2,9 li Bootsverleih Am Wildpark (51.2995,12.3748)
2,7 **Leipzig, StT Connewitz**, Raschwitzer 𝐈𝐈 Koburger Straße (51.3009, 12.3727)
1,8 re ⇩ der Mühlpleiße in die Pleiße (51.3041,12.3626);
Haken-𝐈𝐈 Leipzig, Neue Linie (51.3041,12.3622)
1,5 li ⇩ Floßgraben Markkleeberg (s. Seite 252) in die Pleiße (51.3054, 12.3585)
0,2 Weg-𝐈𝐈 (51.3153,12.3580)
0,0 re ➔ des Pleißemühlgrabens, der die Stadt Leipzig durchfließt, **X** (51.3167,12.3582);
■ Connewitz, li ⩍ oder li Schleuse bzw. Borstenfischpass (re neben Schleuse) benutzen, Bedienungshinweise beachten ⚠, der Abschnitt unterhalb des Wehres ist das Pleißeflutbett (51.3169,12.3578);
re ⌂ SG Motor Leipzig West, ⛺, Schleußiger Weg 5, 04275 Leipzig, www.paddelsachsen.de , ☎ +49 151 10974188, kanustation@paddelsachsen.de (51.3171,12.3583)
-0,4 Str-𝐈𝐈 Leipzig, Schleußiger Weg (51.3206,12.3576)
-0,7 ⇩ der Pleiße in das Elsterflutbett (s. Seite 237) bei km 1,5 (51.3229, 12.3575)

Sprotte

Weitere Namen: Mannichswalder Sprotte

Kleinfluss
Mündung in Pleiße bei km 55,7 (li Nebenfluss)

Die Sprotte ist als kleines Flüsschen neben der Pleiße doch die wichtigste

Entwässerung des Altenburger Landes im äußersten östlichen Zipfel Thüringens. Sie wurde bereits ab Vollmershain befahren. Hier heißt der Fluss Mannichswalder Sprotte. Nach Zusammenfluss mit der Großensteiner Sprotte heißt der Fluss Sprotte. Da die Wehre für den Mühlenbetrieb überflüssig wurden, erfolgte in den Jahren 2006 bis 2008 ein bemerkenswerter Umbau der Wehre zu Sohlgleiten und mit Ergänzungen durch Fischpässe. Das Projekt „Lebendige Sprotte" ermöglicht jetzt den Fischen praktisch bis zur Quelle aufzusteigen. Sportlich gesehen ist die Sprotte für bekennende Minimalisten interessant, denn sie bietet schöne Auen, kleine Wäldchen und Dörfer mit schönen Kirchen.
Leider ist die Befahrbarkeit auf wenige Tage im Jahr beschränkt, bei Schneeschmelze und starken Regenfällen. mit mögl. kurzen K1. Die Sohlgleiten sind dann evtl. befahrbar.
Infrastruktur: Radbegleitung durchgängig flussnah möglich.

20,8 **04626 Vollmershain** (50.8529,12.2893)
20,8 –19,2 diverse Ⅱ und Stege in Vollmershain, z.T. Grundstückszufahrten (50.8529,12.2891)–(50.8605,12.2737)
19,2 Str-Ⅱ Ortsausgang Vollmershain, Dorfstraße (50.8605,12.2737); mögliche ⬇ Vollmershain (50.8606,12.2736)
18,2 Str-Ⅱ Zur Rothenmühle (50.8651,12.2671)
17,8 Str-Ⅱ A4 (50.8671,12.2687)
17,6 li ⇩ Paitsdorfer Sprotte, von Posterstein kommend. Beginn einer Schonstrecke für Fische, Pausenplatz (50.8691,12.2704)
17,0 ▬ Sohlgleite
16,6 Str-Ⅱ **04626 Schmölln, OT Nöbdenitz**, Dorfstraße (50.8749,12.2799); hier gute ⬇ Nöbdenitz (50.8749,12.2800)
15,9 EB-Ⅱ (50.8784,12.2857)
15,2 Str-Ⅱ **04626 Schmölln, OT Lohma**, Selkaer Straße (50.8819,12.2900)
14,3 li ⇩ Großensteiner Sprotte (50.8857,12.2993)
13,9 ▬ Sohlgleite (50.8852,12.3033)
13,7 Str-Ⅱ K305, **04626 Schmölln, OT Burkersdorf** (50.8864,12.3055)
11,8 ▬ Schloßig, re Umgehungsrinne 105 m, eventuell dort ⏏ (50.8891, 12.3227)
11,6 Str-Ⅱ Zum Bahndamm, li **04626 Schmölln, OT Schloßig** (50.8903, 12.3252)
10,8 ▬ Weihmühlenwehr am Ortseingang Schmölln, re Umgehungsrinne 125 m, eventuell dort ⏏ (50.8914,12.3332)
9,6 überdachte Fußg-Ⅱ **04626 Schmölln**, Grenzstraße, li ✕ Museumsschänke (50.8948,12.3444)
9,4 ▬ Hausmühlenwehr Schmölln, li ⏏ (50.8951,12.3472)
9,2 Str-Ⅱ Schmölln, Bachstraße (50.8954,12.3490)
9,1 Str-Ⅱ Schmölln, Zur Farbe (50.8959,12.3498)
9,0 Str-Ⅱ Schmölln, Mühlgasse (50.8968,12.3516)
8,7 Str-Ⅱ Schmölln (50.8988,12.3526);
Fußg.-Ⅱ Schmölln (50.8991,12.3529)
8,6 Str-Ⅱ Schmölln, August-Bebel-Straße (50.8999,12.3543)

8,4 Str-II Schmölln, Rudolf-Breitscheid-Straße (50.9003,12.3564)
8,0 Str-II Schmölln, Coßwitzanger (50.9028,12.3609)
7,9 Str-II Schmölln, Altenburger Straße (50.9029,12.3613)
6,9 Str-II Schmölln, Sprottenweg (50.9083,12.3729)
6,5 ▬ Sohlgleite mit Schütz am Ortsende Schmölln, re oder li ⩡ 50 m, darüber Steg (50.9094,12.3769)
5,2 ▬ Großstöbnitz, re ⩡, Pausenplatz (50.9178,12.3862)
5,1 ≣ Großstöbnitz (50.9182,12.3871)
5,0 Str-II **04626 Schmölln, OT Großstöbnitz**, Straße der Einheit (50.9185, 12.3883)
4,4 Str-II Großstöbnitz, Saaraer Weg (50.9220,12.3895)
3,0 ▬ Papiermühle mit Steg (50.9251,12.4018)
2,6 II Steg zur Papiermühle, ab dort das Wäldchen Klaffholz, Flächen-Naturdenkmal (50.9274,12.4061)
1,1 Str-II, re **04603 Nobitz-Saara** (50.9337,12.4184)
0,4 ▬ Sohlgleite Selleris mit Steg, Pausenplatz, zur Straße 50 m, hier ⬆ zur Beendigung der Befahrung der Sprotte (50.9374,12.4168)
0,0 ⇩ der Sprotte in die Pleiße (s. Seite 246) bei km 55,7 (50.9381,12.4210); Weiterfahrt bis Mühle Gardschütz nur bei weiterer Befahrung der Pleiße sinnvoll (50.9382,12.4211)

Kleine Pleiße (Markleeberg)

Weitere Namen: Störmthaler See, Markleeberger See

Seengewässer
Mündung in Pleiße bei km 5,2 (re Nebenfluss)

Störmthaler und Markkleeberger See sind Restlöcher ehemaliger Braunkohlentagebaue, die nach ihrer Flutung eine Seenkette bilden. Die Seen sind über einen Verbindungskanal mit Schleuse verbunden. Am Südostufer des Markleeberger Sees befindet sich der Kanupark Markkleeberg mit einer modernen Wildwasserstrecke. Die Kleine Pleiße ist der ehem. Verlauf der Pleiße vor dem Tagebau. Über die Kleine Pleiße wird das Überschusswasser der beiden Seen abgeleitet. Sie beginnt am Auslauf des Markkleeberger Sees. Je nach Abfluss aus den Seen kann die Kleine Pleiße mit robusten Einern und Zweiern in Fließrichtung befahren werden.

14,1 ⇩ Südspitze und Beginn des **Störmthaler See** (51.2059,12.4517)
10,1 südlich in einer Bucht der Wassersportpark Gruna, ⛟ (51.2272,12.4470)
7,1 Engstelle, li die Göhrener Insel (51.2498,12.4488)
5,9 ⇩ Ausfahrt aus dem Störmthaler See (51.2482,12.4324)
5,3 Str-II A14 (51.2494,12.4239)
5,1 ⯑ Kanuparkschleuse (51.2505,12.4227)
4,8 Str-II Zum Wildwasser (51.2531,12.4220)
4,5 ⇩ in den **Markkleeberger See** (51.2555,12.4219)
4,4 re Kanupark Markkleeberg (51.2579,12.4255)
1,7 ⇩ Ausfluss aus dem Markkleeberger See, **X**, re **Leipzig, OT Dölitz**

(51.2714,12.3953)
0,0 ⇩ Kleine Pleiße (Markleeberg) in die Pleiße (s. Seite 246) bei km 5,2, dabei wird in einem Düker die Mühlpleiße unterquert (51.2807,12.3825)

Floßgraben Markkleeberg

Weitere Namen: Cospudener See, Zwenkauer See, Ausleiter Cospudener See

Wanderfluss, geflutete Tagebaurestlöcher
Mündung in Pleiße bei km 1,5 (li Nebenfluss)

Der Floßgraben Markkleeberg ist der durch Tagebautätigkeit zerschnittene Teil der Batschke mit einer direkten Verbindung zum Cospudener See, der jetzt hauptsächlich von dessen Ablauf gespeist wird. Er mündet in die Pleiße und ist für Kleinboote in beide Richtungen befahrbar.
Eine Weiterfahrt über den Waldsee Lauer bis zum Tagebau-Restloch Cospudener See, dort Umtragen zur Weißen Elster ergibt die Möglichkeit zu einer Rundfahrt. Ausgehend vom Elsterflutbett in Leipzig ist dies je nach Anfangs- und Endpunkt eine Rundtour von ca. 20 km.
Der Floßgraben ist ein Abschnitt des Kurs 1 im entstehenden Gewässerverbund Leipzig.
Zwenkauer See, Cospudener See und der Floßgraben werden in durchgehender Kilometrierung beschrieben, um die für später vorgesehen Verbindung zum Zwenkauer See über den Harthkanal mit einarbeiten zu können. Im Allgemeinen wird diese Strecke von der Pleiße aufwärts befahren, bzw. ist dies für die Befahrung einer Rundtour zwingend.

Befahrungsregeln: km 8,4 bis 7,1 (Südteil des Cospudener Sees): ganzj. BV
km 2,6 bis 0 (Waldbad Lauer bis Mündung in die Pleiße): Das Befahren des Floßgrabens mit Wasserfahrzeugen vom 1. März bis 30. September ist nur eingeschränkt möglich. Für Kajaks und Kanus (muskelkraftbetrieben) ist ein Befahren nur von 11 bis 13 Uhr, von 15 bis 18 Uhr und von 20 bis 22 Uhr zugelassen. Außerdem ist das Betreten und Befahren der Ufer einschließlich eines 20 Meter breiten beidseitigen Uferstreifens verboten.

14,5 ⇩ eines Hochwasserüberlaufs in den Zwenkauer See (51.2229,12.2794)
9,2 ⇩ Ausfahrt aus dem Zwenkauer See in den Harthkanal (zzt. noch im Bau) (51.2428,12.3412)
8,6 Str-II A38 (51.2468,12.3373)
8,4 ⇩ des Harthkanal in den Cospudener See (Harthkanal zzt. noch im Bau) (51.2489,12.3371)
8,4 –7,1 § ganzj. BV für den Südteil des Cospudener Sees (51.2490,12.3371) –(51.2589,12.3276)
7,1 ➔ Cospudener See, Ostufer und 🡐 Cospudener See, Westufer vom Floßgraben Markkleeberg (51.2589,12.3275)

Nebenstrecke Cospudener See, Ostufer

Gemeinsam mit der Nebenstrecke Cospudener See, Westufer wird eine

Rundfahrt um den Cospudener See beschrieben.

3,5 ➔ Cospudener See, Ostufer und 🡐 Cospudener See, Westufer (s. Seite 253) vom Floßgraben Markkleeberg (s. Seite 252) (51.2589,12.3275)

2,4 re Marina, mehrere ✕ (51.2640,12.3446)

1,9 re **Zöbigker** (51.2660,12.3443)

1,3 re Badestrand (51.2706,12.3474)

0,0 ⇩ Cospudener See, Ostufer und Cospudener See, Westufer (s. Seite 253) in den Floßgraben Markkleeberg (s. Seite 252), der hier im Kartenmaterial Ausleiter Cospudener See heißt (51.2813, 12.3469)

Nebenstrecke Cospudener See, Westufer

Gemeinsam mit der Nebenstrecke Cospudener See, Ostufer wird eine Rundfahrt um den Cospudener See beschrieben.

4,1 ➔ Cospudener See, Ostufer (s. Seite 252) und 🡐 Cospudener See, Westufer vom Floßgraben Markkleeberg (s. Seite 252) (51.2589,12.3275)

2,9 ⇅ am Westufer südlich des Seglerhafen zum ⏏ zur Weißen Elster, Möglichkeit zur Rundtour, 1000 m Landtransport zur Brücke Cocciusstraße, ✕ (51.2674,12.3219)

2,2 ⇅ am Westufer nördlich des Seglerhafens zum ⏏ zur Weißen Elster, Möglichkeit zur Rundtour, 600 m Landtransport zur Brücke Leipzig-Südwest, Ritter-Pflugk-Straße (51.2735,12.3263)

0,2 li Badestrand (51.2820,12.3443)

0,0 ⇩ Cospudener See, Ostufer (s. Seite 252) und Cospudener See, Westufer in den Floßgraben Markkleeberg (s. Seite 252), der hier im Kartenmaterial Ausleiter Cospudener See heißt (51.2813, 12.3469)

4,0 ⇩ Cospudener See, Ostufer und Cospudener See, Westufer in den Floßgraben Markkleeberg, der hier im Kartenmaterial Ausleiter Cospudener See heißt (51.2813,12.3469)

3,9 Weg-II (51.2823,12.3478)

3,7 ⛿ Cospuden, li ⏏-Möglichkeit (51.2829,12.3495)

3,6 Str-II Leipzig, Lauerscher Weg (51.2825,12.3505)

3,5 Weg-II (51.2831,12.3511)

3,4 Der Lauersche Grenzgraben unterquert hier den Ausleiter des Copudener Sees. Der Lauersche Grenzgraben speist den Unterlauf der ehemaligen Batschke, die durch den Braunkohleabbau zerschnitten wurde (51.2837, 12.3525)

3,1 Weg-II (51.2846,12.3560);
⇩ in Waldsee Lauer (S-Ende) (51.2851,12.3561)

2,6 ⇩ Ausfahrt aus dem Waldsee Lauer (51.2891,12.3569);

Weg-II Leipzig, Waldseeweg (51.2894,12.3571)

2,6 –0,0 § Allgemeinverfügung zur Nutzung des Floßgrabens. Das Befahren des Floßgrabens mit Wasserfahrzeugen vom 1. März bis 30. September ist nur eingeschränkt möglich. Für Kajaks und Kanus (muskelkraftbetrieben) ist ein Befahren nur von 11 bis 13 Uhr, von 15 bis 18 Uhr und von 20 bis 22 Uhr zugelassen. Außerdem ist das Betreten und Befahren der Ufer einschließlich eines 20 Meter breiten beidseitigen Uferstreifens verboten (51.2891,12.3569)–(51.3054,12.3584)

2,5 Str-II Leipzig-Markkleeberg, Ziegeleiweg (51.2898,12.3577);
⇩ in den von re kommenden Floßgraben, dieser ist oberhalb **X**. Ab hier Name Floßgraben Markkleeberg (51.2902,12.3580)

2,3 EB-II (51.2914,12.3574)

2,2 Wege-II Am Wolfswinkel zum Klärwerk Markkleeberg (51.2926,12.3569)

2,0 Rohr-II (51.2945,12.3559)

0,5 Wege-II „Weiße Brücke", Leipzig-Connewitz, Die Linie (51.3028,12.3559)

0,0 ⇩ Floßgraben Markkleeberg in die Pleiße (s. Seite 246) bei km 1,5 (51.3054,12.3585)

Parthe

Kleinfluss
Mündung in Weiße Elster bei km 36,8 (re Nebenfluss)

Bei gutem Wasserstand ab Panitzsch befahrbar, bei Hochwasser ab Naunhof. Keine nennenswerten Schwierigkeiten, mit Baumhindernissen ist zu rechnen. Ca. 4 km vor der Mündung wird ein Teil der Gleisanlagen des Leipziger Hauptbahnhofs unterquert. Danach durchfließt die Parthe den Leipziger Zoo und mündet unterhalb des Teilungswehres am Elsterflutbecken in die Weiße Elster als rechter Nebenfluss. Da die Fahrt durch den Leipziger Zoo nicht erwünscht ist, sollte die Befahrung der Parthe spätestens oberhalb des Leipziger Hauptbahnhofs beendet werden.

Befahrungsregeln: Achtung; die Parthe durchfließt mehrere Landschaftsschutzgebiete, die Schutzgebietsverordnungen sind zurzeit in Überarbeitung, bitte vor Fahrtantritt über aktuelle Befahrungsregelungen informieren.

Pegel: Albrechtshain 1; Leipzig-Thekla

35,4 ⬇ hinter dem Freibad Naunhof bei sehr gutem Wasserstand (51.2727, 12.5869)

34,7 Str-II **04683 Naunhof**, Leipziger Straße, re 🚃 (51.2774,12.5843)

33,7 Weg-II (51.2849,12.5813);
Str-II S43 Naunhof, gute ⬇ (51.2851,12.5810)

33,2 Str-II **04683 Naunhof, OT Erdmannshain**, Am Rehwinkel (51.2889, 12.5777)

31,8 Weg-II (51.3009,12.5734)

31,1 re ⇩ Faule Parthe (51.3055,12.5679)

31,0 re Str-II **04683 Naunhof, OT Albrechtshain**, Beuchaer Straße (51.3058, 12.5661)

30,3 Str.- II A14 (51.3103,12.5596)
30,0 Str-II (51.3129,12.5578)
28,8 Str-II **04824 Brandis, OT Beucha**, Wolfshainer Straße, mögliche ⬇ Beucha, im Sommer stark verkrautet (51.3232,12.5587)
27,2 Str-II **04451 Borsdorf, OT Zweenfurth**, Hirschfelder Straße (51.3337, 12.5474)
27,1 li ⇩ Threne (51.3347,12.5459)
27,0 Str-II Zweenfurth, Dorfstraße (51.3350,12.5456)
25,4 EB-II Borsdorf, kurz vorher re Nutriakolonie im Uferverbau (51.3437, 12.5276)
25,1 Str-II Borsdorf, Leipziger Straße (51.3460,12.5312)
24,8 Str-II Leipziger Straße, re **04451 Borsdorf**, 🚂 (51.3480,12.5324)
24,0 Str-II B6 (51.3549,12.5332)
23,9 Weg-II (51.3551,12.5331)
22,9 Str-II **04451 Borsdorf, OT Panitzsch**, Borsdorfer Straße, gute ⬇ (51.3626,12.5351);
Fußg-II Panitzsch (51.3631,12.5361)
22,5 Fußg-II (51.3650,12.5400)
19,6 Weg-II (51.3817,12.5263)
19,4 Weg-II (51.3822,12.5234)
18,5 Str-II Taucha, Wurzener Straße (51.3770,12.5155)
17,8 Weg-II (51.3740,12.5070)
17,4 Weg-II (51.3754,12.5020)
17,3 li ⬅ fahren, Durchfahrt durch Stadtpark Taucha, re Parthe-Umfluter (51.3766,12.5009)
16,7 Str-II **04425 Taucha**, Leipziger Straße, unter der Str-II Vorsicht, ⚠, Schwall, unterhalb flach, ggf. vorher ansehen (51.3802,12.4947)
16,5 Weg-II (51.3816,12.4946)
16,2 Weg-II (51.3839,12.4981)
16,1 Str-II B87 Taucha (51.3847,12.4986)
15,6 Fußg.-II (51.3880,12.4950);
EB-II (51.3881,12.4946)
15,3 Str-II **04425 Taucha, OT Cradefeld**, Dorfstraße (51.3892,12.4907)
14,3 Fußg.-II (51.3954,12.4825)
13,9 Str-II **04425 Taucha, OT Seegeritz**, Hauptstraße (51.3925,12.4795)
12,0 Str-II **04349 Leipzig, StT Plaußig**, Grundstraße, Beginn der Stadtdurchfahrt Leipzig (51.3910,12.4561)
11,2 Fußg.-II Portitzmühlweg (51.3865,12.4475)
11,0 Str-II A14, Unterquerung Autobahn flach (51.3858,12.4462)
10,1 Weg-II Leipzig, An den Pferdnerkabeln (51.3814,12.4357);
≣ Leipzig-Thekla, mindestens 100 cm erforderlich (51.3815,12.4356);
Str-II Leipzig-Thekla, Göteborger Straße (51.3814,12.4344)
8,9 Str-II Leipzig, Tauchaer Straße mit Straßenbahn (51.3795,12.4237)
8,1 EB-II, danach Leipzig-Abtnaundorf, Stadtpark (51.3730,12.4210)

7,9 Str-Ⅱ Leipzig, An der Parthe (51.3718,12.4188)
7,7 Fußg.-Ⅱ (51.3707,12.4156)
7,5 Fußg.-Ⅱ (51.3698,12.4133)
6,9 Fußg.-Ⅱ (51.3648,12.4141)
6,7 Fußg.-Ⅱ, re Freibad Schönfeld (51.3628,12.4129)
6,2 Str-Ⅱ Leipzig-Schönefeld, Ossietzkystraße (51.3610,12.4075); gute ⬆ Leipzig-Schönefeld, 🅿 (51.3610,12.4072)
5,1 Str-Ⅱ Leipzig, Adenauerallee (51.3538,12.3964)
4,7 Str-Ⅱ B6 Leipzig (51.3514,12.3933)
4,4 –4,1 mehrere breite EB-Ⅱ, Unterquerung des Leipziger Hauptbahnhofs, ab hier ausgebautes geschwungenes Gerinne, Ausstieg schwierig, Fahrt vorher beenden. Eine Weiterfahrt führt durch den Leipziger Zoo. Hier ist eine Durchfahrt nicht erwünscht (51.3518,12.3889)–(51.3517,12.3851)
0,0 ⇩ der Parthe in die Weiße Elster (s. Seite 229) bei km 36,8 (51.3609, 12.3421)

Neue Luppe

Kanalisierte Flussstrecke
Mündung in Weiße Elster bei km 20,2 (li Nebenfluss)

Die Neue Luppe zweigt vom Elsterflutbecken (mittlerer Arm) ab und dient als Hochwasserableiter für die Stadt Leipzig. Die Fahrt auf der Neuen Luppe ist landschaftlich wenig reizvoll, da diese beiderseits hoch eingedeicht ist. Sie ist aber ein schneller Weg zur unteren Weißen Elster, der allerdings durch ein ganzjähriges Befahrungsverbot im NSG Burgaue unterbrochen ist.
Befahrungsregeln: km 9,6 bis 8,7 (Leipzig - Landesgrenze): ganzj. BV

13,4 ← Neue Luppe und Nahle (s. Seite 257) von Weiße Elster (s. Seite 229) (51.3544,12.3390)
13,0 mittleres ▬ der Wehrgruppe am Ende des Elsterbeckens, **X**, li oder re ⏏, (51.3576,12.3361)
12,7 Wege-Ⅱ, EB-Ⅱ, Wege-Ⅱ, Achtung, flach! (51.3608,12.3347)
11,6 EB-Ⅱ (51.3668,12.3239)
10,9 Str-Ⅱ Leipzig, Gustav-Esche-Straße, re Auensee (51.3675,12.3140)
10,6 li ⇩ der Nahle (s. Seite 257) in die Neue Luppe (51.3682,12.3108)
9,6 Weg-Ⅱ (Burgauenbrücke) (51.3715,12.2983)
9,6 –8,7 **§**, ganzj. BV (51.3715,12.2981)–(51.3717,12.2858)
8,0 Weg-Ⅱ (51.3759,12.2778)
7,2 Str-Ⅱ Lützschena-Stahmeln, Am Pfingstanger. Hier aussetzen und umtragen zur Weißen Elster möglich (51.3807,12.2699); **04159 Leipzig, StT Lützschena-Stahmeln** (51.3807,12.2697)
5,0 Weg-Ⅱ (51.3742,12.2423)
3,2 Str-Ⅱ B186 (51.3760,12.2180)
2,3 ▬ Sohlschwelle, mittig bei gutem Wasserstand ≈, re ⏏, davor li ← Luppewildbett (Alte Luppe), trocken, bei HW durch Wehr verschlossen (51.3798,12.2064)

0,8 Str-II A9 (51.3782,12.1851)
0,0 ⇩ Neue Luppe in die Weiße Elster (s. Seite 229) bei km 20,2 (51.3826, 12.1781)

Nahle

Kleinfluss
Mündung in Neue Luppe bei km 10,6 (li Nebenfluss)

Die Nahle ist in das Hochwasserschutzsystem der Stadt Leipzig eingebunden und mündet als kanalisierter Fluss aus dem Elsterflutbecken aus (linker Arm). Ab Mündung der Kleinen Luppe fließt sie als Kleinfluss hoch eingedeicht durch die Auewälder bis zur Neuen Luppe.

3,0 ← Neue Luppe (s. Seite 256) und Nahle von Weiße Elster (s. Seite 229) (51.3544,12.3390)
2,5 li ▬ der Wehrgruppe am Ende des Elsterbeckens Leipzig, X, li ⩍, Beginn der Nahle, zunächst sehr breites flaches Flussbett (51.3567,12.3329)
2,1 li ⇩ Kleine Luppe (s. Seite 257) in die Nahle (51.3591,12.3279)
2,0 Weg-II, EB-II, ab hier Strömung und Kleinflusscharakter (51.3595, 12.3277)
1,3 EB-II (51.3646,12.3232)
0,6 Str-II Leipzig, Gustav-Esche-Straße (51.3642,12.3137)
0,0 ⇩ der Nahle in die Neue Luppe (s. Seite 256) bei km 10,6 (51.3682, 12.3108)

Kleine Luppe

Kleinfluss
Mündung in Nahle bei km 2,1 (li Nebenfluss)

Die Kleine Luppe mündet vor dem Palmengartenwehr aus der Weißen Elster aus und umgeht das Elsterflutbecken. Im Wesentlichen Kleinflusscharakter durch Stadtbebauung, nach Starkregen durch Mischwasserabschläge teilweise recht verschmutzt.

3,6 ← Kleine Luppe von Weiße Elster (s. Seite 229) (51.3337,12.3478)
3,2 Weg-II (51.3330,12.3424)
2,9 Str-II B87 Leipzig, Bowmanstraße (51.3356,12.3413);
▬ Leipzig-Lindenau, X, ⩍ (schwierig) (51.3357,12.3411)
2,7 Str-II Leipzig, Zschochersche Straße (51.3364,12.3397)
2,6 Str-II Leipzig, Kuhturmstraße (51.3373,12.3397)
2,1 Str-II Leipzig, Erich-Köhn-Straße (51.3417,12.3377)
1,8 ⚠ steiniger Schwall, evtl. ≈, sonst treideln erforderlich (51.3442,12.3369)
1,7 Weg-II (51.3455,12.3363)
1,2 Str-II Leipzig, Hans-Driesch-Straße (51.3498,12.3341)
0,3 Weg-II (51.3568,12.3289)
0,0 Man kann in der Nahle die Fahrt hier zur Neuen Luppe fortsetzen oder nach rechts abbiegen und auf der Nahle flussaufwärts zum Nahlewehr fahren, dieses aufwärts umtragen und auf dem Elsterflutbecken zurück

zum Palmengartenwehr paddeln und erreicht so nach ca. 3,3 km wieder den Ausgangspunkt (51.3589,12.3278);
⇩ Kleine Luppe in die Nahle (s. Seite 257) bei km 2,1 (51.3591,12.3279)

Wipper (Saale)

Kleinfluss
Mündung in Saale bei amtl. km 37,7 (li Nebenfluss)

Die Wipper ist ein durch Wald- und Wiesengebiete fließender, naturnaher Kleinfluss mit einigen Baum- und Strauchhindernissen. Die Wehre sind auf kurzem Weg zu ⏏ bzw. teilweise ≈. Unterhalb der Autobahnbrücke Dschungelcharakter (Baumhindernisse) mit Sandsteinfelsen am Fluss. Mehrere Bahnhöfe ermöglichen das Umsetzen. Vor allem lohnend bis Warmsdorf. Danach begradigter Flusslauf.

Befahrbarkeit: nur bei hohem Wasserstand (Frühjahr und nach Regenfällen), Einer sind ratsam.
Pegel: Großschierstedt, Befahrung ab Großschierstedt bei 80 cm möglich.
Kilometrierung: nach Kartenmaterial. Die Wipper soll mit Kilometertafeln versehen sein, der Redaktion liegen jedoch keine Unterlagen vor.

37,1 Str-II **06333 Hettstedt**, Doktorsteg, ⧗. Ab hier wurde die Wipper schon befahren. Kein gesicherter Fahrtenbericht (51.6479,11.5173)
36,6 Fußg.-II Hettstedt (51.6522,11.5216)
36,2 Str-II Hettstedt, Saigerhütte (51.6551,11.5208)
34,3 Str-II, li **06456 Arnstein, OT Wiederstedt**, Gipshütte (51.6658,11.5375); es folgt ▬ Sohlgleite, evtl. ≈, (genaue Position nicht ermittelt)
31,9 ▬ Sandersleben (51.6740,11.5591);
EB-II Sandersleben (51.6745,11.5596)
31,7 EB-II Sandersleben (51.6746,11.5618)
31,4 Str-II **06456 Arnstein, OT Sandersleben (Anhalt)**, Friedensstraße (51.6765,11.5614);
⬇ Sandersleben (51.6766,11.5614)
31,3 Weg-II Sandersleben (51.6774,11.5615)
29,7 EB-II unterhalb Sandersleben (51.6901,11.5613);
es folgt ▬ Sohlschwelle, ≈, (genaue Position nicht ermittelt);
weitere EB-II unterhalb Sandersleben (51.6901,11.5606)
28,9 alte Stein-II Freckleben (51.6951,11.5540)
28,8 ▬ Freckleben (51.6954,11.5538)
28,6 EB-II Freckleben (51.6977,11.5536)
27,9 Fußg.-II Freckleben, Winzersteg (51.7019,11.5486)
27,8 Str-II **06449 Aschersleben, StT Freckleben**, An der Dorfstraße (51.7029,11.5469)
25,9 Str-II Wasserteich, re **06449 Aschersleben-Drohndorf** (51.7139, 11.5312)
25,7 ▬ Sohlgleite Drohndorf, **X**, ⏏ (51.7152,11.5290)
24,5 Str-II, li zum ⧗ Drohndorf-Mehringen (51.7222,11.5193)

24,2 Wege-Ⅱ Wipperradweg (51.7238,11.5157)
23,9 Wege-Ⅱ Wippersteg (51.7256,11.5128)
23,7 Str-Ⅱ **06449 Aschersleben, StT Mehringen**, Kreisstraße (51.7268, 11.5111)
21,1 Wege-Ⅱ, davor ■ raue Sohlgleite Aschersleben-Salzkoth (genaue Position nicht bekannt) (51.7426,11.4882)
19,2 ■ Groß Schierstedt, **X**, re ⏏ (51.7466,11.5089)
18,9 li ⇩ Eine, evtl. ≈ ab Aschersleben, kein Befahrungsbericht vorhanden (51.7484,11.5113)
18,5 Wege-Ⅱ Wipperradweg (51.7487,11.5174)
18,1 Str-Ⅱ Untere Dorfstraße, re **06449 Aschersleben, OT Groß Schierstedt**, li 🚉 Schierstedt (51.7501,11.5219)
17,6 li ▤ Großschierstedt mit Ⅱ (51.7526,11.5281); ehemalige EB-Ⅱ (51.7528,11.5283)
17,0 ■ Klein Schierstedt, li ⏏, re Wasserableitung (51.7540,11.5359)
16,4 Str-Ⅱ **06449 Aschersleben, OT Klein Schierstedt** (51.7557,11.5434)
16,1 Wege-Ⅱ Wipperradweg (51.7556,11.5480)
15,6 EB-Ⅱ (51.7585,11.5508)
15,1 ■ Giersleben, re ⏏ (51.7602,11.5567)
14,8 Str-Ⅱ Giersleben, Mühlenstraße (51.7614,11.5594)
14,4 Fußg-Ⅱ Giersleben, Am Furth (51.7625,11.5628)
14,0 Str-Ⅱ Bahnhofstraße, li **06449 Giersleben**, re 🚉 Giersleben (51.7642, 11.5670)
12,4 ■ Warmsdorf, ⏏, bei NW 300 m treideln oder Mühlgraben fahren, dann beim ■ Mühle Warmsdorf re ⏏ (51.7740,11.5762)
11,7 Str-Ⅱ L72, **39439 Güsten, OT Warmsdorf** (51.7761,11.5852)
11,2 li ⇩ Mühlgraben Warmsdorf (51.7787,11.5887)
10,9 li ← Liethe über Wehr (mündet in die Bode) (51.7800,11.5926)
10,8 EB-Ⅱ (51.7805,11.5943)
9,5 Str-Ⅱ Amesdorfer Straße, li **39439 Güsten**, li zum 🚉 Güsten (51.7862, 11.6074); danach ■ Ruschemühle, re ⏏
8,6 Str-Ⅱ K2108 (51.7912,11.6148)
8,2 li ← zur Flutmulde Osmarsleben über Wehr (51.7916,11.6199)
7,7 Str-Ⅱ **39439 Güsten, OT Osmarsleben**, Karl-Marx-Straße (51.7918, 11.6277)
7,3 ■ Mühle Osmarsleben, darüber Weg-Ⅱ (51.7939,11.6310)
5,9 Weg-Ⅱ (51.7981,11.6491)
5,2 Str-Ⅱ K2526 Ilberstedt – Cölbig (51.8016,11.6573)
4,3 Str-Ⅱ Mühlstraße, li **06408 Ilberstedt** (51.7977,11.6687)
3,3 Str-Ⅱ A14 (51.7947,11.6799)
2,4 Weg-Ⅱ (51.7919,11.6881)
1,7 Flussteilung, ← fahren, 2 ■ Staustufen, beide ≈ (51.7896,11.6967)
1,3 Str-Ⅱ Aderstedt – Bernburg (51.7879,11.7010)

0,0 ⇩ der Wipper (Saale) in die Saale (s. Seite 182) bei amtl. km 37,7 (51.7873,11.7184)

Bode

Weitere Namen: Kalte Bode

Wildwasser, Kleinfluss, Wanderfluss
Mündung in Saale bei amtl. km 27,6 (li Nebenfluss)

Die Bode entsteht im Harz aus mehreren Quellflüssen; sie sind zur Trinkwasserversorgung und zum Hochwasserschutz durch ein System von Talsperren abgefangen. Ab Neinstedt wird die Bode zum Wanderfluss des Harzvorlandes, unverbaute Ufer mit Auwaldstreifen mit reicher Tierwelt, viele Kiesbänke und kleine Kiesbankschwälle, mehrere Wehre.

Befahrungsregeln: km 153 bis 98 (Oberlauf bis Thale): ganzj. BV
Befahrbarkeit: Ab Thale bei gutem Wasserstand für K 1, ab Wegeleben bei gutem Wasserstand auch für Zweier, ab Oscherleben ganzjährig.
Pegel: Thale, Ditfurt (bei 55 cm konnten einige Wehre mit Faltboot nicht befahren werden), Wegeleben, Hadmersleben, Staßfurt.
Kilometrierung: ab km 97,0 bis zur Mündung in die Saale amtliche Kilometrierung mit Kilometerschildern am Fluss

169,0 Ursprung der Bode
169,0 –107,4 **§** ganzj. BV. ab den Quellen der Bode (51.7472,10.7418)–(51.7374,11.0238)
147,8 ▬ Staudamm Hochwasser-Schutzbecken Kalte Bode (51.7477,10.7431)
147,1 ▬ Königshütte (51.7502,10.7524)
145,1 re ⇩ Warme Bode, ebenfalls ganzj. BV. Ab hier Name: Bode (51.7400, 10.7699)
142,6 ▬ Staudamm Überleitungssperre Königshütte (51.7361,10.8049)
140,1 Str-II **38875 Oberharz am Brocken, StT Stadt Elbingerode (Harz)**, Susenburger Straße Hahnenkopf (51.7467,10.8208)
134,7 Str-II **38889 Oberharz am Brocken, OT Höhlenort Rübeland**, Blankenburger Straße, re ⚌, ⌘ Tropfsteinhöhlen (51.7547,10.8461)
132,0 Str-II Neuwerk (51.7527,10.8742)
129,7 Beginn des Staus der Talsperre Wendefurth (51.7452,10.8902)
128,4 li ragt die Staumauer der Rappbodetalsperre 106 m hoch, ⌘ (51.7412, 10.8972)
126,9 re ⬆-Möglichkeit beim Wendefurther Bootsverleih (anfragen), Auf dem Stausee, 06502 Thale OT Wendefurth, www.erlebnis-talsperre-harz.de, ✆ +49 171 4082972 (51.7403,10.9154)
126,5 ▬ Talsperre Wendefurth (51.7421,10.9187)
126,2 Str-II B81 (51.7407,10.9220)
120,7 Str-II **06502 Thale, OT Altenbrak** (51.7255,10.9437)
115,9 ⬆ **38889 Thale, OT Treseburg** (51.7167,10.9705)
107,4 ▬ Ortsbeginn Thale, Seilbahnstation zum Hexentanzplatz und zur

Roßtrappe, oberhalb Bodetal, ⌘ (51.7376,11.0238)
107,3 li ≣ Thale (51.7383,11.0247)
106,8 Str-Ⅱ Thale, Goetheweg (51.7416,11.0281);
▬ Thale (51.7422,11.0282)
106,4 Str-Ⅱ Thale, Walter-Rathenau-Straße (51.7445,11.0263)
106,2 ▬ Eisenhüttenwerk Thale mit Wasserableitung (51.7468,11.0259)
105,8 Str-Ⅱ Thale (51.7500,11.0270)
105,3 Str-Ⅱ Thale, Brückenstraße, re zum 🚂 Thale (51.7510,11.0336);
▬ Thale, Brückenstraße (51.7511,11.0344)
104,8 ▬ Thale mit Wasserableitung (51.7537,11.0401)
104,7 Fußg.-Ⅱ Thale (51.7536,11.0412)
104,3 Str-Ⅱ **06502 Thale**, Schmiedestraße (51.7543,11.0459)
104,1 ▬ Thale (51.7542,11.0488)
102,9 ▬ am Ortsende Thale (51.7549,11.0635)
100,9 ▬ Neinstedt, li ⏏ (51.7561,11.0903)
100,8 Str-Ⅱ, li **06502 Thale, OT Weddersleben**, re **06502 Thale, OT Neinstedt** (51.7562,11.0910);
gute ⬇ Weddersleben, 🅿. Ab hier Kleinfluss ohne besondere Schwierigkeiten (51.7562,11.0911)
99,2 ▬ Weddersleben, re ⏏, schwierig, 2007 tödlicher Unfall (51.7677, 11.0995)
97,1 ▬ (51.7777,11.1200)
96,6 Weg-Ⅱ Quedlinburg (51.7790,11.1263)
95,4 ▬ am Ortsanfang von Quedlinburg, meist kein Wasserüberlauf, dann im Mühlgraben geradeaus weiterfahren (51.7824,11.1390)
95,3 li ⇩ Überlauf Mühlgraben (51.7832,11.1403)
95,1 Str-Ⅱ Quedlinburg, Harzweg (51.7834,11.1421)
94,6 Fußg.-Ⅱ Quedlinburg (51.7852,11.1485)
94,4 Str-Ⅱ **06484 Quedlinburg**, Bahnhofstraße, von hier aus Möglichkeit zur Besichtigung der Stadt mit Dom, Fachwerkbauten ⌘, re zum 🚂 (51.7856, 11.1512)
94,1 Fußg-Ⅱ Quedlinburg, Mauerstraße (51.7875,11.1546)
93,6 Str-Ⅱ Quedlinburg, Magdeburger Straße (51.7902,11.1590);
Schräg-▬ Quedlinburg, Magdeburger Straße, etwa 1 m hoch, gut ≋, kurz danach weitere ≋ Stufe (51.7903,11.1592)
91,1 EB-Ⅱ (51.8048,11.1841)
90,8 Weg-Ⅱ (51.8050,11.1877)
90,6 Str-Ⅱ A36 (51.8075,11.1895)
87,7 Str-Ⅱ K2360 Langenberg, li **06484 Ditfurt** (51.8280,11.2061);
li gute ⬇ ca. 50 m unterhalb der Brücke, Parkmöglichkeit, ca. 1,5 km zum Bahnhof (51.8286,11.2062)
87,0 Fußg.-Ⅱ Ditfurt (51.8336,11.2093)
86,9 li ≣ Ditfurt (51.8339,11.2102)
83,9 EB-Ⅱ (51.8520,11.2359)

83,2 leichter Schwall nach aufgelassenem ▬, danach zahlreiche Mäander

82,9 Wege-Ⅱ (51.8593,11.2332)

80,3 re ⇩ der Selke (s. Seite 264) in die Bode, ab hier bei entsprechenden Wasserständen deutlich mehr Wasser und mehr Strömung (51.8731, 11.2291)

80,0 Schräg-▬, etwa 1,5 m hoch, ≋ nach ansehen oder li ⏏ (51.8745, 11.2264)

79,5 Fußg.-Ⅱ, re **38828 Wegeleben, OT Rodersdorf** (51.8758,11.2200)

78,1 Fußg.-Ⅱ (51.8802,11.2117)

76,2 Damm-Mühle Wegeleben mit Schräg-▬, etwa 1,5 m hoch, ≋ oder re ⏏ (51.8874,11.1897);
▤ Wegeleben

75,7 li gute ⇅ Wegeleben vor der Brücke (51.8882,11.1834);
Str-Ⅱ Steinweg, li **38828 Wegeleben**, re **38828 Wegeleben, OT Adersleben** (51.8884,11.1836)

75,1 Str-Ⅱ Wegeleben, Lindenweg (51.8933,11.1817)

71,4 Str-Ⅱ Oberstraße, re **38828 Wegeleben, OT Deesdorf** (51.9188, 11.1867);
▬ raue Sohlgleite Deesdorf, ≋, li anfahren, vorher ansehen (51.9190, 11.1871)

68,2 re ⛺ an der Bode, Am Campingplatz 1, 39397 Gröningen, ✆ +49 160 94140988 (51.9327,11.2074)

68,0 alte EB-Ⅱ (51.9342,11.2098);
alte EB-Ⅱ (51.9344,11.2100)

67,9 li ▬ Gröningen, **X**, re oder li ⏏, geradeaus Mühlgraben Gröningen mit 2 Wehren (51.9351,11.2108)

67,5 Str-Ⅱ Halberstädter Straße, re 39397 Gröningen, ✕ (51.9388,11.2108);
▬, kleine Sohlschwelle unter der Brücke Gröningen, muss meist getreidelt werden. Am Ende des 2. Jochs von links gibt es eine Einkerbung in der Stufe, dort evtl. ≋ (51.9389,11.2109)

66,9 re ⇩ Mühlgraben Gröningen (51.9427,11.2117)

66,4 Str-Ⅱ B81 (51.9463,11.2089)

63,2 li ⇩ Holtemme (51.9635,11.1830)

62,1 ▬ Krottorf, **X**, li ⏏, danach bei Betrieb des Kraftwerks auf 1,5 km bis zur Einmündung des Kraftwerkskanals u.U. teilweise flach, re ➔ Wehrkanal Krottorf (51.9714,11.1796)

61,4 Str-Ⅱ **39397 Gröningen, OT Krottorf**, Zur Breiten Straße, ✕ (51.9768, 11.1794)

60,2 re ⇩ Wehrkanal Krottorf (51.9835,11.1870)

58,2 Str-Ⅱ, li **39387 Oschersleben (Bode), StT Hordorf** (51.9964,11.2028)

55,7 Str-Ⅱ L101 (52.0158,11.2180)

54,8 ▬ Oschersleben, zzt. ist das Wehr geöffnet und außer Funktion. Es wird wahrscheinlich frühestens 2021 abgerissen. Achtung auf evtl. Bauarbeiten (52.0224,11.2246)

54,6 Str-Ⅱ **39387 Oschersleben (Bode)**, Großalslebener Straße, ⚠

Mittelpfeiler von alter Brücke, 🚆, ✕ (52.0219,11.2261)
53,8 Fußg.-Ⅱ Oschersleben (52.0190,11.2367)
53,4 li ⇩ Mühlgraben Oschersleben (52.0219,11.2404)
49,4 re ➔ Mühlgraben Hadmersleben (52.0073,11.2885)
49,3 ▬ Hadmersleben, **X**, re ⏏, bei NW evtl. bis zur alten Furt beim Kraftwerkskanal (52.0075,11.2902)
49,0 re ⇩ Kraftwerkkanal Hadmersleben (52.0076,11.2948)
48,2 li ⇩ Großer Graben (s. Seite 266) in die Bode (52.0079,11.3057)
47,3 li ⇩ Mühlgraben Hadmersleben (52.0054,11.3184)
47,3 Str-Ⅱ Bahnhofstraße, re **39387 Oschersleben, OT Stadt Hadmersleben** (52.0054,11.3190);
≣ Hadmersleben (52.0054,11.3191)
43,7 Fußg.-Ⅱ (51.9991,11.3669)
42,6 Weg-Ⅱ (51.9930,11.3773)
40,0 Str-Ⅱ **39448 Börde-Hakel, OT Etgersleben**, Karl-Marx-Straße, ⚠ Steine unter der Brücke (51.9807,11.4076)
37,8 EB-Ⅱ (51.9665,11.4213)
37,5 ▬ Egeln-Nord, **X**, li ⏏, re Privatgrundstück (51.9648,11.4251)
37,2 Str-Ⅱ Dorfstraße, li **39435 Egeln, OT Egeln-Nord** (51.9628,11.4280)
36,3 Str-Ⅱ Egeln, Magdeburger Chaussee (51.9563,11.4359)
35,7 Str-Ⅱ B81 (51.9525,11.4431)
32,9 Str-Ⅱ, li **39435 Wolmirsleben** (51.9455,11.4796)
31,8 Weg-Ⅱ (51.9385,11.4911)
29,4 Str-Ⅱ **39435 Bördeaue, OT Unseburg**, Breite Straße, re ✕ (51.9305, 11.5191)
28,2 Weg-Ⅱ (51.9208,11.5146)
26,8 ⚠ Schwall Rothenförde falls das folgende Schützen-Wehr geöffnet ist (51.9106,11.5232)
26,4 Schützen-▬ Rothenförde, evtl. ≋, wenn geöffnet (51.9076,11.5257)
25,0 Str-Ⅱ K1302, re **39418 Staßfurt, OT Athensleben** (51.8956,11.5282)
22,5 Str-Ⅱ Breite Straße, li **39446 Staßfurt, OT Löderburg** (51.8782,11.5354)
21,1 re **39444 Hecklingen, OT Gänsefurth** (51.8684,11.5373)
20,5 Weg-Ⅱ (51.8649,11.5423)
19,3 re ➔ Mühlgraben Staßfurt, Weiterfahrt geradeaus im Bodelauf (51.8582, 11.5542)
19,2 Schützen-▬ Staßfurt, **X**, li ⏏ über neue Treppen, darüber Wege-Ⅱ Am Schütz (51.8580,11.5565)
17,9 Fußg.-Ⅱ (51.8549,11.5736)
17,2 Str-Ⅱ Staßfurt, Bodebrücke (51.8549,11.5839)
16,9 EB-Ⅱ Staßfurt (51.8543,11.5881);
re Str-Ⅱ **39446 Staßfurt**, 🚆, ✕, Zollstraße (51.8542,11.5884)
16,9 re ≣ Staßfurt (51.8540,11.5886)
16,2 Str-Ⅱ Staßfurt, An der Salzrinne (51.8528,11.5973)
11,2 Str-Ⅱ Bodestraße, re **39443 Staßfurt, OT Hohenerxleben** (51.8539,

11.6533)
9,9 EB-Ⅱ (51.8553,11.6700)
9,0 li **39443 Staßfurt, OT Löbnitz** (51.8546,11.6816)
8,4 Str-Ⅱ A14 (51.8546,11.6898)
8,3 re ➔ über eine kanalisierte Strecke benutzen (51.8545,11.6906);
li ← Bodelauf durch Parkanlage, ⚠ versandet, bei niedrigem Wasserstand **X** (51.8545,11.6910);
Fußg.-Ⅱ (51.8541,11.6913)
7,7 Fußg.-Ⅱ (51.8511,11.6979)
7,4 Weg-Ⅱ (51.8494,11.7018)
7,0 Str-Ⅱ L50 Friedensstraße, li **06429 Nienburg (Saale), OT Neugattersleben** (51.8475,11.7060);
⇩ Zusammenfluss der beiden Bodearme (51.8473,11.7060)
3,5 EB-Ⅱ (51.8310,11.7396)
2,1 ■ vor Nienburg, li ⏏ (51.8319,11.7558)
1,3 Str-Ⅱ L65 (51.8319,11.7664)
0,2 Str-Ⅱ **06429 Nienburg (Saale)**, Brückenstraße, 🚆, ✕ (51.8391,11.7721)
0,0 ⇩ der Bode in die Saale (s. Seite 182) bei amtl. km 27,6 (51.8409, 11.7714)

Selke

Wildwasser, Kleinfluss
Mündung in Bode bei amtl. km 80,3 (re Nebenfluss)

Die Selke ist ein Kleinfluss, der vom Oberharz nach Osten zur Bode fließt. Dabei durchströmt sie zunächst ein romantisches bewaldetes Tal, das ein beliebtes Wanderziel und Naturschutzgebiet ist, welches bis kurz vor Meisdorf reicht und in dem ein ganzjähriges Befahrungsverbot besteht. Ab Meisdorf durchfließt die Selke das landwirtschaftlich intensiv genutzte Hügelland des Vorharzes. Dabei wird das Flüsschen meist von einem schmalen Auwaldstreifen gesäumt.

Befahrungsregeln:	(Oberlauf bis Meisdorf): ganzj. BV
Befahrbarkeit:	bei gutem Wasserstand ab Meisdorf im Einer (auch Wanderboote, keine Faltbooote!).
Pegel:	Meisdorf min. 28 cm, Hausneindorf min. 92 cm.
Kilometrierung:	Amtliche Kilometrierung.

63,2 –28,6 **§** ganzj. BV (51.6531,10.9165)–(51.7016,11.2850)
26,9 Str-Ⅱ **06463 Falkenstein/Harz, OT Meisdorf**, Hauptstraße (51.7106, 11.2976)
26,8 ■ Meisdorf, **X**, danach ⬇ schlecht möglich, steile Böschung aus Bruchsteinen (51.7113,11.2977)
26,6 Str-Ⅱ und ⬇ Meisdorf (51.7127,11.2970)
23,9 ■ Hundertmorgenmühle, ≈ oder re ⏏ (51.7294,11.3170)
23,8 EB-Ⅱ (51.7301,11.3182)
23,5 Werk-Ⅱ (51.7314,11.3213)
23,3 Weg-Ⅱ Ermsleben, Kalkwerk (51.7322,11.3236)

22,4 Str-II B185 Ermsleben, Bahnhofstraße (51.7348,11.3348)
22,3 EB-II Ermsleben (51.7345,11.3365)
22,0 Str-II Ermsleben, Weberstraße (51.7334,11.3396)
21,8 Str-II **06463 Falkenstein/Harz, OT Ermsleben**, Wassertor (51.7329, 11.3427)
21,5 Str-II Ermsleben, Damm (51.7343,11.3465)
21,3 ■ Ermsleben, evtl. ≋ (51.7367,11.3471)
20,4 ■ Malzmühle unterhalb Ermsleben, 2 m hoch, bei HW für Geübte evtl. ≋, ansonsten re ⏢ (51.7384,11.3565)
20,0 Str-II Mühlenstraße (51.7411,11.3571)
18,7 EB-II (51.7517,11.3586)
18,5 ■ Strommühle oberhalb Reinstedt, ca. 3 m hoch, **X**, re ⏢, nicht li in Mühlgraben einsetzen, danach Ortsbeginn Reinstedt (51.7530,11.3560)
18,2 Str-II Reinstedt, Oberdorf (51.7560,11.3558)
17,8 Str-II Reinstedt, Oberdorf (51.7590,11.3541)
17,5 Str-II **06463 Falkenstein/Harz, OT Reinstedt**, Unterdorf (51.7613, 11.3512)
17,3 ■ Reinstedt, für Geübte bei HW ≋, re ⏢ (51.7630,11.3512)
16,3 Weg-II (51.7676,11.3406)
16,0 ■ hoher Absturz unterhalb Reinstedt, **X** (51.7690,11.3379)
14,6 Wege-II (51.7778,11.3265)
13,6 Str-II Hoym (51.7844,11.3192)
13,1 Str-II **06467 Seeland, OT Stadt Hoym**, Wasserstraße (51.7870,11.3163)
11,6 Schützen-■ Pumpwerk Hoym, bei hoch aufgezogenem Schütz ≋, ⏢ schwierig, da beiderseitig glatte Betonböschung, rechtzeitig ⬆, ⚠ (51.7982,11.3069)
11,3 Str-II A36 (51.8008,11.3054)
9,5 Schützen-■ Gatersleben mit Fischtreppe, bei hoch aufgezogenem Schütz evtl. ≋, besser li oder re ⏢ (51.8146,11.2914)
8,6 Str-II **06466 Seeland, OT Gatersleben**, Lange Straße (51.8201,11.2869)
8,1 Str-II Gatersleben, Hans-Stubbe-Straße (51.8231,11.2834)
7,8 Str-II Gatersleben, Hühnerbrücke, re zum 🚉 Gatersleben (51.8259, 11.2851)
7,5 ■ Gatersleben, verfallen, ganz re ≋ (51.8271,11.2827)
6,1 ⚠ Furt mit kleiner Schnelle (51.8350,11.2699)
5,8 EB-II (51.8374,11.2685)
5,6 Str-II Hausneindorf, Wallstraße (51.8387,11.2697)
5,5 ≣ Hausneindorf
5,1 Str-II **06458 Selke-Aue, OT Hausneindorf**, Storchenwinkel, (Steinbrücke) re fahren (51.8413,11.2651)
4,4 ■ Steinschüttung Staustufe Bergmühle, ≋ (51.8453,11.2585)
3,8 Str-II Magdeburger Straße, re **06458 Hedersleben**, unter der Brücke re fahren, danach altes Rohr, li zum 🚉 Hedersleben-Wedderstedt (500 m) (51.8488,11.2534)

3,1 Wege-II Hedersleben (51.8541,11.2500)
2,0 Str-II Hedersleben, Schützenstraße, li zur Angermühle, ✕ Sportlerheim (51.8616,11.2457)
1,6 li ⇩ Grenzgraben (51.8642,11.2415)
0,0 ⇩ der Selke in die Bode (s. Seite 260) bei amtl. km 80,3, ab hier bei entsprechenden Wasserständen deutlich mehr Wasser und mehr Strömung (51.8731,11.2291)

Großer Graben

Weitere Namen: Lehnertsgraben

Kleinfluss
Mündung in Bode bei amtl. km 48,2 (li Nebenfluss)

Der Große Graben ist ein Fluss der Niederungen. Er entwässert das Große Bruch westlich von Oschersleben.

Befahrungsregeln: (Landesgrenze bis Oschersleben): 1.3.-30.6. BV, übrige Zeit erlaubt

Befahrbarkeit: Der Große Graben wurde bisher nur ab Gunsleben befahren. Er verläuft durch Oschersleben, hier ⏏-Möglichkeit zur nahen Bode. Eine Befahrung von weiter oben ist möglich, jedoch sind keine Befahrungsberichte bekannt.

39,1 Beginn Großer Graben (52.0473,10.7631)
39,1 –0,0 **§** 01.03.-30.06. BV, übrige Zeit erlaubt (52.0474,10.7633)–(52.0079, 11.3057)
24,8 ⇩ der Schöninger Aue (s. Seite 266) in Großer Graben (52.0562,10.9647)
21,5 ▬ (52.0473,11.0097)
21,4 EB-II (52.0472,11.0108)
20,9 Str-II L78, li **39393 Am Großen Bruch, OT Gunsleben** (52.0449, 11.0171)
15,5 ▬ (52.0343,11.0913)
15,3 Str-II B245 (52.0335,11.0943)
11,1 Str-II Wulferstedter Weg (52.0277,11.1520); ▬ (52.0276,11.1525)
6,8 EB-II (52.0232,11.2127)
5,8 Str-II Oschersleben (Bode), Halberstädter Straße (52.0248,11.2264)
5,4 Str-II L84, **39387 Oschersleben (Bode)**, Bodestraße (52.0239,11.2321)
4,8 re ⇩ einer Verbindung vom Mühlgraben Oschersleben, Name ab hier bis zur Mündung Lehnertsgraben (52.0229,11.2408)
0,0 ⇩ Großer Graben in die Bode (s. Seite 260) bei amtl. km 48,2 (52.0079, 11.3057)

Schöninger Aue

Kleinfluss
Mündung in Großer Graben (Bode) bei km 24,8 (li Nebenfluss)

Die Schöninger Au bildet die Grenze zwischen Niedersachsen und Sachsen-Anhalt.

Sie ist größtenteils begradigt und auf der gesamten Länge abgesenkt, so dass ein Ausblick auf die Landschaft nahezu unmöglich ist. Kaum Hindernisse, Insgesamt gesehen ist eine Befahrung nur wenig reizvoll.

Befahrbarkeit: Bis in den Frühsommer, bedingt auch für K 2. Im Sommer erheblich verkrautet.
Fahrtstrecke: mögliche ⬇ bei der Ⅱ zwischen Schöningen und Hötensleben oder kurz danach, nach 2 Steinschüttungen. 13 km bis ⇩ in den Gr. Graben.

12,9 Str-Ⅱ L104, re **39393 Hötensleben** (52.1228,11.0120)
0,0 ⇩ der Schöninger Aue in Großer Graben (s. Seite 266) (52.0562,10.9647)

Taube

Kleinfluss
Mündung in Saale bei amtl. km 0,6 (re Nebenfluss)

Eine Befahrung der Taube ist recht beschwerlich. Ein neuer Fahrtbericht stand nicht zur Verfügung.
Fahrtstrecke: Einsetzen in Dessau-Alten, 2 Stauschütze bis Aken. Hier muss über den Stichkanal zur Elbe-Hafenausfahrt umgesetzt werden. Nicht in den Hafen einfahren, da für Sportboote gesperrt. Bis Bootshaus Köthener Kanu-Club in Aken etwa 17 km. Eine Weiterfahrt auf der Taube ist nicht möglich, da sich 2 km unterhalb des Stichkanals bis zur ⇩ mehrere NSG befinden, dessen Befahrung verboten ist.

Befahrungsregeln: km 13,2 bis 9,9 (Diebziger Busch): ganzj. BV
km 3 bis 0 (Unterlauf im NSG Mittlere Elbe zwischen Mulde und Saale): ganzj. BV

31,1 Str-Ⅱ B185, **06847 Dessau-Roßlau, StT Alten**, Köthener Straße (51.8195,12.1876)
18,3 re ➔ Schöpfwerksgraben zur Elbe (51.8477,12.0211)
13,2 –9,9 § NSG Diebziger Busch, ganzj. BV (51.8549,11.9582)–(51.8756, 11.9299)
4,8 li ⇩ Landgraben (Taube) (s. Seite 267) in die Taube (51.9170,11.9134)
3,0 –0,0 § NSG Mittelelbe zwischen Mulde und Saale, ganzj. BV (51.9289, 11.9263)–(51.9507,11.9176)
0,0 ⇩ der Taube in die Saale (s. Seite 182) bei amtl. km 0,6, Einfahrt gesperrt (51.9507,11.9174)

Landgraben (Taube)

Kleinfluss
Mündung in Taube bei km 4,8 (li Nebenfluss)

Eine Befahrung des meliorierten Landgrabens ist beschwerlich. Ein neuer Fahrtbericht stand nicht zur Verfügung.
Fahrtstrecke: Einsetzen beim Ausfluss des Neolith-Teiches (NSG), 3 Stauanlagen, Beendigung der Fahrt nach etwa 15 km bei der Brücke der Straße Gr. Rosenburg – Breitenhagen, evtl. hier 2 km weit zur Elbe ⏏.

Eine Weiterfahrt ist wegen des folgenden NSG nicht möglich.
Befahrbarkeit: Nur bei gutem Wasserstand, nur kleine Gruppen (2 – 3 Boote).

14,9	Ausfluss aus dem Neolithteich, 🠗-Möglichkeit (51.8286,11.9897)
0,4	Str-II K1243, Groß Rosenburg - Breitenhagen, 🠕, eine Weiterfahrt ist wegen eines folgenden NSG nicht möglich. Evtl. ⏢ bis zur Elbe (ca. 4 km) (51.9140,11.9114)
0,0	⇩ Landgraben (Taube) in die Taube (s. Seite 267) bei km 4,8 (51.9170, 11.9134)

Nebenflüsse der Elbe zwischen Saale- und Havelmündung

Nr. in Karte	Fluss	Wildwasser	Kleinfluss	Wanderfluss	Seengewässer	Kanal	Küstengewässer	Schifffahrtsstraße	Befahrungsregeln	Seite
99	Nuthe (Elbe)		o						o	269
100	Dornburger Alte Elbe			o					o	78
101	Zollhafen Magdeburg					o				82
102	Alte Elbe (Magdeburg)			o						80
103	Rothenseer Verbindungskanal					o		o		451
104	Ohre			o					o	270
105	Allerkanal (Ohre)					o				272
106	Tanger		o							272
107	Lüderitzer Tanger		o							273

Nuthe (Elbe)

Kleinfluss
Mündung in Elbe bei amtl. km 296,4 (re Nebenfluss)

Die Nuthe ist ein Kleinfluss ohne besondere Schwierigkeiten. Der Oberlauf ist begradigt, Fahrt durch Wiesen und in der Nähe der Elbe durch Auwälder, hier urwüchsiger Flusslauf.

Befahrungsregeln: km 2,3 bis 0 : ganzj. BV im Mündungsbereich
Befahrbarkeit: im Frühjahr ab Zerbst, auch für Zweier.

16,0 ▬ und Wege-Ⅱ **39261 Zerbst/Anhalt** am Stadtrand (51.9648,12.0595)
15,9 übliche ⬇ Zerbst in den Flutgraben. Man erreicht sie über die Landstraße Zerbst – Tochheim, am Ortsende Zerbst führt re ein Weg, vorbei an der Amtsmühle, zum Fluss. Dort hinter einer Steinschüttung ⬇ (51.9646, 12.0583)
14,9 ▬, li ⌓ (51.9642,12.0438)
12,8 Str-Ⅱ, li **39264 Zerbst/Anhalt, OT Nutha** (51.9595,12.0155)
9,4 Str-Ⅱ li **39264 Hohenlepte, OT Kämeritz** (51.9563,11.9706)
8,4 Wege-Ⅱ und ▬ Poleymühle, zerstört, li ⌓ (51.9559,11.9572)
7,1 Wege-Ⅱ (51.9614,11.9430)
6,5 Wege-Ⅱ Walternienburg, ⌘: li Wasserburg (51.9648,11.9369)
6,4 Str-Ⅱ L51 **39264 Zerbst/Anhalt, OT Walternienburg**, Güterglücker Straße (51.9657,11.9356)
5,6 Wege-Ⅱ (51.9717,11.9331)
2,7 Wege-Ⅱ (51.9778,11.8950)
2,3 EB-Ⅱ, hier ⬆ und 300 m zur Elbe ⌓ (51.9801,11.8923)

2,3 –0,0 § ganzj. BV (51.9802,11.8923)–(51.9978,11.8904)
0,0 ⇩ der Nuthe (Elbe) in die Elbe (s. Seite 71) bei amtl. km 296,4, ⚠ Einfahrt verboten, NSG (51.9981,11.8904)

Ohre

Wanderfluss
Mündung in Elbe bei amtl. km 350,3 (li Nebenfluss)

Die Ohre ist ein 15–20 m breiter, ohne besondere Schwierigkeiten zu befahrender Wanderfluss, weitgehend begradigt.

Befahrungsregeln: km 76 bis 71 (Schwarze Brücke bis Str.Br. Buchhorst-Röwitz): ganzj. BV
km 47,1 bis 44 : ganzj. BV
km 4,6 bis 0,3 : ganzj. BV

Befahrbarkeit: Die Ohre entwässert das Niederungsgebiet des Drömlings, daher im beschriebenen Teil fast immer ausreichender Wasserstand.

76,9 –72,1 § ganzj. BV (52.5286,10.9809)–(52.4964,11.0263)
72,1 Str-II L22 Buchhorst, Röwitzer Straße (52.4963,11.0263);
li ⇩ Steimker Graben (52.4963,11.0264)
71,4 Weg-II (52.4931,11.0353)
70,9 Str-II, re **39646 Oebisfelde-Weferlingen, OT Buchhorst**, Hauptstraße, ab hier ist die Ohre fast immer ≈ (52.4905,11.0422)
69,8 Str-II Bleuenhorst (52.4846,11.0537)
68,4 Weg-II (52.4752,11.0691)
66,5 Str-II B188 (52.4633,11.0884)
66,1 2 EB-II (52.4608,11.0916)
64,7 ▬ Krähenfuß, ⏏ (52.4507,11.1039)
64,6 re ⇩ Mittelgraben (52.4499,11.1048)
61,7 Str-II L20 Rätzlingen – Miesterhorst (52.4362,11.1417)
58,9 li ⇩ Wilhelmskanal, X (52.4360,11.1817)
58,8 ▬ Kämkerhorstschleuse, X (52.4361,11.1827)
58,4 Weg-II, re Drömling-Information Krämerhorst (52.4366,11.1892)
56,5 li ⇩ Friedrichskanal (52.4373,11.2169)
55,7 Hoffmanns-▬ Mannhausen, X (52.4355,11.2283);
Weg-II (52.4354,11.2290)
54,9 re ⇩ Allerkanal (Ohre) (s. Seite 272) in die Ohre (52.4333,11.2391)
53,5 li ⇩ Hauptvorflutgraben, X (52.4297,11.2591)
51,2 Weg-II (52.4139,11.2792);
▬ Sponstegschleuse Mannhausen, ⏏ (52.4135,11.2800)
49,0 ▬ Stadtschleuse Calvörde, evtl. ≈ (52.3993,11.3020)
48,8 Str-II Calvörde, An der Ohre (52.3982,11.3036)
48,4 Str-II, re **39359 Calvörde**, Gardelegener Straße (52.3946,11.3070)
47,2 –44,0 § ganzj. BV (52.3863,11.3183)–(52.3619,11.3339)
47,0 li ⇩ Wanneweh, X (52.3855,11.3198)

46,3 ■ Walschleuse, **X**, li oder re ⏏ (52.3789,11.3193)
44,3 li ⇩ Bäk, **X** (52.3647,11.3349)
43,6 Str-II K1139 (52.3588,11.3330)
41,7 Str-II K1139, li **39345 Haldensleben, OT Uthmöden** (52.3445,11.3445)
39,4 Str-II (52.3298,11.3656)
39,2 ■ Satuelle, re ⏏ (52.3275,11.3658)
39,1 ≣ Satuelle (nur örtlich) (52.3269,11.3661)
37,7 re ⇩ Bullengraben, **X** (52.3167,11.3788)
35,2 Str-II K1106 (52.3014,11.4044)
34,5 ■ Haldensleben, **X**, li oder re ⏏ (52.2978,11.4116)
34,3 Str-II **39345 Haldensleben**, Bornsche Straße, 🚆, ✕, ⌘: Stendaler und Bülstringer Tor, Roland (52.2963,11.4139);
■ Sohlgleite Haldensleben, gemauerte Rutsche, evtl. ≈ (52.2963, 11.4140)
34,0 Fußg.-II Haldensleben (52.2939,11.4166)
33,3 Str-II Haldensleben, Burgwall (52.2887,11.4230)
32,4 Str-II B71 Haldensleben, Hamburger Straße (52.2870,11.4351)
30,0 Str-II K1106, re **39345 Haldensleben-Wedringen** (52.2798,11.4659)
28,3 ■ Hillersleben, zerstört, **X**, überheben (52.2723,11.4874)
28,2 Str-II K1161, li **39343 Westheide, OT Hillersleben** (52.2716,11.4893)
26,1 Weg-II (52.2708,11.5171)
25,2 Str-II K1168, li **39326 Niedere Börde, OT Meseberg** (52.2676,11.5293)
25,0 ■ Meseberg, re ⏏ (52.2669,11.5308)
23,2 Str-II Meseberg, Samswegener Straße (52.2582,11.5539)
21,4 ■ Jersleben, **X**, li ⏏, re ➔ Mühlgraben (52.2507,11.5743)
21,1 Str-II K1160, re **39326 Niedere Börde, OT Jersleben** (52.2498,11.5790)
20,5 re ⇩ Mühlgraben Jersleben (52.2484,11.5877)
19,5 Str-II B189 (52.2462,11.6018)
19,4 ■ Elbeu, li ⏏ (52.2459,11.6032)
18,7 re ⇩ Mühlgraben Elbeu (52.2450,11.6127)
18,0 Str-II Wolmirstedt, Geschwister-Scholl-Straße (52.2457,11.6225)
17,9 Str-II **39326 Wolmirstedt**, Magdeburger Straße, ✕, 🚆 (52.2457, 11.6235)
17,6 Str-II Wolmirstedt, Amtstor (52.2450,11.6285)
17,2 EB-II Wolmirstedt (52.2454,11.6342)
17,0 Fußg.-II Wolmirstedt (52.2451,11.6368)
16,1 re ⇩ Schrote, **X** (52.2402,11.6460)
14,5 Str-II Glindenberger Chaussee (52.2468,11.6636)
7,0 alte und neue Str-II K1170 Loitsche - Heinrichsberg (52.2899,11.6999)
6,9 ⬆ an der Str-II Loitsche-Heinrichsberg, wegen des folgenden NSG muss die Fahrt hier beendet werden, li nach **39326 Loitsche** und in 1,8 km 🚆 Zielitz, S-Bahn nach Magdeburg (52.2901,11.7001)
4,6 –0,3 **§** ganzj. BV (52.2979,11.7186)–(52.3100,11.7632)
0,0 ⇩ der Ohre in die Mittelelbe (s. Seite 71) bei amtl. km 350,3 (52.3112,

11.7666)

Allerkanal (Ohre)

Kanal
Mündung in Ohre bei km 54,9 (re Nebenfluss)

Der Allerkanal leitet bei Hochwasser der Aller einen Teil des Wassers zur Ohre ab. Ein gesicherter Befahrungsbericht liegt allerdings nur für den Unterlauf, unterhalb des Mittellandkanals, vor.
Befahrbarkeit: Im Frühjahr ab Mittellandkanal; im Sommer stark verkrautet.

26,2 ➔ Allerkanal (Ohre) aus der Aller bei Oebisfelde. Bis km 3.9 kein gesicherter Befahrungsbericht (52.4339,10.9700)
3,9 ⚠ Düker des Allerkanal (Ohre) unter dem Mittellandkanal (s. Seite 449), ⏏ von/zum Allerkanal erforderlich, erkennbar durch abgesenkten Uferdeich, ⏏ durch Spundwand schwierig (52.4254,11.1845)
3,5 Weg-II (52.4264,11.1886)
3,2 Str-II **39359 Calvörde-Piplockenburg** (52.4274,11.1923)
3,0 ▬ Piplockenburg, X (52.4283,11.1961)
2,0 Weg-II (52.4300,11.2106)
0,8 Weg-II (52.4320,11.2282)
0,1 ▬, X (52.4331,11.2377)
0,0 ⇩ Allerkanal (Ohre) in die Ohre (s. Seite 270) bei km 54,9 (52.4333, 11.2391)

Tanger

Weitere Namen: Mahlwinkler Tanger

Kleinfluss
Mündung in Elbe bei amtl. km 388,2 (li Nebenfluss)

Der Tanger ist ein weitgehend begradigter Kleinfluss, mäßige Schwierigkeiten im Oberlauf. Im zeitigen Frühjahr sind die Wehre offen und dann befahrbar.
Ursprung aus den Quellbächen Lüderitzer Tanger (Quellen bei Brunkau und Wittenmoor), Uchtdorfer Tanger und Mahlwinkler Tanger (Quelle südlich Zibberick). Mahlwinkler Tanger und Tanger werden hier durchgehend kilometriert beschrieben. Der ebenfalls befahrbare Lüderitzer Tanger wurde als Nebenstrecke in die Beschreibung eingefügt.

23,7 Str-II K1183 Mahlwinkel – Uchtdorf (52.4014,11.7736)
22,8 ▬ (52.4057,11.7848)
21,0 ▬ (52.4202,11.7940)
20,8 li ⇩ Uchtdorfer Tanger, X (52.4217,11.7953)
19,9 Weg-II (52.4264,11.8056)
19,8 EB-II (52.4264,11.8060)
19,4 ▬ (52.4277,11.8120)
19,3 Str-II L31 (52.4280,11.8124)
19,0 Str-II Tangerhütte, Haldenweg (52.4307,11.8147)

18,9 Str-Ⅱ Tangerhütte, Formereiweg (52.4316,11.8156)

18,6 Str-Ⅱ **39517 Tangerhütte**, Bismarckstraße, 🚆, ✕, unter der Brücke Steine, Schwall (52.4339,11.8169);
⬇ Tangerhütte (52.4340,11.8169)

18,2 EB-Ⅱ, Steine, Schwall, Steine, Schwall, danach Beginn des Waldgebietes Süppling, reizvollster Teil der Strecke (52.4372,11.8187)

16,7 Fußg-Ⅱ (52.4496,11.8262)

14,7 Schützen-■, ≏ (52.4615,11.8443)

13,7 Weg-Ⅱ (52.4700,11.8464)

11,2 li ⇩ Lüderitzer Tanger in den Tanger (52.4914,11.8501)

Nebenstrecke Lüderitzer Tanger

Die Lüderitzer Tanger ist ein Nebenfluss der Tanger, von der nur in kurzes Stück beschrieben ist.

4,8 Str-Ⅱ K1191 Schönwalde (Altmark) (52.4747,11.7890);
re **39517 Tangerhütte, OT Schönwalde (Altmark)** (52.4748, 11.7891)

3,2 Weg-Ⅱ (52.4834,11.8082)

3,0 Wege-Ⅱ (52.4842,11.8106)

1,5 Wege-Ⅱ (52.4912,11.8287)

0,7 EB-Ⅱ (52.4910,11.8402);
Weg-Ⅱ (52.4909,11.8406)

0,0 ⇩ Lüderitzer Tanger in den Tanger (s. Seite 272) (52.4914, 11.8501)

11,0 Schützen-■ Demker, ≏ (52.4916,11.8535)

10,5 Str-Ⅱ Weißewarthe - Demker (52.4926,11.8606)

8,7 Wege-Ⅱ (52.4986,11.8834)

8,4 Schützen-■ Köckte, ≏ (52.5002,11.8867)

6,3 Schützen-■ Grobleben, ≏ (52.5151,11.9045)

3,5 Schützen-■, ≏ (52.5270,11.9379)

3,1 Str-Ⅱ L31 Tangermünde – Bölsdorf (52.5278,11.9439)

1,6 Weg-Ⅱ Tangermünde (52.5348,11.9608)

1,3 re ⇩ Bölsdorfer Tanger (52.5354,11.9651)

1,1 Weg-Ⅱ Tangermünde (52.5369,11.9678)

0,9 Str-Ⅱ Tangermünde, Stendaler Straße (52.5379,11.9698);
■ Tangermünde, wird nur bei HW der Elbe geschlossen (52.5379, 11.9699);
⇩ in den Elbhafen Tangermünde (52.5380,11.9701)

0,8 re ⌂ Tangermünder WSV, ⛺, Am Hafen, 39590 Tangermünde, www.tangermuender-wassersportverein.de, ✆ +49 39322 2320; 0162 7503036 (beide ab 16:00 Uhr) (52.5379,11.9717);
⌂ Tangermünder RC, ⛺, www.tangermuender-ruderclub.de (52.5378, 11.9723)

0,7	li **39590 Tangermünde**, Hansestadt, Altstadt mit vielen Fachwerk- und Backsteingotik-Gebäuden, Stadtkern steht unter Denkmalschutz, ⌘, 🚂, ✕ (52.5390,11.9723)
0,1	⇩ der Tanger in die Mittelelbe (s. Seite 71) bei amtl. km 388,2 (52.5424, 11.9799)

Stromgebiet der Oberen Havel

Nr. in Karte	Fluss	Wildwasser	Kleinfluss	Wanderfluss	Seengewässer	Kanal	Küstengewässer	Schifffahrtsstraße	Befahrungsregeln	Seite
108	Havel			o	o				o	276
109	Obere Havel			o	o			o	o	276
110	Malzer Kanal					o		o		285
111	Havel-Oder-Wasserstraße			o	o			o		285
112	Jamelsee			o						278
113	Großer Labussee, Westufer				o					279
114	Großer Labussee, Südufer				o					279
115	Kammerkanal					o		o		280
116	Schwaanhavel			o					o	288
117	Drewensee				o					280
118	Wangnitzsee				o					281
119	Müritz-Havel-Wasserstraße			o	o				o	289
120	Alte Fahrt (Müritz)			o	o			o	o	290
121	Schwarzer See				o			o		291
122	Drosedower Bach			o	o					293
123	Dollbek			o						294
124	Rheinsberger Gewässer			o	o			o		294
125	Kagarbach			o	o					295
126	Zechliner Gewässer			o	o			o		295
127	Großer Pälitzsee				o					292
128	Priesterhavel in Fürstenberg			o						282
129	Thymengewässer								o	283
130	Feldberger und Lychener Gewässer		o	o	o			o	o	296
131	Feldberger Haussee				o					297
132	Zansen				o					298
133	Carwitzer See				o				o	299
134	Zenssee				o					301
135	Nesselpfuhl			o	o					300
136	Wurlsee				o					302
137	Templiner Gewässer		o	o	o			o	o	302
138	Lübbesee				o					304
139	Netzowsee, Gleuensee		o	o	o					303
140	Schulzenfließ		o						o	304

Nr. in Karte	Fluss	Wildwasser	Kleinfluss	Wanderfluss	Seengewässer	Kanal	Küstengewässer	Schifffahrtsstraße	Befahrungsregeln	Seite
141	Wentow-Gewässer		o	o	o			o	o	305
142	Abzweig nach Tornow				o					306
143	Welsengraben			o					o	307
144	Prerauer Stich			o						284
145	Döllnfließ		o							285
146	Oranienburger Havel			o				o		307
147	Schnelle Havel		o						o	308
148	Oranienburger Kanal					o		o		309
149	Ruppiner Kanal					o		o	o	310
150	Nieder-Neuendorfer See				o					286
151	Tegeler See				o				o	311
152	Berlin-Spandauer Schifffahrtskanal					o		o	o	312
153	Alter Berlin-Spandauer Schifffahrts-kanal					o		o		313
154	Eiswerder links			o	o			o		287

Havel

Wanderfluss, Seengewässer
Mündung in Elbe bei amtl. km 422,8 (re Nebenfluss)

Die Havel beginnt als kleiner Wiesenfluss, zunächst auf 20 km leichte Schwierigkeiten. Danach wird sie zum gemächlichen Wanderfluss, zwischen Wäldern und Hügeln, nur ganz geringe Strömung, das Gefälle wird durch Schleusen aufgefangen. Die Havel durchfließt zahlreiche Seen, jeweils mit eigenen Namen. Von der Hauptroute der Havel bestehen zahlreiche Abzweigungen zu Seitengewässern und anderen Flusssystemen (z. B. zu den Mecklenburger Seen, über die Elde-Wasserstraße zum Schweriner See und zur Elbe, zu den Gewässern um Berlin sowie Querverbindungen zur Elbe).
Die Havel ist ab dem Gr. Labus-See Schifffahrtsstraße mit Schleusen, hier ist der Schiffsverkehr gering. Es ist aber mit starkem Sportbootverkehr zu rechnen. Auf Teilstrecken der Unteren Havel und der Havel-Oder-Wasserstraße besteht reger Schiffsverkehr. Beim Befahren der größeren Seen ist wegen ihrer geringen Tiefe bei entsprechender Wetterlage mit erheblicher Wellenbildung zu rechnen.

Befahrbarkeit: Ab Kratzeburg meist ganzjährig, auch für Zweier.
Kilometrierung: anhand Kartenmaterial und amtlicher Kilometrierung

Obere Havel

Weitere Namen: Havel, Obere

Wanderfluss, Seengewässer, Schifffahrtsstraße

Als Obere Havel wird die Strecke von der Quelle bis zur Mündung in den Malzer Kanal bezeichnet.

Befahrungsregeln: Ab dem Großen Labussee ist die Obere Havel Bundeswasserstraße. Es gilt die Binnenschifffahrtsstraßen-Ordnung (BinSchStrO).
km 16,9 bis 16,3 (Wasserwanderstrecke Obere Havel (23 km)): zwischen Granziner Mühle und Pagelsee ganzj. gesperrt
km 7 bis 6,6 (gesamter See): ganzj. BV mit Ausnahme entlang der Betonnung
km 10 bis 9,3 (gesamter See): ganzj. BV mit Ausnahme entlang der Betonnung
km 22,5 bis 19,7 (gesamter See): ganzj. UV außerhalb von Zelt- und Rastplätzen
km 4,5 bis 0,7 (gesamter See): ganzj. UV mit Ausnahme ausgewiesener Zelt- und Rastplätze
km 13,6 bis 12,6 (gesamter See): nur direkte Durchfahrt entlang der grünen Tonnen erlaubt

---

22,5 Empfohlene ⬇ **17237 Kratzeburg**, ⛟, in den Käbelicksee, erreichbar über einen Abzweig von der B193 Richtung Waren/Müritz, ab hier ständig auch für Zweier ≈, Havelseen bis Useriner See sind für Motorboote gesperrt (53.4255,12.9487)

22,5 –19,7 § ganzj. UV außerhalb von Zelt- und Rastplätzen für den gesamten Käbelicksee (53.4254,12.9486)–(53.4070,12.9303)

21,8 li ⛺ Naturfreund in ca. 500 m Entfernung am O-Ufer, 17237 Kratzeburg, www.campingplatz-naturfreund.de, ✆ +49 39822 20285 (53.4176,12.9537)

19,7 Havelausfluss am NO-Ende des Käbelick-Sees (53.4070,12.9303)

18,5 Str-II MST8 Granzin – Dalmsdorf (53.4120,12.9158)

18,3 –17,8 Granziner See (53.4121,12.9132)–(53.4094,12.9079)

17,7 re ⬆⬇ Granzin ⛱, ✕ (53.4083,12.9070);
Str-II **17237 Kratzeburg, OT Granzin** (53.4082,12.9069)

17,0 Str-II und ▬ Granziner Mühle, die Havel ist hier ein kleiner **X** Graben, ⏏ etwa 750 m bis zum Pagelsee (Befahrungsverbot), zweigleisige Lorenbahn ist vorhanden (53.4054,12.8980)

16,9 –16,3 § zwischen Granziner Mühle und Pagelsee ganzj. gesperrt (53.4053,12.8981)–(53.3997,12.8968)

16,3 ⇩ in den Pagel-See, re ⛱ (53.3997,12.8966)

14,8 Wege-II Krienke (53.3939,12.8839)

14,5 re **17237 Kratzeburg, OT Krienke** (53.3911,12.8813)

14,4 Ausfahrt aus dem Pagel-See (53.3897,12.8850)

13,6 –12,6 Zotzen-See §, nur direkte Durchfahrt entlang der grünen Tonnen erlaubt (53.3838,12.8845)–(53.3750,12.8840)

11,7 Wege-II, keine ⬆⬇-Möglichkeit (53.3677,12.8897)

11,4 ▬ Babke, **X**, ⏏, Bootsschleppe vorhanden. ⛺-Möglichkeit, im Sommer

Imbiss. Von hier aus Übersetzmöglichkeit zur „Alten Fahrt“ in den Leppiner- oder Woterfitz-See, Entfernung ca. 5,0 km, ✆ 0174/8275230 (Paddel-Paul) oder 039833/20454 (Taxi-Moritz) (53.3655,12.8924)

11,3 li **17252 Mirow, OT Babke** (53.3649,12.8925)

10,7 Str-II MST2 Babke, keine ⇅-Möglichkeit (53.3597,12.8961)

10,0 –9,3 Jäthensee §, ganzj. BV mit Ausnahme entlang der Betonnung (53.3550,12.9017)–(53.3513,12.9098)

9,0 re ⇩ der Strecke vom Jamelsee in die Obere Havel (53.3502,12.9147)

Nebenstrecke Jamelsee

Der Jamelsee liegt südlich der Havel, an ihm liegt ein Campingplatz. Zwischen der Ausfahrt Jamelsee und der Havel muss meist getreidelt werden.

0,9 ⛺ Zum Hexenwäldchen, am Ostufer des Jamelsee, Dorfstraße 1a, 17252 Blankenförde/Kakeldütt, hexenwaeldchen.de , ✆ +49 39829 20215 (53.3474,12.9214)

0,0 –0,2 flaches Verbindungsgewässer, **X**, treideln

0,0 ⇩ der Strecke vom Jamelsee in die Obere Havel (s. Seite 276) (53.3502,12.9147)

8,2 Str-II **17252 Mirow, OT Blankenförde** (53.3538,12.9219);
re ⇅ Blankenförde (53.3538,12.9221)

7,6 Insel, li fahren (53.3551,12.9311)

7,2 Wege-II (53.3548,12.9362)

7,0 –6,6 Görtow-See § ganzj. BV mit Ausnahme entlang der Betonnung (53.3542,12.9387)–(53.3517,12.9431)

5,5 ⇩ in den Zierz-See, nur direkte Durchfahrt entlang der grünen Tonnen erlaubt (53.3516,12.9549)

4,6 ⇩ in Useriner See, Weiterfahrt nach S, am N-Ende des Sees NSG, Durchfahrt zum Krams-See gesperrt (53.3558,12.9641)

4,5 –0,7 § ganzj. UV für den gesamten Useriner See mit Ausnahme ausgewiesener Zelt- und Rastplätze (53.3556,12.9651)–(53.3224,12.9615)

2,9 li **17237 Userin** am Ostufer (53.3412,12.9677)

2,0 ⛺ am Useriner See, www.haveltourist.de (53.3339,12.9602)

0,9 li ⇅ Useriner Mühle, ⛺ (53.3226,12.9668)

0,7 Ausfahrt aus dem Useriner See (53.3224,12.9615)

0,5 Str-II L25 Zwenzow - Useriner Mühle (53.3207,12.9596)

0,1 ⇄ Zwenzow zwischen Useriner und Gr. Labus-See, zum ⌂ li Bootsschleppe, Betriebszeiten: in den Monaten Mai, September, bis Mitte Oktober von Montag bis Freitag um 10:30 Uhr, 12:30 Uhr und um 16:00 Uhr, von Juni bis 31. August täglich um 10:30 Uhr, um 12:30 Uhr und um 17:30 Uhr (53.3176,12.9562)

0,0 = 92,4 ⇩ in den Gr. Labus-See (53.3169,12.9555);
Beginn der Bundeswasserstraße Obere Havel-Wasserstraße, kaum Schiffsverkehr, jedoch Motorbootverkehr (auch Charterboote ohne Führerschein) (53.3169,12.9554);

re ⇩ der Nebenstrecke Großer Labussee, Westufer von Obere Havel (53.3168,12.9553)

Nebenstrecke Großer Labussee, Westufer

Diese Strecke beginnt am kleinen Labussee und erreicht die Havel an der Einmündung des von der Schleuse Zwenzow kommenden Flusslaufes.

4,2 ⛟ Ihr Familienpark Wesenberg, Am kleinen Labussee 1b, 17255 Wesenberg, www.ihr-familienpark.de, ☎ +49 39832 20525 (53.2917,12.9470);
⇅ Kleiner Labussee (53.2918,12.9466)

3,5 Ausfahrt aus dem kleinen Labussee (53.2955,12.9386)

3,3 ➔ der Nebenstrecke Großer Labussee, Südufer (s. Seite 279) von Großer Labussee, Westufer (53.2966,12.9377);
⇩ in den Großen Labussee, Kurs entlang dem Westufer (53.2966, 12.9377)

0,7 li ⛟ am Zwenzower Ufer - Haveltourist, 17237 Userin, www.haveltourist.de, ☎ +49 3981 24790 (53.3183,12.9448)

0,5 li **17237 Userin, OT Zwenzow** (53.3196,12.9488)

0,0 ⇩ der Nebenstrecke Großer Labussee, Westufer von Obere Havel (s. Seite 276) (53.3168,12.9553)

90,8 Ausfluss aus dem Gr. Labus-See (53.3100,12.9653);
⇩ der Nebenstrecke Großer Labussee, Südufer in die Obere Havel (53.3100,12.9656)

Nebenstrecke Großer Labussee, Südufer

Diese Strecke ermöglicht die direkte Weiterfahrt vom Westufer oder vom Kleinen Labussee zum Ausfluss der Havel in Richtung Woblitzsee.

2,5 ➔ der Nebenstrecke Großer Labussee, Südufer von Großer Labussee, Westufer (s. Seite 279) (53.2966,12.9377);
⇩ des Verbindungskanals vom kleinen Labussee, Kurs entlang dem Südufer (53.2967,12.9378)

0,4 re **17255 Wesenberg, OT Klein Quassow** (53.3051,12.9705)

0,0 ⇩ der Nebenstrecke Großer Labussee, Südufer in die Obere Havel (s. Seite 276) (53.3100,12.9656)

89,9 Str-II MST6, li **17255 Wesenberg, OT Klein Quassow** (53.3064, 12.9759)

87,9 EB-II Groß Quassow (53.3135,13.0018)

87,6 Str-II Groß Quassow (53.3117,13.0038)

87,2 ⇩ in Woblitz-See, die Weiterfahrt auf der Havel erfolgt nach Süden (53.3082,13.0070);
li ⛟ Campingpark Havelberge, ✕, www.haveltourist.de (53.3080, 13.0059)

86,0 = 87,0 Kilometersprung (53.3063,13.0076)
85,4 li ⇩ Kammerkanal in die Obere Havel (53.3025,13.0069)

Nebenstrecke Kammerkanal

Der Kammerkanal ist ein Abzweig von der Oberen Havel-Wasserstraße, der Neustrelitz mit der Havel verbindet. Die Kilometrierung der Oberen Havel-Wasserstraße wird hier fortgesetzt.

94,4 Hafen Neustrelitz, zur Überquerung des an vielen Stellen flachen Sees sollte man sich an die markierte Fahrrinne halten (53.3664, 13.0528);
re ⌂⚑ WSV Einheit Neustrelitz, ⚑⛺, Zierker Nebenstr. 31, 17235 Neustrelitz, www.wsv-neustrelitz.de, ☎ +49 3981 204338 (53.3675, 13.0518);
17235 Neustrelitz, ✕, 🚂, ehemalige Residenzstadt, ⌘: Marktplatz, Schlossbezirk (53.3664,13.0531)
92,5 re ➔ zu den alten Kalklöchern bei Prälank (53.3556,13.0340)
92,0 Ausfahrt aus dem Zierker-See (53.3500,13.0288)
91,5 Str-Ⅱ L25 (53.3463,13.0229)
89,2 EB-Ⅱ (53.3305,13.0348)
88,1 Str-Ⅱ Voßwinkeler Schleuse (53.3214,13.0326)
88,0 ⇄ Voßwinkel, Betriebszeit: 01.04.–30.09. von 07:00–21:00 Uhr, 01.10.–31.10. von 07:00–20:00 Uhr, 01.11.–30.11. von 07:00–18:00 Uhr, 01.12.–31.03. von 07:00–16:00 Uhr, li Bootsschleppe, ☎ +49 3981 200549 (53.3209,13.0321)
87,1 Wege-Ⅱ (53.3138,13.0243)
86,7 ⇩ in Woblitzsee am NO-Ende des Sees (53.3110,13.0211)
85,4 ⇩ Kammerkanal in die Obere Havel (s. Seite 276) (53.3025, 13.0069)

82,9 re ⌂⚑ des SV Wesenberg, ⚑⛺, auch für Wohnwagen, bei längerem Aufenthalt Anmeldung erforderlich, Am Jungfernstieg, 17255 Wesenberg, www.sv-union-wesenberg-kanu.cabanova.de, ☎ +49 39833 277279, hans-ulrich.hahn@carolinum.de (53.2870,12.9722)
82,7 Ausfluss aus dem Woblitzsee (53.2816,12.9846)
82,5 Str-Ⅱ B198 Wesenberg, Neustrelitzer Chaussee (53.2802,12.9842)
81,7 ⇄ Wesenberg, Betriebszeit: 15.03.–30.11.09. verschiedene Betriebszeiten mit Pausen, siehe Internet, 01.12.–15.03. keine Betriebszeit. zum ⏏ re Bootsschleppe, ☎ +49 39832 20214 (53.2742,12.9891)
81,0 re ⇩ der Schwaanhavel (s. Seite 288) in die Obere Havel (53.2690, 12.9965)
78,4 Str-Ⅱ **17255 Wesenberg, OT Ahrensberg**, Weinbergstraße (53.2546, 13.0270)
77,9 li ⇩ der Nebenstrecke Drewensee in die Obere Havel (53.2507,13.0290)

Nebenstrecke Drewensee

Der Drewensee ist ein interessanter Abstecher vom Lauf der Oberen Havel. 2 Campingplätze ermöglichen die Übernachtung oder auch einen längeren Urlaub.

5,5 ⇩ eines Baches vom Kleinen Drewensee, **X**, Beginn des Drewensees (53.2651,13.0993)
4,8 Engstelle (53.2611,13.0924)
4,5 re ⛟ Naturcamping Drewensee e.V, Kleinseenplatte Neustrelitz, 17237 Drewin, www.naturcamping-drewensee.de , ☎ +49 3981 200895 (53.2622,13.0878)
3,6 re Insel Rohrberg (53.2594,13.0741)
2,0 ⛟ am Drewensee - Haveltourist, Kleinseenplatte Neustrelitz, Klätnowerweg 1, 17255 Wesenberg, www.haveltourist.de/campingplatz-mecklenburgische-seenplatte/campingplatz-am-drewensee.html , ☎ +49 3981 24790 (53.2620,13.0509)
0,7 re **17255 Wesenberg, OT Ahrensberg** (53.2552,13.0352)
0,0 ⇩ der Nebenstrecke Drewensee in die Obere Havel (s. Seite 276) (53.2507,13.0290)

77,6 überdachte Str-II, re Fischimbiss (53.2480,13.0287)
75,6 ⇩ in Wangnitzsee, Weiterfahrt nach Süden (53.2406,13.0483)
75,5 li ⇩ der Nebenstrecke Wangnitzsee in die Obere Havel (53.2405,13.0493)

Nebenstrecke Wangnitzsee

Der Wangnitzsee ist ein lohnender Abstecher von der Havel.

2,6 ⇅ am ⛟ Ferienpark am Wangnitzsee, Kleinseenplatte Neustrelitz, Düsterförde Sägewerk 1, 17237 Godendorf, www.ferienpark-wangnitzsee.de , ☎ +49 39825 21592 (53.2472,13.0862)
1,8 li Halbinsel Werder, li ← in eine Bucht des Wangnitzsees, zur Havel Weiterfahrt Richtung Westen (53.2438,13.0752)
0,4 re Insel Bülowwerder (53.2414,13.0557)
0,0 ⇩ der Nebenstrecke Wangnitzsee in die Obere Havel (s. Seite 276) (53.2405,13.0493)

75,3 Ausfahrt aus Wangnitz-See (53.2385,13.0521)
74,8 ⇩ in N-Ende Priepert-See (53.2350,13.0471)
73,2 Ausfahrt S-Ende Großer Priepert-See (53.2201,13.0339);
re ⇅ Kanustation Priepert (53.2194,13.0370);
Str-II **17255 Priepert**, Am Priepert-See (53.2194,13.0335)
72,5 ⇩ in Ellenbogen-See. Die Weiterfahrt auf der Havel geht nach SO (53.2159,13.0302)
72,4 re ⇩ der Müritz-Havel-Wasserstraße (s. Seite 289) in die Obere Havel. Sie führt zur Müritz und bildet damit den Anschluss an die Müritz-Elde-Wasserstraße (53.2143,13.0303);
li ⛟ Camping Havelperle, An der Havel 33, 17255 Priepert,

www.camping-havelperle.de , ☎ +49 39828 26504 (53.2145,13.0337)
70,3 NaturCamping am Ellbogensee, 16798 Steinforde OT Grossmenow, www.ellbogensee.de, ☎ +49 33093 32173 (53.1933,13.0380)
70,3 re **16798 Fürstenberg/Havel, OT Groß Menow** (53.1967,13.0430)
69,2 Ausfahrt aus Ellenbogen-See (53.2005,13.0556)
68,8 ⇩ in Ziern-See (53.2005,13.0599)
68,0 am Ziernsee, Haveltourist, www.haveltourist.de (53.2064,13.0687)
67,2 Ausfluss aus Ziern-See (53.2002,13.0787);
li **16798 Fürstenberg/Havel, OT Klein Menow** (53.2000,13.0794)
66,6 ⇩ in Menow-See (53.1955,13.0817)
66,4 Ausfluss aus Menow-See (53.1940,13.0819)
65,6 Str-II, li **16798 Fürstenberg/Havel, OT Steinförde**, li Biwakplatz vor der Brücke (53.1886,13.0906)
64,3 Steinhavel, Betriebszeit: 01.07.–31.08. von 07:00–21:45 Uhr, übrige Zeit mit Pausen siehe Internet, 01.12.–31.03. keine Betriebszeit. Vorgesehene Baumaßnahmen: ab 10/2019, speziell 26.10.2020 - 30.04.2021 Sperrung der Schleuse, ☎ +49 33093 32095 (53.1920, 13.1071)
63,0 ⇩ in Röblin-See (53.1858,13.1123)
61,8 li Am Röblinsee, Röblinsee Nord 1, 16798 Fürstenberg/Havel, www.camping-amröblinsee.de , ☎ +49 33093 36626 (53.1869,13.1290)
61,4 Ausfluss aus Röblin-See (53.1838,13.1355)
61,3 EB-II Fürstenberg (53.1836,13.1371)
60,9 li ← der Priesterhavel in Fürstenberg von Obere Havel (53.1822,13.1422)

Nebenstrecke Priesterhavel in Fürstenberg

Die Priesterhavel bietet die Möglichkeit die Schleuse in Fürstenberg über eine Bootsgasse zu umgehen.

1,4 ← der Priesterhavel in Fürstenberg von Obere Havel (s. Seite 276) (53.1822,13.1422)
0,9 Str-II Fürstenberg, Bahnhofstraße (53.1852,13.1421); unter der Brücke ▬ mit Bootsgasse, (Borstenfischpass) ≈, ⏏ und treideln möglich (53.1852,13.1421)
0,7 li ← der Schlosshavel, Weiterfahrt geradeaus (53.1862,13.1437)
0,5 Str-II B96 Fürstenberg, Brandenburger Straße (53.1870,13.1463)
0,4 in den Stolpsee, Weiterfahrt zur Havel nach rechts (53.1872, 13.1485)
0,0 ⇩ der Strecke Priesterhavel in Fürstenberg in Obere Havel (s. Seite 276) (53.1857,13.1529)

60,8 Str-II B96 **16798 Fürstenberg/Havel**, Brandenburger Straße, ⧻, ✕ (53.1814,13.1444)
60,7 Fürstenberg, Selbstbedienung, Betriebszeit: 01.04.–30.09. von 07:00–21:00 Uhr, 01.10.–31.10. von 07:00–20:00 Uhr, 01.11.–30.11. von 07:00–18:00 Uhr, 01.12.–31.03. von 07:00–16:00 Uhr, ☎ +49 3307 467850

(53.1813,13.1455)
60,6 ⇩ in Baalen-See, Kurs nach li (53.1813,13.1465)
59,9 ⇩ in Schwedt-See, Ausfahrt aus dem Baalen-See, überdachte Wege-II, im Schwedtsee re halten (53.1848,13.1519)
59,8 li ⇩ der Strecke Priesterhavel in Fürstenberg in Obere Havel (53.1857, 13.1529)
59,8 ⇩ der Thymengewässer in das Fahrwasser Obere Havel (53.1859, 13.1542)

Nebenstrecke Thymengewässer
Zu den Thymengewässern gehören Gr. Schwaberow-See, Mühlenfließ, Thymenfließ, Thymen-See und Thymenbach (Hegensteinbach)und Godendorfer Bäk.

0,0 **§** oberhalb ganzj. BV. für die Thymengewässer einschließlich aller Nebengewässer (53.1908,13.1466);
⇩ in den Schwedtsee (Nordufer) (53.1907,13.1466)
-0,7 ⇩ der Thymengewässer in das Fahrwasser Obere Havel (s. Seite 276) (53.1859,13.1542)

59,7 Ausfahrt aus Schwedt-See (53.1854,13.1554)
59,2 ehemalige Eisenbahnfähre mit Stichhäfen (53.1826,13.1608)
57,3 ⇩ in Stolp-See (53.1795,13.1855)
54,9 li ⇩ der Feldberger und Lychener Gewässer (s. Seite 296) in die Obere Havel (53.1706,13.2183)
54,1 Ausfluss der Havel aus dem Stolp-See (53.1640,13.2238)
53,1 re ⛟ Havelblick e. V. Zootzen, www.camping-havelblick.de , ☎ +49 173 2185578 (53.1569,13.2203);
re **16798 Fürstenberg/Havel, OT Zootzen** (53.1564,13.2204)
47,8 ⌘ Bredereiche, Selbstbedienung, Betriebszeit: 01.04.–30.09. von 07:00–21:00 Uhr, 01.10.–31.10. von 07:00–20:00 Uhr, 01.11.–30.11. von 07:00–18:00 Uhr, 01.12.–31.03. von 07:00–16:00 Uhr, davor re Wasserwander-⚓, ☎ +49 3307 457850 (53.1363,13.2401);
Str-II, li **16798 Fürstenberg/Havel, OT Bredereiche**, Schleusenstraße (53.1361,13.2401)
42,2 ⌘ Regow, Selbstbedienung, Betriebszeit: 01.04.–30.09. von 07:00–21:00 Uhr, 01.10.–31.10. von 07:00–20:00 Uhr, 01.11.–30.11. von 07:00–18:00 Uhr, 01.12.–31.03. von 07:00–16:00 Uhr, ☎ +49 3307 467850 (53.1324, 13.2955)
41,7 re ⛺ Biwakplatz bei Regow, ab hier li ehemaliger Truppenübungsplatz. Bis zur Schleuse Schorfheide sollte man den Fluss- und Uferbereich nicht verlassen (53.1286,13.2974)
36,1 ⌘ Zaaren, Selbstbedienung, Betriebszeit: 01.04.–30.09. von 07:00–21:00 Uhr, 01.10.–31.10. von 07:00–20:00 Uhr, 01.11.–30.11. von 07:00–18:00 Uhr, 01.12.–31.03. von 07:00–16:00 Uhr, ☎ +49 3307 467850

(53.0973,13.3385)

32,7 ⯐ Schorfheide, Selbstbedienung, Betriebszeit: 01.04.–30.09. von 07:00–21:00 Uhr, 01.10.–31.10. von 07:00–20:00 Uhr, 01.11.–30.11. von 07:00–18:00 Uhr, 01.12.–31.03. von 07:00–16:00 Uhr, ♪ +49 3307 467850 (53.0825,13.3662)

32,1 li ⇩ des Templiner Gewässer (s. Seite 302) in die Obere Havel (53.0790, 13.3666)

26,4 re ⇩ Tornow-Fließ (nur im Frühjahr evtl. ≈), Verbindung von den Wentow-Gewässern, bei Tornow ein ▬ (53.0603,13.3050)

24,9 re ⇩ der Wentow-Gewässer (s. Seite 305) in die Obere Havel (53.0510, 13.2952)

24,6 li ✕ und ⅄ Zur Fähre, Burgwall (53.0491,13.2984)

24,2 Str-Ⅱ, li **16792 Zehdenick, OT Burgwall**, Zehdenicker Straße (53.0459, 13.3001)

22,0 re ⇅, ⛵ Ziegeleipark Mildenberg, Museum, ✕, ⛟, www.ziegeleipark.de (53.0316,13.3122)

18,9 re ⅄ und ⛵ Kanustation Mildenberg, dazu in ➔ nach dem Welsengraben einfahren, Am Welsengraben 5, 16792 Zehdenick/ OT Mildenberg, www.wallapoint.de , ♪ +49 173 4320917 (53.0072,13.3225)

18,9 re ⇩ Welsengraben (s. Seite 307) in die Obere Havel (53.0066,13.3240)

18,1 EB-Ⅱ Zehdenick (53.0005,13.3274)

17,4 ⇩ des Prerauer Stich in die Obere Havel (52.9945,13.3321)

Nebenstrecke Prerauer Stich

Befahrbares Nebengewässer der Havel.

0,7 ⇅-Möglichkeit (53.0009,13.3329)

0,3 li Marina (52.9970,13.3358)

0,0 ⇩ des Prerauer Stich in die Obere Havel (s. Seite 276) (52.9945, 13.3321)

15,9 ⯐ Zehdenick, Selbstbedienung, Betriebszeit: 01.04.–30.09. von 07:00–21:00 Uhr, 01.10.–31.10. von 07:00–20:00 Uhr, 01.11.–30.11. von 07:00–18:00 Uhr, 01.12.–31.03. von 07:00–16:00 Uhr, ⏏ re von der Schleuse möglich, li zum ▬, ✕, ♪ +49 3307 467850 (52.9827,13.3324);
Str-Ⅱ Zehdenick, Schleusenstraße (52.9825,13.3327)

15,6 Zug- und Wege-Ⅱ **16792 Zehdenick**, Dammhaststraße, ✕, 🚆 (52.9815, 13.3348)

14,9 Str-Ⅱ B109 Zehdenick, Castrop-Rauxel-Allee (52.9777,13.3414)

14,8 re ➔ Schnelle Havel, ganzj. BV beachten (52.9764,13.3439);
⇩ in Voßkanal, die Kilometrierung wird dort fortgesetzt (52.9764,13.3444)

10,4 Str-Ⅱ, li **16792 Zehdenick, OT Krewelin**. An der Brücke ein ⛵ für Radwanderer, der auch von Kanuten genutzt werden kann (52.9461,13.3777)

4,6 li ⇩ Döllnfließ in die Obere Havel (52.8929,13.3818);
⯐ Bischofswerder, Selbstbedienung, Betriebszeit: 01.04.–30.09. von 07:00–21:00 Uhr, 01.10.–31.10. von 07:00–20:00 Uhr, 01.11.–30.11. von

07:00–18:00 Uhr, 01.12.–31.03. von 07:00–16:00 Uhr; zum ⩡ re ⬆ und über Ⅱ li ⬇, ☎ +49 3307 467850 (52.8929,13.3807);
Str-Ⅱ, re **16559 Liebenwalde-Bischofswerder** (52.8924,13.3805)

Nebenstrecke Döllnfließ

26,6 Beginn des Döllnfließ Ausfluss aus dem Großdöllner See (52.9992, 13.5965)
26,6 –0,0 **§** ganzj. BV (52.9992,13.5965)–(52.8929,13.3818)
0,0 ⇩ Döllnfließ in die Obere Havel (s. Seite 276) (52.8929,13.3818)

1,7 ⇩ Altarm (52.8736,13.3737)
0,9 Str-Ⅱ B167, Havelstraße, li **16559 Liebenwalde** (52.8696,13.3842)
0,0 ⇩ Obere Havel in den Malzer Kanal (s. Seite 285) und ⬅ des Finow-Kanal (s. Seite 524) (52.8647,13.3943)

Malzer Kanal

Kanal, Schifffahrtsstraße

Das kurze Reststück des Malzer Kanals verbindet die Obere Havel mit der Havel-Oder-Wasserstraße.

Befahrungsregeln: Der Malzer Kanal ist eine Bundeswasserstraße. Es gilt die Binnenschifffahrtsstraßen-Ordnung (BinSchStrO).

46,9 = 0,0 der Oberen Havel (52.8647,13.3943);
⇩ Obere Havel (s. Seite 276) in den Malzer Kanal und ⬅ des Finow-Kanal (s. Seite 524) (52.8647,13.3943)
45,3 re ⌘ Liebenwalde, Selbstbedienung, Betriebszeit: 01.04.–30.09. von 07:00–21:00 Uhr, 01.10.–31.10. von 07:00–20:00 Uhr, 01.11.–30.11. von 07:00–18:00 Uhr, 01.12.–31.03. von 07:00–16:00 Uhr,
☎ +49 3307 467850 (52.8506,13.3960)
43,9 = 40,5 der Havel-Oder-Wasserstraße (52.8398,13.3954);
⇩ Malzer Kanal in Havel-Oder-Wasserstraße (s. Seite 285) und ⬅ Oder-Havel-Kanal (s. Seite 520) (52.8397,13.3952)

Havel-Oder-Wasserstraße

Wanderfluss, Seengewässer, Schifffahrtsstraße

Die Havel ist jetzt Bestandteil der Havel-Oder-Wasserstraße, die weiter über den Oder-Havel-Kanal die Verbindung zur Oder herstellt.

40,5 ⇩ Malzer Kanal (s. Seite 285) in Havel-Oder-Wasserstraße und ⬅ Oder-Havel-Kanal (s. Seite 520) (52.8397,13.3952)
39,9 li ⬅ Altarm (52.8382,13.3870)
39,2 re ⚓ (52.8367,13.3776)
37,2 re ⩡-Möglichkeit zur Schnellen Havel, dort Befahrungsreglung beachten (52.8279,13.3523)
32,4 re ➔ Malzer Kanal (HOW) (s. Seite 307) von Havel-Oder-Wasserstraße

(52.7991,13.2993)

31,4 Wege-II, re **16515 Oranienburg, OT Friedrichsthal**, Grabowseestraße (52.7922,13.2879)

29,7 EB-II Oranienburg (52.7785,13.2803)

29,4 li Klinkerhafen (52.7759,13.2810)

28,6 Doppel-⌑ Lehnitz, Betriebszeit: Mo–Sa 06:00–21:45 Uhr, So und Feiertage 07:00–21:45 Uhr, besondere Feiertagsregelung, zum ⌂ Bootsschleppe in der Mitte zwischen alter und neuer Schleusenkammer, ☎ +49 3301 204734 (52.7690,13.2798)

28,2 Str-II B273 Oranienburg, Bernauer Straße (52.7657,13.2796)

28,0 –25,8 Lehnitz-See (52.7631,13.2781)–(52.7472,13.2610)

25,5 EB-II Oranienburg (52.7447,13.2592)

25,3 Str-II **16515 Oranienburg**, Lehnitzstraße, Kreisstadt, 🚆, ✕, ⌘ Schloss Oranienburg (52.7431,13.2582)

25,0 re ⇩ der Oranienburger Havel (s. Seite 307) in die Havel-Oder-Wasserstraße (52.7405,13.2564)

22,9 Str-II Oranienburg, Berliner Straße (52.7227,13.2506)

22,5 re ➔ in Pinnower See (verlandet), Einfahrt verboten (52.7194,13.2477)

20,9 Str-II Hohenneuendorf, Hauptstraße (52.7060,13.2494)

20,8 re ⇩ Oranienburger Kanal (s. Seite 309) in die Havel-Oder-Wasserstraße (52.7049,13.2501)

20,2 Str-II A10 (52.6995,13.2512)

19,9 li ← Altarm, im Altarm ein ▬ und die ⇩ der Briese. Befahrung der Briese auch bei gutem Wasserstand (im Frühjahr nach viel Regen) wegen vieler Baumlaichen und Büschen sehr beschwerlich und deshalb nicht empfehlenswert (52.6965,13.2520)

18,8 li ⇩ des Altarmes (52.6867,13.2477)

16,9 Str-II A111 (52.6729,13.2339)

16,4 re **16727 Velten-Hohenschöpping**, ✕ (52.6705,13.2300)

15,6 EB-II Hohenschöpping (52.6634,13.2222)

15,3 re ➔ Veltener Stichkanal (3,3 km bis Velten) (52.6608,13.2192)

12,5 Str-II L17 **16761 Hennigsdorf**, Ruppiner Straße, 🚆 (52.6367,13.2160)

12,1 EB-II Hennigsdorf (52.6330,13.2163)

10,4 re ➔ Havelkanal (s. Seite 438) von der Havel-Oder-Wasserstraße. Dieser 33 km lange, landschaftlich uninteressante Kanal umgeht Berlin und stellt die kürzeste Verbindung zwischen Havel-Oder-Wasserstraße und Unterer Havel dar (52.6175,13.2092)

10,1 li ⇩ der Nebenstrecke Nieder-Neuendorfer See in die Havel-Oder-Wasserstraße. Beginn Berlin. In etwa 1,5 km Entfernung in nördlicher Richtung auf der östlichen Uferseite 3 Kanuvereine (52.6151,13.2101)

Nebenstrecke Nieder-Neuendorfer See

Am Nieder-Neuendorfer See haben mehrere Kanu-Vereine ihr Bootshaus.

1,6 Beginn des Nieder-Neuendorfer Sees (52.6273,13.2205)

1,2 re ⌂ Heiligenseer KC Berlin, ⛺, Hennigsdorfer Str. 125/135,

13503 Berlin, www.hkc-berlin.de (52.6234,13.2210)

1,1 re ⌂ WSG Heiligensee, ⛺, Lubminer Pfad 13, 13503 Berlin, www.wsg-heiligensee.de , ☎ +49 30 4363783, ⓘ ☎ +49 176 21150078, 1.vorsitzender@wsg-heiligensee.de (52.6222,13.2208)

0,8 re ⌂ WSC Havel Berlin, ⛺, Hennigsdorfer Str. 87, 13503 Berlin, www.wch-berlin.de , ☎ +49 30 4313942, ⓘ ☎ +49 172 4624175 oder +49 30 43409585, gierke.liersch@t-online.de (52.6200, 13.2194)

0,0 ⇩ der Nebenstrecke Nieder-Neuendorfer See in die Havel-Oder-Wasserstraße (s. Seite 285). Beginn Berlin. In etwa 1,5 km Entfernung in nördlicher Richtung auf der östlichen Uferseite 3 Kanuvereine (52.6151,13.2101)

8,3 li ⌂ Wander-Paddler-Havel Berlin, ⛺, ⛺-Möglichkeit sehr beschränkt, keine Wohnwagen oder Wohnmobile, Alt-Heiligensee 112, 13503 Berlin, www.wander-paddler-havel.de/, ☎ +49 30 4313122 (52.6029,13.2092)

8,1 li ← in den Heiligensee, §, privat (52.6016,13.2096)

7,0 li ⇅ Strand Berlin, Sandhauser Straße (52.5945,13.2209)

6,1 re ⇅ Berlin-Spandau, Niederneuendorfer Allee, daneben geschützte Badestelle „Bürgerablage“, Strand, ✕ (52.5849,13.2114)

5,3 re → Teufelsseekanal, §, Einfahrt verboten (52.5776,13.2175)

4,7 Wagen-⛴ Tegelort - Hakenfelde, re Aalemannkanal (Stichkanal), ✕ (52.5732,13.2249)

4,3 li ⛺ Bootshaus Heyer (nur April bis September), ⛺, Friederikenstraße 23, 13505 Berlin, ☎ +49 30 4311223, ⓘ +49 163 2115739 (52.5698, 13.2285)

4,1 Personen-⛴, frei fahrend (52.5680,13.2271)

3,9 li ⇩ Tegeler See (s. Seite 311) in die Havel-Oder-Wasserstraße (52.5666, 13.2279)

3,4 Insel Großer Wall (52.5622,13.2273);
li ⇩ Berlin-Spandauer Schifffahrtskanal (s. Seite 312) in die Havel-Oder-Wasserstraße, gegenüber der Insel Großer Wall. Er stellt eine Verbindung zur Spree her (52.5617,13.2278)

3,1 re → Maselakekanal (Stichkanal) (52.5604,13.2232);
Str-II Berlin, Rauchstraße (52.5595,13.2244)

3,0 danach li Sportbootliegestelle, ⇅, Stege (52.5595,13.2219)

2,6 Str-II Berlin, Pohleseestraße (Spandauer Seebrücke) (52.5558,13.2220)

2,2 ← der Nebenstrecke Eiswerder links von der Havel-Oder-Wasserstraße (52.5541,13.2210)

Nebenstrecke Eiswerder links

Wenn man an der Insel Eiswerder links vorbeifährt, erreicht man mehrere Bootshäuser.

2,2 ← der Nebenstrecke Eiswerder links von der Havel-Oder-

Wasserstraße (s. Seite 285) (52.5541,13.2210)
1,9 ⌂► KSV Havelbrüder Berlin am Ostufer der Insel Eiswerder (Einfahrt durch eine ca. 1 m breite Lücke im Schilfgürtel li neben einer Marina für Motor- und Segelboote), ⛺, Eiswerderstr. 15, Haus 14, 13585 Berlin, www.ksvh.de (52.5500,13.2202)
1,5 Str-II Berlin, Kleine Eiswerderstraße zur Insel Eiswerder (52.5488, 13.2229)
1,3 li ⌂► TiB Kanu Haselhorst, ⛺-Möglichkeit nach Anmeldung, Elisabeth-Flickenschildt-Str. 22, 13599 Berlin, www.tib-kanu-haselhorst.berlin (52.5446,13.2235);
li ⌂► KC Haselhorst Berlin, Elisabeth-Flickenschildt-Str. 20, 13599 Berlin, www.kanu-club-haselhorst.de, ♪ +49 152 34582355, vorstand@rkv-berlin.de (52.5445,13.2239);
li ⌂► Ruder- und Kanu-Verein Berlin, ►⛺, Elisabeth-Flickenschildt-Str. 18, 13599 Berlin, www.rkv-berlin.de (52.5444,13.2243);
li ⌂► KC Naturfreunde Berlin, ►⛺, Elisabeth-Flickenschildt-Str. 16 13599 Berlin, www.kcnberlin.de (52.5444,13.2246)
0,7 ⇩ der Nebenstrecke Eiswerder links in die Havel-Oder-Wasserstraße (s. Seite 285) (52.5447,13.2127)

2,1 –1,5 li Insel Eiswerder (52.5515,13.2190)–(52.5466,13.2164)
0,8 Str-II Berlin, Eiswerderstraße (52.5472,13.2142)
0,7 ⇩ der Nebenstrecke Eiswerder links in die Havel-Oder-Wasserstraße (52.5447,13.2127)
0,6 ⯐ Spandau, re ▬-Arm, ✕, li Bootsschleppe mit Wagen, Betriebszeit: 01.04.–31.10, Mo–Sa 06:00–22:00 Uhr, So und Feiertage 07:00–22:00 Uhr; 01.11.–31.03, Mo–Sa 06:00–20:00 Uhr, So und Feiertage 07:00–19:00 Uhr, besondere Feiertagsregelung, ⌘: li Spandauer Zitadelle mit Juliusturm, Festungswerk aus dem 16. Jahrhundert, ♪ +49 30 33080520 (52.5411,13.2090)
0,3 Str-II Berlin, Am Juliusturm, li Zitadellengraben, Slalomstrecke (Einfahrt verboten) (52.5385,13.2095)
0,0 ⇩ der Havel-Oder-Wasserstraße und Untere Spree (s. Seite 323) in die Untere Havel (s. Seite 411) (52.5356,13.2073)

Schwaanhavel

Wanderfluss
Mündung in Havel bei amtl. km 81,0 (re Nebenfluss)

Die Schwaanhavel fließt als kleiner Bach aus dem Plätlinsee in die Havel bei Wesenberg.

Im Zusammenhang mit Rätzsee, Drosedower Bach, Dollbeck und Teilstrecken der Havel sowie der Müritz-Havel-Wasserstraße ergeben sich interessante Rundfahrt-Möglichkeiten.

Befahrungsregeln: km 5,5 bis 3,6 (Nordteil des Sees): ganzj. BV außerhalb der

	markierten Route, UV (auch auf der Insel Hünenwerder)
Befahrbarkeit:	Aufgrund der geringen Strömung ist eine Befahrung in beiden Richtungen möglich. Im Sommer kann die Schwaanhavel verkrautet sein.

7,4 ⅄ Kanuhof Wustrow, Dorfstraße 57A, 17255 Wustrow, www.kanuhof-wustrow.de , ♪ +49 39828 20083 (53.2221,12.9679);
17255 Wustrow, ✕ (53.2224,12.9689);
⩍-Möglichkeit Wustrow (350 m) von und zum Balinkasee und damit Verbindung zum Drosedower Bach (53.2219,12.9702);
⇅ Wustrow in der südlichen Bucht des Plätlinsees (von 20 bis 8 Uhr verschlossen) (53.2218,12.9705)

5,5 –3,6 § ganzj. BV außerhalb der markierten Route entlang der Bojenkette, UV (auch auf der Insel „Hünenwerder“) (53.2329,12.9879)–(53.2484, 12.9967)

3,6 Ausfluss der Schwaanhavel aus dem Plätlinsee, im Sommer stark verkrautet (53.2484,12.9966)

3,2 Wege-Ⅱ (53.2507,12.9973)

0,2 re ➔ fahren, li Arm gesperrt (53.2686,12.9946)

0,0 wenn man die Fahrt in umgekehrter Richtung macht, muss man sich 140 m nach der Einfahrt von der Havel in die Schwaanhavel li halten, re geht es zur Schleuse Wesenberg zurück (Befahrung verboten) (53.2691, 12.9961);
⇩ der Schwaanhavel in die Obere Havel (s. Seite 276) bei amtl. km 81,0 (53.2690,12.9965)

Müritz-Havel-Wasserstraße

Wanderfluss, Seengewässer

Mündung in Havel bei amtl. km 72,4 (li Nebenfluss)
Verbindet die Havel mit den Rheinsberger Gewässern und der Müritz.

Zahlreiche Seen, die meist ineinander übergehen bilden die Wasserstraße. Die Höhenunterschiede werden durch Schleusen ausgeglichen. Dadurch gibt es praktisch keine Strömung. Die Nebenstrecke Alte Fahrt ist zwar länger als der Mirower Kanal, aber landschaftlich interessanter.

Befahrungsregeln:	Die Müritz-Havel-Wasserstraße ist eine Bundeswasserstraße. Es gilt die Binnenschifffahrtsstraßen-Ordnung (BinSchStrO). km 20,3 bis 18,3 (Zotzensee): ganzj. BV mit Ausnahme entlang der Betonnung
Kilometrierung:	amtliche Kilometrierung, Nebenstrecken nach Kartenmaterial

32,5 ➔ der Müritz-Havel-Wasserstraße von Müritz-Elde-Wasserstraße (s. Seite 474), damit Verbindung zur Havel (53.3276,12.7006)

32,0 Ausfahrt aus der Kleine Müritz in den Mirower Kanal (53.3249,12.7075)

31,1 Str-Ⅱ B198, re **17248 Rechlin, OT Vietzen** (53.3181,12.7139)

30,7 ⇩ in Sumpfsee (53.3149,12.7176)

29,7 Ausfahrt aus Sumpfsee (53.3066,12.7244)
28,3 EB-II (53.2980,12.7357)
28,2 Str-II, re **17248 Lärz** (53.2975,12.7380)
23,0 ⛫ Mirow, Betriebszeiten: siehe www.elwis.de, 01.12.-15.03. keine Betriebszeit, ✆ +49 39833 20259 (53.2723,12.8013)
23,0 Str-II Mirow, Starsower Straße (53.2721,12.8018)
22,5 li ⇩ Alte Fahrt (Müritz) in die Müritz-Havel-Wasserstraße, Ausfahrt aus Mirower Kanal (53.2699,12.8078)

Nebenstrecke Alte Fahrt (Müritz)

Die Alte Fahrt war vor dem Bau des Müritz-Havel-Kanals eine Schifffahrtsverbindung zwischen der Müritz und der Havel. Zur Überwindung des Höhenunterschiedes diente die heute zugeschüttete Schleuse Bolter Mühle. Damit ist eine durchgehende Befahrung nur noch für Kanus möglich. Auf dem Mirower See gibt es Personenschifffahrt sowie Motorbootverkehr.

16,7 ➔ Alte Fahrt (Müritz) von Müritzsee Ostufer (s. Seite 476) (53.3767,12.7587)
16,5 –14,5 Bolter Kanal (53.3753,12.7585)–(53.3710,12.7768)
16,4 re bei Ausfahrt auf die Müritz ⚠. Bei W-Winden stehen hohe Wellen vor der ⇩, ⛺, ⛺-Möglichkeit (53.3747,12.7586)
14,5 ▬ ehemalige Bolter ⛫, ⌂ li 150 m mit Bootswagen, ⌂ re auch möglich, ⛺ Wasserwander-⛺ Alte Fahrt (53.3711,12.7770)
14,4 Str-II Bolter Schleuse (53.3712,12.7788)
13,9 –10,3 **§** ganzj. UV, Durchfahrt des Caarpsees und des Woterfitzsees nur entlang der gelben Bojen erlaubt (53.3705,12.7858)–(53.3551,12.8272)
10,2 ⇩ in Leppinsee (53.3547,12.8273)
9,3 li 🚐 am Leppinsee der Haveltourist GmbH, von hier aus 🚌 und Bootstransporte (Paddel-Paul, ✆ +49 174 8275230 und Taxi-Moritz, ✆ +49 39833 20454) nach Babke an der Havel, Bungalowsiedlung Leppinsee, 17252 Roggentin, www.haveltourist.de , ✆ +49 3981 24790 (53.3478,12.8231)
7,7 Ausfahrt aus Leppinsee (53.3349,12.8106)
6,6 ⇩ in Großer Kotzower See (53.3259,12.8116)
6,5 li Schillersdorfer Teerofen (53.3246,12.8125)
5,7 Ausfahrt aus Großer Kotzower See (53.3179,12.8091)
4,8 ⇩ in Granzower Möschen (53.3096,12.8091)
3,5 li Kanustation **17252 Mirow, OT Granzow**, ⛺, Bootstransport nach Babke an der Havel, www.kanustation-granzow.de (53.3017 12.8068)
3,4 Ausfahrt aus Granzower Möschen (53.2995,12.8060)
2,8 ⇩ in Mirower See (53.2940,12.8059)
2,6 li in 500 m in einer Seitenbucht ⛺ Kanustation Mirow, DJH Mirow (53.2926,12.8054)
1,4 li 🚐 Strandhotel Mirow, Strandstraße 20, 17252 Mirow,

www.strandhotel-mirow.de, ☎ +49 39833 22019 (53.2823,12.8103)
1,1 li ← Einfahrt in den Mirower Stadtkanal, Rundfahrt um Schlossinsel (53.2798,12.8071)
0,5 li ⇩ Mirower Stadtkanal (53.2751,12.8092);
li ⌂ Ruderverein Blau-Weiß Mirow, ⛺ nach Anmeldung im ⌂, Am Stadtpark 1, 17252 Mirow, www.rudern-mirow.de (53.2743, 12.8088)
0,2 Str-Ⅱ B198 **17252 Mirow,** ✕, 🛒, ⌘: Schlossinsel (53.2719, 12.8079)
0,0 ⇩ Alte Fahrt (Müritz) in die Müritz-Havel-Wasserstraße (s. Seite 289), Ausfahrt aus Mirower Kanal (53.2699,12.8078)

22,3 EB-Ⅱ (53.2682,12.8090)
21,4 Wege-Ⅱ Hohe Brücke (53.2609,12.8119)
20,3 ⇩ in Zotzen-See (53.2510,12.8105)
20,3 –18,3 § ganzj. BV mit Ausnahme entlang der Betonnung (53.2509, 12.8104)–(53.2372,12.8241)
18,3 Ausfahrt aus Zotzen-See (53.2371,12.8243)
18,2 li 🚐 Peetsch (53.2367,12.8266)
17,2 ⇩ in Mössensee (53.2283,12.8286)
16,6 li 🚐 Naturcamp Mössensee, www.naturcamp-moessensee.de, ☎ +49 39833 22030 (53.2232,12.8345)
16,1 li 🚐 Sonnen und Naturfreunde, ☎ +49 172 4843294 (53.2197,12.8368)
15,5 ⇩ in Vilzsee, Ausfahrt aus Mössensee (53.2145,12.8396)
15,2 re ⇩ Nebenstrecke Schwarzer See in die Müritz-Havel-Wasserstraße (53.2121,12.8409)

Nebenstrecke Schwarzer See

Die Fahrt zum Schwarzen See ist ein interessanter Abstecher.
8,0 Beginn des Fehrlingsee (53.2481,12.7896)
6,8 Ausfahrt aus Fehrlingsee (53.2379,12.7885)
6,2 ⇩ in Scharzen See (53.2345,12.7948)
5,0 re **17252 Schwarz(Mecklenburg)** (53.2245,12.7920)
3,4 ⇩ in Zethner See, Ausfluss aus Schwarzer See, li halten zur Weiterfahrt (53.2121,12.7962)
3,1 ⇩ in Mirower Adlersee (53.2099,12.7968)
2,2 ⇩ in Vilzsee (53.2114,12.8097)
0,0 ⇩ Nebenstrecke Schwarzer See in die Müritz-Havel-Wasserstraße (s. Seite 289) (53.2121,12.8409)

14,6 li ⇩ Drosedower Bach (s. Seite 293) in die Müritz-Havel-Wasserstraße (53.2101,12.8487)
14,4 Ausfahrt aus dem Vilzsee (53.2093,12.8520)
14,2 Str-Ⅱ MST4 (53.2081,12.8545)

13,8 Str-II MST5 Diemitzer Schleuse (53.2077,12.8600);
⯑ Diemitz, Betriebszeiten: siehe www.elwis.de, 01.12.-15.03. keine Betriebszeit, ✆ +49 39827 30450 (53.2079,12.8609)
13,2 ⛺-Möglichkeit Biber-Park (53.2091,12.8671)
13,0 ⇩ in Labus-See (53.2103,12.8704)
12,6 li mehrere 🚐 (53.2104,12.8763)
10,6 ⇩ Dollbek (s. Seite 294) in die Müritz-Havel-Wasserstraße (53.2058, 12.9017)
10,2 Ausfahrt aus dem Labus-See (53.2023,12.9034)
9,7 Str-II B122 **17255 Wustrow, OT Canow**, ✕ (53.1995,12.9034);
⯑ Canow, Betriebszeiten: siehe www.elwis.de, 01.12.-15.03. keine Betriebszeit, Bootsschleppe vorhanden (schwer), ✆ +49 39828 20255 (53.1991,12.9041)
9,6 ⇩ in den Canower See (53.1981,12.9067)
8,1 O-Ende Canower See, ⇩ in Kleiner Pälitz-See (53.1955,12.9275)
7,7 re ⇩ der Rheinsberger Gewässer (s. Seite 294) in die Müritz-Havel-Wasserstraße (53.1939,12.9326)
7,3 li 🚐 Pälitzsee, Am Canower See 165, 17255 Wustrow, www.mecklenburg-tourist.de , ✆ +49 39828 20220 (53.1974,12.9360)
6,5 ⛺ VCP Bundeszeltplatz, Birkenweg 15, 16831 Großzerlang, www.vcp-bundeszeltplatz.de , ✆ +49 33921 70333, bzg-info@vcp.de, ⓘ mirco.mittelstaedt@vcp.de (53.1988,12.9478)
5,2 li Pälitzhof (53.2021,12.9700)
4,5 ⇩ in Großer Pälitzsee. Die Fahrt geht nach li, Richtung NO (53.1981, 12.9772)
4,3 re ⇩ der Nebenstrecke Großer Pälitzsee in die Müritz-Havel-Wasserstraße (53.1972,12.9804)

Nebenstrecke Großer Pälitzsee

Ein Abstecher in den Großen Pälitzsee ist lohnend, denn hier findet man mehrere Campingplätze.

4,4 ⚓ am Beginn des Großen Pälitzsee, Wendepunkt für eine Umrundung (53.1722,12.9448)
2,8 Engstelle (53.1806,12.9633)
1,8 re 🚐 Naturcamping am Großen Pälitzsee - Haveltourist, Kleinseenplatte Neustrelitz, 17255 Strasen, www.haveltourist.de , ✆ +49 3981 24790 (53.1840,12.9752)
1,0 re 🚐 Ferienpark Pelzkuhl, Kleinseenplatte Neustrelitz, Pelzkuhl 8, 17255 Wesenberg, www.ferienpark-pelzkuhl.de , ✆ +49 39832 21349 (53.1874,12.9896)
0,0 ⇩ der Nebenstrecke Großer Pälitzsee in die Müritz-Havel-Wasserstraße (s. Seite 289) (53.1972,12.9804)

3,1 Ausfahrt aus dem Großen Pälitz-See (53.2050,12.9923)
2,9 Str-II **17255 Wesenberg, OT Strasen**, Piezkuhler Straße (53.2053,

12.9942)
2,8 Wege-II Strasen, Schleusengasse (53.2061,12.9960)
2,7 ⌘ Strasen, Betriebszeiten: siehe www.elwis.de, 01.12.-15.03. keine Betriebszeit, ♪ +49 39828 20484 (53.2063,12.9973)
1,9 ⇩ in den Ellenbogen-See (53.2071,13.0088)
0,0 ⇩ der Müritz-Havel-Wasserstraße in die Obere Havel (s. Seite 276) bei amtl. km 72,4. Sie führt zur Müritz und bildet damit den Anschluss an die Müritz-Elde-Wasserstraße (53.2143,13.0303)

Drosedower Bach

Weitere Namen: Oberbeck, Rätzsee, Gobenowsee

Wanderfluss, Seengewässer
Mündung in Müritz-Havel-Wasserstraße bei amtl. km 14,6 (li Nebenfluss)

Nachfolgend wird eine Strecke beschrieben, die von Wustrow über den Rätzsee zum Vilzsee führt. In Wustrow besteht eine 350 m lange Umtrage-Möglichkeit zum Plätlinsee und damit zur Weiterfahrt auf der Schwaanhavel. Die Befahrung ist aufgrund der geringen Strömung in beiden Richtungen möglich. Die beschriebene Strecke wird damit zu einem Teilabschnitt von mehreren kürzeren und längeren Rundfahrten (unter Einbeziehung von Havel, Müritz-Havel-Wasserstraße und Schwaanhavel).

13,9 ⇅ am Ende des Balinkasees im Weidengebüsch, 350 m weit ⏏ zur Schwaanhavel (s. Seite 288) (Plätlinsee) möglich (53.2221,12.9669)
13,5 ⇩ eines kleinen Baches vom Balinkasee in den Klenzsee (53.2246, 12.9629)
12,3 Str-II MST6, Ausfahrt aus dem Klenzsee (53.2268,12.9465)
11,3 re **17255 Wustrow, OT Seewalde** (53.2245,12.9326)
11,1 ⇩ in Gobenowsee (53.2242,12.9290)
10,4 re ⛺ am Gobenowsee, Am Gobenowsee 1, 17255 Drosedow, Wustrow, www.gobenowsee.m-vp.de/ , ♪ +49 39828 20355 (53.2272,12.9209)
10,2 li ←der Dollbek (s. Seite 294) vom Drosedower Bach (Gobenowsee) zum Labussee (53.2255,12.9167)
9,5 ⇩ in Drosedower Bach, Ausfahrt aus dem Gobenowsee (53.2309,12.9127)
8,3 Wege-II, li **17255 Wustrow, OT Drosedow** (53.2389,12.9046)
6,8 re ⛺ C 28 (FKK) der Haveltourist GmbH, www.haveltourist.de (53.2519, 12.9078)
6,7 re ⇩ in Rätzsee, die Fahrt geht weiter nach Süden (53.2519,12.9054)
2,3 ⇩ Oberbeck in W-Ende des Rätzsees, die Fahrt geht jetzt stromauf, geringe Strömung (53.2247,12.8670)
2,2 re ⛺ Familien-Freizeit- und Feriennaturcamp am Rätzsee, FKK-Platz und separater Wasserwanderplatz, Fleether Mühle 4, 17252 Diemitz, www.raetz-see.de , ♪ +49 39833 22095 (53.2233,12.8668)
1,5 ▬ Fleether Mühle und Str-II, X, ⏏, am Unterwassser Wasserwander-⛺, ✕ (53.2208,12.8605)
0,6 Wege-Brücke, re **17252 Mirow, OT Fleeth** (53.2137,12.8549)

0,0 ⇩ Drosedower Bach in die Müritz-Havel-Wasserstraße (s. Seite 289) bei amtl. km 14,6 (53.2101,12.8487)

Dollbek

Wanderfluss
Mündung in Müritz-Havel-Wasserstraße bei amtl. km 10,6 (li Nebenfluss)

Die Dollbek verbindet den Gobenowsee mit dem Labussee und stellt damit eine Verbindung zur Müritz-Havel-Wasserstraße her. Sie ermöglicht im Zusammenhang mi dem Drosedower Bach verschiedene, interessante Rundfahrten. Dazu kann sie aufgrund der geringen Strömung in beiden Richtungen befahren werden.

Befahrungsregeln: Auf dem Abschnitt des großen Labussees gilt die Binnenschifffahrtsstraßen-Ordnung (BinSchStrO).

2,7 ← der Dollbek vom Drosedower Bach (s. Seite 293) (Gobenowsee) zum Labussee (53.2255,12.9167)
2,1 Ausfahrt aus dem Gobenowsee, Beginn der Dollbek (53.2201,12.9142)
0,8 ⇩ in den Labussee, Weiterfahrt nach Canow in südlicher Richtung, zur Müritz nach Westen (53.2116,12.9064)
0,0 ⇩ Dollbek in die Müritz-Havel-Wasserstraße (s. Seite 289) bei amtl. km 10,6 (53.2058,12.9017)

Rheinsberger Gewässer

Weitere Namen: Hüttenkanal

Wanderfluss, Seengewässer, Schifffahrtsstraße
Mündung in Müritz-Havel-Wasserstraße bei amtl. km 7,7 (li Nebenfluss)

Die Rheinsberger Gewässer liegen südlich der Müritz-Havel-Wasserstraße und verbinden diese über den Rhin mit den märkischen Gewässern. Seen und Wälder mi vielen Erholungsorten und Campingplätzen kennzeichnen die reizvolle Landschaft Das Gewässer ist strömungslos und kann somit in beiden Richtungen befahren werden.

Befahrungsregeln: Rheinsberger Gewässer und Zechliner Gewässer sind Bundeswasserstraßen. Es gilt die Binnenschifffahrtsstraßen-Ordnung (BinSchStrO).
Kilometrierung: Amtliche Kilometrierung.

13,4 ■, ⏏-Möglichkeit zum Rheinsberger Rhin (53.0968,12.8914)
13,3 Fußg-Ⅱ Rheinsberg (53.0975,12.8907)
13,2 Ⅱ am Schloss Rheinsberg (53.0978,12.8896)
12,8 **16831Rheinsberg**, ✕, ⌘: Schloss (53.1005,12.8892)
12,4 re ⌂ Ruderverein Rheinsberg, ⛺, Schillerstraße 13, 16831Rheinsberg, www.rv-rheinsberg.de , ♪ +49 33931 39021, ⓘ ♪ +49 151 25639651 (53.1037,12.8908)
11,9 Marineclub Rheinsberg, ⛺, Reuterpromenade 7, 16831 Rheinsberg, marineclub-rheinsberg.de , ♪ +49 173 9829844, kurti.weniger.ow@gmail.con (53.1089,12.8916)

11,6 Ausfahrt aus Grienericksee (53.1110,12.8854)
11,1 ⇩ in Großer Rheinsberger See (53.1155,12.8826)
10,9 re Hafendorf Rheinsberg, ⚓, ✕ (53.1169,12.8850)
10,2 Großer Rheinsberger See, Remusinsel. Am West-Ufer ⛺ Steinablage Rheinsberg. Am Südwest-Ufer ⛺ Warenthien, Graben zum Gr. Linowsee, **16831 Rheinsberg, OT Warenthien**, ✕ (53.1228,12.8779)
9,2 ⇩ in Repenter Kanal, Ausfahrt aus dem Großen Rheinsberger See (53.1320,12.8751)
8,3 ← Mehlitzsee, NSG (53.1398,12.8730)
8,0 Wege-II Zur Schlabornbrücke (53.1420,12.8741)
7,6 ⇩ in Schlabornsee (53.1456,12.8747)
7,3 re → durch Str-II zum Bikowsee, dort 2 ⛺ (53.1487,12.8812);
li ⛺ Schlabornhalbinsel, www.schlabornhalbinsel.de (53.1498,12.8731)
6,6 li ⇩ Kagarbach in Rheinsberger Gewässer (53.1538,12.8714)

Nebenstrecke Kagarbach

Der Kagarbach, auch Mühlgraben Kagar genannt, gestattet einen Abstecher von den Rheinsberger Gewässern zum Ort Kagar.

5,5 Beginn des Kagarsees (53.1268,12.8123)
5,4 li **16837 Rheinsberg, OT Kagar** (53.1281,12.8127)
5,0 ⇩ in Kagarbach, Ausfahrt aus Kagarsee (53.1288,12.8192)
4,5 Wege-II (53.1307,12.8245)
3,5 ⇩ in Dollgowsee (53.1365,12.8341)
1,0 Ausfahrt aus Dollgowsee (53.1505,12.8575)
0,6 Str-II Reihenholz (53.1520,12.8627)
0,5 ⇩ in Schlabornsee (53.1521,12.8638)
0,0 ⇩ Kagarbach in Rheinsberger Gewässer (s. Seite 294) (53.1538, 12.8714)

6,4 ⇩ in den Schlabornkanal, Ausfahrt aus Schlabornsee (53.1557,12.8717)
6,4 Str-II **16831 Rheinsberg-Zechliner Hütte**, Zechliner Straße (53.1561, 12.8718)
5,6 ⇩ in Tietzowsee (53.1638,12.8714)
5,3 li ⇩ der Nebenstrecke von Zechliner Gewässer in Rheinsberger Gewässer (Tietzowsee) (53.1663,12.8689)

Nebenstrecke Zechliner Gewässer

Das Zechliner Gewässer verbindet den Ort Flecken Zechlin mit dem Rheinsberger Gewässer.

8,6 Beginn Schwarzer See (53.1562,12.7693);
16837 Rheinsberg-Flecken Zechlin, ✕ Fischerhütte (53.1565, 12.7698)
7,7 ⇩ in Zechliner Kanal (53.1591,12.7794);
Fußg-II Flecken Zechlin (53.1590,12.7803)

7,5 ⇩ in den Großen Zechliner See (53.1589,12.7819)
6,6 li Zeltplatz D 83, www.camping-fleckenzechlin.com (53.1599, 12.7943)
6,0 ab hier Kurs nach Süden (rechte Bucht) (53.1558,12.8034)
5,1 li ⇩ in Repenter Kanal (53.1489,12.8097)
4,6 Wege-II Landwehrbrücke (53.1483,12.8169)
3,3 ⇩ in Zootzensee (53.1542,12.8334)
0,4 ⇩ in Zootzenkanal, Ausfahrt aus Zootzensee (53.1680,12.8634)
0,3 Str-II Zechlinerhütte, Luhmer Straße (53.1673,12.8650)
0,0 ⇩ der Nebenstrecke von Zechliner Gewässer in Rheinsberger Gewässer (s. Seite 294) (Tietzowsee) (53.1663,12.8689)

5,3 re Eckernkoppel, www.campingplatz-eckernkoppel.de , ☎ +49 33921 50941 (53.1663,12.8737)
4,3 Ausfahrt aus dem Tietzowsee (53.1719,12.8838)
4,1 li Biwakplatz (53.1734,12.8832);
⇩ in Großer Pepelowsee, Kurs nach rechts (53.1738,12.8837)
4,0 ⇩ in Hüttenkanal, Ausfahrt aus Großer Pepelowsee (53.1745,12.8851);
Str-II B122, li DJH Jugendherberge Prebelow,
jh-prebelow.jugendherbergen-berlin-brandenburg.de , ☎ +49 33921 70222 (53.1748,12.8863)
2,4 Wolfsbruch, Betriebszeiten: siehe www.elwis.de, 01.12.–31.03. keine Betriebszeit, ☎ +49 33921 70240 (53.1822,12.9042);
Str-II Dorfstraße Wolfsbruch (53.1823,12.9049)
1,3 Landhotel Lindengarten Kleinzerlang, Dorfstraße 33, 16831 Rheinsberg, www.landhotel-lindengarten.com (53.1856,12.9186)
1,2 Str-II, re **16831 Rheinsberg-Kleinzerlang**, ✕ (53.1861,12.9200);
⇩ in Kleiner Pälitzsee, Ausfahrt aus dem Hüttenkanal (53.1862,12.9201)
0,0 ⇩ der Rheinsberger Gewässer in die Müritz-Havel-Wasserstraße (s. Seite 289) bei amtl. km 7,7 (53.1939,12.9326)

Feldberger und Lychener Gewässer

Weitere Namen: Lychener Gewässer, Küstrinchener Bach, Küstriner Bach

Kleinfluss, Wanderfluss, Seengewässer, Schifffahrtsstraße
Mündung in Havel bei amtl. km 54,9 (li Nebenfluss)

Die Feldberger Seen gehören zu den schönsten Seen Mecklenburgs, reizvoll zu allen Jahreszeiten. Auf relativ kleinem Raum treffen hier innere und äußere baltische Endmoränen aufeinander und bilden in einer vielgestaltigen Landschaft eine Reihe herrlicher Seen. Über den Küstrinchener Bach besteht Anschluss an die Lychener Gewässer. Die Kilometrierung setzt sich in den Lychener Gewässern, ein interessantes Wandergebiet mit einem Seenkreuz um die Stadt Lychen, fort.
Besonderheiten: Auf den Lychener Gewässern dürfen Charterboote verkehren. Es ist mit unerfahrenen Bootsführern zu rechnen. An Schleusenanlagen ist besondere Vorsicht geboten.

Befahrungsregeln: Die Lychener Gewässer sind von unterhalb der Straßenbrücke Lychen bis zur Mündung in die Obere Havel Binnenwasserstraße. Es gilt die Binnenschifffahrtsstraßen-Ordnung (BinSchStrO).
km 24,3 bis 16,1 (gesamte Gewässer): ganzj. BV mit Ausnahme des Wasserwanderweges zwischen Krüselinsee und Küstriner Bach
km 16,1 bis 11,6 (zwischen dem Wehr Küstrinchen und dem Wehr Fegefeuer / gesamtes Gewässer nur stromabwärts befahren): Zum Schutz der Kleinlebewesen und des Bodensubstrates darf der Küstriner Bach (auch „Küstrinchener Bach“ genannt) zwischen dem Wehr Küstrinchen und dem Wehr Fegefeuer nur bei einem Pegelstand von über 30cm befahren werden. Gleichwohl darf er dort nur stromabwärts befahren werden. Der aktuelle Pegelstand ist online zu finden unter: www.luis.brandenburg.de/w/hwmz/potsdam/pegel/W7100042/?pgnr=5811701

Kilometrierung: Amtliche Kilometrierung bis Lychen, oberhalb anhand Kartenmaterial.

38,1 mögliche ⬇ bei **17258 Feldberger Seenlandschaft, OT Tornowhof** in den Lütter See (53.3590,13.4987)

36,9 ⇩ in Breiter Luzin, Ausfahrt aus Lüttensee (53.3602,13.4816)

34,9 ⇩ der Nebenstrecke Feldberger Haussee in Breiter Luzin (53.3495, 13.4611)

Nebenstrecke Feldberger Haussee

Die unter Feldberger Haussee beschriebene Route beginnt am Schmalen Luzin an einer Umtragemöglichkeit (Seerosenkanal), führt dann zur Stadt Feldberg und weiter zum See Breiter Luzin, wo sie wieder in die Route Feldberger und Lychener Gewässer mündet. Sie ermöglicht eine Rundfahrt, wobei wegen fehlender Strömung in beide Richtungen gefahren werden kann.

4,6 ←, ⏏-Möglichkeit zwischen Schmalen Luzin (s. Seite 296) und Seerosenkanal (53.3412,13.4558)

4,5 Str-II Feldberg, Prenzlauer Straße, primitive Bootsrutsche unter Str-II, stark moderndes Wasser, ohne Schuhwerk nur schwer zu passieren (53.3415,13.4549)

4,4 ⇩ in Feldberger Haussee (53.3415,13.4534)

2,6 **17258 Feldberger Seenlandschaft, OT Feldberg**, Kneippkurort, Kurpark, ✕, 🛒 (53.3367,13.4340);
⬆⬇ Feldberg, Strelitzer Straße (53.3367,13.4341)

1,2 ⇩ in Luzinkanal, Ausfahrt aus Feldberger Haussee (53.3475, 13.4452)

1,1 Str-II Feldberg, Eichholz (53.3477,13.4456)

1,0 ⇩ Luzinkanal in den Breiten Luzin (53.3485,13.4466)
0,0 ⇩ der Nebenstrecke Feldberger Haussee in Breiter Luzin (s. Seite 296) (53.3495,13.4611)

34,6 re Camping am Bauernhof, Hof Eichholz 1, 17258 Feldberger Seenlandschaft, www.campingplatz-feldberg.de , +49 39831 21084 (53.3464, 13.4586)
34,3 Str-II Feldberg, Erddamm (53.3437,13.4604)
33,8 li ←, -Möglichkeit zwischen Schmalen Luzin und Seerosenkanal (53.3412,13.4558)
33,3 li ↑↓ am Schmalen Luzin, zu erreichen über Feldberg, Prenzlauer Straße (53.3368,13.4523)
31,8 Luzin- nach Hullersbusch (53.3254,13.4418)
30,2 „Das Schmal", Engstelle, ⚠ am West-Ufer fahren, östliche Bucht ist Sackgasse, re (53.3145,13.4300)
28,9 re vor Carwitz (53.3047,13.4241)
27,8 ⇩ in Bäk, Ausfluss aus Schmalem Luzin, Hinweisschild, bei geringem Wasserstand evtl. 300 m nach li erforderlich, da die Bäk versumpft ist (53.3048,13.4401)
27,5 Str-II **17258 Feldberger Seenlandschaft, OT Carwitz**, ↑↓, , ⌘ Fallada-Museum, im Norden Hauptmannsberg (53.3032,13.4425);
Carwitz, Stufe nach Brücke, X, vor der Brücke re ↑, hinter der Brücke li wieder ↓ (53.3031,13.4426)
27,4 ⇩ der Bäk in den Carwitzer See (53.3026,13.4434)
27,2 ⇩ der Nebenstrecke vom Zansen-See in Feldberger und Lychener Gewässer (53.3006,13.4443)

Nebenstrecke Zansen

Zansensee und Carwitzer See bieten eine gute Möglichkeit zu einem Abstecher von der Route Feldberger und Lychener Gewässer.

7,8 N-Ende Wootzensee (53.3444,13.5006)
7,0 li **17258 Feldberger Seenlandschaft, OT Fürstenhagen** (53.3373,13.4993)
6,3 Str-II L34, Durchfahrt zum Zansen sehr verwachsen, nur für Kanu eine Fischsperre evtl. (53.3332,13.4906)
2,0 ⇩ in Carwitzer See, Ausfahrt aus Zansen (53.3087,13.4511)
1,9 ← von der Route Zansen zur Nebenstrecke Carwitzer See (s. Seite 299) entlang dem Ostufer (53.3086,13.4511)
0,9 li Halbinsel Bohnenwerder (53.3014,13.4570)
0,0 ⇩ der Nebenstrecke vom Zansen-See in Feldberger und Lychener Gewässer (s. Seite 296) (53.3006,13.4443)

26,9 re am Carwitzer See, Carwitzer Str. 80, 17258 Feldberg Seenlandschaft, www.campingplatz-carwitz.de , +49 39831 21160 (53.2992, 13.4417);

re die Weiterfahrt auf der Hauptroute geht nach Westen durch die Verbindung „Hals“ zum Dreetzsee (53.2990,13.4417);
⇩ der Nebenstrecke Carwitzer See in Feldberger und Lychener Gewässer (53.2989,13.4411)

Nebenstrecke Carwitzer See

Im Zusammenhang mit der Route zum Zansensee ergibt sich mit dieser Route Carwitzer See entlang des Ostufers eine interessante Rundfahrt-Möglichkeit.

5,2 ← von der Route Zansen (s. Seite 298) zur Nebenstrecke Carwitzer See entlang dem Ostufer (53.3086,13.4511)
3,3 li **17258 Feldberger Seenlandschaft, OT Conow**, ⛟ (53.3093, 13.4796)
1,7 §, ganzj. BV im Carwitzer See für 100m Uferstreifen um die Halbinsel Conower Werder (53.2993,13.4651)
1,3 ← nach **17268 Boitzenburger Land, OT Thomsdorf**, ca. 1 km (53.2982,13.4595)
0,0 ⇩ der Nebenstrecke Carwitzer See in Feldberger und Lychener Gewässer (s. Seite 296) (53.2989,13.4411)

26,8 Ausfahrt aus Carwitzer See, Durchfahrt zum Dreetzsee (53.2989,13.4404)
26,1 re ⛺ (53.2965,13.4323)
24,7 Süd-Ende des Dreetzsees, ↑ li vom Badeplatz, hier sickert das Wasser unterirdisch zum Krüselin-See durch, ⏢ über Campingplatz etwa 400 m, man kann an der Rezeption des Campingplatzes Bootswagen ausleihen (53.2845,13.4318);
⛟ am Dreetzsee, Dreetzsee 1, 17268 Boitzenburger Land, dreetzsee-camping.de , ☎ +49 39889 746 (53.2843,13.4311)
24,3 ↓ in Krüselin-See, Fahrt nach S (53.2813,13.4275)
24,3 –16,1 §, ganzj. BV mit Ausnahme des Wasserwanderweges zwischen Krüselinsee und Küstrinchener Bach (53.2812,13.4274)–(53.2241, 13.3763)
22,5 S-Ende Krüselinsee, ▬ Krüseliner Mühle, X, re 150 m ⏢, unbedingt Bootswagen mitnehmen, ✕. Die Folgestrecke ist sehr flach. Vorsichtig und langsam paddeln, Wasser nicht aufwühlen, ruhig verhalten, NSG! Es folgen der Kleine und, nach kurzer Durchfahrt, der Große Mechowsee (53.2671,13.4165)
20,8 Süd-Ende des Gr. Mechowsees, östliche Bucht fahren. Auf der Folgestrecke eine Fischsperre, leichtes ⏢, evtl. Baumhindernisse werden ständig beseitigt (53.2548,13.4060)
18,6 ▬ Kolbatzer Mühle, X, re 150 m ⏢, Bootswagen zum Ausleihen beim Kanuverleih, ⛺ Biwakplatz für eine Nacht, ⛺, Imbiss. Der folgende Flusslauf ist eng und flach, evtl. treideln, www.kolbatzer-muehle.de (53.2429,

13.3923)

17,5 ▬ Schreibermühle, ✕, re ⬆ und nach li über die II, dann re, Feldweg 80m zur ⬇ (53.2339,13.3863)

17,2 ⇩ in Gr. Küstrin-See. Fahrt in Richtung Südwest.
Nach Osten Nebenroute bis zum Ende des Gr. Küstrin-See ca. 5 km (53.2315,13.3848)

16,1 ⇩ in Küstrinchener Bach, Ausfluss aus dem Küstrinsee (53.2240,13.3763)

16,1 –11,6 § ganzj. BV, Gr. Küstrinsee - Floßschleuse IV (Fegefeuer), wenn Pegel an Straßenbrücke Küstrinchen unter 30 cm ist, sowie stromaufwärts. Baumhindernisse, zügig durchfahren, nicht anlegen. Bei Pegel Küstrinchen kleiner 30 cm kann das Umsetzen der Boote mit geländetüchtigen Mietsbootswagen oder Transport mit Auto zwischen Biwakplatz Küstrinchen und Biwakplatz Fegefeuer erfolgen. Dazu beim Fischer in Küstrinchen anfragen. Im Bachlauf existiert eine seltene Muschelart, die bei geringen Pegelständen durch das Treideln Schaden nimmt, (53.2240, 13.3764)–(53.2093,13.3482)

15,7 ▬ Küstrinchen, ✕, li ⏏, li ⅄ Biwakplatz (53.2215,13.3774)

15,6 Str-II li **17279 Lychen, OT Küstrinchen**, ▤, ♪ +49 39888 64542 (53.2206,13.3771)

13,6 ▬ zerstörte Floßgasse, jetzt Steinschwall, bei MW evtl. ≈, sonst ⏏ (53.2168,13.3672)

11,6 li ⛺ und ⅄ Biwakplatz Fegefeuer (53.2092,13.3480);
▬ Floßschleuse IV „Fegefeuer", li ⏏ (53.2092,13.3479)

9,7 ⇩ des Küstrinchener Baches in den Oberpfuhlsee (NO-Ende) der Lychener Gewässer (53.2165,13.3290)

8,8 ➔ der Strecke über den Nesselpfuhl von Feldberger und Lychener Gewässer (53.2121,13.3195)

Nebenstrecke Nesselpfuhl

Die Fahrt durch den Mühlgraben in Lychen und weiter über den Nesselpfuhl bietet eine leichtere Umtragemöglichkeit für die Boote als am Stadtsee.

1,6 ➔ der Strecke über den Nesselpfuhl von Feldberger und Lychener Gewässer (s. Seite 296) (53.2121,13.3195)

1,4 Fußg-II der Strandpromenade Lychen, Einfahrt in den Mühlengraben (53.2118,13.3159)

1,3 Str-II L15 Lychen, Stargarder Straße (53.2117,13.3153);
▬ Mühle Lychen, leichtes ⏏ der Boote über eine Rollenbahn im Mühlenhaus, re ✕, Biergarten (53.2116,13.3151);
Str-II, Lychen, Stabenstraße (53.2114,13.3145)

1,1 Fußg-II (53.2119,13.3118)

1,0 ⇩ des Mühlgrabens in den Nesselpfuhl (53.2120,13.3110)

0,9 ⇩ der Strecke vom Wurlsee (s. Seite 302) in den Nesselpfuhl (53.2119,13.3091)

0,6 Ausfluss des Ohlenbruchgraben aus dem Nesselpfuhl (53.2117,

13.3045)

0,5 Str-II L15 Lychen, Berliner Straße (53.2118,13.3036)

0,0 ⇩ der Strecke über den Nesselpfuhl in Feldberger und Lychener Gewässer (s. Seite 296) (53.2087,13.3041)

8,3 li ⇩ der Nebenstrecke Zenssee in Feldberger und Lychener Gewässer (53.2081,13.3197)

Nebenstrecke Zenssee

Der Zenssee ist eine Möglichkeit für einen Abstecher, ermöglicht aber mit einem Landtransport auch eine Verbindung zu den Templiner Gewässern.

6,9 Beginn Platkowsee (53.1694,13.3879)

3,8 Wege-II, ⇩ in Zenssee, Ende Platkowsee (53.1830,13.3517); ⇅ beim Forsthaus am Zenssee, Transport zur Weiterfahrt auf dem Netzowsee durch das Gestüt Lindenhof möglich, ☎ +49 3987 4016180 (53.1831,13.3516)

0,0 ⇩ der Nebenstrecke Zenssee in Feldberger und Lychener Gewässer (s. Seite 296) (53.2081,13.3197)

8,2 Str-II **17279 Lychen**, Templiner Straße, darunter ■-Anlage, hier⌂-Möglichkeit vom Oberpfuhlsee zum Stadtsee (Steganlage), leichteres ⌂ ist über die Strecke Mühlgaben Lychen und Nesselpfuhl möglich, ✕, 🛒 (53.2079,13.3186)

7,1 Fußg-II Lychen, Hohestegbrücke, Ausfahrt aus dem Stadtsee (53.2088, 13.3046)

7,1 re ⇩ der Strecke über den Nesselpfuhl in Feldberger und Lychener Gewässer (53.2087,13.3041); EB-II Lychen (53.2086,13.3037)

6,8 li ⛺ Biwakplatz beim Strandbad Lychen (53.2067,13.3005)

5,5 im See die Inseln Langes Werder und Hohes Werder (53.2011,13.2846)

5,1 li ⚓ (53.1989,13.2759)

4,1 ⇩ in Woblitz, Ausfahrt aus Gr. Lychensee (53.1912,13.2725)

1,8 Radweg-II Himmelpfort, li ⚓ (53.1803,13.2500)

1,6 ⇩ Woblitz-Kanal in den Haussee, re ⛺ Biwakplatz Pian (53.1800, 13.2476); ⛺ Biwakplatz Pian mit Hütten und Sportboothafen in einer Bucht des Haussees (53.1831,13.2481)

1,1 ⌂-Möglichkeit zum Modderfitzsee, dort ⛺ Biwakplatz (53.182892,13.227064) mit Badestelle und einfacher Toilette (53.1826, 13.2397)

0,4 Ausfahrt aus dem Haussee (53.1779,13.2319)

0,3 ⇆ Himmelpfort, Selbstbedienung, Betriebszeiten: 01.04–30.09. 07:00–21:00, 01.10-31.10. 07:00-20:00, 01.11.–30.11. 07:00–18:00, 01.12.–30.03. 07:00-16:00, ☎ +49 3307 467850 (53.1773,13.2302)

0,2 Str-⌶ **16798 Fürstenberg, OT Havel-Himmelpfort**, Klosterstraße, ✕, ⌘: Kirche und Kloster aus dem 13. Jhdt (53.1769,13.2294)

0,0 ⇩ in den Stolpsee (53.1754,13.2288)

-0,6 li 🚐 Campingpark, Himmelpfort, ⛺, Am Stolpsee 1, 16798 Fürstenberg/Havel, zeltplatz-himmelpfort.de , ☎ +49 172 9472299 (53.1683, 13.2348)

-1,3 ⇩ der Feldberger und Lychener Gewässer in die Obere Havel (s. Seite 276) bei amtl. km 54,9 (53.1706,13.2183)

Wurlsee

Seengewässer
Mündung in Nesselpfuhl bei km 0,9 (re Nebenfluss)

Der Wurlsee bildet das nordöstliche Ende des Wasserkreuzes um Lychen. An ihm befinden sich 2 Campingplätze.

3,1 Beginn Wurlsee (53.2262,13.2856);
re 🚐 Naturcampingpark Rehberge, Lychener Str. 8, 17279 Lychen, siebenseen.de , ☎ +49 39888 2604 (53.2239,13.2834)

2,2 li Wurlsee-🚐, Strelitzer Str. 5b, 17279 Lychen, www.wurlseecamping-lychen.de/, ☎ +49 39888 2509, info@wurlseecamping-lychen.de (53.2218, 13.2995)

1,5 ⇩ in Wurlfließ, Ausfahrt aus Wurlsee (53.2153,13.3014)

1,4 Fußg-⌶ Lychen, Wurlsteig (53.2145,13.3021)

1,1 ⇩ in den Nesselpfuhlsee, Weiterfahrt nach re in Richtung Havel, geradeaus zum Mühlgraben Lychen (53.2140,13.3060)

0,0 ⇩ der Strecke vom Wurlsee in den Nesselpfuhl (s. Seite 300) bei km 0,9 (53.2119,13.3091)

Templiner Gewässer

Kleinfluss, Wanderfluss, Seengewässer, Schifffahrtsstraße
Mündung in Havel bei amtl. km 32,1 (li Nebenfluss)

Die Gewässer um Templin sind sehr abwechslungsreich. Sie bieten geruhsame Fahrten über mehrere Seen und kurze Kanäle, lohnende Nebenrouten und in ihren obersten Strecken mühsam zu befahrende Kleinflüsse.

Befahrungsregeln: Das Templiner Gewässer ist Bundeswasserstraße. Es gilt die Binnenschifffahrtsstraßen-Ordnung (BinSchStrO).
Kilometrierung: Amtliche Kilometrierung, Nebenstrecken nach Kartenmaterial.

24,7 Ausfluss des Lübbesee (s. Seite 304), ⇩ in die Templiner Gewässer, hier Ahrensdorfer Kanal (Lübbeseegraben). Kaum ≈, evtl. im Frühjahr. **17268 Templin, OT Ahrensdorf** (53.1039,13.5731)

22,0 ⇩ Ahrensdorfer Kanal in den Zaarsee (53.1189,13.5921)

20,7 ⇩ in Fährsee, Ausfahrt aus Zaarsee, re → Labüske-Kanal, § ganzjährig gesperrt (53.1280,13.5919)

17,8 ⇅ am ✕ Fährkrug, Fährkrug 1, 17268 Templin, ☎ +49 3987 480 (53.1309,

13.5515);
li Natur-⛺ Fährsee in ca. 500 m in einer Bucht (53.1292,13.5510);
Str-II B109 Templin, Ausfahrt aus Fährsee (53.1316,13.5507);
EB-II, ⇩ in Bruchsee (53.1317,13.5504)

17,1 re ⇩ Nebenstrecke Netzowsee, Gleuensee in das Templiner Gewässer (53.1348,13.5439);
li ⇩ in Templiner See, Ausfahrt aus Bruchsee (53.1345,13.5429)

Nebenstrecke Netzowsee, Gleuensee

Netzowsee und Gleuensee sind eine weitere Paddelstrecke im Bereich Templin.

8,9 ⇩ Hermsdorfer Beek, Beginn Netzowsee (53.1560,13.4671)

7,8 re ⇅ Netzowsee, Transport vom Netzowsee zum Platkowsee (Lychener Gewässer) durch Gestüt Lindenhof, auch ⛺-Möglichkeit, Zimmer, Heuhotel, ✕, Lindenhof 1, 17268 Templin, ☎ 0800-5035917 (53.1535,13.4822)

6,8 li **17268 Templin, OT Netzow** (53.1532,13.4967)

4,0 Ausfahrt aus dem Netzowsee (53.1414,13.5316)

3,2 Str-II Knehden, Am Lindenberg (53.1475,13.5346);
re **17268 Templin, OT Knehden** (53.1476,13.5346)

3,0 Wege-II Knehden, Engstelle ⚠, einsturzgefährdete Mauer, empfohlen wird auf der Westseite ⛰ (53.1489,13.5352)

2,5 ⇩ in Gleuensee (53.1518,13.5409)

2,2 re ⛺ Naturcamp Gleuensee, Am Gleuensee 1, 17268 Templin, www.naturcamp-gleuensee.de , ☎ +49 175 2713318 (53.1535, 13.5455)

0,8 ⇩ in Gleuenfließ, Ausfahrt aus Gleuensee (53.1411,13.5417)

0,6 Wege-II über das Gleuenfließ (53.1394,13.5421)

0,3 ⇩ in Bruchsee (53.1371,13.5428)

0,0 ⇩ Nebenstrecke Netzowsee, Gleuensee in das Templiner Gewässer (s. Seite 302) (53.1348,13.5439)

14,4 Ausfahrt aus Templiner See (53.1236,13.5093)

14,1 li Stadthafen Templin (53.1218,13.5048)

13,8 Fußg-II Templin (53.1240,13.5014)

13,3 ⯑ Templin, darüber Str-II Mühlenstraße, Selbstbedienung, Betriebszeiten: 01.04.–30.09. 07:00-21:00, 01.10.–31.10. 07:00–20:00, 01.11.–30.03. 08:00-16:00, ansonsten re ⛰, ☎ +49 3307 467850 (53.1224,13.4950);
17268 Templin, 🚂, ✕, ⌘ (53.1224,13.4949)

11,7 Str-II Templin, Ziegeleibrücke (53.1134,13.4818)

10,9 EB-II Templin mit Miet-Draisinenverkehr zwischen Fürstenberg und Templin (53.1087,13.4726)

10,0 ⇩ in Röddelinsee (53.1078,13.4611)

8,7 🛏⛺ Ferienwohnungen in Röddelin, Rotdornweg 10/11, 17268 Templin -

OT Röddelin, ✆ +49 3987 3337 (53.1007,13.4466)
8,4 re **17268 Templin, OT Röddelin** (53.0987,13.4441)
7,5 li ⛺ am Röddelinsee (53.0961,13.4343)
5,5 Ausfahrt aus Röddelin-See, li ⛺ (53.0831,13.4145)
4,6 –3,8 Kleiner und Großer Lankensee (53.0797,13.4026)–(53.0749, 13.3938)
3,6 ⌘ Kannenburg, aufgrund von irreparabler Schäden an der Schleusenkammer ist die Durchfahrt an der Schleuse Kannenburg, bis auf Widerruf, für die gesamte Schifffahrt gesperrt, ⏏ auf der Südseite möglich, Bootswagen vorhanden, ✕ Gartenlokal, ⛺ Biwakplatz, ✆ +49 33080 40638 (53.0745,13.3916)
3,4 ⇩ in Gr. Kuhwallsee (53.0736,13.3897)
2,5 Ausfahrt aus dem Gr. Kuhwallsee (53.0702,13.3781)
2,3 re ⇩ Schulzenfließ in das Templiner Gewässer (53.0679,13.3791)

Nebenstrecke Schulzenfließ

Eine durchgängige Befahrung ist nicht mehr möglich (Biosphärenreservat). Deshalb wird auf eine Beschreibung verzichtet.

21,1 –13,1 §, ganzj. BV (53.0978,13.5620)–(53.0526,13.5283)
21,0 ← des Hammerfließes aus dem Lübbesee (s. Seite 304): Die Weiterfahrt vom Lübbesee über das Hammerfließ ist wegen des folgenden Biosphärenreservates Schorfheide nicht mehr zu empfehlen (53.0978,13.5620)
13,1 Str-II L216, **17268 Templin, OT Vietmannsdorf** (53.0526, 13.5283)
13,1 –7,2 §, ganzj. BV (53.0526,13.5282)–(53.0579,13.4593)
2,7 EB-II (53.0586,13.4089)
2,7 –0,0 §, ganzj. BV für das Schulzenfließ ab der EB-Brücke bis zur Mündung in das Templiner Gewässer (53.0585,13.4087)–(53.0679,13.3792)
0,0 ⇩ Schulzenfließ in das Templiner Gewässer (s. Seite 302) (53.0679,13.3791)

0,0 ⇩ des Templiner Gewässer in die Obere Havel (s. Seite 276) bei amtl. km 32,1 (53.0790,13.3666)

Lübbesee

Seengewässer
Mündung in Templiner Gewässer bei km 24,7

Der Lübbesee ist ein langgestreckter See mit einer hervorragenden Wasserqualität. Deshalb ist das Befahren mit Booten mit Verbrennungsmotoren verboten. Er bietet sich für Rundfahrten an. Eine Weiterfahrt in die Templiner Gewässer über den Ahrensdorfer Kanal ist praktisch kaum möglich.

9,4 ⇩ des Lübbeseegrabens, Beginn des Lübbesees bei Ahlimbsmühle

(53.0745,13.6202)

4,3 li ← des Hammerfließes (s. Seite 304) aus dem Lübbesee: Die Weiterfahrt vom Lübbesee über das Hammerfließ ist wegen des folgenden Biosphärenreservates Schorfheide nicht mehr zu empfehlen (53.0978, 13.5620)

3,4 Ausfluss des Lübbesee, ⇩ in die Templiner Gewässer (s. Seite 302) bei km 24,7, hier Ahrensdorfer Kanal (Lübbeseegraben). Kaum ≈, evtl. im Frühjahr. **17268 Templin, OT Ahrensdorf** (53.1039,13.5731)

0,9 li ⇅-Möglichkeit am Strand mit Strandbar Templin (53.1110,13.5375)

0,4 ⇅-Möglichkeit am Bootsverleih in Templin-Postheim (53.1147,13.5349)

0,0 NW-Ende des Sees (53.1191,13.5351)

Wentow-Gewässer

Weitere Namen: Polzowkanal, Großer Stechlinsee

Kleinfluss, Wanderfluss, Seengewässer, Schifffahrtsstraße
Mündung in Havel bei amtl. km 24,9 (re Nebenfluss)

Die landschaftlich reizvollen Wentower Gewässer werden nur wenig befahren. Für den Polzowkanal liegt keine Beschreibung vor.

Befahrungsregeln: Die Wentowgewässer sind Bundeswasserstraße. Es gilt die Binnenschifffahrtsstraßen-Ordnung (BinSchStrO).
km 31,3 bis 29 (Großer Stechlinsee): ganzj. Fahrverbot aufgehoben. Paddler können eigenes Boot mitbringen. Registriermarke an Touristinfo Neuglobsow kaufen und an Tauchbasis Stechlin einsetzen. Max. 5 Boote gleichzeitig. Tel: 033082 70202

Schwierigkeiten: Auf den Wentower Gewässern dürfen Charterboote verkehren. Es ist mit unerfahrenen Bootsführern zu rechnen. An Schleusenanlagen ist besondere Vorsicht geboten.

31,4 ⇩ des Polzowkanals in den Großen Stechlinsee im Bereich des NSG Stechlin (53.1507,13.0417);
genehmigte ⇅-Möglichkeit, Atlantis Tauchbasis Stechlin, P (gebührenpflichtig), ⛺ und Übernachtungsmöglichkeit, Fischwerweg 2, 16775 Stechlin OT Neuglobsow ☎ +49 33082 70453.
Fünf (!) Kajaks dürfen pro Tag auf den See. Dazu holt man sich bei der Touristinformation im Glasmuseum von Neuglobsow eine Registriernummer, zahlt eine Gebühr, derzeit sechs Euro für einen Tag, füllt ein Formblatt aus, klebt die Nummer auf das Boot und darf aufs Wasser. Das Formblatt muss mitgeführt werden. Es empfiehlt sich eine Reservierung, vor allem an Wochenenden, unter ☎ +49 33082 70202.
Weiterhin gibt es in Neuglobsow einen Bootsverleih, geöffnet in der Saison zwischen 09:00 - 19:00 Uhr, dann ☎ +49 33082 779982. Für SUP-Touren +49 152 57585366 oder E-Mail sup@bootsverleih-stechlin.de, ☎ +49 33082 70453 (53.1505,13.0418);

16775 Stechlinsee, OT Neuglobsow (53.1505,13.0418)

31,4 –29,0 § Befahrung nur mit Genehmigung, Weiterfahrt auf dem Polzowkanal verboten (53.1506,13.0418)–(53.1422,13.0110)

28,9 Ausfluss aus dem Großen Stechlinsee, Beginn des Polzowkanal. Keine Weiterfahrt. Für den Polzowkanal liegt keine Beschreibung vor (53.1417, 13.0100)

11,0 W-Ende Kleiner Wentow-See, ⇩ des Polzowkanal (53.0808,13.1624)

10,3 re ⇅ **16775 Gransee, OT Seilershof** (53.0774,13.1695)

9,9 re ⛺ Seilershof, Hauptstraße 28, 16775 Gransee, www.camping-seilershof.de , ☎ +49 33085 70311 (53.0750,13.1753)

9,7 li ⇅ Dannenwalde (53.0770,13.1804)

9,6 EB-II Dannenwalde, Ausfahrt aus dem Kleinen Wentow-See (53.0755, 13.1810)

9,5 Str-II B96, Fürstenberger Straße, li **16775 Gransee-Dannenwalde,** ⛟ (53.0755,13.1817)

8,3 ⇩ in Gr. Wentowsee (53.0788,13.1987)

4,6 re **16775 Gransee, OT Wentow** (53.0546,13.2300)

4,5 li **16798 Fürstenberg/Havel, OT Ringsleben** (53.0574,13.2338)

3,2 re **16792 Zehdenick, OT Zabelsdorf** (53.0500,13.2507)

2,1 li ⇩ Abzweig nach Tornow in die Wentow-Gewässer (53.0547,13.2646); Ausfahrt aus Gr. Wentowsee, der Gr. Wentowsee erstreckt sich noch weiter ostwärts. In diesem Teil re ⇅, li ⛺ (53.0544,13.2656)

Nebenstrecke Abzweig nach Tornow

Dieser Abzweig führt vom Wentow-Kanal in den östlichen Teil des Großen Wentowsees, an dem sich ein Campingplatz befindet. Dieser Abzweig ist befahrbar bis zum Ort Tornow.

1,9 Str-II L214 und ▬ bei **16798 Fürstenberg OT Tornow**, Weiterfahrt oberhalb des Wehres nicht möglich (53.0622,13.2847)

2,8 re ⛺ am Großen Wentowsee, Ringslebenerstrasse 2, 16798 Fürstenberg OT Tornow, campingplatz-am-grossen-wentowsee.de, ☎ +49 33080 407960 oder +49 176 39058383 (53.0605,13.2720)

3,6 ⇩ Abzweig nach Tornow in die Wentow-Gewässer (s. Seite 305) (53.0547,13.2646)

1,1 Str-II **16792 Zehdenick, OT Marienthal**, Marienthaler Dorfstraße (53.0521,13.2789)

0,1 ⇄ Marienthal und Str-II, Betriebszeit: 1.4.–30.4. 08:30–17:15, 1.5.–30.9. 08:00–17:45, 1.10–31.10. 08:30–16:45, 1.11–30.11. 08:30–16:00, 1.12.–31.3. keine Betriebszeit, ☎ +49 33080 60239 (53.0513,13.2931)

0,0 ⇩ der Wentow-Gewässer in die Obere Havel (s. Seite 276) bei amtl. km 24,9 (53.0510,13.2952)

Welsengraben

Wanderfluss
Mündung in Havel bei amtl. km 18,9 (re Nebenfluss)

Der Welsengraben ist ab dem Wehr bei Ribbeck befahrbar, jedoch liegt kein Fahrtenbericht vor.

Befahrungsregeln: km 10,6 bis 5,5 (Str.Br. Gransee-Badingen bis Str.Br. Ribbeck Mildenbg.): ganzj. BV

10,6 Str-II L22 Gransee (52.9996,13.2116)
10,6 –5,5 § ganzj. BV (52.9997,13.2117)–(53.0254,13.2550)
5,5 ▬ Ribbeck (53.0254,13.2549)
5,4 Str-II K6513 (53.0257,13.2551)
0,0 ⇩ Welsengraben in die Obere Havel (s. Seite 276) bei amtl. km 18,9 (53.0066,13.3240)

Oranienburger Havel

Weitere Namen: Friedrichsthaler Havel, Wehrarm Sachsenhausen, Malzer Kanal (HOW)

Wanderfluss, Schifffahrtsstraße
Mündung in Havel bei amtl. km 25,0 (re Nebenfluss)

Die hier beschriebene Strecke ist ein alter Schifffahrtsweg der Havel, der aber nicht mehr durchgängig befahrbar ist. . Der Malzer Kanal (HOW) ist ein Teilstück des ehemaligen Malzer Kanals. Er hat mit der Fertigstellung der Havel-Oder-Wasserstraße seine Bedeutung verloren und ist durch die Zerstörung der Schleuse Malz für die Schifffahrt nur auf einem kurzen Stück befahrbar. Wer von der Havel in den Malzer Kanal abbiegt, muss in diesem Kanal die zerstörte, durch ein Wehr ersetzte Schleuse umtragen Am Ende des Malzer Kanals wird rechts die Schnelle Havel, der ursprüngliche Havellauf, aufgenommen. Die folgende Flussstrecke heißt nun Friedrichsthaler Havel. Es folgt wieder eine Teilung, geradeaus der Oranienburger Kanal, und rechts zweigt der Wehrarm Sachsenhausen ab, dem diese Beschreibung folgt. Auch für Kanuten ist das Überwinden der beiden Wehre in Oranienburg sehr mühselig. Unterhalb dieser Hindernisse kann man im Zusammenhang mit dem Oranienburger Kanal eine Rundfahrt durch Oranienburg gestalten.

Befahrungsregeln: Die hier beschrieben Havelstrecke ist eine Bundeswasserstraße. Es gelten die Bestimmungen der Binnenschifffahrtsstraßen-Ordnung (BinSchStrO).
Kilometrierung: Amtliche Kilometrierung.

35,5 ➔ Malzer Kanal (HOW) von Havel-Oder-Wasserstraße (s. Seite 285) (52.7991,13.2993)
35,1 ehemalige Doppel-⌧ Malz, als ▬ umgebaut, X, re ⏏ ca. 250 m (52.7980,13.2924)
35,0 Str-II Oranienburg, An der Schleuse (52.7980,13.2915)
33,4 ⇩ Schnelle Havel (s. Seite 308) in Friedrichsthaler Havel (52.7993, 13.2678)

33,2 Str-⌶ Oranienburg-Dameswalde, Kreuzallee (52.7978,13.2680)
31,8 EB-⌶ Oranienburg (52.7920,13.2527)
30,0 geradeaus ➔ Oranienburger Kanal (s. Seite 309) von Friedrichsthaler Havel (52.7774,13.2456);
Havel zweigt nach li ab, evtl. auf dem Oranienburger Kanal bis zur Schleuse Sachsenhausen weiterfahren und dort ca. 1000 m ⏢ und unterhalb des 2. ▬ ⬇ (Bootswagen empfohlen) (52.7774,13.2456);
30,0 = Neue amtliche Kilometrierung 1,3 des Wehrarmes Sachsenhausen (52.7774,13.2456)
1,2 re ➔ eines Havelarmes, nicht durchgängig ≈ (52.7759,13.2455)
1,0 Str-⌶ Oranienburg, Chausseestraße (52.7745,13.2459);
1. ▬ Oranienburg, X, zum ⏢ re ⬆, mit leichtem Boot danach li ⬇, mit schwerem Boot über Chausseestraße und Dr.-Kurt-Scharf-Straße ca. 750 m (Bootswagen erforderlich) (52.7745,13.2458)
0,7 2. ▬ Oranienburg, X, zum ⏢ mit leichtem Boot li ⬆, ansonsten weites ⏢ vom 1. Wehr oder von der Schleuse Sachsenhausen (Bootswagen erforderlich) (52.7729,13.2423)
3,7 0,0 = Neue amtliche Kilometrierung 3,7 der Flussstrecke Oranienburger Havel (52.7685,13.2355);
⬆⬇ zum ⏢ einer zugeschütteten Schleuse zwischen Oranienburger Havel und Oranienburger Kanal (52.7685,13.2351)
2,5 Fußg.-⌶ Oranienburg, Rungestraße, davor und dahinter Schlosshafen Oranienburg, ⬆⬇-Möglichkeit (52.7582,13.2372)
2,1 re ⌘ Schloss Oranienburg (52.7547,13.2373)
2,0 Str-⌶ B273, **16515 Oranienburg**, Bernauer Straße (52.7542,13.2379)
1,8 Fußg.-⌶ Oranienburg, Luise-Henriette-Steg (52.7524,13.2399)
1,4 Fußg.-⌶ Oranienburg (52.7497,13.2441)
0,4 Str-⌶ Oranienburg, Saarlandstraße (52.7428,13.2531)
0,0 ⇩ der Oranienburger Havel in die Havel-Oder-Wasserstraße (s. Seite 285) bei amtl. km 25,0 (52.7405,13.2564)

Schnelle Havel

Kleinfluss
Mündung in Oranienburger Havel bei amtl. km 33,4 (re Nebenfluss)

Die Schnelle Havel, der ursprüngliche Havellauf, verlässt unterhalb der Schleuse Liebenwalde den Malzer Kanal. Die Schnelle Havel ist ein Kleinfluss, der im Sommer und Herbst oftmals bis zur Wasserpflanzenmahd zugewachsen ist. Achtung auf umgestürzte Bäume.

Befahrungsregeln: km 20 bis 38,2 (Brücke B167 bis zur Mdg. in Malzer Kanal (HOW)): 1.4.-30.6.BV, erlaubt nur K1 und K2, nur stromab
km 0 bis 20 (Abzweig von der Oberen Havel bis zur Brücke B167): ganzj. BV

Kilometrierung: Amtliche Kilometrierung.

0,0 ➔ von der Oberen Havel über ein ▬ (52.9764,13.3441)

0,0 –20,0 **§** ganzj. BV (52.9763,13.3441)–(52.8735,13.3662)
20,0 Str-II B167 Liebenwalde, Neuholländer Chaussee, li nach **16559 Liebenwalde**, mögliche ⬇ unter Berücksichtigung der Befahrungsregelung (52.8734,13.3662)
20,0 –38,2 **§**, 01.04.-30.06. BV, ansonsten erlaubt nur K1 und K2, nur stromab (52.8733,13.3662)–(52.7994,13.2679)
20,6 ■, **X**, ⏏ (52.8703,13.3692)
23,0 ■, **X**, ⏏ (52.8626,13.3411)
26,2 ■, **X**, ⏏ (52.8424,13.3502)
28,3 ⏏-Möglichkeit von/zur Havel-Oder-Wasserstraße ca. 10 m (52.8280, 13.3523)
29,0 ■, **X**, re ⏏ (52.8246,13.3440)
33,0 Feldweg-II (52.8137,13.3059)
33,1 li ⇩ Altarm (52.8123,13.3058)
34,6 Str-II **16515 Oranienburg, OT Malz**, An der Schleuse (52.7997,13.2925)
37,6 re ⇩ Fließgraben (52.8025,13.2726)
37,8 re ⇩ Altarm (52.8020,13.2707)
38,2 ⇩ Schnelle Havel in Friedrichsthaler Havel (s. Seite 307) bei amtl. km 33,4 (52.7993,13.2678)

Oranienburger Kanal

Kanal, Schifffahrtsstraße
Mündung in Havel bei amtl. km 20,8 (re Nebenfluss)

Der Oranienburger Kanal zweigt von der Oranienburger Havel ab und bildet mit dem Ruppiner Kanal eine Schifffahrtsverbindung zwischen Rhin und Havel-Oder-Wasserstraße. Er verbindet damit die Ruppiner Seen mit den Berliner Gewässern.

Befahrungsregeln: Der Oranienburger Kanal ist eine Bundeswasserstraße. Es gelten die Bestimmungen der Binnenschifffahrtsstraßen-Ordnung (BinSchStrO).
Kilometrierung: Amtliche Kilometrierung.

30,0 geradeaus ➔ Oranienburger Kanal von Friedrichsthaler Havel (s. Seite 307) (52.7774,13.2456)
29,8 ⌖ Sachsenhausen (zerstört), ⏏ (52.7762,13.2427);
Str-II Oranienburg, Chausseestraße (52.7760,13.2424)
28,8 re ⇩ Ruppiner Kanal (s. Seite 310) in Oranienburger Kanal (52.7700, 13.2326);
li ← zu einer ⏏-Möglichkeit zur Oranienburger Havel ca. 100 m (zugeschüttete ehemalige Schleuse) (52.7700,13.2326)
27,1 li ⇅ und ⛱ (52.7556,13.2239);
Str-II Oranienburg, Kanalstraße (52.7550,13.2232)
26,6 Str-II B273 **16515 Oranienburg**, Kremmener Straße, ⋙, ✕ (52.7517, 13.2217)
25,7 Str-II Oranienburg, Walter-Bothe-Straße (52.7436,13.2232)

25,5 EB-II (außer Betrieb) (52.7420,13.2235)

23,5 Str-II Oranienburg, Birkenallee (52.7252,13.2321)

22,5 ⧓ Pinnow, Betriebszeiten: 01.04.–30.04. Mo – Fr 8:00–8:45, 01.05.-30.09. Mo - Do 08:00 - 08:45 und 14:00 - 14:45 Fr - So zu Tal um 07:30 Uhr / 12:30 Uhr / 17:30 Uhr und zu Berg um 08:00 Uhr / 13:00 Uhr / 18:00 Uhr, 01.10. – 31.10. Mo - Fr 8:00–8:45, 01.11. – 31.03. keine Betriebszeit, ✆ 03301 204738 (52.7166,13.2380)

21,1 Str-II **16556 Hohen Neuendorf, StT Borgsdorf**, Hauptstraße (52.7053, 13.2489);
⇩ Oranienburger Kanal in die Havel-Oder-Wasserstraße (s. Seite 285) bei amtl. km 20,8 (52.7049,13.2501)

Ruppiner Kanal

Weitere Namen: Kremmener Rhin

Kanal, Schifffahrtsstraße
Mündung in Oranienburger Kanal bei amtl. km 28,8 (re Nebenfluss)

Der Ruppiner Kanal zweigt vom Rhin ab und bildet mit dem Oranienburger Kanal eine Schifffahrtsverbindung zur Havel-Oder-Wasserstraße und verbindet damit die Ruppiner Seen mit den Berliner Gewässern.

Befahrungsregeln: Der Ruppiner Kanal ist eine Landeswasserstraße in Brandenburg. Es gelten die Bestimmungen der Landesschifffahrtsverordnung (LSchiffV) Brandenburg.
km 18,6 bis 18,4 (gesamter Kremmener See): ganzj. BV, gilt nicht für den Kanal

Kilometrierung: Amtliche Kilometrierung, Fortsetzung der Kilometrierung des Rhins (Ruppiner Gewässer).

22,0 ← Ruppiner Kanal vom Rhin (s. Seite 456) (52.8010,12.9438)

22,0 –18,7 Kanalbezeichnung hier Kremmener Rhin (52.8010,12.9441)–(52.7794,13.0285)

18,6 ← in den Kremmener See (52.7955,12.9903)

18,6 –18,4 § ganzj. BV für den Kremmener See, auf dem Kanal freie Fahrt (52.7955,12.9903)–(52.7938,12.9905)

18,4 li weiterer ← in den Kremmener See (52.7937,12.9905)

14,2 EB-II (52.7759,13.0404)

14,0 re ⇩ Hörstegraben (52.7747,13.0445)

13,9 Str-II L19, Am Kanal, re **16766 Kremmen** (52.7749,13.0458)

9,9 Str-II Verlorenorter Weg (52.7857,13.1020)

7,1 ⧓ Hohenbruch, ⏏ re mit Gleislore möglich, Betriebszeiten: 01.05.-30.09, Mo bis Do: 8:00 bis 17:00 Uhr stündlich, Fr bis So und an Feiertagen zusätzlich: 18:00, 19:00 Uhr,
01.10.-31.10, 16.03.-30.04. täglich: 09:00 bis 16:00 Uhr stündlich, 01.11.-30.11. täglich: 10:00 bis 15:00 Uhr stündlich, 01.12.-15.03. keine Schleusung, www.wbv-fehrbellin.de/schleusen.html, ✆ +49 33051 25392 (52.7893,13.1424)

5,1 Str-II Germendorfer Straße (52.7793,13.1628)
2,8 Str-II Kuhbrücke (52.7809,13.1967)
2,0 ⇄ Tiergarten, ☎ 03301/3814, Betriebszeiten: 01.05.-30.09, Mo bis Do: 8:00 bis 17:00 Uhr stündlich, Fr bis So und an Feiertagen zusätzlich: 18:00, 19:00 Uhr,
01.10.-31.10, 16.03.-30.04. täglich: 09:00 bis 16:00 Uhr stündlich, 01.11.-30.11. täglich: 10:00 bis 15:00 Uhr stündlich, 01.12.-15.03. keine Schleusung, www.wbv-fehrbellin.de/schleusen.html, ☎ +49 3301 3814 (52.7809,13.2081)
1,1 Str-II B96 (52.7757,13.2194)
0,2 Str-II Oranienburg, Friedrich-Siewert-Straße (52.7708,13.2296)
0,0 ⇩ Ruppiner Kanal in Oranienburger Kanal (s. Seite 309) bei amtl. km 28,8 (52.7700,13.2326)

Tegeler See

Weitere Namen: Tegeler Fließ

Seengewässer
Mündung in Havel bei amtl. km 3,9 (li Nebenfluss)

Der Tegeler See ist eine verzweigte Ausbuchtung der Havel. Für das in den Tegeler See mündende Tegeler Fließ besteht bis auf wenige Meter an der Mündung ein ganzjähriges Befahrungsverbot.

Befahrungsregeln: Der Berlin-Spandauer Schifffahrtskanal ist eine Bundeswasserstraße. Es gilt die Binnenschifffahrtsstraßen-Ordnung (BinSchStrO).
km 30,4 bis 0,9 (vom Wehr an der Humboldtmühle bis Oberlauf, gesamtes Fließ LSG und NSG): ganzj. BV
km 28,6 bis 15,4 (Oberlauf bis Bahndamm Kolonie Schildow): ganzj. BV

30,4 **Tegeler Fließ**
30,4 –0,9 § ganzj. BV (52.7196,13.4310)–(52.5938,13.2798)
0,9 ▬ Humboldtmühle (52.5937,13.2798)
0,7 Fußg-II, li ← in Tegeler Hafen (52.5929,13.2783)
0,2 re ⌂ Tegeler KV, ⛺-Möglichkeit, Siedlung am Fließ 27B, 13507 Berlin, www.tkv.berlin , ☎ +49 30 4337873;
re ⌂ PC Gut Naß Tegel, Siedlung am Fließ 22, 13507 Berlin, www.pgnt.de , ☎ +49 30 4332874;
re ⌂ WSC Blau-Weiß Tegel, ⛺-Möglichkeit (nach Voranmeldung), Siedlung am Fließ 1 13507 Berlin, www.blau-weiss-tegel.de , ☎ +49 30 4337630 (52.5904,13.2717)
0,1 Tegeler Hafen-II (Sechser-II), li ← in Tegeler Hafen (52.5900,13.2709)
0,0 = 4,2 ⇩ des Tegeler Fließes in
Tegeler See (52.5892,13.2700);
li in 700 m ⌂ LKV Berlin, Landesleistungszentrum, Eisenhammerweg

22 a, 13507 Berlin, www.kanuverbandberlin.de , ☎ +49 30 43980710 (52.5846,13.2768)

4,1 re ⌂ RC Tegel, Gabrielenstraße 83, 13507 Berlin, www.rctegel.de , ☎ +49 30 4338167 (52.5893,13.2693)

3,6 li Insel Hasselwerder (52.5860,13.2633)–(52.5677,13.2410)

2,3 li Insel Lindwerder (52.5776,13.2517)

2,0 –0,9 li Insel Scharfenberg (Schulfarm) (52.5762,13.2480)–(52.5677, 13.2410)

1,8 re ⛴, re DLRG-Wasserrettungsstation, Badestrand (52.5754,13.2461)

1,3 re ⌂⚑ Berliner KC Borussia, Scharfenberger Straße 50/Schwarzer Weg, 13505 Berlin, bkc-borussia.de , ☎ +49 30 4312205 (52.5718,13.2396)

0,8 li Insel Baumwerder (52.5660,13.2421)

0,7 –0,3 li Insel Valentinswerder (52.5655,13.2403)–(52.5664,13.2321)

0,0 ⇩ Tegeler See in die Havel-Oder-Wasserstraße (s. Seite 285) bei amtl. km 3,9 (52.5666,13.2279)

Berlin-Spandauer Schifffahrtskanal

Weitere Namen: Hohenzollernkanal

Kanal, Schifffahrtsstraße
Mündung in Havel bei amtl. km 3,4 (re Nebenfluss)

Verbindet Havel-Oder-Wasserstraße und Spree.

Befahrungsregeln: Der Berlin-Spandauer Schifffahrtskanal ist eine Bundeswasserstraße. Es gilt die Binnenschifffahrtsstraßen-Ordnung (BinSchStrO).
km 8,4 bis 12,2 (Westhafen bis Einmündung in die Spree (SOW)): ganzj. BV

Kilometrierung: Amtliche Kilometrierung.

12,2 ➔ aus der Spree. Befahrung für Sportboote bis km 8,3 verboten (52.5233,13.3722)

12,2 –8,3 § ganzjähriges BV (52.5233,13.3722)–(52.5409,13.3335)

8,3 Str-II A100 Berlin-Seestraße (52.5409,13.3335)

7,9 li ← Verbindung zum Westhafen-Kanal (52.5408,13.3283)

7,5 ⌘ Plötzensee mit 2 Kammern, Betriebszeit: 01.04.-31.10, täglich 09:00-18:00, 01.11.-31.03, täglich 09:15-16:45, ☎ +49 30 34560-792 (52.5434, 13.3236)

5,7 Str-II A111 Berlin (Hinckeldey-Brücke) (52.5485,13.3009)

5,3 Str-II General-Ganeval-Brücke, re Flughafen Berlin-Tegel (52.5486, 13.2964)

3,6 Str-II Berlin, An der Mäckeritz-Brücke (52.5490,13.2704)

3,0 li ← Alter Berlin-Spandauer Schifffahrtskanal (s. Seite 313) vom Berlin-Spandauer Schifffahrtskanal (52.5487,13.2619)

2,1 Str-II Berlin, Gartenfelder Straße (Tegeler Brücke) (52.5517,13.2490)

1,3 re ⌂⚑ Verein für Kanusport Berlin, ⛺, Halligweg 1, 13599 Berlin, vkb-ev.de , ☎ +49 177 8347042, vkb-ev@vkb-ev.de (52.5563,13.2404);

re ⌂▸ Kajak-Club Nord-West Berlin, ⛺, Halligweg 2, 13599 Berlin, kcnw.de , ☎ +49 30 3349993 (52.5567,13.2395)

1,2 li ⇩ Alter Berlin-Spandauer Schifffahrtskanal (s. Seite 313) in den Berlin-Spandauer Schifffahrtskanal (52.5564,13.2386)

1,1 Fußg.-Ⅱ Berlin, Saatwinkler Steg (52.5575,13.2374)

0,0 ⇩ Berlin-Spandauer Schifffahrtskanal in die Havel-Oder-Wasserstraße (s. Seite 285) bei amtl. km 3,4, gegenüber der Insel Großer Wall. Er stellt eine Verbindung zur Spree her (52.5617,13.2278)

Alter Berlin-Spandauer Schifffahrtskanal

Kanal, Schifffahrtsstraße
Mündung in Berlin-Spandauer Schifffahrtskanal bei amtl. km 1,2 (li Nebenfluss)

Über diesen Kanal erreicht man das Bootshaus des KC Zugvogel, Berlin.

Befahrungsregeln: Der Alte Berlin-Spandauer Schifffahrtskanal ist eine Landeswasserstraße in Berlin. Es gilt die Landesschifffahrtsverordnung Berlin (LandesschiffVO BE).

2,7 ← Alter Berlin-Spandauer Schifffahrtskanal vom Berlin-Spandauer Schifffahrtskanal (s. Seite 312) (52.5487,13.2619)

1,7 Str-Ⅱ Berlin, Gartenfelder Straße (52.5476,13.2477)

0,5 li ⌂▸ KC Zugvogel Berlin, ▸⛺, Bootshausweg 4, 13599 Berlin, www.zugvogel-ev.de , ☎ +49 171 2827237, vorstand@zugvogel-ev.de (52.5519, 13.2372)

0,0 ⇩ Alter Berlin-Spandauer Schifffahrtskanal in den Berlin-Spandauer Schifffahrtskanal (s. Seite 312) bei amtl. km 1,2, Bootshausweg 4, 13599 Berlin, www.zugvogel-ev.de, ☎ +49 1573 6562940 (52.5564,13.2386)

Stromgebiet der Spree

Nr. in Karte	Fluss	Wildwasser	Kleinfluss	Wanderfluss	Seengewässer	Kanal	Schifffahrtsstraße	Fließ	Befahrungsregeln	Seite
155	Spree-Oder-Wasserstraße			o	o	o	o			31[illegible]
156	Oder-Spree-Kanal (Ost)					o	o			31[illegible]
157	Speisekanal Neuhaus					o	o			32[illegible]
158	Fürstenwalder Spree			o			o			32[illegible]
159	Oder-Spree-Kanal (West)				o	o	o			32[illegible]
160	Dahme (Spree-Oder-Wasserstraße)			o	o		o			32[illegible]
161	Untere Spree			o			o		o	32[illegible]
162	Spree			o			o		o	32[illegible]
163	Kleine Spree (Spreewitz)		o						o	33[illegible]
164	Ostgraben Nordteil			o				o		34[illegible]
165	Bohrfließ			o				o		34[illegible]
166	Stauensfließ			o				o		34[illegible]
167	Krummes Fließ			o				o		34[illegible]
168	Große Wildbahn Süd			o				o		34[illegible]
169	Buschgraben			o				o		34[illegible]
170	Große Rinzena			o				o		34[illegible]
171	Barthels Fließ			o				o		34[illegible]
172	Untere Radduscher Kahnfahrt			o				o		34[illegible]
173	Bitschnikfließ			o				o		34[illegible]
174	Neue Spree			o				o		34[illegible]
175	Verbindung Neue Spree/Kleine Spree			o				o		34[illegible]
176	Große Wildbahn Nord			o				o		34[illegible]
177	Gericksgraben			o				o		34[illegible]
178	Jurksfließ			o				o		34[illegible]
179	Sapolla			o				o		34[illegible]
180	Dlugybuschfließ			o				o	o	34[illegible]
181	Durchstich östlich Leipe			o				o		34[illegible]
182	Leiper Dorffließ			o				o		34[illegible]
183	Leiper Graben			o				o		35[illegible]
184	Schapigk			o				o		35[illegible]
185	E-Kanal			o				o		35[illegible]
186	Semisch			o				o		35[illegible]
187	Alter Semisch			o				o		35[illegible]
188	Bancerowa			o		o				35[illegible]

Nr. in Karte	Fluss	Wildwasser	Kleinfluss	Wanderfluss	Seengewässer	Kanal	Schifffahrtsstraße	Fließ	Befahrungsregeln	Seite
189	Hechtgraben			o				o		352
190	Venediggraben			o				o	o	353
191	Südumfluter			o				o		353
192	Durchstich Spree Südumfluter			o				o		354
193	Greifenhainer Fließ		o	o				o		355
194	Naundorfer Dorfgraben			o				o		355
195	Ostgraben, Südteil			o				o		356
196	Scheidungsfließ			o				o		356
197	Kleines Leineweberfließ			o				o		356
198	Kleine Scheidung			o				o		357
199	Obere Stradower Kahnfahrt			o				o		357
200	Untere Stradower Kahnfahrt			o				o		358
201	Göritzer Fließ			o				o		358
202	Vetschauer Mühlenfließ		o					o		358
203	Naundorfer Grenzfließ			o				o		359
204	Untere Boblitzer Kahnfahrt			o				o		359
205	Dobra			o				o		360
206	Erster Freiheitskanal			o				o		360
207	Zweiter Freiheitskanal			o				o		360
208	Dritter Freiheitskanal			o				o		361
209	Uska Luke			o				o		361
210	Wolschina			o				o		361
211	Lehder Graben			o				o	o	362
212	Wehrkanal			o				o		363
213	Eschenfließ			o				o		364
214	Stadtgraben Lübbenau			o				o		364
215	Bürgerfließ			o		o				364
216	Zeitzfließ			o				o		365
217	Suezkanal			o				o		365
218	Brodg			o				o	o	365
219	Bürgergraben			o				o		366
220	Rollkanal			o				o		366
221	Lübbenauer Schneidemühlenfließ			o				o		366
222	Lehder Fließ			o				o		367
223	Jabona			o				o		368

Nr. in Karte	Fluss	Wildwasser	Kleinfluss	Wanderfluss	Seengewässer	Kanal	Schifffahrtsstraße	Fließ	Befahrungsregeln	Seite
224	Kreuzgraben			o				o		368
225	Dorotheengraben			o				o		368
226	Hanschens Spreeze			o				o		368
227	Zerkwitzer Kahnfahrt			o				o		369
228	Lübbenauer Buschspree			o				o		369
229	Kamske			o				o		369
230	Untere Altzaucher Spree			o				o		370
231	Kreuzspree			o				o		370
232	Berste		o					o		371
233	Stadtgraben Lübben			o				o		372
234	Nordumfluter			o				o		372
235	Nordfließ			o				o	o	374
236	Burg-Lübbener-Kanal			o				o		374
237	Verbindung 104/105			o				o		376
238	Fischerfließ			o				o		376
239	Kleine Spree (Burg)		o	o				o		376
240	Verbindungsgraben Schneider			o				o		377
241	Kälbergraben			o				o		377
242	Weidengraben			o				o		378
243	Storchgraben			o				o		378
244	Weidenfließ			o				o		378
245	Rohrkanal			o				o		379
246	Stilles Fließ			o				o		379
247	Nahkegraben			o				o		380
248	Wotschofskagraben			o				o		380
249	Lehder Fließ Nord			o				o		380
250	Puschhalle			o				o		380
251	Großes Fließ			o				o		381
252	Hammergraben (Cottbus)			o						382
253	Malxe		o							383
254	Kleines Fließ			o				o		384
255	Krautfließ			o				o		384
256	Peterkanal			o				o		384
257	Zerra			o				o	o	384
258	Mittelkanal			o				o		385

Nr. in Karte	Fluss	Wildwasser	Kleinfluss	Wanderfluss	Seengewässer	Kanal	Schifffahrtsstraße	Fließ	Befahrungsregeln	Seite
259	Alter Storchgraben			o				o		385
260	Ragower Kahnfahrt			o				o		386
261	Freifließ			o				o		386
262	Zerniasfließ			o				o		387
263	Puhlstrom			o				o		387
264	Quaasspree			o				o		388
265	Schiwanstrom			o				o	o	388
266	Schwielochsee				o					388
267	Sawaller Altarm der Spree			o						389
268	Schwielochsee, Ostufer				o					389
269	Wernsdorfer See				o				o	322
270	Wasserstraße Seddinsee und Gosener Kanal			o					o	390
271	Gosener Graben			o						390
272	Dahme		o	o	o				o	391
273	Dahme-Umflutkanal			o		o				395
274	Randkanal (Spree)			o					o	396
275	Tiefer See				o					393
276	Teupitzer Gewässer			o	o					397
277	Storkower Gewässer			o	o				o	398
278	Glubig-Seen-Kette				o					398
279	Stahnsdorfer Fließ		o							400
280	Skabyer Torfgraben		o							394
281	Zernsdorfer Lanke				o					394
282	Fanggraben		o		o					394
283	Nottekanal					o				400
284	Galluner Kanal					o				401
285	Zülowkanal				o	o			o	402
286	Wernsdorfer Seenkette				o					403
287	Seearm Große Krampe				o					403
288	Müggelspree			o			o		o	403
289	Rüdersdorfer Gewässer			o	o		o			407
290	Langerhanskanal					o	o			407
291	Löcknitz (Spree)			o	o		o			408
292	Alte Löcknitz		o						o	409

Nr. in Karte	Fluss	Wildwasser	Kleinfluss	Wanderfluss	Seengewässer	Kanal	Schifffahrtsstraße	Fließ	Befahrungsregeln	Seite
293	Fredersdorfer Mühlenfließ		o						o	40
294	Erpe (Spree)		o						o	40
295	Landwehrkanal					o	o			32
296	Neuköllner Schifffahrtskanal					o	o			40

Spree-Oder-Wasserstraße

Wanderfluss, Seengewässer, Kanal, Schifffahrtsstraße
Mündung in Havel bei amtl. km 0,0 (li Nebenfluss)

Die Spree-Oder-Wasserstraße führt von der Oder als Oder-Spree-Kanal bis zur Dahme und weiter über die Spree bis zur Mündung in die Havel. Über die Spree-Oder-Wasserstraße sind nahezu alle Berliner Gewässer, der Spreewald auf zwei verschiedenen Wegen (über Dahme und Spree-Dahme-Umflutkanal sowie über die Spree über Beeskow), die Boddengewässer und die Ostsee über Szczecin erreichbar. Unter Einbeziehung der Oder und des Oder-Havel-Kanals ermöglicht sie eine große Rundfahrt Berlin–Eisenhüttenstadt–Hohensaaten–Eberswalde–Oranienburg–Berlin. Der Kanalverlauf bietet neben einigen eintönigen Strecken auch abwechslungsreiche Abschnitte, besonders im Berliner Bereich.

Befahrungsregeln: Die Spree-Oder-Wasserstraße ist eine Bundeswasserstraße. Es gelten die Bestimmungen der Binnenschifffahrtsstraßen-Ordnung (BinSchStrO).

Kilometrierung: Die Spree-Oder-Wasserstraße ist amtlich kilometriert. Aufgrund von nachträglichen Begradigungen ist die tatsächliche Strecke kürzer als die amtliche Kilometrierung.

Oder-Spree-Kanal (Ost)

Kanal, Schifffahrtsstraße

Der Oder-Spree-Kanal zweigt von der Oder ab und steigt in der Schleuse Eisenhüttenstadt 12,5 m auf und erreicht dort die Scheitelstrecke des Kanals. In der Schleuse Kersdorf erreicht er dann das Niveau, der Fürstenwalder Spree, die bald danach erreicht wird.

Befahrungsregeln: Die Spree-Oder-Wasserstraße ist eine Bundeswasserstraße. Es gelten die Bestimmungen der Binnenschifffahrtsstraßen-Ordnung (BinSchStrO).

Kilometrierung: Amtliche Kilometrierung.

130,2 ← Oder-Spree-Kanal (Ost) von Oder (D/PL) (s. Seite 506) (52.1476, 14.6813)

129,2 Str-II Neue Brückenstraße, re **15890 Eisenhüttenstadt**, Altstadt (früher

Fürstenberg an der Oder) (52.1420,14.6716)

127,9 li Sportbootliegeplatz im Unterwasser der Schleuse

127,5 EB-II Eisenhüttenstadt (52.1318,14.6553)

127,5 Str-II L372 Eisenhüttenstadt, Gubener Straße über das Schleusenunterhaupt (52.1318,14.6547);
Zwillingsschacht-⛝ Eisenhüttenstadt. Es geht 12,5 m aufwärts zum Scheitelpunkt des Kanals (52.1319,14.6536)

126,3 Weg-II Eisenhüttenstadt, Inselblick (52.1386,14.6438)

125,7 Str-II Eisenhüttenstadt, Straße der Republik (52.1437,14.6421)

125,6 li ⌂ Kanucentrum Eisenhüttenstadt, Am Kanal 1, 15890 Eisenhüttenstadt, kanucentrum-ehs.de , ✆ +49 3364 46778 (52.1446,14.6409)

125,6 li ⌂ SG Aufbau Eisenhüttenstadt, Am Trockendock 4, 15890 Eisenhüttenstadt, www.sg-aufbau.de (52.1454,14.6396)

125,0 Str-II Eisenhüttenstadt, Beeskower Straße, danach Beginn eines Industriegebietes (Stahlwerk) (52.1496,14.6437)

120,1 EB-II Eisenhüttenstadt, Ende Industriegebiet (Stahlwerk) (52.1893, 14.6220);
li ← zum Gr. Pohlitzer See (52.1895,14.6215)

119,0 re ⚓ Ziltendorf (52.1976,14.6130)

118,8 Str-II B112, re **15295 Ziltendorf**, 🚆 (52.1984,14.6110)

118,0 Str-II B112 Ziltendorf (52.2030,14.6015)

114,6 Weg-II Rautenkranz (52.2161,14.5571)

114,1 li ⚓ Rautenkranz, Sportbootliegestelle (52.2168,14.5512)

111,7 Blockweg-II, re **15295 Groß Lindow** in ca. 1 km (52.2288,14.5213)

109,4 ⏏-Möglichkeit zum Brieskower Kanal (ca. 300 m) (52.2385,14.4872)

108,1 re → Altstrecke (52.2426,14.4727)

108,1 re im Altarm ⌂ Wasserwanderfreunde Groß-Lindow, ⛺, Schlaubehammer, 15295 Brieskow-Finkenheerd (52.2454,14.4701)

107,1 re → zum Brieskower Kanal (s. Seite 517) vom Oder-Spree-Kanal (Ost) (nach 400 m durch Damm versperrt) (52.2466,14.4598)

106,6 Fußg-II **15299 Müllrose, OT Kaisermühl** (52.2469,14.4551)

105,5 EB-II Müllrose (52.2485,14.4379)

104,9 li ⇩ Katharinengraben. Am Ende des Katharinen-Sees befindet sich eine ⏏-Möglichkeit zum Müllroser See (300 m) (52.2500,14.4296)

104,2 Str-II L37 **15299 Müllrose**, Frankfurter Straße, ✕, 🚆 (52.2517,14.4206)

103,9 li ⇩ Schlaube im Kleinen Müllroser See, jedoch keine Umtragemöglichkeit zum Müllroser See, siehe Katharinengraben. **§** Die Schlaube ist oberhalb des Müllroser Sees ganzjährig gesperrt (52.2524,14.4167)

102,7 Str-II B87 Müllrose (52.2579,14.4017)

98,9 li **15299 Müllrose, OT Biegenbrück**, ⚓ Biegenbrück, ⛺-Möglichkeit bei Kanu-Kahlisch, Neubrücker Str. 60, 15299 Müllrose, www.kanu-kahlisch.de , ✆ +49 33606 510 (52.2702,14.3530)

96,2 li ⇩ Speisekanal Neuhaus in den Oder-Spree-Kanal (Ost) (52.2815, 14.3188)

Nebenstrecke Speisekanal Neuhaus

Über diesen Kanal wird der Oder-Spree-Kanal mit Wasser versorgt. Eine Schleuse verbindet die Spree über den Wergensee mit dem Oder-Spree-Kanal.

3,3 re ➔ Speisekanal Neuhaus von der Spree (s. Seite 328) im Wergensee (52.2621,14.2865)

2,7 ⌘ Neuhaus, ⏏ über Straße schwierig, Betriebszeiten: 01.04.-31.10 von 08.30 bis 18:00 Uhr, Klapp-Ⅱ **Neuhaus**

0,0 ⇩ Speisekanal Neuhaus in den Oder-Spree-Kanal (Ost) (s. Seite 318) (52.2815,14.3188)

92,5 li ← einer Altstrecke, hier ⏏-Möglichkeit zur Drahendorfer Spree (52.2965,14.2782)

89,7 Doppel-⌘ Kersdorf. Links, oberhalb und unterhalb der Schleuse sehr gute Möglichkeit zum Ein- und Aussteigen, da neue Anleger vorhanden. Ca 400m Portage über die Straße mit Bootswagen gut möglich. Parkplatz rechts neben der Schleuse. Hier steigt der Kanal auf das Niveau der Spree ab. Betriebszeiten: 01.04. - 31.10, täglich 08:30 - 18:00, übrige Zeit täglich 08:00 - 17:00, Feiertage besondere Regelung, ✆ +49 33607 387 (52.3052,14.2405);
Str-Ⅱ Briesen (Mark), An der Kersdorfer Schleuse über Schleusenunterhaupt (52.3054,14.2396)

89,5 ➔ in Kersdorfer See (52.3062,14.2353)

88,9 Flut-Ⅱ mit Radweg (52.3049,14.2285)

88,8 li ⇩ der Spree (s. Seite 328) in Oder-Spree-Kanal (Ost) und Fortsetzung als Fürstenwalder Spree (s. Seite 320). Die Spree ist jetzt Bestandteil der Spree-Oder-Wasserstraße (52.3042,14.2266)

Fürstenwalder Spree

Wanderfluss, Schifffahrtsstraße

Die Spree-Oder-Wasserstraße folgt ab der Mündung der Spree diesem, hier Fürstenwalder Spree genannten, Flusslauf.

Befahrungsregeln:	Die Spree-Oder-Wasserstraße ist eine Bundeswasserstraße. Es gelten die Bestimmungen der Binnenschifffahrtsstraßen-Ordnung (BinSchStrO).
Kilometrierung:	Amtliche Kilometrierung.

88,8 ⇩ der Spree (s. Seite 328) in Oder-Spree-Kanal (Ost) (s. Seite 318) und Fortsetzung als Fürstenwalder Spree. Die Spree ist jetzt Bestandteil der Spree-Oder-Wasserstraße (52.3042,14.2266)

88,7 re Forsthaus an der Spree, ⛺-Möglichkeit, im Jahr 2020 geschlossen, Am Bunten Schütz 3, 15518 Briesen (Mark), www.jot-we-de.de/ (52.3044, 14.2250)

81,9 re ➔ in den Dehmsee (52.3391,14.1619)

81,8 Str-⌶ A12 (52.3396,14.1609)
80,9 re ➔ Altarm Berkenbrück (52.3448,14.1510)
80,4 re **15518 Berkenbrück** im Altarm, 🚂, ✕, ⚓ mit ⛺-Möglichkeit, Strand-Café mit Imbiss (52.3490,14.1472)
80,1 re ⇩ Altarm Berkenbrück (52.3486,14.1396)
77,3 Str-⌶ B168 Fürstenwalde, Berkenbrücke (52.3495,14.1014)
77,1 EB-⌶ Fürstenwalde (52.3503,14.0989)
77,0 –73,0 Stadtgebiet von **15517 Fürstenwalde/Spree** (52.3509,14.0984)–(52.3640,14.0504)
76,3 Rohr-⌶ Fürstenwalde, re große Siloanlage mit Hafenbetrieb (52.3516, 14.0878)
74,9 re ➔ zum ▬-Arm durch Treidelbrücke (52.3542,14.0691)
74,7 Doppel-⌘ Fürstenwalde, zum ⏏ re mit Bootsschleppe (schwer), Betriebszeiten: 01.04. - 31.10, Mo - Fr, 06:00 - 20:00, Sa -So 08:30 - 18:00, übrige Zeit täglich 08:00 - 17:30, Feiertage besondere Regelung, (52.3541,14.0660)
74,5 Str-⌶ Fürstenwalde, Spreebrücke (52.3546,14.0625)
73,7 Radweg-⌶ Fürstenwalde, 🚂 500 m, ✕ (52.3593,14.0547)
73,6 re Hotel und ✕ Am Spreebogen, Fürstenwalde (52.3607,14.0546); re ⌂ Ruderklub Fürstenwalde, ⇅, Strohsack-Quartier und ⛺-Möglichkeit, www.rcf-ev.de, re ⇅, Altstadt 11, 15517 Fürstenwalde/Spree, www.rcf-ev.de , ☎ Nummer im Schaukasten (52.3613,14.0545)
69,0 re ➔ der Müggelspree (s. Seite 403) von der Fürstenwalder Spree, geradeaus führt der Oder-Spree-Kanal (West) (s. Seite 321) weiter zur Dahme und nach Berlin, in dem die Kilometrierung fortgesetzt wird (52.3672, 13.9977)

Oder-Spree-Kanal (West)

Seengewässer, Kanal, Schifffahrtsstraße

Der Oder-Spree-Kanal ist vom Abzweig der Müggelspree bis zum Seddinsee eine Kanalstrecke. Erst im Seddinsee beginnt eine Seenstrecke. Bei einer Spreetour ist es empfehlenswerter die Müggelspree zu befahren, jedoch bietet die Kanalstrecke Möglichkeiten für verschiedene Rundfahrten.

Befahrungsregeln: Die Spree-Oder-Wasserstraße ist eine Bundeswasserstraße. Es gelten die Bestimmungen der Binnenschifffahrtsstraßen-Ordnung (BinSchStrO).

Kilometrierung: Amtliche Kilometrierung.

69,0 ➔ der Müggelspree (s. Seite 403) von der Fürstenwalder Spree (s. Seite 320), geradeaus führt der Oder-Spree-Kanal (West) weiter zur Dahme und nach Berlin, in dem die Kilometrierung fortgesetzt wird (52.3672,13.9977)
68,7 Str-⌶ Große Tränke, ehemalige Schleuse (52.3677,13.9927)
66,0 li **15528 Spreenhagen-Braunsdorf**, DJH, ✕ (52.3637,13.9537)
65,8 li ← Braunsdorfer Altarm (nicht durchgängig) (52.3634,13.9512)

64,6 li ⇩ Braunsdorfer Altarm (nicht durchgängig) (52.3595,13.9340)
59,9 Str-II L23, Hauptstraße, li **15528 Spreenhagen** (52.3488,13.8708)
56,0 re **15528 Spreenhagen-Hartmannsdorf** (52.3410,13.8164)
51,7 Str-II A10 (52.3501,13.7573)
47,6 Doppel-⌗ Wernsdorf, abwärts auf das Niveau der Dahme, Betriebszeit: 01.04. – 31.10, Mo – Fr 06:00 – 20:00 Uhr, Sa und So 08:30 – 18:00 Uhr 01.11. – 31.03, Mo – Fr 08:00 – 17:30 Uhr, Sa und So 08:00 – 17:30 Uhr ☎ +49 3362 820225 (52.3718,13.7092)
47,5 Str-II L30 Wernsdorf, Neu Zittauer Straße (52.3722,13.7074); li **15713 Königs Wusterhausen-Wernsdorf**, ✕, ⛺ am Krossinsee (52.3721,13.7070)
47,1 re ⇩ Wernsdorfer See in den Oder-Spree-Kanal (West) (52.3735, 13.7030); li ← zur Wernsdorfer Seenkette (s. Seite 403) vom Oder-Spree-Kanal (West) (Krossinsee) (52.3732,13.7027)

Nebenstrecke Wernsdorfer See

Der Wernsdorfer See befindet sich in einem Naturschutzgebiet.

1,9 –0,0 § ganzj. BV (52.3880,13.7150)–(52.3736,13.7030)
0,0 ⇩ Wernsdorfer See in den Oder-Spree-Kanal (West) (s. Seite 321 (52.3735,13.7030)

46,8 Beginn Stadtgebiet **Berlin**, PLZ 10115 - 14199 (52.3745,13.6985)
46,6 Fußg.-II Berlin-Schmöckwitzwerder, Schmöckwitzwerder Steg (52.3749, 13.6957)
45,1 ⇩ des Oder-Spree-Kanals in den Seddinsee, Weiterfahrt nach li bzw. in westlicher Richtung zur Dahme (52.3783,13.6741)
45,1 ⇩ der Wasserstraße Seddinsee und Gosener Kanal (s. Seite 390) in den Oder-Spree-Kanal (West) (52.3799,13.6711)
44,0 ⇩ der Dahme (s. Seite 391) in den Oder-Spree-Kanal (West), Fortsetzun als Dahme (Spree-Oder-Wasserstraße) (s. Seite 322) (52.3764,13.6553)

Dahme (Spree-Oder-Wasserstraße)

Wanderfluss, Seengewässer, Schifffahrtsstraße

Die Spree-Oder-Wasserstraße nutzt jetzt den Verlauf der Dahme. Sie durchfließt me rere Seen und ist ein großes Wassersportgebiet.

Befahrungsregeln:	Die Spree-Oder-Wasserstraße ist eine Bundeswasserstraß Es gelten die Bestimmungen der Binnenschifffahrtsstraße Ordnung (BinSchStrO).
Kilometrierung:	Amtliche Kilometrierung.

44,0 ⇩ der Dahme (s. Seite 391) in den Oder-Spree-Kanal (West) (s. Seite 321), Fortsetzung als Dahme (Spree-Oder-Wasserstraße) (52.3764,13.6553)
43,3 re ⇩ Seearm Große Krampe (s. Seite 403) in Dahme (Spree-Oder-

Wasserstraße) (52.3841,13.6510)
43,1 Personen-⛴ Berlin-Schmöckwitz (freifahrend) (52.3841,13.6477)
42,9 ⌂⚑ Verein Schmöckwitzer Wassersportler, Berlin, Segeln und Kanu, Jagen 37, 12527 Berlin, www.vsw-segeln.de (52.3845,13.6423)
41,7 li ⌂⚑ ESV Lok Berlin-Schöneweide, Rohrwallallee 41, 12527 Berlin, esvlokschoeneweide.de/kanu/ (52.3939,13.6391);
li Kleine Rohrwallinsel (52.3955,13.6412)
41,5 ⇅ Berlin-Karolinenhof, Krugauer Steig, 12527 Berlin (52.3955,13.6372)
41,3 ⌂ Wassersportverein Karolinenhof, Abt. Segeln und Kanu, ⛺, Rohrwallallee 3, 12527 Berlin, www.wsvk.info , ✆ +49 30 6759523 (52.3964, 13.6339)
40,9 –40,7 li Große Rohrwallinsel (52.3996,13.6311)–(52.4009,13.6294)
40,5 li Richtershorn, ✕ (52.4014,13.6263)
39,7 li Bammelecke, freie Badestelle mit Wasserrettungsdienst (52.4078, 13.6226)
39,1 –37,1 ⚠ Regattastrecke Grünau, Verkehrszeichen beachten, bei Regattabetrieb nur re nahe dem Nordufer fahren, einmal im Jahr bei Motorbootrennen Totalsperrung für alle Boote (52.4098,13.6161)–(52.4136, 13.5873)
38,7 Strandband Grünau, ✕ (52.4092,13.6074)
38,3 ⌂⚑ SC Berlin-Grünau, auch Rudern, Sportpromenade 3, 12527 Berlin, www.scbg.de , ✆ +49 30 6743735 (52.4096,13.6035)
36,6 Personen-⛴ Berlin-Grünau (freifahrend) (52.4180,13.5848)
35,1 ← Teltowkanal (s. Seite 428) von Dahme (Spree-Oder-Wasserstraße) (52.4285,13.5754)
34,8 ⌂⚑ Pro Sport Berlin, ⛺, ✕, Grünauer Str. 193, 12557 Berlin, www.psb24-koepenick.de , ✆ +49 30 65880969 (52.4311,13.5735)
34,6 –34,5 li Rohrwallinsel (52.4339,13.5734)–(52.4351,13.5746)
34,1 ⌂⚑ Märkischer KV und kleiner ⛺ (nach Anmeldung), Grünauer Str. 101 b, 12557 Berlin, mkv53.de , ✆ +49 30 6555480 (52.4378,13.5736)
33,6 re ➔ in die Bucht Frauentog, ✕, der dort folgende Kietzer Graben (Verbindung zur Müggelspree) ist gesperrt (52.4419,13.5714)
33,2 Str-II Berlin, Müggelheimer Straße (Lange Brücke), re Schlossinsel Köpenick, ⌘ (52.4446,13.5718)
32,9 ⇩ der Dahme (Spree-Oder-Wasserstraße) in die Untere Spree (s. Seite 323). Die Kilometrierung der Spree-Oder-Wasserstraße wird durchgängig fortgeführt (52.4478,13.5727)

Untere Spree

Weitere Namen: Berliner Spree, Treptower Spree

Wanderfluss, Schifffahrtsstraße

Als Untere Spree (auch Berliner Spree, Treptower Spree) wird der Teil der Spree-Oder-Wasserstraße bezeichnet, der an der Mündung der Müggelspree beginnt, durch das Stadtgebiet von Berlin führt und schließlich in die Havel mündet.

Befahrungsregeln: Die Unterspree ist eine Bundeswasserstraße. Es gelten di Bestimmungen der Binnenschifffahrtsstraßen-Ordnun (BinSchStrO).
km 20,7 bis 14,1 (Oberbaumbrücke - Kanzleramtssteg (SOW) ganzj. BV
km 17,8 bis 11,6 (Schleuse Mühlendamm bis Lessingbrück (SOW)): vom 1. April bis 31. Oktober 10:30 Uhr bis 19:00 U BV ohne zugelassenes und angemeldetes UKW-Sprechfun gerät

Schwierigkeiten: Schiffs- und Sportbootverkehr, Ufermauern.

Kilometrierung: Amtliche Kilometrierung.

32,9 ⇩ der Dahme (Spree-Oder-Wasserstraße) (s. Seite 322) in die Untere Spree. Die Kilometrierung der Spree-Oder-Wasserstraße wird durchgängig fortgeführt (52.4478,13.5727);
⇩ der Müggelspree (s. Seite 403) in die Untere Spree (52.4484,13.5743)

31,9 re ⇩ Wuhle (gesperrt) (52.4546,13.5649)

31,5 Straßen- und EB-Ⅱ Berlin, Spindlersfelder Straße (Wilhelm-Spindler-Brücke) (52.4537,13.5585)

30,8 li ⌂ Turngemeinde in Berlin (TiB), Kanu- Ruder- und Schwimmabteilung Oberspree, Bruno-Bürgel-Weg 127-131, 12439 Berlin, www.tib1848ev.de ♪ +49 30 6717973 (52.4544,13.5481)

30,2 re ⌂ Köpenicker KC, ⛺, Übernachtung im Clubhaus, auch für Gruppen, Weiskopffstr. 15, 12459 Berlin, www.kkc-berlin.de , ♪ +49 30 5350103, geschaeftsstelle@kkc-berlin.de (52.4569,13.5407)

28,5 Fußg.-Ⅱ Berlin, Hasselwerderstraße (Kaisersteg) (52.4581,13.5197)

28,0 Str-Ⅱ Edisonstraße (Treskow-Ⅱ), li S-Bf Schöneweide (52.4600, 13.5130)

27,4 2 Str-Ⅱ Berlin, Siemensstraße (Stubenrauchbrücke) (52.4624,13.5064)

26,4 li ← Britzer Verbindungskanal (s. Seite 429) von Untere Spree (Länge 3 km), Durchfahrt zum Teltowkanal und über die Neuköllner Schleuse (Selbstbedienung) zum Neuköllner Schifffahrtskanal und Landwehrkanal (52.4699,13.4986)

26,3 li ⌂ Treptower Rudergemeinschaft, nimmt Gäste auf, Neue Krugallee 219-231, 12437 Berlin, www.rudern-in-berlin.de (52.4703,13.4970)

25,9 Personen-⛴ Berlin Baumschulenweg, freifahrend (52.4730,13.4962)

24,6 re → Stichkanal Rummelsburg (Werkskanal), Heiz-ϟ Klingenberg (52.4861,13.4954)

23,9 re → Rummelsburger See (ca. 1,5 km), am See-Ende neben einem Bootsverleih am Paul und Paula Ufer ⇅-Möglichkeit, Weiterfahrt auf der Spree nach li (52.4888,13.4894)

23,6 Insel der Jugend, re Verlauf des Fahrwassers, im li Arm Wege-Ⅱ (Abteibrücke). Vor der Abteibrücke li ⇅-Möglichkeit, ca. 60 cm hohe Ufermaue mit Leiter, Kfz-Zufahrt nur über Bulgarische Straße. Hinter der Abteibrüc li ✕, li Treptower Park mit Sowjetischem Ehrenmal und Archenhold-Ster warte, re Halbinsel Stralau (52.4882,13.4813)

22,6 –22,1 li Liegeplätze der Personen-Schifffahrt (52.4922,13.4698)–(52.4946, 13.4634)

22,1 EB-II Berlin, li S-🚆 Treptower Park (52.4955,13.4639)

22,1 Str-II B96a Berlin, An den Treptowers, Elsenbrücke (52.4959,13.4631)

21,8 li ⌘ Großplastik „Molecule Man“ (52.4970,13.4589)

21,1 ← Landwehrkanal von Untere Spree. Die Spree ist zwischen km 20,7 und 14,1 für nicht motorisierte Sportboote und Sportboote mit Motorleistung bis 5 PS gesperrt. Für die Weiterfahrt müssen Sportboote daher den Landwehrkanal benutzen, der bei km 9,1 wieder in die Spree mündet. Die Fahrt durch den Kanal ist touristisch durchaus interessant. An seinen Ufern liegen zahlreiche historische Gebäude (52.4996,13.4515)

Nebenstrecke Landwehrkanal

Der Landwehrkanal umgeht die für Kanuten und Ruderer gesperrte Strecke der Spree. Interessante Stadtfahrt.

10,8 ← Landwehrkanal von Untere Spree (s. Seite 323). Die Spree ist zwischen km 20,7 und 14,1 für nicht motorisierte Sportboote und Sportboote mit Motorleistung bis 5 PS gesperrt. Für die Weiterfahrt müssen Sportboote daher den Landwehrkanal benutzen, der bei km 9,1 wieder in die Spree mündet. Die Fahrt durch den Kanal ist touristisch durchaus interessant. An seinen Ufern liegen zahlreiche historische Gebäude (52.4996,13.4515)

10,6 Ober-⯐ Berlin, Sportbootwartestelle mit Signalanlage in beiden Richtungen jeweils li, Betriebszeit vom 01.04.–31.10. von 11:15–20:45 Uhr, übrige Zeit geschlossen, ⏏ nicht möglich, ☎ +49 30 6123292 (52.4978,13.4492)

10,5 Str-II Berlin, Schlesische Straße (Schlesische Brücke) (52.4974, 13.4486)

10,2 Fußg.-II Berlin, Ernst-Heilmann-Steg (52.4954,13.4460); li ⇩ Flutgraben (52.4948,13.4454)

10,1 Fußg-II, ehemalige Görlitzer EB-Brücke (52.4942,13.4444)

9,9 re ⇅ Berlin, Wiener Straße, Ufermauer (52.4937,13.4435)

9,8 ⇅ Berlin, Reichenberger Straße, Ufermauer (52.4922,13.4416)

9,5 li ⇩ Neuköllner Schifffahrtskanal (s. Seite 409) in den Landwehrkanal (52.4905,13.4389)

9,4 Rohr-II (52.4908,13.4373)

9,2 Str-II Berlin, Pannierstraße (Thielenbrücke) (52.4914,13.4354)

8,7 Str-II Friedelstraße (Hobrechtbrücke) (52.4937,13.4284)

8,1 Str-II Berlin, Kottbusser Damm (Kottbusser Brücke) (52.4961, 13.4201)

7,7 Rohr--II, Str-II Berlin, Admiralstraße (Admiralbrücke) (52.4953, 13.4152)

7,5 –7,0 Ehemaliger Urbanhafen, ✕-Schiffe, li ⇅, Kfz-Zufahrt über Dieffenbachstraße

7,0 Str-II Berlin, Baerwaldstraße/Prinzenstraße (Baerwaldbrücke) (52.4966,13.4052)

6,6 Str-II Berlin, Alexandrinenstraße (Waterloobrücke) (52.4973, 13.3988)

6,4 Str-II Berlin, Zossener Straße (52.4979,13.3958)

6,1 Str-II Berlin, Hallesche-Tor-Brücke, re U-Bahnhof Hallesches Tor (52.4976,13.3920)

5,9 Str-II B96 Berlin, Mehringdamm (52.4978,13.3890)

5,6 Str-II Berlin, Großbeerenstraße (52.4987,13.3852)

5,5 Fußg.-II, re U-Bahnhof Möckernbrücke (52.4989,13.3831)

5,3 Str-II Berlin, Möckernstraße (52.4990,13.3803)

5,2 Fußg.-II Berlin, Anhalter Steg, Hochbahn-II (52.4992,13.3791)

4,9 Str-II Berlin, Schöneberger Straße (52.5018,13.3765)

4,7 Str-II Berlin, Köthener Straße, Hochbahn-II (52.5028,13.3748)

4,4 Str-II Berlin, George-C.-Marshall-Brücke (52.5050,13.3718)

4,1 Str-II B1 Berlin, Potsdamer Straße (Potsdamer Brücke) (52.5060, 13.3683)

3,7 Str-II Berlin, Bendlerbrücke (52.5057,13.3625)

3,3 Fußg.-II Berlin, Hiroshimasteg (52.5067,13.3574)

3,0 mehrere Str-II Berlin, Klingelhöferstraße (Herkulesbrücke) (52.5057,13.3521)

2,6 Str-II Berlin, Budapester Straße (Corneliusbrücke) (52.5073, 13.3482)

2,2 2 Wege-II Lichtensteinbrücke, re ✕ Café am Neuen See (52.5091,13.3433);
⇅-Möglichkeit zwischen Lichtensteinbrücke und Unterschleuse, Kfz-Zufahrt über Lichtensteinallee oder Straße des 17. Juni, gegenüber der Einmündung der Klopstockstraße

1,8 re ➔ Wehrgraben, Einfahrt gesperrt (52.5113,13.3374);
re Unter-⇆ Berlin, auch Tiergartenschleuse genannt, Betriebszei vom 01.04.–31.10. von 11:15–20:45 Uhr, übrige Zeit geschlossen. Sportboot-Wartestelle mit Signalanlage re. Umtragemöglichkeit fü geübte Kanuten am Ufer des Tiergartens: vor dem Wehrgraben aussetzen, ca. 400 m an Wehrgraben vorbei und nach dem Wehr, vor EB einsetzen (hohe Kante). li ✕ Schleusenkrug. Wege-II übe die Schleuse, ✆ +49 30 3125233 (52.5114,13.3362)

1,6 EB-II (52.5117,13.3352)

1,5 Fußg.-II (52.5119,13.3341)

1,3 re ⇩ des Wehrarmes (52.5125,13.3321)

1,2 Str-II B2 Berlin, Straße des 17. Juni (Charlottenburger Brücke), re Charlottenburger Tor ⌘ (52.5132,13.3309)

0,6 Str-II Berlin, Marchstraße (52.5173,13.3247)

0,1 Str-II Berlin, Dovestraße (52.5195,13.3193)

0,0 ⇩ Landwehrkanal in die Untere Spree (s. Seite 323). Die Spree ist zwischen km 20,7 und 14,1 für nicht motorisierte Sportboote und

Sportboote mit Motorleistung bis 5 PS gesperrt. Für die Weiterfahrt müssen Sportboote daher den Landwehrkanal benutzen, der bei km 21,2 wieder in die Spree mündet. Die Fahrt durch den Kanal ist touristisch durchaus interessant. An seinen Ufern liegen zahlreiche historische Gebäude (52.5202,13.3176)

20,7 Straßen- und U-Bahn-II Berlin, Oberbaumbrücke. Die Spree ist zwischen km 20,7 und 14,1 für nicht motorisierte Sportboote und Sportboote mit Motorleitung bis 5 PS gesperrt (52.5017,13.4458)
20,7 –14,1 § ganzj. BV (52.5018,13.4456)–(52.5206,13.3672)
17,8 –11,6 § vom 1. April bis 31. Oktober 10:30 Uhr bis 19:00 Uhr BV ohne zugelassenes und angemeldetes UKW-Sprechfunkgerät (52.5147,13.4161)–(52.5228,13.3421)
14,1 Fußg-II Kanzleramtssteg. Ende der Sperrstrecke. ⚠ Bis km 6,8 reger Fahrgastschifffahrtsverkehr, li Bundeskanzleramt und Haus der Kulturen der Welt (ehemalige Kongresshalle) (52.5206,13.3672)
13,1 Str-II Berlin, Paulstraße (Lutherbrücke); dahinter li Tiergarten, ⌘: Schloss Bellevue, Amtssitz des Bundespräsidenten (52.5176,13.3548)
12,7 EB-II Berlin, li S-🚆 Bellevue (52.5197,13.3509);
Fußg,-II Berlin, Gerickesteg (52.5202,13.3502)
12,5 Str-II Berlin, Bartningallee/Kirchstraße (Moabiter Brücke) (52.5216, 13.3482)
12,0 Str-II Berlin, Lessingstraße (Lessingbrücke) (52.5228,13.3420)
11,5 Str-II Berlin, Altenoer Straße (Hansabrücke) (52.5196,13.3381)
11,2 Fußg.-II Berlin-Wullenwebersteg (52.5172,13.3349)
10,3 Str-II Berlin, Gotzkowskystraße (Gotzkowskybrücke) (52.5226,13.3291)
9,1 re ➔ Charlottenburger Verbindungskanal (Spreekreuz) Verbindung zum Westhafenkanal (52.5207,13.3175)
9,1 li ⇩ Landwehrkanal in die Untere Spree. Die Spree ist zwischen km 20,7 und 14,1 für nicht motorisierte Sportboote und Sportboote mit Motorleistung bis 5 PS gesperrt. Für die Weiterfahrt müssen Sportboote daher den Landwehrkanal benutzen, der bei km 21,2 wieder in die Spree mündet. Die Fahrt durch den Kanal ist touristisch durchaus interessant. An seinen Ufern liegen zahlreiche historische Gebäude (52.5202,13.3176)
8,9 Str-II Berlin, Röntgenstraße (52.5203,13.3145)
8,7 Fußg.-II Berlin, Siemenssteig (52.5207,13.3121)
8,3 Str-II Berlin, Winterstein-/Sömmeringstraße (Caprivibrücke) (52.5207, 13.3063)
7,9 Str-II Berlin, Luisenplatz (Schlossbrücke), ⌘: li Schloss Charlottenburg mit Schlossgarten (52.5219,13.3001)
6,9 EB- und Wege-II, re 🚆 Berlin-Jungfernheide (52.5297,13.2955)
6,6 re ➔ Westhafenkanal, Verbindung zum Westhafen (für Sportboote gesperrt), Weiterfahrt li (52.5316,13.2933)
6,1 ⯐ Charlottenburg. Vor der Schleuse li Zufahrt zu den alten

Schleusenkammern (außer Betrieb), li Sportboot-Wartestelle mit Signalanlage (schwer zu erreichen). Auf der Unterwasserseite bei km 5,6 für Bergfahrer re Sportboot-Wartestelle mit Signalanlage (für Kanufahrer und Ruderer praktisch nicht zu erreichen). Die Schleusenwärter sind aufmerksam und schleusen auch ohne Meldung. Schleusenzeiten: 01.04. - 31.10, Mo - Sa, 06 - 22 Uhr, So 07 - 22 Uhr, übrige Zeit Mo - Sa, 06 - 20 Uhr, So 07 - 19 Uhr, feiertags besondere Regelung, ♪ +49 30 34357120 (52.5311, 13.2864)

6,0 Str-II A100 Berlin, Rudolf-Wissel-Brücke (52.5308,13.2847)

5,9 Str-II Berlin, Nonnendamm (52.5306,13.2835)

5,3 li ⇩ der alten Schleusenstrecke (außer Betrieb). Aufgrund des Durchstiches zur neuen Schleuse ergibt sich oberhalb eine Differenz von ca. 0,4 km zwischen tatsächlicher Strecke und amtlicher Kilometrierung (52.5301 13.2813)

4,4 Str-II Berlin, Rohrdamm (52.5292,13.2685)

2,5 re ↯ Ernst Reuter (52.5286,13.2483)

2,5 EB-II (52.5310,13.2422)

1,7 re ➔ Alte Spree, Industriehafen (52.5344,13.2333)

1,5 re ⇩ Grützmachergraben, Befahrung verboten (52.5351,13.2288)

0,4 li ⇩ Ruhlebener Altarm (52.5361,13.2126)

0,0 **Berlin-Spandau** (52.5360,13.2069);
⇩ der Havel-Oder-Wasserstraße (s. Seite 285) und Untere Spree in die Untere Havel (s. Seite 411) (52.5356,13.2073)

Spree

Weitere Namen: Hauptspree

Wanderfluss, Schifffahrtsstraße, Landeswasserstraße
Mündung in Spree-Oder-Wasserstraße bei amtl. km 88,8

Diese Beschreibung umfasst nur den Spreelauf bis zur Mündung der Drahendorfer Spree in die Spree-Oder-Wasserstraße. Die Fürstenwalder Spree und der Unterlauf durch Berlin sind als Bestandteil der Spree-Oder-Wasserstraße dort beschrieben. Für die Müggelspree wurde eine gesonderte Beschreibung angelegt.
Die Spree ist in ihrem Oberlauf oberhalb Bautzen mit 35 Wehren ein nur bei Hochwasser mit vielen Schwierigkeiten befahrbarer Kleinfluss. Nach der Talsperre Bautzen ist die Spree ein Wanderfluss, der zu den schönsten im Osten Deutschlands zählt. Wegen unbefahrbarer Wehre und einem Sperrgebiet (Biosphärenreservat) sind Gepäckfahrten erst ab Burg zu empfehlen. Hier beginnt der Oberspreewald, der als Kanuparadies weithin bekannt ist. Jedoch ist der Unterspreewald nicht minder schön und nicht so überlaufen. Die Spree ist auch unterhalb des Spreewaldes weiterhin ein lohnendes Wasserwandergebiet. Auf der gesamten Strecke von Burg bis ins Bundeswasserstraßennetz brauchen keine Wehre umtragen werden. Es gibt durchgehend Schleusen (überwiegend in Selbstbedienung), bei Fahrt über Drahendorfer Spree und Müggelspree nach Berlin kann je eine Bootsschleppe benutzt werden.
Der gesamte Spreewald ist Biosphärenreservat und erfordert von allen

Wassersportlern die gewissenhafte Einhaltung der Regeln für das naturgemäße Paddelverhalten sowie die Einhaltung der bestehenden Befahrungsverbote für zahlreiche Nebenfließe und Altarme, die durch Sperrschilder vor Ort gekennzeichnet sind. Eine durchgehende Befahrung der Hauptspree und der Hauptfließe ist jedoch jederzeit möglich.

Auf den kommerziellen Kahnfährverkehr ist besonders Rücksicht zu nehmen und ihm Vorfahrt zu gewähren. Vor dem Überholen in schmalen Fließen sollte man sich mit dem Kahnfährmann verständigen. Die Vielzahl der Flussläufe im Unter- und Oberspreewald macht es notwendig, zur Orientierung entsprechendes Kartenmaterial mitzunehmen.

Im Bereich Neuhausen bei Cottbus bis Burg (Spreewald) werden zzt. umfangreiche Maßnahmen für die Belebung des Wasserwandersportes umgesetzt. Dafür sind befestigte Ein- und Ausstiegsstellen, neue Wasserwanderrastplätze sowie der Einbau von Bootsrutschen geplant bzw. schon fertiggestellt.

Befahrungsregeln: Die Spree ist von Burg (Spreewald) bis zur Mündung in den Oder-Spreekanal eine Landeswasserstraße in Brandenburg. Es gilt die Landesschifffahrtsverordnung (LSchiffV). Dies gilt auch auf dem Wergensee, Leissnitz-See, Glower See, Oegelnischer See, Schwielochsee, Neuendorfer See und auf den befahrbaren Fließen im Ober- und Unterspreewald. Insbesondere müssen alle Kanus, unter Bußgeldandrohung, eindeutig gekennzeichnet werden. Der Name ist auf beiden Außenseiten des Kleinfahrzeugs in gut lesbaren, mindestens 0,10 Meter hohen lateinischen Schriftzeichen anzubringen. Name und Anschrift des Eigentümers sind an gut sichtbarer Stelle an der Innen- oder Außenseite des Kleinfahrzeugs anzubringen.
km 217 bis 187,6 (Klix - Bärwalde): ganzj. BV
km 191,3 bis 190,7 (Kahnfährhafen Lübbenau): ganzj. BV für Sportboote
km 153,5 bis 133,7 (östlich Alt Schadow - Trebatsch): ganzj. BV aller Altarme, erlaubt ist das Befahren des Hauptlaufs und des Altarms in Höhe der Ortslage Werder. UV außer an Stegen und Rastplätzen und innerhalb von Ortslagen

Befahrbarkeit: Informationen über temporäre Sperrungen im Spreewald können unter https://lbv.brandenburg.de/sp_sperr.htm eigesehen werden.

Literatur: Für die Befahrung des Ober- und Unterspreewaldes empfehlen wir die Wasserwanderkarte „Oberspreewald und Unterspreewald“, erstellt von den Kanuten des ESV Lok RAW Cottbus. Bestellung über www.kanu-cottbus.de bzw. Telefon + 49 355 796230 (R. Sturtz) oder beim DKV-Verlag, Nr: 231500.
Der Jübermann-Verlag bietet in seinem Tourenatlas TA5, Berlin-Brandenburg mit Spreewald, 6. Auflage 2018 ebenfalls ein gutes Kartenwerk zum Spreewald.

Kilometrierung: Die Kilometrierung erfolgte anhand Kartenmaterial, da uns für die amtliche Kilometrierung keine Unterlagen zur Verfügung stehen. An Wehren und Schleusen sind teilweise Kilometerangaben zu finden, die annähernd unseren Kartenkilometern entsprechen. Oberhalb der Talsperre Spremberg wurde nur mit Kartenmaterial gearbeitet.

321,6 ▬ Vorsperre der Talsperre Bautzen (51.1989,14.4475)
320,6 Natur- und Abenteuercamping am Stausee Bautzen, Nimschützer Straße 41, 02625 Bautzen, ☎ 03591/271267, www.camping-bautzen.de, ✕, Stadtbus nach **Bautzen**, mögliche ⬇, jedoch nur lohnend für eine Befahrung des Stausees, www.camping-bautzen.de (51.2033,14.4570)
319,2 re ↱ Beginn der Stauzone vor dem Staudamm und für die Weiterfahrt über die B156 etwa 2 km weit ⌓ (51.2096,14.4695)
318,8 ▬ Talsperre Bautzen (51.2134,14.4710)
317,9 Str-Ⅱ B156 Niedergurig (51.2207,14.4769);
gute ⬇-Möglichkeit bei Niedergurig (51.2208,14.4770)
317,3 ▬ Niedergurig, re ⌓ (51.2244,14.4810)
317,2 weitere mögliche ⬇ Niedergurig, Am Sportplatz unterhalb des Wehres (51.2246,14.4810);
li **02694 Malschwitz, OT Niedergurig** (51.2249,14.4810)
317,0 Str-Ⅱ Niedergurig, Im Rittergut (51.2264,14.4807)
316,5 Str-Ⅱ Niedergurig, Zur Kuhbrücke (51.2293,14.4848)
315,7 Fußg-Ⅱ Am Wolfsberg, li **02694 Malschwitz, OT Briesing** (51.2352, 14.4892)
315,6 Schräg-▬ Briesing, re ⌓ um Fischtreppe (80 m) (51.2355,14.4903)
315,5 Fußg-Ⅱ Briesing (51.2361,14.4905)
312,4 li ⬅ der Spree, Klixer Flutgraben geradeaus ✕ (51.2535,14.5146)
311,4 EB-Ⅱ (51.2606,14.5193)
311,1 ▬ Klix, re ⌓ (30 m), die Spree zweigt nach re ab (51.2618,14.5216)
310,8 Str-Ⅱ **02694 Großdubrau, OT Klix**, ▬ Sohlabsturz, vor der Ⅱ re ⬆. Von hier bis Bärwalde ganzjähriges Befahrungsverbot. Ausnahmen werden nur nach Antragstellung beim Biosphärenreservat Oberlausitzer Heide- und Teichlandschaft, ☎ 035932/36524 genehmigt (51.2616,14.5267)
310,8 –283,9 § ganzj. BV (51.2617,14.5268)–(51.4100,14.5204)
309,6 li ⬅ Kleine Spree (Spreewitz) von der Spree (51.2705,14.5342);
re ➔ Spree, vor dem ▬ Spreewiese re ↱ und re ⬇ in Hauptspree (51.2705,14.5344);
▬ Spreewiese, li **02694 Großdubrau, OT Spreewiese** (51.2705, 14.5345)

Nebenstrecke Kleine Spree (Spreewitz)

Die Kleine Spree ist ein Seitengewässer der Spree. Sie zweigt beim Wehr Spreewiese aus dieser ab und kehrt bei Spreewitz wieder in die Spree zurück. Die Kleine Spree ist durch zahlreiche Mühlenstaue fast strömungslos, lediglich bei Burghammer findet sich eine wildwasserähnliche

Schnelle.
Da bei NW der Spree fast ihr ganzes Wasser in die Kleine Spree abgeleitet wird, dürfte wahrscheinlich eine ganzjährige Befahrung möglich sein. Im Sommer und Herbst ist der Fluss sehr stark verkrautet, eine Befahrung im Frühjahr und Frühsommer ist daher vorzuziehen.

40,2 ← Kleine Spree (Spreewitz) von der Spree (s. Seite 328) (51.2705,14.5342)
40,2 –21,4 §, ganzj. BV (51.2705,14.5344)–(51.3691,14.4066)
21,4 Str-II, re **02999 Lohsa, OT Litschen** (51.3692,14.4067)
21,0 Gabel-■, re ⏏ in die Kleine Spree, li Zufluss zum Speicherbecken Lohsa (Silbersee) (51.3725,14.4057)
20,9 EB-II Lohsa (51.3732,14.4057)
19,9 Str-II Lohsa, Kirchstraße (51.3814,14.4013); re **02999 Lohsa**, ✕ (51.3815,14.4013)
19,8 ■ renaturierte Sohlschwelle Lohsa, mehrere Stufen, keine Angaben zur Befahrbarkeit (51.3820,14.4012)
19,6 Str-II Lohsa, Mühlweg (51.3842,14.4013)
19,3 Fußg.-II Lohsa (51.3870,14.4025)
17,7 Str-II Lohsa, Am Motodrom (51.3972,14.3910)
16,5 Str-II S108 (51.4072,14.3963)
16,4 ■ Zulaufanlage Dreiweibern (51.4075,14.3974)
15,9 ■ Weißkollm, **X**, re ⏏ (51.4105,14.3986)
15,7 Str-II Weißkollm, Dreiweiberner Straße (51.4118,14.3970)
15,2 Str-II Weißkollm, Auf dem Gut (51.4158,14.3948)
14,9 Str-II Geißlitzer Straße, li **02999 Lohsa-Weißkollm** (51.4181, 14.3932)
13,2 EB-II, danach Schützen-■ Zulaufanlage Scheibe ab hier verläuft die Kleine Spree als Folge des Braunkohlen-Tagebaus in einem tief in die Landschaft eingeschnittenen Graben (51.4288,14.3777)
12,1 Wege-II (51.4364,14.3811)
10,2 Str.- und Weg-II (51.4528,14.3775)
8,0 ■ Sohlabsturz, **X**, ⚠ Lebensgefahr, li ⏏, danach re Ableitung in das Speicherbecken Burghammer (51.4635,14.3513)
7,7 Str-II K9215, li **02979 Spreetal, OT Burg** (51.4643,14.3475)
7,6 li ⇩ des alten Flusslaufes (51.4645,14.3464)
5,4 Str-II **02979 Spreetal-Burghammer**, Bernsteinstraße, ab hier wieder natürliches Flussbett (51.4782,14.3667)
5,3 Beginn einer etwa 150 m langen Stromschnelle, die durch den Ort Burghammer führt, WW I. Ein Anhalten ist praktisch unmöglich. Deshalb rechtzeitig ↰ und die Strecke auf Baumsperrungen kontrollieren
3,7 Schulzen-■ Burgneudorf, **X**, ⏏ (51.4891,14.3749)
3,6 Str-II **02979 Spreetal-Burgneudorf**, Neustädter Straße (51.4901, 14.3757)

2,2 Weg-II und EB-II Burgneudorf (51.4989,14.3879)
1,7 Wege-II und Schützen- ▬ Burgneudorf, **X**, ⏢ (51.4994, 14.3952)
1,4 EB-II (51.4985,14.3987)
0,2 Str-II, li **02979 Spreetal-Spreewitz** (51.5082,14.4028)
0,0 ⇩ Kleine Spree (Spreewitz) in die Spree (s. Seite 328) (51.5094, 14.4043)

308,2 ▬ Sohlschwelle, bei NW ⏢ (51.2744,14.5518)
307,1 re ⇩ Löbauer Wasser (51.2792,14.5643)
306,8 ▬ Lömmischauf, li ⏢ bzw. wenn Schütz gezogen, dann evtl. ≈ (vorher anschauen!) (51.2817,14.5660)
305,5 ▬ Sohlschwelle (51.2911,14.5606)
305,0 ▬ Sohlschwelle (51.2947,14.5606)
304,4 Str-II, **02694 Malschwitz, OT Halbendorf/Spree** (51.2993,14.5570)
302,8 li ← Alte Spree, **X** (51.3096,14.5529)
302,1 Str-II K7211 Neudorf, Fabrikstraße, darunter ▬ Sohlschwelle, re **02694 Malschwitz, OT Neudorf/Spree** (51.3095,14.5441)
299,0 ▬ Sohlschwelle (51.3264,14.5349)
298,6 ▬ Sohlschwelle (51.3284,14.5316)
298,5 ▬ Sohlschwelle (51.3295,14.5311)
298,4 Str-II B156, li **02694 Malschwitz, OT Lieske** (51.3303,14.5305)
292,4 EB-II Uhyst (51.3630,14.5141)
292,3 Str-II B156, li **02943 Boxberg/Oberlausitz, OT Uhyst an der Spree**, ✕ (51.3644,14.5136)
292,1 ▬ Uhyst (51.3663,14.5142)
291,4 li ⇩ Mühlgraben Uhyst (51.3703,14.5087);
Fußg.-II Uhyst, Schloßstraße (51.3704,14.5077)
285,9 Str-II B156 (51.4004,14.5168)
284,0 li ← über ▬ zu einem Speicherbecken (51.4096,14.5202)
283,9 ▬ Bärwalde, **X**, re oder li aussetzen, ⏢ 70 m, Einstieg li über Treppe, **02943 Boxberg/Oberlausitz, OT Bärwalde** (51.4100,14.5204)
281,2 re ⇩ Schwarzer Schöps, die folgenden 3 km sind kanalisiert (51.4298, 14.5240)
280,0 –274,5 ⚠, beide Ufer militärischer Sicherheitsbereich (51.4372,14.5152)–(51.4744,14.4742)
279,9 Str-II (51.4380,14.5152)
278,1 Schlauch-▬ Tzschelln, **X**, li ⏢ (50 m) und einsetzen über Treppe, falls Wehr überströmt wird, starker Sog zum Wehr, schlecht zu erkennen, rechtzeitig anlegen, Hinweisschilder beachten, Lebensgefahr ⚠. Auf den nächsten 4 km beide Ufer militärischer Sicherheitsbereich (51.4526, 14.5060)
274,4 ▬ Ruhlmühle, Weg-II, **X**, li ⏢ (60 m), schlechter Einstieg, viele Steine, re ϟ (51.4753,14.4732)
273,7 ▬ Sohlschwelle (51.4788,14.4641)

272,3 Str-II, Dorfstraße, re **02979 Spreetal, OT Neustadt/Spree** (51.4866, 14.4536)
271,9 ■ Sohlschwelle (51.4883,14.4497)
271,6 ■ Sohlschwelle (51.4899,14.4463)
271,4 ■ Sohlschwelle (51.4914,14.4434)
271,0 Wege-II (51.4928,14.4393);
■ Sohlschwelle (51.4928,14.4391)
270,0 EB-II (51.4948,14.4254)
268,6 ■ Sohlschwelle (51.4995,14.4116)
268,3 Gasleitungs-II, EB-II Spreewitz (51.5015,14.4095)
267,5 Str-II, li **02979 Spreetal, OT Spreewitz** (51.5072,14.4060)
267,2 li ⇩ Kleine Spree (Spreewitz) in die Spree (51.5094,14.4043)
267,1 li ▤ Spreewitz (51.5109,14.4042)
265,9 ■ Sohlschwelle (51.5203,14.4020)
265,4 Str-II (51.5243,14.3991)
265,1 ■ Sohlrampe, evtl. ≈ oder li ⌓ (80 m), ansehen! (51.5272,14.3972)
264,4 Rohr-II (51.5312,14.3941)
263,8 Rohr-II (51.5339,14.3861)
263,5 ■ Trattendorf, li ⌓ (60 m), re Fischtreppe (51.5365,14.3867)
263,3 ■ Sohlschwelle Trattendorf (51.5382,14.3871)
263,2 Str-II Trattendorf, Kraftwerkstraße (51.5385,14.3871)
262,9 Str-II, li **03130 Spremberg, OT Trattendorf** (51.5410,14.3860)
262,5 ■ Sohlschwelle, evtl. ≈, re Treppenanlage (51.5438,14.3887)
261,9 Fußg.-II Trattendorf (51.5493,14.3882)
261,4 ■ Sohlschwelle, evtl. ≈, li Treppenanlage (51.5538,14.3879)
260,0 Fußg-II Spremberg, Wendenstraße (51.5646,14.3814)
259,8 re ⌂ SG Einheit Spremberg, ⛺, Zum Weißen Wehr 1, 03130 Spremberg, www.kanu-spremberg.de , ☎ +49 3563 92589 (51.5659,14.3816)
259,7 re ➔ Altarm Wilhelmsthal, li Hauptspree, Weiterfahrt, wenn möglich, auf dem Altarm, ■ re ⌓, bei HW offen und evtl. ≈. Es folgen 3 Brücken mit Schwall, ⚠ bei NW (51.5671,14.3809)
259,4 Str-II B156, Geschwister-Scholl-Straße, **03130 Spremberg**, 🚆, ✕, Arzt (51.5690,14.3778)
259,3 li ■ und re ⇄ Spremberg (51.5695,14.3774)
259,1 Str-II Spremberg, Lange Straße (51.5703,14.3749)
258,9 Str-II Spremberg, Mittelstraße (51.5725,14.3740)
258,8 Fußg.-II Spremberg (51.5732,14.3736)
258,5 re ⇩ Altarm Wilhelmsthal (51.5753,14.3717)
258,2 li ⚓ Spremberg mit Anleger, re Kläranlage (51.5775,14.3692);
Fußg-II Spremberg (51.5777,14.3691)
257,8 ■ Sohlschwelle Spremberg, evtl. ≈, li Umsetzanlage (51.5807,14.3673)
256,6 Str-II Spremberg, Wilhelmsthaler Weg (51.5900,14.3727)
256,5 Gabelung, re ➔ fahren (51.5901,14.3732)
255,1 Beginn des Vorstaus der Talsperre Spremberg, nur Durchfahrt erlaubt

(51.5972,14.3870)

254,6 ■ Vorstau Talsperre Spremberg, re ⏏ (50 m), bei Vollstau ist das Wehr überspült und dann evtl. ≈, Beginn der Talsperre Spremberg. Die folgenden, li und re liegenden Flachwasserzonen dürfen vom 15.10. bis 17.07. nicht befahren werden (51.6023,14.3849)

253,8 Str-II L52 Bühlow - Seliessen (51.6079,14.3869)

248,4 re ⛺ Spree-Camp Bagenz, Stauseestraße 3, 03058 Neuhausen/Spree, www.spreecamp.de , ✆ +49 35697 235 (51.6453,14.4115)

248,3 li ⛺ Klein Döbbern der Spree-Camp GmbH, Alte Poststraße 4, 03058 Neuhausen/Spree, www.spreecamp.de , ✆ +49 35608 244 (51.6524, 14.3855)

247,6 ■ Staumauer der Talsperre Spremberg, **X**, jetzt weiträumig eingezäunt, ↑ ca. 100m vor Staumauer li bei kleinem Seglersteg, ⏏ auf meist unbefestigten Wegen bis zur folgenden Sohlschwelle (51.6588,14.3899)

247,3 ■ Sohlschwelle, ⏏ (51.6611,14.3925)

246,8 ■ Sohlschwelle (51.6644,14.3956)

246,3 Wege-II, re **03058 Neuhausen/Spree, OT Bräsinchen** (51.6656, 14.4020)

246,2 ■ Sohlschwelle Bräsinchen, ⏏ (51.6654,14.4027)

244,9 Rohr-II (51.6732,14.4094)

244,4 li ← Umfluter Neuhausen über ein ■, re Hauptspree (51.6774,14.4072)

244,2 Str-II, re **03058 Neuhausen/Spree**, Mühlenstraße (51.6793,14.4071); re **03058 Neuhausen/Spree** (51.6794,14.4070); ■ Neuhausen, **X**, li vor Brücke ↰ und ⏏ (100 m) re wieder ↓ (51.6796, 14.4069)

244,0 li ⇩ Umfluter Neuhausen (51.6811,14.4060)

242,7 EB-II Neuhausen (51.6911,14.3998)

242,4 ■ Sohlschwelle (51.6920,14.3961)

241,8 ■ Sohlschwelle, ⏏ (51.6936,14.3881)

241,0 Str-II, re **03058 Neuhausen/Spree-Frauendorf** (51.6959,14.3792)

240,9 ■ Sohlschwelle ⏏ (51.6965,14.3783)

239,7 ■ Frauendorf, zerstört, re ⏏ (40 m), der Abzweig li zur Kutzeburger Mühle ist durch Steine versperrt, nicht befahren (51.7051,14.3766)

239,1 ■ Sohlschwelle, bei NW ⏏ (51.7092,14.3745)

238,8 li ⇩ Mühlgraben (51.7107,14.3698)

237,7 li ← Mühlgraben Madlow (51.7160,14.3569); li ■ Madlow, **X**, re ⏏ (50 m) (51.7164,14.3575)

237,6 Str-II A15 (51.7168,14.3576)

237,2 Str-II L50 Cottbus, OT Madlow, Kiekebuscher Weg (51.7206,14.3567)

237,1 ■ Sohlschwelle, evtl. li ⏏ (51.7210,14.3566)

236,7 Fußg.-II Cottbus, Madlower Schulstraße (51.7242,14.3535)

236,4 li ⇩ Mühlgraben Madlow (51.7262,14.3513)

235,7 EB-II Cottbus (51.7322,14.3551)

235,5 li ← Mühlgraben Markgrafmühle (51.7336,14.3557); ■ Kiekebusch, **X**, re ⏏ (50 m), darüber Wege-II

Markgrafenmühlenweg (51.7340,14.3561)

234,3 ⇩ Mühlgraben der Markgrafenmühle (51.7406,14.3471)

234,3 –229,9 Stadtgebiet **Cottbus**, PLZ 03042 - 03055, zweitgrößte Stadt des Landes Brandenburg, ⌘, 🚂, ✕ (51.7407,14.3470)–(51.7691,14.3554)

233,1 Str-⌶ B169 Cottbus, Stadtring (51.7503,14.3451)

232,9 Str-⌶ zum Stadion der Freundschaft Cottbus (51.7516,14.3428)

232,7 EB-⌶ Cottbus (51.7526,14.3421)

232,6 re ⌂ ESV Lok RAW Cottbus, ⛺, auch für Wohnwagen geeignet, Ludwig-Leichardt-Allee, 03046 Cottbus, www.kanu-cottbus.de , ☎ +49 355 714661 (51.7538,14.3426)

232,5 Fußg.-⌶ Cottbus (51.7543,14.3425)

232,3 Kleines Spree-■Cottbus, re ⏏ (80 m), davor li ← Mühlgraben (51.7567, 14.3418)

232,0 Str-⌶ Cottbus, Franz-Mehring-Straße (51.7589,14.3419)

231,8 Fußg.-⌶ Cottbus, Am Amtsteich (51.7609,14.3417)

231,7 li ⇩ Mühlgraben Cottbus (51.7614,14.3413)

231,6 Str-⌶ Cottbus, Sandower Straße (Straßenbahn) (51.7623,14.3415)

231,4 Fußg.-⌶ Cottbus, Puschkinpromenade (51.7641,14.3401)

230,4 Fußg.-⌶ Cottbus, Sanzeberg (51.7671,14.3487)

229,9 Str-⌶ Cottbus, Nordring (51.7691,14.3554)

229,6 re → Hammergraben (Cottbus) (s. Seite 382) von der Spree über ein Wehr (51.7712,14.3566);
Großes Spree-■ Cottbus, auf Wehr-Insel vor dem ■ aussetzen, li ⏏ (150 m) zur Spree (51.7716,14.3567)

229,3 Rohr-⌶ (51.7740,14.3563)

228,2 ■ Sohlschwelle1 (mit Fischaufstieg rechts) (51.7820,14.3623)

228,1 Fußg.- und Rohr-⌶ (Grüne Brücke) (51.7823,14.3635)

227,7 ■ Sohlschwelle2 (mit Fischaufstieg rechts) (51.7835,14.3690)

227,3 ■ Sohlschwelle3 (mit Fischaufstieg links) (51.7863,14.3675)

226,7 ■ Sohlschwelle4 (mit Fischaufstieg links) (51.7910,14.3659)

226,2 Str-⌶, li **03044 Cottbus, OT Sapsow**, Lakomaer Chaussee (51.7951, 14.3618)

225,7 ■ Sohlrampe, 15-stufig, re Bootsgasse1 (51.7983,14.3585)

224,9 Str-⌶, li **03054 Cottbus, OT Skadow**, Skadower Wiesenweg (51.8056, 14.3595)

223,2 ■ Sohlrampe mit 15 Stufen, re Bootsgasse2 (51.8198,14.3539)

222,9 re → einer Renaturierungsschleife, bei normalen Wasserständen ist diesem Abzweig zu folgen, lediglich bei hohen Wasserständen kann der alte Verlauf geradeaus befahren werden (51.8229,14.3541)

222,5 Ende der Renaturierungsstrecke (51.8251,14.3524)

222,4 Str-⌶, li **03054 Cottbus, OT Döbbrick**, Döbbricker Dorfstraße (51.8260, 14.3516)

219,5 re ⛵ Maiberg (51.8473,14.3303)

219,0 ■ Sohlrampe mit 9 Stufen bei Maiberg, re Bootsgasse3 (51.8476,

14.3233)

216,7 Str-Ⅱ Dissen - Maiberg (51.8465,14.2975)

214,2 li ← in eine Renaturierungsschleife (51.8458,14.2634)

213,5 li ▬ mehrstufige Sohlrampe, re Bootsgasse4 (51.8438,14.2561)

213,4 Ende der Renaturierungsstrecke (51.8444,14.2544)

213,2 Str-Ⅱ L50 Fehrow (51.8444,14.2515)

211,8 Str-Ⅱ Schmogrow (51.8404,14.2329)

210,3 li ← der Spree (51.8420,14.2105);
→ Nordumfluter (s. Seite 372) von der Spree über Wehr Nr. IV (51.8421, 14.2107)

210,2 ▬ VII, X, Lebensgefahr, re ⏏ (70 m), Beginn des Oberspreewaldes. Die Spree heißt jetzt im gesamten Spreewald Hauptspree (51.8419,14.2100)

208,4 li ← Südumfluter (s. Seite 353) von der Spree über ein Wehr (51.8370, 14.1868);
Str-Ⅱ Burg, Schmogrower Straße (51.8370,14.1865)

207,2 Feldweg-Ⅱ Burg (51.8381,14.1691)

206,7 li ← Durchstich Spree Südumfluter (s. Seite 354) von der Spree über ein Wehr (51.8385,14.1626)

205,8 re → Neue Spree (s. Seite 346) von der Spree (51.8375,14.1494)

205,7 Str-Ⅱ Burg, Hauptstraße (51.8372,14.1489);
Mühlen-▬ Burg, X, li ⏏ (90 m) (51.8372,14.1487);
li Ortsmitte **03096 Burg (Spreewald)**, Kahnfährhafen, mehrere ✕. Burg ist eine ca. 35 km² umfassende Streusiedlung im Spreewald.
⛟ am Südumfluter Kneipp- und Erlebniscamp, ✆ 035603/750966, www.caravan-kurcamping.de,
⛺ an der Neuen Spree, Wasserwanderrastplatz Ramonas „Wiesenfühlung“ (zzt. geschlossen, siehe Internet, Stand 03/2021), ⛺, Weidenweg 4, 03096 Burg, ✆ 035603/61839 und 0175/2158225, www.wiesenfuehlung.de (51.8372,14.1486)

205,5 Str-Ⅱ Burg, Am Bahnhof, Brücke der ehemaligen Spreewaldbahn (51.8391,14.1467)

205,0 Fußg.-Ⅱ Burg, Bank Lehmann (51.8418,14.1414)

204,5 ← zur ⇅ der Jugendherberge Friedrich-Ludwig Jahn, Jugendherbergsweg 8, 03096 Burg, www.jugendherberge.de/jugendherbergen/burg-spreewald-609/portraet/ , ✆ +49 35603 225 (51.8427,14.1354)

203,9 Str-Ⅱ Burg, Bleichestraße, 200 m li ✕ „Zur Bleiche“ (51.8451,14.1279);
li ← Scheidungsfließ (s. Seite 356) von der Spree (51.8452,14.1276)

203,2 re Pietzner-⛫, li ▬, X (51.8452,14.1188)

202,9 Fußg-Ⅱ Burg, Bank Lubbau (51.8438,14.1152)

202,6 Fußg-Ⅱ Burg, Bank Kurhaus (51.8434,14.1110)

202,5 li ✕ „Kolonieschränke“ (51.8429,14.1103)

202,4 Str-Ⅱ Burg-Kolonie, Ringchaussee (51.8434,14.1087)

202,0 Fußg.-Ⅱ Burg, re Bootsverleih (51.8435,14.1034)

201,8 re ⇩ Ostgraben Nordteil (s. Seite 342) in die Spree (51.8422,14.1008);
re im Ostgraben Nordteil in ca. 500m 2 ⛺-Möglichkeiten, siehe

Beschreibung Ostgraben Nordteil

201,7 Str-Ⅱ Burg, Erste Kolonie (51.8413,14.1002)

201,5 li ← Ostgraben, Südteil (s. Seite 356) von der Spree (51.8406,14.0989); Fußg-Ⅱ Burg, Jedro, li ✕ Fiedermannhof (51.8405,14.0986)

201,3 li Jedro-⌘, re ▬, **X** (51.8396,14.0961)

201,2 Str-Ⅱ Burg, re zur Straße Erste Kolonie (51.8394,14.0949)

200,6 li ⇩ Bohrfließ (s. Seite 343) in die Spree, jedoch ganzj. BV für das Bohrfließ (51.8359,14.0875)

200,5 ← Untere Stradower Kahnfahrt (s. Seite 358) von der Spree (51.8359, 14.0860)

200,2 Str-Ⅱ Burg, Erste Kolonie (51.8354,14.0821)

199,3 re ⇩ Stauensfließ (s. Seite 343) in die Spree (51.8404,14.0719)

199,1 re ⇩ Buschgraben (s. Seite 344) in die Spree (51.8405,14.0704)

198,9 li ⇩ Untere Radduscher Kahnfahrt (s. Seite 345) in die Spree (51.8399, 14.0668)

198,2 Fußg.-Ⅱ an der Dubkowmühle (51.8443,14.0595)

198,1 re ⌘, li ▬ Dubkow-Mühle, **X**, re ✕ Dubkow-Mühle (51.8444,14.0591)

197,1 re ⇩ Bitschnikfließ (s. Seite 346) in die Spree (51.8507,14.0491)

196,7 li ← E-Kanal (s. Seite 351) von der Spree (51.8527,14.0447)

196,6 re ⇩ Neue Spree (s. Seite 346) in die Spree, Zufahrt nach Leipe möglich (51.8541,14.0445)

196,3 re im Leiper Dorffließ ✕ „Froschkönig" und Spreewaldhotel Leipe, beide mit ⇅ (51.8554,14.0419);
← Untere Boblitzer Kahnfahrt (s. Seite 359) von der Spree, re ⇩ Leiper Dorffließ (s. Seite 349) (51.8553,14.0418)

196,0 Str-Ⅱ **03222 Lübbenau/Spreewald, OT Leipe**, Leiper Dorfstraße, re ✕ Spreewaldhof, www.spreewaldhof-leipe.de (51.8573,14.0385)

195,9 re ⇩ Leiper Graben (s. Seite 350) in die Spree (51.8577,14.0379);
li ⌘, re ▬ Leipe, **X** (51.8574,14.0373)

195,6 li ⇩ E-Kanal (s. Seite 351) in die Spree (51.8569,14.0327)

195,3 li ⇩ Semisch (s. Seite 351) in die Spree (51.8578,14.0288);
← Durchstichkanal, führt wieder zur Hauptspree, re Weiterfahrt auf der Hauptspree (51.8579,14.0285)

195,1 re → Eschenfließ (s. Seite 364) von der Spree (51.8591,14.0271)

194,5 li ⇩ Durchstichkanal (51.8595,14.0179)

194,1 li ⇩ Alter Semisch (s. Seite 351) in die Spree (51.8599,14.0132)

193,6 li ⇩ der Bancerowa (s. Seite 352) in die Spree (51.8593,14.0055)

193,4 re → Lehder Fließ (s. Seite 367) von der Spree (51.8593,14.0027)

193,2 li ← der Wolschina (s. Seite 361) von der Spree (51.8588,14.0000)

192,6 re ⇩ Hechtgraben (s. Seite 352) und li Uska Luke (s. Seite 361) in die Spree (51.8591,13.9924)

192,4 Fußg.-Ⅱ (51.8605,13.9894)

192,1 re ⇩ Venediggraben (s. Seite 353) in die Spree (vom ✕ Café Venedig) (51.8618,13.9857)

191,6 re ←→ der Lehder Graben (s. Seite 362) kreuzt die Spree (51.8648, 13.9815)
191,3 re Hier beginnen fünf ausgeschilderte Rundfahrten :
Tour 11 Hochwaldtour Rundfahrt ca. 23 km
Tour 12 Große Leiper Tour Rundfahrt ca. 20 km
Tour 13 Kleine Leiper Tour Rundfahrt ca. 17 km
Tour 14 Barzlintour Rundfahrt ca. 10 km
Tour 15 Entdeckertour Rundfahrt ca. 21 km
Diese Rundtouren sind zur besseren Orientierung an den im Spreewald aufgestellten (Wasser)-Wegweisern mit blauen Schildern gekennzeichnet, auf denen die Tour-Nummern in einem Kreis angegeben sind (51.8673, 13.9793);
re ⏏-Möglichkeit zum Lübbenauer Schneidemühlenfließ über Rollenbahn (leicht). Da eine Weiterfahrt auf der Hauptspree nicht möglich ist, ist der Weg über das Lübbenauer Schneidemühlenfließ zu nutzen;
li ⇩ Südumfluter (s. Seite 353) in die Spree (51.8673,13.9789)
191,2 re → Lübbenauer Schneidemühlenfließ (s. Seite 366) von der Spree (51.8674,13.9788)
191,2 –190,7 § geradeaus Hauptspree mit Kahnfährhafen, für Sportboote gesperrt (51.8674,13.9787)–(51.8682,13.9720)
190,7 ■ Lübbenau, X, keine ⏏-Möglichkeit (51.8681,13.9720);
Str-II **03222 Lübbenau/Spreewald**, Ehm-Welk-Straße, zahlreiche ✕, mehrere Bootsverleihe für Kanus, ⁂, ⌘ Schloss (51.8682,13.9720)
190,6 ⌂▶ Lübbenauer Kanuten 1960, ⅄, Schloßbezirk 7 a, 03222 Lübbenau, www.spreewald-kanuten.de (51.8692,13.9716)
190,5 Fußg.-II Lübbenau, Wotschofskaweg (51.8701,13.9706)
190,4 li ⇩ Stadtgraben Lübbenau (s. Seite 364) in die Spree (51.8704,13.9704)
190,3 re ⇩ Bürgerfließ (s. Seite 364) in die Spree (51.8715,13.9713)
190,0 re ⇩ Lübbenauer Schneidemühlenfließ (s. Seite 366) in die Spree (51.8738,13.9730);
re → Lehder Fließ Nord (s. Seite 380) von der Spree (51.8741,13.9731)
189,0 re → der Puschhalle (s. Seite 380) von der Spree (51.8816,13.9657)
188,9 Fußg.-II (51.8818,13.9649);
li ⇩ Kreuzgraben (s. Seite 368) in die Spree (51.8819,13.9643)
188,8 li ⯐, re ■ Spreeze, X, li ⏏-Möglichkeit (51.8827,13.9638)
188,6 re → Trüstedtgraben (gesperrt) (51.8840,13.9628)
188,3 li ⇩ Hanschens Spreeze (s. Seite 368) in die Spree (51.8856,13.9590)
187,9 li ⇩ der Zerkwitzer Kahnfahrt (s. Seite 369) in die Spree (51.8874,13.9539)
187,8 re ⇩ der Lübbenauer Buschspree (s. Seite 369) in die Spree (51.8879, 13.9531)
187,0 li ⇩ der Kamske (s. Seite 369) in die Spree (51.8906,13.9423);
Fußg.-II (51.8908,13.9421)
186,5 li ⯐, re ■ Ragow, X, li ⏏-Möglichkeit (51.8934,13.9374)
185,8 →← die Ragower Kahnfahrt (s. Seite 386) kreuzt die Spree (51.8993, 13.9323)

182,8 re ⇩ Untere Altzaucher Spree (s. Seite 370) in die Spree (51.9235, 13.9158)
182,3 re ⇩ Petermannsspree (51.9274,13.9120)
182,1 li DJH Jugendherberge Lübben, Zum Wendenfürsten 8, 15907 Lübben, www.jugendherberge.de/jugendherbergen/luebben-621/portraet/ , ✆ +49 3546 3046 (51.9288,13.9109)
180,8 re ⇩ der Kreuzspree (s. Seite 370) in die Spree (51.9365,13.9004)
180,5 Fußg-Ⅱ Lübben zum Touristischen Zentrum Schlossinsel (51.9383, 13.8972)
180,4 ← Stadtgraben Lübben (s. Seite 372) von der Spree, Weiterfahrt über diesen interessanter als Hauptspree, führt zur Berste (51.9386,13.8959); li ⯐, re ▬ Lübben-Strandcafé, Wehr direkt unter der Straßenbrücke, X (51.9393,13.8956)
180,3 Str-Ⅱ B87, **15904 Lübben**, Ernst-von-Houwald-Damm (51.9395,13.8956)
180,2 Fußg.-Ⅱ Lübben (51.9406,13.8944)
180,0 Str-Ⅱ Lübben, Brückenplatz (51.9419,13.8937)
179,9 Fußg.-Ⅱ (51.9432,13.8939)
179,4 re → zum Umflutkanal, nicht durchgängig (51.9464,13.8965)
178,9 li ⇩ der Berste (s. Seite 371) in die Spree (51.9500,13.8951)
178,5 EB-Ⅱ Lübben der ehemaligen Spreewaldbahn, li ⚓, Wohnmobilstellplatz, ✕ Lehnigksberg (51.9541,13.8967)
177,8 re ⇩ Nordumfluter (s. Seite 372) in die Spree (51.9588,13.8992)
177,1 re → Altarm, bildet eine Insel (51.9644,13.8974)
176,9 re ⇩ des Altarms (51.9663,13.8960)
176,7 EB-Ⅱ Lübben – Beeskow, es folgen re und li mehrere Altarme und Fischteiche (51.9680,13.8951)
173,5 li ⯐, re ▬ Hartmannsdorf, X, evtl. li ⏏, li Angler-Schutzhütte (51.9911, 13.8835)
171,6 re Spreewald-✕ Petkampsberg, ⛺-Möglichkeit, Beginn des Unterspreewaldes. Es wird empfohlen, sich hier an der Informationstafel oder beim Gastwirt über die Möglichkeiten der Befahrung des reizvollen Unterspreewaldes und Befahrungsverbote zu informieren, Petkampsberg 1, 15910 Schlepzig, www.gasthaus-im-spreewald.de , ✆ +49 35472 247 (52.0063, 13.8752)
171,2 ← Wasserburger Spree, gesperrt für jeglichen Verkehr (52.0094,13.8731)
170,8 ← Puhlstrom (s. Seite 387) von der Spree, mögliche Variante der Weiterfahrt ohne Schlepzig zu berühren, 2 km bis zur ⇩ der Quaasspree von re (52.0134,13.8726)
169,3 Wege-Ⅱ (52.0242,13.8831)
169,2 li ← Zerniasfließ (s. Seite 387) von der Spree (52.0252,13.8834)
168,6 re → Freifließ (s. Seite 386) von der Spree mit 2 ⯐. Möglichkeit zur Umgehung der schwer zu bedienenden Schleuse Schlepzig, wenn man auf der Hauptspree weiterfahren will (52.0282,13.8898)
168,5 li ← der Quaasspree (s. Seite 388) von der Spree (52.0287,13.8897);

Str-II Dorfstraße, li **15910 Schlepzig**, ✕, Naturschutzstation mit interessanter Ausstellung, Museum. Beim Ein- und Aussetzen in Schlepzig werden Gebühren verlangt, ✆ +49 35472 64979 (52.0288,13.8898);
⌘ und ▬ Schlepzig, Automatikschleuse, aber für Kanuten schwer zu bedienen, li ⏏ möglich (52.0290,13.8899)

168,2 re ⇩ Freifließ (s. Seite 386) in die Spree (52.0316,13.8893)

166,6 li ⇩ Zerniasfließ (s. Seite 387) in die Spree (52.0449,13.8891)

166,2 re ➔ Pretschener Spree (52.0476,13.8932)

166,1 re ⌘, li ▬ Neu Lübbenau, ⏏ re möglich (52.0487,13.8936)

165,6 Str-II (52.0531,13.8944)

164,4 re ➔ eines Armes, dort ⛺ Wasserwanderrastplatz Ferienhaus Ploch, Lübbener Straße 11, 15910 Neu Lübbenau, www.spreewald-ferienhausploch.de , ✆ +49 35473 774 (52.0617,13.8879)

164,2 Sohlschwelle, kein Hindernis für Kanus, Wassertiefe 0,8 m

163,5 Sohlschwelle, kein Hindernis für Kanus, Wassertiefe 0,8 m

163,2 Sohlschwelle, kein Hindernis für Kanus, Wassertiefe 0,8 m

162,9 Sohlschwelle, kein Hindernis für Kanus, Wassertiefe 0,8 m

162,4 li ⇩ Puhlstrom (s. Seite 387) in die Spree (52.0777,13.8789)

162,3 Str-II B179, **15910 Unterspreewald, OT Leibsch** (52.0787,13.8791)

161,6 ← Dahme-Umflutkanal (s. Seite 395) von der Spree (52.0845,13.8771);
re ⌘ (Selbstbedienung), li ▬ Leibsch, ✕, evtl. re ⏏, ⛵, Weiterfahrt über Spree nach Beeskow (52.0848,13.8775)

158,6 Fußg-II, li **15910 Unterspreewald, OT Neuendorf am See**, (52.1044, 13.9013);
li ⛵ Neuendorf, ⛺-Möglichkeit, Imbisswagen (52.1049,13.9018)

158,3 ⇩ in Neuendorfer See, re Feuchtgebiet von nationaler Bedeutung. Inseln, sind NSG und Amphibienschutzgebiet. re und li 🚐 Campingplätze. Ausfahrt bei Alt Schadow in östlicher Richtung, auf mittleren der drei Hügel im Hintergrund halten, Reusen mit weißen Fahnen vor der Ausfahrt (52.1061 13.9059)

158,0 re 🚐 Waldcamping Seeblick, Am Strand 3, 15913 Märkische Heide, www.waldcampseeblick.de , ✆ +49 35473 694 (52.1050,13.9103)

156,6 re 🚐 Halbinsel Raatsch, Halbinsel Raatsch 1, 15913 Märkische Heide, www.halbinsel-raatsch.de , ✆ +49 172 3454009 (52.1147,13.9243)

154,8 Ausfahrt aus dem Neuendorfer See (52.1214,13.9416)

154,4 li 🚐 Nord in einem Seitenarm, Lindenstraße 31 15913 Märkische Heide, www.spreewaldcamping-nord.de , ✆ +49 35473 621 (52.1199,13.9473)

154,2 Str-II L42, **15913 Märkische Heide-Alt Schadow**, Lindenstraße, von Alt Schadow ca. 6 km Bootstransport zum Springsee und Weiterfahrt auf Storkower Gewässern nach Berlin möglich (52.1182,13.9500)

153,9 li ⌘, re Nadel-▬ Alt Schadow, ⏏ li an der Schleuse, Betriebszeit: 24.03. - 31.10, 9.00 - 19.00 Uhr, li Imbiss, ✆ +49 35473 706 (52.1184, 13.9534)

153,9 –134,1 § ganzj. BV aller Altarme, erlaubt ist das Befahren des Hauptlaufs und des Altarms in Höhe der Ortslage Werder. UV außer an Stegen und

Rastplätzen und innerhalb von Ortslagen (52.1184,13.9539)–(52.0851, 14.1706)

148,6 re ⇩ Pretschener Spree (52.1107,14.0131)

148,0 li ⚓ Werder mit ⛺-Möglichkeit (52.1124,14.0215)

147,2 Str-Ⅱ K6726, li **15848 Tauche, OT Werder** (52.1127,14.0306)

144,7 li ⋈, re ▬ Kossenblatt, Selbstbedienungs-, **X**, Betriebszeit Schleuse: 24.03. - 31.10. nach Selbstauslösung automatischer Betrieb zwischen 08.00 - 19.00 Uhr, li im Abzweig ⏏-Möglichkeit, Bootsschleppe nutzbar (52.1177,14.0640)

143,8 re ⛺ Biwakplatz Kossenblatt, Dixi-Toilette, kein Trinkwasser, ⇅ über Schrägrampe (52.1107,14.0664);
Str-Ⅱ L443, **15848 Tauche-Kossenblatt**, An der Zollbrücke (52.1104, 14.0666)

141,5 Str-Ⅱ (Schafbrücke) (52.1056,14.0848)

138,7 hölzerne Zug-Ⅱ Schwarzer Kater, **15848 Tauche-Briescht** (52.1053, 14.1205)

138,4 EB-Ⅱ Briescht (52.1038,14.1237)

135,4 re Ruine ⋈ Trebatsch, Spree frei ≈ (52.0907,14.1547)

134,9 re ⚓ Trebatsch mit ⛺-Möglichkeit (52.0869,14.1597)

134,1 Str-Ⅱ B87, **15848 Tauche-Trebatsch** (52.0851,14.1705)

133,6 re ➔ Sawaller Altarm der Spree (s. Seite 389) von der Spree (52.0844, 14.1780)

132,1 ⇩ in Glower See, Weiterfahrt li über Glower See (52.0885,14.1957)

131,9 ⇩ Schwielochsee (s. Seite 388) (Nordende) in die Spree (52.0897, 14.1978)

131,3 re **15848 Friedland, OT Glowe**, ✕ Café Glower Eck (52.0952,14.2013)

130,5 Ende Glower See, ⇩ in Leißnitzer See (52.1021,14.2001)

129,6 re **15848 Friedland, OT Leißnitz**, ✕ Gasthof Schur (52.1064,14.2150)

129,0 Ende Leißnitzsee, Personen-⛴, re ⚓ und Imbiss (52.1115,14.2080)

125,5 re **15848 Friedland-Kummerow**, ⚓, ⛺-Möglichkeit, Toilette (52.1394, 14.2224)

122,0 li 🚐 Spreepark Beeskow, Bertholdpl. 6, 15848 Beeskow, www.spreepark-beeskow.de , ☎ +49 3366 520640 (52.1641,14.2414)

121,6 li ⌂ Kanusportverein Beeskow/Spree, ⛺, Dusche, WC, Küche, große überdachte Sitzmöglichkeit, Gartenstraße 6 a, 15848 Beeskow, www.kanuverein-Beeskow.de (52.1671,14.2454)

121,4 li ← Walkmühlgraben Beeskow, dort Kahn-⋈ Walkmühlengraben mit Selbstbedienung, schwer zu bedienen und langsam, re ⏏ möglich, Achtung auf ▬, mündet wieder in die Spree (52.1678,14.2475)

121,3 li weiterer ← zur Walkmühlschleuse (52.1675,14.2494)

121,1 li ⌂ RC Beeskow, Uferstraße 18 D, 15848 Beeskow, ruderclub-beeskow.de (52.1684,14.2517)

120,9 Str-Ⅱ Frankfurter Straße, **15848 Beeskow**, 🚆, ✕, ⌘: Regional Museum Burg Beeskow, vor der Brücke li ⚓ und ✕ Spreebrücke (52.1691,

14.2538)

120,6 li ⯐, re ▬ Beeskow, X, Schleusung in Selbstbedienung, ⌂ an der Schleuse re (52.1717,14.2545)

120,3 li ⇩ Walkmühlgraben Beeskow (52.1744,14.2560)

119,7 EB-II Beeskow (52.1771,14.2622);
re ⇩ Oegelfließ (52.1771,14.2625)

118,2 ⇩ in Oegelnischer See (52.1877,14.2682)

117,8 Ausfahrt Oegelnischer See (52.1914,14.2689)

117,4 Str-II B87 (52.1952,14.2701)

115,4 li **15848 Beeskow, OT Radinkendorf**, ✕ Storchennest. Es folgen zahlreiche Altarme, teilweise gesperrt (52.2101,14.2712)

111,4 li Görziger Dorfstelle (52.2407,14.2632)

109,4 Str-II, li **15848 Rietz-Neuendorf, OT Raßmannsdorf** (52.2548,14.2584)

107,0 ➔ Speisekanal Neuhaus (s. Seite 320) von der Spree im Wergensee (52.2621,14.2865);
li ← in die Drahendorfer Spree (52.2622,14.2865)

106,9 re ⯐ Neubrück/Wergensee (Selbstbedienung), li ▬ X (52.2628, 14.2846)

105,1 Str-II An den Teichen, re **15848 Rietz-Neuendorf, OT Neubrück** (52.2723,14.2736);
re ⛵ Neubrück mit Toilette und ⛺-Möglichkeit, ✕ Eis-Café Hartmann (52.2724,14.2739)

101,4 re ⌂-Möglichkeit zur Spree-Oder-Wasserstraße (52.2965,14.2769)

97,1 Str-II, li **15848 Rietz-Neuendorf, OT Drahendorf**, li ⛺ Biwakplatz Drahendorf, WC, Trinkwasser (Koordinaten nicht bekannt) (52.2910,14.2314)

96,5 ▬ Drahendorf, X, li Bootsschleppe (52.2960,14.2299)

95,4 ⇩ der Spree in Oder-Spree-Kanal (Ost) (s. Seite 318) und Fortsetzung als Fürstenwalder Spree (s. Seite 320) bei amtl. km 88,8. Die Spree ist jetzt Bestandteil der Spree-Oder-Wasserstraße (52.3042,14.2266)

Ostgraben Nordteil

Wanderfluss, Fließ, Oberspreewald
Mündung in Spree bei km 201,8 (re Nebenfluss)

Der Nordteil des Ostgrabens verbindet die Neue Spree mit der Spree.

Befahrungsregeln: Der Ostgraben ist eine Landeswasserstraße in Brandenburg. Es gilt die Landesschifffahrtsverordnung (LSchiffV).

1,7 ➔ (geradeaus) Ostgraben Nordteil, ← Weiterfahrt auf der Neuen Spree (s. Seite 346) (51.8548,14.0957);
Str-II Burg (Spreewald), An der Neuen Spree (51.8544,14.0956)

1,6 li ⇩ Erlkönigfließ, flach und deshalb nicht lohnend (51.8537,14.0956)

1,5 Str-II Burg (Spreewald), Erlkönigweg (51.8529,14.0953)

1,4 ⛺ Rasten an der Wildbahn, Voranmeldung erforderlich, ✕, Wildbahnweg 20, 03096 Burg (Spreewald), zurwildbahn.de , ♪ +49 35603 293 (51.8518, 14.0949)

1,1 Str-II Burg (Spreewald), Wildbahnweg (51.8497,14.0960)
0,9 ➔ Stauensfließ (s. Seite 343) vom Ostgraben (51.8484,14.0948)
0,7 li Zelten am Ostgraben, nur Zelte, keine Wohnwagen, Biosphärenreservat Spreewald, Schwarze Ecke 32, 03096 Burg (Spreewald), camping-im-spreewald.de , ☎ +49 35603 18773 (51.8473,14.0974)
0,5 Str-II Burg (Spreewald)), Schwarze Ecke (51.8456,14.0981)
0,2 Wasserwander-⚓ Erleninsel, ⛺, Schwarze Ecke 6, 03096 Burg (Spreewald), erleninsel.de , ☎ +49 35603 60543 (51.8436,14.0983)
0,1 li ← Krummes Fließ (s. Seite 344) von Ostgraben (51.8431,14.0994)
0,0 ⇩ Ostgraben Nordteil in die Spree (s. Seite 328) bei km 201,8 (51.8422, 14.1008); im Ostgraben Nordteil in ca. 500m 2 ⛺-Möglichkeiten, siehe Beschreibung Ostgraben Nordteil

Bohrfließ

Wanderfluss, Fließ, Oberspreewald
Mündung in Spree bei km 200,6 (li Nebenfluss)

Verbindet den Ostgraben mit der Hauptspree.
Befahrungsregeln: km 0,7 bis 0 : ganzj. BV.

0,7 ➔ Bohrfließ vom Ostgraben, Südteil (s. Seite 356), jedoch ganzj. BV für das Bohrfließ (51.8354,14.0975)
0,7 –0,0 § ganzj. BV (51.8354,14.0974)–(51.8359,14.0876)
0,4 ▬, Wege-II (51.8356,14.0938)
0,0 ⇩ Bohrfließ in die Spree (s. Seite 328) bei km 200,6, jedoch ganzj. BV für das Bohrfließ (51.8359,14.0875)

Stauensfließ

Wanderfluss, Fließ, Oberspreewald
Mündung in Spree bei km 199,3 (li Nebenfluss)

Das Stauensfließ zweigt nach rechts von der Hauptspree ab und erschließt mehrere abzweigende Fließe, um dann wieder in die Hauptspree einzumünden.
Befahrungsregeln: Das Stauensfließ ist eine Landeswasserstraße in Brandenburg. Es gilt die Landesschifffahrtsverordnung (LSchiffV).

2,1 re ➔ Stauensfließ vom Ostgraben (s. Seite 342) (51.8484,14.0948)
1,6 li ⇩ Krummes Fließ (s. Seite 344) (Neue Wildbahn) in das Stauensfließ (51.8465,14.0895)
1,5 Schwarze ⛫ (51.8466,14.0889)
1,3 re ⇩ Große Wildbahn Süd (s. Seite 344) in das Stauensfließ, das Stauensfließ zweigt nach links ab (51.8472,14.0848)
1,2 re ➔ dem das Stauenfließ folgt (51.8465,14.0846)
1,0 Wege-II (51.8456,14.0824)
0,9 re ➔ Barthels Fließ (s. Seite 345) vom Stauensfließ (51.8451,14.0817)
0,8 Str-II Burg (Spreewald), Schwarze Ecke (51.8445,14.0805)

0,4 re ⇩ Soldatenfließ (51.8426,14.0767)
0,1 Str-Ⅱ K6632 (51.8411,14.0730)
0,0 ⇩ Stauensfließ in die Spree (s. Seite 328) bei km 199,3 (51.8404,14.0719)

Krummes Fließ

Weitere Namen: Neue Wildbahn

Wanderfluss, Fließ, Oberspreewald
Mündung in Stauensfließ bei km 1,6 (li Nebenfluss)

Das Krumme Fließ zweigt vom Stauensfließ ab und mündet dann wieder in das Stauensfließ.

Befahrungsregeln: Das Krummes Fließ ist eine Landeswasserstraße in Brandenburg. Es gilt die Landesschifffahrtsverordnung (LSchiffV).

0,9 ← Krummes Fließ von Ostgraben (s. Seite 342) (51.8431,14.0994)
0,8 re ⛺ Zur Erleninsel, Schwarze Ecke 6, 03096 Burg, www.erleninsel.de , ✆ +49 35603 60543 (51.8435,14.0973)
0,6 Str-Ⅱ Burg (Spreewald), Schwarze Ecke (51.8444,14.0952)
0,2 ab hier Name Neue Wildbahn (51.8452,14.0890)
0,0 ⇩ Krummes Fließ (Neue Wildbahn) in das Stauensfließ (s. Seite 343) bei km 1,6 (51.8465,14.0895)

Große Wildbahn Süd

Wanderfluss, Fließ, Oberspreewald
Mündung in Stauensfließ bei km 1,3 (re Nebenfluss)

Die Große Wildbahn Süd zweigt von der Neuen Spree ab und stellt eine Verbindung zum Stauensfließ her.

Befahrungsregeln: Die Große Wildbahn ist eine Landeswasserstraße in Brandenburg. Es gilt die Landesschifffahrtsverordnung (LSchiffV).

0,9 ← (geradeaus) Große Wildbahn Süd, re → Neue Spree (s. Seite 346) (51.8552,14.0877);
Wege-Ⅱ (51.8549,14.0876)
0,6 Str-Ⅱ Burg (Spreewald), Wildbahnweg (51.8526,14.0868)
0,0 ⇩ Große Wildbahn Süd in das Stauensfließ (s. Seite 343) bei km 1,3, das Stauensfließ zweigt nach links ab (51.8472,14.0848)

Buschgraben

Wanderfluss, Fließ, Oberspreewald
Mündung in Spree bei km 199,1 (re Nebenfluss)

Der Buschgraben ist eine Querverbindung zwischen Rohrkanal und Hauptspree.

Befahrungsregeln: Der Buschgraben ist eine Landeswasserstraße in Brandenburg. Es gilt die Landesschifffahrtsverordnung (LSchiffV).

2,7 ← Buschgraben vom Rohrkanal (s. Seite 379), die Fahrt geht zunächst gegen die Strömung (51.8622,14.0778)
2,4 li ⇩ Große Rinzena (s. Seite 345) in den Buschgraben, ab hier geht die

Fahrt mit der Strömung in Richtung Hauptspree weiter (51.8597,14.0758)
2,1 ←➔ Kreuzung Buschgraben mit Neue Spree (s. Seite 346) (51.8573, 14.0733)
1,9 Wege-Ⅱ (51.8554,14.0734)
1,7 li ⇩ Schreibers Kanal, ≋ ? (51.8540,14.0726)
1,6 re ➔ des Dlugybuschfließ (s. Seite 349) (gesperrt) vom Buschgraben (51.8536,14.0720)
1,2 li ⇩ Barthels Fließ (s. Seite 345) in den Buschgraben (51.8497,14.0727)
1,0 Wege-Ⅱ (51.8484,14.0715)
0,7 li ← Neues Buschfließ (gesperrt) (51.8461,14.0710)
0,4 Str-Ⅱ K6632 (51.8434,14.0697)
0,0 ⇩ Buschgraben in die Spree (s. Seite 328) bei km 199,1 (51.8405, 14.0704)

Große Rinzena

Wanderfluss, Fließ, Oberspreewald
Mündung in Buschgraben bei km 2,4 (li Nebenfluss)

Die Große Rinzena verbindet die Große Wildbahn Nord mit dem Buschgraben.
Befahrungsregeln: Die Große Rinzena ist eine Landeswasserstraße in Brandenburg. Es gilt die Landesschifffahrtsverordnung (LSchiffV).

1,0 ➔ Große Rinzena von Große Wildbahn Nord (s. Seite 348) (51.8570, 14.0884)
0,5 ←➔ Kreuzung mit Kleine Wildbahn (51.8587,14.0832); Wege-Ⅱ (51.8588,14.0831)
0,0 ⇩ Große Rinzena in den Buschgraben (s. Seite 344) bei km 2,4, ab hier geht die Fahrt mit der Strömung in Richtung Hauptspree weiter (51.8597, 14.0758)

Barthels Fließ

Wanderfluss, Fließ, Oberspreewald
Mündung in Buschgraben bei km 1,2 (li Nebenfluss)

Das Barthels Fließ zweigt vom Stauensfließ ab und mündet in den Buschgraben.
Befahrungsregeln: Das Barthels Fließ ist eine Landeswasserstraße in Brandenburg. Es gilt die Landesschifffahrtsverordnung (LSchiffV).

0,9 ➔ Barthels Fließ vom Stauensfließ (s. Seite 343) (51.8451,14.0817)
0,6 re ➔ Kleine Wildbahn, **X** (51.8473,14.0790)
0,0 ⇩ Barthels Fließ in den Buschgraben (s. Seite 344) bei km 1,2 (51.8497, 14.0727)

Untere Radduscher Kahnfahrt

Wanderfluss, Fließ, Oberspreewald
Mündung in Spree bei km 198,9 (li Nebenfluss)

Verbindungsfließ zwischen Südumfluter und Hauptspree.

Befahrungsregeln: Die Untere Radduscher Kahnfahrt ist eine Landeswasserstraße in Brandenburg. Es gilt die Landesschifffahrtsverordnung (LSchiffV).

0,7 re ➔ Untere Radduscher Kahnfahrt vom Südumfluter (s. Seite 353) (51.8348,14.0640)

0,0 ⇩ Untere Radduscher Kahnfahrt in die Spree (s. Seite 328) bei km 198,9 (51.8399,14.0668)

Bitschnikfließ

Wanderfluss, Fließ, Oberspreewald

Mündung in Spree bei km 197,1 (re Nebenfluss)

Das Bitschnikfließ verbindet das Dlugybuschfließ mit der Hauptspree.

Befahrungsregeln: Das Bitschnikfließ ist eine Landeswasserstraße in Brandenburg. Es gilt die Landesschifffahrtsverordnung (LSchiffV).

0,5 ← (geradeaus) des Bitschnikfließ vom Dlugybuschfließ (s. Seite 349), das Dlugybuschfließ zweigt nach re ab, der li mündende Bitschnikkanal ist **X** (51.8527,14.0545)

0,2 Str-II K6632 Leipe (51.8509,14.0519)

0,0 ⇩ Bitschnikfließ in die Spree (s. Seite 328) bei km 197,1 (51.8507, 14.0491)

Neue Spree

Wanderfluss, Fließ, Oberspreewald

Mündung in Spree bei km 196,6 (re Nebenfluss)

Die neue Spree zweigt in Burg (Spreewald) von der Hauptspree ab. Die ersten 3,5 km sind schwierig und nur bei gutem Wasserstand mit K1 stromab zu befahren. Der restliche Flusslauf bietet keine besonderen Schwierigkeiten mehr und führt bis in das Spreewalddorf Leipe.

Befahrungsregeln: Die Neue Spree ist ab der Verbindung Neue Spree/Kleine Spree bis zur Mündung eine Landeswasserstraße in Brandenburg. Es gilt die Landesschifffahrtsverordnung (LSchiffV).

9,9 ➔ Neue Spree von der Spree (s. Seite 328) (51.8375,14.1494);
▬ Neue Spree, Burg (Spreewald), **X**, ⏢ (51.8377,14.1494)

9,5 Str-II (51.8411,14.1513)

9,3 re ➔ (geradeaus) der Kleine Spree (Burg) (s. Seite 376) von Neue Spree die Neue Spree zweigt nach links ab (51.8420,14.1520);
Str-II **03096 Burg (Spreewald)**, Byhleguhrer Straße (51.8421,14.1518)

9,3 –5,8 ⚠ nur wenn die Stromschnelle unter der II ≈ ist, kann die folgende Strecke mit K1 stromab befahren werden. Es folgen mehrere niedrige II (51.8421,14.1517)–(51.8571,14.1106)

5,8 ▬ Neumann, ab hier ist die Neue Spree ständig ≈ (51.8571,14.1105)

5,6 Str-II Burg (Spreewald), Ringchaussee (51.8574,14.1079)

5,3 Wege-II (51.8587,14.1045)
5,1 Wege-II (51.8598,14.1020)
5,0 ⇩ der Verbindung Neue Spree/Kleine Spree (s. Seite 347) in die Neue Spree (51.8603,14.1016)
4,9 re ➔ Stilles Fließ (s. Seite 379) von Neue Spree (51.8597,14.1003)
4,2 ➔ (geradeaus) Ostgraben Nordteil (s. Seite 342), ← Weiterfahrt auf der Neuen Spree (51.8548,14.0957)
4,0 Wege-II (51.8560,14.0931)
3,8 li Jank-⯑, re ▬ (51.8569,14.0916)
3,6 re ⇩ Große Wildbahn Nord (s. Seite 348), ➔ Neue Spree (51.8568, 14.0883)
3,4 Str-II Burg (Spreewald), Erlkönigweg (51.8556,14.0879);
← (geradeaus) Große Wildbahn Süd (s. Seite 344), re ➔ Neue Spree (51.8552,14.0877)
3,0 ←➔ Kreuzung mit Kleine Wildbahn (51.8560,14.0821)
2,4 ←➔ Kreuzung Buschgraben (s. Seite 344) mit Neue Spree (51.8573, 14.0733);
▬ Behelfsstau, ⏏ auf eigene Gefahr (51.8574,14.0730)
1,8 Wege-II (51.8577,14.0656)
1,2 Wege-II (51.8569,14.0578)
1,0 re ⇩ Gericksgraben (s. Seite 348) in die Neue Spree (51.8555,14.0554)
0,8 li ← Durchstich östlich Leipe (s. Seite 349) von Neue Spree (51.8541, 14.0551)
0,5 Str-II **03222 Lübbenau/Spreewald-Leipe** (51.8547,14.0506)
0,3 re ⇩ Jurksfließ (s. Seite 348) in die Neue Spree (51.8551,14.0484);
li ⇩ Dlugybuschfließ (s. Seite 349) in die Neue Spree (51.8547,14.0476);
Wege-II Leipe (51.8547,14.0474)
0,2 re ➔ Leiper Dorffließ (s. Seite 349) von Neue Spree (51.8547,14.0470)
0,0 ⇩ Neue Spree in die Spree (s. Seite 328) bei km 196,6, Zufahrt nach Leipe möglich (51.8541,14.0445)

Verbindung Neue Spree/Kleine Spree

Wanderfluss, Fließ, Oberspreewald
Mündung in Neue Spree bei km 5,0 (re Nebenfluss)

Befahrungsregeln: Die Verbindung Neue Spree/Kleine Spree ist eine Landeswasserstraße in Brandenburg. Es gilt die Landesschifffahrtsverordnung (LSchiffV).

0,1 li ← Verbindung Neue Spree/Kleine Spree in die Kleine Spree (Burg) (s. Seite 376) (51.8608,14.1011)
0,0 ⇅ beim ✕ Ochseneck (51.8605,14.1017);
⇩ der Verbindung Neue Spree/Kleine Spree in die Neue Spree (s. Seite 346) bei km 5,0 (51.8603,14.1016)

Große Wildbahn Nord

Wanderfluss, Fließ, Oberspreewald
Mündung in Neue Spree bei km 3,6 (re Nebenfluss)

Die Große Wildbahn Nord ist eine Querverbindung zwischen Stillem Fließ und Neuer Spree.

Befahrungsregeln: Die Große Wildbahn ist eine Landeswasserstraße in Brandenburg. Es gilt die Landesschifffahrtsverordnung (LSchiffV).

0,4 ← Große Wildbahn Nord von Stilles Fließ (s. Seite 379) (51.8605, 14.0890)
0,0 re → Große Rinzena (s. Seite 345) von Große Wildbahn Nord (51.8570, 14.0884);
⇩ Große Wildbahn Nord, → Neue Spree (s. Seite 346) bei km 3,6 (51.8568,14.0883)

Gericksgraben

Wanderfluss, Fließ, Oberspreewald
Mündung in Neue Spree bei km 1,0 (re Nebenfluss)

Befahrung nicht lohnend, da zwei niedrige Brücken das Umtragen der Boote erforderlich machen.

0,3 ← Gericksgraben vom Jurksfließ (s. Seite 348) (51.8569,14.0525)
0,2 Wege-II (Höhe 0,4 m) (51.8568,14.0531);
Str-II Leipe, Burger Weg (Höhe 0,4 m) (51.8567,14.0540)
0,0 ⇩ Gericksgraben in die Neue Spree (s. Seite 346) bei km 1,0 (51.8555, 14.0554)

Jurksfließ

Wanderfluss, Fließ, Oberspreewald
Mündung in Neue Spree bei km 0,3 (re Nebenfluss)

Das Jurksfließ verbindet Leiper Graben/Rohrkanal mit der Neuen Spree im Dorf Leipe.

Befahrungsregeln: Das Jurksfließ ist eine Landeswasserstraße in Brandenburg. Es gilt die Landesschifffahrtsverordnung (LSchiffV).

1,0 → Jurksfließ vom Rohrkanal (s. Seite 379) (51.8621,14.0524)
0,4 li ← Gericksgraben (s. Seite 348) vom Jurksfließ (51.8569,14.0525)
0,1 re ⇩ der Sapolla (s. Seite 348) in das Jurksfließ (51.8557,14.0493);
Str-II Leipe (51.8555,14.0491)
0,0 ⇩ Jurksfließ in die Neue Spree (s. Seite 346) bei km 0,3 (51.8551, 14.0484)

Sapolla

Wanderfluss, Fließ, Oberspreewald
Mündung in Jurksfließ bei km 0,1 (re Nebenfluss)

Befahrung möglich, teilweise flach.

Befahrungsregeln: Die Sapolla ist eine Landeswasserstraße in Brandenburg. Es gilt die Landesschifffahrtsverordnung (LSchiffV).

0,6 li 🡐 der Sapolla vom Leiper Graben (s. Seite 350) (51.8591,14.0442)
0,2 Str-II Leiper Dorfstraße (51.8570,14.0485)
0,0 ⇩ der Sapolla in das Jurksfließ (s. Seite 348) bei km 0,1 (51.8557, 14.0493)

Dlugybuschfließ

Wanderfluss, Fließ, Oberspreewald
Mündung in Neue Spree bei km 0,3 (li Nebenfluss)

Dieses Fließ ist im Oberlauf gesperrt, jedoch ab Abzweig Bitschnikfließ ist es befahrbar.

Befahrungsregeln: Das Dlugybuschfließ ist eine Landeswasserstraße in Brandenburg. Es gilt die Landesschifffahrtsverordnung (LSchiffV).
km 1,9 bis 0,6 (vom Buschgraben bis Bitschnikfließ): ganzj. BV.

2,0 🡒 des Dlugybuschfließ (gesperrt) vom Buschgraben (s. Seite 344) (51.8536,14.0720)
1,9 –0,6 § ganzj. BV (51.8536,14.0719)–(51.8527,14.0546)
0,6 🡐 (geradeaus) des Bitschnikfließ (s. Seite 346) vom Dlugybuschfließ, das Dlugybuschfließ zweigt nach re ab, der li mündende Bitschnikkanal ist **X** (51.8527,14.0545)
0,5 ⇩ Durchstich östlich Leipe (s. Seite 349) in das Dlugybuschfließ (51.8530, 14.0541)
0,3 li 🡐 in einen Kahnhafen, ⇅ (51.8540,14.0508)
0,2 Str-II K6632 Leipe (51.8541,14.0503)
0,0 ⇩ Dlugybuschfließ in die Neue Spree (s. Seite 346) bei km 0,3 (51.8547, 14.0476)

Durchstich östlich Leipe

Wanderfluss, Fließ, Oberspreewald
Mündung in Dlugybuschfließ bei km 0,5

Kurzes Verbindungsfließ zwischen Neuer Spree und Dlugybuschfließ.

0,2 🡐 Durchstich östlich Leipe von Neue Spree (s. Seite 346) (51.8541, 14.0551)
0,0 ⇩ Durchstich östlich Leipe in das Dlugybuschfließ (s. Seite 349) bei km 0,5 (51.8530,14.0541)

Leiper Dorffließ

Wanderfluss, Fließ, Oberspreewald
Mündung in Spree bei km 196,3 (re Nebenfluss)

Das Leiper Dorffließ ist die Wasser-Dorfstraße des Spreewalddorfes Leipe.

Befahrungsregeln: Das Leiper Dorffließ ist eine Landeswasserstraße in

	Brandenburg. Es gilt die Landesschifffahrtsverordnung (LSchiffV).

0,4 re ➔ Leiper Dorffließ von Neue Spree (s. Seite 346) (51.8547,14.0470)

0,3 re ✕ Spreewaldhotel Leipe mit ⇅, Biosphärenreservat Spreewald, Leiper Dorfstraße 29, 03226 Lübbenau/Spreewald, www.spreewaldhotel-leipe.de , ♪ +49 3542 2234 (51.8550,14.0457)

0,2 Str-II Leipe (51.8550,14.0447)

0,1 Wege-II, re ✕ „Froschkönig", danach li ⇅, Biosphärenreservat Spreewald, 03222 Lübbenau/Spreewald (51.8556,14.0426)

0,0 ← Untere Boblitzer Kahnfahrt (s. Seite 359) von der Spree (s. Seite 328) bei km 196,3, re ⇩ Leiper Dorffließ (51.8553,14.0418)

Leiper Graben

Wanderfluss, Fließ, Oberspreewald
Mündung in Spree bei km 195,9 (re Nebenfluss)

Der Leiper Graben ist eine Querverbindung vom Großen Fließ zur Hauptspree bei Leipe.

Befahrungsregeln:	Der Leiper Graben ist eine Landeswasserstraße in Brandenburg. Es gilt die Landesschifffahrtsverordnung (LSchiffV).

3,7 ← Leiper Graben von Großes Fließ (s. Seite 381) (zum ✕ Pohlenzschänke) (51.8800,14.0706)

3,5 li ⇩ Neues Fließ (gesperrt) (51.8788,14.0686)

3,4 re ⇅ des ✕ Pohlenzschänke, Biosphärenreservat Spreewald, Pohlenzschänke 1, 03096 Burg (Spreewald), www.pohlenzschaenke.de , ♪ +49 35603 298 (51.8778,14.0676)

3,1 Str-II Zufahrt zur Pohlenzschänke (51.8765,14.0652)

2,8 ←➔, der Leiper Graben kreuzt den Mittelkanal (s. Seite 385) (51.8742, 14.0630)

2,1 ←➔, der Leiper Graben kreuzt den Burg-Lübbener-Kanal (s. Seite 374) (51.8684,14.0606)

1,2 ←➔, der Leiper Graben kreuzt den Rohrkanal (s. Seite 379) (51.8621, 14.0524)

0,5 li ← der Sapolla (s. Seite 348) vom Leiper Graben (51.8591,14.0442)

0,0 re ⇩ des Schapigk (s. Seite 350) in den Leiper Graben (51.8580,14.0382); ⇩ Leiper Graben in die Spree (s. Seite 328) bei km 195,9 (51.8577, 14.0379)

Schapigk

Weitere Namen: Tschapek

Wanderfluss, Fließ, Oberspreewald
Mündung in Leiper Graben bei km 0,0 (re Nebenfluss)

Verbindungsfließ zwischen Leiper Graben und Rohrkanal und damit weiter zum Burg-Lübbener-Kanal.

Befahrungsregeln: Das Schapigk ist eine Landeswasserstraße in Brandenburg. Es gilt die Landesschifffahrtsverordnung (LSchiffV).

1,1 ← Schapigk vom Rohrkanal (s. Seite 379) (51.8665,14.0389)
0,7 ←→ die Henska Tschummi (gesperrt) kreuzt das Schapigk (51.8631, 14.0371)
0,0 ⇩ des Schapigk in den Leiper Graben (s. Seite 350) bei km 0,0 (51.8580, 14.0382)

E-Kanal

Wanderfluss, Fließ, Oberspreewald
Mündung in Spree bei km 195,6 (li Nebenfluss)

Der E-Kanal ist ein Verbindungsfließ bei Leipe.
Befahrungsregeln: Der E-Kanal ist eine Landeswasserstraße in Brandenburg. Es gilt die Landesschifffahrtsverordnung (LSchiffV).

1,0 ← E-Kanal von der Spree (s. Seite 328) (51.8527,14.0447)
0,6 ←→ der E-Kanal kreuzt die Untere Boblitzer Kahnfahrt (s. Seite 359) (51.8538,14.0397);
■, **X**, gilt auch für die Strecke bis zum 1. Freiheitskanal (51.8539, 14.0396)
0,4 li ← Erster Freiheitskanal (s. Seite 360) vom E-Kanal (51.8544,14.0374)
0,0 ←→ der E-Kanal kreuzt den Leiper Weggraben (51.8566,14.0333);
Wege-II (51.8566,14.0332);
⇩ E-Kanal in die Spree (s. Seite 328) bei km 195,6 (51.8569,14.0327)

Semisch

Wanderfluss, Fließ, Oberspreewald
Mündung in Spree bei km 195,3 (li Nebenfluss)

Verbindet Untere Boblitzer Kahnfahrt und die Freiheitskanäle mit der Hauptspree.
Befahrungsregeln: Der Semisch ist eine Landeswasserstraße in Brandenburg. Es gilt die Landesschifffahrtsverordnung (LSchiffV).

0,6 re → der Semisch von Untere Boblitzer Kahnfahrt (s. Seite 359) (51.8527, 14.0313)
0,4 ←→ die Semisch kreuzt Erster Freiheitskanal (s. Seite 360) (51.8545, 14.0307)
0,2 ←→ die Semisch kreuzt Zweiter Freiheitskanal (s. Seite 360) (51.8562, 14.0297)
0,1 ←→ die Semisch kreuzt den Leiper Weggraben (51.8571,14.0292);
Wege-II (51.8571,14.0292)
0,0 ⇩ Semisch in die Spree (s. Seite 328) bei km 195,3 (51.8578,14.0288)

Alter Semisch

Wanderfluss, Fließ, Oberspreewald

Mündung in Spree bei km 194,1 (li Nebenfluss)

Das Fließ Alter Semisch ist eine Querverbindung zwischen dem Ersten und Zweiten Freiheitkanal zur Hauptspree.

Befahrungsregeln: Der Alte Semisch ist eine Landeswasserstraße in Brandenburg. Es gilt die Landesschifffahrtsverordnung (LSchiffV).

0,7 re ➔ Alter Semisch von Erster Freiheitskanal (s. Seite 360) (51.8546, 14.0191)

0,4 ←➔ Alter Semisch kreuzt mit Zweiter Freiheitskanal (s. Seite 360) (51.8569,14.0166)

0,2 ←➔ Alter Semisch kreuzt mit Leiper Weggraben (51.8582,14.0150); Wege-II (51.8583,14.0150)

0,0 ⇩ Alter Semisch in die Spree (s. Seite 328) bei km 194,1 (51.8599, 14.0132)

Bancerowa

Wanderfluss, Kanal, Fließ im Oberspreewald
Mündung in Spree bei km 193,6 (li Nebenfluss)

Die Bancerowa verbindet die Freiheitskanäle mit der Hauptspree.

0,8 re ➔ der Bancerowa von Erster Freiheitskanal (s. Seite 360) (51.8521, 14.0081)

0,5 ←➔ die Bancerowa kreuzt Zweiter Freiheitskanal (s. Seite 360) (51.8551,14.0065)

0,2 li ← Dritter Freiheitskanal (s. Seite 361) von der Bancerowa (51.8573, 14.0056)

0,1 ←➔ Kreuzung mit Leiper Weggraben (51.8585,14.0052); Wege-II (51.8586,14.0052)

0,0 ⇩ der Bancerowa in die Spree (s. Seite 328) bei km 193,6 (51.8593, 14.0055)

Hechtgraben

Weitere Namen: Giglitza [wen]

Wanderfluss, Fließ, Oberspreewald
Mündung in Spree bei km 192,6 (re Nebenfluss)

Der Hechtgraben verbindet das touristische Zentrum des Spreewalddorfes Lehde mit der Hauptspree.

Befahrungsregeln: Der Hechtgraben ist eine Landeswasserstraße in Brandenburg. Es gilt die Landesschifffahrtsverordnung (LSchiffV).

0,4 li ← Hechtgraben vom Lehder Graben (s. Seite 362) (51.8627,13.9907); Wege-II (51.8626,13.9908); Wege-II (51.8622,13.9908)

0,0 ⇩ Hechtgraben und li Uska Luke (s. Seite 361) in die Spree (s. Seite 328) bei km 192,6 (51.8591,13.9924)

Venediggraben

Wanderfluss, Fließ, Oberspreewald
Mündung in Spree bei km 192,1 (re Nebenfluss)

Dieser Graben verbindet den Lehder Graben beim Gasthaus Venedig mit der Hauptspree.

Befahrungsregeln: Der Venediggraben ist eine Landeswasserstraße in Brandenburg. Es gilt die Landesschifffahrtsverordnung (LSchiffV).
km 0,2 bis 0 : Befahrung von 12 - 16 Uhr nur in der Richtung von Lehde zur Hauptspree (Einbahnverkehr)

0,2 ← Venediggraben vom Lehder Graben (s. Seite 362) (51.8635,13.9869); Wege-II (51.8632,13.9869)
0,2 –0,0 li ⚠ § Befahrung von 12 - 16 Uhr nur in der Richtung von Lehde zur Hauptspree (Einbahnverkehr) (51.8635,13.9870)–(51.8619,13.9857)
0,0 ⇩ Venediggraben in die Spree (s. Seite 328) bei km 192,1 (vom ✕ Café Venedig) (51.8618,13.9857)

Südumfluter

Weitere Namen: Leineweberfließ

Wanderfluss, Fließ, Oberspreewald
Mündung in Spree bei km 191,3 (li Nebenfluss)

Der Südumfluter begrenzt den Oberspreewald nach Süden.

Befahrungsregeln: Der Südumfluter ist eine Landeswasserstraße in Brandenburg. Es gilt die Landesschifffahrtsverordnung (LSchiffV).

17,4 ← Südumfluter von der Spree (s. Seite 328) über ein Wehr (51.8370, 14.1868);
■, ⩟ (51.8369,14.1868)
17,3 Str-II Burg (Spreewald), Schmogrower Straße (51.8362,14.1863)
16,9 li ⇩ Südgraben (51.8338,14.1824)
16,4 Str-II Werben, Von-Schönaich-Straße (51.8337,14.1741)
15,2 li ⇩ Durchstich Spree Südumfluter (s. Seite 354) in den Südumfluter (51.8299,14.1598)
15,0 Friedhofs-■ Burg (Spreewald), ⩟ (51.8282,14.1581);
Wege-II (51.8280,14.1578)
14,4 Wege-II (51.8261,14.1496)
13,9 ⇅ Bootshaus am Leineweber, dazu vorher um Erlaubnis fragen, Biosphärenreservat Spreewald, Hauptstraße 1, 03096 Burg (Spreewald), www.spreewald-paddeln.de , ☎ +49 35603 60096 (51.8268,14.1436);
Str-II **03096 Burg (Spreewald)**, Hauptstraße (51.8267,14.1432)
13,7 Wege-II (51.8268,14.1410)
13,6 li ⛟ Kneipp- und Erlebniscamping, Biosphärenreservat Spreewald, Vetschauer Str. 1A, 03096 Burg (Spreewald), www.caravan-kurcamping.de , ☎ +49 35603 750966 (51.8265,14.1387)
13,2 Str-II Burg (Spreewald), Am Leineweber (51.8288,14.1348)

13,1 ➔ Kleines Leineweberfließ (s. Seite 356) vom Südumfluter (51.8290, 14.1345)
12,4 li Bastian-⯐, re ■ (51.8304,14.1242)
11,6 Wege-Ⅱ (51.8321,14.1130)
11,4 Wege-Ⅱ (51.8320,14.1095)
11,0 Str-Ⅱ Burg (Spreewald), Naundorfer Straße (51.8317,14.1047)
10,4 ←➔ der Ostgraben, Südteil (s. Seite 356) kreuzt den Südumfluter (51.8314,14.0961);
li Gewitter-⯐, re ■ (51.8314,14.0951)
9,8 li ⇩ Greifenhainer Fließ (s. Seite 355) in den Südumfluter (51.8314, 14.0869);
re ⇩ Untere Stradower Kahnfahrt (s. Seite 358) in den Südumfluter (51.8314,14.0867)
9,5 Str-Ⅱ Burg (Spreewald), Erste Kolonie (51.8316,14.0820)
8,1 re ➔ Untere Radduscher Kahnfahrt (s. Seite 345) vom Südumfluter (51.8348,14.0640)
7,8 li ⇩ Göritzer Fließ (s. Seite 358) (Radduscher Kahnfahrt) in den Südumfluter (51.8342,14.0601)
7,5 li ⇩ Vetschauer Mühlenfließ (s. Seite 358) in den Südumfluter (51.8341, 14.0552)
7,0 Str-Ⅱ Vetschau/Spreewald, Kaupen, re Buschmühle (51.8343,14.0475)
6,9 li ⯐ Radduscher Buschmühle, re ■ (51.8343,14.0472)
3,1 re ⇩ Untere Boblitzer Kahnfahrt (s. Seite 359) in den Südumfluter (51.8482,14.0023)
2,9 Wege-Ⅱ (51.8492,13.9995);
li ⇩ der Dobra (s. Seite 360) (Obere Boblitzer Kahnfahrt) in den Südumfluter (51.8494,13.9990)
2,8 re ⇩ Erster Freiheitskanal (s. Seite 360) in den Südumfluter (51.8498, 13.9982)
2,3 re ⇩ Zweiter Freiheitskanal (s. Seite 360) in den Südumfluter (51.8529, 13.9931)
2,1 re ⇩ Dritter Freiheitskanal (s. Seite 361) in den Südumfluter (51.8543, 13.9913)
1,8 re ➔ der Uska Luke (s. Seite 361) vom Südumfluter (51.8562,13.9895)
1,4 li ⏢-Möglichkeit zur Kamske (s. Seite 369) unterhalb des Pumpwerkes (51.8568,13.9837)
0,2 li ← in den Kahnhafen **§** (51.8657,13.9773);
Str-Ⅱ Lübbenau/Spreewald, Leiper Weg (51.8658,13.9776)
0,1 re ⇩ Lehder Graben (s. Seite 362) in den Südumfluter (51.8668,13.9787
0,0 ⇩ Südumfluter in die Spree (s. Seite 328) bei km 191,3 (51.8673,13.978

Durchstich Spree Südumfluter

Wanderfluss, Fließ, Oberspreewald
Mündung in Südumfluter bei km 15,2 (re Nebenfluss)

Eine Möglichkeit von der Spree zum Südumfluter zu gelangen.

Befahrungsregeln: Der Durchstich Spree Südumfluter ist eine Landeswasserstraße in Brandenburg. Es gilt die Landesschifffahrtsverordnung (LSchiffV).

1,1 ← Durchstich Spree Südumfluter von der Spree (s. Seite 328) über ein Wehr (51.8385,14.1626);
▬ Fiedermann, ✕, ⛺ (51.8383,14.1622)

0,7 Weg-II (51.8351,14.1585)

0,0 ⇩ Durchstich Spree Südumfluter in den Südumfluter (s. Seite 353) bei km 15,2 (51.8299,14.1598)

Greifenhainer Fließ

Kleinfluss, Wanderfluss, Fließ, Oberspreewald
Mündung in Südumfluter bei km 9,8 (li Nebenfluss)

Das Greifenhainer Fließ ist ein Kleinfluss, der über den Ostgraben und über die Schleuse Gabler mit dem Südumfluter verbunden ist. Über den Südumfluter wird damit der Oberspreewald erreicht.

Befahrungsregeln: Das Greifenhainer Fließ ist vom Ostgraben bis zur Mündung eine Landeswasserstraße in Brandenburg. Es gilt die Landesschifffahrtsverordnung (LSchiffV).

1,9 li ← Naundorfer Grenzfließ (s. Seite 359) vom Greifenhainer Fließ (51.8214,14.1064)

1,5 Str-II L541 Burg (Spreewald), Naundorfer Straße (51.8245,14.1037)

1,2 li ⇩ Naundorfer Dorfgraben (s. Seite 355) in das Greifenhainer Fließ (51.8261,14.1010)

1,1 ✕ Barfußpark, Kurfürstendamm 9, 03096 Burg (Spreewald), www.barfusspark-burg.de , ♪ +49 35603 755233 (51.8269,14.1002)

1,0 Str-II Burg (Spreewald), Kurfürstendamm (51.8275,14.0995)

0,7 ⇩ Ostgraben, Südteil (s. Seite 356) in das Greifenhainer Fließ, der hier eine Verbindung zum Südumfluter bildet (51.8294,14.0954)

0,4 Weg-II (51.8306,14.0921)

0,1 li ⇩ Obere Stradower Kahnfahrt (s. Seite 357) in das Greifenhainer Fließ (51.8310,14.0872)

0,0 li ⯑ Gabler, re ▬ (51.8312,14.0870);
⇩ Greifenhainer Fließ in den Südumfluter (s. Seite 353) bei km 9,8 (51.8314,14.0869)

Naundorfer Dorfgraben

Wanderfluss, Fließ, Oberspreewald
Mündung in Greifenhainer Fließ bei km 1,2 (li Nebenfluss)

Kurze Querverbindung zwischen dem Naundorfer Grenzfließ und dem Greifenhainer Fließ.

0,3 → (geradeaus) Naundorfer Dorfgraben vom Naundorfer Grenzfließ

(s. Seite 359). Der Naundorfer Dorfgraben ermöglicht eine Verbindung zum/vom Greifenhainer Fließ (51.8240,14.0991)

0,0 ⇩ Naundorfer Dorfgraben in das Greifenhainer Fließ (s. Seite 355) bei km 1,2 (51.8261,14.1010)

Ostgraben, Südteil

Wanderfluss, Fließ, Oberspreewald
Mündung in Greifenhainer Fließ bei km 0,7 (re Nebenfluss)

Der Ostgraben verbindet Hauptspree, Südumfluter und Greifenhainer Fließ.
Befahrungsregeln: Der Ostgraben ist eine Landeswasserstraße in Brandenburg. Es gilt die Landesschifffahrtsverordnung (LSchiffV).

1,3 ← Ostgraben, Südteil von der Spree (s. Seite 328) (51.8406,14.0989)
0,9 li ⇩ Scheidungsfließ (s. Seite 356) in den Ostgraben, Südteil (51.8375, 14.0982)
0,7 → Bohrfließ (s. Seite 343) vom Ostgraben, Südteil, jedoch ganzj. BV für das Bohrfließ (51.8354,14.0975)
0,4 li ⇩ Kleines Leineweberfließ (s. Seite 356) in den Ostgraben, Südteil (51.8325,14.0964)
0,2 ←→ der Ostgraben, Südteil kreuzt den Südumfluter (s. Seite 353) (51.8314,14.0961)
0,0 ⇩ Ostgraben, Südteil in das Greifenhainer Fließ (s. Seite 355) bei km 0,7 der hier eine Verbindung zum Südumfluter bildet (51.8294,14.0954)

Scheidungsfließ

Wanderfluss, Fließ, Oberspreewald
Mündung in Ostgraben, Südteil bei km 0,9 (re Nebenfluss)

Das Scheidungfließ zweigt von der Hauptspree ab und mündet in den Ostgraben.
Befahrungsregeln: Das Scheidungsfließ ist eine Landeswasserstraße in Brandenburg. Es gilt die Landesschifffahrtsverordnung (LSchiffV).

2,5 ← Scheidungsfließ von der Spree (s. Seite 328) (51.8452,14.1276)
2,1 Str-II Burg (Spreewald), Ringchaussee (51.8418,14.1265)
1,7 li ← Kleine Scheidung (s. Seite 357) vom Scheidungsfließ (51.8395, 14.1228)
1,3 Scheidungs-⇆ (51.8387,14.1166)
0,6 Str-II Burg (Spreewald), Naundorfer Straße (51.8380,14.1069)
0,3 Wege-II (51.8378,14.1022)
0,0 ⇩ Scheidungsfließ in den Ostgraben, Südteil (s. Seite 356) bei km 0,9 (51.8375,14.0982)

Kleines Leineweberfließ

Wanderfluss, Fließ, Oberspreewald
Mündung in Ostgraben, Südteil bei km 0,4 (li Nebenfluss)

Das Kleine Leineweberfließ zweigt vom Südumfluter ab, fließt dann parallel zu ih und mündet schließlich in den Ostgraben.

Befahrungsregeln: Das Kleines Leineweberfließ ist eine Landeswasserstraße in Brandenburg. Es gilt die Landesschifffahrtsverordnung (LSchiffV).

2,9 ➔ Kleines Leineweberfließ vom Südumfluter (s. Seite 353) (51.8290, 14.1345);
Wege-Ⅱ (51.8291,14.1345)
2,7 re Krabat-⌘, li ■ (51.8303,14.1348)
1,9 Wege-Ⅱ (51.8325,14.1242);
Wege-Ⅱ (51.8327,14.1233)
1,8 ⇩ Kleine Scheidung (s. Seite 357) in Kleines Leineweberfließ (51.8329, 14.1220);
Hutung-⌘ (51.8330,14.1218)
1,7 Wege-Ⅱ (51.8331,14.1213)
0,6 Str-Ⅱ Burg (Spreewald), Naundorfer Straße (51.8331,14.1052)
0,0 ⇩ Kleines Leineweberfließ in den Ostgraben, Südteil (s. Seite 356) bei km 0,4 (51.8325,14.0964)

Kleine Scheidung

Wanderfluss, Fließ, Oberspreewald
Mündung in Kleines Leineweberfließ bei km 1,8 (re Nebenfluss)

Die Kleine Scheidung ist ein Verbindungsfließ vom Scheidungsfließ zum Kleinen Leineweberfließ.

Befahrungsregeln: Die Kleine Scheidung ist eine Landeswasserstraße in Brandenburg. Es gilt die Landesschifffahrtsverordnung (LSchiffV).

0,8 ← Kleine Scheidung vom Scheidungsfließ (s. Seite 356) (51.8395, 14.1228)
0,5 Str-Ⅱ **03096 Burg (Spreewald)**, Zweite Kolonie (51.8370,14.1219)
0,0 Fußg-Ⅱ (51.8332,14.1217);
⇩ Kleine Scheidung in Kleines Leineweberfließ (s. Seite 356) bei km 1,8 (51.8329,14.1220)

Obere Stradower Kahnfahrt

Wanderfluss, Fließ, Oberspreewald
Mündung in Greifenhainer Fließ bei km 0,1 (li Nebenfluss)

Die Obere Stradower Kahnfahrt verbindet das Dorf Stradow mit dem Spreewald. Über die Schleuse Gabler im Greifenhainer Fließ und eine Querung des Südumfluters (Leineweberfließ) wird die Untere Stradower Kahnfahrt erreicht.

0,5 ➔ Obere Stradower Kahnfahrt vom Naundorfer Grenzfließ (s. Seite 359) (51.8270,14.0851)
0,2 Str-Ⅱ **03096 Burg (Spreewald)**, Kurfürstendamm (51.8296,14.0866)
0,0 ⇩ Obere Stradower Kahnfahrt in das Greifenhainer Fließ (s. Seite 355) bei km 0,1 (51.8310,14.0872)

Untere Stradower Kahnfahrt

Wanderfluss, Fließ, Oberspreewald
Mündung in Südumfluter bei km 9,8 (re Nebenfluss)

Verbindet die Hauptspree mit dem Südumfluter

Befahrungsregeln: Die Untere Stradower Kahnfahrt ist eine Landeswasserstraß in Brandenburg. Es gilt die Landesschifffahrtsverordnur (LSchiffV).

0,6 ← Untere Stradower Kahnfahrt von der Spree (s. Seite 328) (51.8359, 14.0860)

0,0 re ⇩ Untere Stradower Kahnfahrt in den Südumfluter (s. Seite 353) bei kr 9,8 (51.8314,14.0867)

Göritzer Fließ

Weitere Namen: Radduscher Kahnfahrt

Wanderfluss, Fließ, Oberspreewald
Mündung in Südumfluter bei km 7,8 (li Nebenfluss)

Verbindet den Ort Raddusch mit dem Oberspreewald.

Befahrungsregeln: Das Göritzer Fließ ist eine Landeswasserstraße in Brande burg. Es gilt die Landesschifffahrtsverordnung (LSchiffV).

2,2 Kahnhafen **Vetschau/Spreewald, OT Raddusch** (51.8195,14.0415)

2,1 Wege-Ⅱ (51.8194,14.0423)

0,3 Str-Ⅱ (51.8318,14.0578);
←→ das Vetschauer Mühlenfließ (s. Seite 358) kreuzt das Göritzer Flie (Radduscher Kahnfahrt), öffentlicher Steg und gute ⚓-Möglichkeit, aber keine geeignete Stelle zum Ein- oder Aussetzen, da Zufahrtsstraße (Kaupen) nur für Anwohner frei gegeben ist (51.8320,14.0580)

0,0 ⇩ Göritzer Fließ (Radduscher Kahnfahrt) in den Südumfluter (s. Seite 35 bei km 7,8 (51.8342,14.0601)

Vetschauer Mühlenfließ

Kleinfluss, Fließ, Oberspreewald
Mündung in Südumfluter bei km 7,5 (li Nebenfluss)

Über diesen 26,7 km langen Kleinfluss ist nichts bekannt, da noch keine Beschreibur vorliegt.

Befahrungsregeln: Das Vetschauer Mühlenfließ ist vom Naundorfer Mühlenflie bis zur Mündung eine Landeswasserstraße in Brandenburg. E gilt die Landesschifffahrtsverordnung (LSchiffV).

3,8 Str-Ⅱ **03226 Vetschau/Spreewald**, Stradower Dorfstraße (51.8088, 14.0776)

2,4 Weiterfahrt nach li (51.8214,14.0793)

1,9 Wege-Ⅱ (51.8234,14.0742)

1,5 ⇩ Naundorfer Grenzfließ (s. Seite 359) in das Vetschauer Mühlenfließ

(51.8270,14.0734);
Str-II Burg (Spreewald), Erste Kolonie (51.8271,14.0730)

0,9 Wege-II (51.8301,14.0654)

0,3 ←→ das Vetschauer Mühlenfließ kreuzt das Göritzer Fließ (s. Seite 358) (Radduscher Kahnfahrt), öffentlicher Steg und gute ⛺-Möglichkeit, aber keine geeignete Stelle zum Ein- oder Aussetzen, da Zufahrtsstraße (Kaupen) nur für Anwohner frei gegeben ist (51.8320,14.0580)

0,0 ⇩ Vetschauer Mühlenfließ in den Südumfluter (s. Seite 353) bei km 7,5 (51.8341,14.0552)

Naundorfer Grenzfließ

Wanderfluss, Fließ, Naundorfer Grenzfließ
Mündung in Vetschauer Mühlenfließ bei km 1,5 (re Nebenfluss)

Das Naundorfer Grenzfließ verbindet Greifenhainer Fließ und Vetschauer Mühlenfließ, jedoch ist der obere Abschnitt zwischen Greifenhainer Fließ und Naundorfer Dorfgraben nicht befahrbar.

3,2 ← Naundorfer Grenzfließ vom Greifenhainer Fließ (s. Seite 355) (51.8214,14.1064)

3,2 –2,2 ✕ Strecke durch **03226 Vetschau/Spreewald-Naundorf** (51.8213, 14.1063)–(51.8240,14.0991)

2,2 re → (geradeaus) Naundorfer Dorfgraben (s. Seite 355) vom Naundorfer Grenzfließ. Der Naundorfer Dorfgraben ermöglicht eine Verbindung zum/vom Greifenhainer Fließ (51.8240,14.0991);
li ← Naundorfer Grenzfließ, Beginn der Befahrbarkeit (51.8240,14.0990)

1,7 Wege-II (51.8257,14.0936)

1,0 re → Obere Stradower Kahnfahrt (s. Seite 357) vom Naundorfer Grenzfließ (51.8270,14.0851)

0,5 ▬ und re Werban-⯐ (51.8280,14.0795)

0,0 ⇩ Naundorfer Grenzfließ in das Vetschauer Mühlenfließ (s. Seite 358) bei km 1,5 (51.8270,14.0734)

Untere Boblitzer Kahnfahrt

Wanderfluss, Fließ, Oberspreewald
Mündung in Südumfluter bei km 3,1 (re Nebenfluss)

Verbindet die Hauptspree bei Leipe mit dem Südumfluter.

Befahrungsregeln: Die Untere Boblitzer Kahnfahrt ist eine Landeswasserstraße in Brandenburg. Es gilt die Landesschifffahrtsverordnung (LSchiffV).

3,0 ← Untere Boblitzer Kahnfahrt von der Spree (s. Seite 328), re ⇩ Leiper Dorffließ (s. Seite 349) (51.8553,14.0418)

2,8 ←→ der E-Kanal (s. Seite 351) kreuzt die Untere Boblitzer Kahnfahrt (51.8538,14.0397);
re ⯐ Jeschoe, li ▬, wenn Schleuse gesperrt ist, re ⏏ (in Fließrichtung

gesehen) möglich (51.8536,14.0394)
2,2 re ➔ der Semisch (s. Seite 351) von Untere Boblitzer Kahnfahrt (51.852714.0313)
0,4 Wege-II (51.8493,14.0070)
0,0 ⇩ Untere Boblitzer Kahnfahrt in den Südumfluter (s. Seite 353) bei km 3,1 (51.8482,14.0023)

Dobra

Weitere Namen: Obere Boblitzer Kahnfahrt

Wanderfluss, Fließ, Oberspreewald
Mündung in Südumfluter bei km 2,9 (li Nebenfluss)

Verbindet den Kahnhafen Boblitz mit dem Oberspreewald.
Befahrungsregeln: Die Dobra ist eine Landeswasserstraße in Brandenburg. Es gi die Landesschifffahrtsverordnung (LSchiffV).

1,1 ⇅ Kahnhafen Boblitz, diese Einsetzstelle ist verschlossen und damit nich nutzbar (Stand 2019) (51.8418,13.9924);
03222 Lübbenau/Spreewald, OT Boblitz (51.8418,13.9924)
0,8 EB-II (51.8435,13.9954)
0,0 ⇩ der Dobra (Obere Boblitzer Kahnfahrt) in den Südumfluter (s. Seite 353 bei km 2,9 (51.8494,13.9990)

Erster Freiheitskanal

Wanderfluss, Fließ, Oberspreewald
Mündung in Südumfluter bei km 2,8 (re Nebenfluss)

Landschaftlich schönes Spreewaldfließ.
Befahrungsregeln: Der Erste Freiheitskanal ist eine Landeswasserstraße in Brandenburg. Es gilt die Landesschifffahrtsverordnung (LSchiffV).

2,8 li ← Erster Freiheitskanal vom E-Kanal (s. Seite 351) (51.8544,14.0374)
2,3 ↔ die Semisch (s. Seite 351) kreuzt Erster Freiheitskanal (51.8545, 14.0307)
1,5 re ➔ Alter Semisch (s. Seite 351) von Erster Freiheitskanal (51.8546, 14.0191)
1,2 ➔ Verbindung zum Zweiten Freiheitskanal (ca. 200 m) (51.8537,14.0148)
0,7 ➔ der Bancerowa (s. Seite 352) von Erster Freiheitskanal (51.8521, 14.0081)
0,1 Wege-II (51.8503,14.0001)
0,0 ⇩ Erster Freiheitskanal in den Südumfluter (s. Seite 353) bei km 2,8 (51.8498,13.9982)

Zweiter Freiheitskanal

Wanderfluss, Fließ, Oberspreewald
Mündung in Südumfluter bei km 2,3 (re Nebenfluss)

Idyllisches, kurvenreiches Fließ.

Befahrungsregeln: Der Zweite Freiheitskanal ist eine Landeswasserstraße in Brandenburg. Es gilt die Landesschifffahrtsverordnung (LSchiffV).

3,2 Beginn des Zweiten Freiheitskanals (51.8559,14.0343)
2,8 ←→ die Semisch (s. Seite 351) kreuzt Zweiter Freiheitskanal (51.8562, 14.0297)
1,9 ←→ Alter Semisch (s. Seite 351) kreuzt mit Zweiter Freiheitskanal (51.8569,14.0166)
1,6 ← Verbindung zum Ersten Freiheitskanal (ca. 200 m) (51.8554,14.0129)
1,2 ←→ die Bancerowa (s. Seite 352) kreuzt Zweiter Freiheitskanal (51.8551,14.0065)
0,0 ⇩ Zweiter Freiheitskanal in den Südumfluter (s. Seite 353) bei km 2,3 (51.8529,13.9931)

Dritter Freiheitskanal

Wanderfluss, Fließ, Oberspreewald
Mündung in Südumfluter bei km 2,1 (re Nebenfluss)

Der Dritte Freiheitskanal ist der kürzeste der Freiheitskanäle.
Befahrungsregeln: Der Dritte Freiheitskanal ist eine Landeswasserstraße in Brandenburg. Es gilt die Landesschifffahrtsverordnung (LSchiffV).

66,7 li ← Dritter Freiheitskanal von der Bancerowa (s. Seite 352) (51.8573, 14.0056)
0,0 ⇩ Dritter Freiheitskanal in den Südumfluter (s. Seite 353) bei km 2,1 (51.8543,13.9913)

Uska Luke

Wanderfluss, Fließ, Oberspreewald
Mündung in Südumfluter bei km 1,8 (re Nebenfluss)

Das Fließ Uska Luke verbindet Südumfluter und Hauptspree und man erreicht weiter über den Hechtsgraben das Spreewalddorf Lehde.
Befahrungsregeln: Die Uska Luke ist eine Landeswasserstraße in Brandenburg. Es gilt die Landesschifffahrtsverordnung (LSchiffV).

0,5 re → der Uska Luke vom Südumfluter (s. Seite 353) (51.8562,13.9895)
0,2 ←→ Kreuzung mit Leiper Weggraben (51.8572,13.9922);
Wege-II (51.8572,13.9923);
re ⇩ der Wolschina (s. Seite 361) in die Uska Luke (51.8575,13.9926)
0,0 ⇩ Hechtgraben (s. Seite 352) und li Uska Luke in die Spree (s. Seite 328) (51.8591,13.9924)

Wolschina

Wanderfluss, Fließ, Oberspreewald
Mündung in Uska Luke bei km 0,2 (li Nebenfluss)

Kurzes Verbindungsfließ.

Befahrungsregeln: Die Wolschina ist eine Landeswasserstraße in Brandenburg. Es gilt die Landesschifffahrtsverordnung (LSchiffV).

0,7 li ← der Wolschina von der Spree (s. Seite 328) (51.8588,14.0000)
0,0 ⇩ der Wolschina in die Uska Luke (s. Seite 361) bei km 0,2 (51.8575, 13.9926)

Lehder Graben

Wanderfluss, Fließ, Oberspreewald
Mündung in Südumfluter bei km 0,1 (re Nebenfluss)

Der Lehder Graben erschließt das Spreewalddorf Lehde. Dieses Dorf ist mit mehreren Gaststätten und Museen stark von Kahnfahrten frequentiert. Für den Kanuten heißt es hier besonders vorsichtig zu sein, denn die Spreewaldkähne haben Vorrecht und sind mit ca. 1 Tonne Gewicht nicht so leicht zu steuern wie ein Kajak. Das Fließ durchquert auch den Ort Kaupen, ein Spreewalddorf, wie man es sich vorstellt. Hier liegt das Boot, mit dem die Post zugestellt wird.

Befahrungsregeln: Der Lehder Graben ist eine Landeswasserstraße in Brandenburg. Es gilt die Landesschifffahrtsverordnung (LSchiffV).
Im unterem Lauf sind wegen des starken Kahnverkehrs Einbahnregelungen zu beachten. Zwischen der Fußgängerbrücke beim Gasthaus „Fröhlicher Hecht“ und der Hauptspree darf von 12 bis 16 Uhr nur in Fließrichtung gefahren werden. Zwischen der Mündung in den Südumfluter und der Hauptspree ist die Befahrung nur gegen den Strom gestattet. Eine entsprechende Beschilderung ist vorhanden und zu beachten.

2,2 ⇩ Wehrkanal (s. Seite 363), Beginn Lehder Graben (51.8693,14.0011)
2,1 ⇩ Eschenfließ (s. Seite 364) in Lehder Graben (51.8684,14.0002)
1,5 re → Zeitzfließ (s. Seite 365) vom Lehder Graben (51.8655,13.9951)
1,4 re → der Jabona (s. Seite 368) vom Lehder Graben (51.8649,13.9943)
1,3 Wege-II (51.8638,13.9926);
← → das Lehder Fließ (s. Seite 367) kreuzt den Lehder Graben (51.8638,13.9924)
1,2 Wege-II (51.8635,13.9922)
1,1 re ✕ Zum fröhlichen Hecht, hier nicht aussetzen, weiterfahren zur ⇅ für Kanu, Biosphärenreservat Spreewald, Dorfstraße 12B, 03222 Lübbenau/Spreewald, www.zumhecht.com (51.8628,13.9911);
li ⌘ Freilandmuseum Lehde, An der Giglitza 1a, 03222 Lübbenau OT Lehde, www.museum-osl.de , ♪ +49 3542 871508 (51.8627,13.9909);
li ← Hechtgraben (s. Seite 352) vom Lehder Graben (51.8627,13.9907);
Wege-II zur ⇅ Hecht (51.8627,13.9907);
li ← in Hafen mit ⇅ für Kanu zum ✕ Hecht und Freilandmuseum (51.8626,13.9906)
1,1 –0,4 li ⚠ § ab hier Einbahnverkehr von Lehde nach Lübbenau, 12 - 16 Uhr (51.8627,13.9906)–(51.8647,13.9818)
0,9 Wege-II (51.8633,13.9885)

0,8 Wege-⌶ zum ✕ Venedig (li), Biosphärenreservat Spreewald, An der Lischka 1, 03222 Lübbenau/Spreewald, www.gasthaus-cafe-venedig.de , ✆ +49 3542 2363 (51.8635,13.9872);
li ← Venediggraben (s. Seite 353) vom Lehder Graben (51.8635,13.9869)

0,4 re ✕ Kaupen Nr. 6, Biosphärenreservat Spreewald, Kaupen 6, 03222 Lübbenau/Spreewald, www.kaupen6.de , ✆ +49 3542 47897 (51.8646, 13.9820);
←→ der Lehder Graben kreuzt die Spree (s. Seite 328) (51.8648, 13.9815)

0,3 –0,0 § Das Lehder Fließ darf hier von Sportbooten nur in der Richtung vom Südumfluter zur Hauptspree befahren werden (51.8649,13.9811)–(51.8667,13.9787)

0,2 Fußg-⌶ Kaupen (51.8654,13.9790)

0,1 Str-⌶ Kaupen (51.8661,13.9788);
Wege-⌶ Kaupen (51.8663,13.9788)

0,0 ⇩ Lehder Graben in den Südumfluter (s. Seite 353) bei km 0,1 (51.8668, 13.9787)

Wehrkanal

Wanderfluss, Fließ, Oberspreewald
Mündung in Lehder Graben bei km 2,2 (li Nebenfluss)

Der Wehrkanal zweigt vom Großen Fließ ab. Diese Querverbindung führt geradlinig zum Lehder Fließ und kreuzt dabei Mittelkanal, Burg-Lübbener-Kanal und Bürgerfließ.

Befahrungsregeln: Der Wehrkanal ist eine Landeswasserstraße in Brandenburg. Es gilt die Landesschifffahrtsverordnung (LSchiffV).

2,5 ← Wehrkanal von Großes Fließ (s. Seite 381) (51.8875,14.0211);
Wege-⌶ (51.8871,14.0208)

1,9 ←→ Kreuzung mit Mittelkanal, der jedoch hier nicht befahrbar ist (51.8825,14.0167)

1,0 ←→ der Wehrkanal kreuzt den Burg-Lübbener-Kanal (s. Seite 374), li zum ✕ Wotschofska (51.8752,14.0103)

0,9 re → zur ⇅ ✕ Wotschofska, die Liegeplätze im Wehrkanal beim Gasthaus sind ausschließlich den Spreewaldkähnen vorbehalten (51.8750, 14.0100);
re ✕ Wotschofska, Biosphärenreservat Spreewald, Wotschofskaweg 1, 03222 Lübbenau/Spreewald, www.gasthaus-wotschofska.de , ✆ +49 4935 467601 (51.8743,14.0094)

0,6 re → Wotschofskagraben (s. Seite 380) vom Wehrkanal, ⚠ Einbahnverkehr nur in Richtung Rollenkanal (51.8726,14.0079)

0,4 ←→ der Wehrkanal kreuzt das Bürgerfließ (s. Seite 364) (51.8711, 14.0065)

0,0 ⇩ Wehrkanal, Beginn Lehder Graben (s. Seite 362) bei km 2,2 (51.8693, 14.0011)

Eschenfließ

Weitere Namen: Tschummi [wen]

Wanderfluss, Fließ, Oberspreewald
Mündung in Lehder Graben bei km 2,1 (li Nebenfluss)

Verbindung von der Hauptspree zum Lehder Graben. Zugang nach Lehde, Wehrkanal und Bürgerfließ.

Befahrungsregeln: Das Eschenfließ ist eine Landeswasserstraße in Brandenburg. Es gilt die Landesschifffahrtsverordnung (LSchiffV).

2,5 ➔ Eschenfließ von der Spree (s. Seite 328) (51.8591,14.0271)
0,5 li ← Moorige Tschummi (51.8658,14.0054)
0,2 li ← Dobrola, re ➔ Henska Tschummi, beide gesperrt (51.8673,14.0030)
0,0 ⇩ Eschenfließ in Lehder Graben (s. Seite 362) bei km 2,1 (51.8684, 14.0002)

Stadtgraben Lübbenau

Wanderfluss, Fließ, Oberspreewald
Mündung in Spree bei km 190,4 (li Nebenfluss)

Verbindet die Kramske mit der Hauptspree.

Befahrungsregeln: Der Stadtgraben Lübbenau ist eine Landeswasserstraße in Brandenburg. Es gilt die Landesschifffahrtsverordnung (LSchiffV).

1,0 ➔ Stadtgraben Lübbenau (s. Seite 364) von der Kamske (s. Seite 369) (51.8700,13.9585)
0,7 Fußg-II Lübbenau (51.8702,13.9622)
0,6 Str-II Lübbenau, Gerbergasse (51.8705,13.9635)
0,4 li ← Dorotheengraben (s. Seite 368) vom Stadtgraben Lübbenau (s. Seite 364), der Stadtgraben zweigt scharf nach rechts ab (51.8711, 13.9653)
0,2 Fußg-II (51.8704,13.9679)
0,1 Str-II Lübbenau, Am Wasser (51.8703,13.9692)
0,0 ⇩ Stadtgraben Lübbenau in die Spree (s. Seite 328) bei km 190,4 (51.8704,13.9704)

Bürgerfließ

Weitere Namen: Kossoa [wen]

Wanderfluss, Kanal, Spreewaldfließ
Mündung in Spree bei km 190,3 (re Nebenfluss)

Das Bürgerfließ ist eine Querverbindung vom Großen Fließ zur Hauptspree und ist Bestandteil mehrerer Rundtouren im Spreewald.

5,9 li ← Bürgerfließ von Großes Fließ (s. Seite 381) (51.8840,14.0322); Wege-II (51.8839,14.0322)
5,1 ←➔ das Bürgerfließ kreuzt den Mittelkanal, der hier nicht befahrbar ist (51.8776,14.0288)

4,8 Wege-Ⅱ (51.8757,14.0271)
4,1 ⇩ Bürgerfließ in den Burg-Lübbener-Kanal (s. Seite 374) (51.8717, 14.0215)
4,0 li ←, das Bürgerfließ verlässt den Burg-Lübbener-Kanal (s. Seite 374) (51.8717,14.0205)
3,7 li ⇩ Huschepusch (für Befahrung gesperrt) (51.8704,14.0175)
2,9 ←→ der Wehrkanal (s. Seite 363) kreuzt das Bürgerfließ (51.8711, 14.0065)
2,7 Wotschofska-¤¤ (51.8713,14.0049)
2,4 li ⇩ Tschummi (Wehrarm) (51.8711,14.0001)
2,1 li ⇩ Zeitzfließ (s. Seite 365) in das Bürgerfließ (51.8716,13.9962)
1,2 Wege-Ⅱ Wotschofskaweg (51.8755,13.9868);
re ⇩ Bürgergraben (s. Seite 366) in das Bürgerfließ (51.8756,13.9866)
1,0 li Koschoa-¤¤, re ▬ (51.8759,13.9836)
0,3 ←→ das Bürgerfließ kreuzt das Lübbenauer Schneidemühlenfließ (s. Seite 366) (51.8728,13.9743)
0,1 Wege-Ⅱ (51.8721,13.9722)
0,0 ⇩ Bürgerfließ in die Spree (s. Seite 328) bei km 190,3 (51.8715,13.9713)

Zeitzfließ

Wanderfluss, Fließ, Oberspreewald
Mündung in Bürgerfließ bei km 2,1 (li Nebenfluss)

Verbindungsfließ zwischen Lehder Graben und Bürgerfließ im Spreewalddorf Lehde.
Befahrungsregeln: Das Zeitzfließ ist eine Landeswasserstraße in Brandenburg. Es gilt die Landesschifffahrtsverordnung (LSchiffV).

0,8 re → Zeitzfließ vom Lehder Graben (s. Seite 362) (51.8655,13.9951)
0,6 li ⇩ Suezkanal (s. Seite 365) in das Zeitzfließ (51.8666,13.9949)
0,2 li ⇩ Brodg (s. Seite 365) in das Zeitzfließ (51.8701,13.9961);
Zeitz-¤¤, re ▬ (51.8703,13.9960)
0,0 ⇩ Zeitzfließ in das Bürgerfließ (s. Seite 364) (51.8716,13.9962)

Suezkanal

Wanderfluss, Fließ, Oberspreewald
Mündung in Zeitzfließ bei km 0,6 (li Nebenfluss)

Kurzes Fließ zwischen Lehder Fließ und Zeitzfließ.
Befahrungsregeln: Der Suez-Kanal ist eine Landeswasserstraße in Brandenburg. Es gilt die Landesschifffahrtsverordnung (LSchiffV).

0,3 re → Suezkanal vom Lehder Fließ (s. Seite 367) (51.8663,13.9912)
0,0 ⇩ Suezkanal in das Zeitzfließ (s. Seite 365) bei km 0,6 (51.8666,13.9949)

Brodg

Wanderfluss, Fließ, Oberspreewald

Mündung in Zeitzfließ bei km 0,2 (li Nebenfluss)

Kurzes Verbindungsfließ zwischen Lehder Fließ und Zeitzfließ.
Befahrungsregeln: km 0,5 bis 0 : Einbahnverkehr nur in Richtung Zeitzfließ

0,5 re ➔ Brodg vom Lehder Fließ (s. Seite 367) (51.8679,13.9910)
0,5 –0,0 § Einbahnverkehr nur in Richtung Zeitzfließ (51.8680,13.9909)–(51.8700,13.9960)
0,4 Wege-II (51.8686,13.9915)
0,0 ⇩ Brodg in das Zeitzfließ (s. Seite 365) bei km 0,2 (51.8701,13.9961)

Bürgergraben

Weitere Namen: Kleine Kossoa

Wanderfluss, Fließ, Oberspreewald
Mündung in Bürgerfließ bei km 1,2 (re Nebenfluss)

Der Bürgergraben ist ein Teilstück der Verbindung zwischen Wotschofska und Bürgerfließ.
Befahrungsregeln: Der Bürgergraben ist eine Landeswasserstraße in Brandenburg. Es gilt die Landesschifffahrtsverordnung (LSchiffV).
km 1 bis 0,8 : ganzj. BV

1,0 li ← vom Burg-Lübbener-Kanal, X aufgrund einer § (51.8795,13.9978)
1,0 –0,8 li §, ganzj. BV (51.8794,13.9978)–(51.8775,13.9961)
0,7 li ⇩ Rollkanal (s. Seite 366) in den Bürgergraben, Weiterfahrt nach links (51.8774,13.9960)
0,0 ⇩ Bürgergraben in das Bürgerfließ (s. Seite 364) (51.8756,13.9866)

Rollkanal

Wanderfluss, Fließ, Oberspreewald
Mündung in Bürgergraben bei km 0,7

Der Rollkanal ist Teilstück einer Verbindung von der Wotschofska zum Bürgerfließ.
Befahrungsregeln: Der Rollkanal ist eine Landeswasserstraße in Brandenburg. Es gilt die Landesschifffahrtsverordnung (LSchiffV).

0,8 ← Rollkanal vom Wotschofskagraben (s. Seite 380) (51.8741,14.0057)
0,6 ▬ mit Rollenbahn, leichtes ⏏ über Rollen (51.8746,14.0042)
0,0 ⇩ Rollkanal in den Bürgergraben (s. Seite 366) bei km 0,7, Weiterfahrt nach links (51.8774,13.9960)

Lübbenauer Schneidemühlenfließ

Weitere Namen: Lehder Fließ Süd

Wanderfluss, Fließ, Oberspreewald
Mündung in Spree bei km 190,0 (re Nebenfluss)

Das Lübbenauer Schneidemühlenfließ und das Lehder Fließ Süd werden als eine Einheit beschrieben.
Befahrungsregeln: Das Lübbenauer Schneidemühlenfließ und das Lehder Fließ

	Süd sind Landeswasserstraße in Brandenburg. Es gilt die Landesschifffahrtsverordnung (LSchiffV).

1,1 ➔ Lübbenauer Schneidemühlenfließ von der Spree (s. Seite 328) (51.8674,13.9788);
li ⌗, re ▬ Schneidemühle Lübbenau, X, Schleuse Selbstbedienung (51.8677,13.9792)

0,8 Str-Ⅱ Lübbenau, Lehdscher Weg (51.8689,13.9810);
re ⇩ Lehder Fließ (s. Seite 367) in Lübbenauer Schneidemühlenfließ, Fortsetzung als Lehder Fließ Süd (51.8690,13.9810)

0,7 li ⇅ des ⛺ Spreewald-Natur-Camping, ⛺, beliebter Ausgangspunkt für Wanderfahrten im Oberspreewald. Am Ende des Platzes ⛵ und ✕, Schloßbezirk 20, 03222 Lübbenau, www.spreewaldcamping.de , ☎ +49 3542 3533 (51.8702,13.9798)

0,2 Fußg-Ⅱ Lübbenau, Wotschofskaweg (51.8727,13.9743);
re ⇠⇢ das Bürgerfließ (s. Seite 364) kreuzt das Lübbenauer Schneidemühlenfließ (51.8728,13.9743)

0,0 ⇩ Lübbenauer Schneidemühlenfließ in die Spree (s. Seite 328) bei km 190,0 (51.8738,13.9730)

Lehder Fließ

Weitere Namen: Quodda [wen]

Wanderfluss, Fließ, Oberspreewald
Mündung in Lübbenauer Schneidemühlenfließ bei km 0,8

Das von der Hauptspree kommende Lehder Fließ, teilweise auch Quodda genannt, erschließt das Spreewalddorf Lehde.

Befahrungsregeln:	Das Lehder Fließ ist eine Landeswasserstraße in Brandenburg. Es gilt die Landesschifffahrtsverordnung (LSchiffV).

2,3 ➔ Lehder Fließ von der Spree (s. Seite 328) (51.8593,14.0027)

1,6 re ⇩ Moorige Tschummi (51.8631,13.9983)

1,5 re ⇩ Dobrola (gesperrt) (51.8637,13.9964)

1,2 Wege-Ⅱ (51.8637,13.9927);
⇠⇢ das Lehder Fließ kreuzt den Lehder Graben (s. Seite 362) (51.8638,13.9924);
re ⇩ der Jabona (s. Seite 368) in das Lehder Fließ (51.8640,13.9923)

1,1 Wege-Ⅱ (51.8650,13.9915)

0,9 Wege-Ⅱ (51.8661,13.9913);
li ✕ Restaurant Suez, Biosphärenreservat Spreewald, An der Dolzke 4, 03222 Lübbenau /Spreewalddorf Lehde, www.restaurant-suez.de , ☎ +49 3542 8888610 (51.8662,13.9912);
re ➔ Suezkanal (s. Seite 365) vom Lehder Fließ (51.8663,13.9912);
Wege-Ⅱ (51.8667,13.9912)

0,7 re ➔ Brodg (s. Seite 365) vom Lehder Fließ (51.8679,13.9910);
re ⚠ Weiterfahrt wegen eines X ▬ nicht möglich (51.8679,13.9908)

0,0 ⇩ Lehder Fließ in Lübbenauer Schneidemühlenfließ (s. Seite 366) bei km 0,8, Fortsetzung als Lehder Fließ Süd (51.8690,13.9810)

Jabona

Wanderfluss, Fließ, Oberspreewald
Mündung in Lehder Fließ bei km 1,2 (re Nebenfluss)

Die Jabona schlägt einen Bogen vom Lehder Graben zum Lehder Fließ und dient der Erschließung der dort befindlichen Grundstücke. Auf Grund der Enge ist eine Durchfahrt nicht zu empfehlen.

Befahrungsregeln: Die Jabona ist eine Landeswasserstraße in Brandenburg. Es gilt die Landesschifffahrtsverordnung (LSchiffV).

0,4 ➔ der Jabona vom Lehder Graben (s. Seite 362) (51.8649,13.9943)
0,3 li ← durch Fußg-II fahren (51.8655,13.9939)
0,0 ⇩ der Jabona in das Lehder Fließ (s. Seite 367) bei km 1,2 (51.8640, 13.9923)

Kreuzgraben

Wanderfluss, Fließ, Oberspreewald
Mündung in Spree bei km 188,9

Kurze Verbindung zwischen Kamske und Hauptspree.

Befahrungsregeln: Der Kreuzgraben ist eine Landeswasserstraße in Brandenburg. Es gilt die Landesschifffahrtsverordnung (LSchiffV).

0,7 ➔ Kreuzgraben von der Kamske (s. Seite 369) (51.8782,13.9578)
0,1 re ⇩ Dorotheengraben (s. Seite 368) in den Kreuzgraben (51.8810, 13.9643)
0,0 ⇩ Kreuzgraben in die Spree (s. Seite 328) bei km 188,9 (51.8819,13.9643)

Dorotheengraben

Wanderfluss, Fließ, Oberspreewald
Mündung in Kreuzgraben bei km 0,1 (re Nebenfluss)

Der Dorotheengraben verbindet den Stadtgraben Lübbenau mit dem Kreuzgraben.

Befahrungsregeln: Der Dorotheengraben ist eine Landeswasserstraße in Brandenburg. Es gilt die Landesschifffahrtsverordnung (LSchiffV).

1,2 ← Dorotheengraben vom Stadtgraben Lübbenau (s. Seite 364), der Stadtgraben zweigt scharf nach rechts ab (51.8711,13.9653)
0,8 Str-II Lübbenau (51.8743,13.9659)
0,0 ⇩ Dorotheengraben in den Kreuzgraben (s. Seite 368) bei km 0,1 (51.8810,13.9643)

Hanschens Spreeze

Wanderfluss, Fließ, Oberspreewald
Mündung in Spree bei km 188,3 (li Nebenfluss)

Verbindungsfließ zwischen Balloke und Hauptspree.

Befahrungsregeln: Hanschens Spreeze ist eine Landeswasserstraße in Brandenburg. Es gilt die Landesschifffahrtsverordnung (LSchiffV).

0,7 ➔ Hanschens Spreeze von der Kamske (s. Seite 369) (51.8801,13.9575)
0,0 ⇩ Hanschens Spreeze in die Spree (s. Seite 328) bei km 188,3 (51.8856, 13.9590)

Zerkwitzer Kahnfahrt

Wanderfluss, Fließ, Fließ im Oberspreewald
Mündung in Spree bei km 187,9 (li Nebenfluss)

Die Zerkwitzer Kahnfahrt verbindet den Lübbenauer Ortsteil mit der Spree. Dieses Fließ ist im Sommer stark verkrautet und dann nur mühselig zu befahren.

Befahrungsregeln: Die Zerkwitzer Kahnfahrt ist eine Landeswasserstraße in Brandenburg. Es gilt die Landesschifffahrtsverordnung (LSchiffV).

3,5 Str-II Lübbenau, Berliner Straße, ab hier soll man die Zerkwitzer Kahnfahrt befahren können (51.8648,13.9304)
3,0 Wege-II (51.8700,13.9298)
2,7 EB-II (51.8724,13.9284)
0,6 Wege-II (51.8854,13.9465)
0,4 ←➔ die Zerkwitzer Kahnfahrt kreuzt die Kamske (s. Seite 369) (51.8855, 13.9499)
0,0 ⇩ der Zerkwitzer Kahnfahrt in die Spree (s. Seite 328) bei km 187,9 (51.8874,13.9539)

Lübbenauer Buschspree

Wanderfluss, Fließ, Oberspreewald
Mündung in Spree bei km 187,8 (re Nebenfluss)

Verbindungsfließ zwischen Burg-Lübbener-Kanal und Hauptspree.

Befahrungsregeln: Die Lübbenauer Buschspree ist eine Landeswasserstraße in Brandenburg. Es gilt die Landesschifffahrtsverordnung (LSchiffV).

0,6 ← der Lübbenauer Buschspree vom Burg-Lübbener-Kanal (s. Seite 374) (51.8909,13.9579)
0,5 ⇩ Trüstedter Graben (gesperrt) (51.8902,13.9573)
0,3 re ➔ Batzlingraben (gesperrt) (51.8897,13.9545)
0,0 ⇩ der Lübbenauer Buschspree in die Spree (s. Seite 328) bei km 187,8 (51.8879,13.9531)

Kamske

Weitere Namen: Balloke, Barbaragraben

Wanderfluss, Fließ, Oberspreewald
Mündung in Spree bei km 187,0 (li Nebenfluss)

Die Kamske und die Balloke werden als Gesamtheit beschrieben. Die Kamske zwei an einem Pumpwerk vom Südumfluter ab und ist nur durch umtragen der Boote z erreichen. Der folgende Lauf durch die Stadt Lübbenau kann im Sommer verkraut sein. Ab Mündung des Stadtgrabens ist die Kamske immer befahrbar. Unterhalb d Schleuse am Kamskewehr führt der Flusslauf den Namen Balloke (Barbaragraben).

Befahrungsregeln: Diese Strecke ist vom Stadtgraben Lübbenau bis zur Mündur eine Landeswasserstraße in Brandenburg. Es gilt die Lande schifffahrtsverordnung (LSchiffV).

5,5 ■ an einem Pumpwerk, hier ⩡ vom Südumfluter möglich (51.8567, 13.9833)
4,2 **03222 Lübbenau/Spreewald** (51.8615,13.9672);
Str-Ⅱ Lübbenau, Dammstraße (51.8615,13.9672)
3,7 Str-Ⅱ Lübbenau, Poststraße (51.8643,13.9635)
3,3 Str-Ⅱ Lübbenau, Stottoff (51.8678,13.9604)
3,2 Str-Ⅱ Lübbenau, Karl-Marx-Straße (51.8684,13.9601)
3,0 re ➔ Stadtgraben Lübbenau (s. Seite 364) von der Kamske (51.8700, 13.9585)
2,1 re ➔ Kreuzgraben (s. Seite 368) von der Kamske (51.8782,13.9578)
2,0 Wege-Ⅱ (51.8787,13.9578);
⯐ Kamskewehr (51.8791,13.9577)
1,8 re ➔ Hanschens Spreeze (s. Seite 368) von der Kamske (51.8801, 13.9575);
ab hier Flussname Balloke (Barbaragraben) (51.8801,13.9576)
1,0 ←➔ die Zerkwitzer Kahnfahrt (s. Seite 369) kreuzt die Kamske (51.885 13.9499)
0,1 li Pumpwerk (51.8900,13.9422)
0,0 ⇩ der Kamske in die Spree (s. Seite 328) bei km 187,0 (51.8906,13.9423

Untere Altzaucher Spree

Wanderfluss, Fließ, Oberspreewald
Mündung in Spree bei km 182,8 (re Nebenfluss)

Die Untere Altzaucher Spree verbindet Nordumfluter und Burg-Lübbener-Kanal m der Hauptspree.

Befahrungsregeln: Die Untere Altzaucher Spree ist eine Landeswasserstraße i Brandenburg. Es gilt die Landesschifffahrtsverordnun (LSchiffV).

0,7 ← Untere Altzaucher Spree vom Burg-Lübbener-Kanal (s. Seite 374) (51.9201,13.9230)
0,0 ⇩ Untere Altzaucher Spree in die Spree (s. Seite 328) bei km 182,8 (51.9235,13.9158)

Kreuzspree

Wanderfluss, Fließ, Oberspreewald

Mündung in Spree bei km 180,8 (re Nebenfluss)

Kurze Verbindung vom Nordumfluter (Burg-Lübbener-Kanal) zur Hauptspree.

Befahrungsregeln: Die Kreuzspree ist eine Landeswasserstraße in Brandenburg. Es gilt die Landesschifffahrtsverordnung (LSchiffV).

0,2 ⇩ der Kreuzspree in den Nordumfluter (s. Seite 372) (51.9381,13.9017)

0,0 ⇩ der Kreuzspree in die Spree (s. Seite 328) bei km 180,8 (51.9365, 13.9004)

Berste

Kleinfluss, Fließ, Oberspreewald

Mündung in Spree bei km 178,9 (li Nebenfluss)

Die Berste ist als Kleinfluss ohne besondere Schwierigkeiten zu befahren. Sie ist teilweise begradigt, streckenweise landschaftlich recht reizvoll. Die Befahrbarkeit der Wehre hängt davon ab, wie hoch die Staubohlen gesteckt sind; das Umtragen wird zumeist durch steile Uferböschungen erschwert.

Befahrungsregeln: Ab Mündung des Stadtgrabens Lübben bis zur Mündung in die Spree gilt die Landesschifffahrtsverordnung (LSchiffV) des Landes Brandenburg.

Befahrbarkeit: Bei höherem Wasserstand ab Luckau, bei Mittelwasser ab Kreblitz. Im Sommer ist die Berste erheblich verkrautet.

26,5 Str-II **15926 Luckau**, Bersteweg, ⬇ bei sehr gutem Wasserstand. Bis Kreblitz folgen 2 ▬ (51.8593,13.7168)

25,7 Str-II B87 Luckau (51.8660,13.7173)

25,0 Str-II Luckau, Karche (51.8707,13.7182)

23,7 Str-II K6138 (51.8817,13.7110)

21,6 Str-II und ▬ Kreblitz, li ⛺ Sonnenberg (51.8986,13.7089)

21,1 Str-II K6139, re **15926 Luckau, OT Kreblitz**, ⬇ bei minder gutem Wasserstand (51.9026,13.7046)

20,5 ▬ Kreblitz, evtl. ≈ (51.9075,13.7063)

18,6 Weg-II (51.9244,13.7067)

18,3 Weg-II (51.9262,13.7048)

17,4 Str-II Kasel-Golzig, Parkstraße (51.9333,13.6999)

17,3 Str-II, **15938 Kasel-Golzig**, Golßener Straße (51.9346,13.6995)

14,8 Weg-II (51.9530,13.7134)

14,1 Str-II K6137, re **15910 Bersteland, OT Reichwalde** (51.9561,13.7220)

13,3 li ⇩ Kaulschegraben, danach Steck-▬ (51.9579,13.7332)

12,7 Steck-▬

12,6 Str-II L71 (51.9560,13.7439)

12,0 ▬ (51.9545,13.7518)

10,9 Str-II A13 (51.9500,13.7657)

9,7 ▬ (51.9434,13.7802)

9,2 Str-II K6124, re **15910 Bersteland, OT Niewitz** (51.9413,13.7854)

8,4 Steck-▬

5,6 ▬ (51.9342,13.8339)
3,8 Str-II Treppendorfer Dorfstraße, Ortsbeginn **15907 Lübben (Spreewald** (51.9366,13.8601)
3,7 Steck-▬ Treppendorf (51.9366,13.8602)
2,5 ▬ Lübben, ✕, re ⏏
2,4 Str-II Lübben, Hainmühlenweg (51.9351,13.8784)
2,1 EB-II Lübben (51.9362,13.8827)
2,0 Str-II Lübben, Bahnhofstraße (51.9365,13.8833)
1,8 Str-II Lübben, Jägerstraße (51.9375,13.8850); Weg-II Lübben (51.9379,13.8852)
1,6 Weg-II Lübben (51.9392,13.8853)
1,3 Weg-II Lübben (51.9410,13.8882)
1,2 re ⇩ Stadtgraben Lübben (s. Seite 372) in die Berste (51.9415,13.8890)
1,0 Weg-II Lübben, Gartengasse (51.9433,13.8895)
0,8 Str-II B115 Lübben, Berliner Straße (51.9445,13.8898)
0,1 ▬ Lübben mit re Kahn-⯐ oder re ⏏ (51.9495,13.8942)
0,0 ⇩ der Berste in die Spree (s. Seite 328) bei km 178,9 (51.9500,13.8951)

Stadtgraben Lübben

Wanderfluss, Fließ, Oberspreewald
Mündung in Berste bei km 1,2 (li Nebenfluss)

Weiterfahrt über den Stadtgraben Lübben interessanter als Hauptspree, führt üb eine ⯐ zur Berste, kurz vor deren ⇩ in Hauptspree noch mal eine Schleuse, ca. 2 k Fahrstrecke.

Befahrungsregeln: Der Stadtgraben Lübben ist eine Landeswasserstraße in Bra denburg. Es gilt die Landesschifffahrtsverordnung (LSchiffV).

0,7 ← Stadtgraben Lübben von der Spree (s. Seite 328), Weiterfahrt über diesen interessanter als Hauptspree, führt zur Berste (51.9386,13.8959); li Paddelboothafen Lübben (Gute Liegeplätze für Gaststätten- und Stadtbesuch in Lübben, ca. 150 m zum ⛺ Spreewald-Camping, 1 km zum 🚂 Links nach Paddelboothafen Bootsverleih und Kiosk, Am Burglehn, 1590 Lübben, ☎ +49 3546 7053 (51.9387,13.8953)
0,3 Str-II B87/115, Geschwister-Scholl-Straße, Lübben (51.9389,13.8909)
0,2 ⯐ Spittelarche (Selbstbedienung) (51.9400,13.8900)
0,1 Wege-II Am Haintor (51.9408,13.8896)
0,0 ⇩ Stadtgraben Lübben in die Berste (s. Seite 371) bei km 1,2 (51.9415, 13.8890)

Nordumfluter

Wanderfluss, Fließ, Oberspreewald
Mündung in Spree bei km 177,8 (re Nebenfluss)

Der Nordumfluter dient vor allem dem Hochwasserschutz. Er bildet die nördlich Grenze des Oberspreewaldes.

27,5 ➔ Nordumfluter von der Spree (s. Seite 328) über Wehr Nr. IV (51.8421, 14.2107)
27,4 ■ mit Wege-II, X, ⏏ (51.8426,14.2098)
26,5 Str-II L501, re **03096 Schmogrow-Fehrow** (51.8479,14.1994)
25,4 ■ Schmogrow, X, ⏏, das Große Fließ unterquert in einem Düker den Nordumfluter (51.8526,14.1870)
24,0 Wege-II (51.8616,14.1731)
23,1 Str-II L51 Burg (Spreewald) - Byhleguhre (51.8658,14.1620)
22,1 ■ Fiedermann, X, ⏏ (51.8707,14.1512)
21,8 Wege-II (51.8724,14.1467)
20,7 Holzgraben-■, X, ⏏ (51.8761,14.1318)
19,8 Str-II Buschmühle (51.8780,14.1198)
18,3 ■, X, ⏏ (51.8843,14.1006)
15,5 Wege-II (51.8955,14.0641)
15,0 ■ Alt Zauche, X, ⏏ (51.8971,14.0574)
13,3 Wege-II (51.9028,14.0345)
13,2 li ⇩ Nordfließ (s. Seite 374) in den Nordumfluter (51.9030,14.0338)
12,0 ehemaliges ■, kein Hindernis, re Kiosk, ⛺, ⇅ gegen Gebühr (51.9097, 14.0200)
11,7 Wege-II (51.9107,14.0169)
10,8 li ⌘, re ■, Nr. 114 (51.9131,14.0045)
8,9 Str-II Lübben, An der Bukoitza (51.9153,13.9759)
8,2 Kleine Insel mit Napoleonseiche (51.9161,13.9661)
6,8 Wege-II (51.9175,13.9457)
6,7 li ⌘, re ■ (51.9176,13.9444)
5,3 ⇩ Burg-Lübbener-Kanal (s. Seite 374) in den Nordumfluter (51.9191, 13.9242)
5,2 Fußg.-II (51.9195,13.9237)
5,1 li ← Untere Altzaucher Spree (s. Seite 370) vom Burg-Lübbener-Kanal (s. Seite 374) (51.9201,13.9230)
2,6 li ← in die Kreuzspree fahren, geradeaus im Nordumfluter ein ■ X, ⏏ nicht möglich (51.9381,13.9018);
li ⇩ der Kreuzspree (s. Seite 370) in den Nordumfluter (51.9381,13.9017)
2,5 Fußg-II Lübben, re ➔ zur Schleuse, nicht geradeaus fahren (51.9391, 13.9015);
⌘ Große Amtsmühle (Selbstbedienung) zur Weiterfahrt auf dem Nordumfluter (51.9394,13.9018);
Str-II Lübben, Mühlendamm (51.9395,13.9021)
2,1 Str-II B87 Lübben, Frankfurter Straße (51.9412,13.9055)
0,7 Weg-II (51.9532,13.9004)
0,0 ⇩ Nordumfluter in die Spree (s. Seite 328) bei km 177,8 (51.9588, 13.8992)

Nordfließ

Weitere Namen: Neue Polenza

Wanderfluss, Fließ, Oberspreewald
Mündung in Nordumfluter bei km 13,2 (li Nebenfluss)

Interessantes Spreewaldfließ im Hochwald.

Befahrungsregeln: Das Nordfließ ist eine Landeswasserstraße in Brandenburg. E gilt die Landesschifffahrtsverordnung (LSchiffV).
Mehrere gesperrte Abzweigungen. Unbedingt die Sperrschild beachten.

- 7,9 ▬ Mattag (51.8749,14.1176)
- 7,4 Wege-II (51.8750,14.1112)
- 5,5 –5,3 ⇩ in Große Fließ und dann wieder re ➔ (51.8783,14.0885)–(51.8788,14.0855)
- 4,4 li ➔🡐 Querverbindung zwischen Großes Fließ (s. Seite 381) und Nordfließ (2 m breit), darüber Wege-II (51.8805,14.0738)
- 2,4 re ⯐ und li ▬ Kannomühle (51.8936,14.0556)
- 2,3 li 🡐 Peterkanal (s. Seite 384) vom Nordfließ (51.8942,14.0544)
- 0,8 li 🡐 der Zerra (s. Seite 384) vom Nordfließ, re läuft das Nordfließ weiter zum Nordumfluter (51.8965,14.0362)
- 0,6 Wege-II (51.8984,14.0348)
- 0,1 Schützenhaus-⯐ (51.9025,14.0336)
- 0,0 ⇩ Nordfließ in den Nordumfluter (s. Seite 372) bei km 13,2 (51.9030, 14.0338)

Burg-Lübbener-Kanal

Wanderfluss, Fließ, Oberspreewald
Mündung in Nordumfluter bei km 5,3 (li Nebenfluss)

Der Burg-Lübbener-Kanal ist ein Gewässer des Oberspreewalds. Er zweigt vom Großen Fließ ab und führt, meist geradlinig, durch den gesamten Oberspreewald. Im Bereich Lübben mündet er in den Nordumfluter.

Befahrungsregeln: Der Burg-Lübbener-Kanal ist eine Landeswasserstraße in Brandenburg. Es gilt die Landesschifffahrtsverordnung (LSchiffV).
km 8,2 bis 5,6 : ganzj. BV

- 18,7 🡐 Burg-Lübbener-Kanal von Großes Fließ (s. Seite 381) (51.8627, 14.1406)
- 18,6 Str-II Burg, Willischzaweg (51.8622,14.1398)
- 18,5 re ⇩ Schloßbergfließ (51.8612,14.1402)
- 17,9 li 🡐 Verbindungsgraben Schneider (s. Seite 377) vom Burg-Lübbener-Kanal (51.8614,14.1322)
- 17,4 Str-II Burg, Willischzaweg (51.8649,14.1268)
- 17,1 Str-II Ringchaussee (51.8663,14.1244)
- 16,2 re ⇩ Verbindung 104/105 (s. Seite 376) in den Burg-Lübbener-Kanal

(51.8689,14.1132)
15,9 Weg-Ⅱ (51.8668,14.1110)
15,7 ⇩ Fischerfließ (s. Seite 376) in den §Burg-Lübbener-Kanal (51.8654, 14.1097);
Str-Ⅱ Ringchaussee (51.8650,14.1092)
15,2 re ➔ Alter Storchgraben (s. Seite 385) vom Burg-Lübbener-Kanal (51.8650,14.1034)
15,0 li ← Kälbergraben (s. Seite 377) vom Burg-Lübbener-Kanal (51.8642, 14.1007)
14,4 li ⇩ Kleine Spree (Burg) (s. Seite 376) in den Burg-Lübbener-Kanal (51.8644,14.0921)
14,2 Fußg.-Ⅱ, ⇅ ✕ Waldschlößchen, ⚠ auf Kahnbetrieb (51.8650,14.0897);
re ⇩ Weidengraben (s. Seite 378) in den Burg-Lübbener-Kanal (51.8651, 14.0896);
Str-Ⅱ (51.8650,14.0891)
14,1 Str-Ⅱ Burg, Waldschlößchenstraße (51.8644,14.0881)
14,0 li ⌘ Waldschlößchen, re ▬, X (51.8643,14.0879)
13,8 li ← Rohrkanal (s. Seite 379) vom Burg-Lübbener-Kanal (51.8643, 14.0850)
13,3 re ⇩ Weidenfließ (s. Seite 378) in den Burg-Lübbener-Kanal (51.8668, 14.0797)
12,0 Kanal-⌘ Nr. 53 (51.8684,14.0613)
11,9 ←➔, der Leiper Graben (s. Seite 350) kreuzt den Burg-Lübbener-Kanal (51.8684,14.0606)
10,1 li ⇩ Rohrkanal (s. Seite 379) in den Burg-Lübbener-Kanal (51.8706, 14.0338)
10,0 re ⌘ Nr. 51, li ▬ (51.8708,14.0330)
9,2 ⇩ Bürgerfließ (s. Seite 364) in den Burg-Lübbener-Kanal (51.8717, 14.0215);
←, das Bürgerfließ (s. Seite 364) verlässt den Burg-Lübbener-Kanal (51.8717,14.0205);
Fußg.-Ⅱ (51.8718,14.0203)
8,4 ←➔ der Wehrkanal (s. Seite 363) kreuzt den Burg-Lübbener-Kanal, li zum ✕ Wotschofska (51.8752,14.0103)
8,2 Str-Ⅱ (51.8758,14.0086);
li ⇩ Wotschofskagraben (s. Seite 380) in den Burg-Lübbener-Kanal, **§** Einfahrt verboten (Einbahnverkehr) (51.8759,14.0082)
8,2 –5,6 **§**, ganzj. BV (51.8760,14.0081)–(51.8875,13.9746)
5,3 li ⇩ Lehder Fließ Nord (s. Seite 380) in den Burg-Lübbener-Kanal (51.8857,13.9717)
5,0 li ⇩ Puschhalle (s. Seite 380) in den Burg-Lübbener-Kanal (51.8859, 13.9683);
re Kalkofenschleuse, li ▬ (51.8862,13.9681)
4,1 li ← der Lübbenauer Buschspree (s. Seite 369) vom Burg-Lübbener-

Kanal (51.8909,13.9579)

3,2 re ⇩ Großes Fließ (s. Seite 381) in den Burg-Lübbener-Kanal. Der Burg-Lübbener-Kanal ist durch ein ■ versperrt. Deshalb re ➔ in das Große Fließ fahren und dort die ⯐ benutzen (51.8979,13.9518); Fußg.-Ⅱ (51.8980,13.9513)

2,1 li ⇩ der Ragower Kahnfahrt (s. Seite 386) in den Burg-Lübbener-Kanal (51.9018,13.9375)

0,0 ⇩ Burg-Lübbener-Kanal in den Nordumfluter (s. Seite 372) bei km 5,3 (51.9191,13.9242)

Verbindung 104/105

Wanderfluss, Fließ, Oberspreewald
Mündung in Burg-Lübbener-Kanal bei km 16,2 (re Nebenfluss)

Kurzes Verbindungsfließ zwischen Mittelkanal und Burg-Lübbener-Kanal.

Befahrungsregeln: Die Verbindung 104/105 ist eine Landeswasserstraße in Brandenburg. Es gilt die Landesschifffahrtsverordnung (LSchiffV).

0,2 ← Verbindung 104/105 vom Mittelkanal (s. Seite 385) (51.8704,14.1146)

0,0 ⇩ Verbindung 104/105 in den Burg-Lübbener-Kanal (s. Seite 374) bei km 16,2 (51.8689,14.1132)

Fischerfließ

Wanderfluss, Fließ, Oberspreewald
Mündung in Burg-Lübbener-Kanal bei km 15,7 (li Nebenfluss)

Das Fischerfließ verbindet die Kleine Spree mit dem Burg-Lübbener-Kanal.

Befahrungsregeln: Das Fischerfließ ist eine Landeswasserstraße in Brandenburg. Es gilt die Landesschifffahrtsverordnung (LSchiffV).

0,8 ➔ Fischerfließ von Kleine Spree (Burg) (s. Seite 376) (51.8619,14.1167)

0,7 Str-Ⅱ (51.8628,14.1172)

0,6 li ← weiterfahren (51.8633,14.1176); Str-Ⅱ (51.8636,14.1169)

0,2 Str-Ⅱ (51.8647,14.1113)

0,0 ⇩ Fischerfließ in den §Burg-Lübbener-Kanal (51.8654,14.1097)

Kleine Spree (Burg)

Kleinfluss, Wanderfluss, Fließ, Oberspreewald
Mündung in Burg-Lübbener-Kanal bei km 14,4 (li Nebenfluss)

Die Kleine Spree zweigt in Burg (Spreewald) von der Neuen Spree ab. Im Oberlauf ist sie nur selten befahrbar und unterquert mehrere niedrige Brücken. Ab dem Verbindungsgraben Schneider ist sie immer befahrbar und fließt, zunächst mit starker Strömung, in Richtung Waldschlösschen.

Befahrungsregeln: Die Kleine Spree ist vom Fischerfließ bis zur Mündung eine Landeswasserstraße in Brandenburg. Es gilt die Landesschifffahrtsverordnung (LSchiffV).

6,0 ➔ (geradeaus) der Kleine Spree (Burg) von Neue Spree (s. Seite 346), die Neue Spree zweigt nach links ab (51.8420,14.1520)
6,0 –3,3 ⚠ diese Strecke ist nur ≈, wenn die Stromschnellen an den Brücken ≈ sind. Es folgen mehrere niedrige Brücken (51.8420,14.1521)–(51.8599, 14.1315)
3,3 re ⇩ Verbindungsgraben Schneider (s. Seite 377) in die Kleine Spree (Burg), ab hier ist die Kleine Spree ständig ≈ (51.8600,14.1314)
3,2 Wege-Ⅱ (51.8604,14.1305)
2,8 Str-Ⅱ Burg (Spreewald), Ringchaussee (51.8592,14.1266)
2,0 re ➔ Fischerfließ (s. Seite 376) von Kleine Spree (Burg) (51.8619, 14.1167);
li Ramona's Wiesenfühlung, nur Zelte (zzt. geschlossen, siehe Internet, Stand 03/2021), Weidenweg 4, 03096 Burg (Spreewald), www.wiesenfuehlung.de , ☎ +49 35603 61839 (51.8617,14.1165)
1,3 Str-Ⅱ Burg (Spreewald), Ringchaussee (51.8612,14.1078)
0,9 re ⇩ Kälbergraben (s. Seite 377) in Kleine Spree (Burg) (51.8615,14.1016)
0,8 li ← Verbindung Neue Spree/Kleine Spree (s. Seite 347) in die Kleine Spree (Burg) (51.8608,14.1011)
0,6 Str-Ⅱ Burg (Spreewald), Kaupeninsel (51.8617,14.0983)
0,3 li ← Nahkegraben (s. Seite 380) von Kleine Spree (Burg) (51.8629, 14.0956)
0,0 ⇩ Kleine Spree (Burg) in den Burg-Lübbener-Kanal (s. Seite 374) bei km 14,4 (51.8644,14.0921)

Verbindungsgraben Schneider

Wanderfluss, Fließ, Oberspreewald
Mündung in Kleine Spree (Burg) bei km 3,3

Kurzes Verbindungsfließ zwischen Burg-Lübbener-Kanal und Kleiner Spree (Burg).

0,2 ← Verbindungsgraben Schneider vom Burg-Lübbener-Kanal (s. Seite 374) (51.8614,14.1322)
0,0 ⇩ Verbindungsgraben Schneider in die Kleine Spree (Burg) (s. Seite 376) bei km 3,3, ab hier ist die Kleine Spree ständig ≈ (51.8600,14.1314)

Kälbergraben

Wanderfluss, Fließ, Oberspreewald
Mündung in Kleine Spree (Burg) bei km 0,9 (re Nebenfluss)

Der Kälbergraben verbindet den Burg-Lübbener-Kanal mit der Kleinen Spree.
Befahrungsregeln: Der Kälbergraben ist eine Landeswasserstraße in Brandenburg. Es gilt die Landesschifffahrtsverordnung (LSchiffV).

0,4 ← Kälbergraben vom Burg-Lübbener-Kanal (s. Seite 374) (51.8642, 14.1007)
0,0 ⇩ Kälbergraben in Kleine Spree (Burg) (s. Seite 376) bei km 0,9 (51.8615, 14.1016)

Weidengraben

Wanderfluss, Fließ, Oberspreewald
Mündung in Burg-Lübbener-Kanal bei km 14,2 (re Nebenfluss)

Der Weidengraben verbindet das Große Fließ mit dem Burg-Lübbener-Kanal und erreicht diesen beim Gasthaus Waldschlösschen.

Befahrungsregeln: Der Weidengraben ist eine Landeswasserstraße in Brandenburg. Es gilt die Landesschifffahrtsverordnung (LSchiffV).

1,2 ← Weidengraben von Großes Fließ (s. Seite 381) (zum ✕ Waldschlösschen) (51.8735,14.0967)
1,1 Str-II Burg (Spreewald), Eicheweg (51.8723,14.0964)
0,8 li ⇩ Storchgraben (s. Seite 378) in den Weidengraben, re → Neues Fließ (gesperrt) (51.8706,14.0952)
0,5 Str-II Burg (Spreewald), Polenzweg (51.8689,14.0906)
0,3 ←→ der Weidengraben kreuzt den Mittelkanal (s. Seite 385), dazu im Mittelkanal nach links fahren und dann wieder dem Weidengraben folgen (Ausschilderung Waldschlösschen) (51.8675,14.0900)
0,0 ⇩ Weidengraben in den Burg-Lübbener-Kanal (s. Seite 374) bei km 14,2 (51.8651,14.0896)

Storchgraben

Wanderfluss, Fließ, Oberspreewald
Mündung in Weidengraben bei km 0,8 (li Nebenfluss)

Kurzes Verbindungsfließ zwischen Mittelkanal und Weidengraben.

Befahrungsregeln: Der Storchgraben ist eine Landeswasserstraße in Brandenburg. Es gilt die Landesschifffahrtsverordnung (LSchiffV).

0,6 → Storchgraben vom Mittelkanal (s. Seite 385) (51.8679,14.1005)
0,4 Str-II Burg (Spreewald), Polenzweg (51.8694,14.0998)
0,0 ⇩ Storchgraben in den Weidengraben (s. Seite 378) bei km 0,8, re → Neues Fließ (gesperrt) (51.8706,14.0952)

Weidenfließ

Wanderfluss, Fließ, Oberspreewald
Mündung in Burg-Lübbener-Kanal bei km 13,3 (re Nebenfluss)

Das Weidenfließ ist eine weitere Verbindung zwischen Mittelkanal und Burg-lübbener-Kanal.

Befahrungsregeln: Das Weidenfließ ist eine Landeswasserstraße in Brandenburg. Es gilt die Landesschifffahrtsverordnung (LSchiffV).

0,4 ← Weidenfließ vom Mittelkanal (s. Seite 385) (51.8685,14.0849)
0,1 Str-II Burg (Spreewald), Waldschlösschenstraße (51.8670,14.0805)
0,0 ⇩ Weidenfließ in den Burg-Lübbener-Kanal (s. Seite 374) bei km 13,3 (51.8668,14.0797)

Rohrkanal

Wanderfluss, Fließ, Oberspreewald
Mündung in Burg-Lübbener-Kanal bei km 10,1 (li Nebenfluss)

Der Rohrkanal ist ein Parallelfließ zum Burg-Lübbener-Kanal, ist jedoch zwischen Leiper Graben und Einmündung Schapigk nicht befahrbar.

Befahrungsregeln: Der Rohrkanal ist eine Landeswasserstraße in Brandenburg. Es gilt die Landesschifffahrtsverordnung (LSchiffV).

4,2 ← Rohrkanal vom Burg-Lübbener-Kanal (s. Seite 374) (51.8643,14.0850)
4,0 re ⇩ Stilles Fließ (s. Seite 379) in den Rohrkanal (51.8635,14.0838); Wege-II (51.8632,14.0832)
3,5 li ← Buschgraben (s. Seite 344) vom Rohrkanal, die Fahrt geht zunächst gegen die Strömung (51.8622,14.0778); ▬ Behelfsstau, ⏶ auf eigene Gefahr (51.8622,14.0769)
3,2 re → Janks Buschfließ (Gesperrt) (51.8618,14.0726)
1,8 ←→, der Leiper Graben (s. Seite 350) kreuzt den Rohrkanal (51.8621, 14.0524); → Jurksfließ (s. Seite 348) vom Rohrkanal (51.8621,14.0524)
1,8 –0,7 ⚠ Rohrkanal hier nicht befahrbar (51.8621,14.0521)–(51.8665, 14.0391)
0,7 li ← Schapigk (s. Seite 350) vom Rohrkanal (51.8665,14.0389)
0,0 ⇩ Rohrkanal in den Burg-Lübbener-Kanal (s. Seite 374) bei km 10,1 (51.8706,14.0338)

Stilles Fließ

Wanderfluss, Fließ, Oberspreewald
Mündung in Rohrkanal bei km 4,0 (li Nebenfluss)

Das Stille Fließ zweigt von der Neuen Spree ab und erreicht nach Überwindung einer Schleuse den Rohrkanal.

Befahrungsregeln: Das Stille Fließ ist eine Landeswasserstraße in Brandenburg. Es gilt die Landesschifffahrtsverordnung (LSchiffV).

1,4 → Stilles Fließ von Neue Spree (s. Seite 346) (51.8597,14.1003)
1,2 Wege-II (51.8602,14.0978)
0,8 re ⇩ Nahkegraben (s. Seite 380) in Stilles Fließ (51.8610,14.0931)
0,7 ⯐ und ▬ Kongoa, ≈ abwärts über Borstenpass, aufwärts treideln (51.8608,14.0906)
0,5 li ← Große Wildbahn Nord (s. Seite 348) von Stilles Fließ (51.8605, 14.0890)
0,4 li ← Kleine Wildbahn (51.8609,14.0872)
0,2 Wege-II (51.8627,14.0853)
0,1 Str-II Burg (Spreewald), Waldschlösschenstraße (51.8633,14.0844)
0,0 ⇩ Stilles Fließ in den Rohrkanal (s. Seite 379) bei km 4,0 (51.8635, 14.0838)

Nahkegraben

Wanderfluss, Fließ, Oberspreewald
Mündung in Stilles Fließ bei km 0,8 (re Nebenfluss)

Der Nahkegraben verbindet die Kleine Spree mit dem Stillen Fließ.
Befahrungsregeln: Der Nahkegraben ist eine Landeswasserstraße in Brandenburg. Es gilt die Landesschifffahrtsverordnung (LSchiffV).

0,3 ← Nahkegraben von Kleine Spree (Burg) (s. Seite 376) (51.8629, 14.0956)
0,1 Str-II Burg (Spreewald), Waldschlösschenstraße (51.8621,14.0934)
0,0 ⇩ Nahkegraben in Stilles Fließ (s. Seite 379) bei km 0,8 (51.8610, 14.0931)

Wotschofskagraben

Wanderfluss, Fließ, Oberspreewald
Mündung in Burg-Lübbener-Kanal bei km 8,2 (li Nebenfluss)

Der Wotschofskagraben umrundet das Gasthaus Wotschofska und stellt die Verbindung zum Rollkanal her. Er ist nur im Einbahnverkehr zu befahren.
Befahrungsregeln: Der Wotschofskagraben ist eine Landeswasserstraße in Brandenburg. Es gilt die Landesschifffahrtsverordnung (LSchiffV).

0,6 → Wotschofskagraben vom Wehrkanal (s. Seite 363), ⚠ Einbahnverkehr nur in Richtung Rollenkanal (51.8726,14.0079)
0,3 li ← Rollkanal (s. Seite 366) vom Wotschofskagraben (51.8741,14.0057)
0,0 ⇩ Wotschofskagraben in den Burg-Lübbener-Kanal (s. Seite 374) bei km 8,2, **§** Einfahrt verboten (Einbahnverkehr) (51.8759,14.0082)

Lehder Fließ Nord

Wanderfluss, Fließ, Oberspreewald
Mündung in Burg-Lübbener-Kanal bei km 5,3 (li Nebenfluss)

Zweigt nach der Mündung des Bürgerfließes von der Hauptspree ab und mündet in den Burg-Lübbener-Kanal unterhalb der Sperrstrecke ein.
Befahrungsregeln: Das Lehder Fließ Nord ist eine Landeswasserstraße in Brandenburg. Es gilt die Landesschifffahrtsverordnung (LSchiffV).

1,5 re → Lehder Fließ Nord von der Spree (s. Seite 328) (51.8741,13.9731)
0,0 ⇩ Lehder Fließ Nord in den Burg-Lübbener-Kanal (s. Seite 374) bei km 5,3 (51.8857,13.9717)

Puschhalle

Wanderfluss, Fließ, Oberspreewald
Mündung in Burg-Lübbener-Kanal bei km 5,0 (li Nebenfluss)

Kurze Verbindung von der Hauptspree zum Burg-Lübbener-Kanal oberhalb der Kalkofen-Schleuse.
Befahrungsregeln: Die Puschhalle ist eine Landeswasserstraße in Brandenburg.

Es gilt die Landesschifffahrtsverordnung (LSchiffV).

0,6 ➔ der Puschhalle von der Spree (s. Seite 328) (51.8816,13.9657)
0,0 ⇩ Puschhalle in den Burg-Lübbener-Kanal (s. Seite 374) bei km 5,0 (51.8859,13.9683)

Großes Fließ

Weitere Namen: Malxe

Wanderfluss, Fließ, Oberspreewald
Mündung in Burg-Lübbener-Kanal bei km 3,2 (re Nebenfluss)

Das Große Fließ beginnt am Zusammenfluss von Malxe und Hammerstrom, unterquert den Nordumfluter und ist dann ein Fließ des Ober-Spreewaldes. Es mündet unterhalb Lübbenau in den Burg-Lübbener-Kanal. Auf manchen Karten wird das Große Fließ auch als Malxe bezeichnet.

Befahrungsregeln: Das Große Fließ ist vom Düker unter dem Nordumfluter bis zur Mündung eine Landeswasserstraße in Brandenburg. Es gilt die Landesschifffahrtsverordnung (LSchiffV).

24,8 ⇩ Zusammenfluss von re Malxe (s. Seite 383) und li Hammergraben (Cottbus) (s. Seite 382) zu Großes Fließ (51.8544,14.2607)
24,2 li ≣ Fehrow (51.8530,14.2527)
23,9 Str-Ⅱ L60 **03096 Schmogrow-Fehrow**, Hauptstraße (51.8515,14.2495)
22,8 Weg-Ⅱ (51.8490,14.2347)
21,2 ▬ Schmogrow, ✕, li ⌂ (51.8486,14.2146)
20,4 Str-Ⅱ L501 Schmogrow, Dorfstraße (51.8504,14.2064)
18,9 ⚠, das Große Fließ unterquert den Nordumfluter, ✕, ⌂ über Wehranlage des Nordumfluters (51.8527,14.1874)
18,3 re ➔ Kleines Fließ (s. Seite 384) von Großes Fließ (51.8539,14.1796)
17,8 Str -Ⅱ Am Bahndamm (51.8539,14.1732)
16,3 Str-Ⅱ L51 Burg, Byhleguhrer Straße (51.8586,14.1558)
15,3 re ⯑ (Konsumschleuse), li ▬ (51.8617,14.1436)
15,1 li ← Burg-Lübbener-Kanal (s. Seite 374) von Großes Fließ (51.8627, 14.1406)
14,5 Wege-Ⅱ (51.8665,14.1361)
13,9 Fußg-Ⅱ (51.8685,14.1295)
13,7 Str-Ⅱ Burg, Nordweg (51.8693,14.1265)
13,3 li ← Mittelkanal (s. Seite 385) von Großes Fließ (51.8707,14.1218)
13,2 Str.-Ⅱ Ringchaussee (51.8715,14.1206)
12,9 re ⇩ Kleines Fließ (s. Seite 384) in Großes Fließ (51.8727,14.1177); li ⯑, re ▬ Straupitzer Buschmühle, darüber Str-Ⅱ (51.8727,14.1175)
11,9 li ⇩ Krautfließ (s. Seite 384) in Großes Fließ (51.8738,14.1039)
11,4 li ← Weidengraben (s. Seite 378) von Großes Fließ (zum ✕ Waldschlösschen) (51.8735,14.0967)
10,8 re ⯑ Eiche, li ▬ (51.8771,14.0895)
10,5 li ✕ Waldhotel Eiche (51.8784,14.0872)

9,5 re ➔← Querverbindung zwischen Großes Fließ und Nordfließ (s. Seite 374) (2 m breit), darüber Wege-Ⅱ (51.8805,14.0738)
9,3 li ← Leiper Graben (s. Seite 350) von Großes Fließ (zum ✕ Pohlenzschänke) (51.8800,14.0706)
7,9 re ⇄ Nr. 60, li ■ (51.8818,14.0513)
7,5 re ⇩ Peterkanal (s. Seite 384) in Großes Fließ (51.8823,14.0456)
6,5 li ← Bürgerfließ (s. Seite 364) von Großes Fließ (51.8840,14.0322)
5,5 li ← Wehrkanal (s. Seite 363) von Großes Fließ (51.8875,14.0211); re ⇩ Zerra (s. Seite 384) in Großes Fließ (51.8876,14.0210)
5,3 ⇄ Nr. 100, ■ (51.8884,14.0176)
3,6 re ⇄ Nr. 116, li ■ (51.8956,13.9971)
3,5 Str-Ⅱ (51.8959,13.9963)
1,6 Str-Ⅱ (51.8997,13.9730)
0,1 li ⇩ Mittelkanal (s. Seite 385) in Großes Fließ. Der Mittelkanal ist hier nicht befahrbar (51.8977,13.9526)
0,0 ⇄ (51.8978,13.9522);
⇩ Großes Fließ in den Burg-Lübbener-Kanal (s. Seite 374) bei km 3,2. Der Burg-Lübbener-Kanal ist durch ein ■ versperrt. Deshalb re ➔ in das Große Fließ fahren und dort die ⇄ benutzen (51.8979,13.9518)

Hammergraben (Cottbus)

Wanderfluss
Mündung in Großes Fließ bei km 24,8 (li Nebenfluss)

Der Hammerstrom wird insbesondere dann befahren, wenn die Spree ab dem Großen Spreewehr keinen ausreichenden Wasserstand aufweist.

23,3 ➔ Hammergraben (Cottbus) von der Spree (s. Seite 328) über ein Wehr (51.7712,14.3566)
23,2 ■ Großes Spreewehr Cottbus, re ➔ über ein Schütz, dazu li am Großen Spreewehr ⬆, nach re über ■-Ⅱ ⌓ und li an der Treppe ⬇ (51.7716, 14.3572)
23,0 Str-Ⅱ B169 Cottbus (51.7720,14.3604)
22,4 EB-Ⅱ Cottbus (51.7721,14.3674)
22,1 Str-Ⅱ Cottbus, Bärenbrücker Straße (51.7718,14.3721)
21,0 Str-Ⅱ Cottbus, Merzdorfer Bahnhofstraße (51.7803,14.3752)
20,4 Str-Ⅱ B168n Cottbus (51.7853,14.3768)
20,2 re ➔ Alter Hammergraben. Der Alte Hammergraben ist ganzjährig gesperrt. Weiterfahrt geradeaus auf dem Neuen Hammergraben (51.7866, 14.3756)
19,2 ■ Lakoma, **X**, re ⌓. Hier befindet sich das Einlaufbauwerk für den zukünftigen „Cottbuser Ostsee“, der nach der Flutung mit 19 km² der größte künstliche See Deutschlands ist (51.7946,14.3799)
19,1 Str-Ⅱ Lakomaer Dorfstraße (51.7959,14.3809)
17,7 Str-Ⅱ Cottbus, Waldstraße (51.8063,14.3882)
16,3 Ⅱ (51.8154,14.4020)

16,0 Str-Ⅱ L473 (51.8176,14.4040)
15,9 EB-Ⅱ (51.8181,14.4040)
15,4 Fußg.-Ⅱ (51.8204,14.4101);
⇩ Alter Hammerstrom (51.8204,14.4106)
14,6 Str-Ⅱ und ▬ Maustmühle, **X**, Befahrung verboten, ⬆ re an Bootssteg, ⏏ ca. 100 m, ⬇ re, li ✕ (51.8275,14.4127)
12,6 li 🡐, geradeaus weiterfahren (51.8430,14.4246)
12,0 Ⅱ, danach ▬ des Hüttenwerkes (Museum), re vor der Brücke am Bootssteg ⬆, ⏏ ca. 240 m (Schild mit Karte des Umtrageweges beachten), dann re am Bootssteg ⬇ (51.8479,14.4231)
10,7 re ⌂⚑ KV Peitz, ⚑⛺, Triftstraße 57, 03185 Peitz, www.kanuverein-peitz.de , ☎ +49 152 55983320, info@kanuverein-peitz.de (51.8508, 14.4047)
10,5 Str-Ⅱ B168 **03185 Peitz**, Cottbuser Straße, ✕ (51.8512,14.4028)
6,3 Schützen-▬ Maiberg, **X**, li ⏏ (51.8517,14.3439)
5,6 Str-Ⅱ, li **03054 Cottbus-Maiberg**. Hier ist ein ⏏ zur Spree möglich, ca. 420 m (51.8500,14.3341)
3,0 Wege-Ⅱ (51.8570,14.3014)
2,9 ▬, re ⏏ (schwierig), ein Wehrneubau ist vorgesehen mit ⬆⬇-Stellen links (51.8570,14.3000)
1,4 Wege-Ⅱ (51.8541,14.2793)
0,0 ⇩ Zusammenfluss von re Malxe (s. Seite 383) und li Hammergraben (Cottbus) zu Großes Fließ (s. Seite 381) bei km 24,8 (51.8544,14.2607)

Malxe

Kleinfluss
Mündung in Großes Fließ bei km 24,8

Der Oberlauf der Malxe wird wegen eines Braunkohlen-Tagebaus über den Malxekanal zur Neiße umgeleitet, während der Unterlauf über das Große Fließ in die Spree fließt. Dadurch ergibt sich eine Zweiteilung der Malxe.

Befahrbarkeit: Nur im Herbst, wenn die Teiche abgelassen werden, nur für Einer.

10,7 Str-Ⅱ B168 **03185 Peitz**, Cottbuser Straße, mögliche ⬇ Peitz, ✕ (51.8553,14.4103)
10,0 Weg-Ⅱ (51.8576,14.4002)
9,9 Str-Ⅱ (51.8580,14.3991)
8,7 Str-Ⅱ (51.8603,14.3827)
7,4 Wege-Ⅱ, re **03185 Drehnow** (51.8618,14.3632)
5,8 Str-Ⅱ (51.8628,14.3401)
5,7 ▬, evtl. ≈ oder leichtes ⏏ (51.8628,14.3386)
4,5 Wege-Ⅱ (51.8625,14.3211)
3,2 Weg-Ⅱ (51.8642,14.3035)
2,7 ▬ unter Weg-Ⅱ, ⏏ (51.8644,14.2950)

0,0 ⇩ Zusammenfluss von re Malxe und li Hammergraben (Cottbus) (s. Seite 382) zu Großes Fließ (s. Seite 381) bei km 24,8 (51.8544, 14.2607)

Kleines Fließ

Wanderfluss, Fließ, Oberspreewald
Mündung in Großes Fließ bei km 12,9 (re Nebenfluss)

Verläuft parallel zum Großen Fließ.

5,2 ➔ Kleines Fließ von Großes Fließ (s. Seite 381) (51.8539,14.1796)
5,1 Wege-II (51.8540,14.1793)
4,9 Wege-II (ehem. EB-II) (51.8554,14.1771)
3,3 Str-II L51 Burg (Spreewald) (51.8630,14.1587)
2,3 ■ Roggatz, ⏏ (51.8655,14.1462)
0,9 Wege-II (51.8723,14.1307)
0,0 ⇩ Kleines Fließ in Großes Fließ (s. Seite 381) bei km 12,9 (51.8727, 14.1177)

Krautfließ

Wanderfluss, Fließ, Oberspreewald
Mündung in Großes Fließ bei km 11,9 (li Nebenfluss)

Verbindet den Mittelkanal mit dem Großen Fließ.
Befahrungsregeln: Das Krautfließ ist eine Landeswasserstraße in Brandenburg. Es gilt die Landesschifffahrtsverordnung (LSchiffV).

1,0 ➔ Krautfließ vom Mittelkanal (s. Seite 385) (51.8712,14.1160)
0,9 Str-II Burg (Spreewald), Ringchaussee (51.8715,14.1153)
0,0 ⇩ Krautfließ in Großes Fließ (s. Seite 381) bei km 11,9 (51.8738,14.1039)

Peterkanal

Wanderfluss, Fließ, Oberspreewald
Mündung in Großes Fließ bei km 7,5 (re Nebenfluss)

Der Peterkanal verbindet das Nordfließ mit dem Großen Fließ.
Befahrungsregeln: Der Peterkanal ist eine Landeswasserstraße in Brandenburg. Es gilt die Landesschifffahrtsverordnung (LSchiffV).

1,5 ← Peterkanal vom Nordfließ (s. Seite 374) (51.8942,14.0544); Wege-II (51.8942,14.0542)
0,9 ←➔ Kreuzung mit gesperrtem Kirschtkanal (51.8895,14.0505)
0,0 ⇩ Peterkanal in Großes Fließ (s. Seite 381) bei km 7,5 (51.8823,14.0456)

Zerra

Weitere Namen: Dittmar-Kanal

Wanderfluss, Fließ, Oberspreewald
Mündung in Großes Fließ bei km 5,5 (re Nebenfluss)

Stellt eine Verbindung zwischen Großem Fließ und Nordfließ her und ist Bestandteil der Hochwaldroute.

Befahrungsregeln: Die Zerra und der Dittmar-Kanal sind eine Landeswasserstraße in Brandenburg. Es gilt die Landesschifffahrtsverordnung (LSchiffV). Mehrere gesperrte Abzweigungen. Unbedingt die Sperrschilder beachten.

1,8 li ← der Zerra vom Nordfließ (s. Seite 374), re läuft das Nordfließ weiter zum Nordumfluter (51.8965,14.0362)
0,3 ab hier Name Dittmarfließ (51.8901,14.0230)
0,0 ⇩ Zerra in Großes Fließ (s. Seite 381) bei km 5,5 (51.8876,14.0210)

Mittelkanal

Wanderfluss, Fließ, Oberspreewald
Mündung in Großes Fließ bei km 0,1 (li Nebenfluss)

Der Mittelkanal ist lediglich in seinem Oberlauf befahrbar.

Befahrungsregeln: Der Mittelkanal ist eine Landeswasserstraße in Brandenburg. Es gilt die Landesschifffahrtsverordnung (LSchiffV).

12,8 ← Mittelkanal von Großes Fließ (s. Seite 381) (51.8707,14.1218)
12,7 Str-II Burg (Spreewald), Ringchaussee (51.8704,14.1207)
12,3 re → Krautfließ (s. Seite 384) vom Mittelkanal (51.8712,14.1160)
12,2 li ← Verbindung 104/105 (s. Seite 376) vom Mittelkanal (51.8704, 14.1146);
Str-II Burg (Spreewald), Ringchaussee (51.8706,14.1139)
11,5 Str-II Burg (Spreewald), Polenzweg (51.8691,14.1052)
11,2 Wege-II (51.8681,14.1016)
11,1 re → Storchgraben (s. Seite 378) vom Mittelkanal (51.8679,14.1005)
10,9 li ⇩ Alter Storchgraben (s. Seite 385) in den Mittelkanal (51.8666,14.0984)
10,2 ←→ der Weidengraben (s. Seite 378) kreuzt den Mittelkanal, dazu im Mittelkanal nach links fahren und dann wieder dem Weidengraben folgen (Ausschilderung Waldschlösschen) (51.8675,14.0900);
■ Werboa, einfaches ⏏ (Rollbahn) (51.8675,14.0895)
9,8 li ← Weidenfließ (s. Seite 378) vom Mittelkanal (51.8685,14.0849)
9,8 –8,2 wenig empfehlenswerte Strecke, viele Baum- und Strauchhindernisse, ein ■ (51.8685,14.0847)–(51.8742,14.0632)
8,2 ←→, der Leiper Graben (s. Seite 350) kreuzt den Mittelkanal (51.8742, 14.0630)
8,2 –0,0 **X**, deshalb wird hier auf eine Beschreibung verzichtet (51.8742, 14.0629)–(51.8977,13.9529)
0,0 ⇩ Mittelkanal in Großes Fließ (s. Seite 381) bei km 0,1. Der Mittelkanal ist hier nicht befahrbar (51.8977,13.9526)

Alter Storchgraben

Wanderfluss, Fließ, Oberspreewald

Mündung in Mittelkanal bei km 10,9 (re Nebenfluss)

Kurzes Verbindungsfließ zwischen Burg-Lübbener-Kanal und Mittelkanal.

Befahrungsregeln: Der Alte Storchgraben ist eine Landeswasserstraße in Brandenburg. Es gilt die Landesschifffahrtsverordnung (LSchiffV).

0,5 re ➔ Alter Storchgraben vom Burg-Lübbener-Kanal (s. Seite 374) (51.8650,14.1034)
0,4 90°-Kurve nach links, danach Wege-II (51.8658,14.1042)
0,0 ⇩ Alter Storchgraben in den Mittelkanal (s. Seite 385) bei km 10,9 (51.8666,14.0984)

Ragower Kahnfahrt

Weitere Namen: Wudritz

Wanderfluss, Fließ, Oberspreewald
Mündung in Burg-Lübbener-Kanal bei km 2,1 (li Nebenfluss)

Zufahrt vom Ort Ragow zum Burg-Lübbener-Kanal. Dabei wird auch die Hauptspree gekreuzt.

Befahrungsregeln: Die Ragower Kahnfahrt ist eine Landeswasserstraße in Brandenburg. Es gilt die Landesschifffahrtsverordnung (LSchiffV).

2,7 Str-II **03222 Lübbenau/Spreewald-Ragow**, Alte Bahnhofstraße, Beginn der Ragower Kahnfahrt (51.8894,13.9066)
2,2 EB-II (51.8907,13.9120)
0,5 ➔← die Ragower Kahnfahrt kreuzt die Spree (s. Seite 328) (51.8993, 13.9323)
0,0 ⇩ der Ragower Kahnfahrt in den Burg-Lübbener-Kanal (s. Seite 374) bei km 2,1 (51.9018,13.9375)

Freifließ

Wanderfluss, Fließ, Unterspreewald
Mündung in Spree bei km 168,2 (li Nebenfluss)

Das Freifließ zweigt vor Schlepzig von der Spree ab, erschließt den Ort Schlepzig und mündet wieder in die Spree.

0,9 ➔ Freifließ von der Spree (s. Seite 328) mit 2 ⯒. Möglichkeit zur Umgehung der schwer zu bedienenden Schleuse Schlepzig, wenn man auf der Hauptspree weiterfahren will (52.0282,13.8898);
⯒ An der Reuse, Schlepzig (52.0282,13.8899);
Str-II Schlepzig, Dorfstraße (52.0282,13.8900)
0,7 Str-II Schlepzig (52.0276,13.8924)
0,5 Str-II Schlepzig, Dorfstraße (52.0284,13.8941)
0,1 ⯒ Freifließ, Schlepzig, mit Fisch- und Kanupass, abwärts ≈, aufwärts treideln (52.0314,13.8900)
0,0 ⇩ Freifließ in die Spree (s. Seite 328) bei km 168,2 (52.0316,13.8893)

Zerniasfließ

Wanderfluss, Fließ, Unterspreewald
Mündung in Spree bei km 166,6 (li Nebenfluss)

Das Zerniasfließ ist ein Fließ im Unterspreewald und damit eine weitere Möglichkeit, parallel zur Hauptspree zu fahren.

Befahrungsregeln: Das Zerniasfließ ist eine Landeswasserstraße in Brandenburg. Es gilt die Landesschifffahrtsverordnung (LSchiffV).

2,5 ← Zerniasfließ von der Spree (s. Seite 328) (52.0252,13.8834)
2,2 ←→ die Quaasspree (s. Seite 388) kreuzt das Zerniasfließ (52.0277, 13.8812)
2,1 ⌘ und ■ Schlepzig im Zerniasfließ, X, schleusen (für Einzelfahrer kaum möglich) oder li ⏏ (52.0288,13.8807)
1,9 Str-II L421 (52.0303,13.8809)
0,9 li ← Verbindungsfließ (Schnelle Katin) zum Schiwanstrom (s. Seite 388) vom Zerniasfließ, hier Fahrt gegen den Strom (52.0389,13.8812)
0,5 li ← Lehmannsfließ, ganzj. BV (52.0423,13.8837)
0,0 ⇩ Zerniasfließ in die Spree (s. Seite 328) bei km 166,6 (52.0449,13.8891)

Puhlstrom

Wanderfluss, Fließ, Unterspreewald
Mündung in Spree bei km 162,4 (li Nebenfluss)

Der Puhlstrom ist ein Fließ im Unterspreewald. Die Befahrung des Puhlstroms ist der Weiterfahrt auf der Hauptspree vorzuziehen.

Befahrungsregeln: Der Puhlstrom ist eine Landeswasserstraße in Brandenburg. Es gilt die Landesschifffahrtsverordnung (LSchiffV).

8,8 ← Puhlstrom von der Spree (s. Seite 328) bei km 162,4, mögliche Variante der Weiterfahrt ohne Schlepzig zu berühren, 2 km bis zur ⇩ der Quaasspree von re (52.0134,13.8726)
7,6 li ← einer Verbindung zum Krausnicker Strom, nach kurzer Strecke ganzjährig gesperrt (52.0222,13.8672)
7,2 ← zum Krausnicker Strom, nach kurzer Strecke ganzjährig gesperrt (52.0257,13.8703)
6,9 re ⇩ der Quaasspree (s. Seite 388) in den Puhlstrom (52.0271,13.8732)
6,7 re → Schiwanstrom, ganzjährig. BV (52.0282,13.8722)
6,4 Str-II L421 (52.0299,13.8694);
⌘ (mit Hubtoren) und Fall-■ Oberes Puhlstromwehr (52.0302,13.8692)
5,2 li ← Dreßlerstrom, Verbindung zur Wasserburger Spree und Langes Horstfließ ganzjährig gesperrt, geradeaus im Puhlstrom weiterfahren (52.0383,13.8638)
3,7 re ⇩ Schiwanstrom (s. Seite 388) in den Puhlstrom (52.0475,13.8756)
2,2 ← des Langen Horstfließes (s. Seite 396) vom Puhlstrom, im Langen Horstfließ Fahrt gegen den Strom (52.0594,13.8719)
2,0 ⌘ (mit Hubtoren) und Unteres Puhlstrom-■, X (52.0615,13.8733)

1,6 Ende des Spreewaldes, Beginn Wiesenlandschaft (52.0649,13.8723)
0,0 ⇩ Puhlstrom in die Spree (s. Seite 328) bei km 162,4 (52.0777,13.8789)

Quaasspree

Weitere Namen: Querspree

Wanderfluss, Fließ, Unterspreewald
Mündung in Puhlstrom bei km 6,9

Die Quaasspree ist ein quer verlaufendes Verbindungsfließ zwischen Spree, Zerniasfließ und Puhlstrom.

Befahrungsregeln: Die Quaasspree ist eine Landeswasserstraße in Brandenburg. Es gilt die Landesschifffahrtsverordnung (LSchiffV).

1,2 ← der Quaasspree von der Spree (s. Seite 328) (52.0287,13.8897); Fußg.-Ⅱ Schlepzig (52.0286,13.8893); re **15910 Schlepzig** (52.0287,13.8891)
1,0 Kahnhafen mit Slipanlage, ⇅, Parken nur auf gebührenpflichtigen P (52.0284,13.8864)
0,6 li ←→ die Quaasspree kreuzt das Zerniasfließ (s. Seite 387) (52.0277, 13.8812)
0,0 ⇩ der Quaasspree in den Puhlstrom (s. Seite 387) bei km 6,9 (52.0271, 13.8732)

Schiwanstrom

Wanderfluss, Fließ, Unterspreewald
Mündung in Puhlstrom bei km 3,7

Der Schiwanstrom zweigt re vom Puhlstrom ab und mündet wieder in diesen. Befahrbar ist nur der Unterkauf, der über einen Verbindungsgraben vom Zerniasfließ erreicht wird.

Befahrungsregeln: Der Schiwanstrom ist eine Landeswasserstraße in Brandenburg. Es gilt die Landesschifffahrtsverordnung (LSchiffV). Der gesperrte Oberlauf ist durch ein Wehr abgesperrt.

1,3 ← Verbindungsfließ (Schnelle Katin) zum Schiwanstrom vom Zerniasfließ (s. Seite 387), hier Fahrt gegen den Strom (52.0389,13.8812)
1,1 li ⇩ des gesperrten Laufes des Schiwanstroms, ganzj. BV oberhalb. Weiterfahrt nach re (52.0384,13.8791)
0,9 Weg-Ⅱ (52.0398,13.8784)
0,4 Weg-Ⅱ (52.0440,13.8760)
0,0 ⇩ Schiwanstrom in den Puhlstrom (s. Seite 387) bei km 3,7 (52.0475, 13.8756)

Schwielochsee

Seengewässer, Binnensee
Mündung in Spree bei km 131,9 (li Nebenfluss)

Der Schwielochsee ist der größte natürliche See des Landes Brandenburg. E erstreckt sich von Süd nach Nord und wird auf einem Teil von der Spree (Sawaller Altarm der Spree) durchflossen. Er wird außer von Sportbooten auch von Ausflugsschiffen befahren.

Schwierigkeiten: Achtung bei starkem Wind.

10,0 Beginn der Strecke Schwielochsee am Südende des Kleinen Schwielochsees. Hier mehrere Wassersportvereine und 2 ⛺, die sich jedoch nicht am Wasser befinden (52.0115,14.1888)

9,4 li **15913 Goyatz**, mehrere ✕, 🛒 (52.0152,14.1844)

8,0 Durchfahrt Hals, ⇩ in den Schwielochsee (52.0271,14.1817);
re ➔ der Nebenstrecke Schwielochsee, Ostufer vom Schwielochsee (52.0274,14.1817)

Nebenstrecke Schwielochsee, Ostufer

Die Beschreibung Schwielochsee, Ostufer ergänzt die Beschreibung des Schwielochsees und ermöglicht eine Seeumrundung.

12,8 ➔ der Nebenstrecke Schwielochsee, Ostufer vom Schwielochsee (s. Seite 388) (52.0274,14.1817)

12,2 li Insel (52.0306,14.1884)

9,1 **15913 Schwielochsee-Speichrow** (52.0358,14.2174)

3,4 re ⛺ Niewisch, 15848 Friedland OT Niewisch, Uferweg Nord 16, www.camping-niewisch.de, ☎ +49 33676 5186; +49 151 14143898 (52.0813,14.2299)

2,8 re **15848 Friedland-Sakow** (52.0830,14.2229)

0,6 re ⛺-Verein Glower See e.V, 15848 Friedland OT Glowe, Glowe 9b, www.campingvereinglowe.de , ☎ +49 33676 262, campingvereinglowe@t-online.de (52.0860,14.2076)

0,0 ⇩ der Nebenstrecke Schwielochsee, Ostufer in den Schwielochsee (s. Seite 388) (52.0868,14.1984)

6,6 li **15913 Schwielochsee-Zaue** (52.0397,14.1825)

4,7 ⛺ Zaue, www.camping-am-schwielochsee.de , ☎ +49 35478 512 (52.0514,14.1979)

2,3 li ⇩ Sawaller Altarm der Spree (s. Seite 389) in den Schwielochsee (52.0706,14.2036)

0,3 ⇩ der Nebenstrecke Schwielochsee, Ostufer in den Schwielochsee (52.0868,14.1984)

0,0 ⇩ Schwielochsee (Nordende) in die Spree (s. Seite 328) bei km 131,9 (52.0897,14.1978)

Sawaller Altarm der Spree

Wanderfluss

Mündung in Schwielochsee bei km 2,3 (li Nebenfluss)

Der Sawaller Altarm der Spree verbindet die Spree mit dem Schwielochsee. Er ist für

Motorboote gesperrt, was jedoch nicht für Anlieger gilt,

3,0 ➔ Sawaller Altarm der Spree von der Spree (s. Seite 328) (52.0844, 14.1780)
2,6 Wege-II Sawaller Straße, Durchfahrtshöhe 1,5 m (52.0816,14.1798)
2,0 re **15848 Tauche-Sawall** (52.0759,14.1809)
0,0 ⇩ Sawaller Altarm der Spree in den Schwielochsee (s. Seite 388) bei km 2,3 (52.0706,14.2036)

Wasserstraße Seddinsee und Gosener Kanal

Weitere Namen: Seddinsee, Gosener Kanal

Wanderfluss
Mündung in Spree-Oder-Wasserstraße bei amtl. km 45,1 (li Nebenfluss)

Diese Wasserstraße stellt eine Verbindung von der Müggelspree (Dämeritzsee) zum Seddinsee und damit zur Spree-Oder-Wasserstraße her.

Befahrungsregeln: Die Wasserstraße Seddinsee und Gosener Kanal ist eine Bundeswasserstraße. Es gelten die Bestimmungen der Binnenschifffahrtsstraßen-Ordnung (BinSchStrO).
km 5,7 bis 2,9 : ganzj. Uferbetretungsverbot, NSG
km 1,5 bis 1,2 (Insel Seddin-Wall): ganzj. UV

Kilometrierung: Amtliche Kilometrierung.

0,0 li ← Wasserstraße Seddinsee und Gosener Kanal von der Müggelspree (s. Seite 403) (52.4208,13.7276)
5,7 li ← Gosener Graben (s. Seite 390) von der Wasserstraße Seddinsee und Gosener Kanal (52.4169,13.7268)
5,7 –2,9 **§**, ganzj. UV (52.4170,13.7264)–(52.3986,13.7006)
5,6 Ausfahrt aus Dämeritz-See in den Gosener Kanal (52.4166,13.7252)
3,4 Str-II Gosener Landstraße, **Berlin** (52.4026,13.7040)
2,9 ⇩ des Gosener Kanals in den Seddin-See (52.3985,13.7005);
⇩ Gosener Graben (s. Seite 390) in die Wasserstraße Seddinsee und Gosener Kanal (52.3978,13.7022)
2,5 ⇩ Großer Strom in die Wasserstraße Seddinsee und Gosener Kanal (52.3942,13.6986)
1,5 –1,2 re **§** ganzj. UV der Insel Seddin-Wall (52.3896,13.6847)–(52.3884, 13.6821)
0,0 ⇩ der Wasserstraße Seddinsee und Gosener Kanal in den Oder-Spree-Kanal (West) (s. Seite 321) bei amtl. km 45,1 (52.3799,13.6711)

Gosener Graben

Wanderfluss
Mündung in Wasserstraße Seddinsee und Gosener Kanal bei amtl. km 2,9 (li Nebenfluss)

Es ist empfehlenswert den nur für Kleinfahrzeuge ohne eigenen Antrieb zugelassenen Gosener Graben anstelle des Gosener Kanals zu befahren.

Befahrungsregeln: Der Gosener Graben ist eine Bundeswasserstraße. Es gelten die Bestimmungen der Binnenschifffahrtsstraßen-Ordnung (BinSchStrO).

Kilometrierung: Amtliche Kilometrierung.

3,3 ← Gosener Graben von der Wasserstraße Seddinsee und Gosener Kanal (s. Seite 390) (52.4169,13.7268)

0,8 li ← eines Grabens zum Gewässer Großer Strom vom Gosener Graben (52.4015,13.7098)

0,6 li Str-II Berlin, Gosener Landstraße (52.4013,13.7081)

0,0 ⇩ Gosener Graben in die Wasserstraße Seddinsee und Gosener Kanal (s. Seite 390) bei amtl. km 2,9 (52.3978,13.7022)

Dahme

Kleinfluss, Wanderfluss, Seengewässer
Mündung in Spree-Oder-Wasserstraße bei amtl. km 44,0 (li Nebenfluss)

Die Dahme ist ein abwechslungsreicher Fluss: In ihrem Oberlauf ein Kleinfluss mit mäßigen Schwierigkeiten. Ab Mühle Staakow verläuft sie mit schneller Strömung und vielen Windungen durch eine Waldlandschaft; im Unterlauf durch mehrere Seen. Hier ist die Dahme Bestandteil der Spree-Oder-Wasserstraße und somit dort beschrieben. Mehrere NSG mit ganzjährigen Befahrungsverboten unterbrechen die Fahrt im Oberlauf oberhalb Märkisch Buchholz.

Befahrungsregeln: Die Dahme ist von Märkisch Buchholz bis zur Mündung der Teupitzer Gewässer eine Landeswasserstraße in Brandenburg. Es gilt die Landesschifffahrtsverordnung (LSchiffV). Ab der Mündung der Teupitzer Gewässer stromab ist die Dahme Bundeswasserstraße. Hier gelten die Bestimmungen der Binnenschifffahrtsstraßen-Ordnung (BinSchStrO).
km 63,2 bis 60 : ganzj. BV
km 48,1 bis 41,9 (Staakmühle bis Mdg. bei Märkisch Buchholz): ganzj. BV

Befahrbarkeit: Bei günstigem Wasserstand ab Drahnsdorf, ab Dahme nur bei hohem Wasserstand während der Schneeschmelze oder nach starken Regenfällen. Ab Märkisch Buchholz ganzjährig, ab hier mit Schleusen voll ausgebaut.

Kilometrierung: Von 0,0 bis 40,0 amtliche Kilometrierung, oberhalb nach Kartenmaterial

89,7 Str-II B102, **15936 Dahme/Mark**, Luckauer Straße, ✕ (51.8667, 13.4346);
⬇ Dahme, ab hier ist eine Befahrung bei sehr gutem Wasserstand (Schneeschmelze oder starke Regenfälle) möglich, sehr schmal, ca. 2,0 m (51.8669,13.4347)

89,6 Str-II Dahme, Bahnhofstraße (51.8674,13.4349)

89,3 Str-II Dahme, Wallstraße (51.8699,13.4357)

89,1 Str-II Dahme, Nachthainichenweg, nach etwa 2 km wird der Bach breiter und man kann beidseitig paddeln. Verrohrung, li und re umtragen, Fußgängersteg, re umtragen (51.8716,13.4357)
88,4 Str-II L71 Dahme (51.8767,13.4399)
85,8 Prensdorfer Mühle, ▬ aufgelassen, zur Fischtreppe umgebaut (Steine im Bach), am Ende der Schwallstrecke ≣ im Bach (Die Beschreibung dieses Abschnittes wurde bei 95 cm gefertigt.) (51.8947,13.4596)
85,0 Str-II **15936 Dahmetal-Prensdorf** (51.8964,13.4694)
83,7 Str-II Görsdorf (51.8999,13.4861)
83,5 Weg-II (51.9006,13.4887)
83,2 Wege-II Bachmühle Dahmetal, re ⏏ (51.9030,13.4919)
82,2 Str-II L71 (51.9093,13.5004)
81,3 ▬ Rote Mühle Liedekahle, li evtl. ≈ (51.9096,13.5121)
77,7 Damm-Mühle Wildau-Wentorf mit einem unterschlächtigen Wasserrad, niedrige Str-II, ⏏ (51.9007,13.5507)
76,9 Weg-II (51.8969,13.5597)
76,6 ▬ Neumühle mit Weg-II, re evtl. ≈ (51.8957,13.5626)
75,5 ▬ Haidemühle (51.8952,13.5777)
75,2 EB-II (Strecke Berlin–Dresden) (51.8965,13.5805)
74,1 Wege-II Kleine Mühle (51.9043,13.5886)
73,3 Str-II Brandmühle Drahnsdorf (51.9112,13.5860)
72,9 Str-II **15938 Drahnsdorf**, ⬇⬆, 🚉 (51.9148,13.5863)
71,2 ▬ Mühle Vordermühle Krossen, **X**, davor umgestürzter Baum beides zusammen re ⏏ bis zum Zusammenfluss mit Mühlengraben (51.9262, 13.5990)
68,4 ▬ Mühle Sagritz, **X**, li ⏏, Mühlenmuseum ⌘, ✕ (51.9490,13.6084)
66,1 Str-II B96 Golßen, darunter ▬, li ⏏, danach gute ⬇ Steg, unmittelbar daneben Freibad (51.9637,13.6184);
li **15938 Golßen**, ✕, 🚉 3,5 km entfernt (51.9637,13.6185)
64,7 Str-II B115 Golßen (51.9748,13.6186)
64,6 ≣ Prierow 2 mit Mess-▬, evtl. ≈ oder treideln (51.9755,13.6182)
64,2 Str-II Prierow (51.9787,13.6194)
63,2 –60,6 **§** ganzj. BV (51.9859,13.6280)–(52.0053,13.6340)
58,1 ▬ und Str-II K6174 Rietzneuendorf, **X**, re ⏏, li Mühle (52.0148, 13.6622);
re **15910 Rietzneuendorf-Staakow** (52.0149,13.6622)
56,3 ▬, evtl. ≈, wenn offen oder re ⏏ (52.0209,13.6832)
56,1 Str-II A13 (52.0211,13.6867)
55,8 ▬-Stufe, evtl. ≈ oder treideln, ⬇ sehr schwierig, steiles Ufer △ (52.0223, 13.6903)
55,6 Str-II (52.0232,13.6922)
54,8 Str-II K6149, li 15910 **Rietzneuendorf-Staakow** (52.0287,13.6981)
53,4 ▬ Staakmühle, Höhe 4 m, **X**, li ⬆ (52.0401,13.7035)
53,4 –41,1 **§**, ganzj. BV (52.0401,13.7035)–(52.1090,13.7580)
40,0 re ⇩ Dahme-Umflutkanal (s. Seite 395) in die Dahme (52.1091,13.7583)

39,8 Str-II B179, **15748 Märkisch Buchholz**, 🅿 an der Brücke (52.1113, 13.7598)
39,5 re ⛺ Biwakplatz Märkisch Buchholz mit ⛺-Möglichkeit, Dusche, WC, Wasser, wenig Sonne, da ringsum hohe Bäume, Gerichtsstraße 10, 15748 Märkisch Buchholz (52.1124,13.7632)
33,5 ⌘ Hermsdorfer Mühle, Betriebszeit: vom 22.04 – 03.10, 10:00 – 12:30 Uhr und 13:30 – 19:00 Uhr, übrige Zeit keine Besetzung, aber ⏏ möglich, ✆ +49 33765 80263 (52.1658,13.7682);
Str-II Hermsdorf, Mühlenweg (52.1660,13.7684)
30,0 re **15754 Heidesee, OT Pechhütte** (52.1959,13.7751)
28,7 –27,9 Streganzer See, stark verkrautet, aber Fahrrinne frei (52.2064, 13.7830)–(52.2123,13.7809)
27,9 re ⇩ Abfluss Tiefer See in die Dahme (52.2128,13.7830)

Nebenstrecke Tiefer See

Der Tiefe See ist nur für Anlieger befahrbar.

1,5 –0,0 §, ganzj. BV, frei für Anlieger (52.2223,13.7952)–(52.2129, 13.7831)
0,0 ⇩ Abfluss Tiefer See in die Dahme (s. Seite 391) (52.2128, 13.7830)

27,1 Str-II Prieros, Mühlendamm (52.2180,13.7751)
26,9 ⌘ Prieros, Betriebszeit: vom 22.04–03.10. 10:00–12:30 Uhr und 13:30–19:00 Uhr, übrige Zeit keine Besetzung, li Bootsschleppe, lbv.brandenburg.de/schleusen.htm, ✆ +49 151 42622504 (52.2184,13.7729)
26,8 li ⛺ Wasserwanderrastplatz am Mühlenfließ im Unterwasser des Mühlenwehres, Zur Alten Försterei 4 (Richtung Dahmewinkel), 15754 Prieros, www.prieros-camping.de , ✆ +49 33768 50899 und +49 171 7882217 (52.2176,13.7720)
26,0 re ⛺-Möglichkeit bei ✕ (52.2234,13.7641);
li ⇩ der Teupitzer Gewässer (s. Seite 397) in die Dahme (52.2233, 13.7633)
25,7 Str-II B246, re **15754 Heidesee, OT Prieros** (52.2262,13.7652)
24,9 re ⇩ der Storkower Gewässer (s. Seite 398) in die Dahme (52.2325, 13.7702)
23,5 Weg-II Dahme-Radweg, re **15754 Heidesee, OT Dolgenbrodt**, ✕ (52.2417,13.7629)
23,3 –20,8 Dolgen-See (52.2419,13.7620)–(52.2560,13.7370)
20,8 li **15754 Heidesee, OT Gussow**, ✕ (52.2565,13.7367)
18,0 ⌂ Bindow, ⛺-Möglichkeit, Dusche, WC, Wasser, Aussetzen an Schrägrampe (52.2791,13.7361)
17,7 Str-II L40, re **15754 Heidesee, OT Bindow**, ✕ (52.2815,13.7389)
16,3 re ⇩ Skabyer Torfgraben in die Dahme (52.2935,13.7396)

Nebenstrecke Skabyer Torfgraben

2,6 –0,0 §, ganzj. BV (52.3083,13.7620)–(52.2940,13.7401)
0,0 ⇩ Skabyer Torfgraben in die Dahme (s. Seite 391) (52.2935, 13.7396)

14,8 –11,3 Krüpel-See (52.2889,13.7182)–(52.2944,13.6742)
13,6 re ⇩ der Zernsdorfer Lanke in die Dahme (52.2942,13.7037)

Nebenstrecke Zernsdorfer Lanke

Der See Zernsdorfer Lanke und der oberhalb liegende Ukeleisee ist ein interessanter Abstecher von der Dahme.

4,9 **15758 Königs Wusterhausen, OT Ukley**, Nordende Ukleisee (52.3284,13.7335)
4,2 Ausfahrt Ukleisee, Weiterfahrt sehr schmal und flach, nur für Kanu ≈ (52.3252,13.7265)
4,1 Str-II A10 (52.3243,13.7258)
3,4 Str-II Zernsdorf, Wernsdorfer Straße (52.3198,13.7187)
3,3 ⇩ in Zernsdorfer Lanke (52.3196,13.7184)
2,8 re ⛟ am Lankensee (52.3172,13.7109)
0,8 Str.- und EB-II Zernsdorf, Kablower Chaussee (52.3010,13.7070)
0,0 ⇩ der Zernsdorfer Lanke in die Dahme (s. Seite 391) (52.2942, 13.7037)

12,0 re **15712 Königs Wusterhausen, StT Zernsdorf** (52.2919,13.6818)
11,3 re ⌂ ESV Krüpelsee, Rudern, ⛺-Möglichkeit, Senziger Weg 17, 15758 Königs Wusterhausen, www.esv-lok-zernsdorf.de , ☎ +49 3375 292701 (52.2949,13.6754)
11,3 Personen-⛴ (52.2945,13.6740)
11,3 –10,3 Krimnicksee (52.2946,13.6739)–(52.2930,13.6608)
10,5 li **15754 Königs Wusterhausen, OT Senzig**, ✕ (52.2923,13.6670)
10,4 re Strandbad Neue Mühle mit kleinem ✕, anlegen nach dem Bad (52.2935,13.6615)
9,5 ⯐ Neue Mühle Betriebszeit: vom 01.04 – 31.10, 08:00 – 21:00 Uhr, vom 01.11. – 31.03. Mo – Sa 08:30 – 15:00 Uhr, übrige Zeit keine Besetzung, ☎ +49 3375 293686 (52.2971,13.6509);
Str-II, **15713 Königs Wusterhausen**, Tiergartenstraße 🚆, ✕ (52.2972, 13.6505)
9,4 li ⇩ Fanggraben in die Dahme (52.2976,13.6485)

Nebenstrecke Fanggraben

Da der Fanggraben ganzjährig für eine Befahrung gesperrt ist, verbleibt nur noch ein Rest des Zeesener Sees.

4,5 Beginn des Zeesener Sees (52.2592,13.6510)
2,4 –0,0 § ganzj. BV (52.2786,13.6491)–(52.2976,13.6484)
2,3 Ausfluss aus dem Zeesener See (52.2795,13.6490)

0,0 ⇩ Fanggraben in die Dahme (s. Seite 391) (52.2976,13.6485)

8,7 EB-II Königs Wusterhausen (52.3034,13.6459)
8,2 li ⇩ Nottekanal (s. Seite 400) in die Dahme, auf dem Nottekanal kann nach 25 km und drei ⯑ der Mellensee erreicht werden (52.3071,13.6433)
7,9 Str-II A10, davor Weg- und Str-II (52.3107,13.6446)
6,9 li **15745 Wildau**, S-Bahn, ✕ (52.3190,13.6440);
re **15713 Königs Wusterhausen, OT Niederlehme**, ✕ (52.3191, 13.6466)
6,7 re ➔ in den Möllenzugsee (52.3210,13.6457)
6,3 li ← Stichkanal nach Wildau (52.3238,13.6401)
4,7 Personen-⛴ Miersdorfer Werder, freifahrend (52.3381,13.6396)
4,5 re ⇩ der Wernsdorfer Seenkette (s. Seite 403) in die Dahme (52.3397, 13.6441)
4,5 ⇩ in den Zeuthener See (52.3402,13.6387)
3,8 li ⌂ Berliner SV Akademie der Wissenschaften, Platanenallee 7, 15738 Zeuthen, www.adw-zeuthen.de , ✆ +49 33762 70375 (52.3460,13.6344)
3,5 li **15738 Zeuthen**, S-Bahn, ✕ (52.3485,13.6338)
1,0 li **15732 Eichwalde** (52.3696,13.6432)
0,4 re ⇅ Badestelle Strandbad Schmöckwitz mit P (52.3732,13.6530)
0,2 Str-II **12527 Berlin, OT Schmöckwitz**, Wernsdorfer Straße, li ✕ (52.3748,13.6536)
0,0 ⇩ der Dahme in den Oder-Spree-Kanal (West) (s. Seite 321) bei amtl. km 44,0, Fortsetzung als Dahme (Spree-Oder-Wasserstraße) (s. Seite 322) (52.3764,13.6553)

Dahme-Umflutkanal

Wanderfluss, Kanal
Mündung in Dahme bei amtl. km 40,0 (re Nebenfluss)

Der Dahme-Umflutkanal verbindet Spree und Dahme.
Der Kanal ermöglicht eine von Berlin ausgehende Rundfahrt. Dabei wird die Dahme stromauf und die Spree stromab gefahren. Eine Weiterfahrt zum Spreewald ist über den vom Köthener See abzweigenden Randkanal möglich.

Befahrungsregeln: Der Dahme-Umflutkanal ist eine Landeswasserstraße in Brandenburg. Es gilt die Landesschifffahrtsverordnung (LSchiffV).

9,6 ← Dahme-Umflutkanal von der Spree (s. Seite 328) (52.0845,13.8771)
9,5 li ▬ mit Sportboot-⯑, Selbstbedienung, P zwischen den Wehren, gute ⬆ oder ⬇ (52.0848,13.8768)
9,1 Str-II B179, Leibscher Hauptstraße, li **15910 Unterspreewald, OT Leibsch** (52.0849,13.8706)
6,6 Weg-II nach Klein Wasserburg (52.0822,13.8354)
5,7 ⇩ in Köthener See (52.0807,13.8233)
5,6 ⇩ Randkanal (Spree) (s. Seite 396) in den Dahme-Umflutkanal (52.0803,

13.8211)

5,5 li **15748 Märkisch Buchholz-Köthen**, hinter einer Insel, li DJH Köthener See mit Zeltplatz, Dorfstraße 20, 15748 Märkisch Buchholz, ✆ +49 33765 80555 (52.0803,13.8207)

5,4 Abfluss aus Köthener See (52.0816,13.8200)

3,0 li ⚓ (52.0950,13.7935)

1,3 ▬ Märkisch Buchholz, **X**, li Bootsschleppe (schwer), eigener Bootswagen ist vorteilhafter (52.1006,13.7719);
Str-II Märkisch Buchholz (52.1008,13.7716)

0,3 ▬ Märkisch Buchholz, **X**, 6 m Fallhöhe, Bootswagen für zwei Kajaks geeignet, umtragen schwer, elektrische Winde (meistens) defekt (52.1070, 13.7604);
Str-II L74, Schützenstraße, re **15748 Märkisch Buchholz** (52.1071, 13.7601)

0,0 ⇩ Dahme-Umflutkanal in die Dahme (s. Seite 391) bei amtl. km 40,0 (52.1091,13.7583)

Randkanal (Spree)

Weitere Namen: Wasserburger Spree, Pfahlspree, Langes Horstfließ

Wanderfluss, Fließ im Unterspreewald
Mündung in Dahme-Umflutkanal bei km 5,6

Beschrieben wird hier ein Wasserweg, der vom Puhlstrom im Unterspreewald zum Köthener See führt und dort den Dahme-Umflutkanal erreicht.

Befahrungsregeln: Die hier beschriebene Strecke ist eine Landeswasserstraße in Brandenburg. Es gilt die Landesschifffahrtsverordnung (LSchiffV).
Es sei hier darauf hingewiesen, dass die hier einmündenden Fließe Wasserburger Spree und Langes Horstfließ nur auf den hier beschriebenen Reststücken befahren werden dürfen. Ansonsten gilt ein ganzjähriges Befahrungsverbot.

5,3 ← des Langen Horstfließes vom Puhlstrom (s. Seite 387), im Langen Horstfließ Fahrt gegen den Strom (52.0594,13.8719)

4,9 re → der Pfahlspree, hier Weiterfahrt gegen den Strom zur Wasserburger Spree, li ⇩ Langes Horstfließ, oberhalb ganzj. BV (52.0566,13.8693)

4,6 ⇩ in Wasserburger Spree, nach li ganzjähriges Befahrungsverbot, re Weiterfahrt nach Wasserburg (52.0561,13.8659)

3,2 re ⚓ Groß Wasserburg, ⛺, ⇅ (52.0617,13.8514)

3,1 Str-II L71, **15910 Krausnick-Groß Wasserburg**, ⨯ (52.0619,13.8509);
re ⇄ Groß Wasserburg, li ▬, **X**, schleusen (für Einzelfahrer kaum möglich) oder re ⏏, Weiterfahrt auf dem Randkanal (52.0622,13.8508)

1,3 Wege-II (52.0739,13.8346)

0,7 ⇩ in Köthener See, Weiterfahrt zum Dahme-Umflutkanal (52.0750, 13.8268)

0,0 ⇩ Randkanal (Spree) in den Dahme-Umflutkanal (s. Seite 395) bei km 5,6

(52.0803,13.8211)

Teupitzer Gewässer

Wanderfluss, Seengewässer
Mündung in Dahme bei amtl. km 26,0 (li Nebenfluss)

Die Teupitzer Gewässer sind ein interessantes Wassersportgebiet. Abzweigend von der Dahme sind sie leicht von Berlin aus zu erreichen.

Befahrungsregeln: Die Teupitzer Gewässer sind Bundeswasserstraße. Es gelten die Bestimmungen der Binnenschifffahrtsstraßen-Ordnung (BinSchStrO).

Kilometrierung: Amtliche Kilometrierung.

19,1 ⛺ Relax-Camping, Chausseestraße, 15755 Teupitz, ww.relaxcamping.de , ☎ +49 160 7117110 (52.1305,13.5891)
18,7 li S-Ende Teupitzer See, **15755 Teupitz-Egsdorf** (52.1294,13.5949)
18,0 –17,3 li Insel Egsdorfer Horst (52.1331,13.5979)–(52.1387,13.5987)
17,2 re **15755 Teupitz** (52.1396,13.6053)
15,6 li ⇩ in Schweriner See, re Insel Schweriner Horst, re der Insel eine II und eine weitere Durchfahrt zum Schweriner See (52.1519,13.6114)
15,5 li ⛺ Naturcamping Teupitz, Weg zum großen Fenster 2, 15755 Teupitz, www.naturcamping-teupitz.de , ☎ +49 170 48 12 741 (52.1531,13.6104)
14,4 Ausfahrt aus Schweriner See (52.1569,13.6266)
13,9 ⇩ in Zemminsee (52.1604,13.6308)
12,9 Ausfahrt aus Zemminsee, Str-II A13 (52.1624,13.6442)
12,6 Str-II Groß Köris, Rankenheimer Straße (52.1637,13.6477)
12,5 EB-II Groß Köris (52.1639,13.6490)
12,3 ⇩ in Schulzen-See (52.1641,13.6521)
12,1 re **15746 Groß Köris**, ✕, 🚆 (52.1648,13.6577)
11,9 Ausfahrt aus Schulzen-See (52.1673,13.6553)
11,6 Str-II Groß Köris, Lindenstraße (Zugbrücke) (52.1678,13.6585)
11,5 ⇩ in Gr. Moddersee (52.1681,13.6606)
10,8 ⇩ in Kl. Moddersee, Fahrrinne einhalten, stark verschilft (52.1736, 13.6620)
10,4 Ausfahrt aus Kl. Moddersee (52.1744,13.6677)
9,8 ⇩ in Kleiner Köriser See (52.1730,13.6748)
9,4 re DJH Klein Köris mit ⛺, Am Kleinköriser See 5, 15746 Groß Köris, www.jugendherberge.de/jugendherbergen/koeriser-see-619/portraet/ , ☎ +49 33766 62730 (52.1696,13.6820)
8,6 re ⌂ RV Sparta Klein Köris, Chausseestraße 55, 15746 Klein Köris, www.rv-sparta.de , ☎ +49 157-54490836 (52.1699,13.6936)
8,6 re **15746 Groß Köris, OT Klein Köris** (52.1697,13.6943)
6,8 Str-II B179, re **15746 Groß Köris-Siedlung Neubrück**, Ausfahrt aus Klein Köriser See, ⇩ in Hölzerner See (52.1854,13.7036)
6,2 re ⛺ Neubrück-Camping AG, Prieroser Weg 3A, 15746 Groß Köris,

campingfreund-neubrueck.de.tl , ☎ +49 33766 21392 (52.1895,13.7115)

5,8 li ⛺ Mecklenburg Tourist, am Nordende des Badeplatzes anlegen, Zum Hölzernen See 2, 15754 Heidesee OT Gräbendorf, www.mecklenburg-tourist.de/hoelzernersee , ☎ +49 33763 22922 (52.1947,13.7061)

5,2 KIEZ Hölzener See, Weg zum Hölzernen See 1, 15754 Heidesee OT Gräbendorf, hoelzerner-see.de/unser-kiez/kanustation.html , ☎ +49 33763 663239, info@hoelzener-see.de (52.2002,13.7118)

4,8 Ende Hölzener See, Beginn Schmöldesee (52.1978,13.7199)

3,5 li ⛺ Schmöldesee, Steilufer, deshalb für Wanderfahrt nicht geeignet (52.2016,13.7355)

2,0 li ⛺ D 66, Anlanden am Nordostende, Urlauberstraße, 15754 Heidesee, www.campingplatzd66.de , ☎ +49 33768 50253 (52.2119,13.7470)

1,2 Ausfahrt aus Schmöldesee, ⇩ in Huschtesee (52.2187,13.7503)

0,0 ⇩ der Teupitzer Gewässer in die Dahme (s. Seite 391) bei amtl. km 26,0 (52.2233,13.7633)

Storkower Gewässer

Wanderfluss, Seengewässer
Mündung in Dahme bei amtl. km 24,9 (li Nebenfluss)

Die Storkower Gewässer verbinden den Scharmützelsee mit der Dahme-Wasserstraße.

Befahrungsregeln:	km 9,8 bis 7,4 (Wolzig bis Kummersdorf): ganzj. UV
Kilometrierung:	Amtliche Kilometrierung.

33,4 Scharmützelsee N-Ende, **15526 Bad Saarow**, ✕ (52.2910,14.0517)

32,7 li Bad Saarow-Klinikum (52.2843,14.0561)

31,7 Insel Corler Werl, li Durchfahrt gesperrt (52.2756,14.0527)

27,0 li **15864 Diensdorf-Radlow, OT Radlow** (52.2340,14.0499)

25,0 ⛺ Schwarzhorn am Scharmützelsee, Schwarzhorner Weg, 15864 Wendisch Rietz, www.campingplatz-schwarzhorn.de , ☎ +49 33679 401 (52.2204,14.0199)

23,5 li ⇩ der Nebenroute Glubig-Seen-Kette in die Storkower Gewässer aus Richtung Süden. Die Weiterfahrt auf der Hauptroute geht nach Westen (52.2099,14.0112)

Nebenstrecke Glubig-Seen-Kette

Die Glubig-Seen-Kette ist eine interessante Nebenstrecke der Storkower Gewässer. Sie ist für Motorboote (außer Elektroantrieb) gesperrt. Vom Springsee besteht die Möglichkeit des Umsetzens zur, aber auch von der Spree.

5,4 Beginn Springsee, von Alt Schadow an der Spree ca. 6 km Bootstransport (mit Fuhrunternehmen) zum Springsee und Weiterfahrt auf Storkower Gewässern nach Berlin möglich (52.1719,13.9929); ⛺ Naturcamp Limsdorf, Am Springsee 1, 15859 Storkow (Mark), www.springsee.de , ☎ +49 33677 440 (52.1717,13.9931)

4,1 Ausfahrt aus dem Springsee, Wege-II, li ⚓ (52.1828,13.9959)
3,1 ⇩ in den Großen Glubigsee (52.1907,13.9949)
1,9 Ausfahrt aus dem Großen Glubigsee (52.1965,14.0083)
1,1 Str-II Wendisch Rietz, Am Kleinen Glubigsee (52.2012,14.0163); re ➔ zum Kleinen Glubigsee (52.2013,14.0165)
1,0 ⌘, vollautomatischer Betrieb, aufwärts 9:00, 12:00, 15:00 und 19:00 Uhr, abwärts 10:00, 13:00, 16:00 und 20:00 Uhr (52.2024, 14.0167)
0,9 Str-II B246 Beeskower Chaussee (52.2026,14.0168); EB-II (52.2032,14.0171)
0,8 ⇩ in Scharmützelsee (52.2038,14.0171)
0,0 ⇩ der Nebenroute Glubig-Seen-Kette in die Storkower Gewässer (s. Seite 398) aus Richtung Süden. Die Weiterfahrt auf der Hauptroute geht nach Westen (52.2099,14.0112)

23,2 Ausfahrt aus dem Scharmützelsee, li ⚓ Wendisch-Rietz (52.2121, 14.0084)
22,8 Str-II Hauptstraße, re **15864 Wendisch Rietz** (52.2141,14.0048); ⌘ Wendisch Rietz, Selbstbedienung, Betriebszeiten: 01.04.-31.10, Mo-Do 8:30 – 18:00 Uhr, Fr-So 9:30 – 19:00 Uhr, 01.11.-31.03. keine Betriebszeit, ☎ +49 33679 215 (52.2142,14.0040)
21,8 Weg-II (52.2210,13.9976)
21,2 ⇩ in Storkower See (52.2254,13.9939)
19,8 re ⛺ Dahmsdorf, Storkower Weg 60, 15526 Reichenwalde, www.campingplatzdahmsdorf.de , ☎ +49 33679 225 (52.2358,13.9822); re **15526 Reichenwalde, OT Dahmsdorf**
17,3 re in 500m ⛺ CVJM-Camp am Storkower See, Wolfswinkel 38, 15859 Storkow (Mark), www.cvjm-camp.de , ☎ +49 33678 41649, loewe@cvjm-berlin.de, ⓘ loeweruben@web.de (52.2512,13.9556)
16,0 Ausfahrt aus Storkower See, Fortsetzung als Storkower Kanal (52.2568, 13.9391); li ← Storkower Stadtgraben (Mühlgraben) (52.2568,13.9387)
15,8 Str-II Burgstraße, **15859 Storkow (Mark)**, ✕ (52.2571,13.9364)
15,7 Str-II Storkow, Heinrich-Heine-Straße, Zugbrücke, li Altstadt (52.2578, 13.9350)
15,5 ⌘ Storkow, Selbstbedienung, Betriebszeiten: 01.04.–31.10, Mo-Do 8:30–18:00, Fr-So 9:30–19:00, 01.11.–31.03. keine Betriebszeit, li ⛵-Möglichkeit, ☎ +49 33678 404920 (52.2585,13.9324)
14,9 li ⇩ Storkower Stadtgraben (52.2585,13.9244)
13,6 EB-II (52.2589,13.9058)
12,8 Str-II Hauptstraße Philadelphia, li **15859 Storkow (Mark)-Philadelphia**, li ⚓ (52.2570,13.8940)
11,8 re ⇩ eines Fließes (52.2631,13.8832)
10,4 re ➔ Mühlgraben Kummersdorf (52.2673,13.8662)

10,2 Str-II Zur Schleuse und ⌘ Kummersdorf, Betriebszeiten: 01.04.–31.10, Mo-Do 8:00–18:30, Fr-So 9:00–19:30, 01.11.–31.03. keine Betriebszeit, li ⌂-Möglichkeit, ☎ +49 33678 43322 (52.2686,13.8647)
10,0 re ⇩ Mühlgraben Kummersdorf (52.2705,13.8628)
9,8 Str-II Kummersdorfer Hauptstraße, re 15859 Storkow (Mark), OT Kummersdorf, re ⚓ und ✕ (52.2713,13.8613)
9,8 –7,4 **§** ganzj. UV (52.2729,13.8608)–(52.2698,13.8363)
9,4 re ⇩ Stahnsdorfer Fließ in die Storkower Gewässer (52.2747,13.8589)

Nebenstrecke Stahnsdorfer Fließ

1,9 –0,0 **§** ganzj. BV (52.2836,13.8791)–(52.2747,13.8589)
0,0 ⇩ Stahnsdorfer Fließ in die Storkower Gewässer (s. Seite 398) (52.2747,13.8589)

7,1 Str-II Friedersdorfer Straße, li **15754 Heidesee, OT Wolzig**, ✕ (52.2688, 13.8337)
6,8 ⇩ in Wolziger See (52.2680,13.8294);
re ⚓ Wolziger Kolonie des Heimatvereins mit ⛺-Möglichkeit, Dusche, Imbiss (52.2707,13.8281)
4,5 re **15754 Heidesee, OT Blossin** (52.2549,13.8022)
3,9 Ausfahrt aus Wolziger See (52.2519,13.7976)
3,2 Str-II Kolberg, Alte Schäferei (52.2543,13.7918)
2,3 ⇩ in Langer See (52.2493,13.7860)
0,0 ⇩ der Storkower Gewässer in die Dahme (s. Seite 391) bei amtl. km 24,9 (52.2325,13.7702)

Nottekanal

Kanal
Mündung in Dahme bei amtl. km 8,2 (li Nebenfluss)

Der Nottekanal ist ein ehemaliger Schifffahrtskanal, der nur noch von Sportbooten genutzt wird. Er verbindet den Mellensee mit der Dahme.

Befahrungsregeln: Der Nottekanal ist eine Landeswasserstraße in Brandenburg. Es gilt die Landesschifffahrtsverordnung (LSchiffV). Von km 1.2 bis zur Mündung ist der Nottekanal Bundeswasserstraße.

24,8 S-Ende Mellensee (52.1585,13.4123)
24,7 li **15838 Am Mellensee, OT Klausdorf**, ✕ (52.1587,13.4073)
21,8 Ausfahrt aus dem Mellensee (52.1848,13.4100);
Str-II **15838 Am Mellensee**, Bahnhofsallee/Hauptstraße, ✕ (52.1851, 13.4100)
21,5 ⌘ Mellensee, Betriebszeit: vom 24.04–03.10, täglich 10:00–12:30 Uhr und 13:30–19:00 Uhr, übrige Zeit keine Besetzung, Bootsschleppe vorhanden. Schleusungen außerhalb dieser Zeiten nur nach vorheriger Absprache, mit mindestens einem Tag Vorlauf, ☎ +49 33764 245880 oder +49 151 42622500 (52.1878,13.4102)

19,5 Weg-II Zossen, Buckowbrücke (52.2043,13.4200)
17,8 EB-II Zossen (52.2137,13.4390)
17,5 Str-II B96, **15806 Zossen**, Bahnhofstraße, 🚉, ✕ (52.2157,13.4432)
17,3 Fußg.-II im Park Zossen (52.2170,13.4441)
13,2 Str-II B246, li nach **15749 Mittenwalde, OT Telz** (52.2381,13.4929)
12,4 EB-II Telz (52.2421,13.5023)
10,7 Str-II Mittenwalde, Am Kanal (52.2514,13.5224)
9,6 ⛝ Mittenwalde, Betriebszeit: vom 24.04–03.10, täglich 10:00–12:30 Uhr und 13:30–19:00 Uhr, übrige Zeit keine Besetzung, ggf. li über Schleusengelände ⏏. Schleusungen außerhalb dieser Zeiten nur nach vorheriger Absprache, mit mindestens einem Tag Vorlauf, ☎ +49 33764 245880 oder +49 151 42622502 (52.2574,13.5348);
re ⇩ Galluner Kanal (s. Seite 401) in den Nottekanal (52.2578,13.5354)
9,5 Str-II B246 Mittenwalde, Galluner Chaussee (52.2585,13.5355)
9,2 Fußg.-II Mittenwalde (52.2604,13.5375)
9,1 Str-II **15749 Mittenwalde**, Baruther Vorstadt (52.2610,13.5394)
6,1 li ⇩ Zülowkanal (s. Seite 402) in den Nottekanal (52.2805,13.5663);
Autobahn-II A13 (52.2807,13.5669)
3,3 Str-II B179 Königs Wusterhausen (52.2910,13.6036)
2,5 Fußg.-II Königs Wusterhausen (52.2940,13.6139);
Fußg.-II Königs Wusterhausen
1,8 ⛝ Königs Wusterhausen, Betriebszeit: vom 24.04–03.10, täglich 10:00–12:30 Uhr und 13:30–19:00 Uhr, übrige Zeit keine Besetzung, zum ⏏ re an Steg ⬆ und über Str-II, dann li am Steg ⬇. Schleusungen außerhalb dieser Zeiten nur nach vorheriger Absprache, mit mindestens einem Tag Vorlauf, ☎ +49 33764 245880 oder +49 151 42622497 (52.2966,13.6240);
Str-II Königs Wusterhausen, Schloßstraße (52.2967,13.6245)
1,5 Weg-II Königs Wusterhausen (52.2971,13.6277);
li ⇩ Mühlgraben Königs Wusterhausen, Einfahrt gesperrt (52.2974, 13.6280)
1,4 Str-II, **15711 Königs Wusterhausen**, Gerichtsstraße, 🚉, ✕ (52.2983, 13.6294)
1,2 2 EB-II Königs Wusterhausen (52.2994,13.6314)
0,0 ⇩ Nottekanal in die Dahme (s. Seite 391) bei amtl. km 8,2, auf dem Nottekanal kann nach 25 km und drei ⛝ der Mellensee erreicht werden (52.3071,13.6433)

Galluner Kanal

Kanal
Mündung in Nottekanal bei km 9,6 (re Nebenfluss)

Der Galluner Kanal ist ein ehemaliger Schifffahrtskanal, der nur noch von Sportbooten genutzt wird. Motorbootverkehr ist nicht gestattet.
Befahrungsregeln: Der Galluner Kanal ist eine Landeswasserstraße in

Brandenburg. Es gilt die Landesschifffahrtsverordnung (LSchiffV).

7,9 S-Ende Motzener See (52.1940,13.5818)
7,3 re ⬇ **15749 Mittenwalde-Motzen** an öffentlicher Badestelle in Höhe der Kirche (52.1999,13.5840)
5,7 li ⛺ Motzener See, Seestraße 17 a, 15806 Zossen, www.camping-kallinchen.de , ☎ +49 33769 50381 (52.2102,13.5678)
5,6 li **15806 Zossen, OT Kallinchen** (52.2105,13.5675)
3,9 Ausfahrt aus Motzener See, sehr flach (52.2265,13.5598)
2,6 Str-II K6155, re **15749 Mittenwalde, OT Gallun** (52.2369,13.5515)
1,2 Weg-II (52.2477,13.5432)
0,4 EB-II (52.2546,13.5379)
0,3 ⌘ Mittenwalde (Galluner Kanal), Betriebszeit: vom 24.04–03.10, täglich 10:00–12:30 Uhr und 13:30–19:00 Uhr, übrige Zeit keine Besetzung, dann li ⏏. Schleusungen außerhalb dieser Zeiten nur nach vorheriger Absprache, mit mindestens einem Tag Vorlauf, ☎ +49 33764 245880 oder +49 151 42622502 (52.2552,13.5374)
0,0 ⇩ Galluner Kanal in den Nottekanal (s. Seite 400) bei km 9,6 (52.2578, 13.5354)

Zülowkanal

Weitere Namen: Rangsdorfer See, Krumme Lanke, Glasowbach

Seengewässer, Kanal, Entwässerungskanal
Mündung in Nottekanal bei km 6,1 (li Nebenfluss)

Der Rangsdorfer See liegt wenige Kilometer südlich von Berlin (Tempelhof) in einem NSG. Er bietet eine Möglichkeit für eine Rundfahrt. Dabei sind die am Westufer des Sees geltenden Befahrungsregelungen zu beachten. Im Norden mündet der Glasowbach (**X**) in den See, dessen schmaler Hals Krumme Lanke heißt, im Süden Ausfluss des Zülowkanals (künstlich angelegter Entwässerungskanal), der in den Nottekanal mündet. Ob eine Befahrung des Zülowkanals möglich ist, müsste erkundet werden, im Sommer zugewachsen. Einsetzstelle und Parkplatz am Ortsrand von Rangsdorf am Strandbad. Dort auch Hotel und Restaurant.

Befahrungsregeln: km 23,8 bis 15,3 (gesamter Oberlauf bis Str.Br. Blankenfelde-Dahlewitz): ganzj. BV
km 13,9 bis 11,8 (100m-Streifen am Westufer des Rangsdorfer See (Schulzendorfer Bucht)): ganzj. BV

23,8 –15,3 **§**, ganzj. BV (52.3563,13.4545)–(52.3046,13.4175)
15,3 ⇩ des Glasowbaches in die Krumme Lanke (52.3045,13.4177)
13,9 ⇩ der Krummen Lanke in den Rangsdorfer See (52.2954,13.4060)
13,9 –11,8 **§** ganzj. BV für einen 100 m breiten Streifen am Westufer (Schulzendorfer Bucht) (52.2948,13.4033)–(52.2775,13.4108)
13,3 ⬆⬇-Möglichkeit am Strandbad, **15834 Rangsdorf**, Gasthof, 🛒, 🚆 (52.2922,13.4131)
11,8 Ausfluss des Zülowkanal aus dem Rangsdorfer See (52.2776,13.4118)

8,4 Schützen-■, ⏏ (52.2636,13.4525)
4,3 Schützen-■, re Fischtreppe (52.2628,13.5113)
2,1 Str-II L75, re **15749 Mittenwalde** (52.2748,13.5374)
0,8 ■, keine Angaben (52.2789,13.5553)
0,0 ⇩ Zülowkanal in den Nottekanal (s. Seite 400) bei km 6,1 (52.2805, 13.5663)

Wernsdorfer Seenkette

Weitere Namen: Krossinsee, Großer Zug

Seengewässer
Mündung in Dahme bei amtl. km 4,5 (re Nebenfluss)

Die Wernsdorfer Seenkette verbindet die Spree-Oder-Wasserstraße mit der Dahme und gestattet damit eine Rundfahrt.

Befahrungsregeln: Die Wernsdorfer Seenkette ist eine Bundeswasserstraße. Es gelten die Bestimmungen der Binnenschifffahrtsstraßen-Ordnung (BinSchStrO).

6,2 ← zur Wernsdorfer Seenkette vom Oder-Spree-Kanal (West) (s. Seite 321) (Krossinsee) (52.3732,13.7027)
5,8 Str-II L301, **15713 Königs Wusterhausen-Wernsdorf**, Dorfstraße, re ✕ (52.3714,13.6965)
5,1 ⇩ in Krossin-See (52.3670,13.6920)
4,8 Krossinsee 1930 GmbH, Wernsdorfer Str. 38, 12527 Berlin, www.campingplatz-berlin.de , ☎ +49 30 6758687 (52.3681,13.6859)
2,9 ⇩ in den Großen Zug (52.3576,13.6664)
0,0 ⇩ der Wernsdorfer Seenkette in die Dahme (s. Seite 391) bei amtl. km 4,5 (52.3397,13.6441)

Seearm Große Krampe

Seengewässer
Mündung in Spree-Oder-Wasserstraße bei amtl. km 43,3 (re Nebenfluss)

Der Seearm Große Krampe ist ein Arm des Langen Sees.

3,4 Beginn des Seearmes Große Krampe in **12559 Berlin-Müggelheim** (52.4099,13.6645)
3,1 li Müggelheimer Sportclub, , Krampenburger Weg 29g/h, 12559 Berlin, ☎ +49 30 6596897 (52.4077,13.6644)
0,0 ⇩ Seearm Große Krampe in Dahme (Spree-Oder-Wasserstraße) (s. Seite 322) bei amtl. km 43,3 (52.3841,13.6510)

Müggelspree

Wanderfluss, Schifffahrtsstraße,
Mündung in Spree-Oder-Wasserstraße bei amtl. km 32,9 (re Nebenfluss)

Die Müggelspree, der eigentliche Verlauf der Spree, zweigt am Wehr große Tränke von der Spree-Oder-Wasserstraße ab. Zunächst als interessante, Wanderstrecke bi zum Dämeritzsee. Die Müggelspree wurde renaturiert, wobei 4 Altarme wieder geöff net wurden. Die früheren Durchstiche wurden mit Steinschwellen verschlossen, di teilweise unter der Wasseroberfläche liegen. Vor dem Befahren dieser Durchstich wird ausdrücklich gewarnt. Es ist den Hinweispfeilen zu folgen. Ab dem Dämeritzse ist die Müggelspree Bundeswasserstraße, dient aber vor allem dem Ausflugs- und Sportbootverkehr. Begleitet von vielen schönen Wassergrundstücken, aber „Betreten verboten", geht es durch den Berliner Stadtteil Rahnsdorf. Anschließend wird der Gr Müggelsee überquert. Achtung bei stärkerem Wind. In Berlin-Köpenick erreicht die Müggelspree wieder die Spree-Oder-Wasserstraße. Dort setzt die Untere Spree den Spreelauf fort.

Befahrungsregeln: Die Müggelspree ist ab Dämeritzsee bis zur Mündung in die Spree-Oder-Wasserstraße eine Bundeswasserstraße. Es gelten die Bestimmungen der Binnenschifffahrtsstraßen-Ordnung (BinSchStrO).
km 7,4 bis 3,8 (NSG im erweiterten Uferbereich des Röhrich- und Schwimmblattzonen laut Kennzeichnung in der Karte (www.kanu-vereinigung-koepenick.de)): ganzj. BV
km 7,4 bis 3,8 (gesamter See): Anlegeverbot im Uferbereich außerhalb genehmigter Steganlagen

Befahrbarkeit: Jederzeit für alle Bootstypen des Kanusports. Die Strömungsgeschwindigkeit im oberen Teil der Müggelspree beträgt in Abhängigkeit vom Wasserstand 3 - 1 km/h.

Kilometrierung: Zwischen Dämeritzsee und Mündung gibt es eine amtliche Kilometrierung der Bundeswasserstraße. Der Oberlauf wurde im Kartenmaterial vermessen.

46,0 ➔ der Müggelspree von der Fürstenwalder Spree (s. Seite 320), geradeaus führt der Oder-Spree-Kanal (West) (s. Seite 321) weiter zur Dahme und nach Berlin, in dem die Kilometrierung fortgesetzt wird (52.3672, 13.9977)

45,9 ▬ Große Tränke, Befahrbarkeit des Wehres abhängig vom Wasserstand, vorher ansehen, die vor dem Wehr rechts abzweigende Ableitung als Fischtreppe ist für Geübte mit leerem Boot befahrbar, vorher ansehen, ansonsten X, zum ⩍ li Bootsschleppe (schwer, 2 Personen erforderlich), ⛺, Biwakplatz für 1 Nacht li der Umtragestelle, WC, kein Trinkwasser (52.3686,13.9970)

39,1 re ⇅, 15537 Grünheide (Mark), OT Hangelsberg, 🚆, ✕ (52.3939, 13.9340)

37,0 re ⛺-Möglichkeit Kanu-Sport-Spree, Voranmeldung erforderlich, kürzester Weg zum 🚆, Bahnhofstraße 1, 15537 Grünheide (Mark), www.kanu-spree.de , ✆ +49 33632 679714 (52.3958,13.9178)

34,1 re ⚓, **15537 Grünheide (Mark), OT Mönchwinkel** (52.3894,13.8922)

33,3 Wege-II für Spreeradweg, re ⚓ mit ⛺-Möglichkeit (52.3838,13.8917)

26,5 Str-II L23 Spreeau - Neu Hartmannsdorf (Von hier kürzester Fußweg zum Oder-Spree-Kanal nach Spreenhagen. 3 km Weg für eine Rundtour

Spreenhagen–Oder-Spree-Kanal–Große Tränke–Müggelspree–Spreeau ca. 30 km) (52.3604,13.8416)

22,7 Weg-Ⅱ (Tunnel) (52.3661,13.8071)

19,0 Str-Ⅱ A10 (52.3828,13.7813)

18,8 Wege-Ⅱ Jägerbude (52.3842,13.7803)

18,6 re ➔ in den Bootshafen des Campingplatzes (52.3851,13.7785)

18,5 ⇅ zum 🚐 Jägerbude re am Ende des Stichkanals an einer Schrägrampe, Dusche, WC, Trinkwasser, ✕, sehr laut durch nahe Autobahn, Jägerbude 2, 15537 Erkner, lela24.de/campingplatz/ , ☎ +49 3362 888084 (52.3862, 13.7768)

15,8 Str-Ⅱ L30, li **15537 Gosen-Neu Zittau**, Spreebordstraße (52.3923, 13.7443)

12,3 ⌂⚑ KC Erkner, ⛺, Zur Buhne 15, 15537 Erkner, www.kc-erkner.de , ☎ +49 173 6194921, info@kc-erkner.de (52.4179,13.7307)

11,8 ⇩ in Dämeritzsee, nordöstlich Abzweig über Erkner (S- und Fern-🚆) zum Flakensee und den Rüdersdorfer Gewässern sowie den Löcknitz-Seen. Am SW-Ufer des Dämeritzsees ← Gosener Kanal bzw. Gosener Graben, Verbindung über Seddinsee zur Dahme (Spree-Oder-Wasserstraße). Statt einer Fahrt Müggelspree stromauf ist es empfehlenswert den Weg über Gosener Graben und Oder-Spree-Kanal zu benutzen. Beginn Bundeswasserstraße, oberhalb nur Boote ohne Motor gestattet (Ausnahmen für Anlieger) (52.4198,13.7329)

11,6 re ⇩ Rüdersdorfer Gewässer (s. Seite 407) in die Müggelspree (52.4212, 13.7284)

11,5 li ← Wasserstraße Seddinsee und Gosener Kanal (s. Seite 390) von der Müggelspree (52.4208,13.7276)

11,4 Ausfluss der Müggelspree aus dem Dämeritzsee westlich gegenüber der Einmündung, Roseneck. Beginn der Stadtdurchfahrt durch Berlin (52.4205,13.7254)

11,2 Str-Ⅱ Berlin, Triglawstraße (52.4207,13.7220);
⌂⚑ Kanu-Vereinigung-Köpenick im Alten Spreearm, ⛺-Möglichkeit bei Anmeldung, Triglawstraße 10, 12589 Berlin, www.kanu-vereinigung-koepenick.de (52.4200,13.7209)

11,0 li ⇩ Alter Spreearm, kommt vom Gosener Kanal, dort ⌂⚑ Kanu-Vereinigung-Köpenick (52.4214,13.7200)

10,2 –9,0 re mehrere Altarme und hübschen Kanäle mit Wassergrundstücken (Neu Venedig, Hessenwinkel), ⌂⚑ VSG Rahnsdorf (52.4258,13.7117)–(52.4295,13.6962)

8,5 Personen-⛴ (52.4298,13.6890)

8,4 re ➔ Nebenarm, dort ⌂ RC Rahnsdorf (52.4292,13.6868)

8,1 li ← Parine zum Bauersee (52.4289,13.6835)

8,0 –7,8 Kleiner Müggelsee (52.4294,13.6823)–(52.4308,13.6791)

7,4 Personen-⛴ (52.4330,13.6763);
⇩ in Großer Müggelsee starke Wellenbildung bei Wind ⚠. N-Ufer

Strandbad Müggelsee, li am S-Ufer Groß- ✕ „Müggelseeperle". „Rübezahl" mit Wandermöglichkeiten zum Müggelturm. Fahrt quer über den See Richtung WNW (52.4331,13.6762)

7,4 –3,8 §, Anlegeverbot im Uferbereich außerhalb genehmigter Steganlagen, gilt für den gesamtem Müggelsee. Außerdem sind am Müggelsee mehrere NSG ausgewiesen, für die ein ganzj. BV gilt. Einzelheiten entnehme man der Karte, siehe: www.kanu-vereinigung-koepenick.de/nsg44_lsg54_mueggelsee.pdf (52.4333,13.6761)–(52.4445,13.6255)

7,2 ⇩ Fredersdorfer Mühlenfließ in die Müggelspree (52.4385,13.6775)

Nebenstrecke Fredersdorfer Mühlenfließ

25,3 Ursprung Abfluss aus dem Bötzsee (52.5578,13.8309)

25,3 –0,0 § ganzj. BV (52.5578,13.8309)–(52.4385,13.6776)

0,0 ⇩ Fredersdorfer Mühlenfließ in die Müggelspree (s. Seite 403) (52.4385,13.6775)

3,8 Ausfluss aus Müggelsee, Spreetunnel (52.4445,13.6253)

2,5 li ⌂► Berliner Kanubären, beschränkte ⛺-Möglichkeit bei Voranmeldung, Neu-Ahlbeck, Kämmereiheide, 12559 Berlin, www.berliner-kanubaeren.de (52.4473,13.6073)

1,6 re ⌂► Blau-Gelb-Köpenick, Salvador-Allende-Str. 88 - 90 12555 Berlin, www.blau-gelb-koepenick.de , ☎ +49 30 65265854 (52.4511,13.5942)

1,6 re ⇩ Erpe (Spree) in die Müggelspree (52.4502,13.5945); Str-Ⅱ Salvador-Allende-Straße (52.4496,13.5935)

Nebenstrecke Erpe (Spree)

0,0 § ganzj. BV für das gesamte Fließ (52.4503,13.5945); ⇩ Erpe (Spree) in die Müggelspree (s. Seite 403) (52.4502, 13.5945)

0,6 li ← Stichkanal, re Krusenick (52.4456,13.5822); li ⇩ Kietzgraben (Verbindung zur Dahme), gesperrt (52.4458,13.5807)

0,5 re → Alte Spree, Länge 600 m, im Altarm re ⌂► Berliner KC Rotation, Friedrichshagener Str. 8, 12555 Berlin, www.rotation-berlin.de , ☎ +49 30 6571156 (52.4477,13.5808)

0,4 re Fußg.-Ⅱ Berlin, Krusenicksteg (Katzengrabensteg) (52.4478,13.5799)

0,4 –0,1 re Baumgarten-Insel (52.4478,13.5804)–(52.4491,13.5755)

0,1 re ⇩ Alte Spree (52.4489,13.5753)

0,0 Str-Ⅱ Berlin-Köpenick, Lindenstraße (Damm-Brücke), ✕, ⌘: Schloss, Rathaus (Hauptmann von Köpenick) (52.4484,13.5746); ⇩ der Müggelspree in die Untere Spree (s. Seite 323) bei amtl. km 32,9 (52.4484,13.5743)

Rüdersdorfer Gewässer

Wanderfluss, Seengewässer, Schifffahrtsstraße
Mündung in Müggelspree bei amtl. km 11,6 (re Nebenfluss)

Die Rüdersdorfer Gewässer stellen eine Verbindung vom Stienitzsee über weitere Seen und Fließe zum Dämeritzsee und damit zur Müggelspree dar, keine Schwierigkeiten.

Befahrungsregeln: Die Rüdersdorfer Gewässer sind eine Bundeswasserstraße. Es gelten die Bestimmungen der Binnenschifffahrtsstraßen-Ordnung (BinSchStrO).
Kilometrierung: Amtliche Kilometrierung.

14,6 N-Ende des Stienitzsees, ⇩ Stranggraben (52.5117,13.8389);
li **15378 Rüdersdorf bei Berlin, OT Hennickendorf**, ⇅ (52.5074, 13.8403)
11,3 S-Ende Stienitzsee, Ausfluss Strausberger Mühlenfließ (52.4942,13.8019)
10,6 Str-II B1/5, re **15562 Rüdersdorf bei Berlin, OT Tasdorf**, Frankfurter Chaussee, Beginn der Bundeswasserstraße (52.4915,13.7928)
10,2 EB-II Rüdersdorf (52.4891,13.7889)
9,7 ⇩ Langerhanskanal in Rüdersdorfer Gewässer (52.4859,13.7851)

Nebenstrecke Langerhanskanal
Der Langerhanskanal ist eine Nebenstrecke der Bundeswasserstraße Rüdersdorfer Gewässer.
1,1 Ausfahrt aus dem Hafen Rüdersdorf in den Kriensee (52.4862, 13.8011)
0,5 EB-II Rüdersdorf (52.4854,13.7922)
0,3 Str-II Rüdersdorf, Gutenbergstraße (52.4855,13.7895)
0,0 ⇩ Langerhanskanal in Rüdersdorfer Gewässer (s. Seite 407) (52.4859,13.7851)

9,6 EB-II Rüdersdorf (52.4850,13.7825)
8,8 Str-II Rüdersdorf, Heinitzstraße (52.4795,13.7802)
8,5 Fußg.-II Rüdersdorf (52.4768,13.7777)
8,2 Str-II Rüdersdorf, Straße der Jugend (52.4741,13.7741)
7,8 Str-II A10 (52.4722,13.7709)
7,6 ⇩ in den Hohler See, Ende des Strausberger Fließes (52.4710,13.7693)
7,4 Ausfahrt aus Hohler See, Beginn des Stolpkanals (52.4692,13.7676)
6,8 Str-II L30, **15562 Rüdersdorf bei Berlin**, Am Stolp (52.4654,13.7714)
6,5 li ⇩ des Kalkgrabens (≈ bis zum Kesselsee, 1,7km), Ende des Stolpkanals, Beginn des Kalksees (52.4650,13.7780)
5,5 ⇅-Möglichkeit Woltersdorf bei einer Badestelle (52.4591,13.7641)
4,4 SW-Ende des Kalksees (52.4500,13.7652);
li **15569 Woltersdorf** (52.4497,13.7644)
3,8 Str-II, Schleusenstraße, li **15569 Woltersdorf** (52.4427,13.7646);

⛫ Woltersdorf, Betriebszeiten: 01.04.-31.10. Mo – Fr 8:30 – 18:00 Uhr, Fr - So 09:30 – 19:00 Uhr, 01.11.-31.03 Mo – Sa 8:00 – 16:30 Uhr, Sa 08:00 – 16:00 Uhr, So keine Betriebszeit, Feiertage besondere Regelung, li Bootsschleppe, ✆ +49 3362 503347 (52.4424,13.7644)

3,7 ⇩ in den Flakensee (52.4413,13.7638)

3,5 re ➔ in eine Bucht, dort in ca. 500 m re ⇅-Möglichkeit Woltersdorf (52.4399,13.7630)

2,9 li ⛺ Flakensee bei Berlin, Fangschleusenstraße 40, 15569 Woltersdorf bei Berlin, www.campingplatz-flakensee.de , ✆ +49 3362 888357 (52.4339,13.7681)

2,6 li ⇩ Löcknitz (Spree) (s. Seite 408) in die Rüdersdorfer Gewässer (52.4307,13.7641)

2,3 Ausfahrt aus dem Flakensee, Beginn des Flakenfließes (52.4305,13.7579)

2,2 Str-II Erkner (52.4270,13.7548)

1,8 EB-II Erkner (52.4263,13.7532)

1,6 Str-II Friedrichstraße, **15537 Erkner**, re 🚆, S-Bahn nach Berlin (52.4259,13.7508)

1,0 Ende des Flakenfließ, ⇩ in den Dämeritz-See (52.4234,13.7430)

0,0 ⇩ Rüdersdorfer Gewässer in die Müggelspree (s. Seite 403) bei amtl. km 11,6 (52.4212,13.7284)

Löcknitz (Spree)

Weitere Namen: Neue Löcknitz

Wanderfluss, Seengewässer, Schifffahrtsstraße
Mündung in Rüdersdorfer Gewässer bei amtl. km 2,6

Die Löcknitz ist Bestandteil der Bundeswasserstraße Rüdersdorfer Gewässer. Praktisch findet jedoch nur Sportbootverkehr statt. Die Fahrt geht über mehrere Seen.

Befahrungsregeln:	Die Löcknitz ist eine Bundeswasserstraße. Es gelten die Bestimmungen der Binnenschifffahrtsstraßen-Ordnung (BinSchStrO).
Kilometrierung:	Amtliche Kilometrierung.

10,6 ⇅ am Nordende Möllensee li **15537 Grünheide (Mark), OT Kagel-Finkenstein**, Badeanstalt, Aussichtspunkt (52.4488,13.8673)

8,8 li ⇩ eines Grabens vom Kiessee (52.4360,13.8565)

8,6 li ⛺ Mölle-Süd-Camp li e.V, www.moelle-sued-camp.de, Möllensee/ Südufer, 15537 Grünheide (Mark), www.moelle-sued-camp.de , ✆ +49 3362 6345 (52.4349,13.8535)

8,5 re ⛺ Campingverein Möllensee Nord I, L23, 15537 Grünheide (Mark), moellensee.blogspot.de , ✆ +49 3362 503069 (52.4364,13.8508)

7,9 Ausfahrt aus dem Möllensee (52.4331,13.8442)

7,6 Str-II, **15537 Grünheide (Mark), OT Alt Buchhorst** (52.4310,13.8418)

7,5 ⇩ in Peetz-See (52.4309,13.8404)

6,6 li ⛺ Grünheider Ferienpark, Am Schlangenluch 27 15537 Grünheide (Mark), www.camping-gruenheide.de , ✆ +49 3362 6120 (52.4228,

13.8364)
5,8 Ausfahrt aus dem Peetz-See (52.4228,13.8234)
5,7 Str-II **15537 Grünheide (Mark)**, Karl-Marx-Straße (52.4227,13.8215)
5,5 ⇩ in Werl-See (52.4230,13.8191);
li ⇅ in der Nähe der Festwiese Grünheide (52.4225,13.8192)
4,8 –4,6 Insel Lindwall (52.4205,13.8106)–(52.4202,13.8077)
4,3 Ausfahrt aus dem Werl-See (52.4198,13.8029)
3,9 Str-II, **15537 Grünheide (Mark), OT Fangschleuse** (52.4202,13.7981)
3,0 li ← einer Verbindung zur Alten Löcknitz (52.4180,13.7870)
2,9 Str-II A10 (52.4179,13.7852)
2,5 Weg-II (52.4179,13.7795)
2,1 ⇩ Alte Löcknitz in die Löcknitz (Spree) (52.4181,13.7734)

Nebenstrecke Alte Löcknitz
Als alte Löcknitz wird hier der ursprüngliche Verlauf der Löcknitz bezeichnet. Als Kleinfluss sollte man ihn nur in kleinen Gruppen und bei genügendem Wasserstand befahren. Da kein Pegel bekannt ist, muss mit einer Besichtigung die Befahrbarkeit geprüft werden.
20,4 –6,0 **§** ganzj. BV zwischen Kienbaum und der Str-II L23 Grünheide, Chausseestraße (52.4533,13.9519)–(52.4121,13.8260)
6,0 ↓ an Str-II L23 Grünheide, Chausseestraße, re 🚌 Fangschleuse, li nach Grünheide (52.4122,13.8258)
3,7 Str-II Grünheide, Gottesbrück, Stromschnelle, treideln, ⛺ (52.4150,13.8013)
1,8 re → Verbindung zur Löcknitz, li weiter auf Alter Löcknitz (52.4152,13.7872)
1,6 Str-II A10 (52.4143,13.7857)
0,0 ⇩ Alte Löcknitz in die Löcknitz (Spree) (s. Seite 408) (52.4181, 13.7734)

1,1 Str-II Fürstenwalder Straße, li **15537 Erkner** (52.4211,13.7616)
0,0 ⇩ Löcknitz (Spree) in die Rüdersdorfer Gewässer (s. Seite 407) bei amtl. km 2,6 (52.4307,13.7641)

Neuköllner Schifffahrtskanal

Kanal, Schifffahrtsstraße
Mündung in Landwehrkanal bei amtl. km 9,5

Der Neuköllner Schifffahrtskanal verbindet den Landwehrkanal mit dem Teltowkanal.
Befahrungsregeln: Der Neuköllner Schifffahrtskanal ist teilweise Bundeswasserstraße. Es gelten die Bestimmungen der Binnenschifffahrtsstraßen-Ordnung (BinSchStrO).

4,2 re → Neuköllner Schifffahrtskanal vom Teltowkanal (s. Seite 428), Hafen Britz (52.4592,13.4557)

4,1 li ← in den Hafen Britz (52.4602,13.4551)
4,0 Weg-II Berlin, Britzer Hafensteg (52.4610,13.4549)
3,6 Str-II A 100/A 113 (52.4639,13.4526)
3,5 Str-II Berlin, Grenzallee (52.4653,13.4531)
3,4 li ← in den Oberhafen Neukölln (52.4657,13.4533)
3,3 ⯐ Neukölln, Selbstbedienung, Betriebszeit durchgängig (52.4664, 13.4540)
3,3 –3,0 li Unterhafen Neukölln (52.4668,13.4541)–(52.4689,13.4556)
3,0 EB-II (52.4689,13.4558);
Str-II Berlin, Neukölnische Allee (52.4691,13.4561)
2,8 2 EB-II (52.4703,13.4570)
2,5 Str-II Brücke, Sonnenallee (52.4730,13.4577)
1,9 EB-II (52.4783,13.4573)
1,7 Str-II Berlin, Weigandufer (52.4794,13.4553)
1,4 Str-II Berlin, Treptower Straße (52.4811,13.4521)
1,0 Fußg.-II Berlin, Elsensteg (52.4837,13.4470)
0,8 Str-II Berlin-Wildenbruchstraße (52.4850,13.4444)
0,1 Str-II Berlin, Lohmühlenbrücke (52.4896,13.4395)
0,0 ⇩ Neuköllner Schifffahrtskanal in den Landwehrkanal (s. Seite 325) bei amtl. km 9,5 (52.4905,13.4389)

Stromgebiet der Unteren Havel

Nr. in Karte	Fluss	Wildwasser	Kleinfluss	Wanderfluss	Seengewässer	Kanal	Küstengewässer	Schiffahrtsstraße	Befahrungsregeln	Seite
297	Untere Havel			o	o			o	o	411
298	Südhafen Berlin			o						413
299	Stößensee				o					414
300	Hauptgraben (Stößensee)									426
301	Großer Jürgengraben									427
302	Kleiner Jürgengraben									427
303	Scharfe Lanke				o					414
304	Wannsee				o			o		427
305	Teltowkanal					o		o		428
306	Britzer Verbindungskanal					o		o		429
307	Griebnitzkanal				o	o		o		431
308	Nuthe (Havel)		o							431
309	Hammerfließ		o							433
310	Nieplitz		o						o	435
311	Großer Seddiner See				o					436
312	Judengraben			o						416
313	Glindower See				o					436
314	Wublitz			o	o				o	436
315	Sacrow-Paretzer-Kanal				o	o		o		415
316	Nedlitzer Alte Fahrt									437
317	Großer Graben Krampnitzsee				o					437
318	Havelkanal					o		o		438
319	Großer Plessower See				o					439
320	Ketziner Havel			o					o	418
321	Krumme Havel			o					o	419
322	Emster Kanal				o			o		439
323	Brandenburger Niederhavel zw. Silo- und Stadtkanal			o				o		420
324	Domstreng									440
325	Silokanal					o		o		419
326	Riewendseengebiet				o					440
327	Breitlingsee				o				o	441
328	Plane		o						o	442

Nr. in Karte	Fluss	Wildwasser	Kleinfluss	Wanderfluss	Seengewässer	Kanal	Küstengewässer	Schifffahrtsstraße	Befahrungsregeln	Seite
329	Temnitz (Plane)		o						o	443
330	Frei- oder Schleusengraben (Temnitz)		o							444
331	Buckau		o						o	445
332	Elbe-Havel-Kanal					o		o		446
333	Mittellandkanal (Ost)					o		o	o	449
334	Niegripper Verbindungskanal					o		o		446
335	Pareyer Verbindungskanal					o		o		447
336	Tucheim-Parchener-Bach		o							452
337	Roßdorfer Altkanal					o				448
338	Neuer Graben Wusterwitz				o	o				453
339	Schleusenkanal Bahnitz			o				o		421
340	Stremme		o							453
341	Mögeliner Havel			o						422
342	Rathenower Havel			o				o		422
343	Rathenower Stremme									454
344	Hohennauener Wasserstraße			o	o					454
345	Havelländischer Großer Hauptkanal					o				455
346	Gülper Havel			o				o		424
347	Rhin		o	o	o			o	o	456
348	Kleiner Rhin		o						o	457
349	Lindower Rhin			o	o			o		458
350	Rottstielfließ			o	o			o		458
351	Amtmannskanal					o		o		460
352	Wustrauer Rhin			o						462
353	Alter Rhin		o						o	460
354	Dosse			o						462
355	Kyritzer Seenkette				o					464
356	Bültgraben			o						461
357	Havel Mündungsstrecke			o						425

Untere Havel

Wanderfluss, Seengewässer, Schifffahrtsstraße

Die Untere Havel ist ein Flachlandfluss mit geringer Strömung. Sie fließt weitgehend durch eine Wiesen- und Auenlandschaft mit vielen reizvollen Seen, die Ufer sind streckenweise reguliert. Alle Staustufen haben Schleusen, Schiffs- und

Sportbootverkehr. Zwischen km 104,2 (Mündung der Rathenower Havel und 145,6 (Havelberg) findet zzt. keine Schifffahrt statt.

Befahrungsregeln: Die Untere Havel ist eine Bundeswasserstraße. Es gelten die Bestimmungen der Binnenschifffahrtsstraßen-Ordnung (BinSchStrO).
km 112 bis 144 (Bereich Hohennauener Kanal bis Havelberg): 15.03.-15.06. UV außer in Ortslagen und an Schleusen
km 22,2 bis 21,2 (Regattastrecke): bei Regattabetrieb re BV

0,0 ⇩ der Havel-Oder-Wasserstraße (s. Seite 285) und Untere Spree (s. Seite 323) in die Untere Havel (52.5356,13.2073);
Ab hier neue, aufsteigende Kilometrierung der Unteren Havel (52.5356, 13.2072)

0,1 Str-II Berlin, Stresowstraße (52.5351,13.2062)

0,4 EB-II Berlin-Spandau (52.5334,13.2027)

0,6 Str-II Berlin, Ruhlebener Straße (52.5320,13.2011)

1,5 Str-II Berlin, Schulenburgstraße (52.5243,13.2046)

2,1 li ⇩ Südhafen Berlin in die Untere Havel, Tiefwerder (52.5193,13.2061)

Nebenstrecke Südhafen Berlin

Der Südhafen Berlin ist die Heimstatt mehrere Wassersportvereine. Weitere Vereine sind über den Kleinen und Großen Jürgengraben zu erreichen.

0,8 Ende des Hafens (52.5249,13.2077)

0,7 li Kajak-Club Albatros Berlin, ⛺, Tiefwerderweg 15, 13597 Berlin, www.kc-albatros.de , ♪ +49 30 3325152, ⓘ ♪ +49 30 34623891 oder +49 178 1359948, gerhard.schreiter@arcor,de (52.5248, 13.2085)

0,6 li ⌂ Pichelsberger Rudergesellschaft, Tiefwerderweg 19, 13597 Berlin, pichelsberger-rg.blogspot.de , ♪ +49 30 3318568 (52.5238, 13.2098);
li ← Großer Jürgengraben (s. Seite 427) vom Südhafen Berlin (52.5236,13.2099)

0,2 li ⌂ Berliner Ruder-Club Hevella, Dorfstraße 23, 13597 Berlin, www.hevella.de , ♪ +49 30 3314246 (52.5204,13.2088);
li ⌂⚑ Vereinigung Märkischer WP Berlin, Kanupolo, Dorfstr. 25 a, 13597 Berlin, vmw-berlin.de (52.5202,13.2085);
li ← Kleiner Jürgengraben (s. Seite 427) vom Südhafen Berlin (52.5201,13.2082)

0,0 ⇩ Südhafen Berlin in die Untere Havel (s. Seite 411), Tiefwerder (52.5193,13.2061)

2,9 Str-II B2/B5 Berlin, Heerstraße (52.5118,13.2032)

2,9 ⌂⚑ WSC Havel-Möwen Berlin, nach der Brücke re, Alt-Pichelsdorf 3, 13595 Berlin (52.5116,13.2025)

4,0 Blinkfeuer Pichelsdorfer Gemünd Berlin, ab hier wieder seenartig erweite (52.5029,13.1991)

4,0 ⇩ li Stößensee und re Scharfe Lanke in die Untere Havel (52.5026, 13.1990)

Nebenstrecke Stößensee

Der Stößensee ist ein linksliegender See der Unteren Havelstrecke im de Stadt Berlin. Über Hauptgraben und anschließend Großen und Kleinen Jürgengraben ist er mit dem Südhafen Berlin verbunden.

1,9 ⇩ Hauptgraben (Stößensee) (s. Seite 426) in den Stößensee (52.5118,13.2161);
li ⇩ Hohler Weg, § Befahrung verboten (52.5117,13.2162)

1,6 Str-II B2 14055 Berlin, Heerstraße (52.5094,13.2148)

1,4 re ⌂ TU-Bootshaus am Stößensee, Siemenswerderweg 27, 1359 Berlin, www.tu-sport.de/sportprogramm/bootsthaus , ✆ +49 30 3623106 (52.5097,13.2093)

1,0 li ⌂ Versehrten-WSG Berlin ⛺, Havelchaussee 115, 14055 Berlin, www.vwg-berlin.de , kanuwart@vwg-berlin.de (52.5047, 13.2106)

0,6 li ⇅ Berlin-Grunewald, Havelchaussee/Am Postfenn neben dem ✕ Restaurantschiff „Alte Liebe“, Strand (52.5011,13.2087)

0,0 ⇩ li Stößensee und re Scharfe Lanke (s. Seite 414) in die Untere Havel (s. Seite 411) (52.5026,13.1990)

Nebenstrecke Scharfe Lanke

Die Scharfe Lanke ist eine rechtsseitige Ausbuchtung der Unteren Havel. Am Ufer findet man mehrere Wassersportvereine.

1,2 ⌂ KC Charlottenburg, ⛺, Bocksfeldstr. 11, 13595 Berlin, www.kanuklub-charlottenburg.de , ✆ +49 30 3616379, ⓘ ✆ +49 177 4109202, webmaster@kanuclub-charlottenburg.de (52.5112, 13.1951)

0,0 ⇩ li Stößensee (s. Seite 414) und re Scharfe Lanke in die Untere Havel (s. Seite 411) (52.5026,13.1990)

4,8 li Schildhorn (52.4969,13.1954)

5,7 re ⌂ PC Wiking, ⛺, Gatower Str. 329, 14089 Berlin, pcwiking.de , info@pcwiking.de (52.4898,13.1821)

6,0 re Regattastrecke Berlin-Gatow, Sattelplatz (52.4863,13.1842)

6,9 li Grunewaldturm (52.4779,13.1888)

7,7 li Lieper Buch, Insel Lindwerder (52.4702,13.1874)

8,3 re ⛺ Zeltplatz Breitehorn, Breitehornweg 1, 14089 Berlin, www.berliner-camping-club.com , ✆ +49 30 3653408 (52.4653,13.1800)

9,5 li Ufer, ⇅ Berlin-Nikolassee, Havelchaussee, Parkplätze Große Steinlanke und Großes Fenster, Strände (52.4569,13.1857)

10,4 li Nordspitze Insel Schwanenwerder, li nach 0,8 km Schwanenwerder-II, Durchfahrt zum Großen Wannsee (52.4511,13.1683)
11,2 re Insel Imchen, NSG (52.4503,13.1518)
11,2 li ⇩ Wannsee (s. Seite 427) in Untere Havel (52.4489,13.1555)
11,2 re **14089 Berlin-Kladow**, ✕, ⇅-Möglichkeit (52.4504,13.1471)
13,0 –14,9 Pfaueninsel, li oder re umfahren möglich, NSG, Schloss und weitere historische Gebäude, ⌘, dazu re ⇅ (52.4410,13.1348)–(52.4296, 13.1190)
15,8 li ⇅, ⛺ ✕ Moorlake, Zufahrt über Berlin, Nikolskoer Weg, nach 1 km li abbiegen (52.4219,13.1062)
16,3 ⇩ in den Jungfernsee, Sacrower Enge, re Heilandskirche ⌘ (52.4246, 13.0984)
17,1 re ➔ zum Sacrow-Paretzer-Kanal von Untere Havel über den Jungfernsee. Die Schifffahrt benutzt diesen kürzeren und ausgebauten Weg (52.4217,13.0885);
= 29,4 Kilometersprung, li ← Weiterfahrt auf der Potsdamer Havel mit eigener Kilometrierung. Die Potsdamer Havel ist der eigentliche Havellauf. Dem Kanuten sei dieser zwar längere, aber interessantere Weg empfohlen (52.4217,13.0885)

Nebenstrecke Sacrow-Paretzer-Kanal

Im Jungfernsee beginnt die Strecke durch den Sacrow-Paretzer-Kanal, die speziell für die Schifffahrt ausgebaut ist. Wer schnell auf der Havel vorankommen will, kann diesem Weg folgen. Empfehlenswerter ist die Weiterfahrt auf der Potsdamer Havel, der eigentliche Weg der Havel, dem auch die Hauptbeschreibung folgt.

17,1 ➔ zum Sacrow-Paretzer-Kanal von Untere Havel (s. Seite 411) über den Jungfernsee. Die Schifffahrt benutzt diesen kürzeren und ausgebauten Weg (52.4217,13.0885)
20,0 re ➔ der Nedlitzer Alte Fahrt (s. Seite 437) von dem Sacrow-Paretzer-Kanal (52.4364,13.0558);
li Ausfahrt aus dem Jungfernsee, Beginn Sacrow-Paretzer Kanal (52.4362,13.0544)
20,4 Str-II B2 Neu Fahrland, Tschudistraße (52.4371,13.0510);
re **14476 Potsdam-Neu Fahrland** (52.4375,13.0505)
20,7 –21,8 Weißer See (52.4384,13.0461)–(52.4422,13.0314)
21,0 re ⇩ Nedlitzer Alte Fahrt (s. Seite 437) in den Sacrow-Paretzer-Kanal (52.4400,13.0410)
22,3 re ➔ in den Fahrlander See, Befahrung für Motorboote verboten (52.4435,13.0242)
25,5 Str-II B273 Marquardt (52.4515,12.9803)
25,9 EB-II Marquardt (52.4519,12.9739)
27,0 ⇩ in Schlänitzsee (52.4523,12.9577)
27,6 ←➔ die Wublitz (s. Seite 436) kreuzt den Sacrow-Paretzer-Kanal

im Schlänitzsee. Nach W Richtung Paretz, nach O Richtung Potsdam-Berlin. Bis km 2,0 Befahrungsverbot für Motorboote (außer Elektro-Antrieb) (52.4525,12.9495)

27,8 Ausfahrt aus dem Schlänitzsee (52.4529,12.9462)

28,5 Str-II A10 (52.4548,12.9367)

32,4 re ⇩ Havelkanal (s. Seite 438) in den Sacrow-Paretzer-Kanal (52.4619,12.8821)

32,6 ⇩ Sacrow-Paretzer-Kanal in die Untere Havel (s. Seite 411) (52.4612,12.8760)

28,5 re vor der Brücke in ca. 500 m ⇅ Potsdam, Böcklinstraße/Ecke Menzelstraße, alternativ Strand nahe dem Eingang zum Neuen Garten, ⌘ ehemalige Matrosenstation Kongsnæs, (52.4159,13.0829)

28,5 Str-II B1, li Berlin, re Potsdam (Glienicker Brücke), li vor der Brücke Schlosspark Kleinglienicke (52.4135,13.0902)

28,3 li ⇩ Teltowkanal (s. Seite 428) (Glienicker Lake) in Untere Havel (Potsdamer Havel) (52.4112,13.0898)

28,1 Babelsberger Enge, ⇩ in den Tiefen See, li ⌘: Schloss Babelsberg, Schlosspark von km 28 bis 27 (52.4092,13.0876)

27,1 Ausfahrt aus dem Tiefen See (52.4027,13.0776)

26,7 unmittelbar vor der Brücke der B1 re ⚓ mit Steganlage (52.4011,13.0735)

26,7 Str-II B1 Potsdam, Nuthestraße (Humboldt-Brücke) (52.4004,13.0741)

26,2 re ➔ Alte Fahrt um die Freundschaftsinsel, nichtmotorisierte Fahrzeuge müssen diesen Weg benutzen, geradeaus Neue Fahrt, für mit Muskelkraft betriebene Fahrzeuge gesperrt (52.3964,13.0706);
li ⇩ der Nuthe (Havel) (s. Seite 431) in die Untere Havel, Neue Fahrt (52.3955,13.0704)

26,2 –25,5 Freundschaftsinsel Potsdam, mehrere ⇅-Möglichkeiten, Mauer, Treppe, ⌘: re Nikolaikirche, Potsdamer Schloss (52.3962,13.0701)–(52.3930,13.0616)

25,7 Str-II B2 Potsdam, Friedrich-Ebert-Straße (Lange Brücke) (52.3937, 13.0616);
Potsdam, PLZ 14467–14482), Landeshauptstadt Brandenburg, 🚆 Potsdam-Hauptbahnhof, ✕, ⌘: Schloss und Park Sanssouci, Orangerie, Neues Palais, Filmmuseum (52.3933,13.0612)

25,4 ⇩ Zusammenfluss von Neuer und Alter Fahrt (52.3923,13.0610)

25,5 EB-II Potsdam (52.3919,13.0604)

25,0 li ← Judengraben von Untere Havel, re ➔ Fortsetzung der Potsdamer Havel, man kann hier auch geradeaus durch den Judengraben fahren und kommt auch wieder auf die Potsdamer Havel (52.3886,13.0547)

Nebenstrecke Judengraben

Der Judengraben verbindet 2 Buchten des Templiner Sees.

2,7 ← Judengraben von Untere Havel (s. Seite 411), re ➔ Fortsetzung der Potsdamer Havel, man kann hier auch geradeaus durch den Judengraben fahren und kommt auch wieder auf die Potsdamer Havel (52.3886,13.0547)

1,9 Beginn des Judengrabens (52.3852,13.0446); Fußg.-Ⅱ (52.3851,13.0444)

1,8 Str.-Ⅱ **14473 Potsdam**, Alter Tornow (Templiner Vorstadt) (52.3841,13.0426)

1,6 Str-Ⅱ Potsdam, Hermannswerder (52.3834,13.0412)

1,5 ⇩ des Judengraben in den Templiner See (52.3824,13.0395); li ⌂⚑ Universitäts-SV Potsdam (52.3821,13.0399)

0,0 ⇩ Judengraben in die Untere Havel (s. Seite 411) im Templiner See (52.3771,13.0227)

24,6 –22,0 li Insel Hermannswerder, die li Abgrenzung der Insel ist der Judengraben (52.3908,13.0493)–(52.3784,13.0281)

24,3 re ➔ Einfahrt in Neustädter Havelbucht durch Eisenbahnbrücke, dort ⚓ (ca. 450 m) (52.3928,13.0445)

22,4 re ⌂⚑ Preußen-Kanu Potsdam im OSC Luftschiffhafen, www.preussen-kanu.de , ☎ +49 331 9512386 (52.3822,13.0225)

22,2 –21,2 re Regattastrecke Potsdam, bei Regattabetrieb dort BV (52.3793, 13.0247)–(52.3713,13.0181)

22,0 ⇩ in Templiner See, Zusammenfluss mit der Nebenstrecke durch den Judengraben (52.3780,13.0235)

21,7 li ⇩ Judengraben in die Untere Havel im Templiner See (52.3771,13.0227)

21,7 re ⌂⚑ KC Potsdam im OSC Luftschiffhafen, Am Luftschiffhafen 2, 14471 Potsdam, www.kcpotsdam.de , ☎ +49 331 5811669 (52.3761,13.0178)

21,2 re ⌂ Potsdamer RG, ✕, An der Pirschheide 28, 14471 Potsdam Deutschland, www.prg1.de , ☎ +49 1590 2797961 (52.3730,13.0153)

21,1 EB-Ⅱ, re 🚆 Potsdam-Pirschheide (52.3697,13.0170)

21,0 re ⌂⚑ WSF Pirschheide, ⇅ am Strand, ⛺, An der Pirschheide 36, 14471 Potsdam, www.wassersportfreunde-pirschheide.de (52.3700,13.0122)

19,9 re ⛺ Sanssouci, An der Pirschheide 41, 14471 Potsdam, www.camping-potsdam.de , ☎ +49 331 9510988 (52.3613,13.0077)

19,0 re ➔ in den Petzinsee durch eine EB-Ⅱ. Von dort über den Wentorfgraben Weiterfahrt zum Schwielowsee möglich (52.3565,12.9982)

18,3 Ausfahrt aus Templiner See (52.3518,12.9944); li ⇅ Caputh, ⚓ (52.3505,12.9950)

18,0 re ⛺ Himmelreich, Wentorf-Insel 38, 14548 Schwielowsee, berlin-potsdam-camping.de , ☎ +49 33209 70475 (52.3520,12.9892)

17,5 Seil-⛴, li **14548 Schwielowsee, OT Caputh**, ✕, re 🚆 Caputh-Geltow (52.3474,12.9854)

17,0 EB-Ⅱ Caputh (52.3434,12.9806)

16,7 ⇩ in den Schwielowsee, li nach Ferch 5 km, Weiterfahrt re nach NW (52.3432,12.9779)

14,6 Str-Ⅱ B1, Berliner Chaussee (Baumgarten-Brücke), re **14548**

Schwielowsee, OT Geltow, N-Ende Schwielow-See, mehrere ✕ (52.3587,12.9627)

13,5 li ⇩ der Route vom Glindower See (s. Seite 436) in die Untere Havel (52.3655,12.9515)

12,5 –11,3 Insel Werder, ✕ (52.3748,12.9448)–(52.3845,12.9391)

12,0 Str-II am W-Ufer zur Insel Werder, **14542 Werder (Havel)**, ✕ (52.3779, 12.9388)

11,8 li ⇅ Werder am Westufer unterhalb der Brücke, 🅿, günstiger Weg zum Werder (52.3793,12.9360)

10,1 EB-II Werder, Beginn Gr. Zernsee (52.3927,12.9354)

9,0 re im N ⇩ der Wublitz (s. Seite 436) in die Untere Havel, Weiterfahrt nach NW (52.4055,12.9289)

6,9 re ⛺-Möglichkeit Marina Ringel für Kleinzelte, 14542 Werder (Havel) OT Töplitz, www.marina-ringel.de , ✆ +49 33202 60217 (52.4175,12.9171)

6,8 Str-II A10, Beginn Kleiner Zernsee (52.4171,12.9134); re **14542 Werder (Havel), OT Töplitz** (52.4186,12.9161)

4,5 li **14542 Werder (Havel), OT Phöben**, (52.4262,12.8872)

32,2 ⇩ Abfluss Großer Plessower See (s. Seite 439) in die Untere Havel, dessen Entwässerung über den unbefahrbaren Torfgraben erfolgt (52.4340, 12.8753)

32,6 = 0,0 Kilometersprung, Ende der Potsdamer Havel (52.4611,12.8762); ⇩ Sacrow-Paretzer-Kanal in die Untere Havel (52.4612,12.8760)

34,2 Wagen- Ketzin, re **14669 Ketzin/Havel** (52.4631,12.8548)

34,6 re ➔ Ketziner Havel von Untere Havel (52.4657,12.8501)

Nebenstrecke Ketziner Havel

Havelarm bei Ketzin.

0,0 ➔ Ketziner Havel von Untere Havel (s. Seite 411) (52.4657, 12.8501)

0,5 re ⇅ am Ketzin mit ⛺-Möglichkeit am Tipi-Dorf Kanu Brandenburg, außerdem (52.4700,12.8455)

0,5 = 1.0 (neue Kilometrierung), re **14669 Ketzin/Havel** (52.4751, 12.8387)

1,8 re ⇩ Scheidgraben Tremmen, befahrbar mit vielen kleineren Seen (52.4831,12.8258)

3,3 ⇩ Ketziner Havel in die Untere Havel (s. Seite 411) (52.4736, 12.8215)

35,2 re ⇅ am Ketzin hinter dem Leitwerk, mit ⛺-Möglichkeit am Tipi-Dorf Kanu Brandenburg, außerdem 3 (52.4703,12.8459)

36,8 re ⇩ Ketziner Havel in die Untere Havel (52.4736,12.8215)

38,1 ⇩ der Havel in den Trebelsee, Vorsicht bei Westwinden (52.4717,12.803

47,3 Ausfahrt aus dem Trebelsee (52.4622,12.7753)

48,7 re ➔ der Saaringer Havel (52.4415,12.6660)

48,7 re **14776 Brandenburg an der Havel-Saaringen** (52.4426,12.6629)

49,4 re ⇩ der Saaringer Havel (52.4366,12.6570)
50,5 li ← Krumme Havel von Untere Havel (52.4295,12.6450)

Nebenstrecke Krumme Havel

Die Krumme Havel ist ein Nebenarm der Havel und verbindet diese mit dem Emster Kanal.

0,0 ← Krumme Havel von Untere Havel (s. Seite 411) (52.4295, 12.6450)
1,8 li ⇩ Emster Kanal (s. Seite 439) in die Krumme Havel (52.4250, 12.6274)
2,2 ⇩ Krumme Havel in den Untere Havel (s. Seite 411) (52.4293, 12.6273)

50,5 re Yachthafen Eden, Straße zum Wassersportheim 4, 14776 Brandenburg OT Klein Kreutz, www.campingclub-eden.de, 14776 Brandenburg a. Havel OT Klein Kreutz, Stasse zum Wassersportheim 4, www.campingclub-eden.de , ✆ +49 3381 222838 (52.4320,12.6439)
51,7 re ⇩ Krumme Havel in den Untere Havel (52.4293,12.6273);
re **14776 Brandenburg an der Havel, OT Klein Kreutz** (52.4311, 12.6261)
52,2 re ⛺-Möglichkeit beim Sportplatz Klein Kreuz im Nebenarm, Biwak für 1 Nacht, keine weiteren Angaben (52.4306,12.6201)
54,3 Havelteilung, → (geradeaus) Silokanal von Untere Havel und zur Vorstadtschleuse Brandenburg, li ← in den Brandenburger Stadtkanal und weiter zur Brandenburger Niederhavel. Diesem Weg folgt die Havel-Beschreibung (52.4208,12.5923)

Nebenstrecke Silokanal

Speziell für die Schifffahrt erfolgt die Fahrt durch die Stadt Brandenburg über die Vorstadtschleuse Brandenburg, die im Sommer für Sportboote gesperrt ist, und über die Silokanal-Strecke.

54,3 Havelteilung, → (geradeaus) Silokanal von Untere Havel (s. Seite 411) und zur Vorstadtschleuse Brandenburg, li ← in den Brandenburger Stadtkanal und weiter zur Brandenburger Niederhavel. Diesem Weg folgt die Havel-Beschreibung (52.4208, 12.5923);
geradeaus zur Vorstadtschleuse Brandenburg, im Sommer benutzen Kanus den Brandenburger Stadtkanal (52.4209,12.5921)
55,4 Str-Ⅱ Brandenburg, Krakauer Straße (52.4213,12.5765)
55,5 Vorstadt-⯐ Brandenburg, Betriebszeit: Mo-Sa 6–22, So 7–19, feiertags besondere Regelung, ✆ +49 3381 266457 (52.4217, 12.5747)
56,2 li ⇩ Riewendseengebiet (s. Seite 440) und li ← Brandenburger Niederhavel zw. Silo- und Stadtkanal (s. Seite 420) in/von

Silokanal (52.4242,12.5662);
geradeaus Silokanal, für Sportboote nicht zu empfehlender Schifffahrtskanal (52.4237,12.5654)

61,4 ⇩ des Silokanals in den Quenzsee, Quenz-II (52.4148,12.4928)

63,2 ⇩ Silokanal in die Untere Havel (s. Seite 411) (52.4020,12.4774)

55,8 re ➔ in den Simmimgsgraben, zur Weiterfahrt auf dem Stadtkanal li halten (52.4149,12.5754)

56,5 re der Mühlendamm, zur Weiterfahrt auf dem Stadtkanal li halten (52.4114,12.5673)

56,9 Str-II Brandenburg, St. Annenstraße (52.4065,12.5677)

57,6 Str-II **14776 Brandenburg an der Havel**, Jacobstraße (Steintorbrücke), kreisfreie Mittelstadt, , ✕ (52.4056,12.5580)

57,8 Stadt- Brandenburg (Sportbootschleuse), Betriebszeit Mo–Do 7–20, F So 7–21 Uhr, vom 04.10.–31.03. keine Betriebszeit, dann Vorstadt-Schleuse Brandenburg benutzen, ♪ +49 3381 226963 (52.4063,12.5565)

58,2 Str-II Brandenburg, Bauhofstraße (52.4072,12.5508)

58,6 ⇩ Brandenburger Niederhavel zw. Silo- und Stadtkanal in die Untere Havel, Fortsetzung als Brandenburger Niederhavel (52.4071,12.5483)

Nebenstrecke Brandenburger Niederhavel zw. Silo- und Stadtkanal

Dieser Havelarm verbindet den Silokanal und das Riewendseengebiet m der Unteren Havel, die hier Brandenburger Niederhavel heißt.

56,2 re ⇩ Riewendseengebiet (s. Seite 440) und li ← Brandenburger Niederhavel zw. Silo- und Stadtkanal in/von Silokanal (s. Seite 419) (52.4242,12.5662)

57,0 Str-II Brandenburg, Grillendamm (52.4170,12.5618)

57,1 li ⇩ des Domstreng (s. Seite 440) in die Brandenburger Niederhavel zw. Silo- und Stadtkanal, ≈ auf ca. 500 m bis zum ■, ca. 20 m zum Brandenburger SC Süd 05 (52.4161,12.5615)

57,4 li ⇩ Näthewinde, auf ca. 700 m bis Mühlendamm ≈ (52.4135, 12.5572)

57,6 Str-II Brandenburg, Ritterstraße (Jahrtausendbrücke) (52.4116, 12.5563)

58,2 Str-II Brandenburg, Luckenberger Straße (52.4080,12.5498)

58,4 ⇩ Brandenburger Niederhavel zw. Silo- und Stadtkanal in die Untere Havel (s. Seite 411), Fortsetzung als Brandenburger Niederh vel (52.4071,12.5483)

59,0 Brandenburger KV Freie Wasserfahrer, , Wiesenweg 5, 14776 Brandenburg an der Havel, www.freie-wasserfahrer.de , ♪ +49 1590 1629766, ⓘ ♪ +49 176 2416405, freie-wasserfahrer-1925@gmx.de (52.4050,12.5403)

59,1 Str-II B1/102 Brandenburg, Otto-Sidow-Straße (52.4049,12.5381)

59,2 EB-II Brandenburg (52.4043,12.5367)

62,8 Buhnenhaus Brandenburg, ✕, Buhnenhaus 1, 14776 Brandenburg / Havel, ☎ +49 3381 6190090 (52.3884,12.4975)

63,5 Einfahrt in den Breitlingsee, ➔ Weiterfahrt auf Untere Havel zum Plauer See, li ← zum Rundkurs über Breitlingsee (s. Seite 441) und Möserschen See (52.3892,12.4888)

65,3 = 63,2 Sprung in der amtlichen Kilometrierung (52.4017,12.4776);
li ⇩ der Brandenburger Niederhavel im Plauer See, Weiterfahrt auf der Havel in westlicher Richtung (52.4018,12.4776);
re ⇩ Silokanal in die Untere Havel (52.4020,12.4774)

64,1 li ⇩ der Rundtour Breitlingsee (s. Seite 441) in die Untere Havel (52.4013, 12.4634)

66,0 re -und Ferienpark am Plauer See, Plauer Landstraße 200, 14774 Brandenburg an der Havel, www.camping-plauersee.de , ☎ +49 3381 804544 (52.3984,12.4367)

67,3 li ⇩ Elbe-Havel-Kanal (s. Seite 446) in die Untere Havel (52.4027,12.4227)

68,0 Wege-Ⅱ, li **14774 Brandenburg an der Havel, StT Plaue**, re Margaretenhof (52.4091,12.4230)

68,0 re RC Plaue direkt nach der Brücke, ⛺ (möglichst Voranmeldung), Am Havelgut 2a, 14774 Brandenburg-Plaue, rc-plaue.org,
☎ +49 152 53514157, rcplaue@web.de (52.4089,12.4254)

68,3 Str-Ⅱ B1 Plaue (52.4121,12.4253)

72,0 re **14798 Havelsee, OT Briest** (52.4405,12.4255)

76,7 re **14798 Havelsee, OT Tieckow** (52.4751,12.4497)

78,0 li an der Unterhavel, Kützkow, ⛺, Fährstraße 7, 14798 Havelsee, www.erlebnishof-kuetzkow.de , ☎ +49 33834 51345 (52.4883,12.4475)

78,6 re ➔ zum Pritzerber See durch EB-Ⅱ und Str-Ⅱ B102, rund 3 km bis Hohenferchesar, dort Hohenferchesar, Seeweg, 14798 Havelsee OT Hohenferchesar, ☎ 033834/50632, www.hohenferchesar.de (52.4910, 12.4592)

79,0 Querseil- Kützkow - Pritzerbe, li **14798 Havelsee, OT Kützkow**, re **14798 Havelsee, OT Pritzerbe**, , ✕ (52.4944,12.4528)

81,5 –147,1 ⚠ Hinweis für die in diesem Abschnitt. Die Schleusen werden über die Leitzentrale Rathenow fernbedient. Betriebszeiten beachten: 01.10. - 31.03. von 07:00 bis 15:30 Uhr, 01.04. - 30.09. von 08:00 bis 18:00 Uhr (52.5015,12.4238)

81,6 li ← Schleusenkanal Bahnitz von der Havel zur Schifffahrts-Schleuse (52.5016,12.4221);
re ➔ zur Kahn- Bahnitz und Schlauchwehr (52.5021,12.4223)

Nebenstrecke Schleusenkanal Bahnitz

Die Fahrt über den Schleusenkanal Bahnitz ist 1,4 km kürzer als die Fahrt über die Kahnschleuse Bahnitz.

81,6 ← Schleusenkanal Bahnitz von der Havel (s. Seite 411) zur Schifffahrts-Schleuse (52.5016,12.4221)

82,0 Schleppzug-⛓ Bahnitz, Betriebszeit 1.5.–31.8. Mo–Sa 8–21 Uhr, Sonn- und Feiertags 8–20 Uhr, übrige Zeit Mo–Sa 6–19 Uhr, Sonn und Feiertags 7–18 Uhr, ♪ 03381/266200 (52.5011,12.4170)
82,3 ⇩ Schleusenkanal Bahnitz in die Havel (s. Seite 411) (52.4998, 12.4120)

82,0 li Kahn-⛓ Bahnitz (Selbstbedienung), re Schlauch-■, X (52.5053, 12.4193)
83,7 li ⇩ Schleusenkanal Bahnitz in die Havel (52.4998,12.4120)
84,4 ⅄ Biwakplatz Bahnitz, unbedingt beim Hafenmeister telefonisch anmelden, Naturpark Westhavelland, Dorfstraße 12, 14715 Milower Land, ♪ +49 172 9282797 (52.4973,12.4030)
90,3 re **14727 Premnitz**, Sportboothafen MC Premnitz, ✕, ⩩ (52.5250, 12.3394)
92,8 re ⌂ Kanusport Premnitz, ⅄ Anmeldung erbeten (siehe Internet), Milower Str. 9, 14727 Premnitz, stremmefahrt.de (52.5269,12.3136)
92,9 Str-Ⅱ L963, li **14715 Milower Land, OT Milow** (52.5267,12.3121)
93,1 li ⇩ Stremme (s. Seite 453) in die Untere Havel (52.5273,12.3093)
94,3 li **14715 Milower Land, OT Bützer** (52.5375,12.3045)
96,3 re ➔ Mögeliner Havel von Untere Havel (52.5523,12.3148)

Nebenstrecke Mögeliner Havel

Die Mögeliner Havel ist ein Nebengewässer der Havel. Teilweise ist sie verkrautet. Sie verläuft parallel zur Ortschaft Mögelin.

3,4 ➔ Mögeliner Havel von Untere Havel (s. Seite 411) (52.5523, 12.3148)
1,9 re **14727 Premnitz, OT Mögelin**, ✕, ⩩ (52.5621,12.3243)
1,6 li ← einer Querverbindung zur Havel (flach), Weiterfahrt re auf der Mögeliner Havel (52.5652,12.3246)
0,0 ⇩ der Mögeliner Havel in die Untere Havel (s. Seite 411) (52.5728, 12.3234)

97,0 li **14712 Rathenow, OT Böhne** (52.5580,12.3095)
97,4 li ⇩ Königsgraben, §, ganzj. BV (52.5620,12.3120)
98,4 re ⇩ einer Verbindung von der Mögeliner Havel (350 m) (52.5675, 12.3219)
99,0 re ⇩ der Mögeliner Havel in die Untere Havel (52.5728,12.3234)
101,7 EB-Ⅱ und Str-Ⅱ B188 Rathenow (52.5933,12.3246)
102,7 re ➔ der Rathenower Havel von Untere Havel, Stadtdurchfahrt Rathenow (52.5989,12.3140);
li ← zur Hauptschleuse Rathenow (52.5990,12.3140)

Nebenstrecke Rathenower Havel

Die Rathenower Havel ist der alte, bis 1900 genutzte Schifffahrtsweg. Sie ist 2,3 km länger als der direkte Weg.

102,7 ➔ der Rathenower Havel von Untere Havel (s. Seite 411), Stadtdurchfahrt Rathenow (52.5989,12.3140)
102,9 li ← Wehrarm Große Archen Rathenow, am Wehr ⩍ möglich, falls Schleusen in Rathenow geschlossen (52.6005,12.3157)
103,3 li ← Kleine Arche Rathenow über Wehr (52.6017,12.3219)
103,5 Rathenower WSV, , Havelweg 2, 147712 Rathenow, ☎ 03385/511058, Havelweg 2, 14712 Rathenow, www.kanu-rathenow.de , ☎ +49 3385 511058 (52.6014,12.3252)
103,7 li ← eines Mühlgrabens über Wehr (52.6022,12.3271)
103,9 Fußg-Ⅱ Rathenow (52.6038,12.3286)
104,1 li ← des Mühlenarmes Rathenow über Wehr, X (52.6057, 12.3291)
104,4 Fußg-Ⅱ Rathenow, danach re Stadthafen (52.6061,12.3329)
104,6 Stadt-⌗ Rathenow unterhalb der Straßenbrücke, Betriebszeit nur vom 01.05.-30.09, Mo-So 09-19;
Str-Ⅱ Rathenow, Berliner Straße (52.6069,12.3361);
14712 Rathenow, Stadt der Optik, Verwaltungssitz Landkreis Havelland, , ✕ (52.6070,12.3363)
105,1 Str-Ⅱ Rathenow, Jederitzer Straße (52.6103,12.3335)
105,5 li ⇩ des Mühlenarmes Rathenow (52.6100,12.3275)
105,7 re ➔ der Rathenower Stremme (s. Seite 454) von der Rathenower Havel (52.6115,12.3262)
106,4 ⇩ der Rathenower Havel in die Untere Havel (s. Seite 411) (52.6111,12.3162)

103,3 Haupt-⌗ Rathenow, ferngesteuert, Betriebszeiten beachten: 01.10. - 31.03. von 07:00 bis 15:30 Uhr, 01.04. - 30.09. von 08:00 bis 18:00 Uhr, zum evtl. ⩍ in die Rathenower Havel einfahren und dort li am 1. Wehr in die Hinterarche einsetzen, ☎ +49 3385 539830 (52.6041,12.3159)
103,6 Str-Ⅱ Rathenow, Genthiner Straße (52.6060,12.3180)
103,9 ⇩ des Wehrarmes Rathenow (Hinterarche) (52.6087,12.3192)
104,2 re ⇩ der Rathenower Havel in die Untere Havel (52.6111,12.3162)
108,0 re ⇩ der Rathenower Stremme (s. Seite 454) in die Untere Havel (52.6427,12.3205)
109,8 re **14712 Rathenow-Albertsheim** (52.6554,12.3340)
111,8 re ⇩ der Hohennauener Wasserstraße (s. Seite 454) in die Untere Havel (52.6644,12.3125)
112,0 –144,0 **§** 15.03.-15.06. UV außer in Ortslagen und an Schleusen (52.6650,12.3100)–(52.8228,12.0940)
115,2 li **14712 Rathenow, OT Grütz**, ⅄-Möglichkeit MSW Havelboot Grütz, ⚓, ✕, www.havelboot.de (52.6636,12.2780)
116,6 re ➔ Schleusenkanal Grütz (52.6676,12.2629);
li ← zum ▬ Grütz, dort keine Kahnschleuse mehr (52.6673,12.2632)
117,0 ⌗ Grütz, ferngesteuert, Betriebszeiten beachten: 01.10. - 31.03. von

07:00 bis 15:30 Uhr, 01.04. - 30.09. von 08:00 bis 18:00 Uhr, außerhalb der Betriebszeiten 400 m ⏏, schwierig, ✆ +49 3385 539830 (52.6666, 12.2570)

117,3 li ⇩ Wehrarm Grütz (52.6656,12.2513)

119,3 re **14715 Havelaue, OT Parey**, ⚓ Parey (52.6739,12.2382)

121,7 ⇩ Grützer Vorfluter (52.6871,12.2232)

122,5 re ➔ der Gülper Havel von Untere Havel (52.6976,12.2177)

Nebenstrecke Gülper Havel

Die Gülper Havel, im Oberlauf auch Nietze genannt, ist als Nebenstrecke der Havel eine interessante Fahrtvariante. Im Oberlauf evtl. flach, ab Mündung Großer Graben immer genügend Wasser. Der untere Teil, ab Mündung des Wehrarmes Garz, ist bei HW und geöffnetem Wehr Garz Schifffahrtsstrecke und deshalb amtlich kilometriert. Bitte Befahrungsregelungen zwischen Molkenberg und Strodehne beachten.

Die Gülper Havel ist ein Landesgewässer im Land Brandenburg. Hier gilt die Landesschifffahrtsordnung des Landes Brandenburg. Unterhalb der Einmündung des Wehrarmes Garz ist diese Strecke Bundeswasserstraße und somit gilt hier die Binnenschifffahrtsstraßen-Ordnung (BinSchStrO).

122,5 ➔ der Gülper Havel von Untere Havel (s. Seite 411) (52.6976, 12.2177)

122,5 –126,2 § 01.03.-15.06. BV (52.6978,12.2177)–(52.7267,12.2188)

122,8 re das ■ Molkenberg ist nicht mehr vorhanden, freie Durchfahrt (52.7003,12.2167)

124,7 re ⇩ Großer Graben (52.7148,12.2191)

126,2 Wege-Ⅱ Gülpe (52.7264,12.2186);
re **14715 Havelaue, OT Gülpe** (52.7264,12.2191)

126,2 li ⇩ der Pirre (Verbindung zur Havel) § ganzj. BV für diese Verbindung (52.7269,12.2185)

126,2 –130,5 § 01.03.-31.05. BV (52.7271,12.2190)–(52.7590,12.2202)

126,4 ⛺ Biwakplatz Gülpe, Naturpark Westhavelland, Kirchpl. 1, 14715 Havelaue (52.7283,12.2204)

127,6 re ⌘ und li ■Gülpe, Selbstbedienung oder re ⏏, bei offenem Wehr ≈ (52.7385,12.2218)

128,4 re ⇩ Rhin (s. Seite 456) in die Gülper Havel, jedoch ab Gülper See ganzj. BV (52.7450,12.2214)

129,0 li ⇩ Wehrkanal Garz (52.7467,12.2192)

130,7 re ⇅ Wasserwander-⚓ Strodehne mit Dusche und WC, ⛺-Möglichkeit, ✕ (52.7604,12.2229);
re **14715 Havelaue, OT Strodehne** (52.7605,12.2229)

131,2 re ⇅ Strodehne an Badestelle (52.7653,12.2213)

131,3 ⇩ der Gülper Havel in die Untere Havel (s. Seite 411) (52.7662, 12.2202)

122,7 Wirtschafts-⚓ Molkenberg (Mai - Oktober), li **14715 Schollene, OT**

Molkenberg (52.6990,12.2150)

126,6 re ➔ der Pirre, § Befahrung verboten (zur Gülper Havel) (52.7267, 12.2090)

127,9 li ⇩ Warnauer Altarm (52.7377,12.2120)

128,6 re ➔ zum Nadel- und Schützen-▬ Garz, re ⩯, bei HW geöffnet und dann ≈, auch für die Schifffahrt (52.7436,12.2164);
🡐 in den Schleusenkanal Garz (52.7435,12.2157)

129,0 ⯐ Garz, ferngesteuert, Betriebszeiten beachten: 01.10. - 31.03. von 07:00 bis 15:30 Uhr, 01.04. - 30.09. von 08:00 bis 18:00 Uhr, ✆ +49 3385 539830 (52.7472,12.2135)

129,1 Schleusen-Ⅱ Garz (52.7482,12.2127)

130,2 li ⇩ Altarm Garz li im Altarm 39539 Hansestadt Havelberg-Garz, Sportboothafen, ⛺-Möglichkeit, ⇅, ✕, Alte Kirchstraße 1A, 39539 Hansestadt Havelberg, ✆ +49 39382 41063 (52.7573,12.2066)

131,9 Sprung in der amtlichen Kilometrierung 131,9 = 131,3 (52.7661,12.2197)

131,3 re ⇩ der Gülper Havel in die Untere Havel (52.7662,12.2202)

131,7 Str-Ⅱ Strodehne - Garz (52.7691,12.2201)

134,0 re ⇩ Alte Dosse (52.7899,12.2207)

134,8 re ⇩ der Dosse (s. Seite 462) (Neue Dosse) in die Untere Havel (52.7949, 12.2126)

135,5 re ➔ eines Altarms nach **39539 Hansestadt Havelberg, OT Vehlgast** (52.7975,12.2029)

140,4 re ⇩ Neue Jäglitz (52.8132,12.1405)

145,1 re ➔ Stadtgraben Havelberg, der in den Winterhafen mündet (52.8250, 12.0792)

145,5 Str-Ⅱ B107 Genthiner Straße, **39539 Hansestadt Havelberg**, ✕, ⌘: Dom, Altstadt (52.8228,12.0731)

145,8 re ➔ in Havel Mündungsstrecke von Untere Havel, im Winterhafen auf der Spülinsel ⛟ und ⌂ Havelberg (52.8245,12.0699)

Nebenstrecke Havel Mündungsstrecke

Die Havel Mündungsstrecke folgt dem ursprünglichen Lauf der Havel, die hier bei Havelort in die Elbe mündete. Seit dem Bau des Havelverbindungskanals ist dieser Teil für die Schifffahrt bedeutungslos. Die Mündung der Havel wurde mit einer Wehranlage bei Quitzöbel verschlossen und über den Gnevsdorfer Vorfluter 12 km weiter elbabwärts verlegt. Diese Maßnahme dient dem Hochwasserschutz.

166,5 ⇩ der Havel Mündungsstrecke in die Mittelelbe (s. Seite 71), Gnevsdorfer Vorfluter (52.9087,11.8756)

166,2 re **19322 Rühstädt, OT Gnevsdorf** (52.9084,11.8799)

165,8 re ▬ und li Kahn-⯐ Gnevsdorf, Selbstbedienung, ✆ +49 38792 80064 (52.9073,11.8860)

163,7 re **19322 Rühstädt, OT Abbendorf** (52.8957,11.9091);
re ⚓ Abbendorf, ✕ (52.8956,11.9093)

156,1 ■-Gruppe Quitzöbel, li Havelmündung mit ■ versperrt, keine Durchfahrt, ⩠ zur Elbe möglich, re ■ mit Kahn-⯐ (befindet sich auf unbestimmte Zeit außer Betrieb), dort Weiterfahrt auf dem Gnevsdorfer Vorfluter bis zur Elbe (52.8783,12.0082)

151,6 re **39539 Hansestadt Havelberg, OT Nitzow** (52.8749,12.0492); re ⇅ Nitzow (Rampe) (52.8747,12.0493)

148,5 re **39539 Hansestadt Havelberg, OT Toppel** (52.8465,12.0554)

146,5 ➔ zur Weiterfahrt auf der Havel Mündungstrecke (52.8297, 12.0666);
Str-Ⅱ Havelberg, Spülinsel (52.8297,12.0669)

146,2 re ⌂ Havelberger WSV, ⛺, Spülinsel, 39539 Hansestadt Havelberg, havelberger-wassersportverein.de (52.8277,12.0702)

145,7 re ⌂ Ruderriege Havelberg, ⛺-Möglichkeit, Spülinsel 4, 39539 Havelberg, ruderriege-hv.de , ruderriegeHV@gmx.de (52.8272, 12.0708)

145,9 li ⛟ Havelberger Insel Touristik, Spülinsel 6, 39539 Hansestadt Havelberg, www.campinginsel-havelberg.de , ✆ +49 39387 20656 (52.8267,12.0709)

145,8 re Wege-Ⅱ Havelberg, Spülinsel (52.8247,12.0703)

145,8 ➔ in Havel Mündungsstrecke von Untere Havel (s. Seite 411), im Winterhafen auf der Spülinsel ⛟ und ⌂ Havelberg (52.8245, 12.0699)

146,0 re weiterer ➔ zur Havel-Mündungsstrecke, geradeaus Beginn des Schleusenkanals Havelberg (52.8256,12.0669)

146,9 Schleusen-Ⅱ Havelberg (52.8315,12.0568)

147,1 ⯐ Havelberg, ferngesteuert, Betriebszeiten beachten: 01.10. - 31.03. von 07:00 bis 15:30 Uhr, 01.04. - 30.09. von 08:00 bis 18:00 Uhr, ✆ +49 3385 539830 (52.8325,12.0553)

148,4 ⇩ Untere Havel in die Mittelelbe (s. Seite 71) (52.8420,12.0424)

Hauptgraben (Stößensee)

Nebenfließ der Havel
Mündung in Stößensee bei km 1,9

Der Hauptgraben nimmt den Großen und den Kleinen Jürgengraben auf und mündet in den Stößensee. Zahlreiche Bootsliegeplätze.

0,9 ⇩ Zusammenfluss von Großer Jürgengraben (s. Seite 427) und Kleiner Jürgengraben (s. Seite 427) in den Hauptgraben (Stößensee) (52.5181, 13.2107)

0,5 re ➔ eines Nebenarmes des Hauptgrabens (52.5153,13.2145)

0,0 ⇩ Hauptgraben (Stößensee) in den Stößensee (s. Seite 414) bei km 1,9 (52.5118,13.2161)

Großer Jürgengraben

Verbindungsfließ zur Havel
Mündung in Hauptgraben (Stößensee) bei km 0,9 (li Nebenfluss)

Der Große Jürgengraben zweigt vom Südhafen Berlin ab und mündet am Zusammenfluss mit dem Kleinen Jürgengraben in den Hauptgraben (Stößensee).

0,8 li 🡐 Großer Jürgengraben vom Südhafen Berlin (s. Seite 413) (52.5236, 13.2099)
0,7 Str-II 13597 Berlin, Dorfstraße (52.5236,13.2104)
0,1 li 🡐 zum Faulen See, § Befahrung verboten (52.5189,13.2121)
0,0 ⇩ Zusammenfluss von Großer Jürgengraben und Kleiner Jürgengraben (s. Seite 427) in den Hauptgraben (Stößensee) (s. Seite 426) bei km 0,9 (52.5181,13.2107)

Kleiner Jürgengraben

Verbindungsfließ zur Havel
Mündung in Hauptgraben (Stößensee) bei km 0,9 (li Nebenfluss)

Der Kleine Jürgengraben zweigt vom Südhafen Berlin ab und mündet in den Hauptgraben (Stößensee).

0,6 li 🡐 Kleiner Jürgengraben vom Südhafen Berlin (s. Seite 413) (52.5201, 13.2082)
0,5 Wege-II (52.5200,13.2083);
li WSC Kurmark Berlin, Dorfstr. 28, 13597 Berlin, ✆ +49 30 3315715 (52.5196,13.2084)
0,4 Wege-II (52.5185,13.2078)
0,2 Wege-II (52.5175,13.2082)
0,0 ⇩ Zusammenfluss von Großer Jürgengraben (s. Seite 427) und Kleiner Jürgengraben in den Hauptgraben (Stößensee) (s. Seite 426) bei km 0,9 (52.5181,13.2107)

Wannsee

Seengewässer, Schifffahrtsstraße
Mündung in Havel bei amtl. km 11,2 (li Nebenfluss)

Der Große Wannsee ist eigentlich eine große Bucht der Havel. Er ist ein beliebtes Berliner Ausflugsziel. Die Rundfahrt Untere Havel–Griebnitzsee über einen Teil des Teltowkanals, den Griebnitzkanal und den Wannsee ist eine bei den Berliner Kanufahrern sehr beliebte Tour.

Befahrungsregeln: Der Wannsee ist eine Bundeswasserstraße. Es gelten die Bestimmungen der Binnenschifffahrtsstraßen-Ordnung (BinSchStrO).
Schwierigkeiten: Personenschifffahrt, reger Sportbootverkehr.
Kilometrierung: Amtliche Kilometrierung.

3,6 Übergang zwischen Wannsee und Griebnitzkanal (s. Seite 431) (52.4205,

13.1714);
Str.II B1 Berlin, Königstraße (Wannsee-Brücke); ⇩ in den Großen Wannsee, re Anleger der Schifffahrt, re 🚆 Berlin-Wannsee, S-Bahn (52.4208, 13.1715)

2,1 –1,4 re am Ufer Strandbad Wannsee (52.4348,13.1757)–(52.4418, 13.1751)

1,9 li ⇅ Berlin-Wannsee, Straße Am Großen Wannsee, Strand. Heckeshorn, ⌘, Flensburger Löwe, Haus der Wannsee-Konferenz (52.4339,13.1656)

1,1 re Insel Schwanenwerder, auf der Ostseite der Insel befindet sich unter einer Brücke eine Durchfahrt zur Havel in Richtung havelaufwärts (52.4438, 13.1691)

0,0 ⇩ Wannsee in Untere Havel (s. Seite 411) bei amtl. km 11,2 (52.4489, 13.1555)

Teltowkanal

Weitere Namen: Glienecker Lake

Kanal, Schifffahrtsstraße
Mündung in Havel bei amtl. km 28,3 (li Nebenfluss)

Der Teltowkanal bildet zusammen mit dem Britzer Verbindungskanal die kürzeste Verbindung zwischen der Spree-Oder-Wasserstraße und der Unteren Havel-Wasserstraße. Er wird vornehmlich von Frachtschiffen und einigen Motorboot-Touristen genutzt. Insgesamt ist der Verkehr gering. Paddler und Ruderer befahren die Kanäle selten. Auf weiten Strecken gibt es keine ⇅-Möglichkeiten und Rastplätze.

Befahrungsregeln: Der Teltowkanal ist eine Bundeswasserstraße. Es gelten die Bestimmungen der Binnenschifffahrtsstraßen-Ordnung (BinSchStrO).

Kilometrierung: Amtliche Kilometrierung.

37,9 ← Teltowkanal von Dahme (Spree-Oder-Wasserstraße) (s. Seite 322) (52.4285,13.5754)

37,7 Str-II Berlin, Regattastraße (Grünauer Brücke) (52.4282,13.5727)

37,0 EB-II (52.4269,13.5622)

36,5 Str-II B96a Berlin, Adlergestell (Stelling-Janitzky-Brücke) (52.4260, 13.5553)

36,4 EB-II (52.4259,13.5546)

35,8 Str-II Berlin, Köpenicker Straße (Altglienicker Brücke) (52.4251,13.5451)

34,6 Str-II Berlin, Wegedornstraße (52.4261,13.5266)

34,1 Str-II A113 (52.4264,13.5204)

32,3 Str-II Berlin, Stubenrauchstraße (Massante-Brücke) (52.4334,13.4974)

30,7 Str-II Berlin, Johannisthaler Chaussee (Ernst-Keller-Brücke) (52.4427, 13.4784)

29,2 Str-II Berlin, Späthstraße (52.4511,13.4625)

28,9 Str-II Berlin, Neue Späthstraße (52.4541,13.4603)

28,3 re ⇩ Britzer Verbindungskanal in den Teltowkanal (52.4591,13.4565);

li ⌂ Rudergesellschaft Wiking, ☎ +49 30 6854022 (52.4585,13.4555);
re → Neuköllner Schifffahrtskanal (s. Seite 409) vom Teltowkanal, Hafen Britz (52.4592,13.4557)

Nebenstrecke Britzer Verbindungskanal

31,8 ← Britzer Verbindungskanal von Untere Spree (s. Seite 323) (Länge 3,4 km), Durchfahrt zum Teltowkanal und über die Neuköllner Schleuse (Selbstbedienung) zum Neuköllner Schifffahrtskanal und Landwehrkanal (52.4699,13.4986)
31,3 Str-II B96a Berlin, Köpenicker Landstraße (52.4665,13.4952)
31,1 EB-II (52.4648,13.4936)
30,8 Str-II Berlin, Kiefholzstraße (52.4626,13.4914)
30,3 Str-II Berlin, Südostallee (52.4598,13.4860)
29,8 Str-II Berlin, Baumschulenstraße (52.4589,13.4789)
29,4 Str-II Berlin, Chris-Gueffroy-Allee (52.4591,13.4721)
28,4 Str-II A113 (52.4593,13.4576)
28,3 ⇩ Britzer Verbindungskanal in den Teltowkanal (s. Seite 428) (52.4591,13.4565)

28,0 li ⇅, Kfz-Zufahrt über Delfter Ufer
27,7 Str-II B179 Berlin, Buschkrugallee (Buschkrugbrücke) (52.4593,13.4473)
27,3 Str-II Berlin, Rungiusstraße (Rungiusbrücke) (52.4586,13.4415)
26,9 Str-II Berlin, Britzer Damm (Britzer Brücke) (52.4582,13.4362)
26,3 Str-II Berlin, Tempelhofer Weg (Wilhelm-Borgmann-Brücke) (52.4565, 13.4272)
25,3 Str-II Berlin, Gottlieb-Dunkel-Straße (Mussehl-Brücke) (52.4580,13.4136)
25,2 EB-II, Str-II Zubringer zur A100 (52.4583,13.4119)
24,4 Str-II Berlin, Komturstraße (Komturbrücke) (52.4575,13.3999)
24,0 Str-II Berlin, Colditzstraße (Colditzbrücke) (52.4563,13.3945)
23,7 Werk-II (Lorenzbrücke) (52.4553,13.3906)
23,4 re Sportboothafen Berlin-Tempelhof mit ✕ und Einkaufzentrum, Kfz-Zufahrt Ordensmeisterstraße neben dem Einkaufszentrum (52.4545, 13.3864)
23,2 Str-II B96 Berlin, Tempelhofer Damm (Stubenrauchbrücke) (52.4538, 13.3843)
22,8 Str-II Alarichstraße (Germelmannbrücke) (52.4523,13.3781)
22,0 Str-II Berlin, Gersdorfer Straße (Techowbrücke) (52.4483,13.3698)
21,7 Str-II Berlin, Ringstraße (52.4462,13.3660)
21,6 li Hafen Mariendorf (52.4452,13.3649)
21,4 Wege-II (52.4447,13.3632);
EB-II (52.4444,13.3627)
20,8 Str-II Berlin, Kaiser-Wilhelm-Straße (Sieversbrücke) (52.4430,13.3539)
20,4 EB-II (52.4439,13.3495)
20,2 Weg-II Berlin, Edenkobener Steg (52.4446,13.3462)

19,8 Str-Ⅱ Berlin, Siemensstraße (Siemensbrücke) (52.4451,13.3399)
19,6 Str-Ⅱ Berlin, Leonorenstraße (Hannemannbrücke) (52.4453,13.3371)
19,1 Str-Ⅱ Berlin, Birkbuschstraße (Prinzregent-Ludwig-Brücke) (52.4450, 13.3306)
18,9 Rohr-Ⅱ (52.4440,13.3275)
18,7 li Hafen Berlin-Steglitz (52.4430,13.3261)
17,9 Weg-Ⅱ Berlin, Krahmerstraße (Krahmersteg) (52.4371,13.3196)
17,6 Str-Ⅱ Berlin, Bäkestraße (Bäkebrücke) (52.4345,13.3164)
17,0 Str-Ⅱ Berlin, Königsberger Straße (Emil-Schütz-Brücke) (52.4307, 13.3111)
16,5 li Hafen Berlin-Lichterfelde (52.4263,13.3083)
16,4 Weg-Ⅱ (52.4256,13.3072)
15,7 Str-Ⅱ Berlin, Wismarer Straße (Eugen-Kleine-Brücke) (52.4197,13.3028)
13,5 re ➔ Zehlendorfer Stichkanal mit Hafen (52.4070,13.2786)
12,7 Str-Ⅱ Berlin, Teltower Damm (Knesebeckbrücke) (52.4042,13.2690); li **14513 Teltow** (52.4040,13.2688)
10,5 Str-Ⅱ Teltow, Warthestraße (Rammrathbrücke) (52.4012,13.2395)
9,7 Str-Ⅱ Kleinmachnow, Zehlendorfer Damm (Friedensbrücke) (52.3983, 13.2276)
9,6 –8,9 Machnower See (52.3981,13.2260)–(52.3969,13.2171)
8,3 ⌘ Kleinmachnow, 3 Kammern, ☎ 033203/57728, Betriebszeit: vom 01.04. – 31.10. Mo – Fr 06:00 – 22:00 Uhr, So und Feiertage 07:00 – 22:00 Uhr, vom 01.11. – 31.03. Mo – Fr 06:00 – 20:00 Uhr, So und Feiertage 07:00 – 20:00 Uhr. Muskelbetriebene Fahrzeuge werden in Sammelschleusungen mit motorbetriebenen Fahrzeugen geschleust. Es kann zu Wartezeiten kommen. ⌂ möglich und empfohlen, ☎ +49 33203 57728 (52.3959,13.2089)
8,3 Str-Ⅱ Schleusenbrücke Stahnsdorfer Damm (52.3958,13.2080); li **14532 Stahnsdorf** (52.3953,13.2079); re **14532 Kleinmachnow** (52.3962,13.2073)
8,2 ⇅-Möglichkeit (52.3952,13.2067)
6,5 Str-Ⅱ A115 (52.3994,13.1840)
6,4 EB-Ⅱ (52.3994,13.1817)
5,4 Alte Autobahn-Ⅱ (außer Betrieb) (52.3973,13.1683)
3,8 Str-Ⅱ Berlin-Kohlhasenbrück, Königsweg (Nathanbrücke) (52.3988, 13.1451)
3,7 EB-Ⅱ (52.3995,13.1435)
3,6 EB-Ⅱ (52.3999,13.1426); Str-Ⅱ Berlin, Neue Kreisstraße (52.4001,13.1423)
3,1 re ⇩ Griebnitzkanal (s. Seite 431) in den Teltowkanal (52.4017,13.1389)
3,1 –0,3 Griebnitzsee, li S-🚆 Griebnitzsee, li Potsdam-Babelsberg mit den Villen, in denen Truman, Churchill, später Attlee und Stalin während der Potsdamer Konferenz 1945 wohnten (52.4010,13.1362)–(52.4079, 13.1041)
0,2 Wege-Ⅱ Enver-Pascha-Brücke (52.4081,13.1032)

0,3 –0,0 ⚠ Enge Durchfahrt, vor der Einfahrt auf Gegenverkehr achten, bei entgegenkommenden Frachtschiffen nicht einfahren (52.4079,13.1039)–(52.4088,13.0998)
0,1 Str-II Potsdam, Lankestraße (52.4085,13.1010)
0,0 ⇩ in die Glienicker Lake (52.4088,13.0996)
0,0 –-0,5 Glienicker Lake, li Schloss Babelsberg mit Maschinenhaus, re Klein-glienicke mit Jagdschloss Glienicke (52.4088,13.0996)–(52.4106,13.0921)
-0,7 ⇩ Teltowkanal (Glienicker Lake) in Untere Havel (s. Seite 411) bei amtl. km 28,3 (Potsdamer Havel) (52.4112,13.0898)

Griebnitzkanal

Weitere Namen: Prinz-Friedrich-Leopold-Kanal

Seengewässer, Kanal, Schifffahrtsstraße
Mündung in Teltowkanal bei amtl. km 3,1 (li Nebenfluss)

Die Rundfahrt Untere Havel–Griebnitzsee über einen Teil des Teltowkanals, den Griebnitzkanal und den Wannsee ist eine bei den Berliner Kanufahrern sehr beliebte Tour. Der Griebnitzkanal hieß früher Prinz-Friedrich-Leopold-Kanal. Diese Bezeichnung findet man noch heute, auch auf aktuellen Stadtplänen.

Befahrungsregeln: Der Griebnitzkanal ist eine Bundeswasserstraße. Es gelten die Bestimmungen der Binnenschifffahrtsstraßen-Ordnung (BinSchStrO).
Schwierigkeiten: Personenschifffahrt, reger Sportbootverkehr.
Kilometrierung: Amtliche Kilometrierung.

3,8 Übergang zwischen Wannsee (s. Seite 427) und Griebnitzkanal (52.4205, 13.1714);
dahinter li nach 100 m ⌂⚑ KV Falke, Königstraße 69, 14109 Berlin, www.kanu-verein-falke.de (52.4198,13.1733)
3,8 –3,3 Kleiner Wannsee (52.4205,13.1714)–(52.4176,13.1661)
2,5 li ⌂⚑ Wannseer KC, Berlin, sites.google.com/site/wkcberlin/ (52.4143, 13.1574)
2,2 –1,7 Pohlesee (52.4114,13.1536)–(52.4110,13.1467)
1,5 Str-II Berlin, Kohlhasenbrücker Straße (Alsenbrücke) (52.4106,13.1438)
1,4 –1,0 Stölpchensee (52.4104,13.1427)–(52.4070,13.1410)
1,3 li ⊥, keine Einsetzstelle (52.4099,13.1424)
0,7 Str-II Berlin, Stölpchenweg (Hubertusbrücke) (52.4050,13.1416)
0,3 ⇩ Griebnitzkanal in den Teltowkanal (s. Seite 428) bei amtl. km 3,1 (52.4017,13.1389)

Nuthe (Havel)

Kleinfluss
Mündung in Havel bei amtl. km 26,1 (li Nebenfluss)

Die Nuthe ist in ihrem Oberlauf ab Jüterbog ein nur sehr mühsam zu befahrender Kleinfluss. Ab Kolzenburg lassen die Schwierigkeiten nach, jedoch zahlreiche Wehre, nur teilweise befahrbar.

Befahrungsregeln: Von der Mündung ca. 1 km stromauf ist die Nuthe eine Landeswasserstraße in Brandenburg. Es gilt die Landesschifffahrtsverordnung Brandenburg (LSchiffV).

Befahrbarkeit: Oberlauf nur mit Einer, ab Woltersdorf auch mit Zweiern.

57,3 **14913 Jüterbog**, eine Befahrung soll ab hier möglich sein, jedoch sehr mühsam. Näheres ist nicht bekannt

44,3 Str-II Chausseestraße, empfohlene ⬇ re **14943 Luckenwalde, OT Kolzenburg** (52.0655,13.1556)

43,1 li ← Nuthe, sie fließt durch **Luckenwalde**, mehrere II, am Ortsausgang ein ▬, das anscheinend nicht ⏏ werden kann (52.0702,13.1685);
re → Königsgraben, dem die Beschreibung folgt. Er führt wohl zumeist mehr Wasser als die Nuthe. Man vermeidet damit die Durchfahrt durch Luckenwalde. 8 ▬ bis ⇩ in Nuthe, nur teilweise ≈, die jedoch nur teilweise in der Karte lokalisiert werden konnten (52.0701,13.1686);
▬ (52.0702,13.1689)

43,0 Weg-II (52.0704,13.1704)

42,8 ▬ und Weg-II (52.0711,13.1726)

42,4 ▬ (52.0732,13.1776)

41,7 Str-II Luckenwalde, Jänickendorfer Straße (52.0751,13.1864)

40,7 Str-II Luckenwalde, Am Eckbusch (52.0814,13.1961)

39,9 Str-II Luckenwalde, Gottower Chaussee (52.0889,13.1960)

39,7 ▬ (52.0907,13.1965)

39,2 Weg-II und ▬ (52.0949,13.1942)

38,5 ▬ (52.1006,13.1930)

37,9 Str-II Luckenwalde, Trebbiner Tor (52.1058,13.1913)

37,8 ▬ (52.1067,13.1912)

37,0 re ⇩ Königsgraben in die Nuthe (52.1122,13.1968)

36,6 Str-II, **14947 Nuthe-Urstromtal, OT Woltersdorf**, Bahnhofstraße (52.1140,13.2023);
re ⬇-Möglichkeit Woltersdorf (52.1141,13.2024)

35,8 EB-II Woltersdorf (52.1211,13.2013)

35,5 Str-II B101 (52.1232,13.2012)

35,2 ▬ Woltersdorf, ⏏ (52.1266,13.2019)

35,1 Wege-II (52.1272,13.2021)

34,4 re ⇩ Hammerfließ (s. Seite 433) in die Nuthe (Havel) (52.1318,13.2068)

34,3 Wege-II (52.1332,13.2067)

33,1 Weg-II (52.1435,13.2027)

32,0 Weg-II, li **14947 Nuthe-Urstromtal, OT Liebatz** (52.1509,13.1958)

31,7 ▬ Liebatz, oft offen, dann ≈, sonst ⏏ (52.1523,13.1930)

30,8 Weg-II Märtensmühle (52.1593,13.1873)

29,3 Wege-II (52.1705,13.2008)

27,7 ▬ Märtensmühle, wenn offen ≈, ansonsten ⏏ (52.1841,13.1963)

26,6 Weg-II (52.1931,13.1929)

23,9 ▬ Trebbin, wenn offen ≈, ansonsten re ⏏ (52.2153,13.2065)

23,6 Str-II B246 **14959 Trebbin**, Beelitzer Straße (52.2172,13.2049)
21,7 ■ Dreifließe, re ⏏, wenn offen evtl. ≋, danach re ⇩ Mühlengraben Trebbin (52.2336,13.2129)
21,2 re ⇩ Neuer Graben (52.2375,13.2102)
18,8 Wege-II (52.2548,13.1917)
18,7 Wege-II und ■, re **14959 Trebbin, OT Kleinbeuthen**, li oder re ⏏ (52.2557,13.1909)
16,5 Str-II L793 **14974 Ludwigsfelde, OT Jütchendorf** (52.2697,13.1682)
15,6 li ⇩ der Nieplitz (s. Seite 435) in die Nuthe (Havel) (52.2754,13.1588)
15,4 Str-II L771, re **14974 Ludwigsfelde, OT Gröben** (52.2769,13.1566)
15,1 ■ Gröben, **X**, li ⏏ (52.2790,13.1547)
12,9 ⇩ Großer Seddiner See (s. Seite 436) in die Nuthe (Havel), der über Kähnsdorfer See, Schafgraben und Königsgraben entwässert (52.2976, 13.1423)
12,5 Str-II A10 (52.3011,13.1421)
10,0 Str-II L77 und ■ Saarmund, re ⏏, li **14558 Nuthetal, OT Saarmund**, re 🚉 Saarmund (52.3222,13.1306)
9,7 EB-II (52.3247,13.1283)
8,6 Str-II A115 (52.3335,13.1227)
7,1 ■ Rehbrücke, **X**, li ⏏ (52.3468,13.1229)
6,6 Wege-II (52.3501,13.1253)
6,4 li ⌂⚑ KC Rehbrücke, ⛺-Möglichkeit, Richard-Kuckuck-Str. 81, 14558 Nuthetal, www.kc-rehbruecke.de (52.3516,13.1238)
5,9 Str-II L79, Beginn **Potsdam**, Landeshauptstadt Brandenburg (52.3560, 13.1204)
5,2 Str-II Potsdam, Nuthedamm (52.3622,13.1167)
4,6 Weg-II Potsdam, Zum Heizwerk (52.3672,13.1127)
4,2 EB-II, darunter kleine Schnelle, Wege-II (52.3704,13.1102)
3,7 Straßenbahn-II Potsdam (52.3740,13.1068)
2,2 Str-II Potsdam, Horstweg (52.3836,13.0916)
1,1 Mehrere II Potsdam, Str-II Friedrich-Engels-Straße, EB-II, Str-II Friedrich-List-Straße (Mühlendamm-Brücke), Stromschnelle unter der Brücke (wasserstandsabhängig) (52.3908,13.0808)
0,5 Str-II Potsdam, Humboldtring (52.3931,13.0738)
0,0 ⇩ der Nuthe (Havel) in die Untere Havel (s. Seite 411) bei amtl. km 26,1, Neue Fahrt (52.3955,13.0704)

Hammerfließ

Kleinfluss
Mündung in Nuthe (Havel) bei km 34,4 (re Nebenfluss)

Das Hammerfließ verläuft durch Wiesen und Wälder im Bereich des Baruther Urstromtales, ruhige Strömung, weitgehend begradigt und durch Wehre reguliert. Die Beschreibung erfolgte nur mit Kartenmaterial, da eine neuere Fahrtenbeschreibung nicht vorliegt.

Befahrbarkeit:	Bei gutem Wasserstand ab Paplitz für Einer, ab Schönefeld meist auch für Zweier.

21,8	Str-II Paplitzer Hauptstraße, li **15837 Baruth/Mark, OT Paplitz**. Danach neue Melioration, erst 2 km unterhalb ≋ (52.0640,13.4711)
20,7	Weg-II, danach renaturierte Strecke (52.0680,13.4569)
20,1	Weg-II (52.0700,13.4488)
19,7	Weg-II (52.0713,13.4436)
17,8	Weg-II, re nach **15837 Baruth/Mark, OT Horstwalde** (52.0742,13.4167)
15,8	Wege-II (52.0762,13.3894)
15,2	■ An der Schmelze, ≏ (52.0786,13.3822)
15,1	Weg-II (52.0789,13.3804)
14,4	Weg-II (52.0783,13.3711)
12,7	■ Am Hammer, ≏ (52.0781,13.3463)
12,4	Weg-II (52.0774,13.3422)
11,4	Str-II Hammerweg (52.0778,13.3275)
11,2	■ (52.0782,13.3249)
11,1	Weg-II (52.0783,13.3242); Weg-II (52.0784,13.3235)
11,0	Weg-II (52.0786,13.3225)
10,9	Str-II L70 Kummersdorfer Straße, re **14947 Nuthe-Urstromtal, OT Schönefeld (bei Luckenwalde)** (52.0792,13.3208)
10,4	■, ≏ (52.0794,13.3136)
10,2	EB-II (52.0800,13.3122)
9,7	Wege-II (52.0825,13.3057)
9,2	■ ≏ (52.0846,13.2992)
8,4	li ⇩ des Biebergrabens (52.0833,13.2877)
7,3	■, ≏ (52.0856,13.2730)
6,6	Str-II Am Hammerfließ, re **14947 Nuthe-Urstromtal, OT Gottow** (52.0881,13.2633)
5,9	Wege-II (52.0940,13.2595)
5,7	■ Unterhammer, ≏ (52.0951,13.2585)
4,8	Wege-II Unterhammer (52.1022,13.2522)
4,2	Wege-II (52.1069,13.2459)
2,6	Str-II K7223, Scharfenbrücker Straße, re **14947 Nuthe-Urstromtal, OT Scharfenbrück** (52.1176,13.2315)
1,5	Wege-II (52.1240,13.2221)
0,9	Str-II (52.1269,13.2155)
0,8	Str-II B101 (52.1268,13.2144)
0,5	EB-II (52.1279,13.2111)
0,0	⇩ Hammerfließ in die Nuthe (Havel) (s. Seite 431) bei km 34,4 (52.1318, 13.2068)

Nieplitz

Kleinfluss, Wiesenfluss
Mündung in Nuthe (Havel) bei km 15,6 (li Nebenfluss)

Die Nieplitz ist ein langsam fließender Wiesenfluss, Schwierigkeiten durch Verkrautung. Am Wehr bei Zauchwitz ist die Fahrt zu beenden, da der weitere Flusslauf als Bestandteil des NSG Nuthe-Nieplitz-Niederung ganzjährig gesperrt ist.

Befahrungsregeln:	km 10,9 bis 0 (ab Wehr östl. Zauchwitz bis Mdg. in Nuthe): ganzj. BV
Befahrbarkeit:	ab Treuenbrietzen nur mit Einer. Bei sehr gutem Wasserstand ab Buchholz auch mit Zweier.

40,2	Mögliche ⬇ am Ortsende von Treuenbrietzen, nur bei sehr gutem Wasserstand. Wahrscheinlich ist es besser, die Fahrt auf einem Nebenfließ bei der Ⅱ der Straße B2, 3 km nördlich von Teuenbrietzen, zu beginnen (52.1062,12.8752); Str-Ⅱ **14929 Treuenbrietzen**, Sebaldusstraße
39,6	Str-Ⅱ Treuenbrietzen, Schlalacher Straße (52.1098,12.8820)
37,2	Str-Ⅱ B2, empfohlene ⬇ (52.1261,12.9014)
35,0	▬ (52.1232,12.9312)
33,3	Str-Ⅱ K6915 **14929 Treuenbrietzen-Niebelhorst** (52.1278,12.9520)
32,5	▬, danach Wege-Ⅱ (52.1355,12.9517)
32,1	re ⇩ Friedrichsgraben (52.1392,12.9516)
31,4	Str-Ⅱ L80 (52.1446,12.9508)
26,9	EB-Ⅱ (52.1735,12.9296)
26,8	re Buchholzer Mühle (52.1751,12.9285)
25,5	Str-Ⅱ K6956 **14547 Beelitz-Salzbrunn**, Am Salzbrunnen (52.1852, 12.9307)
24,2	▬ (52.1965,12.9336)
23,8	Weg-Ⅱ (52.2006,12.9317)
22,8	li ⇩ Neuer Graben (evtl. ≈ ab Brück) (52.2091,12.9277)
20,5	Wege-Ⅱ (52.2258,12.9443)
19,1	EB-Ⅱ (52.2286,12.9645)
19,0	▬, X, ⩍ (52.2288,12.9663)
18,5	Str-Ⅱ, li **14547 Beelitz**, Treuenbrietzer Straße (52.2285,12.9742)
18,1	Str-ⅡBeelitz, Steinhorst, re Kläranlage (52.2300,12.9780)
17,6	Str-Ⅱ B2 Beelitz (52.2310,12.9846)
15,1	▬
14,8	Weg-Ⅱ (52.2238,13.0231)
12,4	Str-Ⅱ L73 **14547 Beelitz-Zauchwitz**, ⬆, Fahrt muss hier beendet werden. Es folgt ein ganzj. BV (52.2106,13.0504)
10,9	–0,0 **§** ganzj. BV (52.2125,13.0720)–(52.2753,13.1588)
0,0	⇩ der Nieplitz in die Nuthe (Havel) (s. Seite 431) bei km 15,6 (52.2754, 13.1588)

Großer Seddiner See

Seengewässer
Mündung in Nuthe (Havel) bei km 12,9

Der große Seddiner See bietet eine Möglichkeit für eine Rundfahrt. Der Abfluss des Sees, der über Schafgraben und Königsgraben zur Nuthe (Havel) entwässert, ist **X** und meist trocken.

24,3 Beginn einer Route rund um den See (52.2719,13.0477)
23,9 **14554 Seddiner See, OT Kähnsdorf**, Gasthaus (52.2703,13.0411)
21,7 Badestelle Seddin (52.2719,13.0165)
20,8 li **14554 Seddiner See, OT Seddin** (52.2733,13.0095)
20,4 Str-II B2, ein Damm trennt den oberen Teil des Sees ab (52.2755, 13.0042)
19,7 Badestrand Lehnmarke (52.2768,13.0144)
19,5 ⛺ bei Lehnmarke (52.2766,13.0173)
18,9 **14552 Michendorf, OT Lehnmarke** (52.2771,13.0248)
16,3 Badestelle, **14552 Michendorf, OT Wildenbruch** (52.2798,13.0606)
15,0 ⇅-Möglichkeit, 🅿 (52.2712,13.0522)
14,7 Ende der Seeumfahrung, Ausfluss aus dem See, **X**, meist trocken (52.2714,13.0485)
0,0 ⇩ Großer Seddiner See in die Nuthe (Havel) (s. Seite 431) bei km 12,9, der über Kähnsdorfer See, Schafgraben und Königsgraben entwässert (52.2976,13.1423)

Glindower See

Seengewässer
Mündung in Havel bei amtl. km 13,5 (li Nebenfluss)

Der Abzweig in den Glindower See ist eine interessante Seenstrecke. Hier befinden sich mehrere Campingplätze.

4,5 Beginn des Glindower Sees (52.3697,12.9128)
4,0 re **14542 Werder, OT Glindow** (52.3657,12.9143)
3,5 ⛺ Glindowsee, Jahnufer 41, 14542 Werder, OT Glindow, www.hogab.de, ☎ +49 3372 40855 (52.3610,12.9173)
1,0 re ⛺ Riegelspitze, Fercher Straße 9, 14542 Werder-Petzow, www.campingplatz-riegelspitze.de, ☎ +49 3327 42397 (52.3601,12.9395)
0,6 Str-II B1 (52.3628,12.9443)
0,0 ⇩ der Route vom Glindower See in die Untere Havel (s. Seite 411) bei amtl. km 13,5 (52.3655,12.9515)

Wublitz

Wanderfluss, Seengewässer
Mündung in Havel bei amtl. km 9,0 (li Nebenfluss)

Das Wublitzseengebiet ermöglicht eine Rundfahrt über Potsdamer Havel und Sacrow-Paretzer-Kanal.

Befahrungsregeln: Die Wublitz ist eine Bundeswasserstraße. Es gelten die Bestimmungen der Binnenschifffahrtsstraßen-Ordnung (BinSchStrO).
km 8,8 bis 7,4 : ganzj. BV

Kilometrierung: Amtliche Kilometrierung.

8,8 –7,4 **§**, ganzj. BV (52.4697,12.9475)–(52.4591,12.9579)

7,3 **14476 Potsdam, OT Marquardt** am Ostufer des Schlänitzsees (52.4583, 12.9601)

6,3 ←→ die Wublitz kreuzt den Sacrow-Paretzer-Kanal (s. Seite 415) im Schlänitzsee. Nach W Richtung Paretz, nach O Richtung Potsdam-Berlin. Bis km 2,0 Befahrungsverbot für Motorboote (außer Elektro-Antrieb) (52.4525,12.9495)

5,3 S-Ende des Schlänitzsees (52.4439,12.9496)

4,1 Str-II Potsdamer Straße (52.4336,12.9503)

4,1 re **14469 Potsdam, OT Grube** (52.4330,12.9519)

4,1 li **14542 Werder (Havel), OT Leest** (52.4335,12.9460)

2,7 li **14469 Potsdam, OT Nattwerder** (52.4253,12.9369)

1,8 Weg-II (52.4179,12.9350)

1,6 Beginn Gr. Zernsee (52.4165,12.9360)

0,0 im N ⇩ der Wublitz in die Untere Havel (s. Seite 411) bei amtl. km 9,0, Weiterfahrt nach NW (52.4055,12.9289)

Nedlitzer Alte Fahrt

Wanderfluss
Mündung in Sacrow-Paretzer-Kanal bei amtl. km 21,0 (re Nebenfluss)

Über die Nedlitzer Alte Fahrt kann man vom Sacrow-Paretzer-Kanal zum Großen Graben Krampnitzsee gelangen.

1,4 → der Nedlitzer Alte Fahrt von dem Sacrow-Paretzer-Kanal (s. Seite 415) (52.4364,13.0558)

0,9 re ⇩ Großer Graben Krampnitzsee (s. Seite 437) in die Nedlitzer Alte Fahrt (52.4405,13.0527)

0,5 Str-II B2, **14476 Potsdam-Neufahrland** (52.4415,13.0484)

0,0 ⇩ Nedlitzer Alte Fahrt in den Sacrow-Paretzer-Kanal (s. Seite 415) bei amtl. km 21,0 (52.4400,13.0410)

Großer Graben Krampnitzsee

Seengewässer, Wandergewässer
Mündung in Nedlitzer Alte Fahrt bei km 0,9 (re Nebenfluss)

Der Große Graben Krampnitz ist im Prinzip eine Havelbucht, die im nördlichen Teil Krampnitzsee und im südlichen Teil Lehnitzsee heißt. Sie mündet in die Nedlitzer Alte Fahrt.

2,6 ↑↓, Beginn der Strecke in **Potsdam, OT Krampnitz**, Der nördliche Teil heißt Krampnitzsee. Es folgt dann nahtlos der Lehnitzsee (52.4584,

13.0520)

0,0 ⇩ Großer Graben Krampnitzsee in die Nedlitzer Alte Fahrt (s. Seite 437) bei km 0,9 (52.4405,13.0527)

Havelkanal

Kanal, Schifffahrtsstraße
Mündung in Sacrow-Paretzer-Kanal bei amtl. km 32,4 (re Nebenfluss)

Dieser Kanal wurde 1952 fertiggestellt und bildet, unter Umgehung von Berlin, die kürzeste Verbindung zwischen Oberer Havel bzw. Oder-Havel-Kanal und Unterer Havel. Landschaftlich uninteressant.

Befahrungsregeln: Der Havelkanal ist eine Bundeswasserstraße. Es gelten die Bestimmungen der Binnenschifffahrtsstraßen-Ordnung (BinSchStrO).

Kilometrierung: Amtliche Kilometrierung.

0,4 ➔ Havelkanal von der Havel-Oder-Wasserstraße (s. Seite 285). Dieser 33 km lange, landschaftlich uninteressante Kanal umgeht Berlin und stellt die kürzeste Verbindung zwischen Havel-Oder-Wasserstraße und Unterer Havel dar (52.6175,13.2092)

0,8 Str-II **16761 Hennigsdorf**, Spandauer Alle, li Yachthafen (52.6160, 13.2046)

6,6 Str-II L16 Falkenseer Straße, li **14621 Schönwalde-Glien** (52.6086, 13.1211)

8,8 ⯐ Schönwalde, Betriebszeit: Mo – Sa 09:00 – 18:00 Uhr, ☎ +49 3322 3616 (52.6076,13.0866);
Str-II Schleuse Schönwalde (52.6076,13.0857)

9,7 EB-II (52.6072,13.0733)

14,4 Str-II Nauener Chaussee (52.6131,13.0061)

15,5 Der Kanal biegt nach S ab (52.6117,12.9903)

17,4 Wege-II (52.5970,12.9813)

18,3 EB-II (52.5893,12.9760)

18,5 Str-II Bredower Allee, li **14656 Brieselang** (52.5875,12.9746)

18,8 Autobahn-II A10 (52.5854,12.9725)

20,2 Str-II Brieselanger Straße, re **14656 Brieselang-Zeestow** (52.5729, 12.9683)

20,7 re ➔ Havelländischer Großer Hauptkanal (s. Seite 455) vom Havelkanal über ein Schöpfwerk, ⏏ möglich (52.5682,12.9663)

21,4 Str-II Kuhdamm (52.5624,12.9651)

22,1 Str-II B5 (52.5566,12.9598)

22,8 EB-II (52.5510,12.9553)

23,7 Str-II **14641 Wustermark**, Berliner Straße, li ⛟ (52.5439,12.9504)

27,1 Str-II **14641 Wustermark OT Buchow-Karpzow**, Priorter Straße (52.5148,12.9377)

30,2 Str-II L204 Potsdamer Allee li **14476 Potsdam-Paaren**, re **14669 Ketzin/Havel, OT Falkenrehde** (52.4886,12.9302)

33,8 Str-II L92 Paretzer Straße (52.4664,12.8905)
34,3 re ➔ zur alten Schleuse Paretz (52.4635,12.8858)
34,6 ⇩ Havelkanal in den Sacrow-Paretzer-Kanal (s. Seite 415) bei amtl. km 32,4 (52.4619,12.8821)

Großer Plessower See

Seengewässer
Mündung in Havel bei amtl. km 32,2 (li Nebenfluss)

Der Große Plessower See, direkt an der Stadt Werder (Havel) gelegen, besitzt keine paddelbare Verbindung zu anderen Gewässern, ist aber für Rundtouren gut geeignet. Motor- und Segelboote sind auf dem See nicht erlaubt.

15,6 Beginn der Beschreibung einer Route um den Großen Plessower See entlang des Ufers. Damit ist es möglich, Rundtouren um diesen See zu planen (52.3926,12.8874)
12,7 **14542 Werder (Havel), OT Plessow** (52.3850,12.8791)
10,6 re **14542 Werder (Havel), OT Glindow** (52.3711,12.9025)
9,6 Strandbad Werder (52.3786,12.9080)
9,5 –7,5 re Stadtgebiet **14542 Werder (Havel)**, ✕, 🛒, 🚆 (52.3804,12.9076)–(52.3929,12.8918)
6,4 ⇅ bei einer Bungalowsiedlung Werder (Havel), Dicke Eiche, die genaue Lage muss erkundet werden (52.4000,12.8840)
5,3 Str-Brücke A10 (52.4038,12.8723)
5,1 Badestrand Kemnitz (52.4065,12.8702)
4,7 re **14542 Werder (Havel), Kemnitz** (52.4071,12.8656)
4,5 Ausfluss des unbefahrbaren Torfgrabens (52.4082,12.8623)
0,0 ⇩ Abfluss Großer Plessower See in die Untere Havel (s. Seite 411) bei amtl. km 32,2, dessen Entwässerung über den unbefahrbaren Torfgraben erfolgt (52.4340,12.8753)

Emster Kanal

Seengewässer, Schifffahrtsstraße
Mündung in Krumme Havel bei amtl. km 1,8 (li Nebenfluss)

Der praktisch nur von Sportbooten befahrene Emster Kanal führt von Lehnin zur Havel. Er durchquert dabei drei reizvolle Seen.
Kilometrierung: amtliche Kilometrierung

16,1 Beginn des Kanals, Am Kessel, ⇅ und ⛺ mit Steganlage (52.3141, 12.7379)
15,6 Str-II Bahnhofstraße, **Kloster Lehnin**, ✕ (52.3182,12.7389)
14,8 Wege-II (52.3255,12.7398)
14,4 ⇩ in Klostersee (52.3281,12.7423)
14,2 li 🚐 Naturcamp Seeblick, An der Reiherheide 2, 14797 Kloster Lehnin, ✆ +49 3382 700442 (52.3301,12.7417);
re ⌂ SV Kloster Lehnin Rudern, Segeln, ⛺, Am Klostersee, 14797

	Lehnin (52.3307,12.7445)
13,0	Ausfahrt aus Klostersee (52.3366,12.7310)
12,6	Str-II Alte Göhlsdorfer Straße, li **Nahmitz** (52.3387,12.7263)
12,4	Str-II A2 (52.3399,12.7255)
12,3	⇩ in Netzener See (52.3411,12.7254)
11,9	re Kanu-Camp Klause am See, Zum Trechwitzer Berg 68, 14797 Kloster Lehnin OT Trechwitz, www.klause-am-see.de , ✆ +49 3382 7103 (52.3449,12.7251)
10,0	Ende Netzener See (52.3510,12.6980)
9,4	Wege-II, li ⇅ (52.3544,12.6913)
6,8	⇩ in Rietzer See, Fahrwasser einhalten, NSG (52.3714,12.6661)
5,4	Ausfahrt aus Rietzer See (52.3811,12.6523)
4,5	Wege-II (52.3882,12.6503)
1,8	EB-II (52.4095,12.6347)
1,6	Str-II B1 (52.4114,12.6330)
0,1	Weg-II (52.4239,12.6279)
0,0	⇩ Emster Kanal in die Krumme Havel (s. Seite 419) bei amtl. km 1,8 (52.4250,12.6274)

Domstreng

Wehrkanal
Mündung in Brandenburger Niederhavel zw. Silo- und Stadtkanal bei amtl. km 57,1 (li Nebenfluss)

Der Domstreng ist ein Wehrkanal der Havel in der Stadt Brandenburg.

0,7	← vom Stimmingsgraben (52.4169,12.5716)
0,5	■, X, ⏏ ? (52.4167,12.5686)
0,4	re Wohnmobilstellplatz **14776 Brandenburg an der Havel** (52.4167, 12.5668)
0,3	Fußgänger-II (52.4163,12.5664)
0,2	li Brandenburger SC Süd 05, ⛺, Burgweg 4a, 14776 Brandenburg an der Havel, www.kanu-sued05.de , ✆ +49 170 6635011, vorstand@kanu-sued05.de (52.4157,12.5643)
0,0	⇩ des Domstreng in die Brandenburger Niederhavel zw. Silo- und Stadtkanal (s. Seite 420) bei amtl. km 57,1, ≈ auf ca. 500 m bis zum ■, ca. 200 m zum Brandenburger SC Süd 05 (52.4161,12.5615)

Riewendseengebiet

Seengewässer
Mündung in Silokanal bei amtl. km 56,2 (re Nebenfluss)

Diese Wasserstraße besteht aus mehreren langgestreckten eiszeitlichen Rinnenseen. Der Riewendsee ist für Motorboote gesperrt. Auf dem Beetzsee ist der Legende nach der Friseur Fritze Bollmann aus Brandenburg beim Angeln ertrunken.

Befahrungsregeln: Das Krumme Havel ist eine Bundeswasserstraße. Es gelten die Bestimmungen der Binnenschifffahrtsstraßen-Ordnung

	(BinSchStrO).
Kilometrierung:	Amtliche Kilometrierung.

21,6 Beginn des Riewendsees (52.5398,12.7231)
20,5 re **14778 Päwesin, OT Riewend** (52.5333,12.7118)
18,7 Ausfahrt aus dem Riewendsee (52.5173,12.7118)
18,1 Str-II, li **14778 Päwesin** (52.5118,12.7111)
17,8 ⇩ in Beetzsee (52.5110,12.7065)
16,3 re **14778 Päwesin, OT Bollmannsruh** (52.5063,12.6843)
14,4 –13,9 re Möveninsel Buhnenwerder (52.4963,12.6655)–(52.4930,12.6625)
13,0 Feldweg-II (52.4862,12.6550)
11,0 re **14778 Beetzseeheide, OT Ketzür** (52.4913,12.6319)
8,6 re **14778 Beetzseeheide, OT Butzow** (52.4873,12.5996)
8,5 re Butzow, +49 33836 40256 (52.4857,12.5987)
7,4 Str-II L911 (52.4790,12.5931)
6,0 re **14778 Beetzsee-Radewege** (52.4770,12.5784)
4,8 re Brielow (52.4683,12.5662)
3,1 –0,9 re Regattastrecke (52.4499,12.5683)–(52.4301,12.5664)
0,3 re WSV Stahl Beetzsee Brandenburg, , Schienenweg 51, 14747 Brandenburg, www.wsvstahl.de , +49 3381 715097 (52.4252,12.5652)
0,2 ⇩ Riewendseengebiet und li ← Brandenburger Niederhavel zw. Silo- und Stadtkanal (s. Seite 420) in/von Silokanal (s. Seite 419) bei amtl. km 56,2 (52.4242,12.5662)

Breitlingsee

Weitere Namen: Möserscher See

Seengewässer
Mündung in Havel bei amtl. km 64,1 (li Nebenfluss)

Der Breitlingsee und der Mösersche See sind ein beliebtes Wassersportgebiet. Beide Seen sind durch 2 größere Inseln (Kienwerder und Buhnenwerder) getrennt. Beschrieben wird eine Befahrung der beiden Seen entlang des linken Ufers, beginnend an der Mündung der Brandenburger Niederhavel.

Befahrungsregeln:	Die Route Breitlingsee ist Bundeswasserstraße. Es gelten die Bestimmungen der Binnenschifffahrtsstraßen-Ordnung (BinSchStrO).

11,6 Einfahrt in den Breitlingsee, → Weiterfahrt auf Untere Havel (s. Seite 411) zum Plauer See, li ← zum Rundkurs über Breitlingsee und Möserschen See (52.3892,12.4888)
10,9 li ⇩ der Plane (s. Seite 442) in den Breitlingsee (52.3850,12.4928)
9,4 li Kanincheninsel (52.3747,12.4783)
8,7 li Malge Marina und , ✕, Malge 3, 14776 Brandenburg an der Havel, www.seecamp-malge.de , +49 3381 663134 (52.3701,12.4724)
7,3 li ⇩ der Buckau (s. Seite 445) in den Breitlingsee (52.3658,12.4618)
7,1 re Insel Kiehnwerder, Südspitze (52.3662,12.4556)

6,7 Fortsetzung als Möserscher See (52.3636,12.4540)
4,4 li **14774 Brandenburg an der Havel, OT Kirchmöser**, 🚆, ✕, Segelverein (52.3716,12.4290)
4,2 ⌂⚑ ESV Kirchmöser, Uferstraße 9a, 14774 Kirchmöser, ☎ +49 3381 802486 (52.3749,12.4319)
3,8 re Insel Kälberwerder (52.3736,12.4382)
2,6 li ← einer schmalen Durchfahrt zum Plauer See (52.3854,12.4462)
1,4 re Nordspitze der Insel Kienwerder (52.3880,12.4643)
1,2 re Südspitze der Insel Buhnenwerder (NSG) (52.3896,12.4666)
0,8 engste Stelle zwischen Halbinsel Wusterau (li) und Buhnenwerder (re) (52.3943,12.4633)
0,1 li Spitze der Halbinsel Wusterau, die Halbinsel trennt Möserschen See und Plauer See (52.3998,12.4590)
0,0 ⇩ der Rundtour Breitlingsee in die Untere Havel (s. Seite 411) bei amtl. km 64,1 (52.4013,12.4634)

Plane

Kleinfluss
Mündung in Breitlingsee bei km 10,9 (li Nebenfluss)

Die Plane ist ein kleiner Wald- und Wiesenfluss, mäßige Schwierigkeiten durch einige Wehre.

Befahrungsregeln:	km 33,5 bis 22 (Trebitz bis Wegbrücke Cammer-Lütte): ganzj. UV km 2,8 bis 0 (ab Bahnlinie Brandenburg-Genthin bis Mdg. (2,5 km)): ganzj. UV
Befahrbarkeit:	Bei gutem Wasserstand ab Trebitz.
Pegel:	Trebitz und Golzow.

35,2 Str-II **14822 Brück, OT Trebitz** (52.1712,12.7367)
35,1 ≣ Trebitz
35,0 EB-II Trebitz (52.1727,12.7358)
34,7 Str-II Trebitz, Weg zur Planebrücke (52.1739,12.7325); ⬇ Trebitz (52.1739,12.7324)
34,7 –23,7 § ganzj. UV (52.1739,12.7323)–(52.2373,12.6494)
34,0 Wege-II (52.1757,12.7226)
33,2 ▬ Sohlschwelle (0,5 m), evtl. ≈, li ⏏ (52.1805,12.7149)
32,1 Wege-II (52.1887,12.7108)
29,5 Wege-II (52.2085,12.7077)
28,0 Wege-II (52.2176,12.6976)
25,9 Wege-II (52.2280,12.6727)
24,5 ▬, wenn offen ≈, ansonsten ⏏ (52.2316,12.6541)
23,7 Wege-II Cammer – Lütte (52.2374,12.6494)
21,1 ▬, evtl. ≈, ⚠ Rücklauf (52.2558,12.6277)
20,7 Wege-II (52.2591,12.6249)
19,1 Weg-II (52.2684,12.6109)

18,5 ≣ Golzow
18,1 li 🡐 Frei- oder Schleusengraben (Temnitz) (s. Seite 444) von der Plane, dieser führt zur Temnitz, re Weiterfahrt auf der Plane (52.2752,12.6040)
17,9 Str-II B102 **14778 Golzow**, Belziger Straße (52.2761,12.6004)
17,6 Str-II Golzow, Mühlendamm, darunter ▬, re ⏏, Zäune, Privatgrundstück! (52.2767,12.5972)
17,4 EB-II Golzow (52.2776,12.5938)
17,2 li 🡐 über ▬ zum Schleusengraben (52.2782,12.5921)
16,1 Wege-II (52.2858,12.5845)
15,0 Weg-II (52.2914,12.5731);
▬, **X**, re ⏏ (52.2916,12.5729)
12,4 Wege-II, re **14797 Kloster Lehnin, OT Krahne** (52.3114,12.5551)
11,5 Wege-II (52.3189,12.5495)
10,6 Str-II Reckahn, Meßdunker Straße (52.3250,12.5413)
9,1 Str-II **14797 Kloster Lehnin, OT Reckahn**, Reckahner Dorfstraße (52.3371,12.5408)
7,7 Str-II A2 (52.3498,12.5407)
6,6 EB-II (52.3594,12.5414)
5,5 ▬ Göttin, re oder li ⏏ (52.3677,12.5472)
5,4 Str-II **14776 Brandenburg an der Havel, OT Göttin**, Bindefeldstraße, ⚠ Steine unter der Brücke (52.3687,12.5469)
5,1 EB-II Göttin (52.3709,12.5465);
li ⇩ Alte Plane (52.3714,12.5464)
4,8 Weg-II (52.3742,12.5456)
4,4 Str-II Brandenburg, Eichhorstweg, Siedlung Neue Scholle (52.3772, 12.5437)
2,8 EB-II Brandenburg (52.3889,12.5331);
🡑-Möglichkeit (52.3890,12.5330);
Str-II Brandenburg, Wilhelmsdorfer Landstraße (52.3890,12.5330)
2,8 –0,3 **§** ganzj. UV (52.3891,12.5329)–(52.3857,12.4973)
1,1 li ⇩ der Temnitz (Plane) (s. Seite 443) in die Plane (52.3872,12.5083)
0,3 Str-II Brandenburg, Buhnenhaus, li ✕ (52.3856,12.4972)
0,0 ⇩ der Plane in den Breitlingsee (s. Seite 441) bei km 10,9 (52.3850, 12.4928)

Temnitz (Plane)

Weitere Namen: Sandfurthgraben

Kleinfluss
Mündung in Plane bei km 1,1 (li Nebenfluss)

Die Temnitz, die im Unterlauf Sandfurthgraben heißt, ähnelt weitgehend der Plane. Sie verläuft westlich in etwa 3 km Abstand von ihr. Über die Querverbindung „Frei- bzw. Schleusengraben" besteht die Möglichkeit, die Befahrung auf der Plane zu beginnen.

Befahrungsregeln: km 0,8 bis 0 (ca. 800m vor Einmündung in die Plane): 15.3.-

15.7. BV, übrige Zeit erlaubt, wenn 30cm Mindestpegel an Str.Br., nur stromab, UV

Pegel: Wilhelmsdorf

19,2 Str-Ⅱ B102 zwischen li **14806 Bad Belzig, OT Ragösen** und re **14778 Golzow**, mögliche ⬇ bei gutem Wasserstand (52.2539,12.5969)
18,0 ■ (52.2593,12.5819)
16,3 Weg-Ⅱ (52.2697,12.5673)
14,4 re ⇩ Frei- oder Schleusengraben (Temnitz) in die Temnitz (Plane) (52.2773,12.5428)

Nebenstrecke Frei- oder Schleusengraben (Temnitz)

Der Freigraben ermöglicht es, von der Plane zur Temnitz zu wechseln.

4,4 li 🡐 Frei- oder Schleusengraben (Temnitz) von der Plane (s. Seite 442), dieser führt zur Temnitz, re Weiterfahrt auf der Plane (52.2752,12.6040);
■ (52.2751,12.6032)
4,1 Str-Ⅱ B102 **14778 Golzow**, Belziger Straße (52.2756,12.5998)
4,0 ■ Sohlrampe (52.2752,12.5983);
Str-Ⅱ Golzow, Mühlendamm (52.2753,12.5977)
3,9 Ⅱ Golzow, niedriger Steg, evtl. ⏏ (52.2758,12.5968)
3,6 EB-Ⅱ Golzow (52.2775,12.5938)
3,5 re 🡒 von der Plane über ein ■ mit anschließendem Schwall, re ⏏. Hier besteht noch einmal die Möglichkeit, 30 m weit zwischen Plane und Schleusengraben zu wechseln (52.2777,12.5922)
3,2 Wege-Ⅱ (52.2779,12.5878)
0,4 Str-Ⅱ mit kleiner Schnelle, re **14778 Golzow, OT Lucksfleiß** (52.2788,12.5481)
0,0 ⇩ Frei- oder Schleusengraben (Temnitz) in die Temnitz (Plane) (s. Seite 443) (52.2773,12.5428)

14,1 Wege-Ⅱ **14778 Golzow, OT Lucksfleiß** (52.2794,12.5401)
13,5 ■ Lucksfleiß, ab hier gute Strömung (52.2841,12.5367)
11,8 Wege-Ⅱ (52.2979,12.5269)
10,5 ■ und Wege-Ⅱ, nach Besichtigung evtl. ≋ oder ⏏ (52.3090,12.5191)
8,3 li ⇩ Kleiner Schachtgraben, ab hier Name Sandfurthgraben (52.3272, 12.5095)
7,8 Weg-Ⅱ (52.3319,12.5100)
7,1 ■, evtl. ≋ (52.3380,12.5106)
7,0 Str-Ⅱ A2 (52.3392,12.5108)
5,9 Wege-Ⅱ (52.3480,12.5138)
4,8 Verteiler-■, 🡐 fahren, evtl. ≋ (52.3528,12.5267)
2,7 Weg-Ⅱ Göttiner Steig (52.3703,12.5198)
1,9 Str-Ⅱ Brandenburg, Ziesarer Landstraße (52.3760,12.5128);
⬆-Möglichkeit (52.3761,12.5127);
14776 Brandenburg an der Havel (52.3761,12.5127)

1,2 EB-Ⅱ Brandenburg (52.3814,12.5121)
0,8 Str-Ⅱ Brandenburg, Sandfurthweg (52.3833,12.5168)
0,8 –0,0 §, 15.03.-15.07. BV, übrige Zeit nur stromab erlaubt, wenn 30cm Mindestpegel an Straßenbrücke, ganzj. UV (52.3834,12.5169)–(52.3872, 12.5084)
0,0 ⇩ der Temnitz (Plane) in die Plane (s. Seite 442) bei km 1,1 (52.3872, 12.5083)

Buckau

Kleinfluss
Mündung in Breitlingsee bei km 7,3 (li Nebenfluss)

Die Buckau ist in ihrem Ober- und Unterlauf naturbelassen und recht reizvoll, der Mittelteil ist begradigt. Schwierigkeiten durch mehrere Wehre und Sohlschwellen, die je nach Wasserstand nach Besichtigung bedingt fahrbar sind, Baumhindernisse. Oberhalb km 7,7 liegt kein aktueller Fahrtbericht vor.
Befahrungsregeln: km 1,1 bis 0 : ganzj. BV

25,5 ⬇-Möglichkeit an einer Wege-Ⅱ am Ortsausgang von **14793 Buckautal, OT Buckau** (52.2277,12.3252)
23,0 Wege-Ⅱ, li **14793 Ziesar-Köpernitz** (52.2458,12.3228)
21,8 Str-Ⅱ A2 (52.2568,12.3214)
20,1 Str-Ⅱ L93, Herrenmühle (52.2713,12.3253)
19,0 ■ Bücknitz, davor Str-Ⅱ, vor der Ⅱ li über Zaun heben und re um die Mühle (Tor) ≏ (52.2791,12.3315)
18,6 Str-Ⅱ **14793 Ziesar-Bücknitz**, Bücknitzer Straße, es folgen einige Sohlschwellen, evtl. ≈ (52.2808,12.3302)
16,6 ■ Eulenmühle, in Mühlgraben fahren und dort ≏ (52.2839,12.3580)
16,5 Str-Ⅱ zur Eulenmühle, li ✕ (52.2839,12.3590)
15,1 Weg-Ⅱ (52.2936,12.3687)
15,0 ■, ab hier ist die Buckau begradigt, viele Baumhindernisse, an den Sohlschwellen verlandet (Sand), ≏ 1–2 km über Wiese erforderlich (52.2943, 12.3679)
11,0 Wege-Ⅱ zur Viesener Mühle, li **14789 Rosenau-Viesen** (52.3196, 12.3961)
9,6 ■, dann Wege-Ⅱ (52.3227,12.4156)
8,5 Wege-Ⅱ (52.3219,12.4308)
7,9 ■ Mahlenzien (52.3207,12.4396)
7,8 Str-Ⅱ Mahlenzien (52.3205,12.4411);
⬆⬇ Mahlenzien mit P-Möglichkeit (52.3205,12.4412);
li **14774 Brandenburg an der Havel, OT Mahlenzien** (52.3205,12.4413)
6,9 Wege-Ⅱ (52.3214,12.4541)
6,2 ■, ✕, ≏ (52.3249,12.4604)
6,1 re ⇩ Verlorenwasser, evtl. ≈ ab Wenzlow (3 km) (52.3258,12.4626)
6,0 nachfolgend ■ Metallspundwand (Staustufe), evtl. ≈

4,0 Wege-II Görisgräben (52.3394,12.4800)

2,9 Str-II re zur Neuen Mühle, ✕ (52.3478,12.4842);
▬ Neue Mühle, re oder li ⏏, neu gebaut mit Fischtreppe li (52.3481, 12.4840)

2,1 re **14776 Brandenburg an der Havel, OT Wendgräben** (52.3545, 12.4790)

1,1 Wege-II Wilhelmsdorf, Magdeburger Heerstraße, darunter Schwall. Hier Fahrt beenden, da im Mündungsbereich der Buckau ein ganzj. BV besteht. Rechts abseits **14776 Brandenburg an der Havel, OT Wilhelmsdorf**. In 1,7 km ⛟ Malge, ✕ (52.3590,12.4683)

1,1 –0,0 §, ganzj. BV (52.3591,12.4682)–(52.3658,12.4619)

0,0 ⇩ der Buckau in den Breitlingsee (s. Seite 441) bei km 7,3 (52.3658, 12.4618)

Elbe-Havel-Kanal

Kanal, Schifffahrtsstraße
Mündung in Havel bei amtl. km 67,3 (li Nebenfluss)

Der Elbe-Havel-Kanal verbindet sowohl den Mittellandkanal als auch die Elbe mit der Havel und weiter bis zur Oder. Er ist Bestandteil eines Schifffahrtweges vom Rhein bis zur Oder. Zurzeit wird die Kanalstrecke für Großmotorgüterschiffe bis 2000 t und Schubverbände bis 3500 t ausgebaut. Eine direkte Durchfahrt vom Mittellandkanal zum Elbe-Havel-Kanal ist für handbetriebene Sportboote nicht möglich (Ausnahme: eine von Magdeburger Kanuten organisierte Veranstaltung). Der Elbe-Havel-Kanal ist für uns Kanuten über den Niegripper oder Pareyer Verbindungskanal erreichbar. Bei einer Fahrt von der Elbe zur Havel ist der Pareyer Verbindungskanal zu bevorzugen.

Befahrungsregeln: Der Elbe-Havel-Kanal ist eine Bundeswasserstraße. Es gelten die Bestimmungen der Binnenschifffahrtsstraßen-Ordnung (BinSchStrO).

Schwierigkeiten: Schifffahrt und Schleusenanlagen.

Kilometrierung: Amtliche Kilometrierung. Die Kilometrierung des Mittellandkanals wird im Elbe-Havel-Kanal fortgesetzt.

325,2 Ausfahrt aus der ⯐ Hohenwarthe. Danach beginnt der Elbe-Havel-Kanal. Jedoch ist dieser Abschnitt für Sportboote ohne Motor gesperrt. Deshalb erfolgt die Einfahrt in den Elbe-Havel-Kanal für diese Boote nur über den Niegripper Verbindungskanal (52.2422,11.7408);
⇩ Mittellandkanal (s. Seite 449) in den Elbe-Havel-Kanal (52.2422, 11.7408)

325,9 ⇩ Niegripper Verbindungskanal in den Elbe-Havel-Kanal (52.2464, 11.7490)

Nebenstrecke Niegripper Verbindungskanal

Der Niegripper Verbindungskanal stellt eine Verbindung zwischen der Elbe und dem Elbe-Havel-Kanal her. Da der Mittellandkanal im Bereich des Wasserstraßenkreuzes für nicht motorisierte Boote gesperrt ist, müssen Kanuten den Weg über Abstiegskanal Rothensee, die Elbe und den Niegripper Verbindungskanal oder Pareyer Kanal benutzen.

1,5 ➔ Niegripper Verbindungskanal von der Mittelelbe (s. Seite 71) über ⯑ Niegripp (52.2550,11.7337)
0,7 ⯑ Niegripp (Fernbedienung), Betriebszeit: Mo – Sa 00:00 – 24:00 Uhr
0,6 Str-Ⅱ L52 Neue Schleuse, li nach Niegripp (52.2487,11.7417)
0,0 ⇩ Niegripper Verbindungskanal in den Elbe-Havel-Kanal (s. Seite 446) (52.2464,11.7490)

326,7 Wege-Ⅱ (52.2497,11.7583)
328,0 Wege-Ⅱ (52.2555,11.7750)
329,7 li ← in Niegripper See (Kiesgrube), dort Freizeit, Camping und Erholungspark Niegripper See GmbH. Über den See nach etwa 600 m re ➔ und li ←. Am westlichen Ende des hier zugeschütteten Kanals **39291 Niegripp**, SG Blau-Weiß Niegripp, , Hauptstraße 1 d, 39291 Niegripp, www.sportgemeinschaft-niegripp.de (52.2641,11.7957)
330,1 Wege-Ⅱ (52.2661,11.7997)
331,2 li ⇩ Niegripper Altkanal (Ihlekanal) (52.2730,11.8123)
332,1 Str-Ⅱ Niegripper Chaussee, re **39288 Burg (bei Magdeburg)**, , ✕ (52.2756,11.8257)
333,8 Str-Ⅱ Burg, Blumenthaler Landstraße (52.2818,11.8478)
334,0 li WSF Burg 1924, -Möglichkeit, Am Kanal 20 A, 39288 Burg, +49 3921 3740 (52.2832,11.8496)
335,2 re ⇩ Ihle (52.2910,11.8614)
337,2 Str-Ⅱ K1208 Ihleburg – Burg (52.3060,11.8743)
343,1 Str-Ⅱ K1208 Ihleburg – Güsen (52.3289,11.9426)
345,4 ⯑ Zerben, Betriebszeit: Mo – So 06:00 – 22:00 Uhr, zwei Schleusenkammern
345,6 Str-Ⅱ Güsen, An der Schleuse, re zum Güsen (52.3468,11.9645)
345,6 re Güsener Handball-Club, Kanuabteilung, Bootshaus am Wehr 39317 Güsen (52.3469,11.9650)
346,4 EB-Ⅱ Güsen (52.3526,11.9708)
347,4 Str-Ⅱ L54, Pareyer Straße, re **39317 Elbe-Parey, OT Güsen** (52.3591, 11.9808)
350,5 Str-Ⅱ K1205, li **39307 Elbe-Parey** (52.3843,11.9997)
351,2 li ⇩ Pareyer Verbindungskanal in den Elbe-Havel-Kanal (52.3902,12.0024)

Nebenstrecke Pareyer Verbindungskanal

Der Pareyer Verbindungskanal ermöglicht den Übergang zwischen Elbe und Elbe-Havel-Kanal. Aus Richtung Magdeburg elbabwärts fahrend ist dieser Kanal dem Niegripper Verbindungskanal vorzuziehen (Strömung auf der Elbe).

0,0 ➔ Pareyer Verbindungskanal von der Mittelelbe (s. Seite 71)

(52.4089,11.9714)
0,8 ⯐ Parey, Betriebszeit: Mo - Fr 06:00 - 16:00 Uhr, Sa - So 08:00 - 18:00 Uhr
1,2 li ← Altarm Baggerelbe, auf 2 km befahrbar, dort **39317 Elbe-Parey, OT Derben** (52.4020,11.9835)
2,4 re → Altarm Kühns Loch, dort ⌂ WSV Parey (52.3923,11.9901)
2,6 **39317 Elbe-Parey**, ✕ (52.3906,11.9932);
Str-II L34 Parey (52.3905,11.9933)
3,3 ⇩ Pareyer Verbindungskanal in den Elbe-Havel-Kanal (s. Seite 446) (52.3902,12.0024)

355,2 re → Bergzower Altkanal (ehem. Ihle-Kanal), ca. 1 km ≈, dort **39307 Elbe-Parey OT Bergzow** (52.4090,12.0518)
356,0 li **39319 Jerichow, OT Seedorf** (52.4097,12.0633)
359,9 li ← Altenplathower Altkanal, 2 km lang, durchgängig ≈ (52.4135, 12.1176)
361,4 re ⇩ Tucheim-Parchener-Bach (s. Seite 452) in den Elbe-Havel-Kanal (52.4111,12.1397);
li ⇩ Altenplathower Altkanal (52.4113,12.1402)
361,8 re ⇩ Mühlgraben (52.4102,12.1449)
362,4 Str-II B107 **39307 Genthin**, Jerichower Straße, 🚂, ✕ (52.4101,12.1532)
363,1 re ⌂⚑ SV Chemie Genthin, ⛺, ✕, M.-Brautzsch-Str. 1, 39307 Genthin, ☎ +49 3933 805580 (52.4104,12.1645);
Fußg-II (52.4108,12.1647)
363,7 li ← Roßdorfer Altkanal vom Elbe-Havel-Kanal (52.4111,12.1737)

Nebenstrecke Roßdorfer Altkanal

Der Roßdorfer Altkanal ist eine Variante, ein relativ geradliniges Stück des Elbe-Havel-Kanals zu umgehen.

6,8 ⇩ Roßdorfer Altkanal in den Elbe-Havel-Kanal (s. Seite 446) (52.4011,12.2402)
5,2 Str-II B1 Roßdorf, Dunkelforth (52.4117,12.2258)
3,5 Str-II L34, Thomas-Müntzer-Straße, li **39307 Jerichow, OT Roßdorf** (52.4223,12.2066)
3,0 li ← der Stremme (s. Seite 453) vom Roßdorfer Altkanal (52.4251, 12.2006)
2,0 li **39307 Jerichow, OT Brettin**, ✕ (52.4254,12.1875)
0,4 EB-II (52.4123,12.1761)
0,1 ← Roßdorfer Altkanal vom Elbe-Havel-Kanal (s. Seite 446) (52.4111,12.1737)

364,0 EB-II (52.4096,12.1772)
364,3 Str-II B1 Genthin, Berliner Chaussee (52.4084,12.1799)
368,5 li ⇩ Roßdorfer Altkanal in den Elbe-Havel-Kanal (52.4011,12.2402)
371,6 Str-II Kader Schleuse (52.3967,12.2841)

375,5 Str-II L96 Wusterwitz – Bensdorf (52.3925,12.3412)
376,4 li ← Woltersdorfer Altkanal über ■ (52.3929,12.3542)
376,8 ⌘ Wusterwitz, Betriebszeit: Mo–Sa 06:00 – 22:00 Uhr, So und Feiertage 07:00 – 19:00 Uhr. Zwei Schleusenkammern, ☎ +49 3381 266458 (52.3928,12.3594)
377,7 Str-II Wusterwitzer Straße, re **14789 Wusterwitz** ⚑, ✕ (52.3926, 12.3733)
379,0 ⇩ in Wendsee (52.3934,12.3914)
379,0 re ⇩ Neuer Graben Wusterwitz (s. Seite 453) in den Elbe-Havel-Kanal (52.3936,12.3923)
380,9 Str-II Königsmarkstraße, **14774 Brandenburg an der Havel**, re **OT Kirchmöser**, li **OT Plaue**, Ausfahrt aus dem Wendsee, ⇩ in den Plauer See, Weiterfahrt havelabwärts nach li (52.4006,12.4118)
381,7 ⇩ Elbe-Havel-Kanal in die Untere Havel (s. Seite 411) bei amtl. km 67,3 (52.4027,12.4227)

Mittellandkanal (Ost)

Kanal, Schifffahrtsstraße
Mündung in Elbe-Havel-Kanal bei amtl. km 325,2

Der Mittellandkanal ist die wichtigste Querverbindung zwischen den deutschen, zur Nordsee ziehenden Strömen Ems, Weser und Elbe. Er hat über den Dortmund-Ems-Kanal Anschluss an den Rhein. Der anschließende Elbe-Havel-Kanal stellt die Verbindung zum Kanalsystem Ostdeutschlands und damit auch zur Oder dar. Die direkte Verbindung der beiden Kanäle, eine große Brücke über die Elbe, ist seit Oktober 2003 fertiggestellt. Sie ist jedoch für den Sportbootverkehr ohne Motor gesperrt und wird umgangen durch den Abstieg zur Elbe über den Rothenseer Verbindungskanal, eine kurze Fahrt auf der Elbe und den Wiederaufstieg durch den Niegripper Verbindungskanal und die Schleuse Niegripp. Die beiden Kanäle sind durchgehend kilometriert.

Befahrungsregeln: Es gilt die Binnenschifffahrtsstraßen-Ordnung (BinSchStrO). km 319,9 bis 325,2 (Wasserstraßenkreuz Magdeburg): ganzj. BV

Kilometrierung: amtliche Kilometrierung.

262,6 Weg-II Wolmirshorst (52.4811,11.0000)
264,1 Str-II L22 Oebisfelde – Buchhorst (52.4757,11.0207)
267,1 Wege-II (52.4630,11.0588)
268,2 2 EB-II (52.4572,11.0730)
268,5 Str-II B188 (52.4557,11.0765)
273,5 Str-II L20 Rätzlingen – Miesterhorst (52.4304,11.1370)
275,3 Wege-II Kolonie Etingen (52.4263,11.1625)
276,8 ⚠ Düker des Allerkanal (Ohre) (s. Seite 272) unter dem Mittellandkanal, ⏏ von/zum Allerkanal erforderlich, erkennbar durch abgesenkten Uferdeich, ⏏ durch Spundwand schwierig (52.4254,11.1845)
277,4 am Nordufer **39359 Calvörde-Piplockenburg** (52.4253,11.1924);

Weg-Ⅱ Piplockenburg, hier ⏏ zum Allerkanal 100 m weit gut möglich (52.4250,11.1926)

279,7 am Südufer **39359 Calvörde, OT Mannhausen** (52.4224,11.2261); Str-Ⅱ Mannhausen (52.4227,11.2263)

281,1 Weg-Ⅱ (52.4191,11.2459)

284,4 Str-Ⅱ K1651 Calvörde, Velsdorfer Straße (52.4002,11.2817)

285,2 am Nordufer **39359 Calvörde**, ✕ (52.3943,11.2869); Str-Ⅱ L24 Calvörde, Oebisfelder Straße (52.3940,11.2866)

286,4 Str-Ⅱ L24 Calvörde, Am Kanal (52.3874,11.2959)

287,2 Wege-Ⅱ Schierholz (52.3815,11.3075)

289,8 am Südufer **39345 Bülstringen, OT Wieglitz** (52.3605,11.3236); Str-ⅡL1139 Wieglitz (52.3604,11.3241)

290,7 Wege-Ⅱ (52.3531,11.3261)

292,2 Str-Ⅱ K1139 (52.3403,11.3336)

294,6 Str-Ⅱ **39345 Bülstringen**, Siedlung (52.3204,11.3492)

297,2 Str-Ⅱ K1653 Haldensleben (52.3016,11.3710)

298,2 EB-Ⅱ (52.2954,11.3800)

298,7 Wege-Ⅱ Haldensleben (52.2924,11.3836)

299,7 Str-Ⅱ **39340 Haldensleben**, Süplinger Straße, 🚆, ✕, ⌘ Stendaler und Bülstringer Tor, Roland (52.2851,11.3945)

300,1 Str-Ⅱ B245 Haldensleben, Alvensleber Landstraße (52.2826,11.3993)

300,4 re am Südufer ⌂⚑ WSV Haldensleben, Kronesruhe, 39340 Haldensleben (52.2802,11.4030)

301,9 Str-Ⅱ Haldensleben, Althaldensleber Straße (52.2748,11.4212)

302,3 Sicherheitstor Haldensleben (52.2735,11.4277)

302,7 Str-Ⅱ Haldensleben, Dammühlenweg (52.2725,11.4326)

303,7 Str-Ⅱ K1158 Haldensleben, Wedringer Straße (52.2693,11.4463)

305,1 Str-Ⅱ (52.2632,11.4647)

307,6 Str-Ⅱ B 71 am Nordufer **39345 Niedere Börde, OT Vahldorf**, 🚆, re Hafen (52.2518,11.4986)

309,0 EB-Ⅱ (52.2453,11.5136)

310,2 Str-Ⅱ L44 am Südufer **39326 Niedere Börde, OT Groß Ammensleben**, Meseberger Straße, 🚆, ✕ (52.2413,11.5296)

312,8 Str-Ⅱ K1167 (52.2325,11.5653)

313,9 li 🚐 Erholungscenter Jersleber See am Jersleber See (keine Verbindung zum Kanal, Zugang vom Nordufer), Strandweg 1, 39326 Niedere Börde, www.camping-ok.de , ☎ +49 39201 21857 (52.2301,11.5815)

315,3 ⌂⚑ Wolmirstedter KV am Nordufer, Siedlung 35, 39326 Wolmirstedt, www.kanuwolmirstedt.de , ☎ +49 39201 21666 (52.2299,11.6012)

315,5 Ⅱ, der Kanal überquert die B189 (52.2295,11.6044)

316,5 Ⅱ, der Kanal überquert die K1177 Wolmirstedt, Magdeburger Straße (52.2294,11.6179)

317,7 Ⅱ, der Kanal überquert die Eisenbahnstrecke Magdeburg – Stendal (52.2292,11.6354)

319,0 re am Südufer Barleber See I (keine Verbindung zum Kanal), dort 🚐

Campingverein Barleber See, www.cvbs.de (52.2286,11.6564)

319,5 re ➔ Rothenseer Verbindungskanal vom Mittellandkanal am Südufer (52.2289,11.6641)

Nebenstrecke Rothenseer Verbindungskanal

Der Rothenseer Verbindungskanal ermöglicht den Auf- und Abstieg zum Mittellandkanal und ist damit Bestandteil des Wasserstraßenkreuzes Magdeburg.

0,0 ➔ Rothenseer Verbindungskanal vom Mittellandkanal (s. Seite 449) am Südufer (52.2289,11.6641)

0,2 re Rothenseer Verbindungskanal (Neue Fahrt) zur Schleuse Rothensee. ⚠ Die Schleuse darf mit Kanus und Ruderbooten nur abwärts benutzt werden. Aufwärts darf die Schleuse wegen der Turbulenzen in der Schleusenkammer nicht benutzt werden, deshalb ⏏ oder alternativ das Schiffshebewerk Rothensee benutzen (52.2274,11.6649)

0,2 re alternativ Rothenseer Verbindungskanal (Erste Fahrt) zum Schiffshebewerk Rothensee. ⓘ Betriebszeiten vom 29.04. bis 30.09. zwischen 10 und 18 Uhr. Das Schiffshebewerk Rothensee wurde 1938 in Betrieb genommen und im Jahr 2006 stillgelegt. Als Ersatz entstand die für größere Schiffe gebaute Sparschleuse Rothensee. Im Jahr 2013 wurde das Schiffshebewerk nach gründlicher Überarbeitung als technisches Denkmal wieder in Betrieb genommen und steht damit in den Betriebszeiten für den Sportbootverkehr zur Verfügung. Das Schiffshebewerk ruht auf zwei Schwimmern und wird mit 4 Spindeln auf- und abwärts bewegt ⌘ (52.2276,11.6690)

0,6 ⯐ Rothensee, ✆ 0391/244748-200. Einschränkungen bei der Schleusung von Sportbooten! (52.2247,11.6684)

1,2 li ⇩ der Ersten Fahrt vom Schiffshebewerk Rothensee (52.2211, 11.6740)

1,7 Str-II A2 (52.2177,11.6780)

1,9 Str-II Magdeburg, Glindenberger Weg (52.2161,11.6796)

3,9 re ➔ zum Hafen Trennungsdamm (52.1989,11.6884)

4,7 Niedrigwasser-⯐ Magdeburg, fernbedient, dient zur Regelung des Wasserstandes in den Magdeburger Häfen und ist nur bei Niedrigwasser der Elbe in Betrieb (52.1916,11.6862)

5,5 ⇩ Rothenseer Verbindungskanal in die Elbe (s. Seite 71) (von und zum Mittellandkanal) (52.1845,11.6845)

319,9 re ➔ Rothenseer Verbindungskanal, Erste Fahrt zum Schiffshebewerk Rothensee (52.2288,11.6685)

319,9 –325,2 geradeaus der Mittellandkanal, § ganzj. BV. Auf einer Brücke überquert dieser die Elbe. Diese neue Strecke ist jedoch für Kanuten und Ruderer gesperrt, die deshalb, wie bisher, den Weg über den Rothenseer Verbindungskanal zur Elbe benutzen (52.2288,11.6687)–(52.2422, 11.7408)

322,0 Kanal-Ⅱ über die Elbe, Wasserstraßenkreuz Magdeburg (52.2309, 11.7014)

325,0 Doppel-⯐ Hohenwarthe (52.2416,11.7393)

325,2 ⇩ Mittellandkanal in den Elbe-Havel-Kanal (s. Seite 446) bei amtl. km 325,2 (52.2422,11.7408)

Tucheim-Parchener-Bach

Weitere Namen: Tuchheimer Bach, Parchener Bach

Kleinfluss
Mündung in Elbe-Havel-Kanal bei amtl. km 361,4 (re Nebenfluss)

Der Tucheimer Bach, im unteren Teil Parchener Bach genannt, ist trotz Regulierung interessant, da die Ufer bewachsen sind.

Befahrbarkeit: Auch im Zweier. Befahrung im Sommer ist nicht zu empfehlen. Zwischen Tucheim und Parchen wird im Sommer oft Wasser abgeleitet, im Unterlauf verkrautet.

20,9 §, oberhalb Tuchheim soll ein ganzj. BV bestehen (52.2909,12.1801); Str-Ⅱ B107, **39307 Genthin, OT Tucheim**, Burger Straße (52.2910, 12.1801)

20,1 ▬ Untermühle Tucheim, X, re ⩲

20,0 Wege-Ⅱ Tuchheim, Milchhof (52.2971,12.1740)

18,8 Str-Ⅱ (52.3032,12.1604)

16,6 Str-Ⅱ B107 (52.3139,12.1359)

15,6 Str-Ⅱ **39307 Genthin-Dretzel**, ⌘ Schloss (52.3158,12.1212)

13,9 li ⇩ der Bache, Wege-Ⅱ (52.3198,12.0981)

10,3 Str-Ⅱ Parchen, Steinstraße (52.3450,12.0941)

9,1 ▬ Parchen, X, ⩲ (52.3527,12.0867)

8,9 Str-Ⅱ Parchen, Parkstraße, ⚠ Steine (52.3536,12.0851); Str-Ⅱ B1 **39307 Genthin-Parchen** (52.3539,12.0844)

8,7 Str-Ⅱ Parchen, Genthiner Straße, ⚠ Steine (52.3542,12.0823)

7,0 li ⇩ Lehmkuhlgraben (52.3698,12.0774)

6,5 ▬, X, ⩲ (52.3738,12.0807)

5,4 EB-Ⅱ (52.3823,12.0866)

4,6 Wege-Ⅱ (52.3882,12.0896)

3,4 ▬, X, ⩲ (52.3945,12.1044)

3,3 Wege-Ⅱ (52.3949,12.1057)

0,1 Str-Ⅱ K1205, re nach Genthin (52.4102,12.1389)

0,0 ⇩ Tucheim-Parchener-Bach in den Elbe-Havel-Kanal (s. Seite 446) bei amtl. km 361,4 (52.4111,12.1397)

Neuer Graben Wusterwitz

Weitere Namen: Großer Wusterwitzer See

Seengewässer, Kanal
Mündung in Elbe-Havel-Kanal bei amtl. km 379,0 (re Nebenfluss)

Der Neue Graben verbindet den Großen Wusterwitzer See mit dem Elbe-Havel-Kanal.

4,3 **14789 Wusterwitz** (52.3692,12.3854)
3,6 ⌂ Blau-Weiß Wusterwitz mit ⛺-Möglichkeit, Absprache erforderlich, Sportlerheim am See, 14789 Wusterwitz, www.kanu-wusterwitz.de (52.3627,12.3911)
3,5 Wusterwitz, Am See 24a, 14789 Wusterwitz, ✆ +49 163 4520423 (52.3633,12.3953)
1,8 Ausfahrt aus dem Großen Wusterwitzer See (52.3790,12.3987)
1,3 EB-II (52.3829,12.3954)
1,2 Str-II (52.3832,12.3954)
0,4 ⇩ in den Wendsee (52.3906,12.3936)
0,0 ⇩ Neuer Graben Wusterwitz in den Elbe-Havel-Kanal (s. Seite 446) bei amtl. km 379,0 (52.3936,12.3923)

Stremme

Weitere Namen: Hauptstremme

Kleinfluss
Mündung in Havel bei amtl. km 93,1 (li Nebenfluss)

Die Stremme ist ein Kleinfluss mit wenig Hindernissen und geringer Strömung. Der Unterlauf ab Neuenklitsche ist begradigt.

Befahrbarkeit: Im Oberlauf Wasserführung nach den Bedürfnissen der Landwirtschaft, daher oft wenig Wasser. Ab Neuenklitsche meist ausreichend. Wegen starker Verkrautung wird eine Befahrung im Frühjahr empfohlen. Auch für Zweier geeignet.

16,7 ← der Stremme vom Roßdorfer Altkanal (s. Seite 448) (52.4251, 12.2006);
Einlass-■ am Roßdorfer Altarm des Elbe-Havel-Kanals zwischen Brettin und Rossdorf. Das ⏏ muss dort über Privatgelände erfolgen. Wenn das nicht erlaubt wird, an Straßen-Brücke **Rossdorf** aussetzen und ca. 900 m zum Roßdorfer See ⏏. Danach Str-II, ein Steg und kurz vor dem Roßdorfer See ein zerfallenes ■, meist **X** (52.4251,12.2006)
16,1 Beginn Roßdorfer See. Kurz davor zerfallenes ■, überheben (52.4285, 12.2046)
15,4 Ende des Roßdorfer Sees, stark verschilft (52.4317,12.2137)
12,4 ■, re oder li ⏏ (52.4518,12.2224)
12,2 Str-II K1201 (52.4539,12.2234);
li in 1 km **39307 Jerichow, OT Zabakuck**, in 3 km (52.4540,12.2234)
9,9 li ⇩ Abzugsgraben (52.4697,12.2336)
9,1 ■ Neuenklitsche, li oder re ⏏ (52.4763,12.2340)

9,0 Str-Ⅱ L34, li **39307 Jerichow, OT Neuenklitsche** (52.4771,12.2353)
7,3 re ⇩ Schlagenthiner Stremme (meist ab Wehr Schlagenthin befahrbar, 5 km) (52.4862,12.2538);
re ▬, evtl. ≈, sonst re oder li ⩍ (52.4865,12.2539)
5,1 li ⇩ Grenzgraben, danach Hindernisse, evtl. ⩍ (52.5010,12.2700)
4,5 re **14715 Milower Land, OT Neudessau** (52.4996,12.2768)
3,1 Wege-Ⅱ (52.5074,12.2872)
2,4 li Vieritzer Berg (52.5110,12.2947)
1,6 Wege-Ⅱ, re Milower Berg, li Wolfsmühle (52.5162,12.3012)
0,4 re ⇅ der Jugendherberge Milow „Carl Bolle“, ⅄-Möglichkeit, ⛺, Friedensstraße 21, 14715 Milower Land, jh-milow.jugendherbergen-berlin-brandenburg.de , ☎ +49 3386 280361 (52.5237,12.3092)
0,2 Str-Ⅱ **14715 Milower Land, OT Milow**, Stremmestraße (52.5253, 12.3090)
0,0 ⇩ Stremme in die Untere Havel (s. Seite 411) bei amtl. km 93,1 (52.5273, 12.3093)

Rathenower Stremme

Wanderfluss
Mündung in Havel bei amtl. km 108,0 (re Nebenfluss)

Die Rathenower Stremme ist eine reizvolle Nebenstrecke zwischen Rathenower Havel und Unterer Havel

4,2 ➔ der Rathenower Stremme von der Rathenower Havel (s. Seite 422) (52.6115,12.3262)
4,2 –0,0 **§** ganzj. UV (52.6116,12.3263)–(52.6426,12.3205)
2,6 Wege-Ⅱ (52.6224,12.3260)
1,8 Wege-Ⅱ (52.6290,12.3269)
0,0 ⇩ der Rathenower Stremme in die Untere Havel (s. Seite 411) bei amtl. km 108,0 (52.6427,12.3205)

Hohennauener Wasserstraße

Weitere Namen: Hohennauener See, Ferchesaer See

Wanderfluss, Seengewässer
Mündung in Havel bei amtl. km 111,8 (re Nebenfluss)

Die Hohennauer Wasserstraße verbindet Hohennauener See und Ferchesaer See mit der Unteren Havel. In den Hohennauener See mündet der Havelländische Große Hauptkanal.

Befahrungsregeln: Die Hohennauener Wasserstraße ist Bundeswasserstraße. Es gelten die Bestimmungen der Binnenschifffahrtsstraßen-Ordnung (BinSchStrO).
Kilometrierung: Amtliche Kilometrierung.

10,4 Beginn Ferchesaer See (52.6581,12.4464)
10,0 re **14715 Stechow-Ferchesar** (52.6552,12.4431)

9,0 re ⛺ Buntspecht, Weg zum Zeltpl, 14715 Stechow-Ferchesar, www.campingpark-buntspecht.de , ☎ +49 33874 90072 (52.6518,12.4303)
7,0 Ausfahrt Ferchesaer See, ⇩ in Hohennauer See (52.6564,12.4083)
5,5 li **14712 Rathenow, OT Semlin** (52.6627,12.3869)
5,1 re ⇩ Havelländischer Großer Hauptkanal (s. Seite 455) in die Hohennauener Wasserstraße (52.6664,12.3855)
4,4 re **14715 Seeblick, OT Wassersuppe** (52.6678,12.3763)
2,1 li ⛺ Seeblick, Rhinower Str. 38, 14715 Seeblick, www.friedelcamp.de , ☎ +49 33872 70323 (52.6657,12.3441)
1,6 Ausfluss aus Hohennauener See, Str-Ⅱ B102, re **14715 Seeblick, OT Hohennauen**, Rhinower Straße, ✕ (52.6641,12.3362)
1,4 EB-Ⅱ Hohennauen (stillgelegt) (52.6640,12.3331)
0,0 ⇩ der Hohennauener Wasserstraße in die Untere Havel (s. Seite 411) bei amtl. km 111,8 (52.6644,12.3125)

Havelländischer Großer Hauptkanal

Weitere Namen: Witzker See, Nauen-Paretzer-Kanal

Kanal
Mündung in Hohennauener Wasserstraße bei amtl. km 5,1 (re Nebenfluss)

Ein Meliorationskanal zwischen dem Havel-Kanal und der Hohennauener Wasserstraße. Im Kanal sind mehrere Wehre eingebaut, die umtragen werden müssen. Der Kanal ist mühsam befahrbar, im Sommer verkrautet (Krautsperren). Er mündet in den Hohennauener See. Die Befahrung von Rhin und Witzker See ist für Motorboote verboten.

53,1 ➔ Havelländischer Großer Hauptkanal vom Havelkanal (s. Seite 438) über ein Schöpfwerk, ⏏ möglich (52.5682,12.9663)
53,0 ▬ Schöpfwerk, li ↑, ⏏ und re ↓ (52.5688,12.9658)
52,7 ⛺-Zeestow Havelkanal, Brieselanger Str. 11, 14656 Brieselang, www.campingplatz-zeestow.de , ☎ +49 33234 88634 (52.5717,12.9648)
52,6 Str-Ⅱ Zeestow, Brieselanger Straße, Rohrdurchlass, ✕, ⏏ (52.5724, 12.9643);
li **14656 Brieselang, OT Zeestow** (52.5725,12.9643);
re ↓ Zeestow (52.5725,12.9643)
49,5 Str-Ⅱ L161, li **14656 Brieselang-Bredow** (52.5935,12.9377)
48,7 EB-Ⅱ (52.5997,12.9353)
46,7 Wege-Ⅱ (52.6131,12.9208)
44,3 Str-Ⅱ B273, Graf-Arco-Straße, li **14641 Nauen**, 🚆, ⇅-Möglichkeit, lohnende Fahrt bis zum Schöpfwerk Zwestow und zurück (52.6191,12.8907)
43,4 EB-Ⅱ (außer Betrieb) (52.6238,12.8808)
43,0 Wege-Ⅱ (52.6263,12.8755)
41,0 Str-Ⅱ K6309, li **14641 Nauen, OT Utershorst** (52.6382,12.8540)
37,0 Str-Ⅱ L173, li **14641 Nauen, OT Bergerdamm** (52.6582,12.8068)
36,9 ▬ Bergerdamm, ✕, ⏏ (52.6584,12.8056)

32,8 Wege-II (52.6736,12.7495)
32,2 Wege-II (52.6758,12.7418)
30,3 Str-II, Ruppiner Straße, li **14641 Paulinenaue**, ▬ (52.6836,12.7166)
28,4 EB-II (52.6903,12.6915)
27,7 Str-II K6312 (52.6885,12.6815)
26,3 ▬, **X**, ⌂ (52.6790,12.6688)
24,6 Weg-II (52.6660,12.6537)
23,2 Str-II B5 (52.6555,12.6441)
22,1 ▬ Senzke, **X**, ⌂ (52.6474,12.6352)
21,0 Wege-II, re **14662 Mühlenberge-Senzke** (52.6424,12.6206)
17,9 Str-II Lieper Weg (52.6372,12.5758)
14,5 ▬ Kriele, **X**, ⌂ (52.6450,12.5320)
14,0 Str-II Kotzen - Kriele (52.6482,12.5267)
11,6 Str-II B188 (52.6673,12.5123)
11,5 ▬ Rhinsmühlen (52.6682,12.5120)
7,8 ▬, **X**, ⌂ (52.6951,12.4813)
6,5 Weg-II (52.6955,12.4621)
5,8 Wege-II (52.6936,12.4532)
4,9 ⇩ in Witzker See (52.6914,12.4401)
4,6 li **14715 Stechow-Ferchesar, OT Lochow** (52.6884,12.4391)
4,0 re **14715 Seeblick, OT Witzke** (52.6876,12.4296)
3,3 Ausfahrt aus Witzker See in den Rhin genannten Flusslauf. Nicht verwechseln mit dem beschriebenen Rhin (Ruppiner Gewässer) (52.6816, 12.4225)
0,9 Wege-II (52.6731,12.3917)
0,8 ⇩ in Hohenauener See, Weiterfahrt zur Hohennauener Wasserstraße (52.6725,12.3909)
0,0 ⇩ Havelländischer Großer Hauptkanal in die Hohennauener Wasserstraße (s. Seite 454) bei amtl. km 5,1 (52.6664,12.3855)

Rhin

Weitere Namen: Rheinsberger Rhin, Rhinkanal, Ruppiner Gewässer

Kleinfluss, Wanderfluss, Seengewässer, Schifffahrtsstraße
Mündung in Gülper Havel bei amtl. km 128,4 (re Nebenfluss)

Der Oberlauf des Rhins, vom Grienericksee bis Zippelsförde wird als Rheinsberger Rhin bezeichnet. Dieser Abschnitt ist ein sehr reizvoller Wald- und Wiesenfluss mit vielen Kehren und Schlingen. Der weitere Flusslauf ist als Landeswasserstraße Brandenburg schiffbar und besteht aus einer Kette von Seen. Der Wasserstand ist durch Staustufen geregelt. Diese Staustufen werden durch Schleusen umgangen. Über den Neuen Rhin wird Fehrbellin erreicht (Ende des schiffbaren Teils). Der nun folgende Rhinkanal (viele Wehre) mündet, nachdem er den aus Naturschutzgründen gesperrten Gülper See durchflossen hat, in die Havel. Diese Sperrstrecke kann man über den Bültgraben umgehen, der ein Teil des Rhinwassers in die Dosse ableitet.

Befahrungsregeln: Der Rhin ist im Bereich Ruppiner Wasserstraße mit Vielitzsee,

Gudelack See, Möllensee, Zermützelsee, Tetzensee, Molchow See, Ruppiner See, Bützsee und Kremmener See eine Landeswasserstraße in Brandenburg. Es gilt die Landesschifffahrtsverordnung Brandenburg (LSchiffV).
km 112,5 bis 95,3 (Rheinsberg bis Zippelsförde): 1.11.-15.6. BV, übrige Zeit nur 1-er u. 2-er Kajaks erlaubt von 9-19 Uhr bei Pegelstand über 65cm beim Wehr Rheinsberger Obermühle (Pegel-Tel: 033082-40716). Aufwärtsfahren des Rhins ist verboten. UV außerhalb der gekennzeichneten Stellen.
km 7,5 bis 0,1 (Str.-Brücke L117 bei Rhinow bis zur Schleuse an der Mündung): ganzj. BV

Kilometrierung: Im Bereich der Landeswasserstraße amtliche Kilometrierung, ansonsten nach Kartenmaterial.

112,6 Ausfluss aus dem Grienerick-See über ein ▬ (53.0968,12.8915)
112,5 ⬇, ▤ unterhalb Str-Ⅱ Rheinsberg, Parkstraße, Sperrung und Mindestpegel beachten (53.0968,12.8922)
112,5 –95,3 **§** 01.11.-15.06. BV, übrige Zeit nur 1-er u. 2-er Kajaks erlaubt von 9-19 Uhr bei Pegelstand über 65 cm beim Wehr Rheinsberger Obermühle. Aufwärtsfahren des Rhins ist verboten. UV außerhalb der gekennzeichneten Stellen. Pegel, ☎ +49 33082 40716 (53.0968,12.8923)–(52.9933, 12.8992)
112,1 Str-Ⅱ Rheinsberg, Rhinhöherweg (53.0941,12.8951)
110,5 Wege-Ⅱ Rheinsberg, Untermühle mit Schwall, meist ≈, li ✕ (53.0821, 12.9047)
109,9 Weg-Ⅱ (53.0775,12.9045)
108,3 Wege-Ⅱ (53.0673,12.9101)
106,4 Str-Ⅱ K6813, re **16831 Rheinsberg-Zechow**, li davor ⬆⬇ (53.0549, 12.9155)
105,4 li ⇩ Kleiner Rhin in den Rhin, ≈ für K1 bei HW ab Straßenbrücke bei Köpernitz (53.0488,12.9117)

Nebenstrecke Kleiner Rhin

Ein interessanter Kleinfluss, der aber nur für K1 bei HW ab der Straßenbrücke bei Köpernitz befahrbar ist.

10,0 –3,0 **§** ganzj. BV Oberlauf bis Brücke B122 bei Köpernitz (53.0765, 13.0037)–(53.0625,12.9351)
3,0 Str-Ⅱ B122 Köpernitz, ⬇ (53.0624,12.9351)
0,9 Wege-Ⅱ (53.0536,12.9188)
0,0 ⇩ Kleiner Rhin in den Rhin (s. Seite 456), ≈ für K1 bei HW ab Straßenbrücke bei Köpernitz (53.0488,12.9117)

103,7 Röhren-Ⅱ Rheinshagen, **X**, re ⌂, **16831 Rheinsberg-Rheinshagen** (53.0408,12.9062)
97,5 niedrige Ⅱ, evtl. ⌂ (53.0061,12.9086)

95,3 Wege-II und ⇅ Zippelsförde, ⚓, 🅿 (52.9932,12.8991);
▬ Zippelsförde, li ⌂ (52.9931,12.8991)

56,7 li ⇩ Lindower Rhin in den Rhin (53.0011,12.8841);
Stationskilometer = 93,8 Kartenkilometer. Ab hier existiert eine amtliche Kilometrierung der Wasserstraße (53.0012,12.8842)

Nebenstrecke Lindower Rhin

71,4 Beginn des Vielitzsee (52.9355,13.0288)

70,5 re **16835 Vielitzsee, OT Seebeck** (52.9374,13.0157)

70,1 li **16835 Vielitzsee, OT Vielitz** (52.9374,13.0112)

66,6 Ausfahrt aus Vielitzsee (52.9608,12.9874)

66,1 Str-II Lindow (52.9652,12.9841);
16835 Lindow (Mark), 🛒, ✕ (52.9652,12.9840)

66,0 EB-II Lindow (52.9653,12.9826)

65,4 ⇩ in Gudelacksee (52.9697,12.9778);
re ⇅ und ⛺ Weißer Sand, Am Gudelacksee 3,16835 Lindow (Mark), campingplatz-lindow.jimdofree.com , ✆ +49 33933 79530 und +49 177 9793969 (52.9752,12.9813)

61,5 Ausfluss aus Gudelacksee (52.9834,12.9336)

61,4 Wege-II (52.9834,12.9328)

60,3 –59,7 Möllensee, befahrbar nach Süden ca. 2,7 km (52.9820, 12.9173)–(52.9830,12.9082)

58,5 Str-II B122 Zippelsförde, danach li ⇅ (52.9898,12.8978)

56,7 ⇩ Lindower Rhin in den Rhin (s. Seite 456) (53.0011,12.8841)

53,2 Str-II Försterei Fristow (53.0161,12.8455)

53,1 ⇩ in Zermützelsee (53.0175,12.8433)

52,2 li ⚓ ⛺ Gr. Rehwinkel, www.camping-rheinsberg-neuruppin.de (53.0156, 12.8283)

51,4 re ⇩ des Rottstielfließ in den Rhin (53.0097,12.8262)

Nebenstrecke Rottstielfließ

Ein schönes Fließ, das den Tornowsee mit dem Rhin verbindet.

4,0 ✕ Boltenmühle, Beginn Tornowsee (53.0354,12.8039)

1,7 ⛺ Am Rottstielfließ, 16827 Neuruppin, OT Stendenitz, www.camping-rheinsberg-neuruppin.de , ✆ +49 33929 70644 (53.0193, 12.8128);
Str-II, Ausfahrt Tornowsee in Rottstielfließ (53.0193,12.8108)

0,0 ⇩ des Rottstielfließ in den Rhin (s. Seite 456) (53.0097,12.8262)

51,3 li ⛺ Stendenitz, Grafendamm,16816 Neuruppin, www.camping-rheinsberg-neuruppin.de , ✆ +49 33929 70644 (53.0075,12.8204)

50,5 Wege-II, Ausfluss aus Zermützelsee, li **16827 Neuruppin, OT Zermützel**, re **16827 Neuruppin, OT Stendenitz** (53.0021,12.8278)

49,8 ⇩ in Teetzensee (52.9956,12.8290)

48,3 Ausfluss aus Teetzensee (52.9839,12.8203)
47,5 Weg-II **16827 Neuruppin, OT Molchow**, li ⇅, 100 m mit Bootswagen, in 400 m 🅿 (52.9767,12.8247)
47,1 ⇩ in Molchowsee (52.9735,12.8264)
45,4 ⛝ Altruppin mit Bootsschleppe, Betriebszeit: 16.03.–15.04. 09:00–11:00 Uhr und 14:00–16:00 Uhr, 16.04–15.10. 08:00–12:00 Uhr und 14:00–17:00 Uhr (Fr–So bis 19:00), 16.10.–30.11. 09:00–11:00 Uhr und 14:00–16:00 Uhr, ✆ +49 3391 7114 (52.9592,12.8352);
Str-II Altruppin, Neumühle (52.9590,12.8353)
44,8 li ← Nebenarm, mündet ebenfalls in Ruppiner See (52.9533,12.8402)
44,3 Str-II **16827 Neuruppin, OT Alt Ruppin**, Brückenstraße (52.9506, 12.8443)
43,8 Str-II B167 Neuruppin (52.9472,12.8453)
43,4 ⇩ in Ruppiner See (52.9434,12.8442)
43,4 ⌂ Alt Ruppiner Ruderclub, ⛺- und Übernachtungsmöglichkeit, Auf der Halbinsel,16827 Neuruppin, arc1928.de , ✆ +49 3391 775176 (52.9437, 12.8420)
41,2 EB- und Str-II, Seedamm, li **16827 Neuruppin**, 🚉, ✕ (52.9270,12.8191)
40,3 li ← der Lanke (52.9199,12.8191)
39,9 ⌂ Neuruppiner Ruderclub, ✕, Regattastraße 16, 16816 Neuruppin, www.neuruppinerruderclub.de , ✆ +49 162 7859398 (52.9193,12.8093);
⌂⚑ KV Neuruppin, ⛺, Regattastraße 15, 16816 Neuruppin, www.kanu-verein-neuruppin.de , ✆ +49 3391 358800, info@kanuverein-neuruppin.de, ⓘ ✆ +49 179 2321586 (52.9190,12.8092)
36,0 li **16818 Neuruppin, OT Gnewikow** (52.8896,12.8321)
32,2 li **16818 Neuruppin, OT Karwe** (52.8624,12.8593)
31,0 li 2 🚐, 300 m vom Ufer entfernt (52.8518,12.8639)
30,7 re **16818 Fehrbellin, OT Wustrau** (52.8499,12.8679)
30,7 re → Wustrauer Rhin (s. Seite 462) vom Rhin (52.8501,12.8696)
29,6 Ausfahrt aus Ruppiner See (52.8513,12.8855)
29,5 Str-II L164, **16818 Fehrbellin, OT Altfriesack**, ✕ (52.8481,12.8897)
29,4 ⛝ Altfriesack und Str-II, Betriebszeit: 16.03. – 30.04. und 01.10 - 31.10. 09:00–11:00 Uhr und 14:00–16:00 Uhr, 01.05. – 30.09. 08:00–12:00 Uhr und 14:00–17:00 Uhr (Fr-So bis 19:00), 01.11.–30.11. 10:00–15:00 Uhr, ⏏-Möglichkeit li über Straße am Grundstück entlang, ✆ 033925 70312 (52.8473,12.8908)
28,9 ⇩ in Bützsee (52.8430,12.8909)
25,8 Ausfahrt aus Bützsee, Beginn Bützrhin (52.8220,12.9129)
22,9 Str-II (52.8070,12.9381)
22,0 li ← Ruppiner Kanal (s. Seite 310) vom Rhin (52.8010,12.9438);
= 0,0 re → Alter Rhin, Beginn einer neuen Kilometrierung, ehemalige Rhinschleuse (nicht mehr vorhanden) (52.8009,12.9439)
3,0 Str-II (52.7950,12.9141)
5,6 li ⇩ Amtmannskanal in den Rhin, Weiterfahrt nach rechts auf dem Alten

Rhin (52.7864,12.8927)

Nebenstrecke Amtmannskanal

2,5 Beginn des Kanals, **16833 Fehrbellin-Linum**, Hafen Teichland Linum, ⛺, ✂, ☎ +49 33922 50504 (52.7670,12.8770)

0,0 ⇩ Amtmannskanal in den Rhin (s. Seite 456), Weiterfahrt nach rechts auf dem Alten Rhin (52.7864,12.8927)

8,9 ⯐ Hakenberg, außerdem im Wehrarm ⇅ und ⏏-Möglichkeit, Betriebszeiten: 16.03. - 30.04. 09:00 - 11:00 Uhr und 14:00 - 16:00 Uhr, 01.05. - 30.09. 08:00 - 12:00 Uhr und 14:00 - 17:00 Uhr (Fr-So 19:00 Uhr), 01.10. - 31.10. 09:00 - 11:00 Uhr und 14:00 - 16:00 Uhr, 01.11. - 30.11. 10:00 - 15:00 Uhr, ☎ +49 33922 50272 und +49 152 03846713 (52.7862,12.8548)

9,4 Str-II (52.7889,12.8503)

11,7 li ← Alter Rhin vom Rhin (52.8038,12.8224);
re → in den Fehrbelliner Kanal (52.8038,12.8224)

Nebenstrecke Alter Rhin

11,7 li ← Alter Rhin vom Rhin (s. Seite 456) (52.8038,12.8224)

11,7 –16,0 li § Sperrschild (rot-weiß-rot), somit ist die Befahrung dieser Strecke nicht möglich (52.8038,12.8224)–(52.8159,12.7654)

16,0 ⇩ Alter Rhin in den Rhin (s. Seite 456) (Fehrbelliner Kanal), Fortsetzung als Rhinkanal (52.8159,12.7654)

14,3 ⇩ des Wustrauer Rhin (s. Seite 462) in den von li kommenden Fehrbelliner Kanal (52.8222,12.8040)

15,0 Str-II A24 (52.8226,12.7942)

16,1 EB-II (stillgelegt) (52.8250,12.7782)

17,4 = 40,8, ab hier wieder Kartenkilometrierung (52.8175,12.7688);
▬ Fehrbellin, li ⏏, Ende der Landeswasserstraße (52.8175,12.7688)

40,5 ⇩ Alter Rhin in den Rhin (Fehrbelliner Kanal), Fortsetzung als Rhinkanal (52.8159,12.7654)

40,4 Str-II **16833 Fehrbellin**, Ruppiner Straße, darunter Steine und kleine Stufe (52.8160,12.7652)

39,5 Wege-II Fehrbellin (52.8158,12.7529)

38,8 Str-II Fehrbellin (52.8145,12.7436)

36,8 ▬ Sohlschwelle (52.8103,12.7181);
Wege-II Mühlenweg (52.8102,12.7176)

35,2 Str-II, li **16833 Fehrbellin, OT Lentzke** (52.8034,12.6991)

33,6 ▬ unterhalb Lentzke, **X**, ⏏ (52.7999,12.6774)

33,5 Weg-II (52.7995,12.6757)

31,7 re ⇩ Großer Schleusengraben (52.8001,12.6512)

31,2 Weg-II (52.7988,12.6430)

29,7 ▬, ⏏, darüber Weg-II (52.7949,12.6224)

29,0 ⇩ Temnitz (52.7910,12.6142)

28,0 Weg-Ⅱ (52.7841,12.6059)
27,8 Str-Ⅱ Hauptstraße, re **14662 Friesack, OT Zootzen** (52.7820,12.6034)
27,5 li ⇩ alter Rhinarm (52.7803,12.6013)
27,0 Str-Ⅱ L166 Zootzen (52.7786,12.5946)
26,7 ■ Zootzen, ⏏ (52.7776,12.5899)
25,2 EB-Ⅱ Friesack (52.7732,12.5689)
24,7 Str-Ⅱ B5 Friesack (52.7730,12.5618)
23,2 Wege-Ⅱ (52.7724,12.5392)
22,4 ■, ⏏ (52.7734,12.5268)
21,1 Str-Ⅱ (52.7749,12.5077)
20,9 ■, ⏏ (52.7753,12.5058)
19,6 Str-Ⅱ Baselitz (52.7792,12.4870)
19,0 ⇩ in Dreetzer See (52.7811,12.4782)
17,7 Ausfahrt aus Dreetzer See (52.7795,12.4601)
16,8 ■, ⏏ (52.7786,12.4462)
16,2 Str-Ⅱ K6815 (52.7779,12.4383)
14,4 li ⇩ Zwölffüßiger Graben (52.7715,12.4138)
11,0 Flussgabelung, re ➔ Bültgraben vom Rhin, führt zur Dosse (52.7661, 12.3659);
li ← Mühlenrhin, jedoch oftmals wenig Wasser. Die Kilometrierung wird im Mühlenrhin fortgesetzt. (52.7659,12.3656);
■, **X**, li ⏏ (52.7659,12.3656)

Nebenstrecke Bültgraben

Wenn man vom Rhin zur Havel fahren möchte, ist dies über den Bültgraben und die anschließende Dosse möglich.

3,8 Flussgabelung, re ➔ Bültgraben vom Rhin (s. Seite 456), führt zur Dosse (52.7661,12.3659);
■, re ⏏ (52.7661,12.3656)
3,7 Str-Ⅱ B102 (52.7663,12.3639)
0,0 ⇩ Bültgraben in die Dosse (s. Seite 462). (Wenn man vom Rhin zur Havel fahren möchte, ist dies über den Bültgraben und die anschließende Dosse möglich). Ab hier: Neue Dosse (52.7846, 12.3206)

10,9 Str-Ⅱ B102 (52.7656,12.3639)
9,2 Weg-Ⅱ (52.7610,12.3398)
8,7 ■ Rhinow, ⏏ (52.7587,12.3335)
8,6 Str-Ⅱ, li **14728 Rhinow** (52.7584,12.3328)
7,5 Str-Ⅱ L17 Rhinow, Dorfstraße, spätestens hier muss die Fahrt wegen des folgenden Befahrungsverbotes beendet werden (52.7550,12.3195)
7,5 –0,1 **§** ganzj. BV im NSG Gülper See (52.7550,12.3193)–(52.7451, 12.2225)
4,2 ⇩ in Gülper See (52.7433,12.2799)

0,4 Ausfahrt aus dem Gülper See (52.7446,12.2268)
0,1 ⌘, keine Angaben (52.7452,12.2227)
0,0 ⇩ Rhin in die Gülper Havel (s. Seite 424) bei amtl. km 128,4, jedoch ab Gülper See ganzj. BV (52.7450,12.2214)

Wustrauer Rhin

Wanderfluss
Mündung in Rhin bei amtl. km 14,3 (li Nebenfluss)

Ein weiterer Rhinarm, der über ein Wehr vom Ruppiner See abzweigt und auf kurzem Weg zum Fehrbelliner Kanal führt.
Befahrbarkeit: Im Sommer verkrautet.

5,8 ➔ Wustrauer Rhin vom Rhin (s. Seite 456) (52.8501,12.8696)
5,6 ▬ Kornmühle Wustrau, ⏏ ca. 250 m um die Mühle herum, Bootswagen empfohlen (52.8485,12.8686);
Str-II L164 **Fehrbellin, OT Wustrau** (52.8484,12.8684)
4,6 Str-II L163 (52.8417,12.8620)
3,8 Wege-II (52.8391,12.8529)
1,9 Wege-II (52.8308,12.8287)
0,2 Wege-II (52.8227,12.8073)
0,0 ⇩ des Wustrauer Rhin in den von li kommenden Fehrbelliner Kanal (s. Seite 456) bei amtl. km 14,3 (52.8222,12.8040)

Dosse

Wanderfluss
Mündung in Havel bei amtl. km 134,8 (re Nebenfluss)

Die Dosse ist ein Wiesenfluss, jedoch vielfach begradigt und durch Wehre reguliert Das Umtragen der Wehre ist teilweise etwas mühselig bei steilen, verwachsenen oder schlammigen Uferpartien.
Befahrbarkeit: Bei gutem Wasserstand im Einer ab Wulfersdorf, immer ab Wittstock. Im Sommer Verkrautungen.

81,5 Wege-II, li **17209 Eldetal, OT Grabow-Below**, ⬇ bei gutem Wasserstand im Einer (53.2691,12.4321)
78,6 Str-II A19 (53.2480,12.4473)
77,5 ▬ Dudel (53.2444,12.4620)
77,1 Str-II Dudel (53.2443,12.4672)
75,8 ▬ Heinrichsdorf (53.2349,12.4742)
75,6 Str-II Heinrichsdorfer Straße, re **16909 Wittstock/Dosse, OT Biesen** (53.2338,12.4767)
69,4 Str-II Biesen, Rote-Mühle-Weg (53.1876,12.4975)
67,4 Str-II Wittstock, Vorstadtweg (53.1703,12.4913)
66,8 Str-II Wittstock, Am Dosseteich (53.1653,12.4915)
66,6 Str-II Königstraße, **16909 Wittstock/Dosse**, ⛟, ✕ (53.1636,12.4906)
66,0 EB-II Wittstock–Neustrelitz (53.1586,12.4876)

65,8 re ⇩ Glinze, danach Wege-II. ⬇ an der Stadtmauer in der Nähe des Bahnhofes Wittstock in die Glinze (re Nebenfluss), dort gute Parkmöglichkeit (53.1576,12.4873)
65,4 Str-II L14 Wittstock (53.1545,12.4900)
64,5 Str-II mit ▬-Stufe Wittstock, Geschwister-Scholl-Straße (53.1470, 12.4912)
62,1 Schützen-▬ Goldbeck, ⏏, wenn offen evtl. ≋ (53.1328,12.5127)
62,0 Str-II **16909 Wittstock/Dosse-Goldbeck**, Burgstraße (53.1324,12.5150)
61,1 Weg-II Goldbeck (53.1268,12.5215)
60,2 Str-II **16909 Wittstock/Dosse, OT Dossow**, 卌, ✕ (53.1230,12.5329)
56,2 Wege-II (53.1032,12.5677)
54,1 Wege-II (53.0886,12.5619)
51,8 Str-II L18 Fretzdorf (53.0699,12.5518)
51,5 Str-II und ▬ **16909 Wittstock, OT Fretzdorf**, **X**, ⏏, Fretzdorfer Dorfstraße, 卌 (53.0684,12.5544)
50,9 niedrige Weg-II Fretzdorf (53.0636,12.5517)
50,6 EB-II Fretzdorf (53.0631,12.5475)
49,0 ▬ Sohlgleite, bei gutem Wasserstand evtl. ≋, sonst treideln (53.0521, 12.5411)
47,7 Str-II A24 (53.0452,12.5485)
47,0 ▬ Sohlgleite, bei gutem Wasserstand evtl. ≋, sonst treideln (53.0409, 12.5429)
44,0 ▬ Sohlgleite, bei gutem Wasserstand evtl. ≋, sonst treideln
43,3 Wege-II, re **16866 Kyritz, OT Teetz**, li ⛺ (53.0168,12.5122)
40,4 li ⬅ der Dosse-Ableitung (über Wehr) zur Kyritzer Seenkette (52.9955, 12.5039)
40,3 li ▬ Wulkow, zum ⏏ in li Arm einfahren, dort li ⬆ und in die Dosse wieder ⬇ (52.9949,12.5037)
39,1 Weg-II (52.9857,12.4986)
38,3 ▬ Sohlgleite, **X**, immer treideln, Steine ⚠ (52.9807,12.5055)
37,4 Str-II Wulkower Straße, li **16866 Wusterhausen/Dosse, OT Schönberg** (52.9738,12.5090)
36,1 ▬ Schönberg, li ⏏ (52.9638,12.5173)
34,9 Str-II L142 Tramnitz - Tornow (52.9555,12.5158)
34,7 ▬ und ⛺, li ⏏ (52.9545,12.5141)
32,6 ▬, zum ⏏ re ⬆, li oder re ⬇ (52.9384,12.5015)
30,8 ▬, li ⏏ (52.9243,12.4894)
30,2 Weg-II, li nach Brunn (52.9196,12.4857)
29,0 ▬, zum ⏏ re ⬆, dort ⛺ (52.9133,12.4758)
26,9 ▬, li ⏏ (52.8960,12.4663)
26,4 Fußg.-II Wusterhausen (52.8945,12.4604);
Str-II **16868 Wusterhausen/Dosse**, Kyritzer Straße, 卌, ✕ (52.8942, 12.4598)
26,1 re ⇩ Abfluss der Kyritzer Seenkette (s. Seite 464) in die Dosse (52.8919,

12.4567)
25,9 Str-Ⅱ B5 Wittstock, An der Klempnitz, übersetzen zur Kyritzer Seenkette (1,8 km weit) möglich (52.8905,12.4559)
25,8 EB-Ⅱ Wittstock (52.8903,12.4552)
24,3 Weg-Ⅱ (52.8780,12.4497)
22,3 EB-Ⅱ (52.8631,12.4353)
21,9 ▬ jetzt Sohlrampe Neustadt (Dosse), noch keine neuen Angaben zur Überwindung. Das ⏏ führt über ein Privatgrundstück, nach Anfrage gestattet. Wenn die Tore des Grundstückes verschlossen sind und niemand im Hause anwesend ist, in den re abbiegenden Graben einfahren und dort ⏏, kurz, aber schwierig (52.8607,12.4319);
Str-Ⅱ Neustadt (Dosse), Prinz-von-Homburg-Straße (52.8606,12.4314)
21,5 ▬ Stufe 40 cm, re ⏏ oder überheben, evtl. ≋
20,5 Str-Ⅱ Neustadt, Lindenstraße zum Gestüt (52.8506,12.4211)
18,4 Wege-Ⅱ, li Neu Amerika (52.8327,12.4246)
17,4 ▬ Hohenofen, li ⏏ bis hinter Straßen-Ⅱ (52.8245,12.4204)
17,3 Str-Ⅱ B102 **16845 Sieversdorf-Hohenofen**, Neustädter Straße (52.8242, 12.4203)
13,7 ▬ Friedrichsbruch, re ⏏, re Fischtreppe (52.7955,12.3989)
13,4 re Wege-Ⅱ **16845 Großderschau, OT Friedrichsbruch** (52.7933, 12.3960)
12,5 Wege-Ⅱ (52.7897,12.3839)
11,1 Str-Ⅱ B102 (52.7815,12.3692)
7,7 li ⇩ Bültgraben (s. Seite 461) in die Dosse. (Wenn man vom Rhin zur Havel fahren möchte, ist dies über den Bültgraben und die anschließende Dosse möglich). Ab hier: Neue Dosse (52.7846,12.3206)
7,6 ▬ Rübehorst, wenn offen evtl. ≋, ansonsten ⏏ über stark zugewachsene Ufer (52.7849,12.3189)
7,4 Wege-Ⅱ (52.7856,12.3169)
4,6 re ⇩ Alte Jäglitz (52.7942,12.2793)
3,4 ▬ Dammgraben, wenn offen evtl. ≋, ansonsten ⏏ über stark zugewachsene Ufer, danach Wege-Ⅱ (52.7929,12.2617)
3,2 re ⇩ Niederstechgraben (52.7927,12.2581)
0,0 ⇩ der Dosse (Neue Dosse) in die Untere Havel (s. Seite 411) bei amtl. km 134,8 (52.7949,12.2126)

Kyritzer Seenkette

Seengewässer
Mündung in Dosse bei km 26,1 (re Nebenfluss)

Die Kyritzer Seenkette ist eine eiszeitliche Schmelzwasserrinne. Sie besteht aus dem Obersee und dem Untersee, auch Bantikower See genannt. Der Obersee dient als Dossespeicher Kyritz der Bewässerung. Das Befahren des Untersees mit Fahrzeugen, die mit Verbrennungsmotor angetrieben werden, ist verboten.

17,0 ⬇ am N-Ende des Obersees (Borker Sees) an der Straße Lellichow - Bork

(53.0313,12.4419)
16,3 re **16866 Kyritz, OT Bork** (53.0264,12.4332)
14,4 Einengung, Beginn des Salzsees, es folgen 2 Inseln (53.0098,12.4325)
11,5 li **16866 Kyritz, OT Karnzow** (52.9894,12.4369)
9,7 li ⇩ der Wasserableitung von der Dosse kommend (52.9743,12.4387)
9,3 li ⇅ am Seeufer, ⌂ über Straße ca. 400 m (52.9703,12.4412)
9,1 ▬ Staumauer Stolpe, **X** (52.9683,12.4377)
9,0 Str-Ⅱ L14, li **16866 Kyritz, OT Stolpe** (52.9676,12.4380)
8,5 ⇩ in Kyritzer Untersee (Bantikower See) (52.9631,12.4395)
5,5 ⊥ Bantikow (52.9371,12.4489)
5,4 li **16868 Wusterhausen/Dosse, OT Bantikow** (52.9365,12.4515)
4,5 ⛺ Knattercamping in Bantikow am See, Wusterhausener Str. 14, 16868 Wusterhausen/Dosse, www.knattercamping.de , ☎ +49 33979 14361 (52.9301,12.4470)
1,8 li ⛺ Wusterhausen, Seestraße 42, 16868 Wusterhausen/Dosse, www.camping-wusterhausen.de , ☎ +49 33979 14274 (52.9071,12.4565)
0,7 ▬ See-Mühle Wusterhausen am Ende des Kyritzer Untersees, re ⌂, anschließend bei NW zweimal treideln erforderlich (52.8981,12.4543)
0,6 Str-Ⅱ **16868 Wusterhausen/Dosse**, Kyritzer Straße (52.8970,12.4540)
0,5 Fußg.-Ⅱ Wusterhausen, Winkelweg (52.8959,12.4538)
0,0 ⇩ Abfluss der Kyritzer Seenkette in die Dosse (s. Seite 462) bei km 26,1 (52.8919,12.4567)

Nebenflüsse der Elbe unterhalb der Havelmündung

Nr. in Karte	Fluss	Wildwasser	Kleinfluss	Wanderfluss	Seengewässer	Kanal	Küstengewässer	Schifffahrtsstraße	Befahrungsregeln	Seite
358	Stepenitz (Elbe)		o						o	466
359	Karthane		o						o	469
360	Milde - Biese - Aland		o	o					o	470
361	Milde		o	o						470
362	Biese			o						471
363	Uchte		o							473
364	Aland			o					o	472
365	Müritz-Elde-Wasserstraße			o	o			o	o	474
366	Langhagensee		o		o					475
367	Müritzsee Westufer				o			o	o	477
368	Müritzsee Ostufer				o			o	o	476
369	Jabelscher See				o					478
370	Plauer See, Nordufer				o				o	479
371	Plauer See, Südufer				o					479
372	Alte Elde (Garwitz)			o						481
373	Stör-Wasserstraße (Elde)				o	o		o	o	484
374	Schweriner Außensee Ostufer				o			o	o	485
375	Schweriner Außensee Westufer				o			o		484
376	Schweriner Innensee Ostufer				o			o		486
377	Schweriner Innensee Westufer				o			o		487
378	Ziegel- und Heidensee				o	o				486
379	Löcknitz (Elbe)		o						o	488
380	Alte Elde (Löcknitz)		o							482
381	Jeetzel		o	o					o	490
382	Purnitz		o							493
383	Salzwedeler Dumme		o							493
384	Arendsee				o					494
385	Sude		o						o	495
386	Strohkirchener Bach		o							497
387	Rögnitz			o					o	497
388	Ludwigsluster Kanal					o				499
389	Krainke		o						o	500
390	Schaale		o						o	501
391	Schilde		o						o	501

Nr. in Karte	Fluss	Wildwasser	Kleinfluss	Wanderfluss	Seengewässer	Kanal	Küstengewässer	Schifffahrtsstraße	Befahrungsregeln	Seite
392	Motel (Schilde)		o							503
393	Boize		o							503

Stepenitz (Elbe)

Kleinfluss
Mündung in Elbe bei amtl. km 454,9 (re Nebenfluss)

Die Stepenitz schlängelt sich mit vielen Windungen als Kleinfluss durch Wälder und Wiesen.

Befahrungsregeln: Die Stepenitz ist im Hafengebiet von Wittenberge eine Landeswasserstraße in Brandenburg. Es gilt die Landesschifffahrtsverordnung (LSchiffV).
km 71,6 bis 37,4 (oberhalb Wolfshagen): ganzj. BV, Ausnahme: Eine organisierte Stepenitzfahrt der ortsansässigen Kanuvereine ab Putlitz
km 37,4 bis 18,5 (Wolfshagen bis Perleberg): 15.3.-15.6. BV, übrige Zeit erlaubt ab 50cm Mindestpegel Wolfshagen, nur stromab, UV außer an gekennzeichneten Stellen

Befahrbarkeit: Ab Wolfshagen siehe Befahrungsregeln, ab Perleberg ganzjährig befahrbar, besser jedoch bei MW wegen der sonst mühsamen Sohlschwellen.

71,6 Str-Ⅱ L14, **16945 Marienfließ** (53.3213,12.1294)
71,6 –37,4 **§** ganzj. BV (gilt für den gesamten Oberlauf), Ausnahme: Eine organisierte Stepenitzfahrt der ortsansässigen Kanuvereine ab Putlitz (53.3213,12.1294)–(53.1497,12.0097)
56,4 **16949 Putlitz** (53.2509,12.0378)
55,8 Wege-Ⅱ (53.2485,12.0322);
■ Putlitz (53.2482,12.0316)
55,5 Str-Ⅱ Putlitz, Karstädter Chaussee (53.2464,12.0313)
51,1 Str-Ⅱ, li **16949 Putlitz, OT Mansfeld** (53.2214,12.0256)
50,3 Wege-Ⅱ und ■ Mansfeld (53.2170,12.0244)
47,6 Str-Ⅱ L102, re **16949 Putlitz, OT Lockstädt** (53.2020,12.0293)
41,7 re **16928 Groß Pankow (Prignitz), OT Helle** (53.1695,12.0306)
39,3 li ⇩ Dömnitz (53.1575,12.0241)
37,4 Str-Ⅱ L103, li **16928 Wolfshagen/Prignitz** (53.1497,12.0096);
▤ Wolfshagen (53.1497,12.0095)
37,4 –18,5 **§** 15.03.-15.06. BV, übrige Zeit erlaubt ab 50cm Mindestpegel Wolfshagen, nur stromab, UV außer an gekennzeichneten Stellen

(53.1498,12.0094)–(53.0922,11.8720)

36,1 re **19348 Groß Pankow, OT Seddin** (53.1473,11.9958)

30,4 Str-Ⅱ Dorfstraße, re **19348 Groß Pankow (Prignitz), OT Kreuzburg** (53.1146,11.9776)

26,8 Str-Ⅱ Rohlsdorf - Klein Linde (53.1077,11.9473)

23,7 li ⛺, danach Schwall (53.1148,11.9183)

21,8 Str-Ⅱ **19348 Perleberg, OT Lübzow** (53.1071,11.8972)

20,7 re ⛺ (53.1034,11.8848)

18,6 ■ Stauwerk Perleberg, re ⬆, über Wehr nach li, dann 200 m ⏏ und li ⬇ (53.0930,11.8721)

18,5 ■ und Str-Ⅱ Neue Mühle Perleberg, **X**, re ✕ (53.0923,11.8720)

17,9 Str-Ⅱ B5 Perleberg (53.0874,11.8705)

17,1 Str-Ⅱ **19348 Perleberg**, Putlitzer Straße (53.0817,11.8655)

16,9 Flussteilung Perleberg, li ← Arm fahren. Im rechten Arm wegen Privatgrundstücken keine Anlandemöglichkeit, dort ■, **X** und ⌂ ESV Perleberg, (keine Zelt- und Übernachtungsmöglichkeit), Wittenberger Straße 6, 19348 Perleberg, home.arcor.de/esv_perleberg/ (53.0797,11.8634)

16,2 Mühlen-■ Perleberg im linken Arm, li ⏏ durch die Grabenstraße ca. 500 m (Bootswagen) (53.0750,11.8650);
Str-Ⅱ Perleberg, Bäckerstraße, ⌘ historischer Stadtkern von Perleberg (53.0749,11.8649)

16,0 ⇩ Zusammenfluss der beiden Arme, li ⬇-Möglichkeit, danach Str-Ⅱ Beguinenstraße und ca. 70 m lange Stromschnelle, bei NW Trümmersteine ⚠ (53.0736,11.8623)

15,5 Wege-Ⅱ Perleberg, Polloweg, EB-Ⅱ (53.0713,11.8565)

15,4 Str-Ⅱ Perleberg, August-Bebel-Straße, re zum 🚉 (53.0707,11.8553)

14,0 ■ Perleberg, An der Rieselei mit Str-Ⅱ, **X**, li ⏏ mühsam, auf den nächsten 5 km folgen 32 ■ kleine Sohlschwellen, die bei NW **X** sind (53.0624,11.8448)

7,4 ■, li Fischtreppe, re oder li ⏏ (53.0220,11.8080)

6,0 Str-Ⅱ K7031, re **19322 Weisen** (53.0179,11.7892)

4,3 Str-Ⅱ L11 Wittenberge, Breeser Straße (53.0085,11.7710)

4,1 ■ Wittenberge mit re Fischtreppe (53.0069,11.7702)

2,5 Str-Ⅱ Wittenberge, Bad Wilsnacker Landstraße (52.9944,11.7767)

2,3 EB-Ⅱ Wittenberge (52.9930,11.7773);
Str-Ⅱ Wittenberge, Bad Wilsnacker Straße (52.9928,11.7772)

2,2 ■ Sohlschwelle Wittenberge (52.9920,11.7767)

1,2 li ⇩ der Karthane (s. Seite 469) in die Stepenitz (Elbe) (52.9885,11.7638)

1,1 Straßen- und EB-Ⅱ, re **19322 Wittenberge**, Hafen, Industrieanlagen (52.9885,11.7629)

0,0 ⇩ der Stepenitz (Elbe) in die Mittelelbe (s. Seite 71) bei amtl. km 454,9 (52.9894,11.7465)

Karthane

Kleinfluss
Mündung in Stepenitz (Elbe) bei km 1,2 (li Nebenfluss)

Die Karthane ist ein weitgehend ausgebauter Kleinfluss mit mehreren Stauanlagen. Eine Befahrung ist ohne besondere Schwierigkeiten möglich. Man sollte sich Zeit nehmen für eine Besichtigung von Bad Wilsnack und der Siedlung Plattenburg.

Befahrungsregeln: km 44 bis 29,8 (ab Str.Br. B5 bis Plattenburg): ganzj. BV
km 10,8 bis 1,8 (ab 380 kV-Leitung Bälow bis Schöpfwerk Wittenberge): 28.2.-15.6. BV, übrige Zeit erlaubt

Befahrbarkeit: Bei MW.

44,0 Str-Ⅱ B5 (52.9867,12.1693)
44,0 –29,8 **§** ganzj. BV (52.9866,12.1693)–(52.9588,12.0297)
29,8 Str-Ⅱ und ▬ **19339 Plattenburg**, ⌘: mittelalterliche Wasserburg, Museum (52.9588,12.0295)
28,9 Feldweg-Ⅱ (52.9582,12.0163)
27,3 ▬, li ⌂ (52.9617,11.9940)
25,9 Str-Ⅱ K7007 Haaren, Steine ⚠ (52.9703,11.9819);
re **19336 Bad Wilsnack-Haaren** (52.9703,11.9818)
23,9 re ⇩ Cederbach, evtl. ≋ ab Viesecke, Straßenbrücke der B5 (ca. 10 km) (52.9799,11.9666)
23,6 Str-Ⅱ L101 (52.9817,11.9623)
22,0 Str-Ⅱ L10 (52.9846,11.9494)
21,0 Wege-Ⅱ (52.9827,11.9395)
18,5 EB-Ⅱ Bad Wilsnack (52.9648,11.9376);
▬ vor Bad Wilsnack, re oder li ⌂ (52.9647,11.9376)
18,1 Str-Ⅱ Bad Wilsnack, Mühlenstraße (52.9611,11.9387)
17,6 Str-Ⅱ Wittenberger Straße, li **19336 Bad Wilsnack**, ᚔ, ⌘: Bad Wilsnack ist eine Kleinstadt mit Eisenmoorbad und Kurparkanlagen. Die gotische Backsteinkirche ist sehenswert. Sie war bis Mitte des 16. Jahrhunderts Wallfahrtskirche (Heiligblutkirche) (52.9566,11.9374);
≣ Bad Wilsnack (52.9563,11.9374)
17,0 ▬ Sohlschwelle Bad Wilsnack, li ⌂ (52.9551,11.9307)
16,5 ▬ Sohlschwelle (52.9539,11.9236)
15,0 Wege-Ⅱ und ▬, re oder li ⌂, davor Krautfangbalken (52.9408,11.9231)
12,8 Wege-Ⅱ und ▬, re oder li ⌂, davor Krautfangbalken (52.9322,11.9079)
10,9 ▬, re oder li ⌂, li Fischtreppe, davor Krautfangbalken (52.9436,11.8860)
10,8 Wege-Ⅱ (52.9439,11.8852)
10,8 –1,8 **§** 28.02.-15.06. BV, übrige Zeit erlaubt (52.9439,11.8850)–(52.9840, 11.7886)
8,8 ▬, re oder li ⌂, li Fischtreppe (52.9528,11.8586)
8,3 Str-Ⅱ K7005 (52.9560,11.8549)
7,2 re **19322 Bad Wilsnack, OT Klein Lüben** (52.9637,11.8496)
6,2 ⚠ Pfähle im Fluss

5,9 Wege-II (52.9715,11.8419)
4,0 Str-II (52.9797,11.8185)
1,8 ▬ Abschlussbauwerk, im Betriebsgelände re ⩠, vorher beim Anlagenwart melden, ♪ +49 3877 3323 (52.9840,11.7885)
0,9 li ⌂⚑ WSV Wittenberge, ⛺, Dorfstraße 12, 19322 Wittenberge OT Garsedow, www.wsv-wittenberge.de , ♪ +49 3877 6507 (52.9837,11.7751)
0,0 ⇩ der Karthane in die Stepenitz (Elbe) (s. Seite 466) bei km 1,2 (52.9885, 11.7638)

Milde - Biese - Aland

Kleinfluss, Wanderfluss
Mündung in Elbe bei amtl. km 474,6 (li Nebenfluss)

Milde, Biese und Aland sind die Namen für Ober-, Mittel- und Unterlauf eines Flusses, der einen großen Teil der Altmark entwässert.
Der Aland ist in seiner ganzen Länge befahrbar; er ist auf beiden Seiten hoch eingedeicht und wirkt daher bei sehr niedrigem Wasserstand etwas eintönig. Landschaftlich etwas reizvoller sind die Quellflüsse, die alle für Kanus befahrbar sind. Die Milde heißt nach Aufnahme eines Grabens Biese und später, ab Seehausen, Aland, führt also auf kurzer Strecke drei Namen. Der Alte Aland ist in Wirklichkeit ein alter Elbarm.
Befahrungsregeln: km 27 bis 2,6 : ganzj. UV
km 2,7 bis 0,8 (Landesgrenze (Sachsen/Anhalt - Niedersachsen) bis Schnakenburg): BV außer 1.7.-28.2.

Milde

Kleinfluss, Wanderfluss

90,2 Str-II **39638 Gardelegen**, Isenschnibber Chaussee, ⬇ bei ausreichendem Wasserstand (52.5355,11.3850)
89,9 re ⇩ Laugebach (52.5370,11.3887)
89,4 Str-II B188, Umgehungsstraße Gardelegen, keine ⬇-Möglichkeit (52.5413,11.3902)
88,8 Wege-II (52.5468,11.3914)
87,9 Wege-II (52.5548,11.3917)
86,0 Str-II Dorfstraße, re **39638 Gardelegen, OT Lüffingen** (52.5700, 11.4031)
82,3 Str-II **39638 Gardelegen-Schenkenhorst**, Dorfstraße (52.6020,11.3979)
81,8 Fußg.-II Schenkenhorst (52.6068,11.3989)
80,4 Schützen-▬ Schenkenhorst, davor li Hochwasserabschlag in Königsgraben und Düker Wiepker Beeke (52.6174,11.3904)
78,6 Wege-II (52.6333,11.3936)
77,4 Wege-II (52.6431,11.3911)
76,8 Str-II Kalbe (Milde), Ostpromenade. Es folgen im Stadtgebiet von Kalbe (Milde) eine Vielzahl kleiner Brücken (52.6481,11.3887)
75,8 Str-II **39624 Kalbe (Milde)**, Stendaler Straße (52.6546,11.3934)
75,5 ▬ Kalbe (Milde), li ⩠, Ruine einer alten Mühle (52.6555,11.3979)

75,2 Weg-II und EB-II Kalbe (Milde), stillgelegt (52.6573,11.4014)
73,0 Wege-II (52.6617,11.4268)
72,4 ■ Sohlgleite, evtl. ≈, jedoch Grundberührung, Schützen-■ wurde aufgelassen (52.6616,11.4358)
71,9 re ⇩ Königsgraben (52.6615,11.4441)
71,6 Wege-II (52.6616,11.4477)
70,5 Wege-II (52.6676,11.4610)
69,2 re ⇩ Secantsgraben (52.6752,11.4739)
68,1 Wege-II (52.6844,11.4813)
67,7 Schützen-■, li ⏏ (52.6870,11.4844)
64,7 Schützen-■ unter Wege-II, li ⏏ (52.7049,11.5174)
63,2 ⇩ der Milde und der Untermilde, ab hier heißt der Fluss Biese (52.7172, 11.5218)

Biese

Wanderfluss

63,2 ⇩ der Milde und der Untermilde, ab hier heißt der Fluss Biese (52.7172, 11.5218)
61,5 EB-II (52.7315,11.5220)
61,2 Str-II **39624 Kalbe (Milde), OT Beese**, Beeser Dorfstraße (52.7338, 11.5215)
60,5 Schützen-■ Beese, li ⏏ (52.7407,11.5222)
57,9 Str-II Dorfstraße, li **39624 Kalbe (Milde)-Hagenau** (52.7540,11.5499)
56,5 Schützen-■ Hagenau, re ⏏ (52.7631,11.5601)
56,1 li ⇩ Augraben (52.7663,11.5630)
55,5 Str-II K1074, li **39606 Osterburg (Altmark), OT Gladigau** (52.7700, 11.5698)
52,9 Schützen-■ (52.7776,11.6041)
50,9 li ⇩ Zehrengraben (52.7879,11.6263)
50,5 re Anleger Bootsstation Rossau (52.7875,11.6307)
50,0 Str-II **39606 Osterburg (Altmark), OT Rossau**, li Groß Rossau, re Klein Rossau, danach beginnt ein renaturierter Flussabschnitt (52.7873, 11.6386)
49,2 Wege-II mit Krautsperre, evtl. ⏏ erforderlich (52.7897,11.6500)
47,9 Schützen-■ Schliecksdorf, re ⏏, vorher Verbreiterung des Flusses, flach (52.7907,11.6682)
46,8 re ⇩ Markgraben (52.7916,11.6847)
46,6 Str-II K1073, li **39606 Osterburg (Altmark), OT Schliecksdorf** (52.7918, 11.6874)
45,3 Fußg.-II (52.7931,11.7048)
44,3 Str-II, re **39606 Osterburg (Altmark), OT Zedau**, li **39606 Osterburg (Altmark), OT Krumke**, Krumker Park und Schloss, ⌘ (52.7948,11.7190)
42,7 Str-II B189 Osterburg, Umgehungsstraße Osterburg (52.7912,11.7392)
42,1 Wege-II Osterburg (52.7924,11.7466)

42,0 Flussbadeanstalt Osterburg (52.7919,11.7491)
41,8 Schützen-■ Osterburg, re ⌓ ca. 300 m bis zur folgenden Brücke, Zugang zum Wasser von der Brücke aus durch Türchen (52.7921,11.7510)
41,7 Str-II Breite Straße, ehemalige Wassermühle, bei NW Steine, ⚠, **39606 Hansestadt Osterburg (Altmark)**, Kleinstadt, 🚉. Ein Gang durch die Stadt und rings um die Kirche ist lohnend, ⌘ (52.7924,11.7524)
41,2 EB-II Osterburg (52.7957,11.7586)
40,8 re ⇩ der Uchte (s. Seite 473) in die Biese (52.7966,11.7632)
37,4 re ⇩ Cositte (52.8236,11.7674)
36,1 Wege-II, re **39606 Osterburg (Altmark), OT Dobbrun** (52.8326, 11.7748)
34,7 Wege-II (52.8456,11.7783)
33,4 li **39615 Hansestadt Seehausen (Altmark)-Gehrhof**, re ⇩ Große Wässerung (52.8560,11.7750)
32,3 Wege-II, re Biesehof (52.8657,11.7735)
30,4 ⇩ Zusammenfluss der Biese und des von rechts kommenden Tauben Alands, ab hier heißt der Fluss Aland (52.8699,11.7523)

Aland

Wanderfluss
Mündung in Elbe bei amtl. km 474,6 (li Nebenfluss)

Befahrungsregeln:	km 27 bis 2,6 : ganzj. UV km 2,7 bis 0,8 (Landesgrenze (Sachsen/Anhalt - Niedersachsen) bis Schnakenburg): BV außer 1.7.-28.2.

30,4 ⇩ Zusammenfluss der Biese und des von rechts kommenden Tauben Alands, ab hier heißt der Fluss Aland (52.8699,11.7523)
27,7 ■ Sohlschwelle Seehausen, evtl. ≈, li ← Stadtgraben Seehausen, X (52.8878,11.7572)
27,5 Str-II Vor dem Steintor, **39615 Hansestadt Seehausen (Altmark)**, Kleinstadt mit Überresten alter Stadtbefestigung. Gotische Kirche mit romanischem Innenportal, ⌘ (52.8891,11.7577)
27,2 Str-II Seehausen, Vor dem Beustetor (52.8921,11.7579)
27,1 Str-II L2 Seehausen (52.8927,11.7579)
27,0 –2,6 **§** ganzj. UV (52.8938,11.7600)–(53.0221,11.5767)
26,0 Str-II K1020 Seehausen, Vor dem Mühlentor (52.9006,11.7549)
25,9 li ⇩ Stadtgraben Seehausen (52.9013,11.7528)
24,3 li Voßhof (52.9144,11.7480)
21,1 re ⇩ Elbdeichwässerung (52.9362,11.7417)
20,8 EB-II (52.9370,11.7369)
20,0 Str-II B189 (52.9403,11.7281)
19,5 Str-II Alandstraße, li ⇅ von Geestgottberg zu erreichen (52.9394, 11.7204)
18,4 EB-II (52.9437,11.7066)
14,4 Str-II K1016 Wahrenberg – Scharpenhufe (52.9584,11.6619)

11,7 Wege-II Pollitz – Wahrenberg (52.9730,11.6337)
7,2 Wege-II Wanzer (52.9962,11.6021);
li **39615 Wanzer** (52.9963,11.6021)
3,5 ▬ Aland-Abschlussbauwerk, meist offen, sonst re oder li ⏏ (53.0184, 11.5877)
2,7 Weg-II (53.0210,11.5779)
2,6 –0,8 **§** Befahrungsverbot vom 1.3. bis 30.6 (53.0222,11.5766)–(53.0332, 11.5631)
0,4 Wege-II Schnackenburg, Hafen (53.0356,11.5667);
li **29493 Schnackenburg** (53.0356,11.5669)
0,0 ⇩ der Aland in die Mittelelbe (s. Seite 71) bei amtl. km 474,6, in der Mündung Hafen Schnackenburg mit Sportbootanleger (53.0388,11.5681)

Uchte

Kleinfluss
Mündung in Milde - Biese - Aland bei km 40,8 (re Nebenfluss)

Flachlandfluss, bei entsprechendem Wasserstand ohne besondere Schwierigkeiten zu befahren, ab Juni verkrautet. Ein aktueller Befahrungsbericht oberhalb Goldbeck liegt nicht vor. Ursprung bei der Ortschaft Uchtspringe.

41,1 Str-II, re **39576 Stendal, OT Nahrstedt** (52.5805,11.7137)
38,7 Str-II K1047, li **39576 Stendal, OT Möringen**, ⧻ (52.5820,11.7459)
38,6 EB-II Möringen (52.5812,11.7465)
38,4 Wege-II Möringen (52.5801,11.7487)
35,5 Str-II (52.5798,11.7844)
35,3 EB-II Tornau (52.5803,11.7860);
Str-II, li **39576 Stendal, OT Tornau** (52.5805,11.7867)
35,2 Str-II Tornau (52.5808,11.7876)
34,5 ▬, keine Angaben (52.5822,11.7976);
li ← Alte Uchte, → Uchte, bitte vor Weiterfahrt prüfen, welcher Arm der wasserreichere ist. Die Kilometrierung verläuft über die alte Uchte (52.5822,11.7980)
33,8 Wege-II (52.5871,11.8014)
32,0 Str-II Stendal, Döbbeliner Straße (52.5881,11.8245)
31,1 Str-II Stendal, Tornauer Straße, EB-II (mehrgleisig) (52.5927,11.8350)
30,5 Str-II Stendal, Erich-Weinert-Straße (52.5961,11.8408);
re → Einlauf zum Stadtsee Stendal über Schützen-Wehr (52.5962, 11.8411)
30,0 Fußg.-II (52.5993,11.8467)
29,8 Fußg.-II (52.6003,11.8487)
29,7 Str-II Stendal, Uchtewall (52.6004,11.8498)
29,5 ⇩ Auslauf Stadtsee Stendal (52.6001,11.8526)
29,2 Str-II Stendal, Frommhagenstraße (52.6008,11.8557)
29,1 Fußg.-II Stendal, Prinzenstraße (52.6000,11.8575)

28,9 Str-II Stendal. Nicolaistraße (52.5989,11.8600)
28,7 Str-II Stendal, Beckstraße (52.5987,11.8624)
28,5 Str-II Im Tangermünder Tor, **39576 Stendal**, Hanse- und Kreisstadt in der Altmark, ⌘ (52.5993,11.8648)
27,9 Str-II Stendal, Arnimer Straße (52.6042,11.8671)
27,8 Fußg.-II Stendal (52.6053,11.8666)
27,2 Fußg.-II Stendal (52.6098,11.8685)
26,9 Str-II Stendal, Haferbreiter Weg (52.6126,11.8700)
26,1 Str-II Stendal, Arneburger Straße (52.6196,11.8693)
25,1 re ⇩ Neuer Flottgraben (52.6276,11.8669)
24,5 Str-II B189 (Umgehungsstraße Stendal) (52.6329,11.8678)
24,3 re ⇩ Kuhgraben (52.6352,11.8690)
22,7 EB-II (52.6483,11.8609)
22,3 Schützen-■ Borstel (52.6519,11.8585)
21,6 EB-II (52.6567,11.8534)
20,6 Wege-II (52.6629,11.8425)
20,5 li ⇩ Speckgraben (52.6634,11.8411)
20,4 Schützen-■ Eichstedt (52.6641,11.8408)
17,9 Wege-II, re **39596 Eichstedt (Altmark)**, ꟿ (52.6845,11.8443)
17,0 Schützen-■ Groß Schwechten (52.6924,11.8462)
14,1 Schützen-■ Goldbeck, re ⩍ über Privatgrundstück, Besitzer paddlerfreundlich, öffnet Tor, sonst re weitläufig ⩍ (52.7168,11.8549)
14,0 Str-II L35, Klein Schwechtener Straße, re **39596 Goldbeck**, ꟿ (52.7173 11.8542)
11,5 Schützen-■ Möllendorf, li ⩍ (52.7358,11.8552)
11,4 Str-II, li **39596 Goldbeck, OT Möllendorf** (52.7370,11.8551)
11,2 EB-II (52.7389,11.8556)
9,2 Str-II L14, re **39606 Osterburg (Altmark), OT Walsleben** (52.7561, 11.8529)
8,7 Fußg.-II (52.7595,11.8497)
5,3 Str-II K1059, li **39606 Osterburg (Altmark), OT Düsedau** (52.7682, 11.8075)
2,7 li ⇩ Schaugraben (52.7794,11.7841)
0,2 Str-II Werbener Straße, li **39606 Osterburg (Altmark)** (52.7955,11.7645
0,0 ⇩ der Uchte in die Biese (s. Seite 471) bei km 40,8 (52.7966,11.7632)

Müritz-Elde-Wasserstraße

Wanderfluss, Seengewässer, Schifffahrtsstraße
Mündung in Elbe bei amtl. km 504,1 (re Nebenfluss)

Die Müritz-Elde-Wasserstraße ist ein durchgehender Wasserweg, der die Müritz m der Elbe verbindet. Er benutzt z. T. den Flusslauf der Elde, zum Teil künstlich geschaf fene Kanäle und führt über mehrere Seen.
Das Gefälle wird durch zahlreiche Schleusen abgefangen, daher nur geringe Strö mung, der Schiffsverkehr ist gering. Die Befahrung kann daher leicht auch Elde

aufwärts, also gegen die Richtung der folgenden Beschreibung durchgeführt werden. Informationen zur Müritz-Elde-Wasserstraße erhält man über die Internetseiten des Wasser- und Schifffahrtsamtes Elbe (www.wsa-elbe.wsv.de) Die Schleusen sind in Betrieb vom 01.04. - 30.09. von 09:00 bis 19:30, vom 01.10. bis 31.10. vom 09:00 bis 17:30 und vom 01.11. bis 30.11. von 09:00 bis 15:30. Übrige Zeit kein Betrieb.
Die Müritz-Elde-Wasserstraße ist ein sehr beliebtes Kanurevier, das die Möglichkeit zu weiträumigen Wanderfahrten bietet, z. B. eine große Rundfahrt von der Elbe über die Elde zur Müritz und über die Havel wieder zurück zur Elbe und zum Ausgangspunkt der Fahrt. Auch eine Weiterfahrt nach Schwerin oder zu den Gewässern um Berlin ist möglich.

Befahrungsregeln:	Die Müritz-Elde-Wasserstraße ist eine Bundeswasserstraße. Es gelten die Bestimmungen der Binnenschifffahrtsstraßen-Ordnung (BinSchStrO). km 143,6 bis 140,2 : rechts ganzj. BV der mit gelben Tonnen gekennzeichneten Wasserfläche km 143,3 bis 140,2 : links ganzj. BV der mit gelben Tonnen gekennzeichneten Wasserfläche
Befahrbarkeit:	Ganzjährig.
Schwierigkeiten:	Auf der Müritz-Elde-Wasserstraße dürfen Charterboote verkehren. Es ist mit unerfahrenen Bootsführern zu rechnen. An Schleusenanlagen ist besondere Vorsicht geboten. ⚠: Die großen Seen sind für Kanuten und Ruderer bei entsprechenden Windstärken und Windrichtungen gefährlich.
Infrastruktur:	Zeltmöglichkeit: zahlreiche Zeltplätze, vor allem im Bereich der Seen.
Kilometrierung:	Amtliche Kilometrierung der Müritz-Elde-Wasserstraße, Nebenstrecken nach Kartenmaterial.

180,0 **17209 Buchholz** (53.2748,12.6469)

179,9 mögliche ⬇ Buchholz-Camp, Yachthafen, Dorfstraße 21, 17209 Buchholz, www.buchholz-camp.de , ✆ +49 39923 2457 (53.2756,12.6485)

176,5 re ⇩ Nebenstrecke vom Langhagensee in die Müritz-Elde-Wasserstraße (53.2899,12.6833)

Nebenstrecke Langhagensee

Interessanter Wasserweg, der vom Langhagensee über die Seen Nebel und Thüren zur Müritz-Elde-Wasserstraße führt.

7,3 ⇩ Schildscher Graben, **X**, Beginn Langhagensee (53.2377, 12.6697)

6,2 Ausfahrt aus Langhagensee, ⚠ Durchfahrt schwer zu finden, 2,20 m breit und flach (53.2467,12.6756);
Str-Ⅱ K6823, li **16909 Wittstock/Dosse, OT Sewekow** (53.2471, 12.6754)

6,0 ⇩ in den See Nebel (53.2483,12.6750)

4,2 re Ablage Nebelsee (Bungalowsiedlung) (53.2588,12.6968)

3,1 Ausfahrt aus dem See Nebel (53.2699,12.6950)
3,0 Wege-II (53.2704,12.6942)
2,7 ⇩ in den Thüren (53.2730,12.6922)
1,9 ➔ in den Tralowsee, durch gelbe Boje versperrt (53.2766, 12.6995)
0,8 li ← zur Seeausfahrt am Westufer, geradeaus See Im Langen Ort, durch gelbe Bojen versperrt (53.2862,12.6927)
0,0 ⇩ Nebenstrecke vom Langhagensee in die Müritz-Elde-Wasserstraße (s. Seite 474) (53.2899,12.6833)

176,0 re **17248 Lärz-Alt Gaarz** (am Müritzarm) (53.2928,12.6897)
172,3 Str-II B198, li am Westufer **17209 Vipperow**, Mirower Straße, danach Einfahrt in die kleine Müritz (53.3243,12.6945)
171,6 re ➔ der Müritz-Havel-Wasserstraße (s. Seite 289) von Müritz-Elde-Wasserstraße, damit Verbindung zur Havel (53.3276,12.7006)
171,6 re östlich **17248 Rechlin** (53.3292,12.7003)
168,8 See-Enge, Ausfahrt in die Müritz. Die Müritz ist der größte See der Mecklenburger Seenplatte. ⚠ Vorsicht bei Wind und Seegang! Nur für erfahrene Kanuten! Keine Canadier! Bei der vorherrschenden West-Wetterlage geht die Fahrt am besten entlang dem Westufer nach N. Die hier angegebene Kilometrierung ist der kürzeste Weg über die Müritz. Die Strecken Müritzsee entlang dem Westufer und Müritzsee entlang dem Ostufer sind als Nebenstrecken extra beschrieben (53.3485,12.6963)
168,8 ➔ Müritzsee Ostufer von der Müritz-Elde-Wasserstraße (53.3486, 12.6963);
← Müritzsee Westufer von der Müritz-Elde-Wasserstraße (53.3487, 12.6963)

Nebenstrecke Müritzsee Ostufer

Bei der Fahrt entlang des Ostufers der Müritz sind die durch gelbe Bojen gekennzeichneten Befahrungsverbote zu beachten.

23,8 ➔ Müritzsee Ostufer von der Müritz-Elde-Wasserstraße (s. Seite 474) (53.3486,12.6963);
Kurs entlang dem Müritzsee Ostufer (53.3486,12.6965)
21,3 re ➔ Einfahrt zur Marina Rechlin-Nord (53.3594,12.7260)
20,9 –18,2 § ganzj. BV des Ostufers im durch Bojen gekennzeichneten Bereich (53.3612,12.7297)–(53.3741,12.7561)
18,1 re ➔ Alte Fahrt (Müritz) (s. Seite 290) von Müritzsee Ostufer (53.3767,12.7587)
18,0 ⚓ (53.3744,12.7581)
17,7 ⛺ „Bolter Ufer“ C 15, Am Müritzufer 3, 17248 Rechlin, www.camping-bolter-ufer.de , ☎ +49 39823 21211 (53.3760,12.7672)
15,2 ⛺ Surf-Hecht Boek, Dorfstraße, Campingplatz C16, 17248 Boek, surf-hecht.de , ☎ +49 172 3832587 (53.3964,12.7832)
13,8 –4,1 § ganzj. BV des Ostufers im durch Bojen gekennzeichneten

Bereich des Nationalparks (53.4098,12.7787)–(53.4667,12.6788)
0,0 ⇩ der Route Müritzsee Ostufer in die Müritz-Elde-Wasserstraße (s. Seite 474) (53.4969,12.6535)

Nebenstrecke Müritzsee Westufer

Eine Fahrt entlang des Westufers der Müritz ist bei Wetterlagen mit Westwinden vorzuziehen. Es gibt mehrere Orte und Campingplätze.

24,1 Kurs entlang dem Müritzsee Westufer (53.3488,12.6963); ← Müritzsee Westufer von der Müritz-Elde-Wasserstraße (s. Seite 474) (53.3487,12.6963)
23,4 **17207 Südmüritz, OT Zielow**, ⛺ im Ort, aber nicht am Wasser (53.3549,12.6926)
20,3 ⛺ Ludorf (53.3817,12.6873)
20,1 **17207 Südmüritz, OT Ludorf** (53.3824,12.6861)
18,5 –14,5 § NSG Großer Schwerin, ganzj UV und ganzj. BV bestimmter Wasserflächen (53.3950,12.6791)–(53.4065,12.6406)
18,0 ⚠ flach, steinig, bei Wellengang Abstand vom Ufer halten (53.3984,12.6826)
17,0 Steinhorn, 81 m hoch (53.4040,12.6734)
15,6 Halbinsel Großer Schwerin (53.4100,12.6564)
14,2 li ← nach Röbel, ca. 3 km (53.4083,12.6345)
12,6 ⛺ Müritz-Camp Gotthun, Schloßstrasse 4,17207 Gotthun, www.mueritzcamp-gotthun.m-vp.de , ☎ +49 39931 52615 (53.4208, 12.6256)
10,8 ⛺ Hirschberg, 17207 Gotthun, www.mueritzcamp-gotthun.m-vp.de (53.4279,12.6133)
8,8 ⛺ Sietower Bucht, Sietow-Dorf Dorfstraße 21, 17209 Sietow, www.weicamp.de , ☎ +49 39931 52068 (53.4310,12.5824)
8,7 ⇅, ⚓ **17209 Sietow-Dorf** (53.4322,12.5844)
5,4 **17192 Klink, OT Sembzin** (53.4568,12.6124)
2,8 **17192 Klink** (53.4778,12.6250)
2,5 Hafen Klink (53.4799,12.6298)
0,0 ⇩ der Route Müritzsee Westufer in die Müritz-Elde-Wasserstraße (s. Seite 474) (53.4968,12.6534)

152,0 Ausfahrt aus der Müritz (53.4890,12.6494)
151,1 ⇩ der Route Müritzsee Westufer in die Müritz-Elde-Wasserstraße (53.4968,12.6534)
151,1 ⇩ der Route Müritzsee Ostufer in die Müritz-Elde-Wasserstraße (53.4969, 12.6535)
151,0 re ⛺ Ecktannen, Fontanestraße 66, 17192 Waren (Müritz), www.camping-ecktannen.de , ☎ +49 3991 668513 (53.4973,12.6593)
150,4 ⇩ in die Binnen-Müritz. Weiterfahrt erfolgt in Richtung Westen. Nach Ost

in 2,5 km Entfernung **17192 Waren**, 🚂, ✕. 🏠 Müritzsportclub Waren, Abt. Kanu am See Tiefwaren (keine Verbindung zur Müritz), Am Mühlenberg 12, 17192 Waren, ✆ +49 3991 125646 (53.5041,12.6560)

148,6 re ⇅ (53.5063,12.6343)

148,6 Str-II B192 (53.5064,12.6340)

147,1 Ausfahrt in Kölpin-See, er wird seiner ganzen Länge nach in Richtung W durchfahren (53.5091,12.6119)

143,6 –140,2 re **§**, ganzj. BV der mit gelben Tonnen gekennzeichneten Wasserfläche (53.5083,12.5590)–(53.5066,12.5091)

143,3 –140,2 li **§**, ganzj. BV der mit gelben Tonnen gekennzeichneten Wasserfläche (53.5019,12.5573)–(53.5064,12.5086)

140,5 re ⇩ der Route Jabelscher See in die Müritz-Elde-Wasserstraße (53.5056, 12.5137)

Nebenstrecke Jabelscher See

Der Jabelsche See ist ein interessanter Abstecher von der Müritz-Elde-Wasserstraße.

5,3 Nordende des Jabelschen See (53.5425,12.5516)

4,4 li am westlichen Ufer **17194 Jabel**, ✕, 🛒, zum 🚂 ca. 1 km (53.5364,12.5474)

3,8 Engstelle, re **17194 Jabel, OT Damerow** (53.5305,12.5466)

3,5 re Marina (53.5301,12.5413)

1,6 li ⛺ Heidenfriedhof, Nossentiner/Schwinzer Heide, Am Heidenfriedhof 1, 17194 Jabel, www.campingplatz-heidenfriedhof.de , ✆ +49 171 6487452 (53.5198,12.5174)

1,2 Ausfahrt aus dem Jabelschen See (53.5154,12.5190)

0,8 ⇩ in den Kölpinsee (53.5124,12.5191)

0,0 ⇩ der Route Jabelscher See in die Müritz-Elde-Wasserstraße (s. Seite 474) (53.5056,12.5137)

140,2 Göhrener Kanal, Durchfahrt zum Fleesen-See (53.5064,12.5096)

139,6 ⇩ in Fleesen-See (53.5064,12.4999)

136,5 re am Nordufer ⛺ Heidepark Silz, ✕, Am Fleesensee 5, 17214 Silz, www.heideparksilz.de , ✆ +49 39927 70229 (53.4996,12.4541)

135,2 Ausfahrt aus Fleesen-See, ⇩ in Malchower See (53.4906,12.4422)

132,6 Str-II Malchow (Drehbrücke), Weiterfahrt über das Reken und den Petersdorfer See, **17213 Malchow**, 🚂, ✕ (53.4743,12.4275)

128,7 Str-II A19 (53.4624,12.3824)

126,3 Str-II **17213 Malchow-Lenz**, ✕, Ausfahrt in den Plauer See. Der See wird in Richtung SW durchquert. Eine Seerundfahrt ist ungefähr 40 km lang. Am See mehrere ⛺ Campingplätze (53.4689,12.3487)

126,1 li ← der Nebenstrecke Plauer See, Südufer von der Müritz-Elde-Wasserstraße (53.4698,12.3459);
re → der Nebenstrecke Plauer See, Nordufer von der Müritz-Elde-Wasserstraße (53.4700,12.3457)

Nebenstrecke Plauer See, Südufer

Am Südufer des Plauer Sees befinden sich mehrere Orte und Campingplätze.

21,5 ← der Nebenstrecke Plauer See, Südufer von der Müritz-Elde-Wasserstraße (s. Seite 474) (53.4698,12.3459)
21,2 li **17213 Malchow, OT Lenz**, ✕ (53.4678,12.3475)
17,1 li ⛺ Zislow, 🛒 (53.4457,12.3088)
15,5 li **17209 Zislow**, 🛒, ⌘ Fachwerkkirche mit außenstehendem Glockenturm (53.4318,12.3098)
10,2 li ⛺ Bad Stuer mit ⇅ (53.3902,12.3129)
7,6 li Dresenower Mühle mit einer Badestelle (53.4066,12.2889)
5,1 li Silbermühle (53.4260,12.2710)
2,9 li ⛺ Campingpark Zuruf, Seestr. 38D, 19395 Plau am See, www.campingpark-zuruf.de , ☎ +49 38735 45878 (53.4372, 12.2895)
0,0 ⇩ Plauer See, Südufer in die Müritz-Elde-Wasserstraße (s. Seite 474) (53.4601,12.2754)

Nebenstrecke Plauer See, Nordufer

Die Beschreibung des Nordufers schließt die Umfahrung des Plauer Sees.

23,6 → der Nebenstrecke Plauer See, Nordufer von der Müritz-Elde-Wasserstraße (s. Seite 474) (53.4700,12.3457)
20,3 Natur-⛺ Malchow, ✕ (53.4930,12.3709)
19,1 re **17214 Alt Schwerin, OT Jürgenshof** (53.4973,12.3546)
17,6 re **17214 Alt Schwerin, OT Wendorf**, ⇅ beim Fischer (53.4996, 12.3350)
13,4 re Insel-⛺ Werder (53.4820,12.3240)
8,2 re ⛺ am See, Alt-Schwerin (53.5223,12.3194)
8,0 –5,7 re **§** ganzj. BV der Wasserfläche (53.5239,12.3132)–(53.5022,12.3024)
0,0 ⇩ Plauer See, Nordufer in die Müritz-Elde-Wasserstraße (s. Seite 474) (53.4610,12.2774)

121,4 re ⇩ Plauer See, Nordufer in die Müritz-Elde-Wasserstraße (53.4610, 12.2774)
121,2 li ⇩ Plauer See, Südufer in die Müritz-Elde-Wasserstraße (53.4601, 12.2754);
Ausfluss der Elde aus dem Plauer See (53.4600,12.2751)
120,6 Str-II B103 **19395 Plau am See**, 🚆, ✕. Beginn der Fluss-Strecke mit zahlreichen Schleusen (53.4570,12.2683)
120,4 Hub-II Plau (53.4567,12.2665)
120,4 ⇅-Möglichkeiten in Plau sind an geeigneten Stellen an der Strandstraße

(re) oder am Alten Wall (li) zu finden (53.4566,12.2660)

120,1 ⯐ Plau, vor Ort bedient. Betriebszeiten: 01.04. - 30.09, 09:00 - 19:30; 01.10. - 31.10, 09:00 - 17:30; 01.11. - 30.11, 09:00 - 15:30; 01.12. - 31.03, kein Betrieb, ✆ +49 38735 44364 (53.4568,12.2606)

119,5 EB-II Plau (53.4565,12.2529)

119,2 Str-II B191 Plau, Lübzer Chaussee (53.4569,12.2483)

114,0 ⯐ Barkow, (Selbstbedienung, Fernüberwachungszentrale ✆ +49 3871 451759) (53.4692,12.1882)

113,7 Str-II Plauenhäger Straße, li **19395 Barkow** (53.4681,12.1841)

108,6 re ⚓ Bermuda Dreieck Kuppentin, ⛺, An der Brücke, 19386 Kuppentin (53.4904,12.1380)

108,6 Str-II, re **19386 Gallin-Kuppentin** (53.4904,12.1370)

103,8 ⯐ Bobzin (Selbstbedienung, Fernüberwachungszentrale ✆ +49 3871 451759), ⚠ Füllwasser kommt mit hohem Druck in der Schleusenmitte hoch, Hinweise beachten (53.4915,12.0710)

99,5 Str-II B191 Lübz (53.4660,12.0342)

99,2 Fußg-II Lübz (53.4645,12.0312)

98,9 ⯐ Lübz, vor Ort bedient, ✆ +49 38731 22114 (53.4626,12.0281)

98,9 Str-II Mühlenstraße, **19386 Lübz**, ✕, 🚂 (53.4623,12.0277)

98,5 li ← zur Stadt-Marina Lübz, ⛺, ⇅, Schulstraße 8a, 19386 Lübz, www.blue-line-charter.de , ✆ +49 38731 22428 (53.4596,12.0248)

96,0 re **19386 Gischow** (53.4382,12.0151)

91,4 Fußg-II, re **19386 Gischow-Burow** (53.4005,12.0166)

91,1 re → in alten Elde-Arm, dort ⚓ Burow, ⛺-Möglichkeit (53.3981,12.0140)

88,4 Str-II LUP25 (53.3915,11.9790)

83,3 ⯐ Neuburg und Wege-II (Selbstbedienung, Fernüberwachungszentrale ✆ +49 3871 451759) (53.4160,11.9299)

82,1 li ⚓, 🚐 Ufercamp Eldeblick, Eldeweg 4, 19376 Siggelkow, ✆ +49 38724 22726 (53.4094,11.9175)

81,7 Str-II L09 Siggelkower Straße, li **19376 Siggelkow, OT Neuburg** (53.4070,11.9136)

78,0 ⚓, Biwak (53.3944,11.8773)

76,2 li Anleger mit ⚓ Parchim-Slate (53.3989,11.8528)

74,8 Fußg.-II, li ✕ (53.4072,11.8365)

73,5 Str-II B191 Parchim, Südring (53.4177,11.8318)

72,8 Fußg.-II Parchim (53.4233,11.8325)

72,7 Flussteilung, li ← fahren, re → zum ⚓ Parchim (53.4239,11.8332)

72,2 ⇩ des re Armes vom ⚓ Parchim (53.4282,11.8375)

72,1 ⯐ Parchim (Selbstbedienung, Fernüberwachungszentrale ✆ +49 3871 451759) (53.4290,11.8377);
Str-II **19370 Parchim**, Vor dem Neuen Tor/Lange Straße, 🚂, ✕ (53.4293,11.8378)

71,9 re ⇩ Altarm Parchim, dort ⚓, ⇅ (53.4310,11.8384)

71,6 EB-II Parchim (53.4319,11.8349)

68,9 re ⚓ Möderitz mit kleiner Schutzhütte (53.4473,11.8113)

64,9 li 🡐 Alte Elde (Garwitz) von der Müritz-Elde-Wasserstraße (53.4423, 11.7613)

Nebenstrecke Alte Elde (Garwitz)

Die Alte Elde bei Garwitz ist bei gutem Wasserstand eine lohnende Nebenstrecke zur Müritz-Elde-Wasserstraße.

5,6 🡐 Alte Elde (Garwitz) von der Müritz-Elde-Wasserstraße (s. Seite 474) (53.4423,11.7613)
5,5 Einlass-■, beschwerliches ⏏, aber dann lohnende Fahrt bei genügendem Wasserstand (53.4421,11.7609)
5,0 Str-Ⅱ Eldestraße, li **19374 Parchim, OT Damm** (53.4416,11.7542)
0,3 Str-Ⅱ L09 Garwitz, Parchimer Straße (53.4527,11.7021)
0,0 li Bootshafen Garwitz, ⇅ (53.4533,11.6989);
⇩ Alte Elde (Garwitz) in die Müritz-Elde-Wasserstraße (s. Seite 474) (53.4534,11.6983)

64,5 Str-Ⅱ Damm, li **19374 Parchim, OT Damm**, re **19374 Parchim, OT Malchow** (53.4428,11.7551)
61,5 li ⛺ Lewitzcamp Garwitz, Zur Schleuse,19372 Garwitz, www.lewitz-camp.de , ✆ +49 172 3157277 (53.4521,11.7104)
60,8 ⯐ Garwitz (Selbstbedienung, Fernüberwachungszentrale ✆ +49 3871 451759) (53.4539,11.7027);
darüber Str-Ⅱ Lindenstraße, re **19372 Lewitzrand, OT Garwitz** (53.4539, 11.7022)
60,5 li ⇩ Alte Elde (Garwitz) in die Müritz-Elde-Wasserstraße (53.4534, 11.6983)
56,3 re 🡒 zur Stör-Wasserstraße Elde-Dreieck: li Weiterfahrt auf der Müritz-Elde-Wasserstraße (53.4617,11.6444)
56,0 re ⇩ Stör-Wasserstraße (Elde) (s. Seite 484) in die Müritz-Elde-Wasserstraße (53.4607,11.6405)
54,7 Str-Ⅱ LUP65 (53.4501,11.6320)
52,5 Str-Ⅱ Wiethoopsdamm (53.4326,11.6176)
50,6 ⯐ Lewitz (Selbstbedienung, Fernüberwachungszentrale ✆ +49 3871 451759) (53.4181,11.6014)
49,4 Str-Ⅱ LUP37 (53.4084,11.5939)
48,9 re ⇩ Alte Elde (Kronskamp), re **19306 Neustadt-Glewe, OT Kronskamp** (53.4041,11.5911)
47,7 Str-Ⅱ A24 (53.3940,11.5948)
46,2 ⯐ Neustadt-Glewe, darüber Str-Ⅱ Bahnhofstraße, **19306 Neustadt-Glewe**, 🚆, ✕, historische Altstadt(Schleuse Selbstbedienung, Fernüberwachungszentrale, ✆ +49 3871 451759) (53.3815,11.5890)
46,0 re ⇅ und ⚓ Bootshafen Neustadt-Glewe mit ⛺-Möglichkeit, Am Schloßgarten 3, 19306 Neustadt-Glewe, www.bootshafen-lewitz.de , ✆ +49 172 1782401 (53.3803,11.5864)

45,0 EB-Ⅱ Neustadt-Glewe (53.3730,11.5791)
43,0 Str-Ⅱ LWL38, Hauptstraße, re **19306 Neustadt-Glewe, Klein Laasch** (53.3601,11.5880)
42,7 re ➔ Alte Elde über ▬, ⩯ nur für Kanu, im Sommer stark verkrautet, kanalisiert und deshalb nicht lohnend (53.3584,11.5917)
37,9 Weg-Ⅱ Muchower Brücke (53.3229,11.6230)
35,3 Weg-Ⅱ (53.3044,11.6076)
34,8 ⧖ Hechtsforth (Selbstbedienung, Fernüberwachungszentrale ✆ +49 387 451759) (53.3040,11.5999)
34,4 re ⇩ Alte Elde von Klein Laasch kommend (53.3042,11.5953)
31,7 li ⇩ gesperrter Altarm (53.2902,11.5730)
30,9 li ← Alte Elde (Grabow) (53.2838,11.5743)
30,8 ⧖ Grabow (Selbstbedienung, Fernüberwachungszentrale ✆ +49 3871 451759) (53.2829,11.5732)
30,5 Fußg.-Ⅱ Grabow (53.2810,11.5680);
EB-Ⅱ Grabow (53.2808,11.5676)
30,0 Str-Ⅱ (Hubbrücke) Kießerdamm, **19300 Grabow**, 🚆, ✕, ⌘ (53.2800, 11.5625)
29,9 Fußg.-Ⅱ Grabow, Westliche Altsstadt (53.2795,11.5611)
29,5 Str-Ⅱ B5 Grabow (53.2764,11.5572)
27,7 re ⛺ Eldekrug (53.2631,11.5432);
Str-Ⅱ, re **19300 Grabow-Fresenbrügge** (53.2625,11.5430)
27,0 Str-Ⅱ A14 (53.2583,11.5375)
25,0 Str-Ⅱ (53.2573,11.5113)
22,7 ⧖ Güritz mit Str.-Brücke (Selbstbedienung, Fernüberwachungszentrale +49 3871 451759) (53.2543,11.4794)
22,3 li ⇩ Alte Elde (Grabow) (53.2518,11.4749)
21,8 li **19294 Eldena, OT Krohn** (53.2514,11.4671)
21,1 re ⛺ Eulenkrug (53.2518,11.4570)
19,9 li ← Alte Elde (Löcknitz) von der Müritz-Elde-Wasserstraße über ein ▬, ⏏, ⩯ nur wenn Wasser überläuft, mündet in die Löcknitz (53.2434, 11.4478)

Nebenstrecke Alte Elde (Löcknitz)

Die Alte Elde ist der freifließende ursprüngliche Eldelauf, der hier vom Elde-Seitenkanal, Bestandteil der Müritz-Elde-Wasserstraße, abzweigt. Sie mündet seit der Verlegung der Löcknitz in diese.

17,9 ← Alte Elde (Löcknitz) von der Müritz-Elde-Wasserstraße (s. Seite 474) über ein ▬, ⏏, ⩯ nur wenn Wasser überläuft, mündet in die Löcknitz (53.2434,11.4478)
16,2 Str-Ⅱ LUP50, re **19294 Eldena**, gute ⬇, man kann hier auch 500 m weit von der Müritz-Elde-Wasserstraße ⏏ (53.2315,11.4321)
15,7 ▬, ⏏ (53.2281,11.4353)
13,7 ▬, ⏏ (53.2112,11.4327)
12,3 Wege-Ⅱ, li **19294 Gorlosen, OT Boek**, Durchfahrtshöhe wegen

Rohr ca. 40 cm (53.2007,11.4424)

11,3 Weg-II über ■ bei Strassen, re ⬆, über Wehr ⌓ und li ⬇, auf den folgenden 1,2 km sehr flach, im Sommer Befahrung kaum möglich (53.1930,11.4507)

10,3 Str-II L07, Lenzener Straße, li **19294 Gorlosen** (53.1850,11.4554)

8,8 ■ Krinitz, ⌓ (53.1728,11.4493)

8,3 Wege-II, Durchfahrtshöhe 0,4 m, ⌓ (53.1687,11.4458)

7,7 Str-II, li **19294 Milow-Krinitz**, re **19294 Gorlosen, OT Grittel**, ⬇, ab hier immer ≈ (53.1638,11.4428)

6,2 Str-II Grittel - Görnitz (53.1519,11.4358)

6,1 ■ Görnitz (53.1513,11.4353)

4,3 ■ (53.1397,11.4178)

1,2 Str-II Mühlenweg (Eldenburg) (53.1169,11.4316)

0,9 ■ Eldenburg, X, li ⌓ (53.1144,11.4297)

0,0 ⇩ Alte Elde (Löcknitz) in die Löcknitz (Elbe) (s. Seite 488) (53.1104,11.4196)

18,0 ⌘ Eldena (Selbstbedienung, Fernüberwachungszentrale ☎ +49 3871 451759) (53.2319,11.4278)

17,8 Bootshafen Eldena mit ⬆⬇, ⚓, ⛺, Am Bootshafen 1,19294 Eldena, www.camping-eldena.de , ☎ +49 38755 20020 (53.2310,11.4253)

17,6 Str-II **19294 Eldena** (53.2299,11.4227)

14,5 re ⚓ (53.2102,11.4039)

11,5 ⛺ Camping Neu Göhren, ✕, ⚓, Neue Str. 9G, 19294 Malk Göhren, www.bootsanleger-neugoehren.net , ☎ +49 38755 20309 (53.1924, 11.3745);
Str-II **19294 Malk Göhren, OT Neu Göhren**, Neue Straße (53.1925, 11.3740)

9,6 re ➔ Ziegeleikanal zum ⛺ Campingplatz am Wiesengrund, Am Kanal 4,19294 Malliß, www.camping-malliss.m-vp.de , ☎ +49 38750 21060 (53.1907,11.3458)

9,5 ⌘ Malliß (Selbstbedienung, Fernüberwachungszentrale ☎ +49 3871 451759) (53.1904,11.3443)

6,2 li ⛺"Find´s hier" Neu Kaliß, ⚓, ✕, An der Elde 2,19294 Neu Kaliß, www.findshier.com , ☎ +49 173 2188276 (53.1787,11.2997)

5,8 ⌘ Findenwirunshier (Fernbedienungsschleuse, Leitzentrale ☎ +49 3871 451759) (53.1775,11.2946);
Str-II (Klappbrücke) **19294 Neu Kaliß** (53.1773,11.2942)

4,9 ⌘ Neu Kaliß (Selbstbedienung, Fernüberwachungszentrale ☎ +49 3871 451759) (53.1717,11.2864)

1,6 Str-II L04, danach Düker der Löcknitz, ⌓ zur Löcknitz durch Uferbewuchs schwierig (53.1455,11.2642)

1,2 re Bootshafen, ⛺-Möglichkeit, ✕ (53.1426,11.2616)

1,0 ⌘ Dömitz (vor Ort bedient), Betriebszeiten: 01.04. - 30.09, 09:00 - 19:30;

01.10. - 31.10, 09:00 -17:30; 01.11. - 30.11, 09:00 - 15:30; 01.12. - 31.03. kein Betrieb, ♪ +49 38758 22725 (53.1405,11.2604)

0,8 Str-II (bewegl.) B195 Werderstraße, **19303 Dömitz**, ⌘: Elbschifffahrts-museum (53.1395,11.2596)

0,0 ⇩ der Müritz-Elde-Wasserstraße in die Mittelelbe (s. Seite 71) bei amtl. km 504,1 (53.1359,11.2498)

Stör-Wasserstraße (Elde)

Weitere Namen: Schweriner See, Ziegelsee, Heidensee

Seengewässer, Kanal, Schifffahrtsstraße
Mündung in Müritz-Elde-Wasserstraße bei amtl. km 56,0 (re Nebenfluss)

Der Schweriner See, ein eiszeitlicher Rinnensee, ist der zweitgrößte See in Mecklenburg. Seit 1842 trennt der Paulsdamm den kleineren Innen- vom größeren Außensee. Am westlichen Ufer des Innensees wurde 1160 die Stadt Schwerin gegründet. Seit mehr als 800 Jahren ist sie der administrative Mittelpunkt Mecklenburgs und heute die Hauptstadt des Bundeslandes Mecklenburg-Vorpommern.
Der Störkanal führt vom Schweriner See zur Müritz-Elde-Wasserstraße, er stellt damit eine Verbindung von diesem See sowohl zur Mecklenburger Seenplatte als auch zur Elbe dar. Der Schiffsverkehr ist gering.

Befahrungsregeln:	Die Stör-Wasserstraße (einschließlich der beschriebenen Nebenstrecken) ist eine Bundeswasserstraße. Es gelten die Bestimmungen der Binnenschifffahrtsstraßen-Ordnung (BinSchStrO). km 44,7 bis 44,1 : ganzj. BV km 24 bis 21,5 : , ganzj. BV. in einem 100 m breiten Uferstreifen um die Inseln Kaninchenwerder und Ziegelwerder
Befahrbarkeit:	Ganzjährig.
Schwierigkeiten:	Auf Störkanal und Schweriner See dürfen Charterboote verkehren. Es ist mit unerfahrenen Bootsführern zu rechnen. An Schleusenanlagen ist besondere Vorsicht geboten.
Kilometrierung:	Amtliche Kilometrierung der Stör-Wasserstraße, Nebenstrecken nach Kartenmaterial

44,7 –44,1 **§** ganzj. BV, Beginn der Stör-Wasserstraße im Schweriner Außensee. Die hier angegebene Kilometrierung ist die amtliche Kilometrierung der Stör-Wasserstraße und damit der kürzeste Weg über den Schweriner See (53.7855,11.5266)–(53.7822,11.5189)

44,0 re ➔ Nebenstrecke Schweriner Außensee Westufer und 🡐 Nebenstrecke Schweriner Außensee Ostufer von der Stör-Wasserstraße (Elde) (53.7818,11.5180)

Nebenstrecke Schweriner Außensee Westufer

16,3 ➔ Nebenstrecke Schweriner Außensee Westufer und 🡐 Nebenstrecke Schweriner Außensee Ostufer (s. Seite 485) von der Stör-Wasserstraße (Elde) (s. Seite 484) (53.7818,11.5180)

15,9 re **23996 Hohen Viecheln** (53.7818,11.5120)

14,7 re ➔ Wallensteingraben (s. Seite 563) vom Schweriner Außensee Westufer, künstlicher Abfluss des Schweriner Sees zur Ostsee (53.7766,11.4957)

13,0 li **23996 Bad Kleinen**, 🚆, ✕, Marina (53.7675,11.4774)

10,7 li **23996 Bad Kleinen, OT Gallentin**, ⚓, re Insel Lieps (53.7559, 11.4530)

8,2 li Schloss Wiligrad und Parkanlage, ⌘ (53.7389,11.4360)

5,9 li **19069 Lübstorf**, 🚆 (53.7203,11.4246)

3,0 li ⛺ Ferienpark Seehof, Am Zeltpl. 1,19069 Seehof, www.ferienpark-seehof.de , ✆ +49 385 512540 (53.6982,11.4416)

2,2 li **19069 Seehof** (53.6918,11.4374)

0,1 ← Kanal, siehe Nebenstrecke Ziegel- und Heidensee (53.6806, 11.4492)

0,0 ⇩ der Nebenstrecken Schweriner Außensee Westufer in die Stör-Wasserstraße (Elde) (s. Seite 484) (53.6805,11.4500)

Nebenstrecke Schweriner Außensee Ostufer

18,6 ➔ Nebenstrecke Schweriner Außensee Westufer (s. Seite 484) und ← Nebenstrecke Schweriner Außensee Ostufer von der Stör-Wasserstraße (Elde) (s. Seite 484) (53.7818,11.5180)

14,1 li ⇅ Flessenow (53.7587,11.4925)

13,7 li **19067 Dobin am See, OT Flessenow** (53.7546,11.4934)

13,0 ⛺ Seecamping Flessenow (53.7483,11.4965)

10,7 li ⛺ Naturcamping Retgendorf, Retgendorf, Seestraße 7A, 19067 Dobin am See, www.naturcamping-retgendorf.de , ✆ +49 3866 400040 (53.7278,11.4992)

10,6 li **19067 Dobin am See-Retgendorf** (53.7275,11.4994)

6,1 li **19067 Leezen, OT Rampe** (53.6881,11.4816)

5,8 –1,4 li § 100m Uferstreifen um das Ramper Moor, ganzj. BV (53.6880,11.4769)–(53.6841,11.4633)

0,0 ⇩ der Nebenstrecke Schweriner Außensee Ostufer in die Stör-Wasserstraße (Elde) (s. Seite 484) (53.6805,11.4500)

40,6 re **23996 Bad Kleinen** am Westufer, 🚆, ✕ (53.7662,11.4744)

40,3 –37,9 östlich Insel Lieps (53.7595,11.4758)–(53.7441,11.4544)

30,3 re ⇩ der Nebenstrecke Schweriner Außensee Ostufer in die Stör-Wasserstraße (Elde) (53.6805,11.4500);
re ⇩ der Nebenstrecken Schweriner Außensee Westufer in die Stör-Wasserstraße (Elde);
re ➔ der Nebenstrecke Ziegel- und Heidensee von der Stör-Wasserstraße (Elde);
Beginn einer Kanalstrecke am Paulsdamm, Verbindung vom Schweriner

Außensee zum Schweriner Innensee, ✕, ⇅, ⚓ (53.6802,11.4501)

Nebenstrecke Ziegel- und Heidensee

7,0 ➔ der Nebenstrecke Ziegel- und Heidensee von der Stör-Wasserstraße (Elde) (s. Seite 484) (53.6805,11.4500)
6,9 li ← in den Kanal „Langer Graben" zum Ziegelsee (53.6804, 11.4492)
6,8 Str-II Paulsdamm (53.6788,11.4492)
5,1 ⇩ in Ziegelaußensee (53.6642,11.4483)
4,2 Durchfahrt, re Insel, re in 800 m Frankenhorst, ✕ (53.6671, 11.4354)
2,3 re ➔, bei Weiterfahrt am W-Ufer erreicht man den Ziegelinnensee dort nach 2 km gute ⇅ am Westufer (53.6565,11.4212);
li ⚠, es folgt eine Wasserskistrecke auf dem Ziegelaußensee (53.6565,11.4212)
1,4 ⇩ in Werderkanal (53.6483,11.4264)
1,1 Str-II B104 Schwerin, Güstrower Straße (53.6463,11.4281)
0,9 ⇩ in den Heidensee (53.6453,11.4308)
0,5 Ausfahrt aus Heidensee, ⇩ in Stangengraben (53.6425,11.4333)
0,2 li ⌂ Schweriner Drachenbootverein, Bornhövedstraße 109, 19055 Schwerin, ✆ +49 170 9659005 (53.6402,11.4353)
0,0 ⇩ der Nebenstrecke Ziegel- und Heidensee in den Schweriner Innensee Westufer (s. Seite 487) (53.6388,11.4379)

30,1 Str-II B104 Paulsdamm (53.6784,11.4508)
30,0 ⇩ in den Schweriner Innensee (53.6778,11.4513);
← Nebenstrecke Schweriner Innensee Ostufer und ➔ Nebenstrecke Schweriner Innensee Westufer von der Stör-Wasserstraße (Elde) (53.6776,11.4515)

Nebenstrecke Schweriner Innensee Ostufer

12,5 ← Nebenstrecke Schweriner Innensee Ostufer und ➔ Nebenstrecke Schweriner Innensee Westufer (s. Seite 487) von der Stör-Wasserstraße (Elde) (s. Seite 484) (53.6776,11.4515)
8,2 li ⇅, **19065 Leezen** (53.6638,11.4857)
0,6 li ⇅, **19065 Raben Steinfeld** mit hochgelegenem Schloss und schönem Park am Ufer, ⛵-Möglichkeit zum Pinnower See (53.6031,11.5016)
0,4 li ⛺ Süduferperle Raben Steinfeld, Forststraße 19,19065 Raben Steinfeld, www.sueduferperle.de , ✆ +49 3860 312 (53.6039, 11.4982)
0,0 ⇩ Schweriner Innensee Ostufer und Schweriner Innensee Westufer (s. Seite 487) in die Stör-Wasserstraße (Elde) (s. Seite 484) (53.6061,11.4935)

Nebenstrecke Schweriner Innensee Westufer

15,4 ← Nebenstrecke Schweriner Innensee Ostufer (s. Seite 486) und → Nebenstrecke Schweriner Innensee Westufer von der Stör-Wasserstraße (Elde) (s. Seite 484) (53.6776,11.4515)

10,1 re ⇩ der Nebenstrecke Ziegel- und Heidensee (s. Seite 486) in den Schweriner Innensee Westufer (53.6388,11.4379)

9,9 re ⌂ Kanu- und Kleinsegelverein Schwerin, ⛺, Bornhövedstraße 101a, 19055 Schwerin, www.kuk-schwerin.de, ⓘ ☎ +49 385 5571018, vorstand@kuk-schwerin.de (53.6379,11.4347)

8,4 re ⌂ SV Mecklenburgisches Staatstheater im Seglerhafen, ⛺, Werderstraße 122, 19059 Schwerin, www.svthschwerin.de, ⓘ ☎ +49 171 3691790, frank-casper@web.de (53.6289,11.4228)

7,8 Insel mit Schweriner Schloss, Umrundung möglich (53.6240, 11.4204)

7,6 **19053 Schwerin**, Landeshauptstadt von Mecklenburg-Vorpommern ⌘ Schloss, Dom (53.6221,11.4184)

7,5 ⌂ Schweriner Rudergesellschaft, Franzosenweg 21, 19061 Schwerin, www.schwerinerrudergesellschaft.de, ☎ +49 385 565751 (53.6213,11.4203)

3,9 re ⇅ Schwerin-Zippendorf am Beginn des Badestrandes, ✕, etwas entfernt der Fernsehturm (53.6031,11.4529)

1,4 re **19063 Schwerin, StT Mueß**, Freilichtmuseum für Volkskunde ⌘ (53.6019,11.4791)

0,0 ⇩ Schweriner Innensee Ostufer (s. Seite 486) und Schweriner Innensee Westufer in die Stör-Wasserstraße (Elde) (s. Seite 484) (53.6061,11.4935)

24,0 westlich Insel Kaninchenwerder, NSG (53.6268,11.4741)

24,0 –21,5 §, ganzj. BV. in einem 100 m breiten Uferstreifen um die Inseln Kaninchenwerder und Ziegelwerder (53.6266,11.4745)–(53.6105,11.4890)

23,0 westlich Insel Ziegelwerder, NSG (53.6198,11.4851)

21,0 ⇩ Schweriner Innensee Ostufer und Schweriner Innensee Westufer in die Stör-Wasserstraße (Elde) (53.6061,11.4935);
Ausfahrt aus dem Schweriner See. ⚠ Bei Fahrt in Richtung Schweriner See: Aus dem Kanal kommend Vorsicht bei starken östlichen oder westlichen Winden, da Seegang von der Bucht nicht erkennbar (53.6060, 11.4935)

20,3 re **19063 Schwerin, StT Mueß**, www.sueduferperle.de (53.5997,11.4914)

19,7 Str-II B321 Schwerin, An der Crivitzer Chaussee (53.5956,11.4927);
li **19065 Raben Steinfeld**, 🚌 nach Schwerin (53.5953,11.4927)

16,7 Str-II A14 (53.5699,11.4911)

14,8 EB-II, danach re ⛵ (53.5548,11.5017)

14,6 re ⇅, ⛵ Plate am ✕ Störkrug (53.5529,11.5026);

	Klapp-II **19086 Plate**, Störstraße, ⇌ (53.5527,11.5029)
11,0	Klapp-II **19079 Banzkow**, Straße des Friedens (53.5238,11.5201)
10,9	⇆ Banzkow, Betriebszeit: 01.04. - 30.09, 09:00 - 15:30; 01.10. - 30.11, 09:00 - 15:30, übrige Zeit keine Betriebszeiten, ☎ +49 3861 7232 (53.5233,11.5209)
10,1	li im Wehrarm Kanu-⚓ der Fa. Lewitz, Bootsverleih (53.5179,11.5287)
8,5	Düker, re ➔ zum Ludwigsluster Kanal (s. Seite 499) (Sielgraben) von der Stör-Wasserstraße (Elde), li Bäkgraben (53.5072,11.5455)
6,9	Wege-II, li und re ⚓ (53.4966,11.5617)
4,9	Düker, re Breiter Graben, li Hüttengraben, davor re ⚓ (53.4829,11.5825)
2,5	li ⇩ Klinkener Kanal (53.4676,11.6070)
2,3	re ➔ des Drellengrabens über ein Wehr (53.4665,11.6082)
0,8	Str-II L092 (53.4636,11.6307)
0,0	⇩ Stör-Wasserstraße (Elde) in die Müritz-Elde-Wasserstraße (s. Seite 474) bei amtl. km 56,0 (53.4607,11.6405)

Löcknitz (Elbe)

Kleinfluss
Mündung in Elbe bei amtl. km 513,2 (re Nebenfluss)

Die Löcknitz ist ein Kleinfluss, der ohne besondere Schwierigkeiten zu befahren ist nur einzelne Wehre.
Ursprung nordöstlich von Ziegendorf.

Befahrungsregeln:	km 33,6 bis 31,8 (ca. 2 km südöstlich Lenzen - Gandow): ganzj BV. km 18 bis 11,9 (von Polz bis Klein Schmölen): ganzj. BV
Befahrbarkeit:	Oberhalb Karstädt nur bei ausreichendem Wasserstand, an sonsten ganzjährig.

68,2	Str-II L081 **19300 Balow**, ⬇ in den Mühlbach der Löcknitz (53.2622, 11.7274)
66,3	⇩ des Mühlbaches in die von li kommende Löcknitz (53.2453,11.7250)
64,8	Weg-II (53.2343,11.7297)
62,8	li ⇩ Hauptgraben (53.2170,11.7284)
62,3	▬, X, ⏏, re Fischtreppe (53.2123,11.7296)
62,2	Str-II L133 (53.2115,11.7299)
61,3	EB-II (53.2044,11.7267)
60,2	▬ Bootz mit Str-II, X, ⏏, re Fischtreppe (53.1945,11.7220)
58,1	▬ bei Karstädt, X, ⏏, li Fischtreppe (53.1767,11.7167)
57,2	Str-II B5 (alt) Karstädt (53.1685,11.7164)
57,1	Str-II A14 (53.1683,11.7162); Str-II B5, li **19357 Karstädt** in ca. 2 km, ⇌ (53.1680,11.7158)
56,4	▬, X, ⏏, li Fischtreppe (53.1624,11.7124)
54,1	Str-II L131, li **19357 Karstädt, OT Stavenow**. Es folgt ein sehr schöner Hochwald (53.1437,11.7011)
53,0	▬, X, ⏏, re Fischtreppe (53.1351,11.6942)

51,6 Str-II **19357 Karstädt, OT Mesekow**, Mesekower Dorfstraße (53.1263, 11.6860)
50,6 ■, X, ⏏, re Fischtreppe (53.1187,11.6799)
49,7 Wege-II (53.1169,11.6713)
48,2 ■, X, ⏏, li Fischtreppe (53.1045,11.6643)
45,0 li Wege-II **19357 Karstädt, OT Lenzersilge** (53.0810,11.6520)
44,3 ■ Lenzersilge, X, li ⏏, re Fischtreppe (53.0818,11.6418)
42,9 Str-II Lindenallee, li **19309 Lanz-Gadow**, re Schloss Gadow (53.0786, 11.6255)
41,8 Str-II B195 Lanz (53.0729,11.6184);
re **19309 Lanz** (53.0728,11.6184)
41,2 Weg-II (ehemalige EB-II) (53.0681,11.6203)
40,7 ■, X, li ⏏, re Fischtreppe (53.0643,11.6163)
40,4 li ⇩ Bekgraben (53.0619,11.6144)
39,9 li ⇩ Schmaldiemen, ≈, in 3,5 km Str-II und ⌂ Bootsclub Cumlosen, dort ⏏-Möglichkeit von/zur Elbe (53.0576,11.6116)
38,5 ■, X, ⏏, re Fischtreppe (53.0568,11.5921)
38,4 Str-II L127 Lanz – Lütkenwisch, li ↓ (53.0566,11.5907)
36,4 ■, X, re ⏏, bei HW offen, li Fischtreppe (53.0582,11.5642)
35,4 Wege-II, re nach Wustrow; danach bei der Erweiterung li 500 m weit ⏏ zur Elbe möglich (53.0600,11.5506)
33,6 Str-II K7035 (53.0636,11.5324)
33,6 –31,8 §, ganzj. BV (53.0636,11.5323)–(53.0725,11.5147)
30,9 Str-II Brückenstraße, re **19309 Lenzen (Elbe), OT Gandow** (53.0788, 11.5083)
29,8 Schützen-■ Gandow, X, re ⏏, bei HW evtl. offen (53.0820,11.4945)
28,1 Weg-II Lenzen, Amtsbrücke, li ↑↓ Lenzen (53.0892,11.4757)
27,8 Str-II B195, re **19309 Lenzen (Elbe)**, ⌘: Museum Burg Lenzen (53.0896, 11.4707)
25,3 re **19309 Lenzen (Elbe)-Baekern** (53.1019,11.4458)
24,8 Weg-II Baekern (53.1024,11.4402)
24,1 li ⚓ Seedorf (53.1056,11.4323)
23,6 Str-II L137, li **19309 Lenzen, OT Seedorf**, ✕ (53.1081,11.4270)
23,0 re ⇩ Alte Elde (Löcknitz) (s. Seite 482) in die Löcknitz (Elbe) (53.1104, 11.4196)
19,9 Schützen-■ Breetz, X, li ⏏, bei HW evtl. offen, li **19309 Lenzen-Breetz** (53.1097,11.3803)
18,0 Str-II LWL46 Dömitzer Straße, re **19303 Dömitz, OT Polz**, ↑, Fahrt muss hier beendet werden (53.1188,11.3567)
18,0 –11,9 §, ganzj. BV (53.1188,11.3564)–(53.1232,11.2816)
12,1 re genehmigte Anlegestelle nur zum ↑↓ bei Klein Schmölen, Ausbau (53.1234,11.2841)
10,8 Str-II LUP46, **19303 Dömitz** (53.1314,11.2895)
9,9 EB-II Dömitz (außer Betrieb) (53.1382,11.2844)

8,4 ⚠ Düker unter der Müritz-Elde-Wasserstraße, ⏏ re über die ⫴ (300 m), umsetzen in die Müritz-Elde-Wasserstraße möglich (53.1446,11.2642)
6,2 Str-⫴ B191 (53.1557,11.2393)
4,1 Wege-⫴ (53.1578,11.2093)
1,4 ▬ im Elbdeich, bei HW geschlossen, dann **X**, re ⏏, ansonsten freie Durchfahrt (53.1663,11.1735);
Str-⫴ B195 (53.1662,11.1734)
0,0 ⇩ der Löcknitz (Elbe) in die Mittelelbe (s. Seite 71) bei amtl. km 513,2 (53.1676,11.1547)

Jeetzel

Weitere Namen: Jeetze

Kleinfluss, Wanderfluss
Mündung in Elbe bei amtl. km 522,9 (li Nebenfluss)

Der Fluss heißt in Sachsen-Anhalt „Jeetze" und in Niedersachsen „Jeetzel". Er ist zwar weitgehend reguliert, trotzdem reizvoll. Sehenswert sind die Städte Hitzacker, Lüchow, Dannenberg und Salzwedel.

Befahrungsregeln: km 34,9 bis 33,9 : ganzj. UV
km 7,3 bis 2,5 (Wehr 100m vor der Mündung der alten Jeetze bis 500m vor Hitzackersee): BV außer 1.7.-28.2.
Befahrbarkeit: Oberlauf bei gutem Wasserstand, ab Salzwedel ganzjährig
Pegel: keine Angaben

63,2 Str-⫴ **38489 Beetzendorf**, Lindenstraße (52.7025,11.0923)
62,8 Str-⫴ Beetzendorf (52.7052,11.0887)
61,9 Str-⫴ Beetzendorf, Am Apenburger Hof (52.7110,11.0830);
mögliche ⬇ Beetzendorf bei gutem Wasserstand (52.7110,11.0830)
61,6 li ⇩ Tangelnscher Bach (52.7143,11.0848)
61,5 Weg-⫴ (52.7148,11.0851)
60,9 Weg-⫴ (52.7192,11.0884)
60,6 2 ▬ Mühle Audorf, **X**, li ⏏ (52.7225,11.0902)
60,5 re **38489 Beetzendorf, OT Audorf** (52.7229,11.0902)
60,4 Str-⫴ Audorf (52.7241,11.0901)
60,3 Schützen-▬ Audorf, **X**, li ⏏ (52.7247,11.0901);
li weitere mögliche ⬇ Audorf
58,1 li ⇩ Hartau (52.7413,11.0970)
57,2 Str-⫴ K5719 (52.7493,11.0995)
55,1 Wege-⫴, re **29416 Kuhfelde, OT Valfitz** (52.7645,11.1134)
53,1 Str-⫴ K1382 (52.7768,11.1299)
53,0 ▬ Große Mühle Kuhfelde, **X**, li ca. 80 m ⏏ (52.7770,11.1301)
52,8 re ⇩ Schleege (52.7792,11.1307);
li ⇩ Neugraben (52.7792,11.1305)
49,8 Wege-⫴ Amt Dambeck, ehemaliges Benediktinerinnen-Kloster (52.7899, 11.1653)
49,5 Str-⫴ K1381 (52.7919,11.1687);

■ Mühle Dambeck, **X**, re ↱ vor Ⅱ, es folgt ■ Sohlschwelle (52.7919, 11.1689)

48,9 Schützen-■ unterhalb Mühle Dambeck, **X**, ⏏ (52.7916,11.1768)

48,4 ⇩ der Purnitz (s. Seite 493) in die Jeetzel (52.7940,11.1833)

48,2 Weg-Ⅱ (52.7952,11.1861)

44,3 Rückhalte-■ für Hochwasser, li ⏏, (52.8260,11.1747);
Str-Ⅱ B248 (52.8260,11.1747)

43,6 EB-Ⅱ (52.8295,11.1688)

42,5 EB-Ⅱ (52.8381,11.1656)

42,5 –39,0 Stadtgebiet von **Salzwedel** (PLZ 29410, 29413, 29416), ⌘: Fachwerkaltstadt, Stadttore und Stadtbefestigung, Rathausturm, mehrere gotische Backsteinkirchen, Jenny-Marx-Haus (52.8381,11.1656)–(52.8638, 11.1526)

41,9 Weg-Ⅱ Salzwedel (52.8417,11.1582)

41,5 Str-Ⅱ Salzwedel, Brückenstraße (52.8451,11.1556)

41,2 Weg-Ⅱ Salzwedel, zeitweise Krautfang (52.8470,11.1541);
Flussteilung, re ➔ fahren (52.8475,11.1539)

41,0 Str-Ⅱ Salzwedel, Altperver Straße (52.8488,11.1552)

40,6 Str-Ⅱ Salzwedel, Neuperver Straße (52.8515,11.1581)

40,3 Weg-Ⅱ Salzwedel (52.8543,11.1582)

39,9 Str-Ⅱ Salzwedel, Vor dem Lüchower Tor (52.8565,11.1552)

39,8 li ⇩ der Salzwedeler Dumme (s. Seite 493) in die Jeetzel (52.8566, 11.1536)

39,7 Str-Ⅱ Salzwedel, Karl-Marx-Straße (52.8578,11.1528)

39,4 EB-Ⅱ Salzwedel (52.8596,11.1520);
Str-Ⅱ B71 Salzwedel, Umgehungsstraße, re zum 🚉 (52.8598,11.1521)

39,0 re ⇅ Salzwedel (ehemals Zuckerfabrik) (52.8638,11.1526)

35,2 Str-Ⅱ (52.8962,11.1548)

35,2 –34,5 **§** li ganzj. UV (52.8963,11.1547)–(52.9018,11.1546)

34,5 ⇩ Graue Laake (52.9018,11.1545)

34,0 re ⇩ Alter Landgraben (52.9064,11.1539)

33,8 Ⅱ (52.9071,11.1509)

32,7 re ⇩ Lüchower Landgraben. Dieser kommt vom Arendsee (52.9151, 11.1409)

31,9 li **Blütlingen** (52.9173,11.1297)

31,4 ■, **X**, li ⏏. (52.9192,11.1240)

30,8 Str-Ⅱ in **Wustrow** Wendland, Bahnhofstraße, ⬇ (52.9241,11.1210)

30,3 Str-Ⅱ, Salzwedeler Straße (52.9281,11.1236)

30,1 ⇩ der Wustrower Dumme in die Jeetzel (52.9294,11.1259)

28,7 Str-Ⅱ (52.9390,11.1402)

27,5 Str-Ⅱ (52.9478,11.1489)

25,7 li ⇩ Drawehner Jeetzel (52.9628,11.1578)

25,6 Wege-Ⅱ, re Sportplatz (52.9636,11.1583)

25,3 1. Str-Ⅱ in **Lüchow**, Theodor-Körner-Straße. ⚠ rechtzeitig vorher li ⬆ um das folgende ▬ über diese Brücke und etwa 400 m weit auf Fußweg zu umgehen (52.9662,11.1587)

25,2 2. Str-II in **Lüchow**, Lange Straße mit schönen Fachwerkhäusern, danach ▬, X, ⩍ (52.9674,11.1584)

24,8 3. Str-II in **Lüchow**, Königsberger Straße, an der 2. re und an der 3. Brücke li gute ⬇ (52.9709,11.1575)

23,7 Str-II, B 248 / 493 (52.9803,11.1529)

23,6 li ⇩ des Lübelner Mühlenbaches (52.9814,11.1522)

23,4 Hochspannungsleitung (52.9824,11.1524);
EB-II (52.9828,11.1526)

23,1 li ← Siel zur Alten Jeetzel (52.9852,11.1532)

22,8 Str-II, K 33 (52.9877,11.1564)

20,9 Str-II **Rehbeck** –**Seerau** (53.0024,11.1686)

19,8 re ⇩ des Lucie-Kanals. (53.0117,11.1673)

19,3 Str-II (53.0140,11.1613)

18,2 ▬, X, li oder re ⩍. (53.0222,11.1518)

18,0 Str-II (53.0236,11.1506)

14,8 Str-II K 30 **Langenhorst** –**Groß Heide** (53.0496,11.1329)

14,1 Düker: unter der Jeetzel verläuft die Alte Jeetzel (53.0533,11.1244)

14,0 Str-II **Soven**–**Langenhorst** (53.0538,11.1227)

13,5 li ⇩ des Breselenzer Bach (53.0559,11.1173)

12,8 Str-II **Breese** –**Liepehöfen** (53.0618,11.1124)

10,6 Str-II **Bückau** –**Dannenberg**, Hermann-Löns-Straße (53.0785,11.0949)

10,3 re ➔ der Mühlenjeetzel über ein Wehr. Im Sommer zugewachsen. (53.0812,11.0928)

9,3 Str-II B 191, Uelzener Straße, re **Dannenberg** (53.0873,11.0835)

8,9 EB-II und Str-II (53.0891,11.0782)

8,8 li ⇩ des Prisserschen Baches (53.0895,11.0769)

8,1 Str-II B 216, Lüneburger Straße (53.0955,11.0779)

7,8 Str-II, li **Lüggau** (53.0982,11.0791)

7,5 ▬, X, re ⩍ 400 m und hinter der II über die Alte Jeetzel einsetzen. (53.1014,11.0788)

7,5 –2,6 **§** BV außer 01.07.-28.02

7,2 re ⇩ der Alten Jeetzel (53.1037,11.0790)

4,9 li **Kähmen** (53.1198,11.0592)

4,5 EB-II (53.1228,11.0607)

4,0 Str-II **Seerau** –**Nienwedel** (53.1272,11.0609)

2,1 Beginn des Hitzackersees (53.1409,11.0472)

1,4 li ⇅ mit Steg. (53.1464,11.0501)

1,2 Str-II (53.1486,11.0501)

1,0 ▬, re ⩍, bei Elbe-Hochwasser ≈. re hinter dem ▬ ⇅ (53.1495, 11.0493);
re ➔ eines Jeetzelarmes um **Hitzacker** herum. (53.1505,11.0489)

0,8 Str-II **Hitzacker**. re ⌘: Stadtinsel mit Fachwerkhäusern, Zollhaus (53.1505,11.0462)

0,6 Fußg-Ⅱ **Hiddosteg.** (53.1525,11.0454)
0,3 ▬ Sperrwerk **Hitzacker**, nur bei HW geschlossen (53.1545,11.0455)
0,0 ⇩ in Elbe (s. Seite 71) bei amtl. km 522,9 (53.1573,11.0440)

Purnitz

Kleinfluss
Mündung in Jeetzel bei km 48,4 (re Nebenfluss)

Die Purnitz ist ein ohne besondere Schwierigkeiten zu befahrender Nebenfluss der Jeetzel, nur bei hohem Wasserstand befahrbar, völlig reguliert, kaum lohnend.
Befahrbarkeit: Bis Frühsommer; später ist mit starker Verkrautung zu rechnen.

12,0 ▬ (52.7067,11.2004)
11,9 Str-Ⅱ L11, re **38486 Flecken Apenburg-Winterfeld**, Vorderstraße (52.7077,11.2022)
11,5 Weg-Ⅱ Apenburg zum Sportplatz (52.7111,11.2020)
11,2 EB- Ⅱ Apenburg (52.7136,11.2010)
10,5 Str-Ⅱ, re Neue Mühle Apenburg (52.7187,11.1969); ⬇-Möglichkeit Neue Mühle Apenburg ab hier bei gutem Wasserstand im K1 ≈, jedoch völlig reguliert (52.7188,11.1969)
10,1 ▬ (52.7223,11.1952)
8,9 ▬ (52.7304,11.1864)
8,7 Wege-Ⅱ (52.7317,11.1827)
7,5 ▬ (52.7381,11.1695)
7,3 li ⇩ des Landgraben (52.7398,11.1683)
6,4 ▬ (52.7459,11.1622)
5,4 Wege-Ⅱ (52.7548,11.1635)
3,3 Str-Ⅱ K1382, li **38486 Flecken Apenburg-Winterfeld, OT Altensalzwedel**, Dorfstraße (52.7680,11.1846); Flussteilung, unklare Situation, ← zur Mühle, → über ein ▬, bei Befahrung der Purnitz vorher klären und bitte die Redaktion benachrichtigen (52.7681,11.1847)
3,1 Str-Ⅱ Altensalzwedel (52.7693,11.1851)
2,8 re ⇩ Zusammenfluss der beiden Arme (52.7710,11.1881)
0,8 Wege-Ⅱ (52.7874,11.1839)
0,0 ⇩ der Purnitz in die Jeetzel (s. Seite 490) bei km 48,4 (52.7940,11.1833)

Salzwedeler Dumme

Kleinfluss
Mündung in Jeetzel bei km 39,8 (li Nebenfluss)

Die Dumme ist ein ruhiger Kleinfluss, mehrere Wehre, ein gesicherter Befahrungsbericht ist nicht bekannt.

20,3 Str-Ⅱ L7 **29413 Dähre**, Boneser Straße, ⬇-Möglichkeit (52.8022,10.9068)
19,5 Weg-Ⅱ (52.8071,10.9127)
18,3 Str-Ⅱ K1407, li **29413 Dähre, OT Siedendolsleben** (52.8150,10.9222)

15,2 Str-⌶ Langenapel (52.8156,10.9654)
14,8 Str-⌶ L6, li **29413 Salzwedel, OT Langenapel** (52.8152,10.9705)
13,3 Str-⌶ **29410 Salzwedel, OT Wistedt**, Dorfstraße (52.8156,10.9919)
12,5 Str-⌶ (52.8131,11.0030)
11,9 Wege-⌶ (52.8103,11.0107);
re ⇩ Kalter Graben (52.8102,11.0109)
11,0 re ⇩ Beeke, evtl. ≈ ab Wallstave (52.8143,11.0223)
10,3 Wege-⌶ (52.8193,11.0275)
9,9 li ⇩ Alte Dumme (52.8214,11.0319)
9,0 Weg-⌶ (52.8262,11.0430)
8,6 ▬ (52.8280,11.0481)
7,0 Str-⌶ K1377, re **29413 Salzwedel, OT Klein Wieblitz** (52.8319,11.0698)
6,3 ▬ (52.8345,11.0787)
5,7 Wege-⌶, li **29410 Salzwedel, OT Groß Gerstedt** (52.8378,11.0861)
5,1 ▬ bei Groß Gerstedt (52.8409,11.0923)
2,2 Str-⌶ K1376 Salzwedel (52.8481,11.1293)
1,7 Fußg.-⌶ Salzwedel (52.8481,11.1379)
1,2 Str-⌶ Salzwedel, Dämmchenweg (52.8489,11.1438);
EB-⌶ Salzwedel, stillgelegt (52.8490,11.1448);
Fußg.-⌶ Salzwedel (52.8490,11.1449)
0,7 Str-⌶ Salzwedel, Südbockhorn (52.8522,11.1487)
0,5 Str-⌶ Salzwedel, Neuperverstraße (52.8532,11.1504);
29410 Salzwedel ⌘ Kreisstadt (52.8533,11.1504)
0,3 Str-⌶ Salzwedel, Wallstraße (52.8544,11.1516);
Str-⌶ Salzwedel, Steintorstraße (52.8546,11.1520)
0,0 ⇩ der Salzwedeler Dumme in die Jeetzel (s. Seite 490) bei km 39,8 (52.8566,11.1536)

Arendsee

Seengewässer
Mündung in Lüchower Landgraben bei km 24,1

Der Arendsee ist der größte natürliche See des Landes Sachsen-Anhalt. Er ist ca. 50 m tief und entwässert über einen Abfluss zum Lüchower Landgraben. Dieser Abfluss ist zumeist trocken, hat also damit für den Kanufahrer keine Bedeutung. Am See liegt der gleichnamige Kurort Arendsee.

Schwierigkeiten: Vorsicht bei stärkerem Wind.

8,1 Beginn einer Rundfahrt um den Arendsee im Uhrzeigersinn (52.8971, 11.4653)
5,5 ⛺ und Strandbad Arendsee (52.8930,11.5002)
4,2 **39619 Arendsee**, Kurort, ✕, 🛒, 🚌 (52.8840,11.4882)
2,8 ⚓ (52.8809,11.4674)
1,4 **39619 Arendsee, OT Schrampe** (52.8874,11.4531)
0,0 ⇩ Ausfluss Arendsee in den Lüchower Landgraben, meist trocken (52.8973,11.4648)

Sude

Kleinfluss
Mündung in Elbe bei amtl. km 559,5 (re Nebenfluss)

Die Sude ist ein Kleinfluss; im Oberlauf z. T. erhebliche Schwierigkeiten durch Baum- und Strauchhindernisse, landschaftlich recht reizvoll, die vorhandenen Wehre sind teilweise, nach Besichtigung, befahrbar. Im Unterlauf sind einige Teilstrecken begradigt.
Günstige Einsetzstellen für eine Tagesfahrt sind Sudenmühle nördlich der Autobahnabfahrt Hagenow (Berlin – Hamburg) und Redefin an der B 5 (Berlin – Hamburg).

Befahrungsregeln: km 35,5 bis 29,4 (Pflegezone des Biosphärenreservat Flusslandschaft Elbe Mecklenburg-Vorpommern.): Im Abschnitt von Gößlow bis Brömsenberg ist das Befahren ganzj. erlaubt, aber es ist verboten, außerhalb der dafür örtlich gekennzeichneten Anlegeplätze am Ufer anzulegen (ganzj. UV)
km 29,4 bis 24,7 (Pflegezone des Biosphärenreservat Flusslandschaft Elbe Mecklenburg-Vorpommern.): Es ist verboten außerhalb der dafür örtlich gekennzeichneten Anlegeplätze am Ufer anzulegen (ganzj. UV) und diesen Abschnitt in der Zeit vom 1. März bis zum 30. Juni eines jeden Jahres mit Wasserfahrzeugen oder Sportgeräten jeder Art zu befahren
km 21,7 bis 15,6 (L232 - Mündung der Krainke): BV vom 01.03. - 30.06
km 13,9 bis 0,4 (Mündung der Krainke- Hafen Boizenburg): Es ist verboten außerhalb der dafür örtlich gekennzeichneten Anlegeplätze am Ufer anzulegen (ganzj. UV) und diesen Abschnitt in der Zeit vom 1. März bis zum 30. Juni eines jeden Jahres mit Wasserfahrzeugen oder Sportgeräten jeder Art zu befahren

68,4 Str-II, li **19075 Warsow**, ⬇ nur bei sehr gutem Wasserstand. Bis Viez stark zugewachsen. Nur für erprobte K1-Fahrer. Teilweise treideln erforderlich oder Bootstransport mit Bootswagen (53.5280,11.2843)
65,7 ▬ und Str-II **19230 Bandenitz-Besendorf**, Rote-Krug-Mühle Sandkrug (53.5125,11.2894)
64,4 li ⇩ eines Baches (53.5041,11.2869)
63,4 Str-II LWL30 Ringstraße, **19230 Bandenitz**. Es folgt ein Abschnitt mit reichlich Baum- und Strauchhindernissen (53.4982,11.2832)
60,7 Wege-II, Str-II A24 (53.4877,11.2591)
55,5 Mühlen-▬ Fischtreppe Viez, **X**, re über Mühlengelände ⏏, vorher Besitzer fragen, Wege-II. Ab hier ist die Sude weitgehend reguliert, aber trotzdem reizvoll. Deshalb wird empfohlen, erst hier ⬇ (53.4665,11.2324)
55,4 re **19230 Hagenow-Viez** (53.4664,11.2324)
55,1 Str-II B321 Viez. Es folgt ▬ Sohlschwelle, ≋ (53.4641,11.2298)
53,5 Weg-II (53.4506,11.2258)
53,2 ▬ Sohlschwelle, **X**, re ⏏ (53.4493,11.2289)

52,0 Str-II LWL22 Hagenow und Radweg-II, re Sudenhof (53.4401,11.2345)
50,7 EB-II Hagenow – Schwerin (53.4309,11.2433)
50,6 ▬, X, re oder li ≏ (53.4302,11.2443)
48,7 li ⇩ Schwarzer Graben, Klüßer Mühlenbach, ≋ bei gutem Wasserstand auf ca. 3 km (53.4152,11.2483)
48,5 EB-II Hagenow – Ludwigslust (53.4132,11.2491)
47,7 ▬, X, re oder li ≏ (53.4068,11.2474)
45,9 li ⇩ Strohkirchener Bach (s. Seite 497) in die Sude (53.3928,11.2504)
44,8 Str-II **19230 Kuhstorf** (53.3838,11.2420)
44,5 Schützen-▬ Kuhstorf, meist offen, sonst re oder li ≏ (53.3817,11.2402)
42,0 Weg-II (53.3668,11.2199)
40,3 li ← weiterfahren, → über ▬ (Rotenfurt). Der re Arm mündet nach 3,1 km unterhalb Redefin wieder in die Sude (53.3560,11.2040);
li ▬ Redefin (53.3555,11.2039)
39,4 Str-II B5, li **19230 Redefin**, gute ⬇ (53.3499,11.1956)
38,9 Str-II Redefin, Hofchaussee zum Hengstdepot Redefin, ehemaliges großherzogliches Gestüt (53.3465,11.1917)
37,3 ▬ unterhalb Redefin, X, ≏ (53.3406,11.1718)
37,2 re ⇩ Rotenfurt (53.3397,11.1693)
35,5 –29,4 **§** Pflegezone des Biosphärenreservat Flusslandschaft Elbe Mecklenburg-Vorpommern. Im Abschnitt von Gößlow bis Brömsenberg ist das Befahren ganzj. erlaubt, aber es ist verboten, außerhalb der dafür örtlich gekennzeichneten Anlegeplätze am Ufer anzulegen (ganzj. UV) (53.3352, 11.1466)–(53.3230,11.0635)
35,3 re **19249 Lübtheen-Gößlow** (53.3357,11.1439)
34,4 Str-II LWL29 (53.3351,11.1307)
33,0 re ⇩ Schmaar (53.3350,11.1107)
30,3 Str-II L06 Lübtheen (53.3258,11.0755)
29,4 ▬ Neumühle mit Sohlrampe, ≏, ≋ ? (53.3231,11.0632)
29,4 –24,7 **§** Pflegezone des Biosphärenreservat Flusslandschaft Elbe Mecklenburg-Vorpommern. Es ist verboten außerhalb der dafür örtlich gekennzeichneten Anlegeplätze am Ufer anzulegen (ganzj. UV) und diesen Abschnitt in der Zeit vom 1. März bis zum 30. Juni eines jeden Jahres mit Wasserfahrzeugen oder Sportgeräten jeder Art zu befahren (53.3231, 11.0633)–(53.3211,10.9970)
27,9 li ⇩ Mühlgraben Neumühle (53.3232,11.0439);
Str-II bei Brömsenberg (53.3231,11.0437)
26,4 Str-II **19249 Lübtheen-Garlitz** (53.3202,11.0215)
24,7 ab hier ist die Sude niedersächsisch (53.3211,10.9970)
23,9 re ⇩ Langenheider Bauerngraben (53.3232,10.9853)
23,8 ▬, X, re oder li ≏ (53.3229,10.9841)
21,6 Str-II **19273 Amt Neuhaus-Sückau**, ⬆ (53.3208,10.9530)
21,6 –15,5 **§** BV vom 01.03. - 30.06 (53.3208,10.9527)–(53.3355,10.8803)
21,2 li ⇩ der Rögnitz (s. Seite 497) in die Sude (53.3182,10.9491)
18,4 Weg-II (ehemalige Eisenbahnbrücke) (53.3244,10.9137)

18,3 Str-II **19273 Amt Neuhaus-Preten**, Dorfstraße (53.3248,10.9127)
15,5 ⇩ der Krainke (s. Seite 500) in die Sude, jedoch Befahrungsregelungen beachten (53.3356,10.8802)
15,5 –0,4 **§** Pflegezone des Biosphärenreservat Flusslandschaft Elbe Mecklenburg-Vorpommern. Es ist verboten außerhalb der dafür örtlich gekennzeichneten Anlegeplätze am Ufer anzulegen (ganzj. UV) und diesen Abschnitt in der Zeit vom 1. März bis zum 30. Juni eines jeden Jahres mit Wasserfahrzeugen oder Sportgeräten jeder Art zu befahren (53.3357, 10.8801)–(53.3734,10.6975)
13,9 Str-II, re **19258 Besitz** (53.3380,10.8607)
12,6 li genehmigte Anlegestelle nur zum ⇅ bei Besitz (53.3391,10.8439)
10,6 ⇩ der Schaale (s. Seite 501) in die Sude (53.3429,10.8195)
8,9 li genehmigte Anlegestelle nur zum ⇅ bei Bandekow (53.3389,10.7979); Str-II B195, re **19273 Teldau, OT Bandekow** (53.3391,10.7975)
3,9 re genehmigte Anlegestelle nur zum ⇅ bei Gothmann (53.3572,10.7406)
3,5 Wege-II, re **19258 Boizenburg/Elbe, OT Gothmann** (53.3588,10.7348)
0,4 re ⇩ der Boize (s. Seite 503) in die Sude (53.3734,10.6971)
0,0 ⇩ der Sude in die Mittelelbe (s. Seite 71) bei amtl. km 559,5, Hafen **Boizenburg** (53.3714,10.6920)

Strohkirchener Bach

Kleinfluss
Mündung in Sude bei km 45,9 (li Nebenfluss)

Der Strohkirchener Bach ist im Oberlauf nur schwierig zu befahren. Hier wird nur der ganzjährig befahrbare Unterlauf beschrieben.

4,3 Str-II Feldweg am Ortsende von **19230 Strohkirchen**, ab hier soll der Bach ganzjährig ≈ sein (53.3953,11.3103)
1,4 ▬, X, ⌓ (53.3959,11.2700)
0,4 Str-II (53.3937,11.2560)
0,0 ⇩ Strohkirchener Bach in die Sude (s. Seite 495) bei km 45,9 (53.3928, 11.2504)

Rögnitz

Wanderfluss
Mündung in Sude bei km 21,2 (li Nebenfluss)

Die Rögnitz ist ein meliorierter Flusslauf. Im Zusammenhang mit Sielgraben, Banzkower Kanal und Ludwigsluster Kanal wird eine Verbindung fast bis zur Elbe hergestellt, jedoch kann man die Elbe durch die ganzjährige Sperrung der Sude im Unterlauf nur durch Umsetzen erreichen.

Befahrungsregeln: km 12,6 bis 5,2 (Pflegezone des Biosphärenreservat Flusslandschaft Elbe Mecklenburg-Vorpommern.): Es ist verboten außerhalb der dafür örtlich gekennzeichneten Anlegeplätze am Ufer anzulegen (ganzj. UV) und diesen Abschnitt in der Zeit vom 1.

März bis zum 30. Juni eines jeden Jahres mit Wasserfahrzeugen oder Sportgeräten jeder Art zu befahren
km 5,2 bis 0 (Straßenbrücke Gudow - Mündung in die Sude): BV außer 1.7.-28.2. in NDS (oberhalb BRA)

50,7 Str-Ⅱ L07, ⬇-Möglichkeit in der Nähe von Warlow (53.3505,11.4278)
48,9 Weg-Ⅱ (53.3377,11.4314)
46,5 Str-Ⅱ B5 Ludwigslust - Kummer (53.3202,11.4354)
46,0 Stau-▬, bei niedrigem Wasserstand ⌓, Kreuzung der Rögnitz mit dem Ludwigsluster Kanal. Früher existierte hier eine Kreuzschleuse. Heute erfolgt die Verbindung der beiden Gewässer über ein unterirdisches Rohr. Wer es ganz genau nimmt, muss im Oberwasser des Wehres aussetzen und in das Unterwasser des li daneben befindlichen Wehres wieder in die Rögnitz einsetzen. Man kann aber auch geradeaus, also auf dem Ludwigsluster Kanal, weiterfahren (53.3150,11.4345)
44,5 Weg-Ⅱ (53.3045,11.4210)
44,0 Str-Ⅱ Katenstück (zu Ludwigslust) (53.3025,11.4144)
42,5 Weg-Ⅱ Göhlen (53.2966,11.3954)
41,4 Stau-▬, **X**, ⌓, re Fischtreppe (53.2921,11.3804)
40,4 Str-Ⅱ L07 Göhlen - Glaisin (53.2889,11.3662)
38,7 Str-Ⅱ LWL 33 Glaisin, Ausbau (53.2806,11.3458)
37,2 Weg-Ⅱ (53.2736,11.3269)
36,5 Stau-▬, **X**, ⌓, re Fischtreppe (53.2715,11.3166)
34,7 Str,-Ⅱ LWL40 Leussow - Grebs (53.2650,11.2929)
34,5 re ⇩ Ludwigsluster Kanal (s. Seite 499) in die Rögnitz (53.2641,11.2898)
34,1 Stau-▬, **X**, ⌓, re Fischtreppe (53.2622,11.2842)
32,2 Weg-Ⅱ (53.2494,11.2648)
31,0 Stau-▬, **X**, ⌓ (53.2430,11.2532)
30,3 Str-Ⅱ LWL41, li **19294 Grebs-Niendorf** (53.2374,11.2521)
27,7 Stau-▬, **X**, ⌓, re Fischtreppe (53.2198,11.2302)
24,6 ▬ Woosmer Mühle, Sohlrampe, Befahrbarkeit keine Angaben (53.2059, 11.1966)
24,4 Str-Ⅱ L04 Woosmer Mühle (53.2061,11.1932)
22,2 Str-Ⅱ Hauptstraße, li **19303 Vielank, OT Woosmer** (53.2054,11.1612)
20,6 ab hier ist das li Ufer niedersächsisch (53.2024,11.1391)
20,2 Stau-▬, **X**, ⌓, re Fischtreppe (53.2024,11.1331)
19,0 Str-Ⅱ K60/LWL32 (53.2046,11.1154)
16,3 Stau-▬, **X**, ⌓, re Fischtreppe (53.2184,11.0853)
15,7 Weg-Furt (53.2222,11.0793)
14,7 Fußg.-Ⅱ (53.2293,11.0729)
12,6 –5,2 **§** Pflegezone des Biosphärenreservat Flusslandschaft Elbe Mecklenburg-Vorpommern. Es ist verboten außerhalb der dafür örtlich gekennzeichneten Anlegeplätze am Ufer anzulegen (ganzj. UV) und diesen Abschnitt in der Zeit vom 1. März bis zum 30. Juni eines jeden Jahres mit Wasserfahrzeugen oder Sportgeräten jeder Art zu befahren (53.2444, 11.0583)–(53.2929,11.0031)

11,4 Str-II L061/L224 (53.2535,11.0491)
6,9 li ⇩ Laaver Kanal (53.2809,11.0103)
5,6 re ⇩ Simmergraben (53.2917,11.0079)
5,5 Wege-II, re **19273 Lübtheen-Gudow**, Neu Lübtheener Weg (53.2926, 11.0063)
5,2 ab hier ist der Fluss niedersächsisch (53.2928,11.0030)
5,2 –0,0 **§** BV vom 01.03. - 30.06 (53.2928,11.0030)–(53.3182,10.9492)
4,4 Fußg.-II (53.2936,10.9915)
2,7 Str-II L232 Rosien, Hauptstraße (53.3012,10.9694)
2,6 **19273 Amt Neuhaus-Rosien** (53.3012,10.9692)
0,4 Fußg.-II Dorfstraße, Sückau (53.3165,10.9536);
19273 Amt Neuhaus-Sückau (53.3166,10.9536)
0,0 ⇩ der Rögnitz in die Sude (s. Seite 495) bei km 21,2 (53.3182,10.9491)

Ludwigsluster Kanal

Weitere Namen: Neuer Kanal, Banzkower Kanal, Sielgraben

Kanal
Mündung in Rögnitz bei km 34,5 (re Nebenfluss)

Am Stör-Kanal beginnt neben der Müritz-Elde-Wasserstraße ein zweiter Wasserweg, der über Sielgraben, Neuer Kanal oder auch Banzkower Kanal, Ludwigsluster Kanal und die anschließende Rögnitz zur Sude und damit zur Elbe führt. Die Fahrt auf dem z. T. schmalen, zur Entwässerung und zum Betrieb der Wasserspiele im Ludwigsluster Schloß gebauten Kanal ist streckenweise recht reizvoll, z. T. gute Strömung.

Befahrbarkeit: Oberlauf nur bei gutem Wasserstand, unterhalb Ludwigslust wahrscheinlich ganzjährig.

40,6 Düker, re ➔ zum Ludwigsluster Kanal (Sielgraben) von der Stör-Wasserstraße (Elde) (s. Seite 484), li Bäkgraben (53.5072,11.5455)
39,9 Weg-II (53.5021,11.5373)
39,2 Weg-II (53.4974,11.5300)
38,8 re ⇩ in **Neuer Kanal** (von Banzkow kommend) (53.4949,11.5263)
37,8 ▬ Jamel, evtl. offen und dann ≈, Str-II, re **19079 Banzkow, OT Jamel**, Forststraße (53.4863,11.5319)
35,4 Str-II PCH68 Goldenstädt – Friedrichsmoor (53.4675,11.5300)
35,3 ▬, re Fischtreppe (53.4667,11.5299)
33,2 Str-II L092 (53.4479,11.5288)
31,7 li ⇩ Verbindungskanal von der Alten Elde über ▬ (53.4345,11.5348);
▬, X, ⏏, und Weg-II (53.4344,11.5349)
29,7 Weg-II (53.4175,11.5430);
Str-II A20 (53.4173,11.5430)
29,1 re ➔ Neuer Kanal über ein ▬ (53.4120,11.5448);
li ← **Ludwigsluster Kanal**, hier weiterfahren (53.4119,11.5450)
28,8 Str-II **19306 Neustadt-Glewe, OT Tuckhude**, Friedrichsmoorsche Allee (53.4102,11.5472)

26,4 Str-II, es beginnt der Forst Dreenkrögen (53.3936,11.5392)
26,3 Str-II L071 (53.3933,11.5379)
25,5 Str-II A14 (Baustelle) (53.3878,11.5292)
22,9 Weg-II, der Kanal verläuft jetzt parallel zur L72 (53.3811,11.4960)
21,4 Weg-II (53.3674,11.4943)
20,3 Str-II LUP38 (53.3578,11.4914)
17,8 Str-II L72, **19288 Ludwigslust**, ⁂. Es folgen einige niedrige Str-II, streckenweise steinig (53.3359,11.4957)
17,5 EB-II Ludwigslust (53.3339,11.4962)
16,0 Schloss Ludwigslust mit Parkanlagen, ⌘. 🅿, mögliche ⬇. Im Bassin gegenüber dem Schloss die Boote li ⏢, da re vor dem Schloss die „Kaskaden" etwa drei Meter tief abstürzen. Da dieser Eintrag sehr alt ist, sollte die Befahrbarkeit rund um das Schloss einschließlich Schlosspark vor Ort überprüft werden! (53.3231,11.4883)
15,7 –13,7 Es folgen auf diesem Abschnitt im Schlosspark 8 Wehre und mehrere Wege-II (53.3244,11.4843)–(53.3267,11.4551)
11,9 Str-II B5 Ludwigslust (53.3197,11.4374)
11,3 ▬, bei niedrigem Wasserstand ⏢, Kreuzung des Ludwigsluster Kanals mit der Rögnitz. Früher existierte hier eine Kreuzschleuse. Heute erfolgt die Verbindung der beiden Gewässer über ein unterirdisches Rohr. Wer es ganz genau nimmt, muss im Oberwasser des Wehres aussetzen und in das Unterwasser des re daneben befindlichen Wehres wieder in den Ludwigsluster Kanal einsetzen: Man kann aber auch geradeaus auf der Rögnitz weiterfahren (53.3150,11.4344)
10,1 Str-II Mäthus (53.3099,11.4190)
8,2 Str-II (53.3033,11.3931)
6,2 Str-II L07 Glaisin – Göhlen (53.2957,11.3658)
3,7 ▬ (53.2825,11.3357)
3,5 Str-II LUP33 Klein Krams – Glaisin (53.2812,11.3322)
0,4 Str-II LUP40 Leussow – Menkendorf (53.2661,11.2933)
0,0 ⇩ Ludwigsluster Kanal in die Rögnitz (s. Seite 497) bei km 34,5 (53.2641, 11.2898)

Krainke

Kleinfluss
Mündung in Sude bei km 15,5 (li Nebenfluss)

Die Krainke verläuft parallel zur Elbe. Zahlreiche Seitengewässer und Altarme zeugen davon, dass sich hier früher die Elbe befand. Mehrere seeartige Erweiterungen der Krainke sind durch einen Deichbruch der Elbe im Jahre 1880 entstanden. Eine Befahrbarkeit der Krainke macht keine besonderen Schwierigkeiten, ist jedoch vom Wasserstand abhängig.
Befahrungsregeln: km 28,6 bis 0 (Pinnau bis zur Mündung): BV außer 1.7.-28.2.

30,4 Str-II, re **19273 Tripkau**, Ziegeleiweg (53.1809,11.1098)
29,9 Str-II Tripkau, Bauernende, ⬇ (53.1807,11.1029)

28,6 Weg-II und ▬ Pinnau, **X**, li ⏏, (53.1806,11.0846)
28,6 –0,0 **§** vom 1.3. bis 30.6. Befahrungsverbot von hier bis zur ⇩ in die Sude (53.1805,11.0845)–(53.3354,10.8804)
28,0 Str-II Hauptstraße, re **19273 Amt Neuhaus, OT Pinnau** (53.1787, 11.0769)
26,2 ▬ und Weg-II, **X**, re ⏏ (53.1780,11.0511)
24,4 Str-II K59, re **19273 Amt Neuhaus, OT Kaarßen**, ⬇ (53.1908,11.0366)
24,0 ▬ Kaarßen, **X**, ⏏ (53.1919,11.0319)
21,7 Str-II Am See, re **19273 Amt Neuhaus-Stixe** (53.2063,11.0159)
20,7 Str-II Privelack – Stixe (53.2118,11.0067)
18,6 Str-II K58, **19273 Amt Neuhaus, OT Zeetze** (53.2248,10.9887)
18,2 Str-II Zeetze, An der Bäke (53.2258,10.9824)
17,7 Weg-II Zeetze (53.2299,10.9805)
16,9 Weg-II Zeetze (53.2336,10.9706)
14,2 Str-II K57 Vockfeyer Straße, re **19273 Amt Neuhaus, OT Stapel** (53.2517,10.9541)
13,1 Str-II Haar – Stapel (53.2532,10.9405)
10,2 ▬ Neuhaus (53.2734,10.9302)
9,5 Str-II Haarer Straße, re **19273 Amt Neuhaus** (53.2795,10.9298)
8,6 Str-II B195 Neuhaus, Sumter Straße (53.2839,10.9209)
8,3 Wege-II Neuhaus (53.2865,10.9204)
7,3 ▬ unterhalb Neuhaus (53.2946,10.9133)
7,2 Weg-II (53.2946,10.9130)
4,8 ▬ und Wege-II, li **19273 Amt Neuhaus, OT Niendorf** (53.3057, 10.8936)
0,5 Str-II K55 Besitz – Preten (53.3308,10.8815)
0,0 ⇩ der Krainke in die Sude (s. Seite 495) bei km 15,5, jedoch Befahrungsregelungen beachten (53.3356,10.8802)

Schaale

Kleinfluss
Mündung in Sude bei km 10,6 (re Nebenfluss)

Es besteht ein ganzjähriges Befahrungsverbot. Daher wird auf eine Beschreibung verzichtet.
Befahrungsregeln: (ganzes Gewässer gesperrt): ganzj. BV

21,4 ⇩ der Schilde (s. Seite 501) in die Schaale (53.4346,10.8824)
21,4 –0,0 **§**, ganzj. BV (53.4346,10.8822)–(53.3430,10.8196)
0,0 ⇩ der Schaale in die Sude (s. Seite 495) bei km 10,6 (53.3429,10.8195)

Schilde

Kleinfluss
Mündung in Schaale bei km 21,4 (li Nebenfluss)

Die Schilde hat ihren Ursprung auf dem mecklenburgischen Landrücken bei Lützow.

Der Oberlauf der Schilde bis Karft ist weitgehend begradigt und nur sehr wenig reizvoll. Der anschließende Mittel- und Unterlauf führt bei guter Strömung durch eine unberührte, sehr waldreiche Gegend. In diesem Bereich erhebliche Behinderungen durch Baum- und Strauchhindernisse. Dadurch wird öfters ein Umtragen erforderlich, das durch den starken Brennnesselbewuchs des Ufers sehr mühsam sein kann. Die Mühlenwehre sind zumeist fahrbar.
Der Redaktion liegt kein Befahrungsbericht der Schilde vor. Deshalb ist die Beschreibung der Schilde lediglich nach Kartenmaterial entstanden und ist bestimmt noch lückenhaft.

Befahrungsregeln:	km 3,2 bis 0 : ganzj. BV.
Befahrbarkeit:	Bei gutem Wasserstand (Frühjahr und nach Regenfällen).

31,3	Str-II, li **19243 Wittendörp, OT Woez** (53.5922,11.0878)
31,2	▬ Woez
30,9	Weg-II Woez (53.5918,11.0828)
30,1	⇩ in den Woezer See (53.5866,11.0810)
29,0	re **19243 Wittendörp, OT Döbbersen** am Ausfluss aus dem Woezer See (53.5782,11.0728); Str-II LUP9 und ▬ Döbbersen, re empfohlene ⬇ (53.5781,11.0725)
27,6	Weg-II (53.5683,11.0644)
26,0	li ⇩ Düsterbeck (53.5575,11.0735)
22,6	Str-II **19243 Wittendörp, OT Karft**, ⬇, Ende der begradigten Strecke (53.5389,11.0429)
19,4	EB-II (außer Betrieb) (53.5266,11.0123)
18,8	**19243 Wittendörp, OT Waschow** (53.5220,11.0102)
18,5	Str-II L04 Waschow, Wittenburger Straße. Es folgt eine lange Strecke mit hohem Schilf auf beiden Seiten (53.5194,11.0088)
16,8	Str-II A24 (53.5074,10.9978)
16,7	Str-II Dodow, Richard-Hartinger-Allee (53.5066,10.9980)
16,2	Wege-II Dodow, Dorfstraße (53.5024,10.9988)
15,9	Str-II **19243 Wittendörp, OT Dodow**, Dorfstraße, danach Mühlenteich (53.5004,10.9997); ▬ Dodower Mühle, X, re oder li ⏏, die Fahrt geht durch den Caminer Forst (53.4999,10.9996)
10,6	li ⇩ der Motel (Schilde) (s. Seite 503) in die Schilde (53.4652,10.9679); Str-II LUP6, Kogeler Weg, li **19246 Vellahn, OT Camin**. Es folgen die Forste von Schildfeld (re) und Karrentin (li) (53.4651,10.9675)
4,2	die Schilde wird breiter zum schmalen See (53.4503,10.9128)
3,2	Str-II L051 **19260 Vellahn, OT Schildfeld**, An der Schildmühle, ⬆. Weiterfahrt nicht möglich. Es folgt ein ▬ X (53.4426,10.9101)
3,2	–0,0 §, ganzj. BV (53.4425,10.9102)–(53.4346,10.8824)
0,0	⇩ der Schilde in die Schaale (s. Seite 501) bei km 21,4 (53.4346,10.8824)

Motel (Schilde)

Kleinfluss
Mündung in Schilde bei km 10,6 (li Nebenfluss)

Ansprechender Wald- und Wiesenfluss mit teils schneller Strömung. Mit plötzlich auftauchenden Baum- und Strauchhindernissen ist stets zu rechnen.

Befahrbarkeit: Befahrbarkeit im Frühjahr, zur Zeit der Schneeschmelze und nach langanhaltenden Regenfällen.

Pegel: in Lehsen: Für das obere Teilstück ab Wittenburg werden mindestens 14 - 15 cm benötigt, für den unteren Teil ab Lehsen sind mindestens 13 - 14 cm nötig.

11,1 Str-II **19243 Wittenburg**, Mühlentor, evtl. ⬇-Möglichkeit nach vorheriger Besichtigung. Ansonsten kann erst in Ziggelmark eingesetzt werden, da der Fluss vorher nicht mit Fahrzeugen erreicht werden kann (53.5144, 11.0685)
10,9 Fußg.-II Wittenburg, Philosophensteig (53.5129,11.0667)
9,4 re **19243 Wittenburg, OT Ziggelmark**, hier weitere ⬇-Möglichkeit (53.5042,11.0507)
9,1 Str-II A24 (53.5015,11.0489)
5,7 Str-II **19243 Wittenburg, OT Lehsen**, danach flach und Steine im Wasser ⚠ (53.4880,11.0210);
li ≣ Lehsen, ab Wittenburg mindestens 14-15 cm, ab Lehsen mindestens 13-14 cm (53.4879,11.0210)
5,6 Fußg.-II Lehsen, Am Schloß (53.4864,11.0207)
4,0 Str-II L05 Wulskuhl - Lehsen (53.4775,11.0066)
2,3 Weg-II (53.4701,10.9939)
0,2 Str-II **19246 Vellahn, OT Camin**, Alter Hof (53.4647,10.9701)
0,0 ⇩ der Motel (Schilde) in die Schilde (s. Seite 501) bei km 10,6 (53.4652, 10.9679)

Boize

Kleinfluss
Mündung in Sude bei km 0,4 (re Nebenfluss)

Die Boize ist ein weitgehend begradigter Kleinfluss. Ihre Befahrung ist etwas mühsam durch mehrere Wehre, die zumeist unfahrbar sind. Bei Hochwasser können sie gefährlichen Rücklauf entwickeln. Ab Greven finden sich mehrere schöne Schwälle.

Befahrbarkeit: Oberlauf nur bei HW (Winter bis März und nach Regenfällen); insgesamt nicht besonders lohnend.

20,5 Str-II Gallin, Neu-Galliner Weg, verrohrt (53.5055,10.8228);
⬇-Möglichkeit Gallin bei hohem Wasserstand (53.5054,10.8227);
li **19258 Gallin**, ⚔ (53.5053,10.8227)
19,3 Str-II Gallin (53.4957,10.8184)
18,2 Weg-II Gut Gallin, verrohrt, **X**. Bei starkem HW ist die Flutrinne evtl. ≈ (53.4882,10.8092)

16,5 Str-Ⅱ li **19258 Greven**, Boizeweg (53.4800,10.7906)
14,4 Str-Ⅱ und ■, X (53.4632,10.7809)
12,9 Str-Ⅱ **19258 Greven, OT Lüttenmark**, Leisterförder Straße (53.4527, 10.7671)
9,4 Str-Ⅱ **19258 Gresse**, Schwanheider Straße (53.4300,10.7433)
7,7 ■, X, darüber Str-Ⅱ (53.4161,10.7406)
5,6 li **19258 Boizenburg/Elbe-Schwartow** (53.3991,10.7412)
5,1 Weg-Ⅱ (53.3959,10.7389)
4,7 Str-Ⅱ LUP3 Boizenburg, Boizestraße, danach li ≡ (keine Angaben) (53.3927,10.7369)
4,2 Str-Ⅱ B5 Boizenburg (53.3890,10.7410)
3,5 li ← der alten Boize, X, da verrohrt (53.3834,10.7444)
3,4 EB-Ⅱ Boizenburg (53.3824,10.7434);
Beginn des Stadtgebietes von **19258 Boizenburg/Elbe** (53.3823,10.7433)
3,1 Fußg.-Ⅱ Boizenburg (53.3807,10.7402)
2,2 Fußg.-Ⅱ Boizenburg (53.3787,10.7272)
2,1 Str-Ⅱ Boizenburg, Stiftstraße (53.3785,10.7260)
1,8 ■ 1. Mühle Boizenburg, ↑, Str-Ⅱ zur Schwartower Straße. Falls eine Weiterfahrt zur Elbe geplant ist, müssen die Boote bis zum Hafen ⩯ werden (53.3778,10.7214)
1,4 ⇩ in Hafen Boizenburg (53.3757,10.7179)
0,0 ⇩ der Boize in die Sude (s. Seite 495) bei km 0,4 (53.3734,10.6971)

Stromgebiet der Oder

Nr. in Karte	Fluss	Wildwasser	Kleinfluss	Wanderfluss	Seengewässer	Kanal	Küstengewässer	Schifffahrtsstraße	Befahrungsregeln	Seite
1	Oder (D/PL)			o				o	o	506
2	Lausitzer Neiße (D/PL)			o						510
3	Mühlgraben Forst		o							514
4	Wehrarm Grießen			o						515
5	Brieskower Kanal					o				517
6	Vorflutkanal Kietz					o				508
7	Verbindungskanal Hohensaaten Ost					o		o		509
8	Schwedter Querfahrt					o		o		510
9	Westoder			o				o	o	518
10	Oder-Havel-Kanal					o		o		520
11	Finow-Kanal					o		o	o	524
12	Werbellin-Kanal				o	o		o	o	527
13	Finow		o						o	525
14	Schwärze		o						o	527
15	Ragöse		o						o	527
16	Parsteiner See				o					529
17	Wriezener Alte Oder			o					o	529
18	Östliche Alte Oder			o					o	531
19	Genschmarer See				o				o	532
20	Westliche Alte Oder			o					o	534
21	Schleusengraben (Westliche Alte O-der)		o						o	535
22	Tergelgraben		o						o	536
23	Stobber		o						o	537
24	Güstebieser Alte Oder		o							537
25	Stille Oder		o						o	538
26	Laufgraben (Stille Oder)		o							538
27	Freienwalder Landgraben		o						o	539
28	Welse		o						o	540
29	Wolletzsee, Südufer				o					540

Oder (D/PL)

Wanderfluss, Schifffahrtsstraße [ST]

Die Oder entspringt in Tschechien und nimmt ihren weiteren Verlauf durch Polen (siehe DKV-Auslandsführer, Band 7, Nordosteuropa). Bei Ratzdorf wird sie zum Grenzfluss zwischen Deutschland und Polen und verlässt bei Widuchowa wieder deutsches Gebiet. Hier ist der Oderlauf von Ratzdorf bis zur Mündung in den Dammschen See, einschließlich der deutschen Nebengewässer, beschrieben.

Die Oder ist ein mäßig schnell fließender Strom (4 km/h) mit nur geringem Schiffsverkehr. Der Fluss wirkt sehr naturbelassen. Es gibt nur wenige Ortschaften direkt am Fluss und keine Straßen oder Bahnen parallel zum Ufer. Die Oder ist im überwiegenden Teil ein landschaftlich reizvoller Wanderfluss ohne jegliche Hindernisse, als Flachlandfluss jedoch etwas windanfällig.

Als Grenzfluss zwischen Polen und Deutschland sind hierbei besondere Festlegungen zu beachten, die auch nach dem Beitritt Polens zur EU noch gültig bleiben: Personalausweis mitführen und Nationalflagge am Boot führen. Nachtfahrten sind verboten. Zum Übernachten sollten auch nach wie vor die ausgewiesenen Rastplätze, Vereinsgelände oder Häfen benutzt werden. Die sog. Sportbootliegeplätze sind mit dem blauweißen P mit Zusatz „Sport" gekennzeichnet. Sie haben bisher außer Schwimmanlegern (noch nicht überall vorhanden) keinerlei sonstige Ausstattung. Auf ihnen ist das einmalige Übernachten im Boot oder Zelt gestattet.

Das deutsche Oderufer ist mit Ausnahme der Ortslagen durchgehend mit NSG und FFH-Gebieten belegt, nördlich Hohensaaten liegt der Nationalpark „Unteres Odertal". Die Befahrung der Gewässer im Zwischenstromland zwischen Oder und Hohensaaten-Friedrichsthaler-Wasserstraße (Poldergebiet) ist nicht gestattet (Nationalpark).

Befahrungsregeln:	Die Oder ist eine Bundeswasserstraße. Es gilt die Binnenschifffahrtsstraßen-Ordnung (BinSchStrO). Bei Erreichen der Hochwassermarke I ist das Befahren der Oder für Kleinfahrzeuge verboten. Mündung der Lausitzer Neiße (Od-km 542,40) - Frankfurt (Oder) (Od-km 584,00), Pegel Eisenhüttenstadt 490 cm, Biala Góra 425 cm. Frankfurt (Oder) (Od-km 584,00) - Mündung der Warta/Warthe (Od-km 617,60), Pegel Frankfurt 1 435 cm, Slubice 430 cm. Mündung der Warta/Warthe (Od-km 617,60) - Hohensaaten (Od-km 667,20), Pegel Kienitz 495 cm, Gozdowice 490 cm. Hohensaaten (Od-km 667,20) - Verbindungskanal Schwedter Querfahrt (Od-km 696,94), Pegel Stützkow 860 cm, Bielinek 540 cm. km 670,2 bis 704,1 (Poldergewässer bei Schwedt): im gesamten Zwischenstromland zwischen Oder und Hohensaaten-Friedrichstaler-Wasserstraße ganzj. BV, geführte Fahrten im Einvernehmen mit der Nationalpark-Verwaltung vom 15.07. bis 14.11. möglich
Kilometrierung:	Amtliche Kilometrierung.

542,4 ⇩ Lausitzer Neiße (D/PL) (s. Seite 510) in die Oder (D/PL) (52.0701, 14.7562)

542,5 li ≣ Ratzdorf (52.0706,14.7529);
li ⇅, li **15898 Neißemünde, OT Ratzdorf**, ⛺, mehrere ✕ (52.0707, 14.7528)

542,7 li Anlegestelle Fahrgastschifffahrt Ratzdorf (52.0721,14.7507)

542,8 li Sportbootliegeplatz mit Bootsanleger (52.0746,14.7490)

552,3 Str-II (Ruine) Ratzdorf (52.1372,14.6813)

553,4 li ← Oder-Spree-Kanal (Ost) (s. Seite 318) von Oder (D/PL) (52.1476, 14.6813);
li **15890 Eisenhüttenstadt** ✕, 🚆, 🛒, Museum (52.1480,14.6810)

565,8 li ⇅ **15295 Ziltendorf, OT Aurith** an Rampe, ⛺, ✕ hinter dem Deich, 🚐 Radlerhof Aurith, www.radlerhof-aurith.de , ☎ +33609 72535; +49 177 4644888; +49 173 9321581 (52.2426,14.7048);
re **PL 69-108 Urad** (52.2433,14.7063)

567,0 re ⇩ Pliszka (Pleiske) (52.2523,14.6998)

570,4 re **PL 69-100 Kunice** (Kunitz) (52.2636,14.6519)

572,0 re ehemalige Kiesverladestelle (52.2679,14.6302)

576,7 li ⇩ Brieskower Kanal (s. Seite 517) in die Oder (D/PL), Sportbootliegeplatz und ⛺ Lossow (52.2884,14.5750);
li **15236 Frankfurt (Oder), OT Lossow** (52.2885,14.5746)

578,7 re ⇩ Ilanka (Eilang) (52.3049,14.5860)

580,0 Str-II A12 Frankfurt (Oder), (PL) A2/E28, Grenzübergang nach Polen (52.3156,14.5779)

580,6 EB-II Frankfurt (Oder) (52.3211,14.5762)

582,4 li (versteckte) Einfahrt zum 🏠 RV SV Oderhort Frankfurt mit ⛺, ☎ +49 173 3435050 (52.3320,14.5600)

583,7 li ⇩ Altarm Sportbootliegeplatz mit Schwimmsteg (für Kanu zu hoch), anlegen an folgender Treppe für kurzen Stadtbesuch. Zelten nicht möglich, 500 m aufwärts 🏠 Frankfurter RC von 1882 e.V. mit ⛺, Lehmgasse 11, 15230 Frankfurt/Oder, www.frcvon1882.de , ☎ +49 335 325032 und +49 174 7440344 (Stegdienst) (52.3437,14.5587);
li **15230 Frankfurt (Oder)**, ✕, 🚆. ⌘ Rathaus 13. Jhdt, Marienkirche 13. Jhdt, Heinrich-v.-Kleist-Gedenkstätte, Konzerthalle = ehem. Franziskanerkirche 13./16. Jhdt, Europa-Universität u. Museum Viadrina (52.3440, 14.5581)

584,0 li ≣ Frankfurt (52.3467,14.5556)

584,2 Str-II B5 Frankfurt (Oder), Słubicer Straße, S29 Słubice, Grenzübergang nach Polen, re **PL 69-100 Słubice** (52.3479,14.5553)

586,0 li ← in Winterhafen Frankfurt, (Marina geplant) (52.3637,14.5516)

593,0 li ⇩ Altarm, **15326 Lebus**, ✕ Oderblick (52.4231,14.5427)

593,7 li ✕ Anglerheim, Schiffsanleger, Sportbootliegeplatz mit Bootsanleger, einfacher ⛺ mit Trocken-Toilette, in der Nähe Wohnmobilstellplatz (52.4292,14.5442)

604,3 re Sportbootliegeplatz Górzyca (52.4998,14.6358)
612,2 ← Vorflutkanal Kietz von der Oder (D/PL), alter Oderarm (52.5609, 14.6246)

Nebenstrecke Vorflutkanal Kietz

0,0 ← Vorflutkanal Kietz von der Oder (D/PL) (s. Seite 506), alter Oderarm (52.5609,14.6246)
3,0 –0,0 § ganzj. BV (52.5610,14.6247)–(52.5852,14.6144)
3,0 ⇩ Vorflutkanal Kietz in die Oder (D/PL) (s. Seite 506), alter Oderarm (52.5853,14.6144)

614,5 re **PL 66-470 Kostrzyn nad Odrą** (Küstrin), ✕, 🚂, 🛒, ⌘ Festung Küstrin mit Sportbootliegeplatz (52.5775,14.6355)
615,0 Str-Ⅱ B1/S22, Grenzübergang nach Polen (52.5790,14.6287)
615,1 EB-Ⅱ (52.5796,14.6268)
616,2 li ⇩ Vorflutkanal Kietz in die Oder (D/PL), alter Oderarm (52.5853, 14.6144);
li ⇅ Kuhbrücke, Wasserwander-⚓, Fischereihof und Pension Schneider mit Imbiss und 🚐, www.oderfischer.de , ☎ +49 33479 54888 (52.5852, 14.6138)
617,1 li ⇅ ⚓ Sportbootliegeplatz Neubleyen, mit Bootsanleger, ✕ und Pension „Wagenrad“ mit 🚐 hinter dem Deich, 15328 Bleyen - Genschmar OT Neubleyen, Dorfstraße 31, www.pension-wagenrad.de , ☎ +49 33479 53790 (52.5927,14.6086)
617,6 re ⇩ Warta (Warthe) in die Oder (D/PL) (52.5982,14.6102)
627,8 re Kiesverladung (52.6516,14.4906)
629,4 re ⇩ der Mysla (Mietzel) (52.6601,14.4702)
632,8 li ⇩ des Hafens **15324 Letschin-Kienitz** ⛺ Naturerlebnishof Uferloos, Deichweg 9, OT Kienitz, 15324 Letschin, www.uferloos.de , ☎ +49 33478 38976 (52.6792,14.4360);
600 m im Hafen aufwärts ⇅, ⚓ Sportbootliegeplatz Marina Kienitz, ✕ und Pension „Zum Hafen“ mit Campingplatz (Sanitäranlagen) im Garten. Es empfiehlt sich an der Rampe vor dem Bauhof des WSA auszusteigen und die letzten 100 m mit dem Bootswagen zurückzulegen, da die Treppe an der Gaststätte sehr hoch, steil und schmal ist, Deichweg 20, OT Kienitz, 15324 Letschin, www.gasthof-zum-hafen-kienitz.de , ☎ +49 33478 440
635,5 li **15324 Letschin, OT Groß-Neuendorf**, ✕ (52.7020,14.4107)
640,2 re **PL 74-505 Czelin** (Zellin), re polnischer Sportbootliegeplatz (52.7352, 14.3768)
645,2 freifahrende Wagen-⛴ Gozdowice, li ⇅ an der Straße L34, ⌘ Denkmal Viadrus (Oder-Flussgott), re **PL 74-505 Gozdowice** (Güstebiese), Kiosk/Imbiss (52.7629,14.3189)
645,7 li ← Güstebieser Alte Oder, jedoch ab hier nicht ≈ (52.7633,14.3105)
650,7 li **16259 Oderaue, OT Zollbrücke**, ✕, ⌘ Theater Am Rand, theateramrand.de (52.7897,14.2507)

651,6 re polnischer Sportbootliegeplatz (52.7978,14.2458)
651,8 re **PL Siekierki** (Zäckerig) (52.7990,14.2442)
653,9 ehem. EB-II, gesperrt (52.8127,14.2230)
656,5 re **PL 74-520 Stara Rudnica** (Alt Rüdnitz) (52.8212,14.1883)
662,3 Str-II B158, Grenzübergang nach Polen, li **16259 Bad Freienwalde (Oder), OT Hohenwutzen** Schiffsanleger, ✕, re **PL 74-520 Cedynia-Osinow Dolny**, großer Grenzmarkt mit Gaststätten, Tankstellen (52.8432, 14.1234)
664,9 **16259 Bad Freienwalde (Oder), OT Hohensaaten**, ✕ im Ort (52.8652, 14.1408);
li ≣ Hohensaaten-Finow (52.8653,14.1408)
667,1 li ⇩ Verbindungskanal Hohensaaten Ost in die Oder (D/PL), Einfahrt zur Ost-⌘ Hohensaaten, von dort aus kann die Havel und Berlin erreicht werden oder über die Westschleuse die Hohensaaten-Friedrichsthaler-Wasserstraße, die parallel zur Oder über Schwedt und nach Friedrichsthal weiter als Westoder ebenfalls nach Stettin führt (landschaftlich schöner und weniger windanfällig) (52.8805,14.1570)

Nebenstrecke Verbindungskanal Hohensaaten Ost

Dieser Kanal verbindet über eine Schleuse den Oder-Havel-Kanal mit der Oder.

92,5 re ➔ Verbindungskanal Hohensaaten Ost vom Oder-Havel-Kanal (s. Seite 520) (52.8721,14.1481)
92,7 Ost-⌘ Hohensaaten ♪ und Zeiten wie Westschleuse (52.8732, 14.1497)
93,6 ⇩ Verbindungskanal Hohensaaten Ost in die Oder (D/PL) (s. Seite 506), Einfahrt zur Ost-⌘ Hohensaaten, von dort aus kann die Havel und Berlin erreicht werden oder über die Westschleuse die Hohensaaten-Friedrichsthaler-Wasserstraße, die parallel zur Oder über Schwedt und nach Friedrichsthal weiter als Westoder ebenfalls nach Stettin führt (landschaftlich schöner und weniger windanfällig) (52.8805,14.1570)

670,2 –704,1 **§** Poldergewässer bei Schwedt, im gesamten Zwischenstromland zwischen Oder und Hohensaaten-Friedrichstaler-Wasserstraße ganzj. BV, geführte Fahrten im Einvernehmen mit der Nationalpark-Verwaltung vom 15.07. bis 14.11. möglich (52.9074,14.1513)–(53.1423,14.3876)
673,8 re **PL 74-520 Bielinek**, polnischer Sportbootliegeplatz (52.9395,14.1451)
677,4 re Vorsicht, Ausfahrt aus der Kiesgrube ⚠ (52.9635,14.1585)
680,5 li ≣ Stützkow, Aussichtsturm mit Blick über die Polderlandschaft (52.9831, 14.1911)
681,4 am li Ufer Stützkower ▬ (Flut-▬ für Criewener Polder) (52.9873, 14.2024)
681,4 re **PL 74-520 Piasek** (Peetzig) (52.9853,14.2052)

687,1 am li Ufer Saatener ▬ (Flutwehr für Schwedter Polder) (53.0140, 14.2750)

687,1 re **74-506 Zatoń Dolna** (Nieder Saathen), Imbiss Beata, ⌘ Tal der Liebe (53.0129,14.2776)

690,5 Str-II B166 Schwedt, Grenzübergang nach Polen, kein Parkplatz für Begleitfahrzeuge. Schwedt liegt 3 km westlich, 🚌-Verbindung, re **74-500 Krajnik Dolny**, ✕, 🛒 (53.0347,14.3118)

695,2 re ⇩ der Rurzyca (Röricke) (53.0652,14.3577)

697,0 ⇩ Schwedter Querfahrt in die Oder (D/PL) (53.0804,14.3634); re **PL 74-121 Ognica** (53.0802,14.3673)

Nebenstrecke Schwedter Querfahrt

Die Schwedter Querfahrt verbindet die Hohensaaten-Friedrichsthaler-Wasserstraße mit der Oder.

0,0 re ➔ Schwedter Querfahrt vom Oder-Havel-Kanal (s. Seite 520), Verbindung zur Oder (53.0678,14.3204)

0,4 ⯐ Schwedt Betriebszeiten: täglich 08:00 - 16:15, ✆ +49 3332 291034 (53.0700,14.3229)

3,4 ⇩ Schwedter Querfahrt in die Oder (D/PL) (s. Seite 506) (53.0804, 14.3634)

701,8 re ▤ Widuchowa, hydro.imgw.pl/#station/hydro/153140020 (53.1221, 14.3819)

702,0 re **74-120 Widuchowa** (Fiddichow) (53.1238,14.3824)

702,8 re polnischer Sportbootliegeplatz, Kiosk/Imbiss (53.1311,14.3843)

704,1 li ← der Westoder (s. Seite 518) von der Oder (D/PL) über das Marienhofer Wehr. Die Oder ist ab hier wieder beidseitig polnisch. Fortsetzung der Kilometrierung in der Ostoder (53.1430,14.3864)

Lausitzer Neiße (D/PL)

Wanderfluss, Landeswasserstraße
Mündung in Oder bei amtl. km 542,4 (li Nebenfluss)

Die Lausitzer Neiße als Grenzfluss zwischen Deutschland und Polen ist ein durchaus schöner Wanderfluss, der jedoch mit zahlreichen, nicht befahrbaren Wehren, aber auch vielen, meist befahrbaren Sohlschwellen bestückt ist.

Aus seiner Eigenschaft als Grenzfluss zu Polen resultieren heute keine Behinderungen mehr, es darf an beiden Ufern angelegt und umtragen werden. Der oberste Abschnitt von der tschechischen Grenze bis Hirschfelde hat mehrere Hindernisse und ist landschaftlich wenig reizvoll (Industrie). Wanderfahrten lohnen erst ab Ortsende Hirschfelde/Rosenthal, auch weil die Lausitzer Neiße ab hier ganzjährig befahrbar ist. Den gesamten Flusslauf begleitet auf der linken deutschen Seite der Oder-Neiße-Radweg.

Befahrungsregeln: Die Lausitzer Neiße ist von km 0,45 bis 14,2 eine Landeswasserstraße in Brandenburg. Es gilt die

Landesschifffahrtsverordnung Brandenburg (LSchiffV).

Befahrbarkeit: Ab Rosenthal ganzjährig.

198,1 Die Lausitzer Neiße, aus Tschechien kommend, wird ab hier Grenzfluss zur Bundesrepublik Deutschland (50.8593,14.8213)

198,0 li ⇩ Pfaffenbach (Hartau) (50.8594,14.8214)

197,9 li **02763 Zittau, OT Hartau** (236 m über NN) (50.8606,14.8216)

196,7 Dreiländereck Deutschland – Polen – Tschechien. Ab hier ist die Lausitzer Neiße Grenzfluss zwischen Deutschland und Polen. 80 m lange Schwallstrecke (50.8706,14.8234)

196,6 ▬ Sohlabsturz Hartau Porajów, ca. 80 cm hoch, li ⏏ (50.8710,14.8226)

196,4 Fußg-Ⅱ Himmelsbrücke, davor li ≣ Hartau (50.8724,14.8209)

195,4 ▬ Sohlrampe Zittau (vormals Walzenwehr), evtl. ≋ (50.8811,14.8177)

195,1 Str-Ⅱ **02763 Zittau**, Friedensstraße, 🚆, 🛒, ✕, ⌘ (50.8837,14.8189)

194,7 Str-Ⅱ Zittau, Lusatiaweg (50.8872,14.8214)

194,2 li ⇩ der Mandau (50.8900,14.8254)

193,9 EB-Ⅱ Zittau, danach li Kläranlage (50.8925,14.8290)

193,2 Str-Ⅱ Zittau, Chopinstraße, Ende Stadtgebiet (50.8964,14.8367)

193,1 li ≣ Zittau (50.8966,14.8367)

192,4 Str-Ⅱ B178 Zittau, re **PL 59-921 Sieniawka** (50.9014,14.8442)

192,2 ▬ Sohlschwelle, evtl. ≋ (50.9028,14.8452)

191,6 ▬ Sohlschwelle, evtl. ≋ (50.9077,14.8488)

190,7 ▬ Sohlabsturz Drausendorf, evtl. ≋ (50.9130,14.8580)

189,4 li **02788 Zittau, OT Drausendorf** (50.9213,14.8700)

187,0 ▬ Hirschfelde mit ϟ, **X**, re ⏏ (50.9353,14.8907)

186,5 –185,2 es folgen 10 ▬ Sohlschwellen, evtl. ≋ (50.9389,14.8947)–(50.9490,14.8932)

185,6 defekte Str-Ⅱ, re **PL 59-916 Bogatynia-Trzcinec Dolny** (50.9456, 14.8952)

185,3 EB-Ⅱ (50.9485,14.8939)

184,8 li ≣ Rosenthal (50.9526,14.8949)

184,7 li ⬇ **02788 Zittau, OT Rosenthal** (50.9535,14.8954)

183,7 EB-Ⅱ, mehrere kleine Schwallstrecken, ⚠ große Steine (50.9602, 14.9005)

183,2 EB-Ⅱ (50.9624,14.9011)

177,7 Kloster-▬ Marienthal mit ϟ, ⏏ ?, evtl. li treideln über Wehrkante, li ⌘ Kloster Marienthal, ✕ (50.9974,14.9233)

177,2 ▬ Sohlschwelle Marienthal, evtl. ≋, ehem. Ⅱ (50.9985,14.9294); re **PL 59-916 Posada** (50.9983,14.9300)

175,9 ▬ Sohlgleite (ehem. Jutewehr) Ostritz, evtl. ≋, ⚠ alter Pfeiler im Wasser (51.0090,14.9354)

175,0 Str-Ⅱ Ostritz, Bahnhofstraße, li **02899 Ostritz**, ✕, 🛒, re 🚆 Krzewina (PL) (51.0160,14.9391)

174,9 ▬ Sohlschwelle Ostritz, evtl. ≋ (51.0167,14.9394)

172,9 ▬ Grunauer Mühle, Krzewina, **X**, li ⏏ (51.0238,14.9424)

170,0 li **02899 Ostritz-Leuba** (51.0403,14.9468);
■ Apeltmühle Leuba, **X**, re ⏏ (51.0405,14.9481)
169,6 li ⇩ Mühlgraben Leuba (51.0424,14.9484)
168,6 EB-Ⅱ (51.0468,14.9560)
167,6 re ⇩ der Smědá (Witka) in die Lausitzer Neiße (D/PL) (51.0500,14.9646)
166,1 Str-Ⅱ Hagenwerder, Radmeritzer Straße, re **PL 59-914 Radomierzyce** (51.0604,14.9657)
166,0 Spundwand-■ Hagenwerder, evtl. ≋ (51.0616,14.9666)
164,5 li ⇩ Pließnitz (51.0701,14.9676);
li **02827 Görlitz, OT Hagenwerder**, 🚉, ✕, 🛒 (51.0702,14.9675)
159,8 ■ Deutsch Ossig, evtl. ≋ (51.0973,14.9818)
158,7 ■ Köslitz, evtl. ≋, ⚠ Walzenbildung, oder li bzw. re ⏏, schwieriges ⬇ (51.1048,14.9824)
156,8 li **02827 Görlitz, OT Weinhübel** (51.1179,14.9822)
156,3 ■ Görlitz-Weinhübel, evtl. ≋, li Mühlgraben (51.1163,14.9869)
153,6 re ⇩ Czerwona Woda (51.1357,14.9959)
152,7 li zum ⌂ NSV Gelb-Weiß, 300 m oberhalb des Viaduktes, Zittauer Str. 02827 Görlitz (51.1429,14.9902);
EB-Ⅱ Görlitz (Viadukt) (51.1429,14.9905)
152,4 ■ Obermühle Görlitz, **X**, re ⏏ (51.1435,14.9934)
151,4 Str-Ⅱ Görlitz, Am Stadtpark (Brücke der Freundschaft) (51.1503,15.0008)
150,5 Altstadt-Ⅱ Görlitz, li **02826 Görlitz**, ⌘ Altstadt, re **PL 59-900 Zgorzelec** (51.1576,14.9941)
150,4 Altstadt-■ Görlitz (Vierradenmühle), **X**, li oder re jeweils durch ✕ ⏏ (51.1579,14.9941)
150,1 li ≣ Görlitz (51.1609,14.9932)
147,1 Str-Ⅱ A4, Grenzübergang nach Polen (51.1808,15.0087)
145,6 ■ Ludwigsdorf mit ↯, **X**, re ⏏, ehemalige Kunstmühle, li Mühlgraben nach **02828 Görlitz-Ludwigsdorf** (51.1923,15.0083)
143,6 li ⇩ Mühlgraben Ludwigsdorf (51.2047,15.0075)
139,4 li **02829 Neißeaue, OT Zodel**, re **PL 59-930 Lasów** (51.2310,15.0234)
136,6 ■ Pieńsk mit ↯ in Polen, **X**, li ⏏ (51.2440,15.0376);
PL 59-930 Pieńsk, 🚉, 🛒 (51.2444,15.0385)
136,4 ■ Sohlschwelle Pieńsk, evtl. ≋ (51.2456,15.0367);
■ Sohlschwelle Pieńsk, evtl. ≋ (51.2461,15.0358)
133,8 Fußg-Ⅱ, li **02829 Neißeaue-Deschka**, ✕, ⬇ von Neiße-Tours (51.2568, 15.0308)
133,3 re ⇩ Kraftwerkskanal Piensk (51.2580,15.0381)
131,3 li ⌘ östlichster Punkt Deutschlands, ⚓, steile Anlegestelle (51.2729, 15.0418)
130,2 ⚠ Brückenreste im Fluss (51.2790,15.0347);
li **02829 Neißeaue-Zentendorf** (51.2791,15.0343)
129,3 EB-Ⅱ (51.2862,15.0323)
128,7 ■ Sohlschwelle Zentendorf, evtl. ≋ (51.2918,15.0334)
128,0 ■ Sohlschwelle Zentendorf, evtl. ≋ (51.2959,15.0299)

127,6 Weg-II mit schwimmendem Neißecafé, ausgeschilderte Durchfahrten nutzen, links Anlegestrand, ⛺, Imbiss; Abenteuerwildnis Kulturinsel Einsiedel mit Übernachtungsmöglichkeiten (z.B. Baumhaushotel), www.turisede.com (51.2984,15.0259)

125,1 ■ Niederneuendorf, X, re ⏏ (51.3104,15.0075);
li **02929 Rothenburg/Oberlausitz, OT Nieder Neundorf** (51.3107, 15.0065)

123,0 ■ Sohlschwelle ehemaliges Reisig-Wehr Rothenburg, evtl. ≈ (51.3218, 14.9950)

121,9 ■ Rothenburg, li ⏏ (51.3291,14.9904);
⬇ am Wehr Rothenburg, ⛺ von Neiße-Tours, Bootsvermietung und evtl. Hilfe beim Umsetzen zwischen Deschka und Bad Muskau, Imbiss;
🚐 Neiße-Camp, 600 m vom Fluss entfernt, neisse-tours.de (51.3288, 14.9896)

120,7 li **02929 Rothenburg/Oberlausitz**, 🚌 nach Cottbus (51.3362,14.9804)

115,6 ■ Bremenwerk, X, re ⏏ (51.3686,14.9772)

113,1 ■ Celltechnik Lodenau mit ϟ, X, re ⏏ (51.3827,14.9686)

113,0 li **02929 Rothenburg/Oberlausitz, OT Lodenau** (51.3828,14.9673)

110,3 Brischken-■ Lodenau mit ϟ, X, li ⏏ (51.3984,14.9691)

109,0 ■ Sohlschwelle oberhalb Steinbach, evtl. ≈ (51.4084,14.9615)

108,4 li **02957 Krauschwitz-Steinbach** (51.4118,14.9621)

107,7 ■ Sohlschwelle unterhalb Steinbach, evtl. ≈ (51.4163,14.9671)

101,5 ■ Bukowka (Klein Priebus) mit ϟ in Polen, X, li ⏏ (51.4557,14.9587);
li **02957 Krauschwitz, OT Klein Priebus** (51.4556,14.9581)

100,4 ■ Sohlschwelle Podrosche/Przewóz, evtl. ≈ (51.4652,14.9548)

99,4 Str-II Podrosche, Daubitzer Straße, Grenzübergang nach Polen, li **02957 Krauschwitz-Podrosche**, re **PL 68-132 Przewóz** (51.4721,14.9469)

99,3 ▤ Podrosche 2

98,9 ■ Sohlschwelle Podrosche/Przewóz, evtl. ≈ (51.4723,14.9398)

98,5 ■ Sohlschwelle Podrosche/Przewóz, evtl. ≈ (51.4729,14.9346)

95,5 li **02957 Krauschwitz, OT Werdeck** (51.4825,14.9046)

95,0 ■ Sohlschwelle Werdeck, evtl. ≈ (51.4823,14.8967)

91,5 ■ Pechern/Prysieka mit ϟ in Polen, X, li ⏏ (51.4903,14.8577);
li **02957 Krauschwitz, OT Pechern** (51.4899,14.8578)

82,1 li ⛺

80,5 Str-II S127b, DK 12, Grenzübergang nach Polen, li **02957 Krauschwitz**, re **PL 68-208 Łęknica** (51.5261,14.7355)

79,1 ehemalige EB-II, jetzt Radweg, re ⬆⬇, 🛒 Supermarkt ca. 300 m in Polen (51.5372,14.7276)

78,5 Str-II S127a Bad Muskau, Łęknica, ul. 1 Maja, Grenzübergang nach Polen, li **02953 Bad Muskau**, ⌘ Park (Fürst Pückler), re **PL 68-208 Łęknica** mit Markt (51.5422,14.7286)

78,3 Teilung der Neiße, li ⬅ fahren, im re Arm ■ in 100 m (51.5433,14.7293)

78,1 ■ Bad Muskau mit ϟ, X, li gute Treppen zum ⬆, ⏏, ⬇(Treppen) gleich

nach dem Kraftwerk ins Unterwasser (51.5456,14.7289)
77,9 re ⇩ Wehrarm (51.5470,14.7295)
77,8 Weg-Ⅱ Bad Muskau (51.5477,14.7294);
li ⇩ Kraftwerksarm Bad Muskau (51.5481,14.7290)
77,7 ▬ Sohlschwelle Bad Muskau, evtl. ≈ (51.5492,14.7296)
76,8 Fußg-Ⅱ li und re Fürst Pückler Park, ⌘, Weltkulturerbe (51.5546,14.7212
76,6 li ⇩ der Hermanns-Neiße (51.5541,14.7186)
76,2 ⬇ Böses Ufer, Parkmöglichkeit
73,4 li ⬆⬇ Anleger Köbeln, 500 m zum Glockenhof Köbeln, Pension und Heuhotel
71,7 ➔ in Polen weiterfahren, li ▬ Pusack, dahinter ca. 1 km Wassermangel (51.5902,14.7399)
70,7 ▬ und ↯ Żarki Wielkie, re ⏢, danach Schwall (51.5943,14.7516)
70,4 re ⇩ Zusammenfluss Wehrarm und Kraftwerkskanal (51.5965,14.7531)
68,0 Flussteilung, ➔ fahren, li zum ▬ Zelz, dahinter 600 m Wassermangel (51.6142,14.7644)
67,3 Str-Ⅱ Zelz - Sielec (51.6200,14.7653);
li **03159 Neiße-Malxetal, Zelz**, ✕ (51.6200,14.7650)
67,0 ▬ und ↯ Siedlec, re ⏢ (51.6218,14.7615)
64,8 li **03159 Neiße-Malxetal, OT Bahren** (51.6387,14.7547)
61,3 Str-Ⅱ A15/E36/S18, darunter Schwall, re evtl. ≈, Grenzübergang nach Polen (51.6669,14.7528)
60,4 alte Ⅱ, ▬ Sohlschwelle, evtl. ≈, li **03149 Forst (Lausitz)-Klein Bademeusel** (51.6735,14.7482)
60,2 li ≡ Klein Bademeusel
56,5 Ⅱ-Reste, li **03149 Forst (Lausitz)-Groß Bademeusel**, ✕ Zur blauen Maus (51.6956,14.7174)
54,2 ▬ Brożek mit ↯, **X**, li ⏢, es folgt eine Flussinsel, an der man sich li halten soll (51.7079,14.6918)
51,6 ⬅➔ vor der ▬-Gruppe Forst, re zum Haupt-▬, li zum Mühlgraben Forst (51.7252,14.6696)
51,5 li ⬅ des Mühlgraben Forst von der Lausitzer Neiße (D/PL), über ein Wehr, meist offen (51.7258,14.6668);
re Haupt-▬ Forst, li ⏢, ⚠ starker Sog des Hauptwehrs bei höheren Wasserständen (51.7261,14.6683)

Nebenstrecke Mühlgraben Forst

Über den Mühlgraben durch die Stadt Forst sind die Bootshäuser der hier ansässigen Kanuvereine erreichbar.

6,4 ⬅ des Mühlgraben Forst von der Lausitzer Neiße (D/PL) (s. Seite 510), über ein Wehr, meist offen (51.7258,14.6668)
5,8 re Abschlag-▬ (51.7287,14.6625);
Str-Ⅱ Forst, Wehrinselstraße (51.7290,14.6622)
5,2 re ⌂⚑ SG Turbine Forst, Paul-Högelheimer-Straße 1, 03149 Forst (51.7309,14.6567)

3,7 li ⌂► Wassersport Forst (Lausitz), ▶⛺, C.-A.-Groeschke-Straße 14B, 03149 Forst (Lausitz), www.wassersportverein-forst.de (51.7365,14.6510)
3,4 EB-Ⅱ Forst (51.7381,14.6484)
3,3 niedrige Str-Ⅱ **03149 Forst (Lausitz)**, Sorauer Straße, ⏏, Stege vorhanden (51.7392,14.6477)
3,1 niedrige Str-Ⅱ Forst, Max-Fritz-Hammer-Straße, ⏏, Stege vorhanden (51.7404,14.6477)
2,7 niedrige Str-Ⅱ Forst, Am Haag, ⏏, Stege vorhanden (51.7422, 14.6508)
2,5 ▬ Mühle Forst und Str-Ⅱ Mühlenstraße, Stege vorhanden (Mit Bootswagen Umfahren der 4 niedrigen Brücken über die Rüdiger-Straße ca. 1 km möglich.) (51.7437,14.6515)
2,1 Str-Ⅱ Forst, Kirchstraße (51.7458,14.6498)
2,0 Str-Ⅱ Forst, Parkstraße (51.7473,14.6504)
1,8 Str-Ⅱ Forst, Heinrich-Werner-Straße (51.7479,14.6518)
1,5 Str-Ⅱ Forst, Inselstraße (51.7498,14.6512)
1,1 Weg-Ⅱ Forst (51.7527,14.6501)
0,0 ⇩ Mühlgraben Forst in die Lausitzer Neiße (D/PL) (s. Seite 510) (51.7604,14.6518)

50,2 EB-Ⅱ Forst, ⚠ rechtes Joch **X**, Stahltrümmer im Wasser, durch li Joch evtl. ⏏ oder treideln (51.7365,14.6620)
49,7 zerstörte Fußg.-Ⅱ Forst, ⚠ Trümmer im Wasser, Seufzersteg, meist ≈ (51.7398,14.6576)
49,2 zerstörte Lange Ⅱ Forst, ⚠ Trümmer im Wasser, meist ≈ (51.7438, 14.6577)
46,4 ⇩ Mühlgraben Forst in die Lausitzer Neiße (D/PL) (51.7604,14.6518)
45,8 Str-Ⅱ Grenzübergang Forst nach Polen (51.7658,14.6525)
44,1 li **03149 Forst (Lausitz), OT Sacro** (51.7800,14.6523)
43,8 Ⅱ-Reste, Schwall (51.7827,14.6538)
38,6 li ⇩ Malxe-Neiße-Kanal (51.8059,14.6039);
li **PL 66-620 Strzegów** (51.8062,14.6042);
li **03149 Forst (Lausitz)-Briesnig**, Schöpfwerk, ✕ Zur Eisenbahn (51.8060,14.6037)
38,0 Ⅱ-Reste mit Schwall (51.8110,14.6009)
33,8 ▬-Gruppe Grießen (51.8423,14.5962);
re ➔ Wehrarm Grießen von der Lausitzer Neiße (D/PL) (51.8423, 14.5964);
li ▬ zum ↯, meist offen und ≈ (51.8425,14.5963)

Nebenstrecke Wehrarm Grießen

Der Wehrarm Grießen ist bei höherem Wasserstand die bessere Variante zum Kraftwerkskanal.

4,1 re ➔ Wehrarm Grießen von der Lausitzer Neiße (D/PL) (s. Seite 510) (51.8423,14.5964);
re ▬, der Wehrarm ist nur ≈ bei gutem Wasserstand, dazu re ⌓ (51.8423,14.5966)

0,0 ⇩ Wehrarm Grießen in die Lausitzer Neiße (D/PL) (s. Seite 510) (51.8565,14.6106)

33,4 Weg-Ⅱ Grießen, li **03172 Jänschwalde-Grießen**, ✕ (Imbiss am Dorfteich) (51.8463,14.5982)

32,9 ▬ ϟ Grießen, **X**, re ⌓ (51.8494,14.6010)

31,9 li ⇩ Wehrarm Grießen in die Lausitzer Neiße (D/PL) (51.8565,14.6106)

31,7 bis 30,6 ▬ vier Sohlschwellen, evtl. ≈ (51.8577,14.6126)

29,4 zerstörte Ⅱ, re **PL 66-620 Markosice** (51.8661,14.6397)

27,3 ▬ Groß Gastrose, li in Mühlgraben einfahren und nach 90 m ↱, über die Wehrinsel ⌓, ca. 50 m unterhalb des Wehrs wieder in die Neiße ⬇, bis zur Mündung des Mühlgrabens stellenweise flach, steinig, evtl. treideln (51.8799,14.6539)

26,6 li ⇩ Mühlgraben Groß Gastrose (51.8858,14.6573);
li zum Ort **03172 Schenkendöbern, OT Groß Gastrose**, zum ✕ Neissetal den Mühlgraben aufwärts bis zur alten Brücke fahren (51.8858, 14.6575)

26,0 ▬ Sohlschwelle, evtl. ≈ (51.8898,14.6623)

25,5 ▬ Sohlschwelle, evtl. ≈ (51.8902,14.6685)

23,9 li **03172 Schenkendöbern, OT Klein Gastrose** (51.8956,14.6811)

22,6 Str-Ⅱ B97/S32 bei Schlagsdorf, Grenzübergang nach Polen (51.9033, 14.6944)

21,8 Ⅱ-Reste Schlagsdorf (51.9097,14.6927)

21,6 li ≣ Schlagsdorf (51.9113,14.6948)

21,5 re **PL 66-620 Sękowice** (51.9112,14.6958)

17,6 EB-Ⅱ Guben (51.9398,14.7166)

16,2 ▬ Guben mit ϟ, **X**, li ⌓ 200 m bis zur ⬇ Neißetreppen (51.9517, 14.7214);
Str-Ⅱ Guben, Frankfurter Straße, li **03172 Guben**, 🚂, ⌘ Plastinarium, re **PL 66-620 Gubin** mit Polenmarkt (51.9518,14.7214)

16,1 Flussteilung, li ⬅ Hauptarm (51.9530,14.7212)

16,0 ⬇ Neißetreppen am Amtsgericht, öffentlicher 🅿 neben Amtsgericht (51.9533,14.7203);
Fußg.-Ⅱ Guben (51.9537,14.7203)

15,7 ⇩ Zusammenfluss der beiden Arme in Guben (51.9560,14.7184)

15,5 ⚠ Holzpfähle im Wasser (51.9564,14.7159)

15,4 li ⇩ der Egelneiße (51.9569,14.7136)

15,0 Ⅱ-Ruine mit ≈ Schwall (51.9605,14.7115)

13,9 li ≣ Guben 2 (51.9692,14.7069)

13,5 re Kläranlage (51.9727,14.7072)

13,4 EB-Ⅱ Guben, Schwall (51.9736,14.7068)

13,0 li ⇩ Schwarzes Fließ (51.9776,14.7048)
10,8 li **03172 Guben, OT Groß Breesen** (51.9923,14.7200)
7,9 li ⇩ Grano-Buderoser Mühlenfließ (52.0119,14.7258)
7,2 Str-II Coschen, Grenzbrücke, li **15898 Neißemünde-Coschen**, 🚆, re **PL 66-620 Żytowań** (52.0168,14.7316)
4,8 li ⇩ Breslacker Fließ (52.0324,14.7483);
li **15898 Neißemünde-Breslack** (52.0325,14.7481)
1,1 re **PL 64-820 Kosarzyn** (52.0611,14.7580)
0,1 li **15898 Neißemünde-Ratzdorf**, 3 ✕ (52.0691,14.7556)
0,0 ⇩ Lausitzer Neiße (D/PL) in die Oder (D/PL) (s. Seite 506) bei amtl. km 542,4 (52.0701,14.7562)

Brieskower Kanal

Kanal, aufgegebener Schifffahrtskanal
Mündung in Oder bei amtl. km 576,7 (li Nebenfluss)

Der Brieskowkanal stellt die kürzeste Verbindung zwischen Müllrose und der Oder dar, er verkürzt die Strecke Müllrose–Frankfurt/O. um ca. 38 km. Allerdings muss dieser Vorteil durch 850 m Landtransport zwischen den ersten beiden ehemaligen Schleusen, umtragen von 5 weiteren teils zugeschütteten Schleusen und zwei Straßendämmen relativ mühsam erkauft werden. Der große Landtransport lässt sich verkürzen, indem man im Oder-Spree-Kanal bis km 109,4 weiterfährt und von dort ca. 300m durch den Wald umsetzt. Trotz der Mühen ist der aufgegebene Kanal überraschend schön und abwechslungsreich.

0,0 ➔ zum Brieskower Kanal vom Oder-Spree-Kanal (Ost) (s. Seite 318) (nach 400 m durch Damm versperrt) (52.2466,14.4598)
13,1 ▬ Brieskower Kanal ist durch Damm versperrt, **X**, Verbindung zur Spree-Oder-Wasserstraße über einen Altarm des Oder-Spree-Kanals (52.2463,14.4675)
12,5 Str-II **15295 Groß Lindow, OT Schlaubehammer**, Kaisermühler Straße, ⬆ und auf Radweg li ca. 850 m ⏏ (52.2453,14.4761)
11,6 ⬇ nach ⌘ Hammerfort (52.2416,14.4870)
11,3 ⚠, da der Kanal auf der Strecke zwischen den verfallenen Schleusen Schlaubehammer und Hammerfort zugeschüttet ist, ist es sinnvoll, nicht bei der Abzweigung den Kanal zu befahren, sondern bei km 109,37 der Spree-Oder-Wasserstraße etwa 300 m weit zu ⏏, nur an dieser Stelle, da sonst Dickicht und Gartenzäune, zuerst über einen Waldweg, dann über die Straße durch ein blaues Gartentor, um Erlaubnis bitten (52.2402, 14.4905)
10,0 re ⛺ Weißenspring, ✕ „Zum kühlen Strande", Dorfstraße 42, 15295 Groß Lindow, ✆ +49 33609 876 (52.2379,14.5086)
9,9 ⌘ Weißenspring, li ⏏ (52.2384,14.5098)
8,3 ⌘ Groß Lindow, li ⏏ (52.2370,14.5317);
Str-II **15295 Groß Lindow**, Ernst-Thälmann-Straße (52.2370,14.5320);
re ✕ „Die Preußenstuben", Ernst-Thälmann-Straße 4, 15295 Groß

Lindow, www.diepreussenstuben.de, ☎ +49 33609 38600 (52.2370, 14.5321)

7,4 ➔ Schlaube über ▬, nur bei gutem Wasserstand fahrbar, viele Hindernisse (Stege), teilweise mit Weidengebüsch zugewachsen, nicht zu empfehlen (52.2389,14.5453)

7,3 ▬ Straßendamm, li ⏢ (52.2394,14.5453)

6,7 ⌘ Weißenberg, re ⏢ (52.2406,14.5545)

5,6 ⌘ Finkenheerd, re ⏢ (52.2447,14.5683);
Str-II **15295 Brieskow-Finkenheerd**, Bahnhofstraße, 🚆, ✕ (52.2449, 14.5691)

5,5 Str-II B112 Brieskow-Finkenheerd (52.2452,14.5702);
EB-II Brieskow-Finkenheerd (52.2453,14.5706)

5,0 ▬ Str.-Damm Brieskow-Finkenheerd, ⏢, ⚠ auf Verkehr (52.2466, 14.5765)

3,5 ⌘ Brieskow, Fischzucht, li ⏢ (52.2585,14.5822)

3,3 Str-II Brieskow-Finkenheerd, Seestraße mit Stemmtor (schließt bei hohem Stand der Oder), Beginn des Brieskower Sees (52.2600,14.5820)

0,5 re ehemaliges ⌂, ⛺ (52.2841,14.5787)

0,0 ⇩ Brieskower Kanal in die Oder (D/PL) (s. Seite 506) bei amtl. km 576,7, Sportbootliegeplatz und ⛺ Lossow (52.2884,14.5750)

Westoder

Wanderfluss, Schifffahrtsstraße
Mündung in Oder bei amtl. km 55,3

Unterhalb Widochowa (PL) teilt sich die Oder. Die offizielle Oder-Kilometrierung verläuft weiter in der Ostoder. Die Westoder zweigt links über ein Wehr ab und führt direkt in das Zentrum von Szczecin (Stettin). Sie ist auf den ersten 2,7 Kilometer für den Schiffsverkehr gesperrt. Dann nimmt sie die Hohensaaten-Friedrichsthaler-Wasserstraße und damit den aus Richtung Berlin kommenden Schiffsverkehr auf.

Befahrungsregeln: Die Westoder ist eine Bundeswasserstraße bis zur polnischen Grenze. Es gilt die Binnenschifffahrtsstraßen-Ordnung (BinSchStrO).
km 32,1 bis 32,5 (Insel Krainka (Piepenwerder)): ganzj. UV

Kilometrierung: Amtliche Kilometrierung der Westoder vom Abzweig von der Ostoder (-0,1) bis Szczecin, Str-II DW105 (36,5). Dann beginnt eine neue amtliche Kilometrierung der Seewasserstraße bei km 66,7, abwärts zählend bis zur Mündung der Oder in die Ostsee (km 0,0).

-0,1 ← der Westoder von der Oder (D/PL) (s. Seite 506) über das Marienhofer Wehr. Die Oder ist ab hier wieder beidseitig polnisch. Fortsetzung der Kilometrierung in der Ostoder (53.1430,14.3864)

0,0 ▬ Widuchowa (Marienhofer Wehr), li ⏢, im Sommer meist offen und evtl. ≋, jedoch durch Schifffahrtszeichen gesperrt (53.1441,14.3850)

2,8 li ⇩ Oder-Havel-Kanal (s. Seite 520) (Hohensaaten-Friedrichsthaler-

Wasserstraße) in die Westoder. Grenze zwischen Polen und Deutschland. Personalausweis mitführen und Nationalflagge am Boot führen (53.1660, 14.3671)

7,9 li **16307 Gartz (Oder)**, Hafen der Fahrgastschifffahrt, ✕, ⌘: Stephanskirche (13. Jh.), Stadtmauer (53.2062,14.3926);
zerstörte Str-II Gartz (nur Pfeiler ohne Überbau) (53.2057,14.3929)

8,0 li ⚓ Gartz für Kanu und Bollwerk mit Liegeplätzen für größere Sportboote. ✕ Kiosk (53.2066,14.3953)

13,5 li ← in Mescheriner See, dort Campingplatz am Oderstrom und ✕ Parkrestaurant, Obere Dorfstraße 17, 16307 Mescherin, www.campingplatz-mescherin.de , ♪ +49 33332 870044 (53.2458,14.4327);
von hier geführte Touren in die Polderlandschaft zwischen West- und Ostoder mit www.flusslandschaft-reisen.de

13,5 li **16307 Mescherin**, ✕ und Pension „Dorotheenhof" (53.2464,14.4322)

14,1 li ✕ Altes Zollhaus Mescherin (Herberge und Wirtschaft), Untere Dorfstraße 9, 16307 Mescherin, www.mescherin.com , ♪ +49 33332 870535 (53.2509,14.4364)

14,2 → des Kanał Gryfinski von der Westoder (53.2515,14.4395)

14,4 re ⛺ Stanica Wodna (polnische Touristenstation) mit 28 Betten, Sportbootanleger, ♪ +48 914612463 (53.2528,14.4408)

14,7 Str-II B113 Mescherin (DE), 120 Gryfino (PL), Grenzübergang, danach li Aussichtsturm (53.2549,14.4418)

17,1 Grenze Deutschland - Polen, li Ufer nun auch polnisch (53.2745,14.4448)

22,8 li **PL 72-001 Moczyły** (Schillersdorf) (53.3219,14.4731)

25,4 Str-II A6/E28 (53.3396,14.4986)

26,2 **PL Siadło Dolne**, Marina und mehrere Schwimmstege (53.3515,14.5043)

27,6 li → Westoder, ← Kanal Kurowski, beide Arme ≈ (53.3576,14.5108)

29,8 re → der Skośnica (Klützer Querfahrt) von der Westoder (53.3698, 14.5318)

30,9 re → Kanał Leśny von der Westoder (53.3807,14.5358);
li ⇩ Kanal Kurowski (53.3814,14.5333)

30,9 re ⇅ Szczecin, Dobrej Nadziei (53.3813,14.5362)

31,1 Beginn des Stadtgebietes **Szczecin** PLZ PL 70-018 bis PL 71-871 (53.3824,14.5355);
Str-II S31 und 2 EB-II Szczecin (53.3827,14.5360)

32,1 –32,5 Insel Krainka (Piepenwerder), § ganzj. UV (53.3913,14.5433)–(53.3943,14.5454)

33,5 → der Parnica von der Westoder, Verbindung über Hafengewässer zur Ostoder (53.4023,14.5502)

35,4 li Haupt-🚣 Szczecin, auf Insel Ruderclub (53.4172,14.5508)

35,6 EB-II Szczecin (53.4199,14.5559)

36,0 Str-II S10 Szczecin, most Długi (Lange Brücke), li Stadtzentrum von **Szczecin** mit zahlreichen ⌘ (Hakesche Terrassen, Burg der Pommern-Herzöge, Jakobi-Kathedrale, Altstadt mit ehem. Rathaus u. a.) (53.4221,

14.5605)
36,5 Str-II DW115 Szczecin, Trasa Zamkowa (53.4257,14.5659)
66,7 = 36,5 Beginn einer neuen, bis zur Mündung in die Ostsee (Swinemünde) zählenden Kilometrierung, es folgt Werft- und Hafengelände (53.4261, 14.5663)
64,9 re ➔ Kanal Grabowski, hier weiterfahren, li Westoder und Werfthafen, Durchfahrt verboten (53.4384,14.5841)
64,0 re ⇩ Przekop Mieleński in die Westoder (53.4434,14.5953)
63,8 re Sportbootdurchfahrt zum Dammschen See (53.4455,14.5968)
62,3 ➔ der Swięta von der Westoder, Sportbootdurchfahrt zum Dammschen See (53.4588,14.6001)
59,4 re ➔ Kanał Leśniczówka von der Westoder, Sportbootdurchfahrt zum Dammschen See (53.4822,14.6170)
58,2 li Stahlwerk (53.4930,14.6178)
55,3 li ⇩ der Westoder in die Oder (53.5171,14.6355)

Oder-Havel-Kanal

Weitere Namen: Hohensaaten-Friedrichsthaler-Wasserstraße, Oderberger Gewässer

Kanal, Schifffahrtsstraße
Mündung in Westoder bei amtl. km 2,8 (li Nebenfluss)

Verbindet Oder und Havel
Die Havel-Oder-Wasserstraße beginnt am Zusammenfluss von Spree und Havel in Berlin-Spandau und bildet die Fortsetzung des Mittellandkanals nach NO zur Oder und schafft damit eine Verbindung des deutschen Binnenwasserstraßennetzes zur Ostsee und nach Osteuropa. Die Wasserstraße wird zurzeit für den Verkehr mit großen Binnenschiffen (Europa-Schiffen) ausgebaut. Landschaftlich schön ist er dort, wo Seen in seinen Verlauf einbezogen sind wie in Berlin, bei Oranienburg und ab dem Schiffshebewerk Niederfinow.
Die Hohensaaten-Friedrichsthaler-Wasserstraße als Fortsetzung der Havel-Oder-Wasserstraße verläuft ab Hohensaaten nahezu parallel zur Oder als ständig voll schiffbare Wasserstraße und mündet bei Friedrichstal in die Westoder. Dabei wird die Kilometrierung der Havel-Oder-Wasserstraße fortgeführt. Sie dient wasserwirtschaftlich der Entwässerung des Oderbruchs über die Wriezener Alte Oder. Das zwischen der Oder und der Hohensaaten-Friedrichsthaler-Wasserstraße liegende eingedeichte Poldergebiet ist Bestandteil des Nationalparks Unteres Odertal. Für das gesamte Zwischenstromland zwischen Oder und Hohensaaten-Friedrichstaler-Wasserstraße (132 Einzelgewässer, davon ca. 2/3 für Befahrung geeignet) besteht ganzjähriges Befahrungsverbot. Nur geführte Fahrten werden genehmigt.

Befahrungsregeln: Der Oder-Havel-Kanal und die Hohensaaten-Friedrichsthaler-Wasserstraße sind als Bestandteil der Havel-Oder-Wasserstraße Bundeswasserstraße. Es gelten die Bestimmungen der Binnenschifffahrtsstraßen-Ordnung (BinSchStrO).
Kilometrierung: Amtliche Kilometrierung.

40,5 ⇩ Malzer Kanal (s. Seite 285) in Havel-Oder-Wasserstraße (s. Seite 285) und ← Oder-Havel-Kanal (52.8397,13.3952)
41,3 Str-Ⅱ, re nach **16559 Liebenwalde-Kreuzbruch**, Berliner Chaussee (52.8412,13.4060)
41,4 EB-Ⅱ (außer Betrieb) (52.8415,13.4078)
45,5 li ⚓ (52.8471,13.4661)
49,0 Str-Ⅱ B109, li **16348 Wandlitz-Zerpenschleuse**, Prenzlauer Chaussee, ✕ (52.8464,13.5220)
50,0 Fußg-Ⅱ Zerpenschleuse - Ruhlsdorf (52.8463,13.5368)
50,3 →← der Finow-Kanal (s. Seite 524) kreuzt den Oder-Havel-Kanal (52.8463,13.5414)
50,3 re zum ✕ Bootshaus Ruhlsdorf mit Zeltmöglichkeit und zum 🚆 Zerpenschleuse-Ruhlsdorf, Am Finowkanal 4, 16348 Marienwerder, www.bootshaus-ruhlsdorf.com , ☎ +49 33395 70489 (52.8461,13.5424)
50,5 EB-Ⅱ Zerpenschleuse (52.8465,13.5448)
54,7 →← der Werbellin-Kanal (s. Seite 527) kreuzt den Oder-Havel-Kanal (52.8510,13.6060);
re **16348 Marienwerder**, ✕ (52.8505,13.6066)
54,9 re Marina Marienwerder mit ⛺-Möglichkeit, ✕, Am Wassertor 2, 16348 Marienwerder, www.marina-marienwerder.com , ☎ +49 3335 4518403 (52.8509,13.6094)
55,1 Str-Ⅱ K6009 Marienwerder und Pechteicher Sicherheitstor, Beginn der Dichtstrecke (Kanal liegt überwiegend über dem Gelände) (52.8514, 13.6122)
57,7 Str-Ⅱ B167 (Kaiserweg-Brücke) (52.8554,13.6502)
58,8 li 🚐 Ferienpark Üdersee-Camp, Tor zum Kanal wird nach vorheriger Anmeldung an der Rezeption geöffnet, Üdersee, 16244 Schorfheide, www.uedersee.de , ☎ +49 3335 325369 (52.8567,13.6661)
59,2 Str-Ⅱ A11 (52.8575,13.6722)
60,0 re Wasserstraßen- und Schifffahrtsamt Oder-Havel, Außenbezirk Finowfurt, Werbelliner Str. 85, 16244 Schorfheide, www.wsa-oder-havel.wsv.de , ☎ +49 3335 45160 (52.8589,13.6831);
Str-Ⅱ **16244 Schorfheide-Finowfurt**, Werbelliner Straße (Steinfurther Brücke) (52.8594,13.6838)
63,1 re Auslaufbauwerk, umtragen zum Mäcker-See und Finowkanal bedingt möglich (52.8580,13.7280)
63,6 Str-Ⅱ L293 Finow, Altenhofer Straße (Mäckersee-Brücke) (52.8564, 13.7354)
65,6 Str-Ⅱ L238, re **16227 Eberswalde-Finow**, Lichterfelder Brücke (52.8531, 13.7623)
66,8 re Beginn Hafen Eberswalde (52.8528,13.7821)
67,9 Str-Ⅱ Eberswalde, Britzer Straße (Dusterwinkelbrücke) (52.8541,13.7984)
68,4 Kanal-Ⅱ über die Eisenbahn (52.8547,13.8051)
70,1 Str-Ⅱ Breite Straße, re **16225 Eberswalde**, 🚆 (52.8568,13.8291)

70,3 Sicherheitstor Eberswalde wird im Jahr 2021 abgebaut (52.8573,13.8322)
70,4 ⌂▸ Eberswalder SV Empor, ⅄, Wassertorbrücke 3, 16225 Eberswalde, ☎ +49 3334 24862 (52.8574,13.8344)
71,5 Ragöser Tunnel (Ragöse fließt 28 m unter dem Kanal in 157 m langem Tunnel) (52.8591,13.8499)
75,4 Str-II L291 (Kloster-Brücke) (52.8545,13.9061)
76,4 ← zur alten Schleusentreppe (außer Betrieb). Schiffsanleger mit ✕ Kiosk (52.8527,13.9216)
77,5 Sicherheitstor Niederfinow, li davor Sportbootwartestelle, Aufruf zum Schleusen erfolgt über Lautsprecheranlage (52.8499,13.9368)
77,8 ⇄ Schiffshebewerk Niederfinow, Betriebszeit: durchgehend, überwindet 36 m Höhenunterschied zur Oderniederung. Technisches Denkmal, Besichtigung möglich ⌘. Informations-Pavillon des WSA. Zwischen alter Schleusentreppe und Schiffshebewerk befindet sich die Baustelle für ein neues, größeres Schiffshebewerk. Am 🅿 ✕, ☎ +49 33362 215 und +49 33362 6191222 (52.8491,13.9418)
78,2 re Schiffsanleger, daneben ↑ Ausstiegsmöglichkeit (52.8488,13.9505)
78,4 li ⇩ der Schleusentreppe (außer Betrieb), ab hier Name auch **Oderberger Gewässer** (52.8508,13.9529)
79,0 re ⇩ Finow-Kanal (s. Seite 524) in Oder-Havel-Kanal (52.8517,13.9587)
80,1 Wege-II, li **16248 Liepe**, ✕ (52.8580,13.9720)
80,1 ⇩ in den Lieper See (52.8589,13.9738)
82,5 re ⇩ Alte Finow, Befahrung verboten (52.8597,14.0047)
82,9 ⇩ in den Oderberger See (52.8599,14.0107)
84,3 Ausfahrt aus dem Oderberger See (52.8630,14.0308)
84,7 re ⇩ Wriezener Alte Oder (s. Seite 529) in den Oder-Havel-Kanal, die ab hier Bestandteil der Havel-Oder-Wasserstraße ist (52.8637,14.0360)
85,3 Str-II B158 **16248 Oderberg**, Schwedter Straße, ✕, ⌘ Heimat- und Schifffahrtsmuseum, Museumsdampfer „Riesa" (52.8645,14.0452)
86,0 li Wasserwander-⚓ Oderberg mit ⅄-Möglichkeit (52.8655,14.0557)
86,4 EB-II (stillgelegt) (52.8647,14.0617)
87,0 re Marina Oderberg mit ✕, ⅄-Möglichkeit, Altes Bruch 5, 16248 Oderberg, www.marina-oderberg.de , ☎ +49 33369 75540 (52.8637,14.0711)
92,0 Str-II, li **16259 Bad Freienwalde (Oder)-Hohensaaten**, ✕ „Fischerklause" und „Vis a Vis" (52.8699,14.1423)
92,5 li ← zur Westschleuse Hohensaaten (52.8721,14.1470)
92,5 re → Verbindungskanal Hohensaaten Ost (s. Seite 509) vom Oder-Havel-Kanal (52.8721,14.1481)
92,9 li ▬ und re ⇄ Hohensaaten, li ⌓ oder li ⇄ Westschleuse Hohensaaten benutzen, Betriebszeiten: 06:00–21:45, So und feiertags 07:00–21:45 Uhr (gilt für beide Schleusen), ☎ +49 33368 223 und +49 33368 54612 (52.8763,14.1509);
li ⇩ in die **Hohensaaten-Friedrichstaler-Wasserstraße**. Die Beschreibung und die HOW-Kilometrierung werden hier fortgeführt (52.8764, 14.1510)

95,5 li Kiesgrube (52.8974,14.1500)
95,8 li Kieshafen Lunow (52.9001,14.1471)
98,9 Str-II, li **16248 Lunow-Stolzenhagen**, Fischerstraße, ✕ (52.9233, 14.1261)
102,3 Str-II Stolzenhagen, hinter der Brücke li Sportboothafen u. Wasserwander-⛺ mit ⛺-Möglichkeit (52.9498,14.1096)
105,4 li ⛺ mit ⛺-Möglichkeit (52.9767,14.1133)
105,5 Str-II, li **16278 Angermünde-Stolpe**, Dorfstraße, ✕ u. Hotel „Stolper Turm", „Grützpott", Stolper Turm (dickster Bergfried in Mitteleuropa) ⌘ (52.9772,14.1145)
107,8 re Schöpfwerk am Stolper Strom (52.9875,14.1437)
108,2 Str-II, li **16278 Schöneberg, OT Neu-Galow**, Kanalstraße (52.9885, 14.1494)
110,0 Weg-II, li **16278 Schöneberg-Stützkow**, davor re Altarm (52.9924, 14.1758)
114,2 Str-II, li **16303 Schwedt/Oder-Criewen**, ✕ u. Pension „Zur Linde" ✆ 03332/521498, Café „Anitas Eisstube", Schloss Criewen, Besucherzentrum des Nationalparks, Lené-Park mit alter Kirche ⌘ (53.0109,14.2269)
116,2 Str-II, li **16303 Schwedt/Oder-Zützen**, Am Zützener Kanal, ✕ Hotel „Zum Winkel", ✆ +49 3332 22033 (53.0248,14.2452)
117,8 Wege-II Schwedt, Landgraben-Brücke (53.0364,14.2585)
119,4 Weg-II Schwedt, Schöpfwerk-Brücke (53.0470,14.2743)
119,5 re Schöpfwerk Schwedt I (53.0470,14.2765)
120,6 Str-II B166, li **16303 Schwedt/Oder**, Brückenstraße, 🚂, ✕, 🛒 (53.0531, 14.2901)
121,4 li 🏠 Wassersport PCK Schwedt, Abt. Kanu, ⛺, Wassersporthafen, Regattastr. 3, 16303 Schwedt, www.wassersport-schwedt.de , ✆ +49 3332 23962, begegnung@wassersport-schwedt.de (53.0567,14.2995)
122,0 re Schöpfwerk Schwedt II (53.0581,14.3088)
123,4 re ➔ Schwedter Querfahrt (s. Seite 510) vom Oder-Havel-Kanal, Verbindung zur Oder (53.0678,14.3204)
123,7 Str-II Schwedt, Zur Querfahrt (53.0705,14.3201)
124,5 –125,5 li Papierfabriken Schwedt (53.0781,14.3219)
125,9 li ⇩ der Welse (s. Seite 540) in den Oder-Havel-Kanal, Einfahrt Industriehafen Schwedt (53.0898,14.3277)
128,2 Weg-II, li **16303 Schwedt/Oder-Gatow**, ✕ (53.1091,14.3395)
130,8 re Schöpfwerk Schwedt III (53.1315,14.3484)
130,9 Str-II Teerofenbrücke (53.1324,14.3487)
131,0 li Wildnisschule Teerofenbrücke mit ⛺, www.wildnisschule-teerofenbruecke.de , ✆ +49 3332 838840 (53.1342,14.3500)
133,6 li **16307 Gartz/Oder-Friedrichsthal**, ✕ (53.1554,14.3568)
135,0 ⇩ Oder-Havel-Kanal (Hohensaaten-Friedrichsthaler-Wasserstraße) in die Westoder (s. Seite 518) bei amtl. km 2,8. Grenze zwischen Polen und Deutschland. Personalausweis mitführen und Nationalflagge am Boot

führen (53.1660,14.3671)

Finow-Kanal

Weitere Namen: Langer Trödel

Kanal, Schifffahrtsstraße
Mündung in Oder-Havel-Kanal bei amtl. km 79,0 (re Nebenfluss)

Verläuft parallel zum Oder-Havel-Kanal
Der Finow-Kanal ist einer der ältesten Kanäle Deutschlands (erstes Kanalstück 1620 in Betrieb) und verläuft parallel zum Oder-Havel-Kanal. Für den nicht so eiligen Wasserwanderer bietet er eine interessante und lohnenswerte Alternative zum Oder-Havel-Kanal, da er landschaftlich sehr schön ist und überwiegend naturbelassen erscheint, obwohl 12 Schleusen zu durchfahren sind (die im Oder-Havel-Kanal durch das Schiffshebewerk ersetzt werden). Die Schleusen sind in der Zeit von Mai bis September von 09:00–17:00 Uhr in Betrieb. Es ist eventuell mit Wartezeiten zu rechnen, da teilweise ein Beschäftigter zwei Schleusen bedient (✆ des WSA Oder-Havel +49 3335 214).

Befahrungsregeln: Der Finowkanal südlich des Oder-Havel-Kanals ist eine Bundeswasserstraße. Es gelten die Bestimmungen der Binnenschifffahrtsstraßen-Ordnung (BinSchStrO). Der rund 10 km lange Kanalteil zwischen Liebenwalde und Zerpenschleuse (Langer Trödel) ist eine Landeswasserstraße Brandenburg.

Kilometrierung: Die amtliche Kilometrierung beginnt in Spandau, ist jedoch von der des Oder-Havel-Kanals an der Kreuzungsstelle Zerpenschleuse unterschiedlich, da der frühere Umweg über Liebenwalde enthalten ist. Der Lange Trödel verfügt als Landeswasserstraße Brandenburg über eine eigene Kilometrierung.

0,0 ⇩ Obere Havel (s. Seite 276) in den Malzer Kanal (s. Seite 285) und 🡐 des Finow-Kanal (52.8647,13.3943)

0,0 –10,4 Hier ist der Finow-Kanal (Langer Trödel) Landeswasserstraße Brandenburg mit eigener Kilometrierung. Motorboote dürfen auf dem Langen Trödel in Liebenwalde um 9:00, 12:00, 15:00 und 18:00 mit einer Höchstgeschwindigkeit von 6 km/h starten. In Wandlitz OT Zerpenschleuse dürfen sie um 10:30, 13:30 und 16:30 starten. Da beidseitig Hubbrücken nur entsprechend der Höchstgeschwindigkeit geöffnet werden, ist eine größere Geschwindigkeit als die zugelassene für Motorboote unsinnig. Dadurch fahren die Motorboote wirklich langsam. Bei entsprechender Planung entgegen der Motorbootfahrtrichtung können Kanuten die Ruhe auf dem Kanal zum größten Teil genießen (52.8649,13.3948)–(52.8465, 13.5409)

0,2 Str-II Liebenwalde, Berliner Straße (Hub-II) (52.8653,13.3967)

0,2 li ⇅ Marina Liebenwalde, im hinteren Teil eine für Kanuten und Ruderer vorbildliche ⇅. Das Parken von PKW und das Einsetzen von Booten, auch Kajaks und Kanus, ist gebührenpflichtig. Anlegen zum Pause

machen ist kostenlos (52.8654,13.3978)
0,6 EB-II (außer Betrieb) (52.8652,13.4025)
1,4 re ↱ zur Schutzhütte am Südufer (52.8649,13.4148)
6,2 re ➔ in alten Flosshafen am Südufer, verkrautet, gerade ausreichend um ein K1 zu wenden (52.8577,13.4845)
7,7 öffentliche ⇅ „Außerm Ende“, jedoch kein Parkplatz (52.8570,13.5051); Str-II Zerpenschleuse, Forststraße (Hub-II) (52.8568,13.5059)
9,3 Str-II B109 Zerpenschleuse, Berliner Straße (Hub-II) (52.8521,13.5276)
10,1 re ⇅ vor der Zerpenschleuse an einer Rampe (52.8475,13.5366)
10,2 ⯐ Zerpenschleuse (52.8473,13.5381)
57,3 = 10.4 Ab hier gilt die amtliche Kilometrierung des Finow-Kanals (52.8464, 13.5411);
➔← der Finow-Kanal kreuzt den Oder-Havel-Kanal (s. Seite 520) (52.8463,13.5414)
57,5 re ⚓ am ✕ „Bootshaus Ruhlsdorf“ mit ⛺-Möglichkeit, Am Finowkanal 4, 16348 Marienwerder, www.bootshaus-ruhlsdorf.de , ☎ +49 33395 70489 (52.8457,13.5426)
57,5 EB-II, re ⩩ (52.8454,13.5439)
59,0 li ⇩ Werbellin-Kanal (s. Seite 527) in den Finow-Kanal (52.8398,13.5638)
59,2 ⯐ Ruhlsdorf, außerhalb der Betriebszeiten re ⏏, Wege-II, ☎ +49 33395 221 (52.8391,13.5666)
59,5 Str-II K6009 nach Marienwerder (52.8389,13.5706)
61,1 ⯐ Leesenbrück mit Wege-II, außerhalb der Betriebszeit li ⏏, ☎ +49 3335 451634 (52.8377,13.5944)
61,6 li Str-II Biesenthaler Straße, li **16348 Marienwerder**, ✕ „Goldener Anker“ mit Gästesteg, Biesenthaler Str. 17, 16348 Marienwerder, www.goldener-anker-marienwerder.de , ☎ +49 3335 7400 (52.8388,13.6009)
61,7 li Kanuverleih „Mac Paddel“ mit ⛺-Möglichkeit, danach Schiffsanleger, www.macpaddel.de , ☎ +49 3335 31397 (52.8392,13.6021)
63,3 ⯐ Grafenbrück mit Wege-II, außerhalb der Betriebszeit re ⏏, re vor Schleuse ✕ Restaurant und Biergarten „Schleusengraf“, Grafenbrücker Weg 4, 16348 Marienwerder, www.derschleusengraf.de , ☎ +49 3335 330293 (52.8420,13.6262)
63,5 re ⇩ Pregnitzfließ, ganzjähriges Befahrungsverbot (52.8417,13.6288)
65,0 re ⇩ der Finow (Finowfließ) in den Finow-Kanal (52.8452,13.6489)

Nebenstrecke Finow

13,6 Abfluss aus dem Regesesee (52.7624,13.6128)
12,8 Str-II **16359 Biesenthal** (52.7664,13.6208)
11,4 ▬ Wehrmühle Biesenthal (52.7740,13.6282)
11,4 –0,0 **§** ganzj. BV (52.7741,13.6282)–(52.8452,13.6489)
0,0 ⇩ der Finow (Finowfließ) in den Finow-Kanal (s. Seite 524) (52.8452,13.6489)

65,2 re Marina Eisvogel mit ⛺-Möglichkeit, Hubertusmühle 11, 16244 Schorfheide, www.schippelschute.de , ☎ +49 172 3832074 (52.8455,13.6531)
66,1 Str-II A11 (52.8436,13.6645)
67,0 re Wasserwanderrastplatz mit ⛺-Möglichkeit (52.8464,13.6813)
67,5 ⧖ Schöpfurt, ☎ +49 3335 451636 (52.8467,13.6829);
Str-II **16244 Schorfheide-Finowfurt**, Hauptstraße, re ✕ „Mühlen-Bistro", ☎ +49 3335 330493, li ✕ „Caféhaus zur Teutoburg", ☎ +49 3335 451374, ⌘ Luftfahrtmuseum (52.8466,13.6834)
68,0 Str-II B167 Finowfurt, Marienwerder Straße (52.8459,13.6901)
68,4 Wege-II (52.8455,13.6959)
69,7 li ← Fließ zum Mäckersee (1,7 km), dort ⩍ zum Oder-Havel-Kanal bedingt möglich (52.8460,13.7147)
70,3 li ⌂⚑ SV Stahl Finow, durch interessante Messingwerk-Brücke zu erreichen, Altenhofer Str. 55, 16227 Eberswalde, www.kanu-finow.de , ☎ +49 3334 33185 (52.8447,13.7233)
70,5 Str-II **16227 Eberswalde-Finow**, Altenhofer Straße (52.8437,13.7253)
70,7 ehem. EB-II (Anschlussbahn) (52.8429,13.7273)
71,0 ⧖ Heegermühle mit Weg-II, außerhalb der Betriebszeiten re ⩍, ☎ +49 3335 451636 (52.8415,13.7319)
71,2 Str-II Eberswalde, Brückenstraße, ✕ (52.8408,13.7350)
72,3 EB-II (Anschlussbahn) (52.8406,13.7508)
72,9 ⧖ Wolfswinkel mit Wege-II, außerhalb der Betriebszeiten re ⩍, ☎ +49 3334 283753 (52.8423,13.7579)
73,5 Str-II Eberswalde, Lichterfelder Straße, Hubbrücke an der Eisenspalterei, Am Alten Walzwerk. Durchfahrthöhe 1,55 m, Hub erfolgt von 8.00–18.00 Uhr im 2-Stundentakt auf Anforderung. re Beginn Familiengarten, ⌘ (52.8419,13.7668)
73,9 ⧖ Drahthammer mit Wege-II, außerhalb der Betriebszeit li ⩍, re Eingang zum Familiengarten, WC, ✕ „Schleusenkrug", ☎ +49 3334 283753 (52.8441,13.7701)
75,4 Str-II Eberswalde, Britzer Straße (52.8402,13.7872)
75,9 ⧖ Kupferhammer, außerhalb der Betriebszeiten li ⩍, re 500 m zum 🚆 Eberswalde, ☎ +49 3334 276203 (52.8386,13.7932)
76,3 EB-II Eberswalde (52.8385,13.8002)
76,6 re Wasser- und Schifffahrtsamt Oder-Havel (52.8387,13.8037)
76,7 re WSA-Hafen Eberswalde (52.8385,13.8050)
77,0 Str-II Eberswalde, Wilhelmstraße (52.8370,13.8086)
77,3 re Sportbootanleger Eberswalde (nicht für Kanu geeignet) mit Service-Station für Stromanschluss, Wasser u. Fäkal-Entsorgung mit Münzautomaten der Stadtwerke, danach ✕, Sportbootanleger mit Trittbrett für Kanu (52.8367,13.8118)
77,4 Rohr- und Fußg-II Eberswalde, li ✕ KRETA, danach re Anleger Stadtschleuse (nicht für Kanu geeignet) (52.8363,13.8142)
77,7 re ⇩ der Schwärze in den Finow-Kanal (52.8354,13.8180)

Nebenstrecke Schwärze

10,5 –0,0 § ganzj. BV gesamter Flusslauf (52.8123,13.7070)–(52.8354, 13.8181)

0,0 ⇩ der Schwärze in den Finow-Kanal (s. Seite 524) (52.8354, 13.8180)

77,8 Str-II **16225 Eberswalde**, Breite Straße, ✕, li Einkaufszentrum Rathauspassagen, ⌘ Eberswalder Zoo (52.8358,13.8195)

77,9 ⌘ Eberswalde mit Wege-II, außerhalb der Betriebszeiten li ⏏, ♪ +49 3334 276205 (52.8361,13.8213)

79,4 EB-II (52.8433,13.8365)

81,0 ⌘ Ragöse mit Wege-II, außerhalb der Betriebszeiten über Schleuseninsel ⏏, li Forellenhof mit Fischverkauf, Restaurant und Café „Fischerstube" ♪ +49 3334 23173, li nach Schleuse Wasserwander-⛺ mit hohen Stegen, Sitzgaube und Bänken, ♪ +49 33362 619144 (52.8493,13.8568)

81,2 li ⇩ der Ragöse in den Finow-Kanal (52.8491,13.8605)

Nebenstrecke Ragöse

16,2 ⇩ Ausfluss des Parsteiner See (s. Seite 529) in die Ragöse (Nettelgraben), ganzj. BV (52.9222,13.9646)

16,2 –0,0 § ganzj. BV für die Ragöse und den Nettelgraben (52.9221, 13.9645)–(52.8492,13.8605)

0,0 ⇩ der Ragöse in den Finow-Kanal (s. Seite 524) (52.8491,13.8605)

84,4 Stecher-⌘ mit Wege-II, ♪ +49 33362 619144 (52.8399,13.9026)

86,3 Zug-II **16248 Niederfinow**, li ✕, re 🚂 (52.8329,13.9285)

88,9 ⌘ Liepe mit Wege-II, außerhalb der Betriebszeiten li ⏏, ♪ +49 33395 221 (52.8492,13.9537)

89,3 ⇩ Finow-Kanal in Oder-Havel-Kanal (s. Seite 520) bei amtl. km 79,0 (52.8517,13.9587)

Werbellin-Kanal

Weitere Namen: Werbellinsee

Seengewässer, Kanal, Schifffahrtsstraße
Mündung in Finow-Kanal bei amtl. km 59,0 (li Nebenfluss)

Der Werbellin-Kanal führt vom Finowkanal über den Oder-Havel-Kanal zum Werbellin-See, einem der schönsten Seen im Norden von Berlin. Die Kilometrierung beginnt am Finowkanal. Der im N des Werbellin-Sees gelegene Grimnitzsee kann auf dem Wasserweg nicht erreicht werden, da der Neue Graben, die Verbindung zwischen den beiden Seen, nicht befahrbar ist. Evtl. Bootstransport zum Grimnitzsee. Rund um den Werbellinsee gibt es 7 öffentliche Badestellen, die bei entsprechender Rücksichtnahme auch als Ein- und Aussetzstellen genutzt werden können.

Befahrungsregeln: Auf dem Werbellin-See und -Kanal gelten die Bestimmungen für Bundeswasserstraßen bzw. Landeswasserstraße

	Brandenburg (km 0 -3).
Schwierigkeiten:	Auf den Werbelliner Gewässern dürfen Charterboote verkehren. Es ist mit unerfahrenen Bootsführern zu rechnen. An Schleusenanlagen ist besondere Vorsicht geboten.
Kilometrierung:	Amtliche Kilometrierung.

20,0 Nord-Ende Werbellin-See, **16247 Joachimsthal**, Schiffsanleger, ✕, 🚂 (52.9597,13.7472)

19,4 li ⛺ Voigtswiese, nur Dauercamping (52.9548,13.7435)

19,2 re **16247 Joachimsthal, OT Elsenau** (52.9548,13.7376)

15,7 li EJB (Europäische Jugenderholungs- und Bildungsstätte) (52.9279, 13.7199)

14,0 li **16244 Schorfheide, OT Altenhof**, ✕, Hotels, Schiffsanleger (52.9136, 13.7076)

11,5 re 🚐 Am Spring, Am Spring 4, 16247 Joachimsthal, www.campingplatz-werbellinsee.de , ✆ +49 33363 4232 (52.9106,13.6661)

11,2 li 🚐 Süßer Winkel mit ✕ Strandgaststätte, Am Süßen Winkel, 16244 Schorfheide OT Eichhorst, www.berolina-camping.de , ✆ +49 3335 237 (52.9036,13.6617)

10,7 re ✕ „Hotel Café Wildau" Schiffsanleger/Bootsanleger, ✆ +49 33363 52630 (52.9069,13.6510)

10,6 Süd-Ende Werbellin-See, Beginn Werbellin-Kanal (52.9052,13.6525)

10,2 Radweg-II (52.9032,13.6496)

8,7 ⯐ Eichhorst, Selbstbedienung, Betriebszeiten: April–September 07:00 – 21:00 Uhr, Oktober 08:00 – 18:00 Uhr, November 08:00 - 16:00 Uhr, bei Wasserknappheit nur Sammelschleusung zu jeder vollen Stunde, ✕, Kiosk, ✆ +49 3307 467850 (52.8918,13.6389)

8,6 Schleusen-II (52.8915,13.6388)

8,5 Str-II **16244 Schorfheide, OT Eichhorst**, Eberswalder Chaussee (52.8907,13.6385)

6,7 ⇩ in den Schleusenteich (52.8763,13.6263)

6,1 Ausfahrt aus dem Schleusenteich (52.8735,13.6200)

6,1 ⯐ Rosenbeck, Selbstbedienung, Betriebszeiten: April–September 07:00 – 21:00 Uhr, Oktober 08:00 – 18:00 Uhr, November 08:00 - 16:00 Uhr, bei Wasserknappheit nur Sammelschleusung zu jeder vollen Stunde, ✆ +49 3307 467850 (52.8732,13.6199)

4,5 ⇩ in den Pechteich-See (52.8589,13.6151)

4,0 Ausfahrt aus dem Pechteich-See (52.8558,13.6134)

3,6 Str-II B167 (52.8526,13.6099)

3,3 ➔➔ der Werbellin-Kanal kreuzt den Oder-Havel-Kanal (s. Seite 520) (52.8510,13.6060);
16348 Marienwerder, Marina mit ⛺-Möglichkeit und ✕ am Oder-Havel-Kanal (52.8505,13.6059)

2,9 re ➔ in den wiedergeöffneten Alten Werbellinkanal (52.8494,13.6010)

2,3 Weg-II (52.8479,13.5926)

1,0 Weg-II (52.8461,13.5744)

0,0 ⇩ Werbellin-Kanal in den Finow-Kanal (s. Seite 524) bei amtl. km 59,0 (52.8398,13.5638)

Parsteiner See

Seengewässer
Mündung in Ragöse bei km 16,2

Der Parsteiner See ist für eine Rundfahrt mit dem Kanu geeignet. Der See mit einer guten Wasserqualität ist für Motorboote gesperrt. Die Beschreibung umrundet den See in Uhrzeigerrichtung. Die Einsetzstelle kann beliebig gewählt werden. Empfohlen wurde ein Badestrand bei **Parsteinsee, OT Parstein**. Der See entwässert über Nettelgraben und Ragöse in den Finowkanal. Für diese Strecke besteht ein ganzjähriges BV.

18,4 Beginn der Route entlang dem Ufer des Parsteiner See im Uhrzeigersinn. In der Nähe liegt Rosinthal, ein Wohnplatz von 16278 Angermünde (52.9542,13.9611)

16,4 li Sport- und FKK-Verein Herzsprung, ⛺, www.fkk-herzsprung.de (52.9674,13.9825)

15,5 –15,2 enge Durchfahrt Parsteinwerder (52.9591,13.9804)–(52.9562, 13.9800)

14,3 See-Enge, die Beschreibung folgt weiterhin dem linken Seeufer (52.9488, 13.9766)

9,0 li Natur-⛺ Parsteinsee, Am Parsteinsee E24, 16248 Parsteinsee, parsteiner-see-camping.de , ✆ +49 33365 362 (52.9214,14.0273)

3,5 ⇩ Ausfluss des Parsteiner See in die Ragöse (s. Seite 527) bei km 16,2 (Nettelgraben), ganzj. BV (52.9222,13.9646)

0,0 Ende der Route entlang dem Ufer des Parsteiner See. Hier wird die See-Enge wieder erreicht. Nach rechts wird eine Umrundung des großen Teils des Sees beendet (ca. 14,3 km). Wenn die Fahrt durch die beiden See-Engen fortgesetzt wird, kann die Runde um ca. 8 km verlängert werden (52.9477,13.9749)

Wriezener Alte Oder

Wanderfluss
Mündung in Oder-Havel-Kanal bei amtl. km 84,7 (re Nebenfluss)

Die Wriezener Alte Oder bildet sich aus dem Zusammenfluss von östlicher und westlicher Alte Oder und nimmt außerdem die Güstebieser Alte Oder auf. Weitere Zuflüsse sind die Stille Oder (Mucker) bei Schiffmühle und der Freienwalder Landgraben vor Bralitz. Der landschaftlich sehr schöne, langsam fließende Fluss lässt heute nicht mehr seine frühere Nutzung als schiffbare Wasserstraße erkennen.

Befahrungsregeln: Die Wriezener Alte Oder ist von km 0 bis 2,5 eine Bundeswasserstraße und von 2,5 bis 4,2 eine Landeswasserstraße Brandenburg. Es gelten die Binnenschifffahrtsstraßen-Ordnung (BinSchStrO) bzw. die Landesschifffahrtsverordnung

	Brandenburg - LSchiffV. km 25,8 bis 4,2 (ausgeschilderte Wasserwanderstrecke): Vignettenpflicht (Jahresvignette Oderbruch, 5 €/Boot + Jahr, erhältlich bei Tourismusinformationen, Kanuverleihern, LRA MOL/UNB)
Kilometrierung:	Amtliche Kilometrierung von 0 bis 4,2. Ansonsten anhand Kartenmaterial.

25,8 ⇩ Zusammenfluss Östliche Alte Oder (s. Seite 531) und Westliche Alte Oder (s. Seite 534). Beginn Wriezener Alte Oder (52.7203,14.1434)

25,8 –4,2 § Ausgeschilderte Wasserwanderstrecke, Vignettenpflicht. Die Vignetten können sowohl in ausgewählten Touristeninformationen (Tourist-Information Seelow, Oderbruch Camp Zechin und Tourist-Information Bad Freienwalde) und im Wirtschaftsamt des Landkreises Märkisch-Oderland Raum A-113 (Dienstags: 9:00-12:00 Uhr und 13:00-18:00 Uhr, Freitags: 9:00-12:00 Uhr)zum Preis von 5 Euro pro Boot und Jahr erworben werden, www.maerkisch-oderland.de/de/neue-seite-1594816944.html , ☎ +49 3346 850-7617 (52.7204,14.1434)–(52.8373,13.9984)

25,7 EB-II Wriezen (52.7217,14.1436)

25,4 li ⇅ Wriezen (52.7236,14.1411);
Str-II L33 Odervorstadt, li **16269 Wriezen**, 🚆, mehrere ✕, Einkaufszentrum (52.7238,14.1411)

23,8 re ⇩ der Güstebieser Alte Oder (s. Seite 537) in die Wriezener Alte Oder (52.7369,14.1369)

21,4 re Krauträumplatz

21,0 Str-II, li **16269 Wriezen-Neugaul** (52.7591,14.1268)

20,9 re ⛺ Biwakplatz Neugaul mit Toilette, Sitzgaube, Infotafel, gegenüber Badestelle (52.7600,14.1267)

17,9 Str-II L281 (52.7785,14.1052);
li ⛺ und ⇅ Altranft Zuckerfabrik, von hier ist mit 1,8 km Landtransport auf Asphaltstraße der Freienwalder Landgraben (s. Seite 539) bei Altranft erreichbar (52.7783,14.1049)

12,3 re ⇩ Stille Oder (s. Seite 538) in die Wriezener Alte Oder (52.8099, 14.0635);
re Beginn Schiffmühle (52.8101,14.0631)

11,0 Str-II B158 **16259 Bad Freienwalde (Oder)-Schiffmühle** (52.8060, 14.0450)

10,7 re ⇅ Schiffmühle am ✕ „Zum Historischen Fährkrug" (52.8064,14.0414)

9,8 EB-II (stillgelegt) (52.8038,14.0293)

5,3 li ⇩ Freienwalder Landgraben (s. Seite 539) in die Wriezener Alte Oder, ⛺ Bralitz Ruine (52.8313,13.9866)

4,2 Str-II, re **16259 Bad Freienwalde (Oder)-Bralitz**, Beginn der Landeswasserstraße, li Motorbootverein (52.8374,13.9985)

3,5 re guter ⛺ Odertours-Floßfahrten, www.odertours.com , ☎ +49 176 25260183 (52.8411,14.0079)

0,0 ⇩ Wriezener Alte Oder in den Oder-Havel-Kanal (s. Seite 520) bei amtl.

km 84,7, die ab hier Bestandteil der Havel-Oder-Wasserstraße ist (52.8637,14.0360)

Östliche Alte Oder

Weitere Namen: Bullergraben, Alte Göritzer Vorflut, Volzine

Wanderfluss
Mündung in Wriezener Alte Oder bei km 25,8 (re Nebenfluss)

Der Oberlauf ab Reitwein ist landschaftlich sehr schön und abwechslungsreich und gleicht streckenweise dem Spreewald. Im Letschiner Hauptgraben gibt es zwar lange begradigte Strecken, die aber auf Grund des Uferbewuchses oder Uferwaldes auch lohnenswert sind. Die Volzine als Unterlauf ist wiederum natürlicher, schöner Flusslauf. Einige vorhandene Wehre und eine Fischtreppe sind entweder je nach Wasserstand befahrbar oder leicht zu umtragen. Baumhindernisse sind nicht auszuschließen, es erfolgen aber regelmäßige Gewässerräumungen.

Befahrungsregeln: km 50,3 bis 0 (ausgeschilderte Wasserwanderstrecke): Vignettenpflicht (Jahresvignette Oderbruch, 5 €/Boot + Jahr, erhältlich bei Tourismusinformationen, Kanuverleihern, LRA MOL/UNB)

50,3 ▬ Reitwein im **Bullergraben**, **X** (52.4817,14.5968);
Wege-II bei Reitwein, ab hier ist der Bullergraben im Frühjahr ≈, oberste ⬇-Möglichkeit (52.4817,14.5968)

50,3 –0,0 **§**, Ausgeschilderte Wasserwanderstrecke, Vignettenpflicht. Die Vignetten können sowohl in ausgewählten Touristeninformationen (Tourist-Information Seelow, Oderbruch Camp Zechin und Tourist-Information Bad Freienwalde) und im Wirtschaftsamt des Landkreises Märkisch-Oderland Raum A-113 (Dienstags: 9:00-12:00 Uhr und 13:00-18:00 Uhr, Freitags: 9:00-12:00 Uhr)zum Preis von 5 Euro pro Boot und Jahr erworben werden, www.maerkisch-oderland.de/de/neue-seite-1594816944.html , ☎ +49 3346 850-7617 (52.4818,14.5967)–(52.7202,14.1434)

48,4 Str-II L331, weitere ⬇-Möglichkeit, li nach **15328 Reitwein** (52.4961, 14.5973)

46,5 ▬ und Wege-II Reitwein, Triftweg, empfohlene ⬇, ab hier immer ≈, Flussname jetzt **Alte Göritzer Vorflut** (52.5091,14.5966)

46,0 re Graben-⇩ (52.5132,14.5937)

45,1 re ⇩ Ableiter vom Überleiter Reitwein von der Oder, über den Oderwasser ins Oderbruch gelassen werden kann. Am Überleiter ⩠ von der Oder ins Oderbruch möglich, dazu auf der Oder bei km 607,75 li in Altarm einfahren und nach 650 m am Überleiterbauwerk in den Ableiter übertragen, der nach 600 m in die östliche Alte Oder mündet (52.5208,14.5928);
Ab hier **Alte Oder** (52.5209,14.5929)

43,9 Pfeiler der ehem. EB-II (52.5266,14.5829)

41,6 Str-II Am Strom, Manschnow – Neumanschnow (52.5429,14.5715)

41,5 li ⬆⬇ und ⚓ Manschnow mit ⛺-Möglichkeit, danach li Anglerheim (52.5433,14.5709)

39,7 Str-Ⅱ B1, li **15328 Küstriner Vorland-Manschnow**, Straße der Freundschaft (52.5592,14.5665);
▬ Manschnow hinter der Ⅱ, Fischtreppe (Sohlrampe mit Störsteinen), re ⩠ (ca. 300m) (52.5593,14.5665);
re ⇅ und ⛺ Manschnow (52.5593,14.5665)

39,0 re ⇩ Manschnower Hauptgraben (52.5642,14.5638);
EB-Ⅱ (52.5643,14.5637)

38,5 re ⇩ Nork-Graben (52.5683,14.5597);
Weg-Ⅱ (52.5683,14.5596)

37,9 Str-Ⅱ Baumschulenweg, li **15328 Küstriner Vorland-Gorgast**, 🚆, ✕, 🛒, ⌘ Fort Gorgast, Schloß Gorgast (52.5705,14.5518)

37,4 re ⛺ Biwakplatz Gorgast (52.5731,14.5490)

37,4 –33,0 Förstersee (52.5734,14.5489)–(52.5817,14.5121)

36,9 li 🚐 Heidehof Gorgast, Genschmarer Chaussee 21, 15328 Küstriner Vorland,
www.oderbruch-tourismus.de/verzeichnis/visitenkarte.php?mandat=157644
, ☎ +49 33472 50555 (52.5776,14.5519)

35,1 Str-Ⅱ Genschmarer Chaussee (52.5807,14.5407)

33,8 li Schöpfwerk (52.5797,14.5226)

33,0 Ab hier Name **Richtgraben** (52.5817,14.5123)

32,3 niedrige Str-Ⅱ L333 Golzow, Genschmarer Straße, dahinter li Stallanlagen-Komplex (52.5804,14.5027)

31,7 Str-Ⅱ, li **15328 Golzow**, Ausbau (52.5799,14.4946)

31,3 ← Schleusengraben (Westliche Alte Oder) (s. Seite 535) von Östliche Alte Oder, 7,3 km lange Verbindung zum westlichen Hauptvorfluter, im Sommer sehr stark verkrautet. Geradeaus weiter auf dem Richtgraben (52.5807,14.4891)

31,2 Str-Ⅱ Golzow, Ausbau (zum Gutshof) (52.5812,14.4881)

31,1 ▬ Golzow, evtl. ≈, sonst re ⩠ (52.5819,14.4878)

30,3 re Schöpfwerk (52.5868,14.4850)

29,3 Beton-Wege-Ⅱ (52.5947,14.4788)

28,5 Str-Ⅱ Friedrichsaue, danach li ⛺ Friedrichsaue mit Sitzgaube und Toilette, ⛺-Möglichkeit (52.6012,14.4739);
Ab hier **Letschiner Hauptgraben** (52.6012,14.4738)

28,4 re ⇩ Genschmarer See in die Östliche Alte Oder, auf der die Befahrungsregelung ebenfalls gilt (52.6020,14.4733)

Nebenstrecke Genschmarer See

Der Genschmarer See ist ein Nebengewässer der Östlichen Alte Oder.

3,1 ⇩ Ziegengraben, Beginn Genschmarer See, re **15328 Bleyen, OT Genschmar** (52.6077,14.5132)

3,1 –0,0 **§** Ausgeschilderte Wasserwanderstrecke, Vignettenpflicht Ausgeschilderte Wasserwanderstrecke, Vignettenpflicht. Die Vignetten können sowohl in ausgewählten Touristeninformationen

(Tourist-Information Seelow, Oderbruch Camp Zechin und Tourist-Information Bad Freienwalde) und im Wirtschaftsamt des Landkreises Märkisch-Oderland Raum A-113 (Dienstags: 9:00-12:00 Uhr und 13:00-18:00 Uhr, Freitags: 9:00-12:00 Uhr)zum Preis von 5 Euro pro Boot und Jahr erworben werden, www.maerkisch-oder-land.de/de/neue-seite-1594816944.html , ✆ +49 3346 850-7617 (52.6077,14.5130)–(52.6019,14.4734)

2,9 re ⛺ Biwakplatz (52.6080,14.5109)

0,0 ⇩ Genschmarer See in die Östliche Alte Oder (s. Seite 531), auf der die Befahrungsregelung ebenfalls gilt (52.6020,14.4733)

27,7 Alte Beton-Ⅱ (52.6044,14.4664)

27,0 Str-Ⅱ re **15328 Zechin**, Hauptstraße, ✕ (52.6042,14.4568);
re ⛟ Oderbruch mit Freibad und Imbiss, ⛺, Hauptstraße 1B, 15328 Zechin, www.oderbruchcamp-zechin.de , ✆ +49 33473 59101 (52.6049, 14.4556)

26,9 ▬ Zechin, ✕, re ⏏ (52.6040,14.4552);
li ≣ Zechin mit Steg (52.6040,14.4546)

25,6 Beton-Wege-Ⅱ (52.6030,14.4360)

23,5 Gemauerte Str-Ⅱ Basta–Wollup, dahinter li ⛪ Basta (52.6077,14.4051)

22,0 re ⇩ Brauergraben (52.6111,14.3836)

21,9 Wege-Ⅱ Steintoch (52.6111,14.3834)

20,0 EB-Ⅱ (stillgelegt) (52.6228,14.3699)

19,0 re Beginn Letschin (52.6280,14.3569)

18,8 Str-Ⅱ Bahnhofstraße, re **15324 Letschin**, ⛪, 🚂, ✕, 🛒, Eisenbahn-Museum (52.6296,14.3547)

18,2 Wege-Ⅱ, li 🚂 Letschin (52.6332,14.3481)

17,9 ▬ Letschin mit ≣ Letschin, evtl. ≈, sonst li (52.6346,14.3447)

17,8 Str-Ⅱ L335 Letschin, Quappendorfer Straße (52.6348,14.3444)

16,3 Wege-Ⅱ (52.6452,14.3313)

14,6 Weg-Ⅱ Drei Kronen (52.6512,14.3098)

13,0 Str-Ⅱ K6408, li **15324 Letschin-Sietzing**, ⇅ (52.6615,14.2970)

12,1 Wege-Ⅱ (52.6653,14.2846)

11,4 li ⇩ Scherickegraben (52.6679,14.2748)

11,0 Wege-Ⅱ (52.6709,14.2728)

8,4 Str-Ⅱ L34, re Alttrebbin - li Neutrebbin (52.6834,14.2425)

6,4 ▬, wenn offen evtl. ≈, li ⇩ Wensegraben (52.6940,14.2175)

6,1 Wege-Ⅱ Herrnhof (52.6955,14.2140)

5,2 Weg-Ⅱ (52.7009,14.2045)

3,9 re ⇩ der Volzine. Die Volzine hat ihren Ursprung am Oderdeich östlich Sydowswiese und trägt streckenweise auch den Namen Jesargraben und Posedingraben. Sie nimmt vor Altlevin den Bückseegraben auf, der vom Oderdeich bei Kienitz kommt und dort über eine Heberleitung mit Oderwasser gespeist werden kann. Es handelt sich stets um gerade

verlaufende Entwässerungsgräben mit einigen Wehren, unbefahrbaren Rohrdurchlässen und Sohlgleiten, deren Befahrung kaum lohnend ist (52.7085,14.1911);
Ab hier Flussname **Volzine** (52.7085,14.1910);
■ Bochows Loos, evtl. ≈ (52.7085,14.1909)

3,6 Str-II Bochows Loos (52.7101,14.1870)
1,2 Wege-II (52.7150,14.1552)
0,2 Fußg-II (52.7183,14.1443)
0,0 ⇩ Zusammenfluss Östliche Alte Oder und Westliche Alte Oder (s. Seite 534). Beginn Wriezener Alte Oder (s. Seite 529) bei km 25,8 (52.7203,14.1434)

Westliche Alte Oder

Weitere Namen: Quackenbrücker Kanal, Friedländer Strom, Hauptgraben (Westliche Alte Oder)

Wanderfluss
Mündung in Wriezener Alte Oder bei km 25,8 (li Nebenfluss)

Das Oderbruch wird durch einen östlichen und einen westlichen Hauptvorfluter entwässert, die sich beide mit der Volzine und der Güstebieser Alten Oder bei Wriezen zur Wriezener Alten Oder vereinen. Die Hauptvorfluter tragen örtlich unterschiedliche Namen; zum östlichen Hauptvorfluter zählen Bullergraben, Alte Oder mit Förstersee, Richtgraben, Genschmarer See, Letschiner Hauptgraben und Volzine, zum westlichen Hauptvorfluter zählen Seelake, Gusower Alte Oder, Quappendorfer Kanal, Friedlandkanal und Neuer Kanal. Der Schleusengraben ist eine Verbindung der beiden Hauptvorfluter zwischen Golzow und Neulangsow.

Befahrungsregeln: km 27,9 bis 0 (ausgeschilderte Wasserwanderstrecke): Vignettenpflicht (Jahresvignette Oderbruch, 5 €/Boot + Jahr, erhältlich bei Tourismusinformationen, Kanuverleihern, LRA MOL/UNB)

32,2 Str-II B1 Seelow – Küstrin, ⬇, Name zunächst **Hauptgraben** (52.5403, 14.4308)
31,4 li ⇩ Birkgraben und Zuleiter 2 (52.5467,14.4251)
30,9 re ⇩ Heyergraben (52.5508,14.4219)
30,7 Wege-II, li ein Einzelgehöft (52.5519,14.4206)
29,6 II Steg, der Graben 8 wird gekreuzt (52.5601,14.4110)
29,5 re ⇩ Alter Heyergraben (Schöpfwerk) (52.5604,14.4108)
28,9 EB-II (52.5624,14.4029)
28,5 Fußg.-II Werbig, Am Bahndamm, danach EB-II (52.5647,14.3974)
28,4 Str-II L37 **15306 Seelow-Werbig**, Werbiger Straße, li 🚉 Werbig (MOL), ⬇ (52.5650,14.3971)
27,9 re Mündung Schleusengraben (Westliche Alte Oder) in die Westliche Alte Oder, Verbindung von der östlichen Alten Oder in Golzow, stark verkrautet, mehrmals ⏏ erforderlich (52.5683,14.3912);
re ab hier Name **Alte Oder** (52.5684,14.3911)

Nebenstrecke Schleusengraben (Westliche Alte Oder)

Der Schleusengraben verbindet die Östliche Alte Oder mit der Westlichen Alte Oder.

7,4 ← Schleusengraben (Westliche Alte Oder) von Östliche Alte Oder (s. Seite 531), 7,3 km lange Verbindung zum westlichen Hauptvorfluter, im Sommer sehr stark verkrautet. Geradeaus weiter auf dem Richtgraben (52.5807,14.4891)

7,4 –0,0 § Ausgeschilderte Wasserwanderstrecke, Vignettenpflicht. Die Vignetten können sowohl in ausgewählten Touristeninformationen (Tourist-Information Seelow, Oderbruch Camp Zechin und Tourist-Information Bad Freienwalde) und im Wirtschaftsamt des Landkreises Märkisch-Oderland Raum A-113 (Dienstags: 9:00-12:00 Uhr und 13:00-18:00 Uhr, Freitags: 9:00-12:00 Uhr)zum Preis von 5 Euro pro Boot und Jahr erworben werden, www.maerkisch-oderland.de/de/neue-seite-1594816944.htm l, ☎ +49 3346 850-7617 (52.5807,14.4890)–(52.5683,14.3913)

7,2 Str-II Hauptstraße, li **15328 Golzow** (52.5805,14.4862)

5,9 Weg-II (52.5742,14.4704)

2,8 Weg-II (52.5664,14.4267)

2,0 ▬ vor Neulangsow (52.5694,14.4191)

1,1 Str-II Neulangsow, Pflasterstraße (52.5679,14.4076); EB-II Neulangsow (52.5679,14.4074)

1,0 EB-II Neulangsow (52.5679,14.4058)

0,8 Str-II Neulangsow, Werbiger Straße (52.5679,14.4024); re **15306 Seelow-Neulangsow**, li 🚂 (52.5679,14.4023)

0,0 Mündung Schleusengraben (Westliche Alte Oder) in die Westliche Alte Oder (s. Seite 534), Verbindung von der östlichen Alten Oder in Golzow, stark verkrautet, mehrmals ⏏ erforderlich (52.5683, 14.3912)

27,9 –0,0 § Ausgeschilderte Wasserwanderstrecke, Vignettenpflicht. Die Vignetten können sowohl in ausgewählten Touristeninformationen (Tourist-Information Seelow, Oderbruch Camp Zechin und Tourist-Information Bad Freienwalde) und im Wirtschaftsamt des Landkreises Märkisch-Oderland Raum A-113 (Dienstags: 9:00-12:00 Uhr und 13:00-18:00 Uhr, Freitags: 9:00-12:00 Uhr)zum Preis von 5 Euro pro Boot und Jahr erworben werden, www.maerkisch-oderland.de/de/neue-seite-1594816944.html , ☎ +49 3346 850-7617 (52.5684,14.3910)–(52.7202,14.1433)

27,8 Weg-II (52.5686,14.3902)

27,5 Wege-II unterhalb Werbig (52.5697,14.3871)

26,4 re ⇩ Eichwaldgraben, li Gehöft (52.5724,14.3725)

25,6 li Krauträumplatz

25,5 Str-II Gusow, Ernst-Thälmann-Straße, re Gehöft (52.5720,14.3614)

24,6 li Str-II mit roter Nr.1, Zur Alten Oder, li **15306 Gusow-Platkow**, 🚂

Seelow-Gusow, ✕ Schloss-Restaurant, ⌘ Schloss mit Museum, Schloßstraße 7, 15306 Gusow-Platkow, www.schloss-gusow.de , ✆ +49 3346 8725 (52.5768,14.3531)

23,2 re ⇩ Tergelgraben in die Westliche Alte Oder (52.5865,14.3425); Str-II L334 Gusow–Letschin (rote Nr.2) (52.5867,14.3418)

Nebenstrecke Tergelgraben

4,6 Für den Tergelgraben liegt uns noch kein Befahrungsbericht vor (52.6008,14.3869)

4,6 –0,0 **§** Ausgeschilderte Wasserwanderstrecke, Vignettenpflicht. Die Vignetten können sowohl in ausgewählten Touristeninformationen (Tourist-Information Seelow, Oderbruch Camp Zechin und Tourist-Information Bad Freienwalde) und im Wirtschaftsamt des Landkreises Märkisch-Oderland Raum A-113 (Dienstags: 9:00-12:00 Uhr und 13:00-18:00 Uhr, Freitags: 9:00-12:00 Uhr)zum Preis von 5 Euro pro Boot und Jahr erworben werden, www.maerkisch-oderland.de/de/neue-seite-1594816944.html , ✆ +49 3346 850-7617 (52.6009,14.3866)–(52.5865,14.3426)

0,1 ▬ Pumpwerk, **X**, ⏏ (52.5869,14.3438)

0,0 ⇩ Tergelgraben in die Westliche Alte Oder (s. Seite 534) (52.5865, 14.3425)

22,5 li ⇩ Platkower Mühlenfließ (52.5901,14.3357)

22,4 li ⇩ Fließgraben (52.5912,14.3344); re ⇅ ⛺ Gusow (52.5916,14.3349)

22,1 Wege-II, rote Nr. 3 (52.5928,14.3324)

20,7 Str-II K6409 (rote Nr. 4), re Gehöft Paschenbrück, li Einzelgehöft, Krauträumplatz (52.6018,14.3180)

19,4 li ⇩ Graben 2 (52.6082,14.3046)

17,5 li ⇩ Marxwalder Hauptgraben (52.6146,14.2811)

17,2 Str-II L335 (rote Nr.5) Neuhardenberg - Letschin (52.6161,14.2779)

16,3 re Einfahrt zur Kanustation „Zur Alten Oder“, ⛺-Möglichkeit, Lindenstraße 1a, 15320 Neuhardenberg/Quappendorf, www.kanuverleih-brandenburg.de , ✆ +49 162 7229044 (52.6210,14.2705); ab hier Name **Quappendorfer Kanal** (52.6210,14.2703)

15,9 Str-II Quappendorf (rote Nr.6) **15320 Neuhardenberg-Quappendorf**, Lindenstraße (52.6201,14.2663)

14,7 re ⇩ Wensegraben, davor Krauträumplatz (52.6304,14.2645)

14,6 ▬ Quappendorf, wenn geöffnet evtl. ≈ (52.6307,14.2638)

14,4 Str-II (rote Nr.7) Neuhardenberg, Neutrebbiner Straße, Quappendorf – Neufeld (52.6314,14.2610)

13,2 Wege-II, li 2 Gehöfte (52.6348,14.2444)

11,8 weiter als **Friedländer Strom** (52.6399,14.2254); li ⇩ Stobber in die Westliche Alte Oder (52.6402,14.2249)

Nebenstrecke Stobber

17,1 –0,0 § ganzj. BV (52.5706,14.0797)–(52.6402,14.2248)
0,0 ⇩ Stobber in die Westliche Alte Oder (s. Seite 534) (52.6402, 14.2249)

11,7 Str-II L34 (rote Nr.8) Neuhardenberg, Neufriedland, ⬇ (52.6405,14.2248)
10,3 kleine verrostete Fußg-II (52.6490,14.2111)
10,1 re Krauträumplatz
9,9 li ⇩ Schlanhofgraben (52.6520,14.2080)
9,3 Str-II und li ⛺ Neutrebbin (52.6575,14.2057)
8,8 re ⇩ Grubscher Graben (52.6599,14.1997)
8,1 li ⇩ Batzlower Mühlenfließ (52.6639,14.1928)
7,2 re **15320 Neutrebbin-Siedlung** (52.6708,14.1863)
6,5 Str-II Kunersdorf – Neutrebbin, li ⛺ Kunersdorf, Sitzgaube (52.6750, 14.1796)
6,2 li ⇩ Büchnitz (52.6769,14.1771)
5,6 ab hier Name **Neuer Kanal** (52.6822,14.1775)
4,0 Str-II **16269 Bliesdorf** (52.6945,14.1684)
3,7 Holz-Fußg-II, re ▤-Haus Bliesdorf, (52.6966,14.1670);
EB-II, danach re Gehöft (52.6968,14.1668)
1,0 Beginn von **16269 Wriezen** (52.7142,14.1491)
0,4 Str-II Wriezen, Kleinbahnhof, li unweit zum 🚂 Wriezen (52.7171, 14.1421)
0,3 Str-II Wriezen, Jägerstraße (52.7182,14.1422)
0,0 ⇩ Zusammenfluss Östliche Alte Oder (s. Seite 531) und Westliche Alte Oder. Beginn Wriezener Alte Oder (s. Seite 529) bei km 25,8 (52.7203, 14.1434)

Güstebieser Alte Oder

Kleinfluss
Mündung in Wriezener Alte Oder bei km 23,8 (re Nebenfluss)

Die Güstebieser Alte Oder kommt von der Oder bei Güstebieser Loose und ist im Sommer wegen Verkrautung nicht befahrbar. Durch den Oderdeich kann Oderwasser eingeleitet werden, trotzdem ist eine Befahrung erst ab der Straßenbrücke Güstebieser Loose auf 15 km Länge möglich, wobei einige Baumhindernisse zu überwinden sind.

15,1 Str-II Güstebieser Loose, ⬇ (52.7519,14.2980);
16259 Neulewin-Güstebieser Loose (52.7518,14.2979)
11,4 Str-II, re nach Karlshof (52.7411,14.2640)
9,8 Weg-II (52.7430,14.2440)
8,4 Weg-II (52.7423,14.2275)
6,9 Str-II, li **16269 Wriezen-Altwriezen**, re **16269 Wriezen-Beauregard** (52.7365,14.2105)

5,4 Weg-II (52.7287,14.1921)
3,8 Str-II L28 (52.7228,14.1715)
1,8 EB-II (stillgelegt) (52.7229,14.1442)
1,6 Weg-II (52.7244,14.1421)
0,0 ⇩ der Güstebieser Alte Oder in die Wriezener Alte Oder (s. Seite 529) bei km 23,8 (52.7369,14.1369)

Stille Oder

Weitere Namen: Mucker

Kleinfluss
Mündung in Wriezener Alte Oder bei km 12,3 (re Nebenfluss)

Über die Stille Oder kann der Mucker und über den Laufgraben und ⏏ des Oderdeichs nach 6,4 km die Oder bei km 659,7 erreicht werden.

Befahrungsregeln: km 8 bis 0 (ausgeschilderte Wasserwanderstrecke): Vignettenpflicht (Jahresvignette Oderbruch, 5 €/Boot + Jahr, erhältlich bei Tourismusinformationen, Kanuverleihern, LRA MOL/UNB)

15,5 Str-II K6412 Ferdinandshof - Zollbrücke, ⬇ bei ausreichendem Wasserstand (52.7851,14.2443);
Name ist hier **Mucker** (52.7852,14.2442)
14,5 Str-II Zäckericker Loose (52.7892,14.2321)
13,1 Str-II Zäckericker Loose (52.7933,14.2130)
12,3 niedrige EB-II (stillgelegt) (52.7986,14.2093)
12,0 Str-II, re **16259 Oderaue, OT Bienenwerder** (52.8010,14.2071)
10,0 Str-II, re **16259 Oderaue, OT Spitz** (52.8100,14.1811)
8,0 Weg-II, li ⬆⬇ und ⛺ Biwakplatz Paulshof (52.8130,14.1547)
8,0 –0,0 **§** Ausgeschilderte Wasserwanderstrecke, Vignettenpflicht. Die Vignetten können sowohl in ausgewählten Touristeninformationen (Tourist-Information Seelow, Oderbruch Camp Zechin und Tourist-Information Bad Freienwalde) und im Wirtschaftsamt des Landkreises Märkisch-Oderland Raum A-113 (Dienstags: 9:00-12:00 Uhr und 13:00-18:00 Uhr, Freitags: 9:00-12:00 Uhr)zum Preis von 5 Euro pro Boot und Jahr erworben werden, www.maerkisch-oderland.de/de/neue-seite-1594816944.html , ☎ +49 3346 850-7617 (52.8130,14.1545)–(52.8099,14.0636)
6,6 Weg-II (52.8192,14.1390)
4,3 re ⇩ Laufgraben (Stille Oder) in die Stille Oder (52.8267,14.1133);
Ab hier Name **Stille Oder** (52.8267,14.1132)

Nebenstrecke Laufgraben (Stille Oder)

Der Laufgraben verläuft parallel zum Oderdeich. Er ist ab/bis Zollbrücke bei ausreichendem Wasserstand, ab/bis einer EB-Brücke ganzjährig befahrbar. Jedoch ist er im Sommer stark verkrautet.

11,2 Str-II K6412 und ⬇ Zollbrücke bei ausreichendem Wasserstand (52.7885,14.2501)
10,0 Weg-II (52.7954,14.2381)

8,9 Weg-II (52.8032,14.2292)
7,8 EB-II (stillgelegt) (52.8118,14.2209)
7,7 Weg-II (52.8126,14.2192)
5,1 Weg-II bei Spitz, re davor ein Einzelgehöft (52.8186,14.1836)
3,3 Weg-II (52.8211,14.1572)
2,1 Weg-II (52.8227,14.1398)
0,8 Weg-II (52.8252,14.1231)
0,0 ⇩ Laufgraben (Stille Oder) in die Stille Oder (s. Seite 538) (52.8267,14.1133)

3,6 Weg-II (52.8247,14.1036)
1,4 Str-II L28, li **16259 Bad Freienwalde (Oder), OT Schiffmühle** (52.8157, 14.0788)
0,1 ■ Schöpfwerk Schiffmühle mit Weg-II, meist geöffnet, dann ≈, ansonsten li über Wege ⏏ (52.8106,14.0648)
0,0 ⇩ Stille Oder in die Wriezener Alte Oder (s. Seite 529) bei km 12,3 (52.8099,14.0635)

Freienwalder Landgraben

Kleinfluss, ehemalige Schifffahrtsstraße
Mündung in Wriezener Alte Oder bei km 5,3

Entspringt westlich Wriezen bei Landhof und ist evtl. ab Neugaul, fast immer ab Altranft befahrbar. Ab Bad Freienwalde schöner und ruhiger Wanderfluss mit geringer Strömung, auch aufwärts fahrbar.

Befahrungsregeln: km 4,1 bis 0 : BV 1.4. - 30.06, übrige Zeit nur von qualifizierten Leitern geführte Touren. Vignettenpflicht, spezielle Vignette (Jahresvignette Freienwalder Landgraben, 10 €/Boot + Jahr) gilt auch für übriges Oderbruch. Insgesamt 25 Vignetten/Jahr nur für Veranstalter von Touren (Firmen, Vereine) erhältlich bei LRA MOL/Wirtschaftsamt + UNB

15,2 Str-II, re **16269 Wriezen, OT Neugaul** in 450 m, mögliche ⬇ Neugaul bei ausreichendem Wasserstand (52.7548,14.1151)
13,5 Weg-II (52.7652,14.1036)
12,7 Str-II B167 (52.7676,14.0941)
12,2 Wege-II Alfrant (52.7693,14.0871)
12,1 re ⬇ Altranft, ab hier ganzjährig ≈ (52.7705,14.0860);
Str-II L281, li **16259 Bad Freienwalde (Oder), OT Altranft**, Schloßstraße, ✕, ⌘ Schloß, Freilichtmuseum (52.7704,14.0860)
10,9 li ⇩ Briefbotengraben (52.7768,14.0757)
9,7 ⚠ niedrige Str-II Bad Freienwalde, Brückensteg, evtl. ⏏ erforderlich, re Beginn einer Gartenkolonie (52.7816,14.0620)
8,3 –8,2 EB-II Bad Freienwalde. Der Landgraben unterquert die Bahnanlagen in einem Tunnel (52.7864,14.0442)–(52.7860,14.0435)

8,1 Str-⌶ B158 Bad Freienwalde, Schiffmühler Straße, re unweit ein Einkaufszentrum 🛒 (52.7864,14.0414)
8,0 Str-⌶ Bad Freienwalde, Pfenniggasse (52.7869,14.0407)
7,8 Fußg.-⌶ Bad Freienwalde (52.7881,14.0386);
▬ Schöpfwerk Bad Freienwalde, mit Stemmtor, meist offen und ≈, ⏏ kaum möglich, (52.7884,14.0380)
7,4 Str-⌶ B167, li **16259 Bad Freienwalde (Oder)**, Bahnhofstraße, Kurstadt, ⌘ Kurpark, Oderland-Museum, re 🚂 (52.7892,14.0329)
7,0 Str-⌶ Bad Freienwalde, Altkietzer Brücke, gute ⬇ am ehem. Hafen, 🅿 (52.7904,14.0267)
6,6 EB-⌶ Bad Freienwalde (52.7916,14.0220)
6,1 Weg-⌶ (52.7953,14.0190)
4,1 li ⇩ Bubber (52.8038,13.9929)
4,1 –0,0 **§** BV 01.04. - 30.06, übrige Zeit nur von qualifizierten Leitern geführte Touren. Vignettenpflicht, spezielle Vignette (Jahresvignette Freienwalder Landgraben, 10,00 €/Boot + Jahr) gilt auch für übriges Oderbruch. Insgesamt 25 Vignetten/Jahr nur für Veranstalter von Touren (Firmen, Vereine) erhältlich bei LRA MOL/Wirtschaftsamt + UNB. Aktuelle Hinweise zur Befahrbarkeit findet man im Internet (52.8040,13.9929)–(52.8313,13.9865)
2,2 Reiherbusch-⌶, re davor ⛺ mit Sitzgaube, li nach **16259 Falkenberg** in ca. 1,5 km, 🚂 Falkenberg (MOL) (52.8148,13.9743)
0,0 ⇩ Freienwalder Landgraben in die Wriezener Alte Oder (s. Seite 529) bei km 5,3, ⛺ Bralitz Ruine (52.8313,13.9866)

Welse

Weitere Namen: Wolletzsee

Kleinfluss
Mündung in Oder-Havel-Kanal bei amtl. km 125,9 (li Nebenfluss)

Die Welse führt als Kleinfluss vom Wolletzsee bei Angermünde zur Hohensaaten-Friedrichstaler Wasserstraße bei Schwedt.
Der eine Befahrung lohnende Oberlauf vom Wolletzsee bis zur Straßen-⌶ Schönermark-Biesenbrow ist ganzjährig gesperrt (Biosphärenreservat Schorfheide-Chorin) Auf eine Beschreibung des Oberlaufs wird deshalb verzichtet.
Unterhalb Schönermark ist die Welse ein begradigter Wiesenfluss mit einigen Wehren.

Befahrungsregeln:	km 42,3 bis 26,4 (ab Wolletzsee bis Str.Br. Schönermark-Biesenbrow): ganzj. BV
Pegel:	in Schönermark und Neue Mühle

47,0 ⇩ der hier nicht befahrbaren Welse in den Wolletzsee, die Route folgt dem N-Ufer (53.0229,13.8712)
46,8 re ➔ Wolletzsee, Südufer von der Welse. Die Beschreibung der Welse folgt dem Nordufer des Wolletzsee (53.0229,13.8738)

Nebenstrecke Wolletzsee, Südufer

Die Route entlang des Südufers des Wolletzsees ermöglicht eine Umrundung dieses Sees.

7,6 ➔ Wolletzsee, Südufer von der Welse (s. Seite 540). Die Beschreibung der Welse folgt dem Nordufer des Wolletzsee (53.0229, 13.8738)
5,5 li mehrere Inseln (53.0182,13.9015)
1,1 re ⛟ Wolletzsee, Ausgangspunkt für eine Umrundung des Wolletzsees, Am Wolletzsee, 16278 Angermünde, campingplatz-wolletzsee.de/anmeldung-auf-den-platz.html (53.0222,13.9434)
1,0 Strandbad Wolletzsee (53.0226,13.9469)
0,0 ⇩ Wolletzsee, Südufer in die Welse (s. Seite 540) (53.0281, 13.9333)

45,1 li **16278 Angermünde, OT Wolletz**, re mehrere Inseln (53.0237,13.8986)
42,4 ⇩ Wolletzsee, Südufer in die Welse (53.0281,13.9333)
42,3 Ausfluss aus dem Wolletzsee (53.0284,13.9337)
42,3 –26,4 § ganzj. BV (53.0285,13.9338)–(53.1075,14.0281)
26,4 ⬇ an der Str-II L285, li 1 km nach **16278 Angermünde, OT Biesenbrow**, (das Kummerow aus Ehm Welks Buch „Die Heiden von Kummerow"), re ehemaliger 🚂 Schönermark (kein Haltepunkt mehr) (53.1075,14.0282)
26,3 ▬ Sohlschwelle, evtl. ≋
24,8 Fall-▬, re oder li ⏏ (53.1168,14.0459)
23,5 EB-II, darunter starker Schwall, leicht verblockt, evtl. ≋ (53.1227, 14.0617)
23,0 Weg-II **16278 Mark Landin, OT Grünow** (53.1249,14.0678)
22,9 ▬ Sohlschwelle, evtl. ≋
21,6 Fall-▬ und Weg-II, li oder re ⏏ (53.1317,14.0837)
20,2 Str-II B166 Oder-Neiße-Trasse (53.1405,14.0971)
19,3 Str-II, re **16306 Passow**, ▬ unter der Brücke, li oder re ⏏, ✕, li 300 m 🚂 (53.1469,14.1037)
18,1 EB-II (53.1561,14.1115)
17,7 ▬ Sohlschwelle, evtl. evtl. ≋ (53.1590,14.1158)
16,9 li ⇩ der Randow (wenig lohnend, keine Verbindung zur Uecker. Randow hat Wasserscheide am Autobahndamm bei Schmölln.) (53.1615,14.1267)
13,9 Str-II Jamikower Straße, li **16306 Passow, OT Jamikow** (53.1538, 14.1691)
13,7 ▬ Sohlschwelle, evtl. ≋
12,7 ▬ Kummerow, re oder li ⏏ (53.1499,14.1842)
11,8 ▬ Sohlschwelle, evtl. ≋ (53.1445,14.1940)
8,6 ▬ Kunow, re oder li ⏏ (53.1287,14.2322)
5,6 Str-II Neue Mühle, ▬ unter der Brücke, re oder li ⏏ (53.1171,14.2715)
3,4 Str-II B2n (53.1046,14.2948)
2,6 Str-II Vierraden, Am Turm, niedrige Gasleitung ⚠ (53.0985,14.2982)
2,5 Str-II Vierraden, Chausseestraße, davor leichter Schwall, re **16303**

Schwedt/Oder-Vierraden, ✕ „Zum Oderländer" ☎ 03332/22498, „Am Markt" ☎ 03332/22771, Hotel, ⌘ Tabakmuseum (53.0980,14.2994)

2,0 Str-II Schwedt, Kronheide mit Schwall (53.0968,14.3059)

1,1 Str-II Schwedt, Hafenstraße (53.0965,14.3176)

1,0 EB-II (53.0961,14.3189)

0,6 ⇩ in Industriehafen Schwedt (53.0934,14.3219)

0,0 ⇩ der Welse in den Oder-Havel-Kanal (s. Seite 520) bei amtl. km 125,9, Einfahrt Industriehafen Schwedt (53.0898,14.3277)

Einzugsgebiet der Ostseeküste

Nr. in Karte	Fluss	Wildwasser	Kleinfluss	Wanderfluss	Seengewässer	Kanal	Küstengewässer	Schifffahrtsstraße	Befahrungsregeln	Seite
1	Deutsche Ostseeküste						o			544
2	Ostseeküste Wismar bis Travemünde						o			545
3	Ostseeinsel Poel						o			546
4	Ostseeküste Wismar bis Warnemünde						o			547
5	Ostseeküste Warnemünde bis Barhöft						o		o	548
6	Ostseeküste Barhöft bis Stralsund						o		o	549
7	Ostseeküste Stralsund bis Peenestrom						o			550
8	Ryck						o	o	o	550
9	Ostseeküste Insel Usedom						o		o	551
10	Ostseeinsel Rügen						o		o	552
11	Boddengewässer						o		o	554
12	Boddengewässer Rügen						o		o	555
13	Bodden Ribnitz bis Barhöft						o		o	556
14	Saaler Bodden Nordvariante						o			556
15	Barther Strom						o			557
16	Peenestrom						o			558
17	Peenestrom Nordufer				o					559
18	Stepenitz (Trave)		o						o	560
19	Radegast		o						o	560
20	Maurine		o						o	562
21	Wallensteingraben		o						o	563
22	Warnow		o	o				o	o	564
23	Bützower See			o	o					567
24	Godernsches Mühlenfließ		o							569
25	Brüeler Bach				o					569
26	Mildenitz			o	o				o	569
27	Bresenitz		o						o	571
28	Nebel		o	o	o				o	572
29	Krakower See, Westufer				o					573

Nr. in Karte	Fluss	Wildwasser	Kleinfluss	Wanderfluss	Seengewässer	Kanal	Küstengewässer	Schifffahrtsstraße	Befahrungsregeln	Seite
30	Krakower See, Ostufer				o					572
31	Alte Nebel		o							574
32	Recknitz			o					o	574
33	Barthe		o						o	576
34	Peene			o				o	o	576
35	Ostpeene		o		o				o	579
36	Westpeene			o	o				o	580
37	Teterower Peene		o		o				o	581
38	Tollense			o						582
39	Tollensesee, Westufer				o				o	582
40	Tollensesee, Ostufer				o				o	582
41	Randkanal (Tollense)			o						584
42	Trebel		o	o					o	585
43	Trebelkanal					o				586
44	Warbel		o							587
45	Schwinge (Peene)		o						o	578
46	Ucker			o	o			o		587
47	Ucker (Flusslauf)			o					o	588
48	Uckerseen			o	o					591
49	Boitzenburger Gewässer		o		o					591
50	Krienkowsee				o					592

Deutsche Ostseeküste

Die Ostsee ist ein flaches Binnenmeer, das nur durch drei schmale Straßen (Sund, Großer und Kleiner Belt) mit der Nordsee und damit mit dem Atlantik in Verbindung steht. Daraus ergeben sich zwei deutliche Unterschiede gegenüber der Nordsee, und zwar spielen zunächst die Gezeiten in der Ostsee nur eine ganz geringe Rolle (Hubhöhe im Schnitt unter 15 cm) und zum anderen ist der Zufluss von Süßwasser größer als die Verdunstung mit der Auswirkung, dass der Salzgehalt der Ostsee sehr niedrig liegt. Mit unter 1‰ ist die Ostsee das größte Brackwassermeer der Erde.

Wie bei allen Kanufahrten im Grenzbereich Land – Meer ist auch bei Befahrung der Ostsee und ihrer Grenzgewässer größte Vorsicht walten zu lassen. Dazu gehören: Ausrüstung mit einem geeigneten Boot mit guter Steuerung, gut schließender Spritzdecke und Auftriebskörpern, Kompass, Fernglas, Rettungsweste, Rücksichtnahme auf die Wetterlage mit Beobachtung und Berücksichtigung des Wetterberichtes.

Die deutsche Ostseeküste beginnt an der Flensburger Förde, der Perle der schleswig-holsteinischen Ostküste. Der Abschnitt bis Travemünde ist im „DKV-Gewässerführer Nordwestdeutschland“ beschrieben.

Badestrände sind durch naturfarbige oder weiße Stangen mit einem gelben liegenden Kreuz gekennzeichnet, oft aber auch noch zusätzlich durch Bojen. Diese Gebiete dürfen auch mit einem muskelgetriebenen Fahrzeug zum Schutze der Badenden nicht durchfahren werden. Es ist ein Abstand von 300 m von der jeweiligen Wasserlinie des Ufers für die Vorbeifahrt vorgeschrieben.

Da ein Kanu – Paddelboot – die gemäß der gültigen Seeschifffahrtsstraßenordnung vorgeschriebenen Rundumlichter kaum führen kann, sind Fahrten zwischen Sonnenuntergang und -aufgang sowie unsichtigem Wetter nicht möglich, da verboten. Achtung, Bußgeld!

Die mecklenburg-vorpommerische Küste ist weitgehend Sandstrand, so dass Notlandungen fast immer möglich sind. Lediglich bei der Umfahrung von Steilküsten (z. B. Arkona, Stubbenkammer, Granitz) können beim Anlanden Schwierigkeiten entstehen. Diese Fahrten sollten daher besonders sorgfältig vorbereitet werden. Schwankende Wasserstände der Ostsee können an Haken und Prielen beachtenswerte Strömungen entwickeln.

Im Küstengebiet östlich von Rostock befinden sich der Nationalpark „Vorpommersche Boddenlandschaft“, der Nationalpark „Jasmund“, das Biosphärenreservat Südost-Rügen und eine Reihe einzelner NSG. Die Befahrungsregelungen sind so vielgestaltig, dass sie im nachfolgenden Text nur teilweise dargestellt werden können. Aus diesem Grund, aber auch aufgrund der vielfältigen Möglichkeiten zur Gestaltung der Fahrtstrecke, ist die Mitnahme einer geeigneten Karte zu empfehlen.

Der naturverbundene Kanute sollte von sich aus alles tun, damit die über Jahrzehnte gepflegte Natur und Artenvielfalt unseres Landes erhalten bleibt. Insbesondere Betretungsverbote beachten, nicht am Strand oder in den Dünen zelten. Einmaliges Notzelten außerhalb von Nationalparks bzw. NSG ist bei sorgfältigem Umgang mit der Natur und Zustimmung des Eigentümers erlaubt

Kilometrierung: Die Kilometrierung nach Kartenmaterial folgt dem Küstenverlauf und dient nur zur Orientierung. Bitte entnehmen sie ihre wirklich gepaddelten Kilometer speziellem Kartenmaterial oder eigenen GPS-Aufzeichnungen.

Ostseeküste Wismar bis Travemünde

Küstengewässer

Kilometrierung: Die Kilometrierung nach Kartenmaterial folgt dem Küstenverlauf und dient nur zur Orientierung. Bitte entnehmen sie ihre wirklich gepaddelten Kilometer speziellem Kartenmaterial oder eigenen GPS-Aufzeichnungen.

52,1 ← Ostseeküste Wismar bis Travemünde von Ostseeküste Wismar bis Warnemünde (s. Seite 547), Weiterfahrt nach Warnemünde Richtung Nordost (53.9105,11.4393);

TSG Wismar, Zum Yachthafen 6, 23966 Wismar, www.kanuwismar.de , +49 3841 635049, ⓘ +49 175 9732158,

heiko.wilcken@gmail.com (53.9093,11.4353)
47,8 Landspitze Fliemsdorfer Huk mit flachen Ufern, re Insel Walfisch, Betreten verboten, NSG (53.9353,11.4093)
45,3 **23968 Zierow**, Ostsee-⛺ Zierow, www.ostsee-camping.de (53.9353, 11.3757)
43,0 Schiffsanleger Hohen Wieschendorf in der Eggers Wiek (53.9480, 11.3476)
41,3 Hohen Wieschendorfer Huk, Ende der Wohlenberger Wiek. ⚠ bei Wind, große Flachwasserzone mit Felsen (53.9600,11.3324)
38,9 Ostsee-⛺ Beckerwitzer Strand, www.ostseecampingbeckerwitz.de (53.9416,11.3151)
37,0 ⛺ Liebeslaube Gramkow, www.campingplatzliebeslaube.m-vp.de (53.9322,11.2918)
35,7 ⛺ Niendorf, www.ostsee-campingplatz.de (53.9303,11.2703)
34,0 **23948 Klütz, OT Wohlenberg** an der Wohlenberger Wiek, Schiffsanleger (53.9415,11.2524)
30,3 Marina Boltenhagen im OT Tarnewitz (53.9719,11.2504)
27,9 Landspitze mit Sandbank. li Insel Lieps, am Rande der Sandbank, nur wenig aus dem Wasser hervorragend (53.9876,11.2529)
26,2 **23946 Ostseebad Boltenhagen**, schöne Promenade, Sandstrand, viele ✕ (53.9817,11.2306)
25,5 Regenbogen-⛺ Boltenhagen, www.regenbogen.ag (53.9835,11.2193)
24,5 See-Ⅱ Boltenhagen (53.9907,11.2081)
23,2 **23946 Boltenhagen, OT Redewisch**, der erste Ort der Wismarer Bucht (53.9987,11.1940)
20,9 Großklützhöved, Steilufer, nahe der Küste viele Steine (54.0149,11.1796)
18,7 **23948 Klütz, OT Steinbeck** (54.0094,11.1466)
11,6 **23948 Kalkhorst, OT Brook** (54.0059,11.0417)
10,6 Musenest. Das Ufer fällt steil gegen die See ab, es besteht aus Lehm, der bei jedem Sturm weiter abbröckelt
8,4 **23942 Kalkhorst, OT Groß Schwansee** (53.9921,10.9988)
5,1 **23942 Dassow, OT Barendorf**, vorher beginnt ein Steilufer (53.9763, 10.9577)
4,6 ⇩ der Harkenbäk, § ganzj. BV (53.9739,10.9503)
3,2 **23942 Dassow, OT Rosenhagen** (53.9657,10.9353)
0,9 Landesgrenze Niedersachsen/Mecklenburg-Vorpommern (53.9570, 10.9036)
0,0 ⇩ der Trave in Ostseeküste Wismar bis Travemünde (53.9612,10.8911)

Ostseeinsel Poel

Küstengewässer

Eine Außenumfahrung der Insel ist nur geübten Fahrern vorbehalten. Wegen der a vielen Stellen geringen Wassertiefe und der speziell vor den Steilküsten sehr steinige Ufer, ist auf beständiges Wetter zu achten (Wellen, Brandung). Flachwasserzone nicht befahren, Salzwiesen nicht betreten.

27,0 Beginnend im Uhrzeigersinn bei Timmendorf (53.9791,11.3734)
25,4 **23999 Insel Poel, OT Timmendorf**, Hafen, ✕ (53.9918,11.3737)
25,1 Campingplatz Leuchtturm, Lotsenstieg 25, 23999 Insel Poel, www.campingplatz-leuchtturm.com , ✆ +49 38425 20224 (53.9940, 11.3753)
21,2 Am Schwarzen Busch, ✕, Strand (54.0144,11.4190)
16,4 **23999 Insel Poel OT Gollwitz**, Nordspitze, li Insel Langenwerder, NSG, Betreten verboten (54.0240,11.4859)
15,9 Einfahrt Zaufe/Breitling. Nordöstlich ca. 2 km zur Halbinsel Boiensdorfer Werder (54.0230,11.4932)
12,1 **23999 Insel Poel, OT Malchow** (53.9918,11.4869)
8,9 Str-II Poeler Damm, re **23999 Insel Poel, OT Fährdorf** (53.9709, 11.4724)
6,5 Südostspitze der Insel Poel (53.9560,11.4534)
5,5 re ➔ Einfahrt Kirchsee, ca. 4 km nach **23999 Insel Poel-Kirchdorf** (53.9590,11.4392)
3,5 Rustwerder Haken (NSG Rustwerder/Fauler See) (53.9636,11.4105)
0,0 = 27,0 Timmendorf (53.9790,11.3734)

Ostseeküste Wismar bis Warnemünde

Küstengewässer

Kilometrierung:	Die Kilometrierung nach Kartenmaterial folgt dem Küstenverlauf und dient nur zur Orientierung. Bitte entnehmen sie ihre wirklich gepaddelten Kilometer speziellem Kartenmaterial oder eigenen GPS-Aufzeichnungen.

71,8 ⇩ der Warnow (s. Seite 564) in Ostseeküste Wismar bis Warnemünde und Ostseeküste Warnemünde bis Barhöft (s. Seite 548) (54.1802,12.0930)
71,7 **18119 Rostock-Seebad Warnemünde**, 🚆, ✕ (54.1803,12.0895)
70,7 Beginn der Mole Warnemünde (54.1870,12.0866)
53,4 Seebrücke **18209 Bad Doberan-Heiligendamm** (54.1460,11.8433)
47,8 See-II **18225 Kühlungsborn** (54.1559,11.7628)
38,9 Ostseecamp Seeblick, Meschendorfer Weg 3b, 18230 Ostseebad Rerik, www.ostseecamp.de , ✆ +49 38296 78480 (54.1295,11.6437)
35,2 Seebrücke Rerik (54.1060,11.6055)
34,9 **18230 Rerik**, Ende Salzhaff, ⏏ von/zur Ostsee (ca. 200 m) (54.1037, 11.6084)
21,1 Boiensdorfer Werder, Weiterfahrt nach Osten über das Salzhaff (interessantere Strecke), Fahrt auf der Seeseite der Halbinsel Wustrow nur bei ruhigem Wetter (54.0343,11.5270)
19,9 re Möwe, www.campingplatz-moewe.m-vp.de (54.0275,11.5172)
10,7 Str-II Fährdorf, li Insel Poel, an der S-Seite ⇅ mit P-Möglichkeit auf dem Seitenstreifen für 3-4 Fahrzeuge (53.9709,11.4725)

2,0 ⌂⚑ TSG Wismar, ⛺, Zum Yachthafen 6, 23966 Wismar, www.kanuwismar.de , ☎ +49 3841 635049, ⓘ ☎ +49 175 9732158, heiko.wilcken@gmail.com (53.9093,11.4353);
li ← Ostseeküste Wismar bis Travemünde (s. Seite 545) von Ostseeküste Wismar bis Warnemünde, Weiterfahrt nach Warnemünde Richtung Nordost (53.9105,11.4393)

0,0 ⇩ Wallensteingraben (s. Seite 563) in Ostseeküste Wismar bis Warnemünde im Innenhafen Wismar (53.9019,11.4633)

Ostseeküste Warnemünde bis Barhöft

Küstengewässer

Befahrungsregeln:	km 73 bis 93,9 (Nationalpark Vorpommersche Boddenlandschaft, Schutzzone 1): ganzj. BV. km 44,9 bis 55,9 (Nationalpark Vorpommersche Boddenlandschaft, Schutzzone 1 (Darßer Ort)): 1 km von der Küste entfernt halten
Kilometrierung:	Die Kilometrierung nach Kartenmaterial folgt dem Küstenverlauf und dient nur zur Orientierung. Bitte entnehmen sie ihre wirklich gepaddelten Kilometer speziellem Kartenmaterial oder eigenen GPS-Aufzeichnungen.

0,0 ⇩ der Warnow (s. Seite 564) in Ostseeküste Wismar bis Warnemünde (s. Seite 547) und Ostseeküste Warnemünde bis Barhöft (54.1802, 12.0930)

0,9 Ende der Mole, Weiterfahrt in östlicher Richtung (54.1875,12.0904)

5,3 **18146 Rostock, OT Markgrafenheide**, Strand, ⛟ (nicht am Gewässer), ✕ (54.1987,12.1424)

12,5 ⛟ Ostseecamp Rostocker Heide, Wiedortschneise 1, 18181 Graal-Müritz Deutschland, www.ostseecamp-ferienpark.de, ☎ +49 38206 77580 (54.2490,12.2114)

14,9 **18181 Graal-Müritz**, Seebrücke, Strand, ✕, 🚆 (54.2611,12.2403)

19,9 **18347 Dierhagen, OT Neuhaus**, ⛟, ✕, Strand, Birkenallee 10, 18347 Dierhagen, www.camping-neuhaus.de , ☎ +49 38226 539930 (54.2830, 12.3093)

21,7 **18347 Dierhagen**, Strand, ✕, ⛟ (nicht am Gewässer) (54.2938,12.3302)

23,5 ⛟ an den Stranddünen Ennen, Waldweg 5, 18347 Dierhagen, www.campingplatz-ennen.de , ☎ +49 38226 80492 (54.3053,12.3461)

27,8 ⛀-Möglichkeit zum Saaler Bodden in der Nähe einer Surfschule (Flagge zur Orientierung) (54.3415,12.3784)

29,2 Seebrücke **18347 Wustrow**, danach Wellenbrecher, dahinter Anlandemöglichkeit, Strand, ✕ (54.3520,12.3858)

32,3 **18347 Ahrenshoop**, Künstlerkolonie, Strand, ✕, Anlanden hinter Wellenbrecher, ⛀ von/zum Hafen Altenhagen am Saaler Bodden (ca. 1,1 km) (54.3768,12.4059)

35,8 Beginn Nationalpark Vorpommersche Boddenlandschaft (54.3992,

12.4446)

44,9 –55,9 § Nationalpark Vorpommersche Boddenlandschaft, Schutzzone1, 1 km von der Küste entfernt halten. ⚠ Umfahrung Darßer Ort für Kajaks sehr gefährlich, nur bei sehr ruhiger und sicherer Wetterlage. Befahrung dicht unter Land nicht gestattet (54.4742,12.4996)–(54.4580,12.5482)

55,1 Nothafen Darßer Ort, darf nur in Notfällen angefahren werden (54.4724, 12.5258)

56,7 Regenbogen Prerow, Bernsteinweg 4-8, 18375 Prerow, www.regenbogen.ag , ☎ +49 38233 331 (54.4572,12.5501)

57,4 Meißner's Sonnencamp, Villenstraße 3, 18375 Ostseebad Prerow, www.meissners-sonnencamp.de , ☎ +49 38233 60198 (54.4549,12.5597)

58,0 Seebrücke **18375 Ostseebad Prerow** (54.4536,12.5701)

59,7 Ortsende Prerow ⚠ zur Weiterfahrt auf Prerowstrom und Boddengewässer hier umtragen, Weiterfahrt Richtung Hiddensee nur bei ruhigem Wetter für Könner empfohlen (54.4512,12.5955)

63,9 Am Freesenbruch, Am Bahndamm 1, 18374 Zingst, www.camping-zingst.de , ☎ +49 38232 15786 (54.4429,12.6605)

65,5 Seebrücke **18374 Zingst**, Strand, ✕, 🛒 (54.4418,12.6817)

68,2 Naturdüne, Straminke 5, 18374 Zingst, naturduene.de , ☎ +49 38232 175 657 (54.4421,12.7265)

73,0 –93,9 § Nationalpark Vorpommersche Boddenlandschaft, Schutzzone 1, ganzj. BV, zur Weiterfahrt in Richtung Hiddensee (nur für Könner) informieren sie sich bitte auf speziellen Seekarten (54.4437,12.8005)–(54.4363,13.0416)

Ostseeküste Barhöft bis Stralsund

Küstengewässer

Kilometrierung:	Die Kilometrierung nach Kartenmaterial folgt dem Küstenverlauf und dient nur zur Orientierung. Bitte entnehmen sie ihre wirklich gepaddelten Kilometer speziellem Kartenmaterial oder eigenen GPS-Aufzeichnungen.

16,8 § Nationalpark Vorpommersche Boddenlandschaft, Ende der Schutzzone 1, ganzj. BV, zur Weiterfahrt in Richtung Hiddensee (nur für Könner) informieren sie sich bitte auf speziellen Seekarten (54.4354,13.0334); ⇩ Bodden Ribnitz bis Barhöft (s. Seite 556) in Ostseeküste Barhöft bis Stralsund, Weiterfahrt nach Stralsund. Direkte Überfahrt nach Ummanz nicht gestattet, Schutzzone 1. Fahrt in die Rügenschen Bodden nur für Geübte mit speziellem Kartenmaterial möglich (54.4340,13.0309); **18445 Klausdorf-Barhöft**, Wasserwander-⛺, ✕, Lotsenweg 6, 18445 Klausdorf

12,6 **18445 Klausdorf** (54.4043,13.0221)

9,6 Hafen AV Prohn (54.3809,13.0475)

8,4 Südgrenze des Nationalparks Vorpommersche Boddenlandschaft

(54.3833,13.0725)
4,2 Marinehafen (54.3590,13.0868)
3,0 Marina Parow (54.3483,13.0778)
0,0 ⌂ Stralsunder KC, ⛺, Friedrich-Naumann-Str. 5/7, 18435 Stralsund, www.stralsunder-kanu-club.de (54.3226,13.0880);
18439 Stralsund, 🚆, ✕, 🛒, ⌘ historische Innenstadt, Meeresmuseum Ozeaneum (54.3225,13.0864)

Ostseeküste Stralsund bis Peenestrom

Küstengewässer

Kilometrierung:	Die Kilometrierung nach Kartenmaterial folgt dem Küstenverlauf und dient nur zur Orientierung. Bitte entnehmen sie ihre wirklich gepaddelten Kilometer speziellem Kartenmaterial oder eigenen GPS-Aufzeichnungen.

0,0 **18439 Stralsund**, 🚆, ✕, 🛒, ⌘ historische Innenstadt, Meeresmuseum Ozeaneum (54.3226,13.0880)
2,5 Str- und EB-II B96 Stralsund, li Insel Dänholm (54.3078,13.1115)
5,3 re Yachthafen Andershof (54.2837,13.1064)
7,9 re **18439 Stralsund, OT Devin**, DJH (54.2685,13.1420)
10,6 Deviner Haken, **§** Anlanden verboten, freiwillig 2 m Wassertiefe einhalten (54.2821,13.1723)
12,2 re zur ⇅ Marina Neuhof (54.2689,13.1841);
re ➔ zum Deviner See, freiwillig 2 m Wassertiefe einhalten (54.2689, 13.1841)
13,5 ⚓ Niederhof (54.2585,13.1929)
15,2 –18,4 Miltitzer Bucht, freiwillig nicht befahren (54.2518,13.2177)–(54.2426, 13.2629)
20,1 ⛺ Stahlbrode, Küstenweg 8, 18519 Sundhagen, www.naturcamping-stahlbrode.de , ☎ +49 38328 489908 (54.2359,13.2843)
20,7 Auto-⛴ L30 Stahlbrode - Glewitz (Insel Rügen), re **18519 Reinberg, OT Stahlbrode** (54.2340,13.2931)
27,6 **17493 Greifswald-Riemserort** (54.1824,13.3413)
28,3 –29,6 **§**, Insel Riems ganzj. Betretungsverbot (54.1839,13.3504)–(54.1863,13.3721)
30,6 –38,2 ⚠ NSG Insel Koos, freiwillig 1 km Abstand vom Ufer halten (54.1859,13.3828)–(54.1329,13.4318)
30,6 –32,8 ⚠, freiwillig vom 01.10. - 30.04. nicht befahren (54.1859,13.3828)–(54.1781,13.4161)
38,2 ⚓ **17498 Neuenkirchen-Wampen** (54.1329,13.4318)
42,2 ⇅ Greifswald-Wieck (54.0980,13.4536)
42,4 ⇩ des Ryck in Ostseeküste Stralsund bis Peenestrom (54.0976,13.4583)

Nebenstrecke Ryck

Für den Oberlauf liegt kein Fahrtbericht vor.

25,0 ■ Greifswald, X (54.0988,13.3762)
25,1 EB-II Greifswald (54.0989,13.3779);
Str-II **17489 Greifswald**, Stralsunder Straße, ⚒, ✕, 🛒, ⌘: historische Innenstadt, Rathaus, Dom (54.0990,13.3787)
25,3 Fußg-II Greifswald (54.0992,13.3824)
25,6 li ⌂ Greifswalder Ruderverein Hilda, re Museumshafen (54.0998, 13.3859)
25,9 li Marina Yachtzentrum Greifswald (54.0999,13.3901)
26,7 re ⌂ HSG Greifswald, ⛺, Am Ryk, Hafenstr. 56 17493 Greifswald, www.hsguni-greifswald.de , ☎ +49 3834 897421 (54.0992, 13.4020)
29,0 li Yachthafen Labedow (54.0956,13.4363)
29,9 Wiecker Historische Klappbrücke (54.0935,13.4486)
30,4 ■ Sperrwerk Wiek Greifswald, normalerweise offen (54.0963, 13.4545)
30,7 ⇩ des Ryck in Ostseeküste Stralsund bis Peenestrom (s. Seite 550) (54.0976,13.4583)

44,0 **17509 Loissin, OT Ludwigsburg** (54.1047,13.4857)
45,8 NSG Lanken (54.1206,13.4748)
49,1 ⛺ Ferien- und Freizeitpark Loissin, Am Strandweg 1, 17509 Loissin, www.campingplatz-loissin.de , ☎ +49 38352 243 (54.1290,13.5205)
55,3 Seebrücke **17509 Lubmin** (54.1401,13.6112)
58,1 ehemaliges Kern-⚡ Lubmin, jetzt atomares Zwischenlager (54.1554, 13.6444)
61,3 NSG Insel Struck, freiwillig Abstand halten (54.1784,13.6682)
69,3 ⇩ Peenestrom (s. Seite 558) in Ostseeküste Stralsund bis Peenestrom, betonnte Einfahrt am Zusammentreffen von Knaakrückenrinne und Tonnenbankrinne (54.1647,13.7480)

Ostseeküste Insel Usedom

Küstengewässer	
Befahrungsregeln:	km 47,4 bis 36,9 (Mündung des Peenestroms bis Peenemünde): ganzj. BV.
Kilometrierung:	Die Kilometrierung nach Kartenmaterial folgt dem Küstenverlauf und dient nur zur Orientierung. Bitte entnehmen sie ihre wirklich gepaddelten Kilometer speziellem Kartenmaterial oder eigenen GPS-Aufzeichnungen.

47,4 –36,9 **§** ganzj. BV vom Peenestrom bis Peenemünde (54.1991,13.7083)–(54.1513,13.8240)
37,1 **17449 Karlshagen**, Strand, ✕, 🛒 (54.1225,13.8431)
36,6 ⛺ Dünencamp Karlshagen, Zeltplatzstraße 4, 17449 Karlshagen, ☎ +49 38371 20291 (54.1187,13.8479)

33,3 **17449 Trassenheide**, Strand, ✕, 🚂 (54.0969,13.8812)
32,7 ⛺ Ostseeblick Trassenheide, Zeltplatzstraße 20, 17449 Trassenheide, www.trassenheide.de , ✆ +49 38371 20949 (54.0929,13.8895)
31,6 ⛺ Pommernland, Dr.-Wachsmann-Straße 40, 17454 Zinnowitz, www.camping-zinnowitz.de , ✆ +49 38377 40348 (54.0867,13.9036)
30,6 Seebrücke **17454 Zinnowitz**, Strand, 🚂, ✕, 🛒 (54.0833,13.9166)
28,8 ⛺ Am Dünengelände, Campingweg 1, 17459 Zempin, www.camping-zempin.de , ✆ +49 38377 41363 (54.0739,13.9400)
27,9 **17459 Zempin**, Strand, 🚂, ✕ (54.0716,13.9537)
26,2 Schmalste Stelle der Insel Usedom, vom Strand zum Achterwasser sind es nur 400 m, ⛵-Möglichkeit (54.0666,13.9774)
24,5 Seebrücke **17459 Koserow**, Strand, ✕, 🚂, 🛒 (54.0604,14.0008)
21,6 **17459 Loddin, OT Kölpinsee**, Strand, 🚂 Kölpinsee, ✕, 🛒 (54.0417, 14.0311)
20,3 ⛺ Stubbenfelde, ca. 300 m zum Ufer, Waldstraße 12, 17459 Loddin, www.stubbenfelde.de , ✆ +49 38375 20606 (54.0333,14.0433)
17,9 **17459 Ückeritz**, Strand, 🚂, ✕, 🛒 (54.0177,14.0695)
16,4 ⛺ Naturcamping „Am Strand“, Auf dem Campingpl. 1, 17459 Ückeritz, www.campingplatz-ueckeritz.de , ✆ +49 38375 20923 (54.0079,14.0868)
11,1 Seebrücke **17429 Heringsdorf, OT Bansin**, Strand, 🚂 Seebad Bansin, ✕, 🛒 (53.9758,14.1454)
8,3 Seebrücke **17429 Heringsdorf**, Strand, 🚂, ✕, 🛒 (53.9576,14.1734)
6,4 Seebrücke **17419 Heringsdorf, OT Ahlbeck**, Strand, 🚂, ✕, 🛒 (53.9442, 14.1929)
3,5 Grenze Deutschland - Polen (53.9301,14.2276)

Ostseeinsel Rügen

Küstengewässer

Befahrungsregeln:	km 132,4 bis 182,4 (Biosphärenreservat Südost-Rügen): Im Boddenbereich nur im Fahrwasser fahren, nur an genehmigten Stellen anlanden und zelten km 101,7 bis 113,7 (Nationalpark Jasmunder Bodden): ganzj UV, 500 m Abstand halten
Kilometrierung:	Die Kilometrierung nach Kartenmaterial folgt dem Küstenverlauf und dient nur zur Orientierung. Bitte entnehmen sie ihre wirklich gepaddelten Kilometer speziellem Kartenmaterial oder eigenen GPS-Aufzeichnungen.

0,0 Beginn der Umrundung der Insel Rügen im Uhrzeigersinn an EB- und Str- ⵊⵊ B96 Stralsund, Rügendamm, li Insel Dänholm, re ehemaliger Bahnhof Altefähr (54.3187,13.1321)
1,4 **18573 Altefähr**, Hafen (54.3288,13.1220)
1,7 ⛺ Sund-Camp, Am Kurpark 1, 18573 Altefähr, www.sund-camp.de , ✆ +49 38306 75483 (54.3324,13.1205)
6,5 Beginn Kubitzer Bodden, die Kilometrierung folgt dem Küstenverlauf

(54.3698,13.1246)
15,6 östlich Prebowsche Wedde, dort ⛺ beim Rügenhof (54.3824,13.2355)
17,9 Insel Liebitz, ⚠ außen (westlich) umfahren (54.3954,13.2180)
30,6 Beginn Insel Ummanz (54.4422,13.1189)
33,0 **18569 Ummanz-Suhrendorf** (54.4618,13.1336)
33,4 Ostseecamp Suhrendorf, Suhrendorf 4, 18569 Ummanz, www.ostseecamp-suhrendorf.de , ♪ +49 38305 82234 (54.4646,13.1352)
36,8 Ende der Insel Ummanz, östlich Udarser Wiek, Befahren verboten (54.4912,13.1606)
39,8 **18569 Schaprode**, Hafen, ⚠ starker Fährverkehr nach Hiddensee (54.5145,13.1627)
39,9 Am Schaproder Bodden, Möglichkeit zur Fahrt zur Insel Hiddensee, Lange Str. 24, 18569 Schaprode, www.camping-schaprode.de , ♪ +49 38309 1234 (54.5160,13.1632)
42,0 ⛺ (54.5355,13.1598)
43,6 Stolper Haken (54.5406,13.1399)
45,8 = 0.0 ⇩ Boddengewässer Rügen (s. Seite 555) in Ostseeinsel Rügen (54.5532,13.1586);
➔ der Boddengewässer Rügen (s. Seite 555) von Ostseeinsel Rügen, ⚠ Weiterfahrt nach Norden, Insel Bug (NSG) außen (westlich) umfahren (54.5533,13.1586)
56,8 Caravancamp „Ostseeblick" Dranske/Rügen, Seestraße 39A, 18556 Dranske, www.caravancamp-ostseeblick.de , ♪ +49 38391 8196 (54.6290, 13.2212)
56,9 **18556 Dranske**,⚠ Pfähle, auch vor den Buhnen (54.6299,13.2215)
73,4 Kap Arkona (54.6846,13.4290)
75,8 **18556 Putgarten-Vitt** (54.6660,13.4325)
81,4 Drewoldke, Zittkower Weg 27, 18556 Altenkirchen, www.camping-aufruegen.de , ♪ +49 38391 12965 (54.6346,13.3766)
81,5 KNAUS Camping- und Ferienhauspark Rügen, Zittkower Weg 30, 18556 Altenkirchen, www.knauscamp.de , ♪ +49 38391 434648 (54.6337, 13.3767)
82,9 **18556 Breege-Juliusruh**, Strand, ✕ (54.6212,13.3790)
84,1 Freizeitcamp Am Wasser, Wittower Straße 1-2, 18556 Ostseebad Juliusruh, www.freizeitcampamwasser.m-vp.de , ♪ +49 38391 43928 (54.6100,13.3841)
91,8 **18551 Glowe**, Hafen, Strand, 🛒, Beginn der Steilküste bis Mukran (54.5756,13.4659)
101,2 **18551 Lohme**, Hafen, ✕ (54.5853,13.6065)
101,7 –113,7 **§** Nationalpark Jasmunder Bodden, ganzj. UV, 500 m Abstand halten (54.5851,13.6155)–(54.5202,13.6671)
105,9 Königsstuhl, Stubbenkammer (54.5743,13.6647)
115,3 **18546 Sassnitz**, Hafen, 🚂, ✕, 🛒 (54.5107,13.6466)
121,1 ⚠ Fährhafen Neu-Mukran, Mole (54.4755,13.5982)

126,4 ⛵-Möglichkeit zum Gr. Jasmunder Bodden, Bootswagen erforderlich (54.4440,13.5758)
127,8 **18609 Binz, OT Prora**, 🚂 Prora und Prora-Ost (54.4318,13.5827)
130,9 **18609 Ostseebad Binz**, Strand, 🚂, ✕, 🛒 (54.4072,13.6072)
131,7 Seebrücke Binz (54.4028,13.6166)
132,4 –182,4 **§**, Biosphärenreservat Südost-Rügen. Allgemeine Regel: Im Boddenbereich nur im Fahrwasser fahren, nur an genehmigten Stellen anlanden und zelten (54.3988,13.6250)–(54.3073,13.4331)
138,5 Seebrücke **18586 Sellin**, Strand, ✕, 🛒, 🚂 Schmalspurbahn Rasender Roland (54.3841,13.7000)
141,1 **18586 Baabe**, Strand, ✕, 🛒, 🚂 Schmalspurbahn Rasender Roland (54.3627,13.7167)
143,6 Seebrücke **18586 Göhren**, Strand, ✕, 🛒, 🚂 Schmalspurbahn Rasender Roland, Findling „Buskam“, Museum, ⌘ (54.3471,13.7431)
145,2 Nordperd (54.3424,13.7664)
148,0 Südstrand Göhren (54.3317,13.7350)
150,0 **18586 Middelhagen, OT Lobbe** (54.3171,13.7241)
150,3 🏕 „Dat Stranddörp“ Göhren, Lobbe 32a, 18586 Middelhagen, www.campingruegen.de , ☎ +49 38308 2314 (54.3151,13.7214)
154,0 🏕 Thiessow, Hauptstraße 4, 18586 Thiessow, www.campingplatz-thiessow.de , ☎ +49 38308 669585 (54.2820,13.7182)
154,7 **18586 Thiessow**, Strand, ✕ (54.2763,13.7224)
155,2 Südperd (54.2736,13.7230)
175,7 Hafen **18581 Putbus, OT Lauterbach**, ✕, 🛒 (54.3400,13.5044)
188,5 Natur-🏕 Pritzwald, Zicker 19, 18574 Garz/Rügen, ☎ +49 38304 829114 (54.2599,13.4094)
192,9 **18574 Garz/Rügen, OT Grabow** (54.2293,13.4040)
200,2 Auto-⛴ Glewitz - Stahlbrode (54.2409,13.3151)
212,4 **18574 Gustow, OT Drigge** (54.2897,13.1648)
219,7 Ende der Inselumrundung am Rügendamm, EB- und Str-II B96 Stralsunc (54.3186,13.1322)

Boddengewässer

In Mecklenburg-Vorpommern befinden sich an mehreren Stellen die „Bodden“. Si liegen zwischen dem Festland und der freien Ostsee und sind von diesen meist durc Landzungen oder vorgelagerte Inseln abgetrennt. Sie bestehen aus großen Wasse flächen bis zu einem Durchmesser von 20 km. Sie sind erst in geologisch junger Ze durch Senkungen der Küste entstanden. Der Tiefgang der Gewässer ist recht unte schiedlich. Dadurch kann sich bei Wind ein unregelmäßiger unangenehmer Seegan ergeben. Die Gewässer sind als Großgewässer ernst zu nehmen.

Obgleich in diesen Gewässern der Tidenhub nicht zu bemerken ist, können groß Wasserflächen trockenfallen. Für viele Gewässerteile besteht seit 1990 aus Natu schutzgründen ein Befahrungsverbot. Es ist deshalb ratsam sich mit einschlägige Kartenmaterial auszurüsten, aus dem Wassertiefen und gesperrte Wasserflächen e sichtlich sind (z.B. amtl. Seekarten oder Jübermann, Tourenatlas Wasserwande

Nr.6). Eine Beschreibung, wie in diesem Gewässerführer, kann die Informationsmöglichkeiten einer Karte nicht ersetzen.
Hier werden einige durchgehende Touren beschrieben, es lassen sich auch Rundtouren durchführen.

Boddengewässer Rügen

Küstengewässer

Es wird eine ufernahe Rundfahrt im Uhrzeigersinn beschrieben. Die Kilometerangaben sollen nur der Orientierung dienen. Benutzen sie bitte einschlägiges Kartenmaterial oder eigene GPS-Aufzeichnungen zur Ermittlung ihrer Fahrtstrecke.

Befahrungsregeln: km 0 bis 6,7 (Wieker Bodden): li ganzj. BV, Befahren nur im ausgetonnten Fahrwasser

0,0 ➔ der Boddengewässer Rügen von Ostseeinsel Rügen (s. Seite 552), ⚠ Weiterfahrt nach Norden, Insel Bug (NSG) außen (westlich) umfahren (54.5533,13.1586)

0,0 –6,7 **§** li ganzj. BV, Befahren nur im ausgetonnten Fahrwasser (54.5533, 13.1586)–(54.5862,13.2328)

2,8 li ⬅ nach Norden in den Wieker Bodden, dem die Beschreibung folgt. Geradeaus weiter zum Breetzer Bodden (54.5558,13.2004)

10,6 ⏏-Möglichkeit zur Ostsee bei Dranske, ⚠ es folgen mehrere Pfähle (54.6188,13.2273)

11,8 Seebrücke **18556 Dranske**, Strand, ✕ (54.6270,13.2349)

15,6 ⇅ ⚓ **18556 Dranske, OT Starrvitz**, Hafen Kuhle, ✕, Ende Wieker Bodden. Die Weiterfahrt erfolgt nun am östlichen Ufer zurück nach Süden (54.6462,13.2817)

18,5 ⇅ ⚓ Marina Wiek (54.6220,13.2829);
18556 Wiek, ✕, 🛒 (54.6210,13.2853)

26,6 ⇩ in Breetzer Bodden, die Beschreibung folgt dem nördlichen Ufer (54.5572,13.2475);
Auto-⛴ L30 Wittower Fähre (54.5572,13.2475)

32,9 Hafen **18556 Breege, OT Kammin**, Weiterfahrt auf dem Breeger Bodden (54.5815,13.3300)

37,5 **18556 Breege**, Hafen, ✕, 🛒 (54.6117,13.3561)

41,7 Gelmer Ort, Weiterfahrt auf Lebinner Bodden (54.5854,13.3838)

43,4 Großer Ort, ab hier Großer Jasmunder Bodden (54.5728,13.3967)

50,4 Hafen Segelsportgemeinschaft Glowe (54.5529,13.4844)

52,5 ⚓ **18551 Glowe, OT Polchow**, ✕ (54.5402,13.5061)

54,4 ⇅ ⚓ Martinshafen (54.5247,13.5049)

59,5 **18528 Lietzow**, 🚆 (54.4843,13.5052)

59,8 ⚓ Lietzow am Sandstrand, sichere ⏏-Möglichkeit zum Kleinen Jasmunder Bodden (650 m) über Ampel und Bahnschranke. Das ⏏ an der ehemaligen Schleuse ist nicht zu empfehlen, da beschwerlich und gefährlich (EB und B96).
Der Kleine Jasmunder Bodden bietet eine Rundfahrt von ca. 28 km in

Ufernähe. Halbinsel Pulitz und NO-Ufer sind NSG (54.4813,13.5050)
63,0 ⚓ vor Ralswieck (54.4778,13.4604)
63,7 Wendepunkt Ralswiek der Boddenstrecke, Weiterfahrt am Westufer des Gr. Jasmunder Bodden (54.4742,13.4507)
63,8 **18528 Ralswiek**, ⌘ Störtebecker-Festspiele (54.4743,13.4488)
64,1 Naturbühne Ralswiek (54.4766,13.4466)
69,8 Banzelvitzer Berge, Am Berg 4, 18528 Groß Banzelvitz - Insel Rügen, www.banzelvitz.de , ☎ +49 3838 31248 (54.5157,13.4129)
75,8 Liddower Haken, ab hier Lebbiner Bodden (54.5594,13.3754)
78,5 Lebbiner Haken (54.5780,13.3701)
79,6 Finkenhaken (54.5810,13.3556)
82,2 Hafen **18569 Neuenkirchen, OT Vieregge** (54.5688,13.3260)
89,0 Auto-⛴ L30 Wittower Fähre (54.5552,13.2457)
94,7 = 0.0 ⇩ Boddengewässer Rügen in Ostseeinsel Rügen (s. Seite 552) (54.5532,13.1586)

Bodden Ribnitz bis Barhöft

Küstengewässer

Obgleich in diesen Gewässern der Tidenhub nicht zu bemerken ist, können große Wasserflächen trockenfallen. Für viele Gewässerteile besteht seit 1990 aus Naturschutzgründen ein Befahrungsverbot. Es ist deshalb ratsam sich mit einschlägigem Kartenmaterial auszurüsten, aus dem Wassertiefen und gesperrte Wasserflächen ersichtlich sind (z.B. amtl. Seekarten oder Jübermann, Tourenatlas Wasserwandern Nr.6). Eine Beschreibung, wie in diesem Gewässerführer, kann die Informationsmöglichkeiten einer Karte nicht ersetzen.

Befahrungsregeln: km 52,6 (Neuendörfer Bülten): nicht betreten, Fahrrinne fahren
km 36,9 (Fitt): ganzj. BV

72,7 ⇩ der Recknitz (s. Seite 574) in Bodden Ribnitz bis Barhöft und Saaler Bodden Nordvariante (54.2521,12.4568);
Ribnitzer See, die Beschreibung folgt dem rechten Ufer (Süd-Variante) (54.2521,12.4563)

Nebenstrecke Saaler Bodden Nordvariante

45,0 ⇩ der Recknitz (s. Seite 574) in Bodden Ribnitz bis Barhöft (s. Seite 556) und Saaler Bodden Nordvariante (54.2521,12.4568);
Fahrt entlang dem li Ufer, zunächst Ribnitzer See (54.2520, 12.4563)
40,7 li Marina Ribnitz (54.2474,12.4288);
li **18311 Ribnitz-Damgarten**, 🚂, ✕, 🛒, ⌘ Bernsteinmuseum
35,6 **18347 Dierhagen, OT Dändorf**, Hafen (54.2720,12.3776)
34,6 Beginn Saaler Bodden (54.2791,12.3830)
32,5 li ⚓ Dierhagen (54.2937,12.3652);
li **18347 Dierhagen**, ✕, 🛒 (54.2941,12.3651)
23,1 li **18347 Ahrenshoop, OT Niehagen** (54.3599,12.4159)

21,9 Hafen Althagen, ⛴-Möglichkeit von/nach Ahrenshoop/Ostsee (54.3709,12.4201)
16,3 ⛺ Regenbogen Born, Nordstraße 86, 18375 Born am Darß, www.regenbogen.ag , ☎ +49 38234 244 (54.3817,12.5013)
14,8 ⇩ in Kawistrom, Ende Saaler Bodden, Beginn Nationalpark Vorpommersche Boddenlandschaft (54.3725,12.5175)
14,4 ⇩ in Koppelstrom (54.3746,12.5220)
13,4 ⇅ ⛵ Hafen Born (54.3813,12.5302);
li **18375 Born am Darß**, ✕ (54.3813,12.5312)
8,5 li Nadelhaken (54.3840,12.5924)
4,0 ⇅ Sportboothafen Wieck (54.4078,12.5936);
18375 Wieck a. Darß, ✕
0,0 ⇩ Saaler Bodden Nordvariante in Bodden Ribnitz bis Barhöft (s. Seite 556), Ausfahrt aus Bodstedter Bodden (54.4085,12.6563)

69,0 re ⌘ Technikmuseum Putnitz (54.2662,12.4124)
66,2 Ende Ribnitzer See, ab hier Saaler Bodden (54.2898,12.4133)
61,2 re ⇩ Ziegelgraben, Hafen, ⛵ (54.3113,12.4790);
re **18317 Saal** (54.3123,12.4798)
54,8 re Hafen **18317 Saal, OT Neuendorf**, ⛵ (54.3361,12.5287)
52,6 Neuendörfer Bülten **§**, nicht betreten, Fahrrinne fahren. Beginn Nationalpark Vorpommersche Boddenlandschaft (54.3559,12.5276)
51,5 li Borner Bülten, Ende Saaler Bodden, Beginn Koppelstrom (54.3649, 12.5284)
48,9 re Landzunge Rhedeort (54.3794,12.5541)
45,9 re Insel Jägerbülten, außen umfahren, ab hier Bodstedter Bodden (54.3806,12.5856)
43,9 re ⇅ ⛵ Fuhlendorf (54.3716,12.6065)
42,8 **18356 Fuhlendorf, OT Bodstedt**, Hafen, ⌘ Zeesenboote (54.3723, 12.6246)
37,8 li ⇩ Saaler Bodden Nordvariante in Bodden Ribnitz bis Barhöft, Ausfahrt aus Bodstedter Bodden (54.4085,12.6563)
37,2 Str-Ⅱ L21 Zingst, Meiningenbrücke (54.4081,12.6659)
37,1 ehemalige EB-Ⅱ Zingst, Kloerbrücke (54.4084,12.6665)
36,9 Kurs nach li in Zingster Strom, geradeaus Fitt **§**, ganzj. BV (54.4097, 12.6692)
34,0 li **18374 Zingst**, ✕, 🛒, DJH, Wanderung zum Naturparkteil Sundische Wiese (54.4306,12.6883)
29,8 ⇩ des Zingster Strom in Barther Bodden (54.4144,12.7393)
27,8 ⇩ Barther Strom in Bodden Ribnitz bis Barhöft (54.4056,12.7624)

Nebenstrecke Barther Strom

8,4 ⇩ der Barthe (s. Seite 576) in den Barther Strom (54.3683, 12.6880);

re **18356 Barth** (54.3686,12.6884)
7,6 li **18356 Pruchten**, ✕ (54.3764,12.6802)
3,2 Beginn Barther Bodden (54.4006,12.7135)
0,0 ⇩ Barther Strom in Bodden Ribnitz bis Barhöft (s. Seite 556) (54.4056,12.7624)

25,1 Kavelhaken, Beginn Grabow, Fahrrinne oder südlich davon fahren, nördlich Schutzzone 1, die Kilometrierung folgt dem südlichen Ufer (54.3910, 12.7832)
21,2 re ⇅ ⚓ Hafen Dabitz (54.3622,12.8081)
13,5 **18445 Altenpleen, OT Nisdorf**, Hafen (54.3828,12.8856)
12,1 ⚓, Schutzhütte (54.3922,12.8948)
9,2 ⚓ Hafen Anglerverein Kinnbackenhagen (54.4113,12.9197)
0,0 **18445 Klausdorf, OT Barhöft**, Hafen, ✕ (54.4340,13.0309); ⇩ Bodden Ribnitz bis Barhöft in Ostseeküste Barhöft bis Stralsund (s. Seite 549), Weiterfahrt nach Stralsund. Direkte Überfahrt nach Ummanz nicht gestattet, Schutzzone 1. Fahrt in die Rügenschen Bodden nur für Geübte mit speziellem Kartenmaterial möglich (54.4340,13.0309)

Peenestrom

Küstengewässer, Seeschifffahrtsstraße
Mündung in Ostseeküste Stralsund bis Peenestrom bei km 69,3

Der Peenestrom ist ein Mündungsarm der Oder. Das ganze Fahrtgebiet liegt im Naturpark Usedom – Oderhaff, der von der Dänischen Wieck (Greifswald – Ryckmündung) bis zur polnischen Grenze reicht. Anfahrt auch aus dem Greifswalder Bodden, Peene, Uecker, Oder. Der Peenestrom hat über weite Strecken Schilfufer. Dadurch kann nur an wenigen Stellen angelegt werden. Die Entfernungsangaben beziehen sich auf eine Befahrung beider Küstenlinien von Altwarp bis zur Mündung in die Ostsee und schließen damit das Achterwasser mit ein.

Befahrungsregeln: Der Peenestrom ist eine Seewasserstraße. Es gelten die Bestimmungen der Seeschifffahrtsstraßen-Ordnung (SeeSchStrO)

87,5 Grenze Deutschland - Polen. Die Beschreibung beginnt am Südufer des Oderhaffs (53.7380,14.2729)
87,4 li ⇅ Hafen Altwarp, ⛴-Verkehr (53.7386,14.2720)
86,9 **17375 Altwarp**, ✕ (53.7427,14.2675)
83,3 li Repziner Schaar (53.7616,14.2315)
82,0 li Siedlung Altwarp (53.7541,14.2203)
78,3 li **17375 Vogelsang, OT Warsin**, Hafen Warsin (53.7365,14.1730)
73,7 Belliner Kanal, ⛺ Ferien & Freizeit Kron Bellin, Dorfstraße 8B, 17373 Ueckermünde, www.kron-bellin.de , ✆ +49 39771 59110 (53.7400, 14.1133)
70,7 li ⇩ der Ucker (Flusslauf) (s. Seite 588) in den Peenestrom (53.7512, 14.0716)
68,0 li ⇩ der Zarow (53.7580,14.0323)

66,2 li ⛟ Ostsee-Campingpark Oderhaff, Dorfstraße 66A, 17375 Grambin, campingpark-oderhaff.de , ✆ +49 39774 20420 (53.7644,14.0107)
64,2 ⚓ (53.7712,13.9810)
63,5 li ⇅ Mönkebude am Strand (53.7727,13.9718)
63,3 li Hafen Mönkebude, ⛺-Möglichkeit beim Hafenmeister melden, ✆ +49 39774 20420 (53.7745,13.9692);
17375 Mönkebude, ✕ (53.7742,13.9678)
56,5 li ⇩ Mühlgraben (53.8054,13.8961)
51,1 EB-Hub-Ⅱ Karnin, zerstört (53.8432,13.8556)
50,8 li Personen- und Fahrrad-⛴ Kamp (53.8430,13.8502);
17398 Bugewitz, OT Kamp (53.8431,13.8495)
48,8 li Anklamer Fähre (53.8470,13.8211)
47,6 li ⇩ der Peene (s. Seite 576) (Richtgraben) in den Peenestrom (53.8552, 13.8110)
46,8 li Mündung eines Altarmes der Peene, ✕ (53.8625,13.8152)
46,0 Str-Ⅱ B110 (53.8657,13.8261)
30,1 li ⛟, Garthof 5-6, 17440 Lassan, www.campingplatz-lassan.de , ✆ +49 38374 559951 (53.9484,13.8576);
17440 Lassan, ✕, 🛒 (53.9514,13.8553)
25,7 ⛟ Wassersport-Camp am Peenestrom, Zum Bauerberg 7, 17440 Zemitz / OT Wehrland, www.wassersport-camp.de , ✆ +49 172 3030339 (53.9850, 13.8321)
19,8 ⇩ der Beschreibung Peenestrom Nordufer in den Peenestrom, die aufgrund der Breite des Peenestroms erforderlich ist und außerdem die Ausbuchtungen Krumminer Wiek und Achterwasser miterfasst (54.0170, 13.7666)

Nebenstrecke Peenestrom Nordufer

Der Peenestrom ist eine Seewasserstraße. Es gelten die Bestimmungen der Seeschifffahrtsstraßen-Ordnung (SeeSchStrO).

105,7 Grenze Deutschland - Polen (53.8647,14.2142)
105,2 re **17419 Kamminke**, Hafen, ⇅, ✕ (53.8662,14.2072)
104,3 ⛟ Haffküste Kamminke, Garzer Weg, 17419 Kamminke, www.insel-usedom-camping.de , ✆ +49 38376 299113 (53.8714,14.1977)
100,9 re Flughafen Heringsdorf (53.8714,14.1443)
84,5 re ➔ in Usedomer See (53.8454,13.9203)
80,0 ehemalige EB-Hub-Ⅱ (53.8435,13.8560)
75,2 Str-Ⅱ B110 (53.8657,13.8292)
62,3 Hafen Rankwitz, ⇅ nur über Steinschüttung möglich, ⚠ bei Seegang, ✕ (53.9344,13.9313)
60,8 **17406 Rankwitz** (53.9462,13.9250)
60,2 **17406 Rankwitz, OT Quillitz**, Hafen (53.9525,13.9200)
58,0 re ➔ in das Achterwasser, dem die Beschreibung folgt (53.9643, 13.8931)

44,3 re Halbinsel Cosim (53.9617,14.0243)
38,1 **17459 Ückeritz**, Hafen, ✕, 🛒 (54.0100,14.0382)
33,2 **17459 Loddin**, Hafen, ✕, 🛒 (54.0232,14.0027)
30,5 **17459 Koserow**, Bootshafen, ⛺-Möglichkeit, 🚂, ✕, 🛒 (54.0463, 13.9898)
28,3 re ➔ Zufahrt zum Anglerverein Zempin, schmalste Stelle der Insel Usedom, ⇌ von/zur Ostsee ca. 400 m (54.0595,13.9673)
27,5 re **Zempin**, 🚂, ✕ (54.0599,13.9547)
21,6 –19,5 re Insel Görmitz, außen umfahren, da Insel mit Damm verbunden (54.0306,13.9316)–(54.0151,13.9263)
14,2 Südspitze Gnitz, re ➔ in Krumminer Wiek dem die Beschreibung folgt, Ende Achterwasser (53.9987,13.8623)
7,1 **17440 Krummin**, Naturhafen, ✕ (54.0460,13.8484)
0,8 **17440 Sauzin, OT Ziemitz**, Sportboothafen (54.0182,13.7790)
0,0 ⇩ der Beschreibung Peenestrom Nordufer in den Peenestrom (s. Seite 558), die aufgrund der Breite des Peenestroms erforderlich ist und außerdem die Ausbuchtungen Krumminer Wiek und Achterwasser miterfasst (54.0170,13.7666)

19,7 **17440 Sauzin, OT Ziemitz** (54.0194,13.7699)
14,7 EB- und Str-II B111 Wolgast - Insel Usedom (54.0549,13.7867);
17438 Wolgast 🚂, ✕, 🛒, ⌘ Museum (54.0549,13.7846);
Kanusportverein Wolgast ⛺, Peenemünder Str. 8, 17438 Wolgast, www.kanu-wolgast.de, ⓘ kanusportvereiwlg@gmx.de (54.0551,13.7843)
14,5 re Wolgaster RV, ruderverein-wolgast.de (54.0569,13.7890)
11,9 re **17449 Mölschow, OT Zecherin**, Hafen Zecherin (54.0786,13.8049)
8,5 re **17449 Karlshagen**, Hafen, ✕, 🛒 (54.1075,13.8080)
7,5 li ← Alte Peene, freiwillig Alte Peene nicht befahren, Ausnahme Kanuten und Ruderer bei starkem Wind, dann zügig durchfahren (54.1084, 13.7912)
4,6 li ⇩ Alte Peene, Krösliner See (54.1274,13.7634)
4,5 **17449 Peenemünde**, Hafen, ✕, ⌘ Museen (54.1342,13.7655)
2,6 li ← nach **17440 Kröslin-Freest**, in ca. 2 km Hafen, ✕ (54.1429, 13.7508)
1,3 li ← nach **Spandowerhagen**, in ca. 3 km (54.1546,13.7403)
0,0 ⇩ Peenestrom in Ostseeküste Stralsund bis Peenestrom (s. Seite 550) bei km 69,3, betonnte Einfahrt am Zusammentreffen von Knaakrückenrinne und Tonnenbankrinne (54.1647,13.7480)

Stepenitz (Trave)

Kleinfluss
Mündung in Trave bei km 7,3

Die Stepenitz ist ein ohne besondere Schwierigkeiten zu befahrender Kleinfluss. Stär dig befahrbar ab Börzow, stark mäandrierend, lange Fahrzeiten einplanen. Si

mündet in den Dassower See, der mit der Untertrave verbunden ist.
Befahrungsregeln: km 9,6 bis 0 : ganzj. BV bis zur Mündung in die Untertrave

56,2 ⇩ in Rehmsee. Oberhalb Befahrung verboten, Trinkwasser! (53.6685, 11.2744)
54,8 Str-II NWM28, re **19071 Brüsewitz, OT Gottmannsförde** (53.6809, 11.2683)
54,7 li ⇩ Gadebuscher Bach (53.6817,11.2677)
54,0 Ausfahrt aus Rehmsee, ▬ Faulmühle, Str-II NWM26, Schweriner Straße (53.6872,11.2662)
52,9 ⇩ in Cramoner See (53.6957,11.2640)
50,5 ▬ Cramon, Ausfahrt aus Cramoner See (53.7153,11.2768)
50,4 Str-II **19071 Cramonshagen** (53.7155,11.2772);
Wege-II Cramonshagen (53.7157,11.2774)
49,6 ⇩ in Dalberger Kuhle (53.7223,11.2779)
49,2 Ausfahrt aus Dalberger Kuhle (53.7255,11.2778)
48,8 Wege-II, re **19071 Dalberg, OT Wendelstorf** (53.7290,11.2770)
48,2 ⇩ in Wendelstorfer See (53.7330,11.2727)
47,4 re Wendelstorf (53.7394,11.2687)
46,8 Ausfahrt aus Wendelstorfer See, Wege-II (53.7442,11.2655)
46,6 ⇩ in Groß Eichsener See (53.7464,11.2639)
45,8 Ausfahrt aus Groß Eichsener See (53.7527,11.2575)
45,0 ▬ Mühlen Eichsen, **X**, li ⩍, es folgt eine flache Strecke (53.7584, 11.2539)
44,9 Str-II B208 **19205 Mühlen Eichsen**, nach 50 m Fischtreppe ⩍ und Fußg-II (53.7592,11.2516)
42,9 re Str-II, re **23936 Testorf-Steinfort, OT Wüstenmark** (53.7730, 11.2455)
41,9 Str-II L03 (53.7786,11.2387)
41,1 Str-II, li **23936 Rüting, OT Vierhusen** (53.7815,11.2302)
40,0 Str-II **23936 Rüting** (53.7892,11.2214)
39,8 Fußg-II Rüting, Parkweg (53.7903,11.2220)
39,5 Wege-II und ▬ Rüting, Am Mühlenteich (53.7924,11.2193)
37,4 Str-II, li **23936 Rüting, OT Diedrichshagen** (53.8031,11.2094)
36,7 Str-II Haubenweg (53.8059,11.2047)
34,2 Str-II **23936 Kastahn** (53.8195,11.1966)
33,8 Str-II (53.8219,11.1942)
32,0 Str-II A20 (53.8267,11.1826)
30,9 Str-II **23936 Grevesmühlen, OT Wotenitz** (53.8345,11.1795)
29,8 re ⇩ Polschower Mühlenbach (53.8397,11.1697)
26,4 Wege-II (53.8396,11.1399)
21,8 Str-II NWM17 (53.8546,11.1180);
li ⇩ der Radegast (s. Seite 560) in die Stepenitz (Trave) (53.8548,11.1179)
21,7 EB-II, danach Schwallstrecke (53.8550,11.1179)
21,4 Str-II NWM16, re **23936 Börzow**, An der Stepenitz, re ⬇ (53.8573,

11.1145)
16,7 Str-II, li **23936 Stepenitztal-Roxin** (53.8681,11.0796)
12,0 Str-II, re **23936 Papenhusen, OT Kirch Mummendorf** (53.8701, 11.0457)
11,9 Str-II L011 Kirch Mummendorf (53.8703,11.0449)
9,6 Wege-II, re **23936 Papenhusen-Hanstorf**, ⬆, Fahrt muss hier beendet werden (53.8764,11.0225)
9,6 –0,0 **§**, ab hier ganzj. BV bis zur ⇩ in die Untertrave (53.8764,11.0223)–(53.9069,10.9670)
4,7 li ⇩ der Maurine (s. Seite 562) in die Stepenitz (Trave), hier ebenfalls ganzj. BV (53.8776,10.9739)
0,0 ⇩ der Stepenitz (Trave) in den Trave, der mit der Untertrave verbunden ist (53.9069,10.9669)

Radegast

Kleinfluss
Mündung in Stepenitz (Trave) bei km 21,8 (li Nebenfluss)

Für die Radegast ist ein ganzjähriges Befahrungsverbot ausgewiesen. Deshalb wird auf eine Beschreibung verzichtet.
Befahrungsregeln: km 34 bis 0 (gesamtes Gewässer): ganzj. BV

34,0 Ursprung der Radegast (53.6805,11.1344)
34,0 –0,0 **§** ganzj. BV (53.6805,11.1344)–(53.8547,11.1179)
0,0 ⇩ der Radegast in die Stepenitz (Trave) (s. Seite 560) bei km 21,8 (53.8548,11.1179)

Maurine

Kleinfluss
Mündung in Stepenitz (Trave) bei km 4,7 (li Nebenfluss)

Die Maurine ist ein recht sportlicher Kleinfluss, im Oberlauf muss mit umgestürzten Bäumen, tiefhängendem Buschwerk und Drahthindernissen gerechnet werden.
Befahrungsregeln: km 3,9 bis 0 (zwischen Schönberg und Dassow): ganzj. BV
Befahrbarkeit: Bei gutem Wasserstand mit Einern ab Pogez, ab Törpt ganzjährig.

17,6 Str-II **19217 Pogez**, ⬇ bei höherem Wasserstand (53.7678,10.9277)
16,0 ▬ und Wege-II Maurinmühle, **X**, ⏶ (53.7796,10.9161)
12,3 Wege-II (53.8013,10.8980)
11,5 Str-II **23923 Törpt**, ⬇, ab hier ist die Maurine ganzjährig ≈ (53.8045, 10.9062)
9,0 Str-II NWM8 **23923 Groß Siemz** (53.8183,10.9276)
8,5 Str-II A20 (53.8208,10.9322)
5,4 Str-II **23923 Schönberg**, Marienstraße, 🚂, ✕, 🛒 (53.8446,10.9362)
5,2 Str-II Schönberg, Fritz-Reuter-Straße (53.8463,10.9365)
4,7 Str-II Schönberg, Mühlenweg (53.8500,10.9359)

3,9 EB-II, Str-II B104 Schönberg (53.8530,10.9432)
3,9 –0,0 §, ganzj. BV (53.8531,10.9433)–(53.8776,10.9738)
0,0 ⇩ der Maurine in die Stepenitz (Trave) (s. Seite 560) bei km 4,7, hier ebenfalls ganzj. BV (53.8776,10.9739)

Wallensteingraben

Kleinfluss
Mündung in Ostseeküste Wismar bis Warnemünde bei km 0,0

Der Wallensteingraben wurde 1577 als schiffbarer Wasserweg vom Elbegebiet zur Ostsee geplant. Er stellt damit eine Verbindung vom Schweriner See (und damit allen mecklenburgischen Seen) und der Ostsee dar. Seine Befahrung ist allerdings infolge von zahlreichen Hindernissen sehr mühsam. Eine direkte Ausfahrt in die Ostsee ist zudem unmöglich, da eine Befahrung im Stadtgebiet von Wismar nicht möglich ist.

Befahrungsregeln: km 6,5 bis 2,7 (B 106 bis Auslauf Mühlenteich): ganzj. BV
Befahrbarkeit: Nur bei hohem Wasserstand oder Zuschusswasser, nur für Einer.

21,2 ➔ Wallensteingraben vom Schweriner Außensee Westufer (s. Seite 484), künstlicher Abfluss des Schweriner Sees zur Ostsee (53.7766,11.4957)
20,8 Wege-II, hier li ⬆ zum ⏏ des folgenden Wehres, ca. 1,2 km bis zur Straßenbrücke L031 Hohen Viecheln (53.7796,11.4948);
■ unter der EB-II, **X**, ⏏ über EB-II lebensgefährlich ⚠. Deshalb wird empfohlen an der Str-II L031 Hohen Viecheln ⬇ (53.7801,11.4946)
20,3 Str-II L031 Hohen Viecheln, ⬇,**23996 Hohen Viecheln**, ✕ (53.7836, 11.4941)
19,5 ⇩ in Loster See (53.7895,11.4901)
18,4 ■ am Ausfluss aus Lostener See, **X**, ⏏, (53.7990,11.4859)
18,2 EB-II (53.7998,11.4842)
17,8 Wege-II (53.8031,11.4825)
17,3 Wege-II, re zum ⲯ Moidentin (53.8073,11.4802)
16,8 li ⇩ Rummelbeck (53.8091,11.4741)
16,1 EB-II (53.8148,11.4775)
14,8 ■ Sohlgleite Moidentin, keine Angaben (53.8206,11.4828)
14,7 Str-II, re **23966 Dorf Mecklenburg-Moidentin**, li ⲯ Petersdorf (53.8217, 11.4825)
13,9 EB-II (53.8254,11.4776)
13,3 ■ Dorf Mecklenburg, re ⏏ (53.8298,11.4744)
11,6 Str-II Dorf Mecklenburg, Schwarzer Weg (53.8390,11.4591)
11,4 Str-II B106 Dorf Mecklenburg, Schweriner Straße (53.8399,11.4580);
re **23972 Dorf Mecklenburg** (53.8399,11.4579)
10,8 Str-II NWM21 Dorf Mecklenburg, Rambower Weg (53.8426,11.4531)
10,1 Wege-II Dorf Mecklenburg (53.8475,11.4492)
7,9 Str-II A20 (53.8613,11.4459)
6,7 ■ Rothentor, keine Angaben (53.8676,11.4488)

6,5 Str-II B106, re **23970 Wismar-Steffin**, hier ⬆ und Fahrt hier beenden (53.8694,11.4503)
6,5 –2,7 §, ganzj. BV bis in den Mühlenteich (53.8694,11.4504)–(53.8858, 11.4802)
1,8 Str-II L12 Wismar, Weiterfahrt durch Wismar unmöglich **X** (53.8934, 11.4757)
0,0 **23966 Wismar**,✕, 🛒, 🚂, ⌘ Hansestadt (53.9019,11.4635);
⇩ Wallensteingraben in Ostseeküste Wismar bis Warnemünde (s. Seite 547) bei km 0,0 im Innenhafen Wismar (53.9019,11.4633)

Warnow

Kleinfluss, Wanderfluss, Schifffahrtsstraße,
Mündung in Ostseeküste Wismar bis Warnemünde bei km 71,8

Die Warnow beginnt ihren Lauf als kleiner Wiesenfluss bei Grebbin und mündet als die Seeschifffahrtsstraße Unterwarnow nördlich von Rostock in die Ostsee. Im Oberlauf Kleinfluss-Schwierigkeiten mit Wehren, Baumhindernissen und Verkrautung. Im Unterlauf keine besonderen Schwierigkeiten.

Befahrungsregeln: Die Warnow ist auf den letzten 14,4 km bis zur Mündung in die Ostsee eine Bundeswasserstraße. Ab der Eisenbahnbrücke bei km 14,4 = amtl. km 141 gilt auf 2 km die Binnenschifffahrtsstraßen-Ordnung (BinSchStrO). Die restlichen 12,4 km bis zur Mündung unterliegen der Seeschifffahrtsstraßen-Ordnung (SeeSchStrO).
km 120,3 bis 115,8 : Befahrung nur in Fließrichtung und nur bei Pegel „Grün“ erlaubt
km 106,1 bis 99,3 (zwischen der Str. Langen-Brütz-Kritzow und Verbindungsweg Kleefeld-Zaschendorf): ganzj. BV
km 76,4 bis 69,9 : Befahrung nur in Fließrichtung und nur bei Pegel „Grün“ erlaubt
km 29,1 bis 14,6 : ganzj. UV

Befahrbarkeit: Bei gutem Wasserstand für Einer ab Bülow, für Zweier ab Barniner See. Ab Weitendorf ist eine Befahrung immer möglich, auch für Zweier.

155,4 Quelle der Warnow in **19374 Grebbin**, +65m NN (53.5143,11.8607)
134,9 Str-II LUP111, li **19089 Bülow**, ⬇ Bülow bei gutem Wasserstand (53.5905,11.7712)
133,2 ▬ Sohlgleite, evtl. ≈ (53.6011,11.7855)
132,7 ▬ Sohlgleite, nur bei HW evtl. ≈ (53.6029,11.7918)
131,9 ▬ Sohlgleite, nur bei HW evtl. ≈ (53.6088,11.7892)
131,4 ▬ Sohlgleite, nur bei HW evtl. ≈ (53.6076,11.7823)
130,0 Wege-II (53.6115,11.7640)
129,6 Wege-II (53.6121,11.7590)
129,1 Wege-II (53.6163,11.7575)

127,8 Wege-II (53.6249,11.7467)
126,9 Wege-II Poggenhof, 19089 Demen (53.6194,11.7356)
125,8 Straßen-II LUP110 Barnin (53.6135,11.7232)
125,3 li ⇩ in Barniner See, li in ca. 2 km am Barniner See **19089 Barnin**. Dort ⬇-Möglichkeit an einer Badestelle (53.6111,11.7175)
124,0 re **19089 Demen-Kobande** (53.6105,11.6969)
123,9 Ausfahrt aus Barniner See, schwer zu finden, verschilft (53.6091,11.6959)
123,7 ■ Kobande mit Fischtreppe, re ⌓, bei mittlerem Wasserstand evtl. ≈ (53.6085,11.6928)
120,5 Wege-II, li Rönkendorfer Mühle, Crivitz (53.6087,11.6585)
120,3 Str-II L09, ⬆⬇ unterhalb Rönkendorfer Mühle, Crivitz (53.6094,11.6549)
120,3 –115,8 **§** Befahrung nur in Fließrichtung und nur bei Pegel „Grün“ erlaubt. Selten befahrbar und viele Baumhindernisse, www.warnow-pegel.de (53.6094,11.6547)–(53.6127,11.6058)
115,8 ■ Gädebehn, besteht aus 5 Ministufen, bei gutem Wasserstand evtl. ≈, bei NW treideln (53.6126,11.6058)
115,7 ≣ Gädebehn (53.6123,11.6053);
Str-II LUP114, li **19089 Crivitz, OT Gädebehn**, re **19089 Crivitz, OT Kladow** (53.6122,11.6053)
115,3 ■ Sohlgleite, evtl. ≈ (53.6109,11.6009)
111,8 Str-II, re **19089 Crivitz, OT Augustenhof** (53.6218,11.5778)
111,3 ■ Sohlgleite unterhalb Augustenhof, evtl. ≈, bei NW treideln (53.6237, 11.5718)
111,2 li ⇩ Godernsches Mühlenfließ (s. Seite 569) in die Warnow, Abfluss des Pinnower Sees, der vom Schweriner See aus mit ca. 1 km Landtransport erreicht werden kann. Allerdings ist die Nutzung dieses Weges wegen der nachfolgenden Sperrung kaum noch lohnend (53.6242,11.5724)
110,1 ■ Sohlgleite, keine Angaben (53.6314,11.5792)
108,6 Str-II LUP105, re **19065 Gneven-Vorbeck** (53.6426,11.5797);
■ Sohlgleite Vorbeck, **X**, re ⌓, re ⛺ (53.6428,11.5797)
108,3 li ⇩ der Motel, Abfluss des Cambser See, **X** (53.6450,11.5772)
105,9 Str-II PCH4 Kritzow - Langenbrütz, hier ⬆ wegen der folgenden **§** (53.6587,11.5703)
105,9 –99,1 **§** ganzj. BV, www.warnow-pegel.de (53.6588,11.5702)–(53.6905, 11.6065)
102,6 ■ und Steinwall, Karniner Mühle, li ⌓ oder treideln, Wege-II, danach viele Baumhindernisse, Schnellen, Findlinge und Steine im Flussbett (53.6775,11.5703)
99,8 ■ Sohlgleite, evtl. ≈ oder ⌓, bei NW evtl. treideln (53.6872,11.5980)
99,1 Str-II, li nach **19412 Kuhlen-Wendorf, OT Zaschendorf** (53.6906, 11.6066)
99,0 re ⬆⬇ Zaschendorf mit Steganlage (53.6905,11.6077)
97,0 ⇩ in Mickowsee, NSG, Fahrt nur entlang der Bojenkette (53.7009, 11.6253)

96,2 Ausfahrt aus dem Mickowsee (53.7076,11.6286)
95,1 Str-II L09 Nutteln - Gustävel (53.7089,11.6432)
94,8 ▬ Nutteln, X (Rücklauf), ⏢, mit re ⇅ (Steganlage), Zufahrt am li Ufer (53.7087,11.6471)
90,4 Str-II Schönlage - Golchen (53.6935,11.6981)
89,4 Wege-II, li Gutshaus Alt Necheln (53.6996,11.7035)
87,1 Wege-II (53.7072,11.7277)
85,2 ▬ Sohlschwelle Weitendorf, re ⏢, aufgrund einer Brückenbaustelle (voraussichtlich bis Dez. 2021) ⏢ auf der Straße bis zur folgenden ⬇ am Rastplatz, Bootswagen empfohlen (53.7179,11.7480)
85,0 Str-II B104/192, re **19412 Weitendorf**, ⚠, X, Baustelle bis voraussichtlich Dez. 2021, weiträumiges ⏢ von der Sohlschwelle bis zur ⬇ am Rastplatz erforderlich, Bootswagen erforderlich (53.7185,11.7491)
84,8 re ⇅ ⛺ Weitendorf mit ⛺-Möglichkeit, 🅿 gegen Gebühr. Es folgt bei niedrigen Wasserständen eine Kiesbank (53.7202,11.7496)
84,7 li ⇩ Brüeler Bach (s. Seite 569) in die Warnow, zzt. nicht ≈ (53.7209, 11.7485)
84,3 EB-II Weitendorf (53.7208,11.7546)
80,5 li **19406 Sternberg, OT Sagsdorf** (53.7263,11.7941)
80,0 Str-II Sagsdorf (53.7276,11.7994);
re ⇅ Sagsdorf (53.7277,11.8000)
76,5 ⇅ ⛺ Groß Görnow, keine Pkw dauerparken (53.7449,11.8319)
76,4 Str-II Sternberger Burg - Groß Görnow, ≣ Groß Görnow, www.warnow-pegel.de (53.7450,11.8325)
76,4 –69,9 **§** Befahrung nur in Fließrichtung und nur bei Pegel „Grün“ erlaubt, www.warnow-pegel.de (53.7450,11.8326)–(53.7843,11.8383)
76,2 re ⇩ der Mildenitz (s. Seite 569) in die Warnow, 1 km Mildenitz-aufwärts Kanu-Kamp (53.7438,11.8337)
75,2 –74,3 Warnow-Durchbruch, ⚠ Baum- und Steinhindernisse, für Anfänger problematisch, evtl. treideln (53.7510,11.8368)–(53.7570,11.8437)
74,6 Wege-II (53.7552,11.8412)
73,4 Wege-II (53.7632,11.8420)
70,6 EB-II (53.7802,11.8439)
70,0 re ⬆ zum ⛺ Naturdorf Eickhof, ⛺, Heuhotel, Dorfstr. 14A, 18249 Warnow, www.naturdorf-eickhof.de , ♪ +49 38462 20419 (53.7839,11.8386);
▬ Eickhof, X, ↰ und ⏢ bis hinter Straßen-II, bei Weiterfahrt auf Schwall und Baumhindernisse achten. Danach ruhiger Flusslauf (53.7839, 11.8384)
69,9 Str-II Eickhof (53.7844,11.8383)
67,3 li ⇅ Warnow, steiles Ufer, aussteigen etwas beschwerlich, 🅿-Möglichkeit im Ort nutzen (53.7951,11.8667)
67,2 Str-II, re **18249 Warnow**, 🚆 (53.7950,11.8669)
65,6 ⛺ Biwakplatz Baumgarten mit Steg und Feuerstelle (53.7947,11.8819)
58,8 Str-II, li **18246 Rühn** (53.8167,11.9455)
58,7 li ⇩ Altarm, von Rühn kommend, dort ⛺ mit ⇅ und ⛺-Möglichkeit, keine

Toilettenanlage (53.8178,11.9468)

54,0 li ⇅ ⛺ Bützow, Ziegeleihofweg, danach Wege-Ⅱ (53.8378,11.9759)

52,9 –52,5 Insel, die Beschreibung folgt dem li Arm (53.8410,11.9846)–(53.8416,11.9899)

52,6 Str-Ⅱ Bützow, Fritz-Reuter-Allee (53.8419,11.9887)

52,5 Flussteilung, ← fahren, geradeaus nach ca. 400 m an der Ⅱ li gute ⇅ (53.8419,11.9900)

51,7 li ← zum Bützower See von der Warnow (53.8467,11.9866)

Nebenstrecke Bützower See

Der Umweg über den Bützower See führt zum KanuClub Bützow und einem Rastplatz mit Zeltmöglichkeit.

3,7 ← zum Bützower See von der Warnow (s. Seite 564) (53.8467, 11.9866)

3,4 Str-Ⅱ Bützow, 2. Ausfallstraße (53.8464,11.9831)

2,8 Str-Ⅱ Bützow, Wismarsche Straße (53.8464,11.9751); ▬ Stromschnelle Bützow, ≈ (53.8466,11.9745)

2,5 ⇩ in Bützower See (53.8486,11.9721)

1,5 ⌂ KC Bützow, ⛺, An der Bleiche, 18246 Bützow, www.kanu-bützow.de (53.8529,11.9802)

1,4 ⛺ Kanu Camp Westphal, ⛺, kanu-camping-warnow.de (53.8532, 11.9829)

0,7 Ausfahrt aus Bützower See, ⇩ in Temse (53.8576,11.9915)

0,5 Str-Ⅱ Bützow, Vor dem Rostocker Tor (53.8569,11.9944)

0,0 ⇩ des Armes vom Bützower See in die Warnow (s. Seite 564) (53.8582,12.0005)

51,6 re → weiter auf der Warnow (53.8468,11.9867); ▬ Bützow, Am Alten Hafen, ✕, re ↑ über Rollenbahn, ⌓ über Ⅱ, li ↓ über Rollenbahn, li Eiscafé (53.8470,11.9866); Str-Ⅱ **18246 Bützow**, 🚆, ✕, 🛒, ⌘ frühgotische Pfarrkirche, Heimatmuseum (53.8473,11.9869)

50,8 re ⇩ der Nebel (s. Seite 572) in die Warnow (53.8519,11.9955)

50,0 li ⇩ des Armes vom Bützower See in die Warnow (53.8582,12.0005)

44,3 Str-Ⅱ Kambs - Kassow (53.8881,12.0573)

43,9 li ⇩ Altarm von Kambs kommend (53.8899,12.0619)

41,0 re ⛺ Werle (53.8965,12.0961)

37,8 re 🚐 Sandgarten-Camp, Sandgarten 17, 18258 Schwaan, www.camping-platz-schwaan.de , ☎ +49 3844 813716 (53.9212,12.1062)

35,3 re ⇅ (Schwimmsteg) am Steakhaus Schwaan, ✕, 🛒 (53.9356,12.1131)

34,8 Str-Ⅱ und ⇅, li **18258 Schwaan**, Loxstedter Straße, ▤, ✕, 🛒, ⌘ Stadtkirche St. Paul, re 🚆 (53.9396,12.1101)

34,5 li ⇩ Beke, ≈ im Frühjahr ab Neukirchen, im Sommer zugewachsen, ab Bröbberow etliche Baumhindernisse. Über die Beke erreicht man per Boot die Kunstmühle Schwaan ⌘ (53.9423,12.1108)

30,6 EB-Ⅱ (53.9638,12.1246)

29,4 li ← zur ⇅ Hafen Benitz, ⛺ (53.9737,12.1248)

29,1 –14,6 § ganzj. UV, das Befahren der Warnow mit nichtmotorisierten Sportbooten ist erlaubt (53.9757,12.1264)–(54.0767,12.1537)

25,0 li 🚂 Pölchow (54.0090,12.1213)

23,2 Str-Ⅱ A20 (54.0205,12.1337)

21,4 **⇅ 18059 Papendorf**, ⛺ (54.0326,12.1427)

20,0 EB-Ⅱ (54.0414,12.1577)

17,6 EB-Ⅱ (54.0572,12.1758)

16,7 re ⌂ ORC Rostock (Rudern), Neubrandenburger Str. 47, 18196 Kessin, www.orc-rostock.de , ☎ +49 38208 82945 (54.0643,12.1712)

14,4 EB-Ⅱ, Beginn der Bundeswasserstraße (amtl. km 141) (54.0781,12.1540)

14,0 re → zur ehemaligen Schleuse Mühlendamm fahren (54.0815,12.1530); ⌂⚑ Rostocker KC, ⚑⛺, Mühlendamm 35 b, 18055 Rostock, www.rostocker-kanu-club.de , ☎ +49 381 4907640 (54.0820,12.1533)

13,9 ⯐ Rostock-Mühlendamm. 2020 wurde die Schleuse zugeschüttet. Darüber ist ein einfaches ⏏ der Boote zwischen Ober- und Unterwarnow möglich (54.0827,12.1545)

13,8 Str-Ⅱ Rostock, Mühlendamm (54.0830,12.1548);
Rostock, 🚂, ✕, 🛒, ⌘ Petrikirche, Nikolaikirche, Marienkirche, Steintor, Blücherdenkmal, Universität, Kröpeliner Tor, Bürgerhäuser, Museen, Hafen

13,1 li ⌂ HSG Uni Rostock (Rudern), An der Warnow, 18055 Rostock, www.hsg-rostock-rudern.de (54.0889,12.1530)

12,9 Str-Ⅱ Rostock, Rövershäger Chaussee (54.0906,12.1541)

12,8 EB-Ⅱ Rostock, Petridamm (54.0919,12.1540)

12,5 li ⌂⚑ Kanufreunde Rostocker Greif, ⚑⛺, Gaffelschonerweg 6, 18055 Rostock, www.kanufreunde.de , ☎ +49 381 4905114 (54.0941,12.1513)

12,4 = (amtl. km 143), Ende der Binnenwasserstraße, Beginn der Seeschifffahrtsstraße Unterwarnow Ansteuerung Rostock, ⚠ starker Boots- und Schiffsverkehr, betonntes Fahrwasser meiden. Befahren der Hafengebiete verboten! (54.0948,12.1512)

11,1 re ⌂ Rostocker RC, Wellenweg 1, 18147 Rostock, www.rostockerruderclub.de , ☎ +49 381 699213 (54.0970,12.1318)

4,9 li ⌂⚑ SV Breitling, Schmarl-Dorf 15d, 18106 Rostock, sv-breitling.de , ☎ +49 381 1217440 (54.1368,12.0883)

4,4 li ⌘ Schifffahrtsmuseum Rostock, www.schifffahrtsmuseum-rostock.de (54.1417,12.0861)

2,3 li Neptun-Werft (54.1606,12.0952)

0,3 li **18119 Rostock-Warnemünde**, Seebad, 🚂 (54.1773,12.0929)

0,0 ⇩ der Warnow in Ostseeküste Wismar bis Warnemünde (s. Seite 547) bei km 71,8 und Ostseeküste Warnemünde bis Barhöft (s. Seite 548) (54.1802,12.0930)

Godernsches Mühlenfließ

Kleinfluss
Mündung in Warnow bei km 111,2 (li Nebenfluss)

Das Godernsche Mühlenfließ stellt theoretisch eine Verbindung vom Schweriner See zur Warnow dar. In der Praxis muss allerdings zunächst ein 1 km langer Bootstransport zum Pinnowsee durchgeführt werden und auch der letzte, 1,4 km lange Abschnitt ist nur sehr mühsam zu befahren, vielfach ist er streckenweise ohne Wasser, so dass auch hier längerer Bootstransport erforderlich sein kann. In der Warnow folgt ein ganzjähriges Befahrungsverbot. Deshalb wird auf eine Beschreibung verzichtet.

0,0 ⇩ Godernsches Mühlenfließ in die Warnow (s. Seite 564) bei km 111,2, Abfluss des Pinnower Sees, der vom Schweriner See aus mit ca. 1 km Landtransport erreicht werden kann. Allerdings ist die Nutzung dieses Weges wegen der nachfolgenden Sperrung kaum noch lohnend (53.6242, 11.5724)

Brüeler Bach

Seengewässer, Fließe
Mündung in Warnow bei km 84,7 (li Nebenfluss)

Der Brüeler Bach ist zzt. nicht befahrbar. Auf eine Beschreibung wird verzichtet.

0,0 ⇩ Brüeler Bach in die Warnow (s. Seite 564) bei km 84,7, zzt. nicht ≈ (53.7209,11.7485)

Mildenitz

Wanderfluss, Seengewässer
Mündung in Warnow bei km 76,2 (re Nebenfluss)

Die Mildenitz fließt mit z. T. beachtlicher Strömung durch ein landschaftlich sehr reizvolles Gebiet. Interessante urwüchsige Landschaft wechselt mit ruhigen Seen. Teilweise gibt es Strecken mit Baumhindernissen, die längeres Umtragen erforderlich machen.

Befahrungsregeln: km 17,9 bis 13,5 : Befahrung nur in Fließrichtung und nur bei Pegel „Grün“
(Sandhof bis Goldberger See): ganzj. BV

Befahrbarkeit: Wegen NSG erst ab Goldberg, aber oberhalb Dobbertiner See nur im Frühjahr ≈, später zugewachsen, bis Schwarzer See nur bei HW bzw. Zuschusswasser der Dobbertiner Mühle ≈. Bei NW ergeben sich oberhalb Sternberg Schwierigkeiten. Pegelregelung beachten.

45,8 –41,8 **§** ganzj. BV (53.5736,12.1913)–(53.5808,12.1339)

41,8 ⇩ in Goldberger See (53.5809,12.1338)

39,0 re ⬇ am Strandbad Goldberg re in ca. 1 km (53.6061,12.1065);
Ausfluss aus Goldberger See, Weiterfahrt zum Dobbertiner See meist nur

im Frühjahr oder bei höherem Wasserstand möglich, Verkrautung (53.5973,12.1033)

38,1 Gabelung, ➔ führt zum Wehr (53.5921,12.0952)

37,9 ▬, re ⏏ (53.5927,12.0930);
Str-II Goldberg, Müllerweg, unter der Brücke Schwall (53.5924,12.0919)

37,7 Str-II B 192 Lange Straße, **19399 Goldberg** (53.5919,12.0893)

37,5 Fußg-II Goldberg, Fritz-Reuter-Straße (53.5922,12.0866)

34,6 Str-II unterhalb Goldberg (53.5949,12.0555)

33,4 ⇩ in Dobbertiner See, Weiterfahrt nach re (53.6044,12.0510)

31,3 li ⛺ am Dobbertiner See, Am Zeltplatz 1, 19399 Dobbertin, www.campingplatz-dobbertin.de, ✆ +49 174 7378937 (53.6183,12.0668)

31,2 Ausfluss aus See, ▬ Dobbertiner Mühle, **X**, re an Fischtreppe ⬆ und ⏏ bis hinter folgende Straßenbrücke (Bootswagen) (53.6195,12.0691)

30,9 Str-II **19399 Dobbertin**, Schulstraße, ⬇, ✕, ⌘ Kloster Dobbertin (53.6211,12.0671)

30,7 Wege-II Dobbertin (53.6222,12.0639)

30,1 Wege-II (53.6249,12.0581)

29,5 ▬ kleine Stufe, evtl. ≋ bei gutem Wasserstand (53.6276,12.0522)

28,5 Wege-II (53.6349,12.0470)

26,5 Wege-II Alte Mühle, Beginn Mildenitz-Durchbruch bis Schwarzer See, NSG (53.6452,12.0343)

26,5 –24,5 ⚠ Mildenitz-Durchbruch „Klädener Plage", **X**, ⏏ über Wanderweg Bootswagen erforderlich, viele Baumhindernisse, die nicht entfernt werden (53.6453,12.0343)–(53.6466,12.0105)

24,5 ⇩ in Schwarzer See, Kurs am re Ufer (53.6466,12.0104)

24,3 Ausfahrt aus Schwarzer See, im Schilf versteckt (53.6481,12.0110)

22,7 re ⇩ der Bresenitz (s. Seite 571) in die Mildenitz (53.6526,11.9937)

22,2 Wege-II und ⬇ Neu Woserin, erreichbar über einen Waldweg von der B192 in Neu Woserin (53.6529,11.9883)

18,9 ⇩ in Borkower See (53.6578,11.9598)

18,4 Ausfahrt aus Borkower See (53.6605,11.9523)

18,1 ▬ Borkow, **X**, li ⏏, Bootswagen ist nützlich (53.6622,11.9505)

17,9 Str-II B192 **19406 Borkow**, Hauptstraße, ✕ (53.6638,11.9507)

17,9 –13,5 **§**, Befahrung nur in Fließrichtung und nur bei Pegel „Grün", www.warnow-pegel.de/pegel/mildenitz/ (53.6639,11.9507)–(53.6871, 11.9460)

16,5 Wege-II (53.6735,11.9497)

14,8 ⇩ in Rother See, Kurs nach li (53.6826,11.9572)

13,8 Ausfahrt aus Rother See (53.6851,11.9487)

13,5 Str-II **19406 Borkow-Rothen** (53.6872,11.9459)

13,0 –12,8 ⚠ Fluss auf ca. 200 m verrohrt, **X**, lebensgefährlich, auf Feldweg ⏏, schwierige ⬆⬇ Steilufer (53.6902,11.9427)–(53.6927,11.9430)

11,3 Wege-II (53.7008,11.9268)

10,6 ⇩ in einen kleinen See (53.7014,11.9180)

10,2 Str-II **19406 Sternberg-Zülow** (53.7022,11.9124)

9,8 li ⬆ für das folgende ▬ ↯ Zülow, ⏏ ca. 500 m, ⚓ (53.7030,11.9065)
9,7 ⬇ unterhalb ↯ Zülow, 22 m Höhenunterschied (53.7040,11.9054)
9,4 Wege-Ⅱ (53.7063,11.9027)
7,7 Str-Ⅱ B104 (53.7136,11.8806)
7,4 ⇩ in Trenntsee (53.7159,11.8811)
6,0 li ➔ in Binnensee, dort **19406 Sternberg-Groß Raden**, Museum ⌘ (53.7257,11.8687)
5,7 li ⇩ in den Großen Sternberger See (53.7249,11.8658)
3,6 **19406 Sternberg** am W-Ufer, ✕, 🛒, ⛟ Dreiwasser, Johannes-Dörwaldt-Allee 3, 19406 Sternberg, www.camping-dreiwasser.de, ☎ +49 3847 4368081 (53.7160,11.8345)
2,5 Ausfahrt aus dem Großen Sternberger See (53.7258,11.8450)
2,2 ▬ Sternberg, li ⏏ (53.7282,11.8438)
1,2 Str-Ⅱ L141, **19406 Sternberg-Sternberger Burg** (53.7359,11.8371)
1,1 li ⬆⬇ Sternberger Burg (53.7359,11.8368)
1,0 ⛺ Kanucamp Hennig, nur Zelte und kleine Busse, Hütten, An der Mildenitz 10, 19406 Sternberger Burg, kanucamp-hennig.de , ☎ +49 171 4517958 (53.7371,11.8348)
0,0 ⇩ der Mildenitz in die Warnow (s. Seite 564) bei km 76,2, 1 km Mildenitz-aufwärts Kanu-Kamp (53.7438,11.8337)

Bresenitz

Kleinfluss
Mündung in Mildenitz bei km 22,7 (re Nebenfluss)

Die 7 km lange Strecke wechselt zwischen kleinen Fließen, die im Sommer oft zugewachsen sind, und glasklaren Seen. Empfehlenswert ist es, diese Strecke nur in Kleingruppen zu befahren. Sie ist als Vorfahrt zu einer Befahrung der Mildenitz geeignet.

Befahrungsregeln: km 5,9 bis 5,1 : Befahrung nur in Fließrichtung und nur bei Pegel „Grün“
km 2,1 bis 0 : Befahrung nur in Fließrichtung und nur bei Pegel „Grün“

7,5 ⛟ Garder See, Am See 3, 18276 Lohmen, www.campingplatz-garder-see.eu , ☎ +49 38458 20722 (53.6919,12.0616);
⬇ Nordende Garder See (53.6919,12.0615)
5,9 SW-Ufer Ausfahrt aus Garder See in die Bresenitz (53.6821,12.0485)
5,9 –5,1 §, Befahrung nur in Fließrichtung und nur bei Pegel „Grün“, www.warnow-pegel.de/pegel/bresenitz/#pegel_woseriner-see-mildenitz (53.6821,12.0485)–(53.6780,12.0417)
5,3 ▬ Garder Mühle, Stufe, evtl. ≈ (53.6798,12.0427);
Str-Ⅱ Garder Mühle (53.6798,12.0426)
5,1 ⇩ in Woseriner See (53.6780,12.0417)
4,0 li Insel, Beginn Holzsee, re der Insel Einfahrt in Hofsee, dort re **19406 Borkow-Woserin** (53.6689,12.0384)

2,1 ⇩ in Bresenitz, Ende Holzsee (53.6584,12.0181)
2,1 –0,0 **§**, Befahrung nur in Fließrichtung und nur bei Pegel „Grün“, www.warnow-pegel.de/pegel/bresenitz/#pegel_woseriner-see-mildenitz (53.6584,12.0180)–(53.6526,11.9938)
0,8 Str-II B192, ≣, www.warnow-pegel.de/pegel/bresenitz/#pegel_woseriner-see-mildenitz (53.6548,12.0023)
0,0 ⇩ der Bresenitz in die Mildenitz (s. Seite 569) bei km 22,7 (53.6526, 11.9937)

Nebel

Kleinfluss, Wanderfluss, Seengewässer
Mündung in Warnow bei km 50,8 (re Nebenfluss)

Die Nebel verläuft oberhalb des Krakower Sees durch mehrere Seen mit dazwischen liegenden Fließstrecken. Ab Serrahn wird die Nebel zum Kleinfluss, mit vielen Hindernissen und schneller Strömung. Im Unterlauf ist sie kanalartig ausgebaut und heißt ab Güstrow Bützow–Güstrow-Kanal. Aufgrund der bestehenden Befahrungsregelungen steht für den Kanusport nur noch der Nordteil des Krakower Sees und der Unterlauf ab Kluess zur Verfügung. Der Krakower See bietet eine Rundfahrtmöglichkeit.

Befahrungsregeln: km 54,9 bis 49,1 (Dobbin bis Krakower Obersee): ganzj. BV
km 44,7 bis 20,8 (Ausfluss aus Krakower See bis Unterquerung der B 103/104): ganzj. BV

Befahrbarkeit: Ab Kluess meist auch im Sommer. Krakower See ganzjährig.

54,9 Str-II **18292 Dobbin, OT Linstow** (53.6136,12.3352)
54,9 –49,1 **§**, ganzj. BV für den Oberlauf der Nebel einschließlich des Südteiles des Krakauer Sees (53.6136,12.3351)–(53.6386,12.2949)
49,1 Damm und Str.-II L204 (53.6387,12.2950)
49,0 ⇩ der Nebel in den Nordteil des Krakower See (53.6388,12.2952);
re ➔ zur Befahrung des Krakower See, Ostufer von der Nebel (53.6389, 12.2953);
li ← zur Befahrung des Krakower See, Westufer von der Nebel (53.6390, 12.2953)

Nebenstrecke Krakower See, Ostufer

Teilstrecke der Umrundung des Krakower See.

8,0 re ➔ zur Befahrung des Krakower See, Ostufer von der Nebel (s. Seite 572) (53.6389,12.2953)
4,5 re Einfahrt in Serrahner See (53.6573,12.3315)
3,3 re ⇅ an der Steganlage Serrahn (53.6577,12.3485)
2,8 **18292 Kuchelmiß, OT Serrahn** (53.6624,12.3464)
1,5 Ausfahrt aus Serrahner See (53.6578,12.3312)
0,0 ⇩ der Nebenstrecke Krakower See, Ostufer in die Nebel (s. Seite 572) (53.6670,12.3360)

Nebenstrecke Krakower See, Westufer

Teilstrecke der Umrundung des Krakower See.

18,1 li ← zur Befahrung des Krakower See, Westufer von der Nebel (s. Seite 572) (53.6390,12.2953)

17,0 Inseln Borgwall und Küche (53.6469,12.2964)

16,2 Durchfahrt durch die Schweins-Ⅱ, bei gutem Wasserstand möglich. Dann verkürzt sich die Strecke um 3,4 km (53.6529,12.2999)

12,8 li Ende der Durchfahrt durch die Schweinsbrücke (53.6546, 12.2988)

12,3 Einfahrt in den Binnensee (Stadtsee) (53.6576,12.2950)

10,5 li **18292 Krakow am See** 🍴, 🛒, 🚂 (53.6542,12.2708);
li ⇅ Seepromenade Krakow, 🅿 (53.6540,12.2709)

9,9 li Freibad Krakow (53.6585,12.2755)

6,0 li ⛺ am Krakower See, Windfang 1, 18292 Krakow am See, www.campingplatz-krakower-see.de , ☎ +49 38457 50774 (53.6689,12.2761)

5,6 li ⛺ Naturcampingplatz, Windfang 2, 18292 Krakow am See, www.campingplatz-krakower-see.de , ☎ +49 38457 23200 (53.6697,12.2812)

5,2 re Insel Tümmelüm (53.6681,12.2865)

3,1 Ausfahrt aus dem Binnensee (Stadtsee), li Halbinsel Starkenwerder (53.6586,12.2941)

1,5 li **18292 Kuchelmiß, OT Seegrube Ausbau** (53.6628,12.3137)

0,0 ⇩ der Nebenstrecke Krakower See, Westufer in die Nebel (s. Seite 572) (53.6670,12.3360)

44,7 li ⇩ der Nebenstrecke Krakower See, Westufer in die Nebel (53.6670, 12.3360);
re ⇩ der Nebenstrecke Krakower See, Ostufer in die Nebel (53.6670, 12.3360);
Ausfluss der Nebel aus dem Krakower See (53.6671,12.3361)

44,7 –20,8 **§**, ganzj. BV (53.6672,12.3362)–(53.7809,12.2394)

20,8 Str-Ⅱ B103/104, re **18273 Güstrow, OT Kluess**, ⬇ -Möglichkeit (53.7809, 12.2395)

20,5 re ⇩ Lößnitz, bei gutem Wasserstand evtl. ≋ ab Lalendorf, nur Einer, sehr interessant, nähere Einzelheiten sind nicht bekannt (53.7823,12.2424)

20,0 Fußg-Ⅱ (53.7871,12.2415)

18,6 Fußg-Ⅱ (53.7898,12.2236)

18,1 Str-Ⅱ B104 Güstrow, ⇅ -Möglichkeit (53.7883,12.2182)

16,2 Fußg-Ⅱ Güstrow (53.7940,12.1938)

16,0 ▬ Güstrow, **X**, li ⌓ (53.7956,12.1913)

15,4 Str-Ⅱ B104 Güstrow, Liebnitzstraße (53.7964,12.1829)

15,2 Str-Ⅱ **18273 Güstrow**, Am Mühlentor, darunter Schwall, 🚂, 🍴, 🛒, ⌘ Dom, Barlach-Museum (53.7966,12.1804)

14,9 Wege-II Güstrow, Kronshagener Weg (53.7981,12.1757)
14,6 Str-II Güstrow, Eisenbahnstraße, re 🚆 (53.7987,12.1724)
14,3 Fußg-II Güstrow (53.7999,12.1685)
14,1 Str-II Güstrow, Am Alten Hafen (53.8012,12.1647)
11,3 geradeaus **Bützow-Güstrow-Kanal**, dem die Kilometrierung weiter folgt (53.8161,12.1319);
li ← Alte Nebel von der Nebel (53.8161,12.1314)

Nebenstrecke Alte Nebel

Die Alte Nebel ist der ursprüngliche Flusslauf der Nebel. Sie ist meist nur im Frühjahr befahrbar, später zugewachsen, im Sommer auch Wasserableitung zu Bewässerungszwecken. Keine besonderen Schwierigkeiten.

15,1 li ← Alte Nebel von der Nebel (s. Seite 572) (53.8161,12.1314);
■ Sohlgleite, X, ⌂ (53.8161,12.1314)
9,1 Wege-II (53.8251,12.0681)
7,2 ■ kleine Stufe, bei NW überheben (53.8188,12.0480)
1,1 Str-II (53.8269,12.0089)
0,0 ⇩ Alte Nebel in die Nebel (s. Seite 572), Vereinigung von Alter Nebel und Bützow-Güstrow-Kanal (53.8337,12.0114)

11,2 Str.-II (53.8170,12.1304)
9,7 Wege-II, re **18276 Groß Schwiesow, OT Klein Schwiesow** (53.8256, 12.1137)
7,9 Wege-II (53.8303,12.0882)
5,4 ■ ehem. Zepelin-⌘, X, re ⌂ (53.8277,12.0504)
5,2 Str-II, re **18246 Zepelin** (53.8273,12.0472)
2,8 ■ ehemalige Wolken-⌘, X, li ⌂ (53.8321,12.0145)
2,5 li ⇩ Alte Nebel in die Nebel, Vereinigung von Alter Nebel und Bützow-Güstrow-Kanal (53.8337,12.0114)
1,8 Str-II, ⇅ Bützow, Schwaaner Straße, zum 🚆 ca. 1 km (53.8390, 12.0050)
1,5 EB-II Bützow (53.8411,12.0036)
0,3 ⇩ in Wehrarm der Warnow, von links kommend (53.8496,11.9973)
0,0 ⇩ der Nebel in die Warnow (s. Seite 564) bei km 50,8 (53.8519,11.9955)

Recknitz

Wanderfluss
Mündung in Bodden Ribnitz bis Barhöft bei km 72,7

Die Recknitz fließt mit langsamer Strömung bei geringem Gefälle. Ab Laage zunächs begradigt. Ab Tessin 7–10 m breit. Ab Recknitzberg bis kurz vor Bad Sülze großan gelegte neue Renaturierung, sehr viele Mäander, wird in den nächsten Jahren zu eine Sumpf- und Schilfwildnis zuwachsen. Lohnend nur für geübte Kanuten, Anfänger sol ten viel Zeit einplanen. Weitere Renaturierungen sind geplant.

Befahrungsregeln: km 28 bis 12,7 (Höhe Kneese Dorf bis Höhe Tressentin): ganz

	UV
Befahrbarkeit:	Meist ab Laage, immer ab Tessin, auch für Zweier.

68,6 mögliche ⬇ Laage, schwierig, hohe Böschung, Bootswagen erforderlich, 🅿 (53.9295,12.3398);
Str-II B108, re **18299 Laage**, 🚂, ✕, 🛒 (53.9296,12.3398)
67,4 ▬ Laage, **X**, ⏏ (53.9392,12.3475)
61,3 Wege-II, darunter ▬, **X**, ⏏ (53.9815,12.4017)
60,6 li ⇩ Stegendieksbach, ganzjähriges BV (53.9845,12.4108)
56,2 ▬ vor Tessin, **X**, ⏏ (54.0117,12.4531);
Str-II A20 (54.0121,12.4530)
54,1 li ⬆⬇ ⛵ Tessin (54.0251,12.4724)
54,0 Str-II B110 Gnoiener Chaussee, li **18195 Tessin**, 🚂, ✕, 🛒 (54.0254, 12.4729)
53,7 Wege-II Tessin (54.0263,12.4778)
53,3 ▬ Tessin, **X**, re ⏏ (Schwimmstege) (54.0274,12.4828)
52,9 li ⇩ Reppeliner Bach, keine Angaben. Ab hier soll ein Uferbetretungsverbot bestehen (54.0296,12.4866)
49,5 ▬ Zarnewanz, li ⏏ (54.0481,12.5253)
43,9 Str-II, re **18195 Grammow-Recknitzberg**, darunter ▬, offen und evtl. ≈, wenn nicht durch Treibgut verstopft, Beginn der Renaturierung (54.0706,12.5920)
38,2 re **18334 Lindholz, OT Schabow** (54.0838,12.6315)
32,7 Wege-II, Ende des Renaturierungsabschnittes (alte Flusslänge 6 km, jetzt 12 km) (54.1011,12.6602)
32,2 Str-II L19 Bad Sülze (54.1049,12.6646)
32,0 ▬ Bad Sülze, **X**, re ⏏, ⬇⬆ an Rampen (54.1069,12.6665)
31,9 re ⛵ Bad Sülze (54.1071,12.6670);
Str-II **18334 Bad Sülze**, Tribseeser Straße, ✕, 🛒, Umsetzen zur/von Trebel bei Tribsees möglich, ca.5 km (54.1075,12.6673)
30,8 Str-II L23 Bad Sülze, Saline, darunter ▬, Stufe, treideln (54.1148, 12.6649)
28,0 –12,7 **§**, ganzj. UV (54.1345,12.6527)–(54.2071,12.5507)
22,2 ⛵ Marlow, ⬆⬇ an Schwimmsteg, 18337 Semlow (54.1657,12.5906);
Str-II L18, li nach **18337 Marlow** (54.1658,12.5903)
9,3 re ⛵ Pantlitz in einem kleinen Kanal. Gekennzeichnet mit dem Zeichen der Gelben Welle (54.2211,12.5448)
6,4 re ⬆⬇ ⛵**18320 Ahrenshagen, OT Daskow**, ⛺-Möglichkeit (54.2337, 12.5256)
1,3 EB-II Ribnitz-Damgarten (54.2467,12.4680)
1,2 Str-II B105, re **18311 Ribnitz-Damgarten**, ✕, 🛒, 🚂, ⌘ Bernsteinmuseum (54.2474,12.4672)
0,8 ➔ zum Hafen Ribnitz-Damgarten, dort ⬆⬇, ⛵ und ⌂ Ribnitzer SV, Abt Rudern (54.2506,12.4676)
0,0 ⇩ der Recknitz in Bodden Ribnitz bis Barhöft (s. Seite 556) bei km 72,7

und Saaler Bodden Nordvariante (s. Seite 556) (54.2521,12.4568)

Barthe

Weitere Namen: Borgwallsee

Kleinfluss
Mündung in Barther Strom bei km 8,4

Die Barthe ist bei gutem Wasserstand ab Straßenbrücke Jakobsdorf-Obermützkow meist ständig ab Löbnitz befahrbar. Im Sommer kann Kraut behindern.
Befahrungsregeln: km 38,6 bis 35,4 (gesamter Borgwallsee): ganzj. BV

38,6 –35,4 § ganzj. BV des Borgwallsees (54.2622,13.0268)–(54.2751, 12.9936)
29,7 ⬇ an Str-Ⅱ L21 Obermützkow - Jakobsdorf, re zum 🚂 Martensdorf 4 km (54.2602,12.9270)
24,9 Wege-Ⅱ (54.2596,12.8620)
22,4 Str-Ⅱ Velgast, Hauptstraße (54.2596,12.8274)
21,2 Str-Ⅱ L212 Velgast, Am Kronenwald (54.2523,12.8232);
re **18469 Velgast** und 🚂 in 3 km (54.2523,12.8232)
19,1 Str-Ⅱ, li nach **18469 Velgast, OT Hoevet** (54.2493,12.7990)
15,7 Str-Ⅱ **18469 Velgast, OT Altenhagen** (54.2626,12.7642)
14,4 EB-Ⅱ (54.2715,12.7586)
13,9 Str-Ⅱ **18469 Velgast, OT Starkow** (54.2739,12.7532)
10,6 Str-Ⅱ B105, li **18314 Löbnitz** (54.2957,12.7342)
9,0 Str-Ⅱ Löbnitz, Barther Straße (54.3010,12.7186)
8,7 Ⅱ (defekt) (54.3027,12.7154)
7,3 Wege-Ⅱ Divitz-Spoldershagen, Eschenweg (54.3128,12.7035)
6,5 Wege-Ⅱ (54.3194,12.6991)
6,0 Wege-Ⅱ Divitz-Spoldershagen (54.3233,12.6960)
4,9 re **18314 Divitz-Spoldershagen** (54.3316,12.6894)
4,4 Pfeiler einer ehemaligen Ⅱ (54.3361,12.6863)
4,1 re Ostseeflughafen Stralsund-Barth (54.3383,12.6857)
0,4 EB-Ⅱ (54.3645,12.6879)
0,2 Str-Ⅱ L21 Barth (54.3663,12.6875);
re **18356 Barth**, 🚂, ✕, 🛒, ⌘ Museum, Marienkirche (54.3664,12.6877)
0,0 re ⬆ Angelverein (54.3683,12.6884);
⇩ der Barthe in den Barther Strom (s. Seite 557) bei km 8,4 (54.3683, 12.6880)

Peene

Wanderfluss, Schifffahrtsstraße
Mündung in Peenestrom bei km 47,6

Nachfolgend wird ein praktisch hindernisfreier, ganzjährig befahrbarer Flusslauf bis zur Mündung in die Ostsee beschrieben.
Die Peene hat sehr geringe, oft gar keine Strömung. Sie durchfließt zum Teil Niederungsgebiete mit vielen ehemaligen Torfstichen. Die Peene ist auf der gesamten

Strecke Bundeswasserstraße, jedoch ist die Schifffahrt gering. Der Sportbootverkehr überwiegt. Die Regelungen der Binnenschifffahrtsordnung sind unbedingt zu beachten.

Befahrungsregeln: Die Peene ist Bundeswasserstraße. Es gelten die Bestimmungen der Binnenschifffahrtsstraßen-Ordnung (BinSchStrO). km 7,1 bis 98 : Das gesamte Peenetal steht zwischen Salem und Anklam unter Naturschutz. Außerhalb der Bundeswasserstraße selbst besteht ein ganzj. Befahrungsverbot (Altarme und Torfstiche). Auch an der jederzeit befahrbaren Bundeswasserstraße existiert ein ganzj. Uferbetretungsverbot. Zugelassene Ein- und Aussetzstellen sind gekennzeichnet. Beachten sie bitte die Beschilderung und informieren sie sich vor Ort bzw. im Internet „7 goldene Verhaltensregeln", www.naturpark-flusslandschaft-peenetal.de

Befahrbarkeit: Ganzjährig.

Schwierigkeiten: Auf der Peene dürfen Charterboote verkehren. Es ist mit unerfahrenen Bootsführern zu rechnen.

Kilometrierung: Die Peene ist als Bundeswasserstrasse amtlich kilometriert. Die Kilometrierung wurde 2012 neu aufgestellt.

0,0 Beginn der amtlichen Kilometrierung der Bundeswasserstraße Peene (53.7427,12.7665);
17139 Malchin, 🚂, ✕, 🛒 (53.7427,12.7666)

0,1 re ⇩ der Ostpeene (s. Seite 579) in die Peene (53.7433,12.7670)

0,2 ⇅ ⛺ Malchin mit 🅿-Möglichkeit, Wasserfreizeit Bremer, Am Kanal 2, 17139 Malchin, www.wasserfreizeit.com, ✆ +49 3994 223665 (53.7443, 12.7671)

0,3 li ⇩ der Westpeene (s. Seite 580) in die Peene (53.7450,12.7675)

4,5 ⇩ des Peenekanals in Kummerower See. Auf diesem großen See Achtung auf Wind und Wellengang; Fahrt nach N (53.7740,12.8021)

6,0 re am O-Ufer ⇅ **17139 Kummerow**, Wasserwander-⛺, ⛺-Möglichkeit, Imbiss (53.7821,12.8168)

7,0 W-Ufer **Salem**, ✕, Wasserwanderrastplatz ⛺-Möglichkeit (53.7901, 12.8292)

7,1 –98,0 **§**, das gesamte Peenetal steht zwischen Salem und Anklam unter Naturschutz. Außerhalb der Bundeswasserstraße selbst besteht ein ganzj. Befahrungsverbot (Altarme und Torfstiche). Auch an der jederzeit befahrbaren Bundeswasserstraße existiert ein ganzj. Uferbetretungsverbot. Zugelassene ⇅ sind gekennzeichnet. Beachten sie bitte die Beschilderung und informieren sie sich vor Ort bzw. im Internet „7 goldene Verhaltensregeln", www.naturpark-flusslandschaft-peenetal.de (53.7901,12.8307)–(53.8552,13.8109)

9,1 re ⇅ ⛺ 🚐 **17111 Kummerow-Sommersdorf** am O-Ufer, Am Hafen 2, 17111 Kummerow, ✆ +49 39952 2973 (53.8037,12.8531)

10,1 li ⇩ der Teterower Peene (s. Seite 581) in die Peene (53.8120,12.8562)

12,7 O-Ufer ⛟ und ⚓ Gravelotte, Am Kummerower See, 17111 Messiger, www.campingplatz-gravelotte.de, ☎ +49 39994 10732 (53.8298,12.8851)
14,6 re in ca. 1 km ⚓ **17111 Verchen** am Badeplatz, ⌘: Klosterkirche (53.8454,12.8902)
14,8 Ausfahrt aus Kummerower See (53.8467,12.8892)
15,0 Personen⛴ Verchen–Aalbude, re ✕ Aalbude (53.8484,12.8880)
15,1 re ⇅ ⚓ Aalbude, ⛺-Möglichkeit, 🅿 (gebührenpflichtig) (53.8490,12.8879)
16,9 ← Darguner Kanal (4 km bis **17159 Dargun**, ✕, 🚂, Kloster, Schlossruine, ⌘. ▬ zum Klostersee) (53.8638,12.8832)
22,9 re **17111 Schönfeld, OT Trittelwitz**, am Altarm ein einfacher ⛺, ⚓, ⇅ (53.8758,12.9588)
29,1 re ⇩ der Tollense (s. Seite 582) in die Peene (53.8991,13.0323)
29,5 ← Peene-Altarm mit ⚓ Demmin, Bootshafen und ⌂ Demminer Segelclub Blau-Weiß, Fritz-Reuter-Straße 11b, 17109 Demmin, ⛺, gut geeignet als Stützpunkt für die Befahrung von Trebel und Tollense; Bootslager-Möglichkeit, ⇅, guter Zugang zur Stadt, Hafenmeister, ☎ +49 3998 361122 (53.9025,13.0312)
29,9 li ← Hafen Personenschifffahrt (53.9065,13.0289)
30,0 Klapp-Ⅱ B110 Baumannstraße, **17109 Demmin**, ✕, 🛒, 🚂, DJH, ⌘: Stadtbefestigung, Marktplatz, Stadtkirche, danach re Hafen (53.9072, 13.0285)
30,5 re ⛟ Peene Marina Demmin, Loitzer Straße 48, 17109 Demmin, Hansestadt, www.peene-marina-demmin.de , ☎ +49 3998 2824281 (53.9106, 13.0233)
31,3 li ⇩ der Trebel (s. Seite 585) in die Peene (53.9144,13.0198)
31,8 Str-Ⅱ B194 Demmin, Loitzer Straße (53.9168,13.0271);
li ⛺ Kanuhaus Wasserwanderrastplatz, Station Demmin, Meyenkrebs 15, 17109 Demmin, www.kanuhaus.de , ☎ +49 3998 200048, ⓘ ☎ +49 172 7621824 (53.9170,13.0282)
33,4 re ⇩ Demminer Mühlgraben (53.9144,13.0479)
33,5 EB-Ⅱ (53.9147,13.0492)
36,8 re **17111 Kletzin, OT Pensin**, an ehemaliger Fähre ⇅, ⚓ (53.9353, 13.0826)
40,5 re **17121 Loitz, OT Zeitlow**, ⇅, ⚓ (53.9544,13.1088)
42,8 Str-Ⅱ L261 (Dreh-Ⅱ, li Joch fahren), li **17121 Loitz**, Peenestraße, 🛒 (53.9685,13.1323)
43,0 li ⇅, ⚓, Marina im Hafen Loitz, ✕ (53.9705,13.1357)
45,5 li ⇩ der Schwinge (Peene) in die Peene (53.9679,13.1670)

Nebenstrecke Schwinge (Peene)

12,5 –0,0 **§** ganzj. BV von Pustow bis zur Mündung (54.0214,13.2408)-(53.9679,13.1670)
0,0 ⇩ der Schwinge (Peene) in die Peene (s. Seite 576) (53.9679, 13.1670)

46,8 re ⇅, ⚓, **17121 Loitz, OT Sophienhof** (53.9578,13.1727)
50,9 re ⇅, ⚓, **17121 Bentzin, OT Alt-Plestlin**, ⛺, 🅿 in ca. 200 m, Bootswagen empfohlen (53.9613,13.2257)
62,0 Str-Ⅱ L35, Burgstraße, re **17126 Jarmen**, 🛒, ✕ (53.9265,13.3459)
62,2 re ⇅, ⚓ Jarmen, Schwimmsteg am Ende der Hafenmauer (53.9254, 13.3464)
62,4 Str-Ⅱ A20 (53.9248,13.3499)
68,1 ⇅, ⚓ am Baggersee Kagenow, öffentliche Badestelle (53.9125,13.4230)
68,2 li ⇩ Swinow-Bach, dort nach 1,1 km 🏠 KV Gützkow, ⛺, Liebenthal 13, 17506 Gützkow, www.kanuverein-guetzkow.de , ☎ +49 38353 277, ⓘ ☎ +49 160 97221638, andreas-metzler@t-online.de (53.9156,13.4236)
68,3 li ⇅ Gützkow, Alter Fährdamm, an ehemaliger Fährstelle, nach **17506 Gützkow** ca. 2,3 km (53.9163,13.4256)
73,2 re ➔ Stichkanal nach Liepen (53.8936,13.4756)
73,3 re ⇅ **17391 Netzow-Liepen, OT Liepen** am Ende vom Stichkanal (53.8906,13.4717)
79,3 re ⇅ und ⚓ Stolpe (53.8741,13.5596)
79,4 Personen-⛴ Stolpe, re **17391 Stolpe an der Peene**, ✕ (53.8746, 13.5612)
87,8 re ⇅ und ⚓ Anklam, ⛺- und 🅿-Möglichkeit (53.8562,13.6778)
88,4 Str-Ⅱ B110 Anklam, Ostseestraße, dahinter ↱ für Zugang zur Stadt **17389 Anklam**, 🚂, ✕, 🛒, ⌘: Kirchen, Pulverturm, Lilienthal-Museum (53.8588,13.6853)
88,6 Fußg-Ⅱ Anklam, li 🏠 Anklamer RC, geringe ⛺-Möglichkeit, re Beginn des Hafengebietes, ☎ +49 3971 291517 (53.8596,13.6886)
89,1 EB-Klapp-Ⅱ Anklam (53.8613,13.6944)
96,9 li ⬅ Peene-Altarm, **X**, stark verkrautet, geradeaus im Richtgraben weiterfahren (53.8573,13.7946)
98,0 ⇩ der Peene (Richtgraben) in den Peenestrom (s. Seite 558) bei km 47,6 (53.8552,13.8110)

Ostpeene

Kleinfluss, Seengewässer
Mündung in Peene bei amtl. km 0,1 (re Nebenfluss)

Die Ostpeene ist ein Kleinfluss mit z. T. erheblichen Schwierigkeiten, wie Strauchhindernisse, Baumversperrungen und niedrige Brücken.

Befahrungsregeln:	km 14,8 bis 4,1 (nördl. Carlsruhe bis Gielower Mühle): ganzj. BV
Befahrbarkeit:	Bei extrem guten Wasserstand ab Schloen bzw. ab Torgelower See, ansonsten ab Gielower Mühle.

30,5 Str-Ⅱ **17192 Schloen, OT Alt-Schloen**, Dorfstraße, mögliche ⬇ bei gutem Wasserstand (53.5444,12.8094)
29,4 ⇩ in Torgelower See (53.5493,12.7980)

27,9 li **17192 Torgelow am See**, Torgelow ist von Waren an der Müritz aus mit 6,5 km Landtransport zu erreichen (53.5617,12.7884)

26,3 Ausfluss aus dem Torgelower See. Bei den beiden nächsten Ⅱ muss jeweils eine Verrohrung ⏏ werden (53.5759,12.7820)

26,2 Wege-Ⅱ und ▬ Groß Gievitz, li ⏏ (53.5765,12.7820)

25,9 **17192 Groß Gievitz**, mehrere Ⅱ, ✕, Dorfkirche, ⌘. Es beginnt eine längere Kleinflussstrecke (53.5793,12.7799)

19,9 ⇩ in Rittermannshagener See, Weiterfahrt nach rechts (53.6179,12.7645)

19,3 li **17139 Faulenrost, OT Rittermannshagen** (53.6224,12.7661); Ausfluss aus Rittermannshagener See (53.6225,12.7676)

17,2 Weg-Ⅱ Faulenrost (53.6369,12.7799)

16,6 Str-Ⅱ **17139 Faulenrost**, ✕, Dorfkirche, ⌘ (53.6408,12.7818); ▬ Faulenrost unter der Ⅱ, überheben, sonst ⏏, danach Schwälle (53.6409,12.7819)

15,8 re ⇩ Kittendorfer Peene (53.6461,12.7904)

14,8 Str-Ⅱ L203, ⬆ Fahrt hier beenden wegen des folgenden Befahrungsverbotes (53.6539,12.7926)

14,8 –4,1 **§** ganzj. BV (53.6540,12.7926)–(53.7092,12.7678)

4,1 Str-Ⅱ und ▬ Gielower Mühle, ab hier Weiterfahrt auf der Ostpeene möglich (53.7093,12.7679)

2,8 Str.-Ⅱ (53.7204,12.7682)

2,7 ehemalige EB-Ⅱ (53.7208,12.7672)

1,8 Fußg-Ⅱ Malchin (53.7287,12.7637)

0,9 Str-Ⅱ Malchin, Peenestraße (53.7363,12.7655)

0,7 Fußg-Ⅱ Malchin (53.7381,12.7664)

0,5 Fußg-Ⅱ Malchin, An der Bleiche (53.7393,12.7674)

0,3 Str-Ⅱ B104 Goethestraße,**17139 Malchin**, 🚂, ✕, 🛒 (53.7408,12.7686)

0,1 mehrere EB- und Wege-Ⅱ, Fischtreppen-▬ unter der Brücke, **X**, li ⏏ (bei HW über Straße) (53.7424,12.7680)

0,0 ⇩ der Ostpeene in die Peene (s. Seite 576) bei amtl. km 0,1 (53.7433, 12.7670)

Westpeene

Weitere Namen: Malchiner See, Dahmer Kanal

Wanderfluss, Seengewässer
Mündung in Peene bei amtl. km 0,3 (li Nebenfluss)

Die Westpeene ist ein Quellfluss der Peene. Die Befahrung kann am Malchiner See begonnen werden und wird meist auf der Peene fortgesetzt.
Befahrungsregeln: km 8 (Uferzone bei Wendischhagen am Nordufer): ganzj. BV

16,7 ⇩ der Westpeene in den Malchiner See, ab hier ≈ (53.6702,12.5712)

16,0 re **17166 Dahmen** am Ostufer des Malchiner Sees (53.6713,12.5799); re ⇅ am Badestrand Dahmen (53.6715,12.5807); re ⛟ Dahmen, Seestraße 27, 17166 Dahmen (53.6717,12.5816)

14,5 li ⇅ ⛺ **17166 Schorssow, OT Bülow** am W-Ufer (53.6802,12.6105)

13,5 re O-Ufer Seedorf, ✕, ⚓, Badestelle Seedorf, Campingplatz 1, 17139 Basedow, www.campingpark-seedorf.de , ♪ +49 39957 29139 (53.6876, 12.6253)
12,0 re **17139 Seedorf** am O-Ufer (53.6930,12.6338)
10,5 li **17166 Schorssow, OT Bristow** (53.7083,12.6467)
8,0 li **§** ganzj. BV für die Uferzone bei Wendischhagen am Nordufer (53.7201, 12.6653);
Ausfluss aus dem Malchiner See, ganz re fahren, ⇩ in Dahmer Kanal (53.7201,12.6655)
7,1 Fischereisperre 5.5.–31.8. von 20–6 Uhr und 1.9.–15.10. von 18–6 Uhr (53.7231,12.6776)
6,9 Wege-II (53.7237,12.6803)
1,8 Str-II B104 (53.7479,12.7446)
1,6 EB-II (53.7489,12.7479)
0,6 Str-II DM2 **17139-Malchin**, ⌘: Stadttor, Rathaus (53.7442,12.7587)
0,2 re Malchiner KC, , Am Kanal 4, 17139 Malchin, www.malchiner-kanu-club.de , ♪ +49 3994 239468 (53.7441,12.7653)
0,1 Fußg-II Malchin, Wasserwanderrastplatz Kösters Eck (53.7444,12.7657)
0,0 ⇩ der Westpeene in die Peene (s. Seite 576) bei amtl. km 0,3 (53.7450, 12.7675)

Teterower Peene

Weitere Namen: Neukahlener Peene

Kleinfluss, Seengewässer, ehem. Schifffahrtskanal
Mündung in Peene bei amtl. km 10,1

Ursprung in verschiedenen Quellbächen, die in den Teterower See münden.
Die Teterower Peene (manchmal auch als Neukahlener Peene bezeichnet) hat bis kurz vor Neukahlen Kleinflusscharakter und ist danach ein schiffbarer Kanal, der in den Kummerower See mündet.

Befahrungsregeln: km 17,5 bis (Schnakenlang-Bucht): ganzj. Befahren der Schnakenlang-Bucht unzulässig
Befahrbarkeit: Im Sommer ist sie teilweise verschilft und zugewachsen.

18,7 Teterow am See in Stadtnähe (53.7825,12.5804);
17166 Teterow, ✕, DJH, ⌘ Stadtbefestigung, Kirche, Burgwallinsel (53.7827,12.5801)
17,8 li **§** ganzj. Befahren der Schnakenlang-Bucht unzulässig (53.7862, 12.5918)
15,1 Ausfluss aus Teterower See (53.7996,12.6246)
14,6 ▬ Bukow, **X**, re oder li (53.8011,12.6300)
14,5 Wege-II (53.8020,12.6313)
14,1 Feldweg-II (53.8038,12.6361)
13,8 ▬ Sohlgleite Alt Sührkow, meist ≈ (53.8051,12.6403);
Str-II **17166 Alt Sührkow** (53.8053,12.6408)

13,2 Wege-⌶. Die folgenden 2 km sind ab Ende Mai total verschilft und dadurch **X** (53.8075,12.6483)
13,1 Feldweg-⌶ (53.8083,12.6490)
11,4 Str-⌶ und ▬ Sohlgleite, meist ≈ (53.8145,12.6668)
9,8 Wege-⌶ (53.8140,12.6898)
7,6 Wege-⌶, re **17154 Neukalen, OT Karnitz** (53.8169,12.7212)
3,1 EB-⌶ (außer Betrieb) (53.8244,12.7844)
3,0 Wege-⌶ Neukalen (53.8246,12.7850)
2,6 Str-⌶ L20 **17154 Neukalen** (53.8246,12.7909)
2,5 Fußg-⌶ Neukalen, Beginn Peenekanal, Hafen (53.8247,12.7934)
2,4 ⇅ und ⚓ Neukalen (53.8246,12.7948)
0,0 ⇩ in Kummerower See (53.8171,12.8284)
-1,9 ⇩ der Teterower Peene in die Peene (s. Seite 576) bei amtl. km 10,1 (53.8120,12.8562)

Tollense

Wanderfluss
Mündung in Peene bei amtl. km 29,1 (re Nebenfluss)

Die Tollense kann ganzjährig befahren werden. Die Tollense entspringt aus dem Tollensesee. Der Tollensesee mit seinen Wäldern in einer hügeligen Endmoränenlandschaft ist sehr reizvoll. Er kann bei einer durchschnittlichen Breite von 2 km etwa 1 km weit nach S befahren werden.

Schwierigkeiten: Im Spätsommer ist mit Entkrautungsarbeiten und Krautfänge vor Wehren und an einigen Stellen im Fluss zu rechnen, d sogar eine Befahrung unmöglich machen können.

Nebenstrecke Tollensesee, Westufer

12,8 ← der Route Tollensesee, Westufer von Tollensesee, Ostufer (s. Seite 582) (53.4732,13.1848)
12,7 –11,0 li Sperrung ganzj. Befahrungsverbot, Bojenkette beachten (53.4732,13.1848)–(53.4819,13.1628)
11,0 **17217 Penzlin, OT Wustrow**, Badestelle, ⌘ Hügelgrab Wendenkönig (53.4792,13.1576)
8,0 **Meyershof**, Badestelle (53.4982,13.1846)
5,4 Gatscheck, ⛺, Gatscher Damm 1, 17039 Wulkenzin, www.camping-gatsch-eck.de , ☎ +49 395 566 51 52; +49 171 956 51 12 (53.5149,13.2068)
0,5 ⇅ Strandbad Broda, Neubrandenburg (53.5499,13.2420)
0,0 ⇩ Tollensesee, Westufer in die Tollense (s. Seite 582) (53.5500, 13.2470)

Nebenstrecke Tollensesee, Ostufer

11,0 ⇩ des unbefahrbaren Nonnenbaches in den Tollensesee (53.470‌5, 13.1759)

11,0 –9,7 ganzj. BV im durch Bojen abgetrennten Seeteil (53.4710, 13.1761)–(53.4785,13.1966)
10,3 li 🡐 der Route Tollensesee, Westufer (s. Seite 582) von Tollensesee, Ostufer (53.4732,13.1848)
7,7 re **17094 Groß Nemerow, OT Klein Nemerow**, Badestelle (53.4906,13.2148)
1,9 ⇅ am Augustabad (53.5345,13.2518)
1,7 re ⌂ Motor-Süd-Neubrandenburg, ⇅, ⛺, Lindenstr. 6a, 17033 Neubrandenburg, www.msn-kanu.de , ☎ +49 176 73105120 (53.5363,13.2540)
0,0 ⇩ Tollensesee, Ostufer in die Tollense (s. Seite 582) (53.5501, 13.2470)

68,4 ⇩ Tollensesee, Westufer in die Tollense (53.5500,13.2470);
Ausfluss aus Tollensesee (53.5501,13.2471);
⇩ Tollensesee, Ostufer in die Tollense (53.5501,13.2470);
Fußg-Ⅱ Neubrandenburg (53.5502,13.2472);
re **17033 Neubrandenburg**, 🚆, ✕, 🛒, ⌘ (53.5503,13.2475)
68,3 ➔ Oberbach, dort nach 500m re ⌂ SC Neubrandenburg, ⛺, ⬇. Nach 1km ▬ Vierradenmühle, ⏏ kaum möglich. Meist auch kein Wasser, 2. Werderstraße 5, 17033 Neubrandenburg, www.sc-neubrandenburg.de/, ☎ +49 395 5665664, kanu@sc-neubrandenburg.de (53.5504,13.2474);
li 🡐 in Ölmühlenbach. Wer die Tollense fahren will, sollte hier einfahren. Die Beschreibung folgt diesem Weg;
Wege-Ⅱ Neubrandenburg (53.5506,13.2471)
68,0 ▬ und Wege-Ⅱ Neubrandenburg-Broda, ⏏, ⇅ an Schwimmstegen (53.5524,13.2440)
67,6 Fußg-Ⅱ Neubrandenburg (53.5554,13.2397)
67,3 Str-Ⅱ B104 Neubrandenburg (53.5576,13.2391)
66,6 ⇩ Zusammenfluss Ölmühlenbach und Untergraben der Tollense (53.5634, 13.2356)
66,5 EB-Ⅱ (53.5642,13.2359);
re ⇅ Neubrandenburg, Mittelste Straße, zu erreichen über die Jahnstraße, li vor EB südlich der Gleise den Feldweg benutzen. Hinter der EB-Ⅱ findet man die ⬇ (53.5643,13.2359)
66,2 Wege-Ⅱ (53.5660,13.2379)
65,9 ⚠ re Kläranlage, danach flacher Sumpfsee, Gefahr bei Kenterung (53.5689,13.2377)
64,9 EB-Ⅱ (53.5755,13.2345)
63,6 re ⇩ der Datze (53.5872,13.2387)
63,4 Fußg-Ⅱ (53.5884,13.2378);
li ⇩ des Malliner Baches (53.5887,13.2375)
61,8 Wege-Ⅱ (53.6001,13.2383)
52,9 EB-Ⅱ (53.6470,13.2622)

52,8 li 🡐 zum Randkanal (Tollense) von der Tollense, mit freier Fahrt, auf einem Schild wird die Route über den Randkanal empfohlen (53.6482, 13.2625);
re 🡒 zum Tollense-■, vor dem 🡒 in der Kurve ↱ und ⏢, ⏢-Stelle ist zugewachsen und somit nicht mehr benutzbar, deshalb sollte man den Randkanal benutzen, alter Tollenselauf windungsreich (53.6482,13.2626

Nebenstrecke Randkanal (Tollense)
Am Abzweig wird auf einem Schild die Route über den Randkanal empfohlen

5,3 🡐 zum Randkanal (Tollense) von der Tollense (s. Seite 582), mit freier Fahrt, auf einem Schild wird die Route über den Randkanal empfohlen (53.6482,13.2625)
1,8 Wege-Ⅱ vor Altentreptow (53.6778,13.2520)
0,8 Fußg-Ⅱ Altentreptow (53.6862,13.2511)
0,3 Fußg-Ⅱ Altentreptow (53.6902,13.2539)
0,0 ■ Altentreptow, zum ⏢ li in ↯-Arm einfahren, ↰ vor Ⅱ und dann nach re entlang der Straße, li unterhalb der Ⅱ 🡓 (53.6922, 13.2556);
⇩ Randkanal (Tollense) in die Tollense (s. Seite 582) (53.6923, 13.2557)

50,2 re ⇩ Kleiner Landgraben (53.6626,13.2684)
45,0 ■ Altentreptow, re ⏢, danach bei NW treideln erforderlich (53.6920, 13.2557)
44,9 ⇩ Randkanal (Tollense) in die Tollense (53.6923,13.2557);
Str-Ⅱ Altentreptow, Fritz-Reuter-Straße. Von Altentreptow bis Klempeno durchfließt die Tollense als stark mäandrierender Wiesenfluss mit 10 - 15m Breite ein schönes, relativ enges Tal mit vielen Aussichtsmöglichkeiten (53.6927,13.2559);
17087 Altentreptow, 🚆, ✕, 🛒 (53.6928,13.2559)
44,8 li 🡓 Altentreptow, ⛺ (53.6929,13.2558)
44,7 li ⇩ ↯-Arm Altentreptow (53.6945,13.2563)
44,5 Str-Ⅱ L35 Altentreptow (53.6957,13.2584)
44,2 Fußg-Ⅱ Altentreptow, re ⛺, Pension Wiesenquelle (53.6973,13.2608)
43,1 Fußg-Ⅱ, li ⛺ Klatzow (53.7059,13.2581)
42,2 li **17087 Altentreptow, OT Klatzow** (53.7127,13.2566)
38,6 Fußg-Ⅱ, li nach Mühlenhagen (53.7290,13.2859)
27,7 ↰ zum ⏢ des folgenden Wehres an der Kanu-Station Klempenow, 🡓 li unterhalb der folgenden Str-Ⅱ (280 m), li Burg Klempenow, ⌘ (53.7905, 13.3125)
27,6 ■ Staustufe Klempenow, **X**, danach re ⇩ Großer Landgraben (53.7910, 13.3128)
27,5 Str-Ⅱ **17089 Breest, OT Klempenow**, danach li 🡓 (53.7923,13.3119)
27,3 Str-Ⅱ L35 Klempenow, ab hier regulierter Verlauf, ca. 20 m breit

(53.7929,13.3096)
23,2 ■ Tückude, li ⩳, li ⛺ (53.8181,13.2702)
19,2 Str-Ⅱ VG106, li **17129 Alt Tellin-Broock**, ⛟ Broocker Hof (53.8409, 13.2349)
15,1 Str-Ⅱ Roidin - Schmarsow (53.8554,13.1941)
14,2 ■ Roidin mit Latten-≣, li ⩳ (53.8603,13.1840)
11,7 re ⇅ ⛺ **17111 Siedenbrünzow-Vanselow**, Schloss (53.8764,13.1678)
8,8 re **17111 Siedenbrünzow** (53.8941,13.1438)
7,0 li ⇅ ⛺ Sanzkow (53.8918,13.1252);
Str-Ⅱ, li **17111 Siedenbrünzow, OT Sanzkow** (53.8919,13.1248)
2,8 EB-Ⅱ (53.8966,13.0671)
2,7 li ⇩ Augraben (53.8964,13.0660)
2,4 Pfeiler einer ehemaligen Rohrbrücke (53.8967,13.0611)
0,7 Str-Ⅱ B194 Stavenhagener Straße, re **Demmin**, ✕, 🚂, 🛒, DJH; ⌘ Stadtbefestigung, Marktplatz, Stadtkirche (53.8995,13.0421)
0,7 –0,0 **§**, ganzj. UV (53.8995,13.0419)–(53.8991,13.0324)
0,2 Wege-Ⅱ Demmin, Husar-Schulze-Weg (53.8991,13.0353)
0,0 ⇩ der Tollense in die Peene (s. Seite 576) bei amtl. km 29,1 (53.8991, 13.0323)

Trebel

Kleinfluss, Wanderfluss
Mündung in Peene bei amtl. km 31,3 (li Nebenfluss)

Die Trebel bietet bei geringer Strömung kaum Schwierigkeiten, dafür die Möglichkeit auch gegen den Strom zu fahren und im Zusammenhang mit dem Trebelkanal sogar Rundtouren zu unternehmen. Achtung auf Krautsperren.

Befahrungsregeln: km 2,8 bis 0 : ganzj. UV und BV der Nebengewässer
Befahrbarkeit: Bei sehr hohem Wasserstand ab Grimmen ansonsten im Frühjahr ab Kirch Baggendorf (später verkrautet) für Einer, ganzjährig ab Tribsees, auch für Zweier.
Schwierigkeiten: Durch Rückverlegung der Trebel vom Trebelkanal in ihr natürliches Flussbett in diesem Abschnitt Verschilfungen, Orientierungsprobleme.

68,5 ⇩ Zusammenfluss Kronhorster und Poggendorfer Trebel, Beginn der Trebel, mögliche ⬇ Str-Ⅱ **18507 Grimmen**, Stralsunder Straße bei sehr hohem Wasserstand in einen der Quellflüsse der Trebel. Die Angabe ist alt und muss neu erkundet werden. 🚂, ✕, 🛒 (54.1176,13.0299)
54,3 Str-Ⅱ **18513 Gransebieth, OT Kirch Baggendorf**, ⬇ für Einer bei geeignetem Wasserstand (im Frühjahr), später Verkrautung (54.0928,12.8994)
51,8 Str-Ⅱ, li nach **18513 Gransebieth, OT Zarrentin** (54.0892,12.8791)
46,0 Str-Ⅱ, re nach **18465 Tribsees, OT Rekentin** (54.1006,12.8294)
40,9 Wege-Ⅱ vor Tribsees (54.1011,12.7839)
39,6 ehemalige EB-Ⅱ (54.0987,12.7672)

38,9 li **18465 Tribsees, ⇅**, ⚓, ⛺-Möglichkeit, ✕, 🛒 (54.0964,12.7583)
38,5 Str-Ⅱ L192 Tribsees (54.0966,12.7517)
37,6 Wege-Ⅱ Tribsees (54.0934,12.7396)
35,7 Str-Ⅱ L19, re nach **18334 Lindholz, OT Langsdorf**, von hier Übersetzen zur Recknitz möglich, ca. 5 km. Zum ⇅ davor li in mündenden Bach einfahren und li halten (54.0790,12.7404)
35,5 Str-Ⅱ A20 (54.0774,12.7409)
35,2 li ← (geradeaus) Trebelkanal von der Trebel, ab Mai stark verkrautet, im Sommer **X** (54.0771,12.7451);
➔ Trebel, rückverlegt ins ursprüngliche Flussbett, ca. 5–15 m breit. Stark mäandrierend, Schilf, zum Teil völlig dicht, keine Rast möglich. Orientierungsprobleme, genügend Zeit einplanen, für Anfänger nicht geeignet (54.0770,12.7450)

Nebenstrecke Trebelkanal

7,0 ← (geradeaus) Trebelkanal von der Trebel (s. Seite 585), ab Mai stark verkrautet, im Sommer **X** (54.0771,12.7451)
6,9 ▬ Langsdorf, **X**, li ca. 25 m ⛀, auch ⇅-Möglichkeit (54.0765, 12.7470)
1,6 Wege-Ⅱ (54.0325,12.7607)
0,0 ⇩ Trebelkanal in die Trebel (s. Seite 585) (54.0207,12.7752)

35,1 Wege-Ⅱ (54.0765,12.7449)
23,1 Wege-Ⅱ (54.0198,12.7719);
re ⇩ der Warbel (s. Seite 587) in die Trebel (54.0196,12.7721)
22,9 li ⇩ Trebelkanal in die Trebel (54.0207,12.7752)
22,8 li **18513 Deyelsdorf, OT Bassendorf, ⇅**, ⚓. Zeitweise mobile Krautsperre, dann li 60 m ⛀ (54.0200,12.7767)
18,5 Str-Ⅱ Nehringen, historische, restaurierte Kettenzug-Ⅱ, ⌘ (53.9976, 12.8258)
18,2 li **18513 Grammendorf-Nehringen, ⇅** und ⚓, ⛺-Möglichkeit. In 150 m 🛏 des Jugendgästehaus Graureiher, Dorfstraße 25, Nehringen, ✆ +49 38334 80311 (53.9962,12.8293)
17,6 li ⇩ Roter Brückengraben (53.9915,12.8352)
14,0 li ⇩ Neuer Burggraben. Ab hier gibt es bis zur ⇩ viele Altarme (53.9737, 12.8745)
10,1 li **17111 Nossendorf, OT Volksdorf** (53.9589,12.9229)
3,8 li **17109 Demmin, OT Wotenick** (53.9338,12.9822)
2,8 –0,0 **§**, ganzj. UV und BV der Nebengewässer (53.9291,12.9931)–(53.9145,13.0197)
2,6 re ⇅ Wotenick-Ausbau vor der Str-Ⅱ (53.9277,12.9944);
Str-Ⅱ Wotenick-Ausbau - Drönnewitz (53.9278,12.9949)
0,0 ⇩ der Trebel in die Peene (s. Seite 576) bei amtl. km 31,3 (53.9144, 13.0198)

Warbel

Kleinfluss
Mündung in Trebel bei km 23,1 (re Nebenfluss)

Die Warbel ist ein kurvenreicher und teilweise gut strömender Wiesenfluss. Befahrbar nur bei gutem Wasserstand, im Sommer stark verkrautet.

16,5 ⬇ an Str-II **17179 Behren-Lübchin, OT Groß Nieköhr**, Dorfstraße (53.9724,12.6553)
13,3 Fußg-II Gnoien (53.9689,12.6985)
12,8 Str-II L23 Teterower Straße, **17179 Gnoien**, ✕, 🛒 (53.9682,12.7051)
12,0 Str-II B110 Gnoien, Friedenstraße, darunter ▬-Stufe, Steine ⚠. Mit PE-Booten evtl. ≈, ⏏ schwierig, (53.9665,12.7133)
11,9 Fußg-II Gnoien (53.9673,12.7145)
11,7 Fug-II Gnoien (53.9688,12.7151)
11,5 Wege-II Gnoien (53.9700,12.7140)
11,4 Str-II Gnoien, Schloßstraße (53.9709,12.7121)
11,1 Wege-II Gnoien (53.9726,12.7107)
10,7 Wege-II Gnoien (53.9760,12.7131)
8,2 Wege-II Gnoien, Warbelow (li) (53.9836,12.7219)
2,6 ▬ und Str-II, re **17179 Wasdow**, ⏏, gute ⬆, Burgruine Wasdow (53.9987,12.7580)
0,0 ⇩ der Warbel in die Trebel (s. Seite 585) bei km 23,1 (54.0196,12.7721)

Ucker

Weitere Namen: Uecker

Wanderfluss, Seengewässer, Schifffahrtsstraße

In Brandenburg heißt der Fluss Ucker. In Vorpommern ist der Name Uecker. In älteren Karten findet man auch die Schreibweise Ücker. Der Fluss beginnt in einer Seenkette. Die größten Seen sind der Oberückersee und der Unterückersee. Sie sind durch den Uckerkanal verbunden.

Ab Ausfluss aus dem Unterückersee beginnt die Flussstrecke der Ucker als langsam fließender Wiesenfluss. Hinter Torgelow befindet sich der landschaftlich schönste Teil der Flusstrecke. Auf den letzten 2,7 km wird die Uecker zur Bundeswasserstraße. Hier gilt die Seeschifffahrtsstraßen-Ordnung.

Befahrbarkeit: Die gesamte Strecke ist unter Ausnahme der Stadtdurchfahrt Prenzlau mit Wanderbooten (auch Zweier) ganzjährig befahrbar.

Kilometrierung: Die Kilometrierung der Uckerseen ist ab Prenzlau mit 0 beginnend gewählt worden. Ab Ausfluss aus dem Unter-Uckersee wird die am Fluss teilweise erkennbare amtliche Kilometrierung benutzt (kleine blaue Tafeln mit weißer Schrift). Der Wasserwanderweg „Uckerseen – Stettiner Haff“ hat ein Leitsystem mit Kanustopps und Wasserwanderrastplätzen.

Uckerseen

Wanderfluss, Seengewässer

19,3	Beginn des Sees Große Lanke, Schillerhof (53.1483,13.8568)
19,2	li ⬇ und ⛺ südlich Sukow an einer Badestelle (53.1493,13.8548)
17,7	li am W-Ufer **17268 Flieth-Stegelitz, OT Suckow** (53.1612,13.8565)
17,3	Ausfahrt Große Lanke, ⇩ in Oberuckersee (53.1657,13.8590)
15,8	O-Ufer ⬇ und 🚐 am Oberuckersee, Lindenallee 2, 17291 Oberuckersee OT Warnitz, www.camping-oberuckersee.de , ✆ +49 39863 459 (53.1781, 13.8700)
15,8	–15,1 Seemitte Insel (53.1785,13.8552)–(53.1829,13.8628)
15,5	W-Ufer **17268 Gerswalde, OT Fergitz**, Badestelle, Rastmöglichkeit (53.1816,13.8481)
15,4	re ⬇ **17291 Oberuckersee-Warnitz** am O-Ufer, Steg, Badestelle, 🛒, ✕, 🚆 (53.1802,13.8708)
14,1	W-Ufer ⇩ Potzlower Seegraben, Einfahrt zum Großen Potzlowsee, gesperrt § (53.1965,13.8547)
12,6	am O-Ufer **17291 Oberuckersee-Quast**, Badestelle, ✕ (53.2051, 13.8849)
12,2	li am W-Ufer ⇩ in Uckerkanal, Ende Oberuckersee (53.2086,13.8706)
11,9	Str-II K7318 Oberuckersee (53.2108,13.8691)
9,5	⇩ in Möllensee, Kurs entlang O-Ufer (53.2290,13.8587)
9,0	Ausfahrt aus Möllensee am Ostufer, weiter im Uckerkanal (53.2335, 13.8582)
6,9	⇩ in Unteruckersee, an beiden Ufern Schilf mit wenigen Anlegemöglichkeiten (53.2517,13.8573)
5,8	li am W-Ufer **17291 Nordwestuckermark, OT Zollchow**, ⛺ (53.2621, 13.8531)
3,0	li am W-Ufer **17291 Nordwestuckermark, OT Röpersdorf**, Badestelle, Rastmöglichkeit, ✕ (53.2832,13.8482)
2,3	re O-Ufer ✕ Am Kap Seerestaurant, Prenzlau, Badestelle, Rastmöglichkeit (53.2920,13.8688)
1,8	li am W-Ufer ⛺-Möglichkeit (53.2948,13.8595)
0,9	⌂ Prenzlauer SV Uckermark, ⛺, Uckerpromenade 60, 17291 Prenzlau, ✆ +49 3984 4879 (53.3034,13.8623); re am O-Ufer **17291 Prenzlau**, 🚆, 🛒, ✕, ⌘: Museum, gotische Marienkirche (53.3039,13.8619)
0,5	li am W-Ufer ⌂ Prenzlauer Segelclub, ⛺, 🛒 500 m, ✆ +49 3984 4741 (53.3056,13.8458)
0,0	⇩ in Ucker (Flusslauf), Abfluss aus dem Unteruckersee (53.3099,13.8506)

Ucker (Flusslauf)

Weitere Namen: Uecker

Wanderfluss

0,0 Abfluss der Ucker (Flusslauf) aus dem Unteruckersee (53.3100,13.8506); ■ Prenzlau mit Fußg.-II, X, im Unteruckersee links von der Mole aussetzen und li ⌂ (53.3101,13.8505);
Fußg.-II Prenzlau (53.3102,13.8504)

0,1 Str-II B109 Prenzlau (53.3110,13.8499);
re ⬇ Prenzlau am Gästehaus Uckerblick für Start in Prenzlau, P an B 109. Zunächst sehr flach, bald tiefer werdend (53.3110,13.8498)

0,6 Str-II Prenzlau, Steine! letzte Möglichkeit um im Ort auf öffentlichem Weg an den Fluss zu kommen (53.3146,13.8530)

1,0 Str-II B189 Prenzlau, Neubrandenburger Straße, Steine! (53.3182, 13.8531)

1,4 Fußg-II Prenzlau (53.3210,13.8541)

1,8 EB-II Prenzlau, Steine! (53.3243,13.8521)

2,1 li ⇩ Boitzenburger Gewässer (s. Seite 591), hier Quillow, in Ucker (Flusslauf) (53.3273,13.8526)

2,2 Fußg.-II, davor li ⛺ „Zu den Baumzwillingen" mit Toilette, Sitzgaube, Schutzhütte, Zeltwiese (kein Trinkwasser). Bei NW wird empfohlen, erst hier einzusetzen. Die ⬇ ist über einen Feldweg zu erreichen, der von der Triftstraße in Prenzlau abzweigt und ausgeschildert sein soll. Bis zum Wehr Nieden li und re Schilfufer (53.3279,13.8532)

4,0 ehemalige EB-II, Steine! (53.3430,13.8548)

7,5 Vieh-II, re **17291 Prenzlau-Blindow** (53.3673,13.8778)

9,9 re ⇩ Dauergraben (53.3866,13.8654)

12,9 li Krautziehplatz (53.4088,13.8796)

14,6 EB-II, Einengung, Steine! (53.4200,13.8919)

17,0 li ⇩ Köhntop (53.4365,13.9113)

17,4 ■ Nieden mit ⬆⬇, X, re ⌂, davor Krautziehplatz (53.4400,13.9129)

17,6 Str-II L322, re **17309 Nieden**, li 🚆 Nechlin in 1 km. Ab hier heißt der Fluss Uecker (53.4416,13.9145)

20,0 re **17309 Rollwitz, OT Schmarsow** (53.4602,13.9191)

23,1 Str-II A20 (53.4810,13.9386)

24,2 ■ Rollwitz mit ⛺, re über Fischtreppe ab MW evtl. ≈, sonst re ⌂ (100 m) (53.4864,13.9502);
li **17309 Papendorf** (53.4865,13.9503)

25,2 ← →, von etwa einem Kilometer unterhalb der Sohlgleite Papendorf bis kurz vor der Bundesstraßenbrücke 109 in Pasewalk wurde im Zuge von Renaturierungsmaßnahmen der alte Ueckerverlauf wiederhergestellt. Sowohl der begradigte als auch der renaturierte Ueckerarm sind ohne Probleme befahrbar. Vor der betonierten Furt fährt man nach rechts in den renaturierten Abschnitt (53.4954,13.9611)

26,2 Rohr-Ⅱ Ferngasleitung (53.4990,13.9686)
26,7 re ⇩ des renaturierten Laufes (53.5018,13.9746)
27,2 Str-Ⅱ B104/109 Umgehungsstraße Pasewalk (53.5048,13.9787)
27,3 re Krautziehplatz (53.5055,13.9800)
27,4 re Wasserwander-⚓ „KunstgARTen Pasewalk“ mit Steg, Sanitärgebäude, ⛺, ☎ +49 3973 251232; +49 151 20565605 (53.5061,13.9808)
27,9 Mühlen-▬ Pasewalk mit Str-Ⅱ, ✖, re ⏏ (ca. 300 m), zeitweise mit Krautsperre, ⬆ bei Fahrtende, zum 🚆 1 km (53.5099,13.9850)
28,2 Str-Ⅱ **17309 Pasewalk**, Bahnhofstraße, Schwall und Steine, 🚆, ✕, 🛒 (53.5114,13.9884)
28,4 EB-Ⅱ Pasewalk (53.5131,13.9902)
28,9 ▬ Pasewalk, li ≈ Bootsgasse, re ⬇ für Start in Pasewalk, li Kanustopp Lokschuppen, interessante Übernachtungsmöglichkeit in Schlafwagen de DR (53.5165,13.9947)
33,2 ▬ Bauerort, ✖, li evtl. ≈ Bootsgasse, zeitweise mit Krautsperre, ⚠ Ansehen (53.5547,14.0012)
35,5 Wege-Ⅱ, li **17358 Hammer an der Uecker-Liepe** (53.5716,14.0134)
37,3 ▬ Sohlrampe Liepe, ✖, re Bootsgasse (Raugerinne) evtl. ≈, zeitweise mit Krautsperre, ⚠ Ansehen (53.5793,14.0305)
39,4 Wege-Ⅱ Klein Kuhlmorgen (53.5946,14.0380)
42,1 li **17358 Hammer an der Uecker** (53.6025,13.9938)
44,4 li ⌘ Museum Ukranendorf Torgelow (53.6172,13.9985)
44,7 Fußg.-Ⅱ zum Ukranendorf Torgelow (53.6188,14.0012)
46,0 Fußg-Ⅱ Torgelow, Pfarreibrücke (53.6279,14.0112)
46,0 re ⌂ Torgelower Paddlergilde, ⛺, Pasewalker Straße, 17358 Torgelow, www.kanu-torgelow.de (53.6281,14.0113)
46,2 Straßen- Ⅱ **17358 Torgelow**, Breite Straße, 🛒, ✕, zum 🚆 ca.1,5 km, ⌘ Mittelalterzentrum Castrum Turglowe (53.6295,14.0124)
46,3 Fußg-Ⅱ Torgelow, Rathausbrücke (Stadtzentrum) (53.6305,14.0126)
46,4 Flussteilung ➔ Schleusenarm, ⚠ in 100 m ehemalige ⌧, ✖, Lebensgefahr, rechtzeitig aussetzen und ⏏ (schwierig) (53.6315,14.0133);
⚠ unbedingt ⬅ Wehrarm benutzen, dort nach ca. 100 m re eingezäunte Wasserwander-⚓ Torgelow-Uckerinsel (Sitzgauben, Schutzhütte, ⛺-Wiese). Außerhalb neben dem Caravanstellplatz Sanitärgebäude, dazu Schlüssel gegen Gebühr über Bereitschaftstelefon +49 151 10832932 (53.6315,14.0133)
46,6 ▬ und Str-Ⅱ Torgelow, Schleusenstraße, ⏏-Möglichkeit direkt vom Wasserwander-Rastplatz rechts am „Haus an der Schleuse“ vorbei bis ins Unterwasser, ca. 300 m.
Alternativ am Wasserwander-Rastplatz wieder in Wehrarm einsetzen und li unter der Str-Ⅱ hindurch zur Treidelstrecke. Zugangscode zum Zaundurchlass beim Betreiber des Wasserwander-Rastplatz. Im Unterwasser der Treidelstrecke oft stark verkrautet und ein Borstenfischpass, ≈ (53.6322,14.0170)
47,0 ⇩ Zusammenfluss der beiden Arme in Torgelow (53.6333,14.0218)

47,5 Str-II Torgelow, Karlsfelder Straße (53.6363,14.0258)
48,3 EB-II (53.6430,14.0301)
48,8 Fußg-II (53.6469,14.0328)
52,7 Str-II und Rohr-II VG76, re Kanustopp Ueckerbrücke Holländerei (53.6803,14.0471)
54,4 re ⇩ Randow, dort nach 1,5 km Wasserwander-⛺ Eggesin, ⛺, ⇅, 🚻, 🛒, ✕ Hafenimbiss. Die Randow kann nur auf ca. 5 km befahren werden, da danach ein militärisches Sperrgebiet beginnt, www.hafen-eggesin.de , ✆ +49 39779 60082 oder +49 170 1695025 (53.6904,14.0654)
58,8 li ← zum Kanustopp Am Kolk Liepgarten (im Altarm) (53.7205,14.0390)
60,3 Str-II Ueckermünde, Pfarrwiesenallee, li ⬆ (53.7321,14.0478)
60,7 Str-II **17373 Ueckermünde**, Ueckerstraße, davor li ⬆ und Parkplatz Altes Bollwerk, Hafen, 🚻, 🛒, ✕, ⌘: Haffmuseum, Herzogschloss, Stadthafen. Ab hier ist die Ucker/Uecker Bundeswasserstraße. Es gilt die Seewasserstraßen-Ordnung (53.7351,14.0489)
61,4 li ⌂ Seesportverein, gute ⬆ an Slippschräge oder an Slippschräge am Yachtclub, dort auch ⛺-Möglichkeit, Hafenmeister, www.haffsegler.de , ✆ +49 39771 22067 (53.7401,14.0487)
62,8 re → Einfahrt Lagunenstadt mit Marina (53.7492,14.0646)
63,0 li ← Einfahrt zum Zentrum für Erlebnispädagogik, ⛺, ✆ 039771/22725, und zum Wasserwander-⛺ Muschelkojen-Camp, ✆ 0175/4027812 (53.7500,14.0665)
63,3 ⇩ der Ucker (Flusslauf) in den Peenestrom (s. Seite 558) (53.7512, 14.0716)

Boitzenburger Gewässer

Weitere Namen: Strom, Quillow

Kleinfluss, Seengewässer
Mündung in Ucker bei amtl. km 2,1 (li Nebenfluss)

Die Boitzenburger Gewässer östlich von Lychen bestehen aus dem Haussee, dem Schumellensee, dem Krienkowsee und enden am Küchenteich vor dem Boitzenburger Schloss. Sie sind durch schmale Kanäle miteinander verbunden und sehr ruhig. Einzige Siedlung ist das Schloss, Neo-Renaissance, jetzt Hotel. Gesamtrundfahrt ca. 18 km. Gute Einsatzstelle ist eine Badestelle mit Parkplatz im Nordwesten des Haussees an der Straße von Lychen nach Boitzenburg. Die Boitzenburger Gewässer entwässern über Strom und Quillow in die Ucker. Eine Weiterfahrt auf dem Strom ist hier nicht möglich.

36,0 Beginn des Haussees (53.2465,13.5119)
34,0 ⬇-Möglichkeit an einer Badestelle (53.2520,13.5424)
31,7 Ausfahrt aus dem Haussee (53.2534,13.5642)
31,4 ⇩ in den Schumellensee (53.2555,13.5671)
30,8 ⇩ Krienkowsee in Boitzenburger Gewässer (53.2572,13.5755)

Nebenstrecke Krienkowsee

Diese Route erlaubt einen Abstecher vom Schumellensee in den Krienkowsee.

0,9 Beginn des Krienkowsees (53.2498,13.5815)
0,4 Wege-II, Ausfahrt aus dem Krienkowsee (53.2539,13.5781)
0,3 ⇩ in den Schumellensee (53.2547,13.5774)
0,0 ⇩ Krienkowsee in Boitzenburger Gewässer (s. Seite 591) (53.257 13.5755)

30,6 Ausfahrt aus dem Schumellensee (53.2578,13.5781)
29,1 ⇩ in den Küchenteich (53.2620,13.5980)
28,9 Ausfahrt aus dem Küchenteich, Weiterfahrt auf dem Strom nicht möglich, **17268 Boitzenburger Land, OT Boitzenburg** (53.2618,13.6016)
2,8 ⇩ des Strom in den Quillow (53.3168,13.8177)
0,0 ⇩ Boitzenburger Gewässer, hier Quillow, in Ucker (Flusslauf) (s. Seite 588) bei amtl. km 2,1 (53.3273,13.8526)

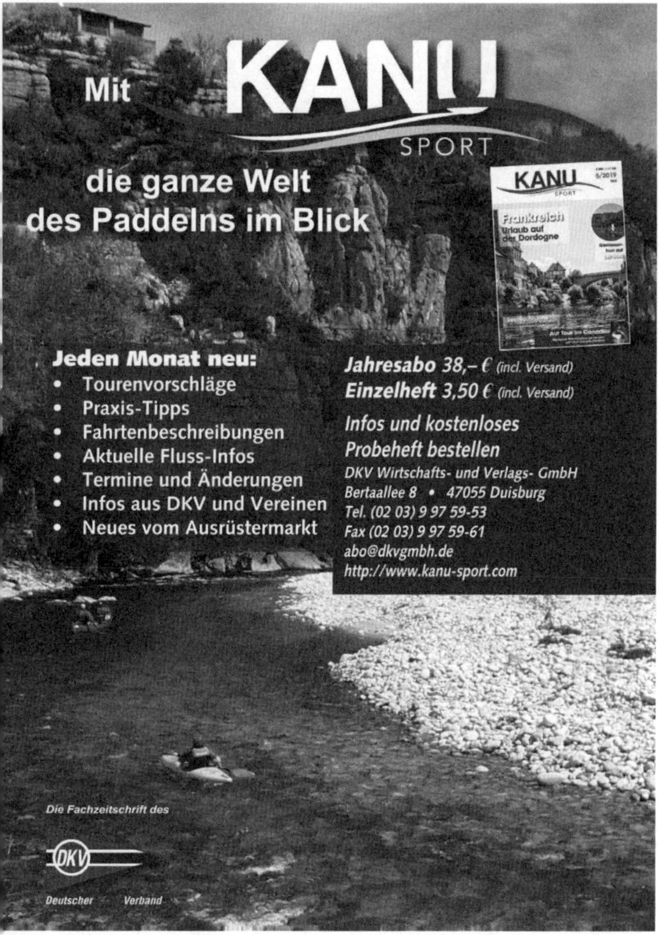
Mit KANU SPORT
die ganze Welt
des Paddelns im Blick
Jeden Monat neu:
• Tourenvorschläge
• Praxis-Tipps
• Fahrtenbeschreibungen
• Aktuelle Fluss-Infos
• Termine und Änderungen
• Infos aus DKV und Vereinen
• Neues vom Ausrüstermarkt
Jahresabo 38,– € (incl. Versand)
Einzelheft 3,50 € (incl. Versand)
Infos und kostenloses
Probeheft bestellen
DKV Wirtschafts- und Verlags- GmbH
Bertaallee 8 • 47055 Duisburg
Tel. (02 03) 9 97 59-53
Fax (02 03) 9 97 59-61
abo@dkvgmbh.de
http://www.kanu-sport.com
Die Fachzeitschrift des
DKV
Deutscher Verband

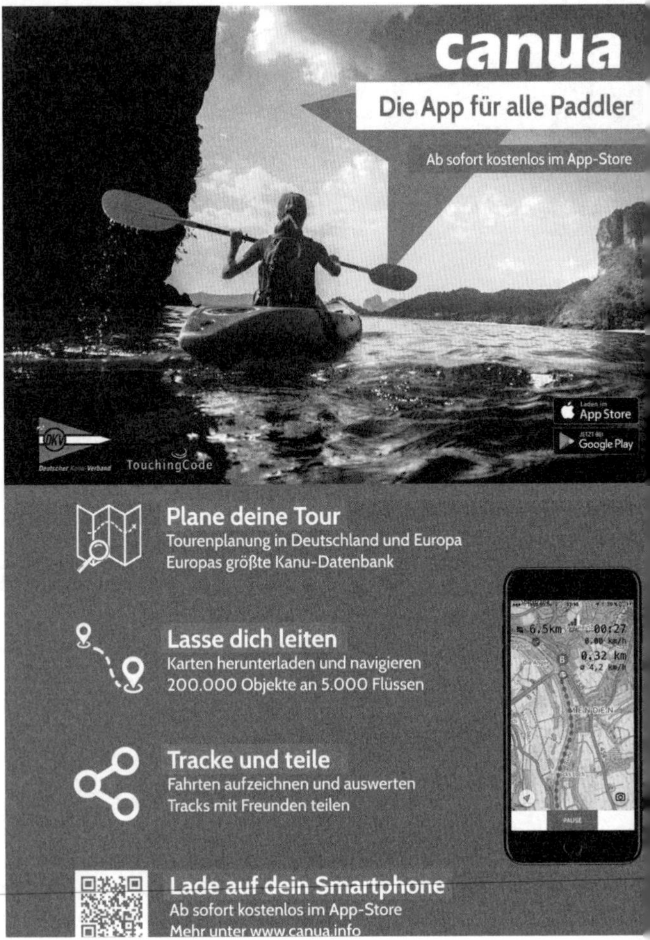
canua
Die App für alle Paddler
Ab sofort kostenlos im App-Store
DKV
Deutscher Kanu-Verband
TouchingCode
App Store
Google Play
Plane deine Tour
Tourenplanung in Deutschland und Europa
Europas größte Kanu-Datenbank
Lasse dich leiten
Karten herunterladen und navigieren
200.000 Objekte an 5.000 Flüssen
Tracke und teile
Fahrten aufzeichnen und auswerten
Tracks mit Freunden teilen
Lade auf dein Smartphone
Ab sofort kostenlos im App-Store
Mehr unter www.canua.info

Quellenverzeichnis, weiterführende Literatur

Dieser Gewässerführer wurde aus der Gewässerdatenbank des DKV, Stand 25.03.2021 gefertigt. In diese Gewässerdatenbank wurden die Meldungen, die uns per Post, über die Eingabemaske im Internet sowie aus der App Canua erreichten, eingearbeitet. Unser Dank gilt diesen vielen Mitarbeitern, die aufgrund der großen Zahl hier nicht mehr namentlich aufgeführt werden können.

Folgende Quellen wurden zu Vergleichszwecken benutzt und werden auch als weiterführende Literatur empfohlen.

Zeitschriften:

- KANU-SPORT, Deutscher Kanu-Verband Wirtschafts- und Verlags GmbH

Karten:

- Tourenatlas TA4, Oberweser-Leine - mit Quell- und Nebenflüssen 2. Auflage 2018, Jübermann-Verlag
- Tourenatlas TA5, Berlin-Brandenburg mit Spreewald, 6. Auflage 2018, Jübermann-Verlag,
- Tourenatlas TA6, Mecklenburg-Vorpommern mit Ostseeküste einschl. Bodden, 6. Auflage 2021, Jübermann-Verlag
- Tourenatlas TA7, Elbe 1, Rad- und Wasserwanderatlas Elbsandsteingebirge bis Magdeburg, 2. Aufl. 2021, Jübermann-Verlag
- Tourenatlas TA8 Elbe-2, Rad- und Wasserwanderatlas Magdeburg bis Hamburg (Wedel), 1. Auflage 2016, Jübermann-Verlag
- Digitale Karte des Bundesamt für Kartographie und Geodäsie, TopPlusOpen

Bücher:

- Die schönsten Kanutouren in Berlin und Brandenburg, Manfred Schröder, 1. Auflage 2017, DKV-Verlag, ISBN 978-3-937743-51-6
- Die schönsten Kanutouren in Mecklenburg-Vorpommern, Manfred Schröder, 1. Auflage 2014, DKV-Verlag, ISBN 978-3-937743-45-5
- Die schönsten Kanutouren in Sachsen, Sachsen-Anhalt und Thüringen, Manfred Schröder, 1. Auflage 2021, DKV-Verlag, ISBN 978-3-937743-59-2

App canua:

- Informationen hierzu unter www.canua.info

Alphabetisches Gesamtverzeichnis der Gewässer

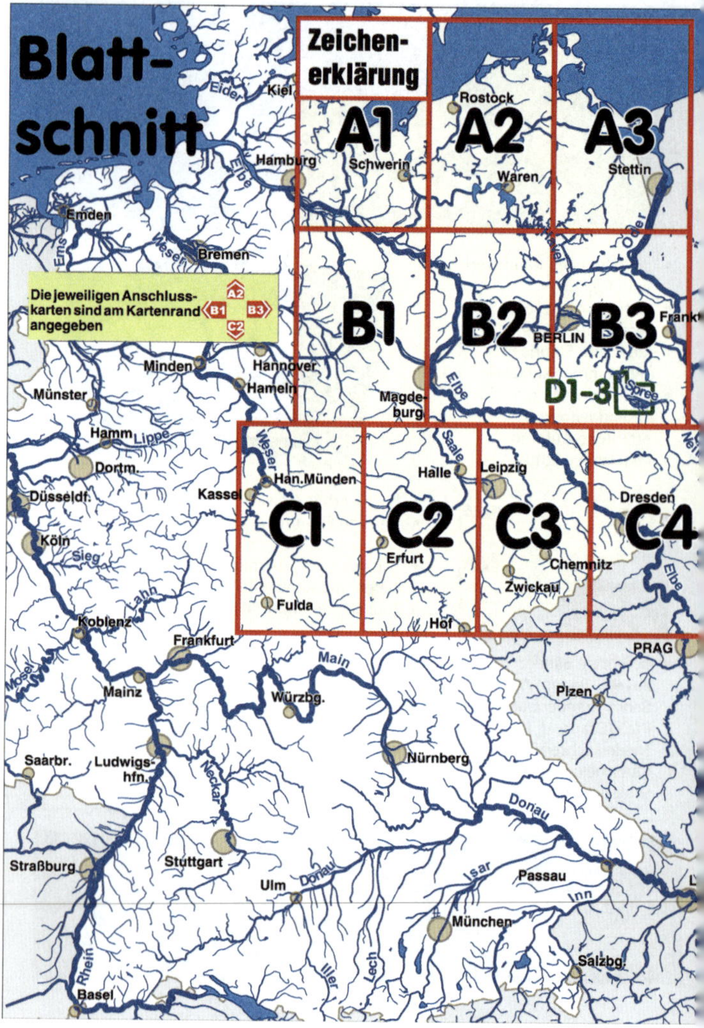
Blatt-
schnitt
Zeichen-
erklärung
A1
A2
A3
B1
B2
B3
C1
C2
C3
C4
D1-3
Die jeweiligen Anschluss-
karten sind am Kartenrand
angegeben
A2
B1
B3
C2
Kiel
Rostock
Hamburg
Schwerin
Waren
Stettin
Emden
Bremen
BERLIN
Minden
Hannover
Hameln
Münster
Magde-
burg
Hamm
Dortm.
Han.Münden
Halle
Leipzig
Düsseldf.
Kassel
Dresden
Köln
Erfurt
Chemnitz
Zwickau
Fulda
Hof
Koblenz
Frankfurt
PRAG
Mainz
Würzbg.
Plzen
Saarbr.
Ludwigs-
hfn.
Nürnberg
Straßburg
Stuttgart
Ulm
Passau
München
Salzbg.
Basel
Eider
Elbe
Ems
Weser
Oder
Havel
Spree
Lippe
Saale
Sieg
Lahn
Mosel
Main
Neckar
Donau
Isar
Inn
Iller
Lech
Rhein

ichenerklärung: Maßstab 1: 1 100 000

nur bei Hochwasser befahrbar (1-3 Mon./J)

nur ab Mittelwasser be fahrbar (4-8 Monate)

häufig befahrbar (9-11 Monate/Jahr)

ganzjährig befahrbar

Rudergewässer

Motorboot-Gewässer

unbefahrbare Gräben

123 Seitenverweis auf die Textbeschreibung hier im Flussführer.

Gewässer mit weitgehenden Sperrungen

Gewässer mit zeitweisen Sperrungen

Gewässer mit Reglementierungen (ohne komplette Sperrungen)

Name — Gewässer, die hier nicht enthalten sind

Hinweis auf anschließende Gewässerführer:

- NW — Wanderführer Nordwest-D.
- BY↑ — Wanderführer Bayern-Nord
- SW — Wanderführer Südwest-Deutschl
- NRW — Wanderführer Nordrhein-Westf.
- A7 — DKV-Auslandsführer Band 7

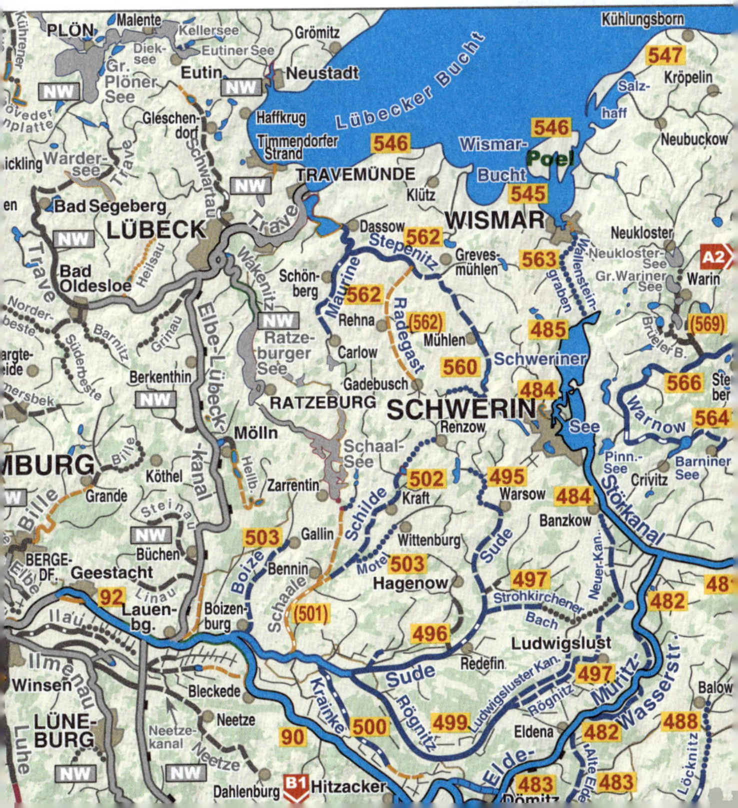

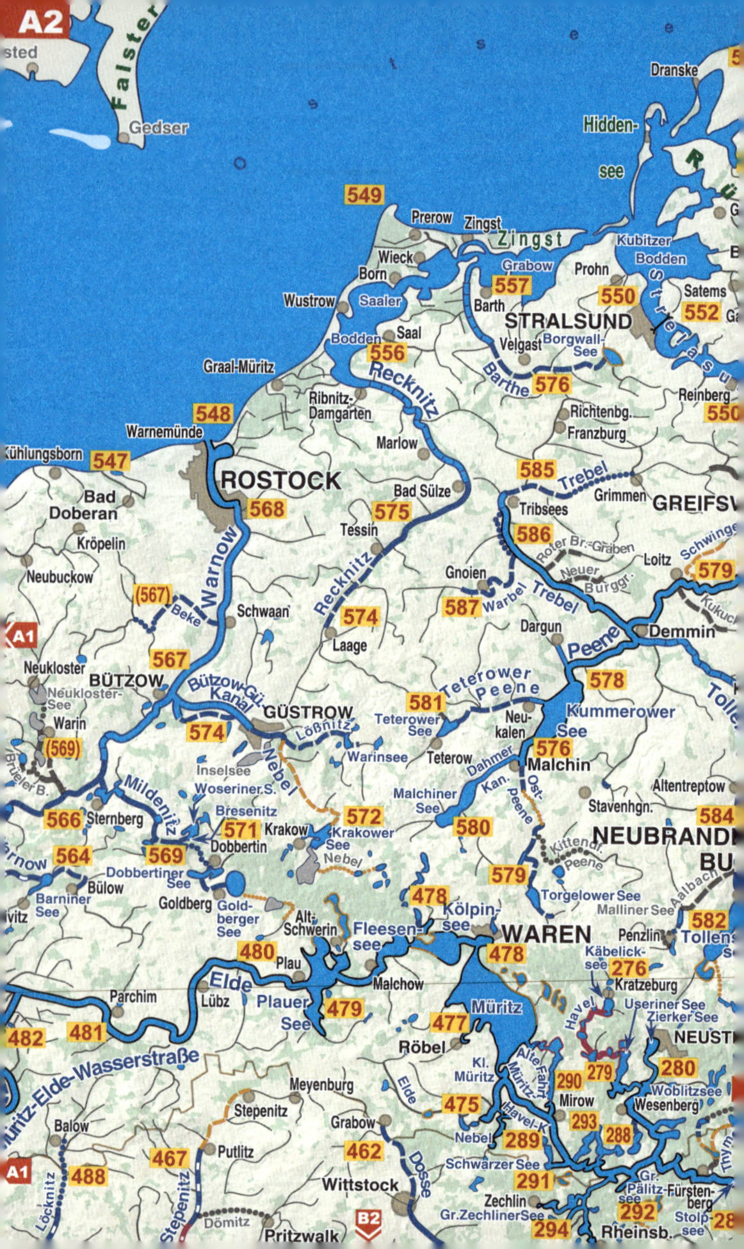
A2
Falster
Gedser
Dranske
Hidden-
see
549
Prerow
Zingst
Zingst
Kubitzer
Bodden
Wieck
Born
Grabow
557
Prohn
550
Satems
552
Wustrow
Saaler
Barth
STRALSUND
Bodden
Saal
556
Velgast
Borgwall-
See
Graal-Müritz
Recknitz
Barthe
576
Strelasund
Reinberg
550
548
Ribnitz-
Damgarten
Richtenbg.
Franzburg
Warnemünde
Marlow
Kühlungsborn
547
585
ROSTOCK
Bad Sülze
Trebel
Grimmen
GREIFSW
Bad
Doberan
568
575
Tribsees
Tessin
586
Kröpelin
Roter Br.-Graben
Loitz
Schwinge
579
Warnow
Gnoien
Neuer
Burggr.
Neubuckow
(567)
Recknitz
574
587
Warbel
Trebel
Beke
Schwaan
Kukuck
A1
Laage
Dargun
Demmin
Peene
Neukloster
567
BÜTZOW
578
Tolle
Neukloster-
See
Bützow-Gü.-
Kanal
581
Teterower
Peene
Warin
GÜSTROW
Neu-
kalen
Kummerower
See
(569)
574
Lößnitz
Teterower
See
Brüeler B.
Nebel
Warinsee
Teterow
576
Malchin
Inselsee
Dahmer
Kan.
Ost-
Peene
Altentreptow
Mildenitz
Woseriner S.
Malchiner
See
Stavenhgn.
584
566
Sternberg
Bresenitz
572
Krakow
580
NEUBRANDE
BU
571
Krakower
See
Kittendf.
Peene
Warnow
564
569
Dobbertin
Nebel
579
Dobbertiner
See
Bülow
Torgelower See
Barniner
See
Goldberg
Gold-
berger
See
478
Kölpin-
see
Malliner See
Aalbach
Alt-
Schwerin
Fleesen-
see
WAREN
Penzlin
582
Tollens
480
478
Käbelick-
see
276
Plau
Elde
Malchow
Kratzeburg
Parchim
Lübz
Plauer
See
Müritz
Havel
Useriner See
Zierker See
479
477
NEUST
482
481
Röbel
Alte Fahrt
Müritz-
279
280
Müritz-Elde-Wasserstraße
Kl.
Müritz
290
Woblitzsee
Meyenburg
Elde
Mirow
Wesenberg
Stepenitz
475
Havel-K.
Balow
Grabow
293
288
Nebel
289
467
Putlitz
462
A1
488
Dosse
Schwarzer See
291
Gr.
Pälitz-
see
Fürsten-
berg
Wittstock
Zechlin
Löcknitz
Stepenitz
Dömitz
B2
Gr.Zechliner See
292
Stolp-
see
294
Rheinsb.
Pritzwalk
Thymen

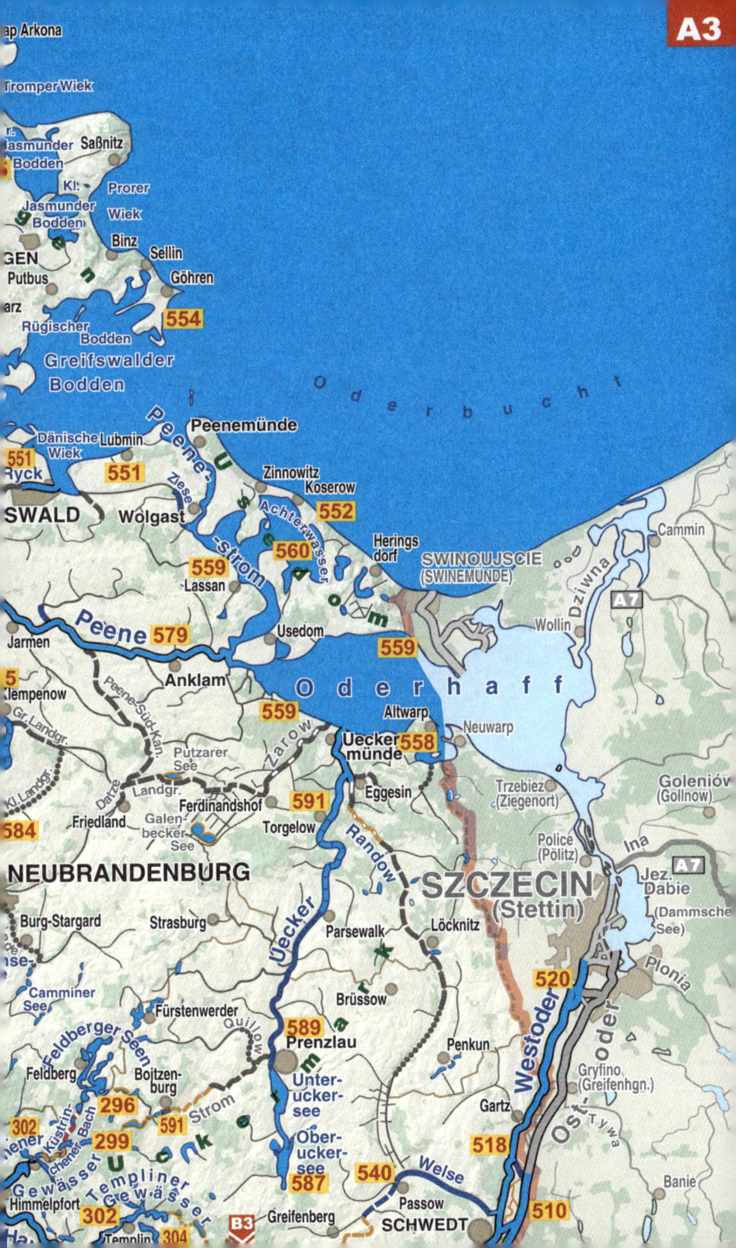
ap Arkona
Tromper Wiek
Jasmunder
Bodden
Saßnitz
Kl.
Jasmunder
Bodden
Prorer
Wiek
Binz
Sellin
Göhren
GEN
Putbus
arz
554
Rügischer
Bodden
Greifswalder
Bodden
Oderbucht
Peene-
Peenemünde
Dänische
Wiek
Lubmin
551
Ryck
551
Ziese
Zinnowitz
Koserow
552
Achterwasser
SWALD
Wolgast
-Strom
560
Usedom
559
Lassan
Herings
dorf
SWINOUJSCIE
(SWINEMÜNDE)
Cammin
Dziwna
A7
Wollin
Peene
579
Jarmen
Usedom
559
Oderhaff
Anklam
Klempenow
Peene-Süd-Kan.
Gr. Landgr.
559
Zarow
Altwarp
Neuwarp
Uecker
münde
558
Putzarer
See
Kl. Landgr.
Datze
Landgr.
Eggesin
Trzebiez
(Ziegenort)
Goleniów
(Gollnow)
Ferdinandshof
591
584
Friedland
Galen-
becker
See
Torgelow
Randow
Police
(Pölitz)
Ina
A7
Jez.
Dabie
(Dammsche
See)
NEUBRANDENBURG
SZCZECIN
(Stettin)
Burg-Stargard
Strasburg
Uecker
Parsewalk
Löcknitz
Camminer
See
Plonia
520
Brüssow
Fürstenwerder
Quillow
Westoder
Oder
Feldberger Seen
589
Prenzlau
Penkun
Feldberg
Boitzen-
burg
Unter-
ucker-
see
Gryfino
(Greifenhgn.)
Ost-
Tywa
296
Gartz
302
Küstrin-
chener Bach
591
Strom
299
518
Ober-
ucker-
see
587
540
Welse
Templiner
Gewässer
Banie
Himmelpfort
302
Passow
510
Greifenberg
SCHWEDT
B3
Templin
304

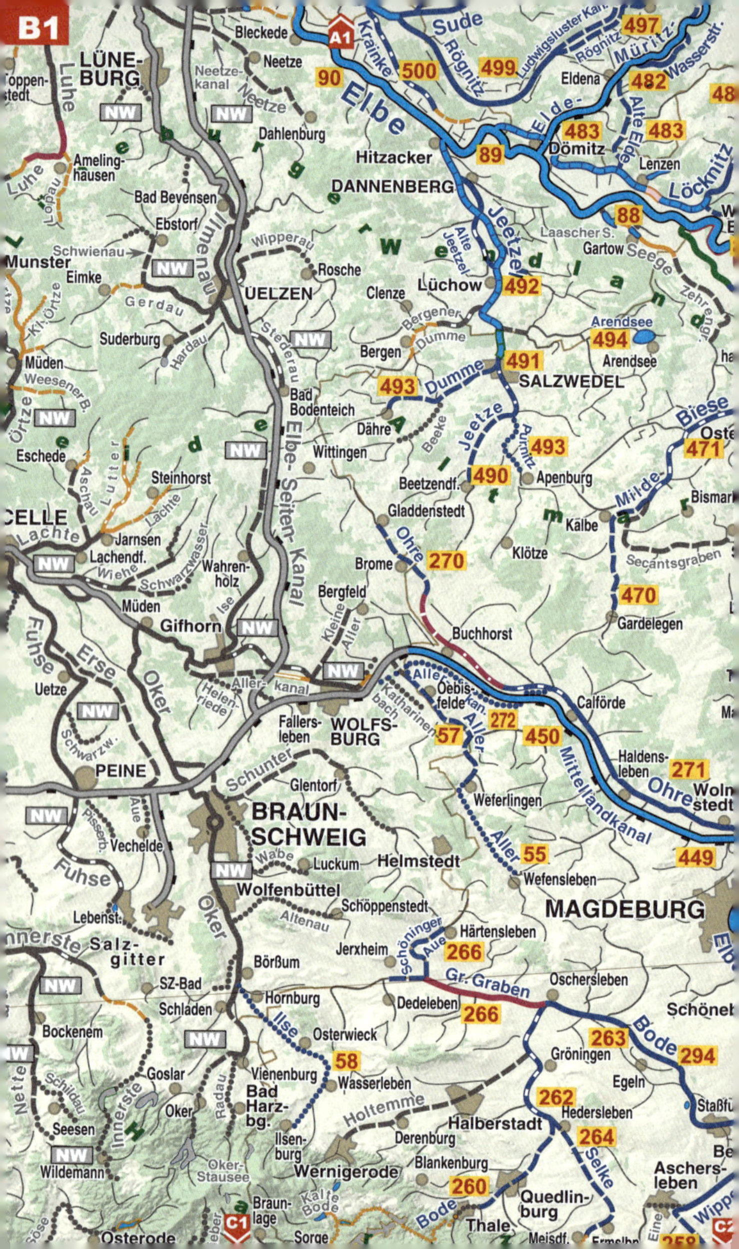

B1
LÜNEBURG
Bleckede
Neetze
Neetzekanal
Dahlenburg
Elbe
Sude
Rögnitz
Krainke
Ludwigsluster Kan.
Müritz-Elde-Wasserstr.
Alte Elde
Eldena
Dömitz
Lenzen
Löcknitz
Hitzacker
DANNENBERG
Jeetzel
Alte Jeetzel
Laascher S.
Gartow
Seege
Zehrengr.
Luhe
Toppenstedt
Amelinghausen
Lopau
Bad Bevensen
Ebstorf
Ilmenau
Wipperau
Rosche
Schwienau
Munster
Eimke
ÜELZEN
Clenze
Lüchow
Gerdau
Kl. Örtze
Suderburg
Hardau
Stederau
Bergener Dumme
Bergen
Arendsee
SALZWEDEL
Müden
Weesener B.
Örtze
Bad Bodenteich
Dumme
Dähre
Beeke
Jeetze
Purnitz
Biese
Eschede
Lutter
Aschau
Wittingen
Apenburg
Beetzendf.
Milde
Bismark
Steinhorst
Gladdenstedt
Kalbe
CELLE
Lachte
Jarnsen
Lachendf.
Wiehe
Schwarzwasser
Wahrenholz
Ohre
Brome
Klötze
Secantsgraben
Elbe-Seiten-Kanal
Bergfeld
Kleine Aller
Müden
Gifhorn
Ise
Gardelegen
Buchhorst
Fuhse
Erse
Oker
Uetze
Helenriede
Aller-kanal
Aller
Oebisfelde
Katharinenbach
Calförde
Fallersleben
WOLFSBURG
Aller-kan.
Haldensleben
Schwarzw.
PEINE
Schunter
Glentorf
Weferlingen
Mittellandkanal
Wolmirstedt
Aue
Pisserb.
Vechelde
BRAUNSCHWEIG
Wabe
Luckum
Helmstedt
Wefensleben
Wolfenbüttel
Lebenst.
Schöppenstedt
Altenau
MAGDEBURG
Innerste
Salzgitter
Jerxheim
Schöninger Aue
Härtensleben
Börßum
SZ-Bad
Gr. Graben
Oschersleben
Hornburg
Dedeleben
Schöneb
Schladen
Ilse
Osterwieck
Bode
Bockenem
Gröningen
Goslar
Vienenburg
Wasserleben
Egeln
Schildau
Oker
Radau
Bad Harzbg.
Holtemme
Halberstadt
Hedersleben
Staßfu
Nette
Seesen
Ilsenburg
Derenburg
Selke
Wildemann
Oker-Stausee
Wernigerode
Blankenburg
Aschersleben
Braunlage
Kalte Bode
Quedlinburg
Wipper
Söse
Osterode
Sorge
Thale
Meisdf.
Eine
A1
C1
NW
90
500
499
497
482
483
89
88
492
494
491
493
490
471
270
470
272
450
57
271
55
449
266
263
294
262
264
260
58

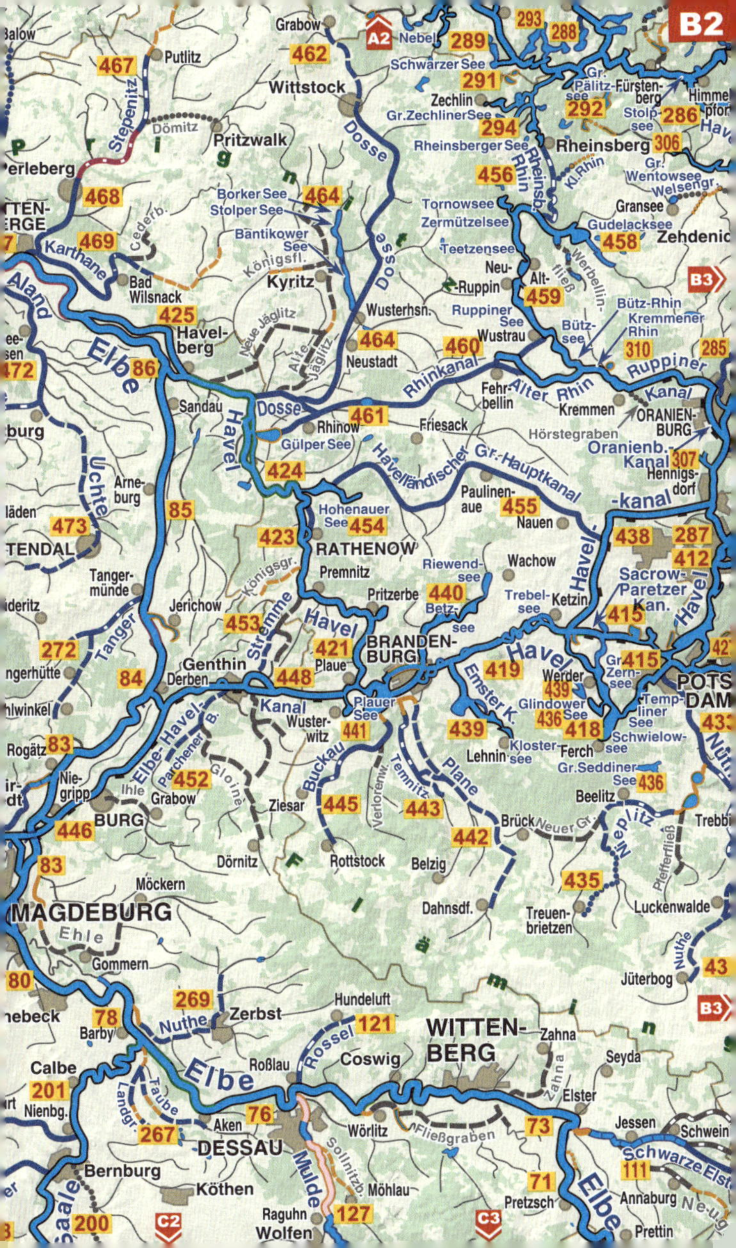
B2
A2
B3
C2
C3
Wittstock
Pritzwalk
Perleberg
Kyritz
Havelberg
Elbe
Havel
Dosse
Rhinkanal
Neuruppin
Rheinsberg
Oranienburg
RATHENOW
BRANDENBURG
Genthin
Elbe-Havel-Kanal
Potsdam
Werder
Nauen
Tangermünde
Burg
MAGDEBURG
Zerbst
Roßlau
WITTENBERG
DESSAU
Köthen
Bernburg
Coswig
Belzig
Jüterbog
Luckenwalde
Treuenbrietzen
Saale
Mulde

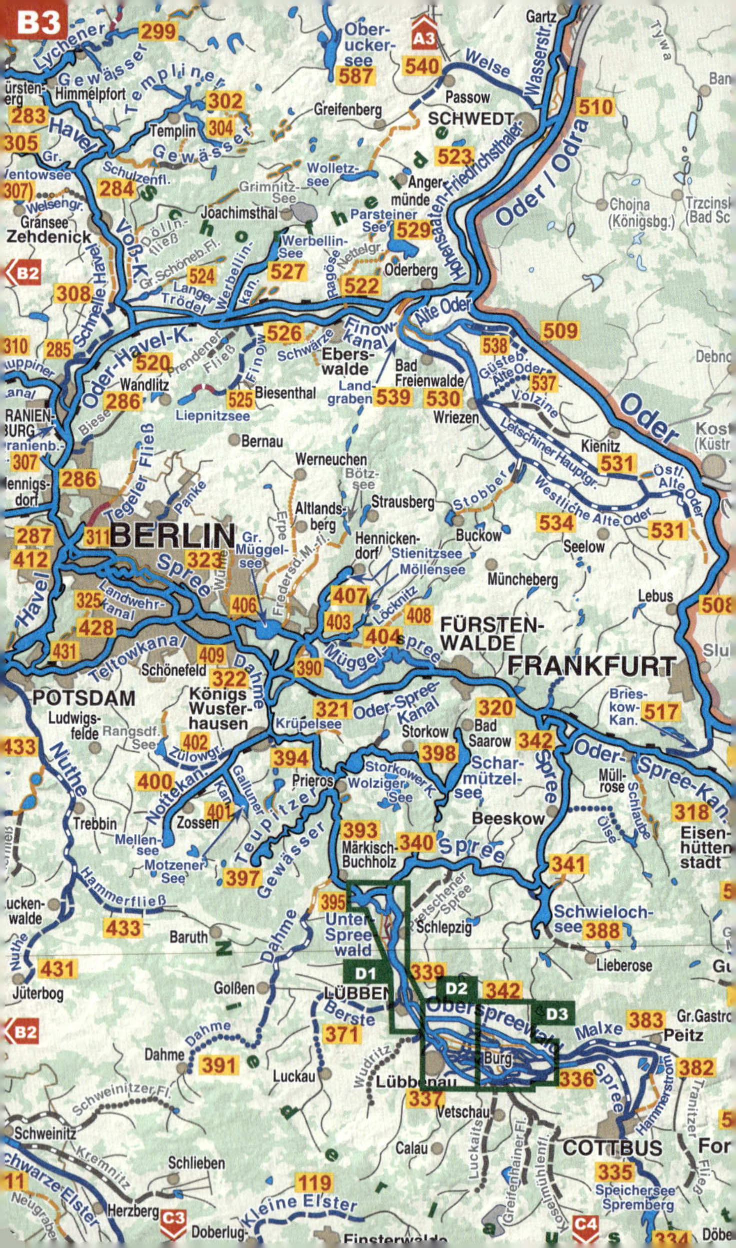

B3
Lychener
299
Gewässer
Fürstenberg
Himmelpfort
283
305
Havel
Templiner
Gewässer
302
304
Templin
Ober-uckersee
587
A3
540
Welse
Passow
Gartz
Wasserstr.
Tywa
Greifenberg
SCHWEDT
510
Hohensaaten-Friedrichsthaler
Oder / Odra
Ban
523
Gr.
Ventowsee
307
Schulzenfl.
284
Wolletz-see
Angermünde
Grimnitz-See
Joachimsthal
Schorfheide
Chojna (Königsbg.)
Trzcinsk (Bad Sc
Welsengr.
Gransee
Zehdenick
Döllnfließ
Parsteiner See
529
Voß-K.
Werbellin-See
Nettelgr.
Gr. Schöneb.Fl.
527
Ragöse
Oderberg
B2
308
Schnelle Havel
524
Langer Trödel
Werbellin.-kan.
522
Alte Oder
509
310
285
Oder-Havel-K.
526
Finow-kanal
Ruppiner Kanal
Prendener Fließ
Finow
Schwärze
Eberswalde
538
Debno
520
Güsteb. Alte Oder
537
Wandlitz
Bad Freienwalde
ORANIENBURG
Oranienb.-
286
Liepnitzsee
525
Biesenthal
Land-graben
539
530
Volzine
Oder
Biese
Wriezen
Tegeler Fließ
Bernau
Letschiner Hauptgr.
Kost (Küstr
307
Werneuchen
Kienitz
531
Östl. Alte Oder
Hennigsdorf
286
Panke
Bötz-see
Strausberg
Stobber
Westliche Alte Oder
Altlandsberg
Erpe
534
531
287
311
BERLIN
Gr. Müggel-see
Buckow
Seelow
412
323
Wuhle
Hennickendorf
Stienitzsee
Möllensee
Spree
Fredersd. M.-fl.
Müncheberg
Havel
325
Landwehr-kanal
406
407
Lebus
508
428
403
Löcknitz
408
FÜRSTEN-WALDE
431
404
Spree
Teltowkanal
409
Müggel-
FRANKFURT
Slu
Schönefeld
322
390
Dahme
POTSDAM
Königs Wusterhausen
321
Oder-Spree-Kanal
320
Brieskow-Kan.
517
Ludwigsfelde
Rangsdf. See
Krüpelsee
Storkow
Bad Saarow
342
433
Nuthe
402
Zülowgr.
394
398
Scharmützel-see
Oder-Spree-Kan.
400
Nottekan.
Galluner Kan.
Prieros
Storkower K.
Wolziger See
Müllrose
Schlaube
318
Zossen
401
Teupitzer
Spree
Beeskow
Eisenhüttenstadt
Trebbin
Mellen-see
Motzener See
Gewässer
393
Märkisch-Buchholz
340
Spree
Ölse
397
341
Luckenwalde
Hammerfließ
395
Pretschener Spree
433
Unter-Spree-wald
Schlepzig
Schwieloch-see
388
Baruth
Dahme
Nuthe
431
D1
339
Lieberose
Jüterbog
Golßen
LÜBBEN
D2
342
Berste
Oberspreewald
D3
383
Gr.Gastro
Malxe
Peitz
B2
371
Dahme
Burg
382
Dahme
391
Wudritz
Lübbenau
336
Spree
Hammerstrom
Luckau
Tranitzer Fließ
337
Vetschau
Schweinitzer Fl.
Schweinitz
Kremnitz
Luckaitz
Greifenhainer Fl.
Calau
COTTBUS
For
Koselmühlenfl.
335
Schwarze Elster
Schlieben
Speichersee Spremberg
119
Neugraben
Kleine Elster
Herzberg
C3
Doberlug-
C4
Finsterwalde
334
Döbe

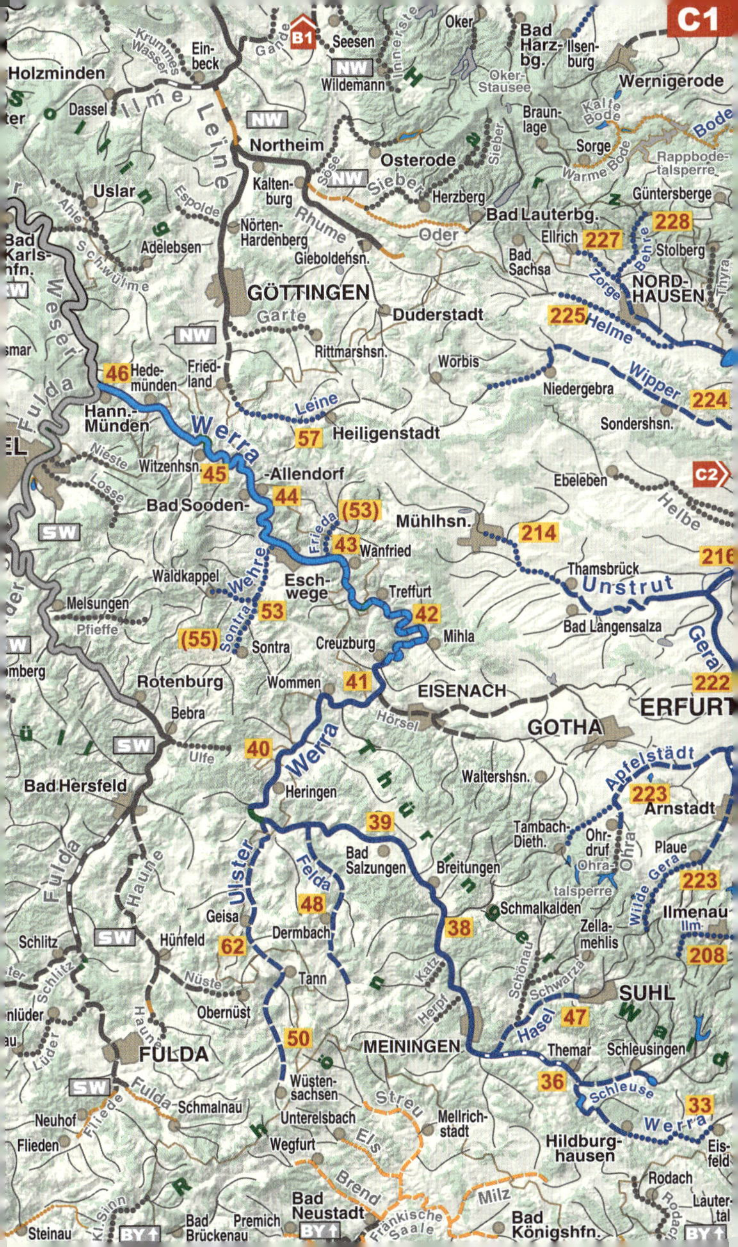
C1
B1
Seesen
Oker
Bad Harz-bg.
Ilsenburg
Wernigerode
Holzminden
Einbeck
Krummes Wasser
Gande
NW
Wildemann
Innerste
Oker-Stausee
Dassel
Ilme
Leine
NW
Northeim
Braunlage
Kalte Bode
Bode
Sorge
Rappbodetalsperre
Warme Bode
Osterode
Söse
NW
Sieber
Kaltenburg
Uslar
Espolde
Herzberg
Güntersberge
Bad Lauterbg.
228
Ahle
Nörten-Hardenberg
Rhume
Oder
Ellrich
227
Behre
Stolberg
Bad Karlshfn.
Adelebsen
Gieboldehsn.
Bad Sachsa
Schwülme
Zorge
NORDHAUSEN
Thyra
GÖTTINGEN
Weser
Garte
Duderstadt
225
Helme
NW
Rittmarshsn.
Worbis
Wipper
46
Hedemünden
Friedland
Fulda
Niedergebra
224
Leine
Hann.-Münden
Werra
Sondershsn.
57
Heiligenstadt
Nieste
Witzenhsn.
45
-Allendorf
Ebeleben
C2
Losse
44
Bad Sooden-
(53)
Helbe
Frieda
Mühlhsn.
214
SW
43
Wanfried
Thamsbrück
216
Waldkappel
Wehre
Eschwege
Unstrut
Treffurt
Melsungen
53
42
Bad Langensalza
Pfieffe
Sontra
(55)
Sontra
Creuzburg
Mihla
Gera
Rotenburg
Wommen
41
EISENACH
222
ERFURT
Bebra
Hörsel
GOTHA
SW
40
Ulfe
Werra
Thüringer Wald
Waltershsn.
Apfelstädt
Bad Hersfeld
Heringen
223
Arnstadt
39
Tambach-Dieth.
Ohrdruf
Ohra
Ulster
Felda
Bad Salzungen
Breitungen
Ohra-talsperre
Plaue
223
Fulda
Haune
Wilde Gera
48
Schmalkalden
Geisa
38
Ilmenau
Ilm
Zella-mehlis
Schlitz
SW
Hünfeld
62
Dermbach
208
Schönau
Schwarza
Tann
Katz
Nüste
Schlitz
SUHL
Obernüst
Herpf
Hasel
47
Haune
50
MEININGEN
FULDA
Themar
Schleusingen
Lüder
SW
Wüstensachsen
36
Schleuse
Fulda
Schmalnau
Streu
33
Neuhof
Fliede
Unterelsbach
Mellrichstadt
Werra
Flieden
Els
Wegfurt
Hildburghausen
Eisfeld
Rodach
Brend
Milz
Lautertal
Rhön
Kl. Sinn
Bad Brückenau
Premich
Bad Neustadt
Fränkische Saale
Bad Königshfn.
Steinau
BY
BY
BY

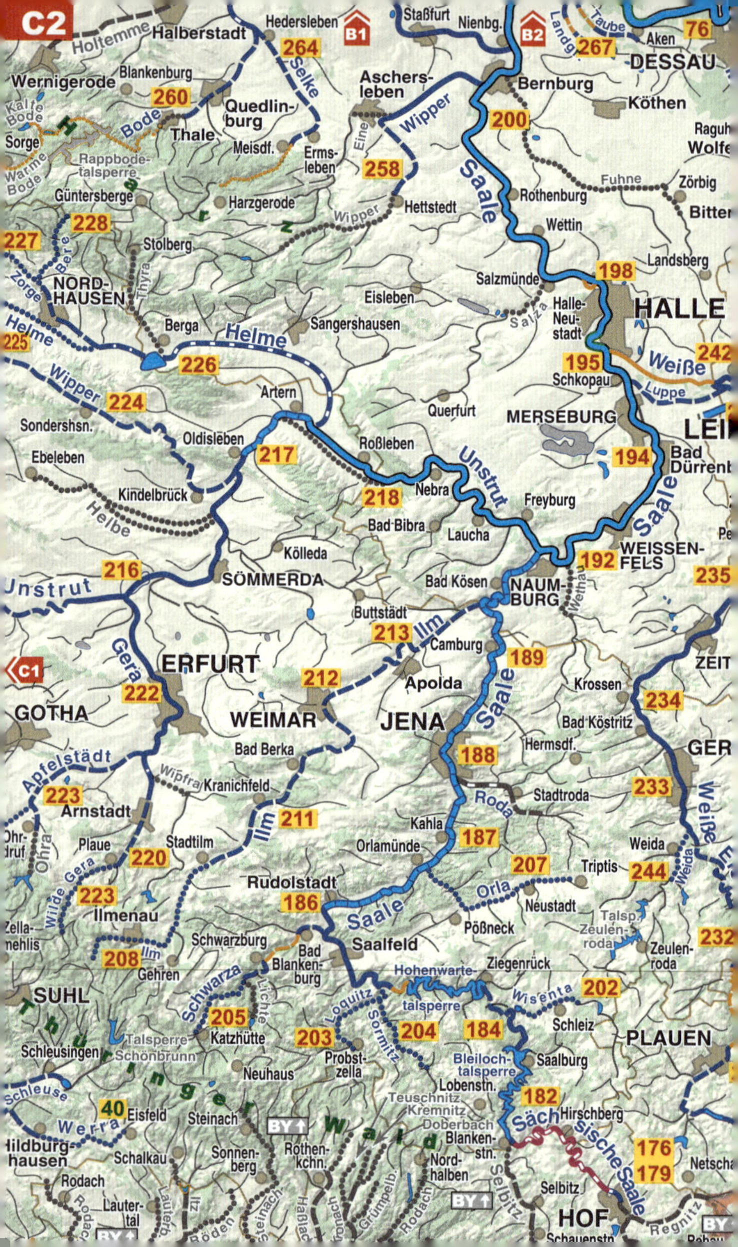

C2
Holtemme
Halberstadt
Hedersleben
264
B1
Staßfurt
Nienbg.
B2
Landg.
Taube
267
Aken
76
DESSAU
Wernigerode
Blankenburg
260
Selke
Aschers-
leben
Bernburg
Köthen
Kalte Bode
Bode
Quedlin-
burg
Wipper
200
Raguh
Wolfe
Sorge
Thale
Meisdf.
Erms-
leben
Eine
Rappbode-
talsperre
258
Saale
Fuhne
Zörbig
Warme Bode
Güntersberge
Harzgerode
Hettstedt
Wipper
Rothenburg
Bitter
228
227
Bere
Stolberg
Wettin
Landsberg
Zorge
NORD-
HAUSEN
Thyra
Salzmünde
198
Eisleben
Halle-
Neu-
stadt
HALLE
Berga
Sangershausen
Salza
Helme
225
Helme
226
195
Weiße
242
Schkopau
Wipper
224
Artern
Luppe
Querfurt
MERSEBURG
LEI
Sondershsn.
Oldisleben
217
Roßleben
Unstrut
194
Bad
Dürrenb
Ebeleben
Nebra
Kindelbrück
218
Freyburg
Saale
Helbe
Bad Bibra
Laucha
Kölleda
WEISSEN-
FELS
192
216
Unstrut
SÖMMERDA
Bad Kösen
NAUM-
BURG
Wethau
235
Buttstädt
213
Ilm
Camburg
189
C1
Gera
ERFURT
ZEIT
212
Apolda
Krossen
222
Saale
234
GOTHA
WEIMAR
JENA
Bad Köstritz
Bad Berka
Hermsdf.
188
GER
Apfelstädt
Wipfra
Kranichfeld
Roda
Stadtroda
233
223
Arnstadt
Weiße
Ilm
211
Kahla
Ohr-
druf
Ohra
Plaue
Stadtilm
187
Orlamünde
Weida
220
207
Triptis
244
Wilde Gera
Weida
Rudolstadt
223
186
Orla
Neustadt
Ilmenau
Saale
Talsp.
Zeulen-
roda
Zella-
mehlis
Pößneck
Schwarzburg
Saalfeld
232
Zeulen-
roda
Bad
Blanken-
burg
208
Ilm
Gehren
Ziegenrück
Hohenwarte-
talsperre
Wisenta
202
SUHL
Schwarza
Lichte
Loquitz
Sormitz
Schleiz
205
204
184
PLAUEN
203
Katzhütte
Talsperre
Schönbrunn
Schleusingen
Probst-
zella
Saalburg
Bleiloch-
talsperre
Neuhaus
Lobenstn.
Schleuse
Teuschnitz
182
Kremnitz
40
Eisfeld
Steinach
Hirschberg
Doberbach
Sächsische Saale
BY
Werra
Blanken-
stn.
176
Hildburg-
hausen
Schalkau
Rothen-
kchn.
179
Netscha
Sonnen-
berg
Nord-
halben
Rodach
Selbitz
Lauter-
tal
BY
HOF
Rodach
Lauterb.
Itz
Röden
Steinach
Haßlach
Tettau
Grümpelb.
Rodach
Selbitz
Schauenstn.
Regnitz
BY
Rehau

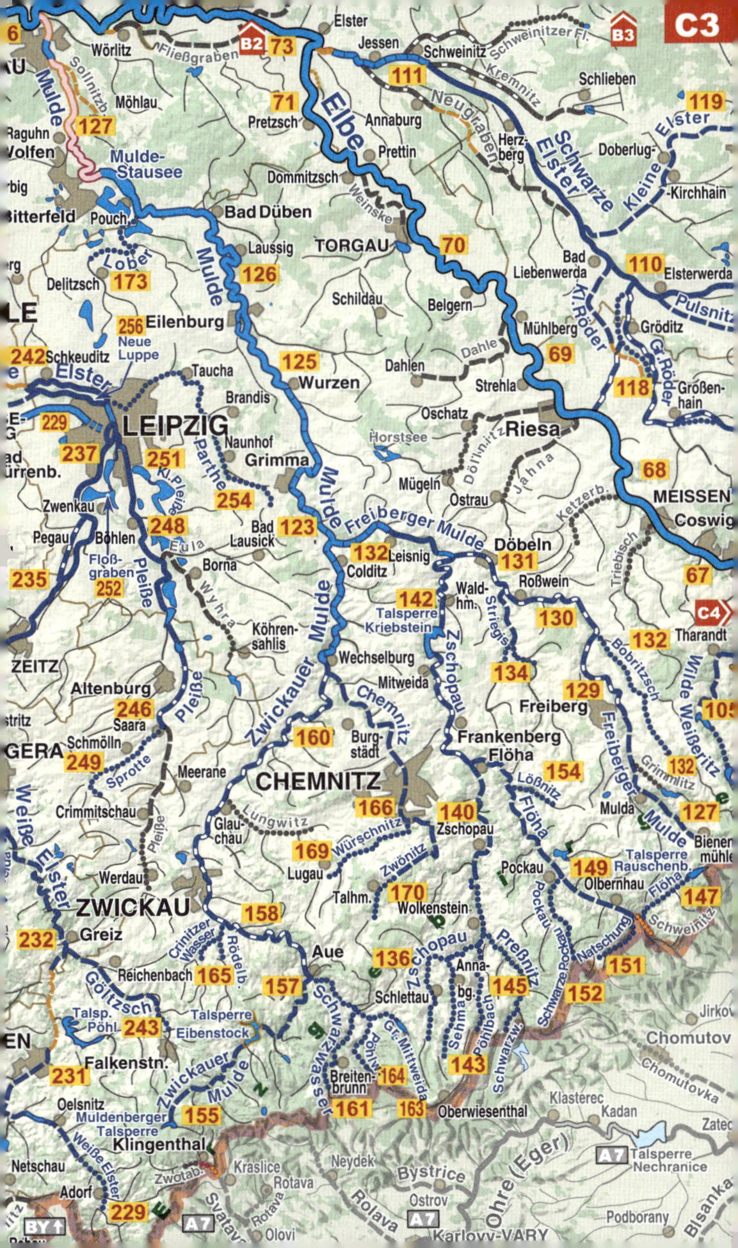
C3
B2
B3
C4
LEIPZIG
CHEMNITZ
ZWICKAU
TORGAU
MEISSEN
Riesa
Döbeln
Freiberg
Grimma
Wurzen
Eilenburg
Bitterfeld
Delitzsch
Altenburg
Greiz
Aue
Elbe
Mulde
Zwickauer Mulde
Freiberger Mulde
Schwarze Elster
Pleiße
Zschopau
Flöha
Chemnitz
Weiße Elster
Talsperre Eibenstock
Talsperre Kriebstein
Talsperre Rauschenb.
Talsperre Nechranice
Chomutov
Karlovy-VARY
Oberwiesenthal
Klingenthal
Adorf
Oelsnitz
Falkenstn.
Reichenbach
Crimmitschau
Werdau
Glauchau
Meerane
Mittweida
Frankenberg
Flöha
Zschopau
Annaberg
Marienberg
Olbernhau
Freital
Tharandt
Coswig
Elsterwerda
Großenhain
Oschatz
Strehla
Dahlen
Belgern
Bad Düben
Dommitzsch
Pretzsch
Annaburg
Prettin
Jessen
Schweinitz
Herzberg
Schlieben
Doberlug-Kirchhain
Wörlitz
Möhlau
Raguhn
Wolfen
Mulde-Stausee
Pouch
Laussig
Schildau
Taucha
Brandis
Naunhof
Bad Lausick
Borna
Zwenkau
Pegau
Böhlen
Kohren-Sahlis
Colditz
Leisnig
Waldheim
Roßwein
Mügeln
Ostrau
Wechselburg
Burgstädt
Lugau
Schmölln
Saara
GERA
ZEITZ
Schkeuditz
Mulda
Pockau
Wolkenstein
Schlettau
Breitenbrunn
Muldenberger Talsperre
Kraslice
Rotava
Neydek
Bystrice
Ostrov
Klasterec
Kadan
Zatec
Podborany
Jirkov
Ohre (Eger)
Netschau
A7
BY 1

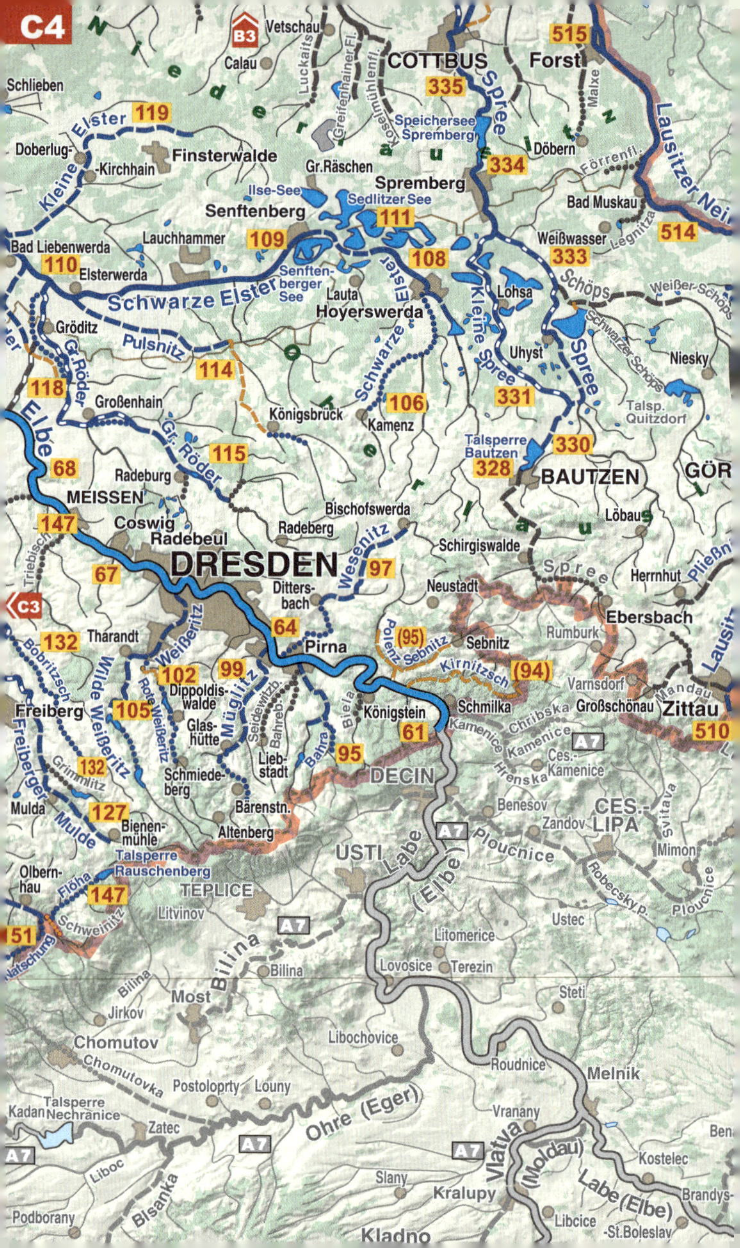
C4
B3
Vetschau
Calau
Schlieben
Luckaitz
Greifenhainer Fl.
Koselmühlenfl.
COTTBUS
Forst
515
335
Spree
Malxe
Lausitzer Neiße
Elster
119
Doberlug-Kirchhain
Finsterwalde
Speichersee Spremberg
Döbern
334
Förrenfl.
Gr.Räschen
Spremberg
Kleine
Ilse-See
Sedlitzer See
Senftenberg
111
Bad Muskau
Legnitzka
514
Lauchhammer
109
Bad Liebenwerda
110
Elsterwerda
Weißwasser
333
108
Senftenberger See
Schwarze Elster
Lauta
Hoyerswerda
Lohsa
Schöps
Weißer Schöps
Gröditz
Pulsnitz
Kleine Spree
Schwarzer Schöps
Uhyst
Niesky
Gr. Röder
114
118
Elbe
Großenhain
Schwarze
106
331
Talsp. Quitzdorf
Königsbrück
Kamenz
Gr. Röder
115
Talsperre Bautzen
330
328
68
Radeburg
BAUTZEN
GÖR
MEISSEN
Bischofswerda
Löbau
147
Coswig
Radebeul
Radeberg
Wesenitz
Schirgiswalde
Triebisch
DRESDEN
97
Spree
Herrnhut
Pließnitz
67
Dittersbach
Neustadt
C3
Ebersbach
64
Rumburk
132
Tharandt
Weißeritz
(95)
Polenz
Sebnitz
Pirna
Bobritzsch
Wilde Weißeritz
Rote Weißeritz
102
99
Dippoldiswalde
Kirnitzsch
(94)
Varnsdorf
Mandau
Freiberg
105
Glashütte
Müglitz
Seidewitz
Bahre
Biela
Königstein
Schmilka
Großschönau
Zittau
Kamenice
Chribska
Kamenice
61
510
Freiberger
132
Grimmitz
Schmiedeberg
Liebstadt
Bahra
95
A7
Ces. Kamenice
Hrenska
DECIN
Mulda
Mulde
127
Bienenmühle
Bärenstn.
Benesov
CES. LIPA
Svitava
Altenberg
Zandov
A7
Ploucnice
Labe (Elbe)
USTI
Mimon
Talsperre Rauschenberg
Olbernhau
Flöha
147
TEPLICE
Robecsky p.
Ploucnice
Litvinov
Schweinitz
Ustec
51
A7
Natschung
Litomerice
Bilina
Bilina
Lovosice
Terezin
Steti
Bilina
Most
Jirkov
Libochovice
Chomutov
Roudnice
Melnik
Chomutovka
Postoloprty
Louny
Talsperre Nechranice
Kadan
Ohre (Eger)
Vranany
Zatec
Vltava
Ben
A7
A7
A7
(Moldau)
Kostelec
Liboc
Slany
Kralupy
Labe (Elbe)
Brandys
Blsanka
Podborany
Libcice
St. Boleslav
Kladno

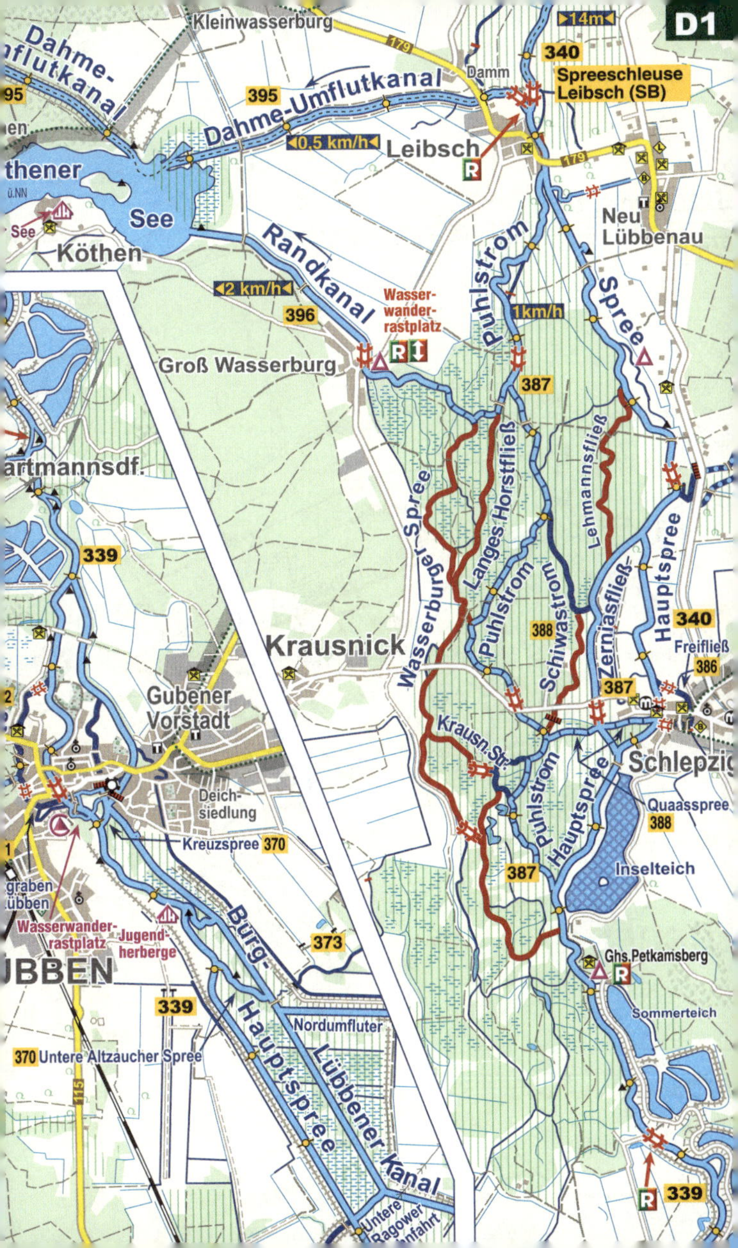

D1
Kleinwasserburg
Dahme-Umflutkanal
395
0,5 km/h
Leibsch
Damm
179
14m
340
Spreeschleuse Leibsch (SB)
Neu Lübbenau
Köthen
See
Randkanal
2 km/h
396
Wasser-wander-rastplatz
Puhlstrom
1km/h
Spree
Groß Wasserburg
387
Wasserburger Spree
Langes Horstfließ
Lehmannsfließ
Hauptspree
Zerniasfließ
Schiwastrom
388
340
Freifließ
386
387
Krausnick
Krausn.Str.
Schlepzig
Quaasspree
388
Inselteich
387
Ghs.Petkamsberg
Sommerteich
339
339
Gubener Vorstadt
Deich-siedlung
Kreuzspree 370
Wasserwander-rastplatz
Jugend-herberge
Burg-Hauptspree
373
339
Nordumfluter
Lübbener Kanal
370 Untere Altzaucher Spree
Untere Ragower
115

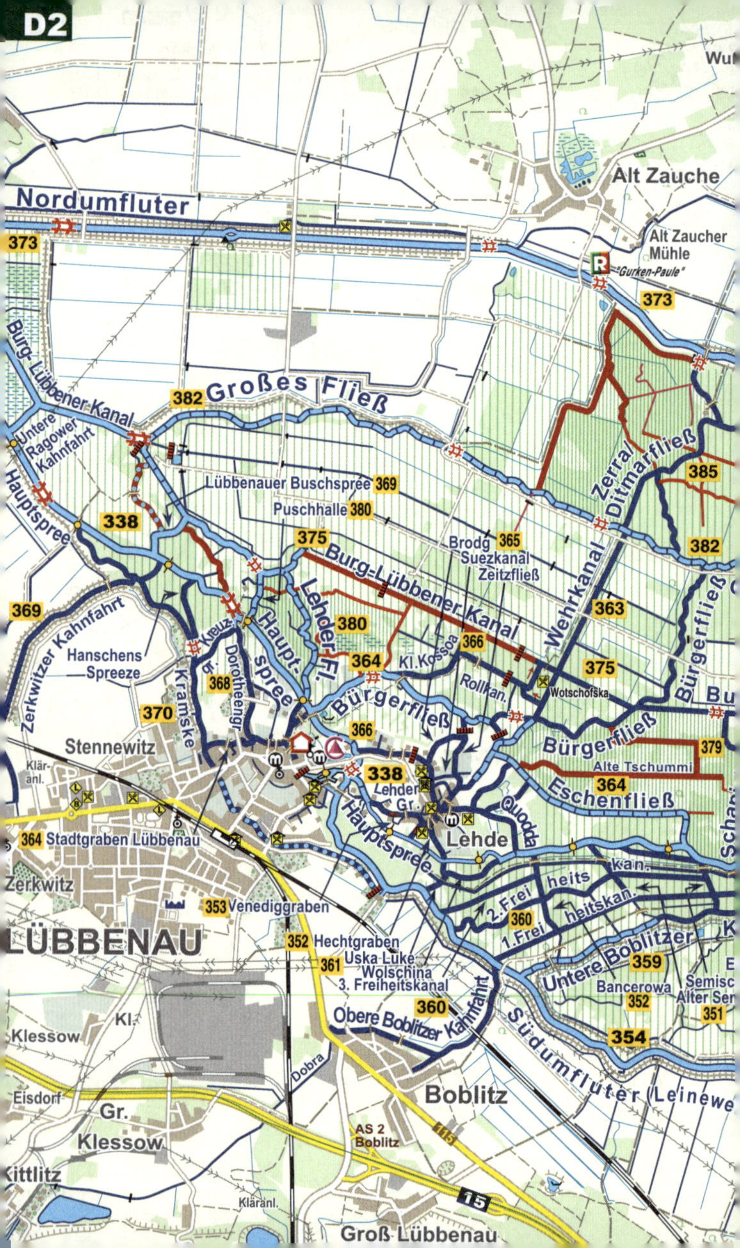

D2
Nordumfluter
Alt Zauche
Alt Zaucher Mühle
"Gurken-Paule"
Burg-Lübbener Kanal
Großes Fließ
Untere Ragower Kahnfahrt
Hauptspree
Lübbenauer Buschspree
Puschhalle
Burg-Lübbener Kanal
Zerra/Ditmarfließ
Brodg
Suezkanal
Zeitzfließ
Wehrkanal
Lehder Fl.
Haupt-spree
Kreuz gr.
Dorotheengr.
Kramske
Hanschens Spreeze
Zerkwitzer Kahnfahrt
Kl. Kossoa
Rollkan.
Wotschofska
Bürgerfließ
Bürgerfließ
Alte Tschummi
Eschenfließ
Quodda
Stennewitz
Klär-anl.
Stadtgraben Lübbenau
Lehder Gr.
Hauptspree
Lehde
Zerkwitz
Venediggraben
LÜBBENAU
Hechtgraben
Uska-Luke
Wolschina
3. Freiheitskanal
2. Frei
1. Frei
heits
heitskan.
kan.
Untere Boblitzer
Bancerowa
Obere Boblitzer Kahnfahrt
Südumfluter (Leinewe
Kl.
Klessow
Eisdorf
Gr.
Klessow
Kittlitz
Dobra
Boblitz
AS 2 Boblitz
Kläranl.
Groß Lübbenau
373
382
369
380
338
375
365
385
382
363
366
380
364
375
368
370
369
366
379
338
364
364
353
352
361
360
359
360
352
351
354
115
15

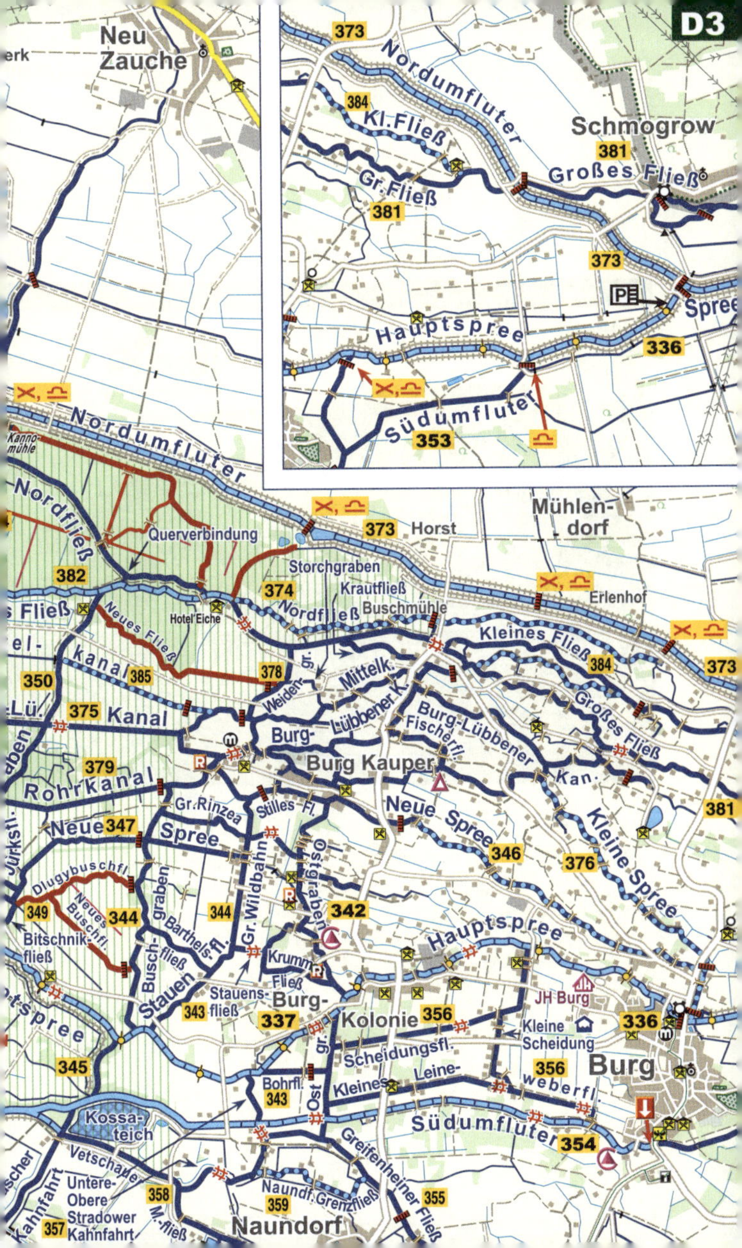

D3
Neu Zauche
Schmogrow
Nordumfluter
Kl. Fließ
Gr. Fließ
Großes Fließ
Hauptspree
Spree
Südumfluter
373
384
381
336
353
Mühlen-dorf
Horst
Erlenhof
Querverbindung
Storchgraben
Krautfließ
Buschmühle
Nordfließ
Hotel Eiche
Neues Fließ
Kleines Fließ
Mittelk.
Weiden-gr.
Lübbener K.
Burg-Lübbener Kan.
Fischerfl.
Burg-
Burg Kauper
Kanal
Rohrkanal
Gr. Rinzea
Stilles Fl.
Neue Spree
Kleine Spree
Ostgraben
Gr. Wildbahn
Barthels-fl.
Busch-graben
Staueuen
Staugens-fließ
Dlugybuschfl.
Neues Buschfl.
Bitschnik-fließ
Krumm-Fließ
Burg-Kolonie
Scheidungsfl.
Kleine Scheidung
JH Burg
Burg
Kleines Leine-weberfl.
Bohrfl.
Ost-gr.
Kossa-teich
Vetschauer
Untere-Obere Stradower Kahnfahrt
M.-fließ
Naundorf
Naundf. Grenzfließ
Greifenheiner Fließ
Kanno-mühle
382
374
378
385
350
375
379
347
349
344
343
337
342
345
346
376
356
354
355
358
359
357